Michael Busack/Dieter G. Kaiser (Hrsg.)

Handbuch Alternative Investments · Band 2

Für Juna und Muriel für Ihre Liebe und Inspiration!
Meinem Freund Manfred für sein Vertrauen sowie
meiner ganzen Familie für Ihre Unterstützung.
M.B.

Für meine Frau Silvia für ihre Liebe und Unterstützung
sowie für meine Familie für ihr Vertrauen und den Rückhalt.
D.G.K.

Michael Busack / Dieter G. Kaiser (Hrsg.)

Handbuch
Alternative Investments
Band 2

Bibliografische Information Der Deutschen Nationalbibliothek
Die Deutsche Nationalbibliothek verzeichnet diese Publikation in der
Deutschen Nationalbibliografie; detaillierte bibliografische Daten sind im Internet über
<http://dnb.d-nb.de> abrufbar.

1. Auflage August 2006

Alle Rechte vorbehalten
© Betriebswirtschaftlicher Verlag Dr. Th. Gabler | GWV Fachverlage GmbH, Wiesbaden 2006

Lektorat: Karin Ruland

Der Gabler Verlag ist ein Unternehmen von Springer Science+Business Media.
www.gabler.de

Das Werk einschließlich aller seiner Teile ist urheberrechtlich geschützt. Jede Verwertung außerhalb der engen Grenzen des Urheberrechtsgesetzes ist ohne Zustimmung des Verlags unzulässig und strafbar. Das gilt insbesondere für Vervielfältigungen, Übersetzungen, Mikroverfilmungen und die Einspeicherung und Verarbeitung in elektronischen Systemen.

Die Wiedergabe von Gebrauchsnamen, Handelsnamen, Warenbezeichnungen usw. in diesem Werk berechtigt auch ohne besondere Kennzeichnung nicht zu der Annahme, dass solche Namen im Sinne der Warenzeichen- und Markenschutz-Gesetzgebung als frei zu betrachten wären und daher von jedermann benutzt werden dürften.

Umschlaggestaltung: Regine Zimmer, Dipl.-Designerin, Frankfurt am Main
Druck und buchbinderische Verarbeitung: Wilhelm & Adam, Heusenstamm
Gedruckt auf säurefreiem und chlorfrei gebleichtem Papier
Printed in Germany

ISBN-10 3-8349-0298-5
ISBN-13 978-3-8349-0298-6

Geleitwort von Rainer-Marc Frey

Der Bereich der Alternativen Anlagekategorien ist in den letzten Jahren fast exponentiell gewachsen und hat vor allem im angelsächsischen Raum längst seinen festen und prominenten Platz in den Portfolios der sophistisierten Investoren gefunden. Der Erfolg der Alternativen Investments ist ausgesprochen vielfältig und insbesondere Anlagen in den Bereichen Hedgefonds, Private Equity und Commodities sind in einem gut diversifizierten Anlagekonzept seit einigen Jahren selbstverständlich und sinnvoll. Nicht zuletzt deshalb werden diese Bereiche im angelsächsischen Raum auch bereits als „Trad-Als", d.h. als „traditionelle Alternativanlagen" bezeichnet. Die Entwicklungen im Markt sind aber sehr dynamisch und innovativ. Insbesondere die Bereiche der Kreditverbriefung, der Managed Futures sowie neue alternative Anlagekonzepte wie die Verbriefung von Versicherungsrisiken werden das mögliche Anlagespektrum nochmals massiv und nachhaltig erweitern. Trotz der nachweislichen Verbesserungen im Risiko- und Renditeprofil gibt es aber kaum ein Gebiet im Finanz- und Anlagebereich, das dermaßen polarisiert und die Gemüter bewegt wie der Bereich der „Alternativen Investmentthemen". Immer wieder werden Grundsatzdebatten über Sinn und Unsinn dieser Art der Anlageformen geführt, obwohl inzwischen verlässliche Daten, Statistiken und Berechnungen sowie über zwanzig Jahre Erfahrung vorliegen.

Mit dem „Handbuch Alternative Investments" ist es für den interessierten Leser und Investor auf einfache Weise möglich, sich einen umfangreichen und tiefen Überblick über das Gebiet der Alternativen Investments zu machen. Zum ersten Mal wird ein solch umfassendes Werk in deutscher Sprache aufgelegt.

Den Herausgebern Michael Busack und Dieter Kaiser ist es mit dem vorliegenden Kompendium auf hervorragende Weise gelungen, die wichtigsten Bereiche der Alternativen Investitionsmöglichkeiten zu beschreiben und zu beleuchten. Mit dem Einstieg über die Grundlagen der Vermögensverwaltung wird der Leser mit dem Thema vertraut gemacht, und die Möglichkeiten und Breite des alternativen Anlagespektrums werden dargelegt. Dabei werden die Konzepte und Grundgedanken der verschiedenen Teilbereiche von Experten beschrieben und erläutert. Entstanden ist ein breit abgestütztes Sammelwerk von Aufsätzen, geschrieben von den weltweit wichtigsten und führenden Wissenschaftlern, Anlegern und Praktikern auf diesen Gebieten. In einem Bereich, der grundsätzlich von angelsächsischen Experten und Investoren getrieben wird, ist mit der Herausgabe dieses Handbuches in deutscher Sprache eine wichtige Lücke im Verständnis und in der Information über diese Anlageklassen geschlossen worden.

Zum ersten Mal ist es somit für den interessierten Leser möglich, sich einen Überblick über dieses heterogene, komplexe aber deshalb so interessante Gebiet zu verschaffen. Institutionelle Investoren, Praktiker, Wissenschaftler aber auch Politiker können somit auf einfache und spannende Weise das Thema wahrnehmen. Insbesondere sollen die deutschsprachigen Leser spüren, wie vielfältig das Thema ist und wie weit die Forschung, Entwicklung und Umsetzung dieser Konzepte in anderen Ländern bereits ist.

Der Hauptnutzen dieser Anlagen liegt darin, dass sie dem Anleger die Möglichkeit geben, neue Ertragsquellen zu erschließen und somit ein Gesamtportfolio zu optimieren. Man kann heute mit klaren Beweisen argumentieren, dass der Einsatz von Alternativen Anlagen das Risikoprofil eines Portfolios vermindert und den Gesamtertrag wesentlich erhöht. Mit anderen Worten ist nicht der Einsatz von Alternativen Investments riskant, sondern die Abstinenz und Ignoranz großer Anleger gegenüber diesen Anlageformen. Einer der Hauptgründe für die Abstinenz von gewissen Anlegern ist sicherlich die erhöhte Komplexität, die es im erfolgreichen Umgang von Alternativen Anlagen zu beachten gibt. Obwohl die Themen außerordentlich vielfältig und heterogen sind, gibt es aber gewisse Eigenschaften, die auf alle Themen zutreffen. Es sind dies die erhöhte Komplexität sowie typischerweise eine verminderte Marktliquidität. Ebenfalls sind die Themen nur dem professionellen Benutzer zugänglich, d.h. der Marktzugang ist erschwert und meistens handelt es sich um segmentierte Teilgebiete u.a. aufgrund unterschiedlicher Zeitzonen, regulatorischer Hürden oder auch spezifischer Instrumente. Um als Anleger oder Anbieter erfolgreich in diesen Gebieten zu sein, erfordert es somit ein erhöhtes Fachwissen, d.h. einen Vorteil als Spezialist. Dies kann logischerweise nur mit massiv erhöhter Infrastruktur, d.h. einem ganzen Team von Spezialisten erreicht werden. Während im traditionellen Anlagebereich die Ertragskomponenten sehr einfach auf die Trends im Aktienmarkt und Zinsbereich sowie auf die Entwicklung der Währungskurse reduziert werden können, sind bei Alternativen Investments die Fähigkeiten der Anbieter und der Zugang zu hochqualifizierten Spezialisten entscheidend. In der Summe werden deshalb diese Anlagen sehr oft auch als „Skill-based Investments", d.h. fähigkeitsorientierte Anlagen bezeichnet. Diese eröffnen somit für den Anleger verschiedene völlig neue Dimensionen auf seiner Suche nach einer Erweiterung der Ertragsmöglichkeiten.

Auf dem Niveau des Gesamtportfolios kann deshalb der Nutzen, d.h. die Risiko- und Renditeverbesserungen bei erhöhter Anlagetätigkeit im Bereich der Alternativen Investments, klar nachgewiesen werden. Das vorliegende Handbuch leistet somit dem interessierten Leser einen Beitrag, um ihn aus dem Dunstkreis des Unverständlichen herauszuführen und somit Anlagen in diesen Bereichen zur Selbstverständlichkeit werden zu lassen. Die offensichtlichen Vorzüge der Alternativen Anlagen haben die führenden Investoren und Praktiker längst erkannt, und aus diesem Grunde hat die Hedgefonds- und Private Equity-Industrie bereits seit über zehn Jahren ein rasantes, ja fast exponentielles Wachstum hinter sich. Dies führt selbstverständlich bereits zu Warnungen aus den Kreisen von schlecht informierten Kritikern. Es wird hierbei aber vergessen, dass die gesamte Alternative Finanzindustrie nach wie vor nur einige Prozente der globalen Finanzaktiva ausmachen.

Es ist heute nicht ungewöhnlich, dass führende und erfolgreiche Investoren in den USA über die Hälfte ihres gesamten Anlageportfolios in diesen Anlageklassen angelegt haben. Dies vergleicht sich mit einer Penetration von einigen wenigen Prozenten des Anlagevolumens der deutschen Innovatoren oder aber gar völligem Abseitsstehen von einigen bedeutenden Investoren im deutschsprachigen Raum. Für den Außenstehenden Betrachter ist es augenfällig aber auch dramatisch, wie groß die Diskrepanz zwischen den weltweit besten und sophistiziertesten Anlegern, d.h. den US-Stiftungsfonds, und den deutschen institutionellen Anlegern ist.

Es ist deshalb ausgesprochen wichtig, dass sich die führenden Experten und Anleger, aber auch die Gesetzgeber und Steuerbehörden mit dieser Materie auseinandersetzen und sie begreifen. Dabei sind die Behörden aufgerufen, großzügige und pragmatische Rahmenbedingungen für den Einsatz dieser Strategien zu schaffen und die Anleger ihrerseits, Investitionen vorzunehmen, um an deren Vorzügen zu partizipieren. Speziell in Deutschland brauchen wir die Alternativen Investments, um den drohenden Renditeverfall der institutionellen Anleger zu stoppen sowie die Abhängigkeiten des Anlageergebnisses von der Aktienmarktentwicklung und der Zinsentwicklung zu reduzieren.

Dieses Buch soll und kann somit einen Paradigmenwechsel in der Verwaltung der Finanzaktiva anstoßen. Dabei sollen insbesondere die großen institutionellen Anleger und die Behörden erkennen, dass der zukünftige Erfolg nur gegeben ist, wenn sie den Anlagehorizont erweitern und sich auf den Weg eines Multi-Asset/Multi-Strategie-Portfolios begeben. Wenn wir im Rahmen der Rentendebatten und Pensionssicherung Berechnungen anstellen, wird auch dem Laien sehr schnell klar, dass wir auf ein Problem ungeahnten Ausmaßes zusteuern. Die Veränderung der demografischen Strukturen hinsichtlich einer möglichen Überalterung in Kombination mit einer massiv längeren Lebenserwartung ist für den Einzelbetrachter zwar positiv, im Gesamtzusammenhang für den Bereich der nachhaltigen Rentensicherung aber eine „tickende Zeitbombe". Wenn man zudem die tiefen Zinssätze in die Berechnungen einbezieht, wird sehr schnell klar, dass die Aktiva und Passiva der Pensionskassen, staatlich als auch privat, mit ungeahntem Ausmaß auseinander laufen werden.

Die Gesamtheit der Alternativen Investments ermöglicht aber den Einbezug von neuen, unkorrelierten Risiken und erlaubt dem Anleger die „Effizienzkurve" nach außen zu verlagern. Dabei geht es nicht um „risikofreie Anlagen", sondern darum, dass Risiken akzeptiert und verwaltet werden. Der informierte Anleger lässt sich die neuen Risken mit einer „Überrendite" abgelten und in der Umsetzung entstehen substantielle und nachhaltige Verbesserungen. Wir bewegen uns somit von einer Risikovermeidungskultur zu einer wirklichen Investmentkultur, die die Risiken akzeptiert, um davon langfristig Gewinne zu machen. Die Asset Management-Industrie und die Anleger sind heute stark gefordert und die Ansprüche an einen erfolgreichen Investor steigen rasant. Die Einbindung von Alternativen Anlagekonzepten erweitert die Gewinnmöglichkeiten und verbessert nachhaltig das Risiko- und Ertragsprofil von einem professionell geführten Portfolio. Davon profitieren schlussendlich alle.

Deswegen wünsche ich den Herausgebern – Michael Busack, der auch schon mit dem Absolut|report seit Jahren das Thema begleitet und Dieter Kaiser, der mit zwei anderen Büchern im Hedgefonds-Bereich die Thematik aufbereitet hat – viel Erfolg bei dem Vertrieb dieses wichtigen zweibändigen Handbuches.

Rainer-Marc Frey
Horizon21, Gründer und Chairman
RMF, Gründer und früherer CEO

Geleitwort von Ulrich Andratschke

Alternative Investments polarisieren. Dies spiegelt sich in der öffentlichen Meinung wider, die zum einen geprägt ist von dem Wahlkampfthema der Private Equity-Investoren als Heuschrecken. Dabei wird auf der anderen Seite nicht berücksichtigt, dass selbst die Bundesregierung gute Geschäfte zugunsten des Steuerzahlers mit ebendiesen Heuschrecken tätigt (siehe unter anderem den Verkauf der Bundesdruckerei an Atlas). Es spiegelt sich aber auch bei institutionellen Anlegern wider, deren Meinung über und von Alternativen Investments breit gefächert ist. Die Palette reicht von David F. Swensen, der als CIO der Yale Universität seit Jahren sehr erfolgreich Alternative Investments in einem hohen Maße einsetzt und in seiner Asset-Allokation klassische Investments wenig einsetzt, bis zu dem unbekannten Pensionfondsmanager, der in der Ludgate Hedgefonds Survey im Jahre 2000 gesagt hat: „It is pretty obvious that Hedge Funds can't work. We are not in a Casino".

Trotzdem (oder vielleicht auch deswegen) gewinnt die Gruppe der Alternativen Investments seit Jahren immer mehr an Bedeutung. Traf eine LTCM-Krise 1998 noch auf eine staunende Öffentlichkeit inklusive einer Großzahl von Sachverständigen, so sind heute Hedgefonds, Private Equity und Commodities, um nur einige zu nennen, ein normales Thema der Diskussion geworden. Auch in der Kapitalanlage von Privatanlegern und institutionellen Anlegern werden Alternative Investments verstärkt eingesetzt. Dieser weltweite Trend hat noch nicht dazu geführt, dass die Anlagequoten die von traditionellen Assets erreichen, aber das immense Wachstum der Anlagegelder, die in Hedgefonds und Private Equity, ja sogar in Commodities fließen, wirft schon wieder die Frage einer eventuellen Blasenbildung auf.

Worum handelt es sich bei Alternativen Investments? Ein Definitionsversuch stößt aufgrund der Heterogenität der in Betracht kommenden Anlagemöglichkeiten und der Innovationsgeschwindigkeit bei der Entwicklung von neuen Strategien/Produkten schnell auf Probleme. Schon das nicht normalverteilte Ertragsprofil als Klassifizierungsmittel ist nicht eindeutig, da es zum Beispiel im Hedgefonds-Bereich Stilrichtungen wie Managed Futures gibt, die durchaus (fast) normalverteilt sind. Einzelne Bereiche wie Hedgefonds lassen sich durch den Einsatz von Leverage- und Short-Sales definieren. Als Private Equity kann alles bezeichnet werden, was sich mit nicht gelistetem Eigenkapital befasst. Als darüber hinaus greifende Klammer für alle Alternativen Investments kann die niedrige Korrelation mit traditionellen Anlagen wie Aktien, Renten oder Immobilien ebenso dienen wie eine Klassifizierung als Absolut Return- im Gegensatz zu Benchmark-orientierten Return-Profilen.

Versicherungen und Pensionskassen gehören zu den am stärksten regulierten institutionellen Anlegern in Deutschland. Um dennoch die immens hohen Erwartungen an die Performance erfüllen zu können, müssen gerade diese Anleger die volle Klaviatur der internationalen professionellen Kapitalanlage einsetzen. Die anhaltende Niedrig-

Ulrich Andratschke

zinsphase hat den Hunger nach Rendite bei allen institutionellen Anlegern verschärft und ein immenses Wachstum bei Hedgefonds, Private Equity und Commodities hervorgerufen. Bei Lebensversicherungen in Deutschland ist unter anderem durch die jüngste Aktienkrise und die niedrigen Zinsen ein ganzheitlicher Ansatz in den Vordergrund getreten. Angesichts der Liability-Seite mit den garantierten Leistungen, die teilweise höher als die am Markt erzielbaren Renditen für risikofreie Rentenanlagen liegt, ist ein angelsächsischer Benchmark-orientierter Return nicht adäquat, absoluter Return ist zumindest eine der möglichen Lösungen. Neben dem Absolut Return-Ziel sind es vor allem die Diversifizierungseigenschaften von Alternativen Investments als Teil eines Portfolios von ansonsten klassischen Kapitalanlagen, die besonders im Vordergrund stehen. Mit der höheren Diversifizierung durch die Beimischung von Alternativen Investments geht eine ebenfalls wünschenswerte Verstetigung der Erträge einher.

Dabei lässt sich feststellen, dass kleine und mittlere Organisationen aufgrund der höheren Flexibilität beim Einsatz von Alternativen Investments eine führende Rolle einnehmen. In den Versicherungsgesellschaften des Provinzial NordWest Konzerns wird bereits seit vielen Jahren sowohl in Private Equity als auch in Hedgefonds investiert, um von dem Diversifizierungspotenzial und den positiven Renditeeigenschaften profitieren zu können. Auch wenn die erreichten Quoten im Vergleich zu den Quoten von traditionellen Assetklassen noch gering sind, so konnten doch erfolgreiche Portfolios in diesen Assetklassen aufgebaut werden. Es wurde damit außerdem ein Know-how aufgebaut, das die Provinzial NordWest in die Lage versetzt, dauerhaft von den Entwicklungen zu profitieren und mittelfristig eine Verstetigung der Erträge auf einem höheren Niveau zu erreichen.

Der erwähnte Know-how-Aufbau ist von nicht zu unterschätzender Wichtigkeit. Abgesehen davon, dass die Versicherungsaufsicht zu Recht ein entsprechendes Know-how für den Einsatz der erwähnten Assetklassen fordert, sind die eingesetzten Handelsstrategien zum großen Teil von erheblicher Komplexität geprägt. Und natürlich sind auch Alternative Investments nicht risikofrei. Die Risiken sind beachtlich, sie sind vor allem anders als die in der traditionellen Assetklassen-Welt gewohnten. Es ist daher notwendig, die Risiken zu verstehen und steuerbar zu machen. Auch wenn die Zunahme von Komplexität an sich in der Finanzwelt ohne weiteres feststellbar ist, muss der Umgang damit und mit den erwähnten Risiken doch gelernt sein oder werden. Das vorliegende Kompendium ist ein Meilenstein auf dem Weg zu einem besseren Verständnis der Komplexität und der Risiken von Alternativen Investments.

Auch die Forschung (und die Lehre) hat sich zunehmend mit dem Thema befasst, so dass dieses erste umfängliche Handbuch zu Alternativen Investments in deutscher Sprache aus einem reichen Fundus an Sachverständigen schöpfen kann. Die behandelten Alternativen Investments sind Hedgefonds, Privat Equity, Commodities, Wetterderivate aber auch alternative Zins- oder Immobilienanlagen und weitere, neuere Formen der Anlagen. Damit werden alle nennenswerten Anlagemöglichkeiten abgedeckt. Die Veröffentlichung in deutscher Sprache hat den Kreis der beitragenden Experten aus Wissenschaft und Anlagepraxis nicht beschränkt. Den Herausgebern ist es dankenswerterweise gelungen, einen großen Kreis von Sachverständigen von internationalem

Rang als Autoren in dem vorliegenden Handbuch zu Wort kommen zu lassen. Dieses Nachschlagewerk kommt mit seinem nachhaltigen Nutzen hoffentlich einer großen Leserschaft zugute. Es wird hier durch Berichte zu den neuesten Erkenntnissen der Wissenschaft und der Anlagepraxis ein breiteres Verständnis für Alternative Investments geschaffen. Damit ist ein großer Schritt auf dem Weg Alternative Investments zu einem selbstverständlichen Teil der Asset-Allokation werden zu lassen, getan worden.

Ulrich Andratschke
Abteilungsleiter Alternative Assets/Fondsbetreuung
Provinzial NordWest Versicherungsgruppe

Vorwort

Weltweit stehen institutionelle Investoren am Beginn einer neuen Ära. Seit dem Jahre 1952 – als Harry Markowitz die Moderne Portfolio-Theorie in seinem bahnbrechenden Artikel „Portfolio Selection" niedergeschrieben und im Journal of Finance publiziert hat – folgen immer mehr Investoren dem dort propagierten Diversifikationsansatz. Von der primären Ausrichtung auf festverzinsliche Kapitalanlagen und Immobilien nach der Weltwirtschaftskrise und in der Mitte des vergangenen Jahrhunderts, erweiterte sich die Asset-Allokation in den 80er und 90er Jahren immer stärker in Richtung der Aktieninvestments. Insbesondere die Jahre 2000 bis 2003 haben institutionellen Investoren vor Augen geführt, dass die Risikostreuung ihrer Portfolios bei weitem zu gering gewesen ist und die Bewertung des volkswirtschaftlich sinnvollen Aktienmarktes weniger wertorientiert, sondern vorwiegend auf emotionalen und liquiditätsbezogenen Gründen beruhte. Dies hat zu starken negativen Verwerfungen am Kapitalmarkt geführt, bis es schließlich weltweit zu extremen Problemen bei den großen Kapitalsammelstellen, wie der Versicherungs- und Pensionsfondsindustrie, gekommen ist. Viele Investoren haben große Vermögen verloren, die langfristig zur Altersvorsorge gedacht waren. Schuld daran war, neben individuellen Fehlentscheidungen der Investoren (Angst und Gier), die mangelnde Möglichkeit der institutionellen Kapitalanleger, benchmark- und marktrichtungsunabhängig zu investieren. Aktuell dominiert weltweit eine auf steigende Kurse ausgerichtete Asset-Allokation in den Anlagekategorien Aktien, Anleihen und Immobilien, die primär auf Benchmarks ausgerichtet ist und dadurch hohe Marktrisiken (Beta-Risiken) impliziert.

Aus unserer Sicht steht die Asset Management-Industrie vor einem fundamentalen Strukturwandel, deren Veränderungskraft noch jenseits mancher Vorstellung liegt. Die entscheidende Frage für jeden Investor heute ist: Wie kann ich in Zukunft möglichst stetige und attraktive Nettorenditen erzielen, die also nach Kosten, Steuern und Inflation zu einem realen Vermögenszuwachs führen und gleichzeitig das Risiko großer Kapitalverluste vermeiden? Die Antwort ist einfach, jedoch in der Umsetzung herausfordernd: Mit einer geeigneten Risikostreuung des Vermögens in unterschiedliche Assetklassen und Kapitalanlagestrategien unter gleichzeitiger Beachtung der unterschiedlichen Risikoparameter sowie der Risikobudgets der Investoren.

Alternative Investments und Absolute Return-Strategien, wie wir sie im Rahmen dieses zweibändigen Handbuches darstellen, sind in der Lage, eine neue Diversifikationsebene in die Portfolios einzuziehen. Jedoch sind die verschiedenen Formen der Alternativen Investments sehr heterogen und auch mit unterschiedlichen Chancen und Risiken behaftet. Das Wissen und die Aufklärung im Bereich der Alternativen Anlageformen, wie die Einbindung in ein Multi-Asset/Multi-Strategie-Klassen-Portfolio, müssen insbesondere in Deutschland noch stark vorangetrieben werden, wenn auch

Vorwort

die hiesigen Investoren zu den Gewinnern dieses Strukturwandels im Asset Management gehören wollen.

Die vorliegende Handbuchreihe soll nun einen weiteren Anstoß im deutschsprachigen Raum bieten, sich intensiv mit diesen neuen Möglichkeiten auseinander zu setzen. Aus unserer Sicht ist es dringend notwendig, dass Investoren, die Öffentlichkeit, die Politik, aber auch nicht zuletzt die traditionelle Asset Management-Industrie, das Thema Alternative Investments nicht nur wahrnimmt, sondern auch realisiert, wie weit die Entwicklung in anderen Ländern in der Praxis, aber auch in der Forschung bereits vorangeschritten ist. Institutionellen Investoren sollen die beiden Handbücher zeigen, wie vielfältig und wie notwendig es für sie ist, sich mit dieser Materie auseinander zu setzen. Speziell in Deutschland brauchen wir die Alternativen Investments als weitere Säulen im Haus der Asset-Allokation, um die Abhängigkeit vom Aktienmarkt-Beta und den Zinsentwicklungen zu reduzieren und mehr Stabilität auf der Gesamtportfolioebene zu schaffen.

Das Buchprojekt soll einen Paradigmenwechsel auf breiter Front anstoßen und dazu führen, dass institutionelle Anleger erkennen, dass sie sehr erfolgreich agieren können, wenn sie sich auf den Weg eines Multi-Asset/Multi-Strategie-Klassen-Porfolios begeben. Wir wollen Alternative Investments aus dem Dunstkreis des Unverständlichen herausführen und zur Selbstverständlichkeit werden lassen, damit diesen Innovationen und den dahinter stehenden Köpfe die Möglichkeiten für eine wirkliche Kapitalvermehrung gegeben wird. Alternative Investments sind dabei nicht nur etwas für institutionelle Investoren. Sie sind auch wichtig für den Aufbau des Kapitalstocks der breiten Bevölkerung im Rahmen der Altersvorsorge. Der Einsatz dieser neuen Anlageform soll dazu führen, dass durch effiziente Diversifikation die Risikotragfähigkeit der langfristigen Kapitalanleger steigt und so mehr Freiräume für renditeträchtige Investments geschaffen werden. Über Alternative Investments kann der Weg frei gemacht werden, um von einer Risikovermeidungskultur hin zu einer wirklichen Investmentkultur zu kommen, die Risiken akzeptiert und aktiv gestaltet, um daraus langfristig positive Erträge für alle zu erzielen.

Uns Herausgebern war es seit langer Zeit ein Bedürfnis, alle wichtigen Bereiche der Alternativen Investments innerhalb des vorliegenden Handbuchs, welches sich auf zwei Bände verteilt, zugänglich zu machen. Dabei haben wir uns von Beginn an das Ziel gesetzt, national wie international führende Wissenschaftler und Praktiker zu Wort kommen zu lassen, die mit ihren Beiträgen in der Vergangenheit die Industrie entscheidend geprägt haben. Gleichfalls wollten wir diese Inhalte, welche bereits über einen gewissen Komplexitätsgrad verfügen, ausschließlich in deutscher Sprache präsentieren, da wir davon ausgehen, dass durch die fehlende Sprachbarriere der Zugang zu dieser Thematik auf einer breiteren Basis gewährleistet ist. Dass uns mit nun über 1.600 Seiten, 73 Artikeln und mehr als 120 Autoren die weltweit umfangreichste Publikation zum Thema Alternative Investments gelungen ist, macht uns stolz und glücklich. Dies ist vor allem unseren vielen Autoren und den beiden Geleitwortgebern zu verdanken, die ihre Zeit und ihr Know-how in einer Weise eingebracht haben, die wir nicht für möglich erachtet haben.

Wir bedanken uns bei den vielen Übersetzern, die die teils sehr komplexen Texte in umfangreicher Arbeit bearbeitet haben sowie den Mitarbeitern der Absolut Research GmbH und der Benchmark Alternative Strategies GmbH für die Mithilfe an diesem Projekt. Gleichfalls danken wir dem Gabler Verlag, insbesondere Frau Karin Ruland, für die Gelegenheit dieses umfangreiche Projekt umzusetzen und für ihre Hilfe, Betreuung, Koordination sowie das Lektorat unseres Projektes. Alle Fehler und Unzulänglichkeiten der beiden Bücher gehen zu Lasten der Herausgeber. Nicht zuletzt kann ein solches Buch nicht ohne den gedanklichen und emotionalen Beistand der eigenen Familie und Freunde erfolgen, die für die mentale Freiheit sorgen, sich einem solchen Projekt entsprechend zu widmen. Allen sei an dieser Stelle unser tiefster Dank ausgesprochen.

Wir hoffen, dass wir dem Leser durch unsere beiden Bände die Welt der Alternativen Investments öffnen, bzw. weiter öffnen können. Wir nehmen Hinweise und Ideen sehr gerne auf und stehen den Lesern für Fragen und Anmerkungen zur Verfügung. Hierfür haben wir unter der Internet-Adresse *www.alternative-investments.de* ein Forum für das Buch eingerichtet.

Unsere beste Hoffnung ist, dass wir Anstoß geben für einen gedanklichen Wandel. Die Singularität in der Asset-Allokation muss beendet werden, wenn die Fehler der Vergangenheit nicht auch die der Zukunft sein sollen. Sie muss einem pluralen Ansatz bzw. Denken weichen, das das gesamte Spektrum der Anlagemöglichkeiten im Rahmen eines Multi-Asset-/Multi-Strategie-Klassen-Portfolios berücksichtigt. Angesichts steigender Risiken an den Kapitalmärkten und aufgrund demographisch begründeter Reduzierung der sozialen Sicherungssysteme, insbesondere der Sicherung des Einkommens im Alter, ist es die Verantwortung vor allem der institutionellen Kapitalsammelstellen, alle Diversifikations- und Ertragspotenziale zu nutzen, die weltweit zur Verfügung stehen. In Kombination mit traditionellen Kapitalanlagen bieten Alternative Investments alle Möglichkeiten dazu.

Hamburg/Frankfurt am Main im Mai 2006
                Michael Busack
                Dieter G. Kaiser

Inhaltsverzeichnis

Geleitwort von Rainer-Marc Frey V

Geleitwort von Ulrich Andratschke IX

Vorwort XIII

Teil IV Private Equity
4.1 Kapitalmarkttheorie

Patrick Züchner
Ursachen für den ausgeprägten Marktzyklus von Private Equity-Investments . . . 3
Die Bedeutung unangemessener Zeithorizonte von Investoren

Stefan Hepp
Private Equity-Märkte 19
Rückblick und Analyse der Entwicklung der internationalen Buy-out-Märkte

Josh Lerner/Antoinette Schoar
Theorie und empirische Evidenz der Illiquidität bei Private Equity 43

Christian Andres/André Betzer/Mark Hoffmann
Leveraged Going Private-Transaktionen 67
Eine Analyse der Kursgewinne am europäischen Kapitalmarkt

Rainer Lauterbach/Denis Schweizer
Risikoanalyse von Totalausfällen bei Venture Capital-Firmen 89

Florian Haagen/Bernd Rudolph
Hybride Finanzinstrumente zur Wagniskapitalfinanzierung 109
Die Ausgestaltung von Venture Capital-Finanzierungskontrakten

Mark Anson
Chancen und Risiken von Private Investments in Public Equity (PIPEs) 127

Teil IV Private Equity
Teil 4.2 Asset Allocation

Bernd Kreuter
Selektion von Private Equity-Fonds und Dachfonds 143

Thomas Staubli
Private Equity für institutionelle Investoren 159

Markus Heinrich/Hubertus Theile-Ochel
Mezzanine-Anlagen für institutionelle Investoren 171

Oliver Gottschalg
Performance-Messung und Benchmarking von Private Equity-Investments 189

Hans Christophers/Michél Degosciu/Peter Oertmann/Heinz Zimmermann
Listed Private Equity 213
Charakteristika einer aufstrebenden Anlageklasse

Markus Rudolf/Peter Witt
Bewertung von nicht-börslichen Beteiligungen 233

Teil V Alternative Zinsstrategien

Walter Schepers
Asset Backed Securities 255
Grundzüge einer Anlageklasse mit wachsender Bedeutung

Christian Daynes/Christoph Schalast
Distressed Debt Investing 271
Analyse und Bedeutung des Marktes für Problemkredite in Deutschland

Gregor Gawron/Stefan Scholz
Katastrophenanleihen jenseits von Markowitz 291
Analysen mit Omega und Expected Shortfall

Christian Behring/Michael Pilz
Single Tranche CDOs – eine neue Generation von Structured Credit Products . . . 305

Ralph Karels
CDS und andere Kreditderivate 323
Bewertung und Anwendungsmöglichkeiten

Teil VI Rohstoffe

Claude B. Erb/Campbell R. Harvey
Ertragsquellen und zu erwartende Renditen von Rohstoff-Investments 349

Claus Hilpold
Hedgefonds im Rohstoff-Bereich: Relative Value Commodities 393
Einblick in die Geheimnisse um Crack-Spreads, Spark-Spreads und Dark-Spreads

Markus Mezger/Gerhard L. Single
Rohstoffe als Alternatives Investment 413
Partizipationsmöglichkeiten an einer fast vergessenen Asset-Klasse

Joseph Eagleeye/Hillary Till
Aktive Commodity-Strategien als Instrument der Rendite-Optimierung 431

Teil VII Weitere Formen von Alternativen Investments

Pierre Lequeux/Ivan Petej
Herausforderungen und Möglichkeiten des aktiven Währungsmanagement 457

Adrian Fröhling/Serge Ragotzky
Real Estate Investment Trusts (REITs) 473
Alternative Form der Immobilienanlage

Ryan Decker/Ivo Hubli
Alternative Risk Transfer (ART) 493
Versicherungsrisiken erobern die Finanzmärkte

Reinhold Hafner/Martin Wallmeier
Volatilität als Anlageklasse 511
Attraktiv für institutionelle Anleger?

Thomas Heidorn/Alexandra Trautmann
Funktionsweise und Bedeutung von Niederschlagsderivaten 529

Teil VIII Rechtliche Grundlagen

Achim Pütz
Hedgefonds-Investments in Deutschland aus aufsichts- und
steuerrechtlicher Sicht 553

Florian Schultz/Martin Krause
Private Equity-Strukturen und Asset Backed Securities/
Non-Performing Loan-Transaktionen aus rechtlicher Sicht 575

Joachim Kayser/Andreas Richter
Rechtliche Rahmenbedingungen bei Alternative Investments
für Stiftungen in Deutschland 595
Möglichkeiten und Grenzen der Vermögensanlage am Beispiel von Hedgefonds

Inhaltsverzeichnis

Nora Engel-Kazemi/Stefan Geppert
Rechtliche Rahmenbedingungen für Alternative Investments in Österreich 611

Matthäus Den Otter
Die Regulierung von Alternative Investments in der Schweiz 625

Odile Renner/Catherine Rückel
Rechtliche Rahmenbedingungen für Alternative Investments in Luxemburg 643

Teil IX Eingliederung in den Anlageprozess institutioneller Investoren

Robert B. Litterman
Active Alpha Investing 661
Ein neues Paradigma für die Herausforderungen im Asset Management des 21. Jahrhundert

Axel Hörger/Thomas Petschnigg
Währungsmanagement im Asset Management 683

Noël Amenc/Philippe Malaise/Lionel Martellini/Daphné Sfeir
Portable Alpha- und Portable Beta-Strategien in der Eurozone 701
Implementierung von aktiven Asset-Allokation-Strategien unter Verwendung
von Aktienindex- Optionen und -Futures

Olivier Schmid/Hans Speich
Absolute Return mit Kapitalschutz 723
Ein bewährter Ansatz zur Stabilisierung der Performance

Dieter G. Kaiser/Roland G. Schulz
Maßschneiderung von Alternative Investment-Portfolios
für institutionelle Investoren 743
Anforderungen, Herausforderungen und Umsetzung

Lionel Martellini/Volker Ziemann
Die Vorteile von Hedgefonds im Asset Liability-Management 761

Thomas Heidorn/Christian Hoppe/Dieter G. Kaiser
Strukturierte Produkte mit einem Alternative Investment-Basiswert 775

Die Herausgeber 797

Die Autoren 799

Stichwortverzeichnis 817

Teil IV

Private Equity

4.1 Kapitalmarkttheorie

Patrick Züchner

Ursachen für den ausgeprägten Marktzyklus von Private Equity-Investments
Die Bedeutung unangemessener Zeithorizonte von Investoren

1 Einleitung 5
2 Zeithorizonte bei Investitionsentscheidungen 6
   2.1 Kurzfristige Renditen nehmen Einfluss auf das Fundraising. 7
   2.2 Momentum-Investoren 8
3 Auswirkungen auf den Marktzyklus. 11
   3.1 Die Rolle der Bewertungen 11
   3.2 Mögliche Wirkungskette einer Blasenbildung 11
   3.3 Wider die klassische Finanzierungstheorie. 13
4 Schlussfolgerung 15
Literaturverzeichnis

1 Einleitung

Private Equity-Finanzierungen vollziehen sich in drei Teilprozessen mit unterschiedlichen Anbieter-Nachfrager-Konstellationen. Demnach können drei Teilmärkte identifiziert werden: der Markt für Beteiligungskapital (Fundraising), der Markt für Investitionskapital (Investition) und der Markt für Desinvestitionen. Gleichzeitig existieren drei grundsätzliche Probleme. Auf dem ersten Teilmarkt – dem des Fundraisings – fließen augenscheinlich mehr Mittel als Nachfrage auf dem zweiten Teilmarkt – dem der Investition – besteht. Es kommt zum Overhang of Funds. Auf dem zweiten Teilmarkt werden mehr Unternehmen finanziert als über den dritten Teilmarkt – den der Desinvestition – veräußerbar sind. Sie verbleiben als Living-Deads im Portfolio der Private Equity-Gesellschaften. Schließlich werden auf dem dritten Teilmarkt mehr Unternehmensanteile gehandelt als offenbar am Sekundärmarkt dauerhaft nachgefragt werden. Es kann daher langfristig zum Preisverfall (Long-run-Underperformance) und zur Bildung spekulativer Blasen kommen. Als direkte Folge von Übertreibungen zeigten sich etwa in den USA bereits mehrfach bedeutende Marktbereinigungs- beziehungsweise Degenerationsphasen. Ein derartiges zyklisches Verhalten konnte bereits 1976 von Charles River Associates/National Bureau of Standards festgestellt werden.[1] So lässt sich der erste bedeutende Höhepunkt im Jahr 1962 identifizieren, dem ein Shake-Out (verstärkte Marktaustritte) von Private Equity-Gesellschaften folgte. Ende 1967 begann eine neue Aufschwungphase, bis Mitte des Jahres 1970 überstieg das Marktvolumen alle vorherigen Höchststände.

Durch einige bedeutende Gesetzesänderungen ausgelöst, begann 1978 der erneute Aufschwung. Seinen neuen Höchststand erreichte er 1987, sowohl Mittelzuflüsse als auch investiertes Kapital betreffend. Der bisher als Nische zu betrachtende Private Equity-Markt entwickelte sich gleichzeitig zu einer Branche mit einem beachtlichen Professionalisierungsgrad. Die eintretende Veränderung der Marktstruktur wird von Bygrave/Timmons zur Begründung für den folgenden Abschwung herangezogen.[2] Im vierten Quartal 2000 zeigten sich nach der bisher längsten Aufschwungphase – parallel in den USA und Europa – erste Anzeichen eines erneuten Abschwungs. Die Situation ist vergleichbar mit den historischen Beobachtungen. Alle drei Engpässe konnten bereits wissenschaftlich belegt und analysiert werden. Eigene Untersuchungen zeigen, dass der Private Equity-Markt durch eine auffällige Diskrepanz zwischen akquirierten Mitteln und investiertem Volumen gekennzeichnet ist.[3] Es werden mehr Mittel gehalten als notwendig erscheint. Der Private Equity-Markt tendiert zu einem dauerhaften Overhang of Funds. Dabei tritt das Problem nicht nur temporär im Verlauf einzelner Entwicklungsstadien auf, sondern ist von grundsätzlichem, dauerhaftem und marktimmanentem Charakter.

---

1 Vgl. Charles River Associates/National Bureau of Standards (1976), S. 94.
2 Vgl. Bygrave/Timmons (1992), S. 45.
3 Vgl. Züchner (2005), S. 127–197.

Nach Ruhnka/Feldman/Dean ist das Living-Dead-Phänomen ein spezifisches Problem von Private Equity-Finanzierungen.[4] Es resultiert primär aus fehlerhaften Erwartungen der Fondsmanager bezüglich der Entwicklung des Portfoliounternehmens und nicht aus endogenen Einflussfaktoren. Damit stellt es, vergleichbar dem Overhang of Funds, ein Koordinationsproblem zwischen dem Teilmarkt für Investitionskapital und dem für Desinvestitionen dar. Die sogenannte Long-run-Underperformance stellt nach Brav/Gompers ebenfalls ein Koordinationsproblem im Zusammenhang mit dem Private-Equity-Finanzierungsprozess dar.[5] Offenbar werden auf dem Teilmarkt der Desinvestition mehr Anteile an Portfoliounternehmen veräußert als der Sekundärmarkt langfristig aufzunehmen in der Lage ist. Es kann daher zu einem Überhang an Unternehmensanteilen am Sekundärmarkt kommen. Ist der messbare Preisverfall Private-Equity-finanzierter Unternehmen höher als der vergleichbarer Gesellschaften, kann erneut von einem marktspezifischen Problem ausgegangen werden. Die identifizierten Engpässe sind zeitstabil und besitzen offenbar eine gemeinsame Ursache: die kurzfristige Orientierung einiger Kapitalanleger, so genannter Momentum-Investoren.

2 Zeithorizonte bei Investitionsentscheidungen

In der Literatur wird die Investitionsentscheidung für einen Investmentfonds allgemein als zweistufiger Prozess beschrieben. Der Investor schätzt zuerst die bisherige risikoadjustierte Rendite eines Fonds und investiert danach in Erwartung des Fortbestandes dieser Rendite. Es ist daher ein positiver Zusammenhang zwischen dem Volumen neuer Mittel und der bisherigen Rendite zu erkennen. Ippolito,[6] Chevalier/Ellison[7] sowie Sirri/Tufano[8] ermitteln einen ausgeprägten Zusammenhang (Korrelation) zwischen Mittelzuflüssen und hohen Renditen, jedoch nur einen schwachen bezüglich niedriger Renditen. Goetzmann/Perles beobachten eine enge Beziehung zwischen Mittelaufkommen und bisherigen Renditen, gemessen an der Performance, lediglich im besten Viertel.[9] Lynch/Musto begründen dies mit der Notwendigkeit eines Strategiewechsels bei schlechter Performance.[10] Erzielt der Fonds gerade aufgrund der angepassten Investitionsstrategie weiterhin Mittelzuflüsse, sinkt der rechnerische Zusammenhang mit der bisherigen Rendite.

---

4 Vgl. Ruhnka/Feldman/Dean (1992), S. 143 ff.
5 Vgl. Brav/Gompers (1997), S. 1791–1821.
6 Vgl. Ippolito (1992), S. 61.
7 Vgl. Chevalier/Ellison (1997), S. 1178.
8 Vgl. Sirri/Tufano (1998), S. 1619.
9 Vgl. Goetzmann/Peles (1997), S. 155 f.
10 Vgl. Lynch/Musto (2003), S. 2054.

2.1 Kurzfristige Renditen nehmen Einfluss auf das Fundraising

Bisherige Analysen zum Private Equity-Markt zeigen kein eindeutiges Bild möglicher Einflussgrößen auf das Fundraising (vgl. Tabelle 1). Bei allen als signifikant erachteten Größen kommen die Autoren zu konträren Ergebnissen. Eine Untersuchung bezüglich der Abhängigkeit von der (historischen) Rendite als möglicherweise wichtige Variable wurde nicht durchgeführt. Betrachtet wurde nur die Ebene des Einzelfonds. Bygrave/Timmons untersuchen die Zusammenhänge zwischen Mittelzuflüssen, Investitionen und verschiedenen externen Faktoren.[11] Als Ergebnis können sie eine signifikante Abhängigkeit akquirierter Mittel vom NASDAQ Aktienindex und vom Volumen der erfolgreichen Börsengänge erkennen. Gompers/Lerner analysieren Einflussgrößen auf das Fundraising.[12] Sie stellen fest, dass vor allem Änderungen der Besteuerung zu einem merklichen Nachfrageeffekt führen, während durch IPO kein signifikanter Einfluss erkennbar ist. Einen weiteren die Nachfrage beeinflussenden Faktor sehen die Autoren im Wachstum des Bruttoinlandsprodukts (BIP).

Jeng/Wells ermitteln die marktbeeinflussenden Determinanten auf den Private Equity-Markt, speziell auf den Bereich des Venture Capital, in 21 Ländern. Die Autoren bestimmen dabei einmal den Einfluss der Determinanten auf die unterschiedliche Bedeutung von Private Equity in den einzelnen Ländern, zum anderen ihren Einfluss im Zeitablauf allgemein. Sie kommen zu dem Ergebnis, dass die Zahl der Börsengänge die treibende Kraft des Marktes ist.[13] Makroökonomische Faktoren sind hingegen nicht signifikant. Eigene empirisch gestützte Untersuchungen liefern folgende Ergebnisse: Zwischen den Fonds zufließenden Mitteln sowie zwischen aktuellen und zukünftigen Beteiligungsmöglichkeiten besteht kein Zusammenhang.

---

11 Vgl. Bygrave/Timmons (1985), S. 105–125 sowie Bygrave/Timmons (1992), S. 261–284.
12 Vgl. Gompers/Lerner (1998), S. 149–190.
13 Vgl. Jeng/Wells (2000), S. 258.

Tabelle 1: *Determinanten der Mittelzuflüsse für Private Equity-Fonds (ausgewählte Einflüsse)*

	Bygrave/ Timmons	Gompers/ Lerner	Jeng/ Wells
Anzahl IPO	nein[a]	–[b]	ja[c]
Aktienrendite	ja[d]	nein[e]	–
Besteuerung	nein	ja[f]	–
BIP-Wachstum	–	ja	nein
Volumen IPO	ja	nein	–
Rendite am Rentenmarkt	nein	nein	–
Marktkapitalisierung am Aktienmarkt	–	–	nein
Arbeitsmarktrigidität	–	–	nein
Rechnungslegungsstandards	–	–	nein
Pensionsfonds	–	–	nein
Staatliche EK-Programme	–	–	nein

[a] Nicht signifikant.
[b] Variable wurde nicht getestet.
[c] Signifikant.
[d] Gemessen am NASDAQ Composite Index.
[e] Gemessen am real value-weighted stock market return veröffentlicht vom Center for Research in Security Prices (CRSP).
[f] Gemessen am Spitzensteuersatz für Kapitalerträge.

Die Annahme, dass Mittelzuflüsse von den bisherigen Renditen abhängen, kann bestätigt werden. Anleger orientieren sich an den mittel- und langfristigen Renditen in Relation zu alternativen Anlagen am Aktien- und Rentenmarkt. Zusätzlich ist eine Ausrichtung an der Vorjahresrendite zu erkennen. Das kann einmal als Unterstützung beim Finden des optimalen Investitionszeitpunkts angesehen werden (Timing). Gleichzeitig lässt es jedoch auf die Anwesenheit von Akteuren schließen, die sich kurzfristig orientieren und deren Zeithorizont damit nicht mit dem langfristigen der Fondsmanager übereinstimmt.

2.2 Momentum-Investoren

Das überschüssige Halten von Investitionskapital könnte jedoch gewollt, der gemessene Overhang of Funds eine strategische Entscheidung sein. Einige spezielle Mechanismen im Private Equity-Markt sprechen zunächst dafür. Die empirische Analyse zeigt jedoch: Der Einfluss der Haltedauer und des Capital Call-Verfahrens können den in der Aufschwungphase entstehenden Overhang of Funds lediglich teilweise erklären. Das Stage-Financing rechtfertigt zwar grundsätzlich das Halten von Mitteln für Folgeinvestitionen, nicht jedoch in der gemessenen Höhe. Bei Overhang of Funds handelt es sich demnach nicht um den Ausdruck einer Strategie der Fondsmanager.

Abbildung 1: Vergleich Mittelzuflüsse (linke Achse) und Anteil institutioneller Anleger (rechte Achse), insbesondere Pensionsfonds, in Europa von 1986 bis 2001

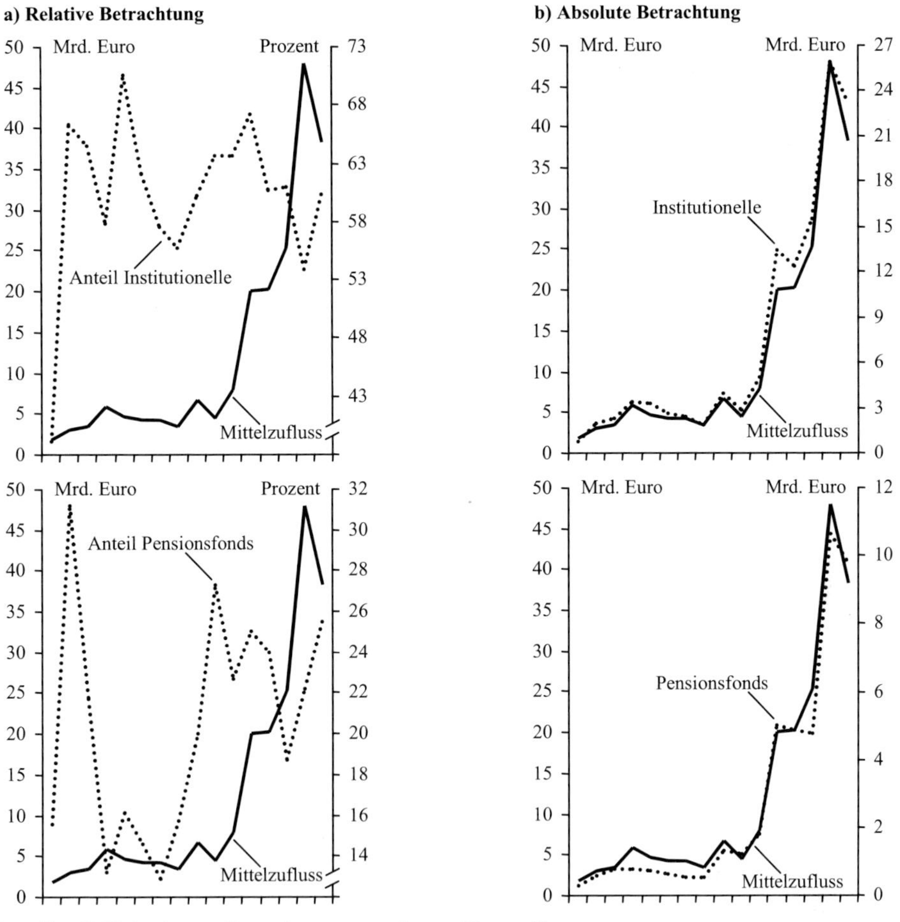

a) Relative Betrachtung b) Absolute Betrachtung

Quelle: *EVCA*, eigene Berechnungen, eigene Darstellung

Ein Mittelüberhang ist bei einer Ausrichtung von Anlegern an der tatsächlich erreichten Rendite (als Preis für das Überlassen von Kapital) auf den ersten Blick nicht erklärbar. Bestehende Marktungleichgewichte sollten durch eine Preisänderung zum Ausgleich gebracht werden. Eine Erklärung liefert das Investitionsverhalten verschiedener Anlegergruppen. Langfristig orientierte Anleger bleiben auch in schwächeren Marktphasen investiert. Dies führt zu einem Bestand bereitstehender Mittel, der auch im Tiefpunkt des Marktes keinen Engpass an Investitionskapital entstehen lässt. Auf der anderen Seite führt der Markteintritt neuer Anleger, deren Zeithorizont sich nicht mit dem des Private Equity deckt und die sich an kurzfristigen Renditeaussichten orientieren, zu stark schwankenden Kapitalzuflüssen.

Tabelle 2: Zusammenhang zwischen Mittelzuflüssen des Gesamtmarktes und denen einzelner Investorengruppen in den USA und Europa zwischen 1979 und 2001

USA[a]				Europa[b]			
Investorentyp[c]	Korr.[d]	Regr.[e] Zus.	R^2	Investorentyp[c]	Korr.[d]	Regr.[e] Zus.	R^2
Corporations	0,96	lin	0,92	Corporate Investors	0,95	lin	0,91
Endowment & Foundations	0,92	lin	0,85	Private Individuals	0,99	lin	0,97
Foreign Investors	0,83	quadr	0,68	Government Agencies	0,96	lin	0,93
Individual & Families	0,95	lin	0,91	Banks	0,99	quadr	0,98
Financial & Insurance	**0,96**	lin	0,93	Pension Funds	**0,99**	lin	**0,98**
Pensionsfonds	0,86	lin	0,75	Insurance Companies	0,98	lin	0,97
Institutionelle gesamt	0,93	lin	0,87	Academic Institutions	0,69	lin	0,48
				Others	0,97	lin	0,94
Pensionsfonds bis 1998[f]	**0,98**	lin	**0,96**	Realised capital gains	0,92	lin	0,84
Institutionelle ges. bis 1998[f]	0,98	lin	0,96	Institutionelle gesamt	**1,00**	lin	**0,99**

[a] Daten für die USA wurden von 1979 bis 1999 analysiert.
[b] Daten für Europa wurden von 1986 bis 2001 analysiert.
[c] Die Definitionen der *NVCA* und der *EVCA* unterscheiden sich hier geringfügig.
[d] Korrelationskoeffizient.
[e] Als Ergebnis der Regressionsschätzung wird jeweils der unterstellte Zusammenhang und das Bestimmtheitsmaß angegeben. Dabei werden lineare (lin), quadratische (quadr) oder exponentielle (exp) Zusammenhänge berücksichtigt.
[f] Diese Werte ergeben sich aus der Analyse der Daten von 1979 bis 1998.

Quelle: *NVCA, BVK, EVCA,* eigene Berechnungen, eigene Darstellung

In beiden Märkten (dem der USA und dem europäischen) ist die Korrelation zwischen Zuflüssen des Gesamtmarktes und institutionellen Investoren meist höher als bei anderen Anlegergruppen. Im europäischen Private Equity-Markt ergibt sich eine nahezu perfekte Korrelation (vgl. neben Tabelle 2 auch Abbildung 1). Das Bestimmtheitsmaß der vorgenommenen Regressionsschätzung liegt hier bei unterstelltem linearen Zusammenhang ebenfalls bei fast 1,00. Nahezu 100 Prozent der Varianz der beobachteten Werte kann erklärt werden. Dies lässt auf eine sehr hohe Aussagekraft des Ergebnisses schließen. Innerhalb dieser Gruppe dominieren Pensionsfonds und Banken. In den USA war im Jahr 1999 ein starker Anteilsverlust der Pensionsfonds zu beobachten. Dadurch entsteht ein falscher Eindruck. Beschränkt sich die Analyse auf den Zeitraum 1979 bis 1998, dominieren erwartungsgemäß Pensionsfonds mit einem Korrelationskoeffizienten von 0,98. Unter der Annahme eines linearen Zusammenhangs errechnet sich ein Bestimmtheitsmaß von 0,96. Zusammenfassend lässt sich festhalten: Institutionelle Investoren, und unter ihnen vor allem Pensionsfonds, haben sowohl im US-amerikanischen als auch im europäischen Private Equity-Markt einen hohen Anteil an den Mittelzuflüssen des Gesamtmarktes. Ihre Bedeutung nimmt im Aufschwung noch zu. Diese Anlegergruppe beeinflusst den Gesamtmarkt wesentlich. Hier konnte die Gruppe von kurzfristig orientierten Investoren identifiziert werden, welche die Erklärung für die stark schwankenden Mittelzuflüsse bildet. Kurzfristig orientierte institutionelle Investoren sind die Hauptursache des ausgeprägten Marktzyklus.

3 Auswirkungen auf den Marktzyklus

Von größter Bedeutung für die zyklische Entwicklung des Private Equity-Marktes sind die aus dem Verhalten von Momentum-Investoren resultierenden Folgen für die Anlageentscheidung der Fondsmanager. Deren Gesellschaften unterliegen einem zunehmenden Anlagedruck, der aus hohen Mittelzuflüssen und dem dadurch verschärften Wettbewerb um erfolgversprechende Beteiligungsprojekte resultiert.[14]

3.1 Die Rolle der Bewertungen

Die Bewertung von Unternehmensanteilen ist die Schlüsselgröße in der Entwicklung des Private Equity-Marktes. Bewertungen sind in drei Situationen relevant. Meist wird unter diesen Begriff nur das Pricing der Anteile potentieller Portfoliounternehmen gefasst, im Folgenden Anteilsbewertung genannt.

Eine zweite Bewertung ergibt sich bei der Performancemessung eines einzelnen Private Equity-Fonds, bei welcher der Wert des gesamten Portfolios und dabei jedes einzelnen Engagements ermittelt wird. Nur dann lässt sich jederzeit die bisher erzielte Rendite errechnen. Diese Bewertung wird im Folgenden als Portfoliobewertung bezeichnet. Der dritte Anlass einer Bewertung der Unternehmensanteile ergibt sich nach erfolgtem IPO am Kapitalmarkt. Hier bestimmen Angebot und Nachfrage den Wert eines Anteils etwa bei der Preisfindung einer Aktie. Im weiteren Verlauf wird diese Form der Bewertung Post-IPO-Bewertung genannt. Die jeweiligen Bewertungen sind die verbindenden Größen im Private Equity-Markt. Auf zwei Teilmärkten bilden sie den Preis des gehandelten Guts. Die Portfoliobewertung hat maßgeblichen Einfluss auf die ausgewiesene Rendite als Preis auf dem dritten Teilmarkt.

3.2 Mögliche Wirkungskette einer Blasenbildung

Auslöser einer wachsenden Dynamik des Private Equity-Marktes kann etwa eine steigende Nachfrage am Markt für börsennotierte Unternehmensbeteiligungen sein. Bei (zumindest kurzfristig) gleichbleibendem Angebot führt dies zu steigenden

---
14 Vgl. Peacock/Cooper (2000), S. 75.

Preisen, demnach zu Aktienkurssteigerungen. Kurserhöhungen bereits gehandelter Gesellschaften verbessern gleichzeitig die Erfolgsaussichten einer Neuemission. Die gestiegene Nachfrage richtet sich auch an renditeversprechende Erstnotierungen. Der Wert des über einen IPO zu veräußernden Portfoliounternehmens wird vor allem an bisherigen erfolgreichen Börsengängen gemessen.[15] Dies führt zum Anstieg der beim IPO-Verfahren durchsetzbaren Zuteilungspreise und damit zur Renditesteigerung der jeweiligen Transaktion. Unternehmensbeteiligungen von Private Equity-Fonds können somit zu höheren Preisen veräußert werden.

Höhere Renditen beim Exit-Kanal IPO ziehen auch einen Preisanstieg bei alternativen Desinvestitionswegen nach sich. Steht der Weg einer Börseneinführung zur Verfügung, werden etwa bei Trade-Sale-Transaktionen höhere Zahlungen pro Anteil verlangt. Strategische Investoren müssen Angebote über dem Marktpreis – hier dem eines IPO – abgeben, um den Zuschlag und damit z.B. den gewünschten Technologietransfer zu erhalten. Im Ergebnis verbessern sich allgemein Desinvestitionsmöglichkeiten und -renditen. Geht man davon aus, dass Fonds zu jedem Zeitpunkt Mittel zur Verfügung stehen, ziehen verbesserte Veräußerungs- und Renditeaussichten eine verstärkte Beteiligungsnachfrage auf dem Private Equity-Teilmarkt für Investitionen nach sich. Bei kurzfristig stagnierendem Angebot führt dies zu steigenden Preisen – hier der Anteilsbewertungen. Sowohl Erst- als auch Folgefinanzierungen werden zu höheren Bewertungen durchgeführt.

Gemäß den Bewertungsvorschriften werden zu Marktkonditionen abgeschlossene Transaktionspreise als Anlass zur Wertberichtigung gehaltener Beteiligungen angesehen. Demnach werden Private Equity-Fonds ihre Unternehmensanteile aufwerten, den Residual-Value (auch Net Asset Value – NAV) erhöhen. Diese Variation der Portfoliobewertungen hat unmittelbare Wirkung auf die (quartalsweise) ausgewiesenen kurzfristigen Renditen.[16] Je nach Umfang der Neubewertung wird hier ein entsprechender Anstieg zu beobachten sein. Wie bereits dargestellt, sind kurzfristige Renditen, besonders im einjährigen Bereich, Grundlage der Anlageentscheidung von Momentum-Investoren mit kurzem Zeithorizont. Ihr Marktzutritt führt zu einem starken Anstieg der Mittelzuflüsse auf dem Teilmarkt des Fundraising. Es kommt zunehmend zum Overhang of Funds.

Ein Mittelüberhang der Private Equity-Fonds zieht umfassende Reaktionen und Folgen nach sich. Von besonderer Bedeutung ist hier vor allem das Overinvesting einzelner Regionen, Branchen und Unternehmen. Ausgelöst durch veränderte Wettbewerbsbedingungen zwischen den Fonds um finanzierungswürdige Investments, erfahren die Preise auf dem Teilmarkt für Investitionen einen abermaligen Aufschwung. Dadurch bedingt werden die Restwerte der Portfolios (der Residual Value) erneut angepasst, die Portfoliobewertungen weiter steigen. Dies führt wiederum zu einem Anstieg der ausgewiesenen kurzfristigen Renditen. Dadurch werden weitere Momentum-Investoren in den Markt eintreten. Weiterhin steigende Mittelzuflüsse und eine Expansion des Over-

---

15 Vgl. Amit/Brander/Zott (1998), S. 442.
16 Änderungen der Bewertung bestehender Beteiligungen resultieren in jedem Fall aus der Anpassung des Residual-Value. Im Folgenden ist daher unter dem Begriff der Portfoliobewertung eine Variation des Residual-Value zu verstehen.

hang of Funds sind die Folge. Dieser selbstverstärkende Mechanismus hält an, solange sich die entscheidenden Einflussvariablen nicht ändern. Aufgrund des Investitionsdrucks, dem Fondsmanager in Zeiten erhöhter Mittelzuflüsse unterliegen, werden zunehmend auch Investitionskriterien gelockert. Eine Abnahme der hohen Ansprüche an Portfoliounternehmen ist festzustellen. Dies führt zu einer Zunahme schlechter Qualitäten innerhalb der Beteiligungsportfolios. Viele Unternehmen erreichen die gesetzten Zwischenziele nicht und erhalten keine Folgefinanzierung.

Die Aufmerksamkeit gilt neuen Engagements, hier wird auch die zur Verfügung stehende Managementkapazität gebunden. Die sinkende Qualität des Monitoring führt zur Bewertungsabnahme bei bestehenden Beteiligungen. Gleiches gilt für die Einschränkung bei der Betreuungsintensität. Aktive Wertsteigerungen (Added Value) durch den Kapitalgeber sind nicht mehr oder nur eingeschränkt möglich. Eine steigende Zahl von Beteiligungen verbleibt im Portfolio. Damit können die bisherigen Veröffentlichungen zum Living-Dead-Phänomen bestätigt und in das Gesamtbild eingeordnet werden. Unter großem Renditedruck werden vor allem von unerfahrenen Fondsmanagern Beteiligungen vermehrt zu früh in einem ungünstigen Entwicklungsstadium veräußert. Es gelangen damit Unternehmen an die Sekundärmärkte, insbesondere an die Börse, welche die in sie gesetzten Erwartungen nicht erfüllen können. Nachfrage nach Emissionen besteht weiterhin, denn auch hier operieren Momentum-Investoren, die kurzfristige Renditeziele verfolgen. Dadurch ist die aktuelle kurzfristige Nachfrage höher als im langfristigen Durchschnitt. Die Mehrzahl der emittierten Unternehmen verliert in der Folge an Marktwert. Es kommt zum Phänomen der Long-run-Underperformance. Auch hier gelingt es, bisherige Veröffentlichungen in die Argumentation einzubeziehen und somit das Gesamtbild zu komplettieren. Durch steigende Nachfrage kommt es auf dem Aktienmarkt zu einem selbstverstärkenden und in eine spekulative Blase mündenden Prozess auf dem Markt für Private Equity. Zwischen seinen Teilmärkten wird der Impuls durch die einzelnen Bewertungsformen übertragen.

3.3 Wider die klassische Finanzierungstheorie

Nach klassischer Kapitalmarkttheorie unterliegt der sich auf dem gleichgewichtigen Wertpapiermarkt bildende Preis keinen anderen Einflüssen als der zu erwartenden Rendite und dem mit der Anlage verbundenen Risiko. Unterstellt werden hier gleiche Informationen und Erwartungen für alle Marktteilnehmer. Nach Scholes sind Unternehmensanteile abstrakte Anrechte auf erwartete Erträge in der Zukunft. Die Ertragslage ist dabei mit Unsicherheit behaftet. In der klassischen betriebswirtschaftlichen Finanzierungstheorie bestimmt sich der Gegenwartswert eines Unternehmens demnach aus den erwarteten zukünftigen Cashflows unter Berücksichtigung des damit verbundenen Risikos. Neue Erkenntnisse über zukünftig steigende Cashflows und/oder sinkende Ertragsrisiken führen zu Wertsteigerungen des betrachteten Unternehmens. Abschließend müssten Preise für nicht börsennotierte wie auch für bereits gelistete Unternehmensanteile, die Existenz naher Substitute vorausgesetzt, durch erwartete

Cashflows sowie durch den Gesamtkapitalkostensatz (etwa durch die WACC-Methode das implizite Risiko berücksichtigend) bestimmt sein.

Bisherige empirische Untersuchungen zeigen eine Abhängigkeit von Mittelzuflüssen (mündend im Overhang of Funds) und Anteilsbewertungen auf dem Markt für Investitionen. Dabei führt eine Verdoppelung der Zuflüsse zu einer Preissteigerung von ca. 20 Prozent.[17] Die eigene Analyse aktueller Daten bestätigt diese Ergebnisse. Ein Zeitzusammenhang zwischen durchschnittlicher Bewertung potenzieller Beteiligungsunternehmen und Mittelzuflüssen kann nachgewiesen werden.[18] Die Abhängigkeit dieser Steigerung der Anteilsbewertung von Erfolgsfaktoren oder verbundenem Risiko der Beteiligungsunternehmen (wie sie aus betriebswirtschaftlicher Sicht notwendig ist), erscheint daher fraglich.[19] Zumindest die langfristige Rendite (Erfolgsrate) von Private Equity-Anlagen lässt sich nicht direkt aus erwarteten Cashflows und spezifischen Risiken von Beteiligungsunternehmen ablesen. Die Realisierung einer eventuellen Wertsteigerung erfolgt erst bei Veräußerung. Maßgeblich für den erzielten Verkaufspreis sind die aktuellen Bedingungen am jeweiligen Sekundärmarkt. Ist etwa die Nachfrage auf dem Exit-Kanal Börse gering, sind selbst Emissionen von Anteilen rentabler und sehr erfolgreicher Unternehmen nur begrenzt möglich. Es müssen gegenüber dem langfristigen Durchschnitt große Preisabschläge hingenommen werden. Hier zeigt sich einmal mehr die Problematik des Ausweises kurzfristiger Renditen. Durch steigende Mittelzuflüsse ausgelöste Aufwertungen der Anteile auf dem Markt für Investitionen ziehen zeitnah Anpassungen der Portfoliobewertungen und damit kurzfristig steigende Renditen nach sich. Dadurch erscheinen Private Equity-Anlagen in Phasen starker Kapitalzuflüsse rentabler und ziehen weitere Mittel an. Die tatsächliche Rendite in diesem Zeitraum aufgelegter Fonds beziehungsweise der von ihnen investierten Mittel lässt sich jedoch erst viel später bei der Desinvestition ermitteln. Ist der Zugang zum Sekundärmarkt (vor allem die IPO-Möglichkeit) verschlossen, sind aus steigenden Portfoliobewertungen resultierende Renditen nicht länger möglich.

Vor dem langfristigen Hintergrund zeigt sich daher folgendes Bild: Fonds, die in Zeiten knapper Mittelzuflüsse beziehungsweise geringer Kapitalverfügbarkeit investierten, erzielten die höchsten Renditen.[20] Im Umkehrschluss geht rückblickend ein steigendes Kapitalangebot mit zeitnah sinkenden Renditen einher. Dies spricht dafür, dass mit Portfoliounternehmen, die in Zeiten großer Mittelzuflüsse und eines steigenden Overhang of Funds finanziert werden, nur unterdurchschnittliche Wertsteigerungen erzielt werden können. Grund hierfür kann zum einen das gestiegene Niveau bei Anteilsbewertungen sein. Zum anderen können auch fehlende Exit-Möglichkeiten hohe Veräußerungspreise und damit Renditen verhindern. Tendenziell wird eine erfolgreiche Desinvestition unwahrscheinlicher, je höher der Einstandspreis lag. Es existiert daher ein Zusammenhang zwischen Anteilsbewertung und Wertsteigerungschance. Der empirisch belegte Zusammenhang zwischen investitionsbereiten Mitteln

---

17 Vgl. Gompers (1998), S. 1097 sowie Gompers/Lerner (2000), S. 305.
18 Vgl. Bieber/Nowak/Schmidt (2003).
19 Anderweitige kausale Zusammenhänge wurden berücksichtigt, eine gemeinsame Einflussgröße konnte weitgehend ausgeschlossen werden. Vgl. Gompers/Lerner (2000), S. 305–307.
20 Vgl. Fenn/Liang/Prowse (1995), S. 57.

und Bewertungshöhe steht im Widerspruch zur klassischen betriebswirtschaftlichen Finanzierungstheorie. Es existieren offenbar keine hinreichend engen Substitute für Private Equity-Anlagen, wonach der Wettbewerb zwischen investitionssuchenden Gesellschaften forciert wird. Die stark steigende Nachfrage trifft auf ein kurzfristig starres Angebot. Im Ergebnis sind höhere Anteilsbewertungen zu verzeichnen. Diese stellen nicht etwa das Resultat betriebswirtschaftlich begründeter Unternehmensbewertungen dar, sondern sind Folge eines einfachen ökonomischen Angebots- und Nachfragemechanismus.

4 Schlussfolgerung

Um negative Entwicklungen zu vermeiden, müssen in erster Linie die Zeithorizonte von (institutionellen) Investoren auf allen Entscheidungsebenen dem Erfordernis von Private Equity angepasst werden. Insbesondere Versicherungen und Pensionsfonds definieren sich selbst als langfristig orientierte Anleger. Sie scheinen daher für Allokationen in Private Equity besonders geeignet. In der Praxis sind Kapitalanlagemanager institutioneller Investoren zu einem laufenden (etwa vierteljährlichen) Reporting und zur Schaffung interner Transparenz angehalten. Dies ist grundsätzlich aus Sicht aller Beteiligten zu begrüßen, darf jedoch nicht zu prozyklischen Entscheidungen von Aufsichtsgremien führen. Die mit konkreten Investitionen betrauten Personen können andernfalls ihren stets kommunizierten Long-Term-Ansatz nicht durchhalten und üben signifikanten Druck auf von ihnen beauftragte Fondsmanager aus. Fondsgesellschaften können sich letztlich nur den Anforderungen ihrer Investoren anpassen und verlassen zudem selten den Mainstream. Ein derartiges Vorgehen marktbestimmender Anleger lässt daher eine Verstärkung des Zyklus befürchten. Nur detailliertes Verständnis von Abläufen und Interdependenzen innerhalb des Private Equity-Marktes versetzt alle beteiligten Entscheidungsträger in die Lage, einen zyklischen Marktverlauf zu antizipieren und prozyklisches Handeln zu vermeiden.

Literaturverzeichnis

AMIT, R./BRANDER, J./ZOTT, C. (1998): Why do Venture Capital firms exist? Theory and canadian evidence, in: Journal of Business Venturing, Vol. 13, No. 6, S. 441–466.

BIEBER, P./NOWAK, E./SCHMIDT, D. (2003): Einfluss von Markterwartungen und Wettbewerbsintensitäten im Venture Capital Markt auf die Bewertung VC-finanzierter Beteiligungsunternehmen, Frankfurt/Main.

BRAV, A./GOMPERS, P. A. (1997): Myth or Reality? The Long-Run Underperformance of Initial Public Offerings: Evidence from Venture and Nonventure Capital-Backed Companies, in: The Journal of Finance, Vol. 52, No. 5, S. 1791–1821.

BYGRAVE, W. D./TIMMONS, J. A. (1985): An empirical model for the flows of Venture Capital, in: Frontiers of Entrepereurship Research, Wellesley.

BYGRAVE, W. D./TIMMONS, J. A. (1992): Venture Capital at the crossroads, Boston.

CHARLES RIVER ASSOCIATES/NATIONAL BUREAU OF STANDARDS (HRSG.) (1976): An analysis of venture capital market imperfections, Washington D.C.

CHEVALIER, J./ELLISON, G. (1997): Risk-taking by mutual funds as a response to incentives, in: Journal of Political Economy, Vol. 105, No. 6, S. 1167–1200.

FENN, G. W./LIANG, N./PROWSE, S. (1995): The Economics of the Private Equity Market, Board of Governors of the Federal Reserve System, Staff Studies No. 168, Washington.

GOETZMANN, W. N./PELES, N. (1997): Cognitive dissonance and mutual fund investors, in: The Journal of Financial Research, Vol. 20, No. 2, S. 145–158.

GOMPERS, P. A. (1998): Venture Capital growing pains: Should the market diet? In: Journal of Banking & Finance, Vol. 22, No. 6–8, S. 1089–1104.

GOMPERS, P. A./LERNER, J. (1998): What Drives Venture Capital Fundraising? In: Brookings Papers on Economic Activity, S. 149–190.

GOMPERS, P. A./LERNER, J. (2000): Money chasing deals? The impact of Funds inflow on Private Equity valuation, in: Journal of Financial Economics, Vol. 55, No. 2, S. 281–325.

IPPOLITO, R. A. (1992): Consumer reaction to measures of poor quality: Evidence from the mutual fund industry, in: Journal of Law and Economics, Vol. 35, No. 1, S. 45–70.

JENG, L. A./WELLS, P. C. (2000): The determinants of venture capital funding: Evidence across countries, in: Journal of Corporate Finance, Vol. 6, No. 3, S. 241–289.

LYNCH, A. W./MUSTO, D. K. (2003): How investors interpret past fund returns, in: The Journal of Finance, Vol. 58, No. 5, S. 2033–2058.

PEACOCK, I./COOPER, S. (2000): Private Equity: implications for financial efficiency and stability, in: Bank of England Quarterly Bulletin, Vol. 40, No. 1, S. 69–76.

RUHNKA, J. C./FELDMAN, H. D./DEAN, T. J. (1992): The „Living Dead" phenomenon in Venture Capital investments, in: Journal of Business Venturing, Vol. 7, No. 2, S. 137–155.

SIRRI, E. R./TUFANO, P. (1998): Costly search and mutual fund flows, in: The Journal of Finance, Vol. 53, No. 5, S. 1589–1622.

ZÜCHNER, P. (2005): Private Equity: Teilmärkte, Engpässe und Marktzyklus, in: Academic Readings on Private Equity, Vol. 2, Berlin.

Stefan Hepp

Private Equity-Märkte
Rückblick und Analyse der Entwicklung der internationalen Buy-out-Märkte

1 Trends der internationalen Private Equity-Märkte 21
   1.1 Jahresrückblick 2004 21
   1.2 Wertentwicklung 22
   1.3 Fundraising 25
   1.4 Unterschiede im Investorenverhalten zwischen Europa und den USA 27

2 Performancetrends der internationalen Buy-out-Märkte 29
   2.1 Internationale Expansion 30
   2.2 Rolle von US-Buy-out-Firmen im europäischen Markt 31
   2.3 Performancestudie 35

3 Zusammenfassung 41

1 Trends der internationalen Private Equity-Märkte

Die Private Equity-Industrie hat in den vergangenen Jahren einen starken Wandlungsprozess erlebt. Einerseits hat sich die relative Bedeutung von Venture Capital-Finanzierungen gegenüber Buy-outs in Europa und in den USA seit dem Platzen der Technlogieblase in Jahr 2000 deutlich unterschiedlich entwickelt. Andererseits ist die Private Equity-Industrie durch einen Konzentrationsprozess gekennzeichnet, welcher mit einer zunehmenden Globalisierung einhergeht. Der deutliche Anstieg der Performance von Private Equity-Anlagen hat zudem das Investoreninteresse wieder deutlich zunehmen lassen, was zu einem starken Anstieg der Neugeldaufnahme durch Private Equity-Fonds in den Jahren 2004-2005 geführt hat. In den nachfolgenden Abschnitten dieses Kapitels werden diese Trends genauer untersucht und ihre Bedeutung für die Zukunftsperspektiven der Private Equity-Industrie erläutert.

1.1 Jahresrückblick 2004

Die in Zollikon bei Zürich (Schweiz) ansässige SCM Strategic Capital Management AG hat im Rahmen ihres *Annual Review 2004 and Outlook 2005 for the Global Private Equity Markets* auch im Jahr 2005 wieder eine umfangreiche Analyse der Entwicklungstendenzen auf den internationalen Private Equity-Märkten durchgeführt. Dabei wurden sowohl die Anlageerträge von Private Equity-Fonds als auch der Zufluss von Neugeldern und das Investitionsverhalten untersucht. Wie in jedem Jahr markiert das Saisonende für die Jahresversammlungen der Private Equity-Fonds im Spätsommer den Zeitpunkt, ab dem verlässliche Performanceindikatoren für das vergangene Jahr vorliegen und somit schlüssige Aussagen über den Erfolg oder Misserfolg von Private Equity-Anlagen im vorangegangenen Jahr erlauben. Die Zahlen belegen, dass das Jahr 2004 ein sehr gutes Jahr für Private Equity-Anlagen war. Waren es im Jahr 2003 vor allem noch die Höherbewertungen von Portfoliogesellschaften, die für den Performanceanstieg verantwortlich waren, so sahen sich Investoren im Jahr 2004 mit einem sehr erfreulichen Anstieg der Rückzahlungen von investiertem Kapital und der Ausschüttung von Kapitalgewinnen konfrontiert.

Stefan Hepp

Abbildung 1: *Kapitalabrufe, Distributionen und Netto-Cashflows der US Private Equity-Industrie in Mrd. USD p.a.*

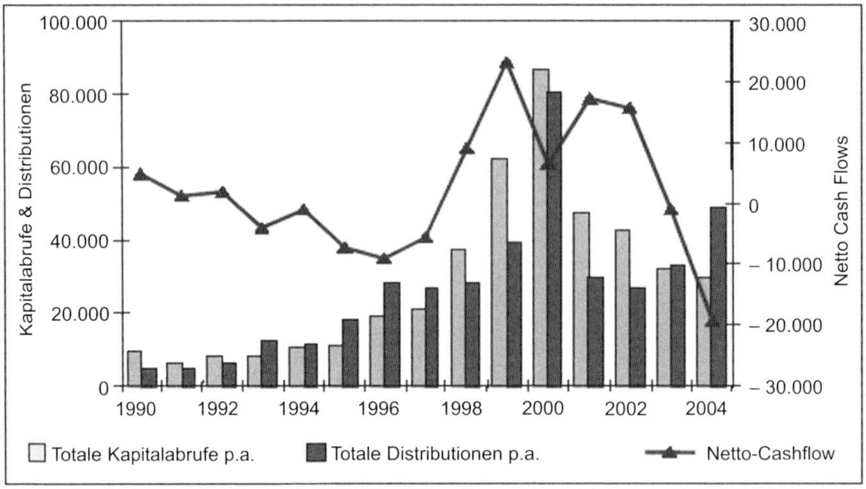

Quelle: Thomson Financial, Venture Economics, SCM Research

Insgesamt stiegen die Kapitalrückzahlungen um mehr als USD 57 Mrd. in den USA und in Europa an. Dieser Betrag überstieg das Neuanlagevolumen in Europa leicht und in den USA signifikant. Private Equity-Investoren beobachteten dadurch einen Rückgang des effektiv in diese Anlagekategorie investierten Kapitals. In den USA war seit 1996 kein so ausgeprägter Überschuss der Kapitalrückzahlungen gegenüber den Neuanlagen mehr verzeichnet worden.

1.2 Wertentwicklung

Hinsichtlich der Performance von Private Equity-Anlagen ist in Europa eine deutliche Verbesserung gegenüber dem Jahr 2003 festzustellen, welche angesichts der weiter steigenden Bewertungen der Portfoliogesellschaften und anhaltender Realisationen auch im Jahr 2005 eine Fortsetzung erfahren dürfte. In den USA war das Jahr 2004 das zweite Jahr in Folge, in dem Private Equity-Anlagen eine deutlich positive 1-Jahres Performance zeigten, und in Europa erzielten Private Equity-Anlagen zum ersten Mal seit dem Jahr 2000 wieder ein deutlich positives Resultat. Die relative Outperformance von Private Equity-Anlagen gegenüber kotierten Aktien war im Jahr 2004 sowohl in den USA als auch in Europa mit etwas mehr als sieben Prozent gleichermaßen hoch.

Abbildung 2: Ein-Jahres Performancevergleich

USA (31.12.2004) USD p.a.

	1 Year	3 Years	6 Years	10 Years
All Venture	7,33%	−9,99%	−4,14	5,91%
All Buyouts	24,35%	10,22%	9,30%	16,0%
All Private Equity	19,45%	5,56%	5,56%	14,35%
MSCI-Europe (EUR)	12,33%	−3,62%	−5,25%	9,97%

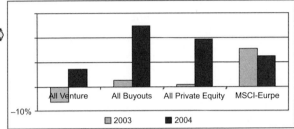

Quelle: Thomson Financial, Venture Econimics, SCM Research

USA (31.12.2004) USD p.a.

	1 Year	3 Years	6 Years	10 Years
All Venture	14,53%	−3,79%	−4,79%	21,66%
All Buyouts	16,51%	10,39%	3,69%	12,63%
All Private Equity	16,52%	6,30%	2,11%	18,40%
S&P500	8,92%	1,82%	−3,78%	10,19%

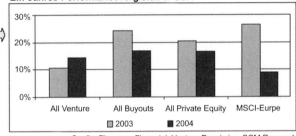

Quelle: Thomson Financial, Venture Econimics, SCM Research

Auch im 10-Jahres-Trend stellt sich die Outperformance von Private Equity-Anlagen gegenüber Aktienanlagen mit fünf bis sechs Prozent sehr überzeugend dar. Vergleicht man die Performance der einzelnen Teilbereiche von Private Equity in den USA und in Europa, so fällt die im Vergleich zu den USA etwas bessere Performance von europäischen Buy-outs und die deutlich schlechtere Performance von europäischen Venture Capital-Anlagen auf. Die gute Performance in Verbindung mit Diversifikationseigenschaften, welche nach Berechnungen der SCM zu einer Reduktion des Anlagerisikos um ca. zwei Prozentpunkte bei 20 Prozent Beimischung von Private Equity zu einem Aktienportfolio führen, hat das Investoreninteresse an dieser Anlagekategorie wieder deutlich ansteigen lassen. Neben den langfristig operierenden Investoren, welche aufgrund der Kapitalrückzahlungen ihre Neusubskriptionen erhöhen mussten, um die angestrebte Investitionsquote beizubehalten, sind auch viele Investoren wieder in die Anlagekategorie zurückgekehrt.

Abbildung 3 Risiko-Ertragsmatrix in USD 1980–2004

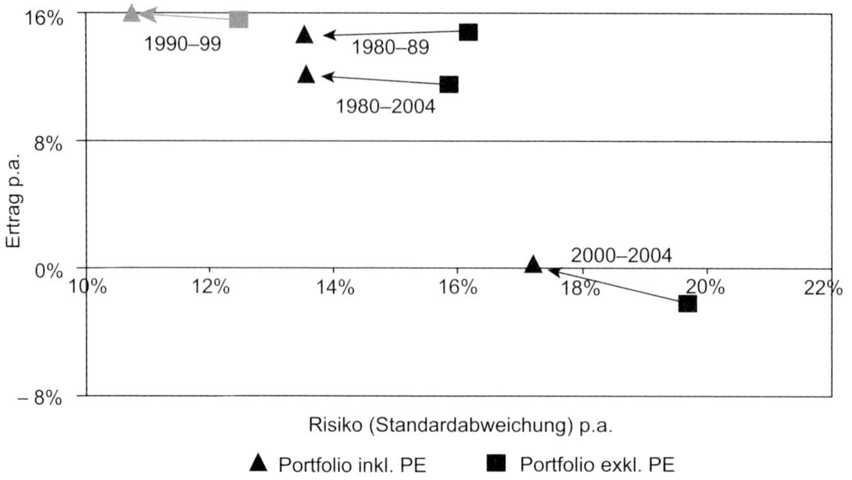

[Chart: Risiko-Ertragsmatrix zeigt Datenpunkte für 1990–99, 1980–89, 1980–2004 und 2000–2004. Y-Achse: Ertrag p.a. von -8% bis 16%. X-Achse: Risiko (Standardabweichung) p.a. von 10% bis 22%.]

▲ Portfolio inkl. PE   ■ Portfolio exkl. PE

Quelle: Thomson Financial, Venture Economics, SCM Research

Portfoliozusammensetzung

■ Portfolio exkl. PE mit 50% MSCI Europe, 50% S&P500

▲ Portfolio inkl. PE mit 10% US PE, 10% EU PE und 40% MSCI Europe + 40% S&P 500

Unter den Neueinsteigern befinden sich dabei sowohl Investoren, welche Private Equity-Anlagen nach dem Jahr 2000 den Rücken zugekehrt hatten, als auch Investoren, die aufgrund der Unsicherheit der vergangenen Jahre mit einem Einstieg in Private Equity-Anlagen gewartet haben. Besonders ausgeprägt ist der Trend zu Private Equity-Anlagen in der Versicherungswirtschaft. Die jährlich durchgeführte Umfrage von Frank Russel/Goldman Sachs unter den 100 größten institutionellen Anlegern der Welt ergab im Jahr 2005, dass europäische Institutionen einen weiteren Anstieg des Anteils von Private Equity-Anlagen in ihren Portfolios erwarten. Lag die durchschnittliche Gewichtung im Jahr 2005 bei den befragten europäischen Institutionen noch bei 4,5 Prozent der Gesamtanlagen, so wird mit 6,1 Prozent der Gesamtanlagen bis ins Jahr 2007 ein deutlicher Anstieg prognostiziert. Damit nähert sich der Portfolioanteil europäischer Institutionen auch jenem der amerikanischen institutionellen Investoren an, die im Jahr 2005 eine Gewichtung von Private Equity-Anlagen von sieben Prozent der Gesamtanlagen verzeichneten.

Private Equity-Märkte

1.3 Fundraising

Insgesamt hat das Fundraising der Private Equity-Industrie im Jahr 2004 deutlich zugenommen. Private Equity-Manager erhielten ca. USD 109 Mrd. an Neugeldern für ihre Fonds, was einem Anstieg von 34 Prozent gegenüber dem Jahr 2003 entspricht. Diese Entwicklung war in den USA besonders ausgeprägt. Dort stieg das eingeworbene Neugeld im Jahr 2004 um etwas mehr als 50 Prozent gegenüber dem Wert des Vorjahres. In Europa war der Anstieg der Neumittel deutlich geringer. Dies lag in erster Linie jedoch daran, dass praktisch keine großen europäischen Buy-out-Fonds aufgelegt wurden. Dies hat sich im Jahr 2005 deutlich geändert, da bereits die fünf größten Buy-out-Fonds ein Volumen von mehr als EUR 23 Mrd. eingeworben haben.

Abbildung 4: Kapitaleinwerbung nach Zielregion

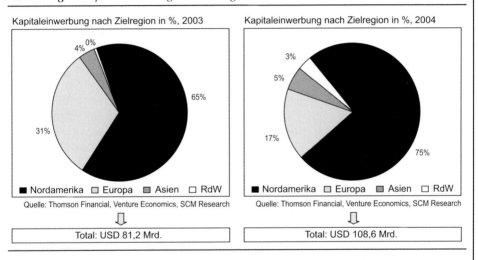

Bereits im Jahr 2004 war ein deutlicher Trend in der Private Equity-Industrie zu beobachten, größere Fonds aufzulegen. Auch im Jahr 2005 nahmen die Zielgrößen der neu aufgelegten Fonds tendenziell weiter zu. Bei den durch die SCM untersuchten 235 Anlagevehikeln, die im Zeitraum 01.01.05-30.09.05 lanciert wurden, war die Zielgröße von mehr als 50 Prozent der Fonds größer als der jeweilige Vorgänger-Fonds des Managers.

Abbildung 5: Entwicklung der Fondsgrößen, 2005

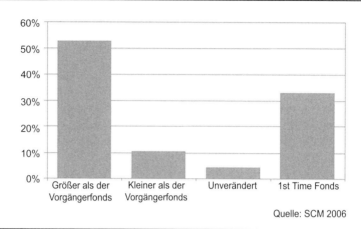

Quelle: SCM 2006

Dabei ist es immerhin zwei europäischen Firmen in den letzten Jahren gelungen, unter die 10 größten Private Equity-Firmen der Welt aufzusteigen. Zwar wird die Liste der größten Private Equity-Manager immer noch durch amerikanische Unternehmen dominiert, jedoch ist es neben den in Deutschland und England beheimateten Apax Partners auch CVC gelungen, unter die 10 größten Private Equity-Firmen vorzustoßen.

Abbildung 6: Die 20 größten Private Equity-Firmen (inkl. laufendes Fundraising) 2004

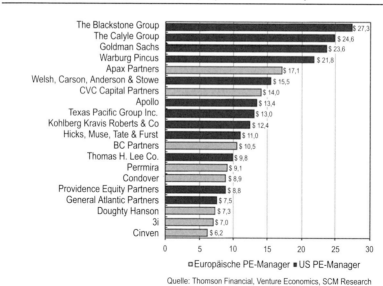

Quelle: Thomson Financial, Venture Economics, SCM Research

Private Equity-Märkte

1.4 Unterschiede im Investorenverhalten zwischen Europa und den USA

Abbildung 7: Zusammensetzung von PE-Anlagen 2004

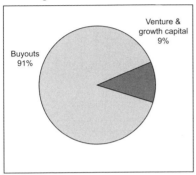
Zusammensetzung der amerikanischen PE-Anlagen 2004
Buyouts 91%
Venture & growth capital 9%
Quelle: Initiative Europe, SCM Research

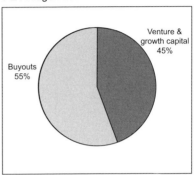
Zusammensetzung der amerikanischen PE-Anlagen 2004
Buyouts 55%
Venture & growth capital 45%
Quelle: NVCA, Thomson Financial, Venture Economics

Untersucht man die getätigten Transaktionen hinsichtlich der Finanzierungsphasen, so stellt man fest, dass zwischen den USA und Europa erhebliche Unterschiede hinsichtlich der Bedeutung von Venture Capital und Wachstumsfinanzierungen liegen. In den USA sind rund 45 Prozent der investierten Neugelder in diesen Bereich geflossen, was über dem historischen Durchschnitt von ca. 40 Prozent liegt. In Europa spielt diese Finanzierungsart mit 9 Prozent des Anlagevolumens eine nach wie vor bescheidene Rolle. Die bereits erwähnten Performanceunterschiede der Venture Capital-Industrie in Europa und in den USA finden natürlich auch ihren Niederschlag in der Bereitschaft der Investoren, neue Fonds zu finanzieren. Diese Bereitschaft ist in den USA ungebrochen, was sich in einem Wiederanstieg der in diesem Bereich investierten Mittel niederschlägt, wohingegen in Europa die Schwierigkeiten vieler Venture Capital-Manager, neue Fonds aufzulegen, in einer generellen Knappheit des Anlagekapitals und damit rückläufigen Anlagevolumina niederschlagen. Diese Trendumkehr ist auch im Jahr 2005 noch nicht in Sicht. Interessant ist die unterschiedliche Dynamik, mit der die Konsequenzen des Technologie-Booms auf beiden Seiten des Atlantiks durch die Private Equity-Industrie verarbeitet wurden. Dies lässt sich exemplarisch an der Entwicklung der Bewertungsveränderungen von Venture Capital-finanzierten Unternehmen darstellen.

Stefan Hepp

Abbildung 8: *Jährliche Veränderungen der Bewertung von VC-finanzierten Unternehmen 2001–2004 vor der Finanzierungsrunde*

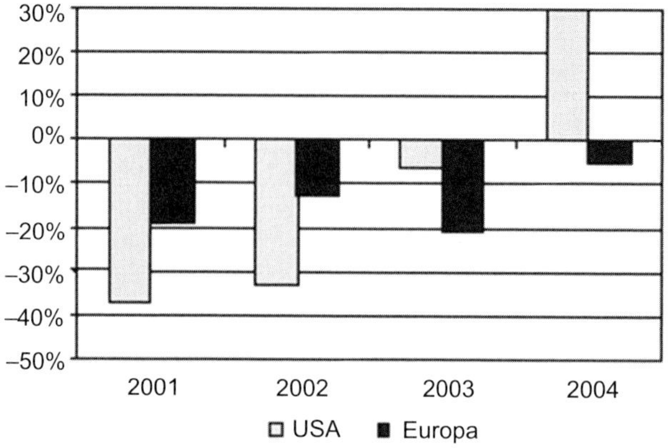

Quelle: VentureOne, SCM Research

In den USA wurden VC-Beteiligungen in den Jahren 2001 und 2002 um jeweils 35 Prozent und 32 Prozent abgeschrieben. Dies bedeutet, dass die Bewertungen innerhalb von zwei Jahren auf ein Niveau von ca. 44 Prozent der Bewertungen des Jahres 2000 sanken. Dieser Bewertungsrückgang reflektierte die Abschreibung vieler VC-Beteiligungen, welche sich nach dem Jahr 2000 als wenig aussichtsreich erwiesen haben. Die amerikanische Venture Capital-Industrie hat sich somit sehr schnell dem geänderten Paradigma hinsichtlich dem Potenzial von Kommunikations- und Internet-Gesellschaften angepasst und daraus geradezu brutale Konsequenzen gezogen. Im Vergleich dazu sanken die Bewertungen europäischer VC-Beteiligungen in den Jahren 2001-2002 gerade mal um ein Drittel. Diese eher gemächliche Abschreibungspolitik wurde jedoch um den Preis erkauft, dass der Trend zu tieferen Bewertungen in Europa bis ins Jahr 2004 anhielt. Während sich in den USA die Bewertungen im Jahr 2003 mit einem 6-Prozent-Abschlag fast stabilisierten und im Jahr 2004 sogar um rund 30 Prozent stiegen, verzeichnete Europa im Jahr 2003 einen weiteren deutlichen Bewertungsrückgang von rund 20 Prozent, und eine Stabilisierung bei einem 5-Prozent-Abschlag erfolgte erst im Jahr 2004.

Betrachtet man die Private Equity-Industrie insgesamt, so ergibt das Jahr 2004 das Bild einer Industrie, in der die Zeiten des Überflusses zurück sind. Dadurch wachsen für alle Marktteilnehmer die Risiken unnötiger Fehler. Die große Herausforderung ist es, die eigene Investmentdisziplin beizubehalten und als Investor ebenso auf die Disziplin der Fondsmanager zu achten. Die sorgfältige Due Diligence der Manager und ihrer Fondsangebote ist deshalb weiterhin ein zentrales Kriterium bei einer Investitionsentscheidung. Die SCM erwartet im Vergleich zu den klassischen Anlagekategorien auch für die Zukunft eine signifikant breitere Streuung der Anlageresultate der Manager innerhalb der Anlagekategorie Private Equity.

Abbildung 9: Verteilung der Managerresultate für verschiedene Anlagekategorien für einen Anlagehorizont von zehn Jahren

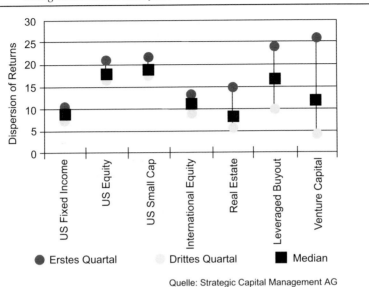

2 Performancetrends der internationalen Buy-out-Märkte

Das Jahr 2005 ist das Jahr der Mega-Buy-out-Fonds. Nach Informationen der SCM haben allein die fünf größten europäischen Buy-out-Fonds des Jahres 2005 mehr als EUR 23 Mrd. an Neumitteln aufgenommen. Angesichts der großen Zahl von renommierten Managern (z. B. Cinven, Candover, CVC, KKR Europe, BC Partners, Bridgepoint, Electra, Montagu, Hg Capital etc.), welche in diesem Jahr neue Fonds aufgelegt haben, ist davon auszugehen, dass ein neuer Rekord bei Neumittelzuflüssen in die europäische Buy-out-Industrie erreicht wird. Aber auch in den USA läuft das Fundraising der Buy-out-Industrie auf Hochtouren. So sammelte Goldman Sachs USD 8,5 Mrd. für einen globalen Fonds ein und Blackstone hat angekündigt, dass ihr neuer Fonds gar USD 11 Mrd. umfassen wird. Weiterhin sind mit Apollo, Madison Dearborn, Warburg Pincus, Carlyle und Fransisco Partners weitere Manager im Markt oder haben kürzlich neue milliardenschwere Fonds aufgelegt. Insgesamt wurden im Jahr 2005 rund USD 55 Milliarden durch die fünf größten amerikanischen Buy-out-Fonds aufgenommen.

2.1 Internationale Expansion

Damit setzt sich ein Trend fort, der bereits in den vergangenen 10 Jahren dazu geführt hat, dass ca. 1 Prozent aller heute aktiven Private Equity-Firmen rund 25 Prozent der gesamten Investorengelder erhalten haben, welche für Private Equity-Fonds, vor allem im Buy-out-Segment, gesprochen haben. Es ist dabei weiterhin zu beobachten, dass dieser Konzentrationsprozess mit zunehmend globalen Expansionsgelüsten der großen Private-Equity-Häuser einhergeht.

Hinsichtlich ihrer Strategie sind bei den Private Equity-Managern folgende Differenzierungen zu beobachten:

- Konzentration auf eine sektor- oder phasenspezifische Strategie (z.B. PAI, Apollo, Bain Capital, Providence, TH Lee, TPG oder Warburg Pincus,); oder

- Aufteilung der Fonds nach geografischen Schwerpunkten und separaten Anlageteams (z. B. APAX, Carlyle, KKR); oder

- Konzentration auf einen regionalen Schwerpunkt, was besonders bei europäischen Buy-out-Häusern noch der Fall ist (z.B. Permira, Cinven, CVC, BC Partners oder Candover).

Abbildung 10: Konzentration des Managements von Investitionsmitteln in der Private Equity-Industrie

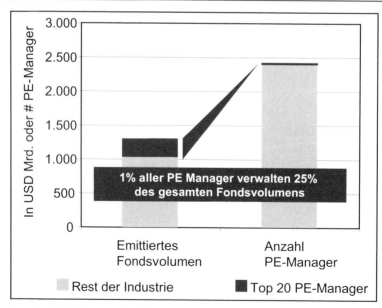

Quelle: SCM Research, CSFB

Jedoch ist auch bei jenen Private Equity-Häusern, die eine regionale Schwerpunktsetzung verfolgen eine gewisse Tendenz zum Ausbau der internationalen Präsenz zu beobachten. Dies ist schon alleine zur Unterstützung der oft global tätigen Portfoliogesellschaften erforderlich. Egal, ob man wie Carlyle oder KKR durch zwei separate Fonds in den USA und in Europa investiert oder wie Blackstone, Apollo oder Texas Pacific Group mit einem Fonds international tätig ist, der Trend zum Aufbau einer Marktpräsenz in den USA und (vor allem) in Europa ist bei den amerikanischen Buy-out-Firmen unverkennbar. Auch in Europa ist das Thema einer US-Präsenz unter den großen Buy-out-Firmen zumindest ein Thema und resultiert vereinzelt auch in konkreten Schritten zum Aufbau einer transatlantischen Marktpräsenz, wie sich dies zum Beispiel bei Apax Partners zeigt. Bis heute ist jedoch die internationale Expansion vor allem durch amerikanische Firmen betrieben worden und für viele Investoren stellt sich somit die Frage, wie erfolgreich dieses Unterfangen sein wird.

Die Antwort auf diese Frage hat dabei direkte Auswirkungen auf die Entscheidungen von Investoren im Hinblick auf die Neumittelvergabe. Sofern amerikanische Private Equity-Häuser den Nachweis erbringen, dass sie erfolgreich im europäischen Markt operieren und damit ihren Investoren einen effizienten Zugang zu europäischen Anlagemöglichkeiten bieten, könnte dies den Zugang europäischer Private Equity-Firmen zu den Geldern großer amerikanischer Investoren erschweren. Ein typischer europäischer Buy-out-Fonds erhält immerhin rund 50 bis 60 Prozent seines Kapitals von amerikanischen Investoren, womit eine solche Entwicklung durchaus nicht ungefährlich wäre. Gleichzeitig stellen sich auch europäische Investoren die Frage, wem sie im Wettbewerb um die besten Deals die größten Chancen geben, und auch hier ist die Antwort direkt für Entscheide hinsichtlich der Neumittelvergabe relevant. Amerikanische und europäische Buy-out-Firmen stehen somit in einem zunehmend direkten Wettbewerb sowohl bei den Portfoliotransaktionen als auch bei der Einwerbung von Neugeldern für ihre Fonds.

2.2 Rolle von US-Buy-out-Firmen im europäischen Markt

Die meisten amerikanischen Buy-out-Häuser eröffneten ihre Büros in London, wo zunächst einmal amerikanische Anlagespezialisten aus den jeweiligen Mutterhäusern die Leitung innehatten. Dieser Ansatz ist verständlich, wenn man sich die Notwendigkeit einheitlicher Anlageprozesse sowie einer einheitlichen Firmenkultur und Anlagephilosophie vor Augen hält. In dieser Aufbauphase suchten viele amerikanische Buy-out-Firmen die Kooperation mit europäischen Partnern, um einen Markteintritt in den europäischen Buy-out-Markt zu bewerkstelligen. Mit dem Ausbau der europäischen Büros wurden jedoch zunehmend europäische Anlagespezialisten rekrutiert, welche ihre eigenen Beziehungsnetze und Erfahrung in den einzelnen europäischen Märkten mitbrachten. Das größere Gewicht von lokalen Mitarbeitern erlaubte es zudem, eventuelle kulturelle Vorbehalte gegen einen Firmenverkauf an einen amerikanischen Käufer besser zu zerstreuen. Die SCM-Analyse der größeren Buy-out-Transaktionen in Europa hat dabei klar ergeben, dass die Bereitschaft amerikanischer Buy-out-Firmen zunimmt, auch in Europa Syndikate anzuführen oder Transaktionen alleine abzuschließen.

Abbildung 11: Marktanteil von EU- und US-GPs im europäischen Buy-out-Markt*

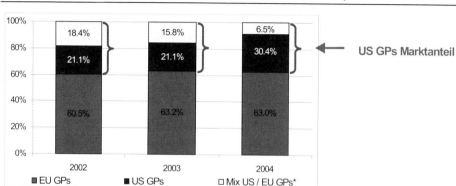

Quelle: Initiative Europe, SCM

*Transaktionsgrößen > EUR 400 Mio.

Die SCM hat in einer kürzlich publizierten Studie 118 Buy-out-Transaktionen der Jahre 2002-2004 untersucht, denen ein Transaktionsvolumen von mehr als EUR 400 Mio. zugrunde lag. Dabei ging es darum, konkret zu untersuchen, welche Firmen diese Transaktionen abgeschlossen haben bzw. welchen Anteil gemischte Syndikate von europäischen und amerikanischen Buy-out-Firmen am gesamten Transaktionsvolumen hatten. Wie die Abbildung 11 zeigt, gelang es den europäischen Buy-out-Firmen bis heute ihre Dominanz des europäischen Marktes aufrecht zu erhalten. Mehr als 60 Prozent des angeschlossenen Transaktionsvolumens europäischer Buy-outs der Jahre 2002-2004 wurde ausschließlich von europäischen Buy-out-Managern getätigt. Der Anteil der amerikanischen Buy-out-Firmen steigerte sich von rund 21 Prozent im Jahr 2002 auf über 30 Prozent im Jahr 2004. Dies ist auf den Rückgang des Anteils der gemischten Syndikate zurückzuführen, welcher im gleichen Zeitraum von ca. 18 Prozent auf 6.5 Prozent absackte.

Sortiert man die Manager nach der Anzahl europäischer Transaktionen, so rangieren bereits neun amerikanische Firmen unter den 18 Private Equity-Managern, die in den Jahren 2002-2004 drei oder mehr Transaktionen mit einem Volumen von jeweils mehr als EUR 400 Mio. abgeschlossen haben (siehe Abbildung 12).

Private Equity-Märkte

Abbildung 12: *Ranking der Manager nach Anzahl Transaktionen > € 400 Millionen*

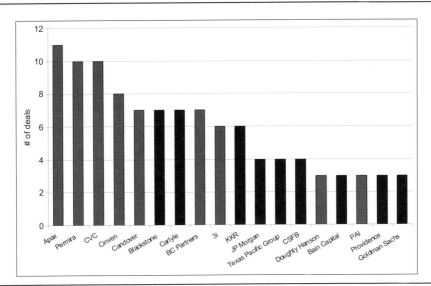

Schaut man sich die Rolle der amerikanischen Buy-out-Häuser in Europa etwas genauer an, so fällt auf, dass diese eine besonders wichtige Rolle bei relativ großen Transaktionen spielen. Bei acht der zwölf in Europa abgeschlossenen Buy-outs mit einem Volumen von mehr als EUR 2 Mrd. waren die Amerikaner zumindest in Syndikaten mit von der Partie oder haben den Buy-out sogar komplett alleine durchgeführt. Bei Transaktionen mit einem Wert von über EUR 3 Mrd. waren amerikanische Private Equity-Häuser sogar an jeder einzelnen Transaktion beteiligt.

Abbildung 13: *Ranking der Manager nach Anzahl Transaktionen EUR 400–999 Mio. und > EUR 1 Mrd.*

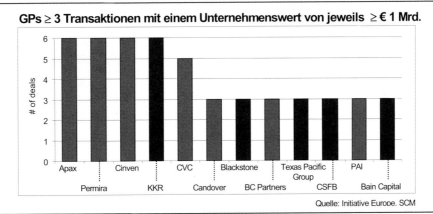

Auch ein Blick auf die geographische Verteilung der amerikanischen Buy-out-Aktivitäten in Europa führt zu interessanten Erkenntnissen. In der SCM-Studie wurde die Hitliste der Buy-out-Firmen mit drei oder mehr Transaktionen noch einmal separat für den europäischen Kontinent sowie England und Irland dargestellt. Es fällt dabei auf, dass von den acht Managern, die dieses Kriterium erfüllen, nur ein Viertel US-Firmen sind. In Kontinentaleuropa erfüllen 15 Manager dieses Kriterium und davon sind rund 47 Prozent amerikanische Manager (siehe Abbildung 14).

Abbildung 14: Ranking der Manager nach Anzahl Transaktionen > EUR 400–999 Mio. in UK & Irland sowie auf dem europäischen Kontinent

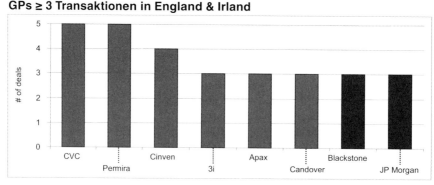

Quelle: Initiative Europe, SCM

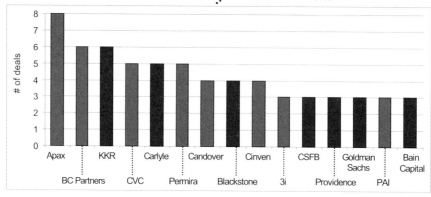

Quelle: Initiative Europe, SCM

Die Rolle der amerikanischen Buy-out-Häuser ist nirgends so augenfällig wie im deutschen Markt, wo mehr als 50 Prozent aller größeren Buy-out-Transaktionen unter Beteiligung amerikanischer Häuser stattfanden.

Im Gegensatz dazu hat die SCM den Eindruck, dass die Tatsache, dass die meisten großen europäischen Buy-out-Firmen ihre Wurzeln in England haben, dazu führte, dass deren Heimvorteil dort besonders stark ist und die Eintrittsbarrieren für ausländische Wettbewerber, eingeschlossen die amerikanischen Buy-out-Firmen, dort besonders hoch sind.

Insgesamt kommt die SCM zu dem Schluss, dass gerade im Bereich der großen Buy-out-Transaktionen mit mehr als EUR 1 Mrd. Transaktionsvolumen die Globalisierung des Private Equity-Geschäfts eine Tatsache ist, die sich nicht abstreiten lässt. Der Wettbewerb um Transaktionen in dieser Größenordnung wird somit tendenziell noch zunehmen, und es sind im Moment eher einige amerikanische Buy-out-Firmen, welche eine signifikante Rolle im europäischen Markt spielen. Somit sind es in erster Linie amerikanische Private Equity-Firmen, die im Fundraising plausibel darauf hinweisen können, dass ihre Fondsgrößen angesichts der wahrgenommenen Opportunitäten in den USA und in Europa gerechtfertigt sind. Im Gegensatz dazu ist es bisher noch keinem europäischen Private Equity-Haus gelungen, eine signifikante Position im amerikanischen Buy-out-Markt zu erreichen. Einzig Apax Partners hat mit der Übernahme der amerikanischen Firma Saunders, Karp & Megrue den Schritt in den US-Markt gewagt. Dabei muss Apax den Beweis, dass die transatlantische Strategie funktioniert, erst noch erbringen. Angesichts dieser Ausgangslage ist daher weiter damit zu rechnen, dass auch in nächster Zukunft amerikanische Private Equity-Firmen die größten Fonds auflegen. Grund dafür ist, dass die amerikanischen Manager heute noch die besseren Voraussetzungen haben, ihre Investoren von ihrer Fähigkeit zu überzeugen, eine transatlantische oder sogar globale Strategie erfolgreich umsetzen zu können.

Für den Investor stellt sich damit jedoch auch die Frage, ob es nicht angesichts dieser internationalen Konkurrenz, vor allem im europäischen Buy-out-Markt, nicht klüger wäre, mit Neumittelvergaben an solche Fonds generell etwas vorsichtiger zu sein und statt dessen eher in Buy-out-Fonds zu investieren, welche sich auf kleine und mittlere Transaktionen konzentrieren. Oft gehörte Argumente, die in diese Richtung zielen, beinhalten die geringere Transparenz dieser Marktsegmente, die größere Bedeutung des Heimvorteils und die Einlassung, dass es einfacher ist, EUR 100 Mio. Umsatz zu verdoppeln als EUR 1 Mrd. Die SCM hat versucht, auf die Frage der relativen Performance der Large Buy-outs gegenüber den Small/Mid Buy-outs eine Antwort zu finden.

2.3 Performancestudie

In ihrer jährlich publizierten Performance Review untersucht die SCM die Performance von rund 400 Private Equity-Partnerships, wovon die meisten in den USA und in Europa aktiv sind. Diese umfangreiche Datenbasis erlaubt es der SCM, die Frage nach der relativen Performance der Large- und der Small/Mid-Market Buy-out-Manager zu untersuchen.

Hierzu sind 319 Private Equity-Partnerships und 18 Dachfonds der Jahrgänge 1997-2002 mit ihren Bewertungen per 30.06.2004 von der SCM detailliert analysiert worden. Die untersuchten Performancekennzahlen sind (i) die „Total-value-to-paid-in-capital ratio" (TVPI), welche die Bewertung von unrealisierten Portfolio-Investments sowie jede Art von Kapitalrückzahlung im Verhältnis des vom Investor abgerufenen Kapitals misst und (ii) die „Distributed-value-to-paid-in-capital ratio" (DPI), welche die Distributionen im Verhältnis zu dem beim Investor abgerufenen Kapital darstellt. Beide Kennzahlen liefern einen Maßstab zur Bewertung geschaffener Werte für den Investor durch die einzelne Private Equity-Partnership. Während ein TVPI >1 auf einen positiven Ertrag des Investments über die Halteperiode hinweist, beschreibt der DPI-Faktor, wie hoch die bereits erfolgten Rückzahlungen im Verhältnis zum eingezahlten Kapital sind. Ein DPI >1 lässt somit darauf schließen, dass ein positiver Ertrag auf der Basis bereits realisierter Zahlungen schon erfolgt ist.

Vergleicht man die Verteilung der TVPI-Kennziffern von Large Buy-outs gegenüber jener von Small/Mid-Sized Buy-outs so wird deutlich, dass die von der SCM untersuchten Partnerships, die in diese Segmente fallen, eine deutlich größere Wertsteigerung bei den Large Buy-outs für Fonds der Jahrgänge 1997-2002 dokumentieren.

Abbildung 15: *Verteilung der TVPI-Ratios von Large Buy-outs und Small/Mid-Sized Buy-outs der Jahrgänge 1997-2002*

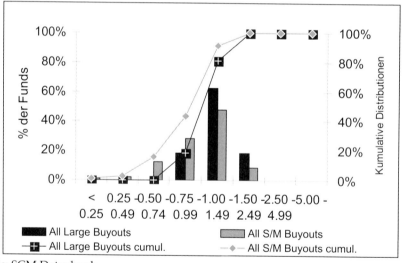

Quelle: SCM Datenbank

Vergleicht man die Large-Buy-out-Resultate in den USA mit jenen in Europa, so fällt auf, dass die europäischen Resultate etwas breiter verteilt sind als jene der amerikanischen Grundgesamtheit. Diese Streuung findet jedoch vor allem im positiven Bereich statt und belegt somit die Einschätzung vieler Investoren, dass europäische Large Buy-outs seit 1997 attraktivere Resultate erzielt haben als jene in den USA. Diese Aussage wird noch unterstrichen, wenn man den Umfang der Realisationen betrachtet, welcher in der DPI-Ratio, also dem Verhältnis zwischen dem einbezahlten und den zurückbezahlten Kapital, seinen Ausdruck findet. Auch bei dieser Kennzahl liegen die europäischen Fonds in der untersuchten Grundgesamtheit eindeutig vorn.

Abbildung 16: Verteilung der TVPI-Ratios von Large Buy-outs in Europa und in den USA

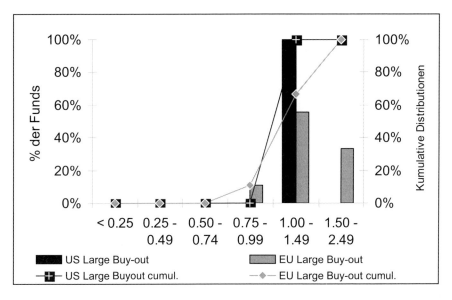

Quelle: SCM Datenbank

Dieses Bild verändert sich, sobald man sein Augenmerk auf die Small/Mid-Sized Buy-out-Fonds richtet. Dort liegen die amerikanischen Fonds hinsichtlich der insgesamt erzielten Wertsteigerung vorn, obgleich einige europäische Fonds sehr hohe Steigerungen der TVPI-Ratio ausweisen konnten. Hinsichtlich der Realisationen sind die amerikanischen Fonds, die dieser Untersuchung zugrunde liegen, jedoch deutlich aktiver gewesen, was sich in deren höherer DPI-Ratio niederschlägt.

Abbildung 17: Verteilung der TVPI-Ratios von Small/Mid-Sized Buy-outs in Europa und in den USA

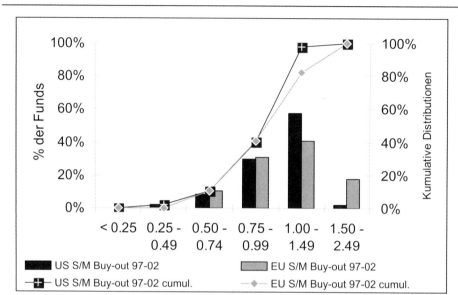

Bei den Neuinvestitionen der Private Equity-Manager in Portfolio-Gesellschaften ist insgesamt festzustellen, dass das Anlagevolumen etwas zurückgegangen ist. Die Veränderung im Jahresvergleich ist jedoch zu gering, um daraus einen Trend ableiten zu können. Die Vermutung liegt jedoch nahe, dass ein Umfeld, welches einen starken Anstieg der Realisationen möglich gemacht hat, bei Neuengagements gleichermaßen zur Vorsicht mahnt. Dies gilt vor allem für die USA, wo die Private Equity-Industrie vergleichsweise lange etabliert ist und die Konkurrenz von industriellen Käufern bereits wieder deutlich spürbar ist. In Europa schaffen der nach wie vor große Konsolidierungsbedarf in vielen Industriezweigen, die duale Herausforderung von Globalisierung und EU-Erweiterung sowie der anhaltende Trend zur Veräußerung von nicht strategischen Unternehmensteilen, auch weiterhin ein gutes Umfeld für interessante Neuanlagen. Dies erklärt auch die Tatsache, dass im Jahr 2004 das Volumen der europäischen Buy-out-Transaktionen noch einmal signifikant gestiegen ist und auch im Jahr 2005 eine rege Anlagetätigkeit beobachtet werden kann. Dieser Anstieg des Anlagevolumens war dabei überproportional zum Anstieg der Anzahl der abgeschlossenen Transaktionen, womit sich der Trend der vergangenen Jahre hin zu steigenden Transaktionsvolumen fortgesetzt hat. Mit einem Transaktionsvolumen von EUR 19,8 Mrd. im Jahr 2004 hält Deutschland einen Anteil von annähernd 25,8 Prozent (17,8 Prozent im Jahr 2003) der gesamten europäischen Buy-out-Transaktionen. Dieses Transaktionsvolumen lässt Deutschland näher an Großbritannien (EUR 26,0 Mrd.) heranrücken, und der Abstand zu Frankreich (EUR 10,7 Mrd.) wurde deutlich vergrößert. Bezogen auf die Transaktionsvolumina nimmt Deutschland damit klar Platz zwei in Europa ein. Analysiert man die durchschnittlichen Transaktionsgrößen, so wird die Dominanz Deutschlands bei den großen Transaktionen deutlich. Die durchschnittliche Transaktionsgröße in Deutschland war mit EUR 324,0 Mio. mehr als doppelt so hoch wie im Vergleich zum europäischen Durchschnitt von EUR 158,5 Mio. pro Buy-out-Transaktion.

Abbildung 18: Anzahl und totales Transaktionsvolumen europäischer Buy-outs in EUR Mio. 1995 – 2004

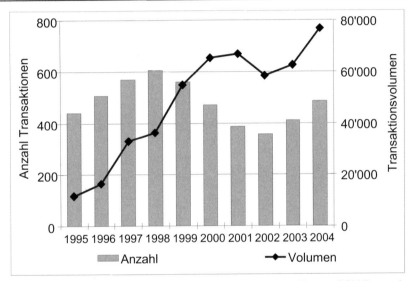

Quelle: Initiative Europe, SCM Research

Untersucht man die Verteilung der abgeschlossenen Buy-out-Transaktionen hinsichtlich der Transaktionsgrößen, so fällt besonders der Anstieg des mittleren Größensegments auf, mit einem Transaktionsvolumen zwischen EUR 100 Mio. und EUR 1 Mrd.

Stefan Hepp

Abbildung 19: *Transaktionsvolumen europäischer Buy-outs nach Größenkategorien in Mio. EUR 1995–2004*

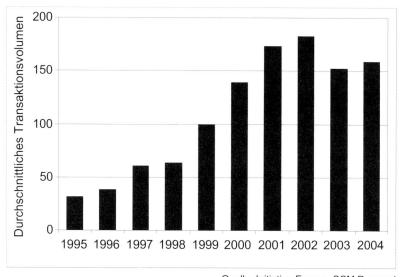

Quelle: Initiative Europe, SCM Research

Für den Investor ist das wachsende Volumen im Bereich der europäischen Buy-outs erfreulich, da es als Indiz für die anhaltende Attraktivität dieses Marktes gewertet werden kann. Dafür spricht auch das wachsende Interesse amerikanischer Buy-out-Firmen, die sich im europäischen Markt etabliert haben, dies jedoch nur im Bereich der Mega-Buy-outs überzeugend geschafft haben. Andererseits ist gerade für Private Equity-Neuinvestoren damit ein Problem verbunden: Private-Equity-Manager, die im mittleren Buy-out-Segment operieren, können ihre Fondsgrößen nur bedingt erhöhen und haben somit auch bei Zielgrößen von einer oder sogar mehreren Milliarden nur begrenzt Raum für Neuanleger. Der Zugang zu solchen Managern ist daher für Investoren ohne ein bereits bestehendes Beziehungsnetz besonders schwer, gerade auch, weil in diesem Bereich in den letzten Jahren gutes Geld verdient wurde und die bestehenden Investoren mit diesen Fonds in der Regel hoch zufrieden sind.

3 Zusammenfassung

Die Private Equity-Industrie hat in den vergangenen Jahren ein deutliches Wachstum hinsichtlich der neu eingeworbenen Anlagegelder und des durchgeführten Transaktionsvolumens durchgeführt. Die gute langfristige Performance sowie die deutliche Steigerung der Performance der letzten Jahre hat in Verbindung mit den erwiesenen positiven Diversifikationseigenschaften eine deutliche Steigerung des Investoreninteresses nach sich gezogen. Gleichzeitig sind die Investoren jedoch auch vorsichtiger geworden, was sich in der sichtbaren Präferenz für amerikanische gegenüber europäischen Venture Capital-Investitionen niederschlägt. Die Tatsache, dass der Leistungsausweis der europäischen Venture Capital-Industrie deutlich geringer ausfällt als jener der amerikanischen VC-Industrie darf dafür als Ursache gelten und hat auch dazu geführt, dass der Anteil der VC-Finanzierungen an den gesamten Private Equity-Anlagen in Europa deutlich geringer ausfällt als in den USA. Im Gegensatz dazu konnte sich die europäische Buy-out-Industrie sehr gut behaupten und auch gegenüber amerikanischen Buy-out-Fonds überzeugende Resultate liefern. Die Attraktivität europäischer Buy-out-Anlagen hat dabei nicht nur zu einem wachsenden Investoreninteresse geführt, sondern auch verschiedene amerikanische Buy-out-Häuser dazu bewogen, sich verstärkt in Europa zu engagieren. Dies erhöht nicht nur den Wettbewerb um Transaktionen, sondern auch um die Unterstützung einer internationalen Investorenbasis. Die Fähigkeit der führenden Buy-out-Häuser, zunehmend größere Fonds aufzulegen, ist dabei sowohl ein augenfälliges Merkmal der Konzentrationstendenzen innerhalb der Private Equity-Industrie, andererseits führt das Wachstum dieser Fonds auch zu einem zunehmenden globalen Wettbewerb um die Gunst der Investoren.

Trotz der schlagzeilenträchtigen Lancierung von Mega-Fonds auf beiden Seiten des Atlantiks hat sich das Umfeld für große Buy-outs nicht generell verschlechtert. Im Gegenteil, die großen Buy-outs haben im Vergleich zu den Transaktionen im Mittelstandssegment sowohl in den USA, als auch in Europa bislang zu besseren Resultaten für die Anleger und höheren Realisationsquoten geführt. Europa hat sich in diesem Bereich als die saftigere Weide entpuppt, was wiederum zum Teil das gestiegene Interesse der amerikanischen Buy-out-Häuser am europäischen Markt erklärt. Anders sieht das Bild bei den Small/Mid-Sized Buy-outs aus, wo die amerikanischen Fonds bisher hinsichtlich der gesamten Wertsteigerungen und den Realisationen gegenüber den Europäern vorn liegen. Das Interesse der Investoren, erfolgreiche Teams im Buy-out-Bereich auch bei neuen Fonds zu unterstützen und gerade auch im Large-Buy-out-Bereich größere Fonds zu finanzieren, kann aufgrund der hier dargestellten Tendenz hin zur Globalisierung der Large-Buy-out-Märkte und der Performanceerfahrung der letzten Jahre jedoch nicht einfach als spekulative Blase oder irrationales Anlageverhalten abgetan werden. Dazu kommt noch der Trend zu größeren Transaktionen, welcher auch größere Fonds zur Durchführung erfordert. Wenn man die Corporate Governance-Diskussion im Zusammenhang mit vielen Publikumsgesellschaften betrachtet, fällt es einem schwer zu glauben, dass gerade in Europa auch bei wachsenden Transaktionsgrößen auf absehbare Zeit ein Mangel an Investitionsobjekten besteht.

Josh Lerner/Antoinette Schoar

Theorie und empirische Evidenz der Illiquidität bei Private Equity

1 Einleitung 45
2 Institutioneller Hintergrund 46
3 Modell der Übertragbarkeitsrestriktionen bei Private Equity 48
4 Analyse der Gesellschaftsverträge 51
    4.1 Strategieschätzung 51
    4.2 Datenbasis 53
    4.3 Deskriptive Statistik 55
5 Test der Modellprämissen 57
    5.1 Limited Partners lernen die Qualität der General Partners kennen 57
    5.2 Limited-Partner-Kontinuität über die Fonds der Gesellschaften 60
    5.3 Untersuchung einer alternativen Hypothese 61
    5.4 Interpretation der Ergebnisse 63
6 Schlussfolgerung 64

Literaturverzeichnis

1 Einleitung

Volkswirte argumentieren seit langem, dass Liquidität nicht eindeutig vorteilhaft sein muss. Auf der einen Seite bietet Liquidität den Investoren eine Reihe von Vorteilen. Zum Beispiel bieten liquidere Anlagevolumen einen vorteilhaften Effekt durch verbesserte Performance-Messung und höheren Informationsgehalt der Aktienkurse.[1] Eine höhere Liquidität erlaubt es den Investoren außerdem, Gelder effizienteren Verwendungen zuzuführen.[2] Auf der anderen Seite hat die Literatur die Kosten dieser Investorenliquidität identifiziert. Viele Ansätze in diesem Beitrag basieren auf der Intuition, dass erhöhte Liquidität die Anreize großer Investoren reduziert, ihre Überwachungsrolle wahrzunehmen.[3] Dieser Aufsatz untersucht die rationale Erklärung für Liquidität, die sich von Governance-basierten Geschichten herleitet, wie sie die frühe Literatur dominiert hat. Hierfür verwenden wir das Modell von Lerner/Schoar (2004) an, in welchem der Manager eines Private Equity-Unternehmens explizit den Grad der Liquidität der Anteile wählt, um Investoren mit langen Investitionszeiträumen zu selektieren. Investoren, die erwarten, in der nahen Zukunft mit mehreren Liquiditätskrisen konfrontiert zu werden, würden diese Restriktionen als besonders beschwerlich erachten und deswegen von einer Investition absehen. Der Vorteil, eine besonders liquide Investorenbasis zu haben, ist dann besonders eminent, wenn die Firma sich dazu entschließt, erneut auf den Markt zu gehen und neue Investorengelder zu akquirieren. Wenn die neuen Investoren auf Basis von Liquiditätsengpässen sich dazu entschließen, nicht erneut zu investieren, können die außen stehenden Investoren nicht nachhaltig evaluieren, ob die Ursprungsinvestoren tatsächlich unter einem Liquiditätsengpass leiden, oder ob diese die Meinung erlangt haben, dass es sich hierbei um eine weniger attraktive Unternehmensbeteiligung handelt. Diese Transferbedingungen erlauben es den Managern, gestiegene Kapitalkosten beim frühen Fundraising gegen niedrigere Kosten bei zukünftigem Fundraising abzuwägen, indem das Problem, dass es sich bei der Investition um eine weniger attraktive Unternehmensbeteiligung (das so genannte Zitronen-Problem) handelt, im Kontext der außen stehenden Investoren minimiert wird.

Dieser Aufsatz ist wie folgt aufgebaut: Abschnitt 2 berücksichtigt den institutionellen Hintergrund von Private Equity und diskutiert ein illustres Fallbeispiel. In Abschnitt 3 beschreiben die Autoren das eigene Modell. Abschnitt 4 diskutiert die Datenbasis und analysiert bestehende Private Equity-Verträge. Abschnitt 5 diskutiert die ergänzenden Untersuchungen. In Abschnitt 6 ziehen die Autoren eine abschließende Schlussfolgerung.

---

1 Vgl. z.B. Holmström/Tirole (1993), Faure-Grimaud/Gromb (1999) und Scharfstein/Stein (2000).
2 Dies wird insbesondere in der Literatur über Liquiditätsschocks hervorgehoben. Vgl. Diamond/Dybvig (1983) und Shleifer/Vishny (1997).
3 Vgl. Bhide (1993) und Aghion/Bolton/Tirole (2000).

2 Institutioneller Hintergrund

Private Equity ist ein geeignetes Umfeld, um die Kosten und Vorteile von Liquiditität als Selektionsmechanismus zu untersuchen, da es ein Ausstattungsmerkmal repräsentiert, bei der die traditionelle Begründung für Illiquidität sowie die Nachfrage nach Governance nicht gegeben sind. Dieser Abschnitt diskutiert dieses Ausstattungsmerkmal ausführlicher. Private Equity-Fonds werden typischerweise in der Form von Gesellschaften mit beschränkter Haftung (Limited Partnerships) strukturiert. Im Unterschied zu Körperschaften haben diese Gesellschaften ein begrenztes Dasein von typischerweise zehn Jahren (wobei Verlängerungen von einigen Jahren denkbar sind). Die General Partners (die Manager des Private Equity-Fonds) investieren das bei den Limited Partnern – typischerweise große institutionelle und private Investoren – eingesammelte Kapital in unternehmerische oder restrukturierende Gesellschaften. Nachdem die Firmen an die Börse gebracht oder anderweitig verkauft wurden, wird der Verkaufserlös entweder in Form von Eigenkapital oder Bargeld zwischen den Limited und General Partners aufgeteilt, was zu einer engen Interessens- und Anreizkongruenz zwischen den beiden Parteien führt.[4] Konversationen mit Limited und General Partners von Private Equity-Fonds legen die Vermutung nahe, dass die Transferrestriktionen der Gesellschaftsanteile zum großen Teil durch die gegengerichteten Effekte motiviert sind, die solche Transaktionen auf den Geschäftsablauf des Fonds haben könnten. Das immer wieder kehrende Leitmotiv, das in Gesprächen mit Praktikern auftaucht, ist, dass die General Partners es vermeiden wollen, dass die jeweiligen Fondsanteile in den Händen von unsophistizierten Investoren ohne langfristige Kapitalbindung der Anlageklasse gegenüber landen, was im Einklang mit der Meinung steht, die dieser Aufsatz vertritt. Eine Anzahl von erfahrenen Praktikern wies auf die Erfahrung der ersten Private Equity-Fonds hin, deren Anteile zwischen den 40er und 60er Jahren frei handelbar waren.[5]

Die Durchsicht des historischen Datenmaterials bezüglich Venture Capital-Fonds des American Research and Development (ARD) legt die Vermutung nahe, dass die Liquidität der Fonds eine Reihe gegensätzlicher Effekte haben kann.[6] Beispielsweise hatte die Aufbringung von neuen Investorengeldern einen Verwässerungseffekt für die bestehenden Anteilseigner zur Folge. Als ARD weitere Investorengelder im Jahr 1958 einsammeln wollte, um eine Investition in Digital Equipment Corporation (welche schlussendlich für den Großteil der Wertsteigerung des Portfolios verantwortlich

---

4 Eine ausführlichere Diskussion über Private Equity-Fonds bieten Gompers/Lerner (1999b) sowie der Beitrag von Staubli in diesem Handbuch.

5 Diese ersten Fonds waren typischerweise als geschlossene Fonds oder Aktiengesellschaften und nicht als Gesellschaften mit beschränkter Haftung strukturiert. Diese Struktur basierte nicht auf der Wahl, sondern der Notwendigkeit, da diese ersten Fonds Schwierigkeiten hatten, Kapital aus institutionellen Quellen anzuzapfen. So wandten sich diese Fonds häufig an Investmentbanken, um Investorenkapital auf der Privatkundenseite durch ein öffentliches Angebot einzusammeln.

6 Diese Diskussion basiert auf den Unterlagen der Capital-Publishing-Company (verschiedene Jahre), Liles (1977) und der Georges-Doriot-Sammlung in den Archiven der Baker Library, der French Library und des Cultural Center in Boston.

waren) durchzuführen, mussten Anteile fast unterhalb von 40 Prozent des Nettoinventarwertes des Fonds veräußert werden (und dadurch sogar weiter unterhalb des echten Wertes der Fondsanteile). Auf der anderen Seite gab es aber auch keine unterstützenden Hinweise, dass Transferrestriktionen einen größeren Einfluss der Limited Partners nach sich ziehen. Gewöhnlich ist dies keine wesentliche Abwägung aus zwei Gründen. Zum einen sind Investitionen durch Private Equity-Fonds in hohem Maße illiquide und schwierig kurzfristig zu einem fairen Preis aufzulösen. Folglich würde sogar, wenn die Limited Partners sich einschalten würden, um eine Liquidation des Fonds zu fordern, dies sehr unwahrscheinlich einen Mehrertrag für ihre Bemühungen nach sich ziehen. Das Fehlen eines aktiven Engagements der Limited Partners in die täglichen Aktivitäten der Fonds schließt jedoch nicht die Sammlung von wichtigen Informationen über die Qualität und die Performance der General Partners, die den Fonds verwalten, aus. Diese Interaktion ermöglicht es den Limited Partners, eine informierte Meinung über die Qualität der Beteiligung sowie der General Partners zu entwickeln. Wenn die Partnerschaft sich als eine von niederer Qualität entpuppt, werden die Limited Partners es vermeiden, weiterhin in jegliche Fonds zu investieren, die von dieser problematischen Organisation aufgelegt werden. Zum anderen verhindert der Uniform Limited Partnership Act (ULPA) in den USA, welcher in seiner Originalversion in 48 der 50 Bundesstaaten in Kraft trat,[7] dass sich Limited Partners bei dem täglichen Management des Fonds einbringen. Unter Maßgabe dieses Gesetzes erstrecken sich die Verpflichtungen der Limited Partners ausschließlich auf die Höhe des Beteiligungskapitals, solange dieser Partner nicht an der „Kontrolle des Gesamtunternehmens" beteiligt ist.[8] Als Ergebnis riskiert jeder Limited Partner, der eine Aufsichtsfunktion oder andere Managementfunktionen übernimmt, den Status der „beschränkten Haftung", was schwerwiegende Konsequenzen für die Investoren nach sich ziehen könnte.[9]

Schließlich spielen aufsichts- und steuerrechtliche Rahmenbedingungen eine entscheidende Rolle bei der Entscheidung über die Übertragbarkeit von Beteiligungen an Unternehmen mit beschränkter Haftung. Die Fonds versuchen es zu vermeiden, unter die Vorschriften des Investment Company Act von 1940 zu fallen, welche kostenintensive Offenlegungsanforderungen für die General Partners nach sich ziehen würde. Wenn die Anteile an Unternehmen mit beschränkter Haftung frei übertragbar wären, dann würde der Fonds genauso wie der Limited Partner auf Basis der Beteiligung besteuert werden, was besonders schädlich wäre, da viele Private Equity-Investoren eigentlich steuerbefreite Institutionen darstellen. Die meisten Praktiker und Rechtsanwälte stimmen dahingehend überein, dass das Kontrollniveau über die Übertragbarkeits-Restriktionen, welche in den meisten Partnership-Verträgen eingebaut sind, bei weitem diejenigen übertreffen, welche das Aufsichts- und Steuerrecht verlangen.

---

7 Vgl. Harroch (1998).
8 Vgl. Revised Uniform Limited Partnership Act 303(a).
9 Diese Strukturen können durch die Einführung von Limited Liability Corporations (LLCs), hybriden Strukturen die zuerst im Jahr 1977 eingeführt wurden, aufgeweicht warden. Aufgrund der Neuartigkeit dieser Strukturen und der Höhe des potenziellen Risikos, waren Limited Partner bisher sehr zurückhaltend eine aktive Goverenance-Rolle, sogar bei Fonds die LLCs strukturiert wurden, zu begleiten. Eine Diskussion zu diesem Thema kann bei Burr (1982) und Feld (1969) gefunden werden.

3 Modell der Übertragbarkeits-restriktionen bei Private Equity

Warum würden Venture Capitalists Übertragsbarkeitsrestriktionen auf die Anteile einführen? Zum Nennwert reduzieren solche Restriktionen die Liquidität der Anteile am Unternehmen und sollten demnach deren Wert reduzieren, da Limited Partners, sogar diejenigen mit einer hohen Liquidität, für diesen Liquiditätsmangel kompensiert werden wollen. In diesem Abschnitt schlagen die Autoren ein einfaches Modell vor, warum Wagniskapitalisten von solchen Restriktionen langfristig profitieren können, sogar wenn sie kurzfristig den Wert reduzieren könnten, wenn sie die General Partners dazu bringen würden, den Investoren eine Liquiditätsprämie zu zahlen. Die zugrunde liegende Idee ist, dass Übertragbarkeitsrestriktionen angewandt werden, um Investoren mit langfristigen Investitionshorizonten zu finden. Hierbei wird unterstellt, dass sich Limited Partners in ihrer Wahrscheinlichkeit, mit der sie mit Liquiditätsengpässen konfrontiert werden und damit auch in der Wahrscheinlichkeit, mit der sie dazu gezwungen werden könnten ihre Partnership-Anteile zu veräußern, unterscheiden. Limited Partners mit einer höheren Neigung zu Liquiditätsengpässen würden diese Restriktionen insbesondere als nachteilig erachten und dadurch weniger dazu tendieren, in diese Fonds zu investieren als solche mit einer geringeren Wahrscheinlichkeit an Liquiditätsengpässen. Wir unterstellen, dass ex ante General Partners nicht wissen, welche Investoren liquide sind und welche nicht, aber dass die Limited Partners genau über ihr Committment gegenüber der Anlageklasse Private Equity Bescheid wissen. Durch die Erhebung dieser Restriktionen wird dem General Partner ein Pool an Limited Partners garantiert, welche besonders liquide sind.

Liquide Limited Partners sind aufgrund der sich wiederholenden Spielregeln des Fundrasing-Prozesses vorteilhaft für den General Partner. General Partners akquirieren im Normalfall alle paar Jahre neue Investorengelder. Wenn der General Partner Zugang zu potenten Investoren hat, wird er es nicht nötig haben, auf den Kapitalmarkt bei zukünftigen Fundraisings zurück zu greifen. So gesehen bewertet der General Partner die aktuellen Kosten des Eigenkapitals gegen den Nutzen der Sicherstellung des zukünftigen Zugangs zum Kapitalmarkt. Die Autoren werden zeigen, dass, je größer die Vorteile des Aufbringens eines Nachfolge-Fonds sind, sich desto eher dieser Trade-off in Richtung der Einführung von Übertragbarkeits-Restriktionen neigt, wenn alles andere unverändert bleibt.

Wir nehmen an, dass bestehende Investoren Insider-Information über die Qualität der General Partners im Zeitablauf des ersten Fonds erhalten. Unter der Voraussetzung, dass der General Partner keine Informationen über deren Wertentwicklung gegenüber der Öffentlichkeit offen legen muss, ist es der beste Weg, über die Qualität und Wertentwicklung eines General Partners etwas zu erfahren, darin investiert zu sein. So gesehen sind Insider die natürlichen Kandidaten in den nächsten Fonds des General Partners zu investieren, wenn sich herausstellt, dass der GP hochqualitative Arbeit leistet. In dieser Konsequenz ist der GP einem umgekehrten Selektionsproblem des außen stehenden Marktes konfrontiert. Wenn ein bestehender Limited Partner einen Liquiditätsengpass erleidet, ist der GP dazu gezwungen, sich an außen stehende Investoren zu wenden. Die Außenstehenden werden sich fragen, warum der Limited Partner den neuen Fonds außen vor gelassen hat. Sie können nicht unterscheiden, ob sich der bestehende Investor auf Basis von Liquiditätsgründen oder auf Basis qualitativer Faktoren dazu entschlossen hat, nicht in den neuen Fonds zu investieren. Deswegen werden außen stehende Investoren höhere Kapitalkosten veranschlagen als interne, die die Qualität des GP beurteilen können. Diese Annahme, welche – wie die Autoren annehmen – den Private Equity-Fundraising-Prozess akkurat beschreibt, bietet die zentrale Quelle der asymmetrischen Information in diesem Modell.[10]

Die Verfasser vernachlässigen auch strategische Verhaltensmuster der General Partners in der ersten Periode, da sie davon ausgehen, dass seine Qualität den Investoren sowie dem General Partner selbst unbekannt ist. Diese Annahme wird von vielen Beobachtern der Private Equity-Fundraising-Zyklus bestätigt. Sogar General Partners, die einen langen und erfolgreichen Track Record als Unternehmer oder Manager etablierter Firmen haben, bevor sie einen Private Equity-Fonds gründeten oder sich einem anschlossen, haben es oft schwer, im Private Equity-Bereich Fuß zu fassen. Ferner hat ein aktuelles Paper von Gompers und Lerner (1999a) explizit getestet, ob Wagniskapitalisten private Informationen über ihre Qualität haben oder nicht. Diese Untersuchung findet Anhaltspunkte die konsistent mit unserem Modell sind, nachdem Wagniskapitalisten keine privaten Informationen ex ante über sich selbst besitzen.

Dieses Modell der Autoren besteht aus zwei Akteuren: dem General und dem Limited Partner. Der Einfachheit modellieren die Autoren auch nur einen einzigen Limited Partner, unterstellen aber implizit dass es mehrere Limited Partners gibt und dass der GP die komplette Verhandlungsmacht besitzt.[11] Der GP will eine feste Kapitalsumme I aufbringen, um einen ersten Fonds zu finanzieren. Da der Auswahlprozess die zu-

---

10 Eine Ausweitung des Modells könnte die Einführung von Heterogenität in dem Niveau der Sophistizierung der Limited Partners sein. Wenn Investoren mit einem hohen Kapitalstock auch besser bei der Differenzierung von hoch-qualitativen und wenig-qualitativen Wagniskapitalisten sind, könnten liquidere Limited Partners bessere Fonds selektieren. Dieser Ansatz würde nur die Logik dieses Modells widerrufen, wenn es eine perfekte Korrelation zwischen hohem Kapitalstock und besserer Information geben würde. In diesem extremen Fall würden liquide LP die besten Fonds selektieren und niedrig-qualitative Fonds (und den nach diesen Annahmen eher illiquiden) würden den weniger sophistizierten Investoren vorbehalten sein. Demnach würde im Gleichgewicht kein Bedarf nach einem Auswahlprozess von Private Equity-Fonds bestehen. Dadurch, dass die Autoren nicht der Überzeugung sind, dass dies eine realistische Beschreibung des Private Equity-Investmentprozesses ist, sehen sie von dieser Erweiterung ab.
11 Formell produziert die Berücksichtigung all dieser Partner identische Resultate, kompliziert aber die Notation bedeutend. Der wesentliche Unterschied in einem Szenario mit mehreren LP ist, dass die existierenden LP eintreten könnten, um die Anteile eines anderen LP zu übernehmen, falls dieser einen Liquiditätsengpass erleidet. Die Logik dieses Modells bliebe unverändert, doch hätte der GP in der ersten Periode nach wie vor den Anreiz sicherzustellen, dass zumindest eine ausreichende Teilmenge der LP sehr liquide ist, um die Aufbringung von vermeiden Kapital vom außen stehenden Markt zu vermeiden. In der Praxis weisen LP und insbesondere Pensionsfonds oft enge Restriktionen auf, wie viel Geld sie in einen einzelnen Private Equity-Fonds investieren dürfen.

künftigen Kapitalkosten beeinflusst, nehmen die Autoren an, dass der GP plant, einen zweiten Fonds in der Zukunft aufzulegen. Es gibt zwei Arten von General Partnern in der Bevölkerung, einen guten Typ (mit Wahrscheinlichkeit p) und einen schlechten Typ (mit Wahrscheinlichkeit 1 – p). Der Fonds eines guten GP wird $V_G > 0$ wert sein, während der schlechte Private Equity-Fonds einen Wert von 0 haben wird. Beide Typen erhalten einen privaten Vorteil B für das Management des Fonds. Dies stellt sicher, dass sogar wenn der Wagniskapitalist wüsste, dass er einer von der schlechten Sorte wäre, er noch immer einen neuen Fonds auflegen würde. Die Autoren nehmen ferner an, dass zum Zeitpunkt des Fundraisings für den ersten Fonds weder der LP noch der GP wissen, ob der GP von guter oder schlechter Qualität ist.

Angenommen, dass I Dollar an Investorengeldern eingesammelt werden müssen, haben sich der GP und der LP darüber zu einigen, welcher Teil der Firma π der LP für seine Investition von I Dollar erhält.[12] LPs gibt es ebenfalls zwei Arten. Illiquide LP (die mit einer Wahrscheinlichkeit von q vorkommen) werden einem Liquiditätsengpass mit der Wahrscheinlichkeit λ_1 konfrontiert und liquide LP (Wahrscheinlichkeit 1 – q) werden einem Liquiditätsengpass mit einer Wahrscheinlichkeit von $\lambda_2 < \lambda_1$ konfrontiert. Die Autoren nehmen ferner an, dass die GP im Vorfeld nicht die Art des LP wissen, aber dass die LP die Wahrscheinlichkeit kennen, mit der sie einem Liquiditätsengpass ausgeliefert sein werden. Ein Liquiditätsschock bedeutet, dass der Investor seine Anteile verkaufen muss, nicht in neue Anteile investieren kann und die Kosten c zu tragen hat. Diese können entweder als Betriebskosten aufgrund der Unfähigkeit der Liquidierung der Anteile oder als Dollarkosten aufgrund des Verkaufszwangs unter Inkaufnahme eines hohen Abschlags interpretiert werden. Der Einfachheit halber setzen die Autoren das Zinsniveau in dem modellierten Markt auf Null. Das Modell wird über die folgenden vier Perioden angewandt (Abbildung 1).

Abbildung 1: Zeitleiste des Modells*

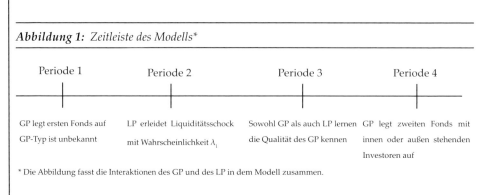

* Die Abbildung fasst die Interaktionen des GP und des LP in dem Modell zusammen.

---

12 In Wirklichkeit werden der GP und die Investoren über den Carried Interest und die Managementgebühr, die der GP erhält, verhandelt. Hier modellieren die Autoren der Einfachheit halber diese Verhandlung über den Anteil des Wertes, den der Investor erhält.

- In der ersten Periode sammelt der GP Gelder für den ersten Fonds ein. Der GP und der LP einigen sich auf den Anteil λ_2 den der LP in Austausch für seine Investition erhält. Die Art des GP ist beiden Parteien unbekannt und nur der LP weiß, ob er ein liquider oder illiquider Typ ist.

- In der zweiten Periode könnte der Investor einen Liquiditätsengpass erleiden. Dadurch, dass er noch nicht weiß, ob der Fonds, in den er investiert, ein guter oder ein schlechter Fonds ist, wird er nicht mit dem Zitronen-Problem konfrontiert, wenn er versucht seine Anteile zu veräußern.

- In der dritten Periode kennen beide Parteien die Art des GP. Mit einer Wahrscheinlichkeit von p ist der GP von guter Qualität. Dadurch, dass die tatsächlichen Erträge des Fonds erst realisiert werden, nachdem der zweite Fonds lanciert wurde, erhalten außen stehende Investoren keine Information über die Qualität des GP.

- Schließlich wird in der letzten Periode der neue Fonds platziert. Der GP wendet sich entweder an den außen stehenden Markt oder verlässt sich auf die bestehenden Investoren in Abhängigkeit seiner Liquiditätsgruppe.

Das Optimierungsproblem des GP ist die Maximierung seiner Erträge aus beiden Fonds. Er muss wählen, ob er Liquiditätsrestriktionen in der ersten Periode verlangt oder nicht. Deswegen lösen die Autoren das Modell, indem sie die Erträge mit und ohne Restriktionen berechnen und anschließend beide Ergebnisse miteinander vergleichen.[13]

4 Analyse der Gesellschaftsverträge

Dieses Modell ermöglicht die Überprüfung von einigen Vorhersagen. In diesem Abschnitt testen die Autoren die jeweiligen Prognosen.

4.1 Strategieschätzung

Ein wesentliches Argument ist, dass Limited Partners dann besonders beunruhigt über Liquiditätsrestriktionen ihrer Anteile sein sollten, wenn das asymmetrische Informationsproblem zwischen dem Markt und den Investoren besonders ausgeprägt ist. Die Autoren argumentieren, dass dieser Informationsunterschied durch eine Reihe von Charakteristika, wie der Abfolgenummer des Fonds, der Art der Investitionen, die der Fondsmanager tätigt, und der geografischen Domizilierung des Fonds beeinflusst wird. Dieser Eigenschaften sollten wiederum die Dichte der Übertragbarkeits-Restriktionen bewegen. Nach dem Modell der Autoren sollten die Gesellschaftsverträge

---

13 Weitere mathematische Details zu unserem Modell finden sich in Lerner/Schoar (2004).

besonders restriktiv für den ersten Fonds sein, den eine Private Equity-Gesellschaft lanciert, da zu diesem Zeitpunkt die asymmetrische Informationsverteilung besonders ausgeprägt ist. Die Autoren erwarten, dass die Übertragbarkeitsrestriktionen mit jedem Nachfolgefonds weniger stringent werden.[14] Ein weiterer Faktor, der die Höhe der asymmetrischen Information die Private-Equity-Gesellschaften beeinflussen könnte, ist die Leichtigkeit, mit der die zugrunde liegenden Vermögenswerte des Fonds bewertet werden können. Wenn alle anderen Einflüsse konstant gehalten werden, würde dieses Modell vorhersagen, dass diejenigen Fonds, deren Beteiligungen durch Außenstehende schwieriger zu bewerten sind, dichtere Übertragbarkeitsrestriktionen aufweisen sollten. Fonds, die in Sektoren investieren die viel Zeit benötigen, um wahrnehmbare Ergebnisse zu erzielen, könnten anfällig gegenüber erhöhten Informationsasymmetrien sein. Deswegen klassifizieren die Autoren die Fonds in die folgenden vier Industriesektoren ein: Pharma, Dienstleistungen, Telekommunikation und Computer/Internet. Die Autoren postulieren, dass Start-up-Unternehmen in der Pharmaindustrie einen deutlich längeren Vorlauf benötigen, bevor ihre Produkte die Marktreife erlangen, als Unternehmen in Software- oder Internet-Unternehmen.

Dieses Modell impliziert auch, dass Fonds, die in einem Umfeld agieren, in welchen Informationen einfacher transferiert werden können, weniger Liquiditätsrestriktionen aufweisen. Die Messung von Unterschieden in der Informationsdiffusion ist sehr schwierig und ein Näherungswert hierfür ist stets als groß und unvollständig zu betrachten. Eine potenzielle Dimension, die zusammen mit dem informatorischem Umfeld von Private Equity-Fonds variiert, ist deren lokale Kultur. Eine bekannte Studie von Saxenian (1994) analysiert die sozialen und informellen Netzwerke zwischen der Venture-Capital-Gemeinschaft im Silicon Valley, Kalifornien und der der Route 128 in Boston, Massachussets. Ihre Ergebnisse legen die Vermutung nahe, dass der Informationsaustausch schneller in der eng verbundenen Gemeinschaft im Silicon Valley diffundiert als in Massachusetts. Stuart und Sorenson (2002) kommen zu ähnlichen Ergebnissen, indem sie zeigen, dass die geografische Nähe eine wesentliche Quelle von Wissenstransfer in der Venture Capital-Industrie ist. Im Speziellen ist dies bei Staaten mit einer geringen Durchsetzbarkeit von Wettbewerbsverbotsklauseln wie z.B. Kalifornien zu beobachten, wo ein hoher Personalumschlag zu einer einfacheren Informationsdiffusion führt. In dem Kontext dieses Modells erwarten die Autoren geringere Übertragbarkeitsrestriktionen für Fonds, die in Kalifornien domiziliert sind.[15]

---

14 Eine Überlegung, die es für die Autoren schwieriger machen könnte, jegliche dieser Eigenschaften nachzuweisen, ist die Tendenz vieler Private Equity-Gesellschaften, bei Folgeprodukten dieselben Gesellschaftsverträge erneut zu verwenden, anstatt die Angemessenheit der Eigenschaften der ursprünglichen Verträge zu hinterfragen. Einige interessante Beispiele für Gesellschaftsvertragsrigidität befinden sich in Pittmann (1991).
15 Viele Venture Capital-Gesellschaften, die an der Ostküste der USA beheimatet sind, unterhalten außerdem Büros in Kalifornien. Aber im Allgemeinen tendieren Venture Capital-Gesellschaften dazu, den Großteil ihrer Investitionen in der Nähe ihrer Zentrale durchzuführen. Eine Reihe anderer Erklärungen könnten existieren, warum sich die Gesellschaftsverträge in Kalifornien und der Ostküste unterschiedlich entwickelten, doch ist festzuhalten dass das Gesellschaftsgesetz in den USA aufgrund der weit verbreiteten Gesetzesausfertigung der UPLA uniform ist.

Ein wichtiger Vorbehalt gegenüber diesen Querschnittstests ist, dass die Art der Investitionsgegenstände, in die ein Fonds investiert, eine Variable ist, die durch die Wahl und keinen Zwang des Fonds gekennzeichnet ist. Angenommen sei, dass die privaten Gesellschaften unterschiedliche, nicht beobachtete Fähigkeiten zur Erleichterung des asymmetrischen Informationsproblems in Respekt zum breiten Markt haben. Wenn die Fonds optimal zwischen den Investitionsarten wählen könnten, die für sie geeignet sind, könnten die Autoren im Gleichgewicht vielleicht keine Unterschiede zwischen den Liquiditäten der einzelnen Unternehmensanteile beobachten. Die Autoren sind allerdings der Meinung, dass das Eigenselektionsproblem weniger schwerwiegend ist als es vielleicht auf den ersten Blick erscheint, da die bestehenden Netzwerke von Private Equity-Organisationen zu großen Teilen die General Partners davon abhalten, frei zwischen Standorten und Sektoren zu wechseln. Aufgrund dieser Limitationen sind allerdings die Querschnittsergebnisse nur als unterstützende Beweise dieser Theorie zu interpretieren.

4.2 Datenbasis

Die Stichprobe der Autoren besteht aus 243 Private Equity-Fonds, zu deren Gesellschaftsverträgen sie Zugang hatten (siehe auch Tabelle 1). Dadurch dass diese Dokumente nicht öffentlich zugänglich sind, verlassen sich die Autoren auf die Sammlungen von einer Anzahl institutioneller und individueller Investoren. Um eine ungewollte Heterogenität (z.B. Einfluss der Wertpapieraufsichtsgesetze anderer Länder) zu vermeiden, eliminierten sie Fonds aus der Datenbasis, die nicht in den USA domiziliert sind. Gompers und Lerner (1996) verwendeten eine Untergruppe dieser Gesellschaftsverträge, um zu analysieren, wie die Verwendung von Verträgen das Verhalten der General Partners einschränkt. Zusätzlich sammelten die Autoren eine Vielzahl von weiteren Informationen aus anderen Quellen. Sie bestimmten das Alter der Private Equity-Organisation, den Standort der Zentrale und die Anzahl der Fonds anhand der Daten von Asset Alternatives (2001) und Venture Economics (1995, 2001) und der Privatplatzierungsdokumentationen, die bei der Platzierung der Fonds verwendet wurden. Die Gesellschaftsverträge, die sie von den Limited Partner gesammelt haben, sind ungleich. Einige waren sehr etablierte Private Equity-Investoren, die Zugang zu den angesehenen Fonds der Industrie hatten. Andere wiederum waren weniger etabliert und tendierten dazu, in jüngere und weniger prestigeträchtige Private Equity-Organisationen zu investieren.

Tabelle 1: Deskription der Private Equity-Fonds in der Datenbasis[16]

Variable	Mittelwert	Standardabweichung	Minimum	Maximum
Fondssequenz	5,4	4,9	1	36
Early-Stage Venture Fonds*	0,3		0	1
Buy-out-Fonds*	0,19		0	1
Fondsgröße (in Mio. USD)	451,8	778,4	10,5	6100
Gründungsjahr der Gesellschaft	1981	9,1	1946	2000
Jahr der Fondsschließung	1992	6,6	1974	2001
Domizil in Massachusetts*	0,26		0	1
Domizil in New York*	0,15		0	1
Domizil in Kalifornien*	0,35		0	1
Pharmaindustrie*	0,47		0	1
Computer-/Internetindustrie*	0,42		0	1
Dienstleistungen*	0,28		0	1
Telekommunikationsindustrie*	0,39		0	1

Die Stichprobe besteht aus 243 Fonds, die zwischen 1974 und 2001 aufgelegt wurden, wobei der Mittelwert 1992 beträgt. Während der Schwerpunkt von späteren Gesellschaften teilweise eine Konsequenz der größeren Leichtigkeit der Dokumentensammlung von aktuelleren Fonds ist, reflektiert dies auch das rasante Wachstum der Private Equity-Industrie in den vergangenen Jahren. Beachtliche Heterogenität besteht auch in der Fondsgröße und deren Investitionsschwerpunkt (ca. 20 Prozent der Fonds fokussieren sich auf Buy-outs und weitere 20 Prozent investieren ausschließlich in Early-Stage-Venture-Capital). Gleichzeitig haben 35 Prozent der Fonds ihr Domizil in Kalifornien, während 40 Prozent in den zwei Ostküstenstaaten mit der größten Private-Equity-Konzentration (Massachusetts und New York) beheimatet sind. Gleichzeitig ist zu beobachten, dass die Fonds unterschiedliche Sektorenschwerpunkte haben. Die Autoren klassifizieren die Datenbasis in folgende übergeordnete Industrien: Pharmaindustrie (basiert vorwiegend auf Biotechnologie-Investments), Telekommunikation, Dienstleistungen (hauptsächlich Unternehmens-Dienstleistungen) und Computer/Internet. Diese Heterogenität erlaubt es, spezifische Charakteristika der Fonds zu analysieren und in den Kontext der Übertragbarkeit der Gesellschaftsanteile zu setzen.

---

16 Die Stichprobe besteht aus 243 US Private Equity-Fonds. Die Tabelle indiziert die Schlüsselcharakteristika der Fonds und Private-Equity-Gesellschaften der Datenbasis. Dummy Variablen sind mit einem * gekennzeichnet. Die Dummy-Variablen addieren sich nicht auf 100 Prozent, da Private Equity-Fonds Aktivitäten in verschiedenen Sektoren berichten können.

4.3 Deskriptive Statistik

Es gibt viele verschiedene Vertragsregelungen, die Private Equity-Firmen anwenden, um den Gebrauch von potenziellen Anteils-Transfers einzuschränken. So verlangen beinahe 90 Prozent der Fonds dieser Stichprobe, dass der General Partner der Übertragung zustimmen muss, was es diesem effektiv gestattet, jeden Transfer, der im Konflikt steht mit seinen eigenen Interessen, zu unterbinden. Dennoch gibt es gewisse Ausnahmen, die es den Limited Partners erlauben, Anteile auch ohne die Zustimmung des General Partners zu übertragen. Die meisten Vertragsbestandteile fallen in eine von drei folgenden Klassen: Zum einen enthalten die meisten Gesellschaftsverträge verschiedene Bestandteile, die den Anteilsübertrag zu bestimmten Investoren und genau definierten Umständen ermöglichen. Zum Beispiel ist festzustellen, dass bei 36 Prozent der Verträge Veräußerungen an sophistizierte Investoren, bei 43 Prozent an Familienmitglieder und bei 28 Prozent an andere Limited Partners möglich sind. Andere maßgeschneiderte Vertragsbestandteile erlauben den Verkauf der Gesellschaftsanteile im Konkursfall (bei 3 Prozent der Fonds) oder an den Ehepartner nach einer Scheidung (bei 13 Prozent der Fonds).[17] Zum zweiten enthalten viele Gesellschaftsverträge detaillierte Bestandteile, die den Verkaufsprozess der Anteile vorschreiben. Beispielsweise gibt es bei zehn Prozent der Fonds der Datenbasis Restriktionen hinsichtlich der Anzahl der potenziellen Investoren, die Unternehmensanteile über den Sekundärmarkt kaufen dürfen. In ungefähr 30 Prozent der Verträge gibt es außerdem Klauseln, die vorschreiben, dass der gesamte Anteil eines Limited Partners in einer einzigen Transaktion oder dass Anteile nur an höchstens eine Person verkauft werden dürfen. Die dritte Art der Restriktionen reflektiert das regulatorische Umfeld der Private Equity-Gesellschaft.

Bei der Mehrheit der Gesellschaftsverträge beurteilen die Autoren, dass Transfers keine aufsichts- oder steuerrechtlichen Anforderungen gegenüber der Private Equity-Gesellschaft nach sich ziehen dürfen. Andernfalls würde dies eine Terminierung der Partnership-Anteile nach sich ziehen. Während nur 64 Prozent der Gesellschaftsverträge eine allgemeine Klausel beinhalten, dass ein Transfer keine Gesetze verletzen darf, kann dieselbe Schutzfunktion auch durch spezifischere Klauseln erreicht werden. Diese Eckpfeiler stammen von Bedenken im Kontext des Investment Compnay Act von 1940 und anderen Wertpapieraufsichtsgesetzen.[18] Die Autoren stellen fest, dass jüngere Private Equity-Gesellschaften dazu tendieren, mehr Vertragsbestandteile zu beinhalten, die den Transfer von Partnership-Anteilen durch die Limited Partners erleichtern. Gleichzeitig beinhalten diese Verträge auch mehr Klauseln, die die Kontrollmöglichkeiten der Übertragungen durch den General Partner erhöhen. Für Limited Partners sehr angenehme Bedingungen scheinen bei Early-Stage-Venture-Capital-Fonds, älteren

---

17 Der zweite Vertragsbestandteil kann vorwiegend in Gesellschaftsverträgen von Unternehmen mit ihrem Domizil in Kalifornien gefunden werden.
18 In diesem Kontext wollen die Autoren auf einen potenziellen Messfehler in ihrer Datenbasis hinweisen. In einigen Fällen erhalten besonders verhandlungsstarke Limited Partner Nebenabreden von den Private Equity-Fonds, die diesen bestimmte Ausnahmen gestatten. Allerdings ist die Sammlung von Informationen zu diesen Nebenabreden nahezu unmöglich. Die Intuition der Autoren ist allerdings, dass dies die Daten nicht besonders beeinflusst, da diese Limited Partners im Normalfall nicht bezüglich ihrer Liquidität beurteilt werden müssen.

Fonds, Fonds mit Domizil in Kalifornien und bei denen, die in den späteren Jahren unserer Datenbasis aufgelegt wurden, zu bestehen. Die Interpretation dieser Muster muss aufgrund der eindimensionalen Natur dieser Vergleiche sehr vorsichtig getätigt werden. Unglücklicherweise können die Autoren dies nicht bei der Firmenschätzung der Querschnittsergebnistests bezüglich des Standorts oder des Sektors hinsichtlich der Übertragbarkeit der Anteile anwenden, da so gut wie kein Unternehmen ihre Zentrale während des Untersuchungszeitraums verlegt haben.[19] Deswegen ist es unmöglich den Effekt, den eine Änderung dieser Charakteristika auf die Übertragbarkeit der Partnership-Anteile hat, zu messen.

Stattdessen verwenden die Autoren einfache Querschnittstests, um die Korrelation zwischen der Liquidität der Partnership-Anteile und den beobachtbaren Eigenschaften, wie z.B. das Domizil des Fonds, zu schätzen. In all diesen Schätzungen berücksichtigen sie auch Effekte, die in nur einem Jahr auftraten. Um den Einfluss der fondsspezifischen Heterogenität auf die Koeffizienten der Dummy-Variablen abzuschätzen, schätzen die Autoren die Ergebnisse erneut unter Berücksichtigung einer Anzahl von fondsspezifischen Variablen und analysieren, wie diese die Koeffizienten beeinflussen. Wenn sich die Größe der Koeffizienten der interessierten Variablen nicht nach dem Hinzufügen der Kontrollvariablen stark ändern, kann davon ausgegangen werden, dass diese Ergebnisse nicht von einer unbeobachteten, fondsspezifischen Heterogenität getrieben werden. So ist die Interpretation der Differenz zwischen Buy-out- und Venture Capital-Fonds uneindeutig. Die Autoren stellen fest, dass die Koeffizienten für diese Dummy-Variablen bei Venture Capital-Fonds signifikant positiv, für Buy-out-Fonds negativ und nur manchmal signifikant sind. Bei der Untersuchung der Änderung durch die Hinzunahme von Kontrollvariablen stellen die Autoren im Unterschied zu der Standort-Dummy-Variablen fest, dass die Signifikanz und die Höhe der Koeffizienten der Buy-out- und Venture Capital-Dummy-Variablen mit jeder weiteren Kontrollvariablen abnimmt. Bei der Anwendung dieser Dummy-Variablen auf die verschiedenen Industriesektoren stellen die Autoren fest, dass Fonds, die in die Pharmaindustrie investieren, signifikant höhere Transferrestriktionen aufweisen als der Durchschnitt. Fonds, die sich auf Computer- und Internetfirmen spezialisiert haben, haben deutlich weniger Auflagen als der durchschnittliche Fonds. Praktiker argumentieren, dass im Bereich der Pharmaindustrie die Investmentzyklen besonders lang sind. Deswegen sind die General Partners in diesem Sektor Subjekt von Informationsasymmetrien für eine längere Zeitperiode. Dies ist konsistent mit der Theorie der Autoren, dass solche Fonds sich mehr Gedanken über die Prävention von Anteilstransfers tätigen.

Schließlich untersuchen die Autoren auch die Zeitreihenvariation der Übertragbarkeit von Vertragsbestandteilen, um zu analysieren, ob Fonds, die zu Boom-Zeiten lanciert werden, ein stärker abweichendes Vertrauen auf diese Vertragsbestandteile setzen als diejenigen, die zu Bust-Zeiten platziert wurden. Allerdings können die Autoren kein eindeutiges Muster der Daten feststellen. Dies ist allerdings nicht überraschend, wenn der institutionelle Hintergrund der Private Equity-Industrie in Betracht gezogen wird. Auf der einen Seite fließen während Boom-Phasen beachtliche Kapitalsummen in die

---

19 Dieses Verhalten ist nicht einzugartig für diese Datenbasis, sondern eine Eigenschaft der gesamten Private Equity-Industrie.

Industrie und Investorengelder sind für die Produktanbieter deswegen einfacher zu generieren. Dies würde für reduzierte Transferrestriktionen sprechen. Auf der anderen Seite führen Boom-Phasen zu einer veränderten Zusammensetzung der Private-Equity-Investoren. Spezifisch sind in solchen Zeiten Kapitalflüsse von weniger liquiden Investoren zu beobachten, die kein langfristiges Committment der Anlageklasse Private Equity vorweisen, wie z.B. Privatinvestoren und Pensionsfonds mittlerer Größe. Dies spricht wiederum dafür, dass General Partners einen erhöhten Aufwand bei der Auswahl der Limited Partners betreiben müssen, um das negative Stigma, das mit kurzfristig-orientierten Investoren verbunden ist, die in einer Phase von negativen Renditen der Industrie aus dem Markt gehen werden (also in Phasen, in denen diese Liquidität besonders wertvoll ist), vermeiden wollen. Aufgrund dieser sich ausgleichenden Effekte ist es nicht offensichtlich, dass es im Vorfeld eine eindeutige Vorhersage über die Korrelation der Transferrestriktionen und der Marktliquidität geben sollte.

5 Test der Modellprämissen

Zwei zentrale Annahmen des Autorenmodells sind: (1) dass Limited Partners die Qualität der General Partners kennen lernen, wenn sie in deren Fonds investieren und dadurch mit weniger Informationsasymmetrien konfrontiert werden, sowie (2) dass eine beachtliche Persistenz in der Zusammensetzung der Limited Partners über die verschiedenen Fonds besteht, die von einer Private Equity-Organisation aufgelegt wurden. In diesem Abschnitt präsentieren die Autoren zwei Testmethoden, die die Modellprämissen unterstützen.

5.1 Limited Partners lernen die Qualität der General Partners kennen

Eine der wesentlichen Annahmen dieses Modell ist, dass Investoren Insider-Informationen über die zugrunde liegende Qualität der Fonds, in die sie investieren, erhalten. Um diese Idee zu testen, sammelten die Autoren die Informationen über die Private Equity-Investitionen von zwei großen und sophistizierten Limited Partners, die sie mit einigen der ursprünglichen Vertragsunterlagen versorgten. Die Sammlung dieser Informationen für eine größere Stichprobe an Limited Partners ist nahezu ausgeschlossen. Die Limited Partners, die diese Informationen zur Verfügung stellten, verwalteten ein sehr großes Vermögen und haben einen sehr langfristigen Investitionshorizont. Ihre Entscheidung, in eine Partnership erneut zu investieren, basiert vorwiegend auf den Erwartungen der zukünftigen Erträge und ist nicht durch kurzfristige Liquiditätsengpässe getrieben. Die Idee ist zu analysieren, ob die Partnerships, in die Limited Partners sich entschieden nicht zu reinvestieren (welche im Folgenden als *diskontinuier-*

liche Fonds bezeichnet werden), in Folge tatsächlich eine schlechtere Wertentwicklung erzielten als jene, in welche sie erneut investieren (kontinuierliche Fonds). In einem zweiten Schritt werden die Autoren untersuchen, ob es eine Korrelation zwischen der zukünftigen Fundraising-Fähigkeit der Fonds und der Entscheidung der Limited Partners, nicht erneut in diesen zu investieren, existiert.

Für diesen Zweck separieren die Autoren die Fonds in zwei Gruppen: die diskontinuierlichen und diejenigen, in die wieder investiert wurde. Die Autoren verbinden diese beiden anonymen Datensets mit der individuellen Fondsperformance auf Basis der Daten von Venture Economics. Die ursprüngliche Stichprobe bestand aus 111 Entscheidungen bis ins Jahr 1997, ob oder ob nicht erneut in ein Nachfolgeprodukt investiert werden soll.[20] Zwölf Beobachtungen waren doppelte Fonds und sieben konnten nicht mit den Daten von Venture Economics zugeordnet werden, so dass die Autoren diese aus der Datenbasis entfernten. Somit wurden 92 Fonds untersucht, von denen 70 als kontinuierliche und 22 als diskontinuierliche gelten. Das Ertragsmaß, das für diese Stichprobe verwendet wird, ist der Gesamtwert der Ausschüttungen an die Investoren geteilt durch das eingezahlte Kapital, abzüglich Managementgebühr und Carried Interest bis zum jeweiligen Lebensende des Fonds (wie von Venture Economics geliefert). Dies ist ein Standard-Performancemaß im Venture Capital-Bereich und wird von Venture Economics geliefert. Dieses Performancemaß ist einfach zu interpretieren und einfach zu vergleichen mit dem Marktdurchschnitt. Der Nachteil ist allerdings, dass es nicht die genauen Zeitpunkte der Kapitalströme berücksichtigt. Deswegen replizieren die Autoren ihre Tests auf Basis der Internal Rate of Return (IRR) als alternatives Performancemaß, stellen aber fest, dass die Ergebnis qualitativ unverändert bleiben. Die Autoren verwenden keine Interims-Performancemaße, weil solche größtenteils Unterschiede in den Reporting-Praktiken der jeweiligen Fonds reflektieren und nicht das effektive ökonomische Ergebnis repräsentieren.[21]

Die durchschnittlich realisierten Erträge der Fonds, in die nicht erneut investiert wurde, sind mit 170 Prozent geringer als die Erträge derjenigen Fonds, in die erneut investiert wurde (213 Prozent). Dies sind die Gesamtergebnisse über die gesamte Lebenszeit des Fonds von durchschnittlich acht bis zehn Jahren. Außerdem sind die Ergebnisse der Limited Partners in dieser Stichprobe höher als der Industriedurchschnitt. Diese Ergebnisse unterstützen die Vermutung, dass die Limited Partners, die diese Informationen lieferten, als sophistiziert einzustufen sind. Die Autoren präsentieren im Anschluss die marktadjustierten Erträge: Wertentwicklung minus dem Durchschnittsertrag aller Private Equity-Fonds, die im selben Jahr aufgelegt wurden.[22] Die Autoren stellen fest, dass die marktadjustierten Erträge der Fonds, in die die Limited Partners nicht wei-

---

20 Die Autoren haben dieses Cut-off-Datum verwendet, um sicher zu stellen, dass sie auf eine ausreichende Zeitperiode zurück greifen können, in welcher die Performance gemessen werden kann.
21 Eine detailliertere Diskussion über die Konstruktion von Performancemaßen im Private Equity-Bereich befindet sich in Kaplan und Schoar (2003) sowie in dem Beitrag von Gottschalg in diesem Handbuch.
22 Dies tun die Autoren deswegen, weil Venture Capital-Investments sehr lange Investitionshorizonte aufweisen und selten auf Basis von aktuellen Marktpreisen bewertet werden, was wiederum das Finden einer geeigneten Benchmark erschwert.

terhin investiert haben, signifikant niedrigere Erträge erzielten als diejenigen, in die sie erneut investierten. Kontinuierte Fonds haben die Venture Capital-Industrie durchschnittlich um 21 Prozent übertroffen, während die nicht-kontinuierten Fonds eine negative Überschussrendite von 36 Prozent vorzuweisen hatten. Dieser Unterschied ist deutlich signifikanter, da in viele Nachfolge-Fonds zu Zeiten sehr attraktiver Renditen im Venture Capital-Bereich nicht investiert wurde. Außerdem finden die Autoren Hinweise, dass Fonds, in die nicht erneut investiert wurde, im Durchschnitt größer waren als diejenigen, in die investiert wurde. Diese Erkenntnis könnte den Fakt reflektieren, dass viele sophistizierte Limited Partners davon Abstand nehmen, in Partnerships zu investieren, die zu schnell wachsen.[23] Nachdem die Autoren die auf die Nachfolgefonds folgenden Fonds der Partnerships untersucht haben, sehen sie, dass die diskontinuierten Fonds weniger schnell zu wachsen scheinen. Dieses Ergebnis zeigt, dass diskontinuierte Fonds Schwierigkeiten haben, oder dass die Entscheidung der sophistizierten Limited Partner, nicht weiterhin in diese Partnerships zu investieren, eine negative Signalwirkung auf andere Limited Partner ausübt.

Des Weiteren finden die Autoren Anzeichen, dass Fonds, bei denen die Limited Partners erneut investieren, Fonds mit höheren Gesamtvolumen auflegen als diejenigen, bei denen die Investoren nicht erneut investieren. Dieses Ergebnis bleibt auch bestehen, wenn die prozentuale Veränderung der Fondsgröße des aktuellen in Relation zu den zukünftigen Fonds gesetzt wird. Dennoch ist es so, dass Fonds, die direkt im Anschluss an die Entscheidung der Limited Partners, nicht in ein Nachfolgeprodukt zu investieren, lanciert werden, größer sind als diejenigen, in die erneut investiert wird. Dies scheint der durch die Autoren aufgestellten Theorie entgegenzustehen, dass der Fonds direkt nach der Entscheidung, dass die Limited Partners nicht erneut investieren, mit dem Zitronen-Problem konfrontiert wird. Zwei gegensätzliche Effekte könnte diese Erkenntnis erklären: Zum einen können die Autoren nicht beobachten, ob diese Fonds nicht noch größer gewesen wären, wenn der Limited Partner diese Fonds nicht aus seinem Portfolio entfernt hätte. Zum anderen, basierend auf Gesprächen mit Praktikern, verstehen die Autoren, dass viele sophistizierte Investoren sich von Partnerships trennen, wenn diese eine extreme Größe erreichen. Trotzdem wird die Entscheidung, einen Fonds zurückzulösen, häufig dann erst getroffen, nachdem andere Limited Partners sich bereits gegenüber dem Fonds kommittiert haben. Deswegen könnte die negative Information über einen Limited Partner, der nicht in Nachfolgeprodukte investiert, erst in den auf das erste Nachfolgeprodukte folgenden Fonds eine Auswirkung haben.

---

23 Vgl. z.B. Lerner (2000).

5.2 Limited-Partner-Kontinuität über die Fonds der Gesellschaften

Eine weitere kritische Annahme dieses Modells ist, dass es einen beachtlichen Grad der Kontinuität der Limited Partners zwischen verschiedenen Fonds einer Private Equity-Gesellschaft gibt. Um diese Frage zu klären, sammelten die Autoren Informationen über die aktuelle Zusammensetzung der Limited Partners für eine Untergruppe der Private Equity-Organisationen der Datenbasis. Allerdings bekamen sie diese Informationen lediglich von insgesamt elf Organisationen mit jeweils mindestens zwei Fonds, da viele Limited Partners durch ein Geheimhaltungsabkommen mit dem General Partner gebunden sind. Die Autoren sammelten diese Informationen über die Namen der Limited Partners durch die individuellen Unterschriften-Seiten im Anhang der Gesellschaftsverträge. Eine Eigenschaft der Unterschriften-Seiten, die die Analyse erschwerte, ist dass viele der großen Partnerships kollektive Titel für große Investoren-Untergruppen bei Nachfolgeprodukten in der Form „XX Partnership Investoren" verwenden. Gleichzeitig scheinen viele wohlhabende Investoren den eingeschalteten Intermediär zwischen den einzelnen Fonds zu ändern. Beispielsweise würde in den ersten Fonds eine Person direkt investieren, so dass der Name des Investors auf der Unterschriften-Seite auftauchen würde. Beim nächsten Mal investiert ein Intermediär wie z.B. seine Bank im Namen des Investors. In diesem Falle würde auf der Unterschriften-Seite stehen „Citybank als Investment Manager für Konto Y". Obwohl der Investor weiterhin in das Partnership investiert wäre, könnten dies nicht nachvollzogen werden. Diese Faktoren führen zu einer starken Verzerrung nach unten bezüglich der Höhe der Kontinuität, welche die Autoren vermuteten. Allerdings finden die Autoren trotz dieser Einschränkungen eine starke Persistenz bei dieser Stichprobe von Limited Partners, die weiterhin in Partnerships derselben Gesellschaft investieren. Im Durchschnitt investieren über 55 Prozent der Limited Partners dieser Stichprobe wieder in ein Partnership einer Private Equity-Gesellschaft, wenn sie bereits in einen Fonds derselbigen investiert sind. Die Analyse der Untergruppe der Partnerships, für welche alle Limited Partners eindeutig über die verschiedenen Fonds (sechs Private Equity-Organisationen) nachvollzogen werden können, steigt der Anteil der Wiederholungsinvestoren auf 84 Prozent. Diese Persistenz-Größenordnung bei der Zusammensetzung der Limited Partners scheint in Einklang zu stehen mit der in der Industrie allgemein vertretenen Meinung.[24]

---

24 Aufgrund der geringen Stichprobe ist es keine bedeutende Übung, den Anteil der Wiederholungsinvestoren der Fonds in den Kontext unserer Maße der Dichte der Übertragbarkeitsrestriktionen zu setzen.

5.3 Untersuchung einer alternativen Hypothese

Eine alternative Erklärung für den Fakt, dass Fonds mit einer längeren Kurshistorie weniger dichte Transferrestriktionen aufweisen, ist dass diese etablierten Fonds sehr verhandlungsstarke General Partners aufweisen. Ein erfahrener Private Equity-Investor würde sich nicht sehr einfach von den Forderungen einiger Limited Partners beeinflussen lassen. Während weniger erfahrene General Partners Übertragbarkeitsrestriktionen häufig anwenden, um potenzielle, aufmüpfige Investoren abzuschrecken, könnte es so sein, dass erfahrene General Partners sich weniger Sorgen machen, solche Investoren von einer Investition abzuhalten und sich deswegen weniger auf dichte Transferrestriktionen verlassen. Diese alternative Hypothese, dass sich die Beunruhigung von General Partners auf diejenigen Limited Partners beschränkt, die sich durch Liquiditätsrestriktionen abschrecken lassen, scheint allerdings einem gewissen Grad von anekdotischen Belegen zu widersprechen. Die aktuelle Entwicklung der Private Equity-Industrie zeigt, dass viel von diesem privaten Aktivismus durch den California Public Employees' Retirement Fund, der ein Gesamtvermögen von 150 Mrd US-Dollar hat, angetrieben worden ist. Eine Anzahl weiterer größerer Stiftungsvermögen von Universitäten haben außerdem sehr angesehene Private Equity-Spezialisten eingestellt, die nicht besonders reserviert gegenüber Verhaltensmustern sind, die ihnen Sorgen bereiten.[25] Deswegen scheint es unwahrscheinlich, dass ein aufgebrachter Limited Partner sich von Übertragbarkeitsrestriktionen abschrecken lassen würde. Zweitens scheint der Anspruch, dass etablierte General Partners weniger Aufmerksamkeit den Klauseln in den Gesellschaftsverträgen widmen, kontraproduktiv gegenüber den Ergebnissen von Gompers und Lerner (1996) zu sein. Diese untersuchten Vorschriften, welche General Partners in Venture Capital-Fonds zu Handlungen zwingen. Unter der alternativen Hypothese könnten etablierte Fonds so viele Restriktionen aufweisen wie ihre weniger etablierten Mitbewerber. Dadurch, dass sie sich keine Sorgen machen müssten, von Limited Partners belästigt zu werden, müssten General Partners nicht durch den zeitaufwändigen Prozess der Entfernung von Übertragbarkeits-Klauseln gehen, sondern könnten einfach die älteren Gesellschaftsverträge als Muster heranziehen.[26] Allerdings finden Gompers und Lerner heraus, dass Fonds, die von etablierten Venture Capital-Gesellschaften aufgelegt werden, signifikant weniger Restriktionen aufweisen. Beispielsweise hatte ein Fonds einer Gesellschaft, der zehn Jahre älter als der Durchschnitt war, um 25 Prozent weniger Auflagen bezüglich der Tätigkeiten der General Partners als ein Fonds einer Gruppe, die durchschnittliche unabhängige Variablen aufwies.

Schließlich kann in Anbetracht der aktuellen Konzessionen, die den Limited Partnern gegenüber gemacht wurden, festgestellt werden, dass etablierte General Partners eine höhere Kulanzleistungen gewähren als ihre weniger etablierten Mitbewerber. Die Autoren untersuchen die Venture Capital-Fonds, die während der Boom-Phase der New Economy zwischen 1999 und 2000 aufgelegt wurden, als die Limited Partners eine

---

25 Vgl. z.B. die Diskussion in Swensen (2000).
26 Wenn Limited Partners das Verlangen hätten, solche Restriktionen hinzuzufügen, würde diese Verhandlungsstärke vielleicht die Investmentkomitees, die diese beaufsichtigen, beeindrucken und der General Partner könnte lediglich einwilligen.

enorme Nachfrage nach Private-Equity-Investments hatten. In vielen Fällen wurden Fonds mit Bedingungen aufgelegt, die im Nachhinein aufgrund z.B. besonders hoher Managementgebühren, als den Limited Partnern unfair gegenüber eingestuft wurden. In Folge kündigten Ende 2001 und 2002 einige Venture Capital-Organisationen ihre Intention an, diese Fonds so zu restrukturieren, um deren Attraktivität aus Sicht der Limited Partners zu steigern. Beispielsweise wurden die Managementgebühren oder auch das Fondsvolumen reduziert. Im Folgenden untersuchen die Autoren, welche Fonds während dieser Periode Zugeständnisse an ihre Investoren tätigten. Die Autoren erwarten, dass diese Entscheidungen vorwiegend bei größeren Fonds und bei solchen zu beobachten sind, die signifikant mehr Investorengelder aufbringen konnten als ursprünglich geplant oder im Vergleich zum Vorgängerfonds. Allerdings ist das besondere Interesse in der Untersuchung festzustellen, ob die eher etablierten Gesellschaften weniger zu Kulanzlösungen neigen, als dies die alternative Hypothese nahe legt. Für diese Analyse identifizieren die Autoren in einem ersten Schritt alle Venture Capital-Fonds, die in den Jahren 1999 und 2000 geschlossen wurden. Anschließend eliminierten sie alle Buy-out-Fonds, Dachfonds und sonstigen Fonds, die ihr Domizil außerhalb der USA haben. Zur Identifizierung dieser Fonds verwendeten die Autoren den jährlichen „Fundraising Round-Up"-Abschnitt der Januar-Ausgaben des *Private Equity Analyst*, aus dem die Namen, das Jahr der Schließung, der Standort, das ursprüngliche Volumensziel sowie das Fondsvolumen entnommen werden konnten. Anschließend identifizierten die Autoren die Größe der vorherigen Fonds der Private Equity-Organisationen, welche sie in verschiedenen Quellen, wie z. B. Galante's Venture Capital and Private Equity Directory, Pratt's Guide to Venture Capital Sources, The Fitzroy Dearborn International Directory of Venture Capital Funds, den Internetseiten der Venture Capital-Organisationen oder der Pressestelle von Lexis-Nexis, fanden. In sechs Fällen konnte die Größe des vorherigen Fonds nicht bestimmt werden.[27] Die Autoren identifizierten die Venture Capital-Konzessionen bis zum Ende 2002 durch eine Reihe von Pressestellen sowie Diskussionen mit erfahrenen Limited Partners. Es ist schwierig zu bestimmen wie vollständig die Auswahl ist, aber aufgrund der intensiven Überprüfung durch die Medien der jeweiligen Schritte, gehen die Autoren davon aus, dass die Abdeckung gut ist. Fonds, die besondere Kulanz walten lassen, sind überproportional größer und platzieren mehr Geld am Kapitalmarkt als der Durchschnitt. Ansonsten lassen sich keine weiteren signifikanten Muster erkennen. Ein Vergleich des prozentualen Unterschiedes zwischen der Fondsgröße und entweder der ursprünglichen Zielgröße oder der Fondsgröße der Vorläuferfonds, scheint zu bestätigen, dass etablierte Gesellschaften eher zu Kulanzleistungen gegenüber ihren Limited Partners neigen. Dieses Ergebnis hält sogar Stand, wenn die Fondsgröße, das eingesammelte Volumen und das ursprüngliche Volumensziel in Relation zu den Vorläuferfonds gesetzt wird. Dieses Ergebnis ist signifikant in seiner Bedeutung.

---

27 In vielen weiteren Fällen waren die Fonds, die in den Jahren 1999 und 2000 aufgelegt wurden, die ersten Fonds dieser Gesellschaften, so dass es keine vorherigen Produkte gab.

5.4 Interpretation der Ergebnisse

Die empirischen Ergebnisse sollten als suggestive Beweise des theoretischen Rahmenwerks interpretiert werden, welches die Autoren in diesem Aufsatz entwickelt haben. Die Autoren können die Anzahl der potenziellen ausgelassenen Variablen der Querschnittsschätzungen nicht kontrollieren, teilweise weil diese nicht beobachtbar sind und teilweise aufgrund der engen Restriktionen bezüglich der Informationsoffenlegung in der Private Equity-Industrie. Trotz dieser Unzulänglichkeiten der Datenbasis bieten die Ergebnisse neue Einblicke in die Interaktion zwischen Private Equity-Fonds und ihren Investoren, ein Gebiet, das bisher sehr schwierig zu analysieren war. Die Autoren vertreten die Meinung, dass die positive Beziehung zwischen der Einfachheit des Transfers und der Sequenz-Nummer des Private Equity-Fonds der wesentliche Beweis für ihre Theorie ist. Die meisten anderen Theorien über die Transferrestriktionen würden entweder einen negativen Koeffizienten bezüglich der Sequenz-Variablen oder keinen Effekt implizieren. Eine alternative Hypothese, die genannt wurde, ist, dass der General Partner die Liquidität der Anteile reduzieren will, um die Transaktionskosten von folgenden Fundraising-Runden zu senken. Obwohl diese Theorie erklären könnte, warum es überhaupt Übertragbarkeitsrestriktionen gibt, kann dies allerdings nicht den dynamischen Effekt erklären, den die Autoren gezeigt haben. Unter der Annahme, dass der Wert der Zeit des General Partners im Zeitablauf steigt, da sie mehr außen stehende Möglichkeiten wahrnehmen könnten, würden die Autoren sogar das Gegenteil prognostizieren können. Es ist besonders treffend, dass Transferrestriktionen weniger stringent bei Nachfolgefonds sind, wenn berücksichtigt wird, dass sich die Verhandlungsmacht zwischen den Limited Partners und dem Fonds in Richtung der General Partners verschiebt, wenn diese es geschafft haben, eine interessante Kurshistorie aufzubauen. Zugleich ist es wichtig sich vor Augen zu führen, dass alle industrieweiten Veränderungen der Verhandlungsmacht (welche auch von einer Änderung der Angebots-Nachfrage-Seite herrühren könnte) die Schätzungen der Autoren nicht beeinflussen, da die Autoren alle jährlich befristeten Effekte durch ihre Spezifikationen kontrollieren. In einer ergänzenden Untersuchung zeigen die Autoren, dass Limited Partners in der Lage sind, Insider-Informationen über die Qualität der Partnerships während des Investmentprozesses zu sammeln und dass die zukünftige Fundraising-Fähigkeit von Private Equity-Gesellschaften niedriger ist, wenn die bisherigen Investoren nicht erneut investieren. Die Autoren zeigen außerdem, dass typischerweise eine beachtliche Kontinuität bei den Limited Partners besteht, welche in verschiedene Fonds desselben Anbieters investieren. Diese Ergebnisse bestätigen die Annahmen der Autoren in diesem Modell. Im Allgemeinen sind die Autoren der Überzeugung, dass die Ergebnisse interessante Belege der Wichtigkeit der asymmetrischen Informationsverteilung bei der Interaktion zwischen Private Equity-Fondsmanager und ihren Investoren sind. Schließlich untersuchen die Autoren eine alternative Hypothese, dass die Übertragbarkeitsrestriktionen als Abschreckung für Investoren mit einem kurzfristig-orientierten Investitionshorizont eingesetzt werden können. Etablierte General Partners machen sich nicht in demselben Maße Gedanken über unangenehme Limited Partners und meiden daher solche Restriktionen. Die Autoren präsentieren eine Reihe von annekdotischen und statistischen Belegen dafür, dass dies inkonsistent mit der alternativen Hypothese ist.

6 Schlussfolgerung

Dieser Aufsatz untersucht die rationale Begründung für Liquiditätsrestriktionen bei Private Equity-Investments. Die Autoren schlagen eine alternative bis governance-basierte Erklärung für diese Restriktionen vor. Das Modell kommt zu dem Schluss, dass die Liquiditätsrestriktionen der Unternehmensanteile der Investoren die Manager – in diesem Falle die General Partners – dazu veranlassen könnte, die Zusammensetzung der Investoren zu beeinflussen. Die Autoren modellieren explizit die Liquiditätsrestriktionen als eine Wahlvariable, die es den General Partners erleichtert, das gegensätzliche Selektionsproblem bei folgenden Fundraisingprozessen zugunsten von wohlhabenden Investoren zu lösen. Die Autoren testen diese Prognosen im Kontext der Private Equity-Industrie. Die Autoren finden Anzeichen, die im Einklang mit ihrer Theorie stehen, dass Fonds, die weniger anfällig gegenüber asymmetrischen Informationsverteilungen sind, weniger Liquiditäts-Restriktionen aufweisen. Zum Beispiel haben spätere Fonds derselben Private Equity-Gesellschaft weniger Restriktionen hinsichtlich der Übertragbarkeit der Partnership-Anteile. Dies ist konsistent ist mit der Idee, dass diese Fonds weniger von asymmetrischen Informationsverteilungen betroffen sind, da diese Firmen über etablierte Kurshistorien verfügen. Zusätzlich weisen Fonds, die in Industrien mit längeren Investitionszyklen investieren, auch höhere Übertragbarkeitsrestriktionen auf. Gleichzeitig tendieren Fonds mit Domizil in Kalifornien dazu, weniger Restriktionen als Fonds von der Ostküste in ihren Gesellschaftsverträgen zu berücksichtigen. Die Autoren finden außerdem Hinweise, die die Modellprämissen bestätigen. Im Speziellen zeigen die Autoren, dass existierende Investoren in der Lage sind, Insider-Informationen über die Qualität der Partnership zu erlangen.

Die Anwendung dieser Hypothesen ist als viel breiter und allgemeiner einzustufen als nur innerhalb der Private Equity-Industrie. Viele Corporate-Finance-Transaktionen verlangen Restriktionen, die über die Anforderungen der Wertpapieraufsichtsgesetze hinaus gehen. Die Untersuchung, bis zu welchem Grad dieselben Erklärungen greifen könnten, wäre die natürliche Erweiterung dieser Analyse. Ein Verständnis dieser Sachverhalte ist allerdings insbesondere innerhalb der Private Equity-Industrie dringend. In den vergangenen Jahren ist das Interesse von Teilen der Limited Partners bezüglich der Liquidation ihrer Gesellschaftsanteile gestiegen. In einigen Fällen ist dies die Folge der Reduzierung der gesamten Private Equity-Quote, in anderen Fällen war es der Wunsch, Gelder für zukünftige Private Equity-Investitionen zu reservieren.[28] Wie die theoretische Analyse vorschlägt, haben solche Bewegungen das Potenzial für sehr positive Eigenschaften, aber auch für Kosten. Demnach ist es für Akademiker und Praktiker gleichermaßen bedeutsam, ein besseres Verständnis für den Liquiditäts-Kompromiss zu entwickeln, welcher die gesamte Private Equity-Industrie dominiert.

---

28 Eine ausführliche Diskussion dieser Thematik liefert Toll (2000).

Literaturverzeichnis

Aghion, P./Bolton, P./Tirole, J. (2000): Exit options in corporate finance: liquidity versus incentives, Working paper. Harvard University, Princeton University, and University of Toulouse.

Asset Alternatives (2001): Galante's Venture Capital and Private Equity Directory. Asset Alternatives, Wellesley, Massachusetts.

Bhide, A. (1993): The hidden costs of stock market liquidity, in: Journal of Financial Economics 34, 31–51.

Burr, S. I. (1982): The potential liability of limited partners as general partners, in: Massachusetts Law Review 67, 22–34.

Capital Publishing Company, various years. SBIC/Venture Capital Reporter. Capital Publishing Company, Chicago (also known as SBIC Reporter).

Diamond, D. W./Dybvig, P. (1983): Bank runs, deposit insurance and liquidity, in: Journal of Political Economy, 91, 401–419.

Faure-Grimaud, A./Gromb, D. (1999): Public trading and private incentives. Working paper. London School of Economics and Massachusetts Institute of Technology.

Feld, A. L. (1969): The ‚control' test for limited partnerships, in: Harvard Law Review 82, 1471–1498.

Gilberg, D. J. (1986): Regulation of financial instruments under the federal securities and commodities law, in: Vanderbilt Law Review 39, 1599–1669.

Gompers, P. A./Lerner, J. (1996): The use of covenants: an empirical analysis of venture partnership agreements, in: Journal of Law and Economics 39, 463–498.

Gompers, P. A./Lerner, J. (1999a): An analysis of compensation in the U.S. venture capital partnership, in: Journal of Financial Economics 51, 3–44.

Gompers, P. A./Lerner, J. (1999b): The Venture Capital Cycle. MIT Press, Cambridge, Massachusetts.

Harroch, R. D. (1998): Start-Up and Emerging Companies. Law Journal Seminars-Press, New York.

Holmström, B./Tirole, J. (1993): Market liquidity and performance monitoring, in: Journal of Political Economy 101, 678–709.

Kaplan, S./Schoar, A. (2003): Private equity returns: persistence and capital flows. Working paper. Massachusetts Institute of Technology and University of Chicago.

Lerner, J. (2000): Yale University Investments: July 2000. Case no. 9-201-048. Harvard Business School Publishing, Boston, Massachusetts.

LILES, P. R. (1977): Sustaining the Venture Capital Firm. Management Analysis Center, Cambridge, Massachusetts.

LERNER, J. /SCHOAR, A. (2004): The illiquidity puzzle: theory and evidence from private equity, in: Journal of Financial Economics, 2004, v72 (1,Apr), 3–40.

LOSS, L./SELIGMAN, J. (1995): Fundamentals of Securities Regulation, third edition. Little, Brown, Boston, Massachusetts.

MCKEE, W. S./NELSON, W. F./WHITMIRE, R. L. (1997): Federal Taxation of Partnerships and Partners, third edition. Warren, Gorman, and Lamont, Boston, Massachusetts.

PITTMAN, R. (1991): Specific investments, contracts, and opportunism: The evolution of railroad sidetrack agreements, in: Journal of Law and Economics 34, 565–589.

SAXENIAN, A. (1994): Regional Advantage: Culture and Competition in Silicon Valley and Route 128. Harvard University Press, Cambridge, Massachusetts.

SCHARFSTEIN, D. S./STEIN, J. (2000): The dark side of internal capital markets: divisional rent-seeking and inefficient investment, in: Journal of Finance 55, 2537–2564.

SHLEIFER, A./VISHNY, R. W. (1997): The limits of arbitrage, in: Journal of Finance 52, 35–55.

STUART, T./SORENSON, O. (2002): Liquidity events and the geographic distribution of entrepreneurial activity. Working paper. Massachusetts Institute of Technology and University of California at Los Angeles.

SWENSEN, D. F. (2000): Pioneering Portfolio Management: An Unconventional Approach to Institutional Investment. Free Press, New York.

TOLL, D. M. (2000): Securitization of asset class begins to open vast sources of capital, in: Private Equity Analyst 10, 60–64.

VENTURE ECONOMICS (1995): Private Equity Fundraising Database. Unpublished computer file.

VENTURE ECONOMICS (2001): Pratt's Guide to Venture Capital Sources. Venture Economics, Newark, New Jersey.

VENTURE ECONOMICS (2002): Investment Benchmark Reports. Venture Economics, Newark, New Jersey.

Christian Andres/André Betzer/Mark Hoffmann

Leveraged Going Private-Transaktionen
Eine Analyse der Kursgewinne am europäischen Kapitalmarkt

1 Einleitung 69
2 Werttreiber europäischer LBO-Transaktionen. 70
   2.1 Direkte und indirekte Kosten des Börsenlistings. 71
   2.2 Verminderung von Agency-Kosten 71
   2.3 Verringerung von Informationsasymmetrien 73
   2.4 Marktineffizienzen. 74
   2.5 Winner's Curse 75
   2.6 Vermögenstransfers 76
      2.6.1 Vermögenstransfer von Fremdkapitalgebern 76
      2.6.2 Vermögenstransfer vom Staat 77
      2.6.3 Vermögenstransfer von Arbeitnehmern 77
3 Datenquellen und Methodik. 78
4 Ergebnisse der empirischen Untersuchung 81
   4.1 Ereignisstudie. 81
   4.2 Querschnittsregression 82
5 Schlussfolgerung 84
Literaturverzeichnis

Leveraged Going Private-Transaktionen

1 Einleitung

Im Rahmen des Aktienbooms und des zunehmenden öffentlichen Interesses an den Kapitalmärkten hat in den vergangenen zehn Jahren eine neue Form der Übernahmefinanzierung die Aufmerksamkeit europäischer Investoren geweckt: der Leveraged Buy-out (LBO). Die gestiegene Bedeutung dieser zuvor fast ausschließlich in den USA gebräuchlichen Finanzierungsart spiegelt sich beispielsweise an der Größenentwicklung des derzeit größten europäischen Leveraged-Buy-out-Fonds wieder. Der in 2005 geschlossene CVC European-Equity-Partner-Fonds weist ein Volumen von USD 7,2 Mrd. – und damit eine Steigerung gegenüber dem Vorgänger-Fonds aus dem Jahre 2001 um ca. 80 Prozent – auf. Ähnliche Entwicklungen sind ebenfalls bei den meisten anderen europäischen LBO-Fonds zu beobachten. Im Einklang mit dem Wachstum der Fonds steht das damit verbundene Wachstum der Anzahl sowie der Größe der Leveraged-Buy-out-Transaktionen. Lange Zeit war die im Juni 2003 bekannt gegebene Übernahme der italienischen Seat Pagine Gialle SpA mit einem Transaktionsvolumen von USD 4,4 Mrd. der größte LBO. Dieser wurde im Juni 2005 von der Ankündigung der Übernahme der italienischen Wind Telecomunicazioni SpA abgelöst (USD 14,3 Mrd.). Den vorläufigen Höhepunkt dieses Prozesses stellt die Ankündigung der Übernahme des dänischen Telekommunikationsunternehmens TDC durch ein Private-Equity-Konsortium im November 2005 dar (USD 15,3 Mrd.).

Bei einem Leveraged-Buy-out kauft eine Gruppe privater Investoren[1] in einer überwiegend mit Fremdkapital finanzierten Übernahme ein Unternehmen oder einen Teil eines Unternehmens. Obwohl ein signifikanter Anstieg des Fremdkapitalanteils bei der übernommenen Gesellschaft das deutlichste Charakteristikum eines LBO darstellt, sind typischerweise einige weitere Merkmale mit dieser Transaktionsform verbunden. So erhöht sich unter anderem der Anteil des Managements – welches meist mit den Investoren zusammenarbeitet – am Eigenkapital der (Ziel-)Gesellschaft in wesentlichem Umfang. Weiterhin hat die Veränderung der Eigentümerstruktur zur Folge, dass Strategie und Performance des Managements erheblich stärker überwacht werden. Insbesondere bei börsennotierten Unternehmen werden die im Vorfeld des Buy-out in Streubesitz gehaltenen Anteile auf einige wenige Personen konzentriert, die in der Regel in die Kontrollorgane eingebunden werden und somit einen großen Anreiz zur Ausübung ihrer Monitoring-Funktion haben. Auf der Managementseite führt die Verpflichtung zur Zahlung höherer Fremdkapitalzinsen aufgrund des höheren Fremdkapitalanteils einerseits und die stärkere Beteiligung am Eigenkapital andererseits zu einer erheblich verbesserten Anreizgestaltung,[2] da die eigenen Kapitalzuflüsse nunmehr sehr stark

---

1   Bei den Investoren handelt es sich um Private Equity-Investoren wie z.B. KKR (Kohlberg, Kravis, Roberts), Blackstone, die sich auf die Durchführung von leveraged-Transaktionen spezialisiert haben. Aufgrund ihrer Erfahrungen mit dieser Übernahmeform und den guten Verbindungen zu Fremdkapitalfinanzierungsquellen sind diese Investoren stets an LBO-Transaktionen beteiligt. Das Management bzw. die externen Käufer wären alleine nicht in der Lage, die benötigten finanziellen Mittel aufzubringen.
2   An dieser Stelle wird unterstellt, dass eine „optimale" Anreizstruktur die Maximierung des Unternehmenswertes im Sinne zukünftiger zu erwartender Einzahlungsüberschüsse anstrebt, also vollkommen mit den Zielen der Eigenkapitalgeber übereinstimmt.

mit den in der Gesellschaft generierten Mitteln (Cashflow) verbunden sind. Falls die Forderungen der Fremdkapitalgeber in der Zukunft einmal nicht bedient werden können, hätte dies unter Umständen zur Konsequenz, dass das Management nicht nur den Arbeitsplatz, sondern auch sein eingebrachtes Kapital verlieren würde. Im Gegensatz zu den Aktionären – welche kein vertraglich fixiertes Recht auf die Auszahlung ihres Gewinnanteils (Dividende) haben – könnten die am Fremdkapital beteiligten Investoren eine Liquidation des Unternehmens herbeiführen, falls die zugesagten Zins- und Tilgungszahlungen nicht geleistet werden. Im Ergebnis kann die zusätzliche Aufnahme von Fremdkapital im Zuge eines LBO – und die damit verbundene verbindliche Festlegung auf die Auszahlung zukünftiger Cashflows – also eine Art „Ersatz" für die Zahlung von Dividenden sein.[3]

Die Ankündigung eines LBO führt bei börsennotierten Unternehmen im Allgemeinen zu erheblichen positiven Kursreaktionen, da das Übernahmeangebot meist deutlich über dem momentanen Aktienkurs liegt. Diese Reaktion wurde bereits in einigen Studien für den amerikanischen Markt nachgewiesen. Im Rahmen dieses Beitrags stellen wir zum einen eine empirische Untersuchung dieser Überrenditen für die Alteigner von LBO-Unternehmen für den europäischen Kapitalmarkt mittels einer Ereignisstudie vor. Zum anderen sollen mit Hilfe einer multivariaten Regression verschiedene Hypothesen zur Identifikation der entscheidenden Werttreiber der ermittelten Überrenditen getestet werden. Da es sich bei den untersuchten Unternehmen folglich ausnahmslos um zuvor börsennotierte Gesellschaften handelt, werden die Begriffe LBO und Leveraged Going Private im Folgenden äquivalent verwendet.

2 Werttreiber europäischer LBO-Transaktionen

Nach der neoklassischen Finanzierungstheorie wird der Wert eines Unternehmens (unter gewissen Annahmen) nicht durch dessen Kapitalstruktur beeinflusst.[4] Die Berücksichtigung steuerlich abzugsfähiger Fremdkapitalzinsen und Insolvenzkosten relativiert diese Aussage zwar,[5] kann allerdings nicht als einzige Erklärung für die in den empirischen Studien ermittelten Überrenditen dienen. Um die Durchbrechung des Irrelevanztheorems erklären zu können, muss eine zentrale Annahme der neoklassischen Finanzierungstheorie in Frage gestellt werden. Das Separationstheorem besagt, dass Investitionsentscheidungen unabhängig von der Kapitalstruktur – und der Eigentümerstruktur – getroffen werden können, und daher die Annahme eines gegebenen Investitionsprogramms zulässig ist. Die im Weiteren vorgestellten und zum Teil empirisch nachgewiesenen neoinstitutionalistischen Erklärungsansätze widerlegen

---

3 Vgl. Jensen (1989), S. 67.
4 Vgl. Modigliani/Miller (1958).
5 Vgl. Modigliani/Miller (1963).

diese Annahme. Aktionäre von Unternehmen, die von Private Equity-Investoren durch einen LBO gekauft werden, realisieren durch die im Folgenden beschriebenen Punkte abnormale Kursgewinne.

2.1 Direkte und indirekte Kosten des Börsenlistings

Das Börsenlisting eines Unternehmens ist mit gewissen Publizitätspflichten verbunden, die Informationsasymmetrien zwischen Firma und Kapitalmarkt reduzieren sollen. Mit diesen Pflichten sind Kosten verbunden, unter anderem für das Börsenlisting selbst, Kosten für die Veröffentlichung der erforderlichen Informationen, Investor-Relations-Kosten usw. Darüber hinaus bringt das Listing weitere, nicht direkt greifbare Kosten mit sich. So kann die Pflicht zur Veröffentlichung zum Teil sensibler und strategisch wichtiger Informationen für manche Unternehmen zu beträchtlichen Nachteilen führen, die einen Rückzug von der Börse rechtfertigen. So könnte beispielsweise ein Hightech-Unternehmen mit einem bestimmten produkt- oder prozessspezifischen Wissen oder einem technologischen Vorsprung gegenüber der Konkurrenz durch die dauerhafte Pflicht zur Veröffentlichung seiner neuen Produkte bzw. Strategien wertvolle Informationen für die Mitbewerber preisgeben. Nicht börsennotierte Unternehmen haben zwar auch Pflichten zur Information ihrer Teilhaber, dies erfolgt jedoch weit weniger öffentlich und reduziert daher die Gefahr zur Preisgabe privater Informationen, die die Wettbewerbsfähigkeit beeinflussen könnten.

Besonders im US-amerikanischen Raum wird das Management durch den Aktienmarkt unter Druck gesetzt, quartalsweise den Gewinn des Unternehmens zu steigern bzw. zu optimieren. Dies kann dazu führen, dass langfristig vorteilhaftere Entscheidungen zu Gunsten eines höheren Quartalsgewinns verworfen werden. Außerdem zeigen börsennotierte Gesellschaften nach Lowenstein (1985) die Tendenz, den Gewinn zu Lasten potentieller Steuerersparnisse zu maximieren.

2.2 Verminderung von Agency-Kosten

Nach Jensen (1989) verfolgt das Management (Agent) eines Unternehmens andere Ziele als seine Aktionäre (Prinzipal) und wird somit nicht seiner Aufgabe der Shareholder-Value-Maximierung gerecht. Entgegen dieser Vorgabe könnte das Management nach anderen, persönlichen Zielen wie Macht, Status, Prestige, Größe oder Diversifizierung (zur Risikoreduktion und somit zur Arbeitsplatzsicherung) streben und zu deren Erreichung gegebenenfalls Investitionen mit negativem Kapitalwert durchführen. Ein weiteres Problem ist die Kopplung von Gehältern an die Größe des Unternehmens, was das Management dazu verleitet, ungeachtet etwaiger negativer Konsequenzen für den Shareholder Value zu expandieren. Im Zuge eines LBO wird das Management zu einem wesentlichen Teilhaber[6] und verfolgt damit dieselben Ziele wie die anderen Eigenkapitalgeber. Durch die starke Verknüpfung der Vergütung mit dem Erfolg des Unternehmens werden Agency-Probleme abgebaut, und das Management wird mit einer optimalen Anreizstruktur versehen.[7] Das Management ist allerdings nur in der Lage, suboptimale Entscheidungen zu treffen, wenn es genügend Ressourcen zu seiner Verwendung hat. Diese Überlegung bildet die Grundlage für die „Free-Cashflow"-Theorie.[8] Der Free-Cashflow bemisst sich aus dem (Brutto-) Cashflow reduziert um Investitionen mit positivem Kapitalwert, Schuldzinszahlungen und Steuern und sollte vollständig an die Anteilseigner ausgezahlt werden. Dies würde allerdings die unter Kontrolle des Managements stehenden Mittel reduzieren und die Wahrscheinlichkeit erhöhen, dass die Firma das Monitoring des Kapitalmarktes auf sich zieht, wenn zukünftig neues Kapital benötigt wird. Es bestehen demnach Anreize für das Management, diesen Free-Cashflow nicht vollständig auszuschütten bzw. Investitionen mit negativem Kapitalwert durchzuführen. Aufgrund ihres Informationsvorteils und ihrer Vertretung in den Aufsichtsgremien des Unternehmens sind die am LBO beteiligten Private Equity-Investoren besser gestellt als Kapitalmarktteilnehmer und können so sicherstellen, dass die finanziellen Ressourcen, die im Unternehmen verbleiben sollen, ausreichen und einen Missbrauch wirksam verhindern. Bei der Erwägung neuer Investitionsvorhaben muss sich das Management folglich an die anderen Eigenkapitalinvestoren wenden und die Ausgaben vor ihnen rechtfertigen. Eine effiziente Mittelverwendung ist somit sichergestellt. Besonders Unternehmen mit beschränkten Wachstumsaussichten und verhältnismäßig geringen Investitionsvorhaben generieren hohe Free-Cashflows.

Neben der Beteiligung des Managements sorgt der hohe Fremdkapitalanteil bei einem LBO für eine Verbesserung der Anreize. Erstens erhöht die Verpflichtung zur Bedienung der Fremdkapitalgeber den Druck auf das Management, da ein Ausfall der Zinszahlungen zur Insolvenz oder gar zur Liquidation des Unternehmens führen kann. Zweitens verringert eine höhere Verschuldung den Free-Cashflow und damit die Möglichkeiten zum Missbrauch. Es mag auf den ersten Blick verwunderlich klingen, dass die Gläubiger eines Unternehmens mehr Einfluss auf die Entscheidungen des Managements haben können als seine Aktionäre. Stewart und Glassman (1988) drücken dies folgendermaßen aus: „Equity is soft, debt hard. Equity is forgiving, debt insistent. Equity is a pillow, debt a sword". Da die Free-Cashflow-Problematik durch einen LBO beträchtlich gelindert werden kann, ergibt sich folgende Hypothese für unsere empirische Untersuchung der abnormalen Renditen am europäischen Markt:

H1 (Free-Cashflow): Die Aktienkursreaktion von Unternehmen mit einem hohen Free Cash Flow ist stärker.

Der im Rahmen dieser Studie verwendete Free-Cashflow wird auf Basis des EBITDA im Jahr vor der LBO-Ankündigung berechnet. Davon werden Zins- und Steuerzah-

---

[6] Jensen und Murphy (1990) stellen fest, dass der Median-CEO einer LBO-Firma eine Eigenkapitalbeteiligung von 6,4 Prozent hat, der Median-CEO eines Forbes-1000-Unternehmens lediglich eine von 0,25 Prozent (S.261 f.).
[7] Vgl. Jensen/Meckling (1976), S. 312–328.
[8] Vgl. hier und im Folgenden Jensen (1986), S.323 ff.

lungen sowie ausgeschüttete Dividenden abgezogen. Der Free-Cashflow wird im Anschluss noch durch den Umsatz des vergangenen Jahres dividiert, um ihn in Relation zu der Unternehmensgröße zu setzen. Lehn und Poulsen (1989) verwenden in ihrer Studie über den Einfluss des Free-Cashflow auf die Höhe der Übernahmeprämie ebenfalls diese Definition und stellen in einer Teilstichprobe einen positiven signifikanten Zusammenhang fest.[9] Der erwartete Koeffizient für *FCF* ist demnach positiv. Ein weiterer Grund für die durch einen LBO hervorgerufenen Effizienzsteigerungen liegt in einem verbesserten Monitoring. Kapitalmärkte können diese Funktion zum Teil nicht ausreichend erfüllen, da die Kosten für die Überwachung des Managements im Verhältnis zu dem individuellen Nutzenzuwachs des (Klein-)Aktionärs häufig zu hoch sind (Free-Rider-Problem). Als Konsequenz geht bei einer verstreuten Eigentümerstruktur nur ein geringer Disziplinierungseffekt von den Marktteilnehmern aus. Diese Problematik besteht jedoch nicht für die Private-Equity-Investoren. Sie sind zunächst wesentlich effizienter bei der Beurteilung des Managements (niedrigere Kosten durch Nähe zum Management/Sitz in Kontrollgremien), zum anderen profitieren die Investoren durch ihre hohe Eigenkapitalbeteiligung stark von optimalen Entscheidungen der Unternehmensführung. Diese Argumentation lässt sich unter folgender Hypothese zusammenfassen:

H2 (Monitoring): Ein höherer Streubesitz (Free Float) führt zu einer stärkeren Kursreaktion.

Der Streubesitz wird ermittelt, indem alle Anteile von Anteilseignern, die gemäß der letzten veröffentlichten Jahresbilanz vor Bekanntgabe des Buy-out einen Anteil von mindestens fünf Prozent am Grundkapital der Gesellschaft besaßen, vom gesamten Grundkapital abgezogen werden. Im Gegensatz zur Free-Float-Definition der Deutsche Börse AG werden hier Anteile von Fonds und Pensionsfonds – ungeachtet der verfolgten Anlageziele – als Festbesitz gewertet. Obwohl es unwahrscheinlich ist, dass Fondsmanager mit kurzfristigem Anlagehorizont aktiv in das operative Geschäft eingreifen, wird sich das Management im Falle einer schlechten Unternehmensentwicklung vor den Fondsmanagern rechtfertigen müssen. Da dies gegebenenfalls eine Nichtberücksichtigung durch Fonds zur Folge haben könnte, kann folglich von einer wirksamen Kontrolle auch durch Fondsmanager ausgegangen werden. Der erwartete Koeffizient von *Monitoring* ist demnach positiv.

2.3 Verringerung von Informationsasymmetrien

Informationsasymmetrien zwischen Geschäftsleitung und Aktionären können ein Grund dafür sein, dass die Finanzierung vorteilhafter Investitionsvorhaben durch den Aktienmarkt nicht möglich ist, da der Markt Projekte oder ganze Unternehmen nicht adäquat bewerten kann, was zu Unterinvestition führt. Diese Informationsasymmetrien können eine Erklärung für die Unterbewertung einiger börsennotierter Firmen sein. Unzufriedene Vorstandsvorsitzende, die das Potential des von ihnen geführten

---

9 Vgl. Lehn/Poulsen (1989), S. 779–783.

Unternehmens nicht dem Kapitalmarkt vermitteln können, versuchen in einigen Fällen, mit einem Private-Equity-Investor zu kooperieren, um das Wertpotential des eigenen Unternehmens auszuschöpfen.[10] Besonders kleinere Gesellschaften, die wenig von Investmentbanken analysiert werden, erhalten nur beschränkt öffentliche Aufmerksamkeit, wodurch Informationen für private Investoren schwer zugänglich werden. Ein verhältnismäßig zu niedriger Aktienkurs und damit Unternehmenswert ist die Konsequenz.

Daraus ergibt sich folgende Hypothese für unsere Untersuchung:

H3 (Price): Je schwächer die Aktien-Performance in den zwei Jahren vor dem Buy-out war, desto positiver ist die Kursreaktion nach der Ankündigung des LBO.

Der Zähler der Variable *Price* berechnet sich aus dem Verhältnis des Schlusskurses der Unternehmensaktie zwei Monate vor der LBO-Ankündigung zu dem Durchschnittspreis der Aktie über 500 Handelstage zwei Monate vor der Ankündigung. Um ungewollte Marktbewegungen auszuschließen, wird diese Verhältniszahl durch die gleiche Verhältniszahl des europäischen Dow Jones 600 Marktindizes geteilt. Der erwartete Koeffizient der Variable *Price* ist negativ.

2.4 Markineffizienzen

Travlos und Cornett (1993) fanden in ihrer Untersuchung einen signifikanten negativen Zusammenhang zwischen kumulierten Überrenditen und der Höhe des relativen *P/E-Ratios* der Unternehmen (im Industrievergleich). Dieses Ergebnis lässt sich in zweierlei Weise interpretieren. Zum einen könnte das relativ niedrige *P/E-Ratio* bei Annahme eines effizienten Kapitalmarktes ein Zeichen für Agency-Konflikte innerhalb des Unternehmens und somit für eine Unterbewertung aufgrund von Ineffizienzen bei der Allokation von Betriebsvermögen sein (detaillierte Beschreibung der Agency-Konflikte in Abschnitt 2.2). Dies bedeutet, dass je niedriger das *P/E-Ratio* im Industrievergleich ist, desto größer ist der mögliche Raum für Verbesserungen durch einen LBO. Zum anderen könnte die Unterbewertung durch Informationsasymmetrien (detaillierte Beschreibung in Abschnitt 2.3) oder durch Markineffizienzen begründet sein. So ist es denkbar, dass grundsätzlich öffentlich zugängliche Informationen keine angemessene Beachtung finden und erst mit Bekanntgabe des Buy-out adäquat in den Kursen berücksichtigt werden. Ebenfalls könnten diversifizierte Unternehmen von den Marktteilnehmern noch immer wachstumsschwächeren Industrien zugeordnet werden, obwohl

---

10 So war diese Argumentation der Ausgangspunkt für den größten LBO der Geschichte. Ross Johnson, der damalige Vorstandsvorsitzende des Unternehmens RJR Nabisco, das schließlich von dem Private Equity-Investor KKR gekauft wurde, wird in dem Buch von Burrough und Heyar (1990, S.4) wie folgt zitiert: „It's plain as the nose on your face that this company is wildly undervalued... Diversification is not working. We are sitting on food assets that are worth twenty-two, twenty-five times earnings and we trade at nine times earnings, because we're still seen as a tobacco company...The only way to recognize these values, I believe, is through a leveraged buy-out."

sich die Ausrichtung des Unternehmens verändert hat.[11] Die Einflüsse dieser beiden Interpretationen lassen sich zwar nicht genau voneinander abgrenzen, können jedoch unter folgender Hypothese zusammengefasst werden:

H4 (PE): Je niedriger das *P/E-Ratio* eines Unternehmens im Industrievergleich ist, desto stärker ist die Kursreaktion.

Die verwendeten *P/E-Ratios* basieren auf einem Durchschnitt von zehn Handelstagen, gemessen zwei Monate vor Ankündigung. Der erwartete Koeffizient der Variable *PE* ist negativ. Des Weiteren kann die Markteffizienz auch noch durch die Überprüfung der Liquidität des Marktes untersucht werden. Aufgrund mangelnder Liquidität der Aktie können sich Informationen, die sowohl dem Management und den potentiellen Bietern als auch sämtlichen interessierten Investoren zur Verfügung stehen, nicht in einer angemessenen Bewertung am Kapitalmarkt niederschlagen. Erst mit Bekanntgabe des LBO werden diese Ineffizienzen ausgeräumt, was zu einer hohen Ankündigungsrendite führt. Dieser Effekt soll mit der folgenden Hypothese empirisch nachgewiesen werden:

H5 (Illiquidity): Ein höheres Maß an Illiquidität hat eine stärkere Aktienkursreaktion zur Folge.

Die Illiquidität eines Wertes wird in dieser Studie anhand der Anzahl der Tage, an denen die Aktie nicht gehandelt wurde,[12] ermittelt. Der erwartete Koeffizient für die Variable *Illiquidity* ist folglich positiv.

2.5 Winner's Curse

Selbst unter der Annahme effizienter Märkte, in denen der Aktienkurs den intrinsischen Wert des Unternehmens widerspiegelt, kann es Situationen geben, in denen Private-Equity-Investoren für ein Zielunternehmen mehr als den fairen Wert bezahlen. Dies ist damit zu begründen, dass in öffentlichen Auktionen der Preis so hoch getrieben wird, dass die beteiligten Bieter auch dann noch weiterbieten, wenn der faire Wert bereits überschritten ist, um nicht mögliche „Sunk Costs" der vorhergehenden Analyse, aus den Verhandlungen und der Due Dilligence realisieren zu müssen. Man bezeichnet dieses Phänomen auch als den Fluch des Gewinners oder „Winner's Curse". Lowenstein (1985) und Amihud (1989) zeigen, dass im US-amerikanischen Markt signifikant höhere Prämien für Zielunternehmen bezahlt wurden, falls zuvor ein Wettbieten mehrerer Investoren stattgefunden hat. Wenn man den schlechten ROI einiger Buy-out-Deals betrachtet, nachdem ein Wettbieten stattgefunden hat, könnte dies ein

---

11 Die Gewinne von RJR Nabisco wurden beispielsweise von den Marktteilnehmern stets mit denen anderer Tabakwarenhersteller verglichen und auch bewertet. Durch umfangreiche Investitionen hatte sich die Ausrichtung des Unternehmens allerdings eher in einen diversifizierten Nahrungsmittelkonzern gewandelt. Nicht zuletzt diese Tatsache veranlasste den damaligen Vorstand zur Durchführung eines LBO.

12 Maßgeblich für die Messung ist ein Zeitraum von 250 Handelstagen, beginnend 280 Tage vor Ankündigung des LBO.

Anzeichen dafür sein, dass Private Equity-Investoren in einigen Fällen zuviel für das LBO-Unternehmen bezahlen.

H6 (Contested Bidding): Falls in dem Buy-out-Prozess mehrere Private Equity-Investoren involviert sind, führt dies zu höheren abnormalen Renditen.

Der erwartete Koeffizient der Variable *Contested Bidding* ist positiv.

2.6 Vermögenstransfers

Neben der Wirkung auf Eigenkapitalinvestoren wurde in weiteren empirischen Studien der Einfluss der LBO-Ankündigung auf die Vermögenspositionen weiterer beteiligter Gruppen untersucht, um so Erklärungen für die hohen Überrenditen zu finden. In diesem Zusammenhang ist insbesondere zu fragen, ob die erzielten Renditen der Alteigentümer nicht auch zum Teil das Ergebnis von Schädigungen anderer involvierter Parteien sind. Im Folgenden werden die möglichen Vermögenstransfers von Fremdkapitalgebern, dem Staat und den Arbeitnehmern vorgestellt.

2.6.1 Vermögenstransfer von Fremdkapitalgebern

LBO-Transaktionen sind zu mehr als 50 Prozent mit Fremdkapital finanziert. Gläubiger, die vor der LBO-Transaktion Anleihen am Unternehmen halten oder Kredite vergeben, werden im Zuge der Transaktion schlechter gestellt, da ihre Rendite vertraglich festgelegt ist, aber das Risiko durch die Transaktion erhöht wird. Verschiedene US-amerikanische Untersuchungen (z.B. Marais, Schipper und Smith 1989) weisen eine Herunterstufung von Anleihen der Unternehmen nach, die einen LBO durchgeführt haben. So wurde das Rating der Unternehmensanleihen von RJR Nabisco nach dem Verkauf an KKR im Jahr 1989 von A- auf BB- heruntergestuft, was zu einem Kursverfall des Anleihenkurses geführt hat. In Europa gibt es seit der Übernahme von ISS/AS mit Sitz in Dänemark im März 2005 immer mehr Platzierungen von Unternehmensanleihen mit so genannten „Change of Ownership"-Klauseln. Diese Klauseln besagen, dass die Verbindlichkeiten im Falle einer Übernahme sofort getilgt werden müssen. Somit kann es zu keinem Vermögenstransfer von Eigen- zu Fremdkapitalgebern kommen. Im Hinblick auf den regionalen Fokus der von uns durchgeführten Studie sollte jedoch erwähnt werden, dass sich der europäische und US-amerikanische Anleihemarkt erheblich unterscheiden. Zum einen ist ein so genannter „High Yield"-Anleihemarkt in Europa allenfalls in Ansätzen vorhanden, zum anderen werden börsennotierte Unternehmensanleihen in erster Linie von großen Konzernen emittiert, die allerdings (jedenfalls noch nicht) das Ziel von LBO-Transaktionen sind. Folglich basiert die Fremdkapitalfinanzierung der meisten Unternehmen auf Bankkrediten. Wenngleich auch in diesem Fall ein Vermögenstransfer von Banken zu Aktionären im Zuge der LBO-Ankündigung theoretisch denkbar ist, kann davon ausgegangen werden, dass die zugrunde liegenden Darlehensverträge ebenfalls mit den oben erwähnten „Change of Ownership"-Klauseln versehen werden und demnach eine Schädigung der Fremdkapitalgeber auszuschließen ist.

2.6.2 Vermögenstransfer vom Staat

Miller (1977) hat theoretisch nachgewiesen, dass eine Veränderung des Debt Tax Shield zu einer Veränderung des Unternehmenswertes führt. Demnach kann der Wert eines Unternehmens mit hohen Steuerzahlungen durch die Aufnahme von Fremdkapital – und damit einer Zunahme steuerlich abzugsfähiger Fremdkapitalzinsen – erhöht werden:

H7 (Tax Shield): Die Aktienkursreaktion von Unternehmen mit hohen Steuerzahlungen ist stärker.

Für die Variable *Tax Shield* wird der Saldo der (Netto-)Steuerzahlungen[13] der Unternehmen im Jahr vor Durchführung des LBO herangezogen und mit dem EBITDA standardisiert. Der erwartete Koeffizient ist positiv.

2.6.3 Vermögenstransfer von Arbeitnehmern

Einige Kritiker argumentieren, dass LBOs das Vermögen von Aktionären zu Lasten der im Unternehmen beschäftigten Arbeitnehmer erhöhen. Schädigungen können beispielsweise durch Entlassungen, Lohnkürzungen oder Kürzungen von freiwilligen Sozialleistungen erfolgen. In empirischen Studien, die den US-Markt untersuchen,[14] konnten trotz dahingehender Vermutungen keine Anzeichen für einen Vermögenstransfer von Angestellten hin zu Aktionären beobachtet werden. Eine Verschlechterung der Position der Arbeitnehmer ist allerdings aufgrund des mit einem effizienteren Produktionsprozess verbundenen höheren Arbeitspensums denkbar. Ein entsprechender Effekt könnte mit folgender Hypothese nachgewiesen werden:

H8 (Employees): Ein im Industrievergleich niedrigerer Pro-Kopf-Umsatz führt zu höheren abnormalen Renditen.

Diese Kennzahl beschreibt zwar in erster Linie Managementqualitäten und organisatorische Effizienz einer Unternehmung, allerdings deutet ein im Verhältnis zu unmittelbaren Konkurrenten niedrigerer Umsatz je Mitarbeiter ebenfalls auf Raum zu Effizienzsteigerungen hin, die zu Lasten der Mitarbeiter gehen. Der erwartete Koeffizient für *Employees* ist negativ.

---

13 Dies bedeutet, dass Steuerverpflichtungen und Steuerrückerstattungen aus unterschiedlichen Ländern und Einkunftsarten saldiert werden.
14 Siehe u.a. Kaplan (1989).

3 Datenquellen und Methodik

Die in dieser Studie analysierten Daten basieren auf einer Stichprobe erfolgreich abgeschlossener LBOs in Europa in der Zeit von 1997 bis 2005. Alle einbezogenen Firmen waren vor Durchführung des Buy-out kapitalmarktnotiert und wurden im Anschluss delistet. Als weitere Anforderung mussten alle Firmen zuvor eigenständig sein, d.h. nicht von Muttergesellschaften mit einem Eigenkapitalanteil von mehr als 50 Prozent kontrolliert werden. Die Stichprobe wurde durch die Suche in Bloomberg-, Reuters- und Wall Street Journal Europe-Datenbanken identifiziert. Um sicherzustellen, dass es sich um Leveraged-Buy-outs handelt, wurden ausschließlich Transaktionen mit einem Fremdkapitaleinsatz von über 50 Prozent der Gesamttransaktionssumme berücksichtigt. Das jeweilige Ankündigungsdatum wurde dem Wall Street Journal Europe (WSJE) entnommen. Die verwendeten Kurs- und Unternehmensdaten stammen aus Datastream- und Bloomberg-Datenbanken. Auf diese Weise konnten 120 LBOs identifiziert werden. In zwei Fällen mussten Unternehmen ausgeschlossen werden, da unmittelbar vor der Ankündigung des Buy-out finanzielle Schwierigkeiten auftraten. Für drei weitere Unternehmen war die Ermittlung einer Peer-Group kapitalmarktnotierter Unternehmen aufgrund des hohen Spezialisierungsgrades nicht möglich. Dies ergibt abschließend einen Stichprobenumfang von 115 Firmen. Wie in Tabelle 1 zu sehen ist, nahmen die Anzahl und der durchschnittliche Transaktionswert der LBOs über den Zeitraum der Stichprobe zunächst stark zu. Diese Entwicklung spiegelt die wachsende Verbreitung dieser Form der Übernahmefinanzierung in Europa wider. Zu Beginn des Untersuchungszeitraumes fanden die LBOs jedoch fast ausschließlich in Großbritannien statt. So hatten bis einschließlich 1999 76,9 Prozent der einbezogenen Firmen ihren Hauptsitz in Großbritannien, wohingegen dieser Anteil in den Jahren 2000 bis 2005 nur noch 45,9 Prozent betrug. Das Verhältnis von Mittelwert zu Median zeigt, dass einigen wenigen sehr großen[15] eine Vielzahl verhältnismäßig kleiner Buy-outs gegenüber stehen. Dementsprechend beläuft sich der Großteil der Transaktionswerte auf unter EUR 500 Mio. (ca. 66 Prozent).

---

[15] Die größten LBOs innerhalb der Stichprobe weisen Transaktionswerte von EUR 3,8 Mrd. (ISS, 2005), EUR 3,7 Mrd. (Jefferson Smurfit, 2002) bzw. EUR 3,1 Mrd. (Eircom, 2001) auf.

Tabelle 1: Anzahl, durchschnittlicher Transaktionswert, Median und Gesamtsumme der Transaktionswerte kapitalmarktnotierter LBOs 1997–2005

Jahr	Anzahl der LBOs	Arith. Mittelwert der Transaktionswerte (in Mio. €)	Median der Transaktionswerte (in Mio. €)	Gesamtsumme der Transaktionswerte (in Mio. €)
1997	3	116,2	151,3	348,5
1998	13	408,6	122,1	5.312,0
1999	30	390,8	180,7	11.722,8
2000	23	444,2	474,6	10.217,5
2001	9	742,7	314,0	6.684,5
2002	12	621,7	266,7	7.459,8
2003	9	610,0	439,8	5.490,2
2004	9	668,3	641,3	6.014,9
2005	7	999,4	843,1	6.995,7
1997–2005	115	523,9	251,5	60.245,8

Mit Hilfe von Ereignisstudien lässt sich der Einfluss eines nicht erwarteten Ereignisses auf den Unternehmenswert mittels Finanzmarktdaten ermitteln. Untersuchungsgegenstand sind dabei die Höhe und Richtung der Reaktion sowie die Reaktionsgeschwindigkeit. Die in der wissenschaftlichen Anwendung am weitesten verbreiteten Verfahren sind das *Constant-Mean-Return-Modell* und das *Market-Modell*. Bei der hier durchgeführten Studie besteht das zu untersuchende Ereignis in der Ankündigung eines LBO eines börsennotierten Unternehmens. Der Ankündigungszeitpunkt wird durch den Tag der Veröffentlichung des Buy-out-Angebots im Wall Street Journal Europe bestimmt.[16] Damit vor- bzw. nachgelagerte Kapitalmarktreaktionen bei der Ermittlung der Überrenditen mit einbezogen werden, wird das so genannte Ereignisfenster auf den Zeitraum von 30 Tagen vor bis 30 Tagen nach der Ankündigung festgelegt. Das gesamte Ereignisfenster umfasst somit 61 Tage. Um den Einfluss des Ereignisses bewerten zu können, wird weiter ein Maß für die abnormale Rendite benötigt. Diese berechnet sich aus der tatsächlich erzielten (ex post) Rendite abzüglich der normalen Rendite des Wertpapiers über das Ereignisfenster.[17] Die normale Rendite ist definiert als die zu erwartende Rendite, falls das Ereignis nicht stattgefunden hätte. Für jede Firma i und jeden Tag t des Ereignisfensters bedeutet dies:

---

16 Für einige Firmen musste der Ankündigungszeitpunkt in Bloomberg ermittelt werden, da kein entsprechender Artikel im Wallstreet Journal Europe vorlag.
17 Vgl. hier und im Folgenden: Campbell, Lo und McKinley (1997), S. 149–179.

$$\varepsilon^*_{it} = R_{it} - E[R_{it} \mid X_t],$$

wobei ε^*_{it}, R_{it} und $E(R_{it})$ die abnormale, tatsächliche und normale Rendite darstellen. X_t beschreibt die abhängige Information für die modellierte normale Rendite. Beim *Constant-Mean-Return-Modell* ist X_t eine Konstante, innerhalb des *Market-Modells* die Marktrendite. Nach der Auswahl des anzuwendenden Modells werden die Parameter mit einer Teilmenge der Daten – dem *Schätzfenster* – geschätzt. Dieser Zeitraum liegt im Allgemeinen vor dem Ereignisfenster, um eine Beeinflussung der Parameter durch das Ereignis auszuschließen.

Demnach ergibt sich folgender zeitlicher Aufbau des Schätzverfahrens:

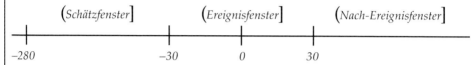

Das Schätzfenster wird bei der hier vorgenommenen Schätzung auf 250 Handelstage festgelegt. Der Gesamtumfang beläuft sich also auf 311 Tagesrenditen je Unternehmen.

Wie bereits angedeutet, unterscheiden sich die beiden im Rahmen dieser Studie verwendeten Modelle hinsichtlich der Modellierung der erwarteten Rendite des Wertpapiers ohne Ankündigung eines LBO. Bei der Anwendung des *Constant-Mean-Return-Modells* wird implizit angenommen, dass die Durchschnittsrendite eines gegebenen Wertpapiers konstant über die Zeit ist. Beim *Market-Modell* handelt es sich hingegen um ein statistisches Modell, dass die Rendite eines Wertpapiers linear mit der Rendite des zugehörigen Marktportfolios in Verbindung setzt.[18] Bei der Durchführung der Ereignisstudie wurden split- und dividendenbereinigte Aktienkursdaten und der *Dow Jones Euro Stoxx 600*-Returnindex[19] als Marktindex für das *Market-Modell* verwendet.

Nach der Ermittlung der Überrenditen mit Hilfe der beiden Methoden wird die statistische Signifikanz durch verschiedene T-Tests und nicht-parametrische Rangtests nach Corrado (1989) überprüft. Ausgehend von den in Abschnitt 2 diskutierten möglichen Ursachen für das Auftreten von Ankündigungsrenditen soll in dieser Studie anschließend durch lineare multivariate Regressionen der Einfluss der verschiedenen Werttreiber auf die Höhe der Überrenditen untersucht werden.

---

[18] Für eine ausführliche Darstellung der verwendeten Modelle siehe Brown und Warner (1985) sowie Campbell, Lo und McKinley (1997).

[19] Der *Dow Jones Euro Stoxx 600*-Index ist aus jeweils 200 großen, mittelgroßen und kleinen europäischen Unternehmen zusammengesetzt. Für weiterführende Informationen s. Stoxx Limited (2002).

4 Ergebnisse der empirischen Untersuchung

Die mit Hilfe der beschriebenen Methodologie ermittelten empirischen Ergebnisse werden im Folgenden dargestellt. Da Höhe und Richtung der Überrenditen auch an einzelnen Tagen keine nennenswerten Unterschiede hinsichtlich der Berechnungsmodelle (*Market-Modell* versus *Constant-Mean-Return-Modell*) aufweisen (vgl. auch Tabelle 2), beziehen sich die im Text erwähnten Renditen stets auf das *Market-Modell*.

4.1 Ereignisstudie

Tabelle 2 beschreibt die empirischen Ergebnisse für das Verhalten der abnormalen Rendite am Ereignistag sowie die kumulativen Überrenditen für ausgewählte Zeitfenster als Reaktion auf die LBO-Ankündigung für die Gesamtstichprobe von 115 Unternehmen.

Tabelle 2: *Durchschnittliche kumulative Überrenditen basierend auf dem Market-Modell sowie dem Constant-Mean-Return-Modell*

Ereignisfenster	Market-Modell KAR (T-Wert)	Constant-Mean-Return-Modell KAR (T-Wert)
[0]	11.94 % (55.42)	11.94 % (54.12)
[−1;+1]	13.60 % (36.43)	13.61 % (35.60)
[−5;+5]	15.77 % (22.06)	15.89 % (21.70)
[−15;+15]	19.07 % (15.90)	19.32 % (15.72)
[−30;+30]	24.20 % (14.38)	24.33 % (14.12)

Wie in der Tabelle zu sehen ist, führen die Ankündigungen von LBOs zu signifikanten positiven abnormalen Renditen für die Alteigentümer. Am Tag vor und nach Bekanntgabe in der Presse werden ebenfalls Überrenditen von jeweils etwa einem Prozent erzielt, die signifikant auf dem 0,01-Niveau sind. Am Ankündigungstag selbst beträgt die abnormale Rendite 11,94 Prozent, ebenfalls hochsignifikant (t-Wert 55,42). Abhängig davon, zu welcher Tageszeit die Buy-out-Informationen an die Märkte gelangen, können sowohl der Erscheinungstag im WSJE als auch der vorherige und der nachfolgende Tag der tatsächlich relevante Ankündigungszeitpunkt sein. Da dies nicht genau bekannt ist, sollte der gesamte Zeitraum von −1 bis +1 − und damit die dreitägige kumulative abnormale Rendite (KAR) von 13,60 Prozent (t-Wert 36,43) – als Ankündigungsrendite betrachtet werden. Das Verhältnis von positiven zu negativen Überrenditen am Ereignistag selbst (102:13) verdeutlicht, dass die Ankündigungsrenditen nicht das Ergebnis von Ausreißerwerten sind. Zusätzlich zu den hohen abnormalen Renditen am Ankündigungstag treten einige signifikante Renditen im Vorfeld dieses Zeitpunktes auf. So sind beispielsweise bereits an den Tagen –15, –12 und –9 Überrenditen von 0,42 Prozent (t = –15 und t = –12, signifikant auf dem 0,05-Niveau) und 1,33 Prozent (t = –9, signifikant auf dem 0,01-Niveau) zu beobachten.[20] Die Tage mit positiven abnormalen Renditen vor dem eigentlichen Ankündigungstag können durch das mögliche Durchsickern von Informationen über einige Buy-out-Angebote vor dem Erscheinen in der Presse erklärt werden. Aufgrund der sehr hohen Überrenditen im Ankündigungszeitraum [–1;+1] und dem Verhältnis positiver und negativer Renditen ist jedoch davon auszugehen, dass die Informationen über die meisten Buy-out-Angebote die Marktteilnehmer über die Presse erreichen. Im Zeitraum nach der Ankündigung sind keine signifikanten Überrenditen zu erkennen. Dies legt den Schluss nahe, dass alle durch den LBO erwarteten Gewinne schon in den ersten Tagen nach der Ankündigung vom Kapitalmarkt vollständig berücksichtigt sind.

Insgesamt zeigt diese für den europäischen Kapitalmarkt durchgeführte Untersuchung hohe und signifikante Überrenditen für die Alteigentümer von LBO-Unternehmen. Die Höhe der ermittelten KAR liegt in der Bandbreite der in bisherigen Studien ermittelten Werte und ist somit den am US-amerikanischen Kapitalmarkt beobachteten Renditen sehr ähnlich.

4.2 Querschnittsregression

Die in Abschnitt 2 hergeleiteten Hypothesen werden mittels zweier Querschnittsregressionen getestet. Neben einer Regression aller Variablen auf die Ankündigungsrenditen [–1;1] werden in einem zweiten Modell als Robustheitstest die kumulierten abnormalen Renditen der Tage 0 bis +5 verwendet. Die Ergebnisse der beiden Modellversionen sind in Tabelle 3 dargestellt.

---

20 Die hohe durchschnittliche abnormale Rendite an t = –9 ist hauptsächlich auf den Einfluss von vier Unternehmen mit Überrenditen von 29,2 Prozent, 25,0 Prozent, 18,6 Prozent und 17,0 Prozent an diesem Tag zurückzuführen.

Tabelle 3: Geschätzte Koeffizienten und t-Statistiken (in Klammern) der Regressionsmodelle basierend auf heteroskedastie-konsistenten Standardfehlern (White)

Erklärende Variable	Erwartetes Vorzeichen	Modell 1 [−1;+1]	Modell 2 [0;+5]
Konstante		0,142 (1,93)*	0,157 (2,29)**
Free-Cashflow	+	−0,017 (−0,18)	−0,032 (−0,36)
Monitoring (Free Float)	+	0,125 (2,13)**	0,099 (2,53)**
PE (im Industrievergleich)	−	−0,027 (−2,08)**	−0,030 (−2,38)**
Price (Kursentwicklung)	−	−0,071 (−1,84)*	−0,077 (−2,08)**
Illiquidity	+	0,000 (0,65)	0,000 (1,10)
Employees (im Industrievergleich)	−	0,003 (0,35)	0,007 (0,96)
Tax Shield	+	0,018 (0,25)	0,077 (0,29)
Contested Bidding	+	−0,027 (−0,67)	−0,016 (−0,36)
N		115	115
R^2		0,1726	0,1892
F-Statistik		2,76	3,09
p-Wert (F-Statistik)		0,0081	0,0036

* signifikant auf dem 0,10-Niveau, ** signifikant auf dem 0,05-Niveau

Wie vorhergesagt, weist die Variable *PE* in beiden Modellen einen statistisch signifikanten negativen Koeffizienten (0,05-Niveau) auf. Dieses Ergebnis impliziert, dass Unternehmen mit schwerwiegenden Agency-Problemen im Vergleich zu Konkurrenten, die nicht unter diesen Ineffizienzen leiden, unterbewertet sind. Wie bereits diskutiert, kann die Unterbewertung ebenfalls auf eine unangemessene Bewertung durch den Kapitalmarkt zurückzuführen sein oder auf Informationsasymmetrien hindeuten (unter der Annahme, dass die Unternehmen der Peer Group korrekt bewertet sind und keine Informationsasymmetrien zeigen). Diese Interpretationen werden weiterhin durch die Ergebnisse hinsichtlich Hypothese H3 gestützt, da die Variable *Price* in beiden Regressionen einen statistisch signifikanten (auf dem 0,10- und 0,05-Niveau) und negativen Koeffizienten aufweist. Die Überlegungen zur Agency-Kosten-Theorie werden dadurch unterstützt, dass der Koeffizient der Variablen *Monitoring* in beiden Regressionen signifikant positiv (auf dem 0,05-Niveau) ist. Dies ist konsistent mit der Hypothese, dass ein hoher Streubesitz (Free Float) wegen der damit verbundenen Free-Rider-Problematik zu einer unzureichenden Kontrolle des Managements durch die Aktionäre führt. Dementsprechend ist die Preisreaktion stärker für Unternehmen mit einem hohen Streubesitz und somit einem großen Potenzial für Effizienzsteigerungen aufgrund eines verbesserten Monitorings.

Abschließend zeigen die Ergebnisse der Regressionen insignifikante Koeffizienten für die Variablen *Illiquidity, Employees, Tax Shield* und *Free-Cashflow*. Die Hypothese, dass eine niedrige Liquidität und eine damit verbundene Unterbewertung eine höhere abnormale Rendite zur Folge hat, kann folglich nicht bestätigt werden. Weiterhin können keine Anzeichen für Effizienzsteigerungen zu Lasten der Angestellten festgestellt werden. Entsprechende empirische Befunde konnten jedoch in bisherigen Studien ebenfalls nicht ermittelt werden,[21] weshalb davon auszugehen ist, dass ein solcher Effekt nur theoretischen Erklärungscharakter besitzt. Darüber hinaus deuten diese Resultate darauf hin, dass hohe Steuerzahlungsverpflichtungen in der Periode vor der Ankündigung eines LBO sowie ein hoher Free-Cashflow nicht relevant für die Erklärung der Überrenditen sind. Ebenso können die Hypothesen bezüglich des Auftretens mehrerer konkurrierender Bieter verworfen werden.

5 Schlussfolgerung

Am europäischen Kapitalmarkt erzielen Aktionäre, deren Unternehmen im Zuge eines LBO ein Übernahmeangebot eines Private Equity-Investors erhalten, hochsignifikante abnormale Renditen von durchschnittlich ca. zwölf Prozent am Ankündigungstag. Die Ergebnisse der Studie zeigen deutlich, dass der Übergang eines Unternehmens von einer Public Equity-Struktur in eine Private Equity-Struktur zu einem Wertzuwachs führt. Dieser Wertzuwachs ist unter anderem auf Effizienzgewinne durch eine Reduzierung von Agency-Konflikten zurückzuführen. Die Beobachtung, dass die Höhe der ermittelten abnormalen Renditen positiv von der Höhe des Streubesitzes abhängt, lässt den Schluss zu, dass das Management insbesondere bei Unternehmen mit einer verstreuten Aktionärsstruktur nur unzureichend kontrolliert wird. Durch den LBO werden die Eigentumsrechte auf wenige Personen konzentriert und Interessenskonflikte zwischen Anteilseignern und Management durch eine stärkere Beteiligung der Unternehmensführung am Eigenkapital reduziert. Darüber hinaus konnte nachgewiesen werden, dass Unternehmen mit geringen P/E-Ratios im Industrievergleich sowie einer schlechten Aktienperformance über einen Zeitraum von zwei Jahren vor dem Buy-out höhere Überrenditen aufweisen. Dies stärkt zum einen die obige Argumentation, kann aber auch ein Indiz für eine aus Marktineffizienzen oder aus Informationsasymmetrien resultierende Unterbewertung sein.

Aufgrund dieser empirischen Evidenz ist zu erwarten, dass die in dieser Studie relevanten Leveraged-Buy-out-Fonds, die das Eigenkapital der Private Equity-Investoren bilden, einen dauerhaften Platz als Anlageklasse einnehmen werden. So hat das An-

---

21 Vgl. Kaplan (1989).

lagevolumen dieser Fonds in Europa über die letzten Jahre stark zugenommen. Unter der berechtigten Annahme, dass sich das Gesamtanlagevolumen nicht signifikant erhöht hat, ist davon auszugehen, dass die Anleger eine Umschichtung von anderen Anlageklassen – wie zum Beispiel Public Equity – hin zu Private Equity vorgenommen haben.

Es besteht weiterhin Forschungsbedarf in dem noch verhältnismäßig jungen LBO-Markt in Kontinentaleuropa, der in den kommenden Jahren weiter wachsen wird. Die langfristige Entwicklung wird nicht zuletzt davon abhängen, wie erfolgreich LBO-Unternehmen angesichts der hohen Fremdfinanzierungslast in gesamtwirtschaftlich schlechten Zeiten abschneiden. Detaillierte empirische Untersuchungen werden diesbezüglich allerdings nur schwer möglich sein, da der mit dem Going Private verbundene Wegfall von Publizitätspflichten die Beschaffung des erforderlichen Datenmaterials erheblich verkompliziert.

Literaturverzeichnis

AMIHUD, Y. (1989): Leveraged Management Buy-outs and Shareholders' Wealth, in Amihud, Y. (Editor): Leveraged Managements Buy-outs (1989), S. 3–34, Homewood, Ill.

BROWN, S. J./WARNER, J. B. (1985): Using Daily Stock Returns, in: Journal of Financial Economics, Vol. 14, pp. 3–31.

BURROUGH, B./HELYAR, J. (1990): Barbarians at the Gate, 1. Auflage, London, 1990.

CAMPBELL, J. Y. /LO, A. W./MACKINLEY, A. C. (1997): The Econometrics of Financial Markets, Princeton.

CORRADO, C. (1989): A Nonparametric Test For Abnormal Security Performance In Event Studies, Journal of Financial Economics, Vol. 23, S. 385–395.

JENSEN, M. (1986): Agency Costs of Free Cash Flow, Corporate Finance and Takeovers, in: American Economic Review, Vol. 76, Nr. 2, S. 323–329.

JENSEN, M. (1989): The Eclipse of the Public Corporation, in: Harvard Business Review, Vol. 67, S. 61–74.

JENSEN, M./MECKLING, W. (1976): Theory of the Firm: Managerial Behavior, agency Cost, and Ownership Structure, in: Journal of Financial Economics, Vol. 3, S. 305–360.

JENSEN, M./MURPHY, K. (1990): Performance Pay and Top-Management Incentives, in: Journal of Political Economy, Vol. 98, S. 225–264.

KAPLAN, S. N. (1989): The Effects of Management Buy-outs on Operating Performance and Value, in: Journal of Financial Economics, Vol. 24, S. 217–254.

LEHN, K./POULSEN, A. (1989): Free Cash Flow and Stockholder Gains in Going Private Transactions, in: Journal of Finance, Vol. 44, Nr. 3, S. 771–787.

LOWENSTEIN, L. (1985): Management Buy-outs, in: Columbia Law Review, Vol. 85, S. 730–784.

MARAIS, L./SCHIPPER, K./SMITH, A. (1989): Wealth Effects of Going Private for Senior Securities, in: Journal of Financial Economics, Vol. 27, S. 165–194.

MILLER, M. (1977): Debt and Taxes, in: Journal of Finance, Vol. 32, S. 261–275.

MODIGLIANI, F./MILLER, M. H. (1958): The Cost of Capital, Corporate Finance, and the Theory of Investment, in: American Economic Review, Vol. 48, S. 261–297.

MODIGLIANI, F./MILLER, M. H. (1963): Corporate Income Taxes and the Cost of Capital: A Correction, in: American Economic Review, Vol. 53, S. 433–443.

Stewart, G. B./Glassman, D. M. (1988): The motives and methods of corporate restructuring, in: Journal of Applied Corporate Finance, Vol. 1, S. 79–88.

Travlos, N. G./Cornett, M. M. (1993): Going Private Buy-outs and Determinants of Shareholders Returns, in: Journal of Accounting, Auditing and Finance, Vol. 3, S. 1–3.

Rainer Lauterbach/Denis Schweizer

Risikoanalyse von Totalausfällen bei Venture Capital-Firmen

1 Einleitung 91
2 Verfahren zur Bestimmung von Kreditausfallwahrscheinlichkeiten. 92
   2.1 Diskriminanzanalyse 93
   2.2 Logistische Regression. 94
   2.3 Realoptionen 95
3 Determinanten von Totalausfällen vorbörslicher Eigenkapitalbeteiligungen. . . 96
   3.1 Investitionserfahrung des Fondsmanagements. 97
   3.2 Syndizierung 98
   3.3 Anlagefokus auf Venture Capital. 99
4 Datenbeschreibung 100
5 Modellbeschreibung und Ergebnisse. 103
6 Zusammenfassung und Schlussfolgerung 105
Literaturverzeichnis

1 Einleitung

Unternehmen, die nicht an der Börse notiert sind, sammeln vorbörsliches oder privates Eigenkapital in Form von Venture Capital und Private Equity ein, um damit ihre Unternehmensgründung und Expansion finanzieren zu können. Der Eigenkapitalgeber partizipiert im Erfolgsfall in vollem Umfang an der Wertsteigerung des Unternehmens und erzielt sehr hohe Eigenkapitalrenditen. Dieser Chance steht das Risiko gegenüber, das investierte Eigenkapital bei einem Totalausfall des Unternehmens komplett zu verlieren. Dieser Beitrag konzentriert sich auf Faktoren, die Totalausfälle von Eigenkapitalbeteiligungen beeinflussen.

Im Fremdkapitalmarkt sind ausgefeilte Risiko-Kalkulationsmodelle zur Berechnung der Wahrscheinlichkeit eines Kreditausfalls entwickelt worden. Diese Modelle können allerdings bei der Vergabe von Eigenkapital nicht in der gleichen Weise angewandt werden. Banken prüfen vor der Vergabe eines Kredites die Sicherheiten des Unternehmens zum Beispiel in Form von liquidierbarem Unternehmensvermögen oder der Kredithistorie des Unternehmens oder zahlreicher weiterer Faktoren. Wenn diese Faktoren nicht ausreichend Sicherheiten bieten, schätzt die Bank das Risiko als zu hoch ein und stellt keinen Kredit zur Verfügung. Fremdkapital wird verzinst und partizipiert nicht am Erfolg des Unternehmens, daher ist das Ertragspotenzial nach oben klar begrenzt. In angemessenem Verhältnis hierzu muss auch das Risikopotenzial nach unten abgegrenzt werden, was zu einer restriktiven Vergabe von Fremdkapital durch Banken führt. Eigenkapitalgeber können flexibler Kapital zur Verfügung stellen als Fremdkapitalgeber, da sie über die für Kredite üblichen Risiko-Ertrags-Grenzen hinaus am Erfolg – aber auch am Verlust – partizipieren. Allerdings können die üblichen Kreditrisikomodelle diese Flexibilität nicht voll berücksichtigen und sind daher nicht uneingeschränkt geeignet, das Risiko von Eigenkapitalausfällen zu analysieren und zu modellieren. Dieser Artikel stellt neue, empirische Untersuchungsergebnisse zu Einflussfaktoren auf Totalausfälle vor, die in den klassischen Kreditrisikomodellen nicht erfasst werden.

Zur Entwicklung der Untersuchungsergebnisse werden drei Fragestellungen anhand eines umfangreichen Datensatzes im Detail getestet. Dabei konzentrieren sich die Fragen auf die Aspekte (1) Investitionserfahrung des Fonds-Managements, (2) Syndizierung einer Beteiligung mit anderen Investoren und (3) den Anlagefokus des Investors auf Venture Capital. Der Datensatz wurde durch eine Zusammenführung von den Datenbanken Venture Economics und CEPRES generiert. Er besteht aus 712 verschiedenen Investments von 122 Venture-Capital- und Private Equity-Fonds in der Zeit von 1979 bis 2003. Davon haben sich 169 Beteiligungen zu einem Totalausfall entwickelt. Bei jedem Totalausfall wird das gesamte in diese Beteiligung investierte Kapital verloren. Um zu erkennen, wie schwerwiegend der jeweilige Totalausfall für den gesamten Fonds ist, wird das verlorene Kapital der Beteiligung ins Verhältnis gesetzt zum gesamten Kapital, das der Fonds investiert hat. Hieraus errechnet sich zu jeder verlorenen Beteiligung die Totalausfall-Kapitalquote. Das Fonds-Management ist bestrebt, durch systematische Selektion und Unterstützung von Portfoliogesellschaften zunächst einen Totalausfall zu vermeiden und – falls er eintritt – den Anteil jedes Totalausfalls am Fondsvolumen (Totalausfall-Kapitalquote) möglichst gering zu halten. Die Untersuchungsergebnisse zeigen Folgendes: (1) Mit zunehmender Investitionserfahrung des Fonds-Managements reduziert sich die Totalausfallquote je Beteiligung. Das ist plausibel, da mit zunehmender Erfahrung die Fähigkeit zur Risikoeinschätzung und -reduktion steigt. (2) Der durchschnittliche Anteil einer Unternehmensbeteiligung am Fonds-Investitionsvolumen (Beteiligungsquote) ist bei Totalausfällen mit Syndizierung deutlich höher als ohne Syndizierung. Bei Unternehmen ohne Totalausfall ist die Beteiligungsquote mit Syndizierung fast gleich hoch wie ohne Syndizierung. Diese deskriptiven Beobachtungen ergänzen die Regressionsergebnisse, die einen deutlichen Zusammenhang zwischen Syndizierung und Totalausfall signalisieren. Offenbar wird Syndizierung insbesondere im Zusammenhang mit sehr riskanten Beteiligungen durchgeführt. (3) Die Ergebnisse zu den Fonds mit einem Anlagefokus auf Venture Capital weisen darauf hin, dass die Verluste je Totalausfall im Vergleich zu Fonds mit anderen Anlageschwerpunkten relativ gering gehalten wurden. Dies lässt sich unter anderem durch die schrittweise Investition von Eigenkapital (genannt: Staging) erklären, die bei Venture Capital-Fonds zur Risikoreduktion eingesetzt wird. Während generell im Venture Capital-Segment aufgrund der Technologie- und Frühphasenrisiken ein erhöhtes Risiko für das Eintreten eines Totalausfalls besteht, kann die Höhe des jeweiligen Totalausfalls durch Staging besser kontrolliert und reduziert werden.

Dieser Artikel ist wie folgt strukturiert: Nach einer kurzen Diskussion üblicher Verfahren zur Bestimmung von Kreditausfallwahrscheinlichkeiten und deren Anwendung bei Eigenkapitalbeteiligungen werden die Fragestellungen entwickelt in Bezug auf die Totalausfälle von vorbörslichen Unternehmensbeteiligungen. Diese Fragen werden anhand eines umfangreichen Datensatzes untersucht, der als nächstes vorgestellt wird. Die Ergebnisse der ökonometrischen Analysen werden daraufhin präsentiert und interpretiert. Abschließend erfolgt eine Zusammenfassung und es werden Schlussfolgerungen gezogen.

2 Verfahren zur Bestimmung von Kreditausfallwahrscheinlichkeiten

Der Ausfall von Krediten wird im Fremdkapitalmarkt mit verschiedenen Methoden systematisch analysiert und modelliert. Im Folgenden werden drei übliche Methoden vorgestellt und im Hinblick auf ihre Anwendungsmöglichkeit beim Ausfall von Eigenkapitalbeteiligungen kurz diskutiert.

2.1 Diskriminanzanalyse

Der traditionelle qualitative Ansatz zur Schätzung von Kreditausfallwahrscheinlichkeiten ist die Prüfung der Kreditwürdigkeit, welcher von Altman (1968) maßgeblich entwickelt wurde. Um die Kreditwürdigkeit überprüfen zu können, werden die Unternehmenseigentümer sowie das Management einer „Kreditwürdigkeitsprüfung" unterzogen, um festzustellen, ob die Unternehmensführung willens und dazu fähig ist, den Kredit in der Zukunft ordnungsgemäß zurückzuzahlen. Diese Überprüfung zielt einerseits auf die fachliche Qualifikation, andererseits auf die Persönlichkeitsstruktur ab. Während sich die fachliche Qualifikation durch Zeugnisse und einen Track Record objektiv belegen lässt, wird dies für die Persönlichkeitsstruktur deutlich schwieriger. Diese wird in der Regel auf Basis von persönlichen Eindrücken gemessen, bei der es zu unterschiedlichen Ergebnissen kommen kann. Um den Grad der Subjektivität zu reduzieren, werden in der Praxis standardisierte Fragebögen eingesetzt. Diese werden durch einen qualitativen Ansatz ergänzt, der diverse Bilanzkennzahlen, wie Book to Cash Flow, Current Ratio etc. berücksichtigt und zu einem Score verdichtet.[1] Hierbei gehen Faktoren, die eine Kreditausfallwahrscheinlichkeit erhöhen, mit einem negativen Vorzeichen ein und verringern den Score. Im Gegensatz dazu haben Faktoren, die eine Kreditausfallwahrscheinlichkeit verringern, ein positives Vorzeichen. Sie erhöhen den Score und steigern die Wahrscheinlichkeit einer Kreditvergabe. Ab einem vorher bestimmten Score-Level wird diskriminiert und kein Kredit mehr vergeben. Die Diskriminierung erfolgt also zwischen den als relativ sicher eingeschätzten Unternehmen und solchen, bei denen mit einem Ausfall zu rechnen ist. Sie ermöglicht die systematische Kreditvergabe ab einem definierten Score.

Die generelle Score basierte Diskriminierung ist durch folgende Funktion gegeben:

$$DS = w_0 + w_1 \cdot D_1 + w_2 \cdot D_2 + \ldots + w_n \cdot D_n,$$

mit DS = Score

$D_1 \ldots D_n$ = eingehende Kriterien

$w_0 \ldots w_n$ = Gewichtungsfaktoren.

Hierbei können die Gewichtungsfaktoren $w_0 \ldots w_n$ durch die Erfahrungen der Bank gesetzt oder mittels Diskriminanzanalyse geschätzt werden. Wenn man dieses Vorgehen mit dem Prüfen von Eigenkapitalbeteiligungen nach Schefczyk (2000) vergleicht, fällt auf, dass nach einem ähnlichen Verfahren auch die Beteiligungswürdigkeit eines Unternehmens geprüft wird, mit dem Unterschied, dass in der Regel keine standardisierten Checklisten oder Fragebögen genutzt werden. Bei der Vergabe von Eigenkapitalbeteiligungen wendet jeder Private-Equity- oder Venture-Capital-Fonds eigene Verfahren an. Standardisierte Verfahren für die gesamte Branche haben sich noch nicht etabliert. Bei vielen Fonds verlässt sich jeder Fondsmanager primär auf seine Erfahrung und nimmt die Gewichtung der einzelnen Eindrücke und Unternehmenskennzahlen nach eigenem Ermessen vor. Hier wird die Relevanz der Erfahrung und Kenntnisse des

---

1 Vgl. Ooghe, Spaenjers und Vandermoere (2005).

Fonds-Managements bei der Einschätzung des Totalausfallrisikos besonders deutlich. Daher analysieren wir diese Determinante in der vorliegenden Untersuchung im Detail. Die subjektive Einschätzung des Ausfallrisikos durch den Fondsmanager erschwert eine objektive Nachvollziehbarkeit der Investitionsentscheidung durch Dritte. Bei der gemeinsamen Beteiligungsentscheidung durch ein Investitionsgremium mit mehreren Personen in einem Fonds sind üblicherweise allen Gremiumsmitgliedern die wichtigsten Entscheidungsfaktoren bekannt. Zur Entscheidungsfindung nimmt allerdings jedes Mitglied subjektiv die Gewichtung der Faktoren individuell für sich vor. Die Gesamterfahrung des Fondsmanagements spielt daher bei der Risikoeinschätzung eine zentrale Rolle. Unsere Untersuchung erfolgt unter anderem mit dem Ziel, exogene Variablen zu identifizieren zur Bestimmung von Eigenkapital-Ausfällen. Diese Variablen können dann in Verfahren wie der Diskriminanzanalyse, der logistischen Regression oder den Realoptionen eingesetzt werden. Die Investitionserfahrung des Fondsmanagements kann eine relevante exogene Variable sein, die wir mit dieser Studie näher untersuchen.

2.2 Logistische Regression

Eine Alternative zu der Diskriminanzanalyse stellt das in der Praxis immer häufiger Verwendung findende Modell der logistischen Regression dar. In der Diskriminanzanalyse wird die Kreditwürdigkeit als lineare Abhängigkeit eines metrisch skalierten Scores von verschiedenen unabhängigen, ebenfalls metrisch skalierten Variablen, die von den Entscheidungsträgern vorgegeben werden, modelliert. Im Gegensatz hierzu ist die Zielvariable in der logistischen Regression im Intervall von 0 und 1. Dies vereinfacht die Interpretation der Ergebnisse stark. In der Konsequenz sind einige wesentliche Voraussetzungen einer linearen Regression, insbesondere die Normalverteilung der Residuen und Homoskedastie, meist verletzt. Sollte ungeachtet dessen dennoch eine solche Regression durchgeführt werden, kann es zu unzulässigen Vorhersagen kommen. Zwar könnte man Werte zwischen 0 und 1 noch als Wahrscheinlichkeiten interpretieren, dies ist jedoch für Ergebnisse außerhalb des Intervalls unmöglich. Dieses Problem wird durch eine geeignete Transformation der abhängigen Variablen gelöst. Hierbei werden die firmenspezifischen Einflussfaktoren, die auf die Kreditausfallwahrscheinlichkeit wirken, mittels einer nicht-linearen Maximum-Likelihood-Schätzung geschätzt. Bei der Anwendung solcher statistischer Konzepte muss berücksichtigt werden, dass diese streng genommen nur unter restriktiven Annahmen gültig sind. Eine Verletzung dieser Annahmen kann die erzielten Ergebnisse deutlich verzerren.[2] In der Praxis wird das Verfahren der logistischen Regression bei Venture Capital- und Private Equity-Fonds bisher nicht angewendet. Dies kann unter anderem daran liegen, dass die Schätzqualität der zur Zeit zur Verfügung stehenden Modelle nicht angemessen ist, um darauf eine zuverlässige Beteiligungsentscheidung aufzubauen. Um die relevanten Variablen zu identifizieren und ein Overfitting zu vermeiden, muss die Auswahl und Anzahl der eingesetzten Modellvariablen wohl überlegt sein. Hierzu können empirische Untersuchungen wie die vorliegende erste Hinweise liefern.

---

2   Eine ausführliche Diskussion ist in Karels und Prakash (1987) zu finden.

2.3 Realoptionen

Der Unternehmensbewertungsansatz mittels Realoptionen baut auf der Idee von Black und Scholes (1973) auf und wurde von Merton (1974) aufgegriffen, um Kredite von Unternehmen zu bewerten. Dieser Ansatz wurde beispielsweise in den Arbeiten von Lint und Pennings (2001), Frigo (2003) sowie Banarjee (2003) zur Bewertung von Unternehmen mit signifikanten Wachstumsmöglichkeiten herangezogen und lieferte sehr gute Ergebnisse, die mit traditionellen Bewertungsmodellen in dieser Weise nicht möglich gewesen wären. Die Bewertungsidee von Merton für das Fremdkapital ist relativ einfach. Er unterstellt, dass sich der Unternehmenswert S auf friktionslosen Märkten aus dem Eigenkapital E und dem Fremdkapital D zusammensetzt.[3] Hierbei wird unterstellt, dass die Fremdkapitalgeber bevorzugt vor den Eigenkapitalgebern Zahlungen erhalten. Die Eigenkapitalgeber erhalten also lediglich den Residualbetrag, der nach Bedienung der Fremdkapitalgeber übrig bleibt. Ist S größer als D, dann erhalten die Eigenkapitalgeber eine Auszahlung von $S-D$ und die Fremdkapitalgeber bekommen ihren Einsatz D wieder zurück. Ist S kleiner als das Fremdkapital D, erhalten die Eigenkapitalgeber nichts, während die Fremdkapitalgeber den verbleibenden Rest $D-X$ erhalten. Hieraus wird ersichtlich, dass die Fremdkapitalgeber eine Put-Option-Short halten, während die Eigenkapitalgeber eine Long-Call-Position einnehmen. Beide Optionen beziehen sich auf den Basiswert, also den Unternehmenswert, mit dem Ausübungspreis in Höhe des Fremdkapitals D.

Zur Analyse von Totalausfällen bei Eigenkapitalbeteiligungen ist dieser Ansatz aus diversen Gründen weniger geeignet. Der wichtigste Inputfaktor von optionspreisbasierten Modellen ist die Volatilität des Unternehmenswertes, die sich schwer beobachten lässt, da die Unternehmen nicht börsennotiert sind. Aufgrund dessen basieren die Unternehmenswerte auf Bewertungsmethoden, die nicht tagesaktuelle Marktpreise berücksichtigen, sondern üblicherweise auf diskontierten zukünftigen Cashflows oder Peer-Group-Vergleichen. Ein weiteres Problemfeld ist die in diesem Modell bei einem vorab definierten Ausfallpunkt unterstellte klare Trennung zwischen dem Totalausfall und einer Weiterführung. Eine Weiterführung des Unternehmens kann auch bei Unterschreitung des Unternehmenswertes der Fremdkapitalhöhe rentabel sein. Ebenso ist eine Unterschreitung nicht mit einem Totalausfall gleichzusetzen, da das Unternehmen noch einen Liquidationswert besitzt, der meist größer Null ist. Eigenkapital-Investoren können durch die Fokussierung auf Anlageschwerpunkte und die schrittweise Vergabe von Kapital (Staging) das Risiko zwischen rentabler Weiterführung und Totalausfall besser einschätzen. Venture Capital-Fonds sind gekennzeichnet durch ihre Fokussierung auf den Anlageschwerpunkt in frühe Unternehmensphasen und wenden üblicherweise das Staging von Beteiligungen systematisch an. Wir untersuchen daher die Relevanz der Fokussierung von Fonds auf Venture Capital in Bezug auf Totalausfälle.

---

3   In der hier genannten Bewertung von Realoptionen wird, im Gegensatz zu Merton, zur Vereinfachung keine Verzinsung des Fremdkapitals angenommen.

3 Determinanten von Totalausfällen vorbörslicher Eigenkapitalbeteiligungen

Eigenkapitalbeteiligungen an börsennotierten Unternehmen werden mit einer Vielzahl von Risikomodellen analysiert, die für vorbörsliche Unternehmen nicht optimal anwendbar sind. Bei gelisteten Unternehmen basieren gängige Risikomaße wie Volatilität, Lower Partial Moments, Value at Risk auf täglich messbaren Börsenkursen. Diese Risikomaße eignen sich nicht für Beteiligungen an vorbörslichen Unternehmen, denn diese sind längerfristig nicht ohne weiteres liquidierbar, und ihre Bewertung erfolgt in längeren Abständen – zum Beispiel durch die Beteiligung eines neuen Investors. Dadurch, dass die Wertänderungen intransparent sind und sich nicht auf täglicher Basis messen lassen, unterliegen sie einer gewissen Bewertungsfreiheit, und die errechnete Volatilität kann unterschätzt werden (Smoothing). Dazu kommen die Ineffizienz der Märkte, die lange Transaktionszeit und die hohen Transaktionskosten. Das Risiko von vorbörslichen Eigenkapitalbeteiligungen lässt sich somit schwerer quantifizieren. Um den inhärenten Eigenschaften von Private Equity- und Venture Capital-Investitionen gerecht zu werden, sollten neue Risikomaße und ihre Determinanten analysiert werden.

Wir verwenden zur Risikoanalyse ein asymmetrisches Risikomaß, welches ausschließlich den Fall eines Totalverlustes berücksichtigt und dadurch als ultimatives Risiko interpretiert werden kann. Um über verschiedene Größen von Fonds ein einheitliches Risikomaß zu finden, setzen wir das beim Totalausfall verlorene Kapital einer Beteiligung ins Verhältnis zum gesamten Kapital, das der Fonds investiert hat. Zur Vereinheitlichung der Beträge werden alle Finanzierungen um die Inflation mittels des US-amerikanischen Consumer Price Index bereinigt und anschließend auf Basis von realen USD 2003 berechnet. Daraus ergibt sich für unsere Untersuchung als abhängige Variable wie folgt die Totalausfall-Kapitalquote je Beteiligung:

Totalausfall-Kapitalquote je Beteiligung

$$= \frac{\sum \text{Einzahlungen in verlorenes Portfoliounternehmen}_{Fond(i)} \ [\$]}{\sum \text{Einzahlungen in alle Portfoliounternehmen}_{Fond(i)} \ [\$]}$$

Manager von Venture Capital- und Private Equity-Fonds sollten zur Risikoreduktion die Beteiligungen mit einer hohen Ausfallwahrscheinlichkeit untergewichten, um den Kapitalverlust in Bezug auf das Gesamtportfolio so gering wie möglich zu halten. Als Finanzintermediäre treffen Fondsmanager eine aktive Selektions- und Gewichtungsentscheidung, die das Risiko-Ertrags-Verhältnis des Fonds optimieren soll. Während für den Investor in einen Fonds die gesamte Fonds-Rendite relevant ist, wird diese Rendite erst durch jede einzelne Beteiligungsentscheidung des Fonds-Managements erwirtschaftet. Wir untersuchen daher Faktoren, die bei der einzelnen Beteiligungsentscheidung relevant sind.

Die Totalausfall-Kapitalquote von vorbörslichen Eigenkapitalbeteiligungen hängt von einer Vielzahl von Faktoren ab, die im Rahmen dieser begrenzten Studie nicht ausgiebig untersucht werden können. Frühere Studien, zum Beispiel von Amit und Thornhill (2002) zeigen, dass unternehmensspezifische Faktoren wie Mangel an Geschäftsführungsqualitäten oder Anpassungsschwierigkeiten an sich ändernde Marktherausforderungen Ursachen für Unternehmensausfälle sein können. Wir konzentrieren uns bei der Untersuchung von Beteiligungsausfällen nicht auf Faktoren, die unternehmensspezifisch sind, sondern bewusst auf Faktoren, die spezifisch für Finanzintermediäre sind. Durch diese Untersuchung können bisherige Studien zu Totalausfällen ergänzt werden. Wir fokussieren uns in diesem Artikel auf drei relevante Fragestellungen: (1) Wie bei der Diskriminanzanalyse erläutert, treffen die einzelnen Fondsmanager ihre Beteiligungsentscheidung subjektiv aufgrund von Heuristiken und Erfahrungswerten. Daher zielt unsere erste Fragestellung auf den Einfluss der Investitionserfahrung des Fonds-Managers auf die Totalausfall-Kapitalquote. (2) Beteiligungsentscheidungen werden nicht nur unabhängig von einzelnen Fonds getroffen, sondern bei syndizierten Beteiligungen auch gemeinsam und parallel von mehreren Fonds. Gemäß der Theorie von Wilson (1968) geht bei einer Syndizierung eine Gruppe von individuellen Entscheidungsträgern ein gemeinsames Risiko (Entscheidung unter Unsicherheit) ein und teilt sich den gemeinsamen Profit. Dabei streben die Investoren durch Syndizierung eine Risikoteilung an, die insbesondere bei dem höchsten Risiko, dem Totalausfall, ein besonderes Gewicht hat. Innerhalb des Konsortiums kann der einzelne Investor entscheiden, welche Beteiligungsquote die einzelne Beteiligung in Bezug auf seinen Fonds hat. Aufgrund der genannten Relevanz von Syndizierung für jeden einzelnen Investor fokussieren wir unsere zweite Fragestellung auf die Rolle von Syndizierung in Bezug auf Totalausfälle. (3) Venture Capital unterliegt generell einem erhöhten Risiko aufgrund der Frühphasen- und Technologierisiken der jungen innovativen Unternehmen. Der professionelle Umgang mit diesem erhöhten Ausfallrisiko zwingt Venture Capital-Fonds zur Anwendung von Instrumenten, die die Höhe des einzelnen Totalausfalls möglichst eng kontrollieren, um insgesamt das verlorene Kapital für den Fonds besser zu begrenzen. Aufgrund des generell höheren Risikos dieses Anlagesegmentes sind Begrenzungen von einzelnen Totalausfällen nötig, um den Gesamtverlust des Fonds nicht überproportional ansteigen zu lassen. Unsere dritte Fragestellung konzentriert sich daher auf die Besonderheiten von Venture Capital-Fonds in Bezug auf Totalausfälle.

3.1 Investitionserfahrung des Fondsmanagements

Institutionalisierte Investoren von privatem Eigenkapital sind üblicherweise Venture-Capital- und Private Equity-Gesellschaften, die sich über Fonds mit abgegrenzten Kapitalvolumina und Laufzeiten an Portfoliounternehmen beteiligen. Als professionelle Finanzintermediäre vertreten diese Fonds die Interessen ihrer Kapitalgeber gegenüber den Portfoliounternehmen. Dazu zählt das Bestreben, einen maximalen Ertrag bei minimalem Risiko zu erzielen. Im Vergleich zu der Fremdkapitalvergabe durch

Banken würde es logisch erscheinen, wenn diese Fonds systematische Modelle zur Risikoeinschätzung von Eigenkapitalbeteiligungen entwickeln und einsetzen würden. In der Praxis verwenden diese Fonds allerdings üblicherweise keine standardisierten Risikomodelle, sondern eher Heuristiken und persönliche Einschätzungen, die weitgehend auf der Erfahrung und dem Know-how der Fondsmanager basieren. Hierfür gibt es verschiedene Gründe. Zum einen lassen sich relevante qualitative Faktoren zum Teil schwer in quantitative Modelle übertragen. Hierzu zählen zum Beispiel die Leistungsfähigkeit der Geschäftsführung des Portfoliounternehmens oder die Wettbewerbsfähigkeit von neu entwickelten Produkten oder Dienstleistungen. Zum anderen können die risikorelevanten Faktoren und deren Einschätzung in verschiedenen Industrien, Märkten und Unternehmensphasen sehr variieren. Zum Beispiel besteht ein deutlicher Unterschied zwischen dem Risiko, ein neues Pharmazeutikum durch langjährige aufwendige Zulassungsverfahren zu bringen, und dem Risiko, eine neue UMTS-spezifische Software für mobile Kommunikationsgeräte zu vermarkten, wenn der UMTS-Markt noch gar nicht entwickelt ist. In einem Wachstumsszenario mit dem Aufbau eines neuen Vertriebszweiges sind wiederum andere Risikofaktoren relevant als in dem Fall einer Unternehmenskonsolidierung. Grundsätzlich gilt: Je mehr der Fonds-Manager über Expertise und Kenntnisse im speziellen Fall verfügt, desto besser die Risiko-Ertrags-Einschätzung. Mit jeder Beteiligung, die der Fonds-Manager durchführt, wachsen seine Expertise und Kenntnisse. Dadurch steigen mit zunehmender Investitions-Erfahrung des Fondsmanagers seine Selektionsexpertise zur Einschätzung von Totalausfällen und auch seine Fähigkeit zur konstruktiven Einflussnahme auf das Portfoliounternehmen zur Verhinderung des Totalausfalls. Aus dieser Folgerung lässt sich die erste Fragestellung für die empirische Untersuchung ableiten:

Erste Fragestellung: Kann zunehmende Investitionserfahrung eines Fonds-Managers das Ausfallrisiko einer Eigenkapitalbeteiligung reduzieren?

Mit jedem Fonds, den der Fondsmanager bis zum Zeitpunkt der jeweiligen Eigenkapitalbeteiligung verwaltet hat, steigt seine Investitionserfahrung. Wir messen daher die Erfahrung mit Hilfe der Variable „Anzahl der Fonds des Fondsmanagers". Dabei gehen wir von der Annahme aus, dass die Fondsmanagement-Teams relativ konstant bleiben über die verschiedenen Fonds hinweg.

3.2 Syndizierung

Eine Syndizierung erfolgt, wenn sich an einer Eigenkapitalbeteiligung mehr als ein Kapitalgeber beteiligt. Verschiedene Studien gehen auf die Motive zur Syndizierung näher ein. Wilson (1968) entwickelt eine Theorie, dass Investoren Syndizierung nutzen, um Risiko zu teilen und zu reduzieren. Admati und Pfleiderer (1994) erklären in einem theoretischen Modell, dass Venture Capital-Investoren ihre Beteiligungen insbesondere in den späteren Finanzierungsrunden syndizieren, um ihren Anteil am Unternehmen konstant zu halten. Lerner (1994) argumentiert mit Hilfe seiner empirischen Untersuchungsergebnisse, dass insbesondere erfahrene Investoren Syndizierung zur

Informationsgewinnung vor einer Unternehmensbeteiligung nutzen. Amit, Antweiler und Brander (2002) bauen auf dieser Untersuchung auf und erläutern anhand ihrer empirischen Untersuchungen, dass Investoren weniger zur Optimierung ihrer Beteiligungsselektion syndizieren, sondern vor allem deshalb, um durch zusätzliche Kenntnisse, Kontakte und Erfahrungen der weiteren Mitinvestoren einen höheren Mehrwert (Added Value) im Konsortium zu schaffen. Lockett und Wright (2001) untersuchen Syndizierungsmotive anhand von 60 Unternehmen und nennen Risikoteilung und -reduktion als ein wesentliches Motiv. Die Untersuchung von Lockett und Wright (2003) bestätigt, dass Investoren die Syndizierung einerseits zur Ergänzung von Ressourcen nutzen (Resource-Based Risk Reduction) und andererseits zur breiteren Diversifikation und Verteilung des Finanzierungsrisikos auf mehrere Investoren (Risk Sharing). Die Verteilung des Finanzierungsrisikos als ein wichtiges Motiv zur Syndizierung wird auch von Lerner genannt, allerdings nicht im Detail untersucht. Unternehmensbeteiligungen mit besonders hohen Chancen können mit besonders hohen Risiken einhergehen, die von einem einzelnen Investor nicht komplett übernommen werden wollen. Unter anderem deshalb syndizieren daher mehrere Investoren, um die Chance gemeinsam zu nutzen und gleichzeitig das Risiko auf mehrere Schultern zu verteilen. Da bisherige Studien dafür plädieren, dass Syndizierung zur Teilung und Reduktion von Beteiligungsrisiken eingesetzt wird, und ein Totalausfall das höchste Risiko einer Beteiligung darstellt, untersuchen wir, ob Syndizierung insbesondere bei Totalausfällen zu beobachten ist.

Hieraus leiten wir die zweite Fragestellung unserer empirischen Untersuchung ab:

Zweite Fragestellung: Syndizieren Fondsmanager insbesondere bei riskanten Beteiligungen?

3.3 Anlagefokus auf Venture Capital

Unternehmen in frühen Entwicklungsphasen und in Technologiebranchen bringen besonders hohe Ausfallrisiken mit sich. Hierauf haben sich Fonds-Manager spezialisiert, die sich auf die Vergabe von Venture Capital fokussieren. Sie verfügen in der Regel über spezielle Kenntnisse von Technologiemärkten und ein fundiertes Verständnis für die Geschäftsmodelle von jungen innovativen Unternehmen. Zum einen können Venture-Capital Fonds-Manager durch ihre besonderen Kenntnisse und ihre Erfahrung das Risiko besser einschätzen und die Unternehmen in ihrer Entwicklung unterstützen. Zum anderen stellen sie das Investitionskapital in der Regel nicht in einer einzelnen Vorauszahlung zur Verfügung, sondern investieren es in Abhängigkeit der Unternehmensentwicklung schrittweise in Teilzahlungen. Dieses abgestufte Finanzieren wird *Staging* genannt und kann das Finanzierungsrisiko systematisch reduzieren. Sahlmann (1990) hat Staging als wirkungsvolles Instrument zur Kontrolle der Unternehmensbeteiligung beschrieben. Durch Staging können Informationsasymmetrien und Agency-Konflikte gemildert werden. Gompers (1995) argumentiert, dass der Hauptvorteil von Staging darin liegt, dass der Fondsmanager bei jedem Teilbetrag der Finanzierung die Option hat, das Projekt abzubrechen. Venture Capital-Fonds setzen Staging im Vergleich zu

Private Equity-Fonds verstärkt ein, um den Verlust der einzelnen Beteiligung im Falle einer negativen Entwicklung frühzeitig zu begrenzen. Wir kommen daher zu der dritten Fragestellung:

Dritte Fragestellung: Ist der Anteil eines Totalausfalls am gesamten investierten Kapital bei Venture Capital-Fonds kleiner als bei Fonds mit anderen Anlageschwerpunkten?

4 Datenbeschreibung

Zur Datensatzgenerierung wurden die Inhalte der Venture-Economics-Datenbank mit den Angaben der CEPRES-Datenbank im November 2003 verglichen und die Informationen zu den Eigenkapitalbeteiligungen, die in beiden Datenbanken kongruent enthalten sind, zusammengeführt.[4] Der Datensatz wird bei Krohmer und Lauterbach (2005) detailliert beschrieben. Während die Daten von Venture Economics ausschließlich auf Angaben basieren, die von den Fonds-Gesellschaften freiwillig zur Verfügung gestellt wurden, enthält die CEPRES-Datenbank Informationen, die zum Teil durch Wirtschaftsprüfer im Rahmen von Due-Diligence-Prüfungen verifiziert wurden. Durch die Zusammenführung der Angaben kongruenter Beteiligungen wird die Validität der Informationen erhöht. Beide Datenbanken enthalten unabhängig voneinander umfangreiche Details zu Eigenkapitalfinanzierungen. Dabei erfassen die beiden Datenbanken teilweise unterschiedliche Merkmale je Finanzierung: Venture Economics enthält zum Beispiel Informationen zur Bewertung von Unternehmen, diese Information fehlt bei CEPRES; dagegen informiert CEPRES über die präzisen Cash Flows je Beteiligung, diese Details wiederum fehlen in Venture Economics. Durch die Zusammenfügung der Informationen zu jeder Finanzierung, die in beiden Datenbanken übereinstimmend enthalten ist, können insgesamt über 150 originäre Variablen aus beiden Datenbanken zu jeder Finanzierung ergänzend analysiert werden. Dementsprechend ist für die Schnittmenge beider Datensätze eine sehr detaillierte Analyse möglich. Zum Zeitpunkt der Verschmelzung enthielt die wesentlich größere Datenbank, Venture Economics, über 220.000 Finanzierungen. Diese wurden einzeln mit den Einträgen der CEPRES-Datenbank verglichen, die zu dieser Zeit verfügbar waren: 5.308 Investitionen in 4.476 Unternehmen, die durch 229 Private Equity- und Venture Capital-Fonds von 74 verschiedenen Fonds-Gesellschaften durchgeführt wurden.

Der gesamte zusammengeführte Datensatz enthält 1.747 Investments, bei denen folgende vier Kriterien in beiden Datenbanken kongruent vorhanden sind: der Name der Fondsgesellschaft, die Bezeichnung des Fonds, der Name des Portfoliounternehmens, in das investiert wurde, sowie das Datum, an dem die Investition getätigt wurde. Aus dem Datensatz wurden alle unrealisierten Investitionen entfernt, da sich diese Studie auf die Besonderheiten von Totalausfällen konzentriert im Vergleich zu anderen reali-

---

[4] Nähere Informationen zu Venture Economics und CEPRES sind auf den Internetseiten www.thomsonfinancials.com und www.cepres.de zu finden.

sierten und nur teilweise realisierten Beteiligungen. Bei den nur teilweise realisierten Beteiligungen wurde eine weitere Auswahl getroffen, um Bewertungsverzerrungen und Schätzfehler bei Cashflow-Berechnungen zu reduzieren: Nach der Idee von Diller und Kaserer (2004) wird der Residual Net Asset Value (RNAV) der bis zum November 2003 teilweise realisierten Investitionen geteilt durch die absolute Summe der bis dahin angefallenen Cashflows in das Unternehmen und der Rückflüsse vom Unternehmen an den Investor. Hieraus errechnet sich der Grenzwert q, der prinzipiell beliebig festgelegt werden kann. Ab einem q-Wert von 20 Prozent wird die teilweise realisierte Beteiligung nicht mehr im Datensatz berücksichtigt. Das Auswahlkriterium lässt sich wie folgt beschreiben

$$\frac{RNAV_T}{\sum_{t=0}^{T} |CF_t|} \leq q.$$

Als letzter Schritt wurden Investments aussortiert, die in dem Datensatz doppelt enthalten sind, weil zum Beispiel ein Crossfund-Investment durchgeführt wurde. Bei solchen Investments haben zwei aufeinander folgende Fonds derselben Fondsgesellschaft in dasselbe Portfoliounternehmen investiert. Merkmale wie die Erfahrung des Fondsmanagers oder Variablen in Bezug auf Informationsasymmetrien bei einer Neubeteiligung können in diesen Fällen nicht präzise abgegrenzt werden. Nach Abschluss dieser mehrstufigen Datenreduktion umfasst der Datensatz 712 unterschiedliche Investments von 122 verschiedenen Venture-Capital- und Private Equity-Fonds, die von 51 Fondsgesellschaften aufgelegt wurden. Von diesen Investments haben 169 einen Totalverlust erlitten. Das entspricht einem Anteil von 23,7 Prozent aller untersuchten Beteiligungen.

Der Datensatz kann als repräsentativ gelten, da er in Bezug auf die Verteilung in wesentlichen Aspekten dem Gesamtmarkt für Private Equity- und Venture Capital-Beteiligungen entspricht. Die Häufigkeitsverteilung der Zeitpunkte für den Beginn und den Exit der Investments korrespondiert mit der Marktentwicklung im Beobachtungszeitraum. Die länderspezifische Häufigkeitsverteilung der Beteiligungen ist mit der Größe der regionalen Private Equity- und Venture Capital-Märkte vergleichbar und in Abbildung 1 visualisiert: Die meisten Investitionen (447) wurden in den USA getätigt, die restlichen teilen sich auf weitere 21 Länder in Europa, Asien und Lateinamerika auf. In Europa ist Großbritannien mit 56 Investments vertreten, gefolgt von Frankreich mit 30 und Deutschland mit 26. Die Branchen teilen sich wie folgt auf: Informationstechnologie (25,3 %), Health Care und Life Sience (16,4 %), Internet und Medien (11,2 %), Industrieproduktion (9,6 %), Telekommunikation (9,1 %) und Verbraucher- und Einzelhandelsmarkt (7,3 %), wie in Abbildung 2 abgetragen wurde. Insgesamt werden 389 Investments dem Hightech-Bereich zugeordnet.

Abbildung 1: Länderverteilung der Beteiligungen (1979–2003)

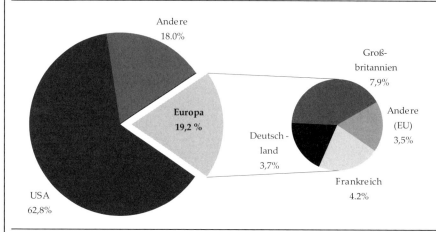

Abbildung 2: Sektorenverteilung der Beteiligungen

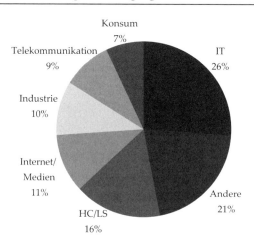

Zur besseren Interpretation der Regressionsergebnisse zur Syndizierung stellen wir in der Tabelle 1 einen Vergleich vor zwischen Beteiligungen mit und ohne Syndizierung. Dabei fällt auf, dass bei syndizierten Beteiligungen eine höhere Ausfallwahrscheinlichkeit (21,27 Prozent) besteht als bei nicht-syndizierten Investitionen (12,58 Prozent). Diese Ausfallwahrscheinlichkeit wird nicht zwangsweise durch Syndizierung erhöht (Kausalität). Syndizierung wird eher durchgeführt bei erhöhtem Ausfallrisiko. Das bestätigt die Idee, dass bei erhöhtem Risiko Syndizierung zur Risikoteilung eingesetzt wird. Neben der Ausfallwahrscheinlichkeit kann die Höhe des Totalausfalls in Bezug auf das Fonds-

Volumen ein Risikomaßstab sein. Beim Vergleich des durchschnittlichen Kapitalanteils einer Beteiligung am Fonds-Investitionsvolumen mit und ohne Syndizierung ist dieser Anteil bei einer Fortführung des Unternehmens fast gleich und bei einem Totalausfall deutlich unterschiedlich. Die Totalausfall-Kapitalquote ist mit Syndizierung erheblich höher (3,64 Prozent) als ohne (1,66 Prozent). Dies bestätigt, dass der Investor die Syndizierung nicht nur bevorzugt bei höheren Ausfallrisiken durchführt, sondern dass er sich bei diesen Beteiligungen auch für eine höhere Beteiligungsquote entscheidet. Wir interpretieren dies damit, dass bei diesen Beteiligungen mit erhöhtem Risiko gleichzeitig auch deutlich höhere Ertragschancen vorgelegen haben müssen. Diese Annahme wird unterstützt von den Ergebnissen von Amit, Antweiler und Brander (2002), die Syndizierung insbesondere bei Beteiligungen mit erhöhter Renditeerwartung vorfinden.

Tabelle 1: Kapitalanteil einer Beteiligung am Fonds-Investitionsvolumen und Totalverlustwahrscheinlichkeiten

				Arith. Mittel	Median	95% Perzentil	75% Perzentil	25% Perzentil	Anzahl	Totalverlustwahrscheinlichkeit
Syndiziert (J/N)?	Nein	Totalverlust (J/N)?	Nein	0.0407	0.0267	0.1180	0.0548	0.0109	410	
			Ja	0.0166	0.0070	0.0824	0.0178	0.0030	59	12.58%
	Ja	Totalverlust (J/N)?	Nein	0.0425	0.0350	0.1046	0.0569	0.0201	211	
			Ja	0.0364	0.0339	0.0937	0.0449	0.0170	57	21.27%

5 Modellbeschreibung und Ergebnisse

Zur statistischen Überprüfung der drei Fragestellungen wird die lineare Regressionsanalyse herangezogen, die eine lineare Abhängigkeit zwischen den endogenen und exogenen Variablen untersucht. Um eine sinnvolle Einteilung der Variablen auf exogen und endogen vornehmen zu können, muss vorab eine theoretische Fundierung der Wirkungsrichtung herausgearbeitet werden, welche im Abschnitt 3 ausführlich erörtert wurde. Dementsprechend wirken Syndizierung, Anzahl der bis dato aufgelegten Fonds des Fondsmanagers und die Klassifizierung, ob der Fonds ein Venture Capital-Fonds ist, als exogene Variablen auf die endogene Totalausfall-Kapitalquote. Die beiden exogenen Variablen, Syndizierung und Klassifizierung des Fonds auf Venture Capital, sind Dummy-Variablen und nehmen den Wert Eins an, wenn das Kriterium erfüllt ist, und Null, wenn es nicht erfüllt ist. Unter Zuhilfenahme der Methode der kleinsten Quadrate können die Parameter folgender Gleichung geschätzt werden, um statistisch zu belegen, ob die exogenen Variablen einen Einfluss haben und wenn ja, in welcher Höhe der Einfluss besteht und in welche Richtung er geht.

$$Y_i = \beta_0 + \beta_1 \cdot X_{i1} + \beta_2 \cdot X_{i2} + \beta_3 \cdot X_{i3} + \varepsilon_i.$$

In obiger Gleichung steht Y_i für die endogene Variable der Totalausfall-Kapitalquote, β_0 für das konstante Glied, X_1, X_2, X_3 sind die exogenen Variablen mit $\beta_1, \beta_2, \beta_3$ als korrespondierende und zu schätzende Parameter. ε wird als Fehlerterm bezeichnet und beinhaltet den von der Regression nicht erklärten Teil. Um die Regressionsergebnisse sinnvoll interpretieren zu können, müssen die Annahmen, die der Regression zugrunde liegen, geprüft werden. Die üblichen Verfahren und Tests auf Multikolinearität sowie Autokorrelation deuten nicht auf Anwesenheit dieser und damit auf eine Verletzung der Regressionsannahmen hin, was auch nicht verwunderlich ist, da die exogenen Variablen sorgsam ausgewählt wurden und Querschnittsdaten verwendet werden. Im Gegensatz hierzu musste die Nullhypothese der Homoskedastie, bei Anwendung des White-Heteroskedastie-Tests, unter Berücksichtigung der Kreuzprodukte auf dem fünf Prozent-Niveau verworfen werden. Aus diesem Grund wurde nach dem Verfahren von White (1980) unter Berücksichtigung von Heteroskedastie, die Kovarianzmatrix der Parameter konsistent geschätzt. Die hieraus resultierenden Regressionsergebnisse sind in Tabelle 2 abgetragen.

Die F-Statistik prüft die gemeinsame Signifikanz der berücksichtigten exogenen Variablen auf die unabhängige Variable. Für diesen F-Wert kann auf Basis der F-Verteilung die Irrtumswahrscheinlichkeit bestimmt werden, dass der F-Wert von Null verschieden ist. Ist diese Wahrscheinlichkeit kleiner als das vorgegebene Signifikanzniveau, wird von einem signifikanten Einfluss bezogen auf das Signifikanzniveau gesprochen. In diesem Fall ist der gemeinsame Einfluss der exogenen Parameter auf die Gesamtregression auf dem Ein-Prozent-Niveau signifikant. Nach der Prüfung auf gemeinsame Signifikanz der exogenen Variablen werden die exogenen Variablen einzeln auf ihre Signifikanz geprüft.

Tabelle 2: Regressionsergebnisse des Modelltests bei Betrachtung der Totalausfälle

Variable	Koeffizienten	Std.-Fehler	t-Statistik	Prob.
Konstante	0.055256	0.015420	3.583423	0.0005
Anzahl der Fonds des Fonds-Managers	−0.002337	0.001333	−1.752922	0.0824
VC-Fonds [J/N]	−0.032374	0.014695	−2.203126	0.0297
Syndizierung [J/N]	0.018198	0.005648	3.221744	0.0017
Adjusted R^2	0.232758	Prob. (F-Statistik)		0.0000

Tabelle 2 zeigt, dass die exogene Variable „Anzahl der Fonds des Fondsmanagers" auf dem Zehn-Prozent-Niveau nach Berücksichtigung der korrigierten Kovarianzmatrix nach White signifikant ist. Je mehr Fonds ein Fondsmanager bisher verwaltet hat, desto niedriger ist die Totalausfall-Kapitalquote. Hiermit wird die erste Fragestellung positiv beantwortet, dass der Manager mit zunehmender Investitionserfahrung die Verluste je Totalausfall reduziert.

Die Variable *Syndizierung* ist auf dem Ein-Prozent-Niveau signifikant. Das Ergebnis gibt eine positive Antwort zu der zweiten Fragestellung in dem Sinn, dass Syndizierung insbesondere bei erhöhter Totalausfall-Kapitalquote durchgeführt wird. Wir interpretieren dieses Regressions-Ergebnis nicht derart, dass Syndizierung eine Ursache für die erhöhte Totalausfall-Kapitalquote ist (Kausalität), sondern dass Investoren insbesondere dann syndizieren, wenn Beteiligungen erhöhte Renditechancen und gleichzeitig erhöhte Ausfallrisiken enthalten. Die Syndizierung wird gemäß bisheriger Studien dafür genutzt, um das Risiko unter den Investoren zu teilen und gleichzeitig eine Partizipation an den erhöhten Renditechancen zu ermöglichen.

Die exogene Variable *VC-Fonds* ist auf dem Fünf-Prozent-Niveau signifikant. Venture-Capital-Fonds haben im Vergleich zu anderen Private Equity-Fonds eine relativ geringere Totalausfall-Kapitalquote je Beteiligung. Damit erhalten wir eine positive Antwort auf die dritte Fragestellung. Venture Capital-Manager agieren in einem Marktsegment mit erhöhtem Risiko und nutzen Instrumente wie Staging, um die Totalausfall-Kapitalquote je Beteiligung zu reduzieren. Insgesamt kann das Beteiligungsrisiko in dem Venture Capital-Segment dadurch ausbalanciert werden, dass die erhöhte Ausfallwahrscheinlichkeit durch die relativ geringere Totalausfall-Kapitalquote je Beteiligung eine reduzierte Gesamtwirkung auf den Fonds hat.

Die in Abschnitt 2 vorgestellten Verfahren zur Bestimmung von Kreditausfallwahrscheinlichkeiten basieren auf exogenen Variablen, die zur Berechnung der Wahrscheinlichkeiten herangezogen werden können. Für die Berechnung von Ausfallwahrscheinlichkeiten von vorbörslichen Eigenkapitalbeteiligungen können nicht dieselben Variablen genutzt werden wie für Kreditausfälle. Die Wahl und Gewichtung der relevanten Variablen bei vorbörslichen Eigenkapitalbeteiligungen ist noch nicht abschliessend in theoretischen Modellen oder empirischen Untersuchungen geleistet worden. Unsere Untersuchungsergebnisse liefern drei mögliche Variablen für Modelle zur Berechnung von Totalausfällen bei vorbörslichen Eigenkapitalbeteiligungen. Weitere Studien können zusätzliche signifikante Variablen identifizieren. Wenn eine angemessene Anzahl von verschiedenen Variablen in ausreichender Güte identifiziert worden ist, können Modelle ähnlich den genannten Kreditrisikomodellen auch für vorbörsliche Eigenkapitalbeteiligungen entwickelt werden.

6 Zusammenfassung und Schlussfolgerung

Bei Eigenkapitalbeteilungen werden bisher in der Regel keine standardisierten Verfahren zur Bestimmung der Ausfallwahrscheinlichkeit eingesetzt. Die Übertragung der von Banken eingesetzten Verfahren zur Bestimmung von Kreditausfallwahrscheinlichkeiten auf den Eigenkapitalmarkt ist nur eingeschränkt möglich. Diese empirische Untersuchung nutzt einen umfangreichen Datensatz zur Analyse von drei Aspekten, die bei Totalausfällen von vorbörslichen Eigenkapitalbeteiligungen eine wesentliche Rolle spielen: (1) Private Equity- und Venture Capital-Gesellschaften treffen ihre Investitionsentscheidungen überwiegend auf Basis von Heuristiken und subjektiven Einschätzungen des Fondsmanagements. Dabei spielt die Investitionserfahrung eine wichtige Rolle bei der Einschätzung der Risiko-Ertrags-Perspektive. Unsere empirische Untersuchung zeigt, dass mit zunehmender Investitionserfahrung des Fondsmanagements der Anteil eines Totalausfalls am Fondsvolumen (Totalausfall-Kapitalquote) reduziert wird. (2) Als ein Motiv zur Syndizierung wurde in bisherigen Studien die Risikoteilung unter mehreren Investoren bestätigt. Unsere Untersuchungsergebnisse zeigen einen deutlichen Zusammenhang zwischen Syndizierung und sowohl der erhöhten Ausfallwahrscheinlichkeit als auch der erhöhten Totalausfall-Kapitalquote. Dabei interpretieren wir die Ergebnisse nicht in der Weise, dass Syndizierung eine Ursache für die erhöhte Totalausfall-Kapitalquote ist, sondern dass bei Beteiligungen mit besonders hohen Chancen und Risiken das Instrument der Syndizierung vermehrt eingesetzt wird unter anderem zur Risikoreduktion. (3) Besondere Risiken bestehen bei Beteiligungen an jungen Unternehmen in Technologiebranchen. Hierauf haben sich Venture Capital-Fonds spezialisiert. Diese Fonds können nur eine attraktive Gesamtrendite für den Fonds erwirtschaften, wenn sie das Risiko der einzelnen Beteiligungen systematisch und so früh wie möglich begrenzen. Hierbei spielt sowohl das besondere Know-how und die Erfahrung des Managements eine Rolle als auch der Einsatz von Staging. Beim Staging wird der gesamte Finanzierungsbetrag nicht einmalig vorab zur Verfügung gestellt, sondern schrittweise in Teilbeträgen in Abhängigkeit von der Unternehmensentwicklung investiert. Die Ergebnisse unserer Analyse unterstützen die Behauptung, dass Fonds mit dem Anlagefokus auf Venture Capital im Vergleich zu anderen Fonds den Anteil jedes einzelnen Totalausfalls am Fondsvolumen relativ gering halten.

Diese Studie bietet Ansätze für weitere Untersuchungen in Bezug auf Eigenkapitalausfallwahrscheinlichkeiten. Unter Berücksichtigung von Faktoren, die Totalausfälle von Eigenkapitalbeteiligungen beeinflussen, können Risikomodelle entwickelt werden, die über die üblichen Kreditrisikomodelle hinaus besser für die Anwendung bei Eigenkapitalinvestitionen geeignet sind. Die hier genannten Untersuchungsergebnisse können nur einen Ausschnitt der relevanten Aspekte abdecken. Weiterführende theoretische und empirische Studien können hierzu einen wertvollen Beitrag leisten.

Literaturverzeichnis

ADMATI, ANAT R./PFLEIDERER, PAUL (1994): Robust Financial Contracting and the Role of Venture Capitalists, in: The Journal of Finance, Vol. 49, S. 371–403.

ALTMAN, EDWARD I. (1968): Financial Ratios, Discriminant Analysis and the Prediction of Corporate Bankruptcy, in: The Journal of Finance, Vol. 23, S. 589–609.

AMIT, RAPHAEL/ ANTWEILER, WERNER/BRANDER, JAMES A. (2002): Venture-Capital Syndication: Improved Venture Selection vs. the Value Added Hypothesis, in: Journal of Economics & Management Strategy, Vol. 11, S. 422–452.

AMIT, RAPHAEL/THORNHILL, STEWART (2003): Learning about Failure: Bankruptcy, Firm Age and the Resource-based View, in: Organization Science, Vol. 14, S. 497–509.

BANERJEE, ASHOK (2003): Real Option Valuation of a Pharmaceutical Company, in: The Journal of Decision Makers, Vol. 28, S. 61–78, 2003.

BLACK, F./SCHOLES, M., The Pricing of Options and Corporate Liabilities, in: The Journal of Political Economy, Vol. 81, S. 637–654.

DILLER, CHRISTIAN/KASERER, CHRISTOPH (2004): European Private Equity Funds – A Cash Flow Based Performance Analysis, Working Paper Series – Center for Entrepreneurial and Financial Studies, München 2004.

FRIGO, MARK (2003): Real-Option Valuation: Taking Out the Rocket Science, in: Strategic Management, Vol. 84, S. 10–12.

GOMPERS, PAUL A. (1995): Optimal Investment, Monitoring, and the Staging of Venture Capital, in: The Journal of Finance, Vol. 50, S. 1461–1491.

KARELS GORDON V./PRAKASH ARUN J. (1987): Multivariate Normality and Forecasting of Business Bankruptcy, in: Journal of Business Finance & Accounting, Vol. 14, S. 573–593.

KROHMER, PHILLIP/LAUTERBACH, RAINER (2005): Private Equity Post-Investment Phases – The Bright and Dark Side of Staging, Working Paper, Frankfurt am Main, 2005.

LERNER, JOSHUA (1994): The Syndication of Venture Capital Investments, in: Financial Management, Vol. 23, S. 16–27.

LINT, ONNO/PENNINGS ENRICO (2001): An Options Approach to the new Product Development Process: A Case Study at Philips Electronics, in: R & D Management, Vol 31, S. 163–172.

LOCKETT, ANDY/WRIGHT, MIKE (2001): The Syndication of Venture Capital Investments, in: The International Journal of Management of Science, Vol. 29, S. 375–390.

Lockett, Andy/Wright, Mike (2003): The Structure and Management of Alliances: Syndication in the Venture Capital Industry, in: Journal of Management Studies, Vol. 40, S. 2073–2102.

Merton, Robert (1974): On the Pricing of Corporate Debt: The Risk Structure of Interest Rates, in: The Journal of Finance, Vol. 29, S. 449–469.

Ooghe, Hubert/Spaenjers, Christophe/Vandermoere, Pieter (2005): Business Failure Prediction: Simple-Intuitive Models versus Statistical Models, Working Paper, Gent, 2005.

Sahlman, William A. (1990): The Structure and Governance of Venture-Capital Organizations, in: Journal of Financial Economics, Vol. 27, S. 473–522.

Schefczyk, Michael (2000): Finanzieren mit Venture Capital, Schaeffer-Poeschel, Stuttgart, 2000.

White, Halbert (1980): A Heteroskedasticity-Consistent Covariance Matrix Estimator and a Direct Test for Heteroskedasticity, in: Econometrica, Vol. 48, S. 817–838.

Wilson, Robert (1968): The Theory of Syndicates, in: Econometrica, Vol. 36, S. 119–132.

Florian Haagen/Bernd Rudolph

Hybride Finanzinstrumente zur Wagniskapitalfinanzierung
Die Ausgestaltung von Venture Capital-Finanzierungskontrakten

1 Einleitung 111
2 Bedeutung nationaler Institutionen für
  die Wagniskapitalfinanzierungstheorie 112
  2.1 Einfluss institutioneller Rahmenbedingungen auf die Wagnisfinanzierung . . 112
  2.2 Institutionelle Gesichtspunkte in der Finanzierungstheorie 114
  2.3 Empirische Untersuchungen zur Bedeutung der institutionellen
      Rahmenbedingungen 115
3 Hybride Finanzierungstitel in der Wagniskapitalfinanzierung 117
  3.1 Anreizsteuerung durch wandelbare Vorzugsaktien 117
  3.2 Stille Beteiligung als spezielles Venture Capital-Finanzierungsinstrument
      in Deutschland 120
4 Ergebnis und zukünftiger Forschungsbedarf 122
Literaturverzeichnis

1 Einleitung

Ausreichende Finanzierungsmöglichkeiten für junge Unternehmen sind eine wichtige Voraussetzung für Innovationen und das Wachstum einer Volkswirtschaft. Während in den angelsächsischen Ländern Finanzierungen mit Wagniskapital *(Synonym: Venture Capital, VC)* schon eine lange Tradition aufweisen, konnte dieser Markt in Deutschland erst in den letzten Jahren ein signifikantes Volumen erreichen. Die Finanzierungsprobleme junger Unternehmen in Deutschland sind darauf zurückzuführen, dass die Banken nicht bereit oder in der Lage sind, innovative Gründungen mit Krediten zu finanzieren. Wegen der noch fehlenden materiellen Vermögensgegenstände als mögliche Kreditsicherheiten, wegen der nicht ausreichenden Informationsbasis über die Substanz des Unternehmens und wegen der hohen Risiken sind die jungen Unternehmen auf Beteiligungskapital angewiesen. Auf den etablierten Märkten für Beteiligungskapital finden die jungen Unternehmen aber wegen der auch hier zum Tragen kommenden asymmetrischen Informationsverteilung ebenfalls keinen Zugang zu den notwendigen Mitteln, die ihnen die Gründung und das Wachstum ihres Unternehmens finanzieren könnten. Das angelsächsische Finanzsystem hat als Lösungskonzept für die Probleme der Gründungsfinanzierung schon in den 1950er Jahren die Finanzierung mit VC entwickelt. Diese Finanzierungsform ist insbesondere im Zusammenhang mit dem großen Erfolg der jungen Hochtechnologie-Unternehmen im Silicon Valley (Apple, Cisco, Google, Oracle etc.) in Kalifornien populär geworden, das als idealer Standort für innovative Unternehmen aus dem Hightech-Bereich bekannt und zum Inbegriff einer besonders erfolgreichen Form der Kooperation zwischen Wissenschaft und Praxis geworden ist.[1]

Von der Finanzierung junger Unternehmen mit VC und den diese Finanzierungsform bereitstellenden VC-Gesellschaften werden heute auch in Deutschland wichtige Hilfestellungen beim Aufbau innovativer Wachstumsunternehmen erwartet. Nach wie vor lassen sich aber erhebliche Unterschiede hinsichtlich der Größe des VC-Marktes und der Performance seiner Teilnehmer in den angelsächsischen Ländern und in Deutschland erkennen.[2] Ebenso fällt bei einem internationalen Vergleich typischer Vertragsstrukturen ins Auge, dass sich diese trotz eindeutiger kontrakttheoretischer Empfehlungen erheblich voneinander unterscheiden.[3] Nur auf dem US-amerikanischen Markt sind die empirisch zu beobachtenden Finanzierungskontrakte weitgehend mit den Ergebnissen der finanzierungstheoretischen Modellansätze im Einklang.[4] Die großen Unterschiede legen die Vermutung nahe, dass sich nationale Rahmenbedingungen des Rechtssystems, des Finanzsystems oder der Präsenz des Staates an den Märkten auf die Gestaltung der VC-Finanzierungen auswirken. Obwohl Zusammenhänge zwischen dem institutionellen Umfeld und der Entstehung von Märkten und Marktstrukturen mehrfach empirisch nachgewiesen wurde,[5] fehlt bislang ein tieferes Verständnis dieser

---

1 Vgl. Saxenian (1996).
2 Vgl. Cumming et al. (2004), S. 2, Franzke et al. (2004).
3 Vgl. Kaplan et al. (2004); Lerner/Schoar (2005).
4 Vgl. Kaplan/Strömberg (2003), S. 295ff.
5 Vgl. La Porta et al. (1997, 1998); Djankov et al. (2003).

Beziehung.⁶ Auch die theoretische Fundierung der Corporate-Finance-Ansätze haben in den letzen Jahren verstärkt den Einfluss institutioneller Rahmenbedingungen auf die Unternehmensfinanzierung ins Blickfeld genommen.⁷ Dabei konnten die Vergleiche zwischen verschiedenen Volkswirtschaften und Finanzmärkten Hinweise auf die Bedeutung nationaler Eigenheiten hinsichtlich der Rahmenbedingungen liefern.⁸ In diesem Beitrag sollen diese Vergleiche um eine spezifische Komponente ergänzt werden, in dem das für die Finanzierung junger Unternehmen in Deutschland häufig eingesetzte Finanzierungsinstrument der stillen Beteiligung analysiert wird.

Der Beitrag ist wie folgt aufgebaut. In Abschnitt 2 werden einige wichtige Erkenntnisse über den Einfluss institutioneller Rahmenbedingungen vorgestellt und zusammengefasst. Anschließend wird in Abschnitt 3 ein Vergleich typischer VC-Finanzierungsstrukturen angestellt und am Beispiel der stillen Beteiligung gezeigt, wie eine optimale Finanzierung auf dem deutschen Wagniskapital-Markt aussehen könnte. Der Beitrag schließt in Abschnitt 4 mit einigen Überlegungen, die aus der vorgenommenen Analyse abgeleitet werden können.

2 Bedeutung nationaler Institutionen für die Wagniskapitalfinanzierungstheorie

2.1 Einfluss institutioneller Rahmenbedingungen auf die Wagnisfinanzierung

Empirische Untersuchungen deuten darauf hin, dass gesetzliche und andere institutionelle Rahmenbedingungen einzelner Volkswirtschaften geeignet sein können, unterschiedliche Strukturen und Entwicklungsstufen von Finanzmärkten zu erklären.⁹ Also können sich nationale Institutionen auch auf die Finanzierung junger Unternehmen auswirken. Die Einwirkung kann beispielsweise bei rechtlichen Regelungen von direkter Natur sein. Die rechtlichen Reglungen können sich aber auch indirekt über die Eigenschaften der VC-Gesellschaften und Portfoliounternehmen auf die Ausgestaltung der Finanzierungsverträge auswirken.¹⁰ Der direkte Einfluss nationaler Institutionen auf die Vertragsgestaltung ergibt sich aus den Rechten und Pflichten der Vertragsparteien, die im Rahmen von Standardverträgen in den verschiedenen Ländern unterschiedlich ausgeprägt sind. Obwohl die Rechtsordnungen zwischen den Ländern erhebliche Unterschiede aufweisen, lassen sich doch zwei Grundtypen von Rechtsstra-

---

6 Vgl. Quian/Strahan (2005), S. 8.
7 Vgl. Merton/Bodie (2004).
8 Vgl. beispielsweise bei VC-Finanzierungen Kaplan et al. (2004), Bottazzi et al. (2005), Hege et al. (2003).
9 Vgl. La Porta et al. (1997, 1998, 2000); Beck et al. (2003, 2003a).
10 Vgl. Botazzi et al. (2005), S. 17.

ditionen unterscheiden: das englische Fallrecht (Common Law) und das kontinentaleuropäische Gesetzesrecht (Civil Law).[11] La Porta et al. (1997, 1998) klassifizieren die rechtlichen Regelungen verschiedener Länder anhand des gewährleisteten Schutzes für Eigenkapital-Investoren und Gläubiger und identifizieren vier Gruppen: das englische Fallrecht sowie das deutsche, französische und skandinavische Gesetzesrecht. Nationen mit englischem Fallrecht und mit französischem Gesetzesrecht besetzen dabei die Extrempositionen. Anleger in Ländern mit einer auf englischem Fallrecht basierenden Rechtsordnung genießen ausgeprägte Rechte zum Schutz ihrer Ansprüche und können daher vertragliche Nebenabreden leichter vor Gerichten durchsetzen. Staaten mit deutschen oder skandinavischen Rechtswurzeln bieten einen mittleren Schutz.

Auffälligerweise lässt sich auch ein Zusammenhang zwischen dem Rechtssystem und der Ausprägung der Finanzmärkte feststellen. Im Vergleich zu Staaten mit Gesetzesrecht gibt es in Ländern mit englischem Recht größere Aktienmärkte, ein höheres Kursniveau, mehr Börsengänge und breiter diversifizierte Anteilsverhältnisse an den Unternehmen.[12] Nun gibt es in den letzten Jahren verstärkt Hinweise darauf, dass sich das Marktumfeld auch auf der Mikroebene, in den angewandten VC-Vertragsstrukturen widerspiegelt. So lässt sich beispielsweise in Volkswirtschaften mit Gesetzesrecht der Einsatz wandelbarer Finanzierungstitel wesentlich seltener beobachten.[13] Allerdings fehlt bislang ein wissenschaftliches Verständnis darüber, auf welchem Weg die Rahmenbedingungen auf die Gestaltung komplexer VC-Finanzierungsverträge einwirken. Einen ersten Versuch, einen direkten Zusammenhang zwischen Vertragsstruktur und rechtlichen Rahmenbedingungen nachzuweisen, unternehmen Qian/Strahan (2005) auf dem Markt für Bankkredite. Sie finden Hinweise darauf, dass sich Verfügungsrechte und die Entwicklung von Finanzmärkten direkt auf das Vertragsdesign auswirken. Neben dem direkten Einfluss nationaler Institutionen können Rahmenbedingungen auch indirekt über die Eigenschaften der Finanzintermediäre auf die Vertragsbeziehung einer Wagnisfinanzierung einwirken. Schwache gesetzliche Schutzrechte verringern unter Umständen den Anreiz von VC-Gesellschaften, Portfoliounternehmen aktiv zu unterstützen und Kontrollfunktionen wahrzunehmen.[14] In diesem Fall könnte eine reine Eigenkapitalfinanzierung die optimale Lösung darstellen. Denkbar ist auch, dass sich die durchschnittliche Größe eines VC-Fonds auf die Gestaltung von Finanzierungsverträgen auswirkt. So lässt sich beobachten, dass deutschen Wagniskapitalgesellschaften im Vergleich zu englischen VC-Fonds wesentlich geringere Anlagevolumina zur Verfügung stehen und dass sie kleinere Investitionen tätigen.[15] Als Reaktion liegt es nahe, dass die Investoren am deutschen VC-Markt aufgrund der geringeren absoluten Ertragsmöglichkeit pro Investition ihren Portfoliounternehmen weniger zeitaufwendige Unterstützung leisten. Eine unterschiedliche Kontraktstruktur könnte auch aus solchen indirekten Effekten erklärt werden.

---

11 Vgl. Reynolds/Flores (1989).
12 Vgl. La Porta et al. (1997, 1998, 2000); Hackethal/Schmidt (2000).
13 Vgl. Kaplan et al. (2004).
14 Vgl. Botazzi et al. (2005).
15 Vgl. Hege et al. (2003).

2.2 Institutionelle Gesichtspunkte in der Finanzierungstheorie

VC-Finanzierungen unterscheiden sich von anderen Formen der Finanzintermediation insbesondere durch den aktiven Beitrag, den die Wagniskapitalgeber für den Erfolg des Unternehmens leisten. Dieser bezieht sich einerseits auf die relativ enge Kontrolle des Management-Teams, andererseits profitiert das Portfoliounternehmen von den Erfahrungen und Kontakten der VC-Gesellschaft.[16] Da die Unterstützung auf Seiten der Investoren Kosten verursacht, muss sichergestellt sein, dass nach erfolgtem Vertragsabschluss die zugesicherten Leistungen erbracht werden. Aufgrund dieser Besonderheit sowie des hohen Risikos der Geschäftsmodelle und der ausgeprägten Informationsasymmetrie zwischen den Vertragsparteien haben sich in der Praxis eine Reihe spezialisierter VC-Finanzierungs- und Vertragsformen herausgebildet, die dieser Form der Finanzierung Rechnung tragen. Eine zentrale Bedeutung wird sowohl in der Theorie als auch in der Praxis wandelbaren Finanztiteln, der Stufenfinanzierung und Syndizierung von Investitionen zugesprochen. Theoretische Arbeiten haben diese Besonderheiten der VC-Finanzierung aufgegriffen und versucht, einzelne Merkmale der VC-Finanzierung in einem kontrakttheoretischen Modellrahmen zu erklären. So zeigen Schmidt (2003) und Cornelli/Yosha (2003) unter der Annahme einer doppelseitigen Prinzipal-Agenten-Beziehung die Vorteilhaftigkeit von *Wandelanleihen* gegenüber alternativen Finanzierungstiteln. Wang/Zhou (2004) und Neher (1999) begründen im Rahmen der Theorie unvollständiger Verträge die Vorteilhaftigkeit einer *Stufenfinanzierung* gegenüber einer sofortigen Auszahlung der Investitionssumme an das Portfoliounternehmen. Die häufig zu beobachtende *Syndizierung* von Investitionen wird von Admati/Pfleiderer (1994) und Brandner et al. (2002) untersucht.

Erst in letzter Zeit wurden Versuche unternommen, institutionelle Besonderheiten in die Betrachtungen mit einzubeziehen. Black und Gilson (1998) untersuchen die Entwicklung von VC in einem bankenorientierten Finanzsystem. Als wichtigen Grund für das späte Entstehen einer VC-Kultur in Deutschland geben die beiden Autoren die jahrelange Nichtexistenz eines funktionierenden Börsenmarktes für den Verkauf von Portfoliounternehmen an. Diese These relativieren allerdings Becker/Hellmann (2003), da für sie ein aktiver Börsenmarkt zwar notwendig, aber nicht entscheidend für den Aufbau einer VC-Kultur ist. Ihnen zufolge ist vielmehr das Zusammenwirken mehrerer Faktoren eines Landes ausschlaggebend, von denen eine gelebte Gründerkultur und geeignete Governance-Strukturen hervorstechen. Botazzi et al. (2005) zeigen, dass sich die „Güte" eines Rechtssystems auch auf die Wahl der Finanztitel und die Unterstützung des VC-Gebers auswirkt. Die Analyse findet jedoch nur auf einer aggregierten Ebene statt, bei der die Qualität der Rechtsordnung als exogener Faktor eingeht, ohne einzelne spezielle Ausprägungen zu berücksichtigen.

---

16 Vgl. Gompers/Lerner (2000).

2.3 Empirische Untersuchungen zur Bedeutung der institutionellen Rahmenbedingungen

In den vergangenen Jahren wurden vorwiegend in den USA verschiedene empirische Analysen durchgeführt, die sich mit der Vertragsgestaltung von VC-Finanzierungen auseinandersetzen. Besondere Aufmerksamkeit verdienen die Arbeiten von Kaplan/ Strömberg (2001, 2003, 2004), die aufbauend auf einem umfassenden Datensatz von VC-Verträgen eine detaillierte empirische Untersuchung der Wagniskapitalfinanzierung in den USA durchführen. Mit einem deskriptiven Überblick geben die Autoren Einblick in die auf dem amerikanischen VC-Markt verwendeten Vertragselemente. So zeigen sie, dass in den USA bei fast jeder Transaktion wandelbare Finanzierungstitel eingesetzt werden und eine Trennung von Kontroll- und Eigentumsrechten weit verbreitet ist. Anschließend testen Kaplan/Strömberg (2003) verschiedene Hypothesen, die sich aus institutionen-ökonomischen Ansätzen ableiten. Die Hypothesen zur optimalen Gestaltung der Finanzierung von VC-Investitionen finden zumindest für den US-amerikanischen Markt eine weitgehende Übereinstimmung mit den erhobenen Daten. Insoweit scheint die amerikanische VC-Praxis mit den theoretischen Empfehlungen der klassischen Prinzipal-Agent-Theorie in Einklang zu stehen.[17] In einer weiteren Analyse des gleichen Datensatzes berücksichtigen Kaplan/Strömberg (2004) erstmals aus Sicht einer VC-Gesellschaft unterschiedliche Risikoklassen einer Investition (internes und externes Risiko sowie das Risiko bei der Umsetzung des Geschäftsplanes) und untersuchen deren Auswirkung auf die Finanzierung. Nur das interne Risiko kann von dem Portfoliounternehmen beeinflusst und folglich durch anreizsensitive Vertragselemente wie Wandelanleihen begrenzt werden. Externe Gefahren aufgrund unerwarteter Marktentwicklungen lassen sich dagegen nur durch die Streuung von Risiken beispielsweise in Form einer syndizierten Beteiligung reduzieren. Tatsächlich bestätigt die empirische Analyse der VC-Verträge von Kaplan/Strömberg (2004) einen verstärkten Einsatz von wandelbaren Vorzugsaktien bei hohen internen Risiken sowie gemeinsame Investitionen mit Partnergesellschaften bei ausgeprägten externen Gefahren. Allerdings liegen den Autoren lediglich VC-Verträge und Aussagen der VC-Gesellschaften vor, so dass die Messung der Risikoklassen nur indirekt über die Meinungen der Investoren erfolgt.

In verschiedenen Untersuchungen auf anderen Märkten sind vom amerikanischen VC-Vertragsdesign abweichende Finanzierungsmuster bei der Finanzierung junger Unternehmen festgestellt worden.[18] Diese Untersuchungen zeigen, dass die Ergebnisse von Kaplan/Strömberg (2003) hinsichtlich der praktischen Gültigkeit der neoinstitutionalistischen Vertragstheorie unter anderen Rahmenbedingungen nicht mehr uneingeschränkt bestätigt werden können. Bislang gibt es erst wenige Arbeiten, die es anhand eines Ländervergleichs ermöglichen, Rückschlüsse auf den Einfluss nationaler Rahmenbedingungen zu ziehen. Hervorzuheben sind hier die Arbeiten von Kaplan et al. (2004) und Lerner/Schoar (2005). Die erstgenannten Autoren erweitern den bereits erwähnten amerikanischen Datensatz von Kaplan/Strömberg (2001, 2003, 2004) um VC-

---
17 Vgl. Holmström (1979) und Aghion/Bolton (1992).
18 Vgl. beispielsweise Cumming (2005); Schwienbacher (2005).

Investitionen in zusätzlichen 23 Ländern. In ihrer Untersuchung zeigen sie, dass VC-Verträge außerhalb der Vereinigten Staaten signifikant vom typisch amerikanischen Vertragsdesign abweichen und sich nicht mehr durch kontrakttheoretische Ansätze erklären lassen. Sie führen die Unterschiede auf den Einfluss institutioneller Faktoren zurück.

Eine multivariate Analyse bestätigt, dass amerikanische Finanzierungspraktiken eher in Ländern mit englischem Fallrecht zu finden sind, wohingegen sie in Staaten mit französischen Gesetzeswurzeln nahezu nicht anzutreffen sind. Allerdings ist der direkte Einfluss nationaler Regelungen auf die Vertragsgestaltung nicht mehr signifikant, sobald die Erfahrung der VC-Gesellschaft als Erklärungsvariable mit aufgenommen wird. VC-Gesellschaften, die bereits in einem Syndikat mit US-Investoren investiert haben, finanzieren wesentlich öfter mit typisch amerikanischen Vertragsmerkmalen wie wandelbaren Finanzierungstiteln. Die Auswahl der Vertragselemente wird demzufolge wesentlich stärker durch die Eigenschaften der Wagniskapitalgesellschaft als durch das nationale Umfeld geprägt. Kaplan et al. (2004) kommen zu dem Ergebnis, dass in den nächsten Jahren eine Vereinheitlichung der VC-Vertragsgestaltung hin zum amerikanischen Vorbild zu beobachten sein sollte.

Diesem Ergebnis widerspricht die Untersuchung von Lerner/Schoar (2005), in der VC-Investitionen vorrangig in Schwellenländern untersucht werden. Auch hier werden von den Empfehlungen der Vertragstheorie deutlich abweichende Finanzierungspraktiken festgestellt. So werden wandelbare Finanzierungstitel wesentlich seltener eingesetzt und auch eine Aufteilung von Kontroll- und Eigentumsrechten ist seltener zu beobachten. Die Autoren finden einen starken Zusammenhang zwischen dem Rechtssystem eines Landes und dem Einsatz bestimmter Vertragsinhalte wie beispielsweise wandelbarer Finanzierungstitel. Diese Beziehung bleibt auch nach der Berücksichtigung der Charakteristika der VC-Gesellschaften signifikant und spricht somit für die Bedeutung nationaler Rahmenbedingungen. Allerdings subsumieren Lerner/Schoar (2005) unter dem Begriff „VC-Investments" auch eine große Zahl von Private-Equity-Engagements wie beispielsweise Buy-out-Transaktionen, die sich in der Regel durch ein größeres Volumen und geringere Risiken auszeichnen. Durch den Fokus von Lerner/Schoar auf Schwellenländer ist es nicht möglich, die Ergebnisse uneingeschränkt auf einen „reiferen" Markt wie Deutschland zu übertragen.

Daneben gibt es noch weitere Arbeiten, die sich mit einem internationalen Vergleich von VC-Investitionen befassen. So untersuchen Botazzi et al. (2005) den Einfluss des Rechtssystems auf die Finanzintermediation am Beispiel von VC-Investitionen. Cumming et al. (2004) zeigen die Wirkung der rechtlichen Rahmenordnung auf die Governance-Aktivitäten der VC-Gesellschaften. Beide Arbeiten liefern insbesondere Hinweise für den Einfluss nationaler rechtlicher Rahmenbedingungen auf die Kontroll- und Unterstützungsfunktion der VC-Investoren.

Für den deutschen VC-Markt existieren erst sehr wenige Untersuchungen, die das Testen von kontrakttheoretischen Hypothesen zulassen. Bascha/Walz (2002) befragen Wagniskapital-Investoren zu ihrer typischen Finanzierungsart. Dabei erhalten die Autoren das überraschende Ergebnis, dass in Deutschland keineswegs wandelbare

Finanzierungstitel eine bedeutende Rolle spielen, sondern die Finanzierungsform der stillen Beteiligung und reine Eigenkapital-Investitionen die dominierende Stellung einnehmen. Bascha und Walz erklären diese Auffälligkeit mit der großen Bedeutung staatlicher Beteiligungen an VC-Engagements. Die Ergebnisse der Studie stehen dabei zunächst in einem klaren Widerspruch zu kontrakttheoretischen Empfehlungen, die unabhängig von den institutionellen Rahmenbedingungen eine Finanzierung mit Wandelanleihen als überlegen ansehen. Das Ergebnis kann allerdings damit erklärt werden, dass Bascha und Walz nur aggregierte Daten über den durchschnittlichen Einsatz bestimmter Finanzierungsarten bei VC-Gesellschaften erheben. Eine solche Analyse erlaubt es nicht, Rückschlüsse hinsichtlich des Zusammenhangs zwischen den Eigenschaften der Portfoliounternehmen und der Vertragsstruktur zu ziehen. Darüber hinaus kann die Finanzierungsform der stillen Beteiligung sehr flexibel ausgestaltet sein, so dass ihre Eigenschaften denen wandelbarer Finanzierungstitel entsprechen oder sogar anderen hybriden Finanzierungsformen überlegen sind.[19]

Zum Verständnis der Auswirkungen institutioneller Besonderheiten werden im Folgenden spezielle Finanzierungsinstrumente gegenübergestellt, die einerseits für das kapitalmarktorientierte Finanzsystem in den USA typisch sind und andererseits in dem bankenorientiertem Finanzsystem in Deutschland häufig beobachtet werden können.

3 Hybride Finanzierungstitel in der Wagniskapitalfinanzierung

3.1 Anreizsteuerung durch wandelbare Vorzugsaktien

Die Finanztheorie hält zur Begrenzung der Agency-Konflikte prinzipiell zwei Lösungsmechanismen parat.[20] Durch a*nreizkompatible Vertragsgestaltungen* sollen die jeweiligen Interessen des Investors und Gründers angeglichen werden. Dies geschieht beispielsweise durch eine Vereinbarung, so dass das Einkommen des Entrepreneurs von einem beobachtbaren Merkmal abhängt, das durch seinen Arbeitseinsatz positiv von ihm zu beeinflussen ist. Mit Hilfe einer zusätzlichen Aufteilung der *Kontrollrechte* lassen sich opportunistische Verhaltensweisen weiter einschränken. Als Reaktion auf die besonders ausgeprägten Anreizkonflikte der Wagniskapitalfinanzierung haben sich eine Reihe spezialisierter Finanzierungs- und Vertragsformen herausgebildet, wobei in der Wagniskapital-Literatur wandelbare Finanztitel (Convertibles) zur Begrenzung dieser Konflikte eine dominante Stellung einnehmen. Am weitesten verbreitet sind dabei in Stammaktien wandelbare Vorzugsaktien (*Convertible Preferred Stocks*), die der Venture

---

19 Vgl. Ritzer-Angerer (2005), Rudolph/Haagen (2006).
20 Vgl. Denis (2004), S. 310f.

Capitalist erhält. Der Gründer hingegen bekommt normale Stammaktien. Finanzieren Wagniskapitalgesellschaften junge Unternehmen mit wandelbaren Vorzugsaktien, so erhalten sie zusätzlich zu einem regulären Stimmrecht[21] einen bevorrechtigten Dividendenanspruch, der meist nicht sofort höhere Zahlungen auslöst, sondern sich langfristig akkumuliert.[22] Dieser Anspruch berechtigt die VC-Investoren, einen vorher festgelegten Gewinnanteil (meist einen auf das eingesetzte Kapital bezogenen Prozentsatz) für sich zu beanspruchen, noch bevor weitere Gewinne an die Stammaktionäre ausgeschüttet werden. Auch besitzt die VC-Gesellschaft als Halter von Vorzugsaktien im Liquidationsfall einen bevorrechtigten Anspruch am Konkursvermögen, der sich auf die Höhe des Dividendenanrechts beläuft. Wandelbare Vorzugsaktien können mit Erreichen eines bestimmten vorher festgelegten Zeitpunkts in unbeschränkt am Wertzuwachs des Unternehmens teilnehmende Stammaktien (*Common Shares*) eingetauscht werden. Abbildung 1 zeigt die Pay-off-Struktur wandelbarer Vorzugsaktien.

Abbildung 1: Pay-off-Struktur wandelbarer Vorzugsaktien

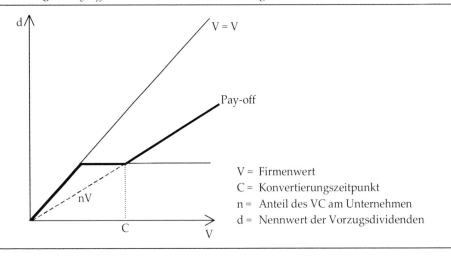

Aus der Graphik wird deutlich, dass wandelbare Vorzugsaktien in ihrer Zahlungsstruktur zunächst einem Fremdkapitaltitel entsprechen, wohingegen sie nach erfolgter Wandlung als Eigenkapital zu klassifizieren sind. Eine Konversion der Vorzugsanteile in Stammaktien lohnt sich für einen Investor ab Punkt C. Von diesem Punkt an überwiegen die Vorteile einer Partizipation an der Steigerung des Firmenwertes gegenüber denen eines bevorrechtigten Auszahlungsanspruchs im Falle einer Insolvenz.

Allerdings werden in den USA bei der Finanzierung junger Unternehmen häufig auch sogenannte teilhabende wandelbare Vorzugsaktien (*Participating Preferred Stocks*) einge-

---

21 Dieses Stimmrecht orientiert sich meist an der Anzahl von Stammaktien, die eine Wagniskapitalgesellschaft nach der Wandlung erhalten würde.
22 Vgl. Bascha (2001), S. 26.

setzt.[23] Deren Pay-off-Struktur entspricht eher der einer konvertierbaren Vorzugsaktie, wobei die VC-Gesellschaft mit diesen Papieren auch nach Ausschüttung ihres Gewinnanteils noch Anrecht auf einen Anteil an den Erträgen erhält.[24] Abbildung 2 zeigt diese Pay-off-Struktur.

Abbildung 2: Pay-off-Struktur teilhabender wandelbarer Vorzugsaktien

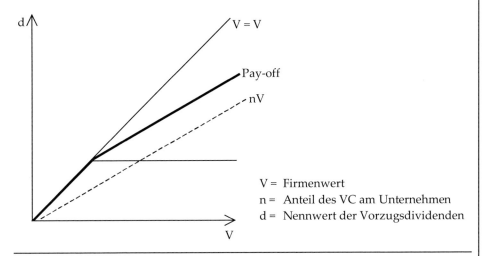

V = Firmenwert
n = Anteil des VC am Unternehmen
d = Nennwert der Vorzugsdividenden

Interessant ist, dass eine VC-Gesellschaft keinen Anreiz besitzt, diese Vorzugsaktien in Stammaktien einzutauschen. Ihre Erlöse liegen stets über denen, die sie nach einer Wandlung realisieren könnte. Um dennoch eine effiziente Anreizsteuerung zu gewährleisten, kommt der Konvertierungsoption eine besondere Bedeutung zu. Die Ausgestaltung der Konvertierungsregeln stellt das zentrale Element zur Induzierung anreizkompatibler Strukturen bei einer Finanzierung mit Convertibles dar.[25] Die *Conversion Rights* können so gestaltet sein, dass eine Wandlung in das Ermessen des Wagniskapitalisten gestellt oder an den Eintritt eines bestimmten Ereignisses, wie z.B. das Erreichen eines Meilensteins oder die Eröffnung eines IPO-Verfahrens, gekoppelt wird.[26] Zu Beginn der Finanzierung wird das Umtauschverhältnis in der Regel auf 1:1 festgesetzt; es kann aber im Zeitablauf beispielsweise bei Erreichen (Verfehlen) eines Meilensteins zu Gunsten des Entrepreneurs (der VC-Gesellschaft) angepasst werden.[27] Bei der Untersuchung von Anreizstrukturen ist zu beachten, dass sich durch eine Wandlung der Anteile an der Verteilung der Kontrollrechte innerhalb des jungen Unternehmens in der Praxis

---

23 Vgl. Kaplan/Strömberg (2003), S. 286.
24 Vgl. Möller (2003), S. 33ff.
25 Vgl. hierzu beispielsweise die Modelle von Schmidt (2003), Cornelli/Yosha (2003) oder Hellmann (2004).
26 Vgl. Möller (2003), S. 37.
27 Vgl. Möller (2003), S. 37.

nichts ändert. Im Gegensatz zu der häufig in der Theorie verwendeten Argumentation besitzen VC-Gesellschaften in der Regel bereits vor einer Konversion durch vertragliche Vereinbarungen eine Stellung im Unternehmen, die sie in Bezug auf die Kontrollrechte einem Eigentümer gleichstellen.[28] Entscheidend ist der Unterschied hinsichtlich einer Beteiligung an zukünftigen Erträgen und Verlusten, da eine VC-Gesellschaft nach der Wandlung den Gründern gleichgestellt und folglich auch an Verlusten voll beteiligt ist.

3.2 Stille Beteiligung als spezielles Venture Capital-Finanzierungsinstrument in Deutschland

Im Gegensatz zu den US-amerikanischen VC-Finanzierungsverträgen, die fast ausschließlich Convertibles vorsehen,[29] spielen solche Finanztitel in Deutschland nur eine untergeordnete Rolle. Vielmehr wird die Form der stillen Beteiligung eingesetzt.[30] Das deutsche Recht unterscheidet dabei zwischen der typischen und atypischen stillen Beteiligung.[31] Der VC-Geber stellt dem Unternehmen Eigenkapital zur Verfügung, ohne dabei selbst direkt Anteile zu übernehmen. Damit erwirbt er ein Recht auf Beteiligung am Gewinn. Mit Beendigung der stillen Beteiligung bekommt der stille Gesellschafter den eingezahlten Betrag wieder zurückerstattet. Bei der typischen stillen Beteiligung wird meistens eine Beteiligung am Verlust ausgeschlossen, wohingegen bei der atypischen stillen Gesellschaft eine Partizipation am Unternehmenswert und/oder an der Geschäftsführung vorgesehen ist. Aus diesem Grund ähnelt eine typische stille Beteiligung eher einem Fremdkapitalinvestment, wohingegen eine atypische Beteiligung einen hohen Eigenkapitalcharakter aufweist.[32] Als größter Vorteil der stillen Beteiligung kann der hohe Grad an Flexibilität bei der Gestaltung von Nebenabreden gesehen werden. Diese ermöglichen es, auf die jeweilige Vertragssituation maßgeschneiderte Lösungen zu generieren. Insbesondere können die Zahlungsströme auf die jeweiligen Umweltzustände konditioniert werden, um so vom Unternehmenserfolg- oder Misserfolg abhängige Cashflow-Strukturen zu schaffen.[33] Entscheidend für die Vorteilhaftigkeit einer stillen Beteiligung in der VC-Finanzierung bleibt letztendlich deren genaue Ausgestaltung, so dass die Flexibilität in der Praxis insbesondere hinsichtlich des Einsatzes zusätzlicher vertraglicher Nebenabreden genutzt wird. Eine theoretisch denkbare Anwendungsvariante stellt die Replikation wandelbarer Finanzierungspapiere dar.

---

28 Vgl. Hellmann (2004), S. 3.
29 Vgl. Kaplan/Strömberg (2003), S. 286.
30 Vgl. Bascha/Walz (2002), S. 13; Ritzer-Angerer (2005), S. 367.
31 Die Regelungen zu stillen Beteiligungen finden sich in den §§ 230–237 HGB.
32 Vgl. Fink (2003), S. 138.
33 Vgl. Bascha/Walz (2002), S. 6.

Grundsätzlich lassen sich (atypische) stille Gesellschaften in Deutschland so strukturieren, dass deren Charakteristika bezüglich der Aufteilung der *Kontroll-* und *Cashflow-Rechte* annähernd denen wandelbarer Wertpapiere entsprechen.[34] Eine genauere Analyse der möglichen Ausgestaltungsformen der stillen Beteiligung zeigt, wie sich eine solche Vertragsstruktur in der Praxis umsetzen lässt:

- Hinsichtlich der *Kontrollrechte* können eine Vielzahl von Regelungen vereinbart werden. So können dem stillen Gesellschafter trotz fehlender Unternehmensanteile Stimmrechte gewährt werden, mit denen er auf wichtige Entscheidungen einwirken kann.[35] Darüber hinaus können zumindest bei einer GmbH in einem nahezu unbeschränkten Umfang Zustimmungs-, Widerspruchs- und Weisungsrechte zu Gunsten der VC-Gesellschaft vertraglich eingeräumt werden. Allerdings entfalten diese Regelungen nur eine schuldrechtliche Wirkung, d.h. der stille Gesellschafter kann bei einem Verstoß lediglich Schadensersatz verlangen oder die stille Gesellschaft kündigen.

- Auch die *Cashflow-Rechte* können bei der stillen Beteiligung so strukturiert werden, dass sie denen wandelbarer Vorzugsaktien entsprechen. Grundsätzlich kann eine bevorrechtigte Bedienung des stillen Gesellschafters sowohl bei der Verteilung der Gewinne (Vorzugsdividende), als auch bei der Aufteilung von Vermögenswerten im Falle einer Insolvenz vereinbart werden. Zusätzlich ist eine Kombination aus gewinnunabhängiger und gewinnabhängiger Verzinsung der Einlage des stillen Gesellschafters möglich. Wird darüber hinaus dem stillen Gesellschafter eine Wandlungsoption seiner Einlage in Stammkapital eingeräumt, ist die Finanzierungsstruktur denen wandelbarer Vorzugsaktien nahezu identisch.[36]

Tabelle 1 fasst dieses Ergebnis mit einem Vergleich von stiller Beteiligung und wandelbarer Vorzugsaktie zusammen.

---

34 Vgl. Stein (2005), S. 55ff.
35 Vgl. Ritzer-Angerer (2005), S.389.
36 Vgl. Rudolph/Haagen (2006), S. 345f.

Tabelle 1: *Gegenüberstellung der Kontroll- und Cashflow-Strukturen von stiller Beteiligung und wandelbarer Vorzugsaktie*

	Stille Beteiligung	Wandelbare Vorzugsaktie
Informations- und Kontrollrechte	Neben gesetzlichen Vorschriften eine Vielzahl von Zustimmungs-, Widerspruchs- und Weisungsrechten implementierbar.	Vor Wandlung: Keine gesetzlichen Informations- und Kontrollrechte; vertraglich hohe Gestaltungsflexibilität. Nach Wandlung: Volle Informations- und Kontrollrechte.
Gewinnbeteiligung	Grundsätzlich an Gewinnen beteiligt. Vertraglich kann Vorweggewinn vereinbart werden.	Ist nur bis Nennwert an Gewinnen beteiligt.
Verlustbeteiligung	Kann auf Einlage begrenzt werden.	Ist auf Nennwert beschränkt.
Beteiligung an Steigerung des Unternehmenswertes	Kann durch zusätzliches Optionsrecht für die VC-Gesellschaft vereinbart werden.	Wird durch Wandlung realisiert.
Zuteilung von Liquidationserlösen	Bevorrechtigte Bedienung kann vertraglich vereinbart werden.	Wird bevorrechtigt berücksichtigt.

Es zeigt sich, dass die typisch deutsche Finanzierungsform einer stillen Beteiligung nahezu vollständig in der Lage ist, die Monitoring-, Kontroll- und Anreizstruktur einer „normalen" wandelbaren Vorzugsaktie, aber auch einer teilhabenden wandelbaren Vorzugsaktie zu implementieren.

4 Ergebnis und zukünftiger Forschungsbedarf

Obwohl Venture Capital für die deutsche Wirtschaft eine wichtige Finanzierungsquelle darstellt, ist wenig über die genauen Vertragsstrukturen bekannt, die bei dieser Finanzierungsform vorherrschen. Seit einigen Jahren bemüht sich die Wissenschaft darum, die unterschiedlichen Finanzierungspraktiken bei VC-Investments als Reflex institutioneller Besonderheiten verschiedener Volkswirtschaften zu verstehen. Dabei zeigt sich, dass die Rahmenbedingungen eines Finanzsystems für die Gestaltung der Finanzierungskontrakte von großer Bedeutung sind. Inwiefern das institutionelle Umfeld letztendlich die Entwicklung des VC-Marktes direkt beeinflusst oder eher indirekt über die Gestaltung der Finanzierungskontrakte, muss noch im Rahmen zukünftiger Forschungsarbeiten geklärt werden. Gleichzeitig lässt sich auch nur durch eine detaillierte Analyse aller Vertragsmerkmale feststellen, die in ihrem Zusammenwirken nicht losgelöst von institutionellen Rahmenbedingungen stattfinden darf, ob die durch nationale Besonderheiten bevorzugten Vertragselemente denen in der Theorie empfohlenen unterlegen sind oder ihnen durch eine unterschiedliche Umsetzung ebenbürtig gegenüberstehen. Jedenfalls hat sich gezeigt, dass nicht durch den Hinweis auf gut definierte Finanzierungsinstrumente auf eine Überlegenheit der Finanzierungspraktiken einzelner Länder geschlossen werden kann. Bislang liegt allerdings keine detaillierte Untersuchung des deutschen VC-Marktes vor, aus der sich die speziellen Kontraktstrukturen und der Einsatz der speziellen Finanzierungsinstrumente nachvollziehen ließe. Erste Erklärungsansätze, die auch die besonderen institutionellen Rahmenbedingungen in Deutschland berücksichtigen, konzentrieren sich auf die Rolle des Staates und der Besteuerung von Investitionserlösen.[37] Eine umfassende Begründung eines optimalen Vertragsdesigns kann aber nur gelingen, wenn die Finanzierungsstruktur nicht losgelöst von vertraglichen Regelungen betrachtet wird. Daher kann nur eine Analyse des Zusammenspiels von Finanzierungstitel-Konstruktion und Vertragsnebenabreden einen Rückschluss auf die Effizienz deutscher VC-Verträge zulassen.

---

37 Vgl. Bascha/Walz (2002) die als Begründung für eine geringe Verbreitung staatliche Eingriffe verantwortlich machen. Ritzer-Angerer (2005a) sieht die Begründung für den Einsatz der stillen Beteiligung in steuerlichen Vorzügen, denen keine Nachteile gegenüber stehen.

Literaturverzeichnis

Admati, A./Pfleiderer, P. (1994): Robust Financial Contracting and the Role of Venture Capitalists, in: The Journal of Finance 49, S. 371–402.

Aghion, P./Bolton, P. (1992): An Incomplete Contracts Approach to Financial Contracting, in: Review of Economic Studies 59, S. 473–494.

Bascha, A. (2001): Hybride Beteiligungsformen bei Venture Capital Finanzierung und Corporate Governance in jungen Unternehmen, Wiesbaden.

Bascha, A./Walz, U. (2002): Financing Practices in the German Venture Capital Industry. An Empirical Assessment, CFS Working Paper, Frankfurt.

Beck, T./Demirgüc-Kunt, A./Roos, L. (2003): Law. Endowments and Finance, in: Journal of Financial Economics 70, S. 137–181.

Beck, T./Demirgüc-Kunt, A./Roos, L. (2003a): Law and Finance: Why does Legal Origin Matter? in: Journal of Comparative Statistics 31, S. 653–675.

Becker, R./Hellmann, T. (2003): The Genesis of Venture Capital – Lessons from the German Experience, Working Paper, CESifo München.

Black, B./Gilson, R. (1998): Venture Capital and the Structure of Capital Markets: Bank versus Stocks Markets, in: Journal of Financial Economics 47, S. 243–277.

Bottazzi, L./Rin Da, M./Hellmann, T. (2005): What Role of Legal System in Venture Capital? Theory and Evidence, Working Paper, Bocconi University.

Brander, J./Amit, R./Antweiler, W. (2002): Journal of Economics and Management Strategy 11, S. 423–452.

Cornelli, F./Yosha, O. (2003): Stage Financing and the Role of Convertible Securities, in: The Review of Economic Studies 70, S. 1–48.

Cumming, D. (2005): Capital Structure in Venture Finance, in: Journal of Corporate Finance 11, S. 555–585.

Cumming, D./Schmidt, D./Walz, U. (2004): Private Equity Returns and Disclosure around the World, CFS Working Paper, Frankfurt.

Denis, D. (2004): Entrepreneurial Finance: an Overview of the Issues and Evidence, in: Journal of Corporate Finance 10, S. 301–326.

Djankov, S./La Porta, R./Lopez-de-Silanes, F./Shleifer, A. (2003): Courts, in: The Quarterly Journal of Economics 118, S. 453–517.

Fink, A. (2003): Corporate-Venturing-Kooperationen: Praxisbefunde, Anreizprobleme und Gestaltungsmöglichkeiten, Bad Soden.

FRANZKE, S./GROHS, S./LAUX, C. (2004): Initial Public Offerings and Venture Capital in Germany, in: J. P. KRAHNEN / R. H. SCHMIDT (Ed.): The German Financial System, Oxford, S. 233–260.

GOMPERS, P./LERNER, J. (2000): The Venture Capital Cycle, MIT Press, 4. Printing, Cambridge.

HACKETHAL, A./SCHMIDT, R. H. (2000): Finanzsystem und Komplementarität, in: H.-H. FRANCKE/E. KETZEL/H.-H. KOTZ (Hrsg.): Finanzmärkte im Umbruch, Beiheft 15 zu Kredit und Kapital, Berlin, S. 53–102.

HEGE, U./PALOMINO, F./SCHWIENBACHER, A. (2003): Determinants of Venture Capital Performance: Europe and the United States, Working Paper, CEPR London.

HELLMANN, T. (2004): IPOs, Acquisitions and the Use of Convertible Securities in Venture Capital, Working Paper, Stanford University.

HOLMSTRÖM, B. (1979): Moral Hazard and Observability, in: Bell Journal of Economics 10, S. 74–91.

KAPLAN, S./MARTEL, F./STRÖMBERG, P. (2004): How Do Legal Differences and Learning Affect Financial Contracts, Working Paper, University of Chicago.

KAPLAN, S./STRÖMBERG, P. (2001): Venture Capitalists as Principals: Contracting, Screening, and Monitoring, in: American Economic Review 91, S. 426–430.

KAPLAN, S./STRÖMBERG, P. (2003): Financial Contracting Meets the Real World: An Empirical Analysis of Venture Capital Contracts, in: Review of Economic Studies 70, S. 281–316.

KAPLAN, S./STRÖMBERG, P. (2004): Characteristics, Contracts, and Actions: Evidence from Venture Capitalist Analyses, in: The Journal of Finance 59, S. 2177–2210.

KORTUM, S./LERNER J. (2000): Assessing the contribution of venture capital to innovation, in: RAND Journal of Economics 31, S. 647–692.

LA PORTA, R./LOPEZ-DE-SILANES, F./SHLEIFER, A./VISHNY, R. (1997): Legal Determinants of External Finance, in: The Journal of Finance 52, S. 1131–1150.

LA PORTA, R./LOPEZ-DE-SILANES, F./SHLEIFER, A./VISHNY, R. (1998): Law and Finance, in: Journal of Political Economy 106, S. 1113–1155.

LA PORTA, R./LOPEZ-DE-SILANES, F./SHLEIFER, A./VISHNY, R. (2000): Investors Protection and Corporate Governance, in: Journal of Financial Economics 58, S. 3–27.

LERNER, J./SCHOAR, A. (2005): Does Legal Enforcement Affect Financial Transactions? The Contractual Channel in Private Equity, in: The Quarterly Journal of Economics 120, S. 223–246.

NEHER, D. (1999): Staged Financing: An Agency Perspective, in: Review of Economic Studies 66, S. 255–274.

MERTON, R./BODIE, Z. (2004): The Design of Financial Systems: Towards a Synthesis of Function and Structure, Working Paper, Harvard Business School.

Literaturverzeichnis

MÖLLER, M. (2003): Rechtsformen der Wagnisfinanzierung, Frankfurt a. M.

QIAN, J./STRAHAN, P. (2005): How Law and Institutions Shape Financial Contracts: The Case of Bank Loans, NBER Working Paper.

REYNOLDS, T./FLORES, A. (1989): Foreign Law: Current sources of Codes and Basic Legislation in Jurisdictions of the world, Littelton.

RITZER-ANGERER, P. (2005): Die atypische stille Gesellschaft in der VC-Finanzierung – Ein Vergleich von Finanzierungsinstrumenten anhand von aus VC-Modellen entwickelten Kriterien, in: Betriebswirtschaftliche Forschung und Praxis 57, S. 366–393.

RITZER-ANGERER, P. (2005a): Venture Capital-Finanzierung und stille Gesellschaft, Regensburger Beiträge zur betriebswirtschaftlichen Forschung, Frankfurt am Main.

RUDOLPH, B./HAAGEN, F. (2006): Die Auswirkungen institutioneller Rahmenbedingungen auf die Venture Capital Finanzierung in Deutschland, in: W. Kürsten und B. Nietert (Hrsg.): Kapitalmarkt, Unternehmensfinanzierung und rationale Entscheidungen, Festschrift für Jochen Wilhelm, Berlin 2006, S. 329–351.

SAXENIAN, A (1996): Regional Advantage: Culture and Competition in Silicon Valley and Route 128, 2. ed., Cambridge, MA.

SCHMIDT, K. (2003): Convertible Securities and Venture Capital Finance, in: The Journal of Finance 58, S. 1139–1166.

SCHWIENBACHER, A. (2005): An Empirical Analysis of Venture Capital Exits in Europe and the United States, Working Paper, University of Amsterdam.

STEIN, I. (2005): Venture Capital-Finanzierungen: Kapitalstruktur und Exitentscheidung, Bad Soden.

WANG, S./ZHOU, H. (2004): Staged Financing in Venture Capital: Moral Hazard and Risks, in: Journal of Corporate Finance 10, S. 131–155.

Mark Anson

Chancen und Risiken von Private Investments in Public Equity (PIPEs)

1 Einleitung 129

2 Funktionsweise von PIPE-Investments. 129

3 Gründe von Unternehmen für die Emission von PIPEs 132

4 Größe des PIPE-Marktes 133

5 Kreditlinien für Eigenkapital 134

6 Toxic PIPEs: die Risiken 135

7 PIPEs aus aufsichtsrechtlicher Sicht 137

8 Schlussfolgerung 138

Literaturverzeichnis

1 Einleitung

Sowohl Hedgefonds als auch Investmentfonds, Venture-Capital-Gesellschaften und Leverage-Buy-out-Unternehmen verfolgen mit der PIPE-Investition eine neue Form der Eigenkapital-Investition. PIPE steht für *Private Investments in Public Entities*. Dabei verhandelt ein Investor oder eine Investorengruppe mit einer Aktiengesellschaft, um direkt Anteile an einem Unternehmen zu erwerben. Die erworbenen Wertpapiere, meist Aktien, werden also außerhalb der gängigen Handelsplätze angeboten. Der PIPE-Markt entwickelte sich, da etliche neuere kleinere Untenehmen Schwierigkeiten hatten, weitere (traditionelle) Aktienemissionen durchzuführen und somit notwendiges frisches Kapital nicht zur Verfügung stand. Vor allem für die Unternehmen der Technologiebranche ist dies von großer Bedeutung, da die Zeiträume in denen sie agieren müssen, sehr eng sind. Dieser Artikel beschäftigt sich mit dem Wachstum und der Struktur des PIPE-Marktes, den Vor- und Nachteilen von PIPE-Investments und am Ende wird der Einfluss von Leverage-Buy-out-Fonds auf die Entwicklung dieser Finanzierungsform untersucht.

2 Funktionsweise von PIPE-Investments

Wenn ein Start-up-Unternehmen öffentlich gelistet wird, zum Beispiel für USD 20 pro Aktie, kann es dazu kommen, dass der Kurs auf USD 5 absinkt. In einer solchen Situation wird es ein Start-up-Unternehmen schwer haben, am geregelten Markt zusätzliche Finanzierungsmittel mit akzeptablen Konditionen zu finden. Dort werden dann PIPE-Transaktionen angewandt. Private Placements in Public Entities sind, wie der Name schon verrät, eine Form der Privatplatzierung. Aktiengesellschaften verkaufen unregistrierte Firmenanteile, meist mit einem Preisabschlag zum aktuellen Kurswert an institutionelle Investoren. Wenn die Aktien nicht bei der amerikanischen Börsenaufsicht (SEC) registriert wurden, können diese am Markt solange nicht weiterverkauft werden, bis die Registrierung von der SEC abgeschlossen und veröffentlicht wurde. Im Normalfall ist eine S-3-Registrierungsanfrage des Emittenten bei der SEC eine notwendige Vertragsbedingung einer PIPE-Transaktion. Die S-3-Registrierung ist eine sehr verkürzte Registrierungsbenachrichtigung, die den geringsten Aufwand und die geringsten Kosten verursacht, aber dennoch als Ziel die Registrierung der Wertpapiere besitzt, was Voraussetzung für den öffentlichen Handel ist. Ein PIPE-Investment kann durch den privaten Verkauf von Aktien, Wandelanleihen oder wandelbaren Vorzugsaktien durchgeführt werden. Das Prinzip soll an folgenden Beispielen verdeutlicht werden. Am 21. Mai 2001 vereinnahmte die Firma Restoration Hardware Inc. (Ticker RSTO) USD 24,5 Mio. durch den Verkauf von unregistrierten Aktien an eine Investmentgruppe bestehend aus Capital Research Management Company, Fidelity Management and Research Company und Baron Asset Management. Diese privaten Aktien wurden zu einem Preis von USD 5,43 pro Stück verkauft, was einem Preisnachlass von 25 Prozent des Schlusskurses an jenem Tag entsprach. Bis August 2001 fiel der Aktienkurs von Restoration Hardware auf USD 4,80 pro Aktie, was durch die Veröffentlichung der Registrierungsanmeldung bei der SEC in den darauf folgenden beiden Monaten zu erklären ist. Innerhalb dieses Zeitraumes konnten die Investoren die unregistrierten Aktien aber nicht verkaufen.

Als Beispiel für den Verkauf von Wandelanleihen soll die Internet Pictures Corporation (Ticker IPIX) dienen. Dieses in Tennessee beheimatete Unternehmen bietet Bild- und Graphiklösungen im Internet für den E-Commerce und Unterhaltungsbereiche an. IPIX verschafft den Anwendern die Möglichkeit, im Internet 360°-Ansichten von den auf einer Homepage aufgelisteten Grundstücken, Häusern und Baustellen zu erhalten. Aus Wagnisfinanzierung und dem öffentlichen Kapitalmarkt/Börsengang hat das Unternehmen USD 200 Mio. erhalten. Zum Börsengang im August 1999, betrug der Aktienkurs USD 7. Unglücklicherweise wies die Firma in ihrem ersten Quartal einen Verlust von USD 17,1 Mio. aus, worauf der Aktienkurs von seinem Höchststand von USD 45 auf USD 0,40 im April 2001 sank. Im Mai 2001 einigte sich IPIX mit den beiden für Early-Stage Venture Capital-Finanzierungen bekannten Investmentgruppen Paradigm Capital Partners und Memphis Angels auf eine PIPE-Finanzierung. Diese boten IPIX USD 10 Mio. für Wandelanleihen an, welche bei Ausübung in 60 Millionen Aktien eingetauscht werden konnten (52 Millionen Aktien zum Preis von USD 0,25 pro Aktie und 8 Millionen Aktien zum Kurs von USD 0,50 pro Aktie). Dies war der erste Teil eines auf zwei Tranchen ausgelegten Finanzierungsplanes, wobei im zweiten Teil zusätzliche USD 20 Mio. aus der Emission von Wandelanleihen angedacht waren. Bei der späteren Wandlung lag der Preis für eine Aktie bei USD 0,25. Nach Bekanntgabe der PIPE-Finanzierung stieg der Kurs der Aktie von USD 0,70 auf USD 0,92 (ein Plus von 31 Prozent). Als im Juli 2001 ein Verlust von USD 9,4 Mio. im zweiten Quartal und USD 11 Mio. im ersten Quartal bekannt gegeben werden musste, brach der Aktienkurs auf USD 0,23 ein. Die Bedingungen von PIPE-Tranksaktionen werden den Investoren meist in einem Term Sheet/Vertragsblatt präsentiert. Tabelle 1 fasst die wichtigsten Vertragspunkte der IPIX-PIPE-Finanzierung zusammen.

Tabelle 1: Vertragsdetails des PIPE von IPix

Unternehmen	Internet Pictures Corporation
Finanzierungsumfang	USD 10 Mio. Tranche A USD 20 Mio. Tranche B
Wertpapiere	Tranche A: Wandelanleihe mit Option (Fälligkeit am 14. August 2002) Tranche B: Serie B Wandelvorzugsaktien
Zinssatz	Tranche A: 8% p.a. in bar oder gegen Stammaktien (Option des Investors), Zahlung am Fälligkeitstag Tranche B: 8% p.a. vom ursprüglichen Emissionspreis (20 USD)
Wandlungsrechte	Tranche A: Wandlung in Stammaktien zu 0,25 USD für 52 Mio. Aktien und 0,50 USD für 8 Mio. Aktien Tranche B: Wandlung in Stammaktien zu 0,25 USD
Tiefpreisbegrenzung	Keine
Variable Wandlung	Nein
Optionen	Tranche A: 250.000 Optionen Tranche B: Vorzugsaktie zum Kurs von 20 USD bzw. 40 USD
Registrierung	Eine Registrierung wird 20 Tage nach dem Ende der Zeichnungsfrist beantragt

Um zu verdeutlichen, wie durch die Emission von Wandelvorzugsaktien eine PIPE-Transaktion durchgeführt wird, kann das Beispiel von Net 2000 Communications (Ticker NTKK), einem Provider von Breitbandkommunikation in mehr als 20 Ländern, herangezogen werden. Am 29. März 2001 wurde vereinbart, dass 65.000 Aktien (Klasse D, das heißt Wandel in Vorzugsaktien) für USD 65 Mio. in einer Privatplatzierung an Boston Ventures, BancBoston Capital, The Carlyle Group, PNC Equity Management und Nortel Networks vergeben werden. Die Vorzugsaktien können zu einem Wandlungspreis von USD 2,955 in 22 Millionen Aktien von Net 2000 umgewandelt werden. Am 29. März 2001 stellte dies einen Abschlag von USD drei pro Aktie zum Schlusskurs dar. Trotz der verbesserten Bruttoerträge (von 28 Prozent im ersten Quartal auf 35 Prozent) musste Net 2000 einen Verlust von USD 21,2 Mio. bekannt geben. So fiel der Kurs von USD 3,0625 im März 2001 auf USD 0,84 im August 2001.

Wie diese drei Beispiele verdeutlichen, ist besonders der Discount zum Aktienkurs für die Investoren das entscheidende Argument zur Beteiligung an PIPE-Transaktionen. Je geringer die Liquidität der PIPE ist, desto größer wird der Discount. Die Investoren müssen sich des Liquiditätsrisikos, d.h. der Zeitspanne bis zur Registrierung oder

Wandelung, bewusst sein. Dennoch werden bei nicht allen Transaktionen Preisnachlässe gewährt. Dazu kann Breakaway Solutions Inc., eine in Boston ansässige Unternehmensberatungsgesellschaft, als Beispiel betrachtet werden. Breakaway ist die einzige am Markt gehandelte Aktiengesellschaft, die sich ausschließlich auf Unternehmen mit einer Marktkapitalisierung von unter USD 500 Mio. spezialisiert hat – obwohl dieses Marktsegment mit 53 Prozent den Großteil der Umsätze im Beratungsgeschäft ausmacht. Daher steht Breakaway bei 60 Prozent der abgegebenen Angebote keine ernsthafte Konkurrenz gegenüber und es ist eines der am schnellsten wachsenden Unternehmen im E-Commerce. Im Mai 2000 war Breakaway durch seine beherrschende Marktposition ein attraktives Investment, obwohl die Aktien der Firma erst vor knapp acht Monaten an der Börse emittiert wurden. Dennoch wurde sich mit Putnam Investments auf eine PIPE-Transaktion geeinigt. Putnam kauft in einer Privatplatzierung 1,5 Millionen Aktien zum Stückpreis von USD 26, was deutlich über dem damaligen Aktienkurs von USD 22,50 lag.[1] Nach der PIPE-Finanzierung stieg der Kurs der Aktie fast bis auf USD 42 an, doch fiel er danach wieder stetig ab. 2001 erklärte Breakaway, dass eine USD 200 Mio. Abschreibung auf immaterielle Wertgegenstände geplant sei. Außerdem wurde für das Jahr 2000 ein Nettoverlust von USD 389.85 Mio. ausgewiesen. Im August 2001 fiel der Kurs bis auf USD 0,08.

3 Gründe von Unternehmen für die Emission von PIPEs

PIPEs werden meist mit einem umfangreichen Discount zum Aktienkurs eines Unternehmens angeboten. Dafür können die Unternehmen verschiedene Gründe haben. Zum einen haben die meisten neuen Unternehmen nur einen kleinen Teil ihrer Aktien im Free Float. Mitarbeiter, Venture Capital-Investoren und andere Investoren erhalten oftmals den Großteil der Wandelvorzugsaktien oder noch nicht (vollständig) registrierten Aktien. Daher beträgt der Free Float meist zwischen 5 Prozent und 30 Prozent. Durch diesen geringen Anteil an frei umlaufenden Aktien würden weitere öffentliche Emissionen den Aktienkurs weiter verwässern. Von den 1262 Unternehmen, die zwischen 1998 und 2000 den Börsengang wagten, werden 152 (zwölf Prozent) mit einem Kurs von unter USD 1 gehandelt (Stand Ende 2001). Unter diesen Umständen kann durch eine Privatplatzierung erreicht werden, dass die Aktien noch nicht an der Börse gehandelt werden und dem Management die zur Implementierung nötige Zeit gegeben wird. Zum Zweiten sind die Aktienanalysten oftmals erbarmungslos, wenn ein neues Technologieunternehmen seine Renditeziele nicht erreicht. Geschieht dies, werden die Aktien schwer abgestraft. PIPE stellt eine Finanzierungsform dar, die weitaus weniger volatil auf die Prognosen von Analysten reagiert. Zum Dritten können die Unternehmen entscheiden, an wen sie die Aktien verkaufen, was bei der gewöhnlichen Aktienemission nicht möglich ist. Als Viertes sei erwähnt, dass der öffentliche Börsengang mit hohen Kosten wie Bankgebühren und Roadshows verbunden ist.

---

1 Unglücklicherweise fiel der Aktienkurs bis Ende des Jahres unter USD 1.

McDonough (1997) zeigt, dass die durchschnittlichen Kosten eines Börsenganges elf Prozent der dadurch erzielten Einnahmen betragen, während die Kosten für eine Emission am Sekundärmarkt sieben Prozent der Gesamteinnahmen betragen. Des weitern können Private Placements viel schneller durchgeführt werden als Börsenemissionen. Im Normalfall kann ein Private Placement innerhalb weniger Wochen, eine öffentliche Emission innerhalb einiger Monate durchgeführt werden. Die zeitliche Differenz ist besonders für Firmen wichtig, deren Cash-Bestand knapp wird, die in der näheren Zukunft größere Akquisitionen oder ein sehr zeitintensives Projekt durchführen möchten. Im Vergleich zum Jahr 2000 hat sich in der jüngeren Vergangenheit der Markt für öffentliche Platzierungen am Sekundärmarkt etwas abgeschwächt. Während im ersten Quartal des Jahres 2000 185 Aktienneuemissionen durchgeführt wurden, waren es im gleichen Zeitraum des Folgejahres lediglich 17. Der Markt für öffentliche Platzierungen wurde deutlich kleiner. Daher ist es für neue Unternehmen vorteilhaft, wenn sie langfristig orientierte Aktionäre finden, die an der Investition festhalten, solange sich das Unternehmen in seinem Marktumfeld behauptet. Solche Investoren würden auch über eine Privatplatzierung Aktien erwerben. Als Ausgleich müssen die Unternehmen oftmals einen Discount gegenüber dem Marktpreis/Aktienkurs gewähren.

4 Größe des PIPE-Marktes

In Zeiten schwächerer Konjunktur, wie z.B. im Jahr 2001, nimmt das Volumen an PIPE-Transaktionen tendenziell ab. Im ersten Quartal 2001 wurden USD 2,5 Mrd. in 184 PIPE-Transaktionen von Aktiengesellschaften investiert. Im Vergleich zu den USD 8,4 Mrd., die im ersten Quartal 2000 in 385 PIPE-Transaktionen investiert wurden, stellt dies einen deutlichen Rückgang dar. Dennoch übertraf die Anzahl der PIPE-Transaktionen im ersten Quartal 2001 die Anzahl der IPOs (17) und der öffentlichen Sekundärmarkt-Emissionen (65).[2] Es kann zwischen traditionellen und strukturierten PIPE-Geschäften unterschieden werden. Zu den traditionellen PIPE-Transaktionen gehört der Kauf von Aktien oder Vorzugsaktien mit einem festen Wandelverhältnis in Stammaktien. Die strukturierten PIPE-Geschäfte umfassen exotische Investments wie variable Wandelanleihen, Reset-Wandelanleihen, Stammaktien mit Resets und wandelbare Vorzugsaktien mit Resets. In Abbildung 1 wird das Wachstum der traditionellen PIPE-Transaktionen seit 1995 dargestellt. Es wird ersichtlich, dass dieser Markt in den vergangenen sechs Jahren signifikant angewachsen ist. Es ist nicht überraschend, dass die größte Anzahl im Jahr 2000 wiederzufinden ist. Wie bereits zuvor erwähnt, hat sich die Zahl der PIPE-Transaktionen im ersten Quartal 2001 stark verringert. Abbildung 2 zeigt das Wachstum der strukturierten PIPE-Geschäfte, welche ebenfalls im Jahr 2000 ihren Höchststand aufwiesen und im Jahr 2001 rückläufig waren.

---

2   Vgl. Business Wire (2001).

Abbildung 1: Marktwachstum traditioneller PIPEs

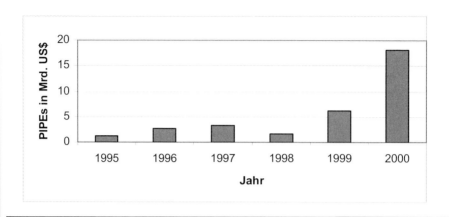

Abbildung 2: Marktwachstum strukturierter PIPEs

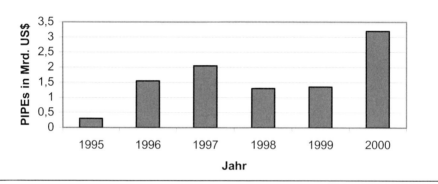

5 Kreditlinien für Eigenkapital

Eine besondere Variante von PIPE-Geschäften stellen Eigenkapitalkreditlinien dar (Equity Line of Credit ELC) dar. Zur Verdeutlichung ihrer Funktionsweise kann das Biotechnologie-Unternehmen Igen International (Ticker IGEN) genutzt werden. Durch den Rückgang von Cash-Positionen und einem Rechtsstreit mit einem anderen Pharmahersteller wurde dem Unternehmen das Kapital knapp. Außerdem war durch den Einbruch der Aktienkurse in der Biotechnologiebranche kein weiteres Secondary Public Offering möglich. Stattdessen wandte man sich dem von Bankern gegründeten und seit zwei Jahren existierenden New Yorker Investmentfonds „Acqua Wellington" zu. Dieser bietet jungen Unternehmen Kreditlinien an und erhält dafür Unternehmensaktien mit einem Abschlag zum Kurswert am Markt. Bis dato wurden USD 1,6 Mrd. in 32 Firmen investiert und weitere USD 1,3 Mrd. sollten folgen.[3] Acqua stimmte dem Kauf von IGEN-Aktien im Wert von bis zu USD 60 Mio. in Privatplatzierungen zu. Im Februar 2001 erhielt IGEN USD 9,5 Mio. im Austausch gegen 789.075 Stammaktien (USD 12,04 pro Aktie). Der durchschnittliche Preis der Aktie lag im Februar bei USD 14,27, was einem Abschlag von 15,6 Prozent entspricht. Außerdem hat IGEN die Option, weitere USD 50,5 Mio. (im Tausch gegen weitere Aktien) in den darauf folgenden 28 Monaten zu erhalten. Im August lag der Aktienkurs von IGEN bei fast USD 30. ELC sind aus mehreren Gründen beliebt. Zum einen können die Unternehmen selbst bestimmen, wann sie Kredite in Anspruch nehmen und Aktien emittieren. Auch wenn meist ein Discount zum normalen Aktienkurs gewährt werden muss, ist dieses Verfahren sehr schnell und günstig. Zum Zweiten verwässert solch eine Eigenkapital-Kreditlinie, wie auch ein PIPE-Investment den Kurs der Altaktionäre nicht. Als Letztes sei angemerkt, dass die Rückzahlung der Kredite den Kassenbestand des Unternehmens nicht verkleinert, da diese mit den neuen Aktien finanziert wurden.

6 Toxic PIPEs: die Risiken

Trotz ihrer Popularität wurden PIPEs mehrfach in den Medien kritisiert.[4] Etliche Transaktionen beinhalten variable Wandlungsrechte, so dass an den Investor bei fallenden Aktienkursen mehr Stammaktien ausgegeben werden. Kritiker bezeichnen es als „Todesspirale", wenn der Aktienkurs nach einem PIPE-Investment fällt. So lange der Aktienkurs fällt, muss das Unternehmen immer mehr Stammaktien emittieren, da dies die variablen Wandelrechte vorgeben. Durch diesen Zwang verwässert der Aktienkurs immer weiter, und das Unternehmen gerät immer weiter in die „Todesspirale". Somit wurden strukturierte PIPEs auch als *toxic* (vergiftet) bezeichnet, da sie möglicherweise die finanzielle Stabilität eines Unternehmens gefährden können. Skrupellose Investoren können mittels strukturierter PIPE-Geschäfte die Kontrolle über ein Unternehmen an sich reißen.

Ein Toxic PIPE ist folgendermaßen aufgebaut:

- Ein neues Unternehmen wagt den Börsengang, bevor es sein Geschäftsmodell etabliert hat.

- Da das Unternehmen die Mittel aus dem Börsengang aufgebraucht hat, benötigt es weiteres Kapital, um zu überleben.

- Wenn die Profitabilität nicht in naher Zukunft absehbar ist, sind dem Unternehmen die öffentlichen Märkte verschlossen.

---

3   Vgl. Tunick (2001).
4   Vgl. Bergsman (2000), Pollack (2001), Webb (2001).

- Mit einer Privatplatzierung ist es möglich, frisches Kapital zu erhalten. Die Bedingungen dafür sind die Verwendung von variablen Wandlungsrechten für Stammaktien und ein deutlicher Discount auf den Aktienkurs des Unternehmens.
- Die Investoren gehen Short-Positionen ein, wodurch der Aktienkurs fällt.
- Durch die niedrigeren Aktienkurse steigt das Bezugsverhältnis der Investoren an, was die Kurse der Aktie weiter verwässert.
- Das Unternehmen muss die privaten Wertpapiere in sehr viele Stammaktien wandeln und einen Discount zum aktuellen Aktienkurs gewähren. Diese Verwässerung senkt den Aktienkurs weiter.
- Zur Deckung der Short-Positionen benutzt der Investor seine günstig erhaltenen Aktien und streicht den Gewinn ein. Alternativ könnte er auch die Aktien halten und versuchen, die Kontrolle des Unternehmens an sich zu reißen.

Hört sich das unwahrscheinlich an? Mindestens ein Unternehmen hat seine Investoren verklagt, weil sie nach diesem Schema vorgingen.

Log On America Inc., ein High-Speed-Internetprovider, verklagte drei Firmen, die durch Short-Positionen den Aktienkurs drücken wollten, um die Kontrolle über das Unternehmen zu erlangen. Die Verhandlung fand im August 2000 in New York statt. Log On behauptete, dass die drei Investoren den Aktienkurs zum Fallen brachten, damit sie bei der Wandlung ihrer Vorzugsaktien mehr Stammaktien erhalten würden. Die Klage lautete, dass auf diese Weise die Kontrolle über das Unternehmen errungen werden sollte. Log On emittierte im Februar 2000 wandelbare Vorzugsaktien in einem Wert von USD 15 Mio. an Promethean Asset Management LLC aus New York, Citadel Limited Partnership aus Chicago und Marshall Capital Management Inc., einer Tochtergesellschaft von Credit Suisse First Boston. Die Wertpapiere waren so strukturiert, dass bei fallendem Aktienkurs die Anzahl der Stammaktien durch die Wandlung größer wird. Aus der Klageschrift ist zu entnehmen, dass der Kursrückgang von Log On durch die Wandlung der Vorzugsaktien in acht Millionen Stammaktien, was fast 50 Prozent der gesamten Aktien entspricht, zu erklären ist. Das Urteil wurde noch nicht gefällt.

Dennoch sind nicht alle strukturierten PIPEs für das Unternehmen derart gefährlich. Als Beispiel einer funktionierenden PIPE-Transaktion kann Micro Strategy Inc. herangezogen werden. Ein Secondary Stock Offering scheiterte im Juni 2000 und daher wurden andere Wege der Finanzierung gesucht. Promethean Asset Management LLC, Citadel Investment Group LLC und Angelo, Gordon and Co stellten ein USD 125 Mio. PIPE-Geschäft zusammen.[5] Die drei Unternehmen erwarben wandelbare Vorzugsaktien (Serie A), die später in Stammaktien eingetauscht werden konnten. Der Wandelpreis für die Stammaktien basierte auf dem gewichteten Kurs der letzten 17 Handelstage nach Abschluss des Vertrages (Ende Juni 2000) und betrug rund USD 33 pro Aktie. Dennoch bestand die Möglichkeit, das Wandelverhältnis ein Jahr nach Vertragsschluss durch einen zehntägigen Durchschnittskurs im Juni 2001 zu ersetzen. Je mehr der Aktienkurs fallen würde, desto mehr Stammaktien würden die Investoren erhalten.

---

5   Vgl. Webb (2001).

Am 3. April 2001 betrug der Aktienkurs USD 1,75 und das alternative Wandelverhältnis drohte diese existierende Aktien noch weiter zu verwässern. Um ein völliges Einbrechen zu verhindern, wurde das PIPE-Geschäft seitens Micro Strategy und der drei Investoren restrukturiert. Vereinbart wurden eine Kombination aus Stammaktien, Bargeld und fixen Wandlungsverhältnissen für vorrangige Wertpapiere. Diese Strategie zahlte sich aus, da der Aktienkurs im August 2001 auf USD 3,50 zurückkehrte.

7 PIPEs aus aufsichtsrechtlicher Sicht

Es zeigt sich, dass PIPEs vor allem von kleinen Unternehmen in Wachstumsmärkten genutzt werden. Im Normalfall sind deren Aktien an der Nasdaq gelistet und werden over the counter gehandelt, da die Anforderungen für die New York Stock Exchange zu umfangreich sind. Die Vereinigung amerikanischer Wertpapierhändler (NASD) hat daher einige interpretative Regeln für PIPE-Transaktionen vorgestellt. Von der Nasdaq wurde dieses Material überarbeitet und für so genannten *Future Price Securities* vorgeschlagen. Dies sind strukturierte PIPE-Transaktionen, bei denen der Preis für die Wandlung in Stammaktien bei fallenden Aktienkursen angepasst wird. Die Nasdaq gibt folgende Regeln an, die bei der Emission von PIPE Investments eingehalten werden müssen:

- **(Alt)Aktionärszustimmungsregel:** Vor der Emission einer Privatplatzierung, die größer als 20 Prozent der Stammaktien oder größer als 20 Prozent des stimmberechtigten Kapitals (Marktwert oder Buchwert) ist, wird nach NASD-Verordnung 4310c (25)(i) die Zustimmung der Aktionäre gefordert. Wenn es keinen Tiefstpreis für die Wandelrechte gibt, kann bei einem PIPE sehr schnell die 20 Prozent-Grenze der NASD überschritten werden. Die NASD geht davon aus, dass bei strukturierten PIPEs diese Grenze immer überschritten wird, und daher immer die Zustimmung der Aktionäre gefordert wird.

- **Stimmrechtsregeln:** Diese NASD-Regel verbietet eine Stimmrechtsreduktion der Altaktionäre von öffentlich gehandelten Stammaktien. Gemäß der Stimmrechtsregeln darf der Emittent keine neue Wertpapierklasse ausgeben, welche ein höheres Stimmrecht als die bisherigen Wertpapiere hat oder in einer anderen Art die existierenden Stimmrechte einschränkt. Im Fall von strukturierten PIPEs können die neuen Wertpapiere so viele Stimmrechte besitzen, als wären sie bereits gewandelt, was zu dem dafür eingesetzten Kapital unverhältnismäßig (viel) ist. Wenn zum Zeitpunkt der Emission das Stimmrecht oder die Anzahl der Mitglieder im Vorstand im Vergleich zum Buch- oder Marktwert des Unternehmens unverhältnismäßig groß ist, wurden die Regeln verletzt, da neue Wertpapiere mit größeren Stimmrechten ausgegeben wurden.

- **Anforderungen an den Angebotspreis:** Gemäß dieser Anforderung muss der Kurs einer am Nasdaq National Market gehandelten Stammaktie mindestens USD 5 betragen. Für Aktien des Nasdaq Stock Market gilt eine 1 USD-Grenze. Strukturierte PIPEs können den Aktienkurs stark verwässern, und wenn die jeweilige Grenze für den Bid-Preis gebrochen wurde, kommt es zum Delisting aus dem Nasdaq.

- **Regeln für das Listing zusätzlicher Aktien:** Wenn Unternehmen neue Stammaktien emittieren möchten, muss dies mindestens 15 Tage vor der Emission bei der Nasdaq angezeigt werden. Die NASD vertritt die Position, dass alle in Stammaktien wandelbare Wertpapiere unter diese Anzeigepflicht fallen – egal ob es sich um strukturierte oder nicht strukturierte PIPE-Transaktionen handelt.

- **Regeln bei Führungswechsel:** Wie der Fall von Log On America zeigte, kann es im Zuge von strukturierten PIPE-Transaktionen zum Führungswechsel im Unternehmen kommen. Wenn Wertpapiere des PIPE gewandelt werden und es zu einem Führungswechsel kommt, muss der Emittent alle ursprünglichen Standards eines Nasdaq-Listings erfüllen. Die emittierende Gesellschaft wird nach dem durch das strukturierte PIPE-Geschäft herbeigeführten Führungswechsel von der NASD wie ein neues Unternehmen behandelt, was alle Anforderungen eines Nasdaq-Listings erfüllen muss.

- **(Unbeschränkte) Kontrollgewalt der Nasdaq:** Die Nasdaq hat die Autorität die Qualität und das Vertrauen in deren Märkten zu sichern und auszubauen. Daher kann die Nasdaq die Zulassung verweigern oder zusätzliche, strengere Anforderungen für die ursprüngliche oder neue Zulassung bestimmter Wertpapiere stellen. Des weiteren kann die Zulassung eines anders klassifizierten Wertpapiers entzogen oder ausgesetzt werden, wenn die Nasdaq es für gegeben erachtet, einen betrügerischen oder manipulativen Vorgang zu stoppen, um die gerechten Prinzipien des Handels zu fördern und die Interessen von Investoren und der Öffentlichkeit zu schützen. Zusammenfassend kann gesagt werden, dass die Nasdaq Unternehmen delisten kann, wenn Regeln gebrochen werden, welche die Integrität des Marktes verletzten. Dies soll skrupellose Investoren davon abschrecken, ein Unternehmen mit einem strukturierten PIPE zu übernehmen.

Werden diese Regeln verletzt, kann es durch die NASD zum Delisting des Emittenten von der Nasdaq führen.

8 Schlussfolgerung

PIPEs sind zu einer sehr beliebten Form der Eigenkapitalfinanzierung von neuen, bereits existierenden Unternehmen geworden. Obwohl der Nutzen für diese Unternehmen sehr groß ist, sind auch die Risiken immens. In der Öffentlichkeit wird vor allem von Toxic PIPEs berichtet, obwohl die meisten PIPEs nicht strukturiert sind. Es sind fast immer Investments mit einem festgelegten Betrag von Eigenkapital. Außerdem gibt es seit der Veröffentlichung der Risiken von Toxic PIPEs drei wichtige Absicherungen in der PIPE-Industrie. Erstens gibt es fast nur fixe und keine variablen Wandlungsrechte.

Zweitens gibt es bei den variablen Wandlungsrechten im Normalfall einen Mindestkurs (Floor Provision), der es den Investoren verbietet, unterhalb eines bestimmten Aktienkurses (über einem bestimmten Wandlungsverhältnis) ihre Wandlungsrechte auszuüben. Drittens sei erwähnt, dass dem Investor die Möglichkeiten für Leerverkäufe des emittierenden Unternehmens untersagt sind. Diese Unmöglichkeit des Haltens von Short-Positionen soll den Preisdruck von den Aktien und eine *Death Spiral* abwenden. Neben diesen Absicherungen schlägt die Nasdaq eine Veröffentlichung vor, die dem Unternehmen die Auswirkungen von strukturierten PIPEs auf den Listingstatus im Nasdaq National Market aufzeigt. So hat Breakaway Solutions tatsächlich einen Brief von der Nasdaq erhalten, in dem mitgeteilt wurde, dass die Aktionärszustimmungsregeln, die Stimmrechtsregel und die Angebotspreisregel verletzt werden und die Anforderungen des Nasdaq National Market nicht erfüllt werden. Zusammenfassend kann gesagt werden, dass PIPEs eine Form der alternativen Investments darstellen, die vor allem für Private-Equity-Firmen geeignet sind. Im Jahr 2000 haben viele LBO-Firmen in PIPE-Transaktionen investiert. Da es durch die Großzahl an Konkurrenten (ca. 850 Firmen) immer schwieriger wird, LBO-Geschäfte aufzuspüren, werden PIPEs immer mehr zu einer neuen Ertragsquelle. Tabelle 2 zeigt eine Auflistung von LBO-Unternehmen, die PIPEs durchgeführt haben.[6] Es kann davon ausgegangen werden, dass sich dieser Trend weiter fortsetzen wird, da Buy-out-Firmen, Venture Capital-Unternehmen und Hedgefonds durch den Druck, das ihnen anvertrauten Milliardenvermögen gewinnbringend anzulegen, weiterhin investieren werden.

Tabelle 2: LBO-Unternehmen, die in PIPEs investieren

LBO-Unternehmen	PIPE-Emittent	Transaktionsvolumen
Hicks, Muse & Tate	ICG	230
Bain/T.H. Lee	US LEC Corp.	200
KKR	CAIS Internet	100
Texas Pacific	Convergent Communications	150
T.H. Lee	Conseco	470
T.H. Lee	Metris	300
CS First Boston	Winstar	300
Apollo	Allied Waste	440
Silver Lake	Gartner Group	200
Blackstone	Sirrius Satellite	200

---

6 Vgl. Sparks (2000).

Literaturverzeichnis

Anson, M. (2001): Playing the PIPEs: The Benefits and Risks of Private Investments in Public Entities, in: Journal of Private Equity, Winter 2001.

Bergsman, S. (2000): Toxic Cash-Burn Solutions, CFO, Dezember 2000.

Business Wire (2001): PIPE Market Outpaces IPO and Secondary Markets in First Quarter; PIPEs Continue as the Primary Source of Equity Financing for Public Companies, 4. April 2001.

McDonough, M. (1997): Death in One Act: The Case for Company Registration, in: Pepperdine Law Review, 24 (1997), S. 563–647.

Pollack, A. (2001): A Lifeline, with Conditions, New York Times, 10. Mai 2001.

Sparks, D. (2000): It May Not Be the Glory Years, but Buyout Shops Are Back, Raising Billions—and Heading into Uncharted Waters, Business Week, 16. Oktober 2000.

Tunick, B. (2001): Equity Credit Lines Offer Cash for Companies in Need, in: RDS Business & Industry, April, 2001.

Webb, C. L. (2001): Help Comes With a High Price; Distressed Firms Agree to Extraordinary Terms, Even at the Risk of Depressing Stock Prices, in: The Washington Post, 16. April 2001.

Teil IV

Private Equity

4.2 Asset Allocation

Bernd Kreuter

Selektion von Private Equity-Fonds und Dachfonds

1 Einleitung 145
2 Rahmenbedingungen der Fondsauswahl 145
   2.1 Private Equity-Fondslebenszyklus und Managementrisiken 145
   2.2 Anreizmechanismen bei Private Equity. 147
3 Die Auswahl von Private Equity-Fonds 149
   3.1 Portfoliokonstruktion 149
   3.2 Voraussetzungen zur erfolgreichen Fondsauswahl 149
   3.3 Prozess der Fondsselektion 150
   3.4 Wesentliche Einzelkriterien der Fondsauswahl 151
        3.4.1 Investitionsstrategie. 151
        3.4.2 Bisheriger Investitionserfolg 152
        3.4.3 Volatilität der Renditen 153
        3.4.4 Managementressourcen. 154
        3.4.5 Zugang und Exit-Erfahrung 154
        3.4.6 Beteiligung des Managements am Fonds. 155
        3.4.7 Investorenrechte und -reporting. 155
        3.4.8 Konditionen 156
   3.5 Auswahl von Dachfonds 156
4 Schlussfolgerung 158

1 Einleitung

In dem vorliegenden Beitrag geht es um die Auswahl von Private Equity-Fonds und Dachfonds aus Investorensicht. Zunächst werden die Rahmenbedingungen der Fondsauswahl dargestellt, deren wichtigste die Langfristigkeit von Private-Equity-Investitionen ist. Anschließend werden die Anreizmechanismen bei Private Equity beschrieben. Daraus werden schließlich Kriterien abgeleitet, die als potenzielle Indikatoren für das Rendite/Risiko-Profil von Private Equity-Fonds dienen. Bei der Auswahl von Dachfonds kommen ähnliche Kriterien zur Anwendung.

2 Rahmenbedingungen der Fondsauswahl

2.1 Private Equity-Fondslebenszyklus und Managementrisiken

Private Equity-Fonds gehen zeitlich befristete Investitionen in nicht börsennotierte Unternehmen ein. Sie haben eine geplante Laufzeit von meist zehn Jahren, die sich um einige Jahre verlängern kann, falls nach dem geplanten Ende der Fondslaufzeit noch nicht alle Portfoliounternehmen veräußert sind. Der Lebenszyklus eines Fonds kann in die folgenden drei Phasen unterteilt werden:

1. **Fundraisingphase (3–18 Monate)**

- Auflegung des Fonds (meist in Form einer Personengesellschaft)
- Fondsmanagement wirbt Investorengelder ein
- Prüfung des Fonds durch potenzielle Investoren (*Fund Due Diligence*)
- Vertragsverhandlungen zwischen Fondsmanagement und Fondsinvestoren
- Verbindliche Investition (*Fund Closing*)

2. **Investitionsphase (3–6 Jahre)**

- Generierung von Beteiligungsmöglichkeiten (*Deal Flow*)
- Prüfung von Unternehmen (*Due Diligence*) und Investition
- Zur Finanzierung der Investitionen Kapitalabrufe bei Fondsinvestoren
- Umsetzung erster Wertsteigerungsmaßnahmen in den Portfoliounternehmen

3. Veräußerungsphase (bis zum Ende der Fondslaufzeit)

- Entwicklung der Portfoliounternehmen, evtl. Folgeinvestitionen
- Veräußerung der Beteiligungen (*Exit*)
- Ausschüttung der Veräußerungserlöse an die Fondsinvestoren
- Abwicklung und Schließung der Fondsgesellschaft

Die drei Phasen können sich teilweise zeitlich überlappen. Beispielsweise können noch während der Fundraisingphase erste Investitionen getätigt werden. Dieser Fall kann auftreten, wenn es mehrere Fund Closings gibt, was die Regel ist. Weiterhin kommt es häufig bereits während der Investitionsphase zu ersten Veräußerungen. Sobald die Investitionsphase eines Fonds auf ihr Ende zugeht, beginnt das Fondsmanagement mit dem Fundraising für einen Folgefonds. Abbildung 1 stellt beispielhaft die Zahlungsströme dar, die über die Fondslebenszeit anfallen. Daraus ist ersichtlich, dass die durchschnittliche Kapitalbindung vier bis sechs Jahre beträgt. Dabei ist zu beachten, dass die Zahlungsströme nicht exakt planbar sind: Da ein Unternehmenskauf eine sehr komplexe und langwierige Angelegenheit ist, sind die Abrufe nur eingeschränkt vorhersehbar. Was die Exits angeht, so sind diese noch weniger gut planbar, da das Fondsmanagement den besten Zeitpunkt für einen Verkauf wählen wird, der dann gegeben ist, wenn die Unternehmenskennzahlen wie auch die Marktbedingungen für einen Verkauf günstig sind.

Abbildung 1: Private Equity-Zahlungsströme

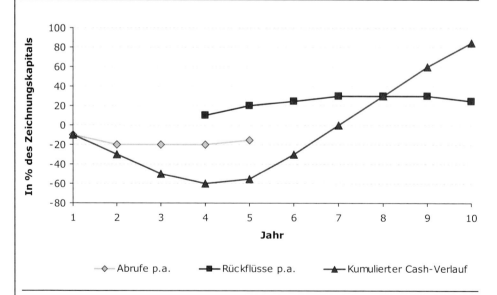

Ein Private Equity-Fonds ist bei Auflegung demnach in der Regel ein so genannter „Blind Pool"; das heißt, die Beteiligungen stehen zum Investitionszeitpunkt nicht fest, und die Fondsinvestoren müssen sich anhand der zur Verfügung stehenden Unterlagen sowie ihrer Einschätzung der Fähigkeiten der Manager ein Bild darüber machen, ob eine Fondsinvestition aussichtsreich ist. Nach erfolgter Zeichnung können die Investoren ihre Investitionszusage praktisch nicht mehr rückgängig machen und sind daher darauf angewiesen, dass das Fondsmanagement die angekündigte Strategie umsetzt und dabei erfolgreich ist. Bestenfalls ist eine Veräußerung der Anteile unter Abschlägen auf dem Sekundärmarkt möglich. Der Sekundärmarkt hat sich zwar in den letzten Jahren stark entwickelt, jedoch ist es weiterhin so, dass über 90 Prozent der Investoren die Fondsanteile bis zum Ende der Fondslaufzeit halten. Angesichts der Länge des Fondslebenszyklus, sollten sich Investoren vor der Fondsinvestition die verschiedenen Risiken und möglichen Ereignisse, die über die Fondslaufzeit auftreten können, vor Augen führen. Das größte Risiko ist das Managementrisiko, denn das Management bleibt bis zur Veräußerung der letzten Beteiligung ein kritischer Faktor für die Fondsperformance. Vor Abschluss der Fundraisingphase besteht das Risiko, dass die endgültige Fondsgröße zu klein oder zu groß wird, um die geplante Investitionsstrategie umzusetzen. Auf weitere Gesichtspunkte und Risiken wird in Abschnitt 3.4 eingegangen.

2.2 Anreizmechanismen bei Private Equity

Um die relevanten Aspekte zur Auswahl der aussichtsreichsten Private Equity-Fonds besser verstehen zu können, ist es wichtig festzuhalten, unter welchen Umständen Private Equity zum Einsatz kommt und welche Anreizmechanismen auf das Verhalten der beteiligten Akteure wirken. Diese sind ja schließlich ausschlaggebend dafür, dass der Markt überhaupt funktioniert und weiterhin attraktive Renditen erwirtschaftet. Das Grundprinzip von Private Equity ist leicht zu verstehen und besteht darin, dass die Manager auf Unternehmens- wie Fondsebene direkt und in erheblichem Maße von der Wertentwicklung der Portfoliounternehmen profitieren. Auf Fondsebene drückt sich das dadurch aus, dass die Fondsmanager in der Regel zu 20 Prozent an der Wertentwicklung des Fonds beteiligt werden (*Carried Interest oder Carry*). Auf Unternehmensebene erfolgt ebenso eine breite Beteiligung des Managements an der Wertentwicklung, die von Fall zu Fall recht unterschiedlich ausgestaltet ist. Dadurch haben die beteiligten Manager, die in der Vergangenheit meist als Angestellte nur eine beschränkte Erfolgsbeteiligung hatten, ein erhebliches Interesse an der Wertsteigerung des Unternehmens. Die Beteiligung ist jedoch nicht als *free option* anzusehen, welche die Gefahr mit sich bringen würde, dass die Manager ein zu hohes Risiko mit der Aussicht auf potenziell hohe Gewinne eingehen, sondern es wird auf Fonds- wie Unternehmensebene verlangt, dass die Manager mit einer hohen Eigenbeteiligung selbst ins Risiko gehen. Zudem verfügen Private Equity-Fonds über umfangreiche Mitsprache- und Vetorechte bei ihren Portfoliounternehmen, mit denen Sie Investitionen in zu riskante Projekte verhindern können. Alles in allem sind die Anreizmechanismen bei

Private Equity-finanzierten Unternehmen daher ähnlich wie bei inhabergeführten Unternehmen, und die Ausgestaltung der Vertragsbeziehungen führt zu einer hohen Interessenskongruenz zwischen Investoren, Fondsmanagern und Portfoliounternehmen. Dadurch dass Private Equity-Beteiligungsverträge „privat" verhandelt werden und sehr umfangreich sein können, eröffnen sich zahlreiche Möglichkeiten, die Anreizstrukturen weiter auszufeilen. Beispielsweise können Risikoabsicherungsmechanismen der Private Equity-Fonds wie Milestone-Regelungen und *ex post*-Anpassungen der Unternehmensbewertung vereinbart werden. Ein weiterer nicht zu unterschätzender Vorteil der „privaten" Natur von Private Equity besteht darin, dass Private Equity-finanzierte Unternehmen im Vergleich zu börsennotierten Unternehmen weniger im Rampenlicht stehen, dadurch niedrigere Kosten haben, ruhiger entwickelt werden können und mehr Zeit für den Aufbau von realen Werten verwenden können. Schließlich sind Private Equity-Fonds aktive Investoren, die über einen sehr hohen Informationsgrad über die Entwicklung ihrer Portfoliounternehmen verfügen. Dieser wird durch ein detailliertes Beteiligungscontrolling, die Wahrnehmung von Beirats- und Aufsichtsratsmandaten und die regelmäßige direkte Kommunikation zwischen Fonds und Unternehmen gewährleistet. Aktiv wirken die Fondsmanager vor allem bei der Strategieentwicklung und bei Unternehmenszukäufen mit.

Private Equity-Strategien lassen sich kaum kopieren, was daran liegt, dass jeweils nur einer oder wenige Fonds an einem Portfoliounternehmen beteiligt sind, Private Equity demnach *Stock Picking* par excellence ist. Angesichts dieser Tatsache und der oben beschriebenen Vielfältigkeit der Materie ist es nicht verwunderlich, dass unterschiedliche persönliche Fähigkeiten, Strategien und Beziehungen der Fondsmanager dazu führen, dass die Renditeunterschiede zwischen den besten und durchschnittlichen Fonds bei Private Equity im Vergleich zu anderen Anlageklassen besonders hoch sind. So beträgt die durchschnittliche Rendite europäischer Private Equity-Fonds des Top Quarter (25 Prozent der besten Fonds) seit Auflegung bis Ende 2004 23,3 Prozent. Im Durchschnitt wurden dagegen lediglich Renditen von 9,5 Prozent erzielt.[1] Alles in allem sind Private Equity-Fonds also auf die Erzielung absoluter Renditen ausgerichtet. Daher wird auch die erfolgsorientierte Vergütung der Manager (*Carried Interest*) nicht in Bezug auf eine Branchenbenchmark bestimmt, sondern hängt direkt mit den erzielten absoluten Renditen zusammen. Zudem fällt der Carried Interest bei den meisten Fonds erst nach der Erreichung einer Mindestrendite für die Investoren von sechs bis neun Prozent p.a. an.

---

1 Vgl. EVCA (2005).

3 Die Auswahl von Private Equity-Fonds

3.1 Portfoliokonstruktion

Ausgehend von einem bestimmen Betrag, den ein Investor über eine bestimmte Zeit in Private Equity investieren will, ist zunächst die Investitionsstrategie zu definieren, die den Eckrahmen für die bottom-up erfolgende Fondsselektion vorgibt. Dabei sollte Klarheit über die folgenden Parameter geschaffen werden:

- Aufteilung auf Regionen (Nordamerika, Europa, Asien, andere) und evtl. auf Länder
- Aufteilung in Segmente (Venture Capital, Mezzanine, kleine Buy-outs, mittlere Buy-outs, große Buy-outs, Distressed)
- Anzahl der Zielfonds
- Zeitliche Diversifikation über Auflegungsjahre.

Ein Dachfonds als spezielle Art von Investor wird die Investitionsstrategie beispielsweise im Dachfondsprospekt darstellen. Bei der Festlegung der Investitionsstrategie ist es wichtig, sich eine gewisse Flexibilität zu bewahren. Denn zum einen kann es sein, dass innerhalb eines bestimmten Zeitraumes keine interessanten Fonds in einem bestimmten Segment gezeichnet werden können. Zum anderen kann sich das Marktumfeld und damit die relative Attraktivität der verschiedenen Segmente im Laufe der Zeit ändern.

3.2 Voraussetzungen zur erfolgreichen Fondsauswahl

Die drei wichtigsten Voraussetzungen zur erfolgreichen Private Equity-Fondsinvestition sind personelle Ressourcen, Wissen und Zugang. Wie im folgenden Abschnitt beschrieben wird, erfordert die Auswahl und Verwaltung von Private Equity-Fondsinvestitionen erhebliche personelle Ressourcen. Es genügt jedoch nicht, einzelne Fonds beurteilen zu können, sondern es ist ein langjähriges Wissen über den Gesamtmarkt erforderlich, da es ansonsten beispielsweise passieren kann, dass ein Fonds gezeichnet wird, der für sich betrachtet zwar attraktiv ist, aber es dennoch attraktivere Fonds gibt, die eine ähnliche Strategie verfolgen und erst einige Jahre später mit dem Fundraising beginnen. Daher ist es wichtig einen Überblick über Qualität auch derjenigen Fonds zu haben, die aktuell nicht im Fundraising sind und daher nicht alle Daten offen legen. Die dritte Voraussetzung ist Zugang zu den Fonds. Das umfaßt zunächst den Zugang zu relevanten Informationen und ferner die Möglichkeit, überhaupt in einen Fonds investieren zu können. Qualitativ bessere Fondsmanager zeichnen sich durch eine stabile Investorenbasis aus, so dass zumeist ein Großteil eines neuen Fonds durch die

Investoren der alten Fonds gezeichnet wird und nur wenige neue Investoren den neuen Fonds zeichnen können. Für einen Fonds sind Investoren attraktiv, die sich langfristig und kontinuierlich in Private Equity engagieren und über gutes Know-how in Private Equity verfügen. Solche Investoren werden besseren Zugang zu Fonds haben als Investoren mit einem zyklischen Investitionsverhalten.

3.3 Prozess der Fondsselektion

Der Prozess der Fondsauswahl kann in die folgenden vier Hauptschritte unterteilt werden:

Abbildung 2: Hauptschritte der Fondsauswahl

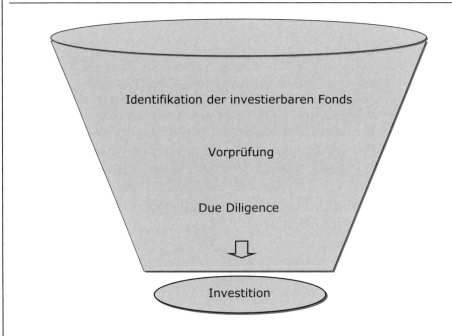

Zunächst gilt es, möglichst frühzeitig zu wissen, wann interessante Fonds mit dem Fundraising beginnen. Fondsmanager und potenzielle Investoren nehmen häufig lange vor dem Start des offiziellen Fundraisings miteinander Kontakt auf, um auszuloten, ob ein näheres Kennenlernen beim nächsten Fundraising sinnvoll sein könnte. Vor Start des Fundraisings für einen neuen Fonds fragen die Fondsmanager zunächst das Interesse der existierenden Investoren an dem neuen Fonds ab. Je nachdem, ob noch weiteres Geld gesucht wird und wenn ja, je nach Höhe der gesuchten Mittel, sprechen die

Fondsmanager weitere potenzielle Investoren an, häufig auch über Placement Agents, welche die Fonds bei Investoren einführen. In der Phase der Vorprüfung wird untersucht, ob der Fonds in das Gesamtportfolio des Investors passt, ob der Track Record akzeptabel und die Investitionsstrategie sinnvoll ist. Neben dem Placement Memorandum dient in dieser Phase vor allem die Präsentation der Fondsmanager, die diese üblicherweise bei potenziellen Investoren durchführen, als Entscheidungsgrundlage. Nach positiver Vorprüfung findet die Due Diligence des Fonds statt, in der alle zur endgültigen Entscheidungsfindung relevanten Punkte einschließlich steuerliche und rechtliche Aspekte geprüft werden. Dazu gehören die Prüfung von Referenzen über das Fondsmanagement, Vor-Ort-Besuche und die Durchführung der in den folgenden Abschnitten beschriebenen Analysen. Wenn der Fonds auch der Due Diligence Stand hält, kann eine Investition erfolgen.

3.4 Wesentliche Einzelkriterien der Fondsauswahl

Die Nichtveräußerbarkeit der Fondsanteile, die lange Fondslaufzeit und die nur geringen Einflussmöglichkeiten der Investoren auf die Investitionsentscheidungen des Managements weisen der Qualität und der Beständigkeit des Fondsmanagements eine Schlüsselrolle bei der Beurteilung von Private Equity-Fonds zu. Die Beschränkung auf quantitative vergangenheitsbezogene Faktoren wie beispielsweise die Performance der Vorgängerfonds genügt nicht. Stattdessen ist es wichtig zu beurteilen, ob die Renditen systematisch erzielt wurden und die Anwendung der gleichen Systematik auch unter zukünftigen Rahmenbedingungen erfolgversprechend ist.

3.4.1 Investitionsstrategie

Die Investitionsstrategie muss sinnvoll und glaubwürdig sein. Dabei liegt das Augenmerk darauf, ob weiterhin die gleiche Strategie wie in der Vergangenheit verfolgt wird. Eine Investition in Segmente, in denen das Fondsmanagement keine Erfahrung hat, wie z.B. in neue Branchen oder weitaus größere Unternehmen als in der Vergangenheit, ist negativ zu bewerten. Wie aus Abbildung 3 ersichtlich, sind Fonds, die ihre Investitionen auf einige wenige Branchen beschränken, sehr viel erfolgreicher als Fonds, die breit über alle Branchen investieren. Diese Tatsache lässt sich dadurch erklären, dass ein weitreichendes Branchenwissen notwendig ist, um attraktive Beteiligungen zu erkennen und diese nach Investition weiterentwickeln zu können. Ein zu enger Branchenfokus kann jedoch den Nachteil haben, dass das Fondsmanagement zu sehr beschränkt ist und Beteiligungen in einer bestimmten Branche auch dann eingehen muss, wenn die aktuellen Rahmenbedingungen dafür eher ungünstig sind.

Abbildung 3: Fondsrenditen nach Branchenfokussierung

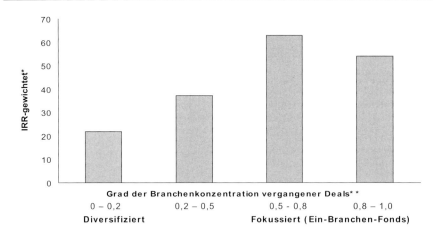

* Gewichtet nach Dealgröße und Halteperiode
** Herfindahl-Maß der Homogenität, berechnet als Summe der quadrierten Prozentzahlen über 10 Sektorkategorien

Quelle: INSEAD Analyse, INSEAD Buyout Datenbank, Grundgesamtheit = 2.091 Deals

3.4.2 Bisheriger Investitionserfolg

Bei Private Equity gibt es im wesentlichen zwei verschiedene Renditemaße: Zum einen die IRR (Internal Rate of Return), die auf der internen Zinsfußmethode beruht, und zum anderen den Multiple, der die absolute Rendite misst. Dabei werden verschiedene Arten von Multiples verwendet: Der DPI-Multiple (Distributed to Paid in) gibt das Verhältnis von ausgeschüttetem zu eingezahltem Kapital an. Ein DPI-Multiple von zwei besagt also, dass die Investoren pro eingezahltem Euro zwei Euro zurückerhalten haben. Der TVPI-Multiple (Total Value to Paid in) beinhaltet zusätzlich den Wert des noch nicht ausgeschütteten Kapitals und ist ein Maß für den Gesamtwert der Einzahlungen pro Einzahlungseinheit. Da sich die Strategien der einzelnen Fonds zum Teil erheblich unterscheiden, kann das Benchmarking der Renditen nur gegenüber einer eng definierten Peergroup erfolgen. Beim Benchmarking des Erfolges einer Einzeltransaktion sind beispielsweise der Einkaufs- und Verkaufszeitpunkt, die Region, die Branche und die Transaktionsgröße zu beachten. Da diese Daten kaum öffentlich verfügbar sind, ist der Aufbau einer eigenen umfangreichen Datenbank unerlässlich. Auf Fondsebene wird die Peergroup neben Segment und Region durch das Auflegungsjahr definiert; letzteres bezeichnet den Beginn der Investitionsperiode eines Fonds.

Um die Qualität der Renditen beurteilen zu können, kann eine so genannte Wertschöpfungsanalyse durchgeführt werden. Diese geht von dem folgenden Zusammenhang aus:

Wert des Eigenkapitals = Gesamtunternehmenswert – Fremdkapital
= EBITDA-Multiple x EBITDA – Fremdkapital.

Der Wert des Eigenkapitals hängt also von drei Faktoren ab, die wiederum drei verschiedene Möglichkeiten widerspiegeln, um den Wert des Eigenkapitals zu vermehren:

1. dem Kauf eines Unternehmens zu einem günstigen Multiple und der anschließende Verkauf zu einem höheren Multiple (Multiple-Arbitrage),
2. dem Abbau von Fremdkapital und
3. dem EBITDA-Wachstum.

Die drei Möglichkeiten der Wertschöpfung sind unterschiedlich zu bewerten. Die Multiple-Arbitrage basiert einerseits auf dem Verhandlungsgeschick der Fondsmanager beim Kauf und Verkauf sowie andererseits der Einschätzung der zukünftigen Entwicklung der marktüblichen EBITDA-Multiples. In einem effizienten Markt ist beides eher auf Glück als auf Können zurückzuführen. Der Abbau von Fremdkapital kann durch intelligente Finanzierungsstrukturen erleichtert werden und hängt von der generellen Verfügbarkeit von Fremdkapital ab. Allerdings sind die gängigsten Finanzierungsstrukturen hinlänglich bekannt, so dass es schwierig ist, auf diese Art und Weise einen echten Mehrwert zu schaffen, den andere Fondsmanager nicht einfach kopieren können. Das EBITDA-Wachstum kann aus Umsatzwachstum und/oder einer Margenverbesserung resultieren. Beides kann nur konsistent erzielt werden, wenn die Fondsmanager bzw. die Manager der Portfoliounternehmen über umfangreiche operative und strategische Erfahrung verfügen. Diese Strategie lässt sich daher nicht leicht kopieren und ist weniger abhängig von Marktfaktoren (Entwicklung der EBITDA-Multiples, Liquidität der Fremdkapitalmärkte). Daher sind diejenigen Manager, bei denen die Renditen größtenteils durch operative Performance generiert wurden, grundsätzlich am besten zu beurteilen.

3.4.3 Volatilität der Renditen

Bei der Volatilitätsanalyse wird die Renditeverteilung über die einzelnen Beteiligungen betrachtet. Eine Analyse der Fondsperformance mit klassischen Volatilitätskennziffern ist wenig sinnvoll, da die Wertentwicklung des unrealisierten Portfolios wenig aussagekräftig ist. Dabei können verschiedene Kennzahlen analysiert werden wie z.B. die Anzahl der Exits, bei denen Geld verloren wurde und der Gesamtbetrag, der bei allen verlustbringenden Exits verloren wurde. Um die Abhängigkeit der Gesamtrenditen von wenigen guten Exits zu überprüfen, kann z. B. die Gesamtperformance unter Ausschluss der erfolgreichsten Exits betrachtet werden.

3.4.4 Managementressourcen

Anhand der Anzahl der Partner, der weiteren Investmentmanager und der sonstigen Fondsangestellten lassen sich leicht eine ganze Reihe von Kennzahlen bilden, die Aufschluss über die Arbeitsbelastung geben und damit eine Einschätzung ermöglichen, inwiefern das Fondsmanagement überhaupt in der Lage ist, eine umfangreiche Due Diligence durchzuführen und ihren Portfoliounternehmen den behaupteten Mehrwert zu bieten. Solche Kennzahlen zur Arbeitsbelastung sind beispielsweise: Anzahl der Investitionen pro Partner pro Jahr, Anzahl der Aufsichtsratsmandate pro Investmentmanager, Ausmaß der Beanspruchung durch die Investitionen des Vorgängerfonds. In Anbetracht der langen Fondslaufzeiten ist besonders die Beständigkeit des Management-Teams von Bedeutung. Daher sollten Ausmaß und Gründe für die eventuelle bisherige Personalfluktuation untersucht werden. Wichtig ist auch, die Motivation des Fondsmanagements zu klären, also z.B. die Frage, ob es noch „hungrig" genug ist, den aktuellen Fonds erfolgreich abzuschließen. Ein weiteres Kriterium ist die bisherige Dauer der Zusammenarbeit des gesamten Managementteams, denn im Vergleich zu einem neu zusammengesetzten Team wird ein eingespieltes Team die Arbeitsprozesse und die Rollenverteilung besser organisieren, und der Bestand des Teams über die gesamte Fondslaufzeit ist viel wahrscheinlicher.

3.4.5 Zugang und Exit-Erfahrung

Entscheidend für den Fondserfolg sind zunächst die Quantität und Qualität der Beteiligungsmöglichkeiten (der so genannte Dealflow), die dem Fonds angeboten werden. Ein Fonds benötigt ein umfangreiches Netzwerk, aus dem er seinen Dealflow bezieht. Die meisten Unternehmensbeteiligungen werden durch Intermediäre (verschiedene Arten von M&A-Beratern) im Rahmen eines mehr oder weniger effizienten M&A-Prozesses angeboten. In diesem Umfeld ist es umso wichtiger, dass das Fondsmanagement den Dealflow-Prozess aktiv steuert, um frühzeitig die Attraktivität einer angebotenen Beteiligung einschätzen zu können und gegebenenfalls ein für den Verkäufer interessantes Kaufangebot strukturieren zu können. Manche Fonds sind spezialisiert auf bestimmte Branchen oder Arten von Transaktionen und sprechen Targetunternehmen sowie Intermediäre proaktiv auf Beteiligungsmöglichkeiten an. Eine Möglichkeit, um die Fähigkeiten des Managements bei der Dealflow-Generierung zu messen, ist die Analyse der durchschnittlich gezahlten Einkaufsmultiples (z.B. EBITDA-Multiples; vgl. Abschnitt 3.4.2) im Vergleich zum Marktdurchschnitt. Ebenso erfolgskritisch wie der Dealflow ist die Fähigkeit, den besten Zeitpunkt für eine Veräußerung einer Unternehmensbeteiligung zu bestimmen und diese dann gewinnbringend zu veräußern. Auch beim Exitprozess werden zwar meist M&A-Berater eingeschaltet, die aber können Erfahrung und umfangreiches Know-how auf Seiten des Fondsmanagements nicht ersetzen.

3.4.6 Beteiligung des Managements am Fonds

Während die Erfolgsbeteiligung den Managern eine hohe variable Vergütung im Erfolgsfall gewährleistet, führt eine signifikante Beteiligung des Fondsmanagements am Fonds zu einer Partizipation an Verlusten. Daher fördert die Managementbeteiligung maßgeblich die Interessengleichheit zwischen Managern und Investoren und bindet die Manager an den Fonds. Üblich ist eine Managementbeteiligung von einem bis zu mehreren Prozent. Allerdings ist die Höhe der Managementbeteiligung weniger absolut als vielmehr in Relation zum Gesamtvermögen der Manager zu sehen. Aus Abbildung 4 geht hervor, dass die Managementbeteiligung in den letzten Jahren bei Buy-outs stark angestiegen ist, was darauf zurückzuführen sein könnte, dass dieser Punkt immer mehr an Bedeutung gewinnt.

Abbildung 4: Entwicklung der Managementbeteiligung bei Buy-outs über die Zeit

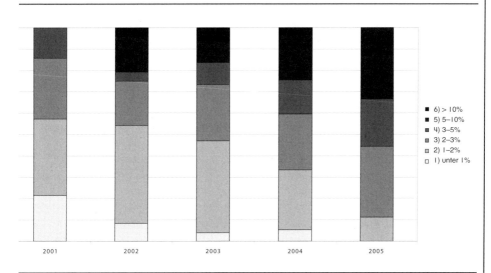

3.4.7 Investorenrechte und -reporting

Zu den wesentlichen Investorenrechten gehört beispielsweise, dass die Investoren die Investitionstätigkeit des Fonds unterbinden können, sobald eine oder mehrere Schlüsselpersonen aus dem Management ausscheiden (so genannte *Key Man Clause*). Ferner sollten die Investoren das Management mit einer hohen Mehrheit auch ohne Grund ersetzen können (*No Fault Divorce*). In Bezug auf das Berichtswesen (*Reporting*) gibt es Standards hinsichtlich der Bewertung des Portfolios, die natürlich eingehalten werden müssen. Was das Reporting über die quartalsweise Wertentwicklung der einzelnen Portfoliounternehmen angeht, so gibt es deutliche Unterschiede von Fonds zu Fonds. Daher ist es wichtig, das Berichtsformat anhand von tatsächlichen Berichten zu überprüfen.

3.4.8 Konditionen

Das für Investoren letztendlich interessante Nettoergebnis eines Fonds ermittelt sich aus dem Bruttoergebnis abzüglich der fixen Managementgebühr und der variablen Vergütung. Neben dem zum Teil erheblichen Einfluss auf die Nettorenditen legt die Konditionengestaltung außerdem fest, in welcher Höhe und auf welche Art und Weise die Fondsmanager vergütet werden. Damit hat die Konditionengestaltung eine Auswirkung auf die Anreize der Manager. Die Managementgebühren dienen zur Deckung der laufenden Fondskosten inklusive der Fixgehälter der Fondsmanager. Die Fixgehälter sollten nicht zu hoch sein, damit die durch die Erfolgsbeteiligung gegebenen Anreize wirksam bleiben. Gerade bei den Megafonds ist dies fraglich; bei etwa 50 Prozent der Megafonds (mit über EUR 1,5 Mrd. Fondsgröße) beträgt die auf einen Investmentmanager entfallende Gebühr über EUR 1,5 Mio. pro Jahr. Üblich ist eine Erfolgsbeteiligung (*Carried Interest* oder *Carry*; siehe auch Abschnitt 2.2) des Managements in Höhe von 20 Prozent an den erzielten Erlösen. Unterschiede gibt es in Bezug auf die Voraussetzungen, an die die Auszahlung der Erfolgsbeteiligung geknüpft ist. In vielen Fällen wird diese erst ausgezahlt, wenn die Investoren eine Vorzugsrendite von sechs bis zehn Prozent oder zumindest ihr eingesetztes Kapital zurückerhalten haben. Bei anderen Ausgestaltungen ist der Carry bereits fällig, sobald der Gesamtwert des Portfolios (inklusive der unrealisierten Beteiligungen) die Summe der eingezahlten Gelder zuzüglich der Vorzugsverzinsung überschreitet. Das kann dazu führen, dass der Carry bereits nach wenigen Jahren gezahlt wird, und die Manager solcher Fonds eventuell mehr Wert auf schnelle Exits als auf langfristige Wertsteigerung legen. Ferner kann der Effekt eintreten, dass die Fondsrendite später wieder unter die Vorzugsrendite fällt. Dann müssen die Fondsmanager den Carry teilweise oder gänzlich wieder zurückerstatten (*Clawback*), was für den Fall, dass einzelne Manager das Unternehmen bereits verlassen haben, schwierig sein kann.

3.5 Auswahl von Dachfonds

Für kleinere und mittelgroße institutionelle Investoren stellen Private Equity-Dachfonds in zunehmendem Maße den bevorzugten Zugang zur Anlageklasse Private Equity dar. Als Alternativen zu Dachfondsbeteiligungen kommen zum einen Direktbeteiligungen an privat gehaltenen Unternehmen, z.B. über konzerneigene Private Equity-Fonds, und zum anderen Fondsbeteiligungen in Betracht. Beide Alternativen erfordern jedoch erhebliche personelle Ressourcen. Einem Mitarbeiter, der die Private Equity-Fondsselektion nebenbei erledigt, wird es kaum gelingen, einen umfassenden Überblick über das Universum aller Private Equity-Fonds zu erlangen und die erfolgreichsten unter ihnen auszumachen. Die erheblichen Qualitätsunterschiede unter den Fonds machen ein umfangreiches Fondsresearch notwendig und lohnenswert. Diese Einsicht hat sich nach den Negativerfahrungen einiger Investoren mittlerweile durchgesetzt. Einzelne große institutionelle Investoren haben daher Teams etabliert, die sich ausschließlich mit der Private Equity-Fondsselektion beschäftigen. Ein solches Vorgehen kommt aus Kostengesichtspunkten für kleinere und mittelgroße Investoren nicht in Frage, die daher lieber auf die Ressourcen von Dachfonds zurückgreifen. Auch Investoren mit eigenen Private Equity-Ressourcen investieren in geringem Maße in Dachfonds, um dadurch Marktsegmente abzudecken, in denen sie keine Expertise haben. Dachfonds bieten ferner den am stärksten diversifizierten Zugang zu Private Equity. Dachfondsanbieter argumentieren, dass der Zugang zu aussichtsreichen Fonds sowie die angebotene Diversifizierung die zusätzliche Gebührenebene von Dachfonds wettmachen. Bei der Selektion von Dachfonds kommen prinzipiell die gleichen Kriterien wie bei der Selektion von Fonds zum Tragen. Das Kriterium der Vergangenheitsperformance ist bei Dachfonds weniger von Relevanz, da die meisten am deutschen wie übrigens auch am internationalen Markt präsenten Dachfonds noch zu jung sind. Aufgrund der langen Investitionszeiträume bei Private Equity ist die Fondsperformance erst nach sieben bis acht Jahren aussagekräftig. Bei der Analyse der Vergangenheitsperformance ist es wichtig zu beachten, ob das Management im wesentlichen gleich geblieben ist, da ansonsten die Vergangenheitsperformance wenig über die Qualität des aktuellen Managements aussagt.

In der Investitionsstrategie, die die Allokation auf die verschiedenen Private-Equity-Segmente vorgibt (vergleiche Abschnitt 3.1), unterscheiden sich Dachfonds in der Regel erheblich. Große Dachfonds werden hauptsächlich in das Segment der großen Buyouts investieren, da insbesondere diejenigen kleineren Fonds, die etabliert sind und die Wahl haben, größere Zeichnungsbeträge, die einen signifikanten Anteil des Fonds ausmachen, nicht annehmen werden. Daneben gibt es Nischendachfonds, die nur in bestimmte Segmente wie z.B. US Venture Capital investieren. Was die Fondsselektion angeht, so können sich einzelne Dachfondsanbieter im Umfang der Due Diligence, in der Gewichtung der entscheidungsrelevanten Kriterien und im Entscheidungsprozess unterscheiden. Für einen potentiellen Dachfondsinvestor ist es empfehlenswert, sich den Fondsselektionsprozess im Detail präsentieren zu lassen, um zu prüfen, auf welcher Basis Investitionsentscheidungen gefällt werden, wie nachvollziehbar und wie gut sie dokumentiert sind. Der Umfang der Due Diligence lässt sich beispielsweise an der Anzahl der geprüften Kriterien, der Tiefe der Analyse der Vergangenheitsperformance, der Anzahl der eingeholten Referenzen und den verfügbaren Personalressourcen des Dachfondsmanagements messen. Die Gewichtungen der für die Fondsinvestitionsentscheidungen relevanten Kriterien haben in der Regel einen direkten Einfluss auf das Risiko-Renditeprofil des Dachfonds. Wenn beispielsweise die Vergangenheitsperformance von Fonds sehr hoch gewichtet wird, dann wird mehr Wert auf hohes Renditepotential gelegt. Wenn statt dessen die Beteiligung des Fondsmanagements sowie die Referenzprüfungen die Investitionsentscheidungen maßgeblich bestimmen, so steht die Risikominimierung im Vordergrund. Nach getätigter Investition ist es die Aufgabe der Dachfondsmanager, weiterhin Kontakt zu den investierten Fonds zu halten, um über Fondsentwicklungen auf dem Laufenden zu sein und gegebenenfalls einzugreifen. Alle Dachfondsmanager berichten ihren Anlegern regelmäßig über die Wertentwicklung des Dachfonds. Daher ist es für Investoren wichtig zu prüfen, ob die im Reporting enthaltenen Informationen ihren Anforderungen entsprechen und ein ausreichendes Maß an Transparenz bieten.

4 Schlussfolgerung

Die Informationen, die Private Equity-Fondsinvestoren zur Verfügung stehen und von diesen im Rahmen der Fonds Due Diligence angefordert werden, haben in den letzten Jahren stark an Umfang zugenommen. Die wichtigsten Gesichtspunkte zur Fonds- und Dachfondsauswahl sind in dem vorliegenden Artikel beschrieben. Aufgrund der langfristigen Natur von Private Equity gehört zu einer erfolgreichen Investition angesichts sich permanent ändernder Rahmenbedingungen schließlich auch eine gewisse Portion Glück.

Thomas Staubli

Private Equity für institutionelle Investoren

1 Einleitung 161
2 Private Equity für institutionelle Investoren 161
   2.1 Diversifikation 162
   2.2 Zugang. 165
   2.3 Kapitalströme. 167
3 Schlussfolgerung 169

1 Einleitung

Der Anteil von Private Equity in den Portfolios institutioneller Anleger hat sich in den vergangenen Jahren dynamisch entwickelt – Tendenz steigend. Gleichzeitig haben ein klarer strategischer Ansatz und der professionelle Umgang mit dieser Anlageklasse deutlich an Bedeutung gewonnen. In diesem Beitrag wird erläutert, worauf institutionelle Anleger achten müssen, um die Vorteile der Anlageklasse Private Equity zur Portfoliooptimierung gezielt zu nutzen. Der Private Equity-Markt hat sich – parallel zu den öffentlichen Aktien- und Renten-Märkten – rasant entwickelt. 2005 war ein Rekordjahr in Bezug auf das Fundraising der Private Equity-Gesellschaften, die durch eine über Jahre nachhaltige Performance starken Rückenwind hatten. Neue Technologien, hoch bewertete Börsen, sehr liquide Aktienmärkte mit ausgezeichneten Exit-Möglichkeiten waren gute Voraussetzungen dafür, dass sich diese neue Anlageklasse etablierte. Dies war jedoch nicht immer so. Nach dem Börsen- und Technologie-Boom, der auch die Performance der nicht börsennotierten Unternehmen teilweise in unübliche Höhen trieb, folgte die Ernüchterung. Eine ganze Industrie, wie z.B. das Internet, verschwand zeitweise und viele junge Unternehmen blieben auf der Strecke, weil sie die notwendigen Mittel, um Wachstum oder Neuentwicklungen zu finanzieren, über die Börse (IPO) nicht mehr beschaffen konnten.

2 Private Equity für institutionelle Investoren

Für viele institutionelle Investoren, die schon seit einigen Jahren ihre ersten Erfahrungen mit nicht börsennotierten Anlagen gesammelt haben, kam diese Entwicklung überraschend. Es waren die teilweise erstaunlich hohe Korrelation einzelner Bereiche (Venture Capital) mit den öffentlichen und vor allem die extrem auseinander klaffende Qualität und Performance einzelner Private Equity-Fonds, die zu einem Überdenken der angewandten Private Equity-Anlagestrategie führte. Mit der Zunahme der Volatilität der öffentlichen Märkte wuchs zusätzlich das Bedürfnis, besser über die Risiken der Private Equity-Investments, den tatsächlichen Investitionsgrad und die mit Commitments eingegangene aktuelle und zukünftig zu erwartende Asset-Allokation informiert zu sein. Die notwendig gewordene Analyse führte dabei zu folgenden Erkenntnissen:

- Private Equity ist eine attraktive aber auch komplexe Anlageklasse, die sich in ihrem Wesen deutlich von konventionellen Anlagen unterscheidet.
- Die über die letzten Jahre kontinuierlich gewachsene Allokation in diese Anlageklasse bedarf einer strategischen Integration ins Gesamtanlage-Management.

Thomas Staubli

- Die Komplexität der Materie wie auch die hohe Intensität der Auswahl und der Betreuung der Investments bedarf größerer Ressourcen als ursprünglich angenommen.
- Als Konsequenz daraus ergibt sich die zentrale Frage: Wie effizient und erfolgreich kann ein Investor seine Private-Equity-Investments überhaupt selbst tätigen, und in welcher Form sollte er die Verantwortung an einen externen Manager abgeben?

Wenn also die Entscheidung, Private Equity als Anlageklasse ins Portfolio aufzunehmen, erst einmal gefallen ist, stellt sich dem Anleger also die grundsätzliche Frage: Soll man die beschlossene Allokation selbst managen oder sich professioneller Hilfe bedienen? Bei der Beantwortung dieser klassischen Buy-or-Build-Entscheidung müssen unterschiedliche Faktoren in Betracht gezogen werden: Sind die Investoren eventuell bereits aktiv geworden? Wo liegen die Problemfelder der Anlageklasse und welches sind die spezifischen Herausforderungen, die sich konkret stellen?

‚Erfolgreiche institutionelle Anleger investieren nicht länger opportunistisch in Private Equity, sondern folgen einem strategischen Ansatz.'

Viele institutionelle Anleger haben erste Allokationen, meist in Form einzelner Commitments an Partnerships, aufgebaut. Die Auswahl war hierbei oftmals opportunistisch geprägt. Das heißt, sie basierte auf Empfehlungen oder persönlichen Kontakten zu einzelnen General Partners. In selteneren Fällen sind am anderen Ende des Spektrums Private Equity-Anlagen aufgebaut worden. Eventuell wurden im Rahmen von Direkt-Investitionen Anteile an Unternehmen erworben, die unter strategischen Erwägungen einen Mehrwert für den Konzern bedeuten könnten. Oder es wurden in einem ersten Schritt Anteile an Dachfonds-Strukturen erworben. Dabei handelt es sich um breit diversifizierte Vehikel, die einer vorher festgelegten Anlagestrategie folgen und das Risiko streuen, indem die Commitments über mehrere Jahre hinweg an mehr als 50 verschiedene Partnerships gesprochen werden. Viele Investoren stehen also vor der Herausforderung, aus einem opportunistisch aufgebauten Portfolio einzelner Beteiligungen ein strategisches, in sich effizientes Private Equity-Portfolio zu entwickeln und dieses in eine Gesamtallokation einzubinden ohne das Risiko zu erhöhen, jedoch die Performance nachhaltig zu steigern.

2.1 Diversifikation

‚Die Diversifikation durch einen effektiven Top-down-Prozess ist der Schlüssel zum effizienten Portfolio.'

Die Probleme liegen hier wie so oft im Detail. So bedarf es, um ein effizientes Private Equity-Portfolio zu realisieren, zunächst einer eingehenden Analyse des weit zurückreichenden historischen Datenmaterials. Daten müssen aus verschiedenen, zum Teil schwer zugänglichen Quellen zusammengeführt werden, um die Basis für eine fundierte Analyse bereitzustellen. Eine Aufgabe, die bei einer ineffizienten Anlageklasse mit erheblichem Aufwand verbunden ist. Dabei ist vor allem zwischen den folgenden Diversifikationsfaktoren zu unterscheiden:

- **Finanzierungsstadien:** Venture Capital, frühe Finanzierungsphasen, das Buy-out-Segment, in dem es um Nachfolgeregelungen und Firmenübernahmen in Form von LBOs (Leveraged Buy-outs) und MBOs (Management Buy-outs) geht, und Spezial-Situationen, die sich von Mezzanine-Finanzierungen bis hin zu den Turn-around-Situationen erstrecken – jedem Finanzierungsstadium liegt ein spezifisches Risiko-Rendite-Verhältnis zugrunde.

- **Regionen:** Die geografischen Regionen zeigen ebenfalls sehr verschiedene Verhaltensweisen, da sie unterschiedlich weit entwickelt sind und zum Teil anderen wirtschaftlichen Zyklen folgen. Aus diesem Grund muss zwischen dem amerikanischen Raum, Europa, Asien und relativ hoch entwickelten Einzelmärkten, wie zum Beispiel Israel, unterschieden werden.

- **Lancierungsjahre:** Wegen der unterschiedlichen Markt- und Weltwirtschaftszyklen sind auch die verschiedenen Lancierungsjahre der Partnerships ein notwendiges Diversifikationskriterium. Dass die aktive Verteilung der Commitments auf verschiedene Lancierungsjahre von großem Nutzen sein kann, hat sich gerade in den letzten fünf Jahren anhand der Bewertungsentwicklungen während des Zusammenbruchs der Technologiemärkte eindrucksvoll gezeigt. Partnerships, die in diesem Zeitraum aufgelegt wurden, werden es ungleich schwerer haben, frühere und spätere Lancierungsjahre zu übertreffen.

- **Anzahl der Partnerships:** Eine ausreichend große Anzahl von Partnerships ist ein häufig unterschätzter Diversifikationsfaktor. Analysen haben ergeben, dass Investoren das Risiko innerhalb eines Lancierungsjahres erheblich verringern können, wenn sie mindestens zehn Commitments zu gleichen Teilen an Venture Capital- als auch an Buy-out-Partnerships vergeben.

Abbildung 1: In wie viele Partnerships sollte in einem Jahr investiert werden?

Durch weitere Commitments sinkt das Risiko innerhalb des gleichen Lancierungsjahres nicht mehr erheblich. Es kann jedoch weiter signifikant minimiert werden, wenn die gleiche Strategie über fünf Jahre verfolgt wird. Daraus folgt, dass Investoren rund 50 Commitments sprechen müssen, um einen annähernd idealen Diversifikationsgrad zu erreichen. Bei einem Anlagevolumen zwischen EUR einer und 20 Mio. pro Partnership, ergibt sich eines der offensichtlichen Hindernisse für Investoren, die sich zwar in dieser Anlageklasse engagieren möchten, jedoch aufgrund des notwendigen Volumens keine ausreichende Diversifikation erreichen. Um eine optimale Gewichtung der Partnerships vornehmen zu können und ein angestrebtes Risiko-Rendite-Verhältnis zu erreichen, müssen die verfügbaren Daten in komplexen mathematischen Modellen zusammengeführt werden. Dabei sind die teilweise extrem niedrigen Korrelationen der Komponenten untereinander und zu den traditionellen Anlagekategorien zu berücksichtigen, die eine genaue Berechnung der optimalen Portfoliozusammensetzung ermöglichen.

Tabelle 1: Korrelationsmatrix (01/1993–06/2005)

	US VC	US BO	US Mezz	US All PE	EU VC	EU BO	EU All PE
US VC	1.00	0.57	0.63	0.92	0.54	0.44	0.56
US BO	0.57	1.00	0.43	0.84	0.38	0.27	0.35
US Mezz	0.63	0.43	1.00	0.62	0.32	0.13	0.19
US All PE	0.92	0.84	0.62	1.00	0.55	0.39	0.51
EU VC	0.54	0.38	0.32	0.55	1.00	0.32	0.57
EU BO	0.44	0.27	0.13	0.39	0.32	1.00	0.87
EU All PE	0.56	0.35	0.19	0.51	0.57	0.87	1.00

Daten: Bloomberg, Thomson Venture Economics

Nur wenn die einzelnen Segmente entsprechend gewichtet sind, kann ein in sich kohärentes Private Equity-Portfolio zusammengestellt werden, dass sich in die Gesamtallokation des Anlegers einfügt und dessen Portfolio zu einer Effizienzsteigerung verhilft.

2.2 Zugang

Sind die Eckpunkte des Portfolios bestimmt, müssen selbstverständlich noch die Commitments an Partnerships gesprochen werden.

‚Die Auswahl und der Zugang zu den Partnerships erfordert ein umfangreiches Know-how und ein erstklassiges Netzwerk.'

Da weltweit derzeit rund 2000 Partnerships existieren und jedes Jahr mehrere neue hinzukommen, ist die Identifikation potenzieller Outperformer, also des so genannten „Top Quartile" sehr schwierig. Immerhin gilt es aus dem gesamten Universum 500 Partnerships zu identifizieren und mehr als 50 zu selektieren. Dafür ist ein aufwendiger Due-Diligence-Prozess erforderlich, zu dem aufgrund der hohen Komplexität Fachleute herangezogen werden müssen. Im Venture Capital-Segment besteht zum Beispiel ein wichtiger Teil der Sorgfaltsprüfung darin, die Fähigkeiten der für die Investitionen verantwortlichen General Partners einer Partnership zu analysieren. Dabei muss beispielsweise geklärt werden, ob diese auch tatsächlich in der Lage sind, die vielversprechendsten Technologien zu identifizieren. Eine solche Beurteilung kann eben nur von Fachleuten mit entsprechendem akademischen Hintergrund vorgenommen werden. Die Zahl der wissenschaftlichen Bereiche, die für Private Equity-Investitionen interessant sind, ist fast genau so groß, wie das gesamte Spektrum der naturwissenschaftlichen Disziplinen und vermittelt einen Eindruck von den Qualifikationen, die zur Beurteilung der Vielzahl von spezialisierten Venture Capital-Partnerships notwendig sind.

Darüber hinaus zeichnet sich zum Beispiel Europa, als einer der am stärksten wachsenden und damit interessantesten Buy-out-Märkte der Welt, durch eine enorme sprachliche und kulturelle Vielfalt aus. Viele europäische Partnerships haben zudem einen eingeschränkten regionalen Investitionsfokus und sind standardisierten Due Diligence-Prozessen daher nur beschränkt zugänglich. Dies stellt weitere Anforderungen an die Fähigkeiten eines Due Diligence-Teams und beeinflusst dessen Größe nachhaltig. Für die rechtliche und steuerliche Seite der Due Diligence sind weitere Spezialisten hinzuzuziehen, da das notwendige juristische Know-how in diesem Bereich normalerweise nicht *in house* vorhanden ist.

‚Der Monitoring-Prozess erlaubt einen tieferen Einblick in die Investitionstätigkeiten der Partnerships.'

Nach dem Sprechen der Commitments müssen die Aktivitäten der Partnerships intensiv begleitet werden, um einerseits im Rahmen eines aktiven Risk-Controllings eventuelle Abweichungen von der vereinbarten Investitionsstrategie rechtzeitig zu erkennen und andererseits wichtige Rückschlüsse für den Selektionsprozess zu gewinnen. Denn durch eine enge Zusammenarbeit lassen sich die Gründe für den dauerhaften Erfolg einer Partnership besser identifizieren und als Maßstab für andere anlegen. Aus einer engen Zusammenarbeit können sich auch noch zusätzliche Opportunitäten für den Investor ergeben. So können eventuell mit dem Partnership Co-Investments getätigt werden. Dies kann unter strategischen Gesichtspunkten interessant sein, einen zusätzlichen Performancenutzen bringen und wiederum durch die noch engere Zusammenarbeit bei den gleichen Deals tiefere Einblicke gewähren. Doch bereits ein zweimaliges Treffen mit den General Partners jeder Partnership im Jahr addiert sich bei einem entsprechend großen Portfolio schnell auf über 100 durchzuführende Meetings. Die notwendigen Kapazitäten hierfür sind normalerweise nicht vorhanden.

‚Der Zugang zu den besten Venture Capital-Partnerships ist Gesellschaften vorbehalten, die einen ‚added value' für das Partnership bringen.'

Eine weitere Hürde stellt der Zugang zu den Top-Quartile-Partnerships dar, der meistens sehr schwierig ist. Viele der Venture Capital-Partnerships, die in der Vergangenheit eine überdurchschnittliche Performance gezeigt haben, müssen als so genannte „Closed Funds" bezeichnet werden.

Abbildung 2: Unterschied zwischen Top- und Bottom-Quartile-Performance[1]

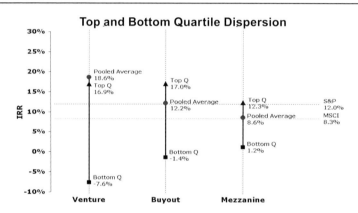

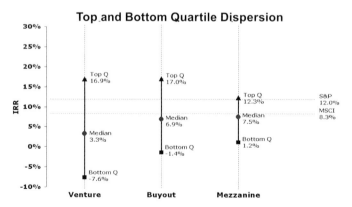

Daten: Thomson Venture Economics

1 Daten von US-Fonds mit Vintages von 1985–2005. Die obere Grafik entspricht dem gepoolten Durchschnitt und die untere dem Median für die einzelnen Teilsegmente.

Der Zugang ist auch mit den notwendigen finanziellen Ressourcen nicht möglich, da nur bereits bestehende Investoren akzeptiert werden. Um dennoch investieren zu können, muss der Anleger einen Mehrwert (*Added value*) für das Partnership einbringen. Dieser besteht oftmals im Zugang zu einem eigenen, professionellen Netzwerk, das nicht nur Dealflow zur Partnership kreiert, sondern auch den Zugang zu potenziellen Käufern der getätigten Investitionen ebnet.

2.3 Kapitalströme

‚Ein effizientes Cash-Management ist eine der größten Herausforderungen für viele Anleger.'

Ein weiteres Problemfeld ist die Steuerung der anfallenden Cashflows von Private Equity-Beteiligungen. Da das Commitment selbst nur ein Zahlungsversprechen darstellt, das über die Zeit von den Partnerships abgerufen und investiert wird, ist ein effizientes Cash-Management eine der größten Herausforderungen für viele Anleger. Hinzu kommt, dass die Mittel nach der Realisierung durch das Partnership sofort an die Investoren ausgeschüttet werden. Es kann also zu einer sehr kurzen Kapitalbindungsdauer kommen. Dies bedeutet für das gesamte Commitment, dass in der Regel nicht mehr als 60 Prozent des anzulegenden Kapitals tatsächlich investiert sind.

Abbildung 3: Typisches Private-Equity-Kapitalfluss-Profil

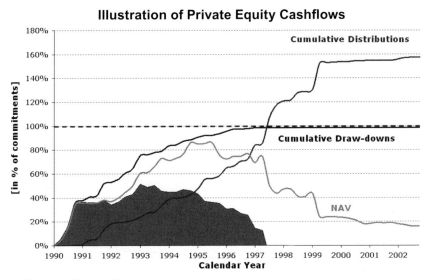

Daten: Thomson Venture Economics

Diese schwer vorhersagbaren Kapitalflüsse müssen in die gesamte Anlageallokation und die Gesamtsteuerung der Cashflows sinnvoll und berechenbar integriert werden.

‚Die Integration von Sekundärportfolios ermöglicht frühe Rückflüsse.'

Die Tatsache, dass frühe Erträge wegen des charakteristischen Investitionsverlaufs eines Private Equity-Portfolios schwer zu erlangen sind, war für viele institutionelle Investoren bislang der ausschlaggebende Faktor, sich nicht in dieser Anlageklasse zu engagieren. Das Problem kann durch Sekundärportfolios gelöst werden. Konkret werden dabei ältere Private Equity-Portfolios, die bereits einen hohen Investitionsgrad aufweisen und idealerweise am Anfang der Realisationsphase stehen, in das Portfolio integriert. Auf diese Weise lässt sich die typischerweise bis zu fünf Jahre dauernde, auch als J-Curve bezeichnete *Durststrecke* an laufenden Erträgen dämpfen oder gänzlich vermeiden.

Die letzten und oftmals ebenso großen Herausforderungen bestehen in der Abwicklung der anfallenden Einzel-Transaktionen, einer zeitgerechten Rechenschaftslegung und einem effektiven Monitoringsystem. Nur mit den notwendigen Systemvoraussetzungen wird der Anleger in der Lage sein, ein effizientes Reporting, eine effektive Risikokontrolle und eine rasche Bereitstellung der notwendigen Daten für interne und externe Revisionen zu verwirklichen.

‚Eine strategische Entscheidung für die Anlageklasse Private Equity bedeutet auch ein langfristiges Commitment.'

Fazit: Wenn die Entscheidung gefallen ist, sich in der Anlageklasse Private Equity zu engagieren, gibt es drei Handlungsalternativen:

- Hat das zu allozierende Volumen die entsprechende Größe, sind ausreichend Man Power, der Wille und die finanziellen Mittel für ein Engagement in dieser Anlageklasse vorhanden, dann ist die Option, ein eigenes Team aufzubauen, in Erwägung zu ziehen.

Ist einer dieser Faktoren nicht erfüllt, sollte der Investor zwischen den beiden folgenden Alternativen wählen:

- Wenn das zu allozierende Volumen nicht ausreichend groß ist, um einen annähernd optimalen Diversifikationsgrad zu erreichen, bietet sich ein Engagement im Rahmen eines professionell gemanagten Dachfonds-Produktes an. Dieses bietet bei relativ niedrigem Beteiligungsvolumen die gleichen attraktiven Eigenschaften eines ausgewogenen Private Equity-Portfolios.

- Ist das Volumen ausreichend groß, fehlen die Ressourcen, das aufwendige Due Diligence-Verfahren, das umfassende Reporting und die damit verbundene Datenverarbeitung selbst zu bestreiten, kommt ein professionell gemanagter Separate Account in Betracht. Darunter versteht man das *Outsourcen* sämtlicher Private Equity-Aktivitäten an einen externen Manager, wobei bereits vorhandene Anlagen oftmals in das neue Mandat integriert werden können.

3 Schlussfolgerung

Der Mehrwert eines professionell gemanagten Separate Accounts oder der Beteiligung an einem ausgewogenen Dachfonds-Konzept liegt in der Effizienzsteigerung des eigenen Portfolios und den strategischen Möglichkeiten im Bereich Private Equity. Hingegen können vereinzelte Partnership- und Direktinvestitionen das Risiko eines Portfolios durchaus erhöhen. Denn Private Equity ist tatsächlich eine ineffiziente Anlageklasse; das heißt, ein höheres Risiko ergibt nicht automatisch eine höhere Rendite. Vielmehr ist es erst der Zugang zu den Partnerships, die in der Vergangenheit immer wieder bewiesen haben, dass sie überdurchschnittliche Renditen erwirtschaften können, der diese Anlageklasse zu einem attraktiven und unverzichtbaren Bestandteil eines ausgewogenen Anleger-Portfolios macht.

‚Die Anforderungen an ein professionelles Private Equity-Management sind hoch. Wer nicht über die notwendigen Ressourcen und die Expertise verfügt, sollte sich durch Experten beraten lassen.'

Ein Dachfonds-Manager im Bereich Private Equity muss demnach über ein ausreichend großes und vielseitig erfahrenes Team, einen strukturierten Due Diligence-Prozess und ein effektives Monitoring verfügen. Weiterhin muss er über ausreichend Daten verfügen, die richtigen Modelle einsetzen und den weltweiten Zugang zum *Top Quartile* der Partnerships nachweisen können – unabhängig davon, ob sich der Investor dafür entscheidet, die Private Equity-Aktivitäten selbst zu managen oder das Mandat an einen professionellen Manager vergibt. Ein strategisches Engagement in dieser Anlageklasse wird immer ein langfristiges sein. Daraus folgt, dass im Falle der Vergabe eines Mandates, der Auswahl des richtigen Partners eine besonders wichtige Rolle zukommt.

Markus Heinrich/Hubertus Theile-Ochel

Mezzanine-Anlagen für institutionelle Investoren

1 Portfolio-Optimierung mit Mezzanine-Investments 173
2 Mezzanine-Kapital zur Finanzierung von Wachstumsstrategien. 174
   2.1 Marktüberblick 174
   2.2 Vielfältige Ertragskomponenten 176
   2.3 Vorteile aus Sicht der Kapitalnehmer 177
3 Mezzanine-Anlagen als Baustein institutioneller Portfolios. 178
   3.1 Instrumente für Mezzanine-Anlagen 178
   3.2 Renditesimulation und Risikoprofil 179
   3.3 Risikofaktoren und Value-at-Risk 181
      3.3.1 Ausfallrisiko 181
      3.3.2 Zinsänderungsrisiko 182
      3.3.3 Währungsrisiko 183
      3.3.4 Rechtliche Risiken 183
      3.3.5 Eingeschränkte Fungibilität 183
      3.3.6 Berechnung des Value at Risk (VaR). 184
   3.4 Risikomindernde Effekte 184
   3.5 Optimaler Portfolioanteil von Mezzanine-Anlagen 185
4 Schlussfolgerung 186

1 Portfolio-Optimierung mit Mezzanine-Investments

Mezzanine-Anlagen in Form eines professionell gemanagten, breit gestreuten Portfolios von Transaktionen verfügen bei institutionellen Investoren über außerordentliches Entwicklungspotenzial. Ihnen liegt ein vergleichsweise junges Finanzierungsinstrument zugrunde, das wegen seiner hohen Flexibilität und anderer vorteilhafter Eigenschaften zunehmend das Interesse von Kapitalgebern und -nehmern gewinnt.

Der italienische Begriff Mezzanine stammt aus der Architektur und bezeichnet ursprünglich ein niedriges Zwischengeschoss, das sich häufig zwischen dem Erdgeschoss und dem ersten Obergeschoss eines Bauwerks befindet. Analog hierzu lassen sich Mezzanine-Finanzierungen als eine Zwischenstufe zwischen Eigenkapital – der Kapitalbasis eines Unternehmens – und dem vorrangig zu bedienenden Fremdkapital betrachten. Ein Mezzanine-Geber hat im Insolvenzfall Vorrang vor Ansprüchen der voll haftenden Eigenkapitalgeber; das Eigenkapital wirkt daher aus Sicht der Mezzanine-Finanzierung als Risikopuffer. Andererseits wird Mezzanine-Kapital erst dann zurückgezahlt, wenn die Ansprüche aus vorrangigen Darlehen (Senior Debt) erfüllt sind. Die Ausgestaltung einer Mezzanine-Finanzierung kann im Einzelfall, etwa bezüglich Laufzeiten, Kündigung, Verzinsung und Rückzahlungsmodalitäten, sehr flexibel gehandhabt werden und lässt sich damit sehr gut auf die konkreten Finanzierungsbedürfnisse eines Unternehmens abstimmen. Zu den Ertragskomponenten von Mezzanine-Kapital zählen üblicherweise vereinbarte Zinszahlungen über eine feste Laufzeit, darüber hinaus werden häufig auch Eigenkapitalkomponenten wie eine Gewinnbeteiligung oder Aktienbezugsrechte vereinbart.

An Mezzanine-Finanzierungen können sich nicht nur Banken als direkte Kreditgeber, sondern auch institutionelle und private Investoren beteiligen, die in entsprechende Fonds oder Dachfonds investieren. Solche Mezzanine-Anlagen finden sich überwiegend in den Portfolios institutioneller Investoren wie Banken, Versicherungen, Pensionsfonds und Unternehmen. Dennoch sind vor allem in Deutschland die Möglichkeiten des Mezzanine-Marktes bei weitem nicht ausgeschöpft. Dies gilt insbesondere für mittelgroße Institute, die häufig vor allem aufgrund bestimmter regulatorischer Rahmenbedingungen und Beschränkungen vor dem Einstieg in Mezzanine-Anlagen zurückschrecken und an einseitig von festverzinslichen Anlagen dominierten Vermögensportfolios festhalten. Angesichts niedriger Zinsniveaus und der Ungewissheit über die weitere Entwicklung an den Aktienmärkten bedeutet diese Zurückhaltung jedoch, dass Investoren auf zusätzliches Renditepotenzial und gleichzeitig die Möglichkeit, ihr Portfolio weiter zu diversifizieren, verzichten. Es kann daher in vielen Fällen sinnvoll sein, institutionelle Portfolios durch die Beimischung alternativer Anlageformen wie Mezzanine-Kapital zu optimieren.

Aufgrund ihres Risikoprofils sind Mezzanine-Anlagen als Teil einer Gesamtstrategie auch für eher konservativ ausgerichtete Investoren sehr gut geeignet. Hierfür gibt es vielfältige Gründe: Mezzanine-Finanzierungen sind gegenüber Eigenkapital vorrangig besichert und damit von Ausfallrisiken weniger stark betroffen. Sie werden in der Regel reiferen Unternehmen zur Verfügung gestellt, die auch in schwächeren Konjunkturphasen stabile Cashflows und eine entsprechend stabile Wertentwicklung aufweisen. Schließlich kann eine Investition in Mezzanine-Anlagen aufgrund der niedrigen Korrelation zu klassischen Wertpapieranlagen im Kontext des Gesamtportfolios risikomindernd wirken. Wenn Investoren dennoch auf eine Investition in Mezzanine-Anlagen verzichten, geschieht dies häufig nicht aus Risiko/Rendite-Gesichtspunkten, sondern ist vielmehr auf die besonderen Rahmenbedingungen in Deutschland zurückzuführen. Hierzu zählen umfangreiche regulatorische Vorgaben und rasch wechselnde steuerliche Anforderungen, wobei die einzelnen Anlegergruppen wiederum spezifischen Beschränkungen unterliegen. Institutionelle Investoren können deshalb in der Regel ihre Vermögenswerte nicht allein nach Risiko/Rendite-Gesichtspunkten aufteilen. Eine professionelle Beratung, die auf einer genauen Kenntnis der Anforderungen institutioneller Investoren basiert, kann jedoch individuell strukturierte Lösungen aufzeigen.

Insbesondere die Kooperation mit einem qualifizierten Dachfondsmanager bietet den Investoren dabei eine Reihe von Vorteilen. Vor allem mittelgroße Versicherungen, Finanzinstitute und Versorgungswerke verfügen meist nicht über hinreichende Kapazitäten zur Identifikation, Auswahl und Betreuung der Investitionen – Aufgaben, die mit erheblichem Aufwand verbunden, zugleich jedoch erfolgskritisch sind. Ein erfahrener Partner kann den Marktzugang hier wesentlich erleichtern. Dies ist von großer Bedeutung, da der Markt für Mezzanine-Kapital im Gegensatz zu börsennotierten Anlagen weitgehend unreguliert und undurchschaubar ist; der Erfolg einer Investition hängt stark von der Kompetenz des Managements in den Fondsgesellschaften ab. Nur spezialisierte Anbieter sind in der Lage, aussichtsreiche Investitionen zu erkennen und sie vor der Investition einer notwendigen, mehrstufigen Due Diligence zu unterziehen. Nach der Investition stellt der Dachfonds sein qualifiziertes Fachpersonal und die notwendige technische Infrastruktur für die laufende Verwaltung und ein regelmäßiges Reporting bereit. Gelingt der Zugang zu führenden Fonds und damit die Zusammenstellung eines aussichtsreichen, diversifizierten Portfolios, kann die Beimischung von Mezzanine-Anlagen die Risikostruktur des Portfolios auch unter den vielfältigen regulatorischen Bedingungen, denen institutionelle Anleger unterworfen sind, spürbar verbessern.

2 Mezzanine-Kapital zur Finanzierung von Wachstumsstrategien

2.1 Marktüberblick

Mezzanine-Kapital wurde erstmals Anfang der Fünfzigerjahre eingesetzt, als US-amerikanische Versicherungen Darlehen an nichtbörsliche Unternehmen vergaben und dabei über eine Eigenkapitalkomponente am Erfolg beteiligt wurden. Seitdem hat sich

Mezzanine-Kapital zu einem Standardinstrument der Unternehmensfinanzierung entwickelt. Gemessen am Volumen der Mezzanine-Fonds in den USA und Europa hat sich der Markt zwischen 1995 und 2002 nahezu verdreifacht. 2003 erreichte der europäische Mezzanine-Markt ein Volumen von 4,7 Mrd. EUR; nach einer Prognose des Analysehauses AltAssets wird er bis 2006 auf über sieben Mrd. EUR wachsen.

Eine wesentliche Rolle bei der Entwicklung des internationalen Mezzanine-Marktes spielen seit Mitte der 80er Jahre auf Mezzanine-Kapital spezialisierte Beteiligungsgesellschaften (Mezzanine-Fonds). Inzwischen existieren über 200 unabhängige Mezzanine-Fonds weltweit, die in der Regel als geschlossene Finanzierungsprogramme aufgelegt werden und in ihrer Organisationsstruktur mit Private Equity-Fonds vergleichbar sind. Wie diese verfügen auch die besten Mezzanine-Fonds über erfahrene Investmentteams mit ausgeprägtem Branchen-Know-how, die über die Jahre hinweg attraktive Renditen für ihre Investoren erzielen konnten. Ihren Erfolg verdanken Mezzanine-Fonds vor allem ihrer konsequenten Spezialisierung auf die Anlageklasse, die sie befähigt, regional und branchenspezifisch breit gestreute Portfolios aus besonders aussichtsreichen Finanzierungen zusammenzustellen und in jedem Einzelfall eine risikoadjustierte Bepreisung durchzusetzen. Das Ergebnis ist eine sehr positive Leistungsbilanz: Im Branchenschnitt konnten führende Mezzanine-Fonds historisch eine langfristige Bruttorendite (IRR) von über 15 Prozent per anno erzielen.

Neben Mezzanine-Fonds treten traditionell Banken als Mezzanine-Geber auf. Der wachsende Bedarf an mezzaninen Finanzierungsformen hat gerade in jüngster Zeit bei deutschen Kreditinstituten zur Entwicklung neuer Programme und Initiativen geführt. So bietet die KfW-Bankengruppe seit März 2004 im Rahmen des Förderprogramms *Unternehmerkapital* Mezzanine-Kapital in standardisierter Form für Gründer, junge Unternehmer und etablierte Mittelständler an. Im Kreditangebot der Sparkassen für Firmenkunden befindet sich seit 2004 unter dem Namen *FirmenkreditPlus* eine Kreditfinanzierung mit Nachrangabrede. Die Commerzbank stellt über die CBG Commerz Gruppe seit 2004 vorerst 300 Mio. EUR für Mezzanine-Finanzierungen in der Größenordnung von 2,5 bis 15 Mio. EUR bereit *(Mezzanine für den Mittelstand)*, und die HVB legte im April 2004 ihr *PREPS*-Programm auf, das es mittelständischen Unternehmen ermöglicht, Mezzanine-Kapital über Verbriefung direkt am Kapitalmarkt zu finanzieren.

Abbildung 1: Finanzierungsstruktur und Ertragskomponenten

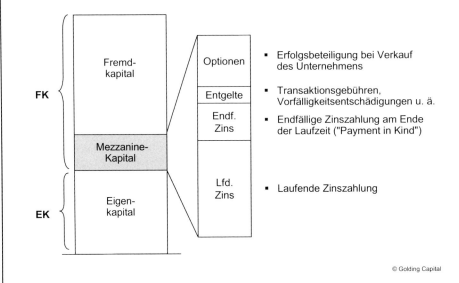

Spezialisierte Beteiligungsgesellschaften und große Finanzinstitute profitieren als Mezzanine-Geber von der Kombination aus vertraglich festgelegten laufenden Zinszahlungen sowie einer möglichen Gewinnbeteiligung zum Ende der Laufzeit. Auch das gegenüber einer Eigenkapitalinvestition deutlich verminderte Risiko trägt zur Attraktivität einer Mezzanine-Finanzierung bei.

2.2 Vielfältige Ertragskomponenten

Der Begriff Mezzanine-Kapital bezeichnet streng genommen nicht ein einzelnes Finanzierungsinstrument, sondern stellt eine Kombination verschiedener Instrumente dar. Typischerweise findet man folgende Ertragskomponenten vor:

- eine vertraglich vereinbarte Zinszahlung über eine feste Laufzeit, welche die Ertragsbasis und zugleich den in der Regel größten Ertragsanteil bildet. Diese frühzeitig einsetzenden, regelmäßigen Zahlungen erhöhen die Planungssicherheit für Investoren und führen zu Liquiditätsvorteilen. Bei Mezzanine-Finanzierungen in den USA werden darüber hinaus häufig monatliche Zinszahlungen vereinbart, was zu einer weiteren Stabilisierung der Rückflüsse beiträgt.

- eine ebenfalls vertraglich abgesicherte, endfällige Zinszahlung (*Payment in Kind*, PIK). Die Aufschiebung dieser Zahlung bis zum Ende der Laufzeit wirkt sich aus Sicht des Unternehmens liquiditätsschonend aus.

- zusätzliche Entgelte, z.B. Transaktionsgebühren sowie Vorfälligkeitszinsen bei vorzeitiger Rückzahlung des Kapitals.

- Gewinnbeteiligungen oder Optionen, mit denen der Investor am Ende der Laufzeit an der Steigerung des Unternehmenswertes beteiligt wird, als eigenkapitalähnliches Element. Der Anteil dieses Equity-Kickers an der Bruttorendite kann bei einer erfolgreichen Transaktion den der vertraglich festgelegten Zinszahlung erreichen und in Einzelfällen sogar übertreffen.

Abbildung 2: Mezzanine-Ertragskomponenten

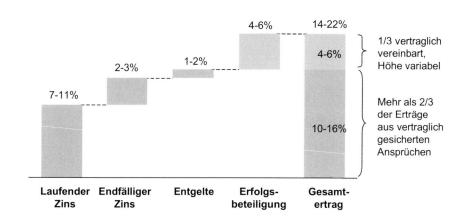

Angaben in % p.a. (Brutto IRR) Basis: Langjähriger Durchschnitt 1986-2005
Quelle: CEPRES © Golding Capital

2.3 Vorteile aus Sicht der Kapitalnehmer

Angesichts der unzureichenden Eigenmittelausstattung vieler Unternehmen und einer zunehmend erschwerten Finanzierung mit Fremdkapital bieten sich Mezzanine-Finanzierungen aus Unternehmenssicht als interessante Alternative an. Vor allem können sie die Eigenkapitalquote von Unternehmen verbessern. Diese liegt bei deutschen Mittelständlern mit einem Jahresumsatz zwischen 2,5 und 50 Mio. EUR im Durchschnitt bei lediglich knapp 20 Prozent der Bilanzsumme und damit deutlich unter der Quote vergleichbarer europäischer Staaten (Frankreich 34 Prozent, Großbritannien 40 Prozent). Durch eine Mezzanine-Finanzierung stärken Unternehmen ihre Kapitalbasis, denn in den Rating-Verfahren der Banken wird Mezzanine-Kapital im Normalfall als Eigenkapital bewertet. Unternehmen müssen hierdurch jedoch keine Kapitalverwässerung oder den Verlust von Eigentumsrechten hinnehmen, denn die Mezzanine-Geber sind in der Regel nicht unmittelbar am Unternehmen beteiligt. Ausnahmen sind nur dann gegeben, wenn während der Laufzeit der Finanzierung bestimmte Vertragsklauseln (z.B. zu finanziellen Kennzahlen oder vereinbarten Wachstumszielen) verletzt werden. In diesem Fall erhält der Mezzanine-Geber üblicherweise weitreichende Eingriffs- und Mitspracherechte – etwa bei Investitions- und Personalentscheidungen –, die es ihm erlauben, die künftige Entwicklung des Unternehmens positiv mit zu beeinflussen. Gleichzeitig erhalten die Unternehmen zusätzlichen Spielraum für die Aufnahme von Fremdkapital, ein Aspekt, der angesichts der verschärften Finanzierungsbedingungen im Zeichen von Basel II von besonderer Bedeutung ist: Bereits 2003 meldeten laut einer KfW-Umfrage 42,3 Prozent aller befragten deutschen Unternehmen wachsende Schwierigkeiten bei der Kreditaufnahme. Mezzanine-Kapital kann hier in vielen Fällen eine Brücke zwischen Eigen- und Fremdkapitalfinanzierung schlagen und so einen wichtigen Beitrag zur verbesserten Kapitalausstattung mittelständischer Unternehmen leisten.

3 Mezzanine-Anlagen als Baustein institutioneller Portfolios

3.1 Instrumente für Mezzanine-Anlagen

Institutionelle Investoren, die an einem Einstieg in Mezzanine-Anlagen interessiert sind, müssen sich entscheiden, welches Anlageinstrument für sie unter rechtlichen und Risikoaspekten in Frage kommt. Hierfür stehen grundsätzlich drei Wege zur Auswahl:

- die direkte Bereitstellung von Mezzanine-Finanzierungen, sofern es sich beim Investor um ein Kreditinstitut handelt,

- die Investition in einen Mezzanine-Fonds, der ca. 15–20 einzelne Transaktionen finanziert, oder

- die Investition in einen breit gestreuten Mezzanine-Dachfonds, der ein Portfolio aus ca. 15–20 Mezzanine-Fonds aufbaut und dadurch an ca. 200–300 einzelnen Transaktionen beteiligt ist.

Die Direktvergabe von Mezzanine-Krediten an mittelständische Unternehmen wird von vielen Kreditinstituten bereits praktiziert. Sie ist aber kein Mittel zur Verbesserung des Rendite/Risiko-Profils der Aktivseite, da der Aufbau eines diversifizierten Mezzanine-Portfolios für die meisten regional tätigen Institute aufgrund regionaler und branchenspezifischer Beschränkungen kaum möglich sein dürfte. Die Investition in Mezzanine-Beteiligungsgesellschaften erscheint aus Sicht der meisten institutionellen Investoren nur bedingt geeignet, da diese Gesellschaften ihre Performance auf eine vergleichsweise geringe Anzahl von Transaktionen stützen und damit nur eine begrenzte Diversifikation ermöglichen. Darüber hinaus ist die Mehrzahl der Investoren insbesondere aus Kapazitäts- und Know-how-Gründen nicht in der Lage, Zugang zu den aussichtsreichsten, international tätigen Fonds zu finden und diese vor der Investition in einem mehrmonatigen und arbeitsintensiven Auswahlprozess zu prüfen. Aus Sicht institutioneller Investoren ist daher die Anlage über einen professionell gemanagten Dachfonds besser geeignet, die Portfoliorendite mit Hilfe von Mezzanine-Kapital zu steigern.

3.2 Renditesimulation und Risikoprofil

Lange Zeit waren quantifizierende Aussagen über historische oder prognostizierte Renditen von Mezzanine-Anlagen nicht verlässlich zu treffen, da die Ergebnisse von Mezzanine-Transaktionen in der Regel nicht veröffentlicht werden und kein Marktindex zur Verfügung steht. Mit einer umfangreichen Datenbank von Mezzanine-Transaktionen, die das Center of Private Equity Research (CEPRES) in Zusammenarbeit mit der Johann Wolfgang Goethe-Universität in Frankfurt am Main aufgebaut hat, existiert jedoch seit kurzer Zeit eine fundierte Datenbasis für historische Berechnungen und Renditesimulationen.

Abbildung 3: Attraktive Renditen im Vergleich zu anderen Anlageklassen

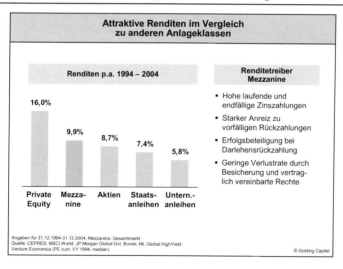

Eine CEPRES-Simulationsrechnung auf Basis der Cashflows von über 1.800 einzelnen amerikanischen und europäischen Mezzanine-Transaktionen zwischen 1986 und 2005 gibt Aufschluss über die statistische Verteilung verschiedener Zielrenditen bei Investitionen in einen Mezzanine-Dachfonds. Hierbei wurden 5.000 Simulationsläufe mit Dachfonds von jeweils 100 historischen Transaktionen durchgeführt. Im Ergebnis führte die Modellrechnung (bei Berücksichtigung von praxisnahen Gebühren und Erfolgsbeteiligungen) zu einem statistischen Mittelwert für die Nettorendite (IRR) von 9,9 Prozent per anno. Dieser relativ hohe Ertrag in der Simulationsrechnung ging aus Sicht des Investors mit einem sehr geringen Risiko einher: Das Risiko, eine jährliche Nettorendite (IRR) von 6,8 Prozent zu verfehlen, betrug lediglich ein Prozent. Das Kapitalausfallrisiko (also das Risiko, eine negative Rendite zu erzielen) war unter den gegebenen Annahmen nahezu nicht existent. Die Ergebnisse der Simulation bestätigen, dass das vergleichsweise niedrige Risikoprofil von Mezzanine-Investitionen durch eine breite Streuung innerhalb der Anlageklasse nochmals deutlich gesenkt werden kann.

Abbildung 4: Ergebnis der Simulation – Risikoprofil

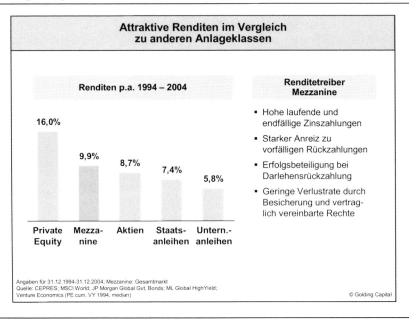

3.3 Risikofaktoren und Value at Risk

Ungeachtet des niedrigen Risikoprofils von Mezzanine-Anlagen – in der hier beschriebenen Form eines breit gestreuten Dachfonds – sollte sich der Investor bewusst sein, dass Mezzanine-Engagements Finanzierungsformen mit unternehmerischen Risiken darstellen. Grundsätzlich bestehen bei einer Investition in Mezzanine-Anlagen die nachfolgend beschriebenen Risiken:

3.3.1 Ausfallrisiko

Mezzanine-Finanzierungen sind eigenkapitalnahe Finanzierungen, die wie alle Darlehen einem gewissen Ausfallrisiko ausgesetzt sind. Das Ausfallrisiko bei Mezzanine-Finanzierungen wird allerdings durch mehrere strukturelle Eigenschaften begrenzt.

- Mezzanine-Kapital wird grundsätzlich vor Eigenkapital bedient, das heißt, bei wirtschaftlichen Schwierigkeiten des Unternehmens sind Mezzanine-Geber besser gestellt als Eigenkapitalgeber: Das Eigenkapital dient als Risikopuffer.

- Mezzanine-Geber lassen sich (anders als ein reiner Fremdkapitalgeber) durch spezielle Kreditvertragsklauseln sehr weitgehende Informations- und Kontrollrechte einräumen sowie für den Fall, dass Zins- oder Tilgungszahlungen ausfallen oder nur verzögert eingehen, umfangreiche unternehmerische Mitspracheonmöglichkeiten zusichern. Ihre Ansprüche sind somit zusätzlich abgesichert.

- Bei planmäßiger Tilgung vorrangigen Fremdkapitals werden Mezzanine-Finanzierungen mit der Zeit immer stärker mit Sicherheiten unterlegt.

- Unternehmen sind meist bestrebt, eine Mezzanine-Finanzierung möglichst frühzeitig zu tilgen, um die hohen laufenden Zinsen zu vermeiden. Dies verkürzt die effektive Laufzeit solcher Finanzierungen in der Regel um mehrere Jahre.

- Die Mezzanine-Finanzierung wird häufig über einen Rückkauf durch das Management oder eine Rekapitalisierung getilgt. Da Börseneinführungen oder Unternehmensverkäufe als Ausstiegsmöglichkeiten für den Mezzanine-Geber wenig relevant sind, besteht nur eine geringe Abhängigkeit von der allgemeinen jeweiligen Situation an den Kapitalmärkten.

Durch die Portfolio-Betrachtung im Rahmen eines Dachfonds wird der Ausfall einzelner Finanzierungen durch die überdurchschnittlichen Zinsen, Equity Kicker etc. aber deutlich überkompensiert. In der Vergangenheit – bezogen auf einen Zeitraum zwischen 1986 und 2005 – mussten über die Laufzeit der Mezzanine-Finanzierungen von durchschnittlich vier Jahren auf einen Anteil von rund 10,7 Prozent aller Finanzierungen (Teil-)Abschreibungen vorgenommen werden. Aus diesen Transaktionen konnten die Mezzanine-Geber jedoch im Schnitt noch Rückflüsse von über 40 Prozent realisieren. Zinsen und endfällige Zahlungen führen dabei insgesamt zu einer deutlichen Überkompensation der erwarteten Ausfälle.

Abbildung 5: *Ausfallquote über Kreditlaufzeit von durchschnittlich 4 Jahren beträgt 6,7 Prozent des ursprünglichen Kreditvolumens*

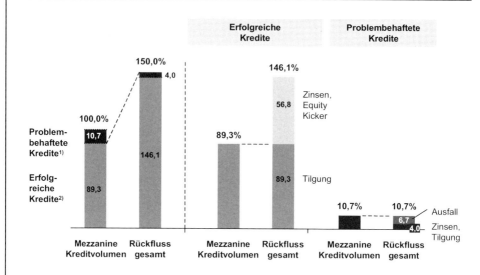

1) Rückflüsse insgesamt < ursprüngliches Kreditvolumen
2) Rückflüsse insgesamt > ursprüngliches Kreditvolumen
Quelle: CEPRES per 30.06.2005

© Golding Capital

Mezzanine-Kapital besitzt gegenüber anderen Non-Investment-Grade-Anleihen den Vorteil, dass überwiegend ertrags- und wachstumsstarke Unternehmen aus dem Mittelstand finanziert werden. Weiterhin liegt der Fokus von Mezzanine-Finanzierungen nicht im High-Tech-Bereich, sondern bei klassischen Industrien. Hohe Schwankungen der Ausfälle, wie sie etwa bei Hochzinsanleihen durch eine Konzentration der Darlehen auf ertragsschwache oder überschuldete Unternehmen vorkommen, werden so vermieden.

3.3.2 Zinsänderungsrisiko

Wesentliche Ertragsbestandteile von Mezzanine-Kapital sind die laufenden und endfälligen Zinszahlungen. Sofern die marktüblichen Zinssätze bei Vertragsabschluss als Spread über einen Referenzsatz – zum Beispiel den EURIBOR – vereinbart werden, wirkt sich eine Änderung dieses Referenzsatzes direkt auf die zu erwartenden Neuabschlüsse aus. Allerdings werden besonders in den USA zumeist feste Zinssätze ohne Bezug auf einen Referenzsatz vereinbart. In Kombination mit den vereinbarten Risikoaufschlägen hatte dies zur Folge, dass die Renditen von Mezzanine-Kapital in den USA zwischen 1986 und 2005 nahezu keine Abhängigkeit von den jeweiligen Zinsniveaus zeigten.

3.3.3 Währungsrisiko

Schwankungen der Handelswährungen von Unternehmen, die Geschäfte außerhalb des Euroraums tätigen, können bei den Beteiligungsgesellschaften zu Wechselkursgewinnen oder -verlusten führen, da die Darlehen in der Regel in lokaler Währung ausgereicht werden und in der Regel weder auf Dachfonds- noch auf Einzelfondsebene eine Absicherung gegen Wechselkursschwankungen stattfindet. Um die Auswirkungen eines Verfalls von Fremdwährungen auf Mezzanine-Finanzierungen zu simulieren, wurde in einer Modellrechnung ein Worst-Case-Szenario konstruiert, bei dem nach Vergabe des Großteils des Finanzierungskapitals im vierten Jahr der Investition die Fremdwährung auf einen Schlag um 30 Prozent abwertet, woraufhin diese Kredite zu einem schlechteren Kurs getilgt werden. Dies führt in der Simulation zu einer Verringerung der Renditeerwartung um ca. 2,5 Prozent jährlich. In der Praxis wird ein möglicher Verfall der Wechselkurse über einen längeren Zeitpunkt stattfinden und damit den Währungseinfluss abmildern.

3.3.4 Rechtliche Risiken

Aufgrund möglicher Änderungen der rechtlichen und steuerlichen Rahmenbedingungen in den Anlagestaaten können negative Auswirkungen auf eine Mezzanine-Investition nicht vollständig ausgeschlossen werden. Mezzanine-Fonds sollten in der Lage sein, aufgrund ihrer umfassenden Markt- und Produktkenntnisse entsprechende Risiken frühzeitig zu erkennen und, sofern möglich, entsprechende Handlungsoptionen zu entwickeln.

3.3.5 Eingeschränkte Fungibilität

Die Fungibilität der Anteile der Investoren ist in rechtlicher und wirtschaftlicher Hinsicht stark eingeschränkt. Rechtliche Beschränkungen ergeben sich insbesondere aus den der Zeichnung einer Beteiligung an einem Dachfonds zugrunde liegenden vertraglichen Verpflichtungen. Die Anteile an Mezzanine-Fonds und Mezzanine-Dachfonds werden nicht öffentlich gehandelt und können daher während der Dauer der Anlage in der Regel nur mit zeitlicher Verzögerung und gegebenenfalls mit gewissen Abschlägen veräußert werden. Der Anleger sollte daher von einer langfristig gebundenen Kapitalanlage ausgehen.

Diese mangelnde Fungibilität lässt sich im Risikocontrolling dadurch berücksichtigen, dass auf den berechneten VaR ein Aufschlag entsprechend einer realistisch gewählten Liquidationsperiode vorgenommen wird.

3.3.6 Berechnung des Value at Risk (VaR)

Die Simulationsrechnungen, die mit Hilfe der CEPRES-Datenbank vorgenommen wurden, liefern empirische Quantile, die eine direkte Berechnung des VaR erlauben. Aus diesen Quantilen lässt sich folgender Value at Risk (VaR) für ein Jahr mit einem Konfidenzniveau von 99 Prozent ableiten: Der VaR als einprozentige Abweichung (6,8 Prozent) vom Mittelwert (9,9 Prozent) errechnet sich auf 3,1 Prozent für ein Jahr. Für einen Betrachtungshorizont von drei Monaten ergibt sich – bezogen auf den aktuell investierten Betrag – folglich ein VaR von 1,55 Prozent (= 3,1 % / $\sqrt{4}$, da die Jahreszahl über 12/3 herunter gebrochen wird). Die Adjustierung des Liquiditätsfaktors (im Beispiel 6 Monate statt 3 Monate Haltedauer) führt zu einem VaR von 1,55 % * $\sqrt{2}$ oder 2,19 %.

3.4 Risikomindernde Effekte

Von großer Bedeutung im Hinblick auf das Rendite/Risiko-Profil eines diversifizierten Portfolios ist die ausgesprochen niedrige Korrelation von Mezzanine-Anlagen zu klassischen Wertpapieranlagen. Wie *Abbildung 6* zeigt, erreicht diese Korrelation im langfristigen Vergleich zwischen 1986 und 2005 (bezogen auf Aktien und Anleihen aus den USA, Europa und weltweit) sehr niedrige Werte zwischen –0,01 und 0,11.

Diese Werte verdeutlichen die Diversifikationseffekte, die in einem weiteren Modellversuch auf Basis der CEPRES-Datenbank tatsächlich nachgewiesen werden konnten. Für die Simulation wurden insgesamt 7.000 Portfolios aus jeweils 100 Mezzanine-Transaktionen gebildet. Aus der Kombination mit jeweils einem Aktien- und Rentenportfolio (dargestellt durch den MSCI World und den JPM Global Government Bond Index) ergaben sich 7.000 Cashflow-Reihen für mögliche Kombinationen aus Aktien, Renten und Mezzanine-Anlagen. Die Ergebnisse zeigten, dass durch eine Beimischung von Mezzanine-Anlagen in ein Aktien-Renten-Portfolio eine deutliche Verschiebung der Effizienzkurve erzielt und damit eine höhere Renditechance bei gleich bleibendem Risiko realisiert wird.

Abbildung 6: Korrelation zu Mezzanine

		1986-2004	2000-2004	2002-2004
Staatsanleihen[1]	Europa	0,06	-0,01	0,12
	USA	0,07	0,00	0,11
Aktien[2]	Europa	0,01	0,11	0,10
	USA	0,01	-0,01	0,09

Berechnungsbasis: Rendite der Mezzanine Transaktionen gegenüber Rendite aus Investitionen gleicher Cashflows in die jeweiligen Indices zu den selben Zeitpunkten ("Cross-sectional correlations")

1) JPM Government Bond Index (All Maturities)
2) MSCI
Quelle: CEPRES, Datastream per 31.12.04

3) Erst ab einem Wert von >0,3 für die Korrelation spricht man vom Vorhandensein eines Zusammenhangs

© Golding Capital

3.5 Optimaler Portfolioanteil von Mezzanine-Anlagen

Die bisherigen Ausführungen zeigen, dass eine Beimischung von Mezzanine-Anlagen einen Diversifikationseffekt erzeugt. Eine Simulation auf Grundlage der CEPRES-Daten im Vergleich mit einer Anlage in Renten (in Form des Rentenindex RexP®) und Aktien (Euro-Stoxx-50®) ergibt ein genaueres Bild. Für die Simulation wurde eine gemeinsame historische Simulation verwendet und in Fünf-Prozent-Schritten verschiedene Mischungsverhältnisse zwischen den drei Assetklassen simuliert. Das risikominimale Portfolio zeigt ein Mischungsverhältnis von 70 Prozent Mezzanine und 30 Prozent Renten. Aktien bleiben außen vor, da sie unter den Simulationsannahmen zu keiner Effizienzsteigerung beitragen. Höhere Mischungsverhältnisse von Aktien führen zu ineffizienten Portfolios (höheres Risiko bei geringerer erwarteter Performance). *Abbildung 7* zeigt die simulierten Portfolios. Ein Anteil von 100 Prozent Aktien ist nicht dargestellt (entspricht einem VaR von 21,8 Prozent). Es sind lediglich Aktienbeimischungen zwischen 0 Prozent und 20 Prozent als parallel verschobene Effizienzlinien zu sehen.

Abbildung 7: Simulation der effizienten Portfolios

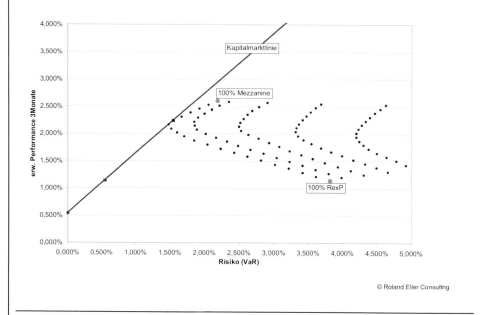

© Roland Eller Consultng

In der Praxis wird ein Institut selbstverständlich keinen Anteil von 70 Prozent an Mezzanine-Kapital wählen, da diese Asset-Klasse insbesondere aufgrund von GuV-Anforderungen, der Fungibilität und der rechtlichen Hürden wesentliche Einschränkungen erfahren dürfte. Allerdings zeigt die Simulation deutlich, dass auch mit einer geringeren Beimischung von Mezzanine-Anlagen das korrelierte Risiko reduziert und gleichzeitig der erwartete Ertrag erhöht werden kann.

4 Schlussfolgerung

Die Beimischung von Mezzanine-Kapital stellt für institutionelle Investoren einen attraktiven, innovativen Weg dar, das Renditepotenzial ihrer Anlageportfolios zu verbessern. Investoren in Mezzanine-Anlagen profitieren von frühzeitig einsetzenden, vertraglich vereinbarten Zinszahlungen und können bei einer erfolgreichen Steigerung des Unternehmenswerts zusätzliche Renditechancen wahrnehmen. Als alternative Anlageform eignet sich Mezzanine-Kapital ausgezeichnet zur Beimischung in ein diversifiziertes Portfolio mit niedrigem Risikoprofil.

Hierzu tragen die folgenden Eigenschaften bei:

- historisch konstant hohe Erträge,
- geringe Ausfallrisiken,
- sehr gute Diversifikationseigenschaften,
- niedrige Korrelation zu klassischen Wertpapieranlagen.

Zusätzlich zur grundsätzlichen Attraktivität der Anlageform Mezzanine-Kapital bietet insbesondere die Anlage über Dachfonds weitere Vorteile:

- Risikominderung durch breite Diversifikation innerhalb der Anlageklasse,
- Zugang zu den aussichtsreichsten Mezzanine-Beteiligungsgesellschaften,
- niedrige Einstiegsbarrieren aus Investorensicht; kein Aufbau von eigenem Markt-Know-how erforderlich,
- Erfüllung der regulatorischen Anforderungen, z.B. bei Produkteinführung, Administration und Reporting.

Für alle institutionellen Investoren, die das Potenzial von Mezzanine-Anlagen nutzen wollen, bislang jedoch nur wenig Erfahrung mit dieser Anlageklasse als Bestandteil der strategischen Asset-Allocation besitzen, sind professionell gemanagte Dachfonds daher das bevorzugte Anlagevehikel.

Oliver Gottschalg

Performance-Messung und Benchmarking von Private Equity-Investments

1 Einleitung 191
2 Performance-Messung 192
   2.1 Renditeberechnung 192
      2.1.1 Return Multiple 193
      2.1.2 Internal Rate of Return (IRR) 193
      2.1.3 Profitabilitätsindex 195
   2.2 Aggregation der Performance mehrerer Transaktionen 198
   2.3 Einzelne Komponenten der Performance von Private Equity. 200
3 Performance Benchmarking 202
   3.1 Vergleich mit Private Equity-Benchmarks 202
      3.1.1 Benchmarks auf Fondsebene 202
      3.1.2 Benchmarks auf Transaktionsebene 203
   3.2 Vergleich mit Investments in öffentlichen Märkten 203
      3.2.1 Konstruktion eines ‚Mimicking' Portfolios. 204
      3.2.2 Eine Methode zur risikoadjustierten Beurteilung der Performance
           von Private Equity 204
   3.3 Benchmarking verschiedener Werttreiber 205
4 Empirische Ergebnisse bezüglich der Performance von Private Equity
   in Relation zu Public Market-Investments. 207

Literaturverzeichnis

1 Einleitung

Im Gegensatz zu Eigenkapitalinvestitionen an den öffentlichen Märkten für börsennotierte Unternehmen (Public Equity Investments), für die ein täglicher Börsenkurs verfügbar und damit eine einfache Performance-Messung möglich ist, stellen Private Equity-Fonds-Investments eine bedeutende Herausforderung für tatsächliche und potenzielle Investoren dar: Es ist alles andere als einfach, die Wertentwicklung eines Portfolios von Private Equity-Investments genau zu berechnen.

Verantwortlich dafür sind vor allem zwei Faktoren. Zum einen werden Private Equity-Investments nicht fortlaufend gehandelt, so dass Bewertungen nur zu bestimmten Zeitpunkten verfügbar sind, etwa zum Zeitpunkt des Erwerbs, der Refinanzierung oder der teilweisen beziehungsweise vollständigen Veräußerung. Für Portfolios von Private Equity-Investments, z.B. alle Investitionen, die ein einzelner Private Equity-Fonds tätigt, ist die Analyse zudem dadurch erschwert, dass diese typischerweise eine Kombination aus bereits realisierten Investitionen, laufenden Investitionen sowie noch nicht investierten zur Verfügung stehenden Mitteln (*Committed Capital*) darstellen. Die Bewertung der laufenden Investitionen in Ermangelung eines Marktpreises ist ebenso wichtig wie schwierig.

Der zweite Faktor, der Performance-Messung und Benchmarking von Private-Equity-Investments so schwierig gestaltet, geht auf die Tatsache zurück, dass wesentliche Investitionsmerkmale dieser Anlageklasse sehr speziell sind und sich in wichtigen Punkten von Investitionen an den öffentlichen Märkten unterscheiden. Faktoren wie die Illiquidität von Private Equity-Investments erschweren die Anwendung von theoretischen Modellen für öffentliche Märkte (wie das CAPM) zur Berechnung von Risiko und Risiko für Private Equity-Transaktionen. Daher fällt es schwer zu beurteilen, ob eine Performance von z.B. 17 Prozent nach der IRR-Methode für einen bestimmten Private Equity-Fonds gut oder schlecht ist im Vergleich zu einem 14 Prozent Ertrag des S&P 500 Index innerhalb eines vergleichbaren Zeitraumes. Ausschlaggebend für eine abschließende Beantwortung dieser Frage ist die Berücksichtigung der Unterschiede bei den Risiken, der Illiquidität usw. dieser zwei Investitionsalternativen.

Dieser Beitrag gibt einen Überblick über die wichtigsten Techniken, durch welche die Wertentwicklung von Private Equity-Investments erstens gemessen und zweitens mit alternativen Investitionsmöglichkeiten verglichen werden kann. In der Folge werden einige der empirischen Ergebnisse präsentiert, die dokumentieren, wie gut sich die Renditen von Private Equity-Fonds in der Vergangenheit gegenüber Investitionsalternativen in öffentlichen Märkten entwickelten.

Die Erörterung ist in drei Teile gegliedert. Teil eins befasst sich mit dem Thema der Performance-Messung und beginnt mit einem Überblick über die am weitesten verbreiteten Performance-Maße, einschließlich ihrer Vor- und Nachteile. Er stellt weiterhin eine umfassende Methode der Zerlegung der Wertentwicklung von Private Equity-Investments in verschiedene Komponenten vor. Diese Technik ermöglicht eine Aussage darüber, in welchem Ausmaß die Rendite durch Umsatzwachstum (*Revenues Growth*),

Effizienzgewinne (efficiency enhancements), einer Veränderung der Bewertungsmultiplikatoren (multiple expansion) oder erhöhten Fremdkapitaleinsatz (leverage) beeinflusst wurde. Die entsprechende Methode kann auch auf nicht realisierte Investments angewandt werden, und dies ermöglicht einige Erkenntnisse über die zu erwartenden Renditen derartiger Investments in Ermangelung einer Marktbewertung. Schließlich befasst sich dieser Abschnitt mit dem Problem der Aggregation der Performance verschiedener Private Equity-Fonds-Investments innerhalb eines Portfolios und zeigt, dass scheinbar unkritische Schätzungen zu tief greifenden Fehlberechnungen führen können.

Weil Performance-Zahlen der Private Equity-Branche wenig Bedeutung besitzen, wenn sie nicht mit der Rendite alternativer Investitionsmöglichkeiten verglichen werden können, skizziert Teil zwei verschiedenartige Ansätze des Benchmarking der Performance von Private Equity-Investments. In diesem Zusammenhang ist die Risikoadjustierung von Private Equity-Renditen von besonderer Bedeutung und wird folglich detailliert behandelt. Schließlich wird eine Methode präsentiert, die ein Benchmarking von Private Equity-Renditen für jeden einzelnen der vorher identifizierten Werttreiber (growth, efficiency, multiple expansion und leverage) ermöglicht. Die Frage der historischen Wertentwicklung von Private Equity-Investments im Vergleich zu Investitionen in öffentlichen Märkten ist von großem Interesse für Wissenschaft und Praxis.

Teil drei dieses Beitrags bespricht einige der empirischen Ergebnisse bezüglich dieser Frage. Erneut gilt der Risikoadjustierung von Private Equity-Renditen besondere Aufmerksamkeit.

2 Performance-Messung

2.1 Renditeberechnung

Die Performance von Private Equity-Investments – auf Ebene der einzelnen Transaktionen oder des gesamten Fonds – kann mit Hilfe einer Vielzahl von Maßen beurteilt werden. Drei von diesen, der Return Multiple, die Internal Rate of Return on Equity (IRR) sowie der Profitabilitätsindex (Profitability Index – PI) werden in diesem Teil genauer vorgestellt. Praktiker bevorzugen typischerweise Return Multiple oder IRR, aber wie gezeigt wird, besitzen diese beiden Maßzahlen erhebliche Nachteile, so dass Ihre Interpretation Vorsicht verlangt.

2.1.1 Return Multiple

Der Return Multiple ist wahrscheinlich der populärste und sicher der einfachste Weg zur Beurteilung der Wertentwicklung eines Private Equity-Investments: Man dividiert lediglich den Wert der Erträge der Investitionen eines bestimmten Fonds oder einer Transaktion (Bar- und Anteilsausschüttungen im Fall bereits realisierter Investitionen und Restwerte für noch nicht realisierte) durch den Investitionsbetrag.

Return Multiple= Ertrag der Investition/Ursprüngliche Investitionssumme

Dieses Verhältnis aus „Erträgen über Investitionen" ist ebenso einfach zu berechnen wie zu interpretieren. Hat ein Fonds die vom Investor eingesetzten Mittel bei einer Transaktion verdoppelt, entspricht dies einem Multiple von 2,0. Allerdings vernachlässigt dieses Performance-Maß vollständig die zeitliche Dimension. Ein Return Multiple von 2,0 erfasst nicht den Unterschied zwischen einer Investition, bei der nach 10 Jahren der ursprünglich eingesetzte Betrag verdoppelt wurde und einer, bei der dies bereits nach nur einem Jahr gelang. Im ersten Fall hätte der Investor besser in einen Aktienmarktindex investiert, während die Performance im zweiten Fall herausragend war. Infolgedessen, und trotz der intuitiven Attraktivität des Return Multiple als Performance-Maß, erachten wir diese Maßzahl als zu einfach für eine sorgfältige Beurteilung der Wertentwicklung eines Private Equity-Investments.

2.1.2 Internal Rate of Return (IRR)

Das zweithäufig genutzte Performance-Maß ist die Internal Rate of Return on Equity (IRR). Mathematisch entspricht diese Kennzahl dem jährlichen Diskontierungszinssatz der für alle Zahlungsströme einer Investition einen Kapitalwert (Net Present Value – NPV) von null liefert. Weil dabei die zeitliche Dimension berücksichtigt wird, besitzt die IRR einen klaren Vorteil gegenüber dem Return Multiple. Im bisherigen Beispiel zweier Investitionen, die den vom Investor eingesetzten Betrag in 10 oder einem Jahr verdoppeln, beträgt die entsprechende IRR 7,2 beziehungsweise 100 Prozent.[1] Allerdings weist auch die IRR einige Mängel auf. Einige sind mathematischen Ursprungs: Im Fall von Investitionen mit einer Kombination aus positiven und negativen Zahlungen im Zeitablauf, existieren mehrere Diskontierungszinssätze mit einem Kapitalwert von null (Abbildung 1).

---

1 Hier unterstellen wir, dass beide Investitionen jeweils nur zwei Zahlungen aufweisen: Eine Einzahlung (takedown) zu Beginn und eine Ausschüttung (distribution) am Ende.

Abbildung 1: Beispiel zur Internal Rate of Return (IRR)

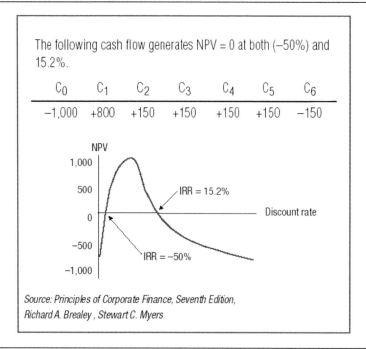

Verlassen sich Investoren bei Beurteilung und Vergleich der Wertentwicklung ausschließlich auf das IRR-Kriterium, treffen sie zudem die Annahme, dass nach Abschluss einer Investition für ihren Anlagebetrag stets eine vergleichbar profitable Investitionsalternative zur Verfügung steht. Diese so genannte Reinvestitionshypothese kann besonders im Fall des Private Equity-Sektors in Frage gestellt werden. Zwar weisen einige Investments außergewöhnlich hohe IRR auf, es besteht jedoch keine Garantie darüber, dass Private Equity-Investoren zukünftig in der Lage sind, vergleichbar profitable Investitionsmöglichkeiten zu finden. Dies ruft ein weiteres Problem hervor, wenn Investitionen mit unterschiedlichen Zeithorizonten verglichen werden sollen. Ein Investor bevorzugt eine kurze Investitionsdauer mit einer hohen IRR lediglich dann, wenn er seine Erträge zu attraktiven Renditen reinvestieren kann. Ist dies nicht der Fall, kann eine Investition von längerer Dauer und niedrigerer IRR vorteilhaft sein. Das folgende Beispiel verdeutlicht, dass in Abhängigkeit von der alternativen Investitionsmöglichkeit, die Investition mit der höchsten IRR nicht die attraktivste Möglichkeit darstellen muss:

Betrachten wir drei (sich gegenseitig ausschließende) Investitionsalternativen in Höhe von EUR 100 Mio.:

A: 1 Jahr Multiple 1,5 IRR= 50%

B: 3 Jahre Multiple 2 IRR= 26%

C: 10 Jahre Multiple 2 IRR= 7,2%

Nehmen wir weiter an, dass eine der Investitionsalternativen ein öffentlicher Marktindex mit einer jährlichen Rendite von zehn Prozent ist. Aus Gründen der Vereinfachung finden Unterschiede in Bezug auf Risiko und Liquidität der unterschiedlichen Möglichkeiten an dieser Stelle noch keine Berücksichtigung. Unser Investor besitzt einen Investitionshorizont von zehn Jahren.

Die jährlichen Durchschnittsrenditen über einen Zehn-Jahreszeitraum betragen dann:

Alternative A: Investiere in A und lege die Erträge im öffentlichen Marktindex an -> 13,5% IRR

Alternative B: Investiere in B und lege die Erträge im öffentlichen Marktindex an -> 14,8% IRR

Alternative C: Investiere in C -> 7,2% IRR

Alternative D: Investiere 100 Mio. EUR in den öffentlichen Marktindex -> 10% IRR

Wie die Zahlen zeigen, ist Alternative B, eine Investition mit einer niedrigeren IRR als Alternative A, für einen Investor mit einem Zeithorizont von 10 Jahren zu bevorzugen.

Return Multiple und IRR sind in einem solchen Fall nicht in der Lage, die beste Alternative zu ermitteln. Es stellt sich also die Frage, ob ein Performance-Maß existiert, welches die zeitliche Dimension berücksichtigt und dadurch den direkten Vergleich unterschiedlicher Investitionsalternativen erlaubt. Dadurch würden Investoren in die Lage versetzt, in solchen Fällen die attraktivste Investitionsalternative zu finden ohne diese detaillierten Berechnungen vornehmen zu müssen.

2.1.3 Profitabilitätsindex

Ein Performance-Maß, welches die Nachteile des Return Multiple und der IRR überwindet und trotzdem leicht zu berechnen bleibt, ist der so genannte Profitabilitätsindex (Profitability Index – PI). Er ist definiert als Barwert (Net Present Value – NPV) aller Zahlungsströme einer Investition unter Nutzung des entsprechenden Diskontierungszinssatzes, dividiert durch den ursprünglichen Investitionsbetrag (Abbildung 2).

Abbildung 2: Profitabilitätsindex (PI)

Profitability Index

Profability Index = NPV (investment) / Investment

Example
We only have $300,000 to invest. Which do we select?

Project	NPV	Investment	PI
A	230,000	200,000	1.15
B	141,250	125,000	1.13
C	194,250	175,000	1.11
D	162,000	150,000	1.08

Quelle: Principles of Corporate Finance, Seventh Edition, Richard A. Brealey, Stewart C. Myers

Der Profitabilitätsindex berücksichtig implizit den erwarteten Ertrag der alternativen Investitionsmöglichkeiten (wie etwa den öffentlichen Marktindex in unserem früheren Beispiel), weil diese Erträge als Diskontierungszinssatz bei der Bestimmung des Barwertes benutzt werden können. Dies hilft Investoren Investitionsalternativen besser zu vergleichen. Anders als die IRR liefert der Profitabilitätsindex direkte Informationen darüber, ob eine betrachtete Investitionsmöglichkeit im Vergleich zur vorgegebenen Alternative attraktiv ist: Ein Profitabilitätsindex über 1 zeigt die Vorteilhaftigkeit gegenüber der vorgegebenen Alternative an; ein Profitabilitätsindex kleiner als 1 bedeutet das Gegenteil.

In unserem früheren Beispiel betragen die Profitabilitätsindex-Werte:

Alternative A: Investiere in A und lege die Erträge im öffentlichen Marktindex an -> PI=1,33

Alternative B: Investiere in B und lege die Erträge im öffentlichen Marktindex an -> PI=1,46

Alternative C: Investiere in C -> PI=0,79

Alternative D: Investiere 100 Mio. EUR in den öffentlichen Marktindex -> PI=1

Diese Merkmale kennzeichnen den Profitabilitätsindex als ein sehr leistungsfähiges Performance-Maß für Private Equity-Investments. Insbesondere eröffnet es die Möglichkeit, das Risikoprofil von Private Equity-Investments in die Berechnung mit einzubeziehen. Dies geschieht durch die Auswahl eines Diskontierungszinssatzes, der dem erwarteten Ertrag von Investitionen in öffentlichen Märkten gleichartigen

Risikos entspricht. Unter Nutzung des richtigen Diskontierungszinssatzes zeigt der Profitabilitätsindex direkt an, ob die risikoadjustierte Rendite von Private Equity-Investments die Rendite vergleichbarer Investitionsalternativen übersteigt. Dieser Vorteil des Profitabilitätsindex hat seinen Preis: Es ist nicht immer einfach, einen passenden Diskontierungszinssatz zu bestimmen. Zudem sollte man erwägen, unterschiedliche Diskontierungszinssätze für Ein- und Auszahlungen zu benutzen. Private Equity-Fonds-Investoren müssen hoch liquide Positionen halten, um in der Lage zu sein, auf Mittelabrufe (capital calls) schnell reagieren zu können und der Diskontierungsfaktor für diese Zahlungen muss diesen Umstand berücksichtigen. Daher sind die Erträge von liquiden Positionen an öffentlichen Märkten oder kurzfristige Geldmarktsätze in einem derartigen Fall angemessen. Auf der anderen Seite können Barausschüttungen vom Private Equity-Fonds an den Investor in vielfältiger Weise wiederangelegt werden, unter Umständen in weniger liquide Assets mit höherer Rendite, die für diese Zahlungen als Diskontierungsfaktor benutzt werden müssen. Das folgende Beispiel verdeutlicht die Berechnung eines Profitabilitätsindex für Private Equity-Fonds-Investitionen mit unterschiedlichen Diskontierungszinssätzen.

Jahr 0: Limited Partner (LPs) geben Zusagen (commitment) über 100 Mio. EUR an Fonds X.

Jahr 1: Fonds X ruft 100 Mio. EUR ab (capital call) um Investition B zu tätigen;

Jahr 4: Fonds X schüttet Barerlöse von der Realisation der Investition B über 200 Mio. EUR an die Limited Partner (LPs) aus (cash distribution)

Zwischen Jahr 0 Jahr 1 halten die Limited Partner das zugesagte Kapital in kurzfristigen Geldmarktanlagen mit einer Verzinsung von drei Prozent. Einzige andere Alternative ist ein öffentlicher Marktindex mit einer jährlichen Rendite von zehn Prozent.

Berechnung:

Barwert (Present Value – PV) = $200/(1{,}10)^4$ = 136,6

Ursprünglicher Investitionsbetrag (in Jahr 0) = $100/(1{,}03)^1$ = 97,1

Profitabilitätsindex (PI) = 136,6/97,1 = 1,41

Aus Gründen der Vereinfachung werden im Beispiel die Zinsen auf das zugesagte Kapital zwischen Jahr 0 und Jahr 1 vernachlässigt. Genauer gesagt, müssen diese Zinsen mit den Opportunitätskosten einer entgangenen alternativen Anlage am öffentlichen Markt über diesen Zeitraum mit einer jährlichen Rendite von zwölf Prozent verglichen werden, welche aus Sicht der Limited Partner die Kosten der notwenigen Haltung des zugesagten Betrages in hoch liquiden Positionen verdeutlichen.

2.2 Aggregation der Performance mehrerer Transaktionen

Typischerweise ist es nicht nur notwendig, die Performance einer einzelnen Investition eines Private Equity-Fonds zu beurteilen, sondern auch die eines vollständigen Fondsportfolios, z.B. alle Transaktionen eines bestimmten Fonds, alle von einem bestimmten Fondsmanager geleiteten Private Equity-Fonds und so weiter. Dies verursacht eine zusätzliche Schwierigkeit, vor allem dann, wenn man bei der IRR als einem verbreitet genutzten Performance-Maß bleiben will. Bei der Aggregation mehrerer Private Equity-Fonds-Investments existiert nur ein exakter Weg der Beurteilung der Gesamt-Performance in Form der IRR: Die Zusammenfassung der Zahlungsströme (monatlich oder quartalsweise) aller Investments und die anschließende Berechnung der IRR.

Tabelle 1: Berechnungsbeispiel

Jahr	0	1	2	3	4	5	6	7	8	IRR
A	−100	0	0	0	0	50	50	100	50	15 %
B	0	0	−50	0	100	0	0	0	0	41 %
C	0	0	0	0	0	−100	0	0	160	17 %
Gesamt	−100	0	−50	0	100	−50	50	100	210	18 %

In unserem Beispiel eines Portfolios aus drei Private Equity-Investments mit einer IRR von jeweils 15, 41 und 17 Prozent über einen Zeitraum von 8 Jahren, beträgt die IRR des gesamten Zahlungsstromes 18 Prozent. In der Praxis könnte ein Interesse bestehen, die aggregierte Performance eines Portfolios aus Private Equity-Investments mit einer Methode zu bestimmen, die einfacher ist als die Berechnung der IRR aus einzelnen Zahlungsströmen. Auch sind die exakten Zahlungsströme einzelner Private Equity-Investments nicht immer verfügbar. Daher beobachten wir oft Versuche, die IRR einzelner Investments zu „mitteln". Allerdings muss man bei der Berechnung derartiger Durchschnitts-IRR sehr vorsichtig sein, weil sich die zugrunde liegenden Investitionen in zwei wichtigen Eigenschaften unterscheiden können: Investitionshöhe und Duration. Beide Faktoren beeinflussen das „Gewicht", welches der IRR einer einzelnen Investition bei der Berechnung der IRR eines Portfolios beigemessen wird. Die Bedeutung des erstgenannten Faktors ist intuitiv zu verstehen: Wenn 90 Prozent des Fondskapitals in ein einzelnes Investment fließen und zehn Prozent in ein anderes, ist es nahe liegend, dass die IRR der betragsmäßig größeren Investition (bei sonst gleichen Bedingungen) einen neun mal größeren Einfluss auf die Gesamt-Performance besitzt, als die der kleineren Investition. Das Aggregieren einer Portfoliorendite in Form einer wertgewichteten (value-weighted) IRR ist jedoch kein exaktes Mittel für eine Gesamt-Portfolio-IRR. Gemäß dieser Methode würde die durchschnittliche IRR unseres Beispielportfolios aus drei Investments 21 Prozent betragen, drei Prozent mehr als die *wahre* IRR, die wir vorher berechnet haben. Der Unterschied resultiert daraus, dass diese drei Investments auch eine unterschiedliche Duration aufweisen, das heißt, sie unterscheiden sich in der durchschnittlichen Zeitdauer ihrer Investition. Die Duration, die bei Investments ohne zwischenzeitliche Zahlungen zwischen Investition und Realisation identisch mit der Haltedauer ist, beeinflusst ebenso das „Gewicht" eines bestimmten Investments innerhalb des Portfolios, auch wenn dieser Effekt weniger intuitiv erfassbar ist. Im Extremfall kann man sich gleichgroße Investments mit starken Unterschieden bei der Duration vorstellen, wie das folgende Beispiel zeigt:

Tabelle 2: Berechnungsbeispiel

Jahr	Invest-ment	Halte-dauer	0	1	2	3	4	5	6	7	IRR
I	100	7	−100	0	0	0	0	0	0	300	17 %
II	100	2	0	0	0	0	0	−100	0	150	22 %
Gesamt			−100	0	0	0	0	−100	0	450	18 %

Wiederum entspricht die wertgewichtete (value-weighted) IRR beider Investments von 20 Prozent nicht exakt der wahren Gesamt-Portfolio-IRR, weil sie nicht dem Umstand Rechnung trägt, dass Investment I seine jährliche IRR von 17 Prozent sieben mal generiert, während Investment II seine jährliche 22 Prozent IRR lediglich zweimal erwirtschaftet.

Die exaktere Approximation der Gesamt-Portfolio-IRR ist demnach durch Nutzung des Produkts aus Duration und Investitionsbetrag als Gewichtung zur Berechnung eines wertgewichteten (value-weighted) Gesamt-Portfolio-IRR zu erzielen. In unserem Beispiel entspricht dies (7*100*17%+2*100*22%)/(7*100+2/100)=18 Prozent. Es ist wichtig anzumerken, dass dies immer noch lediglich eine Annäherung erster Ordnung an die wahre Portfolio-IRR darstellt, die z.B. nicht den Einfluss von Zinseszinseffekten berücksichtigt. Daher unterscheidet sich die approximative zeit- und wertgewichtete (value-weighted) Gesamt-Portfolio-IRR immer noch von der wahren Portfolio-IRR (in unserem Beispiel betragen die genauen Werte 18,2 Prozent gegenüber 17,6 Prozent). Dennoch ist die zeit- und wertgewichtete (value-weighted) Gesamt-Portfolio-IRR in allen Fällen mit unterschiedlicher Haltedauer verschiedener Investments innerhalb des Portfolios eine deutlich bessere Näherungsgröße als die einfache wertgewichtete (value-weighted) IRR. Bei Anwendung dieser Methode auf unser früheres Portfolio aus drei Private Equity-Fonds-Investments mit IRR von 15, 41 und 17 Prozent beträgt die zeit- und wertgewichtete (value-weighted) Gesamt-Portfolio-IRR 17,7 Prozent, wiederum eine gute Annäherung an den wahren Wert von 17,9 Prozent.

Was lediglich wie ein technisches Detail klingt, kann in der Praxis erhebliche Auswirkungen haben: Wir haben viele Fälle, etwa bei Emissionsprospekten, erlebt, in denen

Praktiker Portfoliorenditen als wertgewichteten Durchschnitt einzelner Investment IRR angeben. Weil die erfolgreichsten Transaktionen typischerweise eine kürzere Haltedauer besitzen, führt dies zu einer dramatischen Übertreibung der durchschnittlichen Rendite. In einigen uns bekannten Fällen betrug die durchschnittliche wertgewichtete IRR etwa 34 Prozent, während die exaktere Approximation der zeit- und wertgewichteten (value-weighted) Gesamtportfolio IRR lediglich einen Wert von 26 Prozent besaß. Die Folgen für potenzielle Investoren, welche ihre Entscheidung an den berichteten Durchschnittsrenditen ausrichten, sind offensichtlich.

2.3 Einzelne Komponenten der Performance von Private Equity

Die exakte Messung der Gesamtperformance von Private-Equity-Investments *(vgl. Abschnitt 2.1)* ist wichtig und oft ein erster Schritt zum Verständnis dazu, ob und wie Private Equity-Fondsmanager einen eigenen Beitrag zur Wertsteigerung einer Investition geleistet hat oder ob sich ein bestimmtes Portfolio gut entwickelt hat. Es ist jedoch interessant, eine tiefer gehende Analyse anzustellen und sich die Frage zu stellen, welche Faktoren letztlich die Performance eines betrachteten Private Equity-Investments beeinflusst haben. Hierbei ist es hilfreich, die Private Equity-Investment-Performance in ihre unterschiedlichen Komponenten zu zerlegen und zu analysieren, wie viel jede von ihnen zur Wertschöpfung beiträgt. Folgt man einfachen Rechnungslegungsgrundsätzen, kann der Eigenkapitalwert eines Unternehmens in die folgenden Einflussgrößen zerlegt werden: Umsätze (revenues), (EBITDA) Marge (margin), (EBITDA) Bewertungsmultiplikator (valuation multiple) und Nettoverschuldung (Net Debt). Jede Änderung des Eigenkapitalwertes ist stets mit einer Änderung mindestens einer dieser vier Größen verbunden.

Aus:

Unternehmenswert (Enterprise Value – EV) = Eigenkapital (Equity – E) + Nettoverschuldung (Net Debt – ND)

erhalten wir:

$$E = EV - ND$$

woraus folgt:

E = $\underbrace{\underbrace{\underbrace{Revenues \times EBITDA\ margin}_{EBITDA} \times EBITDA\ multiple}_{Enterprise\ Value} - Net\ Debt}_{Equity}$

Weil Investoren am meisten an Änderungen des Eigenkapitalwertes eines Unternehmens, in das eine Private Equity-Fonds investiert hat, interessiert sind, muss man den Wertzuwachs des Eigenkapitalwertes zwischen Erwerb und Veräußerung eines betrachteten Investments bestimmen. Durch Nutzung von kumulierten jährlichen Wachstumsraten (compounded annual growth rates – CAGRs) aller vier Komponenten kann die IRR ausgedrückt werden durch:[2]

$$(1+(CAGR(E))) = (1+(CAGR(Rev)))(1+(CAGR\left(\frac{EBITDA}{Rev}\right)))$$
$$(1+CAGR(\left(\frac{EV}{EBITDA}\right)))(1+(CAGR\left(\frac{E}{EV}\right)))$$

mit $(1+CAGR(E))$ gleich $1+IRR(Equity)$. Um zu verstehen, welcher Anteil der gesamten IRR durch die jeweiligen Komponenten beeinflusst wird, kann berechnet werden:

$$100\% = \left(\frac{\ln(1+(CAGR(Rev)))}{\ln(1+(CAGR(E)))}\right) + \left(\frac{\ln(1+(CAGR\left(\frac{EBITDA}{Rev}\right)))}{\ln(1+(CAGR(E)))}\right)$$
$$+ \left(\frac{\ln(1+CAGR(\left(\frac{EV}{EBITDA}\right)))}{\ln(1+(CAGR(E)))}\right) + \left(\frac{\ln(1+(CAGR\left(\frac{E}{EV}\right)))}{\ln(1+(CAGR(E)))}\right)$$

Jede Klammer stellt nun die relativen Beiträge von Umsatzwachstum (revenues growth), Margenausweitung (margin improvement), Veränderungen des Bewertungsmultiplikators (multiple expansion) und Leverage zur IRR dar, die sich zu 100 Prozent addieren. Durch Multiplikation beider Seiten mit der IRR für das Eigenkapital erhält man daraus die absoluten Beiträge zur Höhe der IRR

$$IRR\,(Equity) = IRR\,(Equity)\left(\frac{\ln(1+(CAGR(Rev)))}{\ln(1+(CAGR(E)))}\right) + IRR\,(Equity)\left(\frac{\ln(1+(CAGR\left(\frac{EBITDA}{Rev}\right)))}{\ln(1+(CAGR(E)))}\right)$$
$$+ IRR\,(Equity)\left(\frac{\ln(1+CAGR(\left(\frac{EV}{EBITDA}\right)))}{\ln(1+(CAGR(E)))}\right) + IRR\,(Equity)\left(\frac{\ln(1+(CAGR\left(\frac{E}{EV}\right)))}{\ln(1+(CAGR(E)))}\right)$$

Diese Werte können wie folgt interpretiert werden:

IRR (Equity) = Revenue growth effect (on IRR) + EBITDA margin effect (on IRR)
 + Multiple expansion effect (on IRR) + Leverage Effect (on IRR).[3]

---

[2] Ungeachtet der zuvor beschriebenen Unzulänglichkeiten der IRR, basieren unserer Analysen in diesem Kapitel auf der IRR als einem der meistgenutzten Performance-Maße. Die identische Logik kann jedoch beispielsweise auch für den Profitabilitätsindex angewandt werde.
[3] Ein detailliertes Beispiel dieser Methode ist bei Gottschalg, Loos und Zollo (2004) zu finden.

3 Performance Benchmarking

Private Equity-Investments unterscheiden sich von anderen Investitionsmöglichkeiten in vielerlei Hinsicht. Sie sind beispielsweise hoch illiquide, wichtige Informationen über einzelne Private Equity-Investments sind für Investoren nicht zugänglich und sie weichen von Investments in öffentlichen Märkten in wichtigen Aspekten wie durchschnittliche Größe und Alter des Unternehmens (was vor allem im Venture Capital-Segment relevant ist) sowie hinsichtlich des Grades des Fremdkapitaleinsatzes (financial leverage, was vor allem im Buyout Segment relevant ist) ab. Dies verursacht theoretische und praktische Probleme im Hinblick auf die Beurteilung von Risiko und Rendite. So ist es z.B. unmöglich, generell darüber zu entscheiden, ob eine 17 Prozent IRR eines Private Equity-Fonds als gut oder schlecht gelten kann. Stattdessen wird die unausweichliche Frage nach „guter oder schlechter Performance relativ zu was?" aufgeworfen. Weil Private Equity-Investments mehrere Kernannahmen der Standard Finanzmarkttheorie (wie etwa das CAPM) verletzen, kann die Performance von Private Equity-Investments lediglich im Vergleich zu anderen gleichartigen Investitionsalternativen interpretiert werden, was das Thema Performance Benchmarking von Private Equity-Investments für Akademiker und Praktiker gleichermaßen außerordentlich wichtig macht. Dieses Kapitel beschäftigt sich zuerst mit Möglichkeiten des Vergleiches von Private Equity-Investments mit gleichartigen Private Equity-Investments, um dann Wege zu diskutieren, Private Equity-Investments mit solchen in öffentlichen Märkten risikoadjustiert zu vergleichen[4].

3.1 Vergleich mit Private Equity-Benchmarks

3.1.1 Benchmarks auf Fondsebene

Der gebräuchlichste Weg, die Performance von Private Equity-Investments zu bewerten, ist der Vergleich eines betrachteten Fonds mit anderen Fonds aus demselben Auflagejahr. Die Benchmark-Daten für diesen Vergleich stammen von spezialisierten Datenbankanbietern, wie beispielsweise Thomson Venture Economics (www.ventureeconomics.com), die die Durchschnittsrendite für unterschiedliche Fondskategorien (Buyout vs. Venture Capital, US vs. EU usw.) und geordnet nach Auflagejahren (vintage years) abbilden. Ferner erlauben solche Daten den Vergleich mit Renditen der besten (top) und schlechtesten (bottom) Quartile (als Return Multiple oder IRR) einer Vergleichsgruppe von Fonds. Die Einstufung als *Durchschnitts-, Top-* oder *Bottom-Quartil-Fonds* gemäß Thomson Venture Economics wurde zum Quasi-Standard in der Private Equity-Branche. Der Vergleich auf Ebene des Einzelfonds weist jedoch einige wichtige Mängel auf: Beinahe jede Performance-Zahl fasst auf Fondsebene viele zugrunde liegende Investments zusammen. Folglich beobachtet man lediglich die durchschnittliche

---

[4] Für eine detaillierte Behandlung des Themas Risikoadjustierung von Private-Equity siehe z.B. Groh (2004).

Wertentwicklung der Transaktionen eines betrachteten Fonds und übersieht andere Faktoren. So ist es beispielsweise unmöglich, die Verteilung der Erträge eines einzelnen Fonds zu beurteilen und zu vergleichen. Mit anderen Worten: man kann nicht sagen, ob die Erträge auf einigen wenigen extremen Erfolgen beruhen oder das Resultat vieler sich ähnlich gut entwickelnder Investments waren. Zudem ist die Nutzung von Auflagejahren (vintage years) per Definition unpräzise. Untersuchungen der HEC School of Management Paris zufolge überschneiden sich die tatsächlichen Zeiträume der zugrunde liegende Investments bei Fonds mit zwei auf einander folgenden vintage years um mehr als 50 Prozent. Dies wirft die Frage auf, weshalb man einen Fonds von 1997 mit allen Fonds von 1997 vergleicht, jedoch nicht mit denen die in den Jahren 1996 und 1998 aufgelegt wurden, wenn doch alle drei Gruppen hauptsächlich während der selben Jahre investieren.

3.1.2 Benchmarks auf Transaktionsebene

Um detaillierte Erkenntnisse über die Performance eines bestimmten Portfolios von Private Equity-Investments zu erhalten, ist es notwendig, die Wertentwicklung jeder einzelnen Transaktion zu beurteilen und zu vergleichen. Erst seit kurzem sind Performance Benchmark-Daten auf Transaktionsebene kommerziell verfügbar. Das spezialisierte Beratungsunternehmen PERACS Ltd. (www.peracs.com) bietet rund um eine rechtlich geschützte Technik zur Berechnung von Performance Benchmarks auf Transaktionsebene eine umfassende Auswahl an Benchmarking und Fonds-Due Diligence Diensten. Dies ermöglicht einen Vergleich der Rendite einer betrachteten Private Equity-Transaktion hinsichtlich Return Multiple, IRR und Profitabilitätsindex gegenüber der Durchschnittsrendite vergleichbarer Transaktionen innerhalb desselben Investitionsjahres, derselben Branche, Region und so weiter. Diese Art von Benchmarks verbessert außerordentlich die Exaktheit aller Beurteilungen eines Portfolios von Private Equity-Transaktionen.

3.2 Vergleich mit Investments in öffentlichen Märkten

Angesichts der Dünne der öffentlich oder kommerziell verfügbaren Informationen über Art und Performance von Private Equity-Investments nutzen Praktiker ebenso wie Akademiker Investments in öffentlichen Märkten als Benchmark für Renditen aus Private Equity. Im Allgemeinen ist dieser Ansatz eine geeignete Art und Weise, die Performance von Private Equity-Investments zu beurteilen. Jedoch sind die inhärenten Unterschiede zwischen diesen beiden Asset-Klassen dabei besonders zu beachten. In diesem Kapitel werden wir zuerst die grundsätzliche Vorgehensweise zur Konstruktion eines hypothetischen so genannten *Mimicking* Portfolios aus Investments in öffentlichen Märkten betrachten, welches Private Equity-Investments hinsichtlich des Zeitpunktes der mit ihnen verbundenen Zahlungsströme nachbildet. Danach werden

Möglichkeiten diskutiert, um die Unterschiede im Risiko von Public und Private Equity bei diesem Vergleich zu berücksichtigen.

3.2.1 Konstruktion eines ‚Mimicking' Portfolios

Die grundlegende Idee hinter einem Vergleich der Performance von Private Equity mit Investments in öffentlichen Märkten ist ziemlich einfach. Man beantwortet lediglich die Frage: Welche Rendite hätte ein gleichartiges Investment in öffentlichen Märkten ergeben? Schwierigkeiten treten jedoch bei der exakten Definition von *gleichartig* auf. Zuerst einmal müssen die Investitionen des Mimicking Portfolios an die Private Equity-Investments hinsichtlich des Zeitpunktes ihrer Zahlungsströme (Timing von Investition und Rückzahlung) angepasst werden. Zweitens haben sie die systematische Risikostruktur von Private Equity nachzubilden, was schwieriger ist. Ein pragmatischer Ansatz der Konstruktion eines Mimicking Portfolios besteht in der Berechnung der Renditen eines breiten öffentlichen Marktindex, wie etwa des S&P 500 oder des MSCI Europe, unter der Annahme, dass die Struktur der Aktienkäufe und -verkäufe an das Timing der Zahlungsströme bei Private Equity angepasst ist. Dieser Methode unterliegt z.B. der *Public Market Equivalent (PME),* einer Berechnung, die von Thomson Venture Economics bereitgestellt wird und auch in einigen akademischen Studien (z.B. Kaplan und Schoar, 2005) Anwendung fand. Sie unterstellt jedoch explizit, dass die Risikostruktur von Private Equity-Investments identisch mit der des gewählten öffentlicher Marktindizes ist. Es ist leicht zu sehen, dass diese Annahme grundsätzlich nicht haltbar ist. Unternehmen, die eine Venture Capital-Finanzierung erhalten haben, sind typischerweise kleiner und jünger, als das durchschnittliche Unternehmen innerhalb eines öffentlichen Marktindex und Buyouts haben typischerweise einen viel höheren Fremdkapitalhebel (leverage). Beide Aspekte beeinflussen das Risikoprofil substanziell. Dies bedingt die Notwendigkeit, zusätzliche Anstrengungen anzustellen, um die Risiko-Unterschiede bei Performance-Vergleichen zu erfassen.

3.2.2 Eine Methode zur risikoadjustierten Beurteilung der Performance von Private Equity

Eine Möglichkeit, die Unterschiede hinsichtlich des Risikos zwischen Private-Equity-Investments und solchen an öffentlichen Märkten zu bereinigen, ist die Angleichung der operativen Betafaktoren und des Fremdkapitalhebels zwischen den beiden. Dies wurde in einigen jüngeren akademischen Studien demonstriert.[5]

---

[5] So berücksichtigen z.B. Ljungqvist und Richardson (2003) sowie Gottschalg, Phalippou und Zollo (2005) operative Betafaktoren in ihrer Analyse von Private-Equity-Investments und Groh und Gottschalg (2006) entwickeln eine vollständig risikoadjustierte Beurteilung von Private-Equity-Investment-Transaktionen, indem sie die Unterschiede hinsichtlich operativer Risiken und Leverage berücksichtigen.

Die Bestimmung des risikoadjustierten Mimicking Portfolios verlangt für jede Private Equity-Transaktion:

(a) die Identifikation einer Vergleichsgruppe von öffentlich gehandelten Unternehmen mit demselben operativen Risiko,

(b) die Berechnung der Eigenkapital-Betas für jedes dieser öffentlich gehandelten Vergleichsunternehmen *(public peers)*,

(c) die Neuberechnung dieser Betafaktoren ohne Einfluss des Fremdkapitalhebels, um ihre operativen oder ungehebelten Betas (unlevering) abzuleiten,

(d) die Bestimmung eines marktgewichteten Durchschnitts dieser operativen Betafaktoren für jede Vergleichsgruppe und

(e) die Neuberechnung dieser Betafaktoren unter erneutem Einbezug des Fremdkapitalhebels auf Ebene der einzelnen Private-Equity-Transaktion bei Erwerb und Veräußerung.

Die Neuberechnung ohne und mit erneutem Einbezug des Fremdkapitalhebels setzt außerdem die genaue Angabe des zu Lasten des Kreditgebers gehenden Risikos, des Risikos von Steuererleichterungen/-befreiungen, von denen der Equity-Investor profitieren kann sowie den passende Unternehmenssteuersatz voraus. Mit diesen Daten und Berechnungen kann das Mimicking Portfolio wie folgt konstruiert werden:

Für jedes Private Equity-Investment wird ein entsprechender Betrag in ein breites Marktportfolio investiert und über Aufnahme oder Vergabe von Fremdkapital an die Betafaktoren der Private Equity-Investments bei Erwerb angepasst. Das Risiko der Transaktion an den öffentlichen Märkten wird dann jedes Jahr durch Angleichung des Fremdkapitals an das Risiko der Private Equity-Investments angepasst. Dazu wird jede Position am Jahresende liquidiert, Zinsen werden gezahlt, das Darlehen wird getilgt und das verbleibende Equity wird erneut mit aufgenommenen oder verliehenen Mitteln an die neuen Betafaktoren der Private Equity-Investments angepasst. Dieses Verfahren wird bis zum Veräußerungszeitpunkt wiederholt. [6]

3.3 Benchmarking verschiedener Werttreiber

Bislang haben wir uns auf das Benchmarking der Gesamtrendite von Private Equity-Investments mittels Public- oder Private Equity-Benchmarks konzentriert. Jedoch haben wir in Abschnitt 2.3 gesehen, dass die IRR eines betrachteten Private Equity-Investments in vier verschiedene Werttreiber unterteilt werden kann: Umsatzwachstum (revenues growth), Produktivitätssteigerungen (efficiency enhancements), Veränderungen des Bewertungsmultiplikators (multiple expansion) und Leverage. Dieselbe Logik kann auch bei der Berechnung eines Performance Benchmarks einzelner Werttreiber

---

[6] Eine detaillierte Beschreibung der entsprechenden Methode ist bei Groh und Gottschalg (2006) zu finden.

zur Anwendung kommen. Zu diesem Zweck muss man lediglich die entsprechenden Werte (durchschnittliche revenue CAGR, durchschnittliche EBITDA margin CAGR, durchschnittliche EBITDA multiple CAGR und den auf Jahresbasis umgerechneten Leverage-Effekt) über den Investitionszeitraum für eine Gruppe von (öffentlich oder nicht-öffentlich gehandelten) vergleichbaren Unternehmen berechnen. Unter Nutzung der Formeln aus Abschnitt 2.3 können wir die IRR eines Investments in eine solche Gruppe von Vergleichsunternehmen in die bekannten vier Werttreiber zerlegen, um dann die Performance, für jeden Werttreiber einzeln, zwischen der betrachteten Transaktion und der Gruppe von Unternehmen zu vergleichen. Die folgende Abbildung illustriert diese detaillierte Performance Benchmark an Hand eines hypothetischen Beispiels:

Abbildung 3: Benchmark einzelner Werttreiber

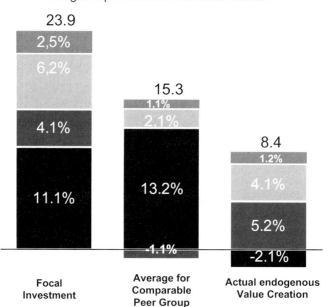

Diese Analyse erlaubt detaillierte Einblicke in die Wertschöpfungsmechanismen eines betrachteten Private Equity-Investments. So kann z.B. der Abhängigkeitsgrad der Performance von externen Faktoren identifiziert werden, in dem gezeigt wird, welcher Anteil der Gesamtrendite getrieben wurde

(a) von einem allgemeinen Anstieg der Börsenbewertungen (trading multiples) innerhalb eines betrachteten Sektors,

(b) von sektorweite Umsatzzuwächse oder

(c) Produktivitätsgewinne.

Dabei wird auch deutlich, ob und in welchem Ausmaß das jeweilige Unternehmen, welches eine Private Equity-Finanzierung erhalten hat, seine Branchenvergleichsgruppe bei jedem dieser Faktoren übertroffen hat. Gleichzeitig liefert eine derartige Analyse wichtige Informationen zur Qualität von Private Equity-Fondsmanagern. Sie zeigt beispielsweise, in welchem Ausmaß diese in der Lage sind, Branchen zu identifizieren, in denen Wertschöpfung durch Umsatzwachstum (revenues growth), Produktivitätssteigerungen (efficiency enhancements) oder Anstiege des Bewertungsmultiplikators (multiple expansion) stattfand. Zugleich zeigt sie, in welchem Maße die Fondsmanager fähig sind, aktiv Wert zu schaffen: Dies kann entweder durch fundamentale Performance-Verbesserungen des Zielunternehmens erfolgen (Umsatzwachstum oder Margenausweitung) oder durch einen Anstieg des Bewertungsmultiplikators (multiple expansion) über den gesamten Branchentrend hinaus.

4 Empirische Ergebnisse bezüglich der Performance von Private Equity in Relation zu Public Market-Investments

Der Frage, wie sich die Performance von Private Equity-Fonds historisch im Vergleich zu Investments in öffentlichen Märkten entwickelte, wurde viel Aufmerksamkeit von praktischer und akademischer Seite gewidmet. Sie ist noch immer nicht abschließend beantwortet.

In diesem vierten Kapitel werden einige empirische Befunde aus der akademischen Literatur wiedergegeben. Es bietet somit mögliche Erklärungen für die teilweise widersprüchlichen Ergebnisse, welche aus Unterschieden zwischen den verschiedenen Studien hinsichtlich der verwendeten Daten und der Art der Berücksichtigung von Risiko resultieren.

Gompers und Lerner (1997) vergleichen die Performance von Private Equity-Transaktionen eines einzelnen Private Equity-Fonds, indem sie gleichgewichtete Indizes öffentlich notierter Unternehmen mit gleichwertigen dreistelligen SIC Codes als Benchmark für einzelne Private Equity-Transaktionen benutzen. Sie verwenden diese Indizes als Performance-Indikatoren für die Private Equity-Transaktionen mangels Barzahlungen oder Abschreibungen und unterstellen dabei eine perfekte Korrelation zwischen den Bewertungen der betrachteten Unternehmen und dem gewählten Index. Haben Barzahlungen oder Abschreibungen stattgefunden, kann ein neuer Unternehmenswert berechnet und der Transaktion beigelegt werden. Durch Nutzung dieses Ansatzes ermitteln die Autoren eine risikoadjustierte Performance für diesen Private Equity-Fonds, der die Vergleichsrendite an öffentlichen Märkten deutlich übertrifft. Dieser Fonds kann jedoch kaum als repräsentativ für die gesamte Private Equity-Branche angesehen werden. Infolgedessen kann die Frage der Performance von Private Equity in Relation zu den öffentlichen Märkten durch ihre Studie nicht beantwortet werden.

Die Studie von Ljungqvist und Richardson (2003) betrachtet umfassendere Daten eines Fund-of-Fund-Investors, welcher über Barauszahlungen, -einzahlungen und Managementgebühren von 73 unterschiedlichen Private Equity-Fonds berichtet. Um (teilweise) risikoadjustierte Renditen zu ermitteln, berechnen sie Branchen-Betafaktoren unter Nutzung der Methodik von Fama und French (1997). Mangels Daten über den Grad des Fremdkapitalhebels der betrachteten Unternehmen sind sie jedoch nicht in der Lage, unterschiedliche Risiken durch verschiedene Fremdkapitalanteile abzubilden und unterstellen daher bei ihrer Analyse implizit durchschnittliche Branchenkennziffern in Bezug auf den Verschuldungsgrad. Hieraus erhalten sie einen durchschnittlichen Betafaktor für alle unterschiedlichen Private Equity-Fonds-Portfolios von 1,08 und eine durchschnittlichen jährliche IRR von 21,83 Prozent. Die jährliche Wertentwicklung des S&P 500 Index betrug im gleichen Zeitraum 14,1 Prozent. Die Autoren argumentieren, dass, vorausgesetzt die Fremdkapitalhebel sind nicht mehr als doppelt so hoch wie der Branchendurchschnitt, dies zu einer risikoadjustierten Überperformance für Private-Equity-Transaktionen führen würde. Ihr Beispiel präsentiert jedoch, wie die Autoren selbst einräumen, Private Equity-Fonds, welche ein erfahrener Fund-of-Fund-Investor für Investitionen ausgewählt hat. Daher muss man die Möglichkeit berücksichtigen, dass diese Private Equity-Fonds keine zufällige Auswahl der gesamten Grundgesamtheit von Private Equity-Fonds darstellen, sondern einer Auswahlverzerrung (selection bias) unterliegen, was die hohe Rendite ihres Samples von Private Equity-Fonds erklären kann.

Cochrane (2005) geht explizit auf die Tatsache ein, dass empirische Forschung im Bereich Private Equity Bewertungen lediglich dann beobachten kann, wenn Unternehmen erstmals öffentlich notiert werden, neue Finanzierungen erhalten oder durch Dritte erworben werden. Diese Ereignisse treten mit größerer Wahrscheinlichkeit dann auf, wenn bereits gute Renditen zu verzeichnen sind. Dieser Umstand zieht eine Auswahlverzerrung (selection bias) nach sich, die der Autor mittels einer Maximum-Likelihood-Schätzung überwindet. Mit Ausrichtung auf Venture Capital-Investments benutzt er Daten von 16.613 Finanzierungsrunden zwischen 1987 und Juni 2000 von 7.765 betrachteten Unternehmen aus der VentureOne Datenbank. Basierend auf einer Prozedur der Neugewichtung berechnet Cochrane (2005) als arithmetisches Mittel eine Rendite von 59 Prozent. Er vergleicht die Renditen mit den entsprechenden Wertentwicklungen des S&P 500 Index und einigen Portfolios aus dem NASDAQ Index. Unter

Berücksichtigung dieser unterschiedlichen Benchmark-Portfolios ermittelt er Alpha-Werte zwischen 22 und 45 Prozent, also eine deutliche Überperformance für die Private Equity-Transaktionen. Hinsichtlich des Verlaufs der Regressionen argumentiert er, dass Venture Capital risikoreicher als der S&P 500 Index ist. Abhängig von der Wahl des NASDAQ-Portfolios kann Venture Capital ein geringeres, gleiches oder höheres Risiko als die Benchmark aufweisen.

Kaplan und Schoar (2005) verwenden zum Benchmarking eines großen Samples von ausreichend liquidierten Private Equity-Fonds aus der Datenbank von Thomson Venture Economics einen Public Market Equivalent-Ansatz (PME). Sie konstruieren ein Mimicking Portfolio für bestimmte Private Equity-Fonds, indem sie einen gleichgroßen Betrag über einen identischen Zeitraum in den S&P 500 Index investieren und Rendite der Private Equity-Fonds mit den Index-Renditen vergleichen. Sie kommen zu dem Schluss, dass die durchschnittlichen Venture Capital- und Buy-out-Renditen abzüglich der Gebühren annähernd gleich hoch sind wie die des S&P 500. Die Renditen vor Gebühren beider Asset-Klassen übersteigen die gewählte Benchmark. Sie dokumentieren ferner eine höhere Performance größerer Fonds und erfahrener Managementteams. Die Autoren räumen jedoch ein, dass ihre Resultate mit Vorsicht zu interpretieren sind, weil sie keine Berichtigung unterschiedlicher Fremdkapitalanteile oder Marktrisiken innerhalb des Samples vorgenommen haben.

Die Studie von Gottschalg, Phalippou und Zollo (2005) stellt eine Erweiterung des Artikels von Kaplan und Schoar (2005) dar. Durch Nutzung zusätzlicher Informationen in Bezug auf die Eigenschaften der den Fonds zugrunde liegenden Investments sind sie in der Lage, jede Transaktion einer Branche gemäß der Fama und French (1997) Klassifikation zuzuordnen. Sie berechnen dann ungehebelte (unlevered) Betafaktoren, um eine Adjustierung im Hinblick auf das operative Risiko zu erreichen. Allerdings sind sie mangels Daten über die Fremdkapitalanteile der betrachteten Unternehmen auch nicht in der Lage, eine Korrektur hinsichtlich des unterschiedlichen Fremdkapitalhebels ihrer Beispieltransaktionen vorzunehmen. Sie beziehen sich auf Cotter und Peck (2001), welche detaillierte Informationen über die Kapitalstruktur bei Private Equity-Transaktionen liefern und berechnen Betafaktoren mit einem anfänglichen Fremd-/Eigenkapitalverhältnis von 3 und einem endgültigem Fremd-/Eigenkapitalverhältnis in Höhe des Branchendurchschnitts. Nach einer Korrektur für Auswahlverzerrungen, erhalten sie eine IRR von 12,45 Prozent und einen Profitabilitätsindex von 0,7 für eine Auswahl von 933 quasi-liquidierten Private Equity-Fonds aus der Datenbank von Venture Economics. Mit anderen Worten: Diese, zwischen 1980 und 1996 aufgelegten, Fonds haben nach gegenwärtigem Stand lediglich 70 Prozent ihres investierten Kapitals zurückerhalten und die Performance des S&P 500 Index um durchschnittlich jährlich 3 Prozent unterschritten.

In einer aktuellen Studie sind Groh und Gottschalg (2006) das erste Mal in der Lage, einen vollständig risikoadjustierten Vergleich zwischen der Performance eines großen Samples von Buyout-Investments und Investments in öffentlichen Märkten anzustellen. Basierend auf einem einzigartigen Datensatz, der die Erträge, Fremdfinanzierungsanteile und Brancheneigenschaften von 199 US-Buyout-Fonds-Investments in 133 US-amerikanischen Unternehmen umfasst, konstruieren die Autoren ein Mimicking

Portfolio bestehend aus 199 durch Fremdkapitaleinsatz gehebelten Investments in den S&P 500 Index. Die Investments dieses Portfolios stimmen in Bezug auf das Timing ihrer Zahlungsströme und ihre systematische Risikostruktur perfekt mit den Buyout-Investments überein und werden während der gesamten Haltedauer kontinuierlich an diese angepasst. Unter konservativen Annahmen und nach erfolgter Korrektur für potentielle Auswahl- und Überlebensverzerrungen (survival bias) innerhalb ihres Samples zeigt ihre Analyse, dass die Performance der Buy-outs die des öffentlichen Marktes übersteigt.

Zusammenfassend haben die Resultate bislang nur teilweise eine Antwort auf die Frage nach der historischen Performance von Private Equity-Fonds im Vergleich zu Investments in öffentlichen Märkten liefern können. Die teilweise widersprüchlichen Ergebnisse innerhalb der einbezogenen Literatur können in Teilen aus Unterschieden in Bezug auf die Herkunft der Daten und die Berücksichtigung des Risikos resultieren. Einige Studien (Gompers und Lerner 1997, Ljungqvist und Richardson 2003, Groh und Gottschalg 2006) stützen sich auf eigene Daten, welche von einigen Investoren im Private Equity-Markt verfügbar gemacht wurden. Derartige Daten können unvermeidbaren Verzerrungen unterliegen, und selbst wenn einige der Autoren diesen Umstand explizit ansprechen und Korrekturen vornehmen, muss man trotz allem vorsichtig sein, ihre Ergebnisse auf die Private Equity-Branche als Ganzes zu verallgemeinern. Andere Studien stützen sich auf große und kommerziell verfügbare Datenbanken (Thomson Venture Economics oder VentureOne). Diese Datenbasen unterliegen weniger verzerrenden Effekten wie Selection Biases, aber sie beinhalten auch keine hinlänglich detaillierten Informationen für eine vollständige Angleichung des Risikos zwischen Private Equity-Fonds und Investments in öffentlichen Märkten. Die Bedeutung dieser Bereinigung wurde in Abschnitt 3.2 ausgiebig diskutiert. Daher sind für eine umfassende Antwort auf die Frage ob, wann und warum Private Equity-Fonds-Investments eine bessere oder schlechtere Wertentwicklung aufweisen als andere Investitionsalternativen, zusätzliche Datensammlungen und weitere Forschung notwendig.

Literaturverzeichnis

Cochrane, J. H. (2005): The Risk and Return of Venture Capital, in: Journal of Financial Economics, Vol. 75, pp. 3–52.

Cotter, J./Peck, S. W. (2001): The Structure of Debt and Active Equity Investors: The Case of the Buyout Specialist, in: Journal of Financial Economics, Vol. 59, pp. 101–147.

Fama, E. F./French, K. R. (1997): Industry Costs of Equity, in: Journal of Financial Economics, Vol. 43, pp. 153–193.

Gompers, P. A./Lerner, J. (1997): Risk and Reward in Private Equity Investments: The Challenge of Performance Assessment, in: Journal of Private Equity, Vol. 1, pp. 5–12.

Gottschalg, O./Phalippou, L./Zollo, M. (2005): Performance of Private Equity Funds: Another Puzzle?, INSEAD working paper, available on www.buyoutresearch.org.

Gottschalg, O./Loos, N./Zollo, M. (2004): Working out where the value lies, in: European Venture Capital Journal, June 2004.

Groh, A. (2004): Risikoadjustierte Performance von Private Equity-Investitionen, Wiesbaden 2004, zugl. Diss., Darmstadt 2004.

Groh, A./Gotschalg, O. (2006): The Risk-Adjusted Performance of US-Buyouts, HEC Working Paper, available on www.buyoutresearch.org.

Kaplan, S. N./Schoar, A. (2005): Private Equity Performance: Returns, Persistance and Capital Flows, in: Journal of Finance, Vol. 60, pp. 1791–1823.

Hans Christophers/Michèl Degosciu/
Peter Oertmann/Heinz Zimmermann

Listed Private Equity
Charakteristika einer aufstrebenden Anlageklasse

1 Einleitung 215
2 Listed Private Equity (LPE) – eine aufstrebende Anlageklasse 216
   2.1 Charakteristika des LPE-Marktes 216
   2.2 LPE im Vergleich zu traditionellen PE-Gesellschaften. 218
3 LPX-Indexfamilie 220
   3.1 LPX50® 221
   3.2 LPX® Major Market. 223
   3.3 Style- und Länderindizes 224
4 Effekte in globalen Portfolios 226
5 Ökonomisches Risikoprofil 228
6 Schlussfolgerung 231

1 Einleitung

Private Equity als Anlageklasse erfährt in jüngster Zeit bei Investoren ein immer stärkeres Interesse. Vor allem institutionelle Investoren sind zunehmend bestrebt, ihre bestehenden Portfolios durch Investitionen in Private Equity zu ergänzen. Als Gründe hierfür werden neben den zu erreichenden Diversifikationseffekten vor allem die attraktiven Risiko- und Renditeeigenschaften genannt.

Traditionell verbindet man mit der Anlageklasse Private Equity eine Investition über Intermediäre in nicht börsengehandelte Unternehmen. Es liegt häufig in der Natur dieser Anlagen, dass eine Investition nur für vermögende private oder institutionelle Investoren in Frage kommt. Weitere Nachteile sind die geringe Transparenz bezüglich der Gebührenstruktur der Intermediäre sowie der risikobereinigten Performance der Investition. Der letzte Punkt hat zunehmend das Interesse der wissenschaftlichen Forschung geweckt. Wer sich mit dieser Anlageklasse beschäftigt, gewinnt den Eindruck, dass es enorm aufwendig sei, verlässliche und transparente Risiko- und Renditekennzahlen von Private Equity-Investitionen zu berechnen. Man sieht sich hierbei auch durch Paul Gompers und Josh Lerner[1] bestätigt, die in ihren Studien immer wieder darauf hinweisen, wie schwierig es sei, an öffentlich zugängliche Informationen über Investitionstätigkeiten im Venture-Bereich zu gelangen. Auch der Name der Anlageklasse Private Equity hinterlässt den Eindruck, dass es sich schon fast um geheime Anlageaktivitäten von Anlegern handele, die keiner Kontrolle oder Transparenzerfordernissen unterliegen. Dabei bedeutet der Ausdruck ‚Private Equity' ins Deutsche übersetzt nichts anderes als ‚privates Eigenkapital'. Das Ausmaß der Kontrolle und Transparenzverpflichtungen hängen dabei lediglich von der gewählten Gesellschaftsform ab. Anleger können dabei sowohl Business Angels, vermögende Stiftungen, Banken oder andere institutionelle Investoren sein, aber auch Privatinvestoren. Unabhängig vom jeweiligen Vehikel stellen diese Anleger Eigenkapital zur Verfügung. So wie Aldi und Carréfour dem Lebensmittelsektor zuzuordnen sind, sich aber bezüglich der Gesellschaftsform unterscheiden (Carréfour ist börsennotiert, Aldi hingegen nicht), verhält es sich auch bei Private Equity: Es gibt die traditionellen Beteiligungsgesellschaften, aber eben auch börsennotierte Gesellschaften (Abbildung 1).

Genau an diesem Punkt knüpfen die Forschungstätigkeiten der Autoren an, die sich bei der Berechnung von Risiko- und Renditekennzahlen auf börsennotierte Gesellschaften fokussieren. Private Equity wird demnach so behandelt, wie jede andere Anlageklasse auch, deren Charakteristika durch die börsennotierten Gesellschaften bestimmt werden können. Dies erlaubt es, die Anlageklasse Private Equity in die quantitative Portfoliooptimierung einzubeziehen. Darüber hinaus kann mit dem börsengehandelten Private Equity-Segment die gesamte Palette an Kapitalmarktprodukten erzeugt werden, die man von traditionellen Anlageklassen kennt: Indexzertifikate, Futures, kapitalgarantierte Produkte und dergleichen mehr.

---

1 P. Gompers und J. Lerner (1999): The Venture Capital Cycle.

Abbildung 1: Beteiligungsmöglichkeiten im Bereich Private Equity

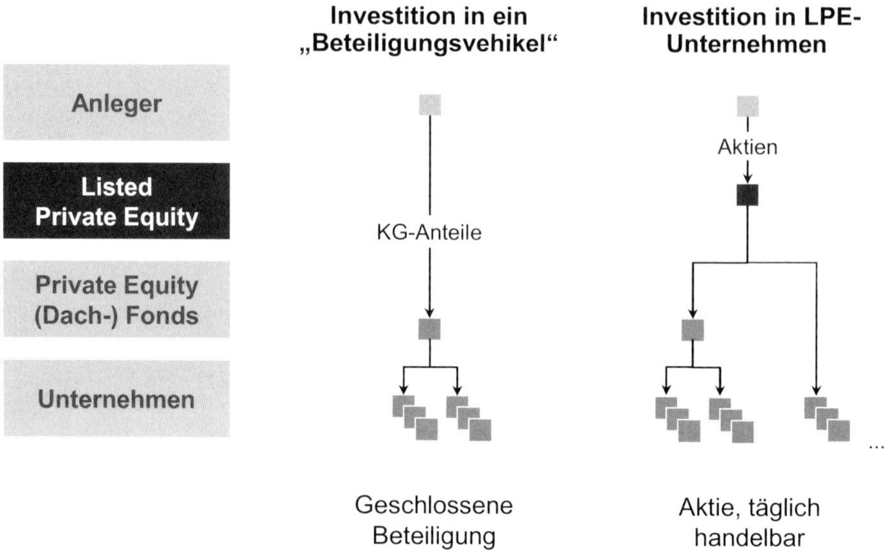

	Investition in ein „Beteiligungsvehikel"	Investition in LPE-Unternehmen
Anleger		Aktien
Listed Private Equity	KG-Anteile	
Private Equity (Dach-) Fonds		
Unternehmen		
	Geschlossene Beteiligung	Aktie, täglich handelbar

2 Listed Private Equity (LPE) – eine aufstrebende Anlageklasse

2.1 Charakteristika des LPE-Marktes

In einem größeren Forschungsprojekt der Abteilung Finanzmarkttheorie des WWZ der Universität Basel werden die Risiko- und Renditekennzahlen von Private Equity-Anlagen auf Basis einer umfassenden Datenbank aller weltweit börsengehandelten Private Equity-Unternehmen berechnet (Listed Private Equity oder auch kurz LPE). Ein Unternehmen wird dabei nur dann als LPE-Unternehmen klassifiziert, wenn es als börsengehandeltes Unternehmen mindestens 50 Prozent seiner Anlagen in Private Equity investiert und eine Exit-Strategie vorliegt. Unternehmen wie Berkshire Hathaway oder Indus Holding werden dabei nicht dem Private Equity-Sektor zugeordnet, da beiden eine klare Exit-Strategie fehlt. Die Investition kann dabei sowohl direkt als auch indirekt (über einen Fonds) erfolgen. Die indirekte Investition kann dabei sowohl über Drittfonds als auch über eigene Fonds erfolgen. Die Datenbank enthält damit Unternehmen, die entlang der gesamten Wertschöpfungskette der Private Equity-Industrie tätig sind, und bildet damit ein Subsegment des gesamten Private Equity-Sektors ab. Die beachtliche Entwicklung der Anlageklasse LPE zeigt sich schon dadurch, dass über die letzten Jahre weit mehr als 300 LPE-Unternehmen für die Aufnahme in die beschriebene Datenbank selektioniert werden konnten. Ein wahrer Boom von Listings ist Ende der 90er Jahre festzustellen: im Zeitraum 1997–2000 sind mehr als 150 Gesellschaften an den internationalen Börsen kotiert worden. Gleichzeitig beobachtet man ein Ansteigen der Marktkapitalisierung von LPE von EUR 5 Mrd. im Jahr 1990 auf über EUR 70 Mrd. im Jahr 2005.

Interessant ist zudem die geografische Aufteilung der Gesellschaften: der Großteil der Unternehmen ist in Europa kotiert. Aber auch asiatische Gesellschaften machen mit einer Gesamtkapitalisierung von über EUR 25 Mrd. knapp 32 Prozent der aktuellen Gesamtkapitalisierung von LPE aus.

Wenn man die in diesen Zahlen reflektierte Entwicklung von LPE in den letzten Jahren betrachtet, ist es eigentlich erstaunlich, dass dieser aufstrebenden Anlageklasse in der Öffentlichkeit und in der Forschung bisher so wenig Aufmerksamkeit zuteil wurde. Die traditionelle Sicht von Private Equity als einer sehr langfristigen, kapitalbindenden Investition in illiquide Vehikel wird sich durch die Entwicklung dieser Anlageklasse, insbesondere mit der Lancierung diversifizierter Anlageprodukte, verändern. Institutionelle wie auch private Investoren werden weitere Vorteile gegenüber traditionellen Investitionen in außerbörsliche Private Equity-Fonds erkennen: eine erheblich tiefere Gebührenstruktur sowie wesentlich verbesserte Diversifikationseigenschaften der LPE-Gesellschaften über Investitionsjahrgänge (vintage years) und Art der Beteiligung. Zudem erlaubt die Börsennotierung die Berechnung transparenter, auf Marktwerten beruhender Rentabilitäts- und Risikokennzahlen – sowohl auf Einzeltitelebene als auch für Portfolios. LPE erhöht damit zweifellos die Kenntnis der Risiko- und Renditeeigenschaften sowie der potenziellen Diversifikationseigenschaften der Anlageklasse Private Equity. Das Vorliegen von Marktpreisen macht es zudem erstmals möglich, einen Vergleich der Performance von Private Equity und traditionellen Anlageklassen anhand verschiedener Indizes durchzuführen.

Abbildung 2: Die Entwicklung der Gesamtkapitalisierung von LPE

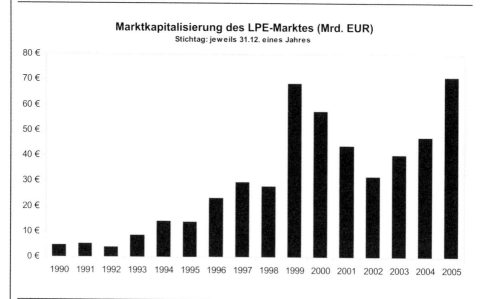

Tabelle 1: Charakteristika des LPE-Marktes

Regionale Aufteilung in Mio. EUR	
Amerika	15.593
Asien/Pazifik	25.412
Kontinentaleuropa	20.696
Großbritannien	17.651

Großbritannien 22,2%
Amerika 19,7%
Kontinentaleuropa 28,8%
Asien/Pazifik 32,0%

2.2 LPE im Vergleich zu traditionellen PE-Gesellschaften

In Gesprächen mit Praktikern und Investoren wird immer wieder die Frage aufgeworfen, ob LPE ein repräsentatives Abbild des gesamten Private Equity-Marktes darstellt. Die Frage ist berechtigt – immerhin stellt LPE nach wie vor bloß eine Nische innerhalb des gesamten Private Equity-Marktes dar. Dies ist allerdings auch nicht überraschend, denn in praktisch jedem Sektor repräsentieren die börsennotierten Unternehmen nur eine Untergruppe des Gesamtmarktes. Im Rahmen einer separaten Studie unseres Forschungsprojektes werden daher Renditeunterschiede zwischen LPE und traditionellen PE-Gesellschaften gemessen.

Bei der anzuwendenden Methodik dieses Vergleichs stößt man auf die bekannten Probleme, welche mit der Renditemessung von nichtbörsengehandelten Private Equity Anlagen verbunden sind. In Anlehnung an die Studie von S. Kaplan und A. Schoar[2] wurde die so genannte Public Market Equivalent (PME)-Methode verwendet: Dabei werden sämtliche historischen Cashflows der nichtbörslichen Private Equity-Vehikel (in der Regel KG-Strukturen) durch Investitionen in börsengehandelte Anlagen repliziert – beispielsweise durch Investitionen in einen börsenbehandelten Private Equity-Aktienindex (LPX). Dies erlaubt die Beantwortung der Frage, ob im Hinblick auf die Erzeugung zukünftiger Cashflows im börsengehandelten Segment eine höhere oder tiefere Anfangsinvestition (Barwert) geleistet werden müsste als im nichtkotierten Segment; ein PME>1 bedeutet eine höhere Investition, also eine schlechtere Rendite der LPE-Anlage. Umgekehrt bedeutet ein PME<1 einen geringeren Kapitaleinsatz im börsengehandelten Segment zur Erzeugung derselben zukünftigen Cashflows – was eine höhere LPE-Rendite bedeutet.

Man stellt auf diese Weise also eine Situation nach, in welcher der Investor die Kapitalabrufe nicht in die Beteiligungsgesellschaften investiert hätte, sondern in liquide Private Equity-Aktien. Als Index wurde dafür der LPX50®, als Datengrundlage für die historischen Cashflows wurden die Daten von Private Equity-Intelligence[3] verwendet. Die Studie[4] umfasst 20 Jahre Historie, 849 Private Equity Fonds und über 7000 Cashflows. Es muss jedoch beachtet werden, dass für die beschriebene Analyse nur diejenigen Fonds in Frage kommen, welche bereits ihre gesamten Erträge wieder an die Investoren ausgeschüttet haben, da damit eine Betrachtung der mit Schätzrisiken behafteten Net Asset Values (NAV) der Fonds entfällt. Dieses Vorgehen würde jedoch die Datengrundlage zu stark einschränken. Daher wurden Portfolios gebildet, deren zugrunde liegende Fonds zwar noch nicht alle Erträge an die Investoren ausgeschüttet haben, jedoch bereits einen erheblichen Teil. Portfolio eins beinhaltet Fonds, bei denen die unrealisierten NAV maximal 30 Prozent der Zahlungsverpflichtungen (commitments) ausmachen dürfen; bei Portfolio zwei beträgt dieser Wert maximal 20 Prozent und bei Portfolio drei höchstens zehn Prozent. Damit kann letzteres als reifstes Portfolio bezeichnet werden.

Die Ergebnisse der erwähnten Studie (Tabelle 2) lassen keine klare Feststellung über die relative Rentabilität der beiden Segmente zu. In Bezug auf den Durchschnitt über alle Fonds sind die Renditeunterschiede nicht signifikant unterschiedlich, auch wenn LPE-Renditen tendenziell etwas höher liegen. Betrachtet man den Median, so schneiden die traditionellen Private Equity-Gesellschaften schlechter ab als LPE. Insgesamt kann man nach dieser Studie den Schluss ziehen, dass LPE zumindest in den letzten 20 Jahren die Rentabilität der Anlageklasse Private Equity relativ gut abzubilden vermag.

---

2 S. Kaplan und A. Schoar: Private Equity Performance: Returns, Persistence and Capital Flows, in: Journal of Finance, Vol. 60, Issue 4, 2005.
3 Weitere Informationen: www.prequin.com.
4 M. Huss (2005): Performance Characteristics of Unlisted Private Equity, Unpublished Manuscript, Universität Basel.

Tabelle 2: PME: Wichtigste Ergebnisse der Studie

	PME								
	Portfolio 1			Portfolio 2			Portfolio 3		
	Alle Fonds	Buyout	Venture	Alle Fonds	Buyout	Venture	Alle Fonds	Buyout	Venture
Median	0.83	0.80	0.82	0.88	0.85	0.95	0.87	0.79	1.16
Durchschnitt	1.00	0.90	1.11	1.06	0.89	1.20	1.05	0.81	1.25

Interpretation der PME: Kapital, das ein Investor in den Index hätte investieren müssen, um dieselben Cashflows und dasselbe Endvermögen zu erhalten, wie bei Investition in einen „traditionellen" Private Equity-Fonds. Eine PME größer 1 bedeutet dabei, dass LPE schlechter rentiert als „traditionelles" Private Equity. Eine PME kleiner 1 bedeutet, dass LPE besser rentiert.

	Portfolio 1	Portfolio 2	Portfolio 3
verwendete Cashflows	7037	4698	2716
maximal zulässiger NAV an den commitments	30%	20%	10%

Die Portfolios stellen unterschiedliche Reifegrade dar, die dadurch charakterisiert werden, dass die unrealisierten Net Asset Values (NAV) einen bestimmten Anteil an den Zahlungsverpflichtungen (commitments) nicht übersteigen dürfen.

3 LPX-Indexfamilie

Die LPX-Indexfamilie wurde im Jahr 2004 durch die LPX GmbH mit Sitz in Basel auf den Markt gebracht. Neben den globalen Private Equity-Aktienindizes LPX50® und LPX® Major Market besteht die Indexfamilie aus regionalen Indizes wie dem LPX® Europe oder dem LPX® America sowie segmentalen Indizes wie dem LPX® Buyout, dem LPX® Indirect oder dem LPX® Venture.

Die Indizes stellen eine Möglichkeit dar, erstmals marktpreisbasierte Aussagen über die Charakteristika von Private Equity zu treffen. Zuweilen werden Vorbehalte laut, dass LPE-Indizes geeignet sind, die Entwicklung der Anlageklasse Private Equity angemessen abzubilden. Es wird argumentiert, dass es sich bei Private Equity nicht um börsengehandelte Beteiligungen im eigentlichen Sinne handle. Nebst den in Abschnitt 2.2 angeführten empirischen Ergebnissen lässt sich diesem Argument entgegnen, dass es bei der Beschäftigung mit einer Anlageklasse wie Private Equity „ja nicht um die Organisation des Fonds, sondern um die Natur der Anlagen, welche sowohl bei börsenkotierten als auch bei traditionellen Fonds im nichtkotierten Bereich zu finden sind"[5], geht.[6]

---

[5] Das Zitat stammt aus: R. Banz, B. Eberle-Haeringer, T. Häfliger: „Pictet BVG Index 2005".
[6] Der LPX50® ist Mitglied der Pictet BVG Indexfamilie seit der Aufnahme der Anlageklasse Private Equity im Jahr 2005.

Welche Aspekte sind bei der Zusammensetzung eines Index grundsätzlich zu beachten?[7] Neben der Repräsentativität und Anzahl der im Index berücksichtigten Gesellschaften ist in erster Linie die Marktliquidität als wichtiges Kriterium hervorzuheben. Die Indexkonstituenten sollten im Sinne einer Replikation des Index sehr schnell erworben und auch wieder veräußert werden können. Auch die Konstituenten der jeweiligen LPX-Indizes werden streng nach vorher festgelegten Liquiditätskriterien bestimmt. Im Rahmen einer Liquiditätsanalyse, die aktuell halbjährlich durchgeführt wird, werden Kennzahlen wie die durchschnittliche Marktkapitalisierung, das Handelsvolumen, der Bid-Ask Spread sowie die Handelskontinuität (Liquiditätskriterien) der einzelnen LPE-Gesellschaft herangezogen. Erfüllt eine Gesellschaft festgelegte Mindestkriterien, qualifiziert sie sich für eine Aufnahme in den Index.

3.1 LPX50®

Der LPX50® ist der weltweit erste Private Equity-Aktienindex. Es handelt sich dabei um einen globalen Index, der die 50 größten LPE-Unternehmen repräsentiert. Die Auswahl der Unternehmen folgt dabei klaren und im Voraus definierten Liquiditätskriterien. Der Index, der täglich publiziert wird, ist ein kapitalgewichteter Index, in dem jedoch die Gewichte einzelner Gesellschaften halbjährlich auf zehn Prozent begrenzt werden. *Abbildung 3* zeigt die Performance des LPX50® TR[8] im Vergleich zu wichtigen internationalen Aktienindizes wie dem MSCI World oder dem DJ Euro Stoxx 50[9]. Man erkennt, dass der LPX50® TR im Zeitraum 31.12.1993 bis 31.12.2005 eine deutlich bessere Performance aufweist als die Vergleichsindizes. Die Rendite[10] in diesem Zeitraum beträgt 12,1 Prozent, womit sich bei einer Volatilität[11] von 21,9 Prozent eine Sharpe Ratio[12] von 0,41 ergibt. Die entsprechenden Ratios für den MSCI World und den DJ Euro Stoxx 50 betragen 0,28 bzw. 0,34.

Der Index ist im Hinblick auf die Währungsaufteilung, die LPE-Investitionskategorien (Styles) Balanced, Buyout und Venture sowie die regionale Verteilung der Konstituenten stark diversifiziert, was schon bei der Betrachtung der Währungsaufteilung deutlich wird: die vier wichtigsten Währungen sind jeweils mit einem Anteil von mindestens 15 Prozent im Index vertreten (siehe auch Tabelle 3). Die Mehrheit der derzeit im Index enthaltenen Unternehmen stammt aus Europa mit einer Kapitalisierung im Index von

---

7 Ausführliche Bemerkungen dazu finden sich in Cordero/Dubacher/Zimmermann (1988): „Zur Entwicklung des neuen Swiss Market Index (SMI) als Grundlage für schweizerische Indexkontrakte: Eine Evaluation potentieller Aktienindices".
8 TR steht hierbei für Total Return, das bedeutet, es handelt sich um einen Index, der Dividendenzahlungen berücksichtigt, in Abgrenzung zum LPX50® PI (PI steht hierbei für Price Index), der keine Dividendenzahlungen berücksichtigt.
9 Quelle: Datastream.
10 Unter Rendite wird im gesamten Text die annualisierte Durchschnittsrendite, basierend auf logarithmierten Monatsrenditen des jeweiligen Zeitraums, verstanden.
11 Unter Volatilität wird im gesamten Text die annualisierte Standardabweichung, basierend auf logarithmierten Monatsrenditen des jeweiligen Zeitraums, verstanden.
12 Der risikolose Zinssatz wird aufgrund des Euro Overnightindex berechnet.

EUR 23,4 Mrd. beziehungsweise 53,7 Prozent der gesamten Indexkapitalisierung. Asien ist mit einem Anteil von 17,2 Prozent und Nordamerika mit einem entsprechenden Wert von 29,1 Prozent an der gesamten Kapitalisierung des Index vertreten. Was die Styles betrifft, so ist der Bereich Buyout mit über 45,3 Prozent am stärksten im Index gewichtet.

Abbildung 3: Die Performance des LPX50® TR

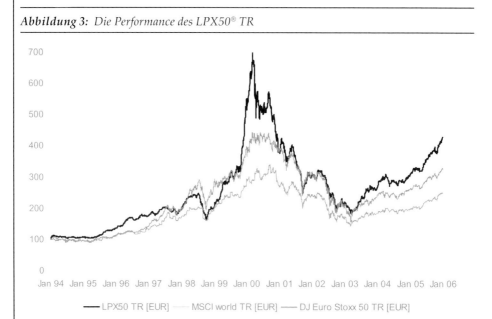

Tabelle 3: Währungsaufteilung, Styles, regionale Aufteilung des LPX®50 TR

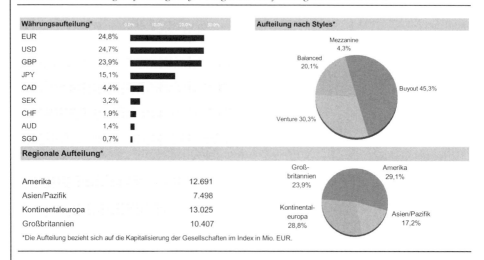

3.2 LPX® Major Market

Der LPX® Major Market besteht aus den 20 weltweit liquidesten und größten LPE-Unternehmen. Der kapitalgewichtete Index basiert auf dem 31.12.1997 und wird, analog zum LPX50®, sowohl als Preisindex als auch als Performanceindex täglich publiziert. Der Unterschied zum LPX50® liegt neben der Größe hauptsächlich in der Liquidität der einzelnen Konstituenten im Index: der LPX® Major Market erfüllt so strenge Kriterien, dass erstmals Private Equity-Delta-1-Zertifikate auf Basis dieses Index möglich sind (siehe dazu auch Abschnitt 4).

In Abbildung 4 wird die Entwicklung des LPX® Major Market TR im Zeitraum 31.12.1997–31.12.2005 dargestellt. Die Sharpe Ratio liegt bei 0,51, die der Vergleichsindizes bei 0,09 bzw. 0,14. Die annualisierte Rendite liegt mit 16,9 Prozent über denen traditioneller Anlageklassen, was die Attraktivität der Anlageklasse LPE unterstreicht.

Tabelle 4 stellt die wichtigsten Charakteristika des LPX® Major Market TR dar. Auch in diesem Falle werden, analog zum LPX®50, die Diversifikationseigenschaften des Index deutlich.

Abbildung 4: Die Performance des LPX® Major Market TR

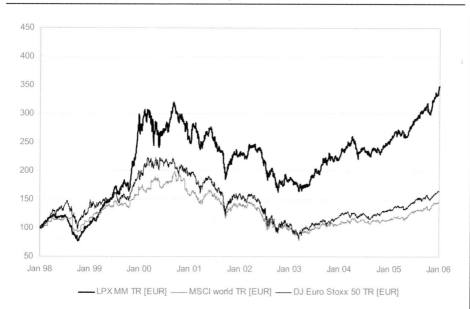

Tabelle 4: Währungsaufteilung, Styles, regionale Aufteilung des LPX® Major Market TR

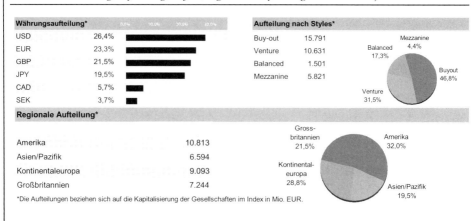

Währungsaufteilung*	
USD	26,4%
EUR	23,3%
GBP	21,5%
JPY	19,5%
CAD	5,7%
SEK	3,7%

Aufteilung nach Styles*	
Buy-out	15.791
Venture	10.631
Balanced	1.501
Mezzanine	5.821

Regionale Aufteilung*	
Amerika	10.813
Asien/Pazifik	6.594
Kontinentaleuropa	9.093
Großbritannien	7.244

*Die Aufteilungen beziehen sich auf die Kapitalisierung der Gesellschaften im Index in Mio. EUR.

3.3 Style- und Länderindizes

LPX berechnet seit Anfang 2005 auch Sektorindizes wie den LPX® Venture oder den LPX® Buy-out sowie Länderindizes wie den LPX® Europe oder den LPX® America. Sektorindizes sind im Falle von LPE vor allen Dingen deshalb sehr nützlich, weil die Anlageklasse LPE als ganzes sehr vielfältig ist. So entscheiden sich Transaktionen in den Bereichen Venture und Buy-out in ihrer Risikostruktur deutlich voneinander, was einen völlig unterschiedlichen Verlauf der diese Bereiche abbildenden Indizes LPX® Venture und LPX® Buy-out erwarten lässt. Der folgende Abschnitt fasst die wichtigsten Eigenschaften der Sektorindizes zusammen.

Der LPX® Venture besteht aus den 20 liquidesten LPE-Unternehmen weltweit. Ein LPE-Unternehmen kann nur dann in den Index aufgenommen werden, wenn mindestens 50 Prozent der Assets in Venture Capital investiert sind. Abbildung 4 zeigt die Entwicklung des LPX® Venture seit 1998. Der Index reflektiert deutlich die Entwicklung der Venture Capital-Industrie, die vor dem Jahr 2000 einen Boom erlebte mit einer anschließenden deutlichen Korrektur. Über den Zeitraum 31.12.1997 bis 31.12.2005 ergibt sich eine Rendite von drei Prozent bei einer Volatilität von 33,6 Prozent.

Der LPX® Buy-out, der analog zum LPX® Venture konstruiert wird, erzielte über dieselbe Periode eine Rendite von 11,98 Prozent. Dies entspricht bei einer Volatilität von 15,62 Prozent einer Sharpe Ratio von 0,57. Interessant ist die deutlich geringere Volatilität und die stetige Entwicklung des LPX® Buy-out in Abgrenzung zum LPX® Venture, welche aus Abbildung 5 ersichtlich ist. Dies unterstützt die aufgestellte These, dass sich die Sektoren Buy-out und Venture erheblich in ihrer Struktur voneinander unterscheiden.

Eine deutlich homogenere Entwicklung findet man beim Vergleich der Länderindizes LPX® Europe und LPX® America (siehe Abbildung 6). Diese bilden die Entwicklung des LPE Marktes in Europa bzw. Amerika ab. Für den Zeitraum 31.12.1997 bis 31.12.2005 beträgt die Rendite der Indizes 9,03 Prozent respektive 10,24 Prozent bei einer Volatilität von 19,24 Prozent beziehungsweise 27,98 Prozent. Dies ergibt eine Sharpe Ratio von 0,31 bzw. 0,26. Damit weisen die Länderindizes eine deutlich höhere Performance auf als die hier aufgeführten Vergleichsindizes MSCI World mit 0,09 und DJ Euro Stoxx 50 mit 0,14.

Abbildung 5: Die Entwicklung des LPX® Venture und LPX® Buyout TR

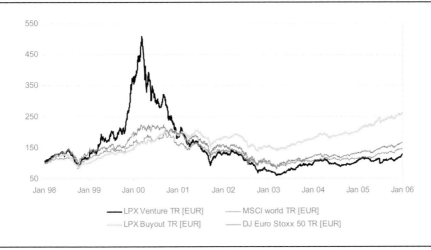

Abbildung 6: Die Entwicklung des LPX® Europe TR und LPX® America TR

4 Effekte in globalen Portfolios

Für einen global ausgerichteten Investor stellt sich die Frage, wie sich das Rendite-Risiko-Profil seines Portfolios durch Investition in LPE verbessern lässt. Durch die Verfügbarkeit der LPX-Indizes kann die Anlageklasse Private Equity in eine Portfoliooptimierung und damit in die Anlagestrategie einbezogen werden. Die aus der Perspektive eines Euro-Investors errechneten Korrelationen zwischen den verschiedenen LPX-Indizes und den beiden globalen Anlagesegmenten Staatsanleihen und Aktien über den Zeitraum 31.12.1993 bis 31.12.2005 sind in der Tabelle 5 dokumentiert.

Tabelle 5: Korrelationen im Zeitraum 31.12.1993 und 31.12.2005 (EUR)

	LPX Buyout	LPX Venture	MSCI Aktien Welt	JPM Staatsanleihen global
LPX50	0.684	0.922	0.765	0.235
LPX Buyout		0.565	0.712	0.352
LPX Venture			0.700	0.204
MSCI Aktien Welt				0.439

Sowohl der LPX50® als auch beide LPX Sektorindizes weisen deutlich höhere Korrelationen gegenüber Aktien als gegenüber Staatsanleihen auf. Die Korrelation des LPX50® gegenüber dem MSCI Weltaktienmarktindex beträgt 0.765, während gegenüber dem von JP Morgan bereitgestellten Staatsanleihenindex ein Wert von lediglich 0.235 gemessen wird. Gleichzeitig liegt die Korrelation zwischen den globalen Anlagesegmenten Aktien und Staatsanleihen mit 0.439 in einem aus langfristigen Betrachtungen vertrauten Wertebereich. Vor dem Hintergrund dieser Analyse kann das größte Diversifikationspotenzial aus dem Wechselspiel zwischen LPE und Staatsanleihen erwartet werden. Vor allem scheint es ein viel versprechender Ansatz zu sein, Aktienanteile im Portfolio durch LPE zu ersetzen – also LPE zu Lasten anderer Aktienpositionen in die Kapitalanlage aufzunehmen.

Die zu erwartenden Effekte einer Integration von LPE in ein globales gemischtes Portfolio sind in Tabelle 6 aufgezeigt. Der Betrachtung liegen wiederum Daten des 12-jährigen Zeitraums 31.12.1993 bis 31.12.2005 zugrunde. Die Tabelle enthält jährliche Durchschnittsrenditen, Volatilitäten und Sharpe Ratios für unterschiedliche Portfoliostrukturen entlang der drei Anlagesegmente Staatsanleihen, Aktien und LPE. Der obere Teil der Tabelle dokumentiert Portfolios ohne LPE, während der mittlere und der untere Teil Portfolios mit LPE dokumentieren.

Tabelle 6: Effekte einer Aufnahme von LPE in ein globales Portfolio

JPM Staatsanleihen global	MSCI Aktien Welt	LPX50	Rendite	Volatilität	Sharpe Ratio
Portfolios ohne LPX50					
100%	0%	0%	5.58%	6.01%	0.36
0%	100%	0%	7.60%	16.39%	0.26
50%	50%	0%	6.59%	9.89%	0.32
LPX50 zu Lasten von Aktien					
50%	40%	10%	7.04%	9.96%	0.36
50%	30%	20%	7.50%	10.22%	0.40
50%	20%	30%	7.95%	10.67%	0.43
50%	10%	40%	8.40%	11.27%	0.44
50%	0%	50%	8.85%	12.01%	0.45
LPX50 zu Lasten von Staatsanleihen					
40%	50%	10%	7.24%	11.18%	0.34
30%	50%	20%	7.90%	12.70%	0.35
20%	50%	30%	8.55%	14.37%	0.36
10%	50%	40%	9.21%	16.15%	0.36
0%	50%	50%	9.86%	18.01%	0.36

Ausgangspunkt für die Betrachtung ist ein in EUR denominiertes Portfolio, das zu 50 Prozent in internationale Staatsanleihen und zu 50 Prozent in internationale Aktien investiert ist. Über den betrachteten Zeitraum hat ein solches Portfolio im Durchschnitt eine jährliche Rendite von 6,6 Prozent bei einer Volatilität von 9,9 Prozent erwirtschaftet. Auf Basis des EUR-Geldmarktzinssatzes resultiert daraus eine Sharpe Ratio von 0.32. Wie schon die Ergebnisse der Korrelationsanalyse vermuten ließen, hätte LPE in diesem global gemischten Portfolio dann den größten Effekt aufzuweisen, wenn LPE zu Lasten des traditionellen Aktienanteils in die Asset-Allocation aufgenommen worden wäre. Ein Anteil von zehn Prozent LPE hätte die jährliche Rendite auf sieben Prozent erhöht, dies bei einer nur sehr geringen Veränderung des Schwankungsrisikos und einer entsprechend höheren Sharpe Ratio von 0,36.

Ein Anteil von 20 Prozent in LPE erhöht die Sharpe Ratio bereits auf 0,40. Wäre gar die gesamte Aktienposition (50 Prozent des Portfolios) durch LPE ersetzt worden, hätte eine jährliche Rendite von 8,6 Prozent bei einer Volatilität von zwölf Prozent und einer entsprechend hohen Sharpe Ratio von 0,45 erzielt werden können. Die Werte im oberen Teil von Tabelle 6 zeigen die genauen Effekte: Da LPE eine signifikant geringere Korrelation gegenüber Staatsanleihen aufweist als traditionelle Aktien, lässt sich das Rendite-Risiko-Profil eines globalen gemischten Portfolios mit einer Substitution von Aktienpositionen durch LPE deutlich verbessern.

Wird LPE zu Lasten von Portfoliopositionen in Staatsanleihen in die Asset Allocation eingebracht, so erhöht sich naturgemäß zwar die Renditechance, allerdings ohne einen nennenswerten Effekt auf die Sharpe Ratio auszuüben. Die Werte im unteren Teil von Tabelle 6 liefern die entsprechenden Anhaltspunkte dazu.

Es ist das Fazit zu ziehen, dass LPE eine Anlageklasse darstellt, mit der sich die Effizienz globaler Portfolios in erster Linie über die Aktienseite verbessern lässt. Dies ist ein interessanter Anknüpfungspunkt für Investoren, die in ihrer Kapitalanlage sowohl auf einen langfristig attraktiven Ertrag als auch auf eine stabile Wertentwicklung ausgerichtet sind.

5 Ökonomisches Risikoprofil

Die vorangehende Analyse zeigt LPE als Alternative zu traditionellen Aktienanlagen auf. Im Hinblick auf die Umsetzung dieses Ansatzes stellt sich die Frage, inwieweit durch eine Aufnahme von LPE das ökonomische Risikoprofil eines Portfolios verändert wird: welche ökonomischen Exposures bringt LPE in ein Portfolio, welche nicht bereits durch traditionelle Aktienpositionen abgedeckt sind? Um die systematischen Risiken (Exposures) von LPE im Vergleich zu traditionellen Aktienmärkten zu analysieren, verwenden wir ein Multifaktormodell, das die Beziehungen zwischen Renditen und den wichtigsten Risikofaktoren an Kapitalmärkten im Rahmen einer linearen Regression erfasst. Das Modell enthält vier globale Risikofaktoren:

- *Globales Zinsrisiko* – abgebildet durch gewichtete Zinsveränderungen zehnjähriger Staatsanleihen der G7/Euroland-Staaten, gemessen über monatliche Perioden, gewichtet mit den relativen Bruttoinlandsprodukten der Länder.

- *Rohstoffpreisrisiko* – abgebildet durch die relativen Veränderungen des Goldman Sachs Index für Industriemetalle.

- *Währungsrisiko* – abgebildet durch die gewichtete relative Veränderung der wichtigsten Wechselkurse gegenüber der Referenzwährung EUR. Das Gewichtungsschema entspricht jenem des Zinsfaktors. Der Währungskorb setzt sich dabei aus USD, CAD, GBP und JPY zusammen.

- *Weltaktienmarktrisiko* – abgebildet durch die monatliche relative Veränderung des MSCI World Index in EUR. Die im Modell verwendete Zeitreihe ist um den Einfluss der drei vorangehenden Risikofaktoren bereinigt (orthogonalisiert) und misst so de facto den residualen Weltmarktfaktor.

Die Spezifikation dieses globalen Multifaktormodells basiert auf ökonometrisch breit abgestützten Erkenntnissen über die systematischen Renditetreiber auf internationalen Kapitalmärkten. Modelle dieser Form werden in quantitativ gestützten Anlageprozessen zur Steuerung globaler Anlagevermögen eingesetzt. Die Ergebnisse der Modellanwendung auf die LPX-Indizes sowie eine Auswahl von europäischen Aktienmärkten sind in der Tabelle 7 zusammengefasst. Zu Vergleichszwecken wurden der europäische Gesamtmarktindex DJ EuroStoxx50 sowie der DAX (Deutscher Aktienindex) und der SMI (Swiss Market Index) ausgewählt. Die Tabelle enthält die im Modell geschätzten Faktorsensitivitäten, wobei wiederum Daten des Zeitraums 31.12.1993 bis 31.12.2005 zugrunde liegen. Die auf einem 95-Prozent-Niveau signifikant ermittelten Sensitivitäten sind unterstrichen.

Das Modell erklärt – abgleitet aus dem R-Quadrat der Regression – durchschnittlich 70 Prozent der Renditevariation der aufgeführten traditionellen Aktienmärkte; die höchste Erklärungskraft besteht mit 82 Prozent für den DJ EuroStoxx50. Im Falle des LPX®50 liegt der R-Quadrat-Wert mit 60,4 Prozent klar tiefer, was bedeutet, dass spezifische Kursbestimmungsfaktoren in diesem Segment selbst im Aggregat (der Anlageklasse) eine größere Rolle spielen als in den traditionellen Aktienmärkten. Investoren, welche diese Risiken nicht eingehen möchten, sollten Private Equity stets unter Diversifikationsgesichtspunkten mit traditionellen Marktsegmenten betrachten.

Tabelle 7: Faktorsensitivitäten im Multifaktormodell

	Faktorsensitivitäten			
	Weltaktienmarkt	Globale Zinsen	Währungen	Rohstoffpreise
LPX50	1.045	4.559	0.674	0.373
LPX Buyout	0.595	-0.142	0.537	0.257
LPX Venture	1.327	4.929	0.768	0.398
DJ EuroStoxx 50	1.265	2.688	0.514	0.310
DAX	1.421	4.688	0.370	0.410
Swiss Market Index	0.880	1.127	0.502	0.170

Für den LPX50® wird eine Marktsensitivität von 1.045 gemessen, das heißt, eine einprozentige Bewegung im MSCI World geht durchschnittlich einher mit etwa der gleichen Bewegung im LPX50®-Segment. Der DJ EuroStoxx50 (1.265) und vor allem der DAX (1.421) sind wesentlich marktsensitiver. Somit hilft eine Anlage in LPE, ein globales

Portfolio hinsichtlich globaler Aktienmarkttrends zu stabilisieren. Die Währungs- und Rohstoffpreissensitivitäten der LPX-Indizes weichen zwar quantitativ von jenen der anderen Aktienmärkte ab, zeigen allerdings qualitativ in die gleiche Richtung. Die Zinssensitivität des LPX50® ist mit 4.559 deutlich höher als die des DJ EuroStoxx50 (2.688), worauf ein Teil der Diversifikationseffekte gegenüber Staatsanleihen zurückzuführen ist; allenfalls der DAX weist eine ähnliche Charakteristik auf. Auffällig und daher interessant ist das negative Vorzeichen des LPX® Buy-out gegenüber dem globalen Zinsfaktor. Während alle anderen Aktiensegmente über die Beobachtungsperiode, in der die Gleichläufigkeit von Zinsen und Aktienpreisen in der ausgeprägten Baisse der Jahre 2001 bis 2003 einen dominanten Einfluss haben, positiv von Zinsbewegungen beeinflusst wurden, scheint sich die besondere Abhängigkeit der Buy-out-Aktivitäten von Fremdfinanzierungskosten im Buyout-Segment widerzuspiegeln.

Abbildung 7 stellt die Faktorsensitivitäten von LPX50®, DJ EuroStoxx50 und dem globalen Staatsanleihenindex von JP Morgan nochmals vergleichend gegenüber. Insgesamt sind die ökonomischen Risikoprofile von LPE und traditionellen Aktienmärkten sehr ähnlich. Die höhere Relevanz spezifischer Einflüsse abseits der globalen Strömungen und die differenziertere Wechselwirkung mit Zinsbewegungen machen LPE zu einer interessanten Anlageklasse in globalen Portfolios.

Abbildung 7: *Faktorsensitivitäten im Multifaktormodell*

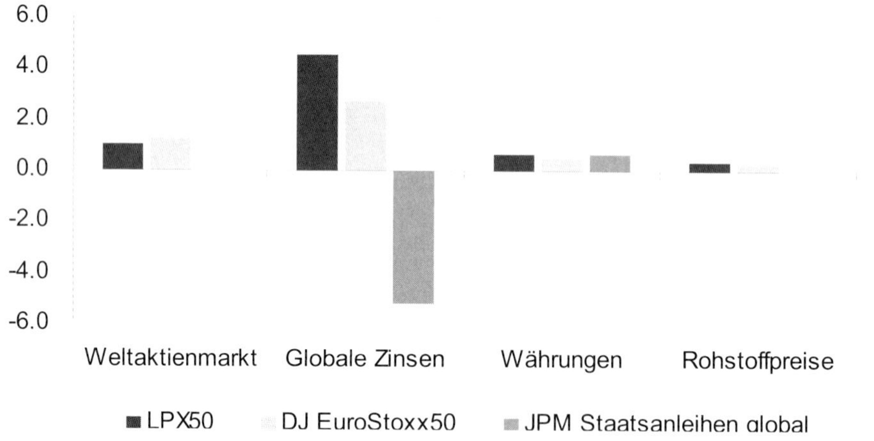

6 Schlussfolgerung

Die LPX-Indexfamilie erfüllt verschiedene Funktionen und kann für vielfältige Anwendungen herangezogen werden. Die wichtigste Funktion liegt wohl darin, dass die Indizes zur Transparenz bei der Bewertung von Private Equity-Anlagen beitragen. Als Benchmarks ermöglichen sie Rentabilitäts- und Risikovergleiche sowohl für einzelne Private Equity-Gesellschaften als auch mit anderen Anlageklassen. Dies ist vor allem vor dem Hintergrund relevant, dass es lange Zeit keine anerkannten Benchmarks für Private Equity gab, und dies wurde als substanzieller Nachteil für potenzielle und bestehende Investoren angesehen. Neue Anlagesegmente erschließen sich institutionellen Investoren nur auf der Basis eines klar definierten Anlageprozesses, im Rahmen dessen Benchmarks ein unerlässliches Element bilden. Heute nutzen führende Private Equity-Unternehmen, Brokerage-Häuser sowie Banken und Versicherungen LPX-Indizes als Benchmarks. Unternehmen, die nicht am globalen LPX50® gemessen werden können, haben die Möglichkeit, sich an regionalen Indizes wie dem LPX® Europe und dem LPX® America oder an kategorialen Indizes wie dem LPX® Buy-out und dem LPX® Venture messen zu lassen.

Gebrauch finden die Indizes verstärkt auch im Rahmen quantitativer Asset Allocation-Modelle. Hier bilden aus LPX-Indizes abgeleitete Zeitreihen ideale Variablen für die Anlageklasse Private Equity. Damit sind verlässliche Aussagen über die optimale Portfolioallokation unter Verwendung von Private Equity möglich. Zudem wurden von verschiedenen Grossbanken Kapitalmarktprodukte basierend auf dem LPX50® TR und dem LPX® Major Market strukturiert. Sie geben erstmals auch Privatinvestoren mit geringeren Anlagevolumina die Möglichkeit, in einen liquiden Indexfonds im Bereich Private Equity zu investieren. Wenn man in Betracht zieht, dass Investitionen in diese Anlageklasse bisher nur ab hohen Mindestbeträgen möglich waren und die mangelnde Liquidität ein oft unüberwindbares Hindernis selbst für institutionelle Investoren darstellte, dürfte diese Entwicklung zu einer weiteren Etablierung der Anlageklasse Private Equity führen.

Markus Rudolf/Peter Witt

Bewertung von nicht-börslichen Beteiligungen

1 Einleitung 235
2 Kundenwertmodelle 237
3 Unternehmensbewertung als Optionsmodell auf nicht gehandelte Anlagen . . . 242
4 Schlussfolgerung 248
Literaturverzeichnis

1 Einleitung

Unternehmensbewertung ist ein zentrales Feld in der Unternehmensfinanzierung. Dabei entspricht der Unternehmenswert der Summe aus den Anlagen eines Unternehmens und seinen Verbindlichkeiten. Es ist allerdings nicht trivial, den fairen Wert der Anlagen oder auch den fairen Wert von Verbindlichkeiten zu bestimmen. Denn deren Wert hängt von den Cashflows ab, die in Zukunft damit zu erzielen sind, und die sind naturgemäß schwer zu schätzen. Zusätzlich müssen solche Cashflows diskontiert werden. Der Diskontsatz entspricht den Kapitalkosten, d.h. den Erträgen, die bei einem anderen Investment mit identischem, Kapitalmarktrisiko erzielt werden können. Die Bestimmung des Diskontfaktors basiert auf verschiedenen kapitalmarkttheoretischen Modellen, wie sie z.B. in Rudolf[1] beschrieben sind. Beispiele für solche Modelle sind das Capital Asset Pricing Model (CAPM) oder die Arbitrage Pricing-Theorie (APT). Darüber hinaus gibt es Varianten, Modifikationen und praktikablere Variationen solcher kapitalmarktbasierter Modelle. Zur Bewertung von nicht-börslichen Beteiligungen ist man aber auf innovative Unternehmensbewertungsmodelle angewiesen. Ohne Anspruch auf Vollständigkeit, lassen sich folgende Unternehmensbewertungsmodelle unterscheiden:

1. **Klassische Modelle:** Hierbei handelt es sich um Modelle, die Cashflows und kapitalmarktbasierte Kapitalkostensätze zur Grundlage der Bewertung heranziehen. Als Unterformen unterscheidet man:

    - Discounted Cashflow-Modelle (DCF-Modelle)
    - Modelle mit relativer Bewertung
    - Economic Value Added-Modelle (EVA-Modelle)

    Für alle Formen der klassischen Modelle benötigt man Diskontfaktoren, die auf Kapitalmarktinformationen beruhen.

2. **Contingent-Claim-Modelle:** Darunter fallen vor allem die so genannten strukturellen Modelle nach dem Vorbild von Merton[2]. Demnach wird der Marktwert des Eigenkapitals als eine Calloption der Aktionäre auf die Anlagen der Firma betrachtet, wobei der Nennwert der Verbindlichkeiten der Ausübungspreis der Option ist. Gleichzeitig entspricht der Marktwert der Verbindlichkeiten ihrem Nennwert plus einer an die Aktionäre verkauften Calloption auf die Anlagen der Firma, wobei wiederum der Nennwert der Verbindlichkeiten dem Ausübungspreis entspricht. Die Unternehmensbewertung erfolgt in beiden Fällen mit Optionspreismodellen. Das sicherlich bekannteste Optionspreismodell stammt von Black und Scholes[3].

    Eine Voraussetzung für die Anwendung von Optionspreismodellen ist, dass die zu bewertende Unternehmung am Kapitalmarkt gehandelt wird. Das ist bei außerbörslichen Beteiligungen naturgemäß nicht der Fall.

---

1 Vgl. Rudolf (2006).
2 Vgl. Merton (1974).
3 Vgl. Black/Scholes (1973).

3. Realoptionsmodelle versuchen, den Wert unternehmerischer Flexibilität durch die Optionspreistheorie anzunähern. Solche Modelle sind bekannt geworden mit dem Buch von Trigeorgis[4]. Unternehmerische Flexibilitäten sind bei Wachstumsunternehmen zweifellos relevant. In Rudolf und Witt[5] und auch in Rudolf und Witt[6] sind Realoptionen in Wachstumsunternehmen ausführlich beschrieben worden. Allerdings muss auch zur Verwendung von Optionspreismodellen für Realoptionen die Basisanlage am Kapitalmarkt gehandelt sein. Wenn das nicht der Fall ist, dann gibt es allenfalls die Möglichkeit der Approximation der Optionswerte nach der Methode von Cochrane und Saá-Requejo[7]. Die Anwendung dieser Methode auf die Bewertung von Realoptionen bei außerbörslichen Beteiligungen ist in Rudolf[8] genauer beschrieben.

4. Weiterhin gibt es gleichgewichtige Unternehmensbewertungsansätze wie z.B. im Modell von Cox, Ingersoll und Ross[9]. Allgemeiner findet man solche Ansätze als Stochastic-Discount-Factor-Ansatz in Cochrane[10]. Solche Ansätze erfordern einen so genannten Pricing Kernel. Dabei handelt es sich in der Regel um einen am Kapitalmarkt beobachtbaren, stochastischen Diskontfaktor.

5. Eine weitere Klasse zur Unternehmensbewertung sind die so genannten rationalen Modelle. Solche Modelle treffen Annahmen über die stochastischen Eigenschaften der Treiber des Unternehmenswertes und simulieren dann verschiedene Verteilungen für diese Treiber. Die so simulierten Verteilungen erlauben dann die Bestimmung des Unternehmenswertes.

   - Als Treiber kommen beispielsweise der Unternehmensumsatz und die -Kosten in Frage, aus denen dann eine Verteilung für die zukünftigen Cashflows abgeleitet wird. So gehen Schwartz und Moon[11] vor. Die auf diese Weise generierte Cashflow-Verteilung muss dann mit einem Kapitalmarktzins diskontiert werden, um den heutigen Unternehmenswert zu erhalten. Dieses Verfahren wurde von Keiber, Kronimus und Rudolf[12] für 48 deutsche Wachstumsunternehmen empirisch getestet.

   - Eine Alternative dazu bilden die EBIT-Modelle. Sie setzen an Jahresabschlussinformationen als Unternehmenswerttreiber an, nämlich am EBIT des Unternehmens. Solche Informationen sind auch für nicht-börsengehandelte Unternehmen verfügbar. Eine Anwendung der EBIT-Modellklasse auf nicht börsengehandelte Unternehmen findet sich detailliert in Rudolf und Witt[13].

---

4 Vgl. Trigeorgis (1996).
5 Vgl. Rudolf/Witt (2003).
6 Vgl. Rudolf/Witt (2002a) und (2002b).
7 Vgl. Cochrane/Saá-Requejo (2000).
8 Vgl. Rudolf (2003).
9 Vgl. Cox/Ingersoll/Ross (1985).
10 Vgl. Cochrane (2001).
11 Vgl. Schwartz/Moon (2001).
12 Vgl. Keiber/Kronimus/Rudolf (2002).
13 Vgl. Rudolf/Witt (2000a).

6. Die letzte Modellklasse, die hier aufgeführt wird, sind die Kundenwertmodelle (Customer Equity-Modelle). Sie stammen aus dem Marketing und nicht aus dem Bereich der Unternehmensfinanzierung. Gerade deshalb sind sie aber für Unternehmen geeignet, bei denen finanzwirtschaftliche Informationen nur unvollständig vorhanden sind, wie das bei nicht-börslichen Beteiligungen der Fall ist. Kundenwertmodelle verwenden Kundeninformationen zur Bewertung von Unternehmen. Eine detaillierte Beschreibung der Anwendung von Kundenwertmodellen auf die Unternehmensbewertung stammt von Krafft, Rudolf und Rudolf-Sipötz[14]. Kundenbewertungsmodelle zur Bestimmung von unternehmerischen Flexibilitäten werden in Kronimus, Rudolf und Rudolf-Sipötz[15] behandelt.

Die klassischen Modelle, die Contingent Claim-, die Realoptions- und die Gleichgewichtsmodelle beruhen alle auf Kapitalmarktinformationen. So muss man Kenntnisse über erwartete Marktrenditen oder die Beta-Faktoren der zu bewertenden Unternehmen haben. Für nicht-börsliche Beteiligungen liegen keine Kapitalmarktinformationen vor. Man kennt den Beta-Faktor eines mittelständischen Unternehmens nicht und kann den relevanten Markt kaum abgrenzen. Deshalb stellt sich die Ermittlung von nicht an Börsen gehandelten Unternehmenswerten viel schwieriger dar. Kapitalmarktinformationen können kaum genutzt werden. Die Bewertung von nicht-börslichen Beteiligungen kann sich hingegen nur auf weniger ausführliche Informationen stützen. Für nicht-börsliche Beteiligungen stehen Jahresabschlussinformationen zur Verfügung. Möglicherweise stehen auch Informationen über die Entwicklung der Kundenanzahl und deren Qualität zur Verfügung. Im hier vorliegenden Abschnitt soll der Versuch gemacht werden, zwei verschiedene, innovative Ansätze auf die Bewertung solcher Unternehmen anzuwenden. Erstens sollen die Kundenbewertungsmodelle dazu verwendet werden. Dieser Teil findet sich im nächsten Absatz und beruht auf den detaillierten Beschreibungen in Rudolf und Witt[16] und in Krafft, Rudolf und Rudolf-Sipötz[17]. Zweitens wird im dritten Abschnitt das Modell von Cochrane und Saá-Requejo[18] mit dem von Merton[19] verbunden und auf nicht-börsliche Beteiligungen angewandt.

2 Kundenwertmodelle

Zur Bewertung außerbörslicher Beteiligungen kann man nicht auf Kapitalmarktinformationen zurückgreifen. Es ist aber intuitiv ziemlich plausibel, dass die Kundenanzahl und die Qualität der Kunden entscheidend sind für den unternehmerischen Erfolg. Dies gilt zumindest dann, wenn die erzielten Cashflows mit der Kundenanzahl

---

14 Vgl. Krafft/Rudolf/Rudolf-Sipötz (2005).
15 Vgl. Kronimus/Rudolf/Rudolf-Sipötz (2003).
16 Vgl. Rudolf/Witt (2000a).
17 Vgl. Krafft/Rudolf/Rudolf-Sipötz (2005).
18 Vgl. Cochrane/Saá-Requejo (2000).
19 Vgl. Merton (1974).

zusammen hängen. Die Kunden sind das eigentliche Kapital einer Unternehmung. Deshalb spricht man von Customer Equity[20]. Dabei ist nicht nur die heutige Anzahl an Kunden entscheidend, sondern auch deren Wachstum. Zudem gibt es Kunden, die andere Kunden anziehen. Demnach unterscheidet Rudolf-Sipötz[21] drei Wertkomponenten eines Kunden:

- Das gegenwärtige Erfolgspotenzial, also der heutige Cashflow,
- das zukünftige Erfolgspotenzial also der zukünftige Cashflow,
- den komplementären Wertbeitrag, also Cashflow, der durch Weiterempfehlung, Vorbildfunktion, u.ä. entsteht.

Diese drei Komponenten fasst sie im Kundenkubus-Konzept zusammen; Abbildung 1 verdeutlicht dieses Konzept.

Abbildung 1: Der Kundenkubus von Rudolf-Sipötz (2001)

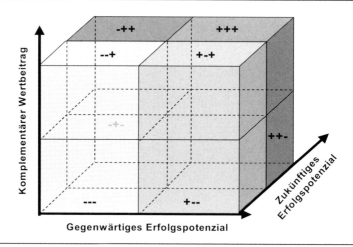

Die gegenwärtigen Cashflows lassen sich vergleichsweise einfach messen. Dazu bestimmt man die gegenwärtige Kundenanzahl und multipliziert sie mit deren durchschnittlichen Ausgaben für die Produkte des zu bewertenden Unternehmens. Die Schätzung des zukünftigen Erfolgspotenzials und auch des komplementären Wertbeitrages ist naturgemäß schwieriger. Dazu benötigt man ein stochastisches Modell, das einerseits die Kundenanzahl in die Zukunft projiziert, das aber zweitens auch die Cashflows pro Kunde in der Zukunft simuliert. Krafft, Rudolf und Rudolf-Sipötz[22] entwickeln für die Entwicklung der Kundenanzahl einen so genannten Momentum-Prozess.

---

20 Vgl. Blattberg/Thomas (1998).
21 Vgl. Rudolf-Sipötz (2001).
22 Vgl. Krafft/Rudolf/Rudolf-Sipötz (2005).

Ein solcher Prozess zeichnet sich durch ein Momentum in der Kundenentwicklung aus. Wenn also die Kundenanzahl steigt, ist die Wahrscheinlichkeit für eine weiter steigende Kundenanzahl größer als für eine fallende Kundenanzahl. Bei fallender Kundenanzahl ist es genau umgekehrt. Durch die Momentum-Eigenschaft wird der komplementäre Wertbeitrag der Kundenbasis modelliert: Gelingt es einem Unternehmen, zunehmend Kunden an sich zu binden, dann werden diese Kunden das Unternehmen weiter empfehlen und dadurch zusätzliche Kunden für das Unternehmen gewinnen; die Veränderung der Kundenanzahl ΔK_S über das Zeitintervall Δt in einem (unvorhersehbaren) Umweltzustand $\tilde{s}$ ist dann positiv. Sinkt die Kundenanzahl hingegen unter eine kritische Masse $\overline{K}$, dann kehrt sich dieser Effekt ins Gegenteil um. Es wird dann ein negatives Momentum generiert. Wie stark dieser Momentum-Effekt ausgeprägt ist, kann mithilfe eines Momentum-Parameters a<0 modelliert werden. Je negativer a ist, desto stärker ist das Momentum ausgeprägt. Für die Veränderung der Kundenanzahl gilt der folgende Momentum-Prozess:

(1) $\Delta K_S = a \cdot \left[\overline{K} - K_S\right] \cdot \Delta t + \sigma \cdot \tilde{s}(t) \cdot \sqrt{\Delta t}$

Die Volatilität des Prozesses ist dabei σ. Ein schönes Beispiel für ein Momentum in der Kundenanzahl sind die beiden Internet-Explorer von Microsoft und von Netscape, wie sie in Abbildung 2 zu finden sind. Der Netscape Explorer hat seit 1999 ein stark negatives Momentum, während das Momentum des Microsoft Internet-Explorer stark positiv ist. Shapiro und Varian waren die ersten Autoren, die den in Abbildung 2 illustrierten Kundenwachstumsprozess mit Momentum gerade für Wachstumsunternehmen, und damit auch für außerbörsliche Beteiligungen, postuliert haben. Ein solches Momentum wird durch den Prozess (1) beschrieben.

Abbildung 2: Marktanteile von Internet Browsern in Prozent

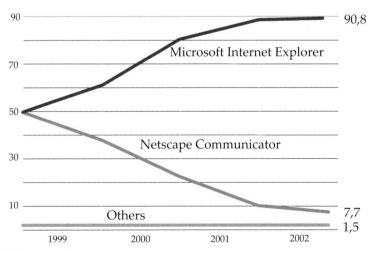

Quelle: W3B, Gartner Dataquest

Zur Implementierung des Prozesses dient das folgende Beispiel als Veranschaulichung. Das Ausgangniveau sind 100 Kunden. Dies ist auch gleichzeitig das kritische Niveau $\overline{K}$. Ein Zeitschritt beträgt $\Delta t=1$ Jahr. Ob die Kundenbasis anwächst oder nicht, ist nicht vorhersehbar. Allerdings wächst die Kundenbasis mit größerer Wahrscheinlichkeit an, wenn sie in der Vergangenheit bereits angewachsen ist, als wenn sie vorher gefallen ist. Abbildung 3 zeigt die jeweiligen Wahrscheinlichkeiten an den Ästen. Die dort ausgewiesenen Wahrscheinlichkeiten sind mit dem Momentum-Prozess in (1) konsistent. Die Wahrscheinlichkeiten für eine zunehmende bzw. eine abnehmende Kundenbasis sind in der Ursprungsperiode gleich groß. Nach einer Periode wird aber die Unternehmung mit steigender Kundenbasis eine höhere Wahrscheinlichkeit für weiter steigende Kundenzahlen haben als die Firma, deren Kundenbasis in der ersten Periode geschrumpft ist. Die Wahrscheinlichkeiten sind 0.7 bzw. 0.3. Daraus ergibt sich für die erfolgreiche Firma eine erwartete Veränderung der Kundenbasis von 0.7·80−0.3·80, also 32. Für die in der ersten Periode wenig erfolgreiche Firma sieht die Situation weniger günstig aus. Die Anzahl der Kunden sinkt hier um 80 mit Wahrscheinlichkeit 0.7. Gleichwohl verbleibt auch hier eine 30%-Chance auf eine steigende Kundenanzahl. Die sich daraus ergebende erwartete Veränderung der Kundenanzahl ist −30, weil die Kundenanzahl im Konkursfall natürlich 0 ist.

Abbildung 3: Binomiale Modellierung Kundenanzahl, kritische Kundenanzahl $\overline{K}=100$, Momentum Geschwindigkeit a=−0.4, Volatilitäts-induzierte Sprunghöhe 80

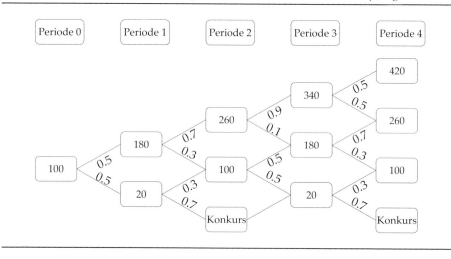

Abbildung 3 zeigt auch, dass der Konkurs eintritt, wenn die Kundenanzahl 20 unterschreitet. Deshalb ist das Potenzial der Kundenanzahl nach oben hin unbeschränkt, nach unten aber durch 0 beschränkt. Eine negative Kundenanzahl zu modellieren würde wenig Sinn machen. Der Grad der Unvorhersehbarkeit des Prozesses wird durch die Volatilität σ ausgedrückt. Sie äußert sich in Abbildung 3 durch eine Sprunghöhe von 80 Kunden nach oben bzw. nach unten in jedem Zustand. Eine größere

Sprunghöhe korrespondiert zu einer größeren Volatilität und damit zu einer größeren Ungewissheit.

Interessant sind nun die Parameter des Prozesses und deren Auswirkungen auf den Unternehmenswert. Es sind vor allem die folgenden Parameter, die sich auf den Wert der Kundenbasis einer außerbörslichen Beteiligung auswirken:

- Die Ungewissheit in der Kundenentwicklung und damit die Volatilität σ, d.h. die Sprunghöhe in Abbildung 3.
- Die Momentum-Geschwindigkeit a.

Zusätzlich könnte man natürlich auch den Cashflow pro Kunde und seine Wachstumsgeschwindigkeit bzw. seine Volatilität modellieren. Dies wird hier nicht berücksichtigt, weil lediglich verdeutlicht werden soll, welche Größen erhoben werden müssen, wenn keine finanzwirtschaftlichen Größen verfügbar sind. Nimmt man für jeden Kunden an, dass er 1 EUR pro Jahr für die Produkte des hier betrachteten Unternehmens ausgibt, dann ergeben sich über die in Abbildung 3 modellierten vier Perioden die folgenden Kunden- und damit Unternehmenswerte:

Tabelle 1: Variationsanalyse des Kundenwertes

Sprunghöhe	Kundenwert in €	Momentum-Geschwindigkeit	Kundenwert in €
20	4.31	0.0	4.81
40	4.51	0.1	4.98
60	4.92	0.2	5.19
80	5.42	0.3	5.43
100	5.51	0.5	5.59

Tabelle 1 zeigt, dass je größer die Sprunghöhe und damit die Unsicherheit sind, der Wert der Kundenbasis umso größer ist. Dies steht im Gegensatz zu den Prinzipien der klassischen Unternehmensbewertung, bei der mehr Unsicherheit weniger Unternehmenswert impliziert. Wegen der in Abbildung 3 gezeigten Asymmetrie zwischen dem durch 0 nach unten hin begrenztem Risiko eines Verlustes der Kundenbasis und den nach oben hin unbegrenzten Chancen des Zugewinns an Kunden wirkt sich der Grad der Ungewissheit auch positiv auf die Wachstumsrate der Cashflows und damit auf den Unternehmenswert aus. Zusätzlich zeigt Tabelle 1 einen positiven Zusammenhang des Kundenwertes zur Momentum-Geschwindigkeit. Damit ist die Geschwindigkeit gemeint, mit der sich erfolgreiche und nicht erfolgreiche Unternehmen auseinander entwickeln. Eine Momentum-Geschwindigkeit von $a=0$ würde beispielsweise eine Entwicklung der Kundenbasis implizieren, die völlig unabhängig vom bisherigen Erfolg ist. Je größer die Momentum-Geschwindigkeit ist, desto stärker wirkt der in Abbildung 3 dargestellte Effekt. Außerbörsliche Unternehmen dürften häufig ein hohes Wachstumspotenzial und damit eine hohe Momentum-Geschwindigkeit haben. Für traditionelle, häufig börsennotierte, Unternehmen dürfte eher das Gegenteil zutreffen, während Wachstumsunternehmen eine starke Diskrepanz zwischen erfolgreichen und weniger erfolgreichen Unternehmen aufweisen. Hohe Momentum-Geschwindigkeiten rechtfertigen demnach eine deutlich höhere Bewertung.

3 Unternehmensbewertung als Optionsmodell auf nicht gehandelte Anlagen

Nicht-börsliche Beteiligungen sind risikobehaftete Investitionen, die nicht am Kapitalmarkt gehandelt werden. Deshalb gibt es Zustände, die zwar für den Wert von nicht-börslichen Beteiligungen relevant sind, die aber nicht mit einer Anlage am Kapitalmarkt verglichen werden können. Die Bewertung solcher Beteiligungen erfolgt daher auf unvollständigen Märkten. Die Bewertung von Unternehmen als Optionen (auf eine gehandelte Basisanlage) ist eine von Merton[23] postulierte Idee. Sie zeigt, dass eine Unternehmensbeteiligung an einem teilweise fremdfinanzierten Unternehmen wie eine Calloption auf die Anlagegegenstände dieses Unternehmens zu bewerten ist. Die Autoren verdeutlichen nachfolgend die Idee von Merton, obwohl sie sich nur auf börsengehandelte Unternehmen anwenden lässt. Danach kann man die Idee allerdings durch eine Modifikation nach Cochrane und Saá-Requejo[24] auch auf außerbörsliche Beteiligungen übertragen.

Der Eigner eines Unternehmens hat das Anrecht auf denjenigen Wertanteil des gesamten Unternehmens, der das Fremdkapital FK überschreitet. Ist das Unternehmen aber bei Fälligkeit des Fremdkapitals überschuldet, dann beträgt der Anteil des Eigners 0, weil das Eigenkapital EK niemals einen negativen Wert aufweisen kann. Im günstigen Fall aber kann es sich vervielfachen. Folglich ist die Eigenkapitalposition an einem Unternehmen mit Leverage eine asymmetrische Position mit beschränktem Verlust-, aber unbeschränktem Gewinnpotenzial, ähnlich einer Option. Dies lässt sich grafisch wie in Abbildung 4 veranschaulichen.

---

23 Vgl. Merton (1974).
24 Vgl. Cochrane/Saá-Requejo (2000).

Abbildung 4: Marktwert des Eigenkapitals einer Firma als Calloption auf die Anlagen der Firma

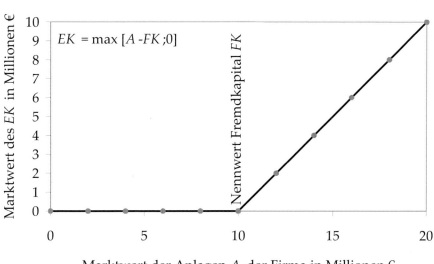

Marktwert der Anlagen A der Firma in Millionen €

In Abbildung 4 beträgt der Nennwert aller Verbindlichkeiten der Firma 10 Millionen EUR. Überschreitet der Marktwert aller Anlagen zum Verfallzeitpunkt des Fremdkapitals diesen Wert, dann hat das Eigenkapital einen positiven Wert. Falls die Verbindlichkeiten aber höher sind als der Marktwert der Anlagen, dann beträgt der Wert des Eigenkapitals 0. Die Auszahlungsstruktur des Eigenkapitals ist in Abbildung 4 verdeutlich. Sie gleicht exakt der einer Calloption auf die Anlagen der Firma, wobei FK = 10 Millionen EUR der Ausübungspreis der Option ist. Wenn man für die Anlagen einen Marktwert beobachten kann, wenn also die bewertete Firma börsengehandelt ist, dann lässt sich der Unternehmenswert mit der Optionsformel von Black und Scholes[25] bestimmen. Dazu steht T für die Laufzeit des Fremdkapitals und σ_A für die Volatilität des Marktwertes des Unternehmensanlagen. Für den Marktwert des Eigenkapitals gilt demnach:

(2)
$$EK = A \cdot N(d_1) - \frac{FK}{e^{r \cdot (T-t)}} \cdot N(d_2)$$
$$d_1 = \frac{\ln A/FK + \left(r + \sigma_A^2/2\right) \cdot T}{\sigma_A \cdot \sqrt{T}}$$
$$d_2 = d_1 - \sigma_A \cdot \sqrt{T}$$

---

25 Vgl. Black/Scholes (1973).

Angenommen, der Marktwert aller Anlagen der Firma würde am Kapitalmarkt mit EUR 10 Millionen beobachtet und der Nennwert der Verbindlichkeiten ebenfalls mit EUR 10 Millionen. Die Unternehmung manövriert dann sehr knapp an der Konkursschwelle. Dennoch ist der Marktwert des Eigenkapitals positiv, wie gleich zu sehen sein wird. Nimmt man eine Anlagen-Volatilität von $\sigma_A = 7.1$ Prozent und eine Fristigkeit des Fremdkapitals von $T=10$ Jahren an, dann beträgt der Marktwert des Eigenkapitals:

$$\frac{\ln\frac{10}{10} + (5\% + 0.5 \cdot 7.1\%^2) \cdot 10}{7.1\% \cdot \sqrt{10}} - \frac{10}{e^{5\% \cdot 10}} \cdot N(2.35 - 7.1\% \cdot \sqrt{10}) = 3.9$$

Das Eigenkapital hat also einen Marktwert von EUR 3.9 Millionen, obwohl der Wert der Anlagen die Verschuldung derzeit nicht überschreitet. Dies trägt der Tatsache Rechnung, dass ein Aktionär seine Position innerhalb der nächsten 10 Jahre grundsätzlich unbegrenzt verbessern kann, während sie nach unten durch 0 begrenzt ist. Diese Chance spiegelt sich im derzeitigen Aktienkurs wider, der ziemlich weit über dem Substanzwert der Firma liegt. Je größer übrigens die Anlagenvolatilität σ_A ist, desto größer ist der Wert der Aktionärsanteile, weil die Chance, einen hohen Anlagenwert bei Verfall der Verbindlichkeiten zu erzielen, verglichen mit der Gefahr, Konkurs zu gehen, dann relativ hoch ist. Diese Idee von Merton erlaubt die Bewertung eines Unternehmens, obwohl dessen in der Zukunft zu erzielende Cashflows ungewiss sind. Das Modell funktioniert für teilweise fremdfinanzierte Unternehmen besonders gut. Bei einem Unternehmen ohne Leverage wären d_1 und d_2 unendlich groß; das Eigenkapital hätte dann einen Wert von

$$EK = A - \frac{FK}{e^{r \cdot (T-t)}},$$

also einfach der Differenz zwischen dem derzeitigen Anlagenwert und dem Barwert des Fremdkapitals. Die im Modell verwendeten Parameter sind größtenteils beobachtbar; entweder am Kapitalmarkt oder im Jahresabschluss des betreffenden Unternehmens. Die Anlagen-Volatilität σ_A ist allerdings nicht direkt beobachtbar. Sie muss mit historisch beobachteten Börsenkursen des Unternehmens geschätzt werden. Deshalb lässt sich das Merton-Modell in (2) für nicht-börsliche Beteiligungen nicht direkt anwenden. Andererseits werden nicht-börsliche Beteiligungen, beispielsweise durch Private Equity-Gesellschaften, typischerweise mit Leverage erworben. Die Verwendung des Merton-Modells erscheint aus diesem Blickwinkel wiederum geradezu prädestiniert für die Bewertung solcher Beteiligungen.

In der jüngeren Vergangenheit wurde von Cochrane und Saá-Requejo[26] ein Optionsmodell für Optionen auf nicht börsengehandelte Anlagen konzipiert. Obwohl dieses Modell nicht zur Anwendung auf Unternehmensbewertungsprobleme entwickelt wurde, erlaubt es die Modifikation des Merton-Modells. Die dem Modell zugrunde liegende Idee ist simpel. Auf unvollständigen Märkten kann man die Volatilität beispielsweise einer nicht-börslichen Beteiligung nicht messen, weil man keine Historie an Börsen-

---

26 Vgl. Cochrane/Saá-Requejo (2000).

kursen vorliegen hat. Auch wenn die Volatilität solcher Beteiligungen nicht beobachtet wird, werden außerbörsliche Beteiligungen dennoch von rationalen Investoren getätigt, deren Rendite- und Risikovorstellungen sich an börsengehandelten Investments orientieren. Natürlich hofft man, durch außerbörsliche Beteiligungen eine attraktivere Kombination aus Rendite und Risiko zu erzielen als bei traditionellen Investments. Man strebt also eine höhere Sharpe Ratio an, d.h. eine höhere erwartete Überschussrendite pro Einheit Volatilität, d.h. pro Einheit Risiko. Nun wird es aber Grenzen für die Sharpe-Ratio solcher Investments geben, und zwar nach oben wie auch nach unten. Würde die Performance von Private-Equity-Investments nachhaltig weit über der von Investments am Kapitalmarkt liegen, dann müsste sich am Kapitalmarkt eine neue Fondsklasse bilden, die sich direkt an nicht-börsengehandelten Unternehmen beteiligt. Wäre die Sharpe Ratio hingegen zu gering, dann gäbe es keine außerbörslichen Beteiligungen. Nun ist also die Volatilität σ_A bei nicht-börslichen Beteiligungen zwar nicht direkt beobachtbar, nach der gerade angestellten Überlegung dürfte es aber eine Ober- und eine Untergrenze geben. Obwohl diese Grenze nicht beobachtbar ist, muss es beim Käufer und beim Verkäufer eine Vorstellung darüber geben, ob die Transaktion noch vorteilhaft ist bzw. wann sie kein *guter Deal* für einen der beiden mehr wäre. Cochrane und Saá-Requejo[27] bezeichnen die solchermaßen bestimmten Grenzen als *Good Deal Bounds*.

Im Fall einer außerbörslichen Beteiligung würde das bedeuten, dass es eine vermutete Sharpe Ratio für ein solches Investment gibt, über das man sich weder als Käufer noch als Verkäufer sicher sein kann. Es gibt aber ein Vielfaches dieser vermuteten Sharpe Ratio, und zwar nach oben und nach unten hin, jenseits dessen man eine Direktbeteiligung am Unternehmen unattraktiv findet. Diese Sharpe Ratio-Grenzen werden im Modell von Cochrane und Saá-Requejo[28] als Vielfaches der vermuteten Sharpe-Ratio ausgedrückt. Diese so definierten Grenzen für die Sharpe Ratio bestimmen die *Good Deal Bounds*.

Je nachdem wie weit die *Good Deal Bounds* gefasst sind, bekommt man für den Wert des Unternehmens als Option auf die Anlagen eine weite oder eine enge Spanne. Im oben diskutierten Beispiel ergab sich ein Unternehmenswert nach der Black Scholes-Formel von annähernd EUR 4 Millionen. Abbildung 5 zeigt, dass der Wert des Eigenkapitals zwischen 0.7 und 7.3 Millionen € schwanken kann, wenn es sich um eine außerbörsliche Beteiligung handelt. Je höher der Sharpe Ratio Multiplikator ist, desto größer ist das Intervall für die Good Deal Bounds. Abbildung 5 verdeutlicht, dass bei unserem Zahlenbeispiel mit unendlich hohem Leverage relativ schnell ziemlich beliebige Unternehmenswerte modellierbar sind. Bei einem Sharpe Ratio-Multiplikator von 3 und mehr liegt der modellierte Wert des Eigenkapitals zwischen 0 und 12 Millionen EUR.

---

27 Vgl. Cochrane/Saá-Requejo (2000).
28 Vgl. Cochrane/Saá-Requejo (2000).

Abbildung 5: Good Deal Bounds bei verschiedenen Sharpe Ratio-Multiplikatoren

[Diagramm: Marktwert des EK in Millionen € vs. Sharpe Ratio-Vielfaches; Linien: Wertuntergrenze, Black Scholes-Preis, Wertobergrenze]

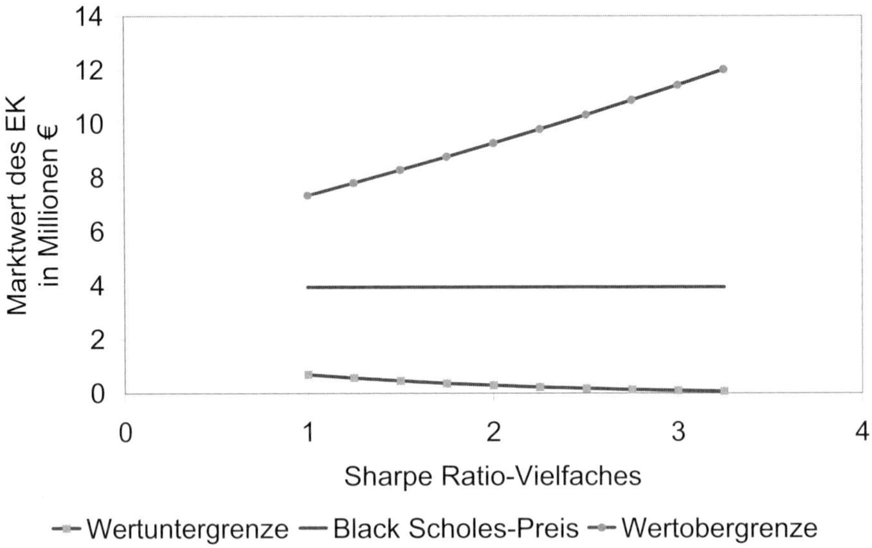

Verringert man den Leverage, also den Fremdfinanzierungsgrad, des Unternehmens, dann erhält man wesentlich engere Good Deal Bounds. Das wird durch Abbildung 6 verdeutlicht. Dort findet man die obere Grenzen (UB), die untere Grenzen (LB) und die Black Scholes-Preise (BS) für den Wert des Eigenkapitals für verschiedene Sharpe-Ratio-Multiplikatoren jeweils zwischen 1 und 10 und für verschiedene Werte des Anlagenkapitals der betrachteten Firma. Die Black Scholes-Preise sind dort auch für verschiedene Sharpe Ratio-Multiplikatoren berechnet; aber natürlich wirken sich die Multiplikatoren nicht auf die Black Scholes-Formel aus, weil sie ja davon ausgeht, dass die zu bewertende Unternehmung am Kapitalmarkt gehandelt wird.

Abbildung 6: Good Deal Bounds für verschiedene Sharpe Ratio-Multiplikatoren und verschiedenen Marktwerten der Anlagen der Firma

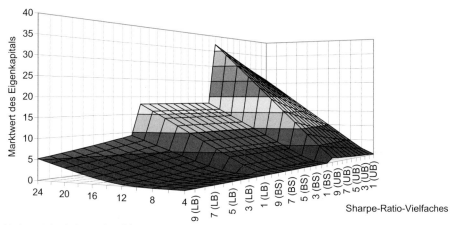

Abbildung 7 zeigt schließlich noch deutlicher, dass die Genauigkeit der Cochrane Saá-Requejo-Formel mit sinkendem Verschuldungsgrad steigt. Je höher nämlich der Marktwert der Anlagen ist, desto kleiner demnach der Verschuldungsgrad ist, desto kleiner werden die prozentualen Bewertungsfehler mit der Approximationsformel nach Cochrane und Saá-Requejo[29]. Sowohl die obere wie auch die untere Grenze der Eigenkapitalwerte weicht dann nur noch um 50 Prozent vom Black Scholes-Preis ab. Damit hat man zwar noch immer einen beträchtlichen Unschärfegrad, aber dennoch ein verwertbares Approximationsergebnis. Der Grund für die Verbesserung des Approximationserfolges mit sinkendem Leverage ist, dass dann aus einem Unternehmen mit stark asymmetrisch verteilten Chancen und Risiken immer stärker ein Investment in ein Unternehmen mit weniger starken Optionseigenschaften wird. Sinkt der Leverage auf 0, dann verliert das Unternehmen die Optionseigenschaft vollkommen, denn dann können sich Gesellschafter nicht mehr auf Kosten der Gläubiger Gewinnpotenziale sichern.

---

29 Vgl. Cochrane/Saá-Requejo (2000).

Abbildung 7: Abweichung der Good Deal Bounds vom Black Scholes-Preis

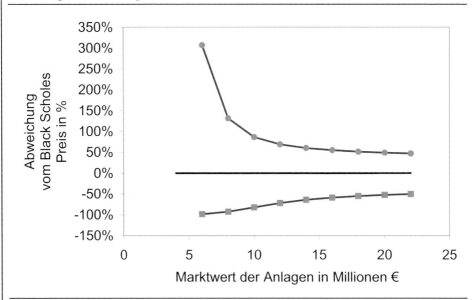

4 Schlussfolgerung

Die Finanzierungstheorie stützt sich bei der Bewertung von Unternehmen maßgeblich auf Kapitalmarktinformationen. So werden Unternehmen in Abhängigkeit ihres systematischen Kapitalmarktrisikos bewertet. Es werden Peer-Groups aus verwandten Unternehmen am Kapitalmarkt gebildet, um das zu bewertende Unternehmen einzuordnen. Der Vorteil der Verwendung von Kapitalmarktinformationen ist, dass sie von einer großen Anzahl von Akteuren an den Märkten geprüft und in Investitionsentscheidungen umgesetzt wurden. Man stützt sich hier also auf das demokratische Prinzip, nach dem die Mehrheit immer im Recht ist. Im hier vorliegenden Beitrag soll gar nicht diskutiert werden, ob ein solches Prinzip zu richtigen Investitionsentscheidungen führt. Es ist aber zumindest bequem, Kapitalmarktinformationen zu verwenden, weil sie relativ einfach verfügbar sind oder kostengünstig generiert werden können.

Bei nicht-börslichen Beteiligungen liegen keine Kapitalmarktinformationen vor, die zur Unternehmensbewertung geeignet wären. Ein Investor ist daher gezwungen, vom Unternehmen selbst generierte Informationen zu verwenden, anstatt Informationen, die der Kapitalmarkt in einem demokratischen Prozess bereitstellt. Im vorliegenden Beitrag werden zwei innovative Verfahren zur Bewertung von nicht-börslichen Beteiligungen vorgeschlagen. Das erste Verfahren stellt auf die Entwicklung der Kundenbasis des zu bewertenden Unternehmens ab. Dort nutzt man die Erkenntnisse relevanter Marketing-Literatur und modelliert die Kundenanzahl mit stochastischen Methoden als Momentum-Prozess. Darauf lässt sich dann ein finanzökonomisches Bewertungsverfahren anwenden. Man bestimmt so den so genannten Customer-Equity eines Unternehmens.

Die zweite hier vorgeschlagene Methode ist eine Approximation an ein kapitalmarkttheoretisches Modell. Dabei bewertet man den Wert des Eigenkapitals eines Unternehmens als Calloption auf die am Kapitalmarkt gehandelten Anlagen der Firma mit dem Modell von Black und Scholes. Da eine nicht-börsliche Beteiligung allerdings nicht am Kapitalmarkt gehandelt ist, muss man den Wert des Eigenkapitals approximieren. Dafür wurde von Cochrane und Saá-Requejo[30] eine Approximationsformel entwickelt, die man auf außerbörsliche Beteiligungen anwenden kann. Dieser Beitrag zeigt, wie man das macht und unter welchen Umständen die Resultate sinnvoll zu interpretieren sind.

---

30 Vgl. Cochrane/Saá-Requejo (2000).

Literaturverzeichnis

BLACK, FISHER/SCHOLES, MYRON (1973): The Pricing of Options and Corporate Liabilities, in: Journal of Political Economy 81, May-June, 1973, S. 637–659.

BLATTBERG, ROBERT C./THOMAS, JACQUELYN S. (1998): The Fundamentals of Customer Equity Management", in Manfred Bruhn und Christian Homburg (Hrsg.): Handbuch Kundenbindungsmanagement, Wiesbaden 1998, S. 329–357.

COCHRANE, JOHN C./SAÁ-REQUEJO, JESUS (2000): Beyond arbitrage: Good-deal asset price bounds in incomplete markets, in: Journal of Political Economy 108, 2000, S. 79–118.

COCHRANE, JOHN H. (2001): Asset Pricing, Princeton University Press, Princeton, NJ. 2001.

COX, JOHN C./INGERSOLL, JONATHAN E. JR./ROSS, STEPHEN A. (1985): An Intertemporal General Equilibrium Model of Asset Prices, in: Econometrica 53, S. 363–384.

GOLDSTEIN, ROBERT/JU, NENGJIU/LELAND, HAYNE (2001): An EBIT-based model of dynamic capital structure, in: Journal of Business 74, S. 483–512.

KEIBER, KARL/KRONIMUS, ANDRÉ/RUDOLF, MARKUS (2002): Bewertung von Wachstumsunternehmen am Neuen Markt, in: Zeitschrift für Betriebswirtschaft 72, S. 735–764.

KRAFFT, MANFRED/RUDOLF, MARKUS/RUDOLF-SIPÖTZ, ELISABETH (2005): Valuation of customers in new technology start-up companies – a scenario based model, in: Schmalenbach Business Review 57, S. 103–127.

KRONIMUS, ANDRÉ/RUDOLF, MARKUS/RUDOLF-SIPÖTZ, ELISABETH (2003): Realoptionen im Kundenwertmanagement – eine empirische Untersuchung, in: Philipp Becker, Ulrich Hommel, Martin Scholich und Robert Vollrath (Hrsg.): Realoptionen in der Unternehmenspraxis – Wert schaffen durch Flexibilität, 2. Auflage, Springer, Heidelberg, 2003, S. 515–543.

MERTON, ROBERT C. (1974): The Pricing of Corporate Debt: The Risk Structure of Interest Rates, in: The Journal of Finance 29, S. 449–470.

RUDOLF, MARKUS (2003): Valuation of growth companies and growth options, in: Günter Fandel, Uschi Backes-Gellner, M. Schlüter, J.E. Staufenbiel (Hrsg.): Modern Concepts of the Theory of the Firm, Springer, Heidelberg 2003, S. 449–473.

RUDOLF, MARKUS (2006): Kapitalmarkttheorie, in: Andreas Pfingsten: Handwörterbuch der Betriebswirtschaft, Schäffer Poeschel, Stuttgart 2006.

RUDOLF, MARKUS/WITT, PETER (2000A): Bewertung von Wachstumsunternehmen, Gabler-Verlag, Wiesbaden 2002.

RUDOLF, MARKUS/WITT, PETER (2002B): Wachstumsunternehmen: Historie, Branchen, Bewertung, in: Das Wirtschaftsstudium, Nr. 10, S. 1247–1257.

Literaturverzeichnis

RUDOLF, MARKUS/WITT, PETER (2003): Die Bewertung von KMU's – Möglichkeiten und Grenzen des Realoptionsansatzes, in: Jörn-Axel Meyer (Hrsg.): Unterneh-mensbewertung und Basel II – in kleinen und mittleren Unternehmen, Josef Eul Verlag, Lohmar – Köln 2003, S. 141–155.

RUDOLF-SIPÖTZ, ELISABETH (2001): Kundenwert: Konzeption – Determinanten – Management, Texis, St. Gallen 2001.

SCHWARTZ, EDUARDO S./MOON, MARK (2001): Rational Pricing of Internet Companies Revisited, in: Financial Review 36, S. 7–26.

SHAPIRO, CARL /VARIAN, HAL R. (1998): Information Rules: A Strategic Guide to the Network Economy, Harvard Business School Press 1998.

TRIGEORGIS, LENOS (1996): Real Options – Managerial Flexibility and Strategy in Resource Allocation, MIT Press, Cambridge 1996.

Teil 5

Alternative Zinsstrategien

Walter Schepers

Asset Backed Securities
Grundzüge einer Anlageklasse mit wachsender Bedeutung

1 Einleitung 257
2 ABS als Instrument 258
   2.1 Die Standardkonstruktion eines ABS 258
   2.2 ABS-Sektoren 259
3 Zins- und Tilgungsmodalitäten 262
4 Ertrags-Risiko-Profil von ABS 262
5 ABS als Teil der Gesamtanlage 265
6 Analyse von ABS 266
   6.1 Strukturelle Ausgestaltung der Transaktion 266
   6.2 Analyse des Asset-Pools 268
   6.3 Beurteilung des Credit Enhancements 269
   6.4 Analyse der beteiligten Parteien 269
7 Schlussfolgerung 270

1 Einleitung

In den vergangenen Jahren haben sich die Strukturen der Kapitalmärkte in Europa nachhaltig verändert. Das Übernehmen von Kreditrisiken in Wertpapierform als neue Ertragsquelle spielt innerhalb der Gesamtanlage von institutionellen Investoren eine zunehmende Rolle. Gefördert wurde die Bedeutung von *Credits* als neuer Asset-Klasse unter anderem durch ein Zinsniveau, das wohl auf längere Zeit im historischen Vergleich niedrig bleiben dürfte und damit Investoren veranlasst, nach Möglichkeiten der Renditeverbesserung Ausschau zu halten. Wesentliche Unterstützung bot die Einführung des Euro und so die Schaffung eines deutlich breiteren Kapitalmarkts, der wesentlich größere und damit wirtschaftlichere Transaktions- und Emissionsvolumina ermöglicht. Nachdem zunächst der Markt für Unternehmensanleihen mit Investment-Grade-Rating die Aufmerksamkeit der Investoren fand, etablierten sich dann Euro High Yield Bonds als ernstzunehmendes Marktsegment. Inzwischen stoßen Asset Backed Securities auf immer mehr Interesse bei den Anlegern.

Abbildung 1: Neuemissionsvolumen europäischer ABS

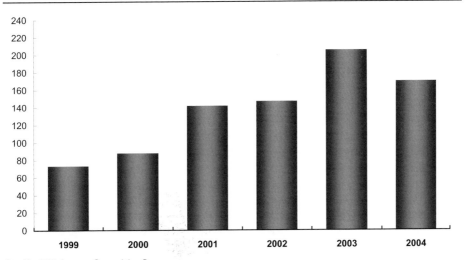

Quelle: J.P.Morgan Securities Inc.

2 ABS als Instrument

2.1 Die Standardkonstruktion eines ABS

Bei Asset Backed Securities handelt es sich um durch Aktiva (in der Regel Forderungen) gedeckte Schuldverschreibungen. Auf den ersten Blick scheint dies für deutsche Investoren nichts Neues zu sein, gibt es hier doch schon seit langem mit dem Pfandbrief ein Instrument, das sich auch so charakterisieren ließe. Bei genauerem Hinsehen erkennt man aber sowohl aus der Perspektive des ursprünglichen Kreditgebers als auch aus der des Anlegers signifikante Unterschiede.

Beim Pfandbrief werden die der Deckung dienenden Kredite zwar in einem Deckungsregister abgegrenzt, verbleiben aber in der Bilanz der Bank. Bei der Standardkonstruktion eines ABS – in synthetischen Varianten ist dies anders – wird hingegen ein Korb von Forderungen, der Asset-Pool (z.B. Wohnungsbaukredite, Autokredite), vom ursprünglichen Kreditgeber (Originator) an eine Einzweckgesellschaft (Special Purpose Vehicle, SPV) verkauft. Der Originator hat das Kreditrisiko ausgelagert und damit seine Eigenkapitalbelastung verringert. Nicht er, sondern das SPV emittiert durch den Asset-Pool gedeckte Schuldverschreibungen. Aus deren Emissionserlös wird die Zahlung an den Originator geleistet. Die Zins- und Tilgungszahlungen der Schuldverschreibungen werden aus dem Cashflow des Asset-Pools (Zins- und Tilgungszahlungen) dargestellt (*Abbildung 2*).

Abbildung 2: Die klassische ABS-Struktur

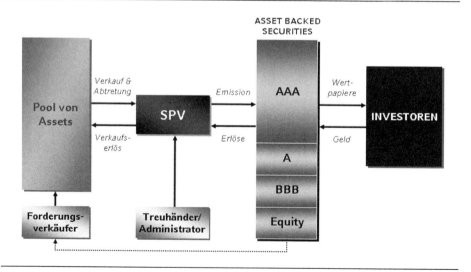

Das SPV ist rechtlich so ausgestaltet, dass es von einem Konkurs des ursprünglichen Kreditgebers nicht betroffen ist. Der Investor bringt also nicht den Originator als Kreditrisiko in seinen Anlagebestand ein – vielmehr trägt er im Wesentlichen ein mit dem Pool in Zusammenhang stehendes Risiko. Man kann an dieser Stelle aber nicht einfach *Kreditrisiko Asset-Pool* mit *Kreditrisiko Asset Backed Security* gleichsetzen. Es werden nämlich im Allgemeinen auf Basis ein und desselben Pools verschiedene ABS-Tranchen gebildet, die sich in ihrer Kreditqualität – dokumentiert durch unterschiedliche Ratings – und dem Kupon unterscheiden. Diese Differenzierung wird nicht etwa dadurch erreicht, dass unterschiedliche Segmente des Pools als Deckung dienen, sondern im Wesentlichen durch den unterschiedlichen Rang, den die Tranchen einnehmen: Die von den Forderungen des Asset-Pools generierten Zahlungsströme (Zinszahlungen und Tilgungen) bedienen zunächst die oberste Tranche und dann in der Reihenfolge des Rangs die weiteren Tranchen (Wasserfall-Prinzip).

In umgekehrter Sicht: Sollte es im Asset-Pool zu Zahlungsstörungen kommen, die über die bei der Konstruktion erwartete Größenordnung und die entsprechend eingebauten Reserven hinausgehen, ist nach Aufbrauchen der Reserven zuerst der Investor der nicht gerateten untersten Tranche (First Loss Piece/Erst-Verlust-Tranche; Equity Piece/Eigenkapitaltranche) betroffen. Nur bei deutlicheren Verlusten werden nach und nach die darüber liegenden Tranchen tangiert. Aufgrund dieser Konstruktion gelingt es zum Beispiel, gegen einen Forderungspool mit einer Durchschnittsqualität von A, Schuldverschreibungen mit AAA, A und BBB-Rating (plus dem häufig beim Originator verbleibenden First Loss Piece) zu emittieren oder auf Basis eines High-Yield-Pools einige Tranchen mit Investment-Grade-Rating zu generieren. In der Regel steht die AAA-Tranche für den weitaus größten Teil einer Transaktion, da aufgrund breiter Diversifikation die Wahrscheinlichkeit für große Verluste in den meisten Pools sehr gering ist. Ein stark vereinfachtes Beispiel: Ist bei einem Pool mit einer Laufzeit von fünf Jahren die Wahrscheinlichkeit für einen 15 Prozent übersteigenden Verlust nahe Null, kann rund 85 Prozent einer Emission als AAA-Tranche ausgestattet werden.

Neben der Definition von Tranchen unterschiedlichen Rangs gibt es häufig weitere Maßnahmen zur Bonitätsverstärkung (Credit Enhancement), die in Abschnitt 6 (Analyse) skizziert werden.

2.2 ABS-Sektoren

Es liegt auf der Hand, dass eine ABS-Transaktion nur dann sinnvoll konstruiert werden kann, wenn der Asset-Pool gewissen Anforderungen genügt. So sollte der Pool grundsätzlich einen relativ stabilen und vorhersagbaren Zahlungsstrom generieren, um den von den emittierten ABS-Tranchen versprochenen Cashflow darstellen zu können. Zudem muss gewährleistet sein, dass Investoren und Rating-Agenturen sich ein Bild über die Kreditqualität der ABS-Titel machen können. Dazu ist es hilfreich, wenn eine Performance-Historie der verbrieften Assets zur Verfügung steht und der zugrunde liegende Asset-Pool relativ homogen ist, insbesondere in den Fällen, in denen – wie bei klassischen ABS – die einzelnen Kreditnehmer dem Investor nicht bekannt sind. So werden Asset Backed Securities üblicherweise nach zugrunde liegenden Pools typisiert. Die wichtigsten ABS-Sektoren sind:

- RMBS (Residential Mortgage Backed Securities): Der Asset-Pool umfasst hypothekarisch gesicherte Wohnungsbaudarlehen.
- CMBS (Commercial Mortgage Backed Securities): Der Asset-Pool umfasst hypothekarisch gesicherte gewerbliche Immobiliendarlehen.
- Auto ABS: Der Asset-Pool umfasst Autofinanzierungen (Darlehen, Leasing).
- Credit Cards: Der Asset-Pool umfasst Forderungen aus Kreditkarten.
- Consumer Loans: Der Asset-Pool umfasst andere, nicht gesicherte Verbraucherdarlehen.
- CDO (Collateralized Debt-Obligations): Der Asset-Pool umfasst Unternehmenskredite und/oder Anleihen. In der synthetischen Variante werden Kreditrisiken auch über Credit Default Swaps übernommen. In so genannten Repackaged CDOs können die zugrunde liegenden Wertpapiere auch selbst wieder ABS oder CDOs (CDO^2 = CDO squared) sein.

Gelegentlich, vor allem in den USA, wird die Definition von ABS enger gefasst: Dann bilden CDOs und MBS (Mortgage Backed Securities) neben ABS (Credit Cards, Auto Loans, Consumer Loans) eigene Kategorien. Am europäischen Markt dominiert das Segment der RMBS *(Abbildung 3)*.

Abbildung 3: Neuemissionen europäischer ABS nach unterliegendem Pool

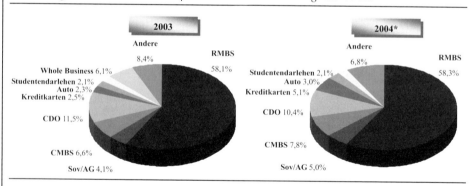

Unter dem Gesichtspunkt Homogenität gibt es weitere Differenzierungen, insbesondere hinsichtlich der regionalen Abgrenzung des Pools. So unterscheidet man z.B. UK-RMBS von holländischen und spanischen RMBS oder italienische Auto-ABS von UK-Auto-ABS. Dies macht unter verschiedenen Gesichtspunkten Sinn, insbesondere wenn unterschiedlichen rechtlichen Rahmenbedingungen Rechnung getragen werden muss. Auch regionale Abweichungen in der konjunkturellen Dynamik, Bewertungsdifferenzen (Stichwort: Immobilienpreisniveau in Großbritannien) oder ein unterschiedliches zinspolitisches Umfeld (Euroland, UK) können eine Rolle spielen. Abbildung 4 zeigt, dass derzeit Asset-Pools aus UK den größten Marktanteil haben. Dies korrespondiert mit der wichtigen Rolle der UK-RMBS.

Abbildung 4: Neuemissionen europäischer ABS nach Land des Collateral-Pools

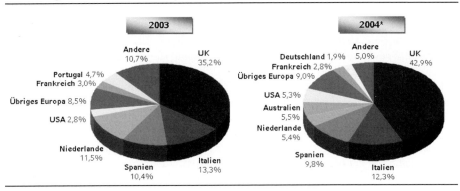

Darüber hinaus findet man Kategorisierungen, die schon die Qualität des Pools berücksichtigen, etwa die Unterscheidung zwischen Prime und Sub-prime RMBS. Bei letzteren (auch Non-Conforming Loans) ist die Kredithistorie der Kreditnehmer nicht ganz makellos oder die Qualität der Immobilien entspricht nicht dem Standard. Die Ratingstruktur des Marktes wird vom AAA-Segment dominiert. Dies überrascht nicht, da bei der einzelnen ABS-Transaktion diese Tranchen in der Regel den weitaus größten Anteil haben. Schon damit bietet der ABS-Markt eine interessante Ergänzung zum Markt für Unternehmensanleihen, bei dem das AAA-Segment kaum eine Rolle spielt.

Abbildung 5: Neuemissionen europäischer ABS nach Ratings

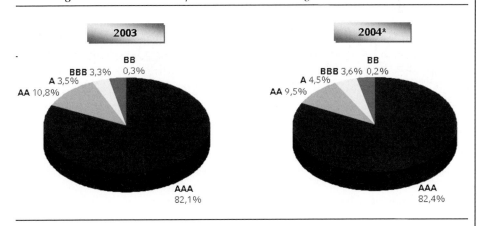

3 Zins- und Tilgungsmodalitäten

Schuldverschreibungen vom ABS-Typ werden als Floater oder als Festzinstitel ausgestattet. In Europa dominiert die variabel verzinsliche Variante und dabei die Anbindung an den 3-Monats-Euribor. Investoren, die grundsätzlich eher an Festzinsanlagen interessiert sind, sollten sich dennoch weiter mit diesem Marktsegment auseinandersetzen, denn über die Kombination mit einem Zinsswap lässt sich aus einer ABS-Position oder einem ABS-Portfolio eine Festzinsanlage mit einer Rendite oberhalb des Festzins-Swapsatzes darstellen. Hinsichtlich der verfügbaren Laufzeiten bietet der Markt ein breites Spektrum. Allerdings sind Besonderheiten der Konstruktion zu beachten: Der einem ABS zugrunde liegende Asset-Pool besteht häufig nicht aus Forderungen mit einheitlicher Endfälligkeit, sondern enthält z.B. Darlehen, die amortisierend getilgt werden und/oder vorzeitig abgelöst werden können. Vor diesem Hintergrund unterscheidet man zwischen der maximalen Laufzeit (legal maturity) und der erwarteten Restlaufzeit, (expected maturity). Die erwartete Endfälligkeit gibt dabei den Zeitpunkt an, bis zu dem die jeweilige Tranche bei normaler/erwarteter Performance des Asset-Pools vollständig getilgt ist. Die marktüblichen erwarteten Laufzeiten variieren je nach ABS-Sektor und Rating und liegen in der Regel zwischen zwei und zehn Jahren.

4 Ertrags-Risiko-Profil von ABS

Wie sieht das Ertrags-Risiko-Profil dieser Instrumente aus? Diese für den Investor im Mittelpunkt stehende Frage wollen wir zunächst isoliert betrachten und dann unter dem Aspekt der Einordnung in die Gesamtallokation seiner Anlagen.

ABS bieten im Allgemeinen einen (teilweise deutlich) höheren Spread über Euribor als Unternehmensanleihen mit vergleichbarem Rating. Dabei betrachtet man bei festverzinslichen Unternehmensanleihen den so genannten Asset Swap Spread, der angibt, wie sich die Anleihe in Kombination mit einem Zinsswap als synthetischer Floater im Vergleich zu Euribor rentieren würde. In der nachstehenden *Tabelle 1* sind als Repräsentant der Unternehmensanleihen verschiedener Ratings die entsprechenden Indizes von Merrill Lynch verwendet worden.

Tabelle 1: Spreads über Euribor im Vergleich

		AAA	AA	A	BBB
RMBS	Prime	15	28	43	80
	Non-Conforming	21	50	73	153
Consumer ABS	Kreditkarten	14		43	77
	Autokredite	15		30	
	Konsumentendarlehen	14	22		
CMBS	CMBS	23 *(3 years)*	41	72	128
	Whole Business / PubCo's	30		76	140
CDO	InvGrade Bonds/Loans	60	105	160	340
	High Yield / Senior Sec.	34	70	125	250
	Structured Credit	41	85	175	250
	CDO^2	60	105	160	340
Corporates	Asset Swap-Spreads	9	18	36	63

Stand: 30.09.2004 (x = Werte von Ende August/Anfang September)

Quelle: Lehmann ABS-Index; Neuemissionen, Corporate Spreads: Merrill Lynch Euro Corporate Bond Indizes

Werden hier die Grundgesetze des Kapitalmarkts außer Kraft gesetzt? Gibt es doch noch den berühmten Free Lunch? Natürlich nicht, denn die Kreditqualität ist nur ein Aspekt. Die Prämie, die der Investor im Vergleich zur Anlage in Unternehmensanleihen erzielt, kompensiert ihn für die geringere Liquidität und die höhere Komplexität der Instrumente – insbesondere bei den niedriger gerateten Tranchen. Die Liquidität eines Wertpapiers hängt nicht zuletzt vom Emissionsvolumen ab. Das ist bei den Tranchen mit einem Rating im Bereich A oder BBB im Allgemeinen gering. Selbst wenn die Gesamttransaktion bei einer Mrd. EUR liegt, macht das Volumen dieser Tranchen nur 20–100 Mio. aus. Darüber hinaus beeinträchtigt die Komplexität der Konstruktion die Liquidität. Händler wie Investoren können bei einer Unternehmensanleihe deutlich schneller abschätzen, ob diese in das Buch beziehungsweise den Gesamtanlagebestand passt, als bei einem ABS-Titel.

Ein Teil der bei ABS im Vergleich zu Unternehmensanleihen zu erzielenden Prämie ist wohl auch mit dem noch relativ geringen Bekanntheitsgrad dieser Asset-Klasse zu sehen, denn der Absturz mit einer Swiss-Air-Anleihe ist im Zweifel besser zu vertreten als Verluste auf ein Wertpapier mit den bei ABS nicht ungewöhnlichen Phantasienamen. Damit ist das Thema Risiko angesprochen und hier vor allem das Kreditrisiko. Zwar verwenden die Rating-Agenturen bei der Analyse von Unternehmenskreditrisiken und ABS-Kreditrisiken jeweils maßgeschneiderte Ansätze jedoch sollen letztlich die Ratings über verschiedene Instrumente hinweg vergleichbar sein, also bei identischem Rating ein ähnliches Kreditrisiko indizieren. Es ist eine Frage an die Statistik, inwieweit dies in der Realität tatsächlich so ist. In einer umfangreichen empirischen Arbeit[1] und zwei aktualisierenden Folgestudien kommt Moody's zu für ABS erfreulichen Ergebnissen

---

1 Structured Finance Rating Transitions: 1983–2002. Comparisons with Corporate Ratings and Across Sectors. Moody's Investor Service, Bebraury 2003

(siehe Tabellen 2 bis 4). Über den Zeitraum 1983–2004[2] waren die Ratings von Strukturierten Finanzierungen (ABS) stabiler als bei Unternehmensanleihen, sowohl auf kürzere (Einjahreshorizont) als auch auf mittlere Sicht. Diese Aussage bleibt selbst dann richtig, wenn man berücksichtigt, dass im Fall einer Ratingänderung diese bei ABS im Durchschnitt deutlicher ausfällt als bei Unternehmensanleihen. Der Downgrade-/Upgrade-Quotient war niedriger (sprich: günstiger) als für Corporates. Das Risiko, von den unteren Rängen des Investmentgrade-Bereichs in den untersten Ratingbereich abzurutschen, ist bei ABS etwas höher als bei Unternehmensanleihen.

Tabelle 2: Moody's Structured Finance Rating Transitions 1983–2004 (1-Jahreshorizont)

	Endrating						
Anfangsrating	Aaa	Aa	A	Baa	Ba	B	Caa or below
Aaa	**98,90%**	0,89%	0,13%	0,04%	0,00%	0,00%	0,03%
Aa	5,45%	**91,46%**	2,28%	0,63%	0,09%	0,03%	0,06%
A	1,13%	2,74%	**93,54%**	1,82%	0,52%	0,07%	0,18%
Baa	0,53%	0,65%	2,25%	**90,40%**	3,83%	1,26%	1,08%
Ba	0,14%	0,06%	0,78%	3,99%	**86,33%**	3,24%	5,46%
B	0,00%	0,06%	0,06%	0,46%	0,85%	**88,95%**	9,62%
Caa or below	0,00%	0,00%	0,00%	0,00%	0,17%	0,34%	**99,49%**

Quelle: Moody's Investor Service

Tabelle 3: Moody's Corporate Finance Rating Transitions 1983–2002 (1-Jahreshorizont)

	Endrating						
Anfangsrating	Aaa	Aa	A	Baa	Ba	B	Caa or below
Aaa	**89,83%**	9,17%	1,00%	0,00%	0,00%	0,00%	0,00%
Aa	0,79%	**89,66%**	9,04%	0,37%	0,09%	0,02%	0,03%
A	0,05%	2,53%	**90,68%**	5,77%	0,70%	0,22%	0,04%
Baa	0,05%	0,28%	5,94%	**86,95%**	5,25%	1,12%	0,41%
Ba	0,01%	0,04%	0,61%	5,50%	**82,59%**	9,01%	2,23%
B	0,01%	0,06%	0,23%	0,61%	6,19%	**81,22%**	11,68%
Caa or below	0,00%	0,00%	0,00%	1,01%	2,57%	6,53%	**89,88%**

Quelle: Moody's Investor Service

---

[2] In den Tabellen 2 beziehungsweise 3 sind die Ergebnisse der zweiten Folgestudie wiedergegeben, Structured Finance Rating Transitions: 1983–2004. Moody's Investor Service, February 2005.

Tabelle 4: Stabiles oder besseres Rating in % 1983–2002 (1-Jahreshorizont)

		Structured Finance	Corporates	Differenz
Anfangsrating	Aaa	98,90%	89,83%	9,07%
	Aa	96,91%	90,45%	6,46%
	A	97,41%	93,26%	4,15%
	Baa	93,83%	93,22%	0,61%
	Ba	91,30%	88,75%	2,55%
	B	90,38%	88,32%	2,06%

Quelle: Moody's Investor Service, eigene Berechnungen

Die Tabellen informieren darüber, mit welcher Häufigkeit (in Prozent) Ratings einer bestimmten Klasse (z.B. Baa) innerhalb eines Jahres unverändert geblieben sind beziehungsweise herauf- oder herabgestuft wurden. In den Migrationstabellen zwei und drei werden die Zeilen durch die Jahresanfangsratings definiert, die Spalten durch die Jahresendratings. Aus Tabelle 2 lässt sich z.B. entnehmen, dass in 5,45 Prozent der Fälle ein ABS mit einem Jahresanfangsrating Aa in die Ratingstufe Aaa heraufgesetzt wurde. Tabelle 4 lässt erkennen, dass über alle Jahresanfangsratingklassen hinweg ABS am Jahresende häufiger in der ursprünglichen Ratingklasse verblieben oder besser geratet worden waren als dies bei Corporates zu beobachten war.

5 ABS als Teil der Gesamtanlage

Die moderne Portfoliotheorie lehrt, dass man Ertrags-Risiko-Profile nicht nur isoliert, sondern im Portfoliozusammenhang sehen sollte, das heißt ihren Beitrag zur Diversifikation der Gesamtanlage berücksichtigt. Auch unter diesem Blickwinkel sind ABS attraktiv, vor allem die Sektoren, über die man Zugang zu Kreditrisiken außerhalb des Unternehmenssektors bekommt. Die nachstehende Tabelle 5 zeigt, wie widerstandsfähig sich europäische ABS mit Investment Grade-Rating in dem bei Corporates durch eine Fülle von Defaults und Fallen Angels gekennzeichneten Jahr 2002 gehalten haben.

Tabelle 5: Stabiles oder besseres Rating in Prozent (2002)

Anfangsrating	Europäische ABS	Europäische Corporates	Differenz
AAA	94,74%	84,85%	9,89%
AA	95,07%	86,88%	8,19%
A	92,69%	92,21%	0,48%
BBB	89,09%	89,18%	-0,09%
BB	78,26%	86,07%	-7,81%
B	0,00%	71,11%	-71,11%

Quelle: Standard & Poor's, eigene Berechnungen

6 Analyse von ABS

Ähnlich wie bei Unternehmensanleihen steht man bei ABS einer asymmetrischen Ertragsverteilung gegenüber: Einem begrenzten Zusatzertrag, der mit hoher Wahrscheinlichkeit auch realisiert wird, steht – mit sehr geringer Wahrscheinlichkeit – die Möglichkeit großer Verluste gegenüber. Der Schlüssel zum Anlageerfolg liegt in der Begrenzung solcher Verluste. Diversifikation kann hier schon einiges leisten; noch besser ist es aber, auf der Basis fundierter Analysen das Downside-Risiko schon über die Titelauswahl gering zu halten. Zwar liegt einem ABS-Titel ein Pool von Kreditrisiken zugrunde aber das Kreditrisiko der Tranchen ist daraus allein nicht ableitbar, sondern ergibt sich nicht zuletzt aus dem Zusammenklang von Pool-Risiko und struktureller Ausgestaltung der Transaktion. Die zentrale Frage nach der Angemessenheit des Credit Enhancements – ein wesentlicher Baustein der Konstruktion – muss beantwortet werden. Die Kreditqualität hängt darüber hinaus von der Qualität der beteiligten Parteien ab. Deren Analyse sollte nicht vernachlässigt werden, da Ratingveränderungen nicht nur durch Entwicklungen im Asset-Pool, sondern auch durch Änderungen im Umfeld der beteiligten Parteien begründet sein können.

6.1 Strukturelle Ausgestaltung der Transaktion

Bei der Analyse der strukturellen Ausgestaltung ist ein breites Spektrum abzudecken, das im Folgenden ohne Anspruch auf Vollständigkeit skizziert wird:

- Bevor man sich den eher technischen Konstruktionsmerkmalen zuwenden kann, ist das rechtliche Umfeld der Verbriefung zu beleuchten. Welchen länderspezifischen

Securitisation Laws unterliegt die Transaktion? Wie sind Kaufverträge, Servicing-Verträge und Verpfändungsrechte ausgestaltet?

- Zahlungsstrom aus dem ABS an die Investoren: Anders als bei normalen endfälligen Anleihen sind ABS oft durch einen komplexen Zahlungsstrom charakterisiert. Neben Zinszahlungen werden häufig regelmäßige Tilgungen geleistet. Die Laufzeit ist nicht eindeutig fixiert (siehe oben).

- Zahlungsstrom innerhalb der Konstruktion: Ein Asset-Pool umfasst im Allgemeinen eine Vielzahl von Krediten/Anleihen, die zu unterschiedlichen – von den Zahlungsterminen der ABS abweichenden – Zeitpunkten Zins- und Tilgungsleistungen erbringen. Diesen Mismatch der Zahlungsströme bezeichnet man auch als Basisrisiko. Bei vielen Konstruktionen wird es durch einen Total-Return-Swap neutralisiert, das bedeutet, ein Swap-Partner empfängt die Zahlungen aus dem Pool und zahlt an das SPV zu den Zinsterminen des ABS eine an Euribor anknüpfende Zahlung. Bei anderen Konstruktionen ist die Ausschaltung des Basisrisikos eher unüblich. Ein weiterer Aspekt betrifft die Umleitung von Zahlungsströmen: Bei normaler Pool-Performance können eingehende Zahlungen aus dem Pool allen Tranchen in Form von Zins- und/oder Tilgungsleistungen zugute kommen. Überschreiten jedoch die Zahlungsstörungen im Pool ein bestimmtes, vorher definiertes Ausmaß, können Zins- und Tilgungsleistungen an den nachrangigen Tranchen vorbei in einen Reserve-Account umgeleitet werden, der als zusätzliche Sicherheit für höher rangierende Tranchen dient.

- Wie ist das Credit Enhancement gestaltet? Man unterscheidet zwischen internen und externen Maßnahmen zur Bonitätsverstärkung:

    - Interne Maßnahmen: Oben wurde bereits das Prinzip der Nachrangigkeit (Sub-Ordination) skizziert. In einem ersten Schritt ist festzustellen, in welchem Ausmaß dieser Schutz gegeben ist, also wie viel Volumen von nachgeordneten Tranchen (relativ zur analysierten Tranche) in Prozent des gesamten Asset-Pools vorhanden ist. Häufig finden sich zusätzliche Instrumente, die den Charakter eines Polsters haben: ein Reservekonto, ein Zusatzspread oder eine Übersicherung. Beim Reservekonto wird bei Zahlungsstörungen im Pool dieses angesprochen, bevor die Wertpapiertranche mit dem niedrigsten Rating tangiert ist. Bei der Übersicherung übersteigt der Wert des Asset-Pools den Nominalwert der begebenen Wertpapiere. Bei Existenz eines Zusatzspreads sind die aus dem Pool generierten Zinszahlungen (nach Abzug von Kosten) höher als die Zinszahlungen an die ABS-Investoren.

    - Externe Maßnahmen beinhalten beispielsweise Garantien und Kreditversicherungen.

- ABS-Transaktionen können revolvierenden Charakter haben, das heißt, eingehende Tilgungsleistungen aus dem Asset-Pool werden nicht zur Tilgung an die Investoren weitergeleitet, sondern in neue, gleichartige Assets reinvestiert. Damit die Analyse eines Asset-Pools überhaupt Sinn macht, muss abschätzbar sein, wie stark er seinen Charakter im Lauf der Zeit verändern kann. In der Dokumentation eines ABS ist daher auch festgelegt, in welchem Umfang Teile des Pools verändert werden können. Dabei geht es z.B. um Qualitätsanforderungen hinsichtlich des Ersatzes auslaufender Kredite. Besonders wichtig sind Beschränkungen der Veränderbarkeit bei Managed CDOs, bei denen nach der Implementierung des ABS ein Asset-Manager den Pool monitored und gegebenenfalls Veränderungen vornimmt.

6.2 Analyse des Asset-Pools

Bei der Analyse des Pools gibt es sowohl Kriterien, die sektorunabhängig von Bedeutung sind als auch maßgeschneiderte Analyseraster für einzelne Sektoren. Wichtige allgemeine Kriterien sind

- Konzentrationen nach Einzelschuldnern (Granularität des Pools), Regionen/Länder, Währungen,
- Struktur (Durchschnitt, Spanne, minimum buckets) des Asset-Pools,
- Wert/Höhe der Einzelforderung,
- Alter (Seasoning) und Restlaufzeit der Einzelforderungen,
- Rendite,
- Zahlungsbedingungen (z.B. amortisierend, balloon etc.),
- Bonität/Qualität.
- und bei Austauschmöglichkeiten von Assets Zulässigkeitskriterien zur Einschätzung möglicher Veränderung in der Poolzusammensetzung (siehe oben).

Maßgeschneiderte Analyseraster seien hier nur für RMBS und CDOs skizziert. Speziell auf RMBS zugeschnitten sind Faktoren wie

- Beleihungswerte – Maximum, Durchschnitt, Verteilung -,
- Anteil erstrangiger vs. nachrangiger Hypotheken,
- Anteil Darlehen mit Ausfallversicherung ,
- Anteil selbstgenutzter vs. fremdvermieteter (buy-to-let) Immobilien,
- Anteil amortisierender vs. endfälliger Darlehen,
- Zusammensetzung nach Gebäudetypen (Wohnung, Haus, Einfamilien-, Mehrfamilien-, Hochhaus),
- sozio-demografische Faktoren der Darlehensnehmer.

Bei CDOs betrachtet man unter anderem die folgenden Punkte:

- Art (Anleihen, Unternehmenskredite, Senior Secured Loans etc.) und Herkunft (Bankbilanz, spezifisch akquirierte Portfolien) der Assets,

Asset Backed Securities

- Ratingfaktor des Pools (Durchschnitt, Spanne, Obergrenzen),
- Diversity Score (Diversifikationsmaßstab),
- Branchenverteilung,
- Schuldner-/Emittentenverteilung,
- spezifische Einschränkungen hinsichtlich bestimmter Kriterien, wie beispielsweise Non-Investmentgrade, Synthetische Assets, Emerging Markets, maximale Einstandsspreads etc.,
- Manager.

6.3 Beurteilung des Credit Enhancements

Im Rahmen der Analyse der strukturellen Ausgestaltung wurde schon das Credit Enhancement angesprochen. Mit Hilfe von statistischen Verfahren ist nun zu beurteilen, ob es mit Blick auf den konkreten Asset-Pool angemessen ist. Dazu sind zunächst die Zahlungsströme zu modellieren. In einem weiteren Schritt werden unterschiedliche Szenarien (vor allem Stresstests) durchgespielt. Ausgehend von historischen Verlust- und Defaultraten des jeweiligen Marktes – und spezifischer des Originators – werden unterschiedliche Höhen und zeitliche Verteilungen von Verlustraten und ihre Implikationen für die einzelnen Tranchen betrachtet. Was passiert z.B., wenn sich Verluste auf die ersten Jahre konzentrieren, sich gleichmäßig über die gesamte Laufzeit erstrecken oder am Ende gehäuft auftreten? Letztlich geht es dann um die Beurteilung der Robustheit der betrachteten Tranche – auch relativ zu Tranchen vergleichbarer Emissionen.

6.4 Analyse der beteiligten Parteien

Neben der Beurteilung des Asset-Pools und der Struktur sowie deren Zusammenwirken sollten die beteiligten Parteien nicht außer Acht gelassen werden. Dies sind im Wesentlichen

- der Originator, der die Forderungen an das SPV übertragen hat.
- der Servicer, der für die gesamte Abwicklung der Cashflows verantwortlich ist. Dieser ist in der Regel identisch mit dem Originator.
- der Treuhänder (Trustee).
- der Garantiegeber.
- Hedging Counterparties (Adressenrisiko), z.B. im Zusammenhang mit einem Total-Return-Swap.
- der Manager (bei CDOs).

Diese Parteien sind hinsichtlich Erfahrung und Track Record einzuschätzen. Insbesondere beim Garantiegeber und bei den Hedging Counterparties spielt auch deren Kreditrisiko eine Rolle.

7 Schlussfolgerung

Für den Anleger stellt sich bei jeder Asset-Klasse die Frage: Make or Buy? Wähle ich bei meinem Engagement die Form der Direktanlage oder beauftrage ich einen Manager mit der Verwaltung entsprechender Bestände? Gerade bei einer so komplexen Asset-Klasse wie ABS werden viele Investoren den Weg der Fremdvergabe wählen. Der skizzierte Analyseaufwand dürfte nur von wenigen Anlegern ökonomisch sinnvoll darzustellen sein. Für Assetmanager bietet sich ein neues reizvolles Aufgabenfeld. Sie können unter anderem auch Investoren, die im Rahmen von Core-Satellite-Strategien Standard-Asset-Klassen passiv verwalten (lassen), eine attraktive Erweiterung des Satellitenrings anbieten. Darüber hinaus bieten Publikumsfonds oder Gemeinschaftsfonds (Spezialfonds mit bis zu 30 Investoren) auch dem Anleger, der nur wenige Millionen in dieser Asset-Klasse anlegen kann oder möchte, die Möglichkeit zu einem hinreichend diversifizierten Engagement.

Christian Daynes/Christoph Schalast

Distressed Debt Investing
Analyse und Bedeutung des Marktes für Problemkredite in Deutschland

1 Der deutsche Markt für Problemkredite 273
2 Distressed Debt und Distressed Debt Investing 276
3 Entstehung von Distressed Debt-Märkten und ihre Besonderheiten 278
4 Der Investitionsprozess 279
5 Investitions- und Exitstrategien 281
6 Rechtliche Rahmenbedingungen 285
7 Sonstige Rahmenbedingungen 286
8 Marktbefragung 287
9 Schlussfolgerung 288

Literaturverzeichnis

1 Der deutsche Markt für Problemkredite

In Deutschland hat sich in den letzten Jahren – beginnend mit ersten Transaktionen ausländischer Investoren im Jahre 2003 – ein dynamischer Markt für den Handel mit Problemkrediten (= Non Performing Loans = Distressed Debt) entwickelt. Dies mag auf den ersten Blick überraschen, da Deutschland nicht als typischer Handelsplatz für Not leidende Kredite erscheint. Doch wenn man die Besonderheiten der Geschichte und wirtschaftlichen Entwicklung der letzten 15 Jahre betrachtet, das heißt die Wiedervereinigung mit ihren Lasten sowie der Wertverfall im deutschen Immobilienmarkt, wird der Hintergrund schnell deutlich[1]. Der neu entstandene Markt wird dabei von seinem Volumen her höchst unterschiedlich eingeschätzt. So sprechen Ernst & Young in ihrem Non-Performing-Loans-Report 2004 von bis zu EUR 300 Mrd., eine Zahl, die auch in der Presse immer wieder genannt wurde[2]. Daneben stehen aber auch weitaus geringere Zahlen im Raum; die Studie von Kroll & Mercer Oliver Wyman, entstanden im Frühjahr 2005, kommt auf den – ebenfalls in der Presse immer wieder publizierten – unteren Wert von EUR 160 Mrd., wobei noch zwischen Non Performing-Loans (EUR 125 Mrd.) und Sub-Performing-Loans unterschieden wird[3].

Auch über das jährliche Handelsvolumen gibt es unterschiedliche Auffassungen. Roland Berger Strategy Consultants haben in einer Studie vom November 2005 das Volumen für den Bereich Corporate Loans im Jahre 2005 auf ca. EUR 13 Mrd. und für den Bereich Real Estate Loans auf ca. EUR 16,1 Mrd. geschätzt, wobei allerdings der gesamte deutschsprachige Raum, das heißt Deutschland, Österreich und die Schweiz einbezogen wurden[4]. Roland Berger wagt dann die Prognose, dass der Markt im Jahr 2006 ungefähr das gleiche Volumen wie 2005 haben wird, wobei eine Verschiebung von Real Estate Loans zugunsten von Corporate Loans stattfinden wird. Ab 2007 wird dann ein Rückgang der Marktaktivitäten beziehungsweise des Transaktionsvolumens vermutet[5].

Unabhängig davon, ob man diese Zahlen für realistisch hält und wie man den Markt und seine Perspektiven einschätzt, ist erkennbar, dass die großen Portfoliotransaktionen, die in der Öffentlichkeit hohe Aufmerksamkeit hervorrufen, zugunsten der Veräußerung von Einzelforderungen (Single Claims oder Single Names) und Paketen (Baskets) zurückgehen werden[6]. Die Verschiebung zu Single Claims und Baskets korrespondiert mit der allgemein angenommenen Abnahme des Marktanteils von Immobilienkrediten zugunsten von Unternehmensfinanzierungen. Diese Tendenz ist besonders interessant im Hinblick auf die Exit-Strategien der Investoren, denn bei Immobilienkrediten bestehen nach deutschem Recht regelmäßig auch besondere Rechte der Eigentümer, insbesondere das Recht zur Zwangsverwaltung (bei einer Bank als

---

1 Vgl. Herr/Stachuletz (2005), S. 42 ff.
2 Ernst & Young (2004).
3 Kroll & Mercer Oliver Wyman (2005), S. 7 ff.
4 Erfahrungsgemäß ist aber der NPL-Markt in Österreich und in der Schweiz – im Vergleich zu Deutschland – derzeit zu vernachlässigen.
5 Roland Berger, Strategy Consultants (2005).
6 Vgl. zu der Abgrenzung Gleumes (2004), S. 352.

Forderungsinhaber auch Institutszwangsverwaltung) und Zwangsversteigerung. Dies stellt sich bei Unternehmensfinanzierungen anders dar und insbesondere die Unternehmensversteigerung ist in Deutschland ein neues und höchst problematisches Instrument[7]. Interessant ist auch, welche Akteure derzeit den Markt bestimmen und ob es hier in absehbarer Zeit zu Verschiebungen kommen wird. Bei den bekannt gewordenen Transaktionen erscheinen auf Verkäuferbankseite immer noch mehrheitlich Privatbanken, wie etwa die Dresdner Bank oder die Commerzbank. Daneben sind auch Hypothekenbanken aktiv und nur vereinzelt – ein Beispiel ist die BayernLB – Banken aus dem öffentlich-rechtlichen Bereich. Die Unterrepräsentation von öffentlich-rechtlichen Banken verwundert, da im Bereich der Sparkassenorganisationen vermutlich ein hoher Anteil der in Deutschland vorhandenen Non-Performing Loans angesiedelt ist.

Auf der anderen Seite gibt es zahlreiche Gründe, die eine Veräußerung von Problemkrediten durch Sparkassen problematisch erscheinen lassen. Sparkassen sind in der Regel örtlich tätig und erfüllen einen Versorgungsauftrag in der Region[8]. Verkäufe können daher negative Auswirkungen auf das künftige Geschäft haben. Insoweit bleibt abzuwarten, welche Auswirkungen die von der S-Finanzgruppe (NordLB, WestLB, Shinsei Bank und JC Flowers) geschaffene neue Plattform zur Bündelung von Transaktionen aus dieser Säule des deutschen Bankenmarktes in der nächsten Zeit haben wird.

Die Käufer waren zunächst ausländische Investoren (so genannte *Opportunity Fonds*) sowie Investmentbanken, aber auch die inländischen Institute entdecken zunehmend den Markt. Interessant ist auch die Tendenz der Investoren, für die Abwicklung der Transaktionen eine Banklizenz zu nutzen. So hat Cerberus im Jahr 2004 die Handelskreditbank erworben und Lone Star hat im Frühjahr 2005 die MHB Bank übernommen. Im Dezember 2005 hat Lone Star dann die Mehrheit an der Allgemeinen Hypothekenbank Rheinboden (AHBR) von der Beteiligungsgesellschaft der Gewerkschaften übernommen und so einen spektakulären Schlusspunkt für das Jahr 2005 gesetzt. Der Erwerb von Banken durch führende Investoren zeigt, dass das Servicing von Non Performing Loans ohne Banklizenz zu zahlreichen Schwierigkeiten führt. Dabei handelt es sich nicht nur um bankaufsichtsrechtliche Fragestellungen und Probleme aus dem Bereich Bankgeheimnis und Datenschutz, sondern auch um praktische Abwicklungsprobleme (Stichwort: Kreditneuvergabe) und rechtliche Vorteile, wie etwa die Option Institutszwangsverwaltung bei Immobilienfinanzierungen.

Doch trotz der erheblichen Bugwelle von Non Performing Loans existiert in Deutschland (noch) ein Verkäufermarkt. Zahlreiche Kaufinteressenten buhlen in Auktionen um Portfolios, Baskets oder Single Names. Dies gibt den Verkäufern die Chance, trotz ihres Verkaufsdrucks, einen attraktiven Preis zu erzielen. Auf der anderen Seite werden Kaufinteressenten durch die hohen Broken Deal Costs[9] – insbesondere im Rahmen von

---

[7] Vgl. Schütze/Schalast (2004).
[8] Exemplarisch hierfür ist die aktuelle Diskussion über die Reform des Sparkassengesetzes, siehe dazu Börsenzeitung vom 10.12.2005, „Hürden für Privatisierung EU-rechtlich bedenklich", S. 1 und S. 5.
[9] Broken Deal Costs beschreibt die Kosten, die ein Investor im Vorfeld der Auktion für die Durchführung seiner Due Dilligence vergeblich aufgewendet hat.

Auktionen – zunehmend belastet. Positiv für die Marktentwicklung war auch, dass die Bundesregierung ihre Hausaufgaben gemacht hat und noch im Juni 2005 – kurze Zeit vor dem heißen Wahlkampf – mit dem Gesetz zur Neuregelung der Bundesfinanzverwaltung und zur Schaffung eines Refinanzierungsregisters[10] wichtige Hindernisse im Bereich der Refinanzierung von NPL-Transaktionen aus dem Weg geräumt hat. Abzuwarten bleibt, ob über die wenigen bisher bekannt gewordenen Transaktionen (Volkswagen Bank) hinaus diese Reform im Zusammenhang mit der True Sale International Initiative, initiiert von der KfW und anderen Geschäftsbanken, Deutschland als Standort für Verbriefungen attraktiv macht. Doch immer dann, wenn man die Gesetzgebung lobt, drohen aus dieser Ecke auch Gefahren. Aus dem Bundesjustizministerium wurden Ende 2005 Pläne zur Reform des Insolvenzrechts bekannt, die auch auf Distressed Debt-Investments Auswirkungen haben könnten[11]. Allerdings ist insgesamt festzustellen, dass in Deutschland das Insolvenzrecht im Rahmen des Servicing von Non Performing Loans derzeit keine relevante Rolle spielt. Schließlich ist das deutsche Rechtssystem insgesamt ein wichtiger Pluspunkt, der das Investment in Not leidende Kredite attraktiv macht. Denn selbst, falls es zu der aus Sicht der Investoren unattraktiven Exit-Variante Zwangsvollstreckung kommt, ist in einem vernünftigen zeitlichen Rahmen eine Realisierung möglich.

Der Höhenflug des Servicing ist vielleicht eine der interessantesten Erscheinungen der letzten Zeit in dem deutschen Problemkreditmarkt. In der Vergangenheit hat das Work-Out der Banken dagegen wenig Aufmerksamkeit auf sich gezogen. Dies hat sich mit dem Auftreten von Special Servicern, wie etwa Hudson Advisors (Lone Star-Gruppe) oder Servicing Advisors Deutschland (Citigroup, Eurohypo, GMAC), geändert. Denn die Investoren, die Non Performing Loans erwerben, sehen ihre Renditechance derzeit vorrangig beim Servicing. Sie gehen davon aus, dass ihre hoch spezialisierten Servicer sowie – falls erforderlich – der Einkauf von spezialisiertem Know-how (Stichwort: Outsourcing) zu den Renditen führt, die sie ihren Investoren (vor allem amerikanische Pensionskassen) in der Vergangenheit bieten konnten. Der Erfolg des Servicing ist demnach auch ein Schlüssel zum Erfolg des deutschen Non Performing Loans-Markts und das Jahr 2006 wird sicherlich Rückschlüsse auf die Performance bezüglich der großen Transaktionen aus 2004 und 2005 erlauben.

Aber auch hinsichtlich der Exit-Perspektiven verändert sich der Markt. Noch sind klassische Work-Out-Varianten im Fokus der Investoren und werden von den Servicern entsprechend weiterentwickelt, daneben aber entwickeln sich gerade bei Corporate Loans neue Exit-Strategien (Stichwort: Verbriefung beziehungsweise Securitisation), die ein spannendes Jahr 2006 für diesen Markt verheißen[12]. Insgesamt ist festzustellen, dass der Handel mit Non Performing Loans und das Distressed Debt-Investing eine besondere Spielart von Private Equity in Deutschland darstellt. Der Markt ist für ausländische Investoren, aber auch für inländische Player, nicht zuletzt wegen der attraktiven Refinanzierungskonditionen auf dem Kapitalmarkt derzeit höchst interessant.

---

10 BGBl. 2005, Teil 1, S. 2809 ff.
11 FAZ vom 14.12.2005, S. 23, „Das Insolvenzrecht droht Schaden zu nehmen."
12 Siehe dazu Dickler (2006).

2 Distressed Debt und Distressed Debt Investing

Der Begriff Distressed Debt, der in der öffentlichen Diskussion oftmals synonym mit Begriffen wie Non Performing Loans, Bad Loans, Bad Debt, Faule Kredite und Problemkredit benutzt wird, ist im deutschen Rechtskreis nicht definiert. Hinzu kommt, dass es für die Unterscheidung zwischen Non Performing und Sub Performing Loans ebenfalls keine festen Regeln gibt. Allgemein wird bei der Einstufung eines Darlehens als distressed darauf abgestellt, ob ein Schuldner seinen Zins-/oder Tilgungsverpflichtungen nicht nachkommt und dadurch eine Leistungsstörung im Darlehensverhältnis vorliegt[13]. Dabei kann man im Einzelnen weiter unterscheiden, welcher Art beziehungsweise Intensität die Leistungsstörung sein muss und an dieser Stelle setzt dann auch die – teilweise vertretene – Differenzierung zwischen Non-Performing und Sub-Performing Loans ein[14].

Eine andere Herangehensweise ist die Kategorisierung von Krediten anhand des Ratings von Rating-Agenturen wie Moody's Investors Service (Moody's) oder Standard & Poor's (S&P). Alternativ bietet sich die Klassifikation von Wertpapieren als distressed an, wenn sie mit einer Risikoprämie ab 1000 Basispunkten (bps) gegenüber entsprechenden Staatsanleihen gehandelt werden[15]. Die KPMG hat auf Grundlage einer Umfrage unter den deutschen Universalbanken im Jahre 2002 Kredite als distressed klassifiziert, soweit diese einem Rating mit hoher Ausfallwahrscheinlichkeit zugeordnet werden, eine drohende Zahlungsunfähigkeit erkennbar ist oder dass sich der Kreditnehmer in Liquidationsschwierigkeiten befindet[16]. Schließlich ist auch denkbar, die Einordnung gemäß den Mindestanforderungen an das Kreditwesen (MaK) zugrunde zu legen, das heißt, die dort vorgesehene Differenzierung zwischen Intensivbetreuungsfällen, Sanierungskrediten und Abwicklungskrediten[17].

Insgesamt zeigt die kurze Darstellung des Meinungsstandes, dass es derzeit keine einheitliche Definition von Distressed Debt gibt und die in der öffentlichen und wissenschaftlichen Diskussion gebräuchlichen Begriffe werden in der Regel als Synonyme benutzt. Unter Distressed Debt Investing wird daher nachfolgend das gezielte Investment in das Fremd- oder Eigenkapital Not leidender Unternehmen sowie Not leidender Immobilienengagements verstanden. Ziel der Investoren ist es dabei, mögliche Fehlbewertungen auszunutzen und mit ihrem Kapitaleinsatz sowie speziellem Expertenwissen (Datenbanken und Servicing) überdurchschnittliche Renditen zu erzielen. Distressed Debt Investing gehört zu den so genannten nichttraditionellen Anlagen beziehungsweise *Alternative Investments*. Weitere typische Alternative Investments sind

---

13 Gleumes (2005), S. 351, Anders (2004), S. 7.
14 Anders, a.a.O., schlägt eine Einordnung von Krediten als Not leidend vor, wenn eine Teilleistung oder die gesamten Verpflichtungen mit drei bis sechs Monaten in Verzug sind. Auch dabei kann es sich nur um eine Annäherung handeln.
15 Vgl. Altman (1999), S. 18.
16 KPMG (2002), S. 7.
17 Vgl. Heinrich (2004), S. 407.

Investitionen in Hedgefonds, Managed Futures, Private Equity, Venture Capital sowie Anlagen in Junk Bonds beziehungsweise High Yield Bonds.[18]

Im Gegensatz zu traditionellen Anlagen wird bei Alternative Investments regelmäßig eine Total Return-Strategie verfolgt. Dies bedeutet, dass die Investoren zum Ziel haben, zins- und konjunkturunabhängig eine positive Rendite zu erzielen. Das Interesse an Alternative Investments ist in den letzten Jahren weltweit erheblich gestiegen, da viele institutionelle Anleger zumindest einen (geringen) Anteil ihres Investitionsvolumens in diesem Bereich unterbringen möchten. Verstärkt wurde dies durch die langjährige Flaute an den internationalen Aktien- und Anleihemärkten. Bei der Untersuchung von Distressed Debt als Anlageklasse stechen drei Eigenschaften hervor. Aufgrund der erwähnten Zins- und Konjunkturunabhängigkeit eignen sich Distressed Debt-Investments zur Beimischung und Diversifikation von Portfolien aus traditionellen Anlagen. Eine überproportionale Rendite ist nur dann zu erzielen wenn eine strenge Auswahl der Investments getroffen wird. Und schließlich lassen sich bei einem durchschnittlichen Anlagehorizont von 24 bis 30 Monaten die höchsten Renditen erzielen. Die Distressed Debt-Investoren in Deutschland lassen sich heute in drei Gruppen unterteilen[19]:

- Zu der ersten Gruppe gehören solche Investoren, die durch die Verschlechterung der Bonität eines Kredits beziehungsweise einer durchgeführten Investition unfreiwillig zu Distressed Debt-Investoren wurden. Dabei handelt es sich in der Mehrzahl um Banken, es können aber auch Private Equity-Fonds und andere Investoren sein. Die größeren Banken in Deutschland unterhalten dabei traditionelle eigene Restrukturierungs- oder Work-Out-Abteilungen, die mit der Betreuung von Distressed Debt befasst sind. In kleineren Instituten ist naturgemäß eine solche Expertise nur eingeschränkt vorhanden.

- Daneben haben sich Alternative Investment-Fonds beziehungsweise Opportunity Fonds als Distressed Debt-Investoren weltweit etabliert. Anleger dieser Fonds sind High Net Worth Individuals, Pensionsfonds, Versicherungen und andere Institutionen, die eine Diversifikation ihres Anlageportfolios anstreben.

- Die dritte Gruppe der Investoren sind schließlich Investmentbanken wie Goldmann Sachs, Credit Suisse First Boston (CSFB), Citigroup oder auch die Deutsche Bank und andere strategische Investoren, die sowohl in Distressed Debt investieren wie auch als Intermediäre (Broker/Dealer) auftreten.

Der Übergang zwischen der zweiten und der dritten Gruppe ist dabei in der Praxis fließend.

---

18 Vgl. Rutkis (2002), S. 3.
19 Zu der Einteilung: Gleumes (2005), S. 356.

3 Entstehung von Distressed Debt-Märkten und ihre Besonderheiten

In der Vergangenheit sind Distressed Debt-Märkte in verschiedenen Weltregionen entstanden. In den 1970er Jahren standen vor allem Südamerika und die USA im Fokus, Ende der 1980er Jahre erneut die USA aber auch Kanada und Mexiko, ab 1993 kam Japan hinzu, 1997 lag ein Schwerpunkt in Asien sowie in Italien und schließlich ist ab 2003 Deutschland zu einem Hot Spot geworden[20]. Distressed Debt-Märkte entstanden in der Vergangenheit regelmäßig im Zusammenhang mit Finanzkrisen, bei denen sich bei den Hauptgläubigern ein großer Bestand von Problemkrediten (die so genannten Bugwellen) angesammelt hat und der nur unter Einsatz besonderer Maßnahmen wieder abgebaut werden konnte.[21] Konsequenz der Zunahme von Distressed Debt in Banken ist regelmäßig eine erhöhte Risikoprämienanforderung und die verschlechterte Qualität der Kreditportfolien. Dies führt zur Herabstufung der betroffenen Banken durch die Ratingagenturen, sinkenden Renditen, Dividendenkürzungen und -ausfällen sowie Eigenkapitalengpässen und in der Folge sinkenden Aktienkursen. Letztendlich droht die Gefahr, dass zunehmend Problembanken, wie etwa in Deutschland die Delmora Bank (Schmidt-Bank- und Delbrück-Risiken) oder AHBR, entstehen und letztendlich drohen sogar Bankinsolvenzen[22]. Konsequent haben von Distressed Debt-Bugwellen betroffene Länder darauf mit gesetzgeberischen und regulatorischen Strategien reagiert.[23] Dabei wurde vorrangig in Erwägung gezogen, Bankschließungen und -abwicklungen zuzulassen, was in bestimmten Staaten ein sinnvoller Marktreinigungsprozess sein kann. Insbesondere Transformationsstaaten, aber auch die USA, haben auf dieses Instrument in den 1980er Jahren zurückgegriffen. Darüber hinaus wurden die betroffenen Kreditinstitute von regulatorischen (bankaufsichtsrechtlichen) Vorgaben zumindest teilweise freigestellt, um ihnen den Abbau von Distressed Debt aus eigener Kraft zu erleichtern (Beispiel Japan). Zu denken ist etwa an eine geringere Eigenkapitalhinterlegungspflicht oder spezifische Steuervorteile.[24] Denkbar ist ebenfalls eine zeitaufwändige Bankenrestrukturierung. Die langwierige Restrukturierung von Banken jedoch ist volkswirtschaftlich problematisch, weil in der Krisenphase regelmäßig eine geringere Kreditbereitschaft besteht, was das Wachstum insgesamt bremst und wieder zu einem Ansteigen von Distressed Debt führt.

Solche umfassenden gesetzgeberischen oder auch regulatorischen Konzepte sind bisher für Deutschland nicht diskutiert worden. Hintergrund hierfür ist, dass es zwar zu vereinzelten Bankenkrisen in der letzten Zeit kam (Schmidt-Bank/AHBR), aber in der Gesamtheit ist doch festzuhalten, dass – im Gegensatz zu den anderen (historischen) NPL-Märkten – in Deutschland die Gläubiger von Not leidenden Darlehen selbst nicht

---

20 Ernst & Young (2004), Gleumes (2005). S. 361 ff.
21 Kindleberger (2001).
22 Vgl. dazu Bonn (1998). S. 48. In den USA kam es im Verlauf der Krise in den 1980er Jahren zu zahlreichen Bankinsolvenzen.
23 Lou (2001), S. 48 ff.
24 Vgl. Claessens (1999), S. 283.

Not leidend sind.[25] Es ist daher zu erwarten, dass die neuen Private Equity-Player auf dem deutschen Distressed Debt-Markt, das heißt Fonds wie Lone Star oder Cerberus, nach zwei bis drei Jahren wieder weiterziehen werden, wenn die derzeitige Bugwelle abgebaut ist.[26] Auf der anderen Seite wird sich aber vermutlich langfristig in Deutschland – wie auch in anderen Staaten – ein Distressed Debt-Markt, allerdings auf niedrigerem Niveau als heute, entwickeln, wobei die zunehmende Nutzung von Verbriefungsstrukturen in Zukunft zu erwarten ist.[27]

4 Der Investitionsprozess

Warum lohnen sich Investitionen in Distressed Debt und warum können die jetzigen Eigentümer nicht die Renditen realisieren, die von den Investoren erwartet werden? Um sich dieser Fragestellung zu nähern, ist es hilfreich, auf die Theorie effizienter Märkte zurückzugreifen.[28] Diese geht davon aus, dass alle Marktteilnehmer über die gleichen Informationen verfügen, rational handeln, und dass die Transaktionskosten gering sind. Soweit diese Voraussetzungen vorliegen, ist die Erzielung überproportionaler Renditen regelmäßig aufgrund der üblichen Marktmechanismen nicht möglich. In diesem Sinne ist der Distressed Debt-Markt in Deutschland kein effizienter Markt. Bei Distressed Debt ist es höchst unwahrscheinlich, dass die Marktteilnehmer über die gleichen Informationen verfügen. Dies gilt insbesondere für kleine und mittelgroße Unternehmen, die sich nicht über die Kapitalmärkte finanzieren. In solchen Fällen hängt die Informationsbasis von dem entsprechenden Willen und den Möglichkeiten des Forderungsinhabers ab, Informationen zu beschaffen und weiterzugeben. Bei Unternehmen mit finanziellen Schwierigkeiten ist eine eher abnehmende anstatt zunehmende Bereitschaft zur Auskunft über die wirtschaftliche und finanzielle Situation zu beobachten. Verglichen mit den regulatorischen Bestimmungen für börsennotierte Unternehmen, zu denken ist an Ad-hoc-Meldungen, Quartalsberichte und Analystenkonferenzen, stellt dies eine beschränkte Informationsbasis dar. Bessere Informationen der Investoren können damit auch bessere Renditechancen begründen. Hinzu kommt, dass führende Distressed Debt-Investoren wie Lone Star, Cerberus oder Citigroup über langjährige Erfahrungen aus anderen NPL-Märkten verfügen und auf dieser Grundlage auch in Deutschland umfassende Datenbanken aufgebaut haben, die ihnen bei der Bewertung und Abwicklung zugute kommen. Eine entsprechende Informations- und Know-how-Basis ist bei den kleineren und mittelgroßen deutschen Banken derzeit selten vorhanden.

---

25 So ausdrücklich Gabriel Low, Citigroup, in seinem Vortrag auf der Work-Out-Konferenz der HfB am 28.09.2005 unter dem Titel: Investments in deutschen NPL's – Investorensicht und „Lessons learned".
26 So die Prognose von Karsten von Köller, Chairman von Lone Star, auf dem 1. tax&law talk der HfB-Business School of Finance and Management vom 24.05.2005, sieh dazu auch die Börsenzeitung vom 25.05.2005.
27 Siehe dazu Hesdahl (2004), S. 41 ff.
28 Vgl. Fama (1970), S. 383 ff.

Unter rationellem Verhalten der Marktteilnehmer versteht man weiter, dass Verkäufer und Käufer im Rahmen der Preisbildung die gleichen Kriterien zugrunde legen. Auch dies gilt bei Distressed Debt-Investments nicht unbedingt, da insbesondere Banken aus regulatorischen (Basel II, MaK) und anderen Gründen (Rating) ein besonderes Interesse an der Trennung von Kreditrisiken haben, das im Gegensatz zu dem allgemeinen Ziel der Gewinnmaximierung stehen könnte. Schließlich sind die Transaktionskosten bei Distressed Debt wegen der regelmäßig komplexen Strukturierung, aber auch der problematischen Informationsbeschaffung vergleichsweise hoch. Aus diesem Grund sind bisher auch kaum Transaktionen im zweistelligen Millionenbereich bekannt geworden. Hinzu kommen die erheblichen Broken Deal Costs aufgrund des derzeitigen Verkäufermarktes. Der deutsche Markt bietet trotz, oder auch gerade wegen dieser Ineffizienzen derzeit besondere Renditechancen, wobei Grundlage erfolgreicher Investitionen die Verfügung über geeignete Verfahren und Ressourcen zur Analyse von Kreditrisiken ist. Dadurch können die Aussichten einer erfolgreichen Restrukturierung bestimmt und die rechtlichen Indikationen beim Management der Distressed Debt bewertet werden.[29] Nicht zuletzt wegen ihres Informationsvorsprungs und ihrer Erfahrung sind Distressed Debt-Investoren in der Lage, vorhandene Marktineffizienzen auszunutzen.

Ein ganz wichtiger – und nicht nur psychologischer – Faktor ist die unterschiedliche Perspektive, mit der unfreiwillige oder freiwillige Distressed Debt-Investoren ein Engagement betrachten.[30] Der freiwillige Investor sucht eine ungewöhnliche Renditechance, ist nicht mit der Kreditgeschichte und mit traditionellen Verfahren belastet, kann das Engagement realistisch bewerten (der gezahlte Preis) und verfügt über das notwendige hoch spezialisierte Abwicklungs-Know-how.

Ausgangspunkt einer erfolgreichen Distressed Debt-Investition ist dabei immer das Aufspüren einer interessanten Chance, denn nicht jedes Unternehmen in der Krise bietet auch eine Chance für die Erzielung einer besonderen Rendite.[31] Aus diesem Grund hat auch die umfassende Due Diligence für ein Distressed Debt-Investment besondere Bedeutung. Angesichts der Vielzahl von Distressed Debt-Situationen und dem bereits angesprochenen Verkäufermarkt – das heißt zahlreiche Kaufinteressenten buhlen um die Verkäufer – müssen von den Investoren zeit- und kostensparende Strategien entwickelt werden, um die Renditeperspektiven aufzudecken. Unter bestimmten Umständen kann gerade für potentielle Verkäufer kleinerer Engagements die Durchführung einer umfassenden Vendor Due Diligence sinnvoll sein. Sie erhöht jedenfalls die Chance für einen Verkauf und wird auch den Preis positiv beeinflussen, da die Exklusivitätsphase der Transaktion nach hinten verschoben werden kann.

Zu Beginn der Due Diligence steht zunächst eine Performance-Analyse. Hat der Investor zum Beispiel die Aussicht, mehrere 100 Mio. EUR Forderungen gegenüber einem Unternehmen mit einem beträchtlichem Abschlag (bis zu 40 Prozent und mehr) zu erwerben, kann er hohe Kosten für die Beschäftigung von Beratern, Rechtsanwälten, Steuerexperten und Analysten rechtfertigen. Die Intensität und Kosten der Due

---

29 Vgl. Altman (1999), S. 55.
30 Vgl. Gleumes (2005), S. 357 ff.
31 Vgl. Moyer (2005), S. 259.

Diligence sind bei Distressed Debt-Investments – wie bereits angesprochen – immer eng mit der Verfügbarkeit von Informationen über das Zielobjekt verknüpft. Umso mehr der Marktpreis den wahren Wert (Fair Value) widerspiegelt, umso mehr wird das Risiko des Investors begrenzt, da jederzeit der Ausstieg durch Weiterverkauf möglich bleibt. Gleichzeitig reduziert sich aber dadurch auch die Aussicht auf eine überproportionale Rendite.

Letztendlich bestimmt damit die Verfügbarkeit von Informationen darüber, welche Art der Due Diligence durchgeführt werden kann. Bessere Informationen führen regelmäßig zu weniger Garantien im Übernahmevertrag und erhöhen den Preis. Fehlen den Investoren Informationen, werden sie diesen Unsicherheitsfaktor als Abschlag in ihrer Preisermittlung berücksichtigen. Die Financial Due Diligence sollte folgende Kerninformationen und Kernfelder umfassen:

- Analyse der aktuellen und vergangenen Finanzzahlen, wobei insbesondere zyklische Abhängigkeiten, Branchenveränderungen, an denen das Unternehmen nicht teilgenommen hat, und ähnliche Besonderheiten zu beachten sind.
- Operative Planzahlen des Unternehmens, wobei die zu betrachtenden Perioden von der operativen Stabilität abhängen. Dabei ist auch einzubeziehen, ob eine Insolvenz vorliegt oder droht,
- Analyse vergleichbarer Unternehmen.
- Liquidationsanalyse.
- Analyse der Branchenperspektiven und der Positionierung des Unternehmens.

Die Legal Due Diligence hat – parallel – die Aufgabe, Verträge und Rechtsverhältnisse zu analysieren. Sie überprüft damit nicht nur Annahmen der Financial Due Diligence sondern ergänzt sie und zeigt Alternativszenarien auf. Bei Immobilienfinanzierungen kommt der Legal Due Diligence im Hinblick auf die Bestellung und Verwertung von Sicherheiten ganz besondere Bedeutung zu. Insgesamt zeigt sich, dass der Investitionsprozess bei Distressed Debt dem bekannten Private Equity-Muster folgt. Besonderheiten ergeben sich aus der Besonderheit des Engagements, das heißt der Krisensituation und der notwendigen Restrukturierung beziehungsweise des Servicing.

5 Investitions- und Exitstrategien

Noch in der jüngsten Vergangenheit wurde der Handel mit Krediten in Deutschland im Vergleich zu anderen Ländern als unterentwickelt bezeichnet[32], nicht zuletzt deshalb, weil die Refinanzierung von Bankkrediten über den Verkauf am Kapitalmarkt

---

32 Vgl. Liebler et al (2004), S. 649.

(Sekundärmarkt) nur wenigen Kreditarten, wie zum Beispiel syndizierten Krediten, vorbehalten war. Der Großteil der Bankkredite wurde von den Instituten bis zu ihrer Rückzahlung in den eigenen Büchern behalten. Trotzdem hat sich Deutschland seit 2003 als Hot Spot für Distressed Debt-Transaktionen entwickelt, weil zahlreiche deutsche Banken die strategische Entscheidung getroffen haben, sich von ihren Problemkrediten zu trennen. Hintergrund hierfür ist vorrangig – wie eingangs bereits dargestellt – dass die Zahl der Not leidenden Kredite insgesamt zugenommen hat. Nicht zuletzt in diesem Zusammenhang verschlechterte sich auch die Ertragslage der Banken, weshalb diese gezwungen waren, ihre Kreditrisiken intensiver zu kontrollieren. Dabei liegen die ersten Transaktionen, bei denen einzelne deutsche Kreditinstitute Distressed Debt an Investoren veräußerten, bereits mehr als zehn Jahre zurück. Ein Novum der aktuellen Entwicklung ist allerdings, dass das Volumen der gehandelten Kredite erheblich zugenommen hat, und dass auch Forderungen gegenüber deutschen Unternehmen einbezogen werden.

Grundsätzlich unterscheidet man bei Distressed Debt-Investitionen passive und aktive Strategiekonzepte. Passive Investoren investieren, um an einer erwarteten Korrektur der Fehlbewertung durch äußere Einflüsse – insbesondere das Engagement Dritter – zu profitieren. Ihre Strategien unterscheiden sich wenig von der Anlage in Aktien oder Bonds. Klassische Passivinvestoren sind vor allem Hedgefonds, die Distressed Debt nutzen, um bei relativen Fehlbewertungen (Relative Value-Ansatz) an einer erfolgreichen Reorganisation des Unternehmens teilzuhaben (Event Driven). Ein Nebeneffekt ist, dass sie ihr Portfolio dadurch diversifizieren können.[33] Für Passivinvestoren ist daher regelmäßig von ausschlaggebender Bedeutung, wer die anderen (aktuellen und auch zukünftigen) aktiven Investoren sind. Denn schließlich spekuliert der Passivinvestor darauf, dass diese Investoren eine aktuelle Fehlbewertung beseitigen. Eine solche Situation kann zum Beispiel das Engagement eines führenden aktiven Distressed Debt-Investoren bei einem Unternehmen sein.

Im Gegensatz dazu verfolgt die aktive Distressed Debt-Strategie das Ziel, Einfluss auf die Reorganisation des Unternehmens oder die Verwertung der Wirtschaftsgüter zu nehmen.[34] Auch der aktive Investor wird daher zunächst eine Fehlbewertung feststellen, um dann mit seinem Engagement zu beginnen. Im Unterschied zum passiven Investor wird er allerdings die Restrukturierung beziehungsweise Reorganisation selbst begleiten beziehungsweise unterstützen, das heißt aktiv Einfluss darauf nehmen.[35] Dies setzt voraus, dass ein entsprechender, das heißt juristischer beziehungsweise auch tatsächlicher Einfluss erlangt werden kann und dass sinnvolle Restrukturierungsmöglichkeiten identifiziert werden. Nicht zuletzt aus diesem Grund haben sich inzwischen auf dem Markt spezielle Restrukturierungsspezialisten, wie etwa AlixPartners, etabliert und große NPL-Investoren, wie Lone Star oder Citigroup, haben eigene Servicing-Einheiten aufgebaut. Damit können ak-

---

33 Liebler et al (2004), S. 652.
34 Vgl. Altman (1999). S. 9f.
35 Banken als unfreiwillige Distressed Debt-Investoren schrecken vor einer aktiven Strategie oft zurück, da diese mit rechtlichen Risiken (Stichwort: faktische Geschäftsführung oder Untreue) verbunden und das notwendige Expertenwissen im Haus selten vorhanden ist. Anders stellt sich die Situation dar, wenn ein risikominderndes Outsourcing-Konzept vorhanden ist.

tive Distressed Debt-Investoren zur Sanierung der betroffenen Unternehmen selbst beitragen beziehungsweise durchführen.[36]

Doch Private Equity-Investments – und vorliegend wird Distressed Debt als Private Equity verstanden – kennen in der Regel nicht nur eine Exit-Strategie. Neben der Restrukturierung (Fix it) ist an den Verkauf (Sell it) und die Abwicklung (Shut it down) zu denken.[37] Dieser Ansatz unterscheidet die Exit-Strategien bei Distressed Debt von sonstigen Private Equity-Exit-Strategien.

Die deutschen Banken – die potentiellen Verkäufer – sind in der Regel unfreiwillige Anleger im Hinblick auf die von ihnen verwalteten Distressed Debt-Bestände. Dabei sind Not leidende Kredite und ihre Abarbeit in so genannten *Work-out-Abteilungen* Bankalltag. Neu dagegen ist der derzeitige Umfang der Not leidenden Kredite. Die daraus resultierenden Einzelwertberichtigungen gefährden die Ertragslage der betroffenen Institute. Vor allem kleinere Banken, insbesondere Genossenschafts-, Privat- und Regionalbanken erblicken in dieser Entwicklung eine Bedrohung ihrer Selbstständigkeit.[38] Sofern die Banken sich nicht zur Veräußerung (Exit) der Kredite entscheiden, sehen die meisten Investoren heute die besten Erfolgsaussichten für ein erfolgreiches Distressed Debt-Management in der Einschaltung von (externen oder internen) Work-out-Spezialisten. Das Work-out ist für die so genannten *Kreditservicer* ihr Kerngeschäft, insbesondere verfügen sie über leistungsstarke IT-Systeme und entsprechend hoch spezialisierte Mitarbeiter zur Abarbeit. Bisher scheuen die meisten Banken die aktive Einflussnahme auf das Management von Krisenunternehmen und verfolgen daher in der Regel eine passive Strategie.

Anders stellt sich die Situation bei den in Deutschland aktiven Beteiligungsgesellschaften beziehungsweise Private Equity-Investoren dar. Hier haben sich eine ganze Reihe so genannter *Turn Around-Investoren* auf Investitionen in Krisenunternehmen spezialisiert. Zu nennen sind hier etwa Nord Wind Capital, Orlando Management GmbH, Compass Partners in Frankfurt oder die Kero. Auch wenn derzeit das Volumen des in Distressed Debt investierten Kapital als eher gering einzuschätzen ist, machen doch zahlreiche Äußerungen der Beteiligungsgesellschaften deutlich, dass sie ein gestiegenes Interesse an zukünftigen Investitionen in Krisenunternehmen haben.

Schließlich gibt es eine Reihe von ausländischen Distressed Debt-Investoren, die in diesem Bereich spezialisiert sind, insbesondere die Investmentbanken sowie die aus ihrem Umfeld stammenden so genannten *Opportunity-Fonds*. Die Namen, die hier auftauchen, wurden bereits eingangs erwähnt, es sind Banken wie Credit Suisse First Boston, Deutsche Bank, Goldman Sachs, Morgan Stanley, Citigroup sowie Fonds wie Cerberus, Oaktree und Lone Star. Der Fokus dieser Investoren lag am Anfang stärker auf Immobilienkrediten, inzwischen werden aber auch vermehrt Unternehmens-

---

36 Siehe z.B. die Schlagzeile der FAZ vom 16.09.2005, S. 27: Die viel geschmähten „Heuschrecken" bringen oft begehrte Liquidität – Hedgefonds tragen nicht selten zur Sanierung insolvenzgefährdeter Mittelständler bei/der erste Schritt ist der Ankauf von Not leidenden Krediten.
37 Die Exit-Alternative, Verbriefung, ist in Deutschland noch unterentwickelt, siehe dazu Dickler (2006).
38 Dies gilt insbesondere für die Sparkassen.

finanzierungen einbezogen. Neben Portfolio- und Basketverkäufen bekommt nunmehr der Single Trade zunehmend Bedeutung, wobei in der Regel eine Gesamtverschuldung des Unternehmens von wenigstens EUR 20 Mio. von Investoren nachgefragt wird. Am weitesten fortgeschritten mit der Aufstellung als Distressed Debt-Investor in Deutschland ist derzeit Lone Star. Zu der Lone Star-Gruppe gehört der mit mehreren hundert Mitarbeitern aktive Servicer Hudson Advisors sowie die Mitte 2005 erworbene MHB Bank. Die Strategie von Lone Star, das heißt die klare Fokussierung auf alle Aspekte von Distressed Debt-Situations, beweist, welche Erfolgschancen in diesem Modell vermutet werden.

Insgesamt bietet die Entwicklung des deutschen Distressed Debt-Marktes sowohl den Verkäufern wie Käufern und nicht zuletzt auch den betroffenen Unternehmen interessante Perspektiven. Den Verkäufern gelingt es bei einem Verkauf, regulatorische Probleme zu lösen, wie Basel II, MaK, Wegfall der Gewährträgerhaftung, Not leidende Kredite abzuschreiben oder deren Einzelwertberichtigung zu berichtigen. Die wirtschaftliche Motivation der Käufer liegt auf der Hand, wobei als Sonderfaktor hinzukommt, dass der deutsche Bankenmarkt im Gegensatz zu dem vieler Nachbarstaaten stark fragmentiert und im Sparkassensektor staatlich geprägt ist. Dies hat zu einer vergleichsweise schwachen Ertragslage und einem schwachen Kreditrisikomanagement der Institute geführt. Ein weiterer Gesichtspunkt ist die explosive Kreditvergabe der Institute in den letzten 15 Jahren in Folge der Wiedervereinigung, was zu einem Kreditbuch von über EUR 6,4 Billionen geführt hat. Für die großen ausländischen Fonds ist ein Investment in Deutschland nicht zuletzt deshalb höchst attraktiv, weil das Währungsrisiko gering und es möglich ist, Investitionen mit bis zu 90 Prozent Fremdfinanzierung in EUR durchzuführen. Zudem befindet sich das deutsche Zinsniveau derzeit unterhalb des amerikanischen.[39] Schließlich – und das ist ein ganz wichtiger und oftmals bei Darstellungen vernachlässigter Faktor – gelten die deutschen rechtlichen Rahmenbedingungen für Problemkredite als attraktiv. Der Rechtsstaat bietet eine verlässliche Grundlage sowohl für Investments als auch für ihre Abwicklung. Hinzu kommt im Gegensatz etwa zu Transformationsstaaten die Möglichkeit eines Gläubigers, Zwangsvollstreckungen in einem erträglichen Zeitraum erfolgreich durchzusetzen.

Doch auch für die Unternehmen kann ein funktionierender Distressed-Markt positive Impulse geben. In Krisensituationen kann es zwischen der Führung eines betroffenen Unternehmens und den Gläubigerbanken zu nicht mehr zu heilenden Vertrauensverlusten kommen, die konstruktive Entscheidungen – besonders zur Sanierung – verhindern. Unter diesen Bedingungen kann ein Distressed Debt-Investor ein konstruktiverer Verhandlungspartner sein, da er in der Regel eine Vielzahl von Banken mit unterschiedlichen Vorstellungen ersetzt und sein oberstes Ziel die Gewinnmaximierung seiner Investition ist. Für Unternehmen, die Forderungen gegenüber Not leidenden Unternehmen halten, bietet ein funktionierender Markt die Möglichkeit, unsichere Forderungen in Barmittel zu tauschen und somit die Gefahr einer Liquiditätskrise zu vermeiden. Schließlich kann der Verkauf den Schuldnern auch erhebliche Beratungskosten für die Restrukturierung ersparen.

---

39 Reichel (2005), S. 36.

6 Rechtliche Rahmenbedingungen

Die rechtlichen Rahmenbedingungen wurden in der Vergangenheit oftmals als Hindernis für den Distressed Debt-Markt in Deutschland gesehen. Dies hat sich allerdings durch einige Entwicklungen der letzten Monate geändert. Insbesondere ist hier die Diskussion über das Bankgeheimnis zu nennen, die durch die Entscheidung des OLG Frankfurt vom 25.05.2004[40] in Gang gesetzt wurde. Das Oberlandesgericht hatte in diesem Urteil die Ansicht vertreten, ein Verstoß gegen das Bankgeheimnis könnte unmittelbar zur Unwirksamkeit einer Forderungsabtretung führen. Dieser Ansicht haben sich zwischenzeitlich mehrere Gerichte, darunter auch das Landgericht Frankfurt, entgegengestellt.[41] Die vorherrschende Meinung geht nunmehr davon aus, dass die Weitergabe von Kundendaten, die dem Bankgeheimnis unterliegen, zumindest dann zulässig sein muss, wenn sie zur Erledigung ordnungsgemäßer Bankgeschäfte notwendig sind, die Eigeninteressen der verkaufenden Bank dadurch geschützt werden und der Empfänger zu Verschwiegenheit verpflichtet wurde. Auch hat die Praxis in den letzten Jahren Transaktionsmodelle entwickelt, die auch bei schwierigen Rahmenbedingungen funktionieren. Zu denken ist – wenn ein Verkauf nicht möglich ist – an die Variante Abspaltung nach dem Umwandlungsgesetz sowie Treuhandlösungen oder Unterbeteiligungen. Die anderen rechtlichen Rahmenbedingungen, die in Deutschland im Zusammenhang mit dem Distressed Debt-Investing bestehen, unterscheiden sich nicht relevant von denen in anderen Staaten, in denen Problemkreditmärkte entstanden sind. So ist zur Durchführung bestimmter Bankgeschäfte eine Erlaubnis durch die Bundesanstalt für Finanzdienstleistungen (BaFin) vorgeschrieben. Nicht zuletzt aus diesem Grund haben Investoren wie Lone Star und Cerberus zwischenzeitlich eine Bank erworben, denn ein Investor bedarf einer Banklizenz, wenn der Erwerb von Forderungen z.B. eine Inanspruchnahme von weiter bestehenden Kreditlinien oder die Bereitstellung neuer Kredite vorsieht.

Dem deutschen Insolvenzrecht stehen nach seiner Reform 1999 Instrumente zur Verfügung, die eine Sanierung und Fortführung eines Unternehmens ermöglichen. Allerdings ist die Zusammenarbeit zwischen Insolvenzverwaltern und Distressed Debt-Investoren in der Praxis noch selten, weshalb auch eine Insolvenzsituation beziehungsweise ein Erwerb aus der Insolvenz im Gegensatz zu anderen Märkten wie den USA möglichst vermieden wird. Nunmehr hat die Bundesregierung durch das Gesetz zur Neuorganisation der Bundesverwaltung und der Schaffung eines Refinanzierungsregisters, das vom Bundestag in seiner 184. Sitzung kurz vor Beginn des Wahlkampfes noch verabschiedet wurde[42], ein immer wieder beklagtes Hindernis für Verbriefungen im Rahmen von Distressed Debt-Investitionen in Deutschland beseitigt. Zentraler Inhalt des Gesetzes ist die Einführung eines Refinanzierungsregisters mit den §§ 22 a bis 22 o KWG neue Fassung. Dieses Register wird einen wichtigen Schritt zur Entwicklung von True Sale-Verbriefungen in Deutschland darstellen. Insgesamt ist das rechtliche

---

40 AZ: 8 U 84/04, BKR 2004, S. 330 ff. mit Anmerkung Langenbucher.
41 Vgl. LG Koblenz, Urteil vom 25.11.2005 – AZ: 3 O 496/03; LG Frankfurt/Main, Urteil vom 17.12.2004 – AZ: 2–21 O 96/02. Vgl. dazu aus der Literatur: Jobe (2005), m.w.N.
42 Vgl. Fn. 11.

Christian Daynes/Christoph Schalast

Umfeld in Deutschland derzeit als positiv für NPL-Transaktionen einzuordnen und die rechtlichen Rahmenbedingungen sind ein gewichtiger Faktor, der die Entwicklung eines modernen Distressed Debt-Marktes fördern wird.

7 Sonstige Rahmenbedingungen

So positiv die vorstehend geschilderten rechtlichen Rahmenbedingungen für die Entwicklung des Distressed Debt-Marktes sind, müssen doch auch einige problematische Rahmenbedingungen benannt werden. Hier ist vor allem die Befürchtung der Banken zu nennen, einen nur erheblich unter dem Buchwert liegenden Verkaufspreis erzielen zu können, was zu einem entsprechenden Buchverlust führt. Gerade bei Portfolioverkäufen kann ein solcher Buchverlust leicht entstehen, was in der jüngsten Vergangenheit sogar dazu geführt hat, dass Kreditinstitute bereits veranlasste Transaktionen kurz vor Abschluss vom Markt genommen haben. Ursache hierfür ist nicht zuletzt die praktizierte Abschreibungspolitik der Institute, nach der eine Bewertung der Engagements nicht unter der Annahme eines Forderungsverkaufs erfolgte[43] beziehungsweise Opportunitätskosten wie anfallende Bearbeitungskosten nicht berücksichtigt wurden.

Eine andere Problematik ist die in der Praxis oftmals fehlende Restrukturierungserfahrung deutscher Führungskräfte, insbesondere im Mittelstand. Ob dies allerdings eine Limitierung des Marktes darstellt, bleibt abzuwarten, denn letztendlich gilt hier wie auch für den Private Equity-Markt insgesamt dass ein Investor bei einer Restrukturierung immer auch Komponenten eines Management Buy Out (MBO) beziehungsweise Management Buy In (MBI) einbeziehen wird, soweit dies möglich ist. Ein MBO oder ein MBI ist aber nur möglich, wenn der Investor auf ein entsprechend erfahrenes Management auch tatsächlich setzen und vertrauen kann.

Schließlich ist als Besonderheit des deutschen Bankenmodells das so genannte *Relationship-Banking* zu nennen. Relationship-Banking beschreibt eine grundsätzlich statische Kunden-Bank-Beziehungen, das heißt die Vergabe und das anschließende Halten (Buy and Hold) von Kundenforderungen.[44] Oft spricht man auch vom Hausbankprinzip, das im Gegensatz zur Ausgabe und darauf folgenden Weitergabe des Engagements an Dritte steht. Grundsätzlich ist an einer Beziehung zwischen Kunden und Banken nichts Negatives zu sehen, vor allem wenn sie zur Zufriedenheit des Kunden und zu Erträgen bei der Bank führt. Kritik erfährt diese Praxis der deutschen Banken aber deshalb, weil der Schwerpunkt auf die Festigkeit der Beziehung gelegt und der Ertrag dadurch vernachlässigt wird. Dies führt zu Verzögerungen bei der Risikoerkennung und der Restrukturierungsunterstützung. Ob das typisch deutsche Relationship-Banking in der Summe positive oder negative Auswirkungen auf das Management von Risikokrediten hat, ist noch unklar. Nachdem eine Entscheidung durch den Gläubiger zum

---

43 Deloitte (2004).
44 Vgl. Hartmann-Wendels et al. (2000), S. 147 ff.

Verkauf oder zur Auslagerung des Servicing an einen Work-out-Spezialisten getroffen wurde, steht es einem erfolgreichen Investment nicht mehr im Wege.

8 Marktbefragung

Die vorstehenden Überlegungen wurden durch die Autoren im Rahmen einer repräsentativen Befragung von Käufern beziehungsweise Verkäufern überprüft. Dabei wurde festgestellt, dass eine starke Tendenz zur Ausweitung des Verkaufs von Problemkrediten geplant ist, was mit den Ergebnissen der Roland Berger-Studie vom November 2005 übereinstimmt.[45, 46]

Interessant ist weiter, dass 40 Prozent der Verkäufer die Renditeerwartung bei den Investoren als zu hoch ansehen. Die von den Verkäufern genannten Hauptmotive sind, wie bereits angesprochen, Basel II und Risikoreduktion, nicht dagegen interessanterweise die MaK.

Auch bestätigt die Umfrage den bereits eingangs festgestellten Trend, dass Portfolio-Verkäufe zurückgehen werden und Single Names größere Bedeutung erhalten. Weiter ist auffällig, dass die Verkäufer den Verkauf und Kauf von Distressed Debt als Bestandteil eines modernen Risikomanagements betrachten und 50 Prozent der Institute daran denken, auf dem Markt als Käufer aktiv zu werden, weil sie die entsprechenden Renditechancen sehen.

Auf Investorenseite belegt die Umfrage, dass die meisten Akteure in diesem Bereich bereits seit vielen Jahren (Variationen zwischen 10 und 25 Jahren wurden genannt) tätig sind. Der Fokus auf Deutschland ist in der Regel im Jahr 2003 entstanden, wobei neben dem wachsenden Distressed Debt-Markt auch die Verfügbarkeit von Investitionskapital als wichtiger Vorteil genannt wird. Alle Investoren sind an dem Fremdkapital der Not leidenden Unternehmen interessiert, in der großen Mehrzahl aber auch an Eigenkapitalinvestitionen. Dabei besteht eine grundsätzliche Bereitschaft, den Krisenunternehmen auch neues Kapital zur Verfügung zu stellen, was insgesamt belegt, dass der Distressed-Markt eine Chance für die Unternehmen ist, neue Liquidität zu erlangen. Bei den Renditeerwartungen werden von den Investoren über 20 Prozent für Eigenkapital-, über 15 Prozent für Mezzanine- und über zehn Prozent für Fremdkapitalinvestitionen genannt, was wohl den entsprechenden Zahlen bei Private Equity-Investitionen entspricht. Bei der Einschätzung der Ursachen für Transaktionen stimmen Käufer und Verkäufer überein, wobei wohl insgesamt der Gesichtspunkt des Ratings eine besondere Rolle spielt.

---

45 Fragebogen und weitere Details bei Daynes/Schalast (2005).
46 Roland Berger Strategy Consultants (2005).

9 Schlussfolgerung

Bereits heute ist erkennbar, dass der deutsche Distressed Debt Markt künftig von zwei Trends geprägt wird:

- die Entwicklung von Abwicklungsspezialisten mit Fokussierung in den Bereichen Servicing und Restrukturierung,
- die langfristige Entwicklung eines Distressed Debt-Marktes, wenn auch auf niedrigerem Niveau.

In Deutschland sind heute bereits zahlreiche Abwicklungsspezialisten aktiv. Hinzugekommen sind in der letzten Zeit die Tochter- oder Schwesterunternehmen der Private Equity-Investoren oder Investmentbanken. Eine wachsende Zahl von Bankinstituten wird versuchen, sich daneben als Abwicklungsspezialist zu etablieren. Dieser Trend wird insbesondere dadurch unterstützt, dass die zu erwartenden Verbriefungstransaktionen von Distressed Debt leistungsstarke Servicer erfordern, die eine Zertifizierung in Form eines Ratings vorweisen können. Im Ergebnis wird dadurch ab dem Zeitpunkt einer Leistungsstörung das starre Hausbankprinzip aufgelöst.

Der zweite Trend ist, dass sich ein Distressed Debt-Markt in Deutschland langfristig entwickeln wird, wobei verstärkt Krisen mittlerer und größerer Unternehmen im Fokus stehen werden. Single Name-Transaktionen und Baskets werden Portfolio-Transaktionen allmählich in den Hintergrund drängen. Nicht zuletzt aufgrund der steigenden Finanzierung deutscher Unternehmen über High Yield Bonds und Leveraged-Buy-Outs (LBO) werden sich in den folgenden Jahren auch weiterhin Distressed Debt-Situationen ergeben. Dabei wird eine spannende Frage sein, wie sich die deutschen Kreditinstitute auf dem Markt neben den ausländischen Investoren behaupten. Positiv ist allemal, dass mit dem Kapital der internationalen Investoren auch ihre Erfahrungen und Expertise im Umgang mit Distressed Debt nach Deutschland importiert wird. Schließlich sollte man nicht vergessen, dass der boomende Distressed-Markt dokumentiert, dass die Investoren an den Turn Around-Kandidaten Deutschland glauben.

Literaturverzeichnis

ALTMAN, E. I. (1999): Distressed Securities: analyzing and evaluating market potential, Beard Books.

Anders, D./Binder/Hesdahl/Schalast/Thöne (2004): Aktuelle Fragen des Bank- und Kapitalmarkt-Rechts I: Non-Performing-Loans/Faule Kredite – Handel, Workout, Outsourcing und Securitisation, Arbeitsbericht Nr. 54 der HfB-Business School of Finance and Management, S. 7 ff.

BERGER, ROLAND (2005): STRATEGY CONSULTANTS, Distressed Debt in Germany, Austria and Switzerland – the banks' perspective, Trend study results, London.

BONN, J. (1998): Bankrisiken und Bankenregulierung, Wiesbaden.

CLAESSENS, S. (1999): Experiences of Resolutions of Banking Crises, in: Strengthening the Banking System in China: Issues and Experiences, BIS Policy Papers Nr. 7, Oktober.

DAYNES, C./ SCHALAST, C. (2005): Distressed Debt-Investing in Deutschland – Geschäftsmodelle und Perspektiven, Arbeitsbericht Nr. 66 der HfB - Business School of Finance and Management.

DELOITTE (HRSG.) (2004): Non Performing Loans, Newsletter zu den Themen Reorganisation, Sanierung und Insolvenz, RSI-forum.

DICKLER, R. (2006): Distressed Debt in Germany: What's next? – Possible Innovative Exit Strategies, Arbeitsberichte der HfB-Business School of Finance and Managemen, im Erscheinen.

ERNST & YOUNG (HRSG.) (2004): Global Non Performing Loans Report.

FAMA, E.F. (1970): Efficient capital markets: A review of theory and empirical work, in: Journal of Finance 25, S. 383 ff.

GLEUMES, G. (2004): Der Verkauf von notleidenden Krediten an Distressed-Debt-Investoren, in: Jobe/Stachuletz: Workout, Management und Handel von Problemkrediten, Frankfurt am Main, Bankakademieverlag, S. 352 ff.

HARTMANN-WENDELS, T./PFINGSTEN, A./WEBER, M. (2000): Bankbetriebslehre, 2. Auflage.

HEINRICH, J. (2004): Die MaK aus Sicht einer Geschäftsbank, in: Hofmann (Hrsg.): Basel II und MaK, 2. Auflage, Frankfurt am Main, Bankakademie Verlag, S. 381-420.

HERR, H./STACHULETZ, R. (2005): Marktendogene Faktoren der Entstehung von Problemkrediten und Stabilisierungsstrategien, in: Jobe/Stachuletz (Hrsg.): Workout, Management und Handel von Problemkrediten, Frankfurt am Main, Bankakademie Verlag, S. 42 ff.

Literaturverzeichnis

Hesdahl, R. (2004): Securitisation: Die Rahmenbedingungen für den Einsatz von Securitisations, in: Anders/Binder/Hesdahl/Schalast/Thöne, Aktuelle Fragen des Bank- und Kapitalrechts I: Non Performing-Loans/Faule Kredite-Handel, Workout, Outsourcing und Securitisation, Arbeitsbericht Nr. 54 der HfB-Business School of Finance and Management, S. 41 ff..

Jobe, C. J. (2005): Rechtliche Rahmenbedingungen des Work-Out-Managements: Die Haftungsrisiken der Kreditinstitute bei der Bearbeitung notleidender Kredite, in: Jobe/Stachuletz: Workout – Management und Handel von Problemkrediten, 2005, S. 227 ff.

Kindleberger, C.P. (2001): Manias, Panics, and Crashes – A History of Financial Crises, Hoboken, NJ, John Wiley & Sons.

KPMG (Hrsg.) (2002): Kreditinstitute und Unternehmensrisiken, Berlin, 2002.

Kroll & Mercer Oliver Wyman (Hrsg.) (2005): A Market for the Making. The German Bad Loan Market, London und Frankfurt am Main.

Liebler, H./Schiereck, D./Schmid M. (2004): Distressed Debt Investing, in: ÖBA, Berichte und Analysen, September 2004.

Lou, J., (2001): China's troubled bank loans.

Moyer, G. (2005): Distressed Debt Analysis – Strategies for Speculative Investors, J. ROSS Publishing, S. 36.

Reichel, R. (2006): Interesse an deutschen Immobilien steigt, in: Handelsblatt, 21.01.2006, S. 36.

Rutkis, A. (2002):, Hedge Fonds als Alternative Investments, Banking & Finance, Band 14, Frankfurt am Main, Bankakademie Verlag.

Schütze, D./Schalast, C. (2004): Wider die Verschleuderung von Unternehmen durch Pfandversteigerung, Arbeitsbericht Nr. 51 der HfB-Business School of Finance and Management.

Gregor Gawron/Stefan Scholz

Katastrophenanleihen jenseits von Markowitz
Analysen mit Omega und Expected Shortfall

1 Einführung 293
2 Daten und Methodik 294
3 Risikobetrachtung 296
4 Ergebnisse 297
5 Zusammenfassung 302
Literaturverzeichnis

1 Einführung

Die Diversifikation von Risiken ist eine gängige Risikomanagementmethode, sowohl in der Versicherungs- und Rückversicherungsbranche als auch in der Vermögensverwaltung. Mit einem gut diversifizierten Portfolio aus nicht miteinander korrelierten Anlagen können unsystematische Risiken eliminiert und das Risikoprofil des Anlegers verbessert werden. Vor einigen Jahrzehnten ließen sich durch einfache Streuung von Anlagen auf verschiedene Länder oder Sektoren deutlich positive Diversifikationseffekte erzielen.[1] Heute haben die Auswirkungen der fortschreitenden Globalisierung, neue Technologien und die Einführung der gemeinsamen europäischen Währung zu einer immer stärkeren Korrelation der Finanzmärkte geführt. Dies schränkt das Diversifikationspotenzial in traditionellen Anlagekategorien zunehmend ein. Auf der Suche nach Alternativen hat sich die Anlegergemeinde Rohstoffen, Immobilienfonds und jüngst auch Hedgefonds zugewandt, die für die gewünschte Diversifikation sorgen sollen.

Eine weitere Anlageklasse, die Diversifikationseffekte bieten kann, sind versicherungsgebundene Wertpapiere, so genannte Insurance Linked Securities (ILS). Dazu gehören CAT Bonds (Katastrophenanleihen), Industry Loss Warranties (ILW) und andere versicherungsgebundene Derivate.[2] Diese Anlageklasse unterscheidet sich hauptsächlich durch die Art der Renditegenerierung von anderen Anlagen. So wird die Wertentwicklung von CAT Bonds vor allem vom Eintreten von Naturkatastrophen wie Erdbeben oder Wirbelstürmen bestimmt und steht somit in keinem Zusammenhang zu wirtschaftlichen Gegebenheiten.

Der Markt für CAT Bonds entstand aufgrund von knappen Rückversicherungskapazitäten zu Beginn der 90er Jahre. Durch den Transfer der mit Naturkatastrophen verbundenen Risiken an die Kapitalmärkte waren die Versicherer besser in der Lage, eine Deckung anzubieten und mit der Unvorhersehbarkeit solcher Katastrophen umzugehen. Es gibt verschiedene Arten von CAT Bonds, die sich hinsichtlich einer Reihe von Parametern unterscheiden können. Wichtig ist beispielsweise, ob Einzelrisiken oder mehrere Risiken (single-peril oder multi-peril) gedeckt werden und wie der Schadensfall für den Anleger definiert ist. Der Schadensfall beruht entweder auf dem Buchwertprinzip (indemnity-based), wonach die tatsächlich eintretende Leistungspflicht für den Versicherer den Schadensfall für den Anleiheninhaber bedeutet, oder auf einem parameterbasierten Schadensindex (parametric index-based), bei dem der Schadensfall eintritt, sobald ein bestimmter physischer Parameter einen bestimmten Grenzwert überschreitet. Im letzteren Fall ist z.B. die auf der Richter-Skala ermittelte Stärke eines Erdbebens oder die Windgeschwindigkeit eines Wirbelsturms ausschlaggebend. Im Schadensfall, d.h. wenn eine bestimmte vordefinierte Naturkatastrophe (als auslösendes Ereignis oder triggering event) eintritt, erleidet der Anleger einen teilweisen oder vollständigen Verlust seines Anlagebetrags. Bei Nichteintreten erhält er hingegen die vereinbarte Prämie. Die Höhe der Prämie und die Schadenswahrscheinlichkeit sind je

---
1   Vgl. Markowitz (1952).
2   Dieser Aufsatz beschäftigt sich ausschließlich mit CAT Bonds.

nach Ausgestaltung der Katastrophenanleihe unterschiedlich definiert, beruhen jedoch in der Regel auf historischen Statistiken für die Häufigkeit und Schwere von Naturkatastrophen an einem konkreten Ort.[3] Da sich CAT Bonds unabhängig von anderen Anlagekategorien entwickeln, kann durch eine geringe Beimischung solcher Papiere das Risiko-Rendite-Profil der meisten traditionellen Portfolios verbessert werden.

Im vorliegenden Beitrag sollen die Vorteile einer Kombination von Katastrophenanleihen mit traditionellen Anlageformen dargestellt werden. Dazu werden Methoden eingesetzt, die die speziellen Renditecharakteristika von CAT Bonds angemessen berücksichtigen. Wir schlagen zu diesem Zweck die Omega-Funktion und die Extremwerttheorie vor.

2 Daten und Methodik

Auf dem ILS-Markt werden eine Reihe von CAT Bonds angeboten, die sich auf voneinander unabhängige Katastrophen beziehen, womit eine Diversifikation innerhalb dieser Anlagekategorie möglich wird. So steht beispielsweise ein Erdbeben in Kalifornien in keinem Zusammenhang zur Wahrscheinlichkeit eines Wirbelsturms in Europa. Deshalb sind CAT Bonds voneinander unabhängig, solange sie eine wertpapiermäßige Verbriefung von Risiken unterschiedlicher Naturkatastrophen darstellen. Derzeit bieten CAT Bonds eine Deckung für mehr als ein Dutzend unterschiedlicher Risikoszenarien. Um diese Diversifikationsmöglichkeiten auszuschöpfen, haben wir zunächst ein Portfolio mit fünf gleichgewichteten CAT Bonds zusammengestellt, die in den vergangenen Jahren begeben wurden. Wie aus Tabelle 1 ersichtlich wird, bezieht sich jede dieser Anleihen auf unterschiedliche Regionen und Katastrophenrisiken.

Mit Attachment (Beginn der Leistungspflicht) wird die Wahrscheinlichkeit angegeben, dass überhaupt ein Teil des Anlagebetrags verloren geht, d.h. die Wahrscheinlichkeit, erstmals einen investierten Dollar zu verlieren (Wahrscheinlichkeit eines Teilverlustes). Exhaustion gibt hingegen die Wahrscheinlichkeit an, dass der Anlagebetrag vollständig eingebüßt wird (Wahrscheinlichkeit eines Totalverlustes). Expected loss (Verlusterwartung) stellt den wahrscheinlichkeitsgewichteten Durchschnitt der Ereignisse, die eintreten könnten, dar. Demzufolge ist das Papier Class–D (mit einer Verlusterwartung von 0,22 Prozent) der CAT Bond mit dem geringsten Risiko für den Anleger. Natürlich ist die Risikovergütung hier am geringsten (Spread zum Libor = 1,75 Prozent). Durch die Gleichgewichtung der CAT Bonds erhalten wir ein Portfolio, bei dem die Wahrscheinlichkeit eines Totalverlustes zwar unendlich klein ist, dafür ist jedoch die Wahrscheinlichkeit der Inanspruchnahme einer gewährten Deckung und damit eines Teilverlustes höher. Anders ausgedrückt: Gemessen an den Wahrscheinlichkeitswerten ist mit einer höheren Schadenshäufigkeit bei einer deutlich geringeren Schwere des zu

---

[3] Vgl. Canaberro, Finkemeier, Anderson und Bendimerad (1998), die einen kurzen geschichtlichen Überblick und eine Einführung zum Thema CAT Bonds bieten.

erwartenden Schadens zu rechnen. Folglich sind auch die Verlusterwartung und damit der Spread geringer.

Um die Wertentwicklung von traditionellen Portfolios zu untersuchen, denen CAT Bonds beigemischt wurden, haben wir drei Portfolios konstruiert, die unterschiedliche Präferenzen institutioneller Investoren widerspiegeln. Das erste setzt sich zu 80 Prozent aus Anleihen und zu 20 Prozent aus Aktien zusammen, das zweite ist gleichgewichtet, und das dritte besteht zu 20 Prozent aus Anleihen und zu 80 Prozent aus Aktien. Jedem dieser Portfolios wurde ein Anteil von 20 Prozent des diversifizierten CAT Bonds beigemischt.

Tabelle 1: Pioneer 2002-I Serie im gleichgewichteten CAT Bond-Portfolio

Name	Class – A	Class – B	Class – C	Class – D	Class – E	
Risiko	Hurrikan im Nord-Atlantik (NAWS)	Wirbelsturm in Europa (EUWS)	Erdbeben in Kalifornien (CAEQ)	Erdbeben im Mittleren Westen der USA (CUSEQ)	Erdbeben in Japan (JPEQ)	Gleich-gewichtetes Portfolio
Expected Loss (Verlusterwartung)	1,28 %	1,27 %	1,28 %	0,22 %	1,29 %	1,07 %
Attachment (Leistungsbeginn)	1,59 %	1,59 %	1,59 %	0,27 %	1,59 %	6,39 %
Exhaustion (Totalverlust)	0,97 %	1,05 %	0,98 %	0,19 %	1,01 %	0,00 %
Spread ggü. Libor	6 %	5 %	6 %	1,75 %	4,25 %	4,60 %

Die Aktien und Anleihen werden durch die Überschussrendite des S&P 500 beziehungsweise des Citigroup Global Government Bond Index gegenüber dem Ein-Monats-USD-Libor dargestellt. Diese Anlagen werden als Mischung von Normalverteilungen simuliert, wobei die Kalibrierung anhand der ersten vier empirischen Momente für den Zeitraum Februar 1985 bis Juni 2004 erfolgte. Damit wurden 5000 Simulationsläufe über 1000 aufeinander folgende Jahre durchgeführt, um die Wertentwicklung des diversifizierten CAT Bond-Portfolios und seiner einzelnen Bestandteile zu untersuchen.

Bei der Analyse wird eine Monte Carlo-Simulation verwendet, um Renditestichproben zu generieren, die den Spread- und Verlustcharakteristika des CAT-Bond-Portfolios wie auch der einzelnen CAT Bonds entsprechen.

3 Risikobetrachtung

In der modernen Portfoliotheorie wird die Verwendung der Sharpe Ratio zur Messung der risikoadjustierten Performance von Anlageinstrumenten empfohlen. Die Schwäche dieser Messmethode beruht auf der Prämisse, dass sich mit der Standardabweichung der Renditeverteilung eines Anlageinstruments das Risiko vollständig beschreiben lässt und dass die Renditewerte symmetrisch verteilt sind. Die Renditen von Finanzanlagen und besonders von CAT Bonds sind jedoch keineswegs normalverteilt. Als Alternative bietet sich die Sortino Ratio an, mit der man die Asymmetrie der Renditeverteilung zu erfassen versucht. Dabei wird die Standardabweichung in der Sharpe Ratio durch die Downside Deviation ersetzt, um lediglich das Minderertragsrisiko zu erfassen. Allerdings werden höhere Momente wie Verteilungsschiefe und Wölbung nur implizit berücksichtigt. Im Gegensatz zur Sharpe Ratio und zur Sortino Ratio wird bei der Omega-Funktion die gesamte Renditeverteilung einbezogen.

Zunächst wird ein Renditegrenzwert (Threshold) definiert. Renditen unter diesem Grenzwert gelten als Verlust, Renditen darüber als Gewinn.[4] Das wahrscheinlichkeitsgewichtete Verhältnis jener Renditewerte, die über dem unterstellten Renditegrenzwert liegen zu denen, die darunter liegen, kann mit folgender Formel berechnet werden:

$$\Omega(r) = \frac{\frac{1}{n}\sum_i \max(0, R_i - r)}{\frac{1}{n}\sum_i \max(0, r - R_i)},$$ wobei r die als Grenzwert festgelegte Ziel- oder

Mindestrendite darstellt.

Keating and Shadwick (2002) zufolge, die dieses Maß eingeführt haben, kann Omega für jeden beliebigen Renditegrenzwert innerhalb des Bereichs möglicher Renditen ermittelt werden. Logarithmiert man die resultierenden Werte für Omega und stellt sie graphisch als Funktion des Renditegrenzwertes dar, so erhält man die Omega-Funktion. Diese lässt sich sehr einfach interpretieren: Für alle Renditegrenzwerte ist ein höherer Wert einem niedrigeren vorzuziehen. Zudem wird die Funktion bei negativen Renditegrenzwerten mit steigendem Risiko flacher. Die meisten Anleger würden den Grenzwert in Höhe des risikolosen Zinssatzes oder der Inflationsrate ansetzen.

---

4 Zur Verwendung von Omega bei Hedgefonds siehe Bacmann/Scholz (2003) und den Beitrag von Bacmann/Bosshard in diesem Handbuch.

In einem zweiten Schritt wurde untersucht, welche Menge von CAT Bonds beigemischt werden muss, um ein traditionelles Portfolio zu optimieren. Angesichts der Merkmale an den Randbereichen der Verteilung (fat tails) von CAT Bonds ist der übliche Mean-Variance-Ansatz zur Optimierung der Gewichtung nicht geeignet. Unser Ansatz beruht stattdessen auf der Berechnung der erwarteten Verlusthöhe bei einer leichten Erhöhung der CAT-Beimischung zu einem traditionellen Portfolio: dem Expected Shortfall. Dieses Maß für das Verlustrisiko bestimmt den durchschnittlichen Verlust für ein gegebenes Konfidenzniveau (1 – p). Im Gegensatz zum Value-at-Risk, der nur einen Punktschätzer darstellt, wird mit dem Expected Shortfall auch der Verteilungsbereich jenseits des Value-at-Risk untersucht, wenn dieser überschritten wird. Der Expected Shortfall ist definiert als

$$ES_p = E[x|x \leq VaR_p] = \int_{-\infty}^{q} x \frac{f(x)}{F(q)} dx \quad \text{wobei } q = 1-p.$$

Es gibt viele unterschiedliche Möglichkeiten zur Bestimmung des Expected Shortfall. Für die vorliegende Untersuchung wurde die Peak-over-Threshold-Methode, ein Instrument aus der Extremwerttheorie[5], verwendet. Vor dem Hintergrund der Fat-Tail-Merkmale von CAT Bonds lässt sich mit dieser Vorgehensweise das Verlustrisiko genauer abschätzen und eine optimierte Portfolioallokation ermitteln, die das bestehende Verlustrisiko besser erfasst.

4   Ergebnisse

In diesem Abschnitt analysieren wir die im Abschnitt 2 eingeführten CAT Bonds mit den zuletzt vorgestellten Methoden. Um die Vorteile einer Diversifikation innerhalb der Anlagekategorie deutlich zu machen, wird in Abbildung 1 die Omega-Funktion der simulierten Überschussrenditen der oben aufgeführten fünf Pioneer-I CAT Bonds und des gleichgewichteten, aus diesen CAT Bonds zusammengesetzten Portfolios dargestellt. Das CAT Bond-Portfolio weist für negative Grenzwerte eindeutig eine attraktivere Renditeverteilung auf: Die Wahrscheinlichkeit, hohe Beträge zu verlieren, ist wesentlich geringer als bei den einzelnen CAT Bonds. Die einzelnen Katastrophenanleihen zeigen allesamt einen flachen Kurvenverlauf bei negativen Renditegrenzwerten und somit ein höheres Risiko. Für positive Renditegrenzwerte wird die Omega-Rangliste durch die individuellen Spreads bestimmt. Dabei fällt auf, dass die Anleihe für Erdbeben im Mittleren Westen der USA interessanter als alle anderen CAT Bonds ist.

---

5   Vgl. Artzner/Delbaen/Eber/Heath (1999), die die Vorteile des Expected Shortfall gegenüber dem Value-at-Risk-Ansatz diskutieren, sowie Davison/Smith (1990) mit einer Darstellung der Peak-over-Threshold-Methode.

Abbildung 1: Risiko-Rendite-Profil der Pioneer 2002-I CAT Bonds und des gleichgewichteten Portfolios

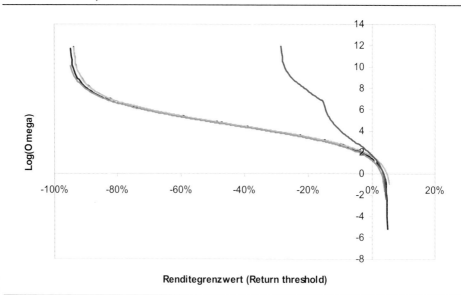

Renditegrenzwert (Return threshold)

Der grösste Vorteil von CAT Bonds liegt jedoch in ihrer Unabhängigkeit von der Wertentwicklung traditioneller Anlagen. Das Risiko-Rendite-Profil eines traditionellen Portfolios, dem CAT Bonds beigemischt werden, verändert sich erheblich. Abbildungen 2 und 3 zeigen die Omega-Funktion des ursprünglichen Portfolios mit herkömmlichen Anlagen und desselben Portfolios mit einer 20-prozentigen Beimischung des CAT Bond-Portfolios. Auch hier zeigt sich ein ähnliches Bild: Bei negativen Renditegrenzwerten wird deutlich, dass Portfolios mit CAT Bonds ein höheres Omega aufweisen als traditionell zusammengesetzte Portfolios. Sogar bei niedrigen positiven Renditegrenzwerten von ca. vier bis fünf Prozent sind die Portfolios mit CAT-Bonds noch im Vorteil. Dies bedeutet, dass Anleger, die das Verlustrisiko reduzieren möchten, eine Beimischung von CAT Bonds zu traditionellen Portfolios in Erwägung ziehen sollten. Strebt ein Anleger hingegen in erster Linie nach hohen Renditen und ist dafür bereit, auf einen Schutz vor Verlustrisiken zu verzichten, sollte er von einer Beimischung absehen.

Abbildung 2: Risiko-Rendite-Profil eines anleihendominierten Portfolios mit und ohne Beimischung von CAT Bonds

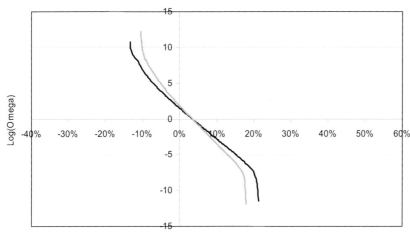

——— Traditionelle Anlagen (80% Anleihen, 20% Aktien)   ——— Traditionelle Anlagen + 20% CAT Bonds

Abbildung 3: Risiko-Rendite-Profil eines aktiendominierten Portfolios mit und ohne Beimischung von CAT Bonds

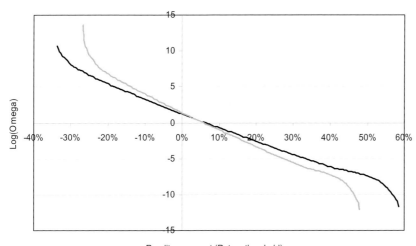

——— Traditionelle Anlagen (20% Anleihen, 80% Aktien)   ——— Traditionlle Anlagen + 20% CAT Bonds

Die bisherigen Ergebnisse, die für eine Beimischung von CAT Bonds sprechen, werden auch durch Tabelle 2 bestätigt. Im Falle eines Portfolios, bei dem der Schwerpunkt auf Anleihen liegt, wird bei gleicher Durchschnittsrendite eine Risikoreduktion erzielt. Auch die anderen beiden traditionellen Portfolios profitieren von einer Beimischung von CAT Bonds, wobei allerdings die deutliche Reduzierung der Standardabweichung mit einer etwas geringeren Durchschnittsrendite erkauft wird. Bei Betrachtung der statistischen Kennzahlen in Tabelle 2 fallen weitere positive Eigenschaften einer CAT Bond-Beimischung auf. So ist trotz einer Beimischung von immerhin 20 Prozent diversifizierter CAT Bonds keine wesentliche Veränderung in der Verteilung der Portfoliorenditen festzustellen. Dies ist auf die nicht vorhandene Abhängigkeit von CAT Bonds und traditionellen Anlagen zurückzuführen, wodurch sich deutlich bessere Diversifikationseigenschaften ergeben. Diese Erkenntnis dürfte auch jene Anleger beruhigen, die angesichts der hohen Wölbung und negativen Verteilungsschiefe von CAT Bonds besorgt sind. Die beschriebene Eigenschaft hängt indes stark vom Anteil der CAT Bonds am Gesamtportfolio ab.

Tabelle 2: Statistische Eigenschaften der unterschiedlichen Portfolios

	Traditionelle Anlagen	Traditionelle Anlagen mit CAT-Beimischung
Anleihendominiertes Portfolio		
Mittelwert	3,5%	3,5%
Median	3,3%	3,5%
Standardabweichung	5,9%	4,8%
Verteilungsschiefe	0,2	0,1
Wölbung	3,1	3,1
Ausgewogenes Portfolio		
Mittelwert	5,6%	5,2%
Median	5,3%	5,0%
Standardabweichung	9,1%	7,3%
Verteilungsschiefe	0,1	0,1
Wölbung	3,3	3,3
Aktiendominiertes Portfolio		
Mittelwert	6,3%	5,7%
Median	5,7%	5,4%
Standardabweichung	13,5%	10,8%
Verteilungsschiefe	0,2	0,2
Wölbung	3,4	3,4

Die optimale Höhe der Beimischung zur Reduzierung des Verlustrisikos lässt sich mit Hilfe des Expected Shortfall (Höhe des zu erwartenden Verlustes) berechnen. Dazu wird den drei traditionellen Portfolios ein Anteil diversifizierter CAT Bonds beigemischt, und zwar in Höhe von ein, fünf und zehn Prozent sowie in weiteren Zehn-Prozent-Schritten bis zum Höchstanteil von 100 Prozent. Im Zuge der Beimischung wird der ursprüngliche Aktien- und Anleihenanteil des traditionellen Portfolioteils konstant gehalten. Abbildung 4 zeigt den Einfluss der Beimischung auf den Expected Shortfall der drei traditionellen Portfolios bei einem Konfidenzniveau von 99 Prozent. Die Punkte auf den Kurven markieren die Höhe des Expected Shortfall bei der auf der x-Achse angegebenen Höhe der CAT-Beimischung. Der erste Punkt gibt den Expected Shortfall ohne Beimischung, der letzte Punkt den Expected Shortfall eines reinen CAT Bond-Portfolios an. Trotz der bei CAT Bonds festzustellenden Fat-Tail-Merkmale konnte in allen Portfolios bis zu einer bestimmten Höhe der Beimischung das Verlustrisiko insgesamt reduziert werden. Die stärkste Reduzierung gelingt im aktiendominierten Portfolio, für das eine 60-prozentige Beimischung von CAT Bonds optimal wäre. Eine sehr geringe Reduzierung wird im anleihendominierten Portfolio bei einer optimalen CAT-Beimischung von 30 Prozent erreicht. Das ausgewogene Portfolio weist einen optimalen CAT-Bond-Anteil von 40 Prozent auf. Erklären lässt sich die erreichte Risikoreduktion wiederum durch die fehlende Abhängigkeit von traditionellen Anlagen, eine Eigenschaft, die CAT Bonds als Beimischung zu herkömmlichen Portfolios attraktiv macht.

Abbildung 4: Verlauf vom Expected Shortfall bei einer Beimischung von CAT Bonds

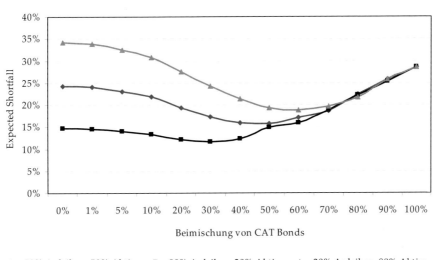

5 Zusammenfassung

Die vorstehende Analyse auf der Basis der Omega-Funktion und der Extremwerttheorie hat eindeutig die Diversifikationsvorteile von CAT Bonds gezeigt. Durch die Beimischung von CAT Bonds zu traditionellen Anlagen kann das Verlustrisiko deutlich gesenkt werden, ohne dass das Renditepotenzial wesentlich gemindert wird. Die höchste Risikoreduktion wurde in aktiendominierten Portfolios erreicht. Ferner war trotz der Fat-Tail-Merkmale von CAT Bonds bei einer Beimischung von immerhin 20 Prozent diversifizierter CAT Bonds keine Veränderung der Verteilung des ursprünglichen Portfolios festzustellen. Die attraktiven Diversifikationseigenschaften von CAT Bonds lassen sich mit ihrer Unabhängigkeit von der Wertentwicklung traditioneller Anlagen erklären.

Literaturverzeichnis

ARTZNER, P./DELBAEN, F./EBER, J.-M./HEATH, D. (1999): Coherent Measures of Risk, in: Mathematical Finance, 9, No. 3, S. 203–228.

BACMANN, J-F./SCHOLZ, S. (2003): Alternative performance measures for hedge funds, in: AIMA Journal, June.

CANABERRO, E./FINKEMEIER, M./ANDERSON, R.R./BENDIMERAD, F. (1998): Analyzing Insurance-linked securities, Fixed Income Research, Goldman Sachs.

DAVISON, A.C./SMITH, R.L. (1990): Models for Exceedances of High Thresholds, in: Journal of Royal Statistical Society 52(3), S. 393–442.

KEATING, C./SHADWICK, W.F. (2002): A universal performance measure, in: The Journal of Performance Measurement, 6(3).

MARKOWITZ, H. (1952): Portfolio selection, in: Journal of Finance, VII (1), 77–91, Reprint, Cowless Foundation paper 60.

Christian Behring/Michael Pilz

Single Tranche CDOs – eine neue Generation von Structured Credit Products

1 Einleitung 307
2 Darstellung von Single-Tranche CDOs 309
   2.1 Abgrenzung. 309
   2.2 Portfolio 311
   2.3 Tranchierung 312
   2.4 Dokumentation. 314
   2.5 Tranchenpreismodelle 316
   2.6 Korrelationsfrage. 318
3 Zusammenfassung und Ausblick. 320
Literaturverzeichnis

Single Tranche CDOs – eine neue Generation von Structured Credit Products

1 Einleitung

Das rasante Wachstum des auf USD 12 Bio. geschätzten Marktes für Credit Default Swaps wurde in den Jahren 2004 und 2005 vor allem von der rasanten Entwicklung der Single Tranche Collateralized Debt Obligations (STCDOs) dominiert. In diesem Zeitraum konnten sich STCDOs zu einem der meist gehandelten strukturierten Kreditprodukte und damit zu einem der liquidesten Vertreter dieser Klasse entwickeln. Als Zwitter zwischen Credit Default Swap (CDS) und Collateralized Debt Obligation (CDO) haben STCDOs damit vielen neuen institutionellen Investoren wie z.B. Hedgefonds, aber auch gewöhnlichen Rentenfonds, Zugang zur Welt der CDOs verschafft. Zunächst konnten sich STCDOs jedoch aufgrund ihrer wirtschaftlichen Ähnlichkeit zu herkömmlichen CDOs als Ersatzprodukte für *klassische* CDO-Investoren etablieren. Der große Vorteil von STCDOs gegenüber *klassischen* CDOs liegt dabei in ihrer effizienten Struktur, die eine schnelle und unlimitierte Verfügbarkeit sowie einen hohen Grad an Gestaltungsflexibilität für Investoren gewährleistet. Während die Emission von normalen CDOs durch die limitierte Kapazität der zugrunde liegenden Anleihenmärkte sowie dem sehr aufwendigen Strukturierungs- und Distributionsverfahren begrenzt wird, können STCDOs von Banken in fast jedem Volumen angeboten und je nach Kundenwunsch beliebig strukturiert werden.

Insbesondere Manager von Credit-Hedgefonds erkannten schnell, welche neuen Möglichkeiten sich aus der Erfindung dieser neuen CDS Variante ergeben. Über STCDOs können Hedgefonds-Manager nun auf liquide und effiziente Art und Weise stark gehebeltes Kreditexposure auf diversifizierte Portfolios eingehen bzw. ein bestimmtes Verlustintervall eines ganzen Baskets short gehen. Eine bei Credit-Hedgefonds sehr beliebte Strategie in diesem Bereich stellen dabei die so genannten *Correlation Trades* dar. Als im Frühjahr 2005 die Ratings von General Motors und Ford in den Sub-Investmentgrade-Bereich gesenkt wurden, sorgten signifikante Verluste bei Hedgefonds und Investment Banken aus Correlation Trades für reichliche Schlagzeilen, wodurch plötzlich die Aufmerksamkeit einer breiten Öffentlichkeit auf STCDOs gelenkt wurde. Ein Correlation Trade ist eine Long-Short-Credit-Strategie, die über den Einsatz von Index STCDOs versucht eine gegenüber Veränderungen von Kreditrisikoprämien (Credit Spreads) insensitive, also marktneutrale, Position mit positiver Verzinsung zu kreieren. Die Konstruktion und Motivation dieser Trades beruht im großen Maße auf der Annahme der Gültigkeit so genannter Tranchenpreismodelle. Wie in diesem Artikel später ausführlicher erläutert wird, stellen diese Modelle einen Zusammenhang zwischen dem Credit Spread einer CDO-Tranche und den Credit Spreads des referenzierten Kreditportfolios sowie der Default-Korrelation der einzelnen im Portfolio enthaltenen Kreditinstrumente her. Der Name dieser *Correlation Trade-Strategie* stammt daher, dass nach technisch korrekter Auflegung eine gegenüber Spreadänderungen delta-neutrale Position entsteht, die nur noch Exposure gegenüber Änderungen der impliziten Default-Korrelationen aufweist.

Ein in der Praxis häufig aufgelegter *Correlation Trade* sieht beispielsweise vor, aus Sicht des Investors eine Equity Tranche zu kaufen (Long Position) und das daraus resultierende spreadbedingte Marktänderungsrisiko über den gleichzeitigen Verkauf (Short Position) einer Mezzanine-Tranche abzusichern. Das *richtige* Verhältnis zwischen der Long- und der Short-Position (Hedge bzw. Delta Ratio) hängt dabei im Wesentlichen von der Wahl und Implementierung des verwendeten Tranchenpreismodells ab. Da Equity-Tranchen aufgrund ihres sehr hohen Ausfallverlustrisikos generell wesentlich höher rentieren als Mezzanine-Tranchen, ist dieser *Correlation Trade* eine der wenigen Strategien, die eine positive laufende Verzinsung (Positive Carry) ermöglichen. Diese Art von Correlation Trade stellt sich für Investoren in der Regel dann als attraktiv dar, wenn sie zum Einem davon überzeugt sind, dass die zukünftigen, realisierten Verluste aus Ausfällen systematisch niedrig bleiben werden, und sie zum Anderem daran glauben, dass sich der Markt im Rahmen der Modellannahmen *rational* verhalten wird. Konkret bedeutet dies jedoch, dass der Correlation Trade nur dann funktioniert (bzw. zu funktionieren scheint), solange das vom Modell geschätzte Delta stimmt und sich die in den Spreads von Equity- und Mezzanine-Tranchen impliziten Korrelationen nur unwesentlich bzw. nur in konstanten Proportionen verändern.

Mit den Downgrades von General Motors und Ford waren diese Voraussetzungen jedoch plötzlich nicht mehr gegeben. Entgegen allen Erwartungen der Investoren verhielten sich vor allem die Correlation Trades, die auf der amerikanischen CDX Index-Familie[1] basieren, überhaupt nicht mehr marktneutral und verloren massiv an Wert. Zwar weitete sich der Spread des zugrunde liegenden Indizes relativ stark, allerdings fielen die Preise von Equity-Tranchen um ein Vielfaches des zu erwartenden, während sich die Mezzanine-Tranchen entgegen der Modellschätzungen, kaum in ihrem Wert bewegten. Die als Hedge dienende Short-Position wurde damit im besten Falle unwirksam, im schlimmsten Fall trug sie noch zusätzlich zu den Verlusten bei. Als Folge ergab sich eine besonders für Hedgefonds gefährliche Spirale von Marktwertverlusten und daraus durch Margin Calls bedingte Zwangsliquidierungen.

Aus Modellsicht war der Grund für diese Entwicklung, dass es zu einem starken Abfallen der in den Spreads von Equity-Tranchen impliziten Korrelationen gekommen war, während die impliziten Korrelationen bei Mezzanine-Tranchen jedoch tendenziell stabil blieben. Tranchenpreismodelle erfassen zwar das Phänomen korrekt, dass sich niedrige Korrelationen negativ auf den Wert von Equity-Tranchen und positiv auf den von Senior-Tranchen auswirken, sie erklären jedoch nicht, aus welchen Gründen verschiedene Tranchen verschiedene implizite Korrelationen aufweisen. Die Begründung für dieses Phänomen kann wie für jedes Finanzprodukt letztlich nur über die herrschende Angebots- und Nachfragesituation erfolgen.

Der vorliegenden Artikel wurde als Einführung in das Thema Single Tranche CDOs konzipiert und verzichtet daher weitestgehend auf die mathematische Darstellung der jeweiligen Zusammenhänge. Die folgende detaillierte Darstellung der generellen Funktionsweise von STCDOs soll dem Leser jedoch eine fundierte Grundlage sowie den Anreiz für eine tiefere Lektüre zu diesem Thema bieten.

---

[1] Single-Tranche CDOs, basierend auf der iTraxx-Familie, wurden nur indirekt aufgrund der Veränderung des allgemeinen Marktumfelds betroffen.

2 Darstellung von Single Tranche CDOs

2.1 Abgrenzung

Trotz ihres Namens und des allgemeinen Sprachgebrauchs lassen sich STCDOs zunächst einmal formal nicht der Klasse von verbrieften Forderungen bzw. Asset Backed Securities (ABS) zuordnen. Vielmehr handelt es sich bei diesen Instrumenten um Kreditderivate, die in der Form von OTC-Kontrakten direkt zwischen zwei Kontrahenten abgeschlossen werden. STCDOs sind demnach sehr eng mit den durch die Bemühungen von der International Swaps and Derivative Association (ISDA) schon sehr standardisierten CDS verwandt. Ein CDS wird jedoch dann als STCDO bezeichnet und vom *Single Name* CDS unterschieden, wenn statt nur eines einzigen Unternehmens ein ganzes Portfolio referenziert wird und zusätzlich das Verlustpotential des CDS direkt an ein abgegrenztes Verlustintervall dieses Referenzportfolios geknüpft wird. Man sagt auch das Risikoprofil des Portfolios wird *tranchiert*. Dieses Konzept ist prinzipiell mit der Funktionsweise einer Versicherungspolice zu vergleichen. Die Versicherung bezieht sich dabei auf den Kreditverlust eines Portfolios, wobei ein bestimmter Selbstbeteiligungsbetrag und eine Haftungsobergrenze zwischen Versicherungsnehmer (Protection Buyer) und Versicherung (Protection Seller) vertraglich vereinbart worden ist. Entfällt jedoch die Tranchierung und referenziert der CDS das Verlustpotenzial des gesamten Portfolios, so spricht man wiederum von einem Basket CDS und nicht mehr von einem STCDO.

Aus wirtschaftlicher Sicht ist die STCDO wohl am ehesten mit einer Tranche eines *klassischen* synthetischen CDOs vergleichbar. Wie bei allen *klassischen* ABS-Transaktionen werden hier von einer Zweckgesellschaft Anleihen (Passiva) emittiert und die dadurch vereinnahmten Mittel in geldmarktnahe Zinspapiere wie Pfandbriefe oder Bundesanleihen investiert. Darüber hinaus geht die Zweckgesellschaft typischerweise einen untranchierten Basket CDS mit einer Bank ein, wobei die akquirierten Pfandbriefe als Sicherheit für diese derivative Position fungieren. Die aus dem CDS vereinnahmte Kreditprämie wird von der Zweckgesellschaft dazu genutzt, die Margen der von ihr emittierten Anleihen zu finanzieren sowie den Überschuss der Zweckgesellschaft zu erwirtschaften. Bei synthetischen CDO-Tranchen handelt es sich demnach um *normale* Anleihen, wobei die Tranchierung über die Struktur der emittierenden Zweckgesellschaft dargestellt wird. Bei STCDOs dagegen wird diese Tranchierung direkt in der Dokumentation des CDS definiert.

Abbildung 1: Klassische synthetische CDO-Struktur

Klassische synthetische CDO-Struktur

```
                    Portfolio CDS
                    CDS premium                    Proceeds           Super Senior
 Investment Bank  ───────────────▶   SPV     ──────────────▶
                  ◀───────────────          ◀──────────────          Senior
                    Protection                    Notes
                                                                      Mezzanine

                                                                      Equity

 Referenz
 Kredite                            Collateral
```

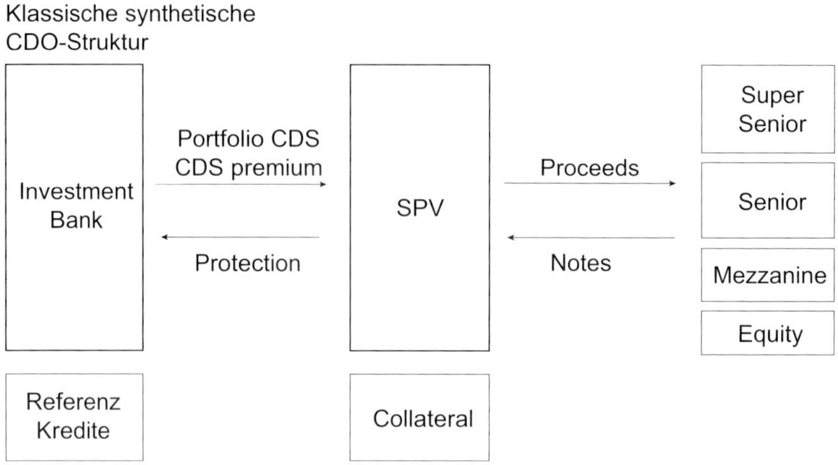

Im Gegensatz zum Großteil der synthetischen CDO-Tranchen werden STCDOs wie die meisten Derivate *unfunded* abgeschlossen, das heißt der zu Grunde liegende Nominalbetrag wird zwischen den Vertragsparteien nicht ausgetauscht, sondern dient lediglich als Grundlage für die Prämienzahlung und Verlustberechnung. Sollte ein Investor jedoch ein *gefundetes* Investment vorziehen, so besteht die Möglichkeit das STCDO wiederum über eine Zweckgesellschaft zu *verpacken* und damit in gefundeter Form in die STCDO zu investieren. Bei dieser Verpackung handelt es sich wieder um eine Verbriefungsstruktur, die genauso aufgebaut ist, wie die eines *klassischen* synthetischen CDOs mit dem einzigen Unterschied, dass die Tranchierung nicht auf der Ebene der Zweckgesellschaft durch die Emission verschiedener Anleihen, sondern auf der Ebene der verpackten CDS stattfindet.

Abbildung 2: Single Tranche CDO (unfunded)

Single Tranche CDO (unfunded)

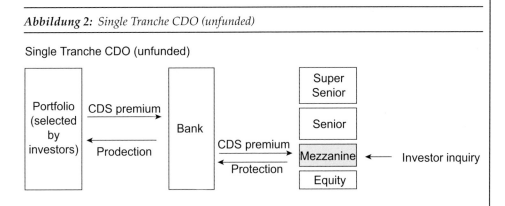

2.2 Portfolio

Wie bei allen CDOs ist prinzipiell jedes Fixed Income-Instrument als Grundlage für das Referenzportfolio eines STCDO denkbar. In der Praxis wurde der Markt zunächst jedoch vornehmlich durch Transaktionen dominiert, die ein Portfolio aus relativ liquiden Unternehmensanleihen im Investment Grade-Bereich referenzieren. Typischerweise handelt es sich dabei um die Unternehmen, für die bereits *normale* CDS auf Einzelbasis gehandelt werden. In der jüngsten Vergangenheit hat sich allerdings das Universum stetig vergrößert und umfasst heute, wenn auch bisher nur in einem geringen Umfang, High Yield- und Emerging Market-Emittenten sowie andere ABS-Strukturen. Besonders populär und daher sehr liquide sind STCDOs, die sich auf standardisierte Unternehmensanleihen-Indizes beziehen. Transaktionen dieser Art bezeichnet man dann häufig als Index STCDOs oder *Index Trades*. Seit der Erfindung von Index STCDOs im Jahre 2002 ist der Markt durch mehrere Iterationen gegangen, wobei sich schließlich bestimmte Indizes als Standard für derartige Instrumente etablieren konnten. Die standardisierten Indizes für Kreditderivate auf europäische und asiatische Schuldner sind unter dem Markennamen DJ iTraxx und für nordamerikanische und Emerging Markets-Schuldner unter dem Namen DJ CDX bekannt. Die Marke iTraxx ist beispielsweise aus den Produkten iBox und Traxx hervorgegangen, welche als Grundlage für ältere Transaktionen dienten.

Innerhalb einer Index-Familie unterscheidet man nach Indizes verschiedener Sektoren und Sub-Sektoren sowie nach verschiedenen Serien innerhalb eines Sektors. So bezieht sich beispielsweise der DJ.CDX.NA.IG auf den Sektor von nordamerikanischen Investment-Grade-Emittenten. In diesem Sektor wurden bisher fünf Serien kreiert, wobei die aktuelle Serie vier am 20.09.2005 aufgelegt wurde. Die Indizes werden halbjährlich neu aufgelegt und haben während ihrer Laufzeit (zwischen einem und zehn Jahren) eine statische Zusammensetzung. Die Indizes referenzieren grundsätzlich eine bestimmte Anzahl von *virtuellen,* aber klar definierten Single Name CDS. Der DJ.CDX.NA.IG.5

referenziert beispielsweise 125 verschiedene CDS-Kontrakte mit jeweils fünfjähriger Laufzeit und identischer ISDA-Dokumentation.

Die den Index STCDOs zu Grunde liegenden Indizes beziehen sich demnach nicht, wie oft fälschlicherweise angenommen wird, auf Corporate-Anleihen oder sogar auf die Emittenten direkt, sondern wiederum auf CDS-Kontrakte. Neben den Index STCDOs haben sich in den letzten Jahren auch so genannte Bespoke STCDOs etabliert. Im Gegensatz zu den *Index Trades* referenzieren diese CDOs nicht einen standardisierten Index, sondern ein vom Investor beliebig zusammengestelltes Referenzportfolio. Der Freiheitsgrad, den der Investor bei der Auswahl der Titel für ein derartiges Portfolio hat, wird typischerweise von den Fähigkeiten des Kontrahenten bestimmt, das entsprechende Exposure zu den gewählten Namen aufzubauen. Dies wiederum ist direkt von der Marktstärke des Kontrahenten sowie von der Liquidität der gewählten Titel im CDS Markt abhängig. In der Praxis unterscheiden sich daher die Referenzportfolios von Bespoke-Trades nur in einer begrenzten Anzahl von Namen vom Referenzportfolio der Index-Trades.

Tabelle 1: CDS-Indizes

CDS-Indizes*
*Anzahl der Indexwerte in Klammern

	iTraxx Indizes				CDX Indizes	
	Europe	Japan	Asia excl. Japan	Australia	North America	Emerging Markets
Master-Indizes	iTraxx Europe (125) iTraxx Corporate (52) iTraxx Crossover (30)	iTraxx CJ (50)	iTraxx Asia (30)	iTraxx Australia (25)	CDX.NA.IG (125) CDX.NA.HY (100)	CDX.EM (14)
Sub-Indizes	Financials 15) Autos (10) Consumer cyclicals (15) Consumer non-cyclicals (15) Energy (20) Industrials (20) TMT (20) HiVol (30)	Financials (10) Capital goods (10) Tech (10) HiVol (10)	Korea (8) Greater China (9) Rest of Asia (13)	None	Financials (24) Consumer (34) Energy (15) Industrials (30) TMT (22) HiVol (30) B (44) BB (43) HB (30)	None

2.3 Tranchierung

Das zentrale Merkmal, dass aus einem CDS-Kontrakt ein STCDO entstehen lässt, ist die Aufteilung des Verlustpotenzials des Referenzportfolios in abgegrenzte Intervalle, deren Rang und Größe wiederum maßgeblich für das Verlustpotenzial des CDOs ist. Diese Tranchierung des Verlustrisikos ermöglicht es den Investoren, je nach Risikobereitschaft bzw. Renditeziel, zu bestimmen, welcher Höhe an Ausfallrisiko bzw. (erwartetem) Verlust sie sich aussetzen wollen. Während bei Bespoke-Trades die Verlustintervalle frei bestimmbar sind, so sind die Tranchen für den standardisierten DJ CDX. NA.IG folgendermaßen festgelegt[2]:

Abbildung 3: *Tranchierung des CDX.NA.IG Index*

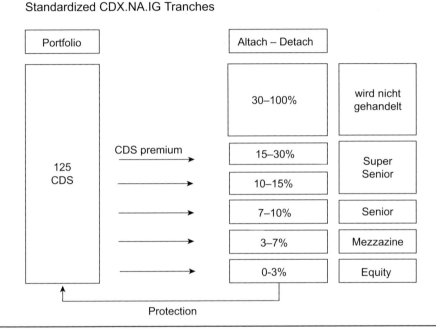

Die untere Intervallgrenze einer Tranche bezeichnet man als *Attachment Point*. Dieser legt fest, ab welcher Höhe der kumulierten Ausfallverluste des referenzierten Portfolios die Tranche anfängt Verluste zu erleiden. Die obere Intervallgrenze, auch *Detachment Point* oder *Exhaustion Point* genannt, wiederum definiert ab welchem Portfolioverlust, die Tranche einen Komplettverlust erleidet. Das drei bis sieben Prozent STCDO (Mezzanine) hat beispielsweise einen Attachment Point von drei Prozent und einen Detachment Point von sieben Prozent. Dies bedeutet, dass das STCDO erst dann in die Verlustzone gerät sobald der kumulierte Verlust des referenzierten CDX Index drei Prozent überschreitet. Mit jedem weiteren Verlust des Index verliert das CDO in linearer Weise seinen Nominalbetrag[3]. Erreicht der kumulierte Verlust des

---

2   Die Tranchen für den iTraxx Europe sind 0–3 Prozent, 3–6 Prozent, 6–9 Prozent, 9–12 Prozent und 12–22 Prozent.
3   Der tatsächliche Verlust des Investors beträgt bei einem Ausfall: (1-Recovery) * (1/125). Bei einer angenommenen Recovery Rate von 40 Prozent, kann eine 3 Prozent dicke Tranche (0 Prozent – 3 Prozent Tranche) 6.25 Ausfälle absorbieren (6.25 Prozent = [3 Prozent – 0 Prozent] / [(1/125) * (1–0.4)].

Index schließlich sieben Prozent, so bedeutet dies wiederum einen Totalverlust für das CDO.

Stellt man erneut die Analogie zur Versicherungsindustrie her, dann wäre der Investor in dieses CDO mit einem Versicherer (Protection Seller) zu vergleichen, der einem Versicherungsnehmer (Protection Buyer) für Kreditverluste mit einer Selbstbeteiligung von drei Prozent und einer Deckungsobergrenze von sieben Prozent gegen die Zahlung einer Prämie haftet. Einer null bis drei Prozent Equity-Tranche bezüglich eines USD 100 Mio. großen Referenzportfolios werden die ersten USD 3 Mio. an Kreditverlusten zugeordnet, während die drei bis sieben Prozent Tranche erst von den darauf folgenden USD 4 Mio. an Verlusten betroffen wird. Dies bedeutet also, dass bei einem Verlust im Referenzportfolio von USD 3 Mio. lediglich die Equity- Tranche einen Totalverlust erleidet und entsprechend bei einem Verlust von USD 7 Mio. sowohl die Equity-Tranche als auch die Mezzanine-Tranche vollständig ausgelöscht werden.

Das obige Beispiel macht deutlich, dass über diese vertragliche Festlegung des Kreditrisikos, die drei Kernkonzepte von ABS – Diversifikation, Subordination und Leverage – auf die Welt der CDS übertragen werden. Die Höhe von Leverage bzw. des eingesetzten Hebels einer Tranche lässt sich über ihre Sensitivität zu Verlust im Referenzportfolio definieren und ist auf direkte Weise von ihrer *Dicke* (Thickness) und der Höhe ihrer Subordination abhängig. Bei der null bis drei Prozent Tranche handelt es sich um das am stärksten gehebelte (geleveragte) Investment in das Referenzportfolio. Das erste Prozent Verlust im CDX verursacht sofort einen 33-Prozentigen Verlust, da die Tranche über keine Subordination verfügt und ein Prozent einem Drittel ihres Volumens entspricht. Die drei bis sieben Prozent Tranche verfügt entsprechend über drei Prozent Subordination und hat ein Volumen von vier Prozent. Dies bedeutet, dass sie gegen Verlust bis zu drei Prozent im Portfolio völlig immun ist und bei dem ersten Prozent Verlust, der die drei Prozent übersteigt, mit 25 Prozent einen vergleichbar kleineren Verlust erleidet als der erste Prozentverlust der Equity-Tranche.

Wie zu erwarten, variiert die Höhe der zu erwartenden Rendite einer Tranche mit der Höhe des ihr zugemessenen Risikos und dieses steigt mit dem Leverage und sinkt mit der Subordination. Folglich hat eine 15 Prozent *dicke* Super Senior Tranche mit 15 Prozent Subordination ein wesentlich geringeres Verlustrisiko als die drei Prozent *dünne* Equity-Tranche ohne Subordination und wird daher auch nur mit einem Spread kompensiert, der mehr als 50-mal geringer ist als der für eine Equity-Tranche

2.4 Dokumentation

Wie bei allen strukturierten Kreditprodukten kommt auch bei CDS und insbesondere bei STCDOs den Vertragsbedingungen eine hohe Bedeutung zu. Vor allem durch die Bemühungen der ISDA eine Standardisierung der Rahmendokumentation für CDS zu etablieren, kann man in einigen Bereichen des CDS-Marktes bereits von einem relativ hohen Niveau an Standardisierung sprechen. Grundsätzlich schließen die Kontrahenten, die beabsichtigen in der Zukunft miteinander derartige Derivate zu handeln, so genannte ISDA-Master-Agreements ab. Darin werden vor allem die allgemeinen Haftungs- und Abwicklungsfragen geregelt. Zusätzlich zu der Regelung der allgemeinen Rahmenbedingungen wird für jede einzelne Transaktion eine transaktionsspezifische Dokumentation erstellt. Sämtliche Details der eigentlichen Transaktion werden in dieser Dokumentation definiert und festgehalten. Zwar hat die ISDA mittlerweile auch für eine ganze Reihe von verschiedenen CDS-Produkten standardisierte Vorlagen (so genannte Templates) für diese transaktionsspezifischen Dokumente erstellt, dennoch ist der Markt noch weit von einer Vereinheitlichung bzw. Standardisierung der Dokumentation entfernt. Dies liegt zum einen daran, dass es mittlerweile eine extrem hohe Anzahl dieser *standardisierten* ISDA-Vorlagen gibt, was paradoxerweise direkt im Widerspruch zu einer Standardisierung der Dokumentation steht. Der wesentlichste Punkt liegt jedoch darin, dass einige Kontrahenten wie beispielsweise Banken diese Vorlagen zusätzlich in der Regel modifizieren.

Die wohl kritischste und am häufigsten modifizierte Klausel in der Dokumentation einer STCDO-Transaktion ist die zentrale Definition des Kreditausfalls bzw. des Kreditereignisses (Credit Event) selbst. In der Analogie der Versicherungspolice entspricht dies genau der Definition des Ereignisses bei dem der Versicherungsfall eintritt. Sobald also ein derartiges Credit Event eintritt, beginnt der Prozess der Verlustfeststellung, deren Definition nicht weniger kritisch ist und ebenfalls häufig modifiziert wird. Bei diesen Definitionen, die im Wesentlichen die Höhe der vom Protection Seller (Investor/Versicherer) zu leistenden Ausgleichzahlung bestimmt, ist somit bei weitem nicht von einer Standardisierung zu sprechen. Im Allgemeinen umfasst z.B. die Definition eines Kreditereignisses bei einem Unternehmen den konkreten Zahlungsausfall, die Anmeldung von Konkurs sowie eine Restrukturierung der Verbindlichkeiten des Unternehmens (Umschuldung). Während im Falle von Zahlungsausfall und Konkurs in der Regel oft unstrittig ein konkreter Kreditverlust feststellbar ist, so ist dies bei einer Restrukturierung im allgemeinem nicht der Fall. Je nach Definition kann es also durchaus vorkommen, dass im Falle einer Restrukturierung der Protection Seller aus technischen Gründen eine Zahlung an den Protection Buyer leisten muss, obwohl fundamental keine wirklichen Verluste eingetreten sind.

Alleine aufgrund dieser Problematik gibt es im Markt mindestens vier CDS- Dokumentationsvarianten, die im Falle einer Restrukturierung jeweils unterschiedliche Schritte vorsehen. So wird beispielsweise nach folgenden *standardisierten* Varianten unterschieden:

- Full Restructuring (FR),
- Modified Restructuring (MR),
- Modified-Modified Restructuring (MM) und
- No Restructuring (NR).

Dabei regeln diese verschiedenen Varianten zunächst einmal, ob eine Restrukturierung oder Umschuldung überhaupt als Kreditereignis für die spezifische Transaktion gilt und falls dies der Fall ist, welche Modalitäten dann für die Bestimmung der *Schadenshöhe* gelten. Bei der FR-Variante gibt es im Falle eines Credit Events für den Protection

Buyer (Versicherungsnehmer) die Möglichkeit, die *billigste* (cheapest-to-deliver) im Markt zu erwerbende Anleihe als Grundlage für die Verlustberechnung heranzuziehen. Bei MR dürfen dagegen nur Anleihen genutzt werden, deren Laufzeit höchstens 30 Monate länger ist als der fragliche CDS-Kontrakt. Welche dieser Varianten nun im Einzelnen Anwendung findet, liegt ganz im Einvernehmen der Vertragspartner und kann von Bank zu Bank bzw. Produkt zu Produkt unterschiedlich geregelt sein. So referenziert die CDX-Indexfamilie die unterliegenden CDS auf Basis von NR. Ein Single Name CDS auf einen Namen innerhalb des Portfolios wird herkömmlicherweise allerdings mit MR bzw. MM abgeschlossen[4]. Eine derartige *Schachtelung* verschiedener standardisierter Varianten verschärft wiederum die Problematik eines einheitlichen Regelwerkes und stellt hohe Anforderungen sowohl an Backoffice als auch Risikocontrolling institutioneller Anleger.

2.5 Tranchenpreismodelle

Obwohl sich nach wie vor bisher keine völlig einheitlichen Standards durchsetzen konnten, haben sich STCDOs in den letzten Jahren zu einem der am häufigsten gehandelten strukturierten Kreditprodukte entwickelt. Dies wiederum ist nicht zuletzt auf die Verbreitung von einem von Marktteilnehmern allgemein anerkannten Bewertungskonzept zurückzuführen. Ähnlich wie vor 25 Jahren das Black Scholes-Modell dem Optionsmarkt zum Durchbruch verholfen hat, so hat die Entwicklung von so genannten Tranchenpreismodellen in den letzten sechs Jahren STCDOs den Weg bereitet. Wie bei allen derivativen Preismodellen wird auch bei den Tranchenpreismodellen versucht, einen Zusammenhang zwischen dem Preis eines Derivats und dessen referenzierten Basiswerten herzustellen. Eine CDO- Tranche wird demnach als ein Derivat interpretiert, dessen fairer Wert bzw. dessen Rendite vom Wert eines Kreditportfolios abgleitet wird. Während allerdings bei Preismodellen wie dem Black Scholes-Modell der Zusammenhang zwischen Basispreis (Aktienpreis) und Preis des Derivates (Optionsprämie) über eine analytische Lösung bzw. eine geschlossene Formel (Black Scholes-Formel) dargestellt werden kann, so ist es sehr schwierig eine einfache und in der Praxis anwendbare geschlossene Formel für die Bewertung von CDO-Tranchen herzuleiten. Dies liegt daran, dass der Zusammenhang zwischen der Rendite einer Tranche und der Rendite eines Kreditportfolios sehr komplex ist und von nur schwer messbaren Parametern abhängt. Aus diesem Grund werden CDO-Tranchen in der Regel nicht über analytische Modelle, sondern mit Hilfe von statistischen Methoden bewertet. Bei diesen Methoden finden häufig stochastische Simulationsverfahren wie z.B. die Monte Carlo-Simulation Anwendung.

Bei der Bestimmung des Wertes bzw. der Rendite einer CDO-Tranche sind vor allem zwei Parametergruppen maßgeblich: Die Verteilungen der Kreditausfallzeitpunkte (Default Timing) der einzelnen Kreditinstrumente sowie die bei jedem dieser Kredit-

---

[4] Diese Abweichung der Credit Events zwischen Index und Derivat muss auch in der Bepreisung entsprechende Berücksichtigung finden. Grundsätzlich gilt, je geringer die Anzahl der Credit Events, desto geringer ist die zu zahlende Prämie.

ausfälle entstehenden Verluste (Default Loss). Daneben spielt die Default-Time-Korrelation bei der Bepreisung der einzelnen Tranchen eine entscheidende Rolle.

Im Gegensatz zum Black Scholes-Modell, bei dem die zwei wichtigsten Parameter Aktienpreis und Aktienpreisvolatilität täglich beobachtbar und damit eindeutig messbar sind, kann man Ausfallzeitpunkte, deren Korrelation sowie die entstandenen Ausfallverluste eines individuellen Emittenten, wenn überhaupt, nur schwer beobachten und dadurch nur schwierig statistisch erfassen, da Unternehmen in der Regel nur einmal in ihrem Leben ausfallen. Aus diesem Grund hat sich der Markt auf die zentrale Annahme geeinigt, für die Bewertung von STCDOs den im CDS Markt gehandelten Kreditspread eines Emittenten als Schätzung für den erwarteten Ausfallverlust zu nutzen. Daraus lässt sich dann unter Verwendung einer meist statischen Wiedergewinnungsrate (Recovery Rate) eine kontinuierliche Ausfallrate (Default Rate) bzw. Wahrscheinlichkeit ableiten. Nutzt man nun diese Default Rate in Verbindung mit einem geeigneten Defaultmodell, so lassen sich für jedes Kreditinstrument innerhalb eines Portfolios verschiedene Ausfall- und Verlustszenarien simulieren. Für jedes dieser Szenarien lässt sich dann ein kombinierter Zahlungsstrom (Cashflow) sämtlicher Bestandteile des Portfolios erzeugen, aus dem sich dann über Anwendung der CDO-Struktur ein entsprechender Zahlungsstrom für die jeweilige CDO-Tranche ermitteln lässt. Über eine geeignete Abdiskontierung dieser Cashflows ergibt sich schließlich die Bewertung der Tranche. Ganz allgemein soll gelten, dass ex-ante der Wert des jeweiligen Spreads der Tranche der Höhe des erwarteten Verlusts der jeweiligen Tranche entspricht.

Für die Generierung des Zahlungsstroms der jeweiligen CDO-Tranche ist demnach nicht nur die Verteilung jedes Einzelwertes des Referenzportfolios ausreichend, sondern vielmehr die kombinierte Verteilung (Gesamtverteilung) aller möglichen individuellen Ausfallereignisse innerhalb des Portfolios. Unter der Annahme von statisch identisch verteilten und völlig unabhängigen Ausfallzeiten der Einzelwerte lässt sich die kombinierte Verteilung sehr einfach aus den Verteilungen der Ausfallzeitpunkte der Einzelwerte erzeugen. Besteht allerdings eine statistische Abhängigkeit zwischen den einzelnen Verteilungen, beeinflusst also beispielsweise der Ausfall eines Unternehmens die Ausfallwahrscheinlichkeit eines anderen Unternehmens, so stellt diese Abhängigkeit einen wesentlichen Faktor bei der Ermittlung der kombinierten Verteilung dar. Als Maß für eine solche Abhängigkeit gilt die so genannte Korrelation. Erhöht sich z.B. die (bedingte) Ausfallwahrscheinlichkeit eines Unternehmens aufgrund des Ausfalls eines anderen Unternehmens, so bezeichnet man diese Abhängigkeit im Allgemeinen als positive Korrelation. Das im Markt zurzeit wohl am häufigsten verwendete Modell zur Beschreibung korrelierter Ausfallzeitpunkte eines Kreditportfolios ist das so genannte Ein-Faktor-Gauss-Copula-Modell. Für ein Portfolio mit N Einzeltiteln basiert dieser Ansatz auf der Annahme einer N-dimensionalen, multivariaten Normalverteilung der Ausfallzeitpunkte sowie konstanter Korrelationen zwischen den Einzelverteilungen. Der Grund für die weite Verbreitung dieses Modells liegt vor allem in seiner relativ einfachen Funktionsweise. Dies stellt jedoch gleichzeitig seine größte Angriffsfläche für Kritik dar. Viel zitierte Kritikpunkte am Gauss-Copula-Modell sind zum einen die Postulierung von normalverteilten Ausfallzeitpunkten, zum anderem die Annahme konstanter Korrelationen sowie konstanter Recovery Rates. Rekordausfälle wie z.B. der von Worldcom oder auch Enron machen deutlich, dass der Weg einer Firma zum Ausfall häufig nicht *normal* verläuft, sondern durch Überraschungen und Sprünge (Jump to default risk) gekennzeichnet ist. Das Rekordausfalljahr 2002 hat außerdem gezeigt, dass in einer Stressphase, wie z.B. einer Rezession, Ausfälle zeitlich miteinander korrelieren sowie Recovery Rates in einem solchen Zeitraum sicherlich nicht konstant sind.

Die im Frühjahr diesen Jahres aufgetretenen starken Verwerfungen im Markt für STCDOs sind demnach zum Teil der blinden Modellgläubigkeit vieler Marktteilnehmer zuzurechnen, die wohl gerade die Schwächen des Modells aus dem Blick verloren hatten. Die Diskussion über bessere Modelle und verbesserte Verteilungsannahmen (z.B. die Verwendung einer student-t Verteilung statt der Normalverteilung) wird im Markt heftig geführt. Aufgrund des nach wie vor wachsenden Interesses an strukturierten Produkten werden weitere Fortschritte bei der Modellierung dieser Risiken nicht lange auf sich warten lassen. Institutionelle Investoren sollten jedoch nicht vergessen, dass selbst das beste Modell lediglich ein Werkzeug im Rahmen des Investitionsprozesses darstellt und kein Ersatz für eine fundierte Analyse, die weit über die rein quantitative Betrachtung hinausgehen muss, ist.

2.6   Korrelationsfrage

Genauso wenig wie in der Zukunft liegende Ausfallzeitpunkte vorhergesagt bzw. über historische Daten zuverlässig geschätzt werden können, ist es leider auch nicht möglich, Korrelationen zu beobachten oder gar zu messen. Ähnlich wie bei der Bestimmung der Ausfallrate versucht man deshalb in der Praxis die *echte* Default-Korrelation über die im Markt zu beobachtende Korrelation anderer Daten abzuleiten. Beispielsweise gibt es Modelle, die versuchen über die Korrelation von Aktienpreisbewegungen zweier Unternehmen deren Defaultkorrelation herzuleiten. Ob diese Korrelationsschätzungen jedoch tatsächlich einen direkten Einfluss auf die im Markt gehandelten Spreads von STCDOs haben, ist fraglich. Ein Argument dafür, dass dies nicht der Fall ist, findet man, indem man die impliziten Korrelationen der am Markt gehandelten Tranche untersucht. Ähnlich wie implizite Volatilitäten eines Optionspreises über die umgekehrte Anwendung der Black Scholes-Formel berechnet werden können, so lassen sich über die am Markt beobachtbaren Spreads für STCDOs ebenfalls Korrelationswerte ermitteln, die im Rahmen des Modells den Zusammenhang zwischen dem Spread der STCDO und dem durchschnittlichem Spread des Referenzportfolios herstellen. Berechnet man beispielsweise diese impliziten Korrelationen für die standardisierten Tranchen auf den iTraxx so stellt man fest, dass die jeweiligen impliziten Korrelationen für jede Tranche unterschiedlich sind. Dies bedeutet, dass beispielsweise Spreads von Senior-Tranchen eine andere Korrelation implizieren als Spreads von Equity-Tranchen. Dieses Phänomen wird als *Correlation Smile* bezeichnet und ist in Abbildung 4 grafisch dargestellt.

Abbildung 4: Correlation Smile

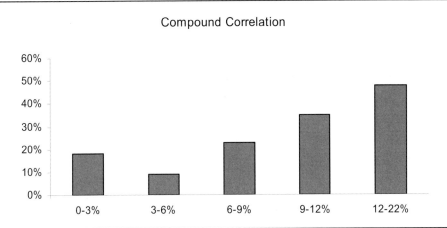

Unterstellt man weiterhin die Gültigkeit des Modells, so ergibt sich die Schlussfolgerung, dass die Käufer verschiedener Tranchen verschiedene Informationen bzw. Erwartungen hinsichtlich der *echten* Korrelation haben. Eine andere Erklärung wäre, dass auch Spreads von CDO-Tranchen zunächst den Gesetzen von Angebot und Nachfrage unterliegen und erst in zweiter Linie durch akademische Modelle beeinflusst werden. Aus Investorensicht sehr interessant sind die Schlussfolgerungen, die sich aus dem *Correlation Smile* ergeben. Offensichtlich implizieren die aktuellen Spreads von Senior-Tranchen eine höhere Korrelation der Ausfallzeitpunkte als die von Equity-Tranchen. Da hohe Korrelationen vorteilhaft für Equity-Investoren, aber eher schlecht für Senior-Investoren sind, und es theoretisch nur eine *echte* Korrelation gibt, bedeuten die unterschiedlichen impliziten Korrelationen, dass Senior-Tranchen relativ besser für ihr Verlustrisiko kompensiert werden als Equity-Tranchen. Als Grund für dieses Ungleichgewicht wird allgemein die im Jahr 2004 sprunghaft gestiegene Beliebtheit des zu Anfang erwähnten Correlation Trades gesehen. Dadurch wurden Equity-Tranchen verhältnismäßig stärker nachgefragt als Senior-Tranchen.

Dass steigende Ausfallraten zu einer höheren Verlusterwartung des Referenzportfolios und damit zu einer fallenden Bewertung der von ihm abhängigen CDO-Tranchen führen, ist intuitiv klar. Steigende Korrelationen bei gleich bleibenden Ausfallraten erhöhen aber die Bewertung von Equity-Tranchen (sinkender Spread) während sie zu fallenden Preisen bei Senior-Tranchen (steigende Spreads) führen. Sinkende Korrelationen dagegen haben den umgekehrten Effekt, nämlich dass der Spread einer Equity-Tranche steigt und sich die Bewertung einer Senior-Tranche verbessert (fallender Spread). Prinzipiell gilt damit also, dass hohe Korrelationen gut für Equity-Tranchen, aber schlecht für Senior-Tranchen sind. Dementsprechend ergibt sich die Schlussfolgerung, dass derzeit Senior-Tranchen vergleichsweise besser kompensiert werden als Equity-Tranchen. Benutzt man den Begriff Diversifikation im Rahmen des Korrelationskonzeptes, so lässt sich sagen, dass eine relativ geringe Diversifikation (impliziert hohe Korrelation) tendenziell besser für eine Equity-Tranche zu sein scheint, während eine hohe Diversifikation (impliziert geringe Korrelation) eher von Vorteil für Senior-Tranchen sind. Dies wiederum steht im Gegensatz zur allgemeinen Aussage, dass eine hohe Diversifikation grundsätzlich immer gut ist. Die Plausibilität lässt sich jedoch sehr einfach anhand eines Extrembeispiels verdeutlichen. Geht man von einer 100-Prozentigen Korrelation der Ausfallzeitpunkte aller Titel innerhalb eines Portfolios aus, so bedeutet dies, dass entweder alle Titel genau zum selben Zeitpunkt ausfallen oder aber – und dies ist ganz wichtig - kein einziger.

Investoren in Equity-Tranchen sind in der Regel indifferent, ob nur einige wenige oder sehr viele Ausfälle in einem Referenzportfolio auftreten, da sie typischerweise in beiden Fällen, also auch bei relativ geringen Ausfällen, einen Totalverlust erleiden. Aus diesem Grund ist für Equity-Investoren eine Situation in der die Wahrscheinlichkeit dafür, dass überhaupt kein Ausfall innerhalb des Portfolios auftritt, vergleichsweise hoch ist, klar von Vorteil. Unter der Annahme konstanter Ausfallraten erreicht eine Equity-Tranche folglich dann ihren maximalen Wert, wenn die Wahrscheinlichkeit, dass alle Titel überleben, also nicht ausfallen, am höchsten ist. Dies wiederum ist genau dann der Fall, wenn die Ausfallzeitpunkte der einzelnen Portfoliobestandteile perfekt miteinander korreliert sind. Investoren von Senior-Tranchen sind jedoch aufgrund ihrer hohen Subordination zunächst vor Ausfällen geschützt, und erleiden nur im Fall einer großen Anhäufung von Ausfällen selbst Verluste. Senior-Investoren sind demnach an einer möglichst geringen Wahrscheinlichkeit eines vollständigen Ausfalls des Portfolios interessiert. Möglichst niedrige Korrelationen sind für sie klar von Vorteil, da ein *zufälliger Ausfall*, der keinen systematischen Einfluss auf die Performance der restlichen Titel im Portfolio ausübt, für sie durchaus akzeptabel ist. Liegt jedoch eine Situation vor in der ein Ausfall zu einer Reihe von weiteren Ausfällen führt und im Extremfall sogar eine ganze Kettenreaktion (z.B. durch Klumpenrisiken) auslöst, so muss selbst eine Senior-Tranche mit erheblichen Verlusten rechnen, die durch ihre gewöhnlich niedrige Rendite nicht kompensiert werden können.

3 Zusammenfassung und Ausblick

In mancher Hinsicht wird die Entwicklung des Marktes für Kreditderivate mit der Entwicklung von Zins- und Währungsderivaten vor 20 Jahren verglichen. Auch diese mittlerweile als Standard geltenden Finanzinstrumente durchlebten eine anfängliche Wachstumsphase, in der die heutige Akzeptanz und Liquidität noch lange nicht gegeben war. Zwei wesentliche Unterschiede allerdings schwächen in gewisser Weise diesen Vergleich: Zum Einem gleicht die Ausbreitung von Single Tranche CDOs mehr einer Revolution als einer Evolution und zum Anderem beziehen sich Kreditderivate auf Märkte, die an sich bereits wesentlich komplexer und illiquider sind als Zins- und Währungsmärkte. Die sich derzeit immer weiter auftuende Kluft zwischen dem hohen technischen Anspruch der Anwendung von STCDOs und dem noch recht begrenzten

Know-how vieler Anwender wird insbesondere von Aufsichtsbehörden mit zunehmender Sorge beobachtet. Gelegentlich wird diese Diskrepanz sogar als eine mögliche Erklärung für die Markverwerfungen im Mai genannt.

Aufgrund fehlender Systeme werden beispielsweise die Handelsbestätigungen für STCDOs bei vielen großen Banken in altertümlicher Manier über Papier und Fax abgewickelt. Dies hat bei vielen Häusern mittlerweile zu einem Verarbeitungsstau von mehreren Wochen geführt, der von der amerikanischen Zentralbank im Sommer 2005 öffentlich gemaßregelt wurde. Als Konsequenz wurde im Herbst 2005 unter der Leitung der Fed eine Arbeitsgruppe der größten am Handel beteiligten Banken einberufen, die es sich zum Ziel gesetzt hat, derartige Missstände bis zum Frühjahr 2006 unter Kontrolle zu bekommen.

Zwar steht außer Frage, dass die Verwendung von Kreditderivaten weiter zunehmen wird und diese bald zu Standardwerkzeugen vieler Kreditinvestoren gehören werden. Diese Entwicklung wird allerdings nicht reibungslos verlaufen, sondern in vielen Bereichen zu starken Umwälzungen führen müssen. Insbesondere die Infrastruktur vieler Marktteilnehmer, sei es in der IT, der Abwicklung oder dem Risikocontrolling, ist in keiner Weise auf den Handel mit Kreditderivaten ausgerichtet und benötigt vielerorts hohe Investitionen und Know-how-Aufbau.

Literaturverzeichnis

Amato, J. D./Gyntelberg, J. (2005): Indextranchen von Credit Default Swaps und die Bewertung von Kreditrisikokorrelationen, in: BIZ-Quartalsbericht, März 2005.

Gordy, M. (2003): Credit Risk Modelling: The Cutting-edge Collection, Risk Books, April 2003.

Habbab, I. (2004): Hedging credit risk in portfolios of CDOs, in: Pensions & Investments, March 2004.

Li, D. X. (2000): On Default Correlation: A Copula Function Approach, in: RiskMetrics, April 2000.

Packer, F./Zhu, H. (2005): Vertragsbedingungen und Preisfindung bei Credit Default Swaps, in: BIZ-Quartalsbericht, März 2005.

Zugel, C./Behring, C. (1999): Innovative Zinsinstrumente – ein Einführung in die Instrumentenklasse der Collateralized Debt Obligations, in: Elisabeth Hehn (Hrsg.), Innovative Kapitalanlagekonzepte, Gabler, Wiesbaden.

Ralph Karels

CDS und andere Kreditderivate
Bewertung und Anwendungsmöglichkeiten

1 CDS und andere Kreditderivate – Bewertung and Anwendungsmöglichkeiten . 325
   1.1 Credit Default Swap – das zentrale Kreditderivat: Analyse und Bewertung . 326
   1.2 Basket Credit Default Swaps (BCDS) – eine erste Analyse 330
   1.3 Collateralized Debt Obligations (CDOs). 331

2 Bewertung von Kreditderivaten mit mehreren Underlyings 332
   2.1 Die Ausfallkorrelation – das entscheidende Element 332
   2.2 Ein analytisches Beispiel 336
   2.3 Abhängigkeit: Letzter Ausweg Monte Carlo?. 338
   2.4 Verfeinerung von Monte Carlo – Importance Sampling. 342

3 Anwendungsmöglichkeiten und Marktausblick 343

4 Zusammenfassung 344

Literaturverzeichnis

1 CDS und andere Kreditderivate – Bewertung und Anwendungsmöglichkeiten

Sind „Derivate ökonomische Massenvernichtungswaffen", wie Warren Buffett behauptet hat? Derivate können in der Tat eine zerstörerische Wirkung entfalten, wenn man sie nicht beherrscht. Man kann sie aber auch als „intelligente Bomben" betrachten, die alle ungewollten Risiken wegsprengen wie die Financial Times schrieb. Insbesondere der Markt für Kreditderivate hat in den letzten Jahren einen regelrechten Boom erfahren und wird auch in Zukunft weiter an Bedeutung gewinnen (siehe Abbildung 1).

Abbildung 1: Globaler Kreditderivatemarkt abzüglich Asset Swaps in Mrd. USD

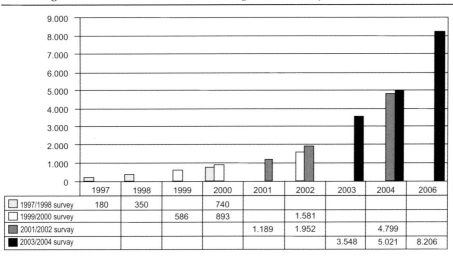

	1997	1998	1999	2000	2001	2002	2003	2004	2006
☐ 1997/1998 survey	180	350		740					
☐ 1999/2000 survey			586	893		1.581			
■ 2001/2002 survay					1.189	1.952		4.799	
■ 2003/2004 survay							3.548	5.021	8.206

Quelle: British Bankers Association Credit Derivatives Report 2003/2004

In diesem Beitrag stellen wir zunächst einige gängige Kreditderivate wie den zentralen Credit Default Swap (CDS) vor, analysieren die Bedeutung der Korrelation der Ausfälle bei Basket Credit Default Swaps (BCDS) und leiten sowohl analytische wie auch auf Monte Carlo-Simulationen basierende Bewertungsverfahren her, denn eine genaue Kenntnis des fairen Werts eines Derivats ist Voraussetzung für einen sinnvollen Einsatz.

Derivate erlauben Unternehmen, ihr Marktrisiko zu reduzieren, setzen sie jedoch gleichzeitig einem Kreditrisiko aus. Falls ein Unternehmen z.B. das Risiko einer emittierten Anleihe mit variablen Zinszahlungen reduzieren will, kann es in einen Swap mit festen Zinszahlungen eintreten. Das Zinsrisiko wird jedoch nur dann reduziert, wenn der Swap-Partner nicht ausfällt. Das Zinsrisiko aus der Anleihe ist also einem Kreditrisiko aus dem Swap gewichen. Man kann dieses Kreditrisiko zwar mit einem Kreditderivat absichern (hedgen), eine Sicherheit für den Ausfall der Gegenseite des Derivats (Counterparty Risk) ist dabei jedoch nicht gegeben. Das in jedem Kreditderivat implizit zusätzlich enthaltene Counterparty Risk soll im Weiteren jedoch nicht mehr verfolgt werden. Enron war z.B. auch ein wichtiger Anbieter von Kreditderivaten, und die wachsende Zahl von Konkursen und Insolvenzen in den Jahren 2001 bis 2004, darunter WorldCom, Parmalat, Marconi, Railtrack und British Energy, hat die Sensitivität der Marktteilnehmer für Kreditrisiken noch erhöht.

1.1 Credit Default Swap – das zentrale Kreditderivat: Analyse und Bewertung

Der Begriff Kreditrisiko bezeichnet die Möglichkeit, aufgrund von Änderungen des (Kredit-)Ratings der Gegenpartei Verluste zu erleiden. Kreditderivate erlauben es, dieses Risiko zu isolieren und aktiv zu managen, indem im Falle des Eintretens eines so genannten Kreditereignisses eine Zahlung erfolgt. Ein Kreditereignis kann sowohl eine Rating-Herabstufung als auch ein Ausfall (Default) durch Zahlungsversäumnis, -verzug, -verweigerung oder Konkurs des Referenzkredits sein. Wann ein Credit Event eintritt, orientiert sich an den Standards der International Swaps and Derivatives Association (ISDA).

Der Grundbaustein für komplexere Derivate ist der Credit Default Swap (CDS). Ein CDS bietet dem Sicherungsnehmer Schutz vor dem Ausfall eines festgelegten Underlyings in einem festgelegten Zeitraum. Es wird eine regelmäßige Versicherungsprämie für den Schutz vor Verlusten aus dem Ausfall des Underlyings gezahlt. Die Prämie ist oftmals ein Aufschlag (Spread) auf den gewöhnlichen Swapsatz. Ein wesentlicher Grund für die wachsende Beliebtheit der CDS ist die Möglichkeit der Trennung des Kreditrisikos von der zugrunde liegenden Kreditbeziehung und den davon unabhängigen Handel des Risikos. Mit anderen Worten gesagt: CDS verkörpern die spezifische Risikoprämie, jenen Teil eines Corporate Bonds also, der den Mehrwert gegenüber einer Staatsanleihe abwirft. Der wesentliche Unterschied zwischen einem CDS und einem Total Return Swap (TRS) besteht übrigens darin, dass ein CDS als Sicherungsnehmer nur gegen Credit Events schützt während ein TRS gegen jeglichen Wertverlust absichert, unter anderem auch gegen Defaults. Die separate Handelbarkeit dieser Ausfallrisiken ermöglicht eine wesentlich breitere Palette der systematischen Steuerung von Risiko und Ertrag. Verhinderte etwa bis jetzt mangelnde Liquidität der physisch gehandelten Wertpapiere interessante Investments, lässt sich durch Abschluss von CDS auf entsprechende Namen als Underlying z.B. ein diversifizierendes Kreditrisiko ins Portfolio aufnehmen. Die Trennung von Zins- und Ausfallrisiko via CDS eröffnet zudem neue Möglichkeiten, eine Marktmeinung exakt in eine Anlagestrategie umzuwandeln: Werden Kreditrisiken beispielsweise als überbewertet erachtet, kann auf dem CDS-Markt als Sicherungsgeber ein attraktiver Spread vereinnahmt werden ohne eine – möglicherweise illiquide – Anleihe kaufen zu müssen. Im Vergleich zum Markt für Zinsderivate ist der relativ junge

Kreditderivatemarkt[1] zwar immer noch verhältnismäßig klein, weist jedoch weltweit schon eine Größe von 8,5 Billionen USD auf (siehe auch Abbildung 1). Single Name CDS machen davon je nach Quelle zwischen 50 und 85 Prozent aus und haben im Gesamtmarkt als Underlying derzeit etwa zu zwei Drittel Corporates.[2]

Abbildung 2: Prozentualer Anteil der verschiedenen Kreditderivate am Gesamtmarkt

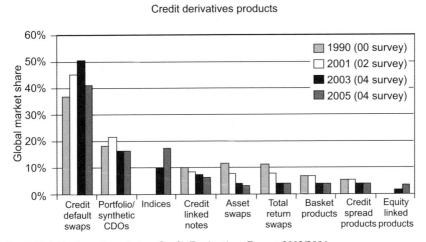

Quelle: British Bankers Association Credit Derivatives Report 2003/2004

Es existieren noch eine Reihe von Varianten des Plain Vanilla CDS: Bei einem Digital oder Binary CDS ist die Auszahlung bei einem Kreditereignis nicht an das Referenzasset geknüpft, sondern beträgt einen bestimmten, vorher festgelegten Geldbetrag. Ein Contingent CDS verlangt neben dem Credit Event einen weiteren Auslöser, zum Beispiel mit Bezug auf ein anderes Underlying oder eine bestimmte Marktvariable. Bei einem Dynamic CDS hingegen ist das Notional, an den der Payoff geknüpft ist, nicht fix, sondern abhängig vom Marktwert eines Swap-Portfolios.[3]

Derjenige Spread s, der zu einem CDS-Barwert von Null führt, wird fairer CDS-Spread genannt. Bei diesem Spread stimmen die (erwarteten) abdiskontierten Prämienzahlungen und die erwarteten Versicherungsleistungen im Defaultfall überein. Prämien werden bis zum Ende der Laufzeit des CDS gezahlt, sofern es nicht zuvor zum Kreditausfall kommt. In diesem Fall erhält der Käufer der Absicherung eine Zahlung vom Verkäufer der Absicherung. Sie beträgt $(1 - R)$ Prozent des zugrunde liegenden kreditrisikobehafteten Papiers, wobei R dessen Recovery-Rate bezeichnet, also z.B. den prozentualen Restwert eines Corporate Bonds nach dem Ausfall. Man beachte, dass ein CDS nicht nur als Versicherung gegen Ausfall dient, sondern auch als Versicherung

---

1 Der Markt für CDS entstand Mitte der 90er Jahre.
2 Vgl. Deutsche Bundesbank (2004).
3 Vgl. Hull/White (2000).

gegen Änderungen des Ratings des Underlyings, da sich sein Marktwert dann ebenfalls ändert. CDS-Spreads und das Zinsniveau sind positiv korreliert: Steigende Zinsen lassen die Liquidität von riskanten in attraktiv verzinste sichere Anlagen fließen wodurch sich wiederum die Risikoprämie – der Spread – erhöht. Andererseits erhöhen sich die Spreads mit zunehmender (impliziter) Volatilität des Unternehmenswerts, da damit auch eine erhöhte Wahrscheinlichkeit des Zahlungsausfalls durch Überschuldung einhergeht. Generell werden die CDS-Spreads jedoch zum großen Teil von vom Gesamtmarkt abgeleiteten Angebots- und Nachfragestrukturen respektive der Konjunkturentwicklung bestimmt. In diesem Zusammenhang war jüngst zu beobachten, dass insbesondere die Handelsaktivitäten von Hedgefonds laut Einschätzung einiger Marktteilnehmer zu einer erhöhten Volatilität bei den Spreads geführt haben.[4]

Damit ergeben sich nun zwei verschiedene Bewertungsprobleme: Zunächst muss im Emissionszeitpunkt der (faire) CDS-Spread festgelegt werden, bei dem der Barwert des CDS Null ergibt. Das ist Voraussetzung dafür, dass überhaupt eine CDS-Transaktion zustande kommt. Aus No-Arbitrage-Beziehungen lässt sich leicht ersehen, dass der faire CDS-Spread im Wesentlichen der Par Spread beziehungsweise der Asset Swap Spread ist. Er wird vom Markt zuzüglich der üblichen Bid/Offer-Spreads quotiert. Zum anderen müssen die im Laufe der Zeit wechselnde Kreditqualität und die veränderlichen Marktzinsen berücksichtigt werden, um den jeweils aktuellen Wert des CDS (ausgedrückt als Differenz zwischen dem aktuellen fairen Spread s_t zum jetzigen Zeitpunkt t und dem fairen Spread s_0 zum Zeitpunkt t_0 der Auflegung der ursprünglichen Transaktion) zu bestimmen. Dies ist entscheidend für Hedging-Strategien. Wir nehmen an, dass Überlebenswahrscheinlichkeiten, Zinsen und Recovery Rates unabhängig sind sowie die Zinsen deterministisch. Bezeichnen wir also mit T_i die Zeitpunkte der Spreadzahlung, mit τ den zufälligen Zeitpunkt des Ausfalls, $q(t) = P(\tau \geq t)$ die Überlebenswahrscheinlichkeit, $DF(t)$ den Diskontfaktor für den Zeitpunkt t aus der Zinsstrukturkurve sowie Δ_i die Länge der Periode $[T_{i-1}; T_i]$ dann ist zur Bewertung eines in t_0 abgeschlossenen CDS zum Zeitpunkt $t > t_0$ zu betrachten

$$(s_t - s_0) \sum_{T_i > t} \Delta_i DF(T_i) q(T_i)$$

Unbekannt sind hier aber noch die Überlebenswahrscheinlichkeiten $q(T_i)$, die jedoch implizit in den am Markt quotierten CDS Spreads enthalten sind und mit Hilfe eines gängigen Bootstrapping-Verfahrens extrahiert werden müssen. Einen Einblick in diese Technik gibt folgendes Beispiel:

Ein (risikoloser) zehnjähriger Treasury-Zerobond zu vier Prozent soll mit einem (risikobehafteten) zehnjährigen Corporate Zerobond zu 4,5 Prozent verglichen werden. Beide werden zu eins zurückgezahlt. Damit ergibt sich als Barwert der Default-Risikoprämie

$$e^{-0,04*10} - e^{-0,045*10} = 0,6703 - 0,6376 = 0,027$$

---

4   Vgl. Horwood (2004).

Nehmen wir weiter an, dass im Defaultfall keine Recovery existiert und bezeichnen mit p die (risikoneutrale) Ausfallwahrscheinlichkeit über die komplette Laufzeit des Bonds, dann muss gelten

$$pe^{-0{,}045*10} = 0{,}032 \Rightarrow p = 5{,}13\%$$

Damit ergibt sich eine Ausfallwahrscheinlichkeit von knapp über 5 Prozent. Im Normalfall haben wir jedoch drei Hürden zu nehmen: Erstens ist die Recovery-Rate nicht Null, zweitens sind die meisten Corporate Bonds keine Zerobonds und drittens sind die aus Corporate Bonds extrahierten Ausfallwahrscheinlichkeiten generell mit Vorsicht zu behandeln, da oftmals ein signifikanter Unterschied zwischen dem Cash-Markt (Asset Swaps) und dem CDS-Markt besteht.

Zurück zur allgemeinen CDS-Bewertung: Nun muss lediglich noch eine Annahme über die Recovery-Rate R getroffen werden, die wir für unsere Zwecke hier als zeitunabhängig ansehen. Üblich sind Werte zwischen 15 und 50 Prozent.[5] Eine Mark-to-Market-Bewertung $V_R(s)$ des CDS aus Sicht des Protection-Sellers ergibt sich damit in Abhängigkeit des Spreads s wie folgt:

$$V_R(s) = s\sum_{i=1}^{n}[\Delta_i DF(T_i)q(T_i) + \Delta_i^* DF(T_i^*)(q(T_{i-1}) - q(T_i))] - (1-R)\sum_{i=1}^{n} DF(T_i^*)(q(T_{i-1}) - q(T_i))$$

Diese Gleichung bedarf näherer Erklärung: Die erste Summe stellt die mit den Diskontfaktoren und den Überlebenswahrscheinlichkeiten abdiskontierten Spreads des Prämienteils (Fee Legs) des CDS dar, wobei der mit einem * versehene Summand den bis zum zufälligen Ausfallzeitpunkt τ aufgelaufenen Spread darstellt, abdiskontiert mit dem entsprechenden, unter Umständen durch Interpolation der Zinsstrukturkurve zu bestimmenden Diskontfaktoren $DF(T_i^*)$. Man beachte, dass die (stets positive) Differenz $q(T_{i-1}) - q(T_i)$ gerade die Wahrscheinlichkeit angibt, dass der Ausfallzeitpunkt τ im Intervall $[T_{i-1}; T_i]$ liegt. Die zweite Summe ist der Contingent Leg des CDS, also die abdiskontierte Versicherungsleistung (=1) abzüglich des Recoverywerts R sofern der Eintritt bis T_n erfolgt. Auch hier ist zu beachten, dass der zufällige Ausfallzeitpunkt τ in jedes Intervall $[T_{i-1}; T_i]$ fallen kann, weshalb wieder die mit Wahrscheinlichkeiten gewichtete Summe über alle Intervalle zu bilden ist. Für den fairen Spread s_0 gilt bei Vertragsabschluss $V_R(S_0) = 0$. Eine Bewertung mit fortlaufender Zeit nach Vertragsabschluss ist ebenfalls möglich: Dazu sind die Defaultwahrscheinlichkeiten $q(T_{i-1}) - q(T_i)$ für bereits verstrichene Zeitpunkte T_i in der Gleichung für $V_R(s)$ einfach gleich Null zu setzen. Die Sensitivität der Bewertung gegenüber der angenommenen Recovery-Rate R ist übrigens erfreulicherweise marginal, da sie einerseits bei der Berechnung der Überlebenswahrscheinlichkeiten und andererseits bei der Mark-to-Market-Bewertung einfließt und sich gegenseitig weitgehend neutralisiert. Die Bewertung eines Digital CDS hängt dagegen wesentlich von der angenommenen Recovery-Rate ab.

---

5   Vgl. Schmidt (2004).

1.2 Basket Credit Default Swaps (BCDS) – eine erste Analyse

Anspruchsvollere Kreditderivate haben nicht nur ein, sondern mehrere Underlyings. Zu ihnen zählen Basket Credit Default Swaps (BCDS), k th-to-default Swaps und Collateralized Debt Obligations (CDO). Ein Basket Credit Default Swap bietet ähnlich einem Standard Credit Default Swap eine Versicherung gegen den k ten Ausfall aus einem Korb von $n \geq k$ zugrunde liegenden Wertpapieren gegen Zahlung eines Spreads s_{kth}. Der Versicherungsfall tritt demnach erst ein, wenn wirklich k der n Underlyings ausgefallen sind. Dies bedeutet bei einem Second-to-default Swap, dass bei einem Basket von zehn Wertpapieren eine Zahlung erfolgt, sobald beliebige zwei von zehn ausgefallen sind.

Sehr beliebt sind First-to-default Swaps (FTDS), bei denen bereits beim Ausfall des ersten im Basket enthaltenen Underlyings der Versicherungsfall eintritt. Sie bescheren dem Kreditinvestor (d.h. dem Verkäufer der Absicherung) sehr attraktive Spreads. Angenommen, die n Underlyings sind voneinander unabhängig, dann erweist sich der Spread s_{1st} des FTDS approximativ als die Summe der n CDS-Spreads, vorausgesetzt die Strukturkurve der Spreads s_j ist für jedes Underlying im Basket flach. Der Grund dafür ist, dass die Wahrscheinlichkeit mehrerer Ausfälle in diesem Fall minimal ist. Als Formel:

$$s_{1st} \approx \sum_{j=1}^{n} s_j$$

Im anderen Extremfall, dem der totalen Abhängigkeit, ist der FTDS-Spread der des schlechtesten aller Credits, da der Korb im Fall perfekt positiver Korrelation vom Underlying mit dem größten Spread dominiert wird – oder, als Formel ausgedrückt:

$$s_{1st} = \max(s_1, \ldots, s_n)$$

Die Wahrheit liegt jedoch wie immer irgendwo zwischen diesen beiden Extremen. Aufgrund der Abhängigkeit der Emittenten von einer Reihe allgemeiner ökonomischer Faktoren oder Verflechtungen von Firmen sind Änderungen der Kreditqualität von mehreren Emittenten oft, aber nicht perfekt, korreliert. Wir erhalten also folgende Ungleichung[6]

$$\max(s_1, \ldots, s_n) \leq s_{1st} \leq \sum_{j=1}^{n} s_j$$

Je stärker der Basket diversifiziert ist, desto größer ist der Spread s_{1st}, was auf der anderen Seite wiederum bedeutet, dass für steigende positive Ausfallkorrelation der Spread abnimmt, da die Wahrscheinlichkeit mehrerer Ausfälle zunimmt und der Grad der Ausfallabsicherung durch den FTDS abnimmt. Investoren, die Positionen mit vielen Gegenparteien halten, sehen sich deshalb dem aggregierten Verlustrisiko aus dem Eintritt von korrelierten Kreditereignissen ausgesetzt. Aus diesem Grund kommt bei

---

6 Vgl. Schmidt/Ward (2002).

der Kreditrisikobewertung der Modellierung der Ausfallkorrelation die entscheidende Bedeutung zu. Diesem Thema wenden wir uns in Abschnitt 2 zu.

1.3 Collateralized Debt Obligations (CDOs)

Bei einer CDO handelt es sich um die Verbriefung von Krediten in Wertpapierform. Assets werden an ein so genanntes Special Purpose Vehicle (SPV) verkauft, das diese dann als Sicherheit nutzt, um Anteilsscheine auszugeben. Wird ein einzelnes Kreditrisiko an den Markt gebracht, spricht man von einem Kreditderivat (CDS oder Credit Linked Note[7]) während die Zusammenführung unterschiedlicher Kreditrisiken vor deren Veräußerung zu einem Sondervermögen unter dem Namen Verbriefung kursiert. CDOs werden als verschiedene Klassen von Equity und Debt emittiert, die sich wiederum in verschiedene Tranchen (Senior, Mezzanine, Junior) gliedern. Grundlage ist ein oftmals aus CDS synthetisch generierter Pool von n vom Ausfallrisiko betroffenen Underlyings. Kreditinvestoren erhalten einen Spread für das bezüglich der jeweiligen Tranche übernommene Risiko. Änderungen des Wertes einer Tranche hängen stark von einer Reihe von Einflussfaktoren wie Poolzusammensetzung, Leverage, Minimum Overcollateralization Ratios, Wiederanlagezeiträumen oder von der Zinsstrukturkurve ab. Die unterste Tranche (Equity) trägt die ersten Ausfallverluste bis zu einer gewissen Grenze und wirkt somit als Puffer für höhere Tranchen.

Es gibt zwei Gründe für die Emission von CDOs: Erstens können Geschäftsbanken das Risiko ihrer Assets aus den Bilanzen nehmen, so dass sich die Bankenaufsicht mit einer geringeren Eigenkapitalausstattung zufrieden gibt. Zweitens hoffen Investoren der Equity-Tranche darauf, durch einen im Vergleich zu den Finanzierungskosten für die höheren Tranchen größeren realisierten Ertrag eine Hebelwirkung zu erzielen. So etwas nennt man dann Arbitrage-CDOs. Hauptsächlich kaufen Investoren jedoch CDOs, um ein maßgeschneidertes Risiko zu tragen, das anderweitig nicht möglich wäre. Ein weiterer Punkt ist der Diversifikationseffekt durch indirekte Investition in Assetklassen, die normalerweise im Rahmen des Investmentmandats ausgeschlossen wären. Bei der Bewertung der Tranchen spielen die Kreditqualität (ausgedrückt im Spread) der Underlyings sowie ihre Abhängigkeitsstruktur die größte Rolle.[8]

---

7 Bei einer Credit Linked Note macht der Emittent Zins und Rückzahlung von der Entwicklung eines bestimmten Credits (Länderanleihe, Corporate etc.) abhängig.
8 Vgl. Mina (2001).

2 Bewertung von Kreditderivaten mit mehreren Underlyings

2.1 Die Ausfallkorrelation – das entscheidende Element

Zur Schätzung von aggregierten Verlustwahrscheinlichkeitsverteilungen und der Bewertung von Kreditderivaten und CDOs, die mehrere Underlyings haben, ist ein Modell für die Korrelation der Defaults riskanter Wertpapiere erforderlich. Dazu werden zunächst die Wahrscheinlichkeitsverteilungen der einzelnen Underlyings analytisch erfasst und anschließend mit einem mathematischen Verfahren zu einer gemeinsamen Verteilungsfunktion zusammengefasst, das als Kopula-Konzept bezeichnet wird. Grundlage für die Modellierung der Korrelation von Zahlungsausfällen ist die Kopula-Funktion: Aus einer gemeinsamen Verteilung von Zufallsvariablen können zwar die Randverteilungen und die Korrelationsstruktur der Zufallsvariablen extrahiert werden; umgekehrt ist das außer bei der multivariaten Normalverteilung im allgemeinen aber nicht möglich. Um dennoch ausgehend von Korrelationsstruktur und Randverteilungen eine gemeinsame Verteilung von Zufallsvariablen zu generieren (welche keinesfalls eindeutig sein muss), gibt es eine Vielzahl von Techniken. Eine davon ist der Kopula-Ansatz.

Definitionsgemäß ist eine Kopula-Funktion C die gemeinsame Verteilung einer vorgegebenen Anzahl n gleichverteilter Zufallsvariablen $U_1, ..., U_n$ mit gegebener Korrelationsstruktur. Im Fall der Unabhängigkeit der $U_1, ..., U_n$ erhalten wir:

$$C(u_1,...,u_n) := P(U_1 \leq u_1,..., U_n \leq u_n) = \prod_{j=1}^{n} u_j$$

Die Wahrscheinlichkeit, dass gleichzeitig die Zufallsvariable U_1 unterhalb des Wertes u_1 und die Zufallsvariable U_2 unterhalb des Wertes u_2 liegt usw. kann als Produkt der u_j berechnet werden: Die gemeinsame Verteilung ist bei Unabhängigkeit das Produkt der involvierten Randverteilungen. Eine unmittelbare Anwendung dieser Definition verknüpft beliebige Randverteilungsfunktionen F_j mit der gemeinsamen Verteilungsfunktion F mittels:

$$C(F_1(x_1),...,F_n(x_n)) = P(U_1 \leq F(x_1),...,U_m \leq F_m(x_m))$$
$$= P(F_1^{(-1)}(U_1) \leq x_1,..., F_m^{(-1)}(U_m) \leq x_m)$$
$$= P(X_1 \leq x_1,..., X_m \leq x_m) = F(x_1,...,x_n)$$

Hier wird eine Tatsache aus der Stochastik benutzt: Die Verteilungsfunktion einer Zufallsvariablen der Form $F^{(-1)}(U)$ mit gleichverteiltem U ist gerade F:

$$P(F^{(-1)}(U) \leq x) = P(U \leq F(x)) = F(x)$$

Demnach existieren zwei Wege, die Kopula-Idee einzusetzen: Erstens können Kopulas aus bekannten multivariaten Verteilungsfunktionen extrahiert werden mittels:

$$C(u_1,...,u_n) = F(F_1^{-1}(u_1),...,F_n^{-1}(u_n))$$

Sind also die Randverteilungen F_j, deren Inverse F_j^{-1} (die definitionsgemäß für stetige F_j existiert) und die gemeinsame Verteilungsfunktion F bekannt, kann die Kopula C gemäß obiger Formel konstruiert werden. C wird dann die Kopula von F genannt und bleibt invariant gegenüber streng monoton steigenden Transformationen der Komponenten – eine Eigenschaft, die die Korrelationsmatrix nicht besitzt.

Zweitens können neue multivariate Verteilungsfunktionen dadurch geschaffen werden, indem beliebige Randverteilungen mit Kopulas gekoppelt werden.[9] Die Stärke von Kopulas ist also die Modellierung von gemeinsamen Verteilungen von abhängigen Zufallsvariablen. Im Gegensatz zur Standard-Korrelation die den Grad der linearen Abhängigkeit misst, können diese Abhängigkeiten auch nichtlinear modelliert werden.

Die Ausfallkorrelation kann nun auf unterschiedliche Art definiert und modelliert werden.[10] Wir verwenden dazu ein so genanntes Latente-Variablen-Modell, da es sich am besten für die verallgemeinerte Modellierung multipler, miteinander korrelierter Defaults eignet.[11] Ein solches Modell liegt auch den wichtigsten am Markt verfügbaren Modellen wie denen von KMV und CreditMetrics sowie dem neuen Basel-Agreement zugrunde. In diesem Modell wird der Zustand des Kredits („Distance to Default"), der einwandfrei, Not leidend oder (teilweise) ausgefallen sein kann, mittels eines Default-Indikators (die latenten Variablen) modelliert. Dieser Indikator ist Grundlage für die entscheidende Modellierung der gemeinsamen Wahrscheinlichkeitsverteilung der Ausfallzeitpunkte. Der Zustand des Kredits wird im Folgenden mit S, der Indikator eines Ausfalls (Cutoff-Level) mit D und die latenten Variablen (Ausfallzeitpunkte) mit X bezeichnet.

In Formeln ausgedrückt bedeutet das: Wir führen ein: n Kredite beziehungsweise Schuldner, einen festgelegten Zeithorizont T und einen Vektor $\underline{X} = (X_1,..., X_n)$ von Zufallsvariablen mit stetigen Randverteilungen, die die latenten Variablen zum Zeitpunkt T repräsentieren (interpretiert z.B. als Asset Values im KMV-Modell). Kredit j habe Status k (z.B. Ausfall), falls die latente Variable X_j in den Bereich $[D_{k-1}^j, D_k^j]$ fällt, mit deterministischen Cutoff-Levels D_k^j (wobei $D_{k-1}^j < D_k^j$ für alle $j = 1,..., n$ und $k = 0,..., m$).

---

9   Vgl. Schmidt (2003).
10 Nachdem man die Kreditausfallzeiten τ_j und die zufälligen Verluste L_j modelliert hat, könnte man entweder die Korrelation zwischen den Ereignissen $\{\tau_j < T\}$ und $\{\tau_k < T\}$ (wobei noch das Problem besteht, welches T zu wählen ist), die Korrelation zwischen den Ausfallzeiten τ_j und τ_k, die Korrelation zwischen den Verlusten L_j und L_k und noch einiges mehr betrachten.
11 Vgl. Giesecke (2002).

Daraus folgt:[12]

$$S_j = k \Leftrightarrow 1_{\{X_j \in [D_{k-1}^j, D_k^j]\}} > 0$$

In diesem Kontext wird $(X_j, (D_k^j))$ als Latente-Variablen-Modell für den Zustandsvektor (Ausfallindikator) $\underline{S} = (S_1, ..., S_n)$ bezeichnet.[13] Kredit j fällt aus, wenn $S_j = 0$ ist und k wird interpretiert als Abstand bis zum Ausfall (Distance to Default) zum Zeitpunkt T.

Ein Beispiel: Angenommen, wir haben fünf Kredite und sechs Cutoff-Levels. Dann bedeutet ein Zustandsvektor $\underline{S} = (0,2,0,2,4)$, dass zum Zeitpunkt T Kredit eins und drei ausfallen, während der Distance to Default der Kredite zwei und vier jeweils 2 beträgt und jene von Kredit fünf (das beste Rating) 4. Dies hängt natürlich auch entscheidend von der Auswahl der Cutoff-Levels D_k^j ab. Vereinfachen wir das Modell und betrachten nur zwei mögliche Fälle (Ausfall und kein Ausfall, k kann also nur die Werte 0 oder 1 annehmen) und setzen $D_j = T$ für alle j, dann können die latenten Variablen als Zeit bis zum Ausfall interpretiert werden.[14] Wenn wir weiter Zeitabhängigkeit und z.B. einen Prozess vom Black-Scholes-Typ für $\underline{X}$ einführen, kann unter der Annahme einer geeigneten Korrelationsstruktur gezeigt werden, dass die gemeinsame Ausfallwahrscheinlichkeit $P(\tau_i < T, \tau_j < T)$ als Gauß'sche Kopula geschrieben werden kann:

$$P(\tau_i < T, \tau_j < T) = N(N^{(-1)}(F_i(T)), N^{(-1)}(F_j(T)); \rho_{ij}^a(T)$$

mit ρ_{ij}^a als eine noch näher zu spezifizierende Asset-Korrelation (N bezeichnet die Normalverteilung).[15] Dies klingt zwar gut, ist es aber nicht unbedingt: Da multivariat normalverteilte Risikofaktoren (wie die X_j hier) asymptotisch unabhängig sind, stellen große gemeinsame Bewegungen ein seltenes Ereignis dar. Deshalb sind Gauß'sche Kopulas bei der Modellierung abhängiger Ausfälle nicht unbedingt die beste Wahl. Man bedient sich in diesem Fall einer gemischten Kopula wie der t-Kopula basierend auf der Student-t-Verteilung, die so genannte Fat Tails aufweist, d.h. eine stärkere Konzentration der Wahrscheinlichkeitsmasse an den Rändern der Verteilung als bei der Normalverteilung.[16]

Abhängigkeiten zwischen Ausfallereignissen werden also durch Abhängigkeiten zwischen den Ausfallzeitpunkten (den latenten Variablen) dargestellt. Die Korrelationsmatrix der latenten Variablen wird mit Faktormodellen ermittelt, die Kursänderungen in Beziehung zu Änderungen einer kleinen Zahl zugrunde liegender ökonomischer Kennziffern setzen. Einer der Vorteile der Latente-Variablen-Modelle ist, dass mit ihr vieles analytisch hergeleitet werden kann, ohne auf Monte Carlo-Simulationen zurückgreifen zu müssen.

---

12 1_A bezeichnet dabei die Indikatorfunktion, die nur die Werte 1 und 0 annehmen kann, abhängig von einem Ereignis $A = \{X_j \in [D_{k-1}^j, D_k^j]\} : 1_A = 1$ falls A zutrifft/eintritt und $1_A = 0$ sonst.
13 Vgl. Frey,/McNeil/Nyfeler (2001).
14 Sowohl KMV als auch CreditMetrics gehen davon aus, dass die gemeinsame Ausfallwahrscheinlichkeitsfunktion $\underline{X}$ aller im Basket enthaltenen Underlyings multivariat normalverteilt ist, was zu einer äquivalenten Modellstruktur führt, die Differenzen lediglich in den Bereichen Präsentation, Interpretation und Kalibrierung offen lässt – bei gleicher Substanz.
15 Vgl. Schmidt (2003).
16 Vgl. Frey/McNeil (2001).

CDS und andere Kreditderivate

Im Folgenden leiten wir für den Spezialfall eines kth-to-default-Swaps mit einer beliebigen Anzahl von Underlyings, deren Ausfallzeitpunkte allerdings nicht miteinander korreliert sind, den fairen Spread her. Dazu schlagen wir folgende Route ein[17]: Zunächst wird mit einem Bootstrapping-Verfahren aus Marktdaten wie der Rentenkurve oder CDS-Spreads eine Kreditkurve ($q_0^j, q_1^j, ..., q_n^j$) für jeden Kredit j konstruiert, wobei

$$q_k^j := P(\tau_j < k+1 \mid \tau_j > k)$$

die Wahrscheinlichkeit angibt, dass Kredit j im Zeitintervall [$k, k+1$] ausfällt.[18] Daraus ergeben sich für jeden Zeitpunkt in der Zukunft die Rand-Ausfallwahrscheinlichkeiten. Die extrahierten q_j^k spiegeln die Markteinschätzung der Ausfallwahrscheinlichkeiten wider – diese stimmen nicht mit den wahren, unbekannten Ausfallwahrscheinlichkeiten überein. Nichtsdestoweniger sind die so gewonnenen Wahrscheinlichkeiten für die arbitragefreie Bewertung von Kreditderivaten bestens geeignet.

Als zweites wird die gemeinsame Verteilung für die Überlebenswahrscheinlichkeiten mit Hilfe einer Kopula spezifiziert. Da Kopulas eine Vielzahl nichtlinearer, multivariater Abhängigkeitsstrukturen abbilden können, besitzt dieses Problem offensichtlich keine eindeutige Lösung. Nähme man dagegen paarweise Unabhängigkeit zwischen den Krediten an, wären wir mit der Konstruktion der Kreditkurve bereits am Ziel, da mit Hilfe der daraus gewonnenen Randverteilungen alle auftretenden Probleme gelöst werden können. Eine solche Unabhängigkeitsannahme erweist sich jedoch als realitätsfern, da jeder Kredit dem gleichen Set makroökonomischer Umweltfaktoren unterliegt, was bereits eine Form positiver Abhängigkeit induziert.

Betrachten wir also n risikobehaftete Wertpapiere und bezeichnen mit τ_j erneut die (zufällige) Zeit bis zum Ausfall von Wertpapier j. Deren Verteilung kann unter anderem charakterisiert werden durch ihre Risikofunktion $h_j(t)$ die wie folgt definiert ist:

$$P(\tau_j \in [t + \Delta t] \mid \tau_j > t) =: h_j(t)\Delta t$$

Sie ist mit der Überlebensfunktion $S_j(t) = 1 - F_j(t)$ via

$$S_j(t) = e^{-\int_0^t h_j(s)ds}$$

verknüpft, wobei $F_j(t)$ die Verteilungsfunktion von τ_j darstellt.

Was kann man sich nun unter dieser Risikofunktion vorstellen? Zunächst einmal wird die Risikofunktion auch Ausfallintensitätsfunktion genannt, da gemäß ihrer Definition – unter der Bedingung kein Ausfall bis t - die Wahrscheinlichkeit eines Ausfalls innerhalb eines kleinen Zeitzuwachses Δt äquivalent ist zur Risikorate (Hazard-Rate) mal diesem Zeitinkrement Δt.

---

17 Vgl. Karels (2003).
18 Vgl. Li (1999).

Damit gilt also mit f_j als Dichtefunktion von F_j

$$P(\tau_j \in [t+\Delta t] \mid \tau_j > t) = \frac{F_j(t+\Delta t) - F_j(t)}{1 - F_j(t)} \approx \frac{f_j(t)}{1 - F_j(t)} \Delta t$$

$$h_j(t) = \frac{f_j(t)}{1 - F_j(t)} = -\frac{\frac{d}{dt} S_j(t)}{S_j(t)} = -\frac{d}{dt}(\ln(S_j(t)))$$

Ist die Ausfallintensität $h_j(t) \equiv h_j$ von Kredit j im Zeitablauf konstant, dann ist die Ausfallzeit offenbar exponential verteilt mit Parameter h_j:

$$F_j(t) = 1 - e^{-h_j t}$$

Die Ausfallzeiten können dann auch charakterisiert werden als Zeitpunkt des ersten Sprungs eines stochastischen Poisson-Prozesses mit Intensität h_j, wenn man die Hazard-Rate eines Kreditereignisses als Ankunftsrate im Sinn eines Poisson-Prozesses erachtet. Ein Beispiel: Eine Hazard-Rate von 200 Basispunkten entspräche dann einer durchschnittlichen Ankunftsrate von zwei Stück in 100 Jahren. Nimmt man weiter flache Zins- und Spreadkurven und stetige CDS-Spreadzahlungen s_j an, errechnet sich die Ausfallintensität gemäß

(1) $$h_j = \frac{s_j}{1 - R_j}$$

wobei R_j die Recovery-Rate von Kredit j bezeichnet.[19]

2.2 Ein analytisches Beispiel

In einem vereinfachten Fall kann dies nun benutzt werden, um einen m-Jahres-Kontrakt zu pricen, der K Einheiten bei Eintritt des ersten Ausfalls aus einem Basket von n Krediten zahlt, sofern dieses Ereignis in der Zeitspanne $[0, m]$ geschieht. Wird der Kontrakt als FTDS interpretiert mit τ als (zufälligem!) Minimum aller Ausfallzeiten τ_j, einer flachen Zinsstruktur r, einer konstanten Hazard-Rate h und Zahlungen von konstanten Swap-Spreads s zu den Zeitpunkten $0 < t_1 < t_2 < ... < t_n = m$ dann besitzt die Prämienseite (Fee Leg) f des FTDS einen Barwert von

$$f = \sum_{i: t_i \leq m} E(s e^{-r t_i} 1_{\{\tau > t_i\}}) = s \sum_{i: t_i \leq m} e^{-(r + nh) t_i}$$

Beweis: Da $\tau = \min(\tau_1, ..., \tau_n)$ das einzige zufällige Element unter der Summe ist, können der Spread s und der Diskontfaktor vor die Erwartung gezogen werden:

---

19 Vgl. Schmidt (2001).

CDS und andere Kreditderivate

$$f = \sum_{i:t_i \leq m} E(se^{-rt_i} 1_{\{\tau > t_i\}}) = \sum_{i:t_i \leq m} se^{-rt_i} E(1_{\{\tau > t_i\}}) = s \sum_{i:t_i \leq m} e^{-rt_i} P(\tau > t_i)$$

Wir haben dabei auch die probabilistische Tatsache benutzt, dass die Erwartung einer Indikatorfunktion der Wahrscheinlichkeit des involvierten Ereignisses entspricht. Ferner berechnet sich die Wahrscheinlichkeit $P(r > t_i)$ unter der Summe – stochastische Unabhängigkeit der τ_j vorausgesetzt – via

$$P(\tau \geq t_i) = P(\tau_j \geq t_i; j = 1,...,n) = \prod_{j=1}^{n} P(\tau_j \geq t_i) = \prod_{j=1}^{n} e^{-ht_i} = e^{-nht_i}$$

Jetzt bedarf nur noch die dritte Gleichheit einer Erklärung: Bei der Wahrscheinlichkeit dort handelt es sich um nichts anderes als die Survivalfunktion S_j deren Verbindung zur Risikofunktion wir bereits kennen. Die Tatsache, dass $h_j(t) \equiv h_j$ konstant ist, komplettiert den Beweis:

$$S_j(t_i) = P(\tau_j \geq t_i) = e^{-\int_0^t h_j(s)ds} = e^{-h_j t}$$

Die Formel summiert einfach die diskontierten (stetig mit Rate r) FTDS Spreads s bis zur Fälligkeit auf, jeweils unter der Bedingung, dass noch kein Ausfall eintrat. Im Detail: Man summiert den diskontierten Spread-Cashflow se^{-it_i} auf bis zum Ausfall (Produktbildung mit $1_{\{\tau > t_i\}}$) oder bis zur Fälligkeit (Summe über die Menge aller Zeitpunkte t_i kleiner oder gleich m), je nachdem was zuerst eintritt. Da die Ausfallzeit $\tau = \min(\tau_1,...,\tau_n)$ des FTDS zufällig ist, muss der Erwartungswert E gebildet werden. Aus Gründen der Einfachheit haben wir hier auf eventuell aufgelaufene Stückzinsen verzichtet. Der Wert der Forderungsseite (Contingent Leg) c des Swap berechnet ich unter der Annahme risikoneutraler Investoren zu

$$c = E(Ke^{-r\tau} 1_{\{\tau < m\}}) = \frac{nhK}{r + nh}(1 - e^{-(r+nh)m})$$

Beweis: Davon abgesehen, dass es sich hier weitgehend um eine reine Integralrechnungs-Übung handelt, liegt das Problem in der Berechnung des Erwartungswerts, da die Zufallsvariable τ doppelt involviert ist. Wie im Beweis oben verwenden wir wieder die Tatsache, dass τ exponential verteilt ist mit Parameter nh. Demnach ergibt sich

$$c = E(Ke^{-r\tau} 1_{\{\tau < m\}}) = \int_0^\infty Ke^{-rt} 1_{\{t < m\}} nh e^{-nht} dt$$

$$= nhK \int_0^m e^{-(r+nh)t} dt = \frac{nhK}{r + nh}(1 - e^{-(r+nh)m})$$

Die (erwartete) Zahlung wird also mit der (zufälligen) Ausfallzeit τ diskontiert, vorausgesetzt, dies geschieht vor der Fälligkeit. Setzt man $c = f$, ergibt sich der faire Spread s als

$$s = \frac{nhK(1 - e^{-(r+nh)m})}{(r + nh) \sum_{i:t_i \leq m} e^{-(r+nh)t_i}}$$

Dies gilt jedoch nur, wenn die n Kredite als paarweise unabhängig angenommen werden, was im Allgemeinen eine inakzeptable Prämisse darstellt.[20] Wir müssen also einen anderen, nichtanalytischen Weg einschlagen, um zu allgemeingültigen Lösungen zu gelangen.

2.3 Abhängigkeit: Letzter Ausweg Monte Carlo?

Die Möglichkeiten der analytischen Ermittlung der gemeinsamen Ausfallwahrscheinlichkeitsfunktion sind begrenzt. Wenn die Ausfallzeitpunkte der einzelnen Underlyings miteinander korreliert sind, ist eine analytische Herleitung in der Regel nicht mehr möglich. Dann, wenn alle analytischen Möglichkeiten ausgeschöpft zu sein scheinen, wird gerne das Stichwort *Monte Carlo* aus der mathematischen Trickkiste geholt. Der Name weckt nicht zu Unrecht Assoziationen zur gleichnamigen Glücksspiel- und Steueroase in Südfrankreich, schließlich wird beim Monte Carlo-Verfahren nichts analytisch hergeleitet, sondern – salopp formuliert – so lange ausprobiert, bis die große Anzahl der Versuche eine hinreichende Sicherheit bietet, dass das Ergebnis auch richtig ist. Das ändert aber nichts daran, dass es sich um ein anerkanntes und zielführendes Verfahren handelt, ohne das eine Bewertung von Derivaten in vielen Fällen gar nicht möglich wäre. Auf diese akademischen Eigenschaften werden wir uns im Folgenden konzentrieren.

Unter den numerischen Techniken zur Bewertung von Derivaten nimmt die Monte Carlo-Simulation neben Binomialbaum-Approximation und den Finiten Differenzen eine wichtige Position ein. MC-Methoden sind flexibel, leicht zu implementieren und zu ändern. In der Finanzwissenschaft ist der faire Preis eines Derivates im Allgemeinen der diskontierte Erwartungswert einer komplexen Funktion unter einem komplexen Wahrscheinlichkeitsmaß.[21] Im Lichte dessen ist eine Monte Carlo-Simulation oftmals die einzig mögliche Wahl, wenn analytische Mittel versagen. Jede Monte Carlo-Simulation basiert auf dem Gesetz der großen Zahlen, das in seiner starken Form besagt, dass das arithmetische Mittel einer Folge von n iid (unabhängig identisch verteilten) Zufallsvariablen mit Erwartungswert μ und Varianz σ gegen μ konvergiert, wenn n gegen unendlich läuft. Das Procedere läuft dann wie folgt:

---

20 Vgl. Giesecke (2002).
21 Vgl. Robert/Casalla (1999).

Zu untersuchen sei eine Zufallsvariable $Z = F(X)$, bei der die Funktion F nicht notwendigerweise explizit analytisch darstellbar sein muss, zumindest aber an einigen Punkten ausgewertet werden kann. Bei der Bewertung von Derivaten allgemein sind wir an der Erwartung $E(Z)$ oder speziell bei der Betrachtung von Kreditausfallzeiten an der Wahrscheinlichkeit $P(Z \in B)$ (zum Beispiel entspricht das Ereignis $\{Z \in B\}$ in unserem Fall $\{\tau > t\}$ wie wir gerade gesehen haben) interessiert. Wir simulieren die Zufallsvariable X und berechnen diese Größen gemäß

$$E(Z) \approx \frac{1}{n} \sum_{j=1}^{n} F(X_j)$$

$$P(Z \in B) \approx \frac{1}{n} \sum_{j=1}^{n} 1_{\{F(X_j) \in B\}}$$

Wenn wir also ein Derivat mittels Monte-Carlo-Simulation bewerten, samplen wir die Zufallsvariable X sehr oft (d.h. wir „würfeln" X gemäß seiner Verteilung aus), berechnen jeweils die Auszahlung (payoff) $Z = F(X)$ und anschließend deren Mittelwert, um eine Schätzung für den Wert des Derivats zu erhalten. Danach muss noch mit dem risikofreien Zins diskontiert werden. Man kann die Simulation zu jedem Zeitpunkt anhalten, um einen (je nach Umfang des Datenmaterials mehr oder weniger guten) Schätzwert zu erhalten – Konvergenz tritt jedoch nur im Unendlichen auf. Das Ziel muss also sein, einen guten (nicht perfekten!) Schätzer schnell zu bekommen. Wie bewertet man aber die Qualität einer MC-Schätzung beziehungsweise eines MC-Schätzers? Ein Maß für die Genauigkeit ist die Varianz der resultierenden numerischen Approximation. Da MC-Verfahren sehr zeitaufwändig sein können, ist es demnach von Vorteil, einen Schätzer mit geringer Varianz zu haben. Jeder (MC-)Schätzer besitzt eine gewisse Varianz, und da es unendlich viele Schätzer[22] für jede Zufallsvariable Z gibt, stellt sich die natürliche Frage, ob und wie die Varianz von Schätzern reduziert werden kann.[23] Diesem Thema widmet sich die Forschung über Varianzreduktionsverfahren für Monte Carlo-Methoden. Ein Beispiel werden wir in Form des Importance Samplings im nächsten Abschnitt sehen.[24]

Für die Monte Carlo-Simulation[25] nehme man in diesem Fall historische Daten wie z.B. von Moody's oder ermittle aus aktuellen Marktdaten die Verteilungsfunktion der Ausfallzeitpunkte der einzelnen Underlyings.[26] Für jedes Underlying wird so eine Kreditkurve konstruiert, die die zeitliche Verteilung der Defaults beschreibt. Unter der (realistischen) Annahme abhängiger Ausfallzeiten (andernfalls wäre man jetzt bereits fertig!) werden die Defaults nun mit Hilfe von abhängigen gleichverteilten Zufallsvariablen modelliert, die wiederum aus abhängigen normalverteilten Zufallsvariablen

---

22 Beispielsweise den BLUE-Schätzer (Best Linear Unbiased Estimator) in der Klasse der linearen und erwartungstreuen Schätzer.
23 Vgl. Jäckel (2002).
24 Vgl. Boyle/Broadie/Glasserman (2003) oder Jäckel (2002).
25 Vgl. Karels (2003).
26 Dazu verwendet man z.B. Bootstrapping-Techniken.

entstehen. Eine mögliche gemeinsame Verteilung dieser abhängigen Ausfallzeiten wird mit Hilfe einer speziellen Kopula-Konstruktion erreicht. Für einen einzelnen Credit und seine Ausfallzeit τ_i läuft das wie folgt: Unter der Annahme konstanter Ausfallintensität $h_i(t) \equiv h_i$ ergibt sich mit den in Abschnitt 2.1 eingeführten Funktionen für die Dichte f_i von τ_i:

$$f_i(t) = S_i(T) h_i(t) = h_i e^{-h_i t}$$

Somit ist τ_i exponential verteilt mit Parameter h_i und die MC-Simulation geschieht mit einer auf dem Einheitsintervall [0;1] gleichverteilten Sampling-Variablen U_i unter Verwendung von *(1)* via

$$\tau_i = F_i^{(-1)}(U_i) = \frac{R_i - 1}{s_i} \ln(1 - F_i(U_i)) \sim F_i$$

und man erhält mit m Samples $u_{i1},...,u_{im}$ von U_i eine Schätzung für die erwartete Ausfallzeit $\hat{\tau}_i = E(\tau_i)$ des Underlyings der Form

$$\hat{\tau}_i = \frac{R_i - 1}{m s_i} \sum_{j=1}^{m} \ln(1 - F_i(u_{ij}))$$

Derartige Samples einer einzelnen Gleichverteilung sind leicht zu erhalten und entsprechend einfach ist die MC-Simulation eines CDS.

Für eine Simulation mehrerer abhängiger Ausfallzeiten $\tau_1,...,\tau_n$ muss man etwas weiter ausholen: Dazu simuliert man zunächst mit der Box-Muller-Methode[27] unabhängige, normalverteilte Variablen $Y_1,...,Y_n$ mit Korrelationsstruktur $\Sigma = (\rho_{ij})$, generiert daraus abhängig normalverteilte $X_1,...,X_n$ und daraus schließlich die gewünschten abhängigen, auf [0,1] gleichverteilten $U_1,...,U_n$.[28] Für $n = 2$ wählt man

$$X_1 = Y_1, X_2 = \rho Y_1 + \sqrt{1 - \rho^2} Y_2$$

Für $n \geq 3$ ist der Aufwand mit einer Cholesky-Zerlegung der Korrelationsmatrix Σ entsprechend höher. Man erhält also für $i = 1,...,n$

$$\tau_i = F_i^{(-1)}(U_i) = F_i^{(-1)}(N(X_i)) = F_i^{(-1)}(N(g_i(Y_1,...,Y_n))) \sim F_i$$

mit aus der Cholesky-Zerlegung stammenden Funktionen g_i. Damit werden dann z.B. First-to-Default-Swaps (FTDS) mit einem Monte-Carlo-Simulationslauf bewertet. Man bekommt es hier mit zu simulierenden Wahrscheinlichkeiten der Form

$$P(\tau < T) = 1 - P(\min_{1 \leq i \leq n} \tau_i \geq T) = 1 - P(\tau_1 \geq T,...,\tau_n \geq T)$$

---

27 Vgl. Robert/Casalla (1999).
28 Vgl. Arvanitis/Gregory (1999).

zu tun, wobei τ die Ausfallzeit des FTDS bezeichnet. Jetzt ist also nur noch die gemeinsame Wahrscheinlichkeitsverteilung der τ_i mit einer Kopula-Konstruktion zu spezifizieren und der FTDS kann bewertet werden. Mit einer Normal-Kopula erhält man schließlich z.B. für den Fall $n = 2$:

$$P(\tau < T) = F_1(T) + F_2(T) - C(F_1(T)\ F_2(T)\ \rho)$$
$$= P(F_1^{(-1)}(N(Y_1)) < T) + P(F_2^{(-1)}(N(\rho Y_1 + \sqrt{1-\rho^2}Y_2)) < T)$$
$$- N(N^{(-1)}(F_1(T)), N^{(-1)}(F_2(T)), \rho)$$

wobei die Kopula sich zu

$$N(N^{(-1)}(F_1(T)), N^{(-1)}(F_2(T)), \rho) =$$
$$= N(N^{(-1)}(P(F_1^{(-1)}(N(Y_1)) < T)), N^{(-1)}(P(F_2^{(-1)}(N(\rho Y_1 + \sqrt{1-\rho^2}Y_2)) < T)); \rho)$$

errechnet. Damit erhalten wir also mit Samples der unabhängig normalverteilten Y_1, Y_2 eine MC-Schätzung der First-to-Default-Ausfallwahrscheinlichkeit. Wir betonen aufgrund der Wichtigkeit noch einmal, dass mit der gemeinsamen Verteilung der abhängigen Ausfallzeiten jegliche Art von Kreditderivatstruktur bewertet werden kann.[29] Gemeinsame Ausfallwahrscheinlichkeiten hängen jedoch entscheidend von der Wahl der Kopula ab, so dass ihr eine zentrale Bedeutung zukommt. Ebenfalls wichtig zu bemerken ist, dass die Randverteilungen nicht mit der Art der Kopula übereinstimmen müssen.[30] Mit anderen Worten: Jedes beliebige Einzelwertpapier-Ausfallwahrscheinlichkeitsmodell kann mit einem exponentiellen Korrelationsmodell kombiniert werden. Anhand der Simulation der Ausfallzeiten kann man zeigen, dass die Korrelationen im Rahmen einer normalen (Gauß'schen) Kopula Asset-Korrelationen sind. Diese können aus Kursdaten geschätzt werden.[31]

Monte Carlo-Simulationen funktionieren auch mit CDOs sehr gut: Zu jedem Zeitpunkt während des Bestehens eines CDO werden Cashflows für jede Tranche generiert und diskontiert (die Diskontierungsfaktoren für verschiedene Tranchen unterscheiden sich), um den Barwert jeder Tranche zu ermitteln. Der Diskontierungsfaktor wird dann so als Spread z.B. über Libor/Euribor gewählt, dass der Marktpreis jeder Tranche unter der ursprünglichen Zusammensetzung des Collateral-Pools wieder hergestellt wird. Um Cashflows zu generieren, werden korrelierte Ausfallzeiten für alle Kredite im Pool simuliert. Von Anfang an ergeben Kupons für nicht ausgefallene Kredite und Recovery-Werte für ausgefallene den gesamten Cashflow. Dieser wird dann über die Tranchen verteilt.

---

29 Vgl. Frey/McNeil (2001).
30 Es ist also durchaus möglich, Latente-Variablen-Modelle mit einer Gauß'schen Kopula aufzuschreiben, deren Randverteilungen nicht univariat normal, sondern z.B. exponentiell sind. Oder aber es können Ausfallzeiten mit exponentieller Abhängigkeitsstruktur, aber beliebigen Randverteilungen generiert werden.
31 Schmidt (2003).

2.4 Verfeinerung von Monte Carlo – Importance Sampling

Wendet man ein Standard-Monte-Carlo-Verfahren an, kann man sich fragen, ob Samples in irgendeiner Weise hätten verbessert werden können. Nutzt man seine Kenntnis über die auszuwertende Funktion, ist das in der Tat möglich. Die wichtigen Zonen feiner auszuwählen ist ein Ansatz. Im Gegenzug müssen die so gezogenen Samples mit kleineren Wahrscheinlichkeiten versehen werden, um das Übersampling wieder auszugleichen. Diese Technik nennt man Importance Sampling und sie stammt aus der Familie der Varianzreduktionsverfahren. Allgemein gesprochen: Das Wahrscheinlichkeitsmaß muss gewechselt, die Funktion f in $E(f(X))$ mit der Radon-Nikodym-Ableitung[32] multipliziert und die Auszahlung gemäß dem Theorem von Girsanov (Maßwechsel) entsprechend reduziert und neu berechnet werden, um dem Übersampling gerecht zu werden. Eine detaillierte Darstellung dieser Sachverhalte würde jedoch den Rahmen des Artikels sprengen.[33] Einen Einblick in die Technik gibt jedoch folgender Fall: Angenommen, wir haben nur ein risikobehaftetes Underlying dessen Überlebenswahrscheinlichkeit $P(\tau \geq T)$ für ein beliebiges, aber fest gewähltes T mit einem MC-Verfahren geschätzt werden soll, davon ausgehend, τ besitze eine Exponentialverteilung mit Parameter λ und Dichte f. Der Standard MC-Schätzer wäre in diesem Fall

(2)
$$P(\tau \geq T) \approx \frac{1}{n}\sum_{j=1}^{n} 1_{\{\tau_j \geq T\}}$$

Wir führen nun eine neue Importance Sampling Dichte $g \sim \exp(\mu)$ ein und modifizieren unseren Schätzer durch eine Girsanov-Dichtetransformation gemäß[34]

$$E_f 1_{\{\tau \geq T\}} = E_g 1_{\{\tau \geq T\}} \frac{f(\tau)}{g(\tau)}$$

folgendermaßen:

(3)
$$P(\tau \geq T) \approx \frac{1}{n}\sum_{j=1}^{n} 1_{\{\tau_j \geq T\}} \frac{f(\tau_j)}{g(\tau_j)}$$

wobei τ_j nun aus g sampled wird mit einer Likelihood $\frac{\lambda}{\mu}e^{(\mu-\lambda)T}$. Das Ziel lautet nun, g so zu bestimmen, dass die Varianz des Schätzers (3) minimiert wird. Dies läuft hinaus auf die Minimierung von

$$E(1_{\{\tau \geq T\}} \frac{f(\tau)}{g(\tau)})^2 = \int_0^\infty 1_{\{t \geq T\}}^2 \frac{\lambda^2 e^{-2\lambda t}}{\mu^2 e^{-2\mu t}} \mu e^{-\mu t} dt = \frac{\lambda^2}{\mu(2\lambda - \mu)} e^{(\mu - 2\lambda)T}$$

---

32 Vgl. Bauer (2000).
33 Vgl. Schmidt (2003).
34 E_f und E_g bezeichnen den Erwartungswert bezogen auf die Dichten f beziehungsweise g.

und wir erhalten als Lösung:

$$\mu = \frac{1}{T}(1+T\lambda) - \frac{1}{T}\sqrt{1+(T\lambda)^2} < \frac{1}{T}$$

Für den Erwartungswert $E_g\tau$ der Defaultzeit τ gilt also unter der neuen Sampling-Dichte g einerseits $E_g\tau = \frac{1}{\mu} > T$ aber auch, wie sich leicht zeigen lässt, $E_g\tau > E_f\tau$. Dieses Ergebnis bestätigt unsere intuitive Einschätzung, dass das Re-Sampling dieser Varianzreduktionsmethode aus einer Region stammt, die größere Werte für τ erwarten lässt als unter der Dichte f. Damit ergibt die Indikatorfunktion unter der Summe von (3) aber öfter einen positiven Beitrag als ohne Importance Sampling und man erhält wesentlich schneller eine Schätzung der Defaultwahrscheinlichkeit von akzeptabler Genauigkeit. Dies ist auch der wichtigste Baustein des MC-Pricings eines CDS. Diese Vorgehensweise lässt sich auch mit erhöhtem technischen Aufwand auf zwei und mehr Credits zur Bewertung von Basket Default Swaps ausweiten. Befassen wir uns also mit seltenen Ereignissen, sind Importance Sampling oder vergleichbare Methoden unabdingbar um eine Approximation von hinreichender Genauigkeit zu erhalten. Ein Ausfall ist in der Tat ein seltenes Ereignis und blindes Anwenden von Standard Monte Carlo wäre auf jeden Fall suboptimal.

3 Anwendungsmöglichkeiten und Marktausblick

Wir haben bereits gesehen, dass CDS und andere Kreditderivate es ermöglichen, Bonität nun auch in Form von Termingeschäften zu handeln und so den Marktteilnehmern ein effizientes Mittel an die Hand geben, sich kostengünstig etwa gegen Rating-Veränderungen abzusichern. Es handelt sich zudem im Vergleich zu den außerbörslichen OTC-Kontrakten der Kreditderivate zwischen Banken und Brokern um einen standardisierten und damit transparenten Weg für Marktteilnehmer, ihr Risikomanagement in Angriff zu nehmen. Weitere Liquidität in den Markt bringen wird der von der Eurex für das Jahresende 2005 geplante Future auf den CDS-Index DJ I-Traxx Europe. Dieser wichtigste Credit-Index entstand 2004 aus der Fusion der europäischen und asiatischen Marktbarometer der beiden Index-Anbieter Trac-x und DJ iBoxx und bildet das Kreditrisiko von 125 liquiden europäischen Unternehmen ab und ist somit ein Maßstab für die aktuelle Bonitätseinschätzung des Marktes sowie des Risikoappetits der Anleger. Der Index wird halbjährlich rebalanced.

Ein weiterer Grund, dem Markt für Kreditderivate und Verbriefungen zukünftig ein hohes Wachstum zu unterstellen, sind die neuen Regeln zur Eigenkapitalunterlegung der Banken (Basel II): Da die Eigenkapitalunterlegung nur noch auf das Ausfallrisiko des Kontrahenten abzielt, liegt es nahe, Kreditrisiken auf Kontrahenten mit hoher Bonität zu übertragen und das dadurch freigesetzte regulatorische Eigenkapital zur Unterlegung anderer Risiken zu nutzen. Da mittlerweile CDS für jedes größere Unternehmen gehandelt werden, liefert der Preis eines solchen Kontraktes eine zusätzliche Einschätzung zur Marktlage und zum Pricing neuer Anleihen. Empirische Untersuchungen haben zudem gezeigt, dass die CDS-Märkte aufgrund der schnelleren Verarbeitung neuer Marktinformationen gegenüber den Anleihemärkten eine Preisführerschaft aufweisen und somit deutlichen Vorlaufcharakter vor Kreditwürdigkeits-Herabstufungen durch die Rating-Agenturen haben. Der noch relativ junge CDS-Markt leistet damit auch einen wichtigen Beitrag zur Früherkennung von Finanzmarktrisiken. Aktuell haben sich die CDS-Spreads wieder deutlich zurückentwickelt, was unter anderem auch die Markteinschätzung niedriger Defaultwahrscheinlichkeiten widerspiegelt beziehungsweise die im Umfeld niedriger Zinsen zugeflossene Liquidität verzweifelter Investoren auf der Suche nach attraktiven Anlagemöglichkeiten. Mit Hilfe von CDS lassen sich nicht zuletzt auch Arbitragemöglichkeiten gegenüber dem Anleihemarkt ausnutzen, da eine kreditrisikobehaftete Anleihe durch eine risikolose Anleihe und dem entsprechenden CDS-Kontrakt dupliziert werden kann.[35]

4 Zusammenfassung

Wir haben wertvolle Einblicke in die immer wichtiger werdende Welt der Kreditderivate gewonnen und gesehen, warum Credit Default Swaps (CDS), Basket Credit Default Swaps (BCDS) und Collateralized Debt Obligations (CDO) eine wichtige Rolle als Finanz- und Risikomanagementinstrumente spielen. Techniken zur Bewertung dieser Derivate hängen entscheidend von der Abhängigkeitsstruktur der zugrunde liegenden Kredite (beziehungsweise Kreditausfallzeiten) ab und sind im Allgemeinen nur mit Hilfe von numerischen Verfahren wie Monte Carlo-Simulationen möglich. Als Haupthürde erweisen sich Modellierung und Auswertung der gemeinsamen Verteilung der abhängigen Kreditausfallzeiten. Mit Hilfe von Techniken wie Kopula-Funktionen und Importance Sampling sind diese Probleme aber in den Griff zu bekommen. Vorausgesetzt also, der passende mathematische Werkzeugkasten steht zur Verfügung, erweisen sich CDS & Co. als mächtiges Instrument im Portfolio eines jeden Investors, dessen Anwendungsbereich mittlerweile weite Kreise zieht.

---

35 Vgl. Deutsche Bundesbank (2004).

Literaturverzeichnis

ARVANITIS, A./GREGORY J. (1999): A Credit Risk Toolbox, in: Credit Risk – Models and Management, Risk Books, London.

BAUER, H. (2000): Maß- und Integrationstheorie, de Gruyter.

BOYLE P./BROADIE M./GLASSERMAN, P. (2003): Monte Carlo Methods for Security Pricing, Working Paper, School of Accountancy, University of Waterloo, Canada.

DEUTSCHE BUNDESBANK (2004): CDS – Funktionen, Bedeutung und Informationsgehalt, Deutsche Bundesbank Monatsbericht, Dezember 2004.

FREY, R./MCNEIL, A. (2001): Modelling Dependent Defaults, Working Paper, ETH Zürich.

FREY, R./MCNEIL, A./NYFELER, M. (2001): Copulas and Credit Models, Working Paper, ETH Zürich.

GIESECKE, K. (2002): An Exponential Model for Dependent Defaults, Working Paper, Dep. of Economics, Humboldt Universität Berlin.

GIESECKE, K. (2001): Successive Correlated Defaults: Compensators and Simulation, Working Paper, Cornell University.

HORWOOD, C. (2004): Hedge Funds Swift Exit, in: Risk Magazine, März.

HULL, J./WHITE, A. (2000): Valuing CDS I: No Counterparty Default Risk, University of Toronto.

JÄCKEL, P. (2002): Monte Carlo Methods in Finance, J. Wiley and Sons, LTD, Chicester, England.

KARELS, R. (2003): Valuing Credit Risk – Variance Reduction Techniques for MC Methods, HfB – Business School of Banking and Finance, Frankfurt, 2003.

LI, D. X. (1999): Constructing a Credit Curve, in: Credit Risk – Models and Management, Risk Books, London.

MINA, J. (2001): Mark-to-Market, Oversight and Sensitivity Analysis of CDOs, Working Paper, Risk Metrics Group.

ROBERT, C./CASALLA, G. (1999): Monte Carlo Statistical Methods, Springer, NY.

SCHMIDT, W. (2001): Credit Default Swaps: Analyse und Bewertung, Working Paper, Deutsche Bank, Global Markets, Research and Analytics.

Literaturverzeichnis

SCHMIDT, W. (2004): Kreditderivate und Defaultmodelle, HfB Frankfurt.

SCHMIDT, W. /WARD, I. (2002): Pricing Default Baskets, in: Risk Magazine, January.

SCHMIDT, W. (2003): First-to-Default Baskets und synthetische CDOs: Theorie und Bewertung, Working Paper, Advanced Credit Derivatives, HfB Frankfurt.

Teil 6

Rohstoffe

Claude B. Erb/Campbell R. Harvey

Ertragsquellen und zu erwartende Renditen von Rohstoff-Investments

1 Einleitung 351
2 Erklärungsansätze für Renditen 353
3 Renditemessung gleich gewichteter Portfolios 355
4 Renditedekomposition und erwartete Renditen 357
    4.1 Erwartete Renditen. 358
        4.1.1 Die CAPM-Perspektive 358
        4.1.2 Die Versicherungsperspektive 359
        4.1.3 Die Hedgedruck-Hypothese 361
        4.1.4 Die Lagerhaltungstheorie. 362
    4.2 Renditetreiber von Commodity Futures. 363
        4.2.1 Zinsstruktur von Futures-Preisen. 363
        4.2.2 Rollierende Renditen: die Vergangenheit und die Zukunft 365
    4.3 Messung der Variation einzelner Commodity Futures-Zeitreihen. 367
    4.4 Einfluss der Inflation auf Commodity-Preise 369
        4.4.1 Inflations-Hedges – aber welche Inflationskomponente? 369
        4.4.2 Absicherung von erwarteter und unerwarteter Inflation. 370
        4.4.3 Bedeutung von anderen Marktrisikofaktoren 374
    4.5 Wasser in Wein verwandeln: die Diversifikationsrendite 376
    4.6 Bedarf für langfristige erwartete Renditen 382
    4.7 Beständigkeit von Renditen. 383
    4.8 Strategische Asset Allokation. 385
5 Schlussfolgerung 388
Literaturverzeichnis

1 Einleitung

Die bisherigen Forschungsergebnisse kamen zu dem Schluss, dass Long-Only-Portfolios von Commodity Futures den Durchschnittsrenditen des Standard and Poor's 500 gleichen. Beispiele hierfür sind die Analysen von Bodie und Rosanskys (1980), die gleich gewichtete Papier-Commodity-Futures-Portfolios von 1949 bis 1976 untersuchten, als auch von Gorton und Rouwenhorsts (2005), welche gleich gewichtete Papier-Commodity-Futures-Portfolios von 1959 bis 2004 analysierten. Beide Studien kommen zu aktienähnlichen Durchschnittsrenditen. Abbildung 1 verstärkt die Vermutung noch, dass ein Commodity Futures-Index aktienähnliche Renditen hat. Seit 1969 entsprechen die zusammengesetzten jährlichen Renditen des Goldman Sachs Commodity-Index (GSCI) mit 12,2 Prozent ungefähr denen des Standard and Poor's 500 mit 11,2 Prozent. Im Gegensatz zu den beiden Papierportfolios ist der GSCI ein weit verbreiteter Index zur Messung der Commodity Futures-Renditen. Sollten Investoren nun aufgrund dieser Beweise dieselben langfristigen Renditeerwartungen für Commodity Futures wie für Aktien haben?

Für Investoren ist es oft gefährlich, die historische Performance in die Zukunft zu extrapolieren. Entsprechend Arnott und Bernstein (2002) ist es nicht erwiesen, dass die hohen historischen Überrenditen von US-Aktien Beweis für hohe zukünftige Risikoprämien sind. Ihrer Argumentation zufolge sollten zukünftige Renditen auf dem Verständnis der fundamentalen Renditetreiber wie Einkommenswachstum, Dividenden und Veränderungen des Bewertungslevels basieren. Vergangene Renditen sind nur dann zukunftsweisend, wenn die Renditetreiber der Zukunft mit denen der Vergangenheit übereinstimmen. Dimson, Marsh und Staunton (2004) folgen einer ähnlichen Vorsichtsargumentation für internationale Aktien und weisen auf mögliche Gründe hin, dass zukünftige Aktienrenditen in vielen Ländern möglicherweise niedriger als in der Vergangenheit ausfallen werden.

Die gemeinsame Aussage dieser Analysen scheint zu sein, dass historische Renditen nur unvollständig richtungweisend für zukünftige Anlageaussichten sind. Die Herausforderung von Anlegern, die Long-Only[1]-Investitionen in Commodity Futures erwägen, liegt darin, ein Gedankengerüst für mögliche zukünftige Renditen zu ent-

---

1 Um den Total Return von Commodity Futures mit anderen Assets zu vergleichen, untersucht man für gewöhnlich ein vollständig gesichertes, ungehebeltes, diversifiziertes Long-Only-Commodity-Futures-Portfolio. Um ein vollständig gesichertes Commodity Futures-Investment mit einem Exposure von einem Dollar zu erhalten, würde man typischerweise mit einem Dollar long in ein Commodity Futures-Kontrakt gehen und gleichzeitig einen Dollar in eine *Absicherung* bzw. in ein *sicheres Asset* investieren. Das sichere Asset könnte hierbei, wie es bei der Commodity Index-Konstruktion üblich ist, eine Investition in Treasury Bills sein. Alternativ könnte es, wie in der Praxis üblich, auch ein nominales oder reales Bond Portfolio sein. Obwohl die zugrunde liegende Absicherung T-Bills oder andere Assets sind, werden diese nicht in den Überrenditen des Commodity Futures-Investment berücksichtigt. Da Futures-Kontrakte auslaufen, müssen Anleger ausgelaufene Kontrakte verkaufen und noch nicht ausgelaufene Kontrakte kaufen. Dieser Ablauf wird auch als „Rolling" einer Futures Position bezeichnet.

wickeln. Die Untersuchung historischer Renditen einzelner Commodity Futures und Commodity Futures-Portfolios ist hierfür erforderlich. Weiterhin ist es notwendig, eine Analyse der Renditetreiber, sollte es solche geben, durchzuführen.

Einige Schlüsselergebnisse konnten aus dieser Forschung gewonnen werden. Die durchschnittliche zusammengesetzte, geometrische Überrendite eines durchschnittlichen Commodity Futures war, historisch gesehen, ungefähr Null. Aus diesen Erkenntnissen resultiert eine wichtige Frage, welche sich potenzielle Long-Only-Investoren in Commodity Futures stellen sollten: Wie können Commodity Futures-Portfolios aktienähnliche Renditen erzielen, wenn die Durchschnittsrendite der Portfoliokomponenten ungefähr Null war? Es stellt sich heraus, dass Portfolios aus Commodity Futures, die sich periodisch ausgleichen, aktienähnliche Überrenditen haben können. Diese potenzielle Ausgleichsrendite kann eher auf Portfoliodiversifikation denn auf fundamentale Einflussfaktoren, wie beispielsweise die Inflationsrate, das Wirtschaftswachstum oder Risikoprämien, zurückgeführt werden. Die Ausgleichs- oder Diversifikationsrendite ist sehr sicher.

Weiterhin ist es möglich, dass Portfolios aus Commodity Futures, die Commodity Futures mit vergleichsweise hohen Renditen übergewichten, aktienähnliche Überrenditen aufweisen können. Das Auffinden von Wertpapieren mit überdurchschnittlichen Renditen war natürlich noch nie eine einfache Aufgabe. Auf der Suche nach überdurchschnittlichen Renditen könnten sich Investoren an Charakteristika orientieren, welche in der Vergangenheit mit überdurchschnittlichen Renditen verbunden waren. Ein solches Kennzeichen war die Strukturkurve der Futures-Preise, die historisch hoch mit der cross-sectional Dispersion der Renditen zwischen Commodity Futures korreliert waren. Das heißt, dass Commodity Futures mit einer attraktiveren Zinsstrukturkurve höhere Renditen als Commodity Futures mit einer weniger attraktiven Zinsstrukturkurvencharakteristik erzielten. Im Nachhinein kann festgestellt werden, dass die Zinsstrukturkurve von Commodity Futures-Preisen Anlegern die Möglichkeit gab, Commodity Futures mit einer guten Performance zu identifizieren. Das Risiko eines Investors liegt darin, dass historische Auszahlungen einer Investition in Commodity Futures mit einer überdurchschnittlichen Zinsstrukturkurvencharakteristik ein Beispiel für eine Eigenschaft der Daten sein könnte, die in der Zukunft möglicherweise verschwindet. Als Beispiel für eine verschwundene Ineffizienz seien die Ergebnisse von Cochrane (1999) genannt, der nach der Veröffentlichung seiner Forschungsergebnisse über den *Small Firm Effect* feststellte, dass die historisch nachweislichen Renditen einer Investition in Small Caps stark zurückgingen.

Schließlich scheint ein diversifiziertes Portfolio aus Commodity Futures eine exzellente Diversifikationsmöglichkeit für traditionelle Aktien und Bond Portfolios zu sein. Eventuell ist ein solches Portfolio auch als Hedge für Inflation und Pensionsrückstellungen geeignet.

2 Erklärungsansätze für Renditen

Historisch betrachtet lagen der Durchschnitt und der Median der zusammengesetzten jährlichen Überrenditen von einzelnen Commodity Futures fast bei Null. Konzentriert man sich auf die annualisierten, geometrischen Überrenditen, stimmt dieser Ansatz mit dem der Messung historischer Aktienrisikoprämien von Ibbotson und Chen (2003), Dimson, Marsh und Staunton (2002) überein. Die Überrendite ist lediglich die absolute Rendite einer Anlage über die risikofreie Rendite.

Die geometrische Rendite eines Portfolios kann signifikant die gewichtete geometrische Durchschnittsrendite der Einzelpositionen eines Portfolios übersteigen, wenn die einzelnen Wertpapiere eine niedrige Korrelation zueinander haben und eine hohe durchschnittliche Standardabweichung aufweisen. Für Investoren, welche in Bonds oder Aktien investieren, kann dies auf der einen Seite offensichtlich, aber auch auf der anderen Seite nicht erkennbar sein. Sollte man in ein Bond Portfolio investieren, wie beispielsweise im Lehman-Aggregate, könnte man annehmen, dass die Rendite des Bond Portfolios ungefähr der gewichteten Durchschnittsrendite der Einzelkomponenten entspricht. Wenn beispielsweise ein unausgewogenes Bond Portfolio aus zwei Bonds besteht, wovon jeder eine Rendite von Null hat, dann ist es eher unwahrscheinlich, dass die Portfolio-Rendite positiv ist. Dieser Gedanke trifft auch auf ein Aktienportfolio zu. Siegel (2005) zeigt in seiner Studie Daten, die implizieren, dass die gewichtete geometrische Durchschnittsrendite der originären Komponenten des S&P

Abbildung 1: Zusammengesetzte, durchschnittliche jährliche Überrenditen einzelner Commodity Futures

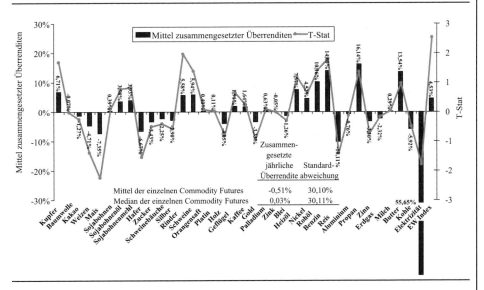

500 mit rund 11,0 Prozent innerhalb des Zeitraums März 1957 bis Dezember 2003 der Performance des S&P 500 entsprach. Siegel nannte dieses Portfolio „Total Descendant" oder „totale Abkommen". Dennoch scheint diese Vermutung nicht mehr zu greifen, wenn man ausgeglichene Commodity Futures-Portfolios betrachtet.

Abbildung 2 zeigt die Ergebnisse eines einfachen Experimentes, *Wasser in Wein* zu verwandeln, angefangen mit 40 unkorrelierten Wertpapieren, jedes mit einer durchschnittlichen geometrischen Überrendite von 0,0 Prozent und einer geometrischen Standardabweichung von 30 Prozent. Mit anderen Worten ausgedrückt, hat jedes der hypothetischen Wertpapiere eine Rendite und eine Standardabweichung, die identisch mit der Durchschnittsrendite und dem Risiko der Commodity Futures aus Abbildung 1 sind. Eine andere Sichtweise hierfür wäre, dass jedes der Wertpapiere eine geometrische Risikoprämie von Null hätte (dies ist äquivalent zu der Annahme von rund 4,6 Prozent jährlicher arithmetischer Überrendite). Es werden nun 10.000 Renditehistorien über 45 Jahre hinweg für jede der 40 Wertpapiere gebildet. Dazu werden ein gleich gewichtetes, jährlich ausgeglichenes Portfolio und ein ursprünglich gleich gewichtetes und nicht mehr ausgeglichenes Portfolio gebildet. Erwartungsgemäß haben die einzelnen Wertpapiere eine durchschnittliche geometrische Überrendite von 0,0 Prozent. Das gleich gewichtete, regelmäßig ausgeglichene Portfolio hat jedoch eine durchschnittliche geometrische Rendite von 4,3 Prozent. Ein ursprünglich gleich gewichtetes Portfolio, welches nicht ausgeglichen wird, hat hingegen eine durchschnittliche geometrische Rendite von 3,8 Prozent. Folglich hat das regelmäßig ausgeglichene Portfolio das nicht ausgeglichene Portfolio in 71 Prozent der 10.000 Simulationen outperformed. Das regelmäßig ausgeglichene Portfolio hat weiterhin, während des gesamten betrachteten Zeitraumes, eine höhere Sharpe Ratio. Diese letzte Aussage entspricht den Ergebnissen von Plaxco und Arnott (2002), die feststellten, dass regelmäßig angepasste Portfolios zu höheren Sharpe Ratios tendieren als nicht regelmäßig ausgeglichene Portfolios. Wenn die Rendite eines Portfolios höher als die Durchschnittsrendite der Einzelkomponenten ist und die Einzelkomponenten eine durchschnittliche geometrische Risikoprämie von Null aufweisen, dann ist die Gewichtungsentscheidung und nicht die geometrische Risikoprämie Quelle der Renditezunahme.

Abbildung 2: *Zusammengesetzte, durchschnittliche jährliche Überrendite (Wasser in Wein verwandeln) 10.000 Simulationen*

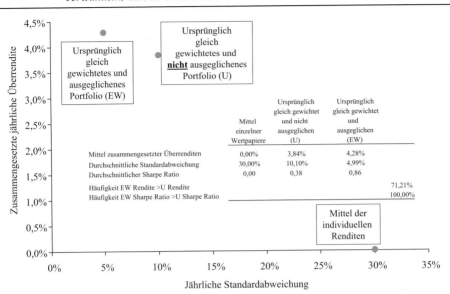

3 Renditemessung gleich gewichteter Portfolios

Eine Anzahl herausstehender Studien über Renditen aus Investitionen in Commodity Futures-Portfolios haben sich auf die Performance aus gleich gewichteten Portfolios konzentriert. Als Rechtfertigungsgrund für die Betrachtung gleich gewichteter Commodity Futures-Portfolios wird unter anderem angeführt, dass die Performance dieses Portfolios die Rendite eines durchschnittlichen Portfoliobestandteils messen soll. Erweitert man diese Überlegung, so könnten die Renditen einer durchschnittlichen Portfoliokomponente ein Maß für die Durchschnittsrendite des aggregierten Commodity Futures-*Marktes* sein.

Bodie and Rosansky (1980) haben die Renditen eines gleich gewichteten Cash gesicherten Commodity Futures-Portfolios von 1949 bis 1976 berechnet. Anfangs bestand das gleich gewichtete Portfolio aus zehn Futures-Kontrakten, am Ende waren es 23 Kontrakte. Sie konnten für ihr Portfolio statistisch signifikante Überrenditen nachweisen, die der Höhe nach ungefähr denen des S&P 500 entsprachen. Fama and French (1987) berechneten die Performance eines gleich gewichteten, aus bis zu 21 Commodity Futures bestehenden Portfolios im Zeitraum von 1967 bis 1984. Sie fanden nur marginale

Beweise für eine signifikante positive Portfoliorendite. Gorton and Rouwenhorst (2005) untersuchten die Performance eines gleich gewichteten, Cash gesicherten Commodity Portfolios von 1959 bis 2004. Anfangs enthielt das Portfolio neun Commodity Futures, am Ende waren es 36. Ihren Ergebnissen zufolge hatte das gleich gewichtete Portfolio aus Commodity Futures eine statistisch signifikante Rendite, die denen von Aktien ähnelt. In jedem der Fälle wurde das gleich gewichtete Portfolio als Maß für die Commodity Futures-Performance verwendet, und die Zusammensetzung des Portfolios über die Zeit verändert. Wie wichtig sind nun gleich gewichtete Portfolios für Investoren, um die Attraktivität einer Assetklasse beurteilen zu können?

Es ist ungewöhnlich, auf die langfristige Performance einer Assetklasse auf Basis der Performance eines gleich gewichteten Portfolios zu schließen. Beispielsweise haben Arnott, Hsu and Moore (2005) darauf verwiesen, dass gleich gewichteten Portfolios die Liquidität und Kapazität von traditionellen, nach Marktkapitalisierung gewichteten Aktienindizes fehlt und das damit die Renditecharakteristika nicht repräsentativ für den aggregierten Aktienmarkt sind. Ein gleich gewichtetes Portfolio verlangt, dass jede Investition, unabhängig von der möglichen Vorteilhaftigkeit, in jedes Wertpapier des Portfolios, gleich hoch ist. Betrachtet man beispielsweise einen Markt, der nur aus zwei Wertpapieren besteht, wobei eines den Wert 1 und das andere den Wert von 100 hat. Der aggregierte Marktwert beträgt damit 101. Das gleich gewichtete Portfolio hat jedoch nur einen Wert von 2. Im Aktienmarktumfeld wird damit ein gleich gewichtetes Portfolio nicht repräsentativ für den aggregierten Aktienmarkt sein, es sei denn, der Aktienmarkt selbst ist auch gleich gewichtet. Im Ergebnis ist die Rendite eines gleich gewichteten Portfolios höher oder niedriger als die des Marktes, jedoch gleich bleibend mit der Marktrendite.

Der Unterschied der Rendite eines nach Marktkapitalisierung gewichteten Wilshire 5000 Aktienindex und eines monatlich ausgeglichenen und gleich gewichteten Wilshire 5000 ist ein konkretes Beispiel für die Schwierigkeit, die Rendite einer aggregierten Assetklasse aus einem gleich gewichteten Portfolio zu bestimmen. Von Dezember 1970 bis Mai hatte der nach Marktkapitalisierung gewichtete Wilshire 5000 Aktienindex beispielsweise eine zusammengesetzte annualisierte Rendite in Höhe von 11,4 Prozent und der gleich gewichtete Wilshire 5000 eine Rendite in Höhe von 20,3 Prozent. Dies entspricht einem Renditeunterschied von 8,8 Prozent. In diesem Fall war die Rendite eines gleich gewichteten Aktienportfolios fast zwei Mal so hoch wie die des aggregierten Aktienmarktes. Für die meisten Investoren ist ein gleich gewichtetes Aktienportfolio nicht für den Aktienmarkt repräsentativ, da ein solches Portfolio von Wertpapieren mit einer geringen Marktkapitalisierung dominiert wird (Small und Micro Caps haben eine Marktkapitalisierung von 12 Prozent im Vergleich zur Gesamtmarktkapitalisierung und stellen dabei 72 Prozent der Anzahl der Wertpapiere im Wilshire 5000). Wenn ein gleich gewichtetes Aktienportfolio nicht für die Rendite des Aktienmarktes repräsentativ ist, sollten Investoren dann glauben, dass dies für ein gleich gewichtetes Commodity Futures-Portfolio der Fall sein sollte? Solange diese Frage nicht bejahend beantwortet werden kann, bleibt es offen, ob ein gleich gewichtetes Commodity Futures-Portfolio als Maß für die Rendite der *Commodity Asset-Klasse* verwendet werden kann, oder ob die Renditen eines gleich gewichteten Commodity-Portfolios für einen Renditevergleich mit anderen Assetklassen, wie beispielsweise dem aggregierten Aktienmarkt oder dem aggregierten Bondmarkt, anwendbar sind.[2]

4 Renditedekomposition und erwartete Renditen

Jährliche Total Returns eines diversifizierten, cash-gesicherten Commodity Futures-Portfolios können in drei Komponenten zerlegt werden:

Commodity-Portfolio-Total-Return = Cash-Rendite + gewichtete durchschnittliche Überrendite + Diversifikationsrendite.

Die Renditen eines einzelnen Commodity Futures-Kontraktes lassen sich ähnlich in zwei Komponenten zerlegen:

Die Überrendite stellt einfach die Preisänderung eines Futures-Kontraktes dar. Wenn ein Anleger beispielsweise einen Gold-Futures-Kontrakt für USD 400 pro Unze kaufen und diesen später für USD 404 verkaufen würde, würde die Überrendite dieser Position ein Prozent betragen. Die Diversifikationsrendite ist der entstehende Synergievorteil eines ausgeglichenen Portfolios, also ist die Summe des Ganzen größer als die Summe der Einzelpositionen. Eine positive Diversifikationsrendite eines aus zwei oder mehr Assets bestehenden Portfolios heißt lediglich, dass die zusammengesetzte Rendite des Portfolios größer als die zusammengesetzten gewichteten Durchschnittsrenditen der Einzelportfoliopositionen ist. Die Diversifikationsrendite resultiert aus der

---

[2] Es gibt folgende weitere fundamentale Frage: Was soll mit der Rendite eines gleich gewichteten Portfolios gemessen werden? Wenn es ein Maß für die historische Rendite eines konstanten Universums an Wertpapieren ist, in welchem jedes Wertpapier die gleiche Anzahl an Renditebeobachtungen aufweist, dann entspricht die Rendite eines gleich gewichteten Portfolios der Rendite einer durchschnittlichen Portfolioposition. Stellen Sie sich ein Portfolio vor, in das in gleicher Höhe in zwei Assets über vier Zeiteinheiten hinweg investiert wird, und in dem ein Asset die Rendite i.H.v. 20 Prozent hat und das andere Asset eine Rendite von 5 Prozent. Die gleich gewichtete Durchschnittsrendite liegt bei den zwei illustrativen Wertpapieren bei 12,5 Prozent und damit genauso hoch wie bei einem gleich gewichteten Portfolio. Eine Eigenschaft von gleich gewichteten Commodity Futures-Portfolios scheint in der frühen Commodity Futures-Portfolio-Literatur die Veränderung der Zusammenstellung über die Zeit zu sein. Was passiert also, wenn das Portfolio vier Mal in das Asset mit der 20 prozentigen Rendite investiert und nur die letzten beiden Male in das Asset mit 5 Prozent Rendite investiert? Wenn sich die Zusammensetzung des gleich gewichteten Portfolios über die Zeit ändert, dann entspricht die Durchschnittsrendite des gleich gewichteten Portfolios mit 16,25 Prozent nicht der Rendite der durchschnittlichen Portfolioposition mit 12,5 Prozent. Im Ergebnis ist es möglich, dass ein gleich gewichtetes Portfolio nicht die von einem Investor gesuchten Informationen enthält, wenn sich die Zusammensetzung des Portfolios über die Zeit ändert.

Verringerung der Varianz im Vergleich zu nicht diversifizierten und ausgeglichenen Portfolios.[3]

Die geometrische Durchschnittsrendite eines Portfolios wird von dieser Varianzreduktion positiv beeinflusst. Die Diversifikationsrendite kann eine signifikante Renditequelle eines ausgeglichenen Portfolios sein. Entsprechend wird diese Renditequelle für nicht ausgeglichene Portfolios weniger signifikant sein. In Abschnitt 4.5 werden wir ausführlicher auf die Diversifikationsrendite eingehen.[4]

Um die Quellen der Überrenditen von Commodity Futures zu verstehen, wurden verschiedene theoretische Ansätze vorgeschlagen: die CAPM-Perspektive, die Versicherungsperspektive, die Hedgedruck-Hypothese und die Lagertheorie. Keiner dieser Aspekte kann vollständig die Entstehung von Commodity-Preisen und der resultierenden Renditen einer Commodity Futures-Investition erklären. Dennoch sind diese Erklärungsansätze Teil der geistigen Evolution um Commodity-Preise und Commodity-Investitionen.

4.1 Erwartete Renditen

4.1.1 Die CAPM-Perspektive

Lummer und Siegel (1993) und Kaplan und Lummer (1998) vertreten die Meinung, dass die langfristigen erwarteten Renditen einer Investition in den Cash gesicherten GSCI denen von Treasury Bills entsprechen sollten. Dies ist für den Cash gesicherten GSCI äquivalent zu der Aussage, dass die erwarteten Überrenditen Null sind. Die Tendenz von Commodities zu niedrigen Korrelationen gegenüber anderen Commodities bzw. Aktien und Bonds ist konsistent mit der Pionierarbeit von Dusak (1973), der niedrige Aktienmarktbetas nachgewiesen und niedrige erwartete Renditen für Weizen, Mais und Sojabohnen im Rahmen des Capital Asset Pricing Model von Sharpe (1964) und Lintner (1965) postuliert hat. In diesem Zusammenhang ist es jedoch wichtig zu verstehen, dass die Erkenntnis, dass Aktienmärkte keine Renditetreiber für Commodity Futures-Indizes oder einzelne Commodity Futures sind, nicht notwendigerweise impliziert, dass die erwarteten Überrenditen von Commodity Futures Null sein müssen. Es wird lediglich ausgesagt, dass der Aktienmarkt möglicherweise nicht für Commodity Futures-Renditen zu beeinflussen ist.

Es gibt eine Vielzahl von Möglichkeiten, um die CAPM-Erklärung für Commodity Futures-Renditen zu hinterfragen. Aus einer theoretischen Perspektive müsste nach Roll (1977) auf Basis des CAPM eine lineare Beziehung zwischen den Renditen eines Asset-Portfolios und dem Marktportfolio beobachtet werden können. Das Marktportfolio besteht aus Aktien, Bonds, Immobilien, Kunstgegenständen, langlebigen Gebrauchsgütern wie Autos und Möbeln sowie aus Humankapital. Roll behauptet, dass das Testen

---
3   Siehe Booth und Fama (1992) und Fernholz und Shay (1982). Der Appendix enthält ausführlichere Angaben zu den verschiedenen Formeln der Diversifikationsrendite.
4   Siehe Greer (2000) und de Chiara und Raab (2002).

der Beziehung zwischen einem Asset und dem Aktienmarkt nicht dasselbe ist, wie das Testen eines Assets und dem nicht beobachtbaren und messbaren Marktportfolio. Dazu kommt, dass nach Black (1976) Commodity Futures keine Capital Assets sind. Nach Black entsprechen Commodity Futures eher Sportwetten und im Ergebnis sind Commodity Futures, genauso wie College Football-Spiele, nicht im Marktportfolio enthalten. Wenn Commodity Futures nicht im Marktportfolio enthalten sind, ist es schwierig herauszufinden, wie das CAPM Commodity Futures-Renditen erklären könnte. Weiterhin zeigten Fama und French (1992), dass das CAPM historisch betrachtet kein sehr robustes Modell war, um Überrenditen zu erklären. Wenn das CAPM schon, nach Fama und French, nicht besonders gut funktioniert, um erwartete Aktienrenditen zu beschreiben, warum sollte das CAPM eine gute Erklärung für erwartete Commodity Futures-Renditen liefern? Unterm Strich scheint es keine überzeugenden Gründe zu geben, warum das CAPM Commodity Futures-Renditen erklären könnte.

4.1.2 Die Versicherungsperspektive

Gorton und Rouwenhorst (2005) wiesen darauf hin, dass Keynes' (1930) Theory der normalen Backwardation, in der Hedger Commodity-Futures dazu verwendet werden, um Commodity-Preisrisiken zu vermeiden, die Existenz von Commodity Futures Risikoprämien impliziert. Wenn diese Risikoprämie groß genug ist, dann könnten die Renditen denen von Aktien gleichen. Das Vorhandensein von Backwardation-Renditen stand auch im Fokus der früheren Arbeiten von Bodie und Rosansky (1980) und Fama und French (1987). Keynes (1930) erweiterte die Theorie normaler Backwardation indem er vorschlug, dass der Futures-Preis eines Commodity's niedriger als der erwartete zukünftige Spot-Preis sein sollte. Wenn der heutige Futures-Preis unter dem zukünftigen Spot-Preis liegt, dann sollten die Überrenditen positiv sein, sobald der Futures-Preis mit seiner Fälligkeit gegen den Spot-Preis konvertiert. Nach Keynes Verständnis erlauben Commodity Futures Unternehmen, ihr Commodity-Preis-Exposure zu hedgen. Da Hedgen eine Form von Versicherung ist, müssen Hedger/Long-Only-Commodity-Investoren eine Versicherungsprämie zahlen. Normale Backwardation lässt darauf schließen, dass in einer Welt risikoaverser Hedger und Investoren die Überrenditen eines Long-Commodity-Investments als Versicherungsprämien angesehen werden sollten.[5] Unter der Annahme normaler Backwardation sollten Investoren, welche long

---

5 Es gibt die Argumentation, dass nur eine ausgewählte Anzahl an Commodities eine positive Rendite hat. Kaldor (1939) führte das Konzept des Convenience Yields ein, um normale Backwardation zu erklären. Das Convenience Yields ist eine Funktion des Lagerbestands und reflektiert damit die Erwartung des Marktes über die zukünftige Verfügbarkeit von Commodities. Im Allgemeinen gilt, je höher die Lagerbestände sind, desto niedrige ist die Convenience Yield. Für ein Commodity, für das ausreichend Lagerbestände vorhanden sind, sollte der Convenience Yield Null sein. Ein Convenience Yield könnte eine Art Risikoprämie sein. Da nicht alle Commodities zu jeder Zeit die gleichen Lagerbestände aufweisen, sollten auch die Risikoprämien nicht gleich sein. Nach Till (2000) sind Rohöl, Benzin, Lebendvieh, Sojamehl und Kupfer Commodities, die schwer lagerfähig sind. Nimmt man nun an, dass Commodities, welche schwer lagerfähig sind, auch geringe Lagerbestände aufweisen, so können wir zeigen, dass diese Commodities auch historisch hohe Überrenditen zeigten. Das

in Commodity Futures investiert sind, eine positive Risikoprämie erhalten. Normale Backwardation bietet damit eine vernünftige Erklärung, warum ein Long-Only Commodity-Portfolio geeignet ist, effizient Kapital zu allokieren.

Normale Backwardation sollte auch den Querschnitt der Commodity-Überrenditen beeinflussen. Dass heißt, ein relativ stärker normal backwardated Commodity Future sollte eine höhere Rendite aufweisen als ein relativ weniger stark normal backwardated Commodity Future. Da es aber unmöglich ist, den erwarteten zukünftigen Spot-Preis heute schon zu kennen, ist normale Backwardation nicht beobachtbar. Normale Backwardation ist daher hauptsächlich der Glaube, dass Long-Only-Investoren in Commodity Futures eine positive Überrendite erhalten sollten. Obwohl normale Backwardation nicht beobachtbar ist, könnte der historische Nachweis von positiven Überrenditen einzelnen Commodity Futures ein guter Indikator für die Existenz von normaler Backwardation sein. Um die einzelnen Commodity Futures auf normale Backwardation zu testen, untersuchte Kolb (1992) 29 verschiedene Futures-Kontrakte. Er schloss, dass *normale Backwardation* nicht *normal* ist. Insbesondere stellte er fest, dass neun Commodities eine statistisch signifikante positive Rendite aufwiesen, vier Commodities eine statistisch signifikante negative Rendite hatten und die restlichen sechs Commodities gar nicht statistisch signifikant waren. Kolb untersuchte einzelne Commodity Futures und übersah damit das potenzielle Wachstum statistischer Inferenz, das aus der Bildung von Commodity Future-Portfolios entstehen könnte. Nichtsdestotrotz zeigte seine Arbeit, dass ein Commodity Future positive und andere negative Renditen haben. Da normale Backwardation behauptet, dass alle Commodity Futures positive Renditen haben sollten, ist Kolbs Arbeit ein Indikator dafür, wie schwer es ist die Existenz von normaler Backwardation nachzuweisen.

Bodie und Rosansky (1980), Fama und French (1987) und Gorton und Rouwenhorst (2005) analysierten die Performance einzelner Commodity Futures und gleich gewichteter Commodity Futures-Portfolios. Ihre Beweise bezüglich einzelner Commodity Futures-Renditen unterstützen die Ergebnisse von Kolb dahingehend, dass es schwer ist, die Existenz von normaler Backwardation für den durchschnittlichen Commodity Future nachzuweisen. Bodie and Rosansky und Gorton und Rouwenhorst finden statistisch signifikante Renditen für ein gleich gewichtetes Portfolio, was ihrer Meinung nach die Hypothese von normaler Backwardation bei periodisch ausgeglichenen, gleich gewichteten Portfolios unterstützt. Es ist wichtig zu verstehen, dass statistisch signifikante Portfoliorenditen noch nicht die Existenz von normaler Backwardation beweisen. Allein das Ausgleichen eines gleich gewichteten Portfolios kann schon eine Quelle statistisch signifikanter Renditen sein.

Vorhandensein eines Convenience Yield wird häufig dadurch angezeigt, dass der Futures-Preis niedriger als der Spot-Preis für ein Commodity ist. Ein Convenience Yield ist aber nur dann eine Risikoprämie, wenn der Futures-Preis niedriger als der zukünftige, erwartete Spot Preis ist. Unglücklicherweise ist der erwartete Spot Preis im Gegensatz zum aktuellen nicht beobachtbar. Wenn der Convenience Yield als Lagerbestandsversicherungsprämie angesehen wird, hat dieser Ansatz seine Reize. Es ist dann möglich, den Rohöl-Future als Lagerversicherung für die künftige Rohölverfügbarkeit und den Lebendvieh-Future als Versicherung für die künftige Verfügbarkeit von Lebendvieh anzusehen. Aufgrund der unterschiedlichen wirtschaftlichen Strukturen sollte das Risiko der entsprechenden Strukturen den Preis für die entsprechenden Versicherungen determinieren.

4.1.3 Die Hedgedruck-Hypothese

Die Hedgedruck-Hypothese ist ein Versuch, die nicht konsistenten empirischen Ergebnisse bezüglich der Theorie normaler Backwardation zu erklären. Cootner (1960), Deaves und Krinsky (1995) beschreiben, dass Keynes Theorie der normalen Backwardation annimmt, dass Hedger eine Long-Position in dem underlying Commodity besitzen und versuchen, den Einfluss von Commodity Preisfluktuationen zu reduzieren, indem sie in den entsprechenden Commodity Futures short gehen. Erwartungsgemäß sollte im Ergebnis der Futures-Preis im Laufe der Zeit steigen und einen Anreiz für Investoren bieten, long in dem Commodity Futures zu gehen. Sie gehen davon aus, dass backwardated Commodities, wenn der Spot-Preis über dem Futures-Preis liegt, genauso contangoed Commodities, wenn der Spot-Preis unter dem Futures-Preis liegt, eine Risikoprämie haben könnten. Falls Backwardation bestehen bleibt, sollten Hedger netto short in Futures sein und soweit contango bestehen bleibt, sollten Hedger netto long in Futures sein. Bessembinder (1992) findet in seiner Untersuchung im Zeitraum von 1967 bis 1989 starke Beweise, dass die durchschnittliche Rendite von sechzehn nonfinancial Futures von dem Umfang des Hedgings beeinflusst wurde. Mit anderen Worten hatten Commodities, in denen Hedger netto short waren, im Schnitt negative Überrenditen.

De Roon, Nijman and Veld (2000) analysierten zwanzig Futures-Märkte in der Zeit von 1986 bis 1994. Sie fanden heraus, dass Hedgedruck eine wichtige Rolle in der Erklärung von Futures-Renditen spielt. Anson (2002) unterscheidet zwischen Märkten, die Hedges für Produzenten (backwardated Märkte) anbieten und Märkten, die Hedges für Konsumenten (contango Märkte) anbieten. Er zeigt auf, dass ein Commodity-Produzent, wie Exxon, dessen Geschäft es erfordert in Öl long zu sein, das Risiko seines Exposures zu Ölpreisfluktuationen reduzieren kann, indem er short in Rohölfutures geht. Das Hedging durch risikoaverse Produzenten führt dazu, dass Futures-Preise unter der zukünftigen erwarten Spot-Rate liegen. Alternativ kann ein Hersteller wie Boeing, ein Aluminiumkonsument, der short in Aluminium ist, den Einfluss von Aluminiumpreisfluktuationen reduzieren, indem er Aluminium-Futures kauft. Hedging durch risikoaverse Konsumenten führt dazu, dass Futures-Preise über der zukünftigen erwarteten Spot-Rate liegen. In diesem Beispiel würde Exxon Öl-Futures und Boing Aluminium-Futures mit einem zu erwartenden Verlust kaufen. Alternativ würden Investoren eine Risikoprämie und positive Überrenditen erhalten, wenn sie long in backwardated Commodity Futures gehen bzw. wenn sie short in contangoed Commodity Futures gehen. Folgt man dieser Argumentation, ist ein Portfolio, das long in backwardated Futures und short in contangoed Futures geht, eine attraktive Möglichkeit Kapital anzulegen. Die erlittenen Verluste der Hedger schaffen den wirtschaftlichen Anreiz für die Kapitalmärkte, Preisabsicherungen für Hedger anzubieten. Normale Backwardation und die Hedgedruck-Hypothese spiegeln beide die Sicht wieder, dass Commodity Futures ein Mittel zum Risikotransfer sind und dass die Anbieter von Risikokapital eine Versicherungsprämie verlangen. Die Hedgedruck-Hypothese ist flexibler als die Theorie der normalen Backwardation, indem sie nicht annimmt, dass Hedger nur short in Futures-Kontrakte gehen. Solange ein Investor jedoch kein verlässliches Maß für Hedgedruck hat, ist es schwer, dieses Konzept in der Praxis anzuwenden.

4.1.4 Die Lagerhaltungstheorie

Die Lagerhaltungstheorie konzentriert sich auf die Rolle von Commodity-Lagern bei der Bestimmung von Commodity Futures-Preisen. Innerhalb dieses Rahmens erlauben Lager den Produzenten, Engpässe und Produktionsstaus zu vermeiden. Je höher die Lagerbestände sind, umso weniger wahrscheinlich ist es, dass Produktionsstaus die Preise beeinflussen. Je geringer die Lager, desto wahrscheinlicher sind Produktionsstaus, welche die Preise beeinflussen. Im Ergebnis ergibt sich ein Vorteil aus der Lagerhaltung, der den Einfluss von Produktionsunterbrechungen verringert. Dieser Vorteil wurde von Kaldor (1939) und Brennen (1991) als „Convenience Yield" (Kosten der Sicherstellung der Versorgung) bezeichnet. Der Convenience Yield ist hoch, wenn die benötigten Lager niedrig sind. Umgekehrt ist das Convenience Yield niedrig, wenn die benötigten Lager hoch sind. In der Lagerhaltungstheorie werden die Preise von Commodity Futures-Kontrakten von Lagerhaltungskosten, Zinsraten und Convenience Yield bestimmt. Wenn beispielsweise die Lagerbestände hoch sowie Lagerhaltungskosten und Convenience Yield Null sind, dann ist der Unterschied zwischen dem Spot-Preis eines Commoditys und dessen Futures-Preis die Zinsrate bis zur Fälligkeit des Kontraktes. Ist der Spot-Preis eines Commoditys beispielsweise 100 und die einjährige Zinsrate zehn Prozent, dann sollte der einjährige Commodity Futures Preis 110 sein. Sollten die benötigten Lager Mangelware sein, dann sollte der Convenience Yield hoch sein. Um das vorangegangene Beispiel zu erweitern, nehmen wir an, dass die Lager niedrig sind und der Convenience Yield fünf Prozent beträgt – der einjährige Commodity Futures-Preis sollte dann bei 105 liegen. Wenn der Convenience Yield 15 Prozent wäre, dann sollte der Commodity Futures-Preis 95 betragen. Der Convenience Yield verbindet konzeptionell die gewünschten Lagerbestände mit den Commodity Futures-Preisen. Beobachtet oder misst man hohe Convenience Yields, dann kann man daraus schließen, dass die Lagerbestände niedrig sind. Im Ergebnis kann der Convenience Yield als Risikoprämie für das Lagerbestandslevel aufgefasst werden, welches hilft, die beobachtbaren Futures-Preise zu erklären. Im Gegensatz dazu besagt die Theorie der normalen Backwardation, dass die Risikoaversion von Produzenten bezüglich der Commodity-Preise eine positive erwartete Rendite, also eine Risikoprämie, aus dem Besitz von Commodity Futures-Kontrakten beinhaltet.

Der Convenience Yield impliziert, dass schwer zu lagernde Commodities niedrige Lagerbestände haben und aufgrund dessen ein hohes Convenience Yield haben sollten. Umgekehrt sollten die Lagerbestände für leicht zu lagernde Commodities hoch sein und der Convenience Yield sollte damit niedrig sein. Stellen Sie sich einen Investor vor, der überlegt, für die nächsten zehn Jahre in Commodity Futures zu investieren. Dafür muss der Investor wissen, wie hoch der Convenience Yield für die nächsten zehn Jahre für schwer und leicht lagerfähige Commodities im Vergleich sein wird. Unglücklicherweise bietet die Lagerhaltungstheorie hierfür keine Antwort, noch ist es wahrscheinlich, dass es überhaupt eine Antwort auf diese Frage gibt.

4.2 Renditetreiber von Commodity Futures

4.2.1 Zinsstruktur von Futures-Preisen

Die Zinsstrukturkurve der Futures-Preise zeigt die Beziehung zwischen Futures-Preisen und der Fälligkeit der Futures-Kontrakte. Während es verschiedene konkurrierende Theorien zur Bestimmung von Commodity-Preisen gibt, so ist die Zinsstrukturkurve real und Investoren müssen sich jeden Tag mit ihr auseinandersetzten. Abbildung 3 zeigt die Zinsstrukturkurve der Futures-Preise von Rohöl und Gold Ende Mai 2004.[6] Der Futures-Preis für Rohöl sinkt von USD 40,95 pro Barrel für den Juli-2004-Kontrakt, mit zunehmenden Zeithorizont auf einen Kontraktpreis in Höhe von USD 36,65 für den Juni-2005-Futures-Kontrakt. Dies ist ein Beispiel für Markt-Backwardation[7], da der Futures-Preis eines Commodities unter dem derzeitigen Spot-Preis liegt. Typischerweise ist der Spot-Preis derjenige Futures-Kontrakt mit der kürzesten Restlaufzeit, beziehungsweise der nächstliegende Futures-Kontrakt. In diesem Beispiel steigt der Futures-Preis für Gold mit zunehmendem Zeithorizont. Diese Beziehung ist auch als contango bekannt. Rohöl ist in Abbildung 3 backwardated. Es ist aber notwendig zu erwähnen, dass dies nicht zwingend so ist. Historisch betrachtet waren Rohöl-Futures in 66 Prozent des betrachteten Zeitraumes backwardated.[8] Gold ist in Abbildung 3 in contango. Das war bisher immer der Fall. Interessanterweise existierte die Argumentation, dass Gold eine Währung und kein Commodity ist und daher Gold als Financial Future betrachtet werden sollte; und das, obwohl Gold eine Standardkomponente in vielen Commodity Futures-Indizes ist. Eine auf- oder abwärts gerichtete Zinsstruktur der Futures-Preise eröffnet die Möglichkeit von *rollierenden Renditen* der Futures Preise. Eine nach oben gerichtete Zinsstrukturkurve generiert eine Rendite aufgrund des Verstreichens von Zeit, auf die im festverzinslichen Sprachgebrauch mit ‚rolling down the yield curve' verwiesen wird. Im Beispiel des Öl-Futures beträgt der Preis für Juli 2005 USD 36,65 und für Juli 2004 USD 40,95. Wenn sich die Zinsstrukturkurve für Öl zwischen Juli 2004 und Juli 2005 nicht verändert, dann beträgt die rollierende Rendite eines Kaufes und anschließenden Haltens des Juli-2005-Ölkontraktes über ein Jahr 11,7 Prozent (USD 40,95/USD 36,65 –1). Für Gold beträgt die entsprechende Rendite, unter der Annahme, dass sich die Zinsstrukturkurve nicht ändert, –1,4 Prozent (USD 398,30/USD 404,00–1).

---

6 Gold-Futures-Preise sind in den Monaten September 2004, November 2004, Januar 2005 und März 2005 interpoliert worden.
7 Es gibt zwei Komponenten der Markt-Backwardation: die vom Markt allgemein erwarteten zukünftigen Spot-Preise und eine mögliche Risikoprämie. Während man Markt-Backwardation beobachten kann, ist es nicht möglich, normale Backwardation zu beobachten, da weder der erwartete zukünftige Spot-Preis noch die potenzielle Risikoprämie beobachtbar ist.
8 Goldman Sachs „The Case for Commodities as an Asset Class", Präsentation, Juni 2004.

Abbildung 3: Zinsstrukturkurve von Commodity-Preisen (30. Mai, 2004)

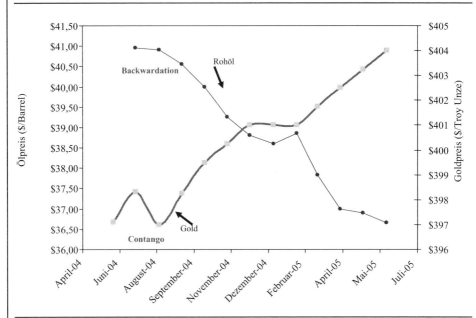

Abbildung 3 zeigt die geometrische durchschnittliche Überrendite für Heizöl seit 1982, in Höhe von 5,5 Prozent pro Jahr. Die durchschnittliche Überrendite besteht aus einer Spot-Rendite und einer rollierenden Rendite. Die Spot-Rendite ist die Preisveränderung eines zeitnahen Future-Kontraktes. Da Futures-Kontrakte ein Fälligkeitsdatum haben, müssen Investoren, die eine Commodity Futures-Position halten möchten, regelmäßig auslaufende Futures-Kontrakte verkaufen und den nächsten fälligen Kontrakt kaufen. Dies wird als Rollen einer Futures-Position bezeichnet. Wenn sich die Zinsstrukturkurve von Futures-Preisen nach unten biegt, dann rollt ein Investor seine Position von einem hochpreisigeren auslaufenden Kontrakt zu einem niedrigpreisigeren, zeitlich näheren Futures-Kontrakt. Dies deutet darauf hin, dass die Zinsstrukturkurve der Futures-Preise die rollierende Rendite bestimmt. Für Heizöl betrug die Spot-Rendite ungefähr 0,9 Prozent und die rollierende Rendite ca. 4,6 Prozent. Die rollierende Rendite war positiv, da sich der Energiemarkt wie für gewöhnlich, aber eben nicht immer, in Backwardation befand. Die Überrendite für Gold Futures betrug rund –5,7 Prozent pro Jahr, die Spot-Preis-Rendite betrug dabei 0,8 Prozent und die rollierende Rendite –4,8 Prozent. Die rollierende Rendite war negativ, da sich der Gold Futures-Markt wie immer in contango befand. Die durchschnittliche Spot-Rendite für Heizöl und Gold-Futures war rund Null. Die ist nur ein Ausschnitt eines zeitspezifischen historischen Ergebnisses. Es wird nichts über zukünftige Spot-Renditen ausgesagt. Der 11,2 prozentige Unterschied in der durchschnittlichen Überrendite zwischen Heizöl und Gold wurde insbesondere von dem großen Unterschied der rollierenden Renditen, in Höhe von 9,5 Prozent, verursacht. Der 1,7 prozentige Unterschied der Spot-Renditen machte nur einen relativ kleinen Unterschied zwischen der gesamten cross-sectional Renditedifferenz zwischen Heizöl und Gold aus. Dies ist auch ein Beispiel dafür, dass Überrenditen und Spot-Renditen nicht gleich sein müssen, wenn die rollierende Rendite ungleich Null ist. Es bleibt jedoch festzustellen, dass rollierende Renditen sowohl negativ als auch positiv sein können. Weiterhin sollten sich Investoren davor in Acht nehmen, dem Trugschluss der Zusammensetzung der Renditen zu erliegen. Sie sollten weiterhin nicht die rollierenden Renditen eines einzelnen Commodity Futures auf alle anderen Commodity Futures übertragen. An diesen Punkt sollte man sich erinnern, da Händler von Long-Only-Commodity-Strategien in ihren Präsentationsmaterialien nur die Überrenditen von backwarded Commodity Futures herausstellen.[9]

Abbildung 4: Überrenditen und Spot-Renditen (Dezember 1982 bis Mai 2004)

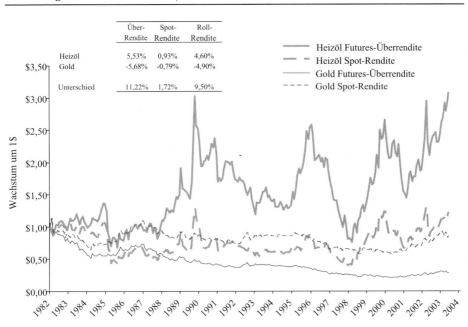

4.2.2 Rollierende Renditen: die Vergangenheit und die Zukunft

Wie wichtig waren rollierende Renditen für die Erklärung des Querschnitts durch die Überrenditen einzelner Commodity Futures von Dezember 1982 bis Mai 2004? In Abbildung 5 erklärt die rollierende Rendite 91 Prozent der langfristigen, cross-sectional

---

9   Siehe beispielsweise „The Case for Commodities as an Asset Class" von Goldman Sachs.

Variation von Commodity Futures-Renditen innerhalb des Zeitraums Dezember 1982 bis Mai 2004. Drei Commodities (Kupfer, Heizöl und Lebendvieh) hatten im Schnitt positive rollierende Renditen und positive Überrenditen. Mais, Weizen, Silber, Gold und Kaffee hatten im Schnitt negative rollierende Renditen und negative Überrenditen. Die durchschnittliche Überrendite der Commodities mit positiver rollierender Rendite betrug 4,2 Prozent und die durchschnittliche Überrendite der Commodities mit negativer rollierender Rendite betrug –4,6 Prozent. Der fast neunprozentige Unterschied zwischen den Portfolios mit positiver und negativer Überrendite setzt sich aus 7,5 Prozent Unterschied zwischen den rollierenden Renditen und 1,4 Prozent Unterschied zwischen den Spotrenditen zusammen. Abbildung 5 ist damit nicht konsistent mit der Idee normaler Backwardation. Normale Long-Only-Backwardation besagt, dass die durchschnittliche Überrendite von Commodity Futures für backwardated als auch für contangoed Commodity Futures positiv sein sollte. Bei normaler Backwardation zählt das Ausmaß der normalen Backwardation, das unglücklicherweise nicht beobachtbar ist. Normale Backwardation sagt aus, dass alle Beobachtungen der Abbildung 5 in dem nord-östlichen und nord-westlichen Quadranten liegen sollten. Abbildung 5 zeigt jedoch keinerlei empirische Beweise um die Theorie normaler Long-only-Backwardation zu unterstützen. Genauso wie es unmöglich ist, die Existenz etwas nicht Beobachtbaren zu widerlegen, kann Abbildung 5 auch nicht die Existenz normaler Backwardation widerlegen. Abbildung 5 und Renditedaten einzelner Commodity Futures von Bodie und Rosansky sowie Gorton und Rouwenhorst unterstützen die Idee, dass normale Backwardation eine Erklärung für wirkliche Renditen einzelner Commodity Futures sein kann, nur wenig. Investoren, die über eine Investition in Futures nachdenken, sollten Abbildung 5 mit etwas Vorsicht genießen. Abbildung 5 besagt nicht, dass die rollierende Renditen auch 91 Prozent des täglichen, wöchentlichen, monatlichen, vierteljährlichen und jährlichen Querschnitts durch die Renditen dieser zwölf verschiedenen Commodity Futures während des untersuchten Zeitraums erklären. Genauer genommen besagt Abbildung 5 ebenso nicht, dass rollierende Renditen 91 Prozent der cross-sectional Variation der Commodity Futures-Renditen zu einem bestimmten zukünftigen Zeitpunkt erklärt. Abbildung 5 zeigt auf, dass es erfolgsversprechend sein könnte, in Commodity Futures mit relativ hohen rollierenden Renditen zu investieren, wenn beträchtliche bleibende Unterschiede in den rollierenden Renditen verschiedener Commodity Futures über einen langen Zeitraum existieren. Wenn rollierende Renditeunterschiede insignifikant wären, dann könnte eine entsprechende Wertpapierauswahl nicht sehr erfolgsversprechend sein. Abbildung 5 sagt jedoch nichts über den wichtigen Punkt zukünftiger rollierender Renditen aus. In der Realität wissen Investoren nicht, wie die durchschnittliche Zinsstrukturkurve oder die Preise in der Zukunft aussehen werden. Im Ergebnis weiß man zwar, dass rollierende Renditen in der Vergangenheit ein wichtiger Renditetreiber waren, dies gibt jedoch keinen Einblick in die zukünftige Höhe rollierender Renditen. Für ein breit diversifiziertes Commodity Futures-Portfolio sollte ein risikoaverser Investor am Besten eine zukünftige rollierende Rendite von Null (oder weniger) annehmen.

Abbildung 5: Überrenditen und rollierende Renditen (Dezember 1982 bis Mai 2004)

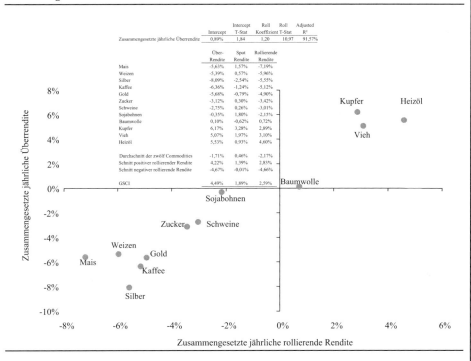

4.3 Messung der Variation einzelner Commodity Futures-Zeitreihen

Die Analyse hat sich bisher auf den Querschnitt der Durchschnittsrenditen von Dezember 1982 bis Mai 2004 konzentriert. In diesem Zeitraum waren die rollierenden Renditen der Haupttreiber der Performanceunterschiede zwischen den einzelnen Commodity Futures. Wenn man sich jedoch anschaut, wie sich die einzelnen Commodity Futures-Renditen über die Zeit entwickelt haben, zeigt sich ein anderes Bild. Tabelle 1 zeigt, dass der größte Teil der Zeitreihen-Variation der Überrenditen von Commodity Futures von der Variation der Spot-Renditen getrieben wird. Die durchschnittliche Standardabweichung der Überrenditen der zwölf einzelnen Commodity Futures betrug 25,16 Prozent, die durchschnittliche Standardabweichung der Spot-Rendite betrug 26,76 Prozent, die Standardabweichung der rollierenden Rendite betrug 9,14 Prozent und die durchschnittliche Korrelation zwischen Spot- und rollierender Rendite betrug –0,29. Offensichtlich sind Spot-Renditen wichtiger, um die Volatilität der Überrenditen einzelner Commodity Futures zu erklären.[10]

---

10 Dieser Punkt kann auf eine Unterredung mit Lisa Plaxco zurückgeführt werden.

Tabelle 1 zeigt, dass innerhalb des Zeitraums Dezember 1982 bis Mai 2004 kein einzelner Commodity Future oder Commodity Futures-Sektor eine statistisch signifikante Überrendite oder Spot-Rendite aufwies. Einige der rollierenden Renditen waren statistisch signifikant und, wie bereits erwähnt, korrelierten hoch mit den Überrenditen. Die hohe Spot-Renditen-Volatilität hat jedoch selbst die signifikanteste rollierende Rendite in eine insignifikante Überrendite verwandelt. Im Endeffekt ist es aufgrund der Natur dieses statistischen Tests nicht möglich, zu behaupten, dass durchschnittliche Spot- oder Überrenditen sich statistisch von Null unterscheiden. Diese Erkenntnis ist konsistent mit den Ergebnissen einer Renditeanalyse einzelner Commodity Futures von Bodie und Rosansky (1980) als auch Gorton und Rouwenhorst (2005). Es ist immer schwer, die Bedeutung von *nicht statistisch signifikant* zu interpretieren. Eine mögliche Interpretation lautet, dass die Daten konsistent mit der Aussage sind, dass die Commodity Futures-Rendite Null ist. Eine andere Möglichkeit ist, dass mit der Zeit die Standardfehler der durchschnittlichen Renditen fallen werden und statistisch signifikante Renditen nachweisbar sind. Es gibt bei dieser Argumentation jedoch einige Herausforderungen. Unter Berücksichtigung der gemessenen Renditen und Risiken des Energiesektors würde es beispielsweise rund 78 Jahre dauern, bis die Überrenditen konventionelle, statistische Signifikanztests bestehen. Unter Berücksichtigung der gemessenen Renditen und Risiken des GSCI würde man noch immer 57 Datenjahre benötigen, bis man bequem sagen kann, dass die Renditen des GSCI signifikant wären. Diese Zeiträume sind wahrscheinlich für die meisten Investoren zu lang. Eine andere mögliche Interpretation wäre, dass die zukünftigen Durchschnittsrenditen viel höher als jede vergangene Beobachtung sein werden. Die den derzeitigen Investoren verfügbare Datenlage sagt bisher aus, dass die Überrenditen bislang im Schnitt nicht statistisch signifikant waren.

Tabelle 1: *Historische Überrenditen, Spot-Renditen und rollierende Renditen (Dezember 1982 bis Mai 2004)*

	Überrendite			Spot-Rendite			Rollierende Rendite		
	Geometrisches Mittel	Standard-abweichung	T-Stat	Geometrisches Mittel	Standard-abweichung	T-Stat	Geometrisches Mittel	Standard-abweichung	T-Stat
Gesamt									
GSCI	4,49%	16,97%	1,22	1,89%	16,93%	0,52	2,59%	4,25%	2,83
Sektoren									
Non-Energy	-0,12%	9,87%	-0,06	0,67%	10,39%	0,30	-0,80%	4,21%	-0,88
Energie	7,06%	31,23%	1,05	1,69%	31,02%	0,25	5,37%	7,34%	3,38
Vieh	2,45%	14,51%	0,78	1,20%	15,82%	0,35	1,25%	7,77%	0,74
Agrar	-3,13%	14,35%	-1,01	0,64%	15,06%	0,20	-3,77%	5,04%	-3,46
Industrie-Metalle	4,00%	22,82%	0,81	3,17%	21,62%	0,68	0,83%	6,89%	0,56
Wertvolle Metalle	-5,42%	14,88%	-1,69	-0,84%	15,05%	-0,26	-4,58%	1,71%	-12,38
Komponenten									
Heizöl	5,53%	32,55%	0,79	0,93%	33,09%	0,13	4,60%	9,16%	2,33
Rinder	5,07%	13,98%	1,68	1,97%	16,71%	0,54	3,10%	8,70%	1,65
Schweine	-2,75%	24,21%	-0,53	0,26%	31,45%	0,04	-3,01%	20,62%	-0,68
Weizen	-5,39%	21,05%	-1,18	0,57%	21,76%	0,12	-5,96%	9,33%	-2,96
Mais	-5,63%	22,65%	-1,15	1,57%	24,52%	0,30	-7,19%	8,42%	-3,96
Sojabohnen	-0,35%	21,49%	-0,08	1,80%	22,73%	0,37	-2,15%	6,48%	-1,54
Zucker	-3,12%	38,65%	-0,37	0,30%	39,79%	0,03	-3,42%	12,18%	-1,30
Kaffee	-6,36%	39,69%	-0,74	-1,24%	39,65%	-0,14	-5,12%	8,90%	-2,67
Baumwolle	0,10%	22,64%	0,02	-0,62%	27,25%	-0,11	0,72%	14,16%	0,24
Gold	-5,68%	14,36%	-1,83	-0,79%	14,57%	-0,25	-4,90%	2,24%	-10,11
Silber	-8,09%	25,03%	-1,49	-2,54%	25,05%	-0,47	-5,55%	2,48%	-10,37
Kupfer	6,17%	25,69%	1,11	3,28%	24,54%	0,62	2,89%	7,09%	1,88
Durchschnitt der 12 Commodities									
Mittelwert	-1,71%	25,16%	-0,32	0,46%	26,76%	0,10	-2,17%	9,14%	-2,29
Median	-2,93%	23,43%	-0,45	0,43%	24,79%	0,08	-3,21%	8,80%	-1,42

Beachtet man, dass Spot-Renditen volatil sind, scheint es sinnvoll, nach einer möglichen Erklärung für die Spot-Preis-Volatilität zu fragen. Die empirische Finanzliteratur hat verschiedene Maße vorgeschlagen, welche die zeitliche Variation von Aktien und Bonds erklären könnten. Können diese Maße auch die Commodity Futures-Preisvolatilität deuten? Unter Berücksichtigung der niedrigen Renditekorrelation zwischen den einzelnen Commodities scheint die Annahme, dass die Suche nach gemeinsamen Einflüssen auf Spot-Preis-Renditen erfolgsversprechend ist, nicht sinnvoll zu sein. Trotz dieser zurückhaltenden Aussage ist Inflation der am häufigsten erwähnte Renditetreiber von Commodity-Preisen. Ein guter Start, um die Treiber von Renditevolatilität zu untersuchen.

4.4 Einfluss der Inflation auf Commodity-Preise

4.4.1 Inflations-Hedges – aber welche Inflationskomponente?

Geer (2000) zeigt in seiner Untersuchung des Zeitraums 1970 bis 1999, dass der Chase Physical Commodity Index eine Zeitreihenkorrelation von 0,25 mit der jährlichen Inflationsrate und von 0,59 mit der Veränderung der jährlichen Inflationsrate hatte. Strongin and Petsch (1996) zeigen, dass sich der GSCI in Zeiten steigender Inflation (insbesondere relativ zu Aktien und nominalen Bonds) gut entwickelt. Es macht daher Sinn, die Beziehung zwischen Konsumentenpreisindex (CPI) und den Komponenten von Commodity-Indizes zu untersuchen.

Abbildung 6: Zusammensetzung des Konsumentenpreisindex, 2003

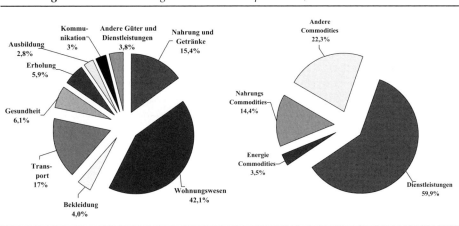

Abbildung 6 zeigt zwei Möglichkeiten, die Komponenten des CPI zu kategorisieren. Commodities machen rund 40 Prozent, Dienstleistungen 60 Prozent aus. Energie Commodities machen rund vier Prozent und Nahrungs-Commodities rund 14 Prozent des CPI aus, das restliche Exposure des CPI wird über andere Commodities erreicht. Es ist eindeutig, dass bei einem breiten Commodity Futures-Index nicht viele Posten des CPI enthalten sind. Die größte Einzelkomponente der CPIs ist beispielsweise das Eigentümer-Äquivalent zu Grundbesitz. Es ist möglich, dass der Commodity Futures-Index ein guter Hedge für bis zu 40 Prozent des CPI ist. Aber was ist mit den anderen 60 Prozent? Es scheint sinnvoll anzunehmen, dass je größer die Überlappung zwischen den Komponenten eines Commodity-Indexes und dem CPI, umso höher ist auch die Korrelation der Renditen. Die fehlende Übereinstimmung der Komponenten eines Commodity Futures-Index wie dem GSCI mit einem Inflationsindex wie dem CPI schränkt die Möglichkeit von Commodity Futures ein, ein effektiver Hedge für den CPI zu sein.

4.4.2 Absicherung von erwarteter und unerwarteter Inflation

Wirkliche oder realisierte Inflation kann in zwei Komponenten zerlegt werden: erwartete Inflation und unerwartete Inflation, der Unterschied zwischen realisierter und erwarteter Inflation. Nehmen wir der Annehmlichkeit halber an, dass die jährlichen Veränderungen in der Inflationsrate unvorhersehbar sind. Ein guter Schätzer für die unerwartete Inflation ist einfach die aktuelle Veränderung in der Inflationsrate.[11] Um den Vergleich mit den Ergebnissen von Greer, Strongin und Petsch zu vereinfachen, zeigt Abbildung 7 dass seit 1969 die jährliche zeitnahe Inflationsrate scheinbar 43 Prozent der jährlichen Variation der Überrenditen des GSCI erklärt hat.[12] Dass heißt, dass die durchschnittliche Überrendite des GSCI positiv war, wenn die jährliche unerwartete Inflationsrate angestiegen ist, und dass die Überrendite des GSCI negativ war, wenn diese gefallen ist. Es ist, unter Berücksichtigung der historischen Veränderungen in der Zusammensetzung des GSCI und der Tatsache, dass viele Commodity Futures scheinbar miteinander stark unkorreliert sind, schwer herauszufinden, was die Korrelation der unerwarteten Inflation eigentlich bedeutet. Das Inflations-Beta eines Commodity Futures-Portfolios ist lediglich der gewichtete Durchschnitt der Inflationsbetas der Einzelkomponenten. Um das Verhalten eines breit aufgestellten Commodity Futures-Investments besser verstehen zu können, sollte man sich daher die Inflationssensitivität einzelner Commodity Futures anschauen.

---

11 Tatsächlich betrug von 1969 bis 2003 die Autokorrelation 1. Ordung der jährlichen Veränderungsrate der CPI Inflationsrate 0,13.
12 Dies ist eine univariate Regression der Überrenditen auf die jährliche Veränderung in der Inflationsrate.

Abbildung 7: Überrenditen des GSCI und unerwartete Inflation (jährliche Beobachtungen, 1969 to 2003)

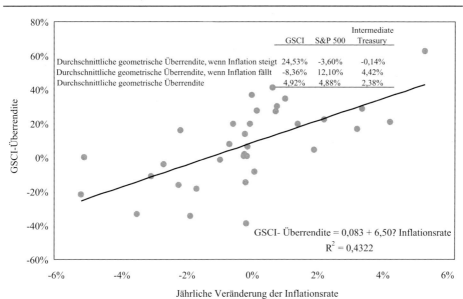

In Erb/Harvey (2006b) haben wir gezeigt, dass individuelle Überrenditen von Commodity Futures stark zueinander unkorreliert sind. Dies impliziert, dass die Commodity-Inflationssensitivität von einem Commodity Futures zu einem anderen variiert. Tabelle 2 zeigt die historische Sensitivität von Commodity-Überrenditen (Index, Sektor und Komponenten) zur wirklichen, früheren jährlichen Inflation und zu wirklichen Veränderungen in der jährlichen Inflationsrate von 1982 bis 2003. Der GSCI hat ein positives, aber statistisch insignifikantes wirkliches Inflationsbeta und ein positives, statistisch signifikantes unerwartetes Inflationsbeta. Drei Sektoren (Energie, Lebendvieh und Industriemetalle) und drei einzelne Commodity Futures (Heizöl, Rinder und Kupfer) haben statistisch signifikante unerwartete Inflationsbetas. Der Sektor für wertvolle Metalle hat ein statistisch signifikantes Inflationsbeta, genauso wie Gold und Silber. Kein anderer Sektor oder kein einzelnes Commodity hat signifikante positive Inflationsbetas. Obwohl einige Commodities positiv auf Veränderungen in der Inflationsrate reagieren, haben andere negative oder insignifikante Inflationsraten-Veränderungsbetas. Tatsächlich haben die gleich gewichteten Durchschnitte der zwölf Commodities ein positives, aber insignifikantes Inflationsbeta[13].

Während des untersuchten Zeitraums waren nicht alle Commodity Futures gute Inflationshedges. Die Inflationsbetas in Tabelle 2 sind ein Maß für die Sensitivität der Commodity Futures-Renditen bezogen auf die Inflationsrate während eines bestimm-

---

13 Die Verwendung überlappender Daten (und deren Korrektur auf induzierte Autokorrelation) veränderte die Gesamtresultate der Regressionsanalyse nicht.

ten Zeitraums. Es gibt jedoch keinen Grund zu glauben, dass der Umfang oder die Richtung des Inflationskoeffizienten in der Zukunft konstant bleiben wird. Ein Investor könnte glauben, dass Inflationsbetas bekannt und über die Zeit konstant sind. Es ist aber sehr schwierig herauszufinden, wie man Beweise für diese Ansicht finden kann. Gold wird beispielsweise häufig als Inflationshedge gesehen. Dennoch könnten die innerhalb einer bestimmten Zeitspanne gemessenen negativen Inflationsbetas von Gold die wirkliche Inflationssensitivität von Gold abbilden oder auch die Unfähigkeit des Inflationsmodells aufzeigen, um die zeitraumspezifischen Renditedynamiken von Gold zu erklären. Die R^2 der entsprechenden Regression deuten darauf hin, dass Inflation einen Anteil an der Renditevariation der einzelnen Commodity Futures erklären kann. Im besten Fall *erklärt* Inflation jedoch nur einen bescheidenen Anteil der Renditevariabilität. Einige Commodity Futures könnten gute Inflationshedges sein. Es ist trotzdem schwer, empirische Nachweise dafür zu finden, dass alle Commodity Futures gute Inflationshedges sind, beziehungsweise dass der Durchschnitts-Commodity-Future ein guter Inflationshedge ist.

Tabelle 2: Commodity-Überrenditen und Veränderung in der jährlichen Inflation (jährliche Beobachtungen, 1982 bis 2003)

	Intercept	Intercept T-Stat	Inflations Koeffizient	Inflations T-Stat	Δ Inflations Koeffizient	Δ Inflations T-Stat	Adjusted R^2
GSCI	-5,27%	-0,38	3,92	0,93	10,88	**2,98**	28,0%
Non-Energy	-5,37%	-0,64	1,84	0,71	3,94	1,77	6,0%
Energie	-9,02%	-0,36	7,50	0,97	18,80	**2,81**	24,5%
Vieh	-11,90%	-1,15	4,73	1,49	6,88	**2,51**	17,6%
Agrar	-7,60%	-0,67	1,68	0,48	1,06	0,35	-9,6%
Industriemetalle	6,71%	0,26	1,20	0,15	17,44	**2,59**	26,7%
Wertvolle Metalle	20,93%	2,36	-8,02	**-2,95**	-2,78	-1,19	26,2%
Heizöl	-6,40%	-0,26	6,07	0,81	17,76	**2,73**	23,9%
Rinder	-7,07%	-0,75	4,00	1,38	7,19	**2,87**	24,0%
Schweine	-20,39%	-1,23	6,32	1,24	6,47	1,48	2,0%
Weizen	-13,24%	-0,87	3,09	0,67	-2,58	-0,64	-0,1%
Mais	-23,02%	-1,37	5,91	1,15	4,44	1,00	-2,6%
Sojabohnen	20,50%	1,17	-5,95	-1,11	-1,10	-0,24	-2,8%
Zucker	1,39%	0,06	-0,06	-0,01	3,56	0,61	-7,7%
Kaffee	4,25%	0,11	-0,81	-0,07	0,24	0,02	-11,0%
Baumwolle	6,74%	0,31	-0,51	-0,08	0,30	0,05	-11,0%
Gold	19,16%	2,02	-7,50	**-2,58**	-2,38	-0,95	20,3%
Silber	24,83%	2,16	-10,18	**-2,89**	-4,45	**-1,46**	24,3%
Kupfer	7,15%	0,27	1,43	0,18	17,08	2,45	23,8%
EW 12 Commodities	1,16%	0,14	0,15	0,06	3,88	1,74	10,3%

Warum sollten einige Commodity Futures bessere Inflationshedges als andere sein? Abbildung 8 zeigt, mit dem üblichen Einwand, dass diese Ergebnisse nur einen spezifischen Zeitraum abbilden, in dem die durchschnittlichen rollierenden Renditen mit der unerwarteten Inflation hoch korreliert sind. In der Tat erklären durchschnittliche rollierende Renditen 67 Prozent der cross-sectional Variationen der unerwarteten Inflationsbetas von Commodity Futures. Commodities wie Kupfer, Heizöl und Lebendvieh hatten positive rollierende Renditen und hohe unerwartete Inflationsbetas. Commodities wie Weizen, Silber, Gold und Sojabohnen hatten negative rollierende Renditen und negative unerwartete Inflationsbetas. Was erklärt nun die historische Verbindung zwischen rollierenden Renditen und Inflationsbetas? Wir haben gezeigt, dass einige Commodities, auf die Till (2000, 2003) verwiesen hat, schwer lagerfähig sind. Es sind diese Commodities, die eine scheinbar hohe rollierende Rendite und positive unerwartete Inflationsbetas aufweisen. Die Schwierigkeit, Commodities zu lagern, könnte eine allgemeine oder zeitspezifische Verbindung zwischen rollierenden Renditen und unerwarteten Inflationsbetas darstellen.

Abbildung 8: Unerwartete Inflationsbetas und rollierende Renditen
(Dezember 1982 bis Dezember 2003)

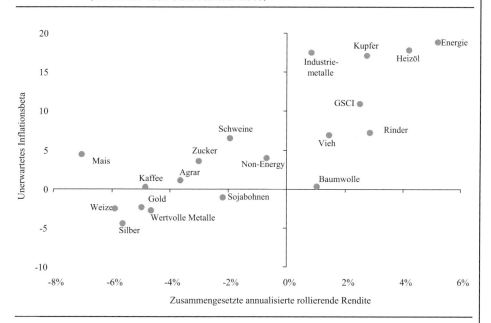

Eine zeitraumspezifische Analyse der Inflations-Hedgefähigkeit dieses spezifischen Universums an Commodity Futures liefert eine Anzahl an Beobachtungsergebnissen. Zunächst waren einzelne Commodity Futures einer variierenden unerwarteten Inflation ausgesetzt. Weiterhin war die Wirksamkeit eines einzelnen Commodity Futures als Hedge für die unerwartete Inflation historisch mit seinen rollierenden Renditen korreliert. Zum Dritten war die Fähigkeit eines Commodity Futures-Portfolios, als Inflationshedge zu dienen von der Zusammensetzung des Portfolios bestimmt. Viertens bestand ein Portfolio, dessen Inflations-Hedgefähigkeit historisch betrachtet maximal war, aus Commodity Futures, die schwer lagerfähig sind.

4.4.3 Bedeutung von anderen Marktrisikofaktoren

Obwohl Commodity-Renditen scheinbar nicht stark miteinander korreliert sind, so könnten sie vielleicht eine gemeinsame Verbindung mit anderen, allgemein präsenten Risikofaktoren teilen. Die Forschungen von Bailey und Chan (1993) untersuchten beispielsweise die Verbindung zwischen der Basis von Commodity Futures (dem Spread zwischen Commodity Spot- und Futures-Preisen) und einer Anzahl an Faktoren[14] im Zeitraum von 1966 bis 1987. Der Fokus liegt hier auf der gründlichen, nicht hoffnungsvollen Suche nach systematischen Risikoeinflussfaktoren. Der Glaube, dass es eine Korrelation zwischen einem oder mehreren gemeinsamen Faktoren geben kann, stellt aufgrund der sehr niedrigen Korrelation zwischen Commodity Futures eine Herausforderung dar. Ein einfacher Ausgangspunkt für eine Multi-Faktorenanalyse von Commodity Futures-Renditen ist das Fünf-Faktoren-Modell von Fama und French (1993). Dieses Modell enthält drei Risikofaktoren des Aktienmarktes (Marktüberrendite, Hohe Minus – Niedrige Buch-zu-Markt-Rendite (High Minus Low – HML), Niedrige Minus – Hohe Marktkapitalisierungs-Rendite (Small Minus Large – SML)) sowie eine Term Spread-Rendite (langfristige Bond-Überrendite) und ein Default Spread (Unternehmensanleihen minus Staatsanleihen-Renditen). Obwohl Fama und French aussagen, dass die letzten beiden Faktoren nur für Bonds und nicht für Aktien bepreist werden, so könnten sie doch für Commodity Futures wichtig sein. Schließlich könnte es sich nach Ferson und Harvey (1993) und Dumas und Solnik (1995) lohnen, das Exposure zum Wechselkurs von Commodity Futures zu berücksichtigen. Ein signifikantes Exposure zu diesen Risikofaktoren könnte die Theorie einer Commodity Futures-Risikoprämie unterstützen, die mit einem solchen Exposure verbunden ist. Das Fehlen eines signifikanten Exposures zu diesen Faktoren ist jedoch kein Indikator dafür, dass die erwartete Rendite von Commodity Futures Null ist. Es ist lediglich ein Zeichen fehlender Korrelation mit bestimmten, in Erwägung gezogenen Risikofaktoren, die in der empirischen Finanzliteratur umfangreich untersucht wurden.

Tabelle 3 zeigt die unkonditional (d. h. als konstant angenommen) monatlichen Betas der Commodity-Überrenditen relativ zu einem Satz weit verbreiteter Risikofaktoren. Keiner der Risikofaktoren von Fama und French (1993) sind in der Regression des Zeitraumes 1982 bis 2004 signifikant. Der GSCI hat ein statistisch signifikantes negatives Beta in Bezug auf die Veränderung der handelsgewichteten Dollars. Der Non-Energy-Sektor hat ein statistisch signifikantes, aber kleines, Risikoprämien-Beta. Der Energiesektor hat ein statistisch signifikantes, negatives Dollar-Beta. Die obigen Beobachtungsergebnisse, dass Commodity Futures eine niedrige Korrelation zueinander aufweisen, werden noch damit bestärkt, dass es keine einheitlich positive oder negative Sensitivi-

---

14 Sie untersuchten 22 Commodities mit verschiedenen Anfangsdaten zwischen 1966 und 1987.

tät bezüglich der untersuchten Risikofaktoren über die einzelnen Commodities gibt. Es gibt weiterhin keine Risikofaktoren, die wichtiger als andere zu sein scheinen, um die Zeitreihenvariation einzelnen Commodity Futures-Renditen zu erklären.

Tabelle 3: Unconditional Commodity Futures-Betas (monatliche Beobachtungen, Dezember 1982 bis Mai 2004)

	S&P 500 Über-Rendite	Term-Prämie	Default-Prämie	SMB	HML	ΔDollar
GSCI	-0,05	-0,05	-0,25	0,07	-0,06	-0,57**
Non-Energy	0,10**	-0,11	-0,03	0,05	0,00	-0,05
Energie	-0,14	-0,17	-0,07	0,04	-0,07	-1,05**
Vieh	0,06	0,05	-0,23	0,05	0,04	0,09
Agrar	0,09	-0,01	-0,12	0,06	-0,02	0,10
Industriemetalle	0,16*	-0,32**	1,18***	0,19	-0,05	-0,35
Wertvolle Metalle	-0,08	-0,15	0,42	0,14*	-0,03	-0,83**
Heizöl	-0,13	-0,22	-0,14	0,06	-0,16	-0,91**
Rinder	0,07	0,01	-0,10	0,11	-0,01	0,21
Schweine	0,03	0,15	-0,45	-0,04	0,13	-0,08
Weizen	0,11	0,04	-0,42	0,19*	-0,12	-0,18
Mais	0,11	0,00	0,13	0,09	-0,01	0,55*
Sojabohnen	0,04	-0,07	0,13	-0,02	0,08	-0,07
Zucker	0,05	-0,11	-0,43*	0,16	-0,09	0,12
Kaffee	0,13	-0,15	0,38	-0,25*	0,16	-0,22
Baumwolle	0,18	-0,41	0,88	-0,08	0,03	0,46
Gold	-0,15**	-0,12	0,39	0,12***	-0,04	-0,91***
Silber	0,08	-0,52***	1,16***	0,32**	-0,02	-0,39
Kupfer	0,21**	-0,31*	1,15***	0,16	0,00	-0,42
Durchschnitt der zwölf Commodities	0,06	-0,14**	0,22	0,07	0,00	-0,15

Anmerkungen: *, **, *** signifikant auf dem 10, 5 und 1 Prozent Niveau.

Die Botschaft dieser Risikoanalyse ist einfach. Traditionelle Risikomaße treiben Commodity Futures-Renditen nicht. Die früheren Arbeiten von Dusak (1973) bestätigend, ist das Beta eines diversifizierten Commodity-Portfolios wie auch einzelner Commodity Futures bezüglich des Aktienmarktes nicht von Null zu unterscheiden. Die fünf zusätzlichen Risikofaktoren scheinen auch nicht die Renditen eines Commodity Futures-Portfolios oder die Renditen von einzelnen Commodity Futures erklären zu können. Der einzige signifikante Renditetreiber des GSCI ist das Beta bezogen auf die Veränderung des Wechselkurses. Da es keinen Konsens hinsichtlich der Existenz einer durchschnittlichen Fremdwährungsrisikoprämie gibt, kann ein Exposure zu einem Faktor mit einer unsicheren Risikoprämie zwar hilfreich sein, die Renditevolatilität zu erklären, doch hilft dies nicht bei traditionellen risikobasierenden Erklärungen von Durchschnittsrenditen. Unter den einzelnen Commodities gibt es vereinzelt signifikante Betas (6 von 72 Betas sind auf einem Ein-Prozent-Level signifikant und drei Betas auf einem Fünf-Prozent-Level).

Von diesen neun signifikanten Betas konzentrieren sich acht in Gold und Silber. Berücksichtigt man die Ansicht einiger, dass Gold ein Financial Futures ist, ist es schwer zu sagen, was die für eine risikobasierende Erklärung von Commodity Futures bedeutet. Kurz gesagt unterstützt das limitierte Risikoexposure von Commodity Futures bezüglich einer Anzahl von Standardrisikofaktoren nicht die Aussage, dass die Risikofaktoren Renditen von Commodity Futures erklären können. Die vorangegangene Analyse betont die Unfähigkeit von Inflation und eines Glücksbeutels voll von *Risikofaktoren,* die Renditezeitreihen von Commodity Futures zu erklären. Tabelle 3 besagt, dass sich einzelne Commodity Futures-Renditen im Schnitt nicht statistisch von Null unterscheiden. Sollte ein Investor demnach aufgeben und annehmen, dass die Rendite einer Investition in ein Commodity Futures-Portfolio Null sein wird? Die Antwort lautet nein.

4.5 Wasser in Wein verwandeln: die Diversifikationsrendite

Einer der potenziellen Renditetreiber der zusammengesetzten Rendite eines Commodity Futures-Portfolios ist die Diversifikationsrendite, eine Bezeichnung, die von Booth und Fama (1992) geprägt wurde. Die Diversifikationsrendite ist der Unterschied zwischen der geometrischen Rendite eines Portfolios und dem gewichteten Durchschnitt der geometrischen Renditen der Portfoliokomponenten. Unter bestimmten Umständen kann die Diversifikationsrendite die geometrische Rendite eines fest gewichteten oder eines regelmäßig ausgeglichenen Commodity-Portfolios spürbar erhöhen. Wie Erb und Harvey (2006a) es mit kleineren und technischen Einschränkungen[15] gezeigt haben, ist es für nicht ausgeglichene Portfolios, wie nach der Marktkapitalisierung gewichtete Portfolios, unwahrscheinlich, von der Diversifikationsrendite genauso zu profitieren wie ein fest gewichte-

---

15 Erb und Harvey (2005) zeigen, dass die Diversifikationsrendite zwei Renditetreiber hat: ein Vorteil aus der Verringerung der Varianz und der Einfluss eines Nicht-Ausgleichens. Der Einfluss des Nicht-Ausgleichens kann auch als „Kovarianz-Drag" bezeichnet werden. Alle Portfolios haben das Potenzial eines Vorteils aus der Varianzverringerung. Der Vorteil der Varianzverringerung ist relativ leicht nachvollziehbar. Die Varianz eines Portfolios, beispielsweise des S&P 500, wird im Allgemeinen niedriger sein als die gewichtete Varianz der Einzelkomponenten des S&P 500. Diese Verringerung der Varianz ist gleichbedeutend mit einer direkten Erhöhung der geometrischen Rendite des S&P 500. Im Schnitt sind die Gewichte der einzelnen Assets in einem unausgeglichenen Portfolio negativ mit den Renditen der einzelnen Assets korreliert. Dies resultiert in einem negativen Einfluss auf die Rendite, wenn das Portfolio nicht ausgeglichen wird. In vielen Fällen kann dieser Negativeffekt einer Nichtausgleichung der Asset-Gewichte den Vorteil einer Varianzreduktion eines unausgeglichenen Portfolios übersteigen. Im Ergebnis kann die Diversifikationsrendite eines unausgeglichenen Portfolios sehr klein oder sogar negativ sein. Der Einfluss des nicht Ausgleichens ist bei einem ausgeglichenen Portfolio natürlich Null.

tes, ausgeglichenes Portfolio. Es ist wichtig, die Renditen aus einer Ausbalancierung bzw. Ausgleichung des Portfolios nicht mit der Risikoprämie zu verwechseln. Campbell (2000) bezeichnet Portfoliodiversifikation als das *Free Lunch* im Finanzbereich, da es Investoren erlaubt, die Standardabweichung eines Portfolios zu reduzieren, ohne die arithmetische Portfoliorendite mit zu reduzieren. Die Diversifikationsrendite kann als das *Free Lunch* angesehen werden, das die geometrische Rendite eines Portfolios erhöht.

Tabelle 4 zeigt die Funktionsweise der Diversifikationsrendite eines gleich gewichteten Portfolios unter Verwendung von historischen, jährlichen Überrenditen des GSCI Heizölindex und des S&P 500 im Zeitraum 1993 bis 2003. Heizöl hat eine geometrische jährlich Überrendite von 8,21 Prozent, der S&P 500 hat eine geometrische jährliche Überrendite von 6,76 Prozent und der gleich gewichtete Durchschnitt dieser beiden Renditen beträgt 7,49 Prozent. Die geometrische Überrendite eines gleich gewichteten jährlich ausgeglichenen Portfolios beträgt 10,95 Prozent. Die Diversifikationsrendite ist lediglich die Differenz aus 10,85 Prozent und 7,49 Prozent oder 3,46 Prozent. In diesem Beispiel, *Wasser in Wein* verwandeln, ist die Rendite des ausgeglichenen Portfolios viel höher als die Rendite der zwei einzelnen Portfoliokomponenten. Woher kommt diese Renditezunahme? Aus der Varianzreduktion. Man kann mit der Idee beginnen, dass die geometrische Rendite eines Assets über die arithmetische Rendite eines Assets minus dessen hälftige Assetvarianz angenähert werden kann.[16] Während Varianz die Volatilität eines einzelnen Wertpapiers misst, ist die Portfoliovarianz einfach der gewichtete Durchschnitt der Kovarianzen der einzelnen Wertpapiere des Portfolios. Die gleich gewichtete Varianz von Heizöl und Aktien beträgt 11,44 Prozent. Die Varianz des gleich gewichteten Portfolios beträgt 4,52 Prozent – ein Varianzunterschied von 6,91 Prozent. Die Hälfte von 6,91 Prozent ist 3,46 Prozent, 3,46 Prozent ist der Vorteil aus der Varianzreduktion und der Diversifikationsrendite eines gleich gewichteten Portfolios. Als Grundregel ist nach Erb und Harvey (2006a) die geometrische Rendite eines ausgeglichen Portfolios größer als der gewichtete Durchschnitt der geometrischen Renditen der Portfoliokomponenten. Tabelle 4 zeigt auch die Diversifikationsrendite eines anfangs gleich gewichteten, aber im Laufe der Zeit unausgeglichenen Portfolios (Let-It-Run-Portfolio). In diesem Beispiel hat die Diversifikationsrendite zwei Komponenten: dem Vorteil der Varianzreduktion und den Einfluss des Nichtausgleichens. Der Vorteil der Varianzreduktion für das unausgleichen Portfolio entspricht der halben Differenz zwischen dem gewichteten Durchschnitt der einzelnen Wertpapiervarianzen von 10,68 Prozent und der Varianz des unausgleichenen Portfolios von 3,53 Prozent, also 3,5 7 Prozent. Beachte, dass in diesem Fall das Let-It-Run-Portfolio eine niedrigere Varianz aufweist und einen größeren Vorteil aus der Varianzreduktion, im Vergleich zum gleich gewichteten Portfolio, hat. Die zweite Komponente der Diversifikationsrendite des unausgleichenen Portfolios ist der Einfluss des nicht Ausgleichens. Dies ist lediglich die Kovarianz zwischen den Asset-Gewichten eines Portfolios und den Asset-Renditen. Beispielsweise beträgt der Einfluss des Nicht-Ausgleichens bei Heizöl −2,51 Prozent, also der Kovarianz zwischen den Portfoliogewichten von Heizöl, eines nicht ausgegli-

---

16 De la Grandville (1998) macht eine Ausnahme zu dieser Daumenregel. Im Ergebnis ist dies keine Bestätigung, dass die geometrische Rendite der arithmetischen Rendite abzüglich der halben Varianz der Rendite entspricht, sondern lediglich die zweckmäßige und pädagogische Akzeptanz einer Daumenregel.

chenen Heizölportfolios, und der Heizölrendite. Der Einfluss des nicht Ausgleichens der S&P 500 Position beträgt –0,97 Prozent, also der Kovarianz zwischen den Portfoliogewichten des S&P 500, eines unausgeglichenen S&P 500 Portfolios und der Rendite des S&P 500. Die Summe dieser beiden Werte beträgt –3,48 Prozent und zeigt damit den Gesamteinfluss des Nicht-Ausgleichens.

Eine andere Möglichkeit, den Einfluss des *Nicht-Ausgleichens* zu beschreiben, ist *Covariance-Drag*. Die wirkliche arithmetische Rendite eines unausgeglichenen Portfolios, 9,28 Prozent, ist einfach die gewichtete arithmetische Rendite, 12,75 Prozent, abzüglich des Covariance Drag, –3,48 Prozent. Der Covariance Drag von –3,48 Prozent hebt den Varianzreduktionsvorteil von 3,57 Prozent des unausgeglichenen Portfolios fast vollständig auf. Erb and Harvey (2006a) zeigen, dass sich die geometrische Rendite eines unausgeglichenen Portfolios oft dem gewichteten Durchschnitt der geometrischen Renditen der Einzelkomponenten eines Portfolios annähert. Die Bezeichnung „Diversifikationsrendite" scheint irgendwie neu oder verwirrend. Einige, die Booth and Fama (1992) gelesen haben, erkennen vielleicht nicht, dass mehr hinter der Diversifikationsrendite als nur der Varianzreduktionsvorteil steht. Tabelle 4 macht deutlich, dass die Diversifikationsrendite sowohl den Effekt der Varianzreduktion als auch den Einfluss des Nichtausgleichens, enthält.

Tabelle 4: *Die Diversifikationsrendite*

	Heizöl-Überrendite	S&P 500-Überrendite	Gleich-gewichtete Überrendite	Ursprünglich Gleich-gewichtete Überrendite	Portfoliogewichte (fix)		Portfoliogewichte (let it run)	
					Gleich-gewichtet Heizöl	Gleich-gewichtet S&P 500	Ursprünglich gleich-gewichtet Heizöl	Ursprünglich Gleich-gewichtet S&P 500
1994	19,96%	-2,92%	8,52%	8,52%	50,0%	50,0%	50,0%	50,0%
1995	7,73%	31,82%	19,78%	18,51%	50,0%	50,0%	55,3%	44,7%
1996	67,37%	17,71%	42,54%	42,66%	50,0%	50,0%	50,2%	49,8%
1997	-35,06%	28,11%	-3,48%	-9,13%	50,0%	50,0%	58,9%	41,1%
1998	-50,51%	23,51%	-13,50%	-7,67%	50,0%	50,0%	42,1%	57,9%
1999	73,92%	16,30%	45,11%	29,31%	50,0%	50,0%	22,6%	77,4%
2000	66,71%	-15,06%	25,82%	9,77%	50,0%	50,0%	30,4%	69,6%
2001	-36,62%	-15,97%	-26,30%	-25,49%	50,0%	50,0%	46,1%	53,9%
2002	41,40%	-23,80%	8,80%	1,78%	50,0%	50,0%	39,2%	60,8%
2003	21,90%	27,62%	24,76%	24,50%	50,0%	50,0%	54,5%	45,5%
Durchschnittliche Portfoliogewichte					50,0%	50,0%	44,9%	55,1%
Arithmetisches Mittel	17,68%	8,73%	13,21%	9,28%				
Geometrisches Mittel	8,21%	6,76%	10,95%	7,51%				
Standardabweichung	43,51%	19,85%	21,26%	18,79%				
Varianz	18,93%	3,94%	**4,52%**	**3,53%**				
Renditedekomposition								
Gewichtete durchschnittliche arithmetische Rendite			13,21%	12,75%				
Einfluss des Nicht-Ausgleichens			0,00%	-3,48%	0,0%	0,0%	-2,51%	-0,97%
Arithmetische Portfolio-Rendite			13,21%	9,28%				
Geometrische Portfolio-Rendite			10,95%	7,51%				
Gewichtete durchschnittliche geometrische Rendite			7,49%	7,41%				
Diversifikationsrendite			3,46%	0,10%				
Gewichtete durchschnittliche Portfoliovarianz			11,44%	10,68%				
Portfoliovarianz			4,52%	3,53%				
Varianzreduktion			6,92%	7,15%				
Varianzreduktionsvorteil			3,46%	3,57%				
Einfluss des Nicht-Ausgleichens			0,00%	-3,48%				
Diversifikationsrendite			3,46%	0,10%				

Das Beispiel der Tabelle 4 besteht aus nur zehn Beobachtungen. Was passiert, wenn ein Portfolio monatlich anstelle von jährlich angepasst werden kann? Abbildung 9 illustriert die Diversifikationsrendite über zwei Commodity Futures, Heizöl und Kupfer, unter Verwendung monatlicher Daten von Dezember 1982 bis Mai 2004. Heizöl hat eine durchschnittliche, geometrische Überrendite von 5,53 Prozent, Kupfer von 6,17 Prozent. Ein gleich gewichtetes Portfolio, welches monatlich ausgeglichen wird, hat eine durchschnittliche, geometrische Überrendite von 7,86 Prozent und eine Diversifikationsrendite von 2,01 Prozent. Ein Portfolio, das anfangs zu 50 Prozent in Heizöl und zu 50 Prozent in Kupfer investiert war und nicht ausgeglichen wurde, hatte eine Rendite von 5,86 Prozent und eine Diversifikationsrendite von –0,03 Prozent. Die Diversifikationsrendite der ausgeglichenen Portfolios ist wegen des Varianzreduktionsvorteils positiv. Die Diversifikationsrendite des unausgeglichenen Portfolios ist negativ, da der Covariance Drag größer als der Varianzreduktionsvorteil ist.

Abbildung 9: Die Diversifikationsrendite mit zwei Commodity Futures
(Dezember 1982 bis Mai 2004)

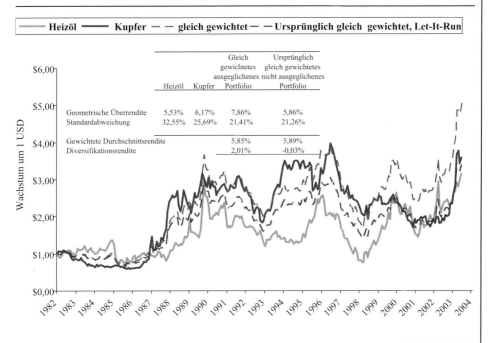

Abbildung 9 zeigt positive Renditen sowohl für das ausgeglichene als auch das unausgeglichene Portfolio. Stellt Abbildung 9 damit ein Problem für die weitere Analyse der Diversifikationsrendite dar? Die Antwort lautet nein. Die geometrischen Überrenditen des ausgeglichenen Portfolios in Abbildung 9 sind vollständig von der Rendite der Varianzreduktion getrieben. Die geometrischen Überrenditen des unausgeglichenen

Portfolios der Abbildung 9 sind von der Veränderung der Portfoliozusammensetzung getrieben. Im Schnitt und über einen langen Zeitraum hinweg kann es passieren, dass ein unausgeglichenes Portfolio von den Portfoliokomponenten mit der besten stichprobenspezifischen Performance dominiert wird. Im Ergebnis kann die geometrische Rendite eines unausgeglichenen Portfolios oft über die gewichteten geometrischen Renditen der Portfoliokomponenten angenähert werden. Dies lässt darauf schließen, dass es im Schnitt am Besten ist, anzunehmen, dass die Diversifikationsrendite eines unausgeglichenen Portfolios rund Null sein wird. Weiterhin wird, wie es auch Abbildung 9 zeigt, selbst bei langen Zeithorizonten das Rendite-Risiko-Verhältnis eines unausgeglichenen Portfolios im Schnitt niedriger liegt als das Rendite-Risiko-Verhältnis eines ausgeglichenen Portfolios. Was sind nun die Umstände, die dazu führen, dass sich ein Ausgleichen auszahlt? Es gibt eine recht einfache Formel für die Diversifikationsrendite eines gleich gewichteten, ausgeglichenen Portfolios[17].

Erwartete Diversifikationsrendite eines ausgeglichenen, gleich gewichteten Portfolios =

$$\frac{1}{2}\left(1 - \frac{1}{K}\right)\bar{\sigma}^2(1 - \bar{\rho})$$

Es wird hierbei lediglich ausgesagt, dass die Diversifikationsrendite steigt, wenn die durchschnittliche Varianz ($\bar{\sigma}^2$) der Wertpapiere eines Portfolios steigt, wenn die durchschnittliche Korrelation ($\bar{\rho}$) der Wertpapiere eines Portfolios fällt und die Anzahl der der Wertpapiere (K) eines Portfolios steigt. Einige Investoren werden demgegenüber skeptisch sein und behaupten, dass die historische Darstellung der Diversifikationsrendite nur das Ergebnis einer zeitspezifischen Mean Reverting-Strategie ist, in der es Sinn machte *Gewinner zu verkaufen und Verlierer zu kaufen*. Wie die obige Gleichung zeigt, ist dies nicht zwingend der Fall. Die Gleichung erlaubt einem Investor die erwartete Diversifikationsrendite des Base Case zu berechnen, wenn die Asset-Renditen seriell unkorreliert sind. Wie dicht an der *wirklichen Welt* waren nun die Vorhersagen dieses Modells?

Tabelle 5 zeigt, wie die erwartete Diversifikationsrendite eines ausgeglichenen Portfolios mit diesen Inputfaktoren variiert. Für ein gleich gewichtetes Portfolio, bestehend aus 30 Wertpapieren mit einer durchschnittlichen Standardabweichung der Wertpapiere von 30 Prozent pro Jahr sowie einer durchschnittlichen Wertpapierkorrelation von 0,0 bis 0,3, liegt die Diversifikationsrendite beispielsweise zwischen 3,05 Prozent und 4,35 Prozent.

---

[17] Es gibt zwei Denkansätze zur Diversifikationsrendite eines gleich gewichteten und ausgeglichenen Portfolios: der Unterschied zwischen der geometrischen Rendite des Portfolios und dem gewichteten geometrischen Renditedurchschnitt der Einzelkomponenten des Portfolios und alternativ, die halbe Differenz zwischen der gewichteten Varianz der Portfoliokomponenten und der Portfoliovarianz. Die alleinige geometrische Rendite eines Assets entspricht seiner durchschnittlichen, arithmetischen Rendite minus die halbe Assetvarianz (Geometrische Rendite = Durchschnittsrendite – Varianz/2). Die geometrische Portfoliorendite entspricht der gewichteten arithmetischen Rendite der Portfoliokomponenten minus der halben Portfoliovarianz (geometrische, mittlere Portfoliorendite = arithmetische Durchschnittsrendite des Portfolios – Portfoliovarianz/2). Die Portfoliovarianz ist einfach die gewichtete Kovarianz der Portfolioassets.

Tabelle 5: Diversifikationsrenditetreiber

Diversifikationsrendite Return

Durchschnitts-korrelation	Durchschnitts-standardabweichung	Anzahl der Wertpapiere in einem Portfolio				
		10	15	20	25	30
0,00	10%	0,45%	0,47%	0,48%	0,48%	0,48%
0,10	10%	0,41%	0,42%	0,43%	0,43%	0,44%
0,20	10%	0,36%	0,37%	0,38%	0,38%	0,39%
0,30	10%	0,32%	0,33%	0,33%	0,34%	0,34%
0,00	20%	1,80%	1,87%	1,90%	1,92%	1,93%
0,10	20%	1,62%	1,68%	1,71%	1,73%	1,74%
0,20	20%	1,44%	1,49%	1,52%	1,54%	1,55%
0,30	20%	1,26%	1,31%	1,33%	1,34%	1,35%
0,00	30%	4,05%	4,20%	4,28%	4,32%	4,35%
0,10	30%	3,65%	3,78%	3,85%	3,89%	3,92%
0,20	30%	3,24%	3,36%	3,42%	3,46%	3,48%
0,30	30%	2,84%	2,94%	2,99%	3,02%	3,05%
0,00	40%	7,20%	7,47%	7,60%	7,68%	7,73%
0,10	40%	6,48%	6,72%	6,84%	6,91%	6,96%
0,20	40%	5,76%	5,97%	6,08%	6,14%	6,19%
0,30	40%	5,04%	5,23%	5,32%	5,38%	5,41%

Die Diversifikationsrendite ist eine der wenigen sicheren Möglichkeiten, über das die geometrische Rendite eines Portfolios, nämlich über das Ausgleichen des Portfolios, erhöht werden kann. Wenn die Asset-Varianz hoch und die Korrelationen niedrig sind, kann die Diversifikationsrendite sehr hoch ausfallen. Bodie und Rosansky berichteten beispielsweise von einer geometrischen Überrendite ihres gleich gewichteten Commodity Futures-Portfolios in Höhe von 8,52 Prozent. Die durchschnittliche Standardabweichung der Wertpapiere ihres Portfolios betrug rund 40 Prozent pro Jahr. Wenn die Commodity Futures-Korrelation im Schnitt rund 0,10 betrug, dann machte die erwartete Diversifikationsrendite mit knapp 7 Prozent fast die gesamte Rendite ihres gleich gewichten Portfolios aus. Gorton und Rouwenhorst maßen 4,52 Prozent Überrendite für ihr gleich gewichtetes Portfolio. Die durchschnittliche Standardabweichung der Wertpapiere betrug in ihrem Portfolio rund 30 Prozent. Abhängig von der angenommen durchschnittlichen Korrelation, impliziert dies eine Diversifikationsrendite zwischen 3 und 4,5 Prozent, fast die gesamte Überrendite des Commodity Futures-Portfolios von Gorton und Rouwenhorst. Ein anderes Beispiel der Diversifikationsrendite von De Chiara and Raab (2002) dokumentiert eine Diversifikationsrendite von 2,8 Prozent für den ausgeglichenen Dow Jones AIG Index innerhalb des Zeitraumes 1991 bis 2001. Aufmerksame Investoren lernen schnell, skeptisch hinsichtlich einfacher Wege der Renditeerhöhung zu sein. Es gibt zwei Umstände, die in der Elimination der Diversifikationsrendite eines Portfolios enden kann. Die Diversifikationsrendite eines Portfolios wäre Null, wenn alle Assets eines Portfolios eine Standardabweichung von Null hätten. Die Diversifikationsrendite eines Portfolios wäre weiterhin Null, wenn die Korrelation aller Assets des Portfolios genau eins wäre. At the Margin könnte negative Autokorrelation der Renditen die Base Case-Diversifikationsrendite erhöhen. Positive Autokorrelation der Renditen könnte die Base Case-Diversifikationsrendite absenken. Bis zu dem Tag, an dem aller Standardabweichungen Null und alle Korrelationen eins sind, ist die Diversifikationsrendite jedoch eine wahrscheinlich wertvolle Renditequelle[18].

Zwei letzte Punkte verdienen noch die Aufmerksamkeit. Erstens ist es für einen Investor leichter, die zukünftige Rendite eines ausgeglichenen Portfolios als die eines unausgeglichenen Portfolios zu berechnen. Für die Renditeberechnung eines ausgeglichenen Portfolios braucht der Investor lediglich alle Schätzer der erwarteten Renditen, der Volatilitäten und der Korrelationen. Viele Investoren kennen die Konzepte, selbst wenn sie sie in der Praxis ignorieren. Die Berechnung der Rendite eines unausgeglichen Portfolios ist komplexer als die Berechnung eines ausgeglichenen Portfolios, da die Berechnung der Renditen eines ausgeglichen Portfolios und eine pfadabhängige Schätzung des Einflusses des Nicht-Ausgleichens notwendig sind. Die Pfadabhängigkeit ist eine Extrapolation des historischen Einflusses der Problematik des Nicht-Ausgleichens. Hierbei wird auch die Herausforderung dargestellt, auf naive Weise die historischen Renditen eines unausgeglichenen Portfolios als Basis für zukünftige Erwartungen verwenden zu wollen. Zweitens kann die Rendite eines unausgeglichen, Buy-and-Hold-Portfolios höher sein als die eines ausgeglichen Portfolios. Wenn ein unausgeglichenes Portfolio ein ausgeglichenes Portfolio outperformed, ist es natürlich wichtig zu wissen, ob die höhere Rendite das Resultat einer größeren Kapitaleffizienz, eines höheren Sharpe Ratio oder eines höheren Risikolevels war. Plaxco und Arnott (2002), Erb und Harvey (2006b) betonen, dass ausgeglichene Portfolios typischerweise höhere Sharpe Ratios als unausgeglichene Portfolios haben. Dies impliziert, dass die mögliche Outperformance des Buy-And-Hold-Portfolios häufig das Resultat eines höheren Risikos ist.

4.6 Bedarf für langfristige erwartete Renditen

Die vorangegangene Analyse schafft die Voraussetzungen, um langfristige Renditeerwartungen für ein Commodity Futures-Portfolio zu erstellen. Eine Möglichkeit, um zukünftige Renditeerwartungen für ein langfristiges Commodity Futures-Investment abzuleiten ist, sich auf die Bausteine der Überrenditen eines Commodity Futures-Portfolios zu fokussieren: die Diversifikationsrendite, die rollierende Rendite und die Spot-Rendite. Die leichteste Entscheidung, die ein Investor treffen kann ist jene, ob er sein Portfolio laufend ausgleicht oder nicht. Wenn ein Investor sein Commodity Futures-Portfolio ausgleicht, kann er möglicherweise eine Diversifikationsrendite von zum Beispiel drei Prozent, entsprechend der historischen Diversifikationsrendite des ausgeglichenen

---

18 At the Margin sollte eine negative Autokorrelation der Renditen, die Renditen einer Basisdiversifikation erhöhen und positive Autokorrelation der Renditen sollte die Renditen einer Basisdiversifikation verringern.

Dow Jones AIG, erzielen. Abhängig von der wirklichen Portfoliozusammenstellung, der durchschnittlichen Volatilitäten und Korrelationen der Portfoliokomponenten, kann die Diversifikationsrendite entsprechend höher oder niedriger als drei Prozent ausfallen. Wenn das Portfolio nicht ausgeglichen wird, dann ist die Diversifikationsrendite wahrscheinlich fast Null oder vielleicht auch negativ. Tabelle 2 zeigt die Herausforderung, die sich einem Investor stellt, wenn er die Überrenditen und Spot-Renditen auf Basis historischer Daten beurteilen möchte: Historisch gesehen waren einzelne Commodity Futures-Über- und Spot-Renditen statistisch nicht signifikant. Im Wesentlichen ist es unwahrscheinlich, dass irgendeine langfristige Prognose, positive Überrenditen oder positive Spot-Renditen einzelner Commodity Futures, auf Basis historischer Daten, prognostiziert bzw. statistisch unterstützt. Rollierende Renditen und Spot-Renditen einzelner Commodity Futures müssen weiterhin mit Vorsicht geschätzt werden. In der Vergangenheit hohe, oder niedrige, rollierende und Spot-Renditen sind keine Garantie für hohe oder niedrige, zukünftige rollierende Renditen oder Spot-Renditen. Im Ergebnis gibt es keine beste Schätzung für erwartete Renditen eines Commodity Futures-Portfolios. Diversifikationsrenditen sind die noch am einfachsten zu schätzenden Renditetreiber.

4.7 Beständigkeit von Renditen

Warum sollte sich ein Investor mit der Prognose erwarteter Renditen für ein Commodity Futures-Portfolio herumschlagen? Ist es nicht einfach möglich, die Vergangenheit zu extrapolieren? Historisch betrachtet betrug die Überrendite des GSCI rund sechs Prozent pro Jahr. Die sechsprozentige Überrendite misst jedoch die Performance eines Commodity Futures-Portfolios, welches sich dramatisch im Laufe der Zeit verändert hat. Im Ergebnis ist es schwer zu sagen, was die sechsprozentige Rendite misst. Abbildung 10 zeigt, dass die rollierenden Ein-Jahres-GSCI-Überrenditen und rollierenden Renditen einen im Zeitverlauf abfallenden Renditetrend aufweisen. Während dieser Trend nicht garantiert, dass die Renditen in der Zukunft höher oder niedriger sein werden, so zeigt es doch, dass die Überrenditen nicht konstant sechs Prozent pro Jahr waren. Es gibt keinen umfassenden Grund für das Abfallen der Überrenditen und rollierenden Renditen in Abbildung 10. Es könnte lediglich eine statische Störung sein. Es könnte das Ergebnis steigender institutioneller Investments in Commodity Futures sein, welche die Preise nach oben und die voraussichtlichen Renditen nach unten treiben. Es könnte auch das Ergebnis der zusammengeschusterten Art der Zusammensetzung des GSCI im Laufe der Zeit sein. Es könnte eine Vielzahl an sinnvollen und irrelevanten Erklärungen für den nach unten gerichteten Renditetrend in Abbildung 10 geben. Dazu kommt, dass obwohl die Zinsstruktur der Commodity-Preise ein wichtiger, historischer Renditetreiber der realisierten Überrenditen der Commodity Futures gewesen ist, dies keine unkontroverse Art ist, zu bestimmen, wie die die zukünftige Zinsstrukturkurve der Futures-Preise aussehen wird. Rohöl-Futures sind beispielsweise oft, aber nicht immer, backwardated. Es ist aber keineswegs offensichtlich, dass Rohöl-Futures im Schnitt in der Zukunft backwardated sein werden.

Abbildung 10: Ein-Jahres-gleitende Durchschnitte der GSCI-Überrenditen und rollierenden Renditen (Dezember 1969 bis Mai 2004)

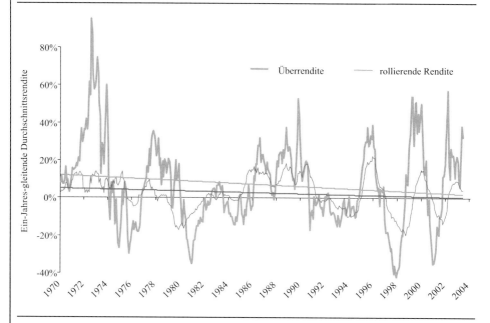

Eine andere Möglichkeit, um den Fall naiver historischer Extrapolation vergangener Renditen zu retten, ist die Anschauung der Persistenz der Renditen über einen längeren Zeitraum. Abbildung 11 zeigt die Persistenz der Überrenditen der GSCI, des GSCI-Sektors und einzelner Commodity Futures von Dezember 1982 bis September 1993 und von Oktober 1993 bis Mai 2004. Die Korrelation zwischen der ersten und zweiten Periode beträgt 0,03. Der Quadrant positiver Rendite der ersten Periode – positiver Rendite der zweiten Periode, ist mit dem Energie- und dem Industriemetallsektor besetzt. Diese zwei Sektoren treiben die positive Rendite des GSCI während beider Zeiträume. Jeder Renditequadrant hat ungefähr die gleiche Anzahl an Beobachtungen. Unter Berücksichtigung des spezifischen Wertpapieruniversums und des spezifischen Zeitraumes gibt es wenig bis keine Nachweise, dass langfristige Renditen für Commodity Futures persistent sind.

Abbildung 11: Langfristige Überrenditen Persistenz (Dezember 1982 bis Mai 2004)

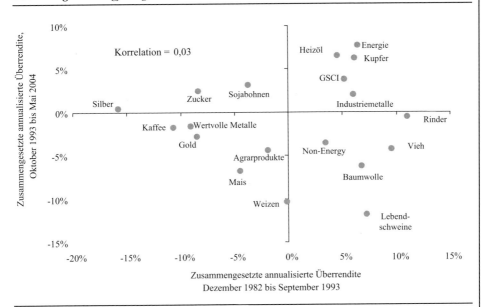

4.8 Strategische Asset Allokation

Es gibt mindestens zwei Wege, wie frühere Forscher die Rolle von Commodity Futures in einer strategischen, langfristigen Asset-Allokation gesehen haben: eine Asset-only-Betrachtung und eine Asset-Liability-Betrachtung. Aus der Asset-Only-Perspektive heraus untersucht Anson (1999) die Performance von Aktien, Bonds und Cash gesicherten Commodity Futures-Indizes im Zeitraum 1974 bis 1997. Er fand heraus, dass die Nachfrage nach Commodity Futures steigt, wenn die Risikoaversion der Investoren steigt und dass ein Investor mit einer hohen Risikoaversion rund 20 Prozent in Commodities investieren sollte. Jensen, Johnson und Mercer (2000) untersuchten Portfolios, die in Stocks, Unternehmensanleihen, Treasury Bills, Real Estate Investment Trusts und den Cash gesicherten GSCI innerhalb des Zeitraumes 1973 bis 1997 investierten. Abhängig von der Risikotoleranz der Investoren, sollten ihren Ergebnissen zufolge Commodities mit rund 5–36 Prozent in einem Portfolio vertreten sein. Mit einem Untersuchungszeitraums von 1972 bis 2001 haben sich Nijman und Swinkels (2003) dem Thema vom Standpunkt der Pension Plans mit nominalen und realen Liabilities genähert. Ihren Ergebnissen zufolge ist es eher unwahrscheinlich, dass Pension Plans, die ihre nominalen, bereits in langfristige Bonds und globale Aktien investierten Liabilities hedgen wollen, ihre risikoadjustierte Rendite über Commodity Investments verbessern. Weiterhin stellten sie fest, dass Pension Plans mit zur Inflation indizierten Liabilities dennoch den Rendite-Risiko Trade-Off signifikant über Commodity Futures-Investments erhöhen können. Ein Nachteil dieser Analyseergebnisse liegt in der Verwendung historischer Renditen. Wenn man eine zukunftsorientierte Asset-Allokations-Analyse durchführt, ist es wichtig, auch zukunftsorientierte erwartete Renditen anstelle von historischen Renditen zu verwenden.

Abbildung 12 zeigt die effizienten Grenzen von sechs zukunftsorientierten Assets. Die zugrunde liegenden Annahmen der effizienten Grenzen sind, dass Bonds erwartete Überrenditen von zwei Prozent (Überrendite bezieht sich hierbei auf die Rendite eines Assets über die risikofrei Rendite hinaus), Aktien erwartete Überrenditen von fünf Prozent und die erwartete Überrenditen von Commodity Futures-Portfolios zwischen null Prozent und fünf Prozent erzielen. Es wurden weiterhin die Korrelationen und Varianzen des Zeitraums 1969 bis 2004 verwendet. Sind die erwarteten Überrenditen von Aktien und Bonds gegeben, steigt die effiziente Grenze der Aktien/Bonds/Commodity Futures mit dem Anstieg der erwarteten Überrenditen von Commodity Futures-Portfolios. Es wird deutlich, dass die effiziente Grenze nicht nennenswert steigt, bis die Überrenditen von Commodity Futures nicht auf mindestens drei Prozent steigen. Konzeptionell ist eine Überrendite von drei Prozent konsistent mit einem Commodity Futures-Portfolio, das eine erwartet Diversifikationsrendite von drei Prozent aufweist, damit den historischen Erfahrungen mit dem Dow Jones AIG Index entspricht und eine erwartete Spot-Rendite sowie rollierende Rendite von null Prozent aufweist.

Andere Kombinationen der erwarteten Diversifikations-, Spot- und rollierenden Rendite sind natürlich möglich. Angefangen mit einer hypothetischen Diversifikationsrendite von drei Prozent kann eine fünfprozentige Überrendite erreicht werden, wenn man eine einprozentige Spot-Rendite und eine einprozentige rollierende Rendite, eine zweiprozentige Spotrendite und eine null Prozent rollierende Rendite annimmt, eine nullprozentige Spotrendite und eine zwei Prozent rollierende Rendite oder jede andere Kombination aus Spotrendite und rollierende Rendite annimmt, die sich zu zwei Prozent addieren. Im Endeffekt sind zukünftige erwartete Commodity Futures-Renditen (genauso wie Aktien, Bonds, Hedgefonds und alle anderen) nur Wetten. Die Commodity Futures-Wette beinhaltet ein wirklich hoch sicheres Element, die Diversifikationsrendite und zwei sehr unsichere Elemente, die Spot-Rendite und rollierende Rendite. Nehmen wir an, dass ein Investor gewillt ist, auf zukünftige Aktien eine Überrendite von fünf Prozent, auf zukünftige Bonds zwei Prozent und auf zukünftige Commodity Futures-Portfolios auf drei Prozent zu wetten. Wie viel sollte der Investor auf Commodity Futures allokieren? Offensichtlich hängt die Antwort von der Risikoeinstellung des Investors ab. Vielleicht fühlt sich ein Investor mit der Volatilität eines Portfolios mit 60 Prozent Aktien und 40 Prozent bei Bonds (in diesem Beispiel wäre diese Volatilität rund 10,1 Prozent) wohl. Unter Berücksichtigung dieser Annahmen würde ein Portfolio mit 18 Prozent Commodity Futures-Portfolio-Anteil, 60 Prozent Aktienanteil und 22 Prozent Bonds-Anteil die erwartete Überrendite für eine Zielvolatilität von 10,1 Prozent maximieren. Was treibt diese Allokationsveränderung? Renditen und Korrelationen. Historisch betrachtet waren Aktien- und Commodity-Renditen unkorreliert und ein Portfolio, welches zu 50 Prozent in den S&P 500 und zu 50 Prozent in den GSCI investiert war, hatte ein niedrigeres Volatilitätslevel als Aktien oder Commodity Futures. Im Ergebnis ist ein gemischtes Portfolio, bestehend aus Aktien und Commodity

Futures, wahrscheinlich effizienter und hat ein höheres Rendite-Risiko-Verhältnis als ein Aktienportfolio. In Abbildung 12 werden Commodity Futures unter der Annahme, dass Aktien- und Bond-Renditen mit Commodity Futures-Renditen unkorreliert sind, eine notwendiges Portfolio-Asset, wenn die erwarteten Renditen der Commodity Futures auf drei Prozent ansteigt. Nehmen wir an, dass ein Investor stattdessen nur eine Überrendite von ein Prozent des Commodity Futures-Portfolios erwartet. Die *optimale* Allokation von Commodity Futures würde damit auf drei Prozent fallen. Mit einer erwarteten Überrendite von null Prozent würde die empfohlene strategische Asset Allokation null Prozent betragen. Die optimale Allokation von Commodity Futures ist, nicht überraschend, stark von der Höhe der erwarten Überrendite abhängig und erwartete Renditen sind lediglich eine Wette.

Abbildung 12: Effiziente Grenzen und Überrenditen von Commodity-Portfolios

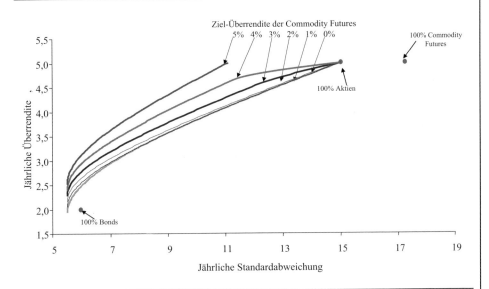

Was kann man über Investoren, die versuchen, ein Asset-Portfolio relativ zu einer Liability zu managen, sagen? Sharpe und Tint (1990) schlugen *Liability Hedging Credit* als Möglichkeit der Messung von Renditevorteilen verschiedener Assets für einen Liability orientierten Investor vor. Der Liability Hedging Credit, von Sharpe und Tint, entspricht ungefähr der doppelten Kovarianz einer Asset-Rendite mit der Liability-Rendite. In einer zukunftsorientierten Optimierung sollte der Liability Hedging Credit zu der zukünftigen erwarteten Asset-Rendite addiert werden. Waring (2004) weist darauf hin, dass Liabilities nominal und nicht für Inflation angepasst oder real und für Inflation angepasst sein können. Abbildung 13 zeigt die Vieldeutigkeit der Schätzung des Wertes von Commodity Futures in einem Liability-orientierten Umfeld. In diesem Beispiel werden nominale Liabilities über die Renditen von zehnjährigen Treasury Bonds und reale Liabilities über die Renditen des Citigroup inflationsverbundenen Bond-Index approximiert. Innerhalb des Zeitraums Dezember 1982 bis Mai 2004 hatten nur wenige Commodity Futures positive nominale Liability Hedging Credits. Seit dem Beginn des TIPS Marktes in den USA 1997 hatten viele Commodity Futures positive nominale und reale Liability Hedging Credits. Abbildung 13 zeigt, dass es zwar leicht ist, historische Liability Hedging Credit zu berechnen, dies für zukünftige Liability Hedging Credits aber nicht zutrifft. Im Ergebnis gibt es keine klaren Beweise für oder gegen die Fähigkeit von Commodity Futures als Liability Hedge zu agieren.

Abbildung 13: Liability Hedging Credit (Dezember 1982 bis Mai 2004)

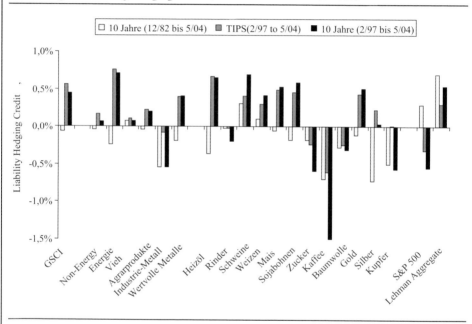

5 Schlussfolgerung

Obwohl Commodity Futures seit hunderten von Jahren gehandelt werden, hat die Diskussion, diese Assets in ein Mainstream-Portfolio zu integrieren, erst kürzlich begonnen. Ziel dieses Artikels ist es, die strategischen und taktischen Möglichkeiten, die diese Assets Investoren bieten, zu untersuchen. Viele Studien haben argumentiert, dass Commodity Futures eine viel versprechende Long-only-Investmentklasse sind, die eine Risikoprämie ähnlich der von Aktien verdient. In unserem Artikel argumentieren wir, dass es Gründe gibt, darüber nachzudenken, was dies heißen soll. Haben durchschnittliche Commodity Futures aktienähnliche Renditen? Unsere Ergebnisse kommen zu dem Schluss, dass dies nicht der Fall ist: Die durchschnittlichen Renditen einzelner Commodity Futures-Kontrakte waren nicht von Null zu unterscheiden. Könnten Portfolios aus Commodity Futures aktienähnliche Renditen haben? Die Antwort hierauf lautet definitiv *vielleicht*. Ein Commodity Futures-Portfolio könnte aktienähnliche Renditen haben, wenn man entsprechend hohe Diversifikationsrenditen erzielen könnte. Die Diversifikationsrendite ist eine ausreichend verlässliche Renditequelle. Ein Commodity Futures-Portfolio kann auch dann aktienähnliche Renditen haben, indem das Portfolio Exposure zu Commodity Futures verschoben wird, die mit einer hohen Wahrscheinlichkeit positive rollierende Renditen oder positive Spotrenditen in der Zukunft haben werden. Die Herausforderung liegt für Investoren darin, dass obwohl Spot- und rollierende Renditen in der Zukunft hoch sein können, es wirklich keinerlei Bestätigung in den historischen Aufzeichnungen gibt, welche den Investor dahingehend beruhigen könnten, dass zukünftige Spotrenditen und rollierende Renditen wirklich positiv werden.

Literaturverzeichnis

Anson, Mark J. P. (1999): Maximizing Utility with Commodity Futures Diversification, in: Journal of Portfolio Management, (Summer): 86–94.

Anson, Mark J. P. (2002): Handbook of Alternative Assets, Wiley Finance.

Arnott, Robert D./Bernstein, Peter L. (2002): What Risk Premium Is Normal. In: Financial Analysts Journal, vol. 58, no.2 (March/April): 64–85.

Arnott, Robert D./Hsu,John/Moore, Philip (2005): Fundamental Indexation, in: Financial Analysts Journal, vol. 61, no.2 (March/April): 64–85.

Bailey, Warren/Chan, K.C (1993): Macroeconomic Influences and the Variability of the Commodity Future Basis, in: Journal of Finance, (June):555–573.

Bessembinder, Hendrik (1992): Systematic Risk, Hedging Pressure and Risk Premiums in Futures Markets, in: Review of Financial Studies, vol. 5, no. 4: 637–667.

Black, Fischer (1976): The pricing of commodity contracts, in: Journal of Financial Economics, vol. 3, 167–179.

Bodie, Zvi/Rosansky, Victor (1980): Diversification Returns And Asset Contributions, in: Financial Analysts Journal, (May/June): 26–32.

Booth, David G./Fama, E.F. (1992): Diversification Returns And Asset Contributions, in: Financial Analysts Journal, (May/June): 26–32.

Brennan, Michael J. (1991): The Price of Convenience and the Valuation of Commodity Contingent Claims, on D. Land, B. Oeksendal, (Eds.), Stochastic Models and Options Values, Elsevier Science Publications.

Campbell, John Y. (2000): Diversification: A Bigger Free Lunch, in: Canadaian Investment Review, vol. 13: 14–15.

Chiara, Adam de, /Raab, Daniel M.: The Benefits of Real Asset Portfolio Diversification", AIG Trading Group.

Cochrane, John H. (1999): New Facts in Finance, NBER working paper 7169.

Cootner, Paul H. (1960): Journal of Political Economy, vol. 68., 396–404

Deaves, Richard/Krinsky, Itzhak (1995): Do Futures Prices For Commodities Embody Risk Premiums, in: Journal of Futures Markets, (September): 637–648.

Dimson, Elroy/Marsh, Paul/Staunton, Mike (2002): Global Evidence on the Equity Risk Premium, London Business School working paper: 1–15

Dimson, Elroy/Marsh, Paul/Staunton, Mike (2004): Irrational Optimism, in: Financial Analysts Journal, vol. 60, no. 1 (January/February): 15–25.

Dusak, Katherine (1973): Journal of Political Economy, vol. 81, no. 6: 1387–1406.

Erb, Claude/Harvey, Campbell R. (2006a): Unconditional Alpha ‚Working paper, Duke University.

Erb, Claude/Harvey, Campbell R. (2006b): The Strategic and Tactical Value of Commodity Futures, in: Financial Analysts Journal, 62:2, S. 69–97.

Fama, Eugene F./French, Kenneth R. (1987): Commodity Futures Prices: Some Evidence on Forecast Power, Premiums and the Theory of Storage, in: Journal of Business, 60, 55–73.

Fama, Eugene F./French, Kenneth R. (1992a): Common Risk Factors in the Returns on Stocks and Bonds, in: Journal of Financial Economics, vol. 33: 3–56.

Fama, Eugene F./French, Kenneth R. (1992b): The Cross-Section of Expected Stock Returns, in: Journal of Finance, vol. 47: 427–465.

Fernholz, Robert/Shay, B. (1982): „Stochastic Portfolio Theory and Stock Market Equilibrium", Journal of Finance, vol. 37: 615–624.

Gorton, Gary/Rouwenhorst, Geert (2005): Facts and Fantasies about Commodity Futures, in: Financial Analysts Journal, forthcoming.

Greer, Robert J. (2000): The Nature of Commodity Index Returns, in: Journal of Alternative Investments, (Summer): 45–52.

Ibbotson, R./Chen, P. (2003): Long-Run Stock Returns: Participating in the Real Economy, in: Financial Analysts Journal, Vol 59, pp.88–98.

Jensen, Gerald R./Johnson, Robert R./Mercer, Jeffrey M. (2000): Efficient Use of Commodity Futures in Diversified Portfolios, in: Journal of Futures Markets, (May): 489–506.

Kaldor, Nicholas (1939–4): Speculation and Economic Theory, in: Review of Economic Studies, vol. 7: 1–27.

Kaplan, Paul D./Lummer, Scott L. (1998): Update: GSCI Collateralized Futures as a Hedging and Diversification Tool for Institutional Portfolios, in: Journal of Investing, vol. 7, no. 4 (Winter): 11–17.

Keynes, John M. (1930): A Treatise on Money, volume 2. London: Macmillan.

Kolb, Robert W. (1992): Is Normal Backwardation Normal?, in: Journal of Futures Markets, volume 12, iss. 1 (February): 75–90.

Lintner, J. (1965): The Valuation of Risk Assets and Selection of Risky Investments in Stock Portfolios and Capital Budgets, in: Review of Economics and Statistics, Vol.47, pp.13–37.

Lummer, Scott L./Siegel, Laurence B. (1993): GSCI Collateralized Futures: A Hedging and Diversification Tool for Institutional Portfolios, in: Journal of Investing, (Summer): 75–82.

Literaturverzeichnis

Nijman, Theo/Swinkels, Laurens (2003): Strategic and Tactical Allocation to Commodities for Retirement Savings Schemes, Tilburg University: 1–36.

Plaxco, Lisa M./Arnott, Robert D. (2002): Rebalancing a Global Policy Benchmark, in: Journal of Portfolio Management, (Winter): 9–220.

Roll, Richard (1977): A Critique of the Asset Pricing Theory's Tests; Part I. On Past and Potential Testability of the Theory, in: Journal of Financial Economics, vol. 4, no. 2: 129–176.

Roon, Frans de/Nijman, Theo E./Veld, Chris (2000): Hedging Pressure Effects in Futures Markets, in: Journal of Finance, vol. 55, no. 3: 1437–1456.

Sharpe, William F./Tint, Lawrence G. (1990): Liabilities-A New Approach, in: Journal of Portfolio Management, (Winter): 5–10.

Sharpe,W.F. (1964): Capital Asset Prices: A Theory of Market Equilibrium Under Conditions of Risk, in: Journal of Finance, Vol.19, pp.425–442.

Siegel, Jeremy J. (2005): The Future for Investors, Crown Business.

Strongin, Steve/Petsch, Melanie (1996): Asset Returns and the Economic Environment", Goldman Sachs research report.

Till, Hilary. 2000. Two Types of Systematic Return Available in the Futures Markets, Commodities Now, (September).

Till, Hilary/Eageleye, Joseph (2003): The Risks of Commodity Investing, a chapter in The New Generation of risk Management for Hedge Fund and Private Equity Investments (edited by Lars Jaeger), Euromoney Books, London, 2003.

Waring, M. Barton (2004): Liability Relative Investing, in: Journal of Portfolio Management,. Vol. 30, no. 4.

Claus Hilpold

Hedgefonds im Rohstoff-Bereich: Relative Value Commodities
Einblick in die Geheimnisse um Crack Spreads, Spark Spreads und Dark Spreads

1 Einleitung 395
2 Rohstoff-Indizes. 396
   2.1 Marktüberblick 397
   2.2 Besonderheiten bei der Konstruktion 399
3 Hedgefonds und Rohstoffe. 400
4 Trading-Strategien 400
   4.1 Crack Spread 402
   4.2 Spark Spread 404
   4.3 Dark Spread 406
5 Risiko-Rendite-Eigenschaften 406
6 Ausblick 411

Literaturverzeichnis

1 Einleitung

In den letzten Jahren ist das Thema Rohstoffe als Anlageform zunehmend in den Blickpunkt der Investoren gerückt. Bieten doch Rohstoffe als Anlageklasse in einem Portfolio eine Möglichkeit, das Portfolio zu diversifizieren und auf diese Weise das Verhältnis von Risiko und Ertrag zu optimieren. Begründet liegt dieser Umstand in der geringen Korrelation der Renditen von Rohstoffen mit anderen Anlageklassen wie festverzinslichen Wertpapieren oder Aktien. Vor dem Hintergrund niedriger Renditen an den Anleihemärkten sind Investoren eher dazu geneigt, sich nach alternativen Anlageformen umzusehen. Rohstoffe bieten aus fundamentaler Überlegung die Möglichkeit, sich zum Teil gegen Inflation abzusichern. Können doch gerade steigende Preise für Rohstoffe für einen Preisanstieg der Güter verantwortlich sein. Da ein Investment in Rohstoffe keine Zinsen abwirft, setzt ein lukratives Investment in Rohstoffe einen nachhaltigen Preisanstieg voraus. Dies kann in einer steigenden Nachfrage und/oder einem begrenzten Angebot begründet sein. Tatsächlich können bei Rohstoffen für beide Seiten Argumente angeführt werden. Auf der Nachfrageseite ist als wichtiger Faktor die Wirtschaftsentwicklung in Schwellenländern wie Indien und China zu nennen. Vor wenigen Jahren noch Agrarstaaten, haben sich diese Länder zu bedeutenden, rasch wachsenden Industrienationen mit großem Rohstoffhunger gewandelt. So wird bereits heute etwa ein Viertel des weltweiten Angebots an Industriemetallen in China nachgefragt – mit steigender Tendenz. Da auch Indien und andere asiatische Staaten markant wachsen, sollte die strukturelle Nachfrage aus Asien zunächst ungebrochen bleiben. Während sich also die Nachfrage nach Rohstoffen ausweiten dürfte, kann das Angebot aus natürlichen Gründen nur beschränkt gesteigert werden[1].

Verzögerte Angebotsreaktionen sind zu beobachten, wenn in die Erschließung und Förderung neuer Bergbauprojekte zu wenig investiert wurde. Erst nach dem Preisanstieg der letzten zwei Jahre haben sich beispielsweise bei Energierohstoffen sowie Industrie- und Edelmetallen die Finanzierungsbedingungen für Bergbauunternehmen so weit verbessert, dass vermehrt Explorationsarbeiten durchgeführt werden. Von der Definition bis zum Abbau eines Vorkommens vergehen jedoch oft mehrere Jahre. Ist der Primärmarkt im Defizit, werden die identifizierbaren Lagerbestände zur kritischen Größe[2]. Angesichts der Marktaussichten und der vorteilhaften Rendite-Risiko-Eigenschaften von Rohstoff-Engagements ist davon auszugehen, dass das Angebot an diesen Instrumenten weiter ausgebaut wird und daher mehr als nur eine kurzfristige Modeerscheinung darstellt. Neben den Rohstoffen findet aber häufig auch das Thema Elektrizität in diesem Kontext Bedeutung. Ist die Gewinnung von Elektrizität doch häufig eng mit dem Einsatz von Rohstoffen (Erdgas, Öl, Kohle) verbunden. Elektrizität ist aufgrund zunehmend liberalisierter Strommärkte ein handelbares Gut, für das diverse Finanzinstrumente wie Forwards, Futures-Kontrakte oder Optionen gehandelt werden[3].

---

1 Vgl. Fuchs/Clavien (2005), S. HF3.
2 Vgl. Mezger/Eibl (2005), S. 1 ff.
3 In Europa existieren mit der European Energy Exchange (EEX) in Leipzig, der Energy Exchange Austria (EXAA) in Graz und weiteren Börsen in London, Amsterdam und Paris bereits eine Reihe von Energiebörsen, an welchen ein entsprechend liquider Handel in Energiekontrakten stattfindet.

2 Rohstoff-Indizes

Analog zu Aktien-Indizes spiegeln Rohstoff-Indizes eine Buy-and-Hold-Strategie, welche nach fest definierten Regeln umgesetzt wird, wider. Im Unterschied zu anderen Anlageklassen bilden diese jedoch nicht die Preise der Kassa (Spot-) Märkte ab, sondern referieren zu den entsprechenden Futures-Märkten. Es gibt derzeit im wesentlichen sechs verschiedene Rohstoff-Indizes, welche häufig auch als Referenz für investierbare Produkte bzw. als Benchmark für Rohstofffonds Verwendung finden.

Tabelle 1: Rohstoff-Indizes

Index	Kürzel
Goldman Sachs Commodity Index	GSCI
Dow Jones AIG Commodity Index	DJ-AIG
Deutsche Bank Liquid Commodity Index	DBLCI
Rogers International Commodity Index	RICI
S&P Commodity Index	SPCI
Reuters CRB Commodity Index	CRB

Das geschätzte Nettoinvestitionsvolumen in Rohstoffe über die oben aufgeführten Indizes beträgt derzeit rund USD 70 Mrd.[4]. Die Anlageklasse Rohstoffe wird zurzeit vor allem über passive Indexprodukte oder Rohstoffkörbe abgebildet. Klar führend sind in diesem Bereich die Rohstoff-Indizes von Goldman Sachs und Dow Jones AIG, während die Indizes von Reuters/CRB, der Deutschen Bank und Jimmy Rogers bisher nur einen kleinen Teil des Investitionsvolumen gewinnen konnten[5]. Die Kontraktwerte aller offenen Energie-Rohstoff-Futures, die im GSCI ein Gewicht von drei Viertel einnehmen, beliefen sich Mitte März 2005 auf einen Gesamtinvestitionswert von knapp USD 140 Mrd. Im folgenden Abschnitt werden die wesentlichen Rohstoff-Indizes charakterisiert.

---

4   Vgl. Weiser (2006), S. 23.
5   Vgl. Mezger/Eibl (2005), S.3.

2.1 Marktüberblick

Der **Goldman Sachs Commodity Index (GSCI)** wurde 1991 ins Leben gerufen und ist wohl der am meisten beachtete Rohstoff-Index. Die Gewichtung der in ihm repräsentierten Rohstoffpreise ist an der Weltproduktion ausgerichtet. Dies bedeutet eine Gewichtung eines jeden Rohstoffes anhand des Durchschnittswertes der Produktion der vergangenen fünf Jahre. Dieses Gewichtungssystem ist ferner um den Faktor Liquidität bereinigt, um eine kosteneffiziente Investierbarkeit zu gewährleisten. Das Rebalancing erfolgt jährlich im Januar. Derzeit umfasst der Index die Preise entsprechender Futures-Kontrakte von 24 Rohstoffen, sechs Energieprodukten, fünf Industriemetallen, acht landwirtschaftlichen Gütern, drei Fleischprodukten und zwei Edelmetallen. Auffallende Eigenschaft ist sicherlich der hohe Anteil an Energieprodukten, welche im Dezember 2005 ca. 76 Prozent der Indexgewichtung ausmachten und für einen hohen Grad der Volatilität verantwortlich zeichnen. GSCI-Futures werden an der Chicago Mercantile Exchange (CME) gehandelt.[6]

Tabelle 2: GSCI-Indexzusammensetzung per 1. Dezember 2005[7]

Energy		Industrial Metals		Precious Metals		Agriculture		Livestock	
	76.20		7.06		1.94		9.69		5.12
Crude Oil	27.26	Aluminium	2.86	Gold	1.73	Wheat	2.16	Live Cattle	2.80
Brent Crude Oil	13.28	Copper	2.72	Silver	0.21	Red Wheat	0.89	Feeder Cattle	0.70
Unleaded Gas	7.47	Lead	0.28			Corn	2.02	Lean Hogs	1.62
Heating Oil	8.43	Nickel	0.57			Soybeans	1.37		
Gas Oil	4.40	Zinc	0.63			Cotton	0.90		
Natural Gas	15.36					Sugar	1.56		
						Coffee	0.60		
						Cocoa	0.19		

Der **Dow Jones-AIG Commodity Index (DJ-AIGCI)** wurde 1998 gestartet und findet überwiegend bei institutionellen Investoren Beachtung. Die Gewichtung der in ihm repräsentierten Rohstoffpreise leitet sich ab aus einer Kombination der durchschnittlichen globalen Produktion und dem durchschnittlichen Handelsvolumen in den letzten fünf Jahren. Das Rebalancing erfolgt jährlich im Januar. Derzeit umfasst der Index die Preise von 19 Rohstoff-Futures-Kontrakten. Im Gegensatz zum GSCI wurde bei der Konstruktion des DJ-AIG explizit auf eine ausgewogenere Diversifikation Wert gelegt. Kein Rohstoff darf mehr als 15 Prozent und weniger als zwei Prozent des Index ausmachen und kein Sektor darf mehr als 33 Prozent auf sich vereinigen. Da durch diese Konstruktionsregeln Energie-Futures auf 33 Prozent begrenzt werden, zeichnet sich dieser Index auch durch eine geringere Volatilität aus, eine Eigenschaft, die besonders bei institutionellen Investoren wie Pensionskassen Anklang findet. DJ-AIGCI Futures werden an der Chicago Board of Trade (CBOT) gehandelt.

---

6   Vgl. Acworth (2005), S.1 ff.
7   Quelle: Goldman Sachs (Stand: 01.12.2005).

Der **Deutsche Bank Liquid Commodity Index (DBLCI)** wurde 2003 aufgelegt und besteht lediglich aus den sechs liquidesten Rohstoff-Futures mit dem Vorteil reduzierter Transaktionskosten. Eine damit einhergehende geringere Diversifikation ist sicherlich der Argumentation einer repräsentativen Benchmark abträglich und kann kaum durch eine höhere Korrelation anderer Rohstoff-Futurepreise innerhalb der jeweiligen Sektoren gänzlich aufgefangen werden. Das Rebalancing folgt ebenfalls einem eher ungewöhnlichen Muster. Der Energiesektor, im Wesentlichen West Texas Intermediate (WTI) Rohöl und Heizöl werden monatlich rebalanct, während die anderen vier Rohstoff-Positionen lediglich jährlich angepasst werden.

Der **Rogers International Commodity Index (RICI)** wurde 1998 aufgelegt und ist der breiteste und internationalste der sechs Indizes. Er besteht aus insgesamt 35 Rohstoffen und beinhaltet auch Zink, Nickel, Bauholz, Hafer, Gerste, Azuki Bohnen, Wolle, Gummi und Seide. Das Rebalancing erfolgt monatlich. Die Auswahl und Gewichtung der Indexbestandteile orientiert sich nicht an der Produktion, sondern vielmehr am Verbrauch und wird überwacht von Jim Rogers, Mitgründer von Georg Soros Quantum Fonds. Seit der Indexauflegung im Jahre 1998 wurden nur zwei Veränderungen vorgenommen.

Der **Standard & Poor's Commodity Index (SPCI)** wurde 2001 ins Leben gerufen. Er bildet die Wertentwicklung von 17 Rohstoff-Futures-Kontrakten ab, welche an US-Börsen notiert sind. Die Gewichtung basiert auf Liquidität, gemessen an der Anzahl offener Kontrakte (Open Interest) durch gewerbliche Trader. Eher ungewöhnlich hingegen ist der Umstand, dass dieser geometrisch berechnet wird, was zu einer geringeren Volatilität gegenüber der arithmetischen Berechnungsweise seiner Schwester-Indizes führt. Dies erfolgt jedoch zu Lasten höherer Handelskosten. Der SPCI versucht eine Korrektur bei der Gewichtung derjenigen Rohstoffe vorzunehmen, welche ein Folgeprodukt anderer Rohstoffe darstellen. So wird zum Beispiel die Gewichtung von Lebendvieh reduziert, um dem Einfluss des Preises von Korn, welches zur Fütterung der Tiere als solches Vorkosten darstellt, gerecht zu werden. Der SPCI ist ferner der einzige Index, der den Rohstoff Gold mit der Begründung ausschließt, dass der größte Teil der Goldrohstoffe in Lagerbeständen gehalten und somit nicht im Konsum Verwendung findet.

Der **Reuters Commodity Research Bureau Index (CRB)** stellt den ältesten Rohstoff-Index dar und wurde bereits 1957 aufgelegt. 1986 erfolgte die Einführung an der New York Futures Exchange, heute Teil der New York Board of Trade (NY BOT). Einst gleichgewichtet, werden die Rohstoffe seit Mai 2005 in ihrer Gewichtung nach vier Gruppen unterteilt. Dabei reicht die Bandbreite von 23 Prozent für Rohöl bis ein Prozent für Orangensaft, Nickel und Weizen. Der Index wird monatlich rebalanct, wobei die Preise auf Basis der nächstfälligen Kontrakte Anwendung finden.

2.2 Besonderheiten bei der Konstruktion

Die Werte der genannten Rohstoff-Indizes werden nicht anhand der Preise für die einzelnen Rohstoffe an den Kassa- (Spot) Märkten ermittelt, wie dies beispielsweise bei Aktienindizes üblich ist, sondern referieren stattdessen auf die Preise für die einzelnen Futures-Kontrakte am Terminmarkt. Dabei wird üblicherweise darauf verzichtet, den demnächst fälligen Futures-Kontrakt zu verwenden, um hierdurch die Besonderheiten bezüglich der Fälligkeit und einer damit anstehenden Lieferung zu vermeiden. Stattdessen wird der nächstfällige Kontrakt verwendet und vor Fälligkeit einen Kontrakt weitergerollt. In der Praxis bedeutet dies, dass beispielsweise beim GSCI zwischen dem 5ten und 9ten Arbeitstag des Monats Mai der West Texas Intermediate (WTI) Rohöl Futures-Kontrakt mit Fälligkeit Juni geschlossen und derjenige mit Fälligkeit Juli eröffnet wird. Zur Berechnung der Indizes werden vom Indexmanager die Transaktionen nicht wirklich getätigt, sondern nur, wie oben erwähnt, preislich nachgebildet. Jedoch werden an diesen Terminen entsprechende Transaktionen von indexbasierten Produkten mit entsprechenden Auswirkungen auf Handelsumsätze, Preisschwankungen und offenen Kontrakten (Open Interest) ausgelöst.

Eine weitere interessante Besonderheit liegt in der Konstruktion der Indizes. Die meisten Indizes beinhalten eine starke Gewichtung von Energieprodukten wie Rohöl oder Erdgas. Energiekontrakte befinden sich zumeist in *Backwardation*. Damit ist gemeint, dass der Terminpreis unter dem Spot-Marktpreis notiert bzw. der später fällig werdende Kontrakt (Juli) einen geringeren Preis aufweist, als der demnächst fällig werdende (Juni-)Kontrakt. Dies hat zur Folge, dass bei unverändertem Kassa-Preis mit kürzer werdender Restlaufzeit der Preis des Futures-Kontraktes kontinuierlich steigt. Die klassische Erklärung stammt von dem berühmten englischen Nationalökonomen John Maynard Keynes[8]. Demnach streben die Rohstoffproduzenten danach, Preisrisiken durch Terminverkäufe abzusichern. Investoren sind dann bereit, in den Markt einzutreten, wenn sie für ihre Risikoübernahme durch einen tieferen Einstandspreis an den Terminmärkten entlohnt werden. Halten sie die Kontrakte bis zur Fälligkeit, haben sie bei unveränderten Kassapreisen die *Backwardation* für sich eingenommen, was in die Literatur als „Normal Backwardation" bezeichnet wird. Eine weitere Erklärung für *Backwardation* ist die Erwartung vieler Marktteilnehmer, dass die Preise am Kassamarkt überhöht sind und deswegen zurückkommen müssten. Sind diese Erwartungen rational, können Investoren an den Rohstoffterminmärkten keine Rendite erzielen, da die Roll-Erträge durch den erwarteten Rückgang der Kassapreise aufgezehrt werden. *Backwardation* kann aber auch von einer unerwarteten Verknappung des Rohstoffangebots auf Grund exogener Ereignisse (Streik, politische Unruhen, Naturkatastrophen etc.) ausgehen. Sind diese Versorgungsengpässe vorübergehender Natur, beruhigen sich die Kassapreise schnell wieder. Profitabel wird es für Investoren, wenn eine wachsende Nachfrage über einen längeren Zeitraum nicht durch eine entsprechende Ausweitung des Angebots befriedigt werden kann[9]. Als *Contango* bezeichnet man das umgekehrte Preisverhaltensmuster.

---

8   Vgl. Gorton/Rouwenhorst (2005), S..4 ff.
9   Vgl. Mezger/Eibl (2005), S.4.

3 Hedgefonds und Rohstoffe

Der Einstieg in die Anlageklasse Rohstoffe erfolgt vor allem über passive oder strukturierte Indexprodukte. Im Unterschied zu Aktien dominieren bei Rohstoffen passive Anlageformen mit einem Anteil von über 90 Prozent des gesamten Investitionsvolumens. Damit existiert für aktive Rohstoffmanager genügend Spielraum, um nachhaltig Alpha generieren zu können. Die besten Aussichten auf Erfolg haben Manager, die keinen Restriktionen bei ihren Investitionsrichtlinien unterliegen und sich somit bei der Umsetzung ihrer Handelsstrategien einzig am Marktpreis und der Eignung der jeweiligen Finanzinstrumente ausrichten. Spot-Markt-Transaktionen, Futures- oder Optionskontrakte, SWAPS, Forwards oder Kontrakte auf Differenzausgleich sind neben Leverage und Short-Positionen nur ein Ausschnitt möglicher Finanzoperationen, um entsprechende Handelspositionen aufzubauen und damit Handelsstrategien umzusetzen. Der Hedgefonds-Markt in rohstoffbezogenen Relative Value-Strategien ist noch relativ jung und hat erst in jüngster Vergangenheit durch die zunehmende Liquidität und Markttiefe an Momentum gewonnen. Das Energy Hedge Fund Center (EFHC), eine internetbasierte Informationsplattform und Datenbank, zählte per 07. Dezember 2005 insgesamt 450 Hedgefonds mit energie- und umweltbezogenen Strategien in ihrer Datenbank.

4 Trading-Strategien

Für gewöhnlich ist es Ziel der verschiedenen Trading-Strategien, im Bereich Relative Value Commodities von Preisbewegungen zwischen miteinander korrelierten Produkten, Rohstoffen, Märkten und Kontraktlaufzeiten Nutzen zu ziehen. Dabei kann der Aufbau entsprechender Handelspositionen einem fundamentalen oder einem systematischen Ansatz folgen. Der Fundamentalansatz basiert auf dem Fachwissen des Managers. Dieser muss spezifische Märkte genau kennen, Entwicklungen sowohl im Mikro- als auch im Makrobereich fortwährend analysieren und entsprechende Folgerungen ziehen. Der systematische Ansatz basiert auf regelmäßig beobachtbaren kurz-, aber auch längerfristigen Markttrends. Die Manager setzen auf Rechenmodelle, denen historische Zahlenreihen und gehandeltes Volumen zu Grunde liegen. Zu den Relative Value-Strategien gehören Inter-Commodity-, Intra-Commodity- und Market-Maker-Konzepte. Der Inter-Commodity-Ansatz nutzt Preisdifferenzen unterschiedlicher Rohstoffe zueinander, die durch kurzfristige Schwankungen des Angebots oder der Nachfrage entstehen können. Die Intra-Commodity-Manager bauen Positionen in Optionen, Forward- und Futures-Kontrakten innerhalb des gleichen Rohstoffes in unterschiedlichen Laufzeiten auf, um von Veränderungen der Preisstrukturkurve zu profitieren, allerdings wiederum nicht was ihre absolute, sondern was ihre relative Entwicklung angeht[10]. Die Market-Maker-Substrategie besteht darin, dem Markt Liquidität

---
10 Vgl. Fuchs/Clavien (2005), S. HF3.

zu verschaffen, indem fortwährend Preise zur Verfügung gestellt werden. Der Gewinn entsteht aus der Differenz zwischen dem Brief- und dem Geldkurs.

Intra-Commodity-Positionen beinhalten:

- Regionale Spreads; der Handel in hoch korrelierten und physikalisch verbundenen regionalen Strommärkten.
- Day Ahead (Folgetag) versus Real-Time; der Vergleich von Day-Ahead Futures-Preisen an regionalen Elektrizitäts-Märkten versus antizipierten Real-Time Closing Preisen.
- Erdgas Time Spreads; Handel in Kalenderspreads beispielsweise Sommer- versus Wintermonate.
- Regionale Erdgas Spreads; der Handel in spezifischen Erdgas Regionen (beispielsweise Chicago) versus Henry Hub.
- Optionsvolatilität Spreads; Delta Neutral Trades.
- Rohöl und raffinerierte Produkte Time Spreads; dies beinhaltet Trades entlang der Forward-Kurve und ist vor dem Hintergrund temporärer Verwerfungen interessant. Üblicherweise ist der Erdgas- und Rohöl-Markt während des Sommers aufgrund des Mangels an Nachfrage in *Contango*. Dieses Jahr war die Sommerzeit jedoch charakterisiert durch *Backwardation* verbunden mit einer hohen Volatilität.

Inter-Commodity-Positionen beinhalten:

- Elektrizität versus Wetter.
- Heat-Rates; der Handel in normalerweise hoch korrelierten Elektrizitätsmärkten versus Erdgas in Regionen mit einem hohen Prozentsatz von Erdgas-Energieproduktion.
- Crack Spreads; der Handel der Korrelation zwischen Rohöl, Heizöl und Benzin. Diese Spreads sind ebenfalls zeitweise durch eine Abweichung von ihrem normalen historischen Preismuster gezeichnet.
- Spark Spreads; Elektrizität versus Erdgas.
- Frac Spreads; Erdgas versus Propane.
- Erdgas versus Wetter; diese Strategie schaut auf Fehlpreisungen von Wetter-Risiko versus Energiepreise. Während das Wetter den dominanten Einflussfaktor auf die kurzfristige Entwicklung der Preise in Energie-Kontrakten darstellt, so gibt es zeitweise Gelegenheiten, wenn der Wettermarkt eine Fehlbewertung relativ zu Energiepreisen aufweist.
- Energie Securities: Long/Short-Aktien von energiebezogenen Unternehmen.

4.1 Crack Spread

Eine Ölraffinerie ist, wie alle Unternehmen der produzierenden Industrie, bezüglich ihrer Rentabilität der Preisfluktuation an zwei Märkten ausgesetzt. Dem Markt für das Rohmaterial (Rohöl) als Inputfaktor und dem Preis an den Absatzmärkten für die verarbeiteten Produkte wie Heizöl, Diesel und Benzin. Die Preise an beiden Märkten können unabhängig voneinander preisbeeinflussenden Faktoren ausgesetzt sein, wie beispielsweise Veränderungen im Angebot, der Nachfrage, der Effizienz, die ihre Ursache in wetterbedingten Einflüssen, regulatorischen Aspekten oder sonstigen Beweggründen finden können. Unabhängig von ihrer Ursache gefährden diese die ökonomische Existenz, wenn beispielsweise der Preis für den Inputfaktor (Rohöl) steigt, wohingegen der Preis für den Outputfaktor (Heizöl, Benzin) unverändert bleibt oder gar fällt. Dies führt zur Reduktion der Marge zwischen den beiden Produkten, dem Crack Spread[11]. Um sich gegen dieses Risiko abzusichern, ist es bereits seit Jahrzehnten möglich, an der New York Mercantile Exchange (NYMEX) mittels Finanzterminkontrakten (Futures) auf Rohöl, Erdgas und Benzin entsprechende Hedging-Strategien aufzubauen. Entsprechend existieren sogar Finanzprodukte, die als kombinierte Handelspositionen den gleichzeitigen Kauf- und Verkauf entsprechender Futures-Kontrakte als eine einzige Handelsposition abrechnen. Der Benzinoutput entspricht ungefähr dem doppelten des destillierten Rohöls, der Mischung, die Heizöl und Diesel ergibt, Produkte die chemisch nahezu identisch sind. Dieses Ratio findet seinen Niederschlag in einem von vielen Marktteilnehmern beachteten 3:2:1 Crack Spread – drei Rohöl-Futures-Kontrakte versus zwei Benzin-Futures-Kontrakte versus einen Heizöl-Futures-Kontrakt. Der 3:2:1 Crack Spread – die theoretische Raffinerie-Marge – wird ausgedrückt in USD je Barrel. Da Rohöl in USD je Barrel, die nachgelagerten Produkte jedoch in Cents je Gallone berechnet werden, muss zuerst eine Umrechnung erfolgen, um die Werte von Benzin und Heizöl zu addieren und im Verhältnis zum Rohöl auszudrücken[12]. Nachfolgende Tabelle verdeutlicht die Berechnung des 3:2:1 Crack Spread.

---

11 Vgl. Blatter (2005), S. 11.
12 Vgl. New York Mercantile Exchange (2000), S. 2 ff.

Tabelle 3: Ermittlung des 3:2:1-Crack Spread

Annahmen	
Preis pro Gallone Benzin	$ 0,575
Preis pro Gallone Heizöl	$ 0,545
Preis pro Barrel Rohöl	$ 18,50
Berechnungen	
Benzin $ 0,5750 x 42[1] = $ 24,15 pro Barrel x 2 Barrel	$ 48,30
Heizöl $ 0,5450 x 42 = $ 23,89 pro Barrel x 1 Barrel	$ 23,89
Summe	$ 71,19
Rohöl $ 18,50 x 1 = $ 18,50 pro Barrel x 3 Barrel	$ 55,50
Bruttomarge ($ 71,19 – $ 55,50)	$ 15,69
3:2:1 Crack-Spread entspricht $ 15,69/3 Barrel	**$ 5,23 pro Barrel**

Abbildung 1 zeigt die Entwicklung des 3:2:1-Crack Spreads über den Zeitraum der letzten 10-Jahre. Wenn der Betreiber einer Öl-Raffinerie, der Hedger, steigende Rohölpreise und gleichbleibende Preise für raffinierte Produkte erwartet – einen fallenden Crack Spread – so würde er den Crack Spread verkaufen, d.h. Rohöl-Futures-Kontrake kaufen und Benzin- sowie Heizöl-Futures-Kontrakte verkaufen.

Abbildung 1: 3:2:1-Crack Spread im Zeitraum 31.März 2000 – 30. November 2005

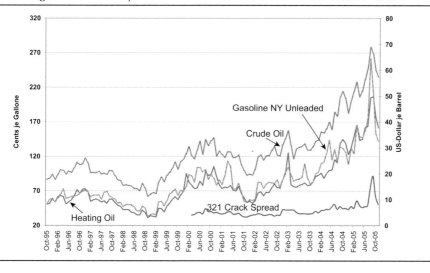

Claus Hilpold

Während für den Betreiber einer Öl-Raffinerie, einem nicht handelsorientierten Marktteilnehmer, die Beweggründe für den Aufbau entsprechender Handelspositionen in Crack Spreads vornehmlich in der Absicherung der entsprechenden Produktionsmarge liegen, existieren für die in diesem Segment engagierten Hedgefonds (Spekulanten) andere Beweggründe. Diese können unterschiedlicher Natur sein, haben aber immer die Erzielung eines Alphas zum Ziel, das heißt jenen Teil der Rendite, der nicht durch die Marktrendite, dem Beta, bestimmt ist. Unvollkommenheiten und Informationsasymmetrien, sowie entsprechende langjährige Erfahrung der Hedgefonds-Manager mit diesen Marktbedingungen bieten die Basis hierfür. Wetterbedingte Ereignisse wie beispielsweise die Hurrikan-Saison 2005 können ebenso wie terroristische Aktivitäten die relative Entwicklung der Preise dieser Rohstoffe und damit den Crack Spread beeinflussen. So gibt es Hedgefonds-Manager, die mittels Modellen das Wetter und den Einfluss des Wetters auf diesen Crack Spread bestimmen beziehungsweise versuchen, entsprechende Preisverhaltensmuster im Zeitverlauf zu identifizieren. Wie im Kapitel über Rohstoffindizes angedeutet, ist ein nicht unwesentlicher Teil der in die Anlageklasse Rohstoffe allozierten Gelder über entsprechende indexgekoppelte Produkte investiert. Die Eigenheiten, welche mit deren Konstruktion einhergehen, sind geradezu der Inbegriff eine Marktunvollkommenheit, die im Verlaufe der Zeit zu einem Muster in der Preisbildung führt, das gewissermaßen systematische Opportunitäten bietet. Zu erwähnen sind hierbei stellvertretend zwei Merkmale beim GSCI:

- Das Rollen der Futures-Kontrakte um den 5ten bis 9ten Kalendertag eines jeden Monats.
- Die doch eher statische Gewichtung der vertretenen Indexkomponenten, 27,3 Prozent Rohöl und 8,4 Prozent Heizöl.

4.2 Spark Spread

Ähnlich wie bei Crack Spreads geht es auch bei Spark Spreads um die relative Preisbeziehung von zwei Rohstoffen zueinander. In diesem Falle beschreibt der Terminus die Preisbeziehung von Elektrizität als Endprodukt und Erdgas als Inputfaktor zur Gewinnung von Elektrizität. Vornehmlich im Nord- und Südwesten der USA sowie in Texas, wo ein Großteil der Elektrizität mit Hilfe von Erdgasverbrennung produziert wird, ist eine Korrelation der Renditen der beiden Produkte gegeben. In anderen Regionen, in welchen vornehmlich Kohle, Öl oder nukleare Brennstoffe zur Gewinnung von Elektrizität verwendet werden, ist die Korrelation der Renditen von Erdgas und Elektrizität hingegen weniger signifikant. Der Spark Spread wird in Dollar je Megawatt-Stunde (USD/Mwh) zum Ausdruck gebracht und ist die Differenz zwischen dem Preis von Elektrizität je Megawatt-Stunde und dem Preis für den Brennstoff, welcher zur Herstellung eben dieser Energiemenge benötigt wird. Da Erdgas in British Thermal Unit (Btu) gehandelt wird, ist es erforderlich, diese Mengenangabe unter zur Hilfenahme eines Konversionsfaktor umzurechnen. Zur Errechnung dieses Konversionsfaktors wird die Heizrate der jeweiligen Elektrizitätsgewinnungsanlage benötigt. Angenommen ein Betreiber einer Elektrizitätsgewinnungsanlage weiß, dass seine Anlage mit einer Effizienzrate von 10.000 Btu je Kilowatt-Stunde arbeitet und die Kosten für Erdgas USD 1,45/mmBtu betragen, so ergibt sich hieraus die folgende Heizkostenrate:

$$\frac{10.000 Btu}{1 Kwh} \times \frac{1000}{1000} = \frac{10 mmBtu}{1 Mwh} \times \frac{\$1,45}{mmBtu} = \$14,50 / Mwh$$

Die Berechnung des Spark Spreads berücksichtigt ferner den Marktpreis für Elektrizität und somit Angebot- und Nachfragebedingungen, als auch die Frage der Effizienz.

Das nachfolgende Beispiel einer Spark Spread Berechnung zeigt deren Elemente auf Basis von Erdgas im Südosten der USA.

Tabelle 4: Ermittlung der Stromgenerierungskosten[13]

■ Netznutzungsentgelt je Megawatt-Stunde	$ 2,50
■ Einspeisungskosten ins Netz	$ 1,50
■ Summe Netznutzungsentgelt und Einspeisungskosten je Mwh	$ 4,00
■ Erdgas Preis (Henry Hub) per mmBtu	$ 1,45
■ Erdgas Transportkosten per mmBtu	$ 0,18
■ Summe Preis pro mmBtu	$ 1,63
■ Heizrate: 10.000 Btu/Kwh ($ 1,45 + $ 0,18) x 10	$ 16,30
■ Gesamtkosten Elektrizität pro Mwh $ 4 + $ 16,30	$ 20,30

Nachdem auf diese Weise der Kostenfaktor ermittelt wurde, kann der Spark Spread als Differenz zum Marktpreis ermittelt werden.

Tabelle 5: Ermittlung des Spark Spreads

■ Marktpreis für Elektrizität (Beispiel)	$ 20,30/Mwh
■ Generationskosten je Megawatt-Stunde	- $ 16,30/Mwh
■ Spark Spread	$ 4,00/Mwh

Der Spark Spread kann analog dem Crack Spread durch den zeitgleichen Kauf von Elektrizitäts-Futures-Kontrakten und dem Verkauf von Erdgas-Futures-Kontrakten syn-

---

13 Vgl. New York Mercantile Exchange (2000), S. 18 ff.

thetisch aufgebaut werden. Diente er Anfangs den Stromerzeugern zu Absicherungszwecken, ist er zwischenzeitlich auch Bestandteil einer Vielzahl von Handelsstrategien entsprechend spezialisierter Hedgefonds geworden. Dabei wird das Ziel verfolgt, die preisbeeinflussenden Faktoren entsprechend richtig abschätzen zu können, um bei diesem Inter-Commodity-Energy-Spread von der relativen Preisveränderung zwischen Erdgas und Elektrizität profitieren zu können.

4.3 Dark Spread

Der Dark Spread ist im Grunde betrachtet der Spark Spread für Kohle. Jedoch sind bei den zu ermittelnden Kosten wesentlich mehr Faktoren zu berücksichtigen. So ist der Dark Spread deutlich mehr durch den Stickstoffdioxid Ausstoß beeinflusst. Lässt man die Kosten für den Schadstoffausstoß außen vor, wäre der Dark Spread wesentlich günstiger als der Spark Spread. Wenngleich es aktuell nur wenige Hedgefonds gibt, bei deren angewandten Handelsstrategien der Dark Spread Verwendung findet, so ist doch davon auszugehen, dass sich dies durch die Einführung des Handels von Emissionszertifikaten ändert. Wird hierdurch doch eine weitere preisbeeinflussende Komponente handelbar und darauf aufbauende Relative Value-Strategien noch interessanter. Inter-Commodity-Strategien, welche den Dreieckszusammenhang zwischen den Input-Rohstoffen Kohle, Öl oder Erdgas, dem Endprodukt Elektrizität und dem an Bedeutung zunehmenden Faktor Umwelt abbilden, dürften die Folge sein.

5 Risiko-Rendite-Eigenschaften

Für die Betrachtung der Risiko-Rendite-Eigenschaften dieser speziellen Hedgefonds-Strategie fehlen leider entsprechende Subindizes namhafter Indexprovider, handelt es sich bei diesem Segment noch um einen überwiegend jungen Bereich. Ferner ist es äußerst schwierig, reale Leistungsnachweise (Track Records) dieser teils sehr öffentlichkeitsscheuen Anlagevehikel zu erhalten. Aus diesem Grunde wurde für die weitere Risiko-/Renditebetrachtung ein eigener Index entwickelt[14]. Konstruktionsmerkmale dieses Relative Value Commodities-Index sind in nachfolgender Tabelle aufgeführt.

---

14 Der Index bildet die Wertentwicklung von zwanzig Hedgefonds ab, die zum Zeitpunkt der Indexberechnung (30.09.2005) der Kategorie Relative Value (RV) Commodities zuzuordnen sind. RV Commodities ist dabei enger definiert, so dass weder Commodity Trading Advisors (CTAs), d.h. Trendfolgemodelle, Berücksichtigung finden noch Manager vertreten sind, welche der Strategie Global Macro angehören und neben Rohstoff Investments auch in anderen Anlageklassen investiert sein können. Desweiteren sind keine Manager vertreten, deren Strategie den Handel mit Aktien von Rohstoffunternehmen beinhaltet (Long Short Equity Sector Commodity). Aufgrund vertraglicher Verpflichtungen ist es weder möglich Details über die Indexmitglieder noch deren Namen zu veröffentlichen.

Tabelle 6: Merkmale der Indexkonstruktion

Gewichtung	Gleich gewichtet (equal weighted)
Rebalancing	Monatlich
Berechnungsgrundlage	Nettoinventarwerte der Single Hedgefonds
Anzahl Indexmitglieder	20 per 30.09.2005 6 per 01.10.2000
Zeitraum	01.10.2000 – 30.09.2005 (5 Jahre)
Tracking Error	Keine Kosten auf Indexebene

In nachfolgender Tabelle finden sich einige statistische Kennzahlen, die einen ersten Eindruck über die Risiko-Rendite-Eigenschaften dieser Hedgefonds-Strategie vermitteln sollen. Zum Vergleich finden sich die entsprechenden Daten für den Aktienmarkt gemessen am MSCI-Welt-Aktienindex, sowie zum Rohstoffmarkt, gemessen am GSCI.

Tabelle 7: Statistische Kennzahlen 1

Period (01.10.2000 - 30.09.2005)	RV Commodity Index	MSCI $ World Index	Goldman Sachs Commodity Index
Average Return Annualized	**26.10%**	-1.27%	11.96%
Standard Deviation Annualized	**8.51%**	14.80%	21.97%
% Positive Months	**81.67%**	56.67%	58.33%
Sharpe Ratio (1.0%) Annualized	**2.67**	-0.08	0.58
Omega (1.0%)	**3.15**	0.53	1.06
Best Month	**10.43%**	8.64%	15.71%
Worst Month	**-2.51%**	-11.13%	-14.49%
Maximum Drawdown	**-4.62%**	-43.45%	-38.05%

Auffällig wird bei der Betrachtung dieser Kennzahlen, dass der RV Commodities Index im Vergleich zu den Vertretern des globalen Aktienmarktes und eines Long-Only-Rohstoff-Indexes über die vergangenen fünf Jahre folgende Eigenschaften aufweist[15]:

- höhere annualisierte Rendite,
- geringere annualisierte Standardabweichung (Volatilität),
- höherer Anteil positiver Monate und
- deutlich geringeres Verlustrisiko (Worst Month und Maximum Drawdown).

---

15 Zu dieser Erkenntnis kommt auch Akey (2005), S. 36.

Auch die Korrelationsmatrix, die zur Bewertung des Diversifikationsnutzens dieser Strategie im Rahmen der Markowitz Portfoliotheorie an Bedeutung gewinnt, bescheinigt der RV Commodities-Strategie diversifizierende Eigenschaften, da deren Korrelation über den angegebenen Zeitraum mit 0,16 zum Aktienmarkt und 0,17 zum Rohstoffmarkt sehr gering ist.

Tabelle 8: Korrelationsmatrix

Correlation Structure	RV Commodity Index	MSCI $ World Index	Goldman Sachs Commodity Index
RV Commodity Index	**1.00**	0.16	0.17
MSCI $ World Index	**0.16**	1.00	0.00
Goldman Sachs Commodity Index	**0.17**	0.00	1.00

Hedgefondsrenditen weisen insbesondere in Relative Value-Strategien aufgrund der oftmals zum Einsatz kommenden Handelspositionen/Finanzinstrumente mit einem asymmetrischen Auszahlungsprofil ein nicht normales Verteilungsprofil auf. Dies macht es erforderlich, weitere statistische Kennzahlen zur Einschätzung des Risiko-Ertrags-Musters der Renditen zu betrachten.

Tabelle 9: Statistische Kennzahlen 2

	RV Commodity Index	MSCI $ World Index	Goldman Sachs Commodity Index
Downside Correlation		-0.05	0.21
Upside Correlation		0.28	0.21
Skewness	0.99	-0.40	-0.04
Excess Kurtosis	2.31	0.06	-0.21

Bei der Betrachtung des dritten Momentums der Verteilung, der Schiefe (Skewness) wird deutlich, dass die RV Commodities-Strategie im Unterschied zu den Repräsentanten der anderen beiden Anlageklassen über eine positive, d.h. eine linksschiefe Verteilung verfügt. Dies stellt für einen Investor ein positives Element dar, bedeutet es doch, dass sich im Vergleich zu einer Normalverteilung mehr monatliche Performanceausreißer auf der rechten Seite der Verteilung, dass heißt über dem Mittelwert befinden. Das vierte Momentum, die höhere Wölbung (Excess Kurtosis von 2,31), die im Falle einer Normalverteilung eigentlich Null betragen müsste besagt, dass mehr monatliche Renditen in den äußeren Randbereichen (vorwiegend dem positiven Bereich siehe positive Skewness) existieren. Die nachfolgende Abbildung verdeutlicht dies nochmals grafisch. Auch die Downside- und Upside-Korrelation weist der RV Commodities-Strategie positive Eigenschaften zu. In Phasen fallender Aktienmärkte ist die Korrelation negativ (–0,05), wohingegen in Phasen steigender Aktienmärkte eine leicht positive Korrelation (0,28) existiert.

Abbildung 2: Verteilung der monatlichen Renditen des RV Commodities-Index

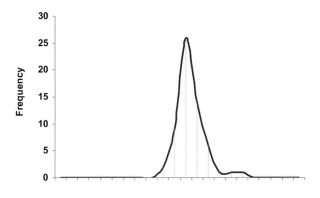

Die Drawdown Distribution der Strategie RV Commodities bietet eine weitere Möglichkeit, das Verlustrisiko für einen Investor abzuschätzen. So betrug die größte Verlustphase im beobachteten Zeitraum –4,62 Prozent, welcher über drei Monate aufgebaut wurde und bereits nach weiteren drei Monaten vollkommen ausgeglichen werden konnte.

Tabelle 10: Drawdown Distribution

Drawdown	Size [%]	Duration [Months]	Recovery [Months]
1	-4.62%	3	3
2	-2.04%	1	1
3	-1.63%	1	2
4	-1.53%	1	2
5	-1.44%	1	1
6	-1.34%	1	1

Eine Regressionsanalyse zum GSCI bescheinigt der Strategie entsprechendes Alphapotenzial, ohne sich hierbei eines relevanten Marktbetas zu bedienen. Analog sind die Erkenntnisse bei einer Regressionsanalyse im Vergleich zum Aktienmarkt.

Tabelle 11: Regressionsanalyse zum GSCI

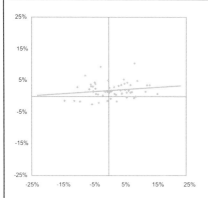

Alpha:	1.91%
Beta:	0.06 (not relevant)
$t_{observed}$ / $t_{critical}$	1.29 < 2
R:	0.17
R^2:	0.03

Eine letzte Betrachtung der Verteilung der monatlichen Renditen im Vergleich zum Aktienmarkt stellt die Downside-Upside-Distribution dar. Diese sortiert die monatlichen Renditen des Aktienmarktes vom schlechtesten monatlichen Wert zum Besten aufsteigend und stellt diesem den Wert gegenüber, den der RV Commodities-Index im entsprechenden Monat erzielt hat.

Abbildung 3: Downside-Upside-Distribution zum MSCI World Aktien Index

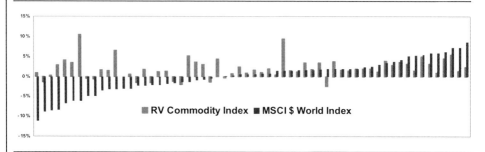

Während sich die Indexrenditen des RV Commodities-Index in negativen Aktienmonaten nahezu vollständig abkoppeln konnten, gelang es in positiven Monaten des Aktienmarktes ebenfalls, überwiegend positive Renditen zu generieren.

6 Ausblick

Dem Thema Rohstoffe als Anlagethema wird zweifelsohne bei zukünftigen Anlageentscheidungen eine wachsende Bedeutung zukommen. Steigende Preise bei und ein begrenztes Angebot in Rohstoffen auf der einen, Diversifikations- sowie Inflationshedge-Überlegungen auf der anderen Seite bieten vornehmlich die Erklärung hierfür. Anlageprodukte der jetzigen Generation stellen hierbei vornehmlich indexorientierte Lösungen dar und gehen schlussendlich mit einem höheren Verlustrisiko einher. Analog der Entwicklung in anderen Anlageklassen dürfte die Entwicklung jedoch zukünftig in die Richtung von Anlageideen und Anlagestrategien gehen, bei denen relative Preiszusammenhänge innerhalb von Rohstoffen (Intra-Commodity) oder aber zwischen fundamental oder statistisch „verbundenen" Rohstoffen (Inter-Commodity) die Basis bilden. Anhand verschiedener bereits heute bestehender Preisbeziehungen wurden einzelne, den RV Commodities-Stratgegien zugrunde liegenden Handelsüberlegungen aufgezeigt. Hierbei lässt die Dominanz passiver Investments in Rohstoffe und die mit der jeweiligen Indexkonstruktion einhergehenden Besonderheiten eine Marktunvollkommenheit oftmals erst entstehen und bietet auf diese Weise für den wirklichen Alpha-Jäger das ideale *Jagdrevier* – Reich an Opportunitäten. In einer Risiko-Rendite-Analyse anhand verschiedener Kennzahlen, die auch den Umstand des Umgangs mit nicht-normalverteilten Renditen ins Kalkül zieht, wird die Attraktivität nicht nur unter Rendite-, sondern gerade unter Risikogesichtspunkten deutlich. Mit einem weltweiten liquiden Börsenhandel von Emissionszertifikaten, legitimiert durch das Kyoto-Protokol, werden diese Strategien um eine weitere Facette bereichert.

Literaturverzeichnis

Acworth, W. (2005): Going Long on Commodities: Six ways to invest in commodities, in: Futures Industry Magazine, Washington May 2005.

Akey, R. (2005): Commodities: A Case for Active Management ,Chicago May 2005.

Blatter, J. (2005): Beyond indices: benefiting from natural resource markets without directionality, in: SwissHedge, Zurich 2005.

Fuchs, M./Clavien, F. (2005): Rohstoffe sind das ideale feld für hedge funds, in: Finanz und Wirtschaft, Zürich, 05. November 2005.

Gorton, G./Rouwenhorst, K. (2005): facts and fantasies about commodity futures, in: Yale ICF Working Paper No. 04–20; Pennsylvania February 2005.

Mezger, M./Eibl, Ch. (2005): Rohstoffe im Portfoliomanagement: Die (fast) vergessene Anlageklasse, in: Die Bank, Juni 2005.

New York Mercantile Exchange (2000): Crack Spread Handbook, New York December 2000.

Weiser, S. (2005): Roar materials, in: Professional Investor, December 2005.

Markus Mezger/Gerhard L. Single

Rohstoffe als Alternatives Investment
Partizipationsmöglichkeiten an einer
fast vergessenen Asset-Klasse

1 Einleitung 415
  1.1 Die Ertragsquellen von Rohstoffanlagen 415
  1.2 Vergleich und Analyse von Rohstoff-Indizes 417
  1.3 Sind Rohstoffaktien eine gleichwertige Alternative? 420

2 Passive Rohstoffprodukte 422

3 Mehrwert durch aktives Management 423
  3.1 Anlagestrategien 423
      3.1.1 Aktive Rohstoffselektion 423
      3.1.2 Investment Timing 424
      3.1.3 Optimierung der Roll Yields 426
  3.2 Aktive Investmentprodukte. 426

4 Schlussfolgerung 429

Literaturverzeichnis

1 Einleitung

Rohstoffe sind seit Beginn des neuen Jahrtausends in den Fokus der internationalen Finanzmärkte gerückt. Ihre Vorzüge – dazu zählen eine langfristig überdurchschnittliche Ertragsentwicklung, ein ansprechendes Rendite-Risiko-Profil sowie eine leicht negative Korrelation mit Aktien und Anleihen – wurden von Akademikern und Praktikern wiederentdeckt.[1] Doch lassen sich Rohstoffe überhaupt zu einer Anlageklasse zusammenfassen? Welche Ertragscharakteristika haben die einzelnen Rohstoffe und wie kann ein Investor an der Rohstoffpreisentwicklung partizipieren?

1.1 Die Ertragsquellen von Rohstoffanlagen

Rohstoffe verfügen über drei Ertragsquellen: Spot Yield, Roll Yield und Collateral Yield. Der Spot Yield umfasst die Kurszuwächse an den Kassamärkten. Bei physischen Rohstoffinvestments, z.B. Goldbarren und Münzen, ist dies die einzige Ertragsquelle. Die Kursgewinne an den Kassamärkten reichten bei vielen Rohstoffen nicht aus, um die Inflationsraten auszugleichen. So ist der Wert des ältesten, vom Commodity Research Bureau veröffentlichten Kassamarktindex in der Zeit von Januar 1947 bis zum Jahresende 2005 real um 73 Prozent gefallen. Nominal ergab sich ein bescheidenes Kursplus von 1,95 Prozent p.a. In der Regel wird ein Investment in Rohstoffe jedoch nicht über den Kauf physischer Rohstoffe dargestellt. Zum einen sind einige Rohstoffe nicht (z.B. lebende Rinder) oder nur mithilfe komplexer Infrastruktur lagerfähig (z.B. Erdgas, Petroleum). Zum anderen vergeben sich Investoren die beiden anderen Ertragsquellen, Roll Yield und Collateral Yield, die nur bei einem Investment in Rohstoffterminkontrakte realisiert werden können. Theoretisch müsste der Rohstoffterminkurs um Zins- und Lagerkosten über den Kassamarktpreisen liegen. Andernfalls würden Arbitrageure Rohstoffe in der Kasse (leer) verkaufen und sich über die Terminmärkte günstiger eindecken. Diese Arbitrage scheitert daran, dass sich mit Ausnahme von Gold[2] keine liquiden Leihmärkte entwickelt haben. Bei vielen Rohstoffen notieren die Terminkurse dadurch regelmäßig unter den Kassamarktpreisen (Backwardation). Investoren können auch bei unveränderten Kassamarktpreisen einen Roll Yield erzielen, indem der günstiger erworbene Terminkontrakt bis zur Endfälligkeit auf das Niveau des Kassamarktpreises aufwertet. Daneben können Zinserträge (Collateral Yield) von festverzinslichen Wertpapieren, die als Sicherheiten für die Rohstoffterminkontrakte hinterlegt werden, eingenommen werden.

Die Entwicklung und Zusammensetzung der Erträge einzelner Rohstoffe sind wenig korreliert.[3] Legt man die letzten 20 Jahre zugrunde, so haben vor allem Rohstoffe mit hohen Roll Yields überdurchschnittliche Renditen erzielt.

---

1 Beispielsweise Gorton/Rouwenhorst (2005) sowie Akey (2005).
2 Positionen zu den Goldleihemärkten vgl. Cross (2000). Die Entwicklung der Leiheraten findet sich bei www.lbma.org.uk oder unter GOFO bei Reuters.
3 Die Korrelation der Subindizes Energie, Industriemetalle, Edelmetalle, Landwirtschaft und Lebendvieh des Goldman Sachs Commodity Index weisen nur eine schwache Korrelation von durchschnittlich 0,1 auf. Vgl. Mezger/Eibl (2005), S. 13.

Tabelle 1: *Rendite-Risiko-Profil ausgewählter Rohstoffe*

Rohstoff	Börse	Ticker	Von	Bis	Spot Yield	Roll Yield	Gesamtrendite*	Volatilität
Energie								
Benzin	NYMEX	HU	30.12.1985	28.12.2005	4,24%	12,70%	21,83%	35,75%
Rohöl Brent	IPE	CB	24.07.1989	28.12.2005	7,52%	8,87%	21,28%	33,99%
Gas Oil	IPE	LF	03.06.1986	28.12.2005	7,63%	7,17%	19,69%	33,55%
Rohöl WTI	NYMEX	CL	30.12.1985	28.12.2005	4,12%	8,67%	17,68%	36,09%
Heizöl	NYMEX	HO	30.12.1985	28.12.2005	3,96%	8,47%	17,32%	36,66%
Erdgas	NYMEX	NG	04.04.1990	28.12.2005	13,34%	-19,43%	-1,89%	49,54%
Basismetalle								
Kupfer	COMEX	HG	30.12.1985	28.12.2005	6,42%	7,95%	19,26%	24,95%
Nickel	LME	MNI	30.12.1985	28.12.2005	6,14%	3,59%	14,62%	46,87%
Blei	LME	MPB	30.12.1985	28.12.2005	5,56%	-1,58%	8,87%	22,63%
Aluminium	LME	MAL	30.12.1985	28.12.2005	3,74%	-2,97%	5,66%	18,88%
Zink	LME	MZN	29.11.1988	28.12.2005	0,63%	-1,97%	3,25%	19,67%
Edelmetalle								
Platin	NYMEX	PL	30.12.1985	28.12.2005	5,05%	3,38%	13,33%	21,61%
Palladium	NYMEX	PA	03.01.1986	28.12.2005	4,91%	-0,04%	9,76%	30,47%
Gold	COMEX	GC	30.12.1985	28.12.2005	2,27%	-1,45%	5,70%	13,96%
Silber	COMEX	SI	30.12.1985	28.12.2005	2,10%	-1,38%	5,62%	24,46%
Livestock								
Lebendvieh	CME	LC	30.12.1985	28.12.2005	2,31%	9,52%	16,72%	14,03%
Zuchtvieh	CME	FC	30.12.1985	28.12.2005	2,85%	6,62%	14,36%	11,65%
Magere Schweine	CME	LH	30.12.1985	28.12.2005	0,20%	8,82%	13,91%	22,91%
Schweinebäuche	CME	PB	30.12.1985	28.12.2005	1,34%	1,41%	7,64%	35,06%
Agrarrohstoffe								
Sojabohnenmehl	CBOT	SM	30.12.1985	28.12.2005	1,70%	8,20%	14,79%	23,28%
Kansas Weizen	KCBOT	KW	30.12.1985	28.12.2005	0,73%	4,46%	10,08%	20,89%
Sojabohnen	CBOT	S-	30.12.1985	28.12.2005	0,68%	2,98%	8,55%	21,41%
Hafer	CBOT	O-	30.12.1985	28.12.2005	1,73%	1,61%	8,23%	30,95%
Sojabohnenöl	CBOT	BO	30.12.1985	28.12.2005	-0,13%	-2,96%	1,80%	22,35%
Chicago Weizen	CBOT	W-	30.12.1985	28.12.2005	0,00%	-3,67%	1,23%	23,23%
Mais	CBOT	C-	30.12.1985	28.12.2005	-0,71%	-6,60%	-2,41%	21,20%
Zucker	NYBOT	SB	30.12.1985	28.12.2005	4,99%	-3,90%	5,99%	36,65%
Kaffee	NYBOT	KC	30.12.1985	28.12.2005	-3,79%	-4,00%	-2,90%	39,94%

* inkl. Zinsertrag (Collateral Yield)

Daten: CRB, Bloomberg, Datastream

In der wissenschaftlichen Literatur finden sich zwei widersprüchliche Begründungen von Backwardation und Roll Yields. Die älteste wurde von John Maynard Keynes bereits in den zwanziger Jahren des vergangenen Jahrhunderts entwickelt (Normal Backwardation).[4] Demnach streben Rohstoffproduzenten danach, Preisrisiken durch Terminverkäufe teilweise abzusichern. Investoren sind nur dann bereit in den Markt einzutreten, wenn sie durch einen tieferen Einstandspreis an den Terminmärkten für diese Risikoübernahme entlohnt werden. Das Konzept von Keynes lässt sich empirisch relativ gut auf die Märkte für Lebendvieh anwenden. Hier müssen die Anbieter ihre

---

4   Vgl. Keynes (1923).

Ware sofort vermarkten, da eine Zwischenlagerung nicht möglich ist. Die Roll-Erträge von knapp zehn Prozent per annum bei lebenden Rindern und rund 6,5 Prozent bei Zuchtrindern können als Risikoprämie im Sinne von Keynes interpretiert werden.

Das Konzept von Keynes kann jedoch die Backwardation bei lagerfähigen Rohstoffen, bei denen Terminabsicherungen von Produzenten empirisch nicht zu beobachten waren, nicht erklären. Diese Lücke schließt die von Working, Telser und Brennan vorgelegte Theorie der Lagerhaltung.[5] So seien Verbraucher und Lagerhalter bereit, eine Verfügbarkeitsprämie (Convenience Yield) zu bezahlen, um einen reibungslosen Ablauf der Rohstoffverarbeitung zu gewährleisten. Die Prämienhöhe hängt davon ab, wie hoch die Lagerbestände sind. Nähern sich diese einem kritischen Level (eiserner Bestand) so kann die für sofort verfügbare Rohstoffe bezahlte Prämie die Kosten der Lagerhaltung überkompensieren. Investoren, die warten können, weichen auf die billigeren lang laufenden Terminkontrakte aus und können so substanzielle Roll Yields vereinnahmen. Das Konzept der Lagerhaltung bildet die Roll-Erträge bei Basismetallen (vor allem Kupfer) und industriell verwendeten Edelmetallen (Platin, Palladium) gut ab. Insbesondere in den letzten fünf Jahren war die Korrelation zwischen den offiziellen Lagerbeständen und der Terminmarktstruktur der an der London Metal Exchange gehandelten Metalle sehr stark ausgeprägt.

Beide Konzepte können jedoch nicht die hohen Roll-Erträge bei den Spitzenreitern, den Energiekontrakten erklären. So waren bei Rohöl in den letzten 20 Jahren weder nennenswerte Absicherungsgeschäfte der Produzenten noch eine kritische Entwicklung der Lagerbestände zu beobachten. Doch die Vermutung, der Preisabschlag der Terminkontrakte könnte eine entsprechend negative Entwicklung der Kassamarktpreise vorwegnehmen, bestätigte sich empirisch nicht. Im Gegenteil: Gerade dann, wenn die Ölmärkte in Backwardation notierten, war auch eine positive Entwicklung am Kassamarkt zu beobachten. Ein Blick auf Tabelle 1 verrät, dass auch für die Mehrzahl der anderen Rohstoffe die Faustregel gilt: Umso höher die Roll-Renditen, desto höher ist die Gesamtrendite eines Rohstoffs. Wie lassen sich nun die relativ inhomogenen Rohstoffe am besten in einem Index zusammenfassen?

1.2 Vergleich und Analyse von Rohstoff-Indizes

Die Entwicklung an den Rohstoff-Terminmärkten wird derzeit vor allem über sechs Rohstoff-Indizes abgebildet. Das wichtigste Unterscheidungsmerkmal ist, auf welcher Basis die Gewichtungen der einzelnen Terminkontrakte ermittelt werden. Der am einfachsten konstruierte Index ist zugleich auch der älteste. Es handelt sich um den Index des Commodity Research Bureau (CRB), der seit 1957 veröffentlicht wird und in den alle Rohstoff-Futures bis Juni 2005 gleich gewichtet eingingen.[6] Die Gleichgewichtung

---

5   Vgl. Working (1949), Telser (1958) sowie Brennan (1958).
6   Die Indexsystematik des neuen Reuters/Jefferies CRB Rohstoff-Futures-Index wurde zum 17. Juni 2005 umgestellt. Anstatt alle Rohstoffe gleich zu gewichten, wurden vier Subindexgruppen eingeführt, deren Zusammenstellung und Gewichtungen objektiv nicht nachvoll-

vom Rendite-Risiko-Profil völlig unterschiedlicher und weitgehend unkorrelierter Rohstoffe hat dem CRB-Index die rote Laterne bei der Ertragsentwicklung, aber auch die Spitzenposition bei der Volatilität eingebracht.

Im Jahre 1991 folgte dann der Goldman Sachs Commodity Index (GSCI), der bis zum 01. Januar 1970 zurückgerechnet wurde. Die Gewichtungen der einzelnen Rohstoff-Futures orientieren sich an dem monetären Gegenwert der jährlichen Fördermenge. Der GSCI kommt durch dieses Verfahren zu einer sehr hohen Gewichtung der Energiekontrakte von rund drei Viertel des Gesamtindex. Das Resultat dieser Gewichtung waren vergleichsweise hohe Roll- und Gesamterträge, aber zum Preis einer relativ hohen Volatilität (18,3 Prozent), die die Sharpe Ratio auf durchschnittliche Werte absenkte.

Der ebenfalls bis 1970 zurückgerechnete Standard & Poor's Commodity Index (SPCI), dessen Gewichtungen auf Basis der Handelsumsätze, gemessen an den offenen Kontrakten nicht spekulativer Marktteilnehmer ermittelt werden, kann hier eine etwas geringere Schwankungsbreite (15,43 Prozent) offerieren. Allerdings fällt die Entwicklung des Rendite-Risiko-Verhältnisses über den gesamten Zeitraum deutlich hinter den GSCI zurück.

In die Lücke konnte ab dem Jahr 1998 der bis zum Jahresanfang 1991 zurückgerechnete Dow Jones AIG Commodity Index (DJAIG) stoßen, der den GSCI hinsichtlich der Sharpe Ratio in den letzten zehn Jahren kontinuierlich übertroffen hat (siehe Tabelle 2). Die deutlich geringere Volatilität lässt sich auf eine ausgewogene Mischung zurückführen. So beruht die Rohstoffgewichtung nicht nur auf dem Wert der Produktion, sondern auch auf der Marktliquidität der einzelnen Rohstoffe. Darüber hinaus ist für die Gewichtung eines Sektors (z.B. Energie, Industriemetalle, Edelmetalle, Agrar-Rohstoffe, Livestock) eine Obergrenze von 33 Prozent eingeführt worden. Der DJAIG orientiert sich durch diese Begrenzung relativ eng an dem breit gewichteten CRB-Index (geringster Tracking Error aller analysierten Rohstoff-Futures-Indizes zum CRB-Index), kann diesen aber hinsichtlich der Ertragsentwicklung deutlich übertreffen und eine information ratio von 1,8 vorweisen. Allerdings vermittelt die Begrenzung des Backtesting auf den Januar 1991 den Eindruck, dass ex post „schön" gerechnet wurde. Ein echter Vergleich zum GSCI hätte eine Rückrechnung bis in das Jahr 1970 erfordert.

---

ziehbar sind. So finden sich beispielsweise Nickel, Weizen, Magere Schweine, Orangensaft und Silber jeweils mit ein Prozent gewichtet in einer Gruppe wieder. Das höchste Einzelgewicht hat WTI-Rohöl mit 23 Prozent.

Tabelle 2: Rendite-Risiko-Profil diverser Rohstoff-Futures-Indizes

	GSCI	DJAIG	CRB	SPCI	DBLCI	RICI *
I Indexberechnung						
Jahr der Markteinführung	1991	1998	1957	2001	2003	1998
Rückrechnung bis	Jan 1970	Jan 1991	Sep 1956	Nov 1927	Jan 1988	Jul 1998
Indexfutures	CME	CBOT	NYBOT	--	--	--
Anzahl Rohstoffe	24	19	17	17	6	35
Objektive Gewichtungen	ja	ja	ja	ja	nein	nein
Maximalgewichte	nein	ja	ja	ja	nein	nein
Rebalancing	jährlich	jährlich	jährlich	jährlich	mtl./jährl.	mtl.
II Jährliche Rendite						
Spot Return						
seit 01.01.1970	3,83%	--	3,10%	2,52%	--	--
seit 01.01.1991	4,13%	5,50%	2,24%	3,06%	--	--
Excess Return						
seit 01.01.1970	5,55%	--	--	0,83%	--	--
seit 01.01.1991	2,76%	2,87%	--	1,18%	6,38%	n.a.
Total Return						
seit 01.01.1970	12,36%	--	--	7,57%	--	--
seit 01.01.1991	7,17%	7,78%	4,27%	6,17%	10,57%	17,14%
III Risikomaße (seit 1991)						
Volatilität	18,75%	11,97%	8,68%	13,41%	18,14%	16,50%
Sharpe Ratio	0,17	0,31	0,03	0,16	0,36	0,80
Tracking Error zu CRB **	7,50%	1,95%	0,00%	7,50%	8,15%	3,85%
Information Ratio zu CRB **	0,76	1,80	--	0,76	0,96	2,99
Monat Max. Drawdown	Mrz 1974	Mrz 2003	Jul 1984	Mrz 1980	Jan 1991	Nov 1998
Maximum Drawdown	-18,56%	-7,84%	-8,54%	-20,90%	-12,16%	-10,62%

* Sämtliche Angaben zum RICI beziehen sich auf die Zeit von Juli 1998 bis Dezember 2005
** Tracking Error und Information Ratio zu CRB teilweise bis 1982 zurückgerechnet

Dies gilt auch für den ebenfalls sehr spät eingeführten Rogers International Commodity Index (RICI) und den Deutsche Bank Liquid Commodity Index (DBLCI), die hinsichtlich des Rendite-Risiko-Profils klar die Rangliste der Rohstoff-Futures-Indizes anführen. Der RICI ist mit 35 Rohstoffen der formal am breitesten aufgestellte Index. Die Gewichtungen orientieren sich laut Handbuch am Wert des Rohstoffverbrauchs und sind seit Auflegung des Index nicht verändert worden. Da ein objektives Verfahren zu ihrer Ermittlung nicht veröffentlicht wurde, scheinen sie bei zukünftigen Anpassungen eine stark subjektive Note zu tragen. Weil zudem keine Gewichtsbegrenzungen eingeführt wurden, ist der RICI der Index mit dem höchsten und mit dem kleinsten Gewicht aller in die Analyse eingeschlossenen Indizes (Nymex Rohöl der Sorte WTI hat einen Anteil von 35 Prozent (wie DBLCI), während rohe Seide lediglich mit 0,05 Prozent gewichtet ist).

Das andere Extrem ist der Index der Deutschen Bank (DBLCI), der nur sechs Rohstoff-Kontrakte einschließt. Die Konsequenz ist die höchste Volatilität im Vergleich mit den anderen Rohstoff-Futures-Indices. Dennoch wies der Index in den letzten 15 Jahren die beste Sharpe Ratio auf (bei geringerem Track Record weist der RICI ein besseres Ergebnis auf). Der vom Rendite-Risiko-Profil äußerst attraktive Livestock-Bereich (u.a.

lebende Rinder, Zuchtrinder) fehlt ganz im DBLCI, so dass bei der Indexzusammenstellung Handelsaspekte reine Anlageüberlegungen dominiert zu haben scheinen.

Abbildung 1: Entwicklung der Sharpe Ratio diverser Rohstoff-Futures-Indizes

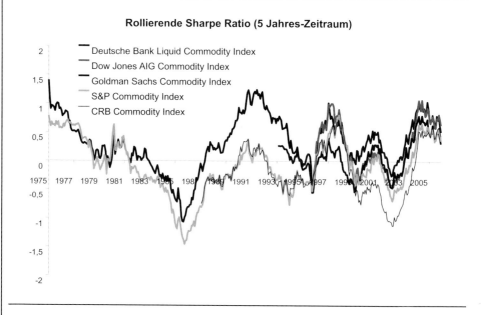

1.3 Sind Rohstoffaktien eine gleichwertige Alternative?

Rohstoff-Futures sind Anlageinstrumente, die im Portfoliomanagement von vielen Investoren nicht direkt abgebildet werden können. Alternativ wird häufig auf Rohstoffaktien ausgewichen. Doch weisen diese ein vergleichbares Rendite-Risiko-Profil und gleichwertige Diversifikationseigenschaften auf? Betrachtet man die bei den größten Rohstoffaktienfonds verwendeten Benchmark-Indizes, so sind einige rohstoffübergreifende globale Aktien-Indizes vertreten (u.a. MSCI World Materials, FTSE World Mining, HSBC Global Mining, Morgan Stanley Commodity Related Index), doch mit wenigen Ausnahmen (z.B. FTSE World Oil and Gas und FTSE Goldmines) kann ein Aktienindex einem Rohstoff nicht direkt zugeordnet werden. Ein direkter Vergleich beider Anlageformen setzt die Identifikation von börsennotierten Unternehmen, die sich auf die Herstellung eines Rohstoffs oder einer Rohstoffgruppe konzentrieren (Pure Commodity Plays) voraus. Eine Unterteilung der Rohstoffproduzenten kann anhand des amerikanischen Branchenklassifizierungssystems Standard Industrial Classification, kurz SIC, vorgenommen werden.[7] Agrarrohstoffe sind bei diesem Vorgehen im Vergleich mit den großen Rohstoff-Futures unterrepräsentiert, da sie zumeist von kleineren nicht börsennotierten Unternehmen erzeugt werden.

Im Rahmen einer empirischen Studie konnten jedoch auf Basis der Marktkapitalisierung Total Return-Indizes für Produzenten der Rohstoffe Rohöl, Kupfer, Nickel, Gold, Silber, Platin und Zucker gebildet werden.[8] Der reine Rendite-Risiko-Vergleich fällt zugunsten der Anlageform Rohstoffaktien aus, deren Sharpe Ratio außer bei Nickel dem Futures-Investment überlegen ist.

Tabelle 3: Rendite-Risiko-Vergleich ausgewählter Rohstoffe und Rohstoffaktien-Indizes

Rohstoff	Zeitraum	Gesamtrendite		Volatilität		Sharpe Ratio	
		Future	Aktien	Future	Aktien	Future	Aktien
Rohöl	04/83-12/04	18,82%	15,19%	34,96%	21,39%	0,37	0,43
Kupfer	01/73-12/04	15,60%	18,13%	27,94%	34,96%	0,35	0,35
Nickel	08/79-12/04	6,87%	5,58%	64,56%	41,66%	0,01	-0,01
Gold	01/75-12/04	6,54%	10,87%	19,50%	35,23%	0,03	0,14
Silber	01/73-12/04	5,03%	8,85%	30,28%	48,92%	-0,03	0,06
Platin	01/73-12/04	8,61%	12,93%	30,74%	40,05%	0,09	0,17
Zucker	01/73-12/04	3,10%	13,37%	49,51%	19,90%	-0,06	0,37

Quelle: Koch (2005), S. 24 und 26.

Allerdings wird das Risiko von Rohstoffaktien mit der Volatilität allein nicht vollständig widergegeben. Erstens gilt vor allem im Energie- und Metallbereich das Paradoxon, dass die Unternehmen sich durch die Ressourcenförderung ihre eigene Geschäftsgrundlage entziehen. Langfristig schrumpfende Gesamtreserven eröffnen positive Perspektiven für die Rohstoffpreise und entsprechend negative für die Rohstoffproduzenten. Zweitens besteht bei Aktien grundsätzlich das Risiko eines Totalverlustes, wenn die Förderung eines Rohstoffs eingestellt wird, sollte der Preis mittelfristig unter die Produktionskosten fallen. Insofern ist die Survivor Bias der Rohstoffaktien-Indizes wesentlich stärker ausgeprägt als bei Rohstoff-Futures-Indizes. Der entscheidende Unterschied der Rohstoffaktien ist jedoch ihre Zwitterstellung zwischen Aktien- und Rohstoffmärkten. So korrelieren die einzelnen Rohstoffaktien teilweise stärker mit den Aktien-Indizes ihrer Heimatmärkte als mit der Preisentwicklung des zugrunde liegenden Rohstoffs. Die Preisentwicklung der europäischen Ölunternehmen ist wesentlich stärker von den Renditen des EuroStoxx als von der Ölpreisentwicklung geprägt. Die Ausnahme sind Gold- und Silberaktien, deren Beta zu den Heimataktien-Indizes ($ß_A$) kleiner ausfällt als das Beta zur Gold- und Silberpreisentwicklung ($ß_R$).

---

7 Ein derartige Unterteilung findet sich beispielsweise bei Gorton/Rouwenhourst (2005), a.a.O. S. 26 sowie Appendix 4.
8 Vgl. Koch (2005).

Tabelle 4: Betas der Rohstoffaktien-Indizes zu allgemeinen Aktien-Indizes und Rohstoffen

Aktienindex	Beta Aktienmarkt	Beta Rohstoff
Rohölaktien	0,78	0,19
Kupferaktien	0,95	0,50
Nickelaktien	1,41	0,53
Goldaktien	0,88	1,76
Silberaktien	0,67	0,92
Platinaktien	0,90	0,68
Zuckeraktien	0,49	0,02

Quelle: Koch (2005), S. 18.

Die teilweise mangelhaften Diversifikationseigenschaften der untersuchten Rohstoffaktien zur Anlageklasse Aktien zeigen sich insbesondere in schwachen Börsenphasen. In den zehn schlechtesten Börsenmonaten des MSCI World (durchschnittliche Rendite: –11,23 Prozent) hielten sich nur Öl- (–4,62 Prozent) und Goldaktien (–8,91 Prozent) etwas besser. Negativspitzenreiter waren Platin- (–18,1 Prozent) und Silberaktien (–20,46 Prozent). Bei einem Futures-Investment waren hingegen bei allen Rohstoffen in derselben Zeit keine oder nur geringe Verluste zu verzeichnen.

2 Passive Rohstoffprodukte

Neben der direkten Investition in Rohstoffaktien ist die am weitesten verbreitete Art der Partizipation an den Rohstoff-Märkten eine Investition in die in Abschnitt 1.2 analysierten Rohstoff-Futures-Indizes. Eine Partizipation an der Entwicklung dieser Indizes wird erreicht durch eine Investition in:

- OTC – Swaps,
- Indexzertifikate,
- Indexfonds.

Die Partizipation über OTC-Swaps ist in der Regel großen institutionellen Investoren vorbehalten. Für private und institutionelle Investoren haben sich am Deutschen Markt Indexzertifikate und Indexfonds etabliert, wobei Indexzertifikate genauso wie OTC-Swaps das Insolvenzrisiko des Emittenten/Kontrahenten bergen. Der Markt der Indexzertifikate auf den Rogers International Commodity Index (RICI) wird vom Emittenten ABN Amro dominiert. Der bedeutendste Indexfonds auf den RICI wird von Diapason Commodities Management angeboten. Sowohl Barclays Global Investors (BGI) als auch AXA/BNP Paribas bieten einen Exchange Traded Funds (ETF) auf den Goldman Sachs

Commodity Index (GSCI) an. Goldman Sachs selbst bietet diverse Zertifikate auf ihren Rohstoff-Index an. Eine Partizipation am Dow Jones AIG Commodity Index ist über Zertifikate von JP Morgan und Sal. Oppenheim, sowie einen Indexfonds der Activest möglich. Bezüglich des investierten Volumens haben die anderen in Abschnitt 1.2 aufgeführten Rohstoff-Indizes eine untergeordnete Bedeutung. Dennoch flossen im Gegensatz zu traditionellen Anlageklassen passiven Rohstoffprodukten bisher deutlich mehr Mittel zu als aktiv gemanagten Rohstoffprodukten.

3 Mehrwert durch aktives Management

3.1 Anlagestrategien

Rohstoffe bieten immer noch ein Dorado für aktive Managemententscheidungen. Zum einen war die Ertragsentwicklung der verschiedenen Rohstoffe wenig korreliert. Die Folge war ein extrem breites Performancespektrum des gesamten Sektors (vgl. Abschnitt 1) und ausgeprägte relative Stärketrends einzelner Rohstoffe. Zum anderen sind wie in Abschnitt 2 ausgeführt, vermutlich mehr als 90 Prozent des Gesamtanlagevolumens der Anlageklasse in passiven Produkten investiert. Ganz im Gegensatz zum Anlageuniversum der Aktien und Rentenpapiere, in der eine Vielzahl von Managern und Analysten versuchen, das statistisch Unmögliche zu vollbringen, nämlich gleichzeitig ihre Vergleichsindizes zu schlagen. Das Alpha-Potenzial bei Rohstoffen beruht im Wesentlichen auf drei Strategieansätzen, die marktneutral oder mit Net-Long-Bias implementiert werden können.[9]

3.1.1 Aktive Rohstoffselektion

Die Gesamtrendite eines Rohstoffs wird wie in Abschnitt 1 ausgeführt vor allem von seinen Roll-Erträgen bestimmt. Eine aktive Selektion wird also der aktuellen Forward-Kurve und den erwarteten Roll Yields ein hohes Gewicht einräumen. Eine steil abfallende Kurve und eine konvexe Krümmung signalisierten extrem hohe Prämien für sofort verfügbare Rohstoffe. Eine besonders attraktive Kombination ergibt sich, wenn die Knappheiten an den physischen Kassamärkten durch eine tatsächliche oder erwartete Reduktion der Lagerbestände bestätigt wird, wie dies bei einigen Basismetallen in den letzten Jahren der Fall war. Im Backtesting zeigt die Übergewichtung von Rohstoffmärkten in Backwardation bemerkenswerte Mehrrenditen.[10] Eine Studie von Erb und Harvey hat nachgewiesen, dass ein Investment in den GSCI-Indexfutures, wenn dieser

---
9 Weitere Informationen zu aktiven Rohstoff-Strategien befinden sich in dem Beitrag von Eagleeye/Till in diesem Handbuch.
10 Zu diesem Schluss kommen auch Till/Eagleeye (2003).

in Backwardation notierte, im Zeitraum von Juli 1992 bis Mai 2004 eine Rendite von 11,25 Prozent p.a. erbracht hat, während es in Contango-Märkten –5,01 Prozent waren.[11] Würden in einem Rohstoff-Portfolio nur Futures in Backwardation berücksichtigt und entsprechend der Steilheit gewichtet, so zeigen unsere Analysen, dass sich signifikante Mehrrenditen von bis zu 11,5 Prozent p.a. gegenüber den relevanten Rohstoff-Indizes ergeben hätten.

3.1.2 Investment Timing

Da die erwarteten Roll-Renditen die zentrale Determinante der Gesamtrendite und der relativen Stärke eines Rohstoffes sind, liegt es nahe, auch das kurzfristige Investment Timing an diesem Indikator auszurichten. Die Tiberius Asset Management hat die historischen Terminkurven aller an US-Börsen gehandelten Rohstoffkontrakte anhand eines einheitlichen Indikators auf wöchentlicher Basis ausgewertet. Die Skalierung reicht von +10 (durchschnittliche Backwardation pro Monat <= –1,7 Prozent) bis –10 (durchschnittlicher Contango pro Monat >= +1,7 Prozent). Der gleich gewichtete Durchschnitt aller Terminkurven wurde als Basis für die Investitionsquote herangezogen, die in dem Bereich von 0 Prozent (Indikatordurchschnitt –10) bis 200 Prozent (Indikatordurchschnitt + 10) festgesetzt wurde. Durch diese aktive Steuerung der Investitionsquote hätte zu den Vergleichsindizes (von Januar 1970 bis Dezember 1990 GSCI Excess-Return, von Januar 1991 bis November 2005 Dow Jones AIG Excess Return) eine Mehrrendite von 2,47 Prozent per annum bei einer Trefferquote von 53,5 Prozent erzielt werden können.

Aktuell indiziert das Modell eine leichte Unterinvestition. Die Terminkurven der großen Energiekontrakte haben im Laufe des Jahres 2005 von Backwardation auf Contango gedreht. Gleichzeitig hat sich auch das Sentiment stark verbessert. Während in den Jahren 2000 bis 2004 eine stark negative Konsensusprognose für die Rohölmärkte dominierte, wurden im Jahr 2005 vermehrt Stimmen mit zum Teil dreistelligen Kurszielen für Rohöl der Sorte WTI vernommen. Damit fehlt die Skepsis der Vorjahre, die die hohen Roll Yields im Energiebereich begründete.

---

11 Vgl. Erb/Harvey (2005), S. 32.

Abbildung 2: Kurzfristige Timing-Entscheidungen auf Basis von Terminkurven

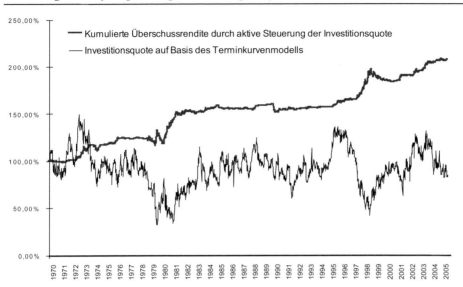

Von großer Relevanz für das mittelfristig bis langfristige Timing sind zweifelsohne auch die klassischen Konjunkturzyklen. Gorton und Rouwenhorst verbinden Überschussrenditen des Rohstoffsektors mit den Konjunkturhöhepunkten (Phasen Late Expansion and Early Recession).[12] Einen Schritt weiter gehen Vrugt und Bauer, die ihren Timing-Ansatz mit Konjunkturindikatoren, monetären Variablen (US-Diskontsatz, Geldmenge M2) und Sentimentindikatoren (Konsumenten- und Produzentenvertrauen) kombinieren und damit in der Zeit von August 1992 bis Dezember 2003 bei annähernd gleicher Standardabweichung eine jährliche Überschussrendite von 2,94 Prozent gegenüber dem GSCI erzielen konnten.[13]

Unsere eigenen Untersuchungen zeigen, dass vor allem Frühindikatoren der Industrieproduktion (u.a. US-Einkaufsmanager-Index für das Verarbeitende Gewerbe, Tankan, IFO-Erwartungen Westdeutschland) den Rohstoffpreisen vorauslaufen. Eine Orientierung der Investitionsquote an den nach der Industrieproduktion gewichteten Länderindikatoren hätte nach dem Modell der Tiberius Asset Management von 1970 bis heute eine jährliche Mehrrendite von 1,82 Prozent gegenüber einer aus GSCI (Januar 1970 bis Dezember 1990) und Dow Jones AIG (Jan 1991 bis November 2005) kombinierten Benchmark erbracht.

---

12 Vgl. Gorton/Rouwenhorst (2005), S. 20.
13 Vgl. Vrugt/Bauer (2004), S. 9 ff.

3.1.3 Optimierung der Roll Yields

In den Rohstoffindices wird vor allem der als nächstes auslaufende Kontrakt (Nearby Futures) berücksichtigt. Gegenüber dieser Systematik kann Alpha innerhalb eines Rohstoffkontrakts durch die Selektion anderer Restlaufzeiten bzw. auf marktneutraler Basis durch den Short auf den überbewerteten und einen entsprechenden Long auf den unterbewerteten Kontrakt generiert werden. Dazu müssen die Drehungen und Krümmung der Terminkurven modelliert werden. Nach dem in Kapitel 1 ausgeführten Convenience Yield-Konzept bieten sich als ökonomische Variablen vor allem die tatsächliche und erwartete Entwicklung der Lagerbestände (Entwicklung der Primärmärkte) an. Als weitere Determinanten können Überkauft-/Überverkauft-Indikatoren für die vorderen Kontraktmonate in Relation zu den hinteren Kontraktmonaten sowie die kurzfristige Positionierung spekulativer Marktteilnehmer nach der Klassifizierung der Commodities Trading Futures Commision herangezogen werden.

3.2 Aktive Investmentprodukte

Die Hausse der allgemein anerkannten Asset-Klassen Renten und Aktien in den letzten 20 Jahren und die scheinbar enttäuschenden Performancezahlen von Rohstoffen, die im Zuge der „New Technology" und des „Medien-Hypes" als antiquiert eingestuft wurden, haben dazu geführt, dass nur wenige Manager ausreichend profunde Kenntnisse im Rohstoffbereich vorweisen können, um einen aktiven Managementansatz erfolgreich zu implementieren.

Am Markt haben sich insbesondere vier Kategorien aktiver Investmentprodukte herauskristallisiert:

- Hedgefonds,
- aktive Net-Long-Fonds,
- Rohstoffaktienfonds,
- Dachfonds.

Am Deutschen Markt verfügbar ist derzeit kein reiner Rohstoff-Hedgefonds. Selbst im Bereich der Dach-Hedgefonds haben nur zwei Anbieter gewagt für das spezialisierte Segment Produkte aufzulegen. Sowohl Man RMF als auch Feri Trust wählen für ihr Rohstoffprodukt ein Zertifikat, dessen Entwicklung sich auf unterschiedliche Single-Hedgefonds aus den Bereichen Edelmetalle (nur Man RMF), Basismetalle, Nahrungsmittel und Energie bezieht. Entsprechend dem *Absolut-Return-Charakter* der Hedgefonds sind diese beiden Produkte die einzigen unter allen aktiven Rohstoff-Investmentprodukten, die einen absolut positiven Ertrag anstreben. Die Umsetzung soll über die Auswahl von Single-Hedgefonds erfolgen, die aktive und substantielle Long- als auch Short-Positionen in den einzelnen Rohstoffsegmenten eingehen.

Eine weniger ambitionierte Investitionsphilosophie als die oben genannten Hedgefonds verfolgen aktiv verwaltete Net-Long-Rohstoff-Fonds, deren Anlageziel darin besteht, gegenüber den großen Rohstoff-Indizes einen Mehrwert zu generieren. Dabei basieren Entscheidungen von Über- bzw. Untergewichtungen meist auf quantitativen Bewertungsmodellen, in seltenen Fällen auf den reinen Erfahrungswerten des Managers. In Deutschland existiert derzeit lediglich ein Fonds mit einer aktiven Net-Long-Strategie: Commodity Alpha OP von Oppenheim Pramerica. Die Philosophie des Managements ist es, Alpha durch Anwendung aller in Abschnitt 3.1 aufgeführten aktiven Anlagestrategien zu generieren, wobei der Schwerpunkt auf der aktiven Selektion von Rohstoffen liegt.

Unter den aktiven Investmentprodukten konnten sich in Deutschland bezogen auf die angelegten Investorengelder bisher Rohstoffaktienfonds gegenüber den anderen aktiven Investmentprodukten durchsetzen. Dennoch stellt das derzeit insgesamt in Rohstoffaktienfonds investierte Volumen i.H.v. EUR ca. fünf Mrd. weniger als 0,5 Prozent des insgesamt in Investmentfonds investierten Vermögens dar. Aus einer von der Fonds-Vermögensverwaltung der Baden-Württembergischen Bank durchgeführten Studie[14] über die in Deutschland verfügbaren Rohstoffaktienfonds geht hervor, dass sich der Markt der Rohstoffaktienfonds durch drei Besonderheiten auszeichnet: Es existiert eine je nach Kapitalanlagegesellschaft unterschiedliche Auffassung wie der Begriff *Rohstoffe* zu definieren ist, bzw. welche Sektoren in welcher Ausprägung in den Portfolios abgedeckt werden sollen. Abbildung 3 zeigt eindrucksvoll, dass beispielsweise die Rohstofffonds von Parvest, Deka und ABN AMRO nahezu reine Energie-Fonds darstellen. Die Fonds von DIT, ADIG, Merrill Lynch und der Indexchange hingegen setzen im Bereich Bergbau und Metalle ihren Schwerpunkt. Die unterschiedliche Definition des Rohstoffbereichs führt somit zu ausgesprochen heterogenen Portfoliostrukturen, bei denen sich die erzielten Performanceerfolge nur schwer objektiv vergleichen lassen: Die einzelnen Sektoren, die es im Rohstoffaktienbereich zu unterscheiden gilt, sind im Wesentlichen die Bereiche Energie, Metalle und Bergbau, Edelmetalle sowie Papier und Forstprodukte. Aufgrund der teilweise deutlich unterschiedlichen Performanceergebnisse der einzelnen Sektoren ist ein wesentlicher Faktor, mit welchem *Klumpenrisiko* die Fonds ihre Ergebnisse erzielt haben. Eine gegebene Performance mit einer breiteren Diversifikation über die einzelnen Sektoren zu erzielen ist somit als höherer Managementerfolg zu werten, als dieselbe Performance mit einer überwiegenden Investition in einen Sektor. Daraus lässt sich die zweite Besonderheit der Rohstoffaktienfonds ableiten, da durch die heterogenen Strukturen insbesondere Ratings der anerkannten Rating-Gesellschaften ein irreführendes Qualitätssiegel für einen Fonds bedeuten können. Dies ergibt sich aus der oftmals rein quantitativen Analyse der Performance- und Volatilitätszahlen. Eine weitere Besonderheit bei den Rohstoffaktienfonds besteht darin, dass die Volumenverteilung der in die Rohstoffaktienfonds investierten Anlegergelder eine nahezu monopolistische Struktur aufweist: Während die beiden größten Produkte jeweils EUR 2,5 Mrd. (Merrill Lynch) bzw. EUR 1,3 Mrd (M & G) verwalten, erzielen die anderen am Markt verfügbaren Fonds lediglich ein Durchschnittsvolumen i.H.v. ca. EUR 100 Mio.

---

14 Vgl. Jäger (2005), S. 18–20.

Abbildung 3: Vergleich der Sektorengewichtung bei Rohstoffaktienfonds

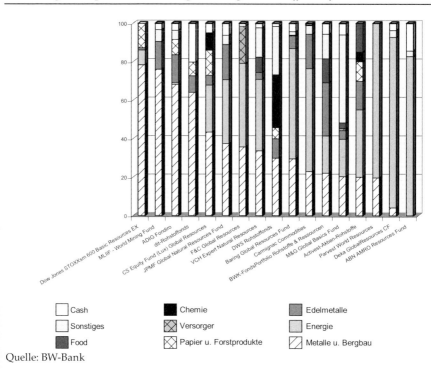

Quelle: BW-Bank

Ein innovatives Fondskonzept findet sich in dem einzigen in Deutschland verfügbaren Rohstoffaktien-Dachfonds BWK FondsPortfolio Rohstoffe & Ressourcen wieder. Bei diesem Produkt existiert die breiteste Diversifikation aller verfügbaren Rohstoffprodukte, da neben den allgemeinen Rohstoff-Sektoren Energie, Bergbau/Metalle, Edelmetalle und Nahrungsmittel auch noch der Bereich Wasser als investierbare Größe hinzugenommen wird. Die zugrunde liegende Philosophie besteht darin, durch das Ausnutzen unterschiedlicher Zyklenmuster die jeweiligen Sektoren über- bzw. unterzugewichten. Quantitative Bewertungsmodelle und technische Analysen bilden dabei die wesentlichen Entscheidungsgrundlagen für die Sektorenselektion. Qualitative und quantitative Selektionskriterien finden Anwendung bei der Auswahl der vielversprechendsten Zielfonds.

4 Schlussfolgerung

Rohstoffe finden durch ihre nachgewiesenen Diversifikationseigenschaften und die überdurchschnittlichen Ertragspotenziale nach einer mehr als 20 Jahre andauernden Baisse-Phase sukzessive wieder Anerkennung als eigenständige Asset-Klasse. Als *Alternatives Investment* werden Rohstoffe noch zögerlich in institutionellen, als auch in privaten Portfolios allokiert. Neben den weltweit überdurchschnittlich expandierenden Geldmengen, dem Inflationspotenzial und den geopolitischen Risiken könnte auch der gerade erst begonnene strukturelle Umbau der Emerging Markets-Treiber für eine weiterhin positive Preisentwicklung der Rohstoffmärkte sein. Rohstoffe sollten somit in jedem Portfolio Berücksichtigung finden. Vor dem Hintergrund der positiven Entwicklung der Rohstoffmärkte in den vergangenen Jahren ist davon auszugehen, dass weitere aktive und passive Investmentprodukte mit unterschiedlichem Fokus emittiert werden. Die in diesem Beitrag durchgeführte Analyse und Erläuterung möglicher (zusätzlicher) Ertragsquellen im Rohstoffbereich und ein Überblick der derzeit verfügbaren Produkte sollen dem Investor eine Entscheidungsgrundlage für die richtige Produktauswahl bieten.

Literaturverzeichnis

Akey, R. P. (2005): Commodities: A Case for Active Management, Mai 2005.

Brennan, M. J. (1958): The Supply of Storage, American Economic Review 47, S. 50–72.

Cross, J. (2000): Gold Derivatives: The market view, Studie im Auftrag des World Gold Council, August 2000.

Erb, C. B./Harvey, C. R. (2005): The Tactical and Strategic Value of Commodity Futures, Working Paper, Trust Company of the West/Duke University/National Bureau of Economic Research, January 2005.

Gorton, G./Rouwenhorst, G. K. (2005): Facts and Fantasies about Commodity Futures, Yale ICF Working Paper No. 04–20, Februar 2005.

Jäger, J. E. (2005): Statt Sortenreinheit viel Verschnitt, in: portfolio international, Oktober 2005, S. 18–20.

Keynes, J. M. (1923): Some Aspects of Commodity Markets, in: Manchester Guardian Commercial, Reconstruction Supplement, 29. März 1923 sowie (1930): A Treatise on Money, Vol. II.

Koch, T. (2005): Rohstoffe und Rohstoffaktien – Eine empirische Analyse des statistischen Zusammenhangs der beiden Anlageformen, Diplomarbeit, Studienakademie Villingen-Schwenningen.

Mezger, M./Eibl, C. (2005): Rohstoffe – die (fast) vergessene Anlageklasse, in: Die Bank, Juni 2005.

Telser, L. G. (1958): Futures Trading and the Storage of Cotton and Wheat, in: Journal of Political Economy 68, S. 404–416.

Till, H./Eagleeye, J. (2003): Timing is everything, especially with a commodity index, in: Futures, August 2003.

Vrugt, E./Bauer, R. (2004): Dynamic Commodity Timing Strategies, in: Limburg Institute of Financial Economics Working Paper 04–012, Juli 2004.

Working, H. (1949): The Theory of the Price of Storage, in: American Economic Review 39, S. 1254–1262.

Joseph Eagleeye/Hillary Till

Aktive Commodity-Strategien als Instrument der Rendite-Optimierung

1 Einleitung 433
2 Vorteile und Grenzen aktiv gemanagter Commodity-Strategien 434
   2.1 Vorteile. 434
   2.2 Einschränkungen. 435
3 Strukturelle Ertragsquellen 436
   3.1 Hedgedruck. 437
   3.2 Knappheit 439
   3.3 Wetteränderungsrisiken 441
   3.4 Einschränkungen. 442
   3.5 CTAs und technische Handelsregeln 443
4 Entscheidende Elemente eines Investitionsprozesses 444
   4.1 Handelsdimensionen 444
   4.2 Entry- und Exit-Regeln 446
   4.3 Handelsaufbau 446
   4.4 Portfolioaufbau 447
   4.5 Risikomanagement. 449
   4.6 Risikotoleranz der Investoren. 450
5 Schlussfolgerung 451

Literaturverzeichnis

1 Einleitung

In diesem Artikel betrachten wir, wie verschiedene aktive Commodity-Strategien positiv zum Wert der Commodity-Allokation eines Anlegers beitragen können. Weiterhin betonen wir die Sorgfalt, welche beim Risikomanagement notwendig ist, sowie die erforderliche Disziplin bei der Implementierung, da nach Keynes (1934) „heftige Marktschwankungen normalerweise die Preise mehrerer Commodities gleichzeitig beeinflussen". Wir sehen es als gegeben an, dass umsichtige Investoren, Commodities in ihre Gesamtportfolioallokation einbeziehen sollten. Wie Greer (2005) festhielt, liegen die Vorteile von Commodity-Indizes unter anderem in der positiven Korrelation zur Inflationsrate, wie auch in der positiven Korrelation zu Änderungen in der Inflationsrate. Commodity-Indizes können gut während einer Reihe ungünstiger, ökonomischer Schocks rentieren, welche negative Effekte auf Aktien und Anleihen zur Folge haben. Wir denken, dass sich die Funktion aktiver Commodity-Strategien wie ein Core-Satellite zum Exposure eines Investors in Commodities verhält. Dieses Exposure wiederum sollte über Investitionen in Commodity-Indizes erzielt werden. Über Commodity-Indizes kann ein Anleger ein kontinuierliches Exposure zu den inhärenten Renditen dieser Anlageklasse sicherstellen. Für aktiv verwaltete Commodity-Hedgefonds gibt es keine Garantie, dass ein Manager konstant eine Long-Position in Commodities hält. Tatsache ist, dass eines der Grundprinzipien des Risikomanagements von Hedgefonds lautet, dass das Management des Gesamtrisikos über Neutralisierung systematischer Risiken durch hedgen der Position durchgeführt wird. Ein idealer Hedgefonds sollte kein Beta, sondern ein bleibendes Alpha (im Fall von Relative Value-Fonds) oder gut getimte Beta-Exposures (im Fall von Global Macro-Fonds) liefern.

Wenn die langfristige Asset-Allokation eines Investors im Hinblick auf dessen Commodity-Allokation darauf ausgelegt ist, Schutz nehmen wir an, gegen einen Ölschock zu bieten, könnte das Ziel verfehlt werden, wenn ausnahmslos in aktiv gemanagte Commodity-Anlagevehikel investiert würde. Zum Beispiel wäre es vor dem ersten Golfkrieg denkbar gewesen, dass aktive Commodity-Anlagevehikel keine Long-Positionen in Öl gehalten hätten, da zu dieser Zeit die Zinsstrukturkurve dieses Future Marktes Überschüsse impliziert hätte. Wenn das Commodity Exposure eines Anlegers ausnahmslos aus solchen Anlagevehikeln bestanden hätte, würde der Anleger keinen Hedge gegen Ölpreisverwerfungen haben, gerade dann, wenn dieser Schutz am Notwendigsten gewesen wäre.

2 Vorteile und Grenzen aktiv gemanagter Commodity-Strategien

Hat ein Investor sein Kernengagement in Commodities über Investitionen in Commodity-Indizes erreicht, wäre der nächste logische Schritt, dieses Exposure um aktive Commodity-Manager zu erweitern, um zusätzlichen Mehrwert zu generieren. Dies geschieht analog zur entstehenden Aktienmanagementkultur, wo aktive Managementstrategien von passiven Index-Investitionen getrennt werden. Eine Vielzahl an Investoren verfolgen die Strategie, dass sie ihr Kernaktienexposure über Aktienindex-Fonds, Exchange-Traded-Fonds und/oder Futures erreichen und dieses um Investitionen in Long/Short-Equity-Hedgefonds erweitern, um damit Mehrwert zu generieren.

2.1 Vorteile

Um die Vorteile aktiven Commodity-Managements aufzuzeigen, legte Akey (2005) eine umfassende Datenbank für bekannte aktive Warentermingeschäft-Trader an. Diese Trader fokussieren ihr Interesse ausschließlich auf den Non Financial Commodity-Markt. Akey entwarf mit Hilfe dieser Datenbank ein gleichgewichtiges Portfolio bestehend aus aktiven und inaktiven Anlagevehikeln. Über die Berücksichtigung von inaktiven Anlagevehikeln versuchte der Autor den Survivorship-Bias einzuschränken. Für diese Datebank errechnete Akey eine jährliche Rendite von 20,99 Prozent, eine jährliche Standardabweichung von 10,48 Prozent, ein Sharpe Ratio von 1,63 und einen maximalen Verlust von −8,49 Prozent für den Zeitraum von Januar 1991 bis November 2004. Diese Ergebnisse implizieren, dass es für einen Investor möglich ist, qualifizierte Commodity-Manager zu finden, welche überlegene Renditen bei akzeptablem Risiko erreichen. Akey fand Belege dafür, dass die Renditen aktiver Manager nicht auf Commodity-Indizes zurückzuführen sind. Tabelle 1 zeigt, wie niedrig die empirischen Korrelationen aktiver Portefeuilles zu den verschiedenem Commodity-Indizes sind. Diese Eigenschaft wirkt sich positiv auf einen Anleger aus, da unter dem Core-Satellite-Ansatz des Portfoliomanagements Anleger ihr Basisexposure in Commodities durch kosteneffektive Indexprodukte, denn über teure, aktiv gemanagte Produkte, erreichen sollten. Die Funktion aktiver Manager besteht dann darin, unkorrelierte Renditen zu den, von den Anlegern gehaltenen Commodity-Indizes, zu generieren.

Tabelle 1: Korrelationsmatrix monatlicher Renditen: aktiver Warentermingeschäft Trader versus passive Indizes, Januar 1991 bis November 2004[1]

	CRBR	DJAIG	Active Portfolio	GSCI	RICI	SPCI
CRBR	1					
DJAIG	0,82	1				
Active Portfolio	0,25	0,26	1			
GSCI	0,65	0,89	0,18	1		
RICI	0,72	0,9	0,25	0,92	1	
SPCI	0,81	0,91	0,22	0,87	0,82	1

Quelle: Akey (2005)

2.2 Einschränkungen

Die Hauptbeschränkung aktiver Commodity-Strategien ist deren Skalierbarkeit. Diese resultiert aus zwei Quellen. Einerseits kann man argumentieren, dass alle Hedgefonds-Strategien, welche Marktineffizienzen ausnutzen, kapazitätsbedingt beschränkt sind. Das heißt, wenn Hedgefonds Ineffizienzen ausnutzen, müssen diese von anderen Investoren verursacht werden. Unglücklicherweise können nicht alle von der Ausnutzung dieser Ineffizienzen profitieren, da in diesem Fall niemand Ineffizienzen verursachen würde. In Till (2004) vertreten wir die Auffassung, dass ein plausibles Maximum der Hedgefonds-Industrie bei sechs Prozent der institutionellen und High Net Worth-Vermögenswerte liegt. Ein weiterer Faktor, welcher die Höhe der aktiven Commodity-Strategien beschränkt, ist terminbörsen-spezifisch. Entgegen den Investoren der Wertpapiermärkte überschreiten Händler von Futures-Kontrakten nicht die spekulativen Grenzen (Spec Limits) bestimmter Märkte. Spec Limits bestimmen eine maximale Nettoposition, welche Spekulanten über Nacht in einem einzelnen Monatskontrakt und in allen Vertragsmonaten eines bestimmten Commodities halten dürfen. Oftmals ist dieses Cap in Kassamonaten noch einschränkender. Die Commodity Futures Trading Commission (CFTC) setzt die Spec Limits für Getreide und Baumwolle. Weiterhin setzt die Warenbörse, mit dem Einverständnis der Kommission, auch die Grenzen für alle anderen Märkte. Der Sinn von Spec Limits liegt darin, Händler daran zu hindern, eine so große Position aufzubauen, dass er (oder sie) die Futurespreise damit manipulieren könnte. Die Kommission überprüft routinemäßig die Spec Limits der verschiedenen Märkte. Zum Beispiel genehmigte die Kommission in den 1990ern die Anpassung der Handelsregeln, um die *Händlerverantwortung zu erhöhen*, welches die Händlerflexibilität der größten und liquidesten Märkte erhöhte. Für viele der großen Trader haben sich diese Spec Limits als geringere Einschränkung erwiesen, als man

---

1 CRBR = Commodities Research Bureau – Reuters Total Return Index, DJAIG = Dow Jones – AIG Commodities Index, GSCI = Goldman Sachs Commodities Index, RICI = Rogers International Commodities Index und SPCI = Standard und Poor's Commodities Index.

hätte erwarten können. Dies liegt daran, dass Spec Limits eng an die Liquidität des Marktes gekoppelt sind und viele große Trader ihre Positionen auf illiquiden Märkten sorgfältig beschränken oder diese Märkte ganz meiden. Obgleich erst in der Zukunft, so werden aktive Commodity-Futures-Strategien neuen Kapazitätsherausforderungen gegenüber stehen. Nach Verleger (2005) ist es in Zeiten von Rohstoffmarktkrisen nicht ungewöhnlich, von Vorschlägen zur „Einschränkung von Handelslimits" an den Terminbörsen zu lesen. Zum Beispiel wurde Anfang 2005, entsprechend eines von Verleger zitierten Nachrichtenbulletins, vom „Verbraucherbund für bezahlbares Erdgas... empfohlen, dass die Commodity Futures Trading Comission an den Kongress Bericht erstatten soll, wenn die Anzahl der Erdgas-Kontrakte eines Einzelnen zusammen zu einer Konzentration führt, dass diese den Markt verzerren kann".

Eine Möglichkeit der Leistungssteigerung aktiver Commodity-Manager besteht darin, ihre Geschäfte von den Terminbörsen hin zu Over-The-Counter (OTC) Geschäften, der Swap-Märkte, zu verlegen. Dies kommt jetzt schon vor. So konnte Lammey feststellen, dass „einige Quellen berichten, dass wegen der Streitigkeiten über die Wirkung und den Einfluss von Hedgefonds auf dem Energiemarkt, bereits einige Hedgefonds Broker engagieren, um sich in komplexen Kombinationen aus Futures, Optionen und anderen Derivaten zu engagieren." Des Weiteren „haben diese Fonds festgestellt, dass der Handel über Broker wesentlich liquider ist, als der Handel an der NYMEX und dass dies auch die Wahrscheinlichkeit reduziert, dass diese Fonds sich aus Versehen in der Lage finden, tatsächlich Rohöl oder Gas liefern zu müssen. Außerdem räumen Broker den großen Fonds oftmals günstige Finanzierungsbedingungen ein und lassen diese auch mit größerem Leverage Geschäfte machen, als es diesen an der Börse möglich wäre." Wenn ein aktiver Commodity-Manager solche geschlossenen Transaktion nutzt, um damit ein Exposure an den Rohstoffmärkten herzustellen, müssen die Kunden des Managers bereit sein, dass Kreditrisiko der OTC-Gegenpartei zu übernehmen. Zusammenfassend kann man festhalten, dass eine Überprüfung aller Commodity Futures Trader ergeben hat, dass es qualifizierte aktive Commodity-Fonds gibt, in welche ein Anleger investieren könnte. Allerdings gibt es an den Commodity-Märkten Kapazitätsprobleme, welche eine größere Herausforderung an Hedgefonds stellen als dies auf den Finanzmärkten der Fall ist.

3 Strukturelle Ertragsquellen

In diesem Abschnitt erörtern wir die Renditequellen der Warenterminmärkte. In einem späteren Abschnitt dieses Artikels werden wir dann erörtern, wie ein Investmentprozess um diese Renditequellen herum gestaltet werden kann. Der Schlüssel zum Verständnis, warum es strukturelle Renditen in den Warenterminmärkten geben sollte, liegt darin, zu erkennen, dass Terminbörsen kein Null-Summenspiel sind. Wie Di Tomasso und Till (2000) feststellten, muss es im begrenzten Bereich der Warenterminmärkte immer für jeden Gewinner auch einen Verlierer geben. Dies vernachlässigt jedoch die Tatsache, dass jeder Warenterminmarkt in ein weitaus größeres System aus Gewinnen, Verlusten und Risiken, als des seines physischen Commodity-Marktes eingebettet ist. Warenterminmärkte existieren, um den Transfer von ungewöhnlich hohen Bestandsrisiken zu ermöglichen. Darüber hinaus ermöglichen Warenterminmärkte das Kursrisiko von Produzenten, Käufern und Händlern entsprechend ihrem Timing und ihren Wünschen gemäß, abzutreten. Hierfür sind kommerzielle Teilnehmer bereit, eine Prämie zu bezahlen, so lange diese Kosten nicht den Gesamtprofit ihres Unternehmens, wie in Working (1948) besprochen, übersteigen. Weiterhin wurden von Cootner (1967) Druckeffekte auf die Terminkurse dokumentiert, welche das Ergebnis gewerblichen Hedgings auf verschiedene landwirtschaftlichen Terminbörsen waren, und welche bei solchen gewerblichen Marktteilnehmern altbekannt sind. Cooter folgerte hieraus, dass aufgrund der Existenz solcher Effekte „welche auch vor dem derzeitigen Hintergrundwissen bestehen, die Risiken, welche mit der Ausnutzung verbunden sind, die Gewinne ihrer Ausnutzung übersteigen. Dies ist, ein Hinweis darauf, dass der Handel nicht das Ergebnis von Erwartungswerten ist, sondern dass der Markt bereit ist Risikoprämien zu bezahlen, um Risiko zu vermeiden."

3.1   Hedgedruck

In diesem Abschnitt werden wir auf die Hypothese eingehen und Beweise dafür finden, dass stetig Renditen erzielbar sind, wenn eine entgegengesetzte Position zum vorhanden Hedgedruck eingenommen wird. Bestimmte Warenterminmärkte tendieren zu einem Überschuss an gewerblichen short hedgenden Gruppen. Daher ist es, um den Markt auszugleichen, notwendig, dass einige Anleger bereit sind, eine Long-Position in diesen Märkten einzugehen. Um überhaupt einen Anreiz zu haben, in diese Märkte einzusteigen, müssen die Anleger eine Rendite für diese Risikoübernahme erhalten. „Im Endeffekt verlangen die Hedger von den Investoren eine Versicherungsprämie für ihre Dienste."[2] Mit anderen Worten können Investoren für die Übernahme bestimmter Long-Positionen von Commodity Futures eine „Versicherungsprämie" verdienen.[3] Hicks (1939) argumentiert, dass „es in allen Futuresmärkten wahrscheinlich ist, dass Hedger langfristig eine bestimmte Tendenz zu der einen oder den anderen Position aufweisen. Es gibt keine Futuresmärkte, die ohne ein spekulatives Element auskommen." Weiterhin sind auf einigen Warenterminmärkten Produzenten in einer angreifbareren Lage, als dies bei den Käufern der Fall ist. Damit unterliegen diese einem höheren Hedgedruck. Dies wiederum führt zu einer Art *angeborener Schwäche* bei einigen Warentermingeschäften auf der Nachfrageseite. Dies bewirkt, dass die Preise der Futures-Kontrakte einen abwärts bias, relativ zu den künftigen Kassakursen, aufweisen. Das wiederum ist der Auslöser für die, im Allgemeinen positiven Renditen, welche mit dem Halten dieser Futures-Kontrakte verbunden ist. Lebendvieh und Benzin sind Beispiele für zwei Commodity-Terminbörsen, wo es scheinbar aufgrund

---

2   Vgl. Bodie/Rosansky (1980).
3   Vgl. beispielsweise Greer [2005] für eine Erörterung, wie Investoren eine Versicherungsprämie in Rinderterminbörsen verdienen können.

solcher *angeborenen Schwächen* auf der Nachfragerseite, systematisch positive Renditen für das Hedgen solcher Positionen gibt.

- **Lebendvieh**: Helmuth (1981) beobachtet, dass der „Umfang an Short Hedging in den Lebendvieh Futuresmärkten fast viermal so hoch ist, wie für Long Hedging. Long Hedging macht rund acht Prozent aus, während short hedging durchschnittlich 30 Prozent ausmacht. Daher gibt es auf Lebendviehmärkten, im Gegensatz zu Getreidemärkten, keine bedeutende Gruppe an gewerblichen Long-Hedgern welche eine ausreichende Kaufkraft aufweisen, um damit einen signifikanten Preiseffekt auszulösen. Der Grund für den geringen Umfang an Long Hedging begründet sich damit, dass Fleisch nicht langfristig, zu Festpreisen gehandelt wird."

- **Benzin:** Verleger [2005] beobachtet, dass „es im Benzingeschäft seit Jahren am natürlichen Halten von Long-Positionen fehlt, um die natürliche Anzahl an Short-Positionen von Raffinerien und Händlern zu neutralisieren. Das Fehlen natürlicher Halter von Long-Positionen wird über den Einzelhandelscharakter des Benzinabsatzes erklärt. Verbraucher kaufen Benzin nur in sehr beschränkten Umfang – Maximal 50 Gallonen pro Tankfüllung. Weiterhin kaufen Konsumenten in der Regel nicht bei jedem Einkauf bei demselben Lieferanten, Preise sind ebenso stark regional bedingt. Der Zufallscharakter der Benzinkäufe in Verbindung mit der Streuung der Einzelhandelspreise macht ein hedgen für Käufer fast unmöglich."[4] Die überzeugendsten Beweise, dass es eine systematische Abwärtsausrichtung in den Futures-Preisen von Lebendvieh und Benzin gibt, wird über die direkte Überprüfung der langfristigen Renditen erreicht. Nach Nash und Shrayer (2004) lagen die annualisierten Renditen für Lebendvieh und Benzin bei 11,0 Prozent beziehungsweise 18,6 Prozent innerhalb der letzten 20 Jahre. Beide Berechnungen berücksichtigen die Zinseinkünfte aus vollständig abgesicherten Positionen dieser beiden Terminbörsen. Der Zeitraum für die Renditeberechnung von Lebendvieh umfasste April 1983 bis April 2004. Für Benzin wurde die Rendite für Januar 1985 bis April 2004 berechnet.

- **Getreidemärkte**: Auf den Getreidemärkten können historisch, saisonale Schwankungen beobachtet werden, in denen gewerbliches hedgen eher long als short ist. Deshalb kann man erwarten, dass es Zeiten gibt, in denen Investoren eher Short- als Long-Positionen halten sollten, um Gewinne dadurch zu erzielen, dass sie sich auf der anderen Seite des Hedgedrucks befinden. Mit anderen Worten kann man erwarten, dass wenn gewerbliche Hedger Netto long sind, die entsprechenden Futures-Preise eine Tendenz nach oben haben, was zu systematischen Gewinnen für Investoren führt, welche Short-Positionen halten. Umgekehrt, wenn gewerbliche Hedger Netto short sind, kann man erwarten, dass die korrespondierenden Futures-Preise eine Tendenz nach unten haben, was wiederum zu systematischen Gewinnen long-haltender Marktteilnehmer führt. Bessembinder (1992) lieferte empirische Beweise, dass diese Herangehensweise richtig ist, um sich den Getreidemärkten zu nähern. Er verwendete die Daten der netto Hedges des CFTC's Commit-

---

4 Vgl. Verleger (2005). Mit steigender Beteiligung von Investoren im Commodity-Markt können sich die wirkenden Kräfte im Benzin-Futures-Markt ändern. Weiterhin sagte Verleger, dass verfügbare Anteile in Benzin-Futures-Kontrakten im Sommer derzeit nur rund zehn Prozent der Nachfrage abdecken.

ment of Traders (COT)-Berichts. Auf diese Weise konnte er Perioden identifizieren, in denen Hedger Netto long beziehungsweise Netto short waren. Unter Verwendung von Daten von 1967 bis 1989 untersuchte er die durchschnittlichen Erträge auf 22 Terminbörsen abhängig davon, ob die Hedger Netto long oder short waren. Maddala und Yoo (1990) bestätigten die Ergebnisse von Bessembinders Studie. Sie verwendeten sowohl Futures-Preise als auch COT-Daten von 1976 bis 1984. Zu den Terminbörsen, die sie untersuchten, gehörten die Börsen für Weizen, Mais, Hafer, Sojabohnen, Sojabohnenöl und Sojabohnengerichte. Die Wissenschaftler berechneten die monatlichen Renditen sowohl von größeren Hedgern als auch von großen Spekulanten. Sie beobachteten, dass „große Hedger kontinuierlich im Schnitt Geld verlieren, während große Spekulanten im Schnitt Geld verdienen." Im Falle der Getreidemärkte scheint es, dass „Futurespreise sowohl gegen Long- als auch short Hedger biased sind".[5]

- **Spread-Märkte**: Preisdruck-Effekte aufgrund gewerblicher Hedge-Geschäfte können auch bei Futures Spreads nachgewiesen werden. Bestimmte Spreads von Warentermingeschäften beinhalten Verarbeitungsgebühren. Beispiele hierfür sind der Benzin-Spread für die Rohölspaltung, welcher der Unterschiedsbetrag zwischen dem Benzin-Futurespreise und dem Rohölfuturespreis ist, als auch der Sojabohnen-Spread für das Pressen der Bohnen, als Unterschiedsbetrag zwischen Preisen von Sojabohnenprodukten und Sojabohnen-Futures-Preisen. Es gibt Zeiten, in denen gewerbsmäßige Marktteilnehmer Verarbeitungsgebühren über Futures-Märkte einloggen, welches scheinbar einseitigen Druck auf diese Spreads ausübt. Im Durchschnitt verdient ein Commodity-Investor dann wiederum an der Übernahme der Gegenposition. Girma und Paulson (1998) finden empirische Beweise für diese Preisdruckeffekte in diversen Erdöl-Futures-Spreads. Die Beobachtungszeitpunkte für Heizöl versus Rohöl-Futures-Spreads der Studie von Girma und Paulson umfassen April 1983 bis Dezember 1994. Für Benzin versus Rohöl wurde die Periode von Dezember 1984 bis Dezember 1994 untersucht.

3.2 Knappheit

Eine andere Renditequelle im Warenterminmarkt ergibt sich aus dem Kauf von Commodities, wenn diese knapp sind. Dies klingt genauso einfach, als wenn man sagen würde, dass eine Renditequelle an Aktienbörsen sich daraus ergibt, dass man Aktien kauft, wenn diese gerade billig sind. Die Probleme sind, daraus einen geeigneten technischen Indikator dafür zu definieren, wenn Commodities knapp oder Aktien billig sind. Asness et al. (2000) beschreiben beispielsweise eine vergleichsweise komplizierte Berechnungsmethode, um einem Korb an Substanzwerten zusammen zu stellen. Ihre technischen Indikatoren für Substanzwerte gehen hierbei über eine bloße Wertpapieranalyse auf Basis von hohen Book-to-Price-Ratios hinaus. Im Fall von Commodities verwenden wir die Zinsstrukturkurve von Futures, um bestimmen zu können, ob

---

5 Vgl. Cootner (1967).

Commodities knapp sind oder nicht. Mit Zinsstrukturkurve meinen wir, dass man die relativen Preisunterschiede von Futures-Kontrakten über die unterschiedlichen Liefermonate untersuchen sollte. Wenn ein zeitlich näherer Futures-Kontrakt mit einer Prämie, im Vergleich zu einem zeitlich entfernteren Kontrakt gehandelt wird, sagen wir, dass sich die Warenterminkurve in *Backwardation* befindet. Umgekehrt, wenn ein zeitlich näherer Futures-Kontrakt mit einem Discount, im Vergleich zu einem zeitlich entfernteren Kontrakt gehandelt wird, sagen wir, dass sich die Kurve im *Contango* befindet. Nach Till (2000) wird in einem normalen Futures-Markt (d.h. wenn sich ein Markt in contango befindet), der maximale Preisunterschied zwischen Front- und Back-Kontrakten über die Finanzierungskosten, welche sich aus Lagerkosten, Versicherung und Zinsen zusammensetzen, bestimmt. Backwardation tritt dann auf, wenn die Versorgung mit Rohstoffen unzulänglich ist und Marktteilnehmer aufgrund dessen bereit sind, für sofort lieferbare Rohstoffe eine Prämie zu bezahlen. Dies ist genau die Zeit, zu der ein aktiver Commodity-Manager long an dieser Terminbörse sein sollte, also wenn sich Knappheit abzeichnet. Da Backwardation Knappheit anzeigt, ist man über eine Long-Position in diesem Rohstoff, zu dieser Zeit auf der richtigen Seite einer potentiellen Preisspitze.

Backwardation liefert weiterhin ein Signal, dass kein Überschuss an Rohstoffvorräten existiert. Die Märkte, neigen also nicht dazu, überschüssige Rohstoffvorräte aufgrund der damit verbundenen enormen Kosten aufzubauen.[6] Wenn trotzdem Überschussvorräte entstehen „sinkt der Preis dieser Rohstoffe bis entweder die Nachfrage steigt oder das Angebot soweit fällt, bis die Vorräte aufgebraucht werden". Nach Keynes „kümmert sich die derzeitige wirtschaftliche Gestaltung nicht um Überschüsse" an Rohstoffvorräten; dies gilt wohl immer noch im Jahr 2005. Im Hinblick auf Erdöl stellt Rowland (1997) fest, dass „Ölvorräte aus Bohrungen rund um den Globus bis hin zu Verbrennungsanlagen weltweit enorme Mengen an Öl und Kapital bündeln. Die Ölvorräte werden derzeit auf rund sieben bis acht Milliarden Barrel geschätzt. Dies entspricht einer Fördermenge von mehr als 100 Tagen der globalen Erölförderung oder zweieinhalb Jahren der Produktion aus Saudi-Arabien, dem weltweit größten Förderer und Exporteur von Rohöl. Sogar unter Berücksichtigung der derzeitig niedrigen Zinsraten, umfassen die jährlichen Finanzierungskosten dieser Vorräte rund USD 10 Milliarden, mehr als das gesamte Nettoeinkommen der Royal Dutch/Shell Gruppe, dem größten privaten Ölunternehmen der Welt."

Durch das Eingehen einer Long-Position, wenn sich Knappheit abzeichnet, versucht man nicht auf die falsche Seite der „enormen Kräfte zu gelangen, welche sofort ins Spiel gebracht werden, um Vorratsüberschüsse auszugleichen".[7] Eine Vielzahl von Autoren hat belegt, dass Backwardation historisch ein wirksames Signal war, um profitabel long Positionen bestimmter Commodities über einen längeren Zeitraum hinweg einzugehen. Beispielsweise zeigte Abken (1989), dass das Halten einer Long-Position von Heizöl-Calender-Spreads in den Zeiten, wenn diese mit Backwardation gehandelt wurden, statistisch gesehen, signifikante Gewinne brachte. Hierfür wurde der Zeitraum von Januar 1980 bis Dezember 1987 analysiert. Ein Calender Spread besteht aus bestimm-

---

6 Vgl. Keynes (1934).
7 Vgl. Keynes (1934).

ten, sich gegenseitig glattstellenden Futures-Positionen unterschiedlicher Verfallstage. Ein long Calender Spread entsteht aus dem Halten einer Long-Position eines zeitnahen Verfallstages und dem gleichzeitigen Halten einer Short-Position eines Futures-Kontraktes mit einem späteren Verfallstag. Humphrey und Shimko (1995) beschreiben eine Strategie, wie man in Energie-Futures investieren kann, abhängig davon, ob und wie stark diese sich in Backwardation befinden. Ihren Ergebnissen zufolge hätte man von 1984 bis 1994 mit dieser Strategie 20,3 Prozent Rendite pro Jahr über T-Bills erzielt. Eine jüngere Studie von Erb und Harvey (2005) zeigt, dass man, historisch betrachtet hohe Renditen erzielt hätte, wenn man in den Goldman Sachs Commodity Index (GSCI) investiert hätte, wenn sich die zugehörige Futures-Strukturkurve des GSCI in Backwardation befunden hätte. In ihrer Studie berücksichtigten sie einen Zeitraum von Juli 1992 bis Mai 2004.

3.3 Wetteränderungsrisiken

Eine weitere Quelle systematischer Renditen in Futures-Märkten ergibt sich aus der so genannten „Wetterrisikoprämie". Wie in DiTomasso und Till (2000) besprochen, wird ein Futures-Preis manchmal eine *Angstprämie* enthalten, welche aus bevorstehenden, bedeutenden Wetterereignissen mit dramatischen Auswirkungen auf Angebot oder Nachfrage eines Rohstoffes resultiert. Daraus folgt, dass Futures-Preise systematisch zu hoch sind, da sie die Ungewissheit eines erwarteten Wetterereignisses reflektieren. Ein Preis wird dann als zu hoch angesehen, wenn eine historische Datenanalyse ergibt, dass man statistisch gesehen, signifikant positive Renditen erzielt hätte, wenn man zu dieser Zeit short in diesen Futures-Kontrakt gewesen wäre. Weiterhin sind die mit dieser Strategie erzielbaren systematischen Gewinne ausreichend hoch, um auch für die seltenen, hohen Verluste ausreichend entschädigt zu werden, die auftreten, wenn die befürchteten extremen Wetterlagen tatsächlich eintreten. Till (2000) weist Wetterrisikoprämien im Mais-, Tropen- und Erdgas-Futures-Markt nach. Im Folgenden ein Beispiel vom Kaffee-Futures-Markt. Die Wetterungewissheit in Brasilien scheint eine Wetterprämie in den Kaffee-Futures-Preisen in bestimmten Zeiten des Jahres zu verursachen. Nach Teweles und Jones (1987) ist „wegen Brasiliens Bedeutung als Produzent, die Empfindlichkeit der Kaffeeproduktion auf Frost und Dürren, der Erntezeit von April bis August, sind die Futures-Preise von Juni bis Juli unsicheren und sprunghaften Preisbewegungen ausgesetzt". Historischen Daten von 1980 bis 2004 zufolge fallen die Preise der Kaffeefutures mit dem Beginnen des brasilianischen Winters. Dies ist konsistent mit dem Absinken der Wetterprämie in diesen Märkten in diesem Zeitraum. Anzumerken bleibt, dass nach dieser Studie die Wetterrisikoprämie bereits vor dem eigentlichen Winter verschwindet.

3.4 Einschränkungen

Ein Problem obskurer Strategien, um Risikoprämien zu verdienen liegt darin, dass im Moment der Identifikation dieser Strategien diese bis zu einem gewissen Grad bekannt werden und dass infolgedessen Einkünfte gedämpft werden oder sogar ganz verschwinden. Zum Beispiel wies Siegel darauf hin, dass „Aktien mit einem hohen Beta jene mit einem niedrigen Beta übertrumpfen, und zwar genau solange, bis William Sharpe Beta im Jahr 1964 entdeckte; und dass Small Caps Large Caps schlagen, solange bis Banz and Reinganum den Größeneffekt im Jahr 1979 entdeckten". Rosenberg et al. (1985) beschrieben weiterhin, wie man Überrenditen im Aktienmarkt verdienen konnte, indem man Aktien mit einem hohen Buchwert pro Aktie kaufte und solche mit einem niedrigen Buch-Preis-Verhältnis verkaufte. Die Studie umfasste Daten von Januar 1973 bis September 1984. Die Autoren merkten an, dass „ihrer Meinung nach das Buch-Preis-Verhältnis ein interessantes Studienobjekt war, da es noch nicht ausführlich in der wissenschaftlichen Literatur beschrieben wurde. Daher könnte es als noch „unverdorbener" Indikator dienen. Vierzehn Jahre später beschrieb Cochrane (1999) dass „der Umfang und die Höhe der Buch-Marktprämie (auf den Aktienmärkten) scheinbar in letzten Jahren beträchtlich abgenommen hat. Ist dies der Fall, so scheint es, dass bis dato diese Möglichkeit übersehen wurde."

Als Gegenbeispiel kann man auch andere „Markineffizienzen" benennen, welche zwar bekannt, aber dennoch existent sind. Hinterwäldler (1939) entwickelte beispielsweise die allgemein bekannte „Liquiditätsprämien-Hypothese" für Bonds. In dieser Hypothese stellt Hicks fest, dass unter gleichen Bedingungen ein Geldgeber lieber kurzfristig verleiht, da Bonds kurzer Laufzeiten weniger volatil sind als langfristige Bonds. Auf der anderen Seite würde ein Unternehmer lieber langfristig leihen, um seine Kosten besser feststellen und planen zu können. Um Verleiher dazu zu bringen, langfristig zu verleihen, muss ihnen eine *Liquiditätsprämie* angeboten werden. Im Ergebnis neigen sich Bondstrukturkurven nach oben. Analog zur Hedgedruck-Hypothese bei bestimmten Commodity Futures ist die zentrale Idee, welche hinter der *Liquiditätsprämien-Hypothese* steht, dass Wirtschaftssubjekte bereit sind, Prämien für die Übernahme von Volatilitätsrisiken für ihr laufendes Geschäft zu zahlen. Die Identifizierung von Liquiditätsprämien bei Long-Term-Bonds seitens Hicks, hat nichts an dem Aufwärtstrend von US-Zinsstrukturkurven geändert, noch hat es Investmentfonds oder Hedgefonds dazu getrieben, profitable Strategien zu entwickeln, um diese gewinnbringend auszunutzen.

Wetterrisikoprämien könnten offensichtlich reduziert werden, wenn es Verbesserungen im Bereich der Wettervorhersage gäbe, welche die Ungewissheit reduzieren würden. Dies scheint bisher nicht der Fall zu sein. Während Wetterungewissheiten ein elementarer Faktor im Commodity-Handel bleiben sollten, kann es sein, dass diese Strategien trotzdem obsolet werden. Für Jahrzehnte sind die Vereinigten Staaten der Hauptsojabohnenproduzent gewesen. Dies ist nicht mehr der Fall, seit Lateinamerika über 52 Prozent der Sojabohnen der Welt produziert. Das heißt auch, dass Handelsstrategien, die sich auf das US-Wetter konzentrieren, nicht mehr dieselbe Stärke der Vergangenheit haben. Dies kann auch auf Vietnam übertragen werden, da es ein immer bedeutenderer Kaffeeproduzent wird. Damit können gegebenenfalls auch Futures-

Strategien, welche auf dem brasilianischen Wetter basieren, an Dynamik einbüßen. Zusammenfassend könnte man sagen, dass zwar einige Strategien historisch betrachtet vergänglich waren, insbesondere sobald sie bekannt geworden sind, dennoch bleibt hinzuzufügen, dass, wie soeben erörtert wurde, einige Renditequellen bestehen bleiben, obwohl diese bereits zwischen 1967 und 2000 bekannt wurden. Jeder dieser oben diskutierten Strategien existieren in irgendeiner Form bis zum Jahr 2005.

3.5 CTAs und technische Handelsregeln

Die meisten Händler, die als Commodities Trading Advisors (CTAs) bekannt sind, handeln in erster Linie nicht mit Futures natürlicher Ressourcen. Stattdessen handeln sie vorrangig mit Financial Futures wie Währungen, Zinsen und Aktienfutures. CTAs sind auch als „Managed Futures Trader" bekannt. Die von ihnen verfolgte dominante Handelsstrategie ist eine systematische, mittel bis langfristige Trendfolge. Tabelle 2 zeigt, dass Trendfolgestrategien in Währungen, Zinssätzen und Aktien statistisch signifikant waren, um Renditen von Indizes der Managed Futures Traders zu erklären. Das heißt nicht, dass Trendfolgestrategien nicht auch profitabel auf Commodity-Märkten angewendet werden können. Gibt es unzulängliche Vorräte für einen Rohstoff, kann nur noch der Preis Angebot und Nachfrage ausgleichen, da kurzfristig keine neuen physischem Commodities abgebaut, geerntet und/oder gefördert werden können. Gibt es ein Versorgungs-/Verwendungsungleichgewicht in einem Rohstoffmarkt, kann es sein, dass ein Preistrend bestehend bleibt, was wiederum von systematischen Trendfolgern ausgenutzt werden kann.

Tabelle 2: Regression von Renditen aus Managed Futures auf passive Indizes und ökonomische Variablen, 1996–2000[8]

	Koeffizient	Stadardfehler	T-Statistic
Intercept	0,00	0,00	0,01
S&P500	0,00	0,07	0,05
Lehman US	0,29	0,39	0,76
Change in Credit Spread	0,00	0,01	0,30
Change in Term Spread	0,00	0,00	0,18
CISDM/Interest Rates	1,27	0,24	5,24
CISDM/Currency	1,37	0,25	5,48
CISDM/Commodity	0,27	0,15	1,79
CISDM/Stock	0,36	0,11	3,17
R-Squared	0,70		

Quelle: Center for International Securities and Derivatives Markets

---

8 Die hier verwendeten CISDM-Indizes basieren auf passiven Strategien, welche CTA Strategien in Zinssätze, Währungen, Commodities und Aktien replizieren.

Burghardt et al. (2004) entwickelten generische Trendfolgemodelle. Sie basierten auf zwei bekannten Systemen, dem „moving average/crossover"-Modell und dem „range breakout"-Modell. „Jedes Modell definiert ein Trend- oder Preismuster, indem ein aktueller Marktpreis oder Durchschnittspreis mit einer längeren Preishistorie und Käufen oder Verkäufen verglichen wird, um zu schauen, ob sich das aktuelle Preismaß über- oder unterhalb des langfristigen Preismaßes befindet." Nach Burghardt et al. (2004), „tendieren Commodity-Märkte dazu, weniger liquide als Finanzmärkte zu sein. Daher versuchen viele Manager die Kapazitätsbeschränkungen, welche aus der Illiquidität der Commodity-Märkte entstehen, zu umgehen, indem sie den Anteil an Commodities in ihren Portfolios reduzieren." Zusammenfassend bleibt festzuhalten, dass CTAs wegen der höheren Liquidität und Kapazität eher in Finanzmärkten, denn in natürlichen Rohstoffmärkten zu handeln. Der letzte Abschnitt dieses Artikels konzentriert sich auf Investitionen in Commodities auf Basis von Fundamentalfaktoren.

4 Entscheidende Elemente eines Investitionsprozesses

In diesem Abschnitt werden wir uns den entscheidenden Elementen eines Investitionsprozesses widmen, welche die fundamentalen Renditequellen von Warentermingeschäftmärkten ausnutzten. Wir werden dabei kurz auf Handelsdimensionen, Entry- und Exitregeln, Handelsaufbau, Portefeuilleaufbau und Risikomanagement eingehen. Am Ende dieses Artikels werden wir noch auf wichtige Vorbehalte gegen das alleinige Verlassen auf quantitativen Methoden im Futureshandel eingehen.

4.1 Handelsdimensionen

Das Auffinden struktureller Renditequellen auf dem Commodity Futures-Markt ist nur die erste Stufe in einem Investitionsprozess. Zum Beispiel könnte man nicht sagen, wie hoch die Allokation jeder individuellen Handelsstrategie sein sollte. Dieser Abschnitt ist der Erörterung von Handelsgrößen, abhängig von ihren Risikomerkmalen, gewidmet.

- **Handelvolumen, als eine Funktion des Risikos**: „Risiko ist eine Handelswährung",[9]. „Jedes Handelskonto… besitzt ein begrenztes Maß dieser Währung. Weiterhin ist es enorm wichtig, dass alle Portfolio-Angelegenheiten auf solche Weise gemanaged werden, dass diese Ressourcenbeschränkungen einhalten".

- **Volatilität:** Ein Einstieg, um diese Ressourcenbeschränkung einzuhalten, ist, das Handelsvolumen an die aktuelle Volatilität zu knüpfen. Damit möchte man sicher-

---

9   Vgl. Grant (2004).

stellen, dass unter normalen Bedingungen keine Rohstoffposition zu hoch ist, als ein Händler aufgrund der zufälligen Schwankungen der Erträge und Verluste, diese nicht aufrechterhalten kann, selbst wenn kein außergewöhnliches Ereignis eintritt. Das Handelvolumen entsprechend der Volatilität zu bestimmen, wird umso wichtiger, je länger die Prognosezeiträume sind. Wenn beispielsweise das Prognoseintervall vierteljährlich ist, muss das Volumen der Position so sein, um dem täglichen Gewinnen- und Verlustschwankungen standzuhalten.

- **Worst-Case Loss:** Unter Verwendung langfristiger Zeitreihen sollte man das maximale Verlustrisiko eines Commodity Trades unter ähnlichen Umständen der Vergangenheit, analysieren. In der Praxis wird ein solches Maß manchmal höher sein, als ein Maß, das auf der aktuellen Volatilität basiert. In diesem Fall sollte die Handelsgröße entsprechend nach unten angepasst werden, um den höchsten bisherigen Verlust zu berücksichtigen. Die Analyse der Worst Case-Ergebnisse kann auch anderen Zwecken dienen. Wenn ein Verlust eines bestimmten Commodity Futures Trades den historischen Worst Case übersteigt, kann dies Hinweis auf ein neues Regime sein, welches noch nicht durch die Daten reflektiert wird. Dies würde ein Exit eines systematischen Trades nach sich ziehen, da man keinen Zugriff mehr zu dem aktuellen Worst Case-Szenario mehr hat. Unter dem Punkt Entry- und Exitregeln wird dies noch einmal näher erörtert.

- **Optimal Sizing**: Die Aktienmärkte haben zumeist die Praxiserfahrungen der meisten Finanzmarkt-Teilnehmer geformt. Dies kann für einen neuen Marktteilnehmer der Rohstoffmärkte ein Problem darstellen. Im Gegensatz zu Aktien haben die meisten Verteilungen von Commodity-Preisen eine positive Schiefe. Dies liegt an der asymmetrischen Natur der Rohstofflagerung. Wenn es zu viel von einem Rohstoff gibt, kann etwas davon gelagert werden und der Preis wird in Folge dessen so fallen, dass die Platzierung der entsprechenden Rohstoffe ermuntert wird. Die Existenz von Lagermöglichkeiten kann den Preisrückgang dämpfen, weil dies ein zusätzlicher Hebel ist, um Angebot und Nachfrage auszugleichen. Andererseits gibt es im Fall von zu wenigen Rohstoffen zu niedrige Lagerbestände und der einzige verfügbare Hebel um Angebot und Nachfrage auszugleichen ist der Preis, welcher entsprechend steigt. Die Unfähigkeit „des Marktes, negative Vorräte zu halten" bewirkt, nach Deaton und Laroque (1992) die Anfälligkeit der Rohstoffmärkte für starke Preisspitzen.

Hooker (2004) bestätigt in seiner Studie die positive Schiefe von verschiedenen Commodity-Rendite-Verteilungen. Nach Walton (1991) bedeutet „das asymmetrische Verhalten von Commodities, dass die meisten Preisüberraschungen nach oben stattfinden. Daher macht es für Investoren Sinn, Long-Positionen in Commodities zu halten." Wenn man Total Return Commodity-Portefeuilles konstruiert, sollte man die asymmetrische Natur der Commodities wie folgt berücksichtigen: Das Risikokapital, welches in einzelnen Long-Commodity-Positionen allokiert ist, muss viel höher sein, als jenes in einzelnen Short-Commodity-Positionen.

4.2 Entry- und Exit-Regeln

Fung und Hsieh (2003) stellten fest, dass eine überlegene Entry-Exit-Strategie eine wichtige Alphaquelle systematischer Futuresstrategien ist.

- **Jahreszeitliche Stärke und Schwächen**: Um von gewerblichen Hedgedruck profitieren zu können, zeigt Cootner (1967) einige historische Beispiele der Maisterminbörse für profitable Entry- und Exit-Strategien. Der Autor fasst die Ergebnisse seiner, wie auch anderer Studien, zusammen, welche insgesamt einen Zeitraum von 1921 bis 1966 berücksichtigen. Nach Cootner haben (historisch) profitable Strategien die folgenden Merkmale: (1.) Spitzen und Löcher in der Maisversorgung, (2.) Spitzen und Löcher in Hedge-Positionen, nach Daten der Commodity Exchange Authority, einer Vorgängerorganisation des CFTC und (3.) feste Kalenderdaten, die im Durchschnitt eine Linie aus (1.) und/oder (2.) bilden. Ebenso scheint nach Girma und Paulson (1998), dass die „Saisonalitäten des Benzin-Crack-Spread parallel mit jenen der Benzinvorräte verlaufen". Analog dazu erreicht auch der Heizöl-Crack Spread Hoch- und Tiefstände parallel zum Heizungsölvorratszyklus. Der Argumentation von Cootner (1967) folgend, sind die Wendepunkte des Preisdrucks im Schnitt um die Lagerspitzen herum, da in diesem Zeitpunkt am meisten gewerblich gehedgt wird. Gewerbliche Hedger nutzen im Allgemeinen nicht diese bekannten Effekte aus, weil „dies für Hedger bedeuten würde, dass sie long sein müssten, wenn ihre Vorräte maximal sind und short sein müssen, wenn ihre Vorräte minimal sind".

- **Positive Curve Dynamics:** Ein anderes Entry- und Exit-Signal ergibt sich daraus, ob sich die Futures-Kurve eines Commodities in Backwardation oder nicht befindet. Siehe auch die Knappheitsbetrachtung in diesem Artikel.

- **Structural Break**: Wie im Abschnitt über Worst Case Loss in diesem Artikel besprochen, kann, wenn ein historisches Tief eines Commodities durchbrochen wird, dies ein Signal für eine Veränderung der historischen Struktur der Vergangenheitsdaten sein. In diesem Fall würde ein Händler aussteigen, da es kein Maß mehr für zusätzliche Verluste gibt. Zusammenfassend kann man sagen, dass ein Handelssystem nicht die volle Wucht eines Strukturbruches erfährt, wenn man aus einer Position aussteigt, nachdem die aktuellen Verluste höher sind, als dies in der Vergangenheit der Fall gewesen ist.

4.3 Handelsaufbau

Nach Till und Eagleeye (2004) können Investoren, die richtige Erwartungen über Commodities haben, über den Handelsaufbau, als Umsetzung dieser Meinung, einen großen Unterschied in der Rentabilität dieser Meinung verursachen. In Warenterminmärkten kann man sich über direkte Futures-Positionen, über Spreads und/oder über Optionen engagieren. Man kann die endgültige Investitionsentscheidung über die Analyse historischer Rendite-Risikoprofile der jeweiligen Anlageform treffen. Futures

Spreads können manchmal analytisch fassbarer sein als direkte Futures-Kontrakte. Für gewöhnlich gibt es ökonomische Beschränkungen, welche verwandte Commodities verbinden. Normalerweise (aber nicht immer) wird hierdurch das Risiko einer solchen Position reduziert. Man kann auch einer Menge exogenen Risikos erster Ordnung durch Handeln mit Spreads ausweichen. Beispielsweise wird bei einem Heizöl- versus Rohöl-Futures-Spread jeder Teil des Trades gleich von unvorhersehbaren OPEC-Schocks beeinflusst. Hingegen werden Risikofaktoren zweiter Ordnung von Spreads normalerweise von Timing-Unterschieden der Lagerveränderungen der beiden Commodities beeinflusst.

4.4 Portfolioaufbau

- **Diversifikation**: Einmalig für alle Anlageklassen ist die Möglichkeit, bei Commodities in einzelne, unkorrelierte Rohstoffmärkte zu investieren. Außerdem sind Commodities des Energiesektors häufig negativ mit Commodities anderer Sektoren korreliert. Diese Eigenschaft ist sehr hilfreich bei Reduktion von Risiken in Portefeuilles. Der Grund für diese negative Korrelation wird von der Tatsache begründet, dass Energiespitzen das Wirtschaftswachstum dämpft, was wiederum die Nachfrage nach anderen, wirtschaftlich weniger wesentlichen Commodities, reduziert.[10] Weiterhin bemerkte Hedgefonds-Manager Paul Touradji, dass „eines der besten Dinge am Commodity-Managerdasein ist, dass es eine natürliche interne Diversifikation gibt". „Während sogar unkorrelierte Aktien ein Beta zum Markt aufweisen, haben viele Commodities wie Zucker und Aluminium traditionell überhaupt keine Korrelation".[11]

- **Vermeidung unbeabsichtigter Risikokonzentration**: Um dem Ziel, ein diversifiziertes Portefeuille zu schaffen, gerecht zu werden, muss ein Commodity-Portefeuillemanager entsprechende Achtsamkeit walten lassen, um sicher zu stellen, dass jeder zusätzliche Trade wirklich Diversifikationscharakter hat und nicht als Risikoverstärker wirkt. Wenn zwei Trades wirklich verbunden sind, sollte man sie als Teil der gleichen Strategie ansehen und sie sollten sich damit auch das gleiche Risikokapital teilen. Wenn hingegen jedem Trade das volle Risikokapital zugesprochen wird, kann man versehentlich das Risiko verdoppeln.

- **Erdgas und Mais:** Aktuelle Korrelationen sind nicht notwendigerweise ein ausreichender Indikator, ob zwei scheinbar unkorrelierte Trades in der Tat unterschiedliche Trades sind. Zum Beispiel könnte man erwarten, dass der Preis von Erdgas zu dem von Mais unkorreliert ist. Im Juli 1999 konnte jedoch eine 85prozentige Korrelation zwischen diesen beiden Märkten gemessen werden. Dies liegt daran, dass beide Märkte hochsensibel auf das Wetter im Juli im mittleren Westen der Vereinigten Staaten, reagieren. Im Erdgassegment kann eine Hitzewelle die Ursachen von Preissteigerungen sein. Bei Mais kann eine Hitzewelle die Maisernte während

---

10 Vgl. Till (2001).
11 Vgl. Teague (2004).

der Hauptbestäubungszeit beschädigen. Dies wiederum führt dazu, dass die Maispreise steigen. Der Juli 1999 war geprägt von sehr heißem Wetter, was gleichzeitig die Mais- und Erdgas-Futures-Preise ansteigen ließ, welches sie wiederum wie einen einzigen Trade erscheinen ließ. Zusammenfassend kann man sagen, dass wenn ein Commodity-Manager Mais- und Erdgas-Futures-Trades in seinem/ihrem Portefolio während dieses Julis hatte, dann würde das Portefolio ein konzentriertes Risiko im Hinblick auf das Wetter im mittleren Westen der USA gehabt haben.

- **Platin und Kupfer:** Die chinesische Nachfrage nach Commodities ist zu einem relativ neuen, ausschlaggebenden Faktor auf den Rohstoffmärkten geworden. Besondere Aufmerksamkeit soll der Tatsache gewidmet werden, dass der chinesische Anteil des Wachstums der Nachfrage nach Platin 90 Prozent, und für Kupfer 70 Prozent ausmacht. Beobachtet man die zeitveränderliche Korrelation der Veränderung von Platin- und Kupferpreisen, so kann beobachtet werden, dass während der ersten sechs Monate 2004 die monatlichen Änderungen dieser zwei Märkte zu 93 Prozent korreliert, in den darauf folgenden sechs Monaten nur noch zu 17 Prozent korreliert waren. Hätte ein Commodity-Manager Anfang 2005 nur die aktuellsten Korrelationen von Platin- und Kupferfuturespreisen untersucht, hätte der Manager die zwei vorangegangenen Marktverhältnisse verpasst und, nicht zu vernachlässigen, auch seinen gemeinsamen Verursacher. Diese beiden Trades müssen entsprechend das gleiche Risikokapital teilen, da im Fall einer chinesischen Nachfragekrise es zu ähnlichen Preiseffekten, wie es während der zwei Wochen im April 2004 der Fall war, der beiden Metalle kommt. In diesem Zeitraum fielen die Kupfer- und Platinpreise, da die chinesische Regierung eine restriktivere Industriedarlehenspolitik verordnete.

- **Energy Spreads**: Sollte man eine Absolute Return Commodity-Strategie anwenden, möchte man die Höhe des *Betarisikos*, welches das Portfolio zu einem bestimmten Commodity aufweist, eingrenzen. Angenommen, im März 2005 bestand ein Energieunterportfolio aus dem Intramarkt von Erdöl-Komplexen, den Intramarkt-Spreads und aus Erdgas-Futures-Verträgen. Die Sensitivität der Energiepositionen des Portfolios zu Front-Month-Benzinpreisen hat sich im Vergleich zu einem späteren Zeitraum (von 22. Februar bis 22. März 2005) im ursprünglichen Studienzeitraum vom 1. Dezember 2004 bis zum Studienende am 22. Februar 2005 fast verdoppelt. Wenn ein Manager es beabsichtigt hätte, dass sein aktiv gemanagtes Commodityportfolio nur begrenzt der direkten Entwicklung von Commodity-Preisen ausgesetzt ist, dann wäre die Verdoppelung des Exposures, im Verhältnis zum Schicksal der Front-Month-Benzinpreisentwicklung, unannehmbar gewesen.

- **Long-Options-like-Profile**: Eine letzte Überlegung wäre, dass eine Kombination von Handelsstrategien darauf abzielen sollte, sicher zu stellen, dass ein Portfolio ein Auszahlungsprofil wie Long-Options, aufweisen. Die traditionellen Anleger in Futures-produkte (welche auch Global-Macro Fonds und CTAs einschließen) erwarten sich, historisch betrachtet, eine hohe Wahlfreiheit von diesen.

Der Abschnitt dieses Artikels über optimale Handelsvolumina stellte die Wichtigkeit der überproportionalen Allokation von Risikokapital auf einzelne Long-Commodity-

Positionen heraus, da diese dazu tendieren, risikoadjustiert positiv schiefe Renditen aufzuweisen, während einzelne Short-Commodity-Positionen dementsprechend negativ schiefe Renditen erzielen. Diese Handelsmethode steigert die Wahrscheinlichkeit ein Long-Options-like-Profil zu erhalten.

4.5   Risikomanagement

- **Value at Risk**: Nach Till (2002) wird im Standard Value at Risk-Ansatz die Portfoliovolatilität aus den aktuellen Volatilitäten und Korrelationen der Portfolioinstrumente berechnet. Wenn ein Portfolio, bestehend aus verschiedenen Instrumenten, normalverteilt ist, kann man das 95 Prozent Konfidenzintervall für die monatliche Änderung des Portefeuilles durch Multiplizieren der aktuellen monatlichen Volatilität des Portefeuilles mit zwei (oder 1,96 um genauer zu sein) berechnen. Isoliert betrachtet, ist diese Ansatz für ein Commodity-Portfolio unzulänglich, da dieses aus Instrumenten mit Tendenz zur positiven Schiefe bestehen. Wie bereits in dem Abschnitt zum Handelsumfang beschrieben, ist dieses Maß dennoch nützlich, da man sicherstellen will, dass unter normalen Bedingungen eine Commodity-Position (oder ein Portefeuille) nicht so groß sein sollte, dass man nicht die zufälligen Schwankungen in Gewinnen und Verlusten abhalten kann. Für eine vollständige Risikobetrachtung, sollte man Value at Risk-Modelle in Verbindung mit entsprechenden Szenariotests anwenden.

- **Szenariotests**: In Till (2002) haben wir die Verwendung von langen Datenreihen empfohlen, um direkt die schlechteste Rendite eines Commodity-Trades unter vergleichbaren Umständen in der Vergangenheit überprüfen zu können. In der Praxis wird ein solches Maß manchmal größer sein, als eines, welches aus Value at Risk-Modellen mit aktuellen Volatilitätskennzahlen ermittelt wurde. Weil eine Commodity-Investition oftmals dazu gedacht wurde, ein Hedgefunktion für ein Financial Portefeuille zu übernehmen, sollte ein Commodity-Manager immer auch die Sensitivität des Portefeuilles im Hinblick auf verschiedene Ereignisse, basierend auf historischen Daten, überprüfen. Wenn ein Commodity-Portfolio besonders schlecht, in Zeiten schlechten Kapitalmarktrenditen, rentiert, würde dies für seine Kunden enttäuschend sein.

- **Stresstests**: starker Schock für das Geschäftsvertrauen. Obwohl ein Portfolio bestehend aus Warenterminkontrakten keine Financial Futures enthält, kann das Portfolio trotzdem noch signifikante Risiken zur Wertpapierbörse aufweisen. Beispielsweise konnte Bessembinder (1992) bei Lebendvieh- und Platinfutures signifikante Betas zur US-Wertpapierbörse im Zeitraum von 1967 bis 1989 nachweisen. Ein Manager sollte deshalb überlegen, wie sein Portfolio während des Börsenzusammenbruchs im Oktober 1987, dem Golfkrieg 1990, dem Bond-Debakel 1998 und während der Tage, welche dem 11. September 2001 folgten, rentiert hätte. Wenn das Commodity-Portfolio während dieser Ereignisse schlecht rentiert hätte, dann sollte der Manager über den Kauf einer Makroportefeuilleversicherung gegen diese Ereignisse, nachdenken.

- **Ereignisrisiko:** Schlüsselfaktor für die Existenz von Warenterminmärkten ist die Ungewissheit, welche aus dem Wetter resultiert. Wie wir schon im Abschnitt über unbeabsichtigte Risikokonzentration darstellten, ist das Wetter des Mittelwestens der USA im Juli ein Schlüsseleinflussfaktor der Preise von Mais- und Erdgas-Futures. Ein anderes Beispiel ist der Monat Februar. Dieser ist ein Schlüsselmonat für die Bestimmung von Erdgas- und Heizölpreisen. Nähert man sich dem Ende des Winters in den USA, nutzen Versorgungsunternehmen beide Vorratsquellen, um die Heiznachfrage zu befriedigen. Gibt es äußerst kaltes Wetter, ist der Preis die Hauptvariable, welche Angebot und Nachfrage ausgleicht, da Erdgas- und Heizungsölvorräte ihr Jahrestief zu dieser Zeit erreichen. In diesem Fall können beide Preise explosiv auf kaltes Wetter reagieren. Für den Commodity-Manager bedeutet dies, dass er überlegen sollte, sein Energieportefeuille hinsichtlich der Performanceleistung in Zeiten solcher seltenen Extremwetterlagen im Monat Februar zu überprüfen.

- **Makroportfolio-Hedges:** Wenn die Verluste einer Strategie, einen Schwellenbetrag während eines der Risikoszenarien überschritten hätte, dann sollte ein Manager einen Makroportfolio-Hedge in Erwägung ziehen, welcher während der relevanten Szenarios gut rentieren würde. Rajagopal (2004) stellte fest, dass ein Commodity-Index-Investment „Schutz für ein festes Einkommen bietet." Mit anderen Worten, in den Zeiten, in denen Bonds negative Renditen erzielten, rentierten Commodities kumulativ positiv. Betrachtet wurde ein Zeitraum von 1992 bis 2004. Bei Portfolios, welche eine Long-Commodity-Bias aufweisen, kann man auch umgekehrt argumentieren: festverzinsliche Long-Positionen können einen Risikoschutz gegen Ereignisse für ein Commodity-Portfolio bieten.

4.6 Risikotoleranz der Investoren

Gehm (2004) schaffte eine Herausforderung für Finanzmarktautoren. Der Autor des 1995 erschienen Buches „Quantitative Trading and Money Management" behauptet, dass die meisten Artikel über Finanzmärkte unrealistisch seien. Wenn solche Artikel realistisch wären, würden sie nicht nur die Freuden, sondern auch die Sorgen des Tradings behandeln. Im Folgenden werden wir kurz ein kleines Beispiel aufzeigen, was Gehm damit meinte. Indem man die entscheidenden Elemente eines Investmentprozesses erörtert, lässt man einen wichtigen Aspekt des Trading aus. Dieser Aspekt heißt Risikotoleranz eines Managers. Nach Vince (1992) ist es erforderlich, um Marktineffizienzen zu Geld zu machen, „man mehr als nur bloßes Verständnis für Money-Management-Konzepte benötigt. Es verlangt nach emotionaler Disziplin, Schmerz bis zu einem Level ertragen zu können, dass 19 von 20 Menschen nicht mehr ertragen können... Jeder, der behauptet von der intellektuellen Herausforderung der Märkte fasziniert zu sein, ist kein Händler. Die Märkte sind genauso eine intellektuelle Herausforderung, wie ein Faustkampf. Letztendlich, ist Trading eine Übung in Selbstbeherrschung und Durchhaltevermögen". Dieser Artikel hat bisher nicht die psychologische Komponente betrachtet, die benötigt wird, um erfolgreich mit Futures zu handeln.

Dieser Faktor ist allerdings mindestens genauso wichtig, wie strukturelle Renditequellen zu finden und angemessene Risikomanagementmethoden um diese herum zu kreieren. Taleb (2001) erklärt, warum es für einen Manager eine Herausforderung darstellt, einem disziplinierten Investitionsprozess zu folgen. Er liefert ein Beispiel für einen Rendite generierenden Prozess, welcher eine jährliche Überschussrendite über T-Bills in Höhe von 15 Prozent und eine jährliche Volatilität von zehn Prozent aufweist. Auf den ersten Blick würde man denken, dass es trivial sein sollte, eine Handelsstrategie für ein solch überlegenes Risiko- und Renditeprofil durchzuführen. Taleb erläuterte weiter, dass über solch einen Rendite generierenden Prozess die Chance positiver Renditen an jedem beliebigen Tag 54 Prozent beträgt. Wenn ein Investor beispielsweise den Schmerz eines Verlustes 2,5-mal so stark empfinden würde als die Freude an einem Gewinne, dann könnte es möglicherweise sehr strapaziös sein, diese überlege Investmentstrategie auszuführen.

Als weiteres Beispiel für die Herausforderungen eines Investors an einen disziplinierten Investitionsprozess soll in diesem Artikel noch ein Beispiel für einen Heizölkalender-Spread aufgeführt werden, welches 1989 veröffentlicht wurde. Anzumerken ist, dass diese Strategie während der letzten 15 Jahre in irgendeiner Form funktioniert hat. Während diese Strategie langfristig statistisch signifikante, positive Renditen liefert, war der größte Verlust derart, dass er die Gewinne des Vorjahres und eines weiteren halben Jahres aufgewogen hat. Im Ergebnis müsste ein Manager (wie auch seine Anleger), der Verluste in dieser Größenordnung realisiert, ziemlich diszipliniert sein, um diese Strategie weiterhin auszuführen.

5 Schlussfolgerung

Während Investments in Commodity-Indizes relativ bedenkenlos empfohlen werden können, sollte man im Vergleich verhältnismäßig vorsichtig damit sein, dies auch bei aktiv gemanagten Commodity-Anlagevehikel zu tun. Nichtsdestotrotz können fachkundige aktive Manager Renditen über das Core Investment der Anleger in Commodity-Indizes hinaus, bieten. Dieser Artikel erörterte bleibende Renditequellen auf Warenterminmärkten. Dies allein stellt jedoch nicht sicher, dass eine aktiv gemanagte Commodity-Strategie erfolgreich ist. Eine erfolgreiche Futures-Strategie benötigt weiterhin extra Vorsicht im Risikomanagement und außergewöhnliche Disziplin in der Umsetzung.

Literaturverzeichnis

Abken, Peter (1989): An Analysis of Intra-Market Spreads in Heating Oil Futures, in: Journal of Futures Markets, September 1989, pp. 77–86.

Akey, Rian (2005): Commodities: A Case for Active Management, Working paper, Cole Partners, February 4, 2005.

Asness, Cliff/Friedman, Jacques/Krail, Robert/Liew, John (2000): Style Timing: Value versus Growth, in: The Journal of Portfolio Management, Spring 2000, pp. 50–60.

Bessembinder, Hendrik (1992): Systematic Risk, Hedging Pressure, and Risk Premiums in Futures Markets, in: Review of Financial Studies, Vol. 5, No. 4 (1992), pp. 637–667.

Bodie, Zvi/Rosansky, Victor (1980): Risk and Return in Commodity Futures, in: Financial Analysts Journal, May/June 1980, pp. 27–39.

Burghardt, Galen/Duncan, Ryan/Liu, Lianyan (2004): What You Should Expect From Trend Following, in: Calyon Financial Research Note, July 1, 2004.

Cootner, Paul (1967): Speculation and Hedging, Food Research Institute Studies, Supplement, 7 (1967), pp. 64–105.

Cordier, James (2004): My Best Trade, in: Trader Monthly, April/May 2005, p. 44.

Deaton, Angus/Laroque, Guy (1992): On the Behavior of Commodity Prices, in: Review of Economic Studies, 59, pp. 1–23.

Di Tomasso, John/Till, Hilary (2000): Active Commodity-Based Investing, in: The Journal of Alternative Investments, Summer 2000, pp. 70–80.

Erb, Claude/Harvey, Campbell (2005): The Tactical and Strategic Value of Commodity Futures, Working paper, Trust Company of the West and Duke University, February 11, 2005.

Everett, Bevan (2005): FCStone Grain Recap, March 18, 2005, p. 1.

Federal Reserve Board of Chicago, Third Quarter 1999.

Fung, William/Hsieh, David (2003): The Risk in Hedge Fund Strategies: Alternative Alphas and Alternative Betas, in: Lars Jaeger, ed., The New Generation of Risk Management for Hedge Funds and Private Equity Investments. London: Euromoney Books, 2003, pp. 72–87.

Gehm, Fred (2004): Risk Management in Hedge Fund of Funds Panel, Presentation at Chicago Professional Risk Managers' International Association meeting, December 16, 2004.

Girma, Paul/Paulson, Albert (1998): Seasonality in Petroleum Futures Spreads, in: Journal of Futures Markets, August 1998, pp. 581–598.

Literaturverzeichnis

GRANT, KENNETH (2004): Trading Risk. Hoboken, NJ: Wiley, 2004.

GREER, ROBERT (2005): Commodities—Commodity Indices for Real Return and Diversification, in: Robert Greer, ed., The Handbook of Inflation Hedging Investments. New York: McGraw-Hill, 2005.

HELMUTH, JOHN (1981): A Report on the Systematic Downward Bias in Live Cattle Futures Prices, in: Journal of Futures Markets, March 1981, pp. 347–358.

HICKS, J.R. (1939): Value and Capital. Oxford, UK: Oxford University Press, 1939.

HOOKER, MARK (2004): Portfolio Risk Measures. State Street Global Advisors, Presentation at IQPC Conference on Portfolio Diversification with Commodity Assets, London, May 26, 2004.

HUMPHREYS, H. BRETT/SHIMKO, DAVID (1995): Beating the JPMCI Energy Index, Working paper, JP Morgan, August 1995.

KEYNES, JOHN MAYNARD (1934): A Treatise on Money, London: Macmillan, 1934.

LAMMEY, ALAN (2005): Investors Clamor for Stake in Bull Run in Stocks, Commodities, in: Natural Gas Week, April 4, 2005, p. 19.

MADDALA, G.S./YOO, JISOO (1990): Risk Premia and Price Volatility in Futures Markets, Working paper, Series CSFM #205, Center for the Study of Futures Markets, Columbia Business School, July 1990.

NASH, DANIEL/SHRAYER, BORIS (2004): Morgan Stanley Presentation. IQPC Conference on Portfolio Diversification with Commodity Assets, London, May 27, 2004.

RAJAGOPAL, MOHAN (2004): Examining the Financial Benefits of Commodities and Practical Issues of Implementation. Deutsche Bank, Presentation at Marcus Evans Conference on Investing in Commodities, London, November 8, 2004.

ROSENBERG, BARR/REID, KENNETH/LANSTEIN, RONALD (1985): Persuasive Evidence of Market Inefficiency, in: The Journal of Portfolio Management, Spring 1985, pp. 9–16.

ROWLAND, HEATHER (1997): How Much Oil Inventory is Enough? Energy Intelligence Group, 1997.

SIEGEL, LAURENCE (2003): Benchmarks and Investment Management. Charlottesville, VA: Association for Investment Management and Research, 2003.

SMITH, ANDY (2004): Precious Thoughts, in: Mitsui Global Precious Metals, April 29, 2004.

TALEB, NASSIM (2001): Fooled by Randomness. New York: Texere, 2001.

TEAGUE, SOLOMON (2004): The Commodities ‚Gladiator', in: Risk, June 2004, p. 88.

TEWELES, RICHARD/JONES, FRANK (1987): The Futures Game. New York: McGraw-Hill, 1987.

TILL, HILARY (2000): Systematic Returns in Commodity Futures, in: Commodities Now, September 2000, pp. 75–79.

TILL, HILARY (2000): Trading Scarcity, in: Futures, October 2000, pp. 48–50.

TILL, HILARY (2000): Passive Strategies in the Commodity Futures Markets, in: Derivatives Quarterly, Fall 2000, pp. 49–54.

TILL, HILARY (2001): Laughing in the Face of Diversity, in: Risk & Reward, February 2001, pp. 18–21.

TILL, HILARY (2002): Risk Management Lessons in Leveraged Commodity Futures Trading, in: Commodities Now, September 2002, pp. 84–87.

TILL, HILARY. „On the Role of Hedge Funds in Institutional Portfolios."The Journal of Alternative Investments, Spring 2004, pp. 77–89.

TILL, HILARY/EAGLEEYE, JOSEPH (2004): How to Design a Commodity Futures Trading Program, in: Greg Gregoriou, Vassilios Karavas, François-Serge Lhabitant, and Fabrice Rouah, eds., Commodity Trading Advisors: Risk, Performance Analysis, and Selection. Hoboken, NJ: Wiley, 2004, pp. 277–293.

TILL, HILARY/EAGLEEYE, JOSEPH (2005): Commodities: Active Strategies for Enhanced Return, Journal of Wealth Management, Fall 2005, S. 42–62.

VERLEGER, PHILIP (2005): Inflating the Commodity Bubble: Impact of Pension Fund Investment on Oil Prices, in: Petroleum Economics Monthly, January 2005.

VINCE, RALPH (1992): The Mathematics of Money Management. New York: Wiley Finance, 1992.

WALTON, DAVID (1991): Backwardation in Commodity Markets, Working paper, Goldman Sachs, May 28, 1991.

WORKING, HOLBROOK (1948): Theory of the Inverse Carrying Charge in Futures Markets, in: Journal of Farm Economics, February 1948, pp. 1–28.

Teil 7

Weitere Formen von

Alternativen Investments

Pierre Lequeux/Ivan Petej

Herausforderungen und Möglichkeiten des aktiven Währungsmanagements

1 Einleitung 459
2 Investment-Stile im Währungsmanagement 461
   2.1 Ein Beispiel von Markineffizienzen und Stildiversifikation 462
   2.2 Portfoliokonstruktion 466
3 Fragestellungen zur Performance und Stilanalyse 467
4 Schlussfolgerung 470

Literaturverzeichnis

1 Einleitung

Die Währungsmärkte sind seit jeher stets gut für Enttäuschungen und Frustration bei Ökonomen. Gut ins Bild der erhöhten Komplexität im Vergleich zu anderen Märkten passen auch die Aussagen des damaligen Vorsitzenden der US-Notenbank Alan Greenspan vor dem Senate Banking Komitee am 16. Juli 2002: „Nicht nur wir von der Federal Reserve haben Unmengen an Zeit damit verbracht, Modelle zu finden, die erfolgreich Wechselkurse prognostizieren können. Diese wertvolle Zeit hätten wir besser in andere Forschungsprojekte gesteckt." Klar ist, dass sich Währungen im Vergleich zu anderen Anlageklassen komplett anders verhalten. Erstens folgen sie im Gegensatz zu Aktien und Renten nicht den gleichen Fundamentaldaten. Für diese Klassen existieren bewährte Bewertungsmodelle, für Währungen nicht. Modelle zur Bewertung von Währungen basieren im Allgemeinen stets auf einer Version der Kaufkraftparitätentheorie und sind für ihre notorische Ungenauigkeit in eben jenen Zeitspannen, die für Investoren interessant sind, berüchtigt. Darüber hinaus finden Währungen als strategische Anlageklasse kaum Anwendung, was verwirrend sein mag. Trotz allgemein relativ niedriger Korrelation mit anderen Anlageklassen fehlt es ihnen im Prinzip an erwarteten positiven Renditen und stabilen Risikoprämien, was gerade Renten und Aktien über weite Strecken auszeichnet. Es handelt sich also eher um taktische als um strategische Assets. In anderen Worten: *Buy and Hold* klappt bei Währungen nicht – es bedarf einer Art aktiven Managements oder taktischer Entscheidungen, um die in Währungen verborgenen Renditen herauszukitzeln.

Währungen werden langsam aber sicher als potenzielle Quellen von Mehrwert in institutionellen Portfolios anerkannt. Das legen auch diverse Industriestatistiken nahe. Von Währungsoverlay- und Währungshedgefondsmanagern verwaltete Anlagen und Risiken haben im letzten Jahrzehnt deutlich zugenommen. Es gibt eine Reihe von Gründen, warum sich Währungen langsam zu einem der Favoriten der Investmentszene mausern. Auf der einen Seite waren die Renditen traditioneller Anlageklassen in den letzten Jahren relativ schwach mit Aktienrenditen, die weit unter ihren historischen Renditen lagen. Gleichzeitig wurden die Beweggründe, Renten zu halten, immer fraglicher, denn die weltweite Niedrigzinsphase ließ diese Anlageklasse im Licht steigender Zinsen als wenig attraktiv erscheinen. Auf der anderen Seite hat sich das Investmentportfolio von institutionellen Investoren wie Pensionskassen und Versicherungen in den letzten Jahren dramatisch verändert. Es wurde nach höheren Renditen und mehr Diversifikation durch Investitionen in internationale Assets Ausschau gehalten. Dadurch ergab sich eine neue Dimension des Risikos im institutionellen Portfolio – Währungen. Wurden Währungen zunächst als potenzielle Risikoquelle angesehen, betrachtet man sie nun als potenzielle Renditequelle. Das liegt im Grunde daran, dass Währungsmanager nun über einen Track Record glaubhafter Länge und risikoadjustierter Renditen verfügen. Auch Investment Consultants haben ihren Teil dazu beigetragen, den Entscheidern die Vorteile von Währungen im Portfolio nahezubringen.[1]

---

1 Vgl. Ogunc/Hersey (2001).

Pierre Lequeux/Ivan Petej

Grund Nummer eins liegt in der *Heterogenität* der Marktteilnehmer, oder einfacher ausgedrückt, in den unterschiedlichen Beweggründen, an den Währungsmärkten zu partizipieren. Zwei der größten Marktteilnehmer – Zentralbanken und Unternehmen – verfolgen primär bei ihrer Marktteilnahme keine Profitziele. Zentralbanken benutzen Währungen als Werkzeug ihrer ökonomischen Politik und Unternehmen wandeln damit Einnahmen um oder sichern Positionen in ihren Bilanzen ab. Dies widerspricht eindeutig jeglicher Theorie zur Effizienz der Märkte, in der alle Marktteilnehmer über den gleichen Informationsstand verfügen, denselben Marktzugang haben und von denselben Beweggründen (Profit) motiviert sind. Wenn Währungsmärkte demnach also ineffizient sind, muss es also möglich sein, daraus eine periodisch auftretende Renditequelle zu generieren, wie es von einer wachsenden Gruppe von aktiven Währungsmanagern auch bewerkstelligt wurde. In den Untersuchungen der Investmentberater findet sich für die historische Langzeit-Information-Ratio bzw. die risikoadjustierten Überrenditen eine Größe der Ordnung 0,5 für den Median-Manager. Dies passt ziemlich gut zur Median-Performance aktiver Aktien- und Bondmanager (Abb. 1).

Abbildung 1: 10-Jahres Median-Information-Ratios von aktiven Managern nach Sektoren (April 1995 – März 2005)

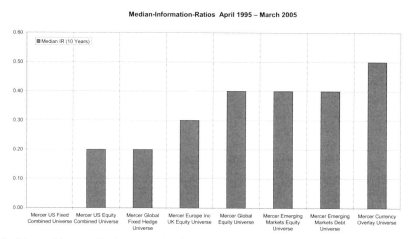

Quelle: Mercer Manager Performance Analytics (Mercer MPA)

Behält man im Hinterkopf, dass aktive Prozesse im allgemeinen Renditen generieren, die eine niedrige Korrelation zu den Renditen der strategisch gehaltenen Anlageklassen aufweisen, so empfiehlt sich ein aktives Währungsmanagement, da sich dadurch insgesamt das Risiko-Rendite-Profil des Portfolios sowohl durch Rendite wie durch Diversifikation verbessern sollte.

2 Investment-Stile im Währungsmanagement

Um diese überlegene Information-Ratio zu erreichen, nutzen Währungsmanager eine große Zahl verschiedener Stile, die als Kombination von objektiven und subjektiven Stilen klassifiziert werden können in Verbindung mit Ansätzen, die von rein qualitativen bis zu rein quantitativen Prozessen reichen.

Abbildung 2: Investment-Stile

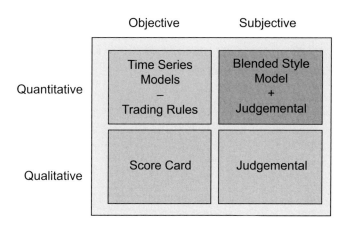

Jeder der möglichen Währungsmanagementstile weist zwar einen gewissen Grad an Langzeitmehrwert auf, der letztendliche Payoff unterscheidet sich jedoch je nach Marktkonfiguration. Als Faustregel setzen Ansätze mit Zeitreihenmodellen eher auf Trendfolge und verlassen sich deshalb auf die Existenz von Trends im Währungsmarkt, während Urteilungsansätze in volatilen und trendlosen Umgebungen einen besseren Track Record bei der Renditegenerierung aufweisen. Urteilungsansätze sind auch besser bei der Evaluierung von fundamentalen Szenarien mittlerer bis langer Zeitspannen, in denen Ereignisrisiken schlummern. Wir sind der Überzeugung, dass die Anwendung eines kombinierten Ansatzes, der sowohl Zeitreihensignale als auch bis zu einem gewissen Grad Urteile im Selektions- und Allokationsprozess der von einem Modell generierten Strategien verwertet, besonders interessant sind. Die Gründe für die Verwendung eines kombinierten Ansatzes liegen darin, dass Modelle meist sehr gut darin sind, Renditen in jenem Teil der Renditeverteilung zu erklären, der einer Normalverteilung sehr nahe kommt, während Urteilungsprozesse im extremen Teil der Verteilung besser performen und Modellen bei der Erklärung seltener Ereignisse überlegen sind. Letzterem liegt die Tatsache zugrunde, dass Urteilsstile auch Informationen verarbeiten können, die nicht immer vom Markt bereits diskontiert wurden und deshalb in einer Preisstruktur fehlen, auf denen Zeitreihenmodelle aufsetzen. Die Kombination von Techniken und Zeithorizonten hilft auch dabei, höhere risikoadjustierte Gewinne einzufahren.

2.1 Ein Beispiel von Markteffizienzen und Stildiversifikation

Im Folgenden illustrieren wir dies, indem wir uns auf drei Strategien aus vielen möglichen konzentrieren. Der Grund für ihre Wahl liegt in ihrer Repräsentativität für die Haupttypen an Ineffizienzen, mit denen Währungsmanager arbeiten, als da wären Trends, Inflationserwartungen sowie Termin-Bias. Für unsere Untersuchungen haben wir tägliche Daten für die G-10 Wechselkurse USD-JPY, EUR-USD, USD-CHF, GBP-USD, USD-CAD, AUD, USD, NZD-USD, USD-SEK und USD-NOK um 16:00 Uhr Greenwicher Zeit gezogen, in der Periode vom 30.07.1996 bis 01.07.2005. Diese Wechselkurse sind repräsentativ für den Markt. Gemäß den letzten Untersuchungen der Bank for International Settlements (BIS) sind diese Wechselkurse für knapp 80 Prozent des täglichen Umsatzes im Spot-Markt verantwortlich, der auf 1,77 Billionen geschätzt wird (BIS 2004[2]), aufgeteilt auf die oben genannten neun, bezogen auf den Spot-Umsatz der am häufigsten gehandelten Währungspaare. Transaktionskosten wurden in Form des Geld-Brief-Satzes, gemessen bei zwölf verschiedenen Anbietern, für ein ungefähres zugrunde liegendes Handelsvolumen von USD 100 Millionen berücksichtigt.

Der Trendfolgestil findet sich in der ein oder anderen Form in den meisten Währungsmanagementstilen. Studien zufolge sind etwa geschätzte 70 bis 80 Prozent der Währungsmanager Anhänger des Trendfolgestils.[3] Die Strategie basiert darauf, dass Währungen gekauft werden, wenn ihr Wechselkurs über seinem, über einen festgelegten Zeitraum ermittelten Schnitt handelt und umgekehrt. Das Grundprinzip ist hier, dass Trends im Währungsmarkt existieren und es deshalb anzuraten ist, sich nicht gegen solche zu positionieren. Im Folgenden haben wir eine Kombination von gleitenden Durchschnitten (Moving Averages) für Perioden von 32, 61 und 116 Tagen benutzt wie in Lequeux und Acar (1998) beschrieben. Tabelle 1 zeigt die Resultate aus der Periode von 1996 bis 2005. Es ist klar ersichtlich, dass es werthaltig ist, dem Trend zu folgen, obwohl der gesammelte Verlust beizeiten signifikant ausfallen kann.

---

2   Vgl. BIS (2004).
3   Vgl. Middleton (2005).

Tabelle 1: *Performance-Statistik des täglichen Trendfolgemodells, angewendet auf die G-10-Währungen.*

Trend	USD-JPY	EUR-USD	GBP-USD	USD-CHF	USD-CAD	AUD-USD	NZD-USD	USD-SEK	USD-NOK
Annualised Return	3.4%	4.8%	0.3%	1.3%	-1.3%	0.6%	3.3%	3.8%	-1.6%
Annualised Volatility	9.9%	8.1%	6.7%	8.9%	5.7%	9.3%	10.1%	8.8%	8.7%
Information Ratio	0.35	0.59	0.04	0.14	-0.23	0.07	0.33	0.43	-0.19
Maximum Drawdown	-30.8%	-16.6%	-22.4%	-28.7%	-25.0%	-27.8%	-22.3%	-21.9%	-34.4%
Risk adjusted Max Drawdown	-3.10	-2.04	-3.33	-3.22	-4.39	-3.00	-2.22	-2.50	-3.94

Termin-Währungspreise waren seit Anbeginn schwach in ihrer Prognosekraft des zukünftigen Spot-Preises, und es hat sich generell als gute Strategie erwiesen, Währungen mit einem hohen Zinssatz zu übergewichten oder zu kaufen bzw. Währungen mit niedrigem Zinssatz zu untergewichten.[4] Wir belegen dies, indem wir der simplen Strategie folgen, USD gegen diejenige Währung zu kaufen, deren Ein-Monats-Zinssatz unter dem der USA liegt und umgekehrt. Tabelle 2 zeigt die Performance-Statistik, die aus dieser simplen Carry-Strategie, angewendet auf die G-10-Währungskurse, hervorgegangen wäre. Die resultierende risikoadjustierte Rendite ist im Mittel höher als die des Trendfolgemodells.

Tabelle 2: *Performance-Statistik des täglichen Carry-Modells, angewendet auf die G-10-Währungen.*

Trend	USD-JPY	EUR-USD	GBP-USD	USD-CHF	USD-CAD	AUD-USD	NZD-USD	USD-SEK	USD-NOK
Annualised Return	3.4%	4.8%	0.3%	1.3%	-1.3%	0.6%	3.3%	3.8%	-1.6%
Annualised Volatility	9.9%	8.1%	6.7%	8.9%	5.7%	9.3%	10.1%	8.8%	8.7%
Information Ratio	0.35	0.59	0.04	0.14	-0.23	0.07	0.33	0.43	-0.19
Maximum Drawdown	-30.8%	-16.6%	-22.4%	-28.7%	-25.0%	-27.8%	-22.3%	-21.9%	-34.4%
Risk adjusted Max Drawdown	-3.10	-2.04	-3.33	-3.22	-4.39	-3.00	-2.22	-2.50	-3.94

Im Allgemeinen wird Kaufkraftparität (PPP) als sehr schlechter kurzfristiger Indikator angesehen, dem jedoch über einen längeren Zeitraum für die Generierung von Mehrwert mehr Substanz beigemessen wird. Das Prinzip ist, dass über einen mittleren bis langen Zeitraum die effektiven Wechselkurse gegen die nominalen Wechselkurse konvergieren.[5] Wir berechnen also für jede der G-10-Währungen die monatlichen Änderungen bei den effektiven und nominalen Wechselkursen (erstere werden von der Bank of England veröffentlicht). – Ist die Nettoänderung der effektiven Wechselkurse größer als der nominale Kurs, wird ein Kaufsignal generiert und umgekehrt, wenn die Nettoänderung kleiner ausfällt. Die Geschäfte werden jeweils unter Berücksichtigung von Transaktionskosten zum Monatsende getätigt.

---

4 Vgl. Fama (1984).
5 Vgl. Roll (1979).

Tabelle 3: Performance-Statistik des monatlichen PPP-Modells angewandt auf die G-10-Währungen

PPP	USD-JPY	EUR-USD	GBP-USD	USD-CHF	USD-CAD	AUD-USD	NZD-USD	USD-SEK	USD-NOK
Annualised Return	4.0%	5.4%	0.3%	-4.5%	2.0%	5.5%	7.3%	-1.2%	-1.5%
Annualised Volatility	12.5%	9.7%	7.8%	10.2%	6.4%	11.1%	11.3%	10.2%	9.8%
Information Ratio	0.32	0.56	0.04	-0.44	0.31	0.50	0.64	-0.11	-0.16
Maximum Drawdown	-18.9%	-19.2%	-23.5%	-64.1%	-10.2%	-11.6%	-19.0%	-35.0%	-45.4%
Risk adjusted Max Drawdown	-1.52	-1.99	-3.02	-6.27	-1.59	-1.05	-1.67	-3.42	-4.63

Gemäß der Tatsache, dass die drei oben beschriebenen Stile jeder für sich genommen im Schnitt netto eine positive Rendite liefern, aber gleichzeitig von fundamental unterschiedlichen Prinzipien getrieben werden, profitiert ein Stil-Mix aller Wahrscheinlichkeit nach von einem Diversifikations-Mehrwert und einem verbesserten risikoadjustierten Renditeprofil. Abbildung 3 zeigt die netto risikoadjustierte Rendite jedes Stils angewandt auf die G-10-Währungspaare. Die durchschnittliche Zahl auf der rechten Seite errechnet sich als Produkt der netto Tagesrenditen jedes Währungspaars mit dem entsprechenden Gewicht proportional ihres Anteils am durchschnittlichen Tagesumsatz nach BIS 1998, 2001 und 2004, dargestellt in Tabelle 4. Diese Gewichtung weist eine gute geographische Konsistenz mit den meisten globalen Fonds und Aktienmanagern auf.

Tabelle 4: Durchschnittlicher Tagesumsatz der G-10-Währungspaare von 1998, 2001 und 2004

USD-JPY	EUR-USD	GBP-USD	USD-CHF	USD-CAD	AUD-USD	NZD-USD	USD-SEK	USD-NOK
24.01%	41.45%	14.45%	6.11%	4.81%	5.25%	1.31%	1.31%	1.31%

Abbildung 3: Zusammenfassung des Information Ratio (IR) der G-10-Währungen

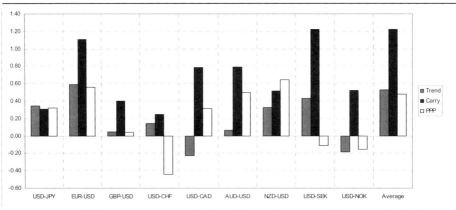

Unter Benutzung derselben monatlichen Renditezeitreihendaten ist es auch möglich, die Korrelation der Renditen zwischen den drei Stilen aufzuzeigen. Dies ist in Tabelle 5 dargestellt.

Tabelle 5: Korrelation zwischen Modellrenditen (monatlich)

	Trend	Carry	PPP
Trend	1.00	0.29	0.46
Carry	0.29	1.00	0.17
PPP	0.46	0.17	1.00

Es ist ersichtlich, dass die Korrelation zwischen den drei Treibern positiv ist, jedoch historisch sehr niedrig. Dies zeigt die potentiellen Diversifikationseffekte, die man sich mit einem Stil-Mix zunutze machen kann. Abbildung 4 zeigt die monatlichen Renditereihen jeder der Treiber zusammen mit dem Schnitt, der durch Allokation gleicher Risikogewichte (in diesem Fall annualisiert 5 Prozent) in jedem Stil entsteht.

Abbildung 4: Kumulierte Renditezeitreihen für die drei Modelle und den Durchschnitt

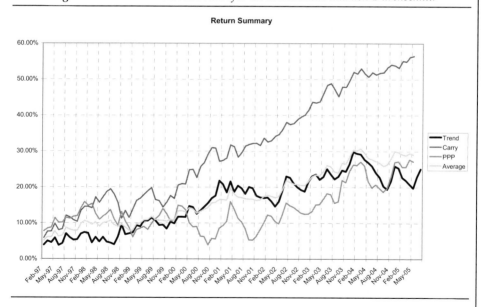

Tabelle 6 zeigt die aufsummierten Statistiken für den Stil-Mix. Offenbar liegt der Hauptvorteil dieses Ansatzes im höheren Information Ratio im Beobachtungszeitraum. Obwohl das Stil-Mix-IR niedriger ist als das des reinen Carry-Modells, ist der risikoadjustierte maximale Shortfall (definiert als der maximale kumulierte Verlust geteilt durch die annualisierte Volatilität der Renditen) signifikant besser. Letztere Tatsache ist besonders für Fondsmanager interessant, deren maximaler kumulierter Verlust beschränkt ist. Demzufolge ist ein Manager, der einen Stil-Mix verwendet, in der Lage, ein signifikantes Information Ratio zu generieren und auf der anderen Seite das Downside-Risiko besser zu kontrollieren.

Tabelle 6: Aufsummierte Statistik des Stil-Mix-Ansatzes

	Trend	Carry	PPP	Average
Annual Return	3.0%	7.0%	3.3%	3.7%
Annual Risk	5.9%	5.7%	6.8%	3.7%
Information Ratio	0.52	1.22	0.48	1.01
Maximum Drawdown (MD)	-10.4%	-8.2%	-12.0%	-4.9%
Risk Adj MD	-1.78	-1.43	-1.75	-1.34

2.2 Portfoliokonstruktion

Zusätzlich zu den von Währungs-Overlay-Managern angewandten, unterschiedlichen Stilen spielt die Portfoliokonstruktion in der Forschung eine wichtige Rolle. Hat man diverse Kauf- und Verkaufsignale bei Währungspaaren aus einem Stil-Mix generiert, bestimmt sich die risikoadjustierte Rendite danach, wie diese Strategien im Portfolio umgesetzt werden. Die Portfoliokonstruktion wurde bekanntlich von der mit dem Nobelpreis bedachten Markowitz-Theorie revolutioniert. Unter dem Titel „Moderne Portfoliotheorie" (MPT) wurde sie von Harry Markowitz 1952 in seinem Aufsatz „Portfolio Selection" im Journal of Finance erstmals veröffentlicht. MPT untersucht, wie risikoaverse Investoren unter Berücksichtigung des Wechselspiels zwischen Marktrisiko und erwarteten Renditen optimale Portfolios konstruieren können. Die Theorie quantifiziert die Vorteile der Diversifikation. Aus einem Universum von risikobehafteten Anlagen kann eine Effizienzlinie von optimalen Portfolios konstruiert werden. Jedes Portfolio auf dieser Effizienzlinie bietet für ein vorgegebenes Risiko die maximal erzielbare erwartete Rendite. Investoren sollten eines dieser Portfolios auf der Effizienzlinie halten und ihr Marktrisiko-Exposure so steuern, dass mit Hilfe einer risikolosen Anlage wie Staatsanleihen Leverage in der einen oder anderen Richtung betrieben wird. Mit dem Aufkommen der MPT-basierten Techniken der Portfoliokonstruktion prinzipiell auf einer Variante des Erwartungswert-Varianz-Ansatzes (Mean Variance-Ansatz). In der Tat hat die Arbeit von Markowitz weitere Theorien auf dem Gebiet der Preistheorien für Finanzanlagen inspiriert – wie z.B. das Capital Asset Pricing-Modell (CAPM)[6] oder die Arbitrage Pricing-Theorie (APT)[7]. Die Gefahr des Mean-Variance-Ansatzes liegt nun aber darin, dass die resultierende Allokation im Allgemeinen sehr sensitiv auf sowohl die verwendeten Renditeschätzungen wie auch auf die Annahmen

---

6 Vgl. Sharpe (1964).
7 Vgl. Ross (1976).

zu den zugrundeliegenden Korrelationen der risikobehafteten Anlagen reagiert. Dies ist im Gegensatz zu einer Buy-and-Hold-Strategie jedoch vor allem im aktiven Management von Bedeutung, wenn die erwartete Rendite des Investmentprozesses des öfteren evaluiert wird.

Ein anderer Ansatz in der Portfoliokonstruktion berücksichtigt die Liquidität. Dahinter verbirgt sich nichts anderes als derjenige Level, bis zu dem Wertpapiere im Markt gehandelt werden können, ohne deren Preis zu beeinflussen. Im Laufe der letzten drei Jahrzehnte wurden eine Reihe von Versuchen unternommen, eine Beziehung zwischen Liquidität und Mikrostrukturen im Markt, wie asymmetrische Informationskosten und Transaktionskosten, aufzuzeigen.[8] In letzter Zeit konzentrierte man sich jedoch darauf, die Erklärung der Determinanten der Marktliquidität komplett den Handelsaktivitäten zuzuschreiben.[9] Insbesondere fasst ein kürzlich erschienener Aufsatz des IMF die verschiedenen Maße für Marktliquidität zusammen und identifiziert einige einfache quantitative Indikatoren, die dazu benutzt werden können, die über die Zeit variierende Liquidität in den Märkten zu illustrieren.[10] Parallel dazu haben mehrere Autoren solche Maße benutzt und deren Auswirkungen im Risikomanagement[11] und der Portfoliokonstruktion[12] untersucht. Als besonders richtungsweisend empfinden wir das Liquiditätskonzept, das zu einem effizienteren Allokationsstil für aktive Währungsmanager führen könnte. In unserer letzten Veröffentlichung haben wir für einen Liquiditätsallokationsansatz für ein Portfolio basierend auf Trendfolgestrategien, angewendet auf die G6-Wechselkurse, einen Mehrwert nachgewiesen.[13] In diesem Rahmen verwenden wir eine Nutzenfunktion für den Zeithorizont und die Liquidität, während gleichzeitig ein maximaler Diversifikationseffekt im resultierenden Portfolio angestrebt wird. Die Ergebnisse zeigen, dass ein Liquiditätsallokationsansatz historisch signifikant andere und bessere Renditen als ein traditioneller Mean-Variance-Ansatz mit einer schwachen risikoadjustierten Rendite in der beobachteten Periode geliefert hat. Der Artikel betonte nochmals die Bedeutung der Portfoliokonstruktionstechniken im gesamten Renditeprofil eines aktiven Währungsinvestmentprozesses.

3 Fragestellungen zur Performance und Stil-Analyse

Der vorhergehende Abschnitt zeigte die Vorteile von aktivem Währungsmanagement, dem Stil-Mix und Portfoliokonstruktionstechniken auf. Währungsmanager bedienen sich einer Vielzahl von Strategien, sich diese Markineffizienzen zunutze zu machen.

---

8 Vgl. O'Hara (1995).
9 Vgl. Chordia/Roll/Subrahmanyam (2001).
10 Vgl. Sarr/Lybek (2002).
11 Vgl. Gabbi (2004).
12 Vgl. Longstaff (2001).
13 Vgl. Lequeux/Petej (2005).

Aufgrund des Timings besteht traditionell eine geringe Korrelation zu traditionellen Anlageklassen, aber auch untereinander, was wiederum zum Teil der Währungsallokation und dem Leverage zugeschrieben werden kann. Ein Day Trader kann zum Beispiel anonym mit einer Pensionskasse handeln. Er handelt oft mit dem Ziel, kurzfristige Gewinne einzustreichen, während die Pensionskasse weniger häufig handelt mit dem Ziel langfristiger finanzieller Sicherheit. Beide nehmen gleichzeitig am Markt teil und jeder diversifiziert den anderen. Entsprechend kann sich die Performance signifikant unterscheiden.

Demzufolge ist es nötig, den Sektor aktiv gemanagter Währungsmandate in Untergruppen einzuteilen, die die Handelstile der jeweiligen Manager widerspiegeln. Allgemein gesprochen fallen Handelsstile in eine der drei Gruppen *Eigenes Ermessen*, *Systematisch* und *Trendfolge*. Manager, die nach eigenem Ermessen handeln, verlassen sich auf ihre Analysen und Einschätzungen von Marktfaktoren wie unter anderem Wirtschaftspolitik oder Marktliquidität, um eine strukturierte Entscheidung zum Kauf oder Verkauf einer Währung gegen eine andere zu treffen. Systematische Händler verlassen sich primär auf Handelsprogramme oder Modelle, die Kauf oder Verkaufssignale ausspucken. Geschäfte werden gemäß diesen Modellen ausgewählt und eingegangen, ohne dass es zu nennenswerten menschlichen Eingriffen kommt. Es gibt hier eine Reihe von Techniken, die von modellbasierten bis technischen Preisanalysen und neuronalen Netzen oder anderen nichtlinearen Prognosen reichen. Die dritte Gruppe, die Trendfolger, sind ihren systematischen Kollegen sehr ähnlich in der Art und Weise, wie modellbasierte Ansätze verwendet werden. Sie stützen sich auf die Aufdeckung und Analyse von Trends, um Kauf- und Verkaufssignale zu generieren.

Um die Trendfolgetechniken einiger Marktteilnehmer zu illustrieren, betrachten wir die simple Korrelation zwischen dem AFX Index[14] und dem Currency Subindex des CISDM (Centre for International Securities and Derivatives Markets) Trading Advisor Index.[15] Die Daten für beide Zeitreihen werden auf monatlicher Basis berechnet. Tabelle 7 zeigt eine Zusammenfassung der Renditestatistik der zwei monatlichen Renditezeitreihen vom Januar 1990 bis zum März 2005. Wir sehen, dass der AFX Index ein niedrigeres Information Ratio als der CISDM Index hat. Dies ist jedoch nicht verwunderlich, wenn man bedenkt, dass in letzteren weitaus mehr Fonds und damit ein größerer Diversifikationseffekt einfließen.

---

14 In Ausweitung der bisherigen Arbeit von Lequeux und Acar (1998), basiert der AFX Index auf drei gleitenden Durchschnitten von 32, 61 und 117 Tagen. Es werden täglich gleitende Durchschnitte für jedes Währungspaar innerhalb der Benchmark errechnet und die Durchschnitte anschließend mit den aktuellen Kursen der Währenspaare verglichen. Sollte der Währungspreis höher sein als der gleitende Durchschnitt, würde die Benchmark die Initiierung oder das weitere Halten einer Long-Position für die nächsten 24 Stunden nahe legen, ansonsten wäre das Gegenteil der Fall. Der Wert des Index ist der gewichtete Durchschnitt der Erträge von drei gleitenden Durchschnitten auf jedes im Index repräsentierten Währungspaars.

15 Der CISDM Trading Advisor Currency Subindex misst die durchschnittliche Rendite der Währungs-Hedgefonds-Manager, deren total verwaltetes Vermögen zum März 2005 USD 10,496 Milliarden betrug. Dieser monatliche Index basiert auf dem Schnitt der qualifizierten Fonds.

Tabelle 7: Zusammenfassung der Renditestatistik

	CISDM	AFX
Ann Return	9.26%	2.49%
Ann Volatilty	11.72%	6.67%
Information Ratio	0.79	0.37

Abbildung 5 zeigt die rollierende Korrelationszeitreihe zwischen den zwei Indizes. Man sieht, dass die rollierende Korrelation signifikant und positiv über den gesamten Zeitraum ausfällt. Der durchschnittliche Korrelationskoeffizient ist 0,74.

Abbildung 5: 12-monatliche-, 24-monatliche- und 60-monatliche rollierende Korrelationen des AFX-CISDM Währungs-Programms

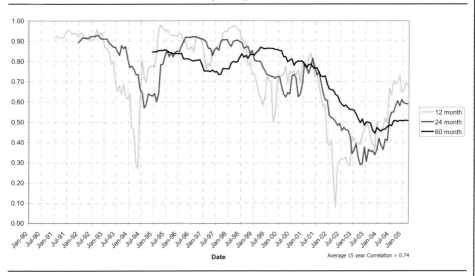

Die Darstellung oben ist nur ein Beispiel für die Analyse eines Handelsstils. Die überwiegende Mehrheit der Arbeiten in diesem Gebiet konzentriert sich auf die Hedgefonds-Industrie als Ganzes[16].[17] Eine Studie von Middleton setzte sich kürzlich zum Ziel, die Einzigartigkeit von Marktteilnehmern zu ermitteln. Man kam zu dem Schluss, dass eine überraschend hohe Zahl von Währungs-Overlay-Managern und Währungshandelsberatern (Currency Trading Advisors, CTAs) noch immer der Trendfolgetechnik vertraut. Dieses Ergebnis stimmt mit der Schlussfolgerung aus der AFX-Analyse überein.

---

16 Vgl. Fung/Hsieh (1997).
17 Vgl. Christiansen/Madsen/Christensen (2004).

4 Schlussfolgerung

Zusammengefasst wurden Währungen historisch primär als Risikoquelle angesehen, haben sich aber mittlerweile aus einer Reihe von Gründen, die dieser Artikel aufdeckt, als Quelle aktiver Renditen entpuppt. Investmentberater berichten von historischen Langzeit-Investment-Ratios bzw. risikoadjustierten Überrenditen der Ordnung 0,5 für den Median Manager. Dies entspricht ziemlich genau der Median-Performance von aktiven Aktien- und Rentenmanagern. Um dieses überlegene Informations Ratio zu erzielen, bedienen sich Währungsmanager einer ganzen Reihe von Stilen, die grob in subjektive und objektive Stile einklassifiziert werden können, mit Ansätzen, die von rein quantitativ bis rein qualitativ reichen.

In diesem Artikel haben wir zur Illustration drei Strategien ausgewählt, die sich als repräsentativ für die Haupttypen von Markitineffizienzen erwiesen haben, auf die sich Währungsmanager stürzen: Trends, Termin-Bias und Inflationserwartungen. Jeder der drei betrachteten Treiber liefert netto im Schnitt über die letzten neun Jahre ein positives Information Ratio für die G-10-Länder. Es zeigt sich, dass die Korrelation zwischen den drei Treibern positiv, aber niedrig ist, was ein Anzeichen dafür ist, dass es potentiell von Vorteil ist einen Mix der Stile zu verwenden, um einen Diversifikationseffekt zu erzielen. Ein gleichgewichteter Mix aller drei Stile produziert ein Information Ratio von 1,0 im betrachteten Zeitraum sowie eine Reduzierung des maximalen risikoadjustierten Shortfalls für jeden individuellen Stil. Demnach kann ein Währungsmanager mit einem Stil-Mix ein signifikant besseres Information Ratio vorweisen und gleichzeitig das Downside-Risiko besser kontrollieren.

In letzter Zeit gab es vermehrt Bestrebungen, die verschiedenen Währungsmanager gemäß ihres Investmentstils zu klassifizieren. Währungs-Overlay-Manager verwenden jedoch nicht nur verschiedene Stile, die hier untersucht wurden – mindestens ebenso interessant für die Forschung ist die Portfoliokonstruktion. In unserer letzten Veröffentlichung haben wir für einen Liquiditätsallokationsansatz für ein Portfolio, basierend auf Trendfolgestrategien, angewendet auf die G6-Wechselkurse, einen Mehrwert nachgewiesen. Die Modelle und Techniken, die hier beschrieben wurden, repräsentieren nur einige der allgemeinen Ineffizienzen des Währungsmarkts. Die Konstruktion eines Investmentprozesses, der diese Ineffizienzen bestens ausnützt sowie die Bildung eines Teams, das die generierte Performance maximiert und das operationelle Risiko minimiert, benötigt eine Menge Geschick.

Literaturverzeichnis

BALDRIDGE, J./MEATH, B./MYERS, H. (2000): Capturing Alpha through Active Currency Overlay, Russell Research Company, May 2000.

BIS (2004): Triennial Central Bank Survey of Foreign Exchange and Derivatives Market Activity in April 2004, Bank for International Settlements Press & Communications CH-4002 Basel, Switzerland.

CHORDIA, T./ROLL, R./SUBRAHMANYAM, A. (2001): Market Liquidity and Trading Activity, in: Journal of Finance 56, S. 501–530.

CHRISTIANSEN, C. B./MADSEN, P. B./CHRISTENSEN, M. (2004): A quantitative Analysis of Hedge Funds: Style and Performance , in: Barry Schachter (Hrsg.), Intelligent Hedge Fund Investing, London, Risk Books, S. 279–302.

FAMA, E.F. (1984): Forward and Spot Exchange Rates, in: Journal of Monetary Economics, 14, 319–338.

FUNG W./HSIEH D. (1997): Empirical Characteristics of Dynamic Trading Strategies, in: Review of Financial Studies, 10 (1997), S. 275–302.

GABBI G. (2004): Measuring liquidity risk in a banking management framework, in: Managerial Finance, May 2004, vol. 30, no. 5, S. 44–58(15).

LEQUEUX P./ACAR, E. (1998): A Dynamic Benchmark for Managed Currencies Funds, in: European Journal of Finance, 4, S. 311–330.

LEQUEUX, P./PETEJ I. (2005): Allocating by Liquidity and Time Horizon, submitted to the European Journal of Finance with reference EJF 00817.01, September 2005.

LONGSTAFF, F. A, (2001): Optimal Portfolio Choice and the Valuation of Illiquid Securities, in: Review of Financial Studies, Oxford University Press for Society for Financial Studies, vol. 14(2), S. 407–31.

MARKOWITZ, H.M. (1952): Portfolio selection, in: Journal of Finance, 7 (1), 77–91.

MIDDLETON A. (2005): Trading Style Analysis: A Quantitative Assessment of the Currency Industry, in: Journal of Alternative Investments, 8, S. 14–28.

MUYSKEN, B. (2002): Convincing the sceptic: Q&A on currency management, in: Mercer Investment Consulting, Oct 2002.

O'HARA M. (1995): Market Microstructure, Blackwell, 2005.

OGUNC, K./HERSEY, B. (2001): Focus: Currency Management, in: Investment and Pensions Europe, Sep 2001.

ROLL R. (1979): Violations of Purchasing Power Parity and their Implications for Efficient International Commodity Markets, in: M. Sarnat; G. P. Szego (Hrsg.), International Finance and Trade, Cambridge, MA: Ballinger.

Ross, S. (1976): The Arbitrage Theory of Capital Asset Pricing, in: Journal of Economic Theory. 13: 341–360.

SARR A./LYBEK T. (2002): IMF Working Paper: Measuring Liquidity in Financial Markets, IMF Monetary and Exchange Affairs Department, December 2002.

SHARPE, W.F. (1964): Capital asset prices: A theory of market equilibrium under conditions of risk, in: Journal of Finance, 19 (3), S. 425–442.

Adrian Fröhling/Serge Ragotzky

Real Estate Investment Trusts (REITs)
Alternative Form der Immobilienanlage

1 Hintergrund und wesentliche Fragestellungen 475
2 Internationale Marktentwicklung. 476
3 REITs im Vergleich zu etablierten Immobilienanlageformen in Deutschland. . . 478
4 REIT-geeignete Immobilienbestände (Angebot). 482
    4.1 Wohnungsgesellschaften 482
    4.2 Unternehmen und Versicherungen 483
    4.3 Finanzinvestoren. 485
    4.4 Privatpersonen 485
5 Investorengruppen und potenzielles Marktvolumen (Nachfrage) 486
    5.1 Private Investoren 486
    5.2 Institutionelle Investoren 486
6 Rechtliche Voraussetzungen und Zwischenstand 487
7 Ausblick 489
Literaturverzeichnis

1 Hintergrund und wesentliche Fragestellungen

Seit Mitte der 90er Jahre haben Real Estate Investment Trusts (REITs), ausgehend von den USA, Australien und den Benelux-Ländern, einen globalen Siegeszug angetreten.[1] Mit der Expansion dieses Investmentvehikels in zahlreichen weiteren Ländern wurden die Anlagemöglichkeiten in der Asset-Klasse Immobilien erheblich erweitert. Nach der REIT-Einführung in Frankreich, Kanada und einigen asiatischen Ländern wollen nun unter anderem auch die Regierungen Großbritanniens[2] und Deutschlands[3] die rechtlichen Voraussetzungen für REITs in den jeweiligen Ländern schaffen. REITs sind geschlossene, börsennotierte Anlagegesellschaften, deren hauptsächlicher Zweck und dominante Ertragsquelle in der Entwicklung und dauerhaften Bewirtschaftung von Immobilien, einschließlich der damit unmittelbar im Zusammenhang stehenden Dienstleistungen, besteht.[4] REITs ermöglichen ein anteiliges Investment in renditeträchtigen Immobilien(portfolios) und kombinieren in der Regel steuerliche Vorteile auf der Unternehmensebene mit einer hohen Ausschüttungsquote an die Anleger.[5] Auf diese Weise substituieren REITs Direktanlagen in Immobilien, bieten aber besondere Vorteile hinsichtlich der Fungibilität, Diversifikation, Transparenz und eines effizienten Managements, die nachstehend noch detailliert betrachtet werden sollen. Gleichzeitig konkurrieren REITs mit anderen indirekten Anlageformen, wie offenen und geschlossenen Immobilienfonds, sowie herkömmlichen Immobilienaktien.

Dieser Beitrag soll insbesondere folgende Fragen beantworten:

- In welchen Schritten hat sich die globale Expansion der REITs bisher vollzogen?
- Welche Vorteile kann die Einführung von REITs deutschen Anlegern, Emittenten sowie dem Finanzplatz insgesamt bieten?
- Welche möglichen Quellen für REIT-Portfolien gibt es?
- Unter welchen Voraussetzungen ist eine bestehende Immobiliengesellschaft oder ein Immobilienportfolio als REIT geeignet?
- Welche Anleger werden an REIT-Investitionen interessiert sein?
- Welche regulatorischen Voraussetzungen müssen erfüllt sein, damit ein erfolgreicher REIT-Markt etabliert werden kann?
- Welche Erwartungen können REITs nicht erfüllen?

---

1 Vgl. ebs/ZEW (2005), S. 6 ff.
2 Vgl. HM Treasury (2005), S. 3.
3 Vgl. Koalitionsvertrag zwischen CDU, CSU und SPD (2005), S. 73.
4 Vgl. DVFA (2005), S. 2.
5 Vgl. ebs/ZEW (2005), S. 1.

2 Internationale Marktentwicklung

Die Entwicklung der globalen REIT-Märkte begann mit der Einführung des REIT-Status in den USA im Jahr 1960. Das Konzept von REITs wurde von Australien und den Niederlanden bereits zu Beginn der Siebzigerjahre übernommen. Eine überaus dynamische Entwicklung dieses Sektors setzte aber erst zur Jahrtausendwende ein. Allein in den letzten vier Jahren wurden in Japan, Singapur, Hong Kong und zuletzt in Frankreich Unternehmen mit REIT-Struktur lanciert.

Tabelle 1: Einführung REITs in verschiedenen Ländern

Jahr	Land	Symbol	Bezeichnung
1960	USA	REIT	Real Estate Investment Trust
1971	Australien	LPT	Listed Property Trust
1972	Niederlande	FBI	Fiscale Beleggingsinstelling
1993	Kanada	REIT	Real Estate Investment Trust
1995	Belgien	SICAFI	Sociétés d' Investissement Immobiliers à Capital Fixe Immobilière
2001	Japan	J-REIT	Japan REIT
2002	Singapur	S-REIT	Singapore REIT
2003	Hong Kong	HK-REIT	Hong Kong REIT
2003	Frankreich	SIIC	Sociétés d'Investissements Immobiliers Cotées

Aufgrund der Markteinführung zahlreicher REITs sowie ihrer positiven Wertentwicklung hat sich die weltweite Marktkapitalisierung des Sektors kontinuierlich erhöht. Während REITs 1990 im börsennotierten Immobiliensektor nur eine geringe Bedeutung hatten, beträgt der weltweite Anteil inzwischen mehr als zwei Drittel.[6] Abbildung 1 zeigt das Wachstum des US Equity-REIT-Marktes seit 1971.[7] Wegen der hohen M&A-Aktivität ist die Anzahl der REITs seit Mitte der 90er Jahre trotz weiter wachsender Marktkapitalisierung relativ konstant geblieben.

---

6 Vgl. Unternährer/Jochum/Moersch (2005), S. 38.
7 Neben Equity-REITs, die direkt in Immobilien investieren, unterscheidet man außerdem zwischen Mortgage-REITs, die als Kreditgeber von Immobilieninvestoren auftreten, und Hybrid-REITs, die beide Funktionen übernehmen, Vgl. auch Nareit (2005). Dieser Beitrag betrachtet ausschließlich Equity-REITs, die den wesentlichen Teil des Marktes darstellen.

Abbildung 1: REIT-Wachstum in den USA und international

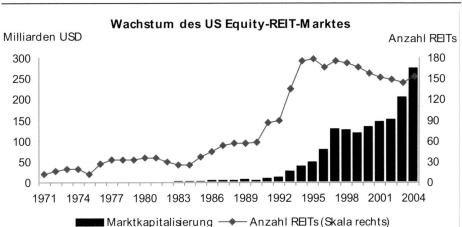

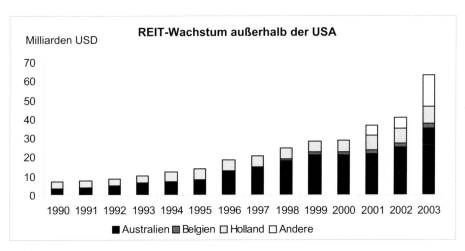

Quelle: National Association of Real Estate Investment Trusts® (NAREIT), DTZ

Auch heute stellen die Vereinigten Staaten mit einer Gesamtmarktkapitalisierung von ca. EUR 253 Mrd. den weltweit bedeutendsten Markt dar.[8] Der Anteil der US-REITs an der globalen Sektorkapitalisierung liegt bei ca. 65 Prozent. Doch auch außerhalb der Vereinigten Staaten ist ein konstantes Marktwachstum zu verzeichnen, wie ebenfalls in Abbildung 1 (untere Grafik) gezeigt wird. In der Bedeutung folgen Australien (ca. 13 Prozent), Frankreich, Japan und die Niederlande (jeweils ca. 4 Prozent). Allerdings dürfte die Einführung des REIT-Status in Großbritannien und Deutschland diese Rangfolge erheblich verändern.

---

8 Vgl. Nareit Real Time Index per 30. November 2005 (Equity REITs).

3 REITs im Vergleich zu etablierten Immobilienanlageformen in Deutschland

Eine Analyse des deutschen REIT-Potentials setzt zunächst eine kritische Auseinandersetzung mit den bereits vorhandenen Anlageinstrumenten für Immobilien voraus. Investoren richten ihre Anlageentscheidung am Rendite- und Risikoprofil einer Anlage sowie deren Beitrag zum Gesamtportfolio aus. Die bestehenden Anlageformen werden nachfolgend – soweit geeignete Daten verfügbar sind – in bezug auf in der Vergangenheit erzielte absoluten Renditen betrachtet und hinsichtlich ihrer Liquidität, Fungibilität, Diversifikationsmöglichkeiten sowie steuerlicher Eigenschaften untersucht. Diese Eigenschaften tragen vor allem zum Risikoprofil einer Anlage in erheblichem Maße bei. Das vorhandene deutsche Immobilienanlage-Universum ist zunächst in direkte und indirekte Anlagen zu unterteilen.[9] Die in Deutschland am meisten verbreitete und bekannteste Anlageform ist die Immobilien-Direktanlage. Der Investor kauft die Liegenschaft als Eigennutzer oder als Kapitalanleger, um diese an Dritte zu vermieten oder zu verpachten. Direktinvestitionen gewährleisten dem Anleger ein Höchstmaß an Kontrolle. Sie sind mit eigenem Managementaufwand verbunden, sofern dieser nicht entgeltlich z.B. an einen Verwalter delegiert wird. An- und Verkauf von direkt gehaltenen Immobilien werden üblicherweise über längere Zeiträume umgesetzt und sind aufgrund von Grunderwerbsteuer, Notar- und Maklergebühren mit hohen Transaktionskosten verbunden. Bei Anlegern, die nicht in die Kategorie der High Net Worth Individuals fallen, stellen Immobilien-Direktanlagen häufig ein Klumpenrisiko in ihrem gesamten Anlageportfolio dar. Dafür verschaffen privatgenutzte Immobilien häufig einen ausgeprägten immateriellen Nutzen, den indirekte Immobilienanlagen nicht bieten können.

Im Vergleich zu den Direktanlagen ist das Spektrum der sogenannten indirekten Immobilienanlagen vielfältiger. Die Anlage in indirekten Immobilieninvestments erfolgt nicht unmittelbar in den verschiedenen Immobilienobjekten, sondern mittelbar über eine Gesellschaft oder einen Fonds. Zu den indirekten Immobilieninvestments zählen insbesondere geschlossene und offene Immobilienfonds sowie Immobilienaktiengesellschaften. Allen indirekten Immobilienanlagen ist gemeinsam, dass die Verwaltung an professionelle Manager delegiert wird. Die genannten indirekten Anlageformen weisen zudem individuell folgende Charakteristika auf:

- **Immobilienaktiengesellschaften:** Unter den indirekten Anlagen sind Immobilienaktien wegen ihrer Rechtsform sowie der Fungibilität und Preistransparenz der Anteilscheine am besten mit internationalen REITs vergleichbar. In Deutschland werden über 40 Immobilienaktien an der Börse gehandelt.[10] Von Ausnahmen wie der IVG AG oder Deutsche Euroshop AG abgesehen sind die Marktkapitalisierung sowie der Streubesitz der notierten Werte aber überwiegend niedrig. Die Gesell-

---

9 Vgl. DEGI (2005), S. 6.
10 Eine Übersicht deutscher Immobilienaktiengesellschaften ist gegeben in UBS Investment Research (2005), S. 12.

schaften sind in ihrer Anlagepolitik mehrheitlich nicht auf einzelne Teilmärkte des Immobilienmarktes fokussiert. Einige Immobilienaktiengesellschaften sind zudem noch in erheblichem Umfang in der Projektentwicklung oder in ganz anderen Geschäftsfeldern engagiert. Deutsche Immobilienaktien sind steuerlich nicht begünstigt. Eine Einbringung von Immobilienbeständen in *herkömmliche* Immobilienaktiengesellschaften kann eine Besteuerung der stillen Reserven sowie Grunderwerbsteuerzahlungen verursachen. Eine Ertragsbesteuerung findet sowohl auf Unternehmensebene als auch beim Anleger statt.[11] Die Anteilsscheine der meisten Immobilienaktiengesellschaften in Deutschland werden mit Abschlägen auf den tatsächlichen Substanzwert (*Net Asset Value*) gehandelt.[12]

- **Geschlossene Immobilienfonds:** Der Käufer von Anteilen an geschlossenen Immobilienfonds erwirbt eine unternehmerische Beteiligung. Als Rechtsform für geschlossenen Fonds werden in der Regel die KG oder die GbR gewählt. Während der Laufzeit des Fonds können die Anteile üblicherweise nicht gehandelt oder zurückgegeben werden, so dass die Liquidität extrem eingeschränkt ist.[13] Die Attraktivität der geschlossenen Fonds wurde in der Vergangenheit aufgrund steuerlicher Verrechnungsmöglichkeiten mit anderen Einkünften begünstigt.[14] Üblicherweise werden bei der Auflage geschlossener Immobilienfonds Mindestzeichnungsvolumina von EUR 5.000 bis EUR 25.000 festgelegt. Zur Messung der Wertentwicklung geschlossener Fonds liegen keine aussagekräftigen Zahlen vor.[15] Es ist anzunehmen, dass die steuerlichen Privilegien in der Vergangenheit vielfach zu attraktiven Nachsteuerrenditen der Anleger beigetragen haben. Viele geschlossene Fonds sind mit hohem Fremdkapitalanteil finanziert, der bei positiver Wertentwicklung der Immobilien die Eigenkapitalrendite noch erhöht. Bei ungünstiger Wertentwicklung hat eine hohe Verschuldung in der Vergangenheit aber auch häufiger zu Schieflagen geführt, die für den Anleger mit vollständigen Verlusten des eingesetzten Eigenkapitals und teilweise sogar mit Nachschusspflichten verbunden waren.[16] Das Risiko geschlossener Fonds ist daher als hoch zu bezeichnen.

- **Offene Immobilienfonds:** Offene Immobilienfonds sind Grundstückssondervermögen, die von einer Kapitalanlagegesellschaft (KAG) betreut werden.[17] In der Vergangenheit haben offene Fonds eine durchschnittliche Rendite von ca. 5,8 Prozent erwirtschaftet.[18] Der Anleger erwirbt Fondszertifikate, die nicht an der Börse gehandelt werden, aber täglich an die Fondsgesellschaft zurückgegeben werden können. Als Grundlage für die Ermittlung des Ausgabe- sowie des Rücknahmepreises der Fondsanteile dienen die von Gutachtern gemäß § 194 BauGB ermittelten Verkehrswerte der gehaltenen Immobilien. Wenn mehr Anteile zurückgegeben werden als

---

11 Vgl. ebs/ZEW (2005), S. 99.
12 Vgl. Schulte/Sotelo (2004), S. 34.
13 Vgl. Nehls et al. (2003), S. 539.
14 Die neue Bundesregierung will die bestehenden Vergünstigungen allerdings abschaffen, vgl. Koalitionsvertrag zwischen CDU, CSU und SPD (2005), S. 65.
15 Vgl. ebs/ZEW (2005), S. 118f.
16 Vgl. Beck (2005).
17 Vgl. Nehls/Schneider/Tschammler (2003), S. 539.
18 Angaben laut Bundesverband der Investmentgesellschaften (BVI), Vgl. Hesse (2005).

flüssige Mittel vorhanden sind, darf der Fonds alternativ Fremdkapital aufnehmen oder Immobilien verkaufen, wobei aber der Verkaufpreis aufgrund gesetzlicher Restriktionen die ermittelten Verkehrswerte nicht wesentlich unterschreiten darf. Durch die zentrale, periodisierte Preisfestlegung der Immobilien und das Fehlen eines Börsenhandels wird die Preisentwicklung der Fondsanteile geglättet. Viele Emittenten offener Fonds haben diesen Effekt in der Vergangenheit unrichtigerweise als geringes Anlagerisiko im Sinne einer niedrigen Volatilität beworben. In den letzten Jahren kam es aber mehrfach zu Liquiditätskrisen bei offenen Fonds, die diese Interpretation auch empirisch widerlegt und das Anlegervertrauen vielfach erschüttert haben.[19]

Aus den kurzen Beschreibungen der drei vorhandenen Anlageinstrumente wurde deutlich, dass das *bestehende Angebot* die eingangs definierten Anlageeigenschaften nicht ideal erfüllt. Die Renditen der besonders verbreiteten offenen Fonds sind (nur) attraktiv, wenn er – einer Anleihe hoher Bonität vergleichbar – als sichere Anlage eingestuft werden kann. Offene Fonds bergen aber, wie die beschriebene aktuelle Entwicklung gezeigt hat, ebenso wie geschlossene Fonds aufgrund der eingeschränkten Fungibilität erhebliche Anlegerrisiken.

Keines der drei verschiedenen Anlageinstrumente wird künftig in Deutschland steuerlich privilegiert sein. Die vorhandenen indirekten Immobilienanlageformen sind zudem im Ausland nur unzureichend bekannt und werden von ausländischen Anlegern auf Grund ihrer fehlenden internationalen Vergleichbarkeit nicht angenommen. Als Zwischenergebnis lässt sich daher bereits festhalten, dass eine Marktlücke für ein weiteres indirektes Immobilien-Anlageinstrument besteht, wenn dieses mindestens gleichwertige Renditen erwirtschaftet und zudem über *bessere* Risiko-Eigenschaften als herkömmliche Investitionsmöglichkeiten verfügt. Folgende Faktoren prägen das Rendite-Risiko-Profil der REITs:

- **Historische Rendite:** Die Rendite von REITs wird durch den REIT-Index des Global Property Research abgebildet, zurzeit der weltweit einzige Anbieter eines globalen REIT-Indexes. Dieser hat für den Zeitraum 1994–2004 eine jährliche Rendite von 12,5 Prozent in der jeweiligen Landeswährung ausgewiesen.[20] Gegenüber anderen, nicht steuereffizienten Immobiliengesellschaften ergibt sich ein Renditezuschlag von ca. 2,0 Prozent.

- **Volatilität:** Gleichzeitig sind REITs als defensive Wertpapiere konzipiert, die in Baissejahren, mit Ausnahme des Jahres 1993, stets eine höhere Rendite als sonstige börsennotierte Immobilienwerte erzielt haben.[21]

- **Ausschüttungsrendite:** Die laufende Ausschüttungsrendite der REITs liegt regelmäßig um 1–1,5 Prozent über der Rendite langfristiger Staatsanleihen des jeweiligen Landes.[22] Dazu tragen regulatorische Vorgaben bei, die aufgrund der Steuerbegünstigung auf Ebene des REITs in der Regel Ausschüttungsquoten zwischen 85 und 100 Prozent der erzielten Gewinne vorschreiben.

---

19 Vgl. Hönighaus/Maier/Schmid (2005).
20 Vgl. Unternährer/Jochum/Moersch (2005), S. 39.
21 Vgl. Unternährer/Jochum/Moersch (2005), S. 39.
22 Vgl. Unternährer/Jochum/Moersch (2005), S. 39.

- **Liquidität:** Börsennotierte REITs sind bei ausreichendem Streubesitz als den herkömmlichen Aktien vergleichbares, liquides Investment anzusehen. Auch Anteile an offene Fonds, für die regelmäßig (täglich) An- und Verkaufspreise gebildet werden, sind liquide, sofern keine Gleichgewichtsstörungen auftreten. Direktanlagen und Anteile an geschlossene Fonds können dagegen nur mit einer oft erheblichen Zeitverzögerung verkauft werden und sind daher als wenig liquide einzustufen.

- **Diversifikation:** Die Vorteile der Diversifikation sind in der Finanzierungstheorie ausführlich beschrieben worden. Die Erkenntnisse lassen sich auch auf Immobilieninvestments anwenden. In der Praxis sind insbesondere Immobiliendirektanlagen wie etwa das Eigenheim, aber auch geschlossenen Fondsanteile mit hoher Mindestzeichnung, häufig mit größeren Klumpenrisiken verbunden, sowohl in bezug auf die Immobilienanlagen eines Investors als auch hinsichtlich seines Gesamtvermögens. REITs erlauben dagegen eine fast beliebige Stückelung, wodurch eine Anlagesumme strategisch auf verschiedene Marktsegmente (z.B. Büro- oder Wohnimmobilien) sowie unterschiedliche Regionen verteilt werden kann.[23] Die niedrige Korrelation zu Aktien insgesamt, wie empirischen Untersuchungen unterlegen, bringt zusätzliche Diversikationseffekte.[24]

- **Steuern:** International werden REITs auf Unternehmensebene in der Regel nicht besteuert und sind aus diesem Grunde auch steuerlich als Anlage attraktiv. Regulatorische Vorgaben knüpfen diese Steuerbegünstigung auf Ebene des REITs an hohe Ausschüttungsquoten.

- **Transparenz:** Transparenz bzw. Anlegerschutz werden vor allem durch die Corporate-Governance-Standards des Gesellschafts- und Kapitalmarktrechts sichergestellt, vor allem für börsennotierte REITs. Die steuerliche Transparenz macht REITs insbesondere für ausländische Investoren interessant.

Aus den einzelnen Aspekten wird deutlich, dass REITs im Vergleich zu Fondsanteilen vor allem wegen ihrer höheren Liquidität und Transparenz bessere Risikoeigenschaften aufweisen. Im Vergleich zu herkömmlichen Aktien bestehen vor allem steuerliche Vorteile. Zudem haben REITs international durch ihre klarere Fokussierung zu einer Professionalisierung des Marktes für gelistete Immobilienwerte beigetragen und bessere Renditen als herkömmliche Immobilienaktien erwirtschaftet. Durch eine umfassendere Regulierung, die im sechsten Abschnitt noch eingehender betrachtet werden soll, wird der Anlegerschutz zudem erhöht. Ein präziser Renditevergleich mit geschlossenen Immobilienfonds und Direktanlagen ist – anders als im Vergleich zu Immobilienaktien und offenen Fonds – mangels vergleichbarer Transparenz der Wertentwicklung dieser Immobilienanlagen nicht zu leisten bzw. wäre wenig aussagekräftig. Das Rendite-Risiko-Profil der REIT-Investitionen ist aber in jedem Fall insgesamt als attraktiv für Investoren anzusehen.

Wenn REITs sich am deutschen Kapitalmarkt durchsetzen, wird auch der Finanzplatz Deutschland profitieren. Dieses fungible Anlageinstrument kann schwere Markt-

---

23 Vgl. Schulte/Sotelo (2004), S. 36.
24 Vgl. Murphy/Bigman/Midwinter (2003), S. 2 ff.

störungen, wie sie zuletzt bei den offenen und geschlossenen Fonds aufgetreten sind, besser absorbieren helfen. Als neues, zusätzliches Volumen schaffendes Börsensegment können REITs die Bedeutung des Finanzplatzes erhöhen, ein zusätzliches internationales Anlegerpublikum gewinnen und unter anderem auch zur Schaffung von Arbeitsplätzen beitragen. Als *Exit-Kanal* für Unternehmen mit Immobilienbesitz können REITs zu einer effizienteren Bilanzstruktur und geringeren Finanzierungskosten beitragen.

4 REIT-geeignete Immobilienbestände (Angebot)

Der Markterfolg von REITs setzt voraus, dass eine kritische Masse von Immobilienbeständen existiert, die ohne prohibitive Kosten in REITs umgewandelt oder eingebracht werden können. Als potentielle Quellen von REIT-Portfolios kommen zunächst die bereits analysierten Fondsgesellschaften und Immobilienaktiengesellschaften in Betracht. Darüber hinaus können unter anderem Wohnungsgesellschaften, Unternehmen, Versicherungen, Finanzinvestoren sowie Privatpersonen als Bestandshalter identifiziert werden. Auf eine Betrachtung privat gehaltener Immobilienportfolios soll im folgenden verzichtet werden.

4.1 Wohnungsgesellschaften

Zu den Wohnungsgesellschaften zählen vormals gemeinnützige kommunale und landeseigene Unternehmungen, genossenschaftliche Gesellschaften und Mischformen. Diese Gesellschaften sind Bestandsverwalter, betreiben aber häufig zusätzlich ein aktives Bestandsmanagement durch An- und Verkauf von Objekten sowie in vielen Fällen auch die Entwicklung neuer Objekte.[25] Der Wohnungsbestand dieser Gesellschaften, die neben kleineren Gewerbeeinheiten fast ausschließlich auf Wohnimmobilien fokussiert sind, wird auf ca. 5 Millionen Wohneinheiten geschätzt.[26] Viele dieser Gesellschaften wurden bereits aufgrund des Finanzbedarfs der öffentlichen Hand, der Gewerkschaften oder ähnlicher Eigentümer als Portfolios verkauft. Mehrheitlich traten Private Equity-Häuser und Opportunity Funds als Käufer auf. REITs können sowohl für diese *Zwischenhändler* als auch für die originären Bestandshalter ein attraktiver Exit-Kanal sein.[27]

---

25 Vgl. Matzen (2005), S. 56 ff.
26 Vgl. Deutsche Bank Research (2005), S. 6.
27 Vgl. Harriehausen (2005).

Tabelle 2: Die größten Wohnungsportfolio-Transaktionen seit 2004

Datum	Zielgesellschaft	Käufer	Einheiten	Kaufpreis
12/2005	(Privatperson)	Cerberus	3.600	n.a.
11/2005	BauBeCon (BGAG)	Cerberus	20.000	€ 1,0 Mrd.
07/2005	Nileg (Nord. Landesbank)	Fortress	28.500	€ 1,5 Mrd.
05/2005	Viterra (E.on)	Deutsche Annington	138.000	€ 7,0 Mrd.
03/2005	Peabody	GE Capital Real Estate	6.000	n.a.
03/2005	GEHAG (HSH Nordbank)	Oaktree Capital Mgnt	18.000	€ 1,0 Mrd.
12/2004	DAL	Babcock & Brown	13.500	n.a.
12/2004	Thyssen Krupp AG	Morgan Stanley/Corpus	48.000	€ 2,1 Mrd.
12/2004	Jade GmbH (Dt. Bank)	Cerberus	8.209	n.a.
12/2004	WCM	Blackstone Group	31.000	1,4 Mrd.
07/2004	GAGFAH	Fortress	82.000	€ 3,5 Mrd.
05/2004	Land Berlin (GSW)	Cerberus/Goldman Sachs	65.700	€ 2,1 Mrd.

4.2 Unternehmen und Versicherungen

Deutsche Unternehmen verfügen über umfangreiche Immobilienbestände. Zum einen handelt es sich um überwiegend selbstgenutzte Büro-, Logistik- Produktions- und Handelsimmobilien[28], zum anderen haben viele Großunternehmen in der Vergangenheit Werkswohnungen zur Versorgung ihrer Mitarbeiter mit preiswertem Wohnraum geschaffen. Diese Immobilien binden in erheblichem Umfang Kapital und gehören nicht zum Kerngeschäft.[29] Zudem konnte in US-amerikanischen Studien empirisch nachgewiesen werden, dass die Börse die Abtrennung und Veräußerung von Immobilienbeständen durch Unternehmen positiv bewertet.[30] Der Kapitalmarkt kann außerdem helfen, Abschläge auf den Marktwert zu verringern, die bei Einzelobjekt- und Portfolioverkäufen regelmäßig auftreten.[31] REITS wären daher ein besonders gut geeignetes Exit-Instrument, zumal sie durch die professionellere Immobilienverwaltung und größeren Immobilienbeständen in der Regel besonders hohe Renditen erzielen.[32]

---

28 Vgl. Pfnür/Armonat (2004), S. 33.
29 Vgl. Müller (2003), S. 514 ff. sowie Kleine/Levetzow (2005), S. 68.
30 Vgl. Glascock/Davidson/Sirmans (1992), S. 567 ff. sowie Ball (1993), S. 597 ff.
31 Vgl. Pfnür/Armonat (2004), S. 45 ff.
32 Vgl. Kleine/Levetzow (2005), S. 68.

In einer empirischen Studie wurde festgestellt, dass von deutschen Unternehmen zwischen 1990 und 2005 bereits nicht betriebsnotwendige Immobilien im Wert von EUR 2 Mrd. desinvestiert wurden.[33] In der Vergangenheit sind Immobilienveräußerungen meistens als Einzelverkäufe durchgeführt worden, gefolgt von Portfolioverkäufen und Sale-und-Lease-back Transaktionen.[34] Nur eine Minderheit der Unternehmen hat Erfahrungen mit Share Deals, Fondkonstrukten und Verbriefungen am Kapitalmarkt. Die Veräußerungswilligkeit der Unternehmen hängt im Einzelfall in erheblichem Maße von den Buchwerten der Immobilien ab. Einerseits können vorhandene stillen Reserve der Immobilien im Falle eines Verkaufs oder einer Einbringung in ein REIT Steuerzahlungen auslösen. Andererseits wollen viele Unternehmen die Realisierung von Buchverlusten vermeiden, wenn Liegenschaften bilanziell überbewertet sind. Auch andere Einflussfaktoren wie zum Beispiel Agency-Probleme, Markintransparenz und fehlendes Know-how können Unternehmen beim Verkauf ihrer Immobilienbestände behindern.[35] Die Eigentumsquote deutscher Immobilien ist aber im internationalen Vergleich mit geschätzten 55 Prozent immer noch überdurchschnittlich hoch[36], weshalb viele Unternehmen in den nächsten Jahren weitere umfangreiche Bestände veräußern wollen. Insgesamt wird das Mobilisierungspotenzial aus dem Unternehmenssektor auf bis zu EUR 60 Mrd. geschätzt.[37] Tabelle 3 zeigt die deutschen Unternehmen mit den größten Immobilienbeständen.

Tabelle 3: Top 10 der deutschen Unternehmen mit signifikantem Immobilienexposure

Unternehmen	Immobilienbuchwert in EUR Mio.[1]
Allianz AG	12.881
DaimlerChrysler AG	9.770
Deutsche Telekom AG	9.602
Münchener Rückversicherungsgesellschaft AG	9.046
Metro AG	8.818
RWE AG	7.733
Volkswagen AG	7.078
E.ON AG	6.713
Deutsche Post AG	5.268
Deutsche Bank AG	4.756
Siemens AG	4.646

Quelle: UBS Investment Research 1 Stand per 31.12.2004

33 Vgl. Pfnür/Armonat (2004), S. 28.
34 Vgl. Müller (2003), S. 501 ff sowie Pfnür/Armonat (2004), S. 43 ff.
35 Vgl. Pfnür/Armonat (2004), S. 12 ff.
36 Vgl. Pfnür/Armonat (2004), S. 25 ff.
37 Vgl. IFD (2005), S. 2.

Versicherungen stellen innerhalb der Unternehmenswelt einen Sonderfall dar. Wie andere Unternehmen auch sind sie häufig Eigentümer selbstgenutzter Büroimmobilien. Darüber hinaus investieren Versicherungen aber auch in großem Umfang Versicherungsprämien in Immobilien. Aus dem umfangreichen Direktinvestitionsbestand der Versicherungen, der Büro, Wohn- und Einzelhandelsimmobilien umfasst, können Teilbestände in REITs eingebracht werden. Dabei sind allerdings aufsichtsrechtliche Bestimmungen zu berücksichtigen, die insbesondere die sogenannte Deckungsstockfähigkeit der Anlagen vorschreiben.

4.3   Finanzinvestoren

Finanzinvestoren sind *Investoren auf Zeit*. Üblicherweise haben Real Estate Private Equity und Opportunity Fonds einen Investitionshorizont von 3–10 Jahren und erwarten Renditen auf das Eigenkapital von mindestens 20 Prozent.[38] Als Renditehebel wirken ein hoher Fremdkapitalanteil und eine hohe Portfolio-Umschlagsgeschwindigkeit.[39] Investoren wie Blackstone, Cerberus und Terra Firma haben, wie bereits in Tabelle 2 gezeigt wurde, in den vergangenen sieben Jahren vorwiegend Wohnimmobilienbestände in großen Portfolien erworben. Das aggregierte Volumen des seit 2003 von diesen Investoren erworbenen Bestandes kann auf mehr als 500.000 Wohnungen geschätzt werden.[40] Seit einiger Zeit engagieren sich diese Finanzinvestoren auch im Gewerbeimmobiliensegment, wie zuletzt die zwei Mrd. EUR-Akquisition von Dresdner Bank Immobilien durch Fortress gezeigt hat.[41]

4.4   Privatpersonen

Gerade in Deutschland haben viele Privatpersonen und Familien über einen langen Zeitraum große Immobilienportfolios aufgebaut. Im Zuge eines Generationenwechsels sowie einer angestrebten Vermögensdiversifikation sind diese Portfolios seit einiger Zeit vielfach Gegenstand strategischer Überlegungen. Die jüngste in Tabelle 2 aufgeführte Cerberus-Transaktion belegt die teilweise beachtlichen Volumina, ist aber gleichzeitig ein Beleg für die vergleichsweise geringe Transparenz des privaten Immobilienteilmarktes. Für alle diese sehr unterschiedlichen Bestandshalter bilden Immobilienportfolios kein langfristig ausgerichtetes unternehmerisches Kerngeschäft. Sie sind zudem häufig als Träger von Klumpenrisiken, die großen, wenig fungiblen Portfolien inhärent sind, kein idealer Eigentümer für die Bestände. Eine Einbringung von Immobilien in REITs sollte ohne wesentliche steuerliche Schäden erfolgen und mit angemessenen Transaktionskosten verbunden sein. Unter diesen Voraussetzungen ist

---

38 Vgl. Ramm (2003), S. 451 ff.
39 Vgl. Ruhkamp (2005a).
40 Vgl. Ruhkamp (2005a).
41 Vgl. Ruhkamp (2005b).

zu erwarten, dass eine Einführung dieser Asset-Klasse weitere attraktive Immobilienbestände einem breiten, auch internationalen Anlegerpublikum zugänglich machen würde.

5 Investorengruppen und potenzielles Marktvolumen (Nachfrage)

Die Nachfrage nach REITs ist prinzipiell ein Resultat des bereits beschriebenen Rendite-Risiko-Profils dieser Asset-Klasse. Es ist aber noch offen geblieben, wer die potentiellen Käufer der REIT-Anteile sind. REIT-Anteile können grundsätzlich sowohl von privaten als auch von institutionellen Anlagern nachgefragt werden.

5.1 Private Investoren

Private Investoren können mit REITs zum einen andere Wertpapieranlagen (insbesondere Aktien) substituieren und zum anderen Mittel in REITs investieren, die früher in Direktanlagen oder offene und geschlossene Fonds geflossen sind. Eine Schätzung des Marktpotentials für REITs läßt sich indirekt aus dem bestehenden Anlagevolumen privater Haushalte in diesen Investitionsalternativen sowie aus den jährlichen Neuanlagen in diesen Märkten ermitteln. Das potentiell an REITs interessierte Anlagepotential aus Aktien und Immobilienfonds kann auf mehr als EUR 43 Mio. pro Jahr geschätzt werden. Allein in offenen Immobilienfonds wurden im Zeitraum von 1998 bis 2003 über EUR 15 Mrd. p.a. investiert. Auch wenn nur ein Bruchteil des jährlichen Volumens in REITs investiert würde, entstünde demnach ein sehr substantieller Markt. Das Bestandsvolumen in diesen Anlageklassen liegt bei ungefähr EUR 480 Mrd.[42]

5.2 Institutionelle Investoren

Als institutionelle Anleger kommen beispielsweise Versicherungen, Fondsgesellschaften und Pensionskassen in Betracht. Allein die deutschen Versicherungen investieren traditionell einen hohen Anteil ihres Anlagevermögens in Immobilien. Im Jahr 2003 hat die Versicherungswirtschaft ein Volumen (zu Buchwerten) von insgesamt EUR 49 Mrd. in Immobilien investiert, davon ca. EUR 21,5 Mrd. in Direktanlagen und EUR 27,5 Mrd. in indirekte Immobilienanlagen. Das entspricht ungefähr 5 Prozent des

---

[42] Vgl. ebs/ZEW (2005), S. 170 mit umfassender Herleitung der Schätzung und weiteren Quellennachweisen.

gesamten Anlagevermögens der Versicherungen.[43] Eine Anlage in REITs würde vor allem dann begünstigt, wenn die Anteile regulatorisch nicht zum Aktienvermögen, sondern zum Immobilienvermögen der Versicherungen gezählt würden. Darüber hinaus kommen vor allem deutsche und internationale Aktien- und Immobilien-Fondsgesellschaften als institutionelle Anleger in Betracht. Innerhalb des kaum mehr überschaubaren Universums der internationalen Aktienfonds kommen alle Fonds als Investoren in Betracht, deren Fondstatuten weder den Immobiliensektor noch den deutschen Aktienmarkt als Anlageziel ausschließen. Spezialisierte internationale REIT-Fonds, die bereits ein erhebliches Volumen an Anlegergeldern verwalten, verfügen bisher in Deutschland noch über keine Investitionsmöglichkeit. Für die bestehenden Pensionskassen und ähnliche Einrichtungen liegen keine aussagfähigen Daten vor. Die Bedeutung insbesondere betrieblicher Pensionsfonds für die Altersvorsorge hat aber zugenommen, so dass auch von diesen Investoren grundsätzlich eine erhebliche Nachfrage erwartet werden kann.

6 Rechtliche Voraussetzungen und Zwischenstand

Die Diskussion einer Implementierung eines börsengehandelten steuertransparenten Immobilienanlagevehikels wurde unter anderem durch die Vorschläge der Initiative Finanzplatz Deutschland (IFD) sowie durch die Gesellschaft für Immobilienwirtschaftliche Forschung (giv e.V.) angeregt. Die Vorschläge zur Ausgestaltung der REITs orientieren sich dabei an den vorhandenen Vorbildern, um die Akzeptanz für ausländische Kapitalgeber zu gewährleisten. In der Tabelle 4 werden einige besonders wichtige REIT-Märkte (USA, Niederlande, Japan und Frankreich) hinsichtlich ausgewählter Eigenschaften verglichen.

---

43 Vgl. ebs/ZEW (2005), S. 171.

Tabelle 4: Überblick regulatorischer Rahmenbedingungen im internationalen Kontext

	USA	Niederlande	Japan	Frankreich
Management	Intern/Extern	Intern	Extern	Intern/Extern
Eigentümerstruktur	≥100 Anteilseigner sowie „5/50 Rule"	REIT-Anteil pro Eigner <25%	≥1.000 Anteilseigner (vor Börsengang)	Keine Restriktionen
Anlagebeschränkungen	Immobilienanteil ≥75%	Immobilienanteil = 100%	Immobilienanteil ≥75%	Flexibel
Fremdkapital	Keine Restriktionen	<60% des handelsbilanziellen Buchwertes	Keine Restriktionen	Keine Restriktionen
Ausschüttungsvorschriften	≥90% der laufenden Einkünfte	100% der laufenden Einkünfte	≥90% der laufenden Einkünfte und Veräußerungsgewinnen	≥85% des Gewinns aus Vermietungsaktivitäten, 50% der Kapitalerträge
Steuerrechtliche Rahmenbedingungen (Ausgewählte Aspekte)	Keine Besteuerung der ausgeschütteten Nettoeinkünfte auf Ebene des REIT. Besteuerung der stillen Reserven bei Rechtsformumwandlung (entfällt, falls Immobilie 10> Jahre im Bestand)	Besteuerung der laufenden Einkünfte mit einem Steuersatz von 0% auf Ebene des REIT. Besteuerung der stillen Reserven bei Rechtsformumwandlung	Keine Besteuerung der ausgeschütteten Nettoeinkünfte auf Ebene des REIT. Besteuerung der stillen Reserven bei Rechtsformumwandlung	Keine Besteuerung laufender Einkünfte aus qualifizierenden Aktivitäten auf Ebene des REIT. Besteuerung der stillen Reserven mit reduziertem Körperschaftssteuersatz von 16,5% bei Rechtsformumwandlung

International werden REITs überwiegend als Kapitalgesellschaften geführt. Die Bestandsverwaltung der Immobilienportfolios wird entweder von dem REIT selbst oder von einer separaten Managementgesellschaft vorgenommen, wobei keines der beiden Modelle erkennbare Vorteile aufweist. Gemeinsam ist den Regulierungen in den ausgewählten Vergleichsländern, dass die Immobilieninvestition nicht in wesentlichem Umfang durch andere Aktivitäten verwässert werden darf. Eine Börsennotierung ist in der Regel die Voraussetzung dafür, dass Liquidität, Fungibilität und Bewertungstransparenz gewährleistet sind. Allerdings ist die Börsennotierung nur in Frankreich und Belgien Bedingung für den REIT-Status.[44] In Deutschland wäre die Aktiengesellschaft als Rechtsform für einen REIT prädestiniert. Sie würde den oben genannten Kriterien erfüllen und zudem über das Aktiengesetz, Wirtschaftsprüfertestate sowie bei Börseneinführung durch die Kapitalmarktaufsicht zusätzlich Mindestbedingungen für den Anlegerschutz gewährleisten. Deutsche Aktiengesellschaften setzen ein internes Management der gehaltenen Immobilien voraus. Des Weiteren sind aus den internationalen Erfahrungen keine Anhaltspunkte für eine Vorteilhaftigkeit von Streubesitzvorschriften abzuleiten. Von großer Bedeutung für den Erfolg von REITs sind zudem steuerliche Aspekte. Zum einen stellt sich die Frage, ob laufende Erträge der REITs auf Unternehmensebene besteuert werden sollen. Zum anderen werden bei der Einbringung von Immobilienportfolios oft erhebliche stille Reserven freigelegt, deren Versteuerung aus Sicht des Eigentümers eine prohibitive Wirkung entfalten kann. Erfolgreiche REIT-Strukturen stellen sicher, dass Immobilienbestände steuer-unschädlich eingebracht werden können und dass unter Voraussetzung hoher Ausschüttungsquoten auf eine Ertragsbesteuerung auf Gesellschaftseben verzichtet wird.[45]

Insgesamt ist festzuhalten, dass der globale Erfolg von REITs auf Grundlage transparenter, steuerlich attraktiver und international vergleichbarer Regulierungen erzielt wurde. Daraus kann gefolgert werden, dass auch ein neuer deutscher REIT-Markt unter ähnlichen Rahmenbedingungen etabliert werden sollte, um das Vertrauen der Anleger zu gewährleisten. Erfolgsvoraussetzung ist demzufolge ein regulativer Rahmen, der internationalen Standards entspricht und unter andere eine transparente Besteuerung beim Anteilseigner, die Anwendung internationaler Rechnungslegungsstandards sowie eine Fokussierung der REITs auf Immobilien vorschreibt. Gleichzeitig ist eine Überregulierung zu vermeiden. Alle fiskalische Abwägungen sollten auch das steuerliche Potential berücksichtigen, das mit funktionierendem REIT-Markt überhaupt erst geschaffen wird. Die IFD hat mehr als EUR 8 Mrd. unmittelbarer Mehreinnahmen für den Staat innerhalb der ersten fünf Jahre errechnet.[46]

7 Ausblick

Der internationale Erfolg von REITs bei Anlegern und Emittenten belegt bereits eindrucksvoll die Attraktivität dieser Asset-Klasse. Insbesondere ermöglichen REITs bei sehr guten Renditen eine zielgerichtete, diversifizierte und flexible Immobilienanlage. Große Bestandshalter können durch REITs eine attraktive Exit-Perspektive gewinnen. Weder auf der Angebots- noch auf der Nachfrageseite sind prinzipielle Einwände erkennbar, warum REITs nicht auch in Deutschland Erfolg haben könnten. Die IFD beispielsweise schätzt das deutsche Marktpotenzial für REITs auf EUR 127 Mrd. im

---

44 Vgl. ebs/ZEW (2005), S. 66 ff.
45 Vgl. ausführlich zu effizienten steuerlichen Gestaltungsmöglichkeiten von REITs unter Berücksichtigung legitimer fiskalischer Interessen: Busching, T. (2005), S. 6 ff.
46 Vgl. IFD (2005), S. 1.

Jahre 2010.[47] Es ist daher zu erwarten, dass REITs aufgrund ihrer beschriebenen positiven Anlageeigenschaften auch in Deutschland zu einer effizienteren Marktstruktur bei Immobilienanlagen beitragen werden, sofern dafür ein funktionsfähiger rechtlicher Rahmen geschaffen wird. Die internationale Betrachtung zeigt aber auch, dass die Verbreitung des neuen Anlageinstrumentes einige Jahre beansprucht und daher auch die übrigen Anlagealternativen im deutschen Immobilienmarkt auf absehbar Zeit noch eine erhebliche Bedeutung behalten werden. Auch können REIT-Anteile den immateriellen Nutzen, den selbstgenutzte Immobilien ihren Eigentümern verschaffen, nicht substituieren. Zuletzt wird auch ein REIT den Anlegern nicht den berühmten *Free Lunch* am Kapitalmarkt verschaffen, da eine Investition aufgrund der Wertveränderungen der Immobilien sowie der Kursschwankungen von Immobilienwertpapieren stets mit Verlustrisiken verbunden ist.

---

47 Vgl. IFD (2005), S. 1.

Literaturverzeichnis

BALL, J. N./RUTHERFORD, R. C./SHAW, R. J. (1993): The wealth effects of real estate spin-offs, in: Journal of Real Estate Research, Vol. 8 (4), S. 597–606.

BECK, H. (2005): Viele Anleger sind in ihrer Existenz bedroht, in: Frankfurter Allgemeine Zeitung, 02.09.2005.

BUSCHING, T. (2005): REITs und die steuerpriviligierte Veräußerung von Immobilienvermögen, in: FINANZ BETRIEB, Newsletter 05/2005.

DEGI (2005): Immobilienanlageprodukte in Deutschland – Zwischen Fonds, REITs und Kundenwünschen, Präsentation Dr. Thomas Beyerle, 01.10.2005.

DEUTSCHE BANK RESEARCH (2005): Wohnungsportfolios in Deutschland: Weitere Verkäufe programmiert, 03.05.2005.

DVFA (2005): Einführung eines deutschen Reit („G-REIT") – Stellungnahme des Arbeitskreises „Immobilien" der DVFA (Deutsche Vereinigung für Finanzanalyse und Asset Management), Dreieich.

EBS/ZEW (2005): Real Estate Investment Trusts (REITs) – Internationale Erfahrungen und Best Practice für Deutschland, 23.05.2005, Mannheim.

EUROPEAN PUBLIC REAL ESTATE ASSOCIATION (2004): ERPA Global REIT Survey: A comparison of the major REIT regimes in the world, BH Schiphol Airport.

GLASCOCK, J. L./DAVIDSON, W. N./SIRMANS, CF. (1992): The gains to selloffs: the case of corporate real estate, in: Journal of American Real Estate and Urban Economics Association, Vol. 19 (4), S. 567–582.

HARRIEHAUSEN, C. (2005): Die Wohnungswirtschaft wird kräftig aufgemischt, in: Frankfurter Allgemeine Sonntagszeitung, 28.08.2005.

HESSE, M. (2005): Deutsche scheuen den Aktienmarkt, in: Süddeutsche Zeitung, 08.12.2005.

HM TREASURY (2005): UK Real Estate Investment Trusts: a discussion paper.

HÖNIGHAUS, R./MAIER, A./SCHMID, F. (2005): Deutsche Bank verprellt Anleger, in: Financial Times Deutschland, 14.12.2005.

IFD (2005): Einführung eines deutschen REIT (German REIT, G-REIT) – Abschlussbericht und Empfehlung der IFD, 31.01.2005.

KLEINE, J./WEYRES V. LEVETZOW, J. (2005): Von der Immobilie zum liquiden Asset, in: Finance, Ausgabe 10/2005, S.68–70.

KOALITIONSVERTRAG ZWISCHEN CDU, CSU UND SPD (2005): Gemeinsam für Deutschland – mit Mut und Menschlichkeit, 11.11.2005.

Literaturverzeichnis

Matzen, F. J. (2005): Unternehmensbewertung von Wohnungsbauunternehmen, Rudolph Müller Verlag, Köln.

Müller, M. (2003): Die strategische Reduktion des Immobilienbestandes als Maßnahme zur Kapitalfreisetzung, in: Gondring, H./Zoller, E./Dinauer, J. (Hrsg.): Real Estate Investment Banking, Gabler Verlag, Wiesbaden, S. 501–534.

Murphy, D. I./Bigman,T./Midwinter, K. G. (2003): REITs: Providing Core Real Estate Exposure, Institute for Fiduciary Education.

Nareit, National Association of Real Estate Investment Trusts (2005): Frequently Asked Questions About REITs,.

Nehls, J./Schneider, W./Tschammler, T: (2003): Der Markt für Immobilieninvestitionen, in: Gondring, H./Zoller, E./Dinauer, J. (Hrsg.): Real Estate Investment Banking, Gabler Verlag, Wiesbaden, S. 535–547.

Pfnür, A./Armonat, S. (2004): Desinvestment von Unternehmensimmobilien unter besonderer Berücksichtigung der Vermarktungsmöglichkeiten, Universität Hamburg.

Ramm, M. (2003): Real Estate Private Equity, in: Gondring, H./Zoller, E./Dinauer, J. (Hrsg.): Real Estate Investment Banking, Gabler Verlag, Wiesbaden, S. 451–468.

Ruhkamp, C. (2005a): Wie Finanzinvestoren aus Wohnungen Geld machen wollen, in: Börsenzeitung Nr. 224, 19.11.2005.

Ruhkamp, C. (2005b): Fortress kauft Fonds der Dresdner Bank, in: Börsenzeitung Nr. 247, 22.12.2005.

Schulte, K.-W./Sotelo, R. (2004): Deutsche REITs – Möglichkeiten und Voraussetzungen einer Realisierung, in: Zeitschrift für Immobilienökonomie (ZIÖ), 2/2004, S. 31–48.

Standard Life Investments Limited (2004): Global REITs – Development and Outlook, 01.12.2004.

UBS Investment Research (2005): Q-Series®: German Real Estate, 13.07.2005.

Unternährer, C./Jochum, M./Moersch, M. (2005): UBS Research Focus: Immobilien, UBS AG, Zürich.

Ryan Decker/Ivo Hubli

Alternative Risk Transfer (ART)
Versicherungsrisiken erobern die Finanzmärkte

1 Einleitung 495
2 Gliederung des ART-Marktes 497
3 Instrumente innerhalb des ART-Marktes 499
    3.1 Katastrophenanleihen 500
    3.2 Versicherungsderivate 500
    3.3 Wetterderivate 502
    3.4 Verbriefung von Lebensversicherungspolicen 503
4 Anfänge des ART-Marktes 504
5 Reiz an ART-Instrumenten 505
    5.1 Vorteile für Emittenten 505
    5.2 Vorteile für Investoren 506
6 Schlussfolgerung 507

Literaturverzeichnis

1 Einleitung

Mittlerweile wird die globale Erwärmung – sei diese nun anthropologisch bedingt oder ein natürliches Phänomen – von der Wissenschaft nicht mehr bestritten. Die Auswirkungen dieser Entwicklung sind omnipräsent und reichen von den rückweichenden Gletschern in den Hochgebirgen über die Versteppung fruchtbarer Kulturlandschaften bis hin zu einem durch die höhere Wassertemperatur der Ozeane bedingten massiven Rückgang der Fischbestände. Hand in Hand mit diesen klimatischen Veränderungen zeigen sich in verschiedenen Gebieten der Erde vermehrt extreme Wetterformen wie ein verstärktes El Niño-Phänomen[1], heftigere Regenschauer oder eine größere Anzahl von Hurrikanen. Der Mensch musste solchen Wetterformen bis vor wenigen Jahren vielerorts keine Beachtung schenken und dementsprechend gering ist die versicherungstechnische Deckung. Bilder der Überschwemmungen in Europa oder der verheerenden Wirbelstürme in den USA sensibilisieren den Menschen aber zunehmend. Auch in Ballungszentren an tektonischen Plattengrenzen treten Absicherungsfragen mit jedem neuen Unglück mehr und mehr in den Vordergrund. Dies alles lässt die Nachfrage nach Versicherungsdeckung steigen, um wenigstens finanziell einen gewissen Schutz vor solchen Ereignissen zu haben. Angesichts der steigenden Häufigkeit und der wachsenden Schäden durch Katastrophen bekundet die Assekuranzindustrie vermehrt Mühe, die ihr anvertrauten Risiken mit Eigenkapital, Rückversicherungsverträgen und anderen traditionellen Techniken abzusichern. Zusätzlich üben die Bonitätsrückstufungen der Rückversicherungen infolge der Ereignisse rund um 9/11 und des Abschwungs der Aktienmärkte nach der Jahrtausendwende (Vgl. Tabelle 1) Druck aus, die Risiken innerhalb der Bilanzen auszulagern, um die Finanzierungskosten nicht noch weiter ansteigen zu lassen.

---

1 Der El-Niño-Effekt beschreibt die zyklische Erwärmung der tropischen Regionen des Pazifiks, welche das Wetter rund um den Globus beeinflussen. In den USA beispielsweise resultiert typischerweise vermehrter Regenfall im Süden respektive größere Trockenheit an der pazifischen Küste.

Tabelle 1: Veränderung in den Bonitätsratings von Standard and Poor's (S&P) verschiedener Rückversicherungen im Zeitraum von September 2001 bis Juli 2005

S&P Rating	Swiss Re	Münchener Rück	Employers Re	Hannover Re	Allianz Re	AXA Re	SCOR	Gerling Global Re	Llodys
AAA	2001	2001	2001						
AA+				2001	2001				
AA	2005					2001			
AA-				2005	2005	2005	2001	2001	
A+		2005							2001
A			2005						2005
A-									
BBB+ und weniger							2005	2005	

Quelle: RMF Investment Management, eigene Darstellung

Alternative Versicherungstechniken gewinnen damit stark an Bedeutung. Der seit gut zehn Jahren im Kleinen existierende Markt für den Transfer von Versicherungsrisiken an den Finanzmarkt dürfte weitere Wachstumsimpulse erhalten.

Alternative Risk Transfer (ART) umfasst eine Vielzahl von Techniken und Instrumenten, welche der Steuerung versicherungstechnischer Risiken dienen. Zentrales Element ist dabei, dass der versicherungswirtschaftliche Risikotransfer nicht mehr zwischen Erst- und Rückversicherern stattfindet, sondern zwischen der Assekuranzbranche und den Finanzmärkten. Die Käufer an den Märkten werden zu Trägern der Versicherungsrisiken. Als wichtigste Voraussetzung für die Verlagerung und den Handel von Versicherungsrisiken gilt neben der generellen Annäherung dieser beiden Märkte die Verbriefung. Unter Verbriefung wird im Allgemeinen die Schaffung von handelbaren Wertpapieren aus Forderungen oder Eigentumsrechten verstanden. Im Zuge der Bestimmungen über Kreditrisiken des Basler Ausschusses für Bankenaufsicht ist vor allem in jüngster Vergangenheit ein Trend zur Verbriefung auszumachen, um den Reservebedarf an Kapital zu senken. Weitere Anreize zur Verbriefung von Versicherungsrisiken bestehen in der Minderung des Gegenparteirisikos sowie in der effizienten und einfachen Struktur. Die Verbriefung geschieht häufig mittels so genannter Special Purpose Vehikel (SPV)-Gesellschaften, deren einziger Zweck die Emission der Wertpapiere ist.

2 Gliederung des ART-Marktes

Es bietet sich an, die Unterteilung des ART-Marktes an Hand der verschiedenen versicherungstechnischen Risikotypen vorzunehmen, welche an die Finanzmärkte übertragen werden. Eine derartige Aufteilung umfasst so genannte Spitzenrisiken, besondere Geschäftsrisiken, wetterbedingte Geschäftsrisiken und Risiken aus Lebensversicherungen (vgl. Tabelle 2). Auf die gängigen Kontrakte und Instrumente zum Transfer dieser Risiken wird im nachfolgenden Kapitel eingegangen.

Spitzenrisiken umschreiben ein extrem großes, kumuliertes Schadenspotenzial in dicht besiedelten Gebieten. Als Beispiel kann ein Erdbeben in Tokio oder ein Hurrikan der Kategorie 5 auf der Saffir-Simpson-Skala[2] in Miami erwähnt werden. Solche Ereignisse sind statistisch gesehen extrem selten und treten alle hundert bis zweihundert Jahre einmal auf. Nicht zu vergessen ist allerdings, dass diesen Berechnungen gewisse Verteilungsannahmen zugrunde liegen, welche Ereignisse in den Enden der Verteilung oftmals systematisch zu unterschätzen pflegen. Die Vorkommnisse der letzten Jahren, die eine Reihe von neuen Negativrekorden einander folgen ließen, müssen als deutlicher Hinweis darauf interpretiert werden. Spitzenrisiken beziehen sich in erster Linie auf Naturkatastrophen wie Erdbeben, Wirbelstürme und Überschwemmungen, da nur derartige Ereignisse ein genügend großes Schadensausmaß verursachen können.

---

2   Die Saffir-Simpson-Skala verwendet die Windgeschwindigkeit, die Höhe der vom Sturm erzeugten Wellen und den Luftdruck im Auge des Hurrikans zur Klassifizierung von Hurrikanen in fünf Kategorien (1–5).

Tabelle 2: Risikotypen und Instrumente des ART-Marktes

Risikotyp	Risikobeschreibung	Risikobereiche	Instrumente	Ungefähre Marktgröße [Mrd. USD]
Spitzenrisiken	Absicherung von großem, kumuliertem Schadenspotenzial in stark bevölkerten Zonen	Erdbeben, Hurrikane, Winterstürme, Taifune, Flutschäden; Pandemien, Kriege[3]	Katastrophenanleihen	5
Besondere Geschäftsrisiken	Absicherung von Ereignissen mit Einfluss auf das Geschäftsergebnis	Flugzeuge, Schifffahrt, Raumfahrt/ Satelliten, Ölplattformen, Baustellen, Politische Risiken, Sportveranstaltungen	Versicherungsderivate (Industry Loss Warranties, Quota Shares)	100–150
Wetterbedingte Geschäftsrisiken	Absicherung von adversen Witterungseinflüssen auf den Geschäftsverlauf	Hitze, Kälte, Niederschlag, Schneefall, Frost	Wetterderivate	5
Risiken aus Lebensversicherugen	Absicherung von Ereignissen in der Lebensversicherungsindustrie	Erhöhung der Lebenserwatung	Embedded Life Insurance	20–30

Quelle: RMF Investment Management, eigene Darstellung

Der ART-Markt beschränkt sich nicht auf aus Naturkatastrophen resultierende Risiken. Vielmehr umfasst dieser auch Unglücke, die von Menschenhand hervorgerufen werden. Solche Risiken sind in der Schifffahrt, in der Fliegerei und in der Raumfahrt vorhanden, beinhalten aber auch den Ausfall von großen Entertainment- oder Sportereignissen, wie beispielsweise eine Fußballweltmeisterschaftsendrunde. Das Eintreffen der angesprochenen Ereignisse hat meist einen wesentlichen Einfluss auf

---

3   Auch im Bereich Lebensversicherungen gibt es Vehikel, die Spitzenrisiken abdecken (Mortality-Cat-Bonds).

das Geschäftsergebnis der betroffenen Unternehmung, woraus sich ein Absicherungsbedarf ableitet.

Die Wetterentwicklung ist ein weiterer Faktor, der auf den Geschäftserfolg von Unternehmen verschiedener Wirtschaftszweige beachtlichen Einfluss hat. Schätzungen, die diesen Einfluss zu beziffern versuchen, weichen stark voneinander ab. Doch Zahlen im tiefen einstelligen Billionenbereich allein für die wetterbedingten Risiken der Vereinigten Staaten von Amerika verdeutlichen die Tragweite der Abhängigkeit.[4] Trotzdem ist es bisher nicht gelungen, langfristig zuverlässige und präzise Wetterprognosen zu erstellen, um die Unsicherheit über die künftigen Wetterlagen zu vermeiden. Zu warme Winter beispielsweise bringen Bergbahnfirmen infolge Schneemangels erhebliche Umsatzrückgänge, nasskalte Sommer tragen zu Einbußen von Getränkeproduzenten, Sonnencrèmeherstellern oder Vergnügungsparks bei. Aber auch eine ganze Reihe von weiteren Branchen wie die Bekleidungsindustrie, die Landwirtschaft oder der Energiesektor sehen ihre Umsatzzahlen stark mit den Launen des Wetters wie Frost, Dürren oder heftigen Niederschlägen schwanken.

Auch für versicherungstechnische Risiken rund um das Lebensversicherungsgeschäft birgt ART Potenzial für neue Lösungen. Katastrophale Lebensversicherungsrisiken wie kriegerische Ereignisse, Erdbeben oder eine Vogelgrippe-Pandemie, welche eine Auszahlung einer Vielzahl von Lebensversicherungen nach sich ziehen, sind der Kategorie der Spitzenrisiken zuzuordnen. Daneben verbriefen Assekuranzunternehmen vermehrt auch nicht-katastrophale Risiken. Als Beispiel sei ein übermäßiger Anstieg von Rentenverpflichtungen zu nennen, der aus einer starken Erhöhung der Lebenserwartung resultieren kann.

3 Instrumente innerhalb des ART-Marktes

Neben den allseits bekannten Katastrophenanleihen/Cat Bonds existieren innerhalb des ART-Marktes noch eine ganze Reihe weiterer Instrumente. Im Folgenden wird auf Grund ihrer Vormachtstellung im Markt primär auf Versicherungsderivate eingegangen. Daneben widmet sich der Text auch den Instrumenten rund um den aufstrebenden Markt für die Verbriefung von Lebensversicherungen.

---

4 Die Chicago Mercantile Exchange (CME) schätzt die Risiken auf 20 Prozent des US-Bruttosozialproduktes von knapp USD 12 Billionen.

3.1 Katastrophenanleihen

Obwohl sie nicht die ältesten Investitionsvehikel innerhalb des ART-Marktes darstellen und nur einen kleinen Anteil desselbigen ausmachen, stellen Katastrophenanleihen zweifelsohne das bekannteste ART-Instrument dar. Cat Bonds decken Spitzenrisiken ab und beziehen sich hauptsächlich auf Schäden an Gebäuden, Autos und Booten. Sie sind grundsätzlich als Asset Backed Securities (ABS) konstruiert und haben meist Laufzeiten von drei bis fünf Jahren. Katastrophenanleihen erhalten von den Ratingagenturen ein Bonitätsrating (typischerweise in der Bandbreite von Single-A bis Single-B) und sind nach deren Emission auf einem Sekundärmarkt mit ansprechenden Volumen handelbar. Zum Zeitpunkt der Emission einer Katastrophenanleihe lanciert eine (Rück-)Versicherung ein SPV, in welches der Investor das Kapital einbezahlt. Der einbezahlte Betrag wird in faktisch risikolosen Anlagen angelegt und rentiert zum risikolosen Zinssatz. Während der gesamten Laufzeit der Anleihe zahlt das Versicherungsinstitut dem Investor regelmäßig eine Prämie, um ihn für das eingegangene Risiko zu entschädigen. Die Zinsgutschrift ist variabel und setzt sich aus dem risikolosen Zinssatz (zumeist Dreimonats-LIBOR) plus einer Risikoprämie zusammen. Die Risikoprämie richtet sich nach Höhe und Wahrscheinlichkeit des Schadens und beläuft sich durchschnittlich auf drei bis vier Prozent p.a. Tritt kein Schaden ein, erhält der Investor am Verfallstag das eingesetzte Kapital plus die aufgelaufenen Kapitalzinsen zurück. Im Falle des Eintreffens eines definierten Schadensereignisses werden die Versicherungsansprüche aus dem hinterlegten Kapital beglichen. Das heißt, dass das SPV verpflichtet ist, die hinterlegten Anlagen zu verkaufen und der (Rück-)Versicherung gutzuschreiben. Die Investoren erleiden einen Verlust in der Höhe der Nominalreduktion. Beträgt diese weniger als 100 Prozent des einbezahlten Kapitals, wird das verbleibende Kapital weiterverzinst. Da in den vergangenen Jahren in den von Cat Bonds abgedeckten Bereichen keine Spitzenereignisse auftraten, mussten lange keine Nominalverluste hingenommen werden. Mit der Anleihe Kamp Re der Zurich Financial Services (ZFS) hatten nun aber Cat Bond-Investoren erstmals einen Verlust des Nominalkapitals zu erleiden. Der Nominalbetrag von USD 190 Mio. diente als Haftung für Zahlungen von Sturm- oder Erdbebenschäden von mehr als USD 1 Mrd. im Schadensgebiet von Katrina. Diese Schwelle wurde gemäß den Schadensschätzungen überschritten, was zu einer 100 Prozent Auszahlung des Nominalbetrages führte.[5]

3.2 Versicherungsderivate

Im Gegensatz zum Segment für Katastrophenanleihen ist der Markt für Versicherungsderivate schon weiter entwickelt und weist ein ungefähres Volumen von 100 bis USD 150 Mrd. auf. Versicherungsderivate werden unter anderem als Insurance Linked Warranties (ILW) oder Quota Shares angeboten. Katastrophenversicherungen für Gebäude in gefährdeten Gebieten stellen mit Abstand den größten Markt für Versicherungs-

---

5 Weitere Informationen über Cat Bonds befinden sich im Beitrag von Gawron/Scholz in diesem Handbuch.

derivate dar. Im Unterschied zu Katastrophenanleihen beziehen sich Versicherungsderivate auch auf geringere, häufiger eintretende Schäden und haben entsprechend tiefer liegende Schadenshürden. Als Vorteile von Versicherungsderivaten gegenüber Katastrophenanleihen gelten die simplere Struktur und die daraus resultierende Vereinfachung des Underwritings sowie des Anspruchs- und Klageprozesses. Sie weisen deshalb für den Anleger insgesamt eine vorteilhaftere Kostenstruktur auf. Nachteilig ist jedoch die Liquidität. Auch weisen Versicherungsderivate im Gegensatz zu Cat Bonds kein Bonitätsrating auf, was ein Engagement gewisser Finanzinstitute in diesem Segment verhindert. Schließlich bringen Versicherungsderivate für den Emittenten größere Basisrisiken mit sich, da sich die Einbußen der Industrie stark von den erlittenen Verluste des Emittenten unterscheiden können.

Zur Bestimmung der effektiven Schadenshöhen in bestimmten Gebieten werden häufig synthetische Indizes herangezogen. Ein gängiger Index ist derjenige von Property Claims Services (PCS). PCS gehört zur Insurance Services Group und bildet die zentrale Datenstelle der US-amerikanischen Versicherungsindustrie. Sie erstellt auf der Grundlage der durch die Versicherungsunternehmen einzureichenden Schadensmeldungen einen repräsentativen Index, der den Versicherungsderivaten als Basisvariable dient. Neben Indizes, welche die Verluste der gesamten Versicherungsindustrie beziffern, existieren vor allem im Segment für Katastrophenanleihen weitere Mechanismen, um ein Schadensereignis zu definieren und entsprechende Zahlungen auszulösen.[6] Der Index-Mechanismus hat die Vorteile, dass er Phänomenen wie *Moral Hazard* und *Adverse Selection* einen gewissen Riegel vorschiebt, für den Investor sehr transparent ist und die Schadensberichterstattung von einer an der Transaktion unbeteiligten dritten Seite her erfolgt. Auf der negativen Seite gilt es den langen Zeitraum zu erwähnen, der zur Festlegung der definitiven Schadenshöhe benötigt wird. Im Bereich der weltweiten Schäden dienen der Sigma-Index von Swiss Re sowie der NatCatService-Index der Münchener Rück als anerkannte Benchmarks. In jüngster Vergangenheit erfreut sich der NatCatService-Index größerer Beliebtheit, rapportiert die Münchener Rück doch häufiger erneuerte Zahlen als Swiss Re.

Beim Kauf eines ILW kann der Investor zwischen mehreren abgestuften Schadenshürden (entsprechen den Ausübungspreisen herkömmlicher Derivate) wählen, woraus sich diverse Rendite-Risiko-Profile ergeben. Je tiefer die Schadenshürde, umso wahrscheinlicher ist eine Schadenszahlung und umso höher fällt die Rendite bzw. die Prämie aus, und umgekehrt. Die Prämie wird dem Anleger in der Regel zu Beginn der Laufzeit in Form einer Reduktion auf das zu hinterlegende Kapital entrichtet. Die genaue Funktionsweise soll mittels folgender Beispielstransaktion beschrieben werden. Eine (Rück-)Versicherung geht mit einem Investor einen Vertrag ein, welcher den Investor verpflichtet, bei Erdbebenschäden von mehr als USD 1 Mrd. in einem genau definierten Gebiet für USD 20 Mio. der Schäden aufzukommen. Finanztechnisch gesehen verkauft der Investor eine digitale Put-Option auf die durch einen Index quantifizierten Schäden mit einem Ausübungspreis von USD 1 Mrd. Zu Vertragsbeginn zahlt der Investor den Nominalbetrag von USD 20 Mio. abzüglich der Prämie ein. Bei Schadenseintritt steht der einbezahlte Betrag zuzüglich der aufgelaufenen Zinsen der (Rück-)Versicherung

---

6 Für eine genaue Beschreibung dieser Methoden vgl. Dubinsky (2003).

zur Verfügung. Tritt kein ausreichend großes Schadensereignis ein, erhält der Investor nach Ablauf der Laufzeit den Nominalbetrag von USD 20 Mio. zurück.

Die Funktionsweise von Katastrophenanleihen und ILWs ist sehr ähnlich. Strukturell bestehen allerdings Unterschiede. Cat Bonds sind als ABS strukturiert und wickeln die Transaktion über ein SPV ab. Diese Struktur verringert das Gegenparteirisiko und steht im Zusammenhang mit den längeren Laufzeiten von Katastrophenanleihen. ILWs hingegen haben eine Derivatstruktur. Weiter unterscheiden sie sich in deren Auszahlungsmechanismen. Während ILWs zumeist binäre Auszahlungsstrukturen besitzen, folgen Cat Bonds linearen Auszahlungsmustern. Da Versicherungsderivate weiter verbreitet sind, vielfältigere Risiken abdecken und grundsätzlich ein höheres Ausfallrisiko bergen, verzeichneten sie im Fall der Hurrikane Katrina, Rita und Wilma 2005 höhere Einbußen als Cat Bonds. Anfangs Dezember 2005, gut drei Monate nach dem Schadensereignis, schätzte PCS den versicherten Schaden an Gebäuden, Autos und Booten in den betroffenen Gebieten auf über USD 38 Mrd. Im Vergleich zur ersten Schätzung anfang Oktober entspricht dies einer Zunahme von beinahe elf Prozent. Bis zur definitiven Festsetzung der Schadenssumme kann wegen den langen Zeitfenstern, in denen Schäden angemeldet werden können, noch reichlich Zeit vergehen. Auch besteht zur Bestimmung des definitiven Schadensbetrages gegen oben noch Spielraum. So dauerte es nach dem Northridge-Erdbeben Jahre 1994 ganze 602 Tage zur definitiven Festlegung des Schadens, welcher schlussendlich auf das Fünffache der ersten Prognose zu stehen kam.

Eine weitere Art von Versicherungsderivaten lehnt sich der gängigen Rückversicherungspraxis an, welche Rückversicherungsverträge proportional zwischen zwei oder mehreren Assekuranzunternehmungen aufteilt. Die so genannten Quota Shares sind individuell vereinbarte Verträge zwischen (Rück-)Versicherungsunternehmen und Finanzmarktteilnehmern, welche die Prämien als auch einen eventuellen Schaden aus versicherten (Katastrophen-)Ereignissen anteilsmäßig aufgliedern.

3.3 Wetterderivate

Wetterderivate treten in den üblichen Derivatformen wie Optionen, Swaps und Futures oder als Kombinationen derselben auf und sind in ihrer Struktur und Funktionsweise mit herkömmlichen Derivaten vergleichbar. Auf Grund ihrer exotischen Basisvariablen gilt es allerdings gewisse Besonderheiten zu beachten. Die Underlyingwerte von Wetterderivaten sind keine Preise, sondern an Wetterstationen ermittelte meteorologische Größen, wie in erster Linie Temperatur, aber auch Niederschlagsmenge[7], Windgeschwindigkeit oder Feuchtigkeit. Daher muss die Wertveränderung eines Wetterderivatkontraktes bei einer Veränderung der Wetterdaten um eine Einheit über einen so genannten Tick Value vertraglich fixiert werden. Die Laufzeiten der Derivate sind auf die Wetterentwicklung abgestimmt und erstrecken sich meist über die

---

[7] Weitere Informationen zu Niederschlagsderivaten befinden sich in dem Beitrag von Heidorn/Trautmann in diesem Handbuch.

gesamte Winter- respektive Sommersaison.[8] Im Vergleich zu Wetterversicherungskontrakten unterscheiden sich Wetterderivate hauptsächlich darin, dass sie sich nicht auf katastrophale Wetterereignisse beziehen. Vielmehr eignen sie sich, um Abweichungen der meteorologischen Parameter von deren langjährigen Mittelwerten zu versichern. Diese adversen Wetterentwicklungen treten zwar häufig auf, vermögen aber den Geschäftserfolg meist nur in vergleichsweise geringem Ausmaß negativ zu beeinflussen. Da die Basisvariablen von Wetterderivaten nicht handelbar sind, ist das etablierte Optionspreismodell von Black und Scholes nicht zur Lösung der Bewertungsfrage von Wetterderivaten geeignet. Nach einer genauen Analyse des stochastischen Verhaltens der unterschiedlichen Underlyings, müssen von der Optionspreistheorie abweichende Ansätze zur Bewertung herangezogen werden.[9]

Wetterderivate treten heutzutage in zwei Formen auf. Einerseits existieren liquide an den Börsen (beispielsweise CME) gehandelte Futures und Optionen oder illiquide, strukturierte Transaktionen auf den OTC-Märkten.

3.4 Verbriefung von Lebensversicherungspolicen

Rückversicherer verbriefen vermehrt auch Risiken, die im Zusammenhang mit Lebensversicherungspolicen stehen. Diese Risiken können sowohl katastrophaler als auch nicht-katastrophaler Natur sein. Die erstgenannten werden durch so genannte Mortality- oder Morbidity-Cat Bonds verbrieft werden, deren Struktur mit Katastrophenanleihen zur Versicherung von Eigentums- und Gebäudeschäden identisch ist. Unter dem Begriff Embedded Life Insurance wird die Verbriefung von Lebensversicherungen verstanden, welche nicht-katastrophale Klumpenrisiken bergen. Dabei verkauft eine Versicherungsgesellschaft ihre Rechte zur Einnahme von Lebensversicherungsprämien und Gebühren respektive zur Zahlung von Rentenleistungen an ein SPV. Das SPV finanziert den Kauf dieser Rechte durch Emission von Wertpapieren an die Kapitalmärkte. Bei solchen Verbriefungstransaktionen besteht das Hauptmotiv der Emittenten darin, Finanzmittel für ihr Neugeschäft zu erhalten und erst in zweiter Linie die Risiken an die Finanzmärkte zu transferieren.

---

8   Als Wintersaison hat sich die Zeit zwischen dem 1. November bis zum 31. März des darauf folgenden Jahres etabliert, während die Sommersaisonkontrakte vom 1. Mai bis zum 31. September laufen. Die Monate April und Oktober weisen meist keine extremen Temperaturen auf und werden auf Grund der Vormachtstellung von Temperaturderivaten folglich nur selten berücksichtigt. Vgl. Hubli (2003).
9   Für eine nähere Betrachtung von Bewertungsansätzen vgl. Hubli (2003).

4 Anfänge des ART-Marktes

Erste Ansätze zur Transferierung von Katastrophenrisiken an die Finanzmärkte kamen bereits Ende der Achtzigerjahre am Londoner Versicherungsmarkt auf. Auslöser war damals der Kollaps des Marktes für Retrozessionen[10] für Gebäudekatastrophenversicherungen.[11] Der Bedarf nach solchen Risikofinanzierungslösungen stieg in der Versicherungsindustrie nach den verheerenden Wirbelstürmen Mireille in Japan (1991) und Andrew in den USA (1992) sprunghaft an, was in der Ausgabe der ersten börsengehandelten (CBOT) Versicherungsderivate im Jahre 1992 gipfelte. Das gewaltige Northridge-Erdbeben in Kalifornien im Januar 1994 sowie das Jahr 1995, welches damals als Rekordkatastrophenjahr in die Geschichte einging, gaben dieser Entwicklung zusätzlichen Auftrieb. Mit USD 180 Mrd. erreichte die Schadenssumme 1995 rund das Dreifache des volkswirtschaftlichen Gesamtschadens des bisherigen Rekordjahres 1994.[12]

Die verstärkt nachgefragten Schadensdeckungen konnten von der Versicherungsbranche nicht in ausreichendem Umfang bereitgestellt werden. Die Konzentration gewisser Deckungen akzentuierte die Klumpenrisiken in den Bilanzen der Erst- und schließlich der Rückversicherer. Der Mangel an hinterlegtem Kapital zur Schadenszahlung bewirkte daher zunächst einen erheblichen Preisanstieg im Bereich traditioneller Deckungskonzepte. Trotz der Preisaufschläge musste die Assekuranzbranche damals für den Fall eines 100 Mrd. USD-Erdbebens in Kalifornien immer noch mit Versicherungsleistungen von USD 30 – 50 Mrd. rechnen.[13] Eine potenzielle Lösung der Deckungsproblematik wurde in der Nutzung der Finanzmärkte erkannt. Unterstützt durch verbesserte meteorologische Systeme und Datenanalysen zur Schätzung von Eintrittswahrscheinlichkeiten von Katastrophen war eine bessere Beurteilung von transferierten Risiken und ein Verkauf derselben an Investoren möglich geworden. Nach dem ersten bereits 1994 von Hannover Re herausgegebenen Cat Bond zog ab dem Jahr 1996 die Emissionstätigkeit von Katastrophenanleihen merklich an.

Die Verbriefung von wetterbedingten Risiken geht auf die Deregulierung der US-amerikanischen Energiemärkte Mitte der Neunziger Jahre zurück. Im Wissen, dass ihr Geschäftsverlauf maßgeblich von der Wetter- und im Speziellen von der Temperaturentwicklung beeinflusst wird, suchten Energieversorger angesichts des wachsenden Konkurrenzkampfes innerhalb der Branche und der sich vergrößernden Nachfrageunsicherheiten vermehrt nach Absicherungsmöglichkeiten.[14] Auch hier führte das häufigere Auftreten von extremen Wetterphänomenen vielen Unternehmen den Wettereinfluss auf die Jahresergebnisse immer drastischer vor Augen. Abgeschreckt durch eine übermäßig hohe Prämie einer Versicherungslösung handelte der Energiegigant Enron

---

10 Retrozession bedeutet die Rückversicherung des in Rückdeckung übernommenen Versicherungsgeschäftes und wird von professionellen Rückversicherungsunternehmen als risikopolitisches Instrument eingesetzt.
11 Vgl. McDonnell (2002).
12 Vgl. Berz (1996).
13 Vgl. Doherty (1997).
14 Vgl. Cao/Li/Wei (2003).

1997 einen Swapkontrakt aus, der je nach Temperaturentwicklung im Winter 1997/1998 unterschiedliche Zahlungen nach sich zog.[15] Der Wetterderivatmarkt war geboren.

Der Markt für die Verbriefung von Lebensversicherungspolicen begann sich in den späten Achtziger Jahren langsam zu entwickeln. Eine breitere Öffentlichkeit nahm aber erst 1996 von diesem Markt Notiz, als in den USA der erste Lebensversicherungs-Bond ausgegeben wurde. Mit dieser Transaktion wurde primär eine Auslagerung von künftigen Prämienverpflichtungen an den Finanzmarkt angestrebt. Erst in den letzten Jahren trat der Transfer von Sterblichkeits- und Krankheitsrisiken vermehrt in den Vordergrund.

5 Reiz an ART-Instrumenten

Das Interesse am ART-Markt beruht auf den verschiedenen Vorteilen, die er für alle Beteiligten innerhalb des Versicherungs- sowie des Finanzmarktes mit sich bringt. Den Versicherungswilligen erlaubt er, den erforderlichen finanziellen Schutz vor katastrophalen Ereignissen zu finden und führt zu angemesseneren Versicherungsprämien. Auf die positiven Eigenheiten für Emittenten[16] von ART-Instrumenten sowie die Teilnehmer am Finanzmarkt soll in der Folge eingegangen werden.

5.1 Vorteile für Emittenten

Der ART-Markt hat das Potenzial zur Stabilisierung der Versicherungs- und Rückversicherungsmärkte. Assekuranzunternehmen haben die Möglichkeit, sehr große Risiken außerhalb der traditionellen Märkte abzusichern und der potentiellen Schadensbelastung die Spitze zu nehmen. Die Kapazität, weitere Risiken zu tragen, kann dadurch erhöht werden, ohne die Eigenkapitalreserven zu beeinträchtigen. Zudem überzeugen vor allem Versicherungsderivate durch ihre effizienten und einfachen Strukturen. Dies steht in erster Linie im Zusammenhang mit der Tatsache, dass sie sich nicht auf ein spezifisches Portfolio eines Assekuranzunternehmens, sondern auf Industrieverluste beziehen. So entfallen Preisaufschläge für unternehmensspezifische Risiken. Ein weiterer überzeugender Vorteil von ART ist die Verringerung des Gegenparteirisikos. Durch die Aufsplittung des Katastrophenrisikos auf eine Vielzahl von Risikoträgern wird die Ausfallwahrscheinlichkeit im Vergleich zur herkömmlichen Rückversicherungslösung drastisch reduziert. Schließlich darf nicht außer Acht gelassen werden, dass durch das Aufkommen des ART-Marktes die Möglichkeiten im Kapital- und Risikomanagement innerhalb der Versicherungsbranche massiv angestiegen sind.

---

15 Vgl. Hubli (2003).
16 Zumeist Rück- und Versicherungsunternehmen.

5.2 Vorteile für Investoren

Die Rendite der ART-Instrumente ist an das Eintreten von Versicherungsereignissen oder an die Wetterentwicklung gebunden. Solche Vorkommnisse gehen, wenn überhaupt, dann nur in sehr geringem Maße mit der weltweiten Wirtschaftsentwicklung oder dem Verlauf der Finanzmärkte einher. Dies lässt auf geringe oder sogar gegenläufig Korrelationen mit traditionellen Märkten, aber auch mit alternativen Investmentstrategien wie Hedge Funds schließen. Eine Tatsache, die durch verschiedene Korrelationsanalysen bestätigt wird und ART-Instrumente zu gesuchten Diversifikationsinstrumenten für traditionelle Portfolios machen. Dass sich diese Beschaffenheit nicht nur auf Katastrophen- und Lebensversicherungsrisiken beschränkt, zeigen Untersuchungen von Cao, Li und Wei, die durch den Miteinbezug von Temperaturderivaten in einem breitdiversifizierten Indexportfolio bei gleicher Standardabweichung höhere Renditekennzahlen erzielen.[17] Als weiteren Grund für das Diversifikationspotenzial von Katastrophenanleihen und Versicherungsderivaten ist die positive Korrelation zur allgemeinen Zinsentwicklung zu nennen. Auf Grund des variablen Anteils im Zinssatz profitieren sie im Gegensatz zum Großteil der herkömmlichen Anleihen sowie der Aktienmärkte von steigenden Zinsen – ein optimales Hedgingvehikel für realwirtschaftliche Risiken. Fast noch wichtiger ist allerdings, dass eintretende Katastrophen die Finanzmärkte wenn überhaupt, dann nur sehr kurz zu beeinflussen vermögen. Ein empirisch messbarer positiver Korrelationseffekt ist gering und nur von kurzer Dauer. Abbildung 1 zeigt die Entwicklung breit diversifizierter Aktienindizes im zeitlichen Umfeld des Erdbebens von Kobe (17. Januar 1995) und des Hurrikans Katrina (29. August 2005).

Abbildung 1: Verlauf von Aktienindizes zur Zeit des Kobe-Erbebens sowie des Hurrikans Katrina

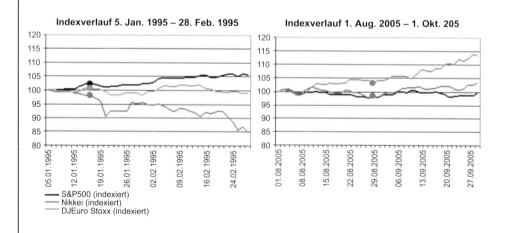

17 Vgl. Cao/Li/Wei (2003).

Auf Grund der Eigenschaften von ART-Instrumenten zeigen deren Renditeverteilungen eine klare negative Schiefe (Skewness). Werden beispielsweise die Monatsrenditen des Risk-Linked Securities (RLS)-Index[18] betrachtet, zeigt sich bis vor das Auftreten des Hurrikans Katrina seit Anfang 2000 lediglich im September 2001 eine negative Monatsperformance. Diese rührt allerdings nur von einer Ausweitung der Spreads her und nicht von effektiven Verlusten im hinterlegten Kapital. Ansonsten wurden stets Monatsrenditen im Bereich von 0.25 – 1.25 Prozent erzielt. Weiter zeigen Untersuchungen, dass die risikoadjustierte Rendite von Katastrophenanleihen deutlich höher ist als von klassischen Anleihen mit vergleichbarem Risiko. Eine Tatsache, von welcher in der Vergangenheit vor allem so genanntes Smart Money, das heißt Gelder von institutionellen Anlegern, profitiert hat.

6 Schlussfolgerung

Da künftig wohl vermehrt mit katastrophalen Naturereignissen, wie im Jahre 2005 gesehen, zu rechnen ist, wird die Zahl der Versicherungswilligen anwachsen. Die Assekuranzunternehmen ihrerseits werden dazu tendieren, die Zahl der an die Finanzmärkte transferierten Katastrophenrisiken zu erhöhen. Um dem steigenden Angebot die Nachfrage folgen zu lassen, ist künftig mit höheren Renditen für ART-Instrumente zu rechnen, denen auch die konstant rege Nachfrage von Hedgefonds nach Cat Bond-Emissionen und Versicherungsderivaten nichts entgegenzusetzen hat. Den weitaus größten Einfluss auf die künftigen Prämien ist allerdings von Anlegerseite aus zu erwarten, da diese sich für die höhere Ausfallswahrscheinlichkeit der ART-Instrumente entschädigt sehen möchte.

Neben den privaten und industriellen Marktteilnehmern sind zunehmend auch staatliche und supranationale Organisationen daran interessiert, Infrastrukturen und andere Investitionen zumindest finanziell vor Katastrophen abzusichern. Zudem sind dicht bevölkerte und gefährdete Regionen wie Kalifornien und Tokio sowie die schnell wachsenden Metropolen in den Schwellenländern markant unterversichert. Das Ziel der Finanzindustrie muss sein, diese Nachfrage durch die Weiterentwicklung bestehender ART-Instrumente sowie die Etablierung neuer Techniken zu stillen. In dieser Hinsicht besteht für die Assekuranzindustrie eine große Herausforderung darin, die meteorologischen Zusammenhänge, die zu Naturkatastrophen oder schädlichen Wettereinflüssen führen, besser zu verstehen und damit die Risiken verlässlicher einschätzen zu können. Die teils noch unberechenbaren Risiken müssen durch ständige Weiterentwicklung der Analysemethoden kalkulierbaren Risiken weichen.

---

18 Der RLS-Index ist ein auf Grund der Nominalwerte der Cat Bonds zum Emissionszeitpunkt (Nominalwert multipliziert mit 100) gewichteter Index aller ausstehenden Katastrophenanleihen, welcher seit Anfang 2000 berechnet wird.

Nach zehnjährigem Bestehen des ART-Marktes wurde er durch die Ballung der verheerenden Hurrikane Katrina, Rita und Wilma 2005 einer verspäteten Feuertaufe unterzogen. Auf dem Prüfstand standen neben den Strukturen der einzelnen Produkte vor allem auch die Risikomodellierung und die Liquidität des Marktes. Eine Prüfung, die der Markt gemeistert hat. Generell lassen die mittlerweile fortgeschrittenen Erfahrungen in und um den ART-Markt ihn heutzutage für Investoren attraktiver erscheinen. Know-how, Transparenz, Liquidität und auch Standardisierung haben im ART-Markt Einzug gehalten. Wichtige Voraussetzungen für einen gut funktionierenden Markt für die Absicherung von Risiken, welche Experten zufolge in den kommenden Jahren unserem Planeten mehr und mehr bevorstehen werden.

Literaturverzeichnis

Alaton, P./Djehiche, B./Stillberger, D. (2002): On Modelling and Pricing Weather Derivatives, in: Applied Mathematical Finance, Vol. 9, S. 1–22.

Berz, G. (1996): Naturkatastrophen 1995: Hat die Erde Fieber?, in: Versicherungskaufmann, 48. Jahrgang, Heft 8, S. 48–51.

Cao, M./Li, A./Wei, J. (2003): Weather Derivatives: A New Class of Financial Instruments, York University/University of Toronto, Toronto.

Doherty, N. A. (1997): Innovations in Managing Catastrophe Risk, in: Journal of Risk and Insurance, Vol. 64, S. 713–718.

Dubinsky, W./Laster D. (2003): Insurance-Linked Securities, Swiss Re Capital Markets Corporation, New York.

Hubli, I. (2003): Charakteristika und Bewertung von Wetterderivaten, Universität Zürich, Zürich.

McDonnell, E. (2002): Industry Loss Warranties, in: Morton Lane (Hrsg.), Alternative Risk Strategies, Risk Books, S. 81–97.

Reinhold Hafner/Martin Wallmeier

Volatilität als Anlageklasse
Attraktiv für institutionelle Anleger?

1 Einleitung 513
2 Handel von Volatilität mit Varianzswaps 514
   2.1 Möglichkeiten zum Handel von Volatilität 514
   2.2 Charakterisierung und Bewertung von Varianzswaps 515
3 Datenbasis und Schätzmethode. 517
4 Historische Swapraten und Renditen von Varianzswaps 519
5 Ist der Preis für die Crash Protection angemessen?. 521
6 Implikationen für die Asset Allocation. 523
7 Abschließende Diskussion. 525

Literaturverzeichnis

1 Einleitung

In den letzten zwanzig Jahren stieg die Volatilität zumeist stark an, wenn die Kurse am Aktienmarkt einbrachen. Diese gegenläufige Entwicklung von Aktienindexrenditen und Volatilitätsveränderungen veranschaulicht Abbildung 1 am Beispiel der täglichen DAX- und VDAX-Renditen im Zeitraum von Januar 2000 bis Juni 2005. Wenn bei sinkenden Kursen das Risiko steigt, treffen zwei für die Anleger nachteilige Entwicklungen zusammen, wie das Beispiel des Börsenabschwungs von 2001 bis März 2003 verdeutlicht. Dieser Kurssturz führte in vielen Pensionsfonds zu so deutlichen Unterdeckungen, dass das drastische Schlagwort vom „Pension Bomb Problem" die Runde machte. Vor diesem Hintergrund wird der Kauf von Volatilität häufig als attraktive Möglichkeit zur Absicherung gegen Kurseinbrüche angepriesen. Durch die negative Korrelation zum Aktienmarkt führt die Beimischung der Anlageform Volatilität zu einer besseren Portfoliodiversifikation. Davon könnten insbesondere Pensionsfonds profitieren, weil für sie der Kapitalschutz hohe Bedeutung besitzt.

Abbildung 1: Tägliche Log-Renditen des DAX und VDAX (Januar 2000 bis Juni 2005)

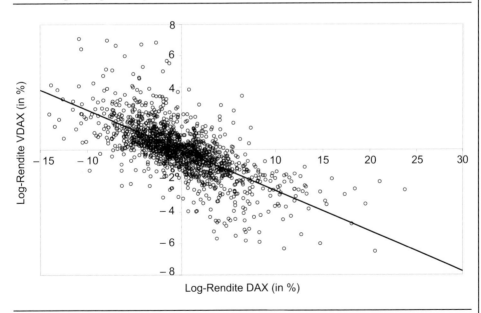

Auch wenn die positive Diversifikationseigenschaft von Volatilität unbestritten ist, stellt sich die entscheidende Frage, wie teuer sie erkauft wird. Nach der Theorie gilt der Grundsatz: Je attraktiver ein Finanztitel, umso höher ist sein Kurs und umso geringer folglich die erwartete Rendite. Studien für den US-Finanzmarkt haben ergeben, dass der Kapitalschutz, den die Volatilität bietet, nicht fair bewertet wird, das heißt die risikobereinigte Rendite war in der Vergangenheit niedriger als nach theoretischen Überlegungen erwartet.[1] Die Höhe der Risikoprämie variiert im Zeitablauf. Als wichtige Einflussgrößen wurden die Restlaufzeit, die Nachfrage nach Put-Optionen mit niedrigem Basispreis und die Unsicherheit über die zukünftige Volatilität identifiziert.[2] Unklar ist bisher, ob die Höhe der Risikoprämie rational erklärt werden kann oder ob sie eine systematische Überbewertung von aus dem Geld befindlichen Calls und Puts widerspiegelt.

In diesem Beitrag werden die Ergebnisse einer empirischen Untersuchung zur Bewertung von Varianzswaps auf den DAX und den EuroStoxx50 (ESX) vorgestellt. Varianzswaps sind Finanzinstrumente, die bei Fälligkeit eine der realisierten Varianz während der Laufzeit entsprechende Auszahlung bieten (siehe Abschnitt 2).[3] Wir leiten die fairen Werte von Varianzswaps nach dem Arbitragefreiheitspostulat aus Optionspreisen ab (synthetische Preise) und ermitteln die Renditeverteilung der Instrumente über einen mehrjährigen Untersuchungszeitraum (Abschnitte 2 und 3). Wir überprüfen, ob die Preise mit einer modifizierten Form des Capital Asset Pricing Model vereinbar sind (Abschnitt 4) und analysieren schließlich die Folgerungen für die Zusammensetzung optimaler Portfolios (Abschnitt 5).

2 Handel von Volatilität mit Varianzswaps

2.1 Möglichkeiten zum Handel von Volatilität

Ziel beim Handel von Volatilität ist es, eine Position bzw. ein Portfolio aufzubauen, dessen Wert möglichst nur von Veränderungen der Volatilität – der realisierten oder der impliziten – abhängt, nicht aber von Veränderungen des Basiswerts. Die klassischen Methoden zum Handel von Volatilitäten beruhen auf Optionsstrategien wie dem Kauf eines Straddles oder Strangles. Um allerdings ein Exposure nur gegenüber der Volatilität und nicht auch gegenüber dem Underlying zu erhalten, sind häufige, kostenintensive Anpassungen der Portfoliogewichte erforderlich. Eine einfachere Lösung bieten Finanztitel, deren Auszahlung direkt an die Volatilität oder Varianz gekoppelt ist.

---

1   Vgl. Chernov/Ghysels (2000), Coval/Shumway (2001), Pan (2002), Bakshi/Kapadia (2003), Eraker et al. (2003), Driessen/Maenhout (2003), Doran/Ronn (2004a), Doran/Ronn (2004b), Bondarenko (2004), Moise (2004), Santa-Clara/Yan (2004).
2   Vgl. Bliss/Panigirtzoglou (2004), Bollen/Whaley (2004), Carr/Wu (2004).
3   Eine genaue Darstellung und Analyse des Instruments findet sich in Demeterfi et al. (1999).

Von den Instrumenten, die ein direktes Volatilitäts-Exposure versprechen, sind Volatilitäts- und Varianzswaps am gebräuchlichsten. Während die börsengehandelten Produkte, wie der VIX-Future (CBOE) oder der VDAX-NEW bzw. VSTOXX-Future (Eurex), Volatilitätsswaps bzw. -futures darstellen, konzentriert sich der Handel am OTC-Markt auf Varianzswaps. Bisher ist die Liquidität von Varianzswaps am OTC-Markt um ein Vielfaches höher als das der börsengehandelten Volatililitätsprodukte, dessen Volumen bisher eher als enttäuschend bezeichnet werden muss.[4] Dies liegt hauptsächlich an der einfacheren Konstruktion von Varianzswaps. Im Unterschied zu den börsengehandelten Volatilitätsswaps gehen in die Bewertung von Varianzswaps nur die aktuellen Preise von Standardoptionen ein. Für die Bewertung von Volatilitätsswaps sind hingegen auch Annahmen über die Volatilität der Volatilität (auch als „VolVol" bekannt) zu treffen. Diese Größe ist jedoch nicht direkt beobachtbar und daher schwierig zu schätzen. Darüber hinaus unterscheiden sich die börsengehandelten Volatilitätsswaps und die am OTC-Markt gehandelten Varianzswaps darin, dass erstere letztlich eine Wette auf den zukünftigen Stand des zugrundeliegenden Volatilitätsindex und damit auf die zukünftigen Preise bzw. impliziten Volatilitäten von Standardoptionen darstellen, während bei letzteren die realisierte Volatilität des Underlyings in der Kontraktlaufzeit wertbestimmend ist. Aufgrund der deutlich größeren Liquidität und Bedeutung von Varianzswaps werden im Folgenden nur noch diese weiter betrachtet.

2.2 Charakterisierung und Bewertung von Varianzswaps

Ein Varianzswap ist ein Termingeschäft über den Kauf der während der Kontraktlaufzeit realisierten Varianz des Basisgegenstands. Der Käufer verpflichtet sich, dem Verkäufer bei Fälligkeit den im Kaufzeitpunkt vereinbarten Terminkurs zu zahlen; dafür erhält er vom Verkäufer eine Zahlung in Höhe der realisierten Varianz.

Varianzswaps wurden in der Zeit der Asien- und Russlandkrise im Jahre 1998 populär. In dieser Zeit markierten die impliziten Volatilitäten aller großen Märkte neue Höchststände. Es waren vor allem Hedgefonds (wie z.B. auch der bekannte Long-Term Capital Management (LTCM)-Fonds), die versuchten, diese außerordentliche Marktsituation gewinnbringend zu nutzen, indem sie (realisierte) Varianz verkauften. Neben dieser *direktionalen Wette* auf die Veränderung der Volatilität bzw. Varianz werden Varianzswaps aber auch zum Handel des Spreads zwischen impliziten und realisierten Volatilitäten bzw. Varianzen eingesetzt. Dieser Aspekt steht im Mittelpunkt dieses Aufsatzes.

Bezeichnet S den Wert eines Basispapiers, hier eines Aktienindexes, dessen Kurs zu N äquidistanten Zeitpunkten $0 = t_0 < t_1 < t_2 < \text{K} < t_N = T$ beobachtet wird, mit Δt als

---

[4] So betrug z.B. am 01.12.2005 der aktuelle Open Interest für die vier an der Eurex gehandelten VSTOXX-Future-Laufzeiten nur sechs Kontrakte. Beim VDAX-NEW-Future zeigt sich ein ähnliches Bild. Siehe auch www.eurexchange.com.

Zeitdauer zwischen zwei Beobachtungszeitpunkten, so lautet die Auszahlungsfunktion eines Varianzswaps mit Fälligkeit T:

$$VARS_T = NOM \cdot (\upsilon_T(N) - K_{VARS}). \qquad (1)$$

Hierbei bezeichnet $\upsilon_T(N)$ die realisierte Varianz (in annualisierter Form) während der Laufzeit $[0,T]$ des Kontrakts, K_{VARS} den Lieferpreis für Varianz (Swaprate) und NOM den Nominalbetrag des Swaps in Euro pro annualisiertem Varianzpunkt. Der Käufer eines Varianzswaps erhält also für jeden Punkt, um den die realisierte Varianz $\upsilon_T(N)$ bei Fälligkeit über dem Lieferpreis K_{VARS} liegt, eine Zahlung von NOM Euro. Die Vorgehensweise zur Ermittlung der realisierten Varianz ist in den jeweiligen Kontraktbedingungen genau festgelegt. In einem typischen Kontrakt wird jeweils der Schlusskurs eines Handelstages für die Berechung der realisierten Varianz herangezogen, das heißt es gilt $\Delta t = 1/252$. Der Mittelwert bei der Berechnung der Varianz wird in der Regel mit 0 angenommen. Formal wird $\upsilon_T(N)$ üblicherweise definiert als

$$\upsilon_T(N) = \frac{1}{\Delta t(N-1)} \sum_{i=1}^{N} (R_{t_i})^2, \qquad (2)$$

wobei $R_{t_i} = \ln(S_{t_i}) - \ln(S_{t_{i-1}})$, $i = 1,...,N$, der stetigen Aktienrendite zwischen zwei Beobachtungszeitpunkten entspricht.

Der faire Lieferpreis, die Swaprate K_{VARS}, kann aufgrund des Arbitragefreiheitspostulats aus einem Duplikationsportfolio abgeleitet werden. Dieses besteht aus einer kontinuierlich adjustierten Position in Forward- oder Futures-Kontrakten des Basiswertes und einem statischen Optionsportfolio, das den Kauf von Standardoptionen über alle Basispreise von null bis unendlich beinhaltet.[5] Mathematisch ergibt sich für den fairen Lieferpreis eines Varianzswaps im Zeitpunkt $t=0$ der Ausdruck

$$K_{VARS} = \frac{2}{T} e^{rT} \left(\int_0^{F_0(T)} \frac{1}{K^2} P_0(K,T) dK + \int_{F_0(T)}^{\infty} \frac{1}{K^2} C_0(K,T) dK \right) \qquad (3)$$

Die Symbole $C_0(K,T)$ bzw. $P_0(K,T)$ bezeichnen den Marktpreis eines europäischen Standard-Call bzw. -Put mit Basispreis K und Fälligkeit T und $F_0(T)$ ist der Preis eines Forward- oder Futures-Kontraktes auf den Basiswert ebenfalls mit Fälligkeit T. Wie aus Formel (3) ersichtlich, ist das Gewicht, mit dem die einzelnen Optionspreise in die Berechnung der Swaprate eingehen, umgekehrt proportional zum quadrierten Basispreis, das heißt out-of-the money Put-Optionen gehen mit höherem Gewicht in die Berechnung ein als out-of-the-money Call-Optionen. Definiert man $\sigma_0(K,T)$ als die implizite Black-Scholes-Volatilität einer Option mit Basispreis K und Fälligkeit T im Zeitpunkt 0, so lässt sich die Swaprate auch schreiben als:

$$K_{VARS} = \frac{2}{T} e^{rT} \left(\int_0^{F_0(T)} \frac{1}{K^2} P_{BS}(K,T,\sigma_0(K,T)) dK + \int_{F_0(T)}^{\infty} \frac{1}{K^2} C_{BS}(K,T,\sigma_0(K,T)) dK \right). \qquad (4)$$

---

5 Siehe Neuberger (1994).

Der Index „BS" gibt an, dass die Optionspreise aus dem Black-Scholes-Modell abgeleitet wurden.

Die Nachbildung eines Varianzswaps ist nur dann perfekt, wenn Marktpreise für Optionen mit beliebigen Basispreisen verfügbar sind und der Aktienkursprozess keine Sprünge aufweist. Nur in diesem Falle geben Formeln (3) und (4) die korrekte Bewertungsgleichung an. Kontrollrechnungen zeigen aber, dass die Duplikationsstrategie auch dann eine gute Approximation darstellt, wenn die theoretischen Voraussetzungen nicht vollständig erfüllt sind.[6]

Neben den hier vorgestellten klassischen Varianzswaps werden mittlerweile auch weitergehende Konstruktionen wie Forward-Varianzswaps, Up-Var Swaps oder Gamma Swaps an den OTC-Märkten gehandelt. Ebenso gibt es seit kurzem auch einen, wenn auch noch recht illiquiden, Markt für Optionen auf Varianzswaps.[7]

3   Datenbasis und Schätzmethode

Das Ziel unserer Untersuchung ist es, das Rendite-Risiko-Profil von Varianzswaps auf den DAX und den EuroStoxx50 (ESX)-Index zu erheben und daraus Folgerungen für ein sinnvolles Anlageverhalten institutioneller Anleger zu ziehen.[8] Für den DAX-Varianzswap erstreckt sich die Untersuchung auf den Zeitraum von 1995 bis 2004; für den ESX-Varianzswap auf die Jahre 2000 bis 2004.[9] Die Laufzeit der untersuchten Varianzswaps wurde auf 45 Kalendertage fixiert, um eine bestmögliche Schätzung der fairen Swapraten zu gewährleisten. Die gleiche Laufzeit lag auch der Berechnung des *alten* VDAX zugrunde. Die Varianzswap-Renditen werden in vier Schritten ermittelt:[10]

1. Zunächst schätzen wir die Basispreisstruktur (*Smile*) der impliziten Volatilitäten der an der Eurex gehandelten DAX- und ESX-Optionen für die gewählte Laufzeit von 45 Tagen. Da die impliziten Volatilitäten für die hier betrachteten Aktienindexoptionen typischerweise mit steigendem Ausübungspreis monoton fallen, spricht man zum Teil auch von einem *Skew* in der Basispreisstruktur (siehe als Beispiel Abbildung 2).[11] Die Schätzung des Smile beruht in unserer Untersuchung auf den

---

6 Siehe Carr/Wu (2004).
7 Für einen aktuellen Überblick zu Volatilitäts- und Varianzprodukten, vgl. Jeffrey (2005).
8 In den bisher veröffentlichten Studien wird zum Teil unterstellt, dass die Renditen einer Volatilitätsanlage unmittelbar aus den Zeitreihen des jeweiligen Volatilitätsindexes (z.B. VDAX) berechnet werden können; vgl. z.B. Müller/Weber (2005). Faktisch gibt es aber keine Möglichkeit, diese Renditen zu realisieren.
9 Die ESX-Option wurde erst 1999 an der Eurex eingeführt.
10 Dieses Vorgehen orientiert sich an Carr/Wu (2004).
11 Vgl. die Analyse der Smile-Struktur für DAX-Optionen bei Wallmeier (2003) und Hafner (2004).

Transaktionspreisen des jeweiligen Handelstages. Dadurch können Futures- und Optionskurse zeitlich exakt aufeinander abgestimmt werden. Zur Schätzung verwenden wir eine um einen Asymmetrieterm erweiterte quadratische Regressionsfunktion.[12] An den Rändern des Spektrums verfügbarer Basispreise wird die Smile-Funktion als konstant angenommen, was eine konservative Annahme für die Varianzswap-Renditen bedeutet. Wie Abbildung 2 beispielhaft verdeutlicht, würden andere Formen der Extrapolation im Regelfall höhere implizite Volatilitäten und damit auch höhere Swapraten ergeben.

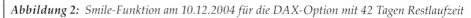

Abbildung 2: Smile-Funktion am 10.12.2004 für die DAX-Option mit 42 Tagen Restlaufzeit

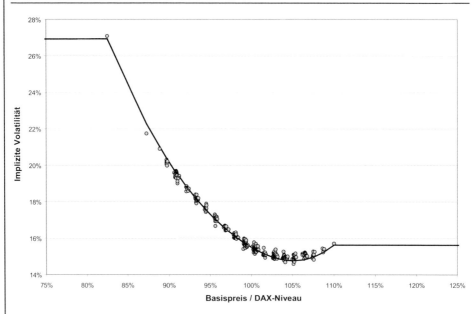

2. Auf der Grundlage der im Smile ausgedrückten Marktpreise von Standardoptionen ermitteln wir an jedem Börsentag des Untersuchungszeitraums den fairen Wert der Varianzswaps mit einer Laufzeit von 45 Tagen. Die Bewertungsformel beruht auf dem vorher erwähnten Duplikationsargument.

3. Für alle 45-Tages-Intervalle des Untersuchungszeitraums berechnen wir die realisierte Varianz der DAX- und ESX-Renditen.

4. Für jeden Börsentag des Untersuchungszeitraums sind nach den vorherigen Schritten der faire Kurs eines an diesem Tag initiierten Varianzswaps sowie die realisierte Varianz während seiner Laufzeit bekannt.

---

12 Siehe genauer Hafner/Wallmeier (2001, 2005).

Die Differenz aus realisierter Varianz und Terminkurs entspricht dem Gewinn oder Verlust des Käufers des Varianzswaps. Die Rendite wird definiert als relativer Gewinn, bezogen auf die risikolos abgezinste Swaprate.

4 Historische Swapraten und Renditen von Varianzswaps

Abbildung 3 zeigt den Verlauf der täglichen Swapraten im Untersuchungszeitraum für Varianzswaps auf den DAX (schwarz) und ESX (grau). In Phasen großer Unsicherheit wie der Russland-Krise 1998 stiegen die Swapraten auf bis zu 0.4232 (oder, als Volatilität ausgedrückt, 65.06 Prozent) an, näherten sich danach aber wieder dem langfristigen Mittelwert, der für den DAX-Varianzswap im Untersuchungszeitraum 0.0770 (oder 27.75 Prozent) betrug. Im Durchschnitt waren die Swapraten in der zweiten Hälfte des Untersuchungszeitraums deutlich höher als in der ersten Hälfte. Die empirischen Verteilungen der Swapraten sind rechtsschief, was bedeutet, dass drastische Erhöhungen häufiger vorkamen als plötzliche Bewegungen nach unten.

Abbildung 3: Synthetische Preise von DAX- und ESX-Varianzswaps (1995–2004)

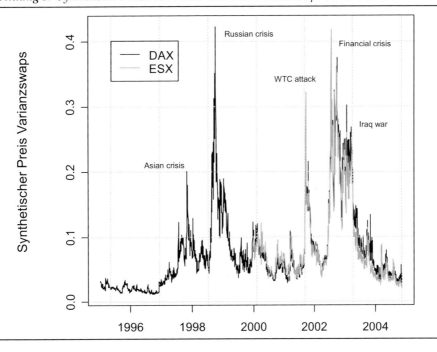

Abbildung 4 zeigt die Häufigkeitsverteilung der stetigen Varianzswap-Renditen über alle 45-Tages-Intervalle des Untersuchungszeitraums. Diese Renditen hätte ein Anleger realisiert, der an jedem Börsentag einen Varianzswap gekauft hätte. Der Schwerpunkt der Verteilungen für DAX und ESX liegt deutlich im negativen Bereich. So beträgt die 45-Tages-Durchschnittsrendite im Untersuchungszeitraum für DAX-Varianzswaps –27.1 Prozent (Durchschnitt stetiger Renditen) bzw. –12.5 Prozent (Durchschnitt diskreter Renditen) und für ESX-Varianzswaps –36.0 Prozent (stetig) bzw. –19.3 Prozent (diskret). Sie sind damit auf dem 1 Prozent-Niveau signifikant negativ. Eine nähere Analyse zeigt, dass die Varianzswap-Rendite stark von der Indexrendite im gleichen Zeitraum abhängt (siehe Abbildung 5). Hat sich der Aktienindex nicht verändert oder ist er angestiegen (rechte Grafik in Abbildung 5), so erleiden die Käufer des Varianzswaps typischerweise einen Verlust, weil die Swaprate deutlich höher ausfällt als die nachfolgend im Durchschnitt realisierte Varianz. Die größten Gewinne machen Varianzswap-Käufer regelmäßig dann, wenn der Aktienindex stark einbricht (linke Grafik in Abbildung 5). In diesem Fall profitieren sie von der bei sinkenden Kursen ansteigenden Varianz. Dieser empirische Befund stützt die eingangs geäußerte Vermutung, dass Varianzswaps einen – wenngleich unvollständigen – Schutz gegen Kursverluste in einem Börsencrash bieten.

Abbildung 4: Häufigkeitsverteilung der Renditen von DAX- (1995–2004) und ESX-Varianzswaps (2000–2004)

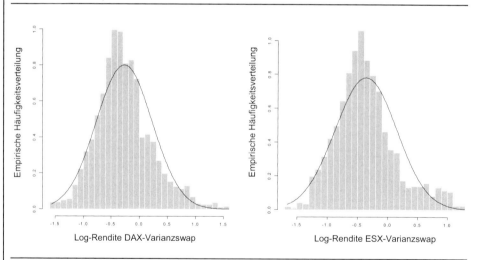

Abbildung 5: Zusammenhang Varianzswap-Rendite und DAX-Rendite 1994–2004

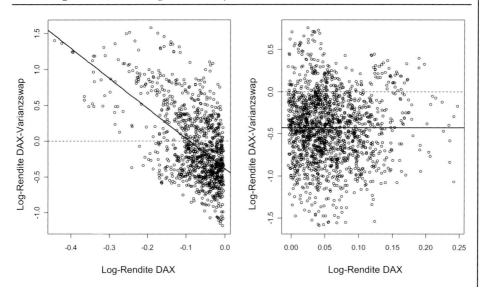

5 Ist der Preis für die Crash Protection angemessen?

Die negative Durchschnittsrendite der Varianzswaps deutet darauf hin, dass die Anleger für die erreichbaren Diversifikationsvorteile und die *Crash Protection* einen hohen Preis zu zahlen bereit sind. Die Frage ist nun: Ist dieser Preis zu hoch? Nach der Finanzierungstheorie hängt die erwartete Rendite von Finanztiteln primär von der (standardisierten) Kovarianz ihrer Renditen zum Gesamtmarkt ab – dem Beta. Dabei unterscheiden sich die relevanten Risikomaße je nach Modellvariante im Detail. Um die Angemessenheit der Durchschnittsrendite zu prüfen, verwenden wir eine von Leland (1999) entwickelte Variante des Capital Asset Pricing Model (CAPM), die im Gegensatz zum Standard-CAPM keine symmetrischen Verteilungen der Wertpapierrenditen erfordert. Das Modell eignet sich damit zur Bewertung von nicht linearen, optionsähnlichen Zahlungsprofilen, wie sie aus Abbildung 5 ersichtlich sind. Es unterstellt einen friktionslosen Finanzmarkt, einen kontinuierlichen Handel und identisch und unabhängig verteilte Renditen des Marktportfolios. Diese Annahmen implizieren log-normalverteilte Renditen des Marktportfolios, nicht aber der Renditen einzelner Wertpapiere. Im Finanzmarktgleichgewicht gilt dann für die erwarteten Renditen aller

Wertpapiere i:

$$E(R_i^e) = E(R_M^e)\beta_{L,i}, \qquad (5)$$

mit
$$\beta_{L,i} = \frac{\text{cov}[R_i, -(1+R_M)^{-\theta}]}{\text{cov}[R_M, -(1+R_M)^{-\theta}]}. \qquad (6)$$

Dabei bezeichnet R_i^e die Überschussrendite[13] des Wertpapiers i, R_M^e die Überschussrendite des Marktportfolios. Der Parameter θ misst die Risikoaversion des repräsentativen Investors und entspricht dem Marktpreis des Risikos, das definiert ist als

$$\theta = \frac{\ln[E(1+R_M)] - \ln(1+R_f)}{\text{var}[\ln(1+R_M)]}. \qquad (7)$$

Analog zum Jensen-Alpha errechnet sich das modifizierte Performancemaß nach

$$\alpha_{L,i} = E(R_i^e) - E(R_M^e)\beta_{L,i}.$$

Wir schätzen zunächst $\beta_{L,i}$ entsprechend (6) aus den Renditekovarianzen der Stichprobe und regressieren dann $R_{i,t}^e - \hat{\beta}_{L,i} R_{M,t}^e$ auf den Einsvektor gemäß

$$R_{i,t}^e - \hat{\beta}_{L,i} R_{M,t}^e = \hat{\alpha}_{L,i} + \varepsilon_{i,t}. \qquad (8)$$

Daraus ergibt sich der Schätzwert $\hat{\alpha}_{L,i}$ für das nach Leland (1999) modifizierte Alpha. In Tabelle 1 sind die Schätzergebnisse abgetragen. Die in Klammern angegebenen t-Statistiken basieren auf robusten Standardfehlern nach Newey/West (1987) mit einem Lag von 33.[14] Als Stellvertreter für das nicht beobachtbare Marktportfolio wurde der dem Varianzswap zugrunde liegende Index verwendet.

Tabelle 1: Ergebnisse der Performance-Analyse nach Leland (1999)

	DAX 95–04	DAX 95–99	DAX 00–04	ESX 00–04
$\alpha_{L,i}$	−0.1016	−0.0240	−0.1934	−0.2528
	(−2.39)	(−0.51)	(−2.87)	(−4.58)
$\hat{\beta}_{L,i}$	−3.69	−3.45	−4.24	−4.22

Die stark negativen Schätzwerte für das Leland-Beta zeigen an, dass Varianzswaps einen hohen Beitrag zur Diversifikation des Indexportfolios leisten. Daher sind die Finanzinstrumente für die Anleger selbst dann noch interessant, wenn sie eine negative

---

13 Die Überschussrendite (excess return) ist die Differenz aus Rendite und risikolosem Zinssatz.
14 Die unterstellte Restlaufzeit von 45 Kalendertagen entspricht etwa 33 Handelstagen.

erwartete Rendite erbringen. Allerdings zeigen die mit einer Ausnahme (DAX 95–99) signifikant negativen Alphas an, dass dieses Diversifikationspotential die beobachtete Höhe der (negativen) Durchschnittsrendite nicht erklären kann. Die Beobachtungen sind daher mit einem Finanzmarktgleichgewicht nach Leland (1999) nicht vereinbar. Dieses Ergebnis ist robust gegenüber der Wahl des Marktindexes. Es bestätigt die Resultate früherer US-Studien, in denen mit verschiedenen Methoden die Höhe der Varianzrisikoprämie untersucht wurde.[15]

6 Implikationen für die Asset Allocation

Nimmt man die für die letzten zehn Jahre errechneten Varianzswap-Renditen als Grundlage, lohnt es sich nicht, ein Aktienportfolio mit dem Kauf von Varianzswaps zu kombinieren. Unsere Ergebnisse widersprechen damit der teilweise propagierten 90/10-Regel (90 Prozent Aktien, 10 Prozent Volatilitätsinstrument).[16] Zwar mindert eine solche Allokation tatsächlich das Portfoliorisiko im Vergleich zu einem reinen Aktienportfolio; gleichzeitig geht aber die erwartete Rendite über Gebühr zurück. Im Untersuchungszeitraum wäre die bessere Alternative gewesen, das gewünschte Risikoniveau über das Gewicht der risikofreien Anlage (in der Praxis: festverzinsliche Staatsanleihen) zu steuern.

Abbildung 6 zeigt die effizienten Portfoliomischungen des Untersuchungszeitraums in einer ($\mu\sigma$)-Darstellung, wobei μ für die erwartete Überschussrendite und σ für die Renditevolatilität steht. Das Anlageuniversum besteht aus dem DAX (Anteil x_S), dem DAX-Varianzswap (Anteil x_{VARS}) und der risikolosen Anlage (Anteil x_{rf}). Zur besseren grafischen Darstellung werden die Varianzswap-Renditen so normiert, dass sie über alle 45-Tages-Intervalle die gleiche Standardabweichung aufweisen wie die DAX-Renditen (8.66 Prozent). Ökonomisch geschieht diese Normierung durch eine Mischung des Varianzswap mit der risikolosen Anlage, also durch eine Anpassung des Leverage-Hebels.[17] Da die risikofreie Anlage ohnehin zum Anlageuniversum gehört, hat die Normierung keinen Einfluss auf die Effizienzlinie. Die historische ($\mu\sigma$)-Kombination des DAX-Indexes (aus allen 45-Tages-Intervallen von 1995 bis 2004) beträgt (0.76 Prozent, 8.66 Prozent), während der DAX-Varianzswap bei gleicher Standardabweichung eine Durchschnittsrendite von –2.05 Prozent aufweist.

Linie (1) in Abbildung 6 ist die Effizienzlinie ohne Varianzswaps ($x_S + x_{rf} = 1$), während Linie (2) alle Kombinationen aus DAX und Varianzswap ohne risikolose Anlage darstellt ($x_{VARS} + x_S = 1$). Wenn alle drei Anlagen einbezogen werden, erhält man die effi-

---

15 Vgl. z.B. Bondarenko (2004) und Carr/Wu (2004).
16 Eine solche Allokation wird beispielsweise in Müller/Weber (2005) untersucht und als vorteilhaft eingestuft.
17 Siehe genauer Hafner/Wallmeier (2005).

ziente Linie (5). Alle Portfolios auf dieser Linie weisen das gleiche Verhältnis x_{VARS}/x_S auf, haben aber unterschiedliche Anteile der risikolosen Anlage. Wird x_{rf} auf einem bestimmten Niveau fixiert (z.B. auf 2 wie in Linie (3) oder auf 1.1 wie in Linie (4)), so erhält man im Tangentialpunkt genau ein Portfolio auf der effizienten Linie (5).

Abbildung 6: (μσ)-*effiziente Portfolios aufgrund historischer Renditen (1995–2004)*

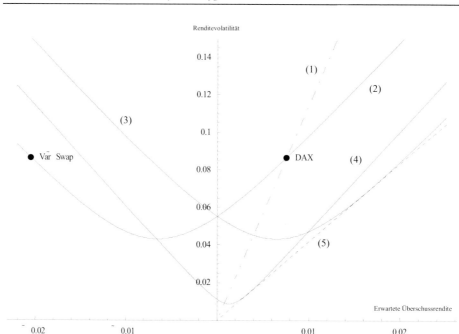

In die effizienten Portfolios gehen sowohl die Varianzswaps als auch die Indexanlage mit negativem Gewicht ein. Die Zuflüsse aus diesen Leerverkäufen werden in die risikofreie Anlage investiert. Je stärker sich ein Investor auf der Effizienzgeraden (5) in Richtung höherer Risiken und höherer erwarteten Renditen bewegt, umso größer wird das Ausmaß der Leerverkäufe.

Die Short-Position in Varianzswaps erklärt sich aus den stark negativen Renditen dieser Anlage. Dass aber auch der DAX im Optimum leer verkauft wird, mag angesichts der positiven DAX-Renditen überraschen. Der durch das negative Gewicht im DAX bedingte Renditenachteil wird aber mehr als ausgeglichen durch den höheren Grad an Diversifikation, der aufgrund der negativen Korrelation der Renditen des DAX und der Varianzswaps dann erzielt wird, wenn in beiden Anlagen eine Short-Position eingenommen wird. Diese Strategie des doppelten Leerverkaufs ist nicht einmal besonders riskant, wenn die Erlöse risikofrei angelegt werden. Es ist aber evident, dass eine solche Portfoliostruktur allenfalls für Hedgefonds in Frage kommt. Pensionsfonds und die meisten anderen institutionellen Anleger werden von der Prämie beim Verkauf von Varianzswaps in der Regel nur indirekt profitieren können, indem sie sich an Hedgefonds beteiligen, die entsprechende Strategien verfolgen.

7 Abschließende Diskussion

Unsere Ergebnisse begründen erhebliche Zweifel daran, dass die Varianzswap-Preise *fair* im Sinne eines ausgewogenen Rendite-Risiko-Verhältnisses sind. Diese Preise waren jedoch aufgrund des Arbeitragefreiheitspostulats aus den im *Smile* ausgedrückten Marktpreisen von DAX- und ESX-Optionen ermittelt worden. Die theoretischen Swap-Raten hängen daher direkt mit der Struktur des *Smiles* zusammen: Je steiler die monoton fallende Kurve verläuft, umso teurer werden die Varianzswaps. Für ihren hohen Preis sind daher vor allem die hohen impliziten Volatilitäten von out-of-the-money Puts verantwortlich. Warum die Smile-Kurve so steil verläuft, konnte bis heute nicht zufrieden stellend aufgeklärt werden. Klar ist, dass die Furcht der Anleger, vor allem institutioneller Anleger, vor einem markanten Kurseinbruch eine wichtige Rolle spielt, weil sie die Nachfrage nach out-of-the-money-Puts in die Höhe treibt.

Inzwischen versuchen viele Hedgefonds, Überrenditen durch den Verkauf von Volatilitätsinstrumenten zu erzielen. Es bleibt abzuwarten, ob dadurch die Preise sinken und die erwarteten Renditen auf das von Gleichgewichtsmodellen postulierte Niveau ansteigen werden. Eine solche Anpassung müsste sich in einer Verschiebung oder Abflachung des *Smiles* zeigen.

Vorerst jedoch ist zusammenfassend zu konstatieren, dass die unbestreitbaren Diversifikationsvorteile von Volatilitäts-Instrumenten kein hinreichendes Argument dafür sind, institutionellen Anlegern wie Pensionsfonds diese Anlageform zu empfehlen. Die vorteilhaften Eigenschaften der Instrumente haben ihren Preis – allem Anschein nach einen zu hohen Preis.

Literaturverzeichnis

Bakshi, G./Kapadia, N. (2003): Volatility risk premiums embedded in individual equity options: Some new insights, in: Journal of Derivatives 11(1), S. 45–55.

Bliss, R./Panigirtzoglou, N. (2004): Option-implied risk aversion estimates, in: Journal of Finance 59, S. 407–446.

Bollen, N./Whaley, R. (2004): Does net buying pressure affect the shape of implied volatility functions?, in: Journal of Finance 59, S. 711–754.

Bondarenko, O. (2004): Market price of variance risk and performance of hedge funds, Working Paper, University of Illinois.

Carr, P./Wu, L. (2004): Variance risk premia, Working Paper, Courant Institute New York.

Chernov, M./Ghysels, E. (2000): A study towards a unified approach to the joint estimation of objective and risk neutral measures for the purpose of options valuation, in: Journal of Financial Economics 56, S. 407–458.

Coval, J./Shumway, T. (2001): Expected option returns, in: Journal of Finance 56, S. 983–1009.

Demeterfi, K./Derman, E./Kamal, M./Zou, J. (1999): A guide to volatility and variance swaps, in: Journal of Derivatives 6, S. 9–35.

Doran, J./Ronn, E. (2004a): The Bias in Black-Scholes/Black Implied Volatility, Working Paper Florida State University.

Doran, J./Ronn, E. (2004b): On the Market Price of Volatility Risk, Working Paper Florida State University.

Driessen, J./Maenhout, P. (2003): The World Price of Jump and Volatility Risk, Working Paper University of Amsterdam.

Eraker, B./Johannes, M./Polson, N. (2003): The impact of jumps in volatility and returns, in: Journal of Finance 58, S. 1269–1300.

Hafner, R. (2004): Stochastic Implied Volatility, Berlin Heidelberg (Springer).

Hafner, R./Wallmeier, M. (2005): Volatility as an Asset Class: European Evidence, Working Paper University of Fribourg and risklab Germany.

Hafner, R./Wallmeier, M. (2001): The dynamics of Dax implied volatilities, in: International Quarterly Journal of Finance 1, S. 1–27.

Jeffrey, C. (2005): The evolution of variance, Risk Magazine, Nov. 2005, S. 20–23.

LELAND, H. (1999): Beyond mean-variance: Performance measurement in a nonsymmetrical world, in: Financial Analysts Journal 55, S. 27–36.

MOISE, C. (2004): Is Market Volatility Priced?, Working Paper University of Chicago.

MÜLLER, S./WEBER, C. (2005): Investieren in Volatilität, FAZ, Nr. 44, S. 23.

NEUBERGER, A. (1994): The log contract, in: Journal of Portfolio Management (Winter), S. 74–80.

NEWEY, W./WEST, K. (1987): A simple positive semi-definite, heteroscedasticity and autocorrelation consistent covariance matrix, in: Econometrica 55, S. 703–708.

PAN, J. (2002): The jump-risk premia implicit in option prices: Evidence from an integrated time-series study, in: Journal of Financial Economics 63, S. 3–50.

SANTA-CLARA, P./YAN, S. (2004): Jump and Volatility Risk and Risk Premia: A New Model and Lessons from S&P 500 Options, NBER Working Paper 10912.

WALLMEIER, M. (2003): Der Informationsgehalt von Optionspreisen, Heidelberg (Physica).

Thomas Heidorn/Alexandra Trautmann

Funktionsweise und Bedeutung von Niederschlagsderivaten

1 Einleitung ... 531

2 Niederschlag als fungibles Underlying ... 531
   2.1 Messung von Niederschlag ... 531
   2.2 Typische Charakteristika des Underlyings Niederschlag ... 532
   2.3 Daten und Rolle der Wetterdienste ... 533

3 Kontraktgestaltungen bei Niederschlagsderivaten ... 534
   3.1 Basiselemente ... 534
      3.1.1 Index ... 534
      3.1.2 Strike Level ... 534
      3.1.3 Wetterstation ... 535
      3.1.4 Absicherungsperiode ... 535
      3.1.5 Tick-und-Tick-Value ... 536
   3.2 Auszahlungsstrukturen ... 536
      3.2.1 Optionen ... 536
      3.2.2 Swaps ... 537

4 Bewertungsansätze für Niederschlagsderivate ... 537
   4.1 Bewertung von Wetterderivaten ... 538
   4.2 Bewertung in der Praxis ... 539

5 Unternehmen als Risikoverkäufer von Niederschlagsrisiken ... 539
   5.1 Motive für den Abschluss von Niederschlagskontrakten ... 540
   5.2 Hydroenergiewirtschaft ... 542
   5.3 Landwirtschaft ... 542
   5.4 Bausektor ... 543

6 Investitionen in Niederschlagsderivate ... 544

Literaturverzeichnis

1 Einleitung

In der Vergangenheit wurden die vielfältigen Wetterrisiken meist als unvermeidbare Rahmenbedingungen unternehmerischen Handelns hingenommen. Nachdem im Jahr 1997 Energieversorger erstmalig mit Temperaturderivaten ihre wetterbedingten Geschäftsrisiken in den Kapitalmarkt transferierten, folgte im Jahr 2000 die Erweiterung auf Niederschlag. Seitdem hat sich der junge Markt mit Niederschlagsderivaten beständig weiterentwickelt und ist auf eine Vielzahl unterschiedlicher Endnutzer ausgeweitet worden. Im Jahr 2003 waren fast neun Prozent der abgeschlossenen Wetterderivate auf das Underlying Regen indiziert, über zwei Prozent auf Schnee bezogen. Wetterhändler sehen in Niederschlag langfristig ein Potenzial, welches dasjenige von Temperaturen noch übersteigt. In diesem Beitrag werden zunächst die Besonderheiten von Niederschlag als fungibles Underlying dargestellt und die für die Kontraktgestaltung entscheidenden Basiselemente sowie Auszahlungsstrukturen herausgearbeitet. Darüber hinaus werden die Grundzüge der Bewertungsansätze für Niederschlagsderivate vorgestellt. Anschließend sollen aus dem Blickwinkel ausgewählter Branchen Einsatzmöglichkeiten von Niederschlagsderivaten aufgezeigt werden. Abschließend wird ein Blick auf die Investitionsmöglichkeiten in Niederschlagsderivate geworfen.

2 Niederschlag als fungibles Underlying

Im Vergleich zu Temperatur gestaltet sich die Messung als auch die systematische Beschreibung von Niederschlag als ungleich schwieriger. Gerade die Unvorhersehbarkeit der Witterungsverhältnisse in Bezug auf Niederschlag, die verschiedenen Ausprägungsarten und Intensitäten sowie lokalen Unterschiede führen dazu, dass Niederschlag langfristig kaum kalkulierbare Auswirkungen auf die Performance von Unternehmungen hat, und der Markt in der jetzigen Phase durch die Absicherungsbedürfnisse der Produzenten getrieben wird.

2.1 Messung von Niederschlag

Es sind mindestens zwei Komponenten der Niederschlagsmessung zu berücksichtigen: Menge pro Flächeneinheit und Niederschlagshöhe pro Zeiteinheit als Intensität. Bei Schnee wird weiter unterschieden zwischen Schneemenge, Schneehöhe (Neuschnee), Schneetiefe insgesamt sowie Wasseräquivalent des Schnees. Im Zuge der Automatisierung von Wetterstationen seit den 70er Jahren und der Einführung elektronischer Kontrollfunktionen in den 90er Jahren sind Messstationen zunehmend verbessert worden, um die durch den menschlichen Beobachter entstehenden Messfehler zu reduzieren.

Inkonsistenzen in den Datenreihen können dennoch beispielsweise durch Verdunstung, Windeinfluss oder veränderte Bedingungen am Standort der Messapparatur entstehen. Bei windbedingten Messfehlern ist bereits mit Abweichungen von zwei bis fünf Prozent bei Regen bzw. 15 bis 35 Prozent bei Schnee zu rechnen.[1] Um die Zuverlässigkeit der Messstationen zu gewährleisten, sind Früherkennungsautomatismen von Vorteil, da diese umgehend außergewöhnliche Schwankungen signalisieren.

Darüber hinaus eröffnet die Fernerkundung weitergehende Möglichkeiten im Bereich der Niederschlagsmessung. Mit Satelliten lassen sich Niederschlagsmengen mit einer geringen räumlichen und zeitlichen Auflösung abschätzen.[2] Die Niederschlagsmessung mit Radar ermöglicht Aussagen über die Verteilung des Niederschlags über große geographische Flächen hinweg. Des Weiteren kann die Messung des Wassergehaltes von Schnee durch Gammastrahlung erfolgen. Wenngleich Fernerkundungssysteme fehlerbehaftete Niederschlagsmessungen minimieren sollen, stellt das Vorhandensein von nur kurzen Historien an zuverlässigen Wetterdaten ein Problem dar. Sofern zwischen den unterschiedlichen Messmethoden klare Beziehungen gefunden werden können, wird es aber zukünftig möglich sein, historische Daten um abgeleitete Werte zu ergänzen und damit im Nachhinein zu qualitativen Werten zu gelangen. Bis dahin gilt es, manuell erfasste Niederschlagsdaten besonders kritisch zu behandeln. Insbesondere für die Abwicklung der Wetterderivate ist es notwendig, sich eindeutig auf ein Messsystem zu einigen und eine möglichst hohe Genauigkeit und Fälschungssicherheit anzustreben.

2.2 Typische Charakteristika des Underlyings Niederschlag

Eine für ein aktives Risikomanagement kritische Eigenschaft von Niederschlag ist die Tatsache, dass das Ausmaß und die Häufigkeit von Regen stark lokal gebunden sind. Niederschläge sind im Vergleich zu Temperaturen weniger homogen über eine große geographische Fläche hinweg verteilt. Auf Grund dieser räumlichen Variabilität ergeben sich Probleme für die Repräsentativität von Niederschlagsmessungen einer bestimmten Region. Neun in einem Netz von 20 mal 20 Metern aufgestellte Regenmesser haben bereits eine monatliche Variabilität von fünf Prozent.[3] Bei täglichem Vergleich nimmt die Schwankung noch einmal beträchtlich zu. Schon auf einem kleinen Gebiet sind die Unterschiede der Niederschlagsmengen beträchtlich, da Klima, Niederschlagsart, Höhe oder die Lage zur Windrichtung einen erheblichen Einfluss haben.[4] Während Temperaturveränderungen relativ gleichmäßig verlaufen, sind Niederschläge diskret verteilt. Zu einem bestimmten Zeitpunkt regnet bzw. schneit es an einem Ort oder es

---

1 Vgl. Nützmann, o.J., S. 20.
2 Vgl. Janssen (1998/99), S.13.
3 Vgl. Janssen (1999), S. 9.
4 Vgl. Nützmann, o.J., S. 24.

fällt kein Niederschlag. Auf mehr oder weniger lange Zeiträume ohne Niederschlag folgen Niederschläge unterschiedlicher Dauer und Intensität. Selbst innerhalb eines Regenereignisses kann die Stärke des Niederschlags variieren.

Auf Grund dieser räumlichen und zeitlichen Variabilität ist Niederschlag als fungibles Underlying komplex. Hinzu kommt die Tatsache, dass Niederschlag auf die wenigsten Unternehmen ausschließlich eine schädigende oder positive Wirkung hat. In der Landwirtschaft ist Regen zur Zeit der Aussaat im Frühling und zur Zeit des Pflanzenwachstums beispielsweise erwünscht, wohingegen im Herbst zu viel Regen die Ernte schädigen kann. Niederschlag verhält sich weitgehend unkorreliert zu anderen Wetterparametern, wie z.B. der Lufttemperatur. Die Wetterforscher gehen zukünftig von mehr und stärkeren Niederschlägen aus. Da diese Änderungen jedoch regional sehr unterschiedlich ausfallen,[5] ist ein einfaches Detrending von Niederschlagsdaten problematisch.

2.3 Daten und Rolle der Wetterdienste

Voraussetzung für die Bewertung von Wetterrisiken ist der Zugang zu Wetterdaten. Gegenwärtig gibt es in nahezu jedem Land durch einen entsprechenden nationalen meteorologischen Dienst qualitativ gesicherte Messdaten eines breiten Netzes an Wetterstationen, wenngleich die meteorologische Datenpolitik zum Teil restriktiv gehandhabt wird. So lassen sich in Deutschland lediglich von 20 WWR (World Weather Records)-Stationen meteorologische Datenreihen kostenlos abrufen, für alle weiteren Daten berechnet der DWD eine vom Umfang und Zweck der angeforderten Daten abhängige Gebühr. Zur Analyse der Wetterdaten ist es erforderlich, auch Aussagen zur Homogenität der Datenreihen bzw. zur Repräsentativität der Station zu berücksichtigen. Zur Zeit erlauben in Deutschland etwa fünf Prozent der Stationen die Aufzeichnung stündlicher Niederschlagsdaten. Tägliche Niederschlagsdaten geben jedoch keine Auskunft darüber, wann, mit welcher maximalen Intensität und welcher zeitlichen Verteilung der Niederschlag gefallen ist. Die in Deutschland notierten Niederschlagswerte beziehen sich zudem nicht auf den jeweiligen Kalendertag, sondern auf den Zeitraum zwischen 7.30 und 7.30 Uhr MEZ. Diese Informationen sind zu berücksichtigen, da viele Wetter-Exposures nicht von der Tagesmenge an Niederschlag, jedoch vom Niederschlag innerhalb eines bestimmten Zeitabschnitts im Verlauf eines Tages (z. B. von 9.00 bis 11.00 Uhr im Falle eines Freizeitparks) abhängig sind und damit Messungen mit einer höheren zeitlichen Auflösung benötigen. Zum Teil haben Anbieter von Wetterderivaten oder internetbasierte Handelsplattformen die Bedeutung von verfügbaren Daten erkannt und bieten einen eigenen Datenservice an. Risk Management Solutions (RMS) stellt für Wetterstationen in großen Städten weltweit historische Daten zur Verfügung und verknüpft dieses Angebot mit den Leistungen eines internetbasierten Tools, das auch die Strukturierung, das Pricing und Management von Wetterkontrakten und -portfolios unterstützen soll.

---

5   Vgl. Latif (2002).

3 Kontraktgestaltungen bei Niederschlagsderivaten

Wetterderivate sind grundsätzlich durch sechs Basiselemente und ihre jeweilige Auszahlungsstruktur spezifiziert, die im Folgenden mit den Besonderheiten des Underlyings Niederschlag erläutert werden sollen.

3.1 Basiselemente

3.1.1 Index

Ein Niederschlagsderivat bezieht sich auf objektive Wetterdaten, mit deren Hilfe die Ausprägung der Niederschlagsmenge in Form eines konstruierten Index notiert wird. Der Indexstand am Ende der Periode entspricht dem Kassakurs bei Fälligkeit von Finanzderivaten. Für Niederschlagsderivate hat sich auf Grund der Heterogenität der Absicherer und der verschiedenen Erscheinungsformen von Niederschlag keine zu dem Degree-Day-Konzept bei Temperaturen synonyme Indexierung durchgesetzt. Um das Wetter-Exposure unternehmensspezifisch abzubilden, wird meist ein eigener Index kreiert. Die einfachste Form ist die Akkumulation der Niederschlagshöhe während des gesamten Geschäftsjahres oder eines spezifischen Zeitfensters, in dem die größten Gewinnschwankungen auftreten: Für Wasserkraftwerke ist die Gesamtmenge an gefallenem Niederschlag während eines Jahres entscheidend für das Volumen an generierbarer Energie. In der Landwirtschaft erfolgt in der Regel eine Absicherung über die für den jeweiligen Anbau entscheidende Saison. Das Niederschlags-Exposure muss jedoch nicht linear zur Niederschlagsmenge über einen Zeitraum verlaufen. So ist für Kommunen weniger die Schneehöhe entscheidend, als vielmehr die Häufigkeit unterschiedlich starken Schneefalls, da jedes Mal Arbeiter und Ausrüstung gestellt werden müssen. Ähnlich werden die Besucherzahlen für einen Themenpark nicht signifikant mit der Niederschlagsmenge pro Tag korrelieren. Ob es nachts starke Regenfälle gegeben hat, ist nicht entscheidend für einen Besuch in einem Freizeitpark, solange am nächsten Morgen die Sonne scheint. Zur Absicherung dieser Art von Wetterrisiken erfolgt die Definition so genannter „Critical Days" als Basisvariable des Derivats. In diesem Fall wird die Anzahl der den Gewinn beeinflussenden kritischen Ereignisse zum Index.

3.1.2 Strike Level

Ähnlich dem Ausübungspreis (Strike) bei Finanzderivaten wird bei Wetterderivaten ein Punktwert des zu Grunde liegenden Index spezifiziert. Zur Festlegung des Strike für Wetteroptionen wird in der Praxis meist der historische Mittelwert des Indexstandes zuzüglich ca. einer Standardabweichung genutzt. Entscheidend für den errechneten

Durchschnitt ist deshalb die analysierte Zeitperiode: Einerseits sollte die historische Datenreihe ausreichend lang sein, um den Einfluss extremer Wetterverhältnisse – wie einer überdurchschnittlich trockenen oder nassen Periode – möglichst klein zu halten. Andererseits beinhalten zu lange Datensätze einen auf Grund der globalen Erderwärmung entstehenden Trend, der in Bezug auf eine bestimmte Station nur schwer zu quantifizieren und damit zu korrigieren ist. Überwiegend werden Datenreihen mit einer Länge zwischen 20 und 30 Jahren betrachtet.[6]

3.1.3 Wetterstation

Auf Grund der Schwankungen von Niederschlagsintensität und -menge innerhalb einer Region ist die Dichte des vorhandenen Messnetzes meist zu gering, um die tatsächliche Niederschlagsverteilung ausreichend genau zu bestimmen.[7] Die Abweichung zwischen der an einer Wetterstation gemessenen Niederschlagshöhe und der sich auf das Wetter-Exposure eines Unternehmens auswirkenden Regen- bzw. Schneemenge wird als Basisrisiko bezeichnet. Bildet der Wetterindex das Risikoprofil eines Unternehmens nicht sinnvoll ab, kann es selbst im Falle von Auszahlungen aus Wetterderivaten zu Verlusten für das Unternehmen kommen. Ob die Höhe des Basisrisikos den Nutzen eines Wetterderivats übersteigt, hängt im Wesentlichen ab von der räumlichen Korrelation der Wetterereignisse untereinander und der Korrelation zwischen Wetterereignissen und Risiko-Exposure.[8] So ist die Nähe einer offiziellen Messstation für eine Verringerung des Basisrisikos wichtig. Für den Investor in Wetterderivate reduziert jedoch eine Durchschnittsbetrachtung über mehrere Wetterstationen das Risiko zufälliger Messunterschiede.

3.1.4 Absicherungsperiode

Die Absicherungsperiode bezeichnet das Zeitintervall, in dem die Wettervariable notiert wird. Der endgültige Messwert setzt sich aus den einzelnen Daten innerhalb der Absicherungsperiode als aggregierte Größe oder als Mittelwert zusammen. Die Laufzeit wird folglich entsprechend der saisonalen Auftrittswahrscheinlichkeit der adversen Witterungsbedingung gewählt. In der Praxis liegt der Schwerpunkt auf dem Zeitraum, in dem die größten wetterbedingten Schwankungen im Gewinn auftreten. Nach Möglichkeit soll sich das Niederschlags-Underlying auf Durchschnittsmessungen über einen längeren Zeitraum (beispielsweise monatlich oder eine Saison) beziehen.[9] Da die räumliche Variabilität von Niederschlag mit einer geringen Absicherungsperiode steigt, ist das Basisrisiko bei täglicher Betrachtungsweise in der Regel besonders hoch. Jedoch beinhaltet die Durchschnittsbildung auch die Gefahr der Nivellierung von extremen Wetterereignissen und eine Reduktion der Effektivität eines Wetterhedges.[10]

---

6 Vgl. Cao/Li/Wei (2004a), S. 9.
7 Vgl. Nützmann, o.J., S. 20.
8 Vgl. Varangis/Skees/Barnett (2002), S. 283.
9 Vgl. Varangis/Skees/Barnett (2002), S. 283.
10 Vgl. Müller/Grandi (2000), S. 5.

3.1.5 Tick-und-Tick-Value

Der zu erhaltende bzw. zu zahlende Betrag aus einem Derivat hängt neben der Anzahl abgeschlossener Kontrakte von der Differenz zwischen Strike Level und dem gemessenen Indexwert sowie vom vereinbarten Tick-und-Tick-Value ab. Der Tick Value ist der einem Indexwert zugeordnete Geldbetrag. Dabei ist der Tick die kleinste Veränderung des als Underlying verwendeten Indexwertes.[11] Möglich sind auch digitale Auszahlungen. Tritt ein spezifisches Wetterereignis ein, so erhält der Käufer des Derivats einen Pauschalbetrag, ansonsten erfolgt keine Auszahlung. Bei Wetterderivaten wird der Payoff in der Regel durch die Vereinbarung eines Caps, das heißt eines maximalen Indexwertes, limitiert. Bei einem Swap wird zwischen Käufer und Verkäufer zusätzlich eine Untergrenze, Floor, vereinbart. Das Risiko der Vertragspartei, die sich zu Eventualzahlungen aus dem Kontrakt verpflichtet, wird kalkulierbarer und aus diesem Grund die Prämie günstiger. Für die Definition des maximalen Auszahlungsbetrags bietet sich abermals die Betrachtung der historischen Index-Entwicklung an, um langjährige Höchstwerte festzustellen.

3.2 Auszahlungsstrukturen

Analog zu Finanzderivaten kann bei Wetterderivaten zwischen Optionen und Termingeschäften sowie Kombinationen aus beiden unterschieden werden.

3.2.1 Optionen

Mit Wetteroptionen lassen sich Witterungsverhältnisse absichern, ohne das Gewinnpotenzial bei überdurchschnittlich positiven Wetterbedingungen zu verlieren. Der Käufer einer Niederschlagsoption erhält gegen Zahlung eines Optionspreises das Recht, beim Unterschreiten (Put) bzw. Überschreiten (Call) eines vorher vereinbarten Strikes eine Auszahlung vom Verkäufer der Option zu erhalten. Die Auszahlung (Payoff) entspricht derjenigen von Europäischen Optionen, das heißt eine vorzeitige Ausübung ist nicht möglich:[12] Der Auszahlungsbetrag bestimmt sich aus der positiven Differenz zwischen dem Indexstand (I) am Ende der vereinbarten Periode (T_1,T_2) und dem Strike Level (X), multipliziert mit der Tick Size (v) in Geldeinheiten. Jedoch wird der Auszahlungsbetrag durch den Cap (C) begrenzt:

$$Payoff_{LongCall}(T_1,T_2) = \max\left[\min(v \cdot (I_{(T_1,T_2)} - X);C);0\right] \quad (1)$$

$$Payoff_{LongPut}(T_1,T_2) = \max\left[\min(v \cdot (X - I_{(T_1,T_2)});C);0\right] \quad (2)$$

---

11 Vgl. Gort (2003), S. 29.
12 Vgl. Schirm, (2000), S. 6.

Die Nachfrage nach Optionen bildet den deutlich größeren Anteil der Niederschlagsderivate. Viele Kunden assoziieren Wetterrisikomanagement traditionell mit Versicherungen, bei denen die Zahlung einer Prämie üblich ist. Jedoch wird von vielen Kunden die Option meist als teuer empfunden.

3.2.2 Swaps

Ein Swap ist allgemein ein Vertrag, der die Parteien verpflichtet, Zahlungsströme zu einem bestimmten Zeitpunkt in der Zukunft zu tauschen. Bei Wetterindex-Swaps erfolgt die Zahlung bei Fälligkeit einseitig, womit das Geschäft den Charakter eines Termingeschäftes aufweist.[13] In Abhängigkeit vom erreichten Indexstand (I) am Ende der Absicherungsperiode (T_1, T_2) erhält jeweils eine Partei eine Auszahlung (Payoff):

$$Payoff_{Swap}(T_1, T_2) = v \cdot \left| I_{(T_1, T_2)} - X \right| \qquad (3)$$

Damit ist ein Swap auch als eine Kombination aus einem gekauften Call (long) und einem verkauften Put (short) mit gleicher Tick Size und gleichem Strike anzusehen. Der Strike des Wetterswaps wird so gewählt, dass der Erwartungswert der Auszahlung aus dem Kontrakt Null beträgt.[14] Swaps dienen vor allem der Stabilisation wetterabhängiger Gewinnprofile. Es erfolgt einerseits zwar eine Absicherung gegen ungünstige Witterungsbedingungen, andererseits wird auf das gegebenenfalls durch vorteilhafte Wetterverhältnisse entstehende Gewinnpotenzial verzichtet. Auf Grund der unvollständigen Korrelation zwischen Gewinn und Wetter ist ein Swap für viele Unternehmen jedoch zu risikoreich.

4 Bewertungsansätze für Niederschlagsderivate

Mangels Vorhandenseins eines allgemein akzeptierten und damit standardisierten Bewertungsmodells von Wetterderivaten gehört ihr Pricing noch immer zu einer der am kontroversesten geführten Diskussionen am Wettermarkt. Zur Nicht-Anwendbarkeit des für Finanzderivate üblichen Black Scholes-Modells liegen zahlreiche Publikationen vor.[15] Eine Übertragung der Modellierung von Temperaturen mit Hilfe von Gauß- oder Normalverteilung auf Niederschlag ist auf Grund der im ersten Abschnitt beschrieben

---

13 Vgl. Wilkens/Kamp, (2002), S. 117.
14 Vgl. Ellithorpe/Putnam (1999), S. 170.
15 Vgl. z.B. Dischel (1998), Garman/Blanco/Erickson (2000).

Sprunghaftigkeit nicht sinnvoll. Die geringe Anzahl an bisher abgeschlossenen Niederschlagskontrakten und die Heterogenität des Underlyings behindert die Bewertung zusätzlich. Die überwiegend an dem Risiko des Unternehmens orientierten und damit maßgeschneiderten Verträge lassen keinen effizienten Markt entstehen. Während Market Maker für Temperaturkontrakte, die auf Messungen in größeren Städten basieren, Preise annähernd in Echtzeit stellen können, ist dies für Niederschlagsderivate zum gegenwärtigen Zeitpunkt nicht vorstellbar.[16] Pricing-Methoden für Niederschlagsderivate stecken sprichwörtlich noch in den Kinderschuhen.

4.1 Bewertung von Wetterderivaten

Die Burn-Analyse ist eine versicherungsmathematische Methode in Form einer historischen Schadensermittlung. Auf der Grundlage historischer Wetterdaten wird bestimmt, welche Zahlungsströme in der Vergangenheit aus einem Derivat geflossen wären.[17] Daraus lässt sich ein Erwartungswert für die Zahlungsverpflichtungen aus dem Derivat errechnen, der als Grundlage für die Preisverhandlungen bei Vertragsabschluss verwendet werden kann. Die Burn-Analyse ist zwar einfach durchzuführen, dient jedoch lediglich einer ersten Abschätzung der Prämie. Die Grundannahme, von der Historie ließen sich Aussagen über die Zukunft ableiten, vernachlässigt sowohl die Dynamik des Wetters (z.B. Trends, wie sie auf Grund der globalen Erderwärmung entstehen), als auch Einschätzungen von Wettervorhersagen sowie Marktbedingungen, das heißt Nachfrage- und Angebotsdruck. Darüber hinaus können sich starke Schwankungen in der Errechnung ergeben, je nachdem, welcher Betrachtungszeitraum analysiert wird. Jedoch bildet die historische Analyse immer den Ausgangspunkt der Bewertung. Bei der direkten Modellierung der Wetterderivate werden zunächst historische Daten gesammelt und um Inkonsistenzen bereinigt. Die Daten dienen der Entwicklung eines stochastischen Modells, auf dessen Grundlage Vorhersagen erstellt werden. Für jedes Wetterdaten-Muster kann auf diese Weise der implizierte Preis des Wetterderivats errechnet werden. Während sich für Temperaturderivate einige veröffentlichte Bewertungsmodelle finden lassen[18], hat die Fachliteratur hinsichtlich der Bewertung von Niederschlagsderivaten erst geringe Fortschritte gemacht. Cao, Li und Wei stellen erste Ansätze zur Beschreibung der Verteilung von Niederschlagsdaten dar.[19]

---

16 Vgl. Dischel (2000), S. 2.
17 Vgl. Kamp (2004), S. 255.
18 Beispiele für Bewertungsmethoden für Temperaturderivate bieten Schirm (2000), Cao/Wie (2000, 2003) sowie Platen/West (2004).
19 Vgl. Ca/Li/Wei (2004b).

4.2 Bewertung in der Praxis

Marktteilnehmer verwenden unterschiedliche Modelle, die in der Regel aus Wettbewerbsgründen nicht veröffentlicht werden, um einen eventuellen Vorsprung nicht zu verlieren. Anbieter von Wetterderivaten verfolgen sehr unterschiedliche Strategien. Einerseits werden Niederschlagsderivate zu sehr günstige Konditionen angeboten, um neue Kundengruppen zu erschließen, andererseits wird der Know-how-Vorsprung von den Anbietern durch hohe Aufschläge ausgenutzt. Auf Grund der Bedeutung zuverlässiger Wetterdaten für das Pricing von Kontrakten bieten einige Firmen Toolkits an, die in der Regel eine Vielzahl an anspruchsvollen Modellen einsetzen. Teilweise ist es dem Benutzer möglich, die Ergebnisse unterschiedlicher Methoden einander gegenüberzustellen. Beispielsweise wirbt Speedwell Weather Derivative System mit ihrem Angebot einer Software, mit der sich selbst stark individuelle Kontraktgestaltungen und komplexe Underlyings wie Niederschlag, Critical Days oder Multi-Trigger-Kontrakte bewerten lassen. Risk Management Solutions (RMS) bietet mit Climetrix eine online-basierte Anwendungssoftware an, die sowohl Zugang zu Niederschlags- und Temperaturdaten als auch die Errechnung von Prämien ermöglicht. Zusätzlich erfolgen für 15 Wetterstationen in den USA beziehungsweise fünf in Europa tägliche Pricing-Umfragen zu standardisierten Kontrakten unter führenden Händlern, um monatliche Indexkurven zu erstellen.

5 Unternehmen als Risikoverkäufer von Niederschlagsrisiken

Die meisten Wetterderivate entstehen zur Zeit aus dem Absicherungsbedürfnis von Unternehmen. Dabei ist der Energiesektor die größte Zielgruppe. Abbildung 1 veranschaulicht die Verteilung der Nutzer nach Branchen.[20] Da zum Teil auch mehrere Wetterparameter gleichzeitig abgesichert werden, liegen keine gesonderten Zahlen nach einzelnen Wetterausprägungen wie Niederschlag vor. Es ist aber davon auszugehen, dass der dominierende Anteil der Energiebranche vor allem gegen Temperatur absichert. Ein großer Teil der Anfragen nach einer Regenabsicherung stammt aus der Hydroenergie, aus dem Bausektor und der Landwirtschaft. Darüber hinaus sind unter anderem in der Freizeitindustrie und im Tourismus sowie in der Transportwirtschaft (Zug-, Flug-, LKW-Verkehr) Beeinträchtigungen durch Niederschläge festzustellen.

---

20 Vgl. Lyon, (2004), S. 4.

Abbildung 1: Prozentuale Verteilung der End User nach Branchen

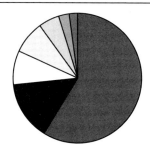

- Energiebranche 58,6%
- Bausektor 14,4%
- Andere 8,7%
- Agrarwirtschaft 8,3%
- Freizeit-/Tourismusindustrie 5,4%
- Einzelhandel 2,3%
- Transportwirtschaft 2,3%

Quelle: Energy Risk Weather Derivatives Survey, August 2004 (Lyon, 2004)

5.1 Motive für den Abschluss von Niederschlagskontrakten

Die mit Wetterderivaten absicherbaren Ereignisse fallen unter den Begriff der nichtkatastrophalen Wetterrisiken (High Frequency – Low-Impact) und sind damit abzugrenzen von Ereignissen mit statistisch sehr geringer Eintrittswahrscheinlichkeit (Naturkatastrophen), die erhebliche finanzielle Einbußen mit sich bringen (Low Frequency – High-Impact).

Bei den durch Niederschlag beeinflussten Risiken handelt es sich im Wesentlichen um die folgenden Ausprägungen:

- Niederschlag hat Umsatzschwankungen von Unternehmungen zur Folge. So kann Regen oder Schnee die mengenmäßige Produktion beeinträchtigen (z.B. in der Landwirtschaft) oder die Nachfrage nach bestimmten Produkten oder Dienstleistungen zu einem großen Teil bestimmen (z.B. Besucherzahlen eines Freizeitparks).

- Niederschlag beeinflusst die Kostenseite von Unternehmungen. In Ländern, in denen ein großer Teil der Energieerzeugung über Wasserkraft erfolgt (z.B. Skandinavien), werden die Energiepreise in den liberalisierten Märkten in hohem Maße von der gefallenen Niederschlagsmenge angetrieben. Ein weiteres Element sind Zusatzkosten durch schlechte Witterungsverhältnisse (z.B. Konventionalstrafen bei Bauverzögerungen oder Personalkosten zur Schneeräumung).

Abbildung 2 zeigt die Mengen- und Preiskomponenten des Umsatzes, die durch Wettereinflüsse beeinträchtigt werden können.[21] Während Single-Preisrisiken in erster Linie durch Warenterminkontrakte abgesichert werden können, besteht die Zielsetzung eines Wetterhedges meist in einer Volumenabsicherung. In erster Linie sollen mit Hilfe von Wetterderivaten Volatilitäten hinsichtlich des Umsatzes beziehungsweise der Kosten geglättet werden, die auf bestimmte Wetterbedingungen zurückzuführen sind. Bei einem adäquaten Hedge, das heißt wenn das Risiko-Exposure eines Unternehmens in einem Wetterindex annähernd exakt abgebildet und wetterbedingte Verlustrisiken kompensiert werden können, ist dem Unternehmen ein Mindestumsatz garantiert. Auf dieser Grundlage lassen sich Gewinnprognosen zuverlässiger erstellen, und die Planung für neue Bestände oder Investitionen kann frühzeitig erfolgen.

Abbildung 2: Cross Hedge für den Absatz wettersensibler Produkte

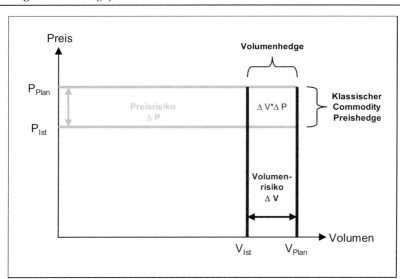

Quelle: In Anlehnung an: Müller/Grandi, 2000

Neben der monetären Absicherung wetterbedingter Geschäftsrisiken spielen beim Einsatz von Wetterderivaten auch zunehmend Marketingaspekte eine Rolle. In diesem Fall werden die Eventualkosten, die durch wetterbezogene Rabattprogramme entstehen, durch den Abschluss eines Wetterkontraktes abgedeckt. Pionier für eine Option auf Schneefall war in diesem Zusammenhang der von Bombardier, einem kanadischen Hersteller von Schneemobilen, abgeschlossene Kontrakt im Jahr 1998. Um möglichst viele Kaufverträge bereits vor der Wintersaison abzuschließen, lockte Bombardier Kunden mit dem Angebot, bei wenig Schneefall 1.000 USD Rabatt pro Schneemobil

---

21 Vgl. Meyer (2002), S. 22.

zu gewähren. Vergleichbare Strategien finden sich in jüngster Zeit beispielsweise bei Pirelli mit seiner *Winterwette* beim Kauf von Winterreifen.

5.2 Hydroenergiewirtschaft

Die Hydroenergieerzeugung ist in besonderem Maße von Niederschlag abhängig. Um das infolge geringen Niederschlags unzureichende Produktionsvolumen auszugleichen und damit dennoch das notwendige Energievolumen ins Netz einzuspeisen, sind Wasserkraftwerke zu teuren Zusatzeinkäufen im Spot- oder Terminmarkt gezwungen. Bei Hydroenergieerzeugern ergibt sich damit die Notwendigkeit, einerseits das Volumenrisiko mit Wetterderivaten, andererseits das Preisrisiko mit herkömmlichen Commodity-Derivaten abzusichern. Die Schwierigkeit, ein liquides Underlying zu entwickeln, zeigt sich am Beispiel des an der Energiebörse Nordpool gehandelten Niederschlag-Futures. Es wurde der Nordic Precipitation Index (NPI) aus gewichteten täglichen durchschnittlichen Niederschlagsmengen der größten Hydroenergie produzierenden Gebiete Schwedens und Norwegens entwickelt. Da der NPI stark mit dem Produktionsvolumen von Wasserkraftwerken korrelierte und die Energieerzeugung in Skandinavien zu einem großen Teil mit Wasserkraft erfolgt, ging man von einer großen Nachfrage aus. Es wurden jedoch kaum Kontrakte gehandelt und die tägliche Quotierung wurde wieder eingestellt. Es ist zu vermuten, dass das Interesse an Absicherungsstrategien von Seiten der Unternehmen mit wachsender Bedeutung alternativer Energien und einem größeren Wettbewerb am Markt langfristig steigen wird. Zum gegenwärtigen Zeitpunkt verfügen Unternehmen oftmals noch nicht über ausreichende Ressourcen, um ein Risikomanagement zu betreiben, das auch die Absicherung gegen Niederschlagsrisiken einschließt.

5.3 Landwirtschaft

In der Agrarwirtschaft gibt es für Wetterderivate insgesamt ein großes Marktpotenzial. Eine von der Münchener Rück unterstützte Analyse aus dem Jahr 2000 ergab, dass Trockenheit, Hagel, Auswinterung und übermäßige Niederschläge die Hauptursachen für Ertragsverluste in Deutschland sind.[22] Da Temperatur, Sonnenstunden und Wind sowohl Qualität als auch Quantität der Ernte massiv beeinflussen, bieten sich Wetterderivate zur Begrenzung von Mengenrisiken im Rahmen der Agrarproduktion an. Hinsichtlich der Kosten werden landwirtschaftliche Betriebe vor allem durch den wetterbedingten Mehrverbrauch an Düngemitteln und Pestiziden[23] sowie einem höheren Bedarf an Bewässerung beziehungsweise Strom für den Betrieb von

---

22 Vgl. Haverkamp/Schwarz/Muhr (2002), S. 11.
23 Da bei viel Niederschlag Chemikalien *weggewaschen* werden, ist der wiederholte Einsatz von Pestiziden und Fungiziden erforderlich. Damit ist neben der Landwirtschaft selbst auch die Agrarchemikalien produzierende Industrie vom Wetter abhängig.

Wasserpumpen zur Grundwassergewinnung beeinträchtigt. Allerdings ist die Analyse des Wetterrisikos in der Landwirtschaft aus mehreren Gründen komplex. Zum einen wirken sich sowohl zu wenig als auch zu viel Niederschlag nachteilig auf den Ernteertrag aus. Des Weiteren ist die Beziehung zwischen Wetterparametern und der Ernte keineswegs eindeutig: Ein und derselbe Wetterfaktor kann sich unterschiedlich auf verschiedene Pflanzen mit ihren jeweiligen Wachstumsphasen auswirken. Terrestrische Informationen wie Bodeneigenschaften sowie die eingesetzte Kultivierungsmethode beeinflussen ebenfalls die Auswirkung von Witterungsbedingungen auf den Ertrag.[24] Um adäquate Absicherungskontrakte in der Landwirtschaft entwickeln zu können, ist aber eine individuelle Kontraktgestaltung erforderlich, da Regen in den verschiedenen Stadien einer Anbauphase unterschiedlich stark zum Pflanzenwachstum beiträgt. In Europa ist der Anreiz für eine Absicherung mit Wetterderivaten zum gegenwärtigen Zeitpunkt auf Grund staatlicher Subventionen begrenzt. Da die Landwirtschaft zunehmend industrialisiert wird und damit die in der traditionellen Agrarwirtschaft übliche Selbstdiversifizierung abnimmt, ist langfristig mit einem steigenden Bedarf an Risikomanagement-Produkten zu rechnen. Zudem ist davon auszugehen, dass staatliche Interventionen in der Landwirtschaft rückläufig sind. Die Bedeutung von Wetterderivaten in der Agrarwirtschaft wird zu einem gewissen Teil davon abhängen, ob die Absicherung mit innovativen Finanzinstrumenten staatlich gefördert werden wird. Die heterogenen Risikoprofile, insbesondere in Bezug auf das Underlying Niederschlag, sind hier im Sinne einer Diversifikation der Risikoportfolios der Risk Taker durchaus von Vorteil.[25]

5.4 Bausektor

Sowohl Gebäude- als auch Brücken- und Straßenbau werden durch heftige Regenfälle oder durch Schneefall beeinträchtigt. Erzwungene Unterbrechung der Arbeit, Konventionalstrafen im Zusammenhang mit dem Überschreiten der Planbauzeit oder durch kostenaufwändige Änderungen oder Überarbeitungen sind die Folge.

Niederschlagsderivate ermöglichen einerseits die monetäre Abdeckung von Konventionalstrafen im Falle wetterbedingter Bauverzögerungen. Da bei Ausschreibungen für Bauprojekte nicht nur Kosten-, sondern auch Zeitaspekte eine Rolle spielen, kann es von strategischem Vorteil sein, die Baufertigstellung im Angebot zeitlich straff zu planen und bei gegebenenfalls eintretenden Bauverzögerungen auf Grund schlechter Witterungsverhältnisse eine Ausgleichszahlung an den Auftraggeber zu leisten. Des Weiteren können die zusätzlichen Personalkosten beziehungsweise Kosten für gemietete Ausrüstungen kompensiert werden, um insgesamt die auf Niederschlag zurückzuführenden Schwankungen zu reduzieren. Wenngleich der Einsatz von Wetterderivaten im Bausektor sinnvoll erscheint, so ist der erforderliche Grad an individueller Ausgestaltung der Kontrakte mit einem hohen Aufwand verbunden: Zum einen sind

---

24 Vgl. Stoppa/Hess (2003).
25 Vgl. Saunderson (2001).

mehrere Wettervariablen in Betracht zu ziehen. Zum anderen sind bei der Kontraktgestaltung die jeweiligen Arbeitsabläufe einer bestimmten Baustelle zu berücksichtigen, um das spezifische Wetter-Exposure zutreffend abzubilden.

6   Investitionen in Niederschlagsderivate

Bisher sind noch keine allgemeinen Indizes entwickelt worden und die meisten Produkte sind auf die individuellen Bedürfnisse der Risikoverkäufer zugeschnitten. Damit konnte sich noch kein breiter Markt für diese Produkte entwickeln. In Europa haben sich bereits in den Anfängen Banken mit der Thematik beschäftigt und treten als Anbieter von Wetterderivaten auf. Daher ist zu vermuten, dass die Banken vermehrt versuchen werden, auch Niederschlagsrisiken an ihre Endkunden weiter zu geben. In Bezug auf Niederschlagsderivate ist auf Grund der individuellen Ausgestaltung der Kontrakte ein einfacher Tausch der Risiken im Sekundärmarkt erschwert. End User übertragen ihre Risiken auf Marktteilnehmer, die in erster Linie eine Risikodiversifikation anstreben. Der Markt trägt daher momentan eher den Charakter eines Versicherungsmarktes. Tahghighi und Carpentier gehen davon aus, dass etwa 70 Prozent aller durch Wetterderivate transferierten Risiken letztendlich von der Versicherungsbranche übernommen werden.[26] Versicherungen profitieren im Wettermarkt von ihrer Expertise auf dem Gebiet der Wetterkatastrophenversicherung sowie im Bereich der Versicherungsmathematik und des Risikomanagements. Letztendlich gehört es zur Kernkompetenz von Versicherungen, Risiken zu übernehmen. Banken hingegen verfügen im Allgemeinen über eine recht diversifizierte Kundenbasis und können eine breite Endnutzerschicht erreichen. Vor diesem Hintergrund haben auch Banken recht schnell die Chancen erkannt, die sich durch das neue Geschäftsfeld Wetterderivate ergeben.

Grundsätzlich kann die Erzielung einer Risikoprämie neben dem Portfoliogedanken als wichtigste Motivation erachtet werden, Wetterrisiken zu übernehmen. Die geringe Liquidität im Sekundärmarkt reduziert die Anzahl der Risk Taker im Markt und ermöglicht verbleibenden Anbietern im Primärmarkt, die Risikoprämie relativ hoch anzusetzen. Zudem bieten sich Möglichkeiten, bestehende Kontakte zu den Kunden zu vertiefen und Beratungsdienste im Bereich des Risikomanagements anzubieten. Banken werden im Vergleich zu Versicherungen versuchen, ihr residuales Wetterrisiko nach Möglichkeit gering zu halten. Risiken, die nicht am Sekundärmarkt gehandelt werden können und nicht in das Risikoprofil des Desks passen, werden aus diesem Grund an den Kapitalmarkt transferiert. Eine Möglichkeit hierfür bieten Fonds, die sich einerseits mit dem Fondsvermögen an Transaktionen mit Wetterderivaten beteiligen, andererseits versuchen, Arbitragemöglichkeiten im Wettermarkt wahrzunehmen und eine erfolgreiche Performance zu erzielen. Auf Grund der weitgehenden Unkorreliertheit von Wetterrisiken mit anderen Kapitalanlageklassen eignen sich Wetterderivate

---

26 Vgl. Tahghighi/Carpentier (1999), S. 55.

zur Risikostreuung in einem Portfolio. Fonds bieten eine höhere Risikodiversifikation als direkte Beteiligungen und stellen gerade für Kleininvestoren die einzige Möglichkeit dar, am Wettermarkt zu partizipieren. Insbesondere bei hohen Risikoprämien, also bei einem starken Bedürfnis von Unternehmen, sich gegen Wetterrisiken zu versichern, bieten Niederschlagsprodukte ein interessante Möglichkeit zur Portfoliobeimischung. Da die Bewertungsprozesse sehr komplex sind, eignet sich hier die Investition unter Ausnutzung des Spezialwissens eines Portfoliomanagers. Ein Einzelinvestment hätte für die meisten doch eher den Charakter einer reinen Wette.

Die Vervierfachung von über die Chicago Mercantile Exchange (CME) gehandelten Wetterkontrakten gegenüber dem Vorjahr[27] wird darüber hinaus zu einem großen Teil auf den Markteintritt von Hedgefonds zurückgeführt. Die durch Kontrakte mit Endkunden entstehenden Wetterrisiken werden hierbei diversifiziert in die Fonds übernommen und implizit an Investoren weitergegeben. Eine Studie von Energy Risk ergab, dass in nächster Zeit weiterhin mit einem Anstieg an Hedgefonds zu rechnen ist.[28] Aktuelle Beispiele für Hedgefonds-Aktivitäten sind Ramsey Quantitative Systems, Ritchie Capital, HBK Master Fund und DE Shaw.[29] Abbildung 3 illustriert, dass darüber hinaus auch der weitere Markteintritt von Banken und Versicherungen erwartet wird.

Abbildung 3: Erwarteter Markteintritt nach Sektoren

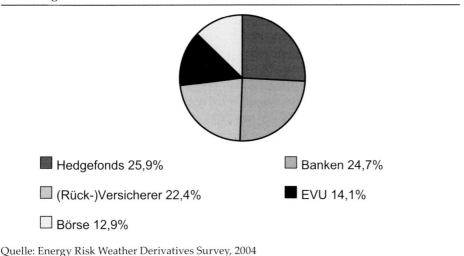

■ Hedgefonds 25,9% ◻ Banken 24,7%

◻ (Rück-)Versicherer 22,4% ■ EVU 14,1%

◻ Börse 12,9%

Quelle: Energy Risk Weather Derivatives Survey, 2004

---

27 Bis Mitte April 2005 wurden an der CME bereits 124.177 Wetterkontrakte gehandelt. Im gesamten Jahr 2004 lag die Anzahl an gehandelten Kontrakten lediglich bei 122.987 (Marsh, 2005).
28 Vgl. Lyon, (2004), S. 4.
29 Vgl. O'Hearne, (2005), S. 1.

Grundsätzlich ist eine zunehmende Konvergenz zwischen Banken und Versicherungen zu beobachten, aus der eine neue Triebfeder für Produkte im so genannten Alternative Risk Transfer (ART)[30] entsteht. Versicherungen, die sich traditionell auf die Absicherung von Spitzenrisiken fokussiert haben, ziehen sich unter anderem vor dem Hintergrund des 11. Septembers 2001 oder der Häufung an Katastrophenrisiken in den USA in letzter Zeit zunehmend aus diesem Geschäft zurück und eröffnen Banken die Möglichkeit, mit Hilfe von Finanzinnovationen in dieses Geschäft einzusteigen. Mit so genannten Risk-Linked Securities werden Versicherungsrisiken in der Form von Anleihen in den Kapitalmarkt transferiert. Mit der Verbriefung von Wetterrisiken besteht die Möglichkeit, bekannte Bond-Strukturen mit Wetteroptionen zu koppeln und damit risikofreudige Anleger anzuziehen, die in eine hochverzinsliche Anleihe investieren wollten.[31] Im Bereich der Wetterderivate kann ein wachsendes Interesse von Pensionsfonds festgestellt werden, die diese Investments nutzen um ihre Assets zu diversifizieren.

Die Zusammenarbeit zwischen Banken und Versicherungen bietet auch Synergievorteile aus einer gemeinsamen Vertriebsorganisation. Während Banken von ihrer heterogenen Kundenstruktur profitieren und viele potenzielle Endkunden ansprechen können, verfügen Versicherungen über das notwendige Risikokapital. In Japan wurde der Vertrieb beispielsweise gezielt von Versicherungen auf regionale Banken übertragen, um die Kontrakte einer möglichst breiten Klientel zugänglich und sich die meist persönlich geprägte Kundenbindung zu Nutze zu machen. So lässt sich erklären, warum in Japan gegenwärtig über 80 Banken Wetterderivate verkaufen.[32] Viele Händler sagen Niederschlagsderivaten ein langsames aber stetiges Wachstum voraus.[33] Auch wenn dem Anwendungsbereich von Niederschlagsderivaten theoretisch kaum Grenzen gesetzt sind, führen gegenwärtig die fehlende kritische Masse an Kontrakten, die hohe Individualität der Vertragsgestaltung und die meist kleinen Handelsvolumina zur Illiquidität des Marktes. Die dadurch vorherrschende Preisintransparenz hat wiederum Zurückhaltung anderer potenzieller End User zur Folge und behindert das Marktwachstum. Vielen End Usern ist sowohl die „befriedigende ... [als auch die] liquiditätsorientierte Eindämmung des geographischen Basisrisikos" wichtig.[34] Es ist jedoch gerade in Bezug auf das lokale Phänomen Niederschlag unmöglich, die zur Reduktion des Basisrisikos notwendige Vielzahl an verlässlichen Indizes zu kreieren. Vielmehr kann sich eine Standardisierung in erster Linie auf die Wetterdaten in Ballungszentren konzentrieren, so dass eine genaue Abbildung des Risiko-Exposures in so gut wie keinem Fall möglich sein wird. Das beim Hedging mit einem solchen standardisierten Index bewusst eingegangene Basisrisiko kann zumindest durch eine geringere Prämie ausgeglichen werden.

Angesichts der Zurückhaltung bezüglich standardisierter Temperaturkontrakte in Europa[35] ist allerdings davon auszugehen, dass die maßgeschneiderten Kontrakte

---

30 Vgl. Roggenkamp (2003).
31 Vgl. Dischel (2002).
32 Vgl. Allard (2004).
33 Vgl. Saunderson (2001).
34 Gort (2003), S. 86.
35 Sowohl die London International Financial Futures Exchange (LIFFE) als auch Hex, die Börse für Securities und Derivate in Helsinki, haben das Handeln mit Wetterkontrakten mangels Liquidität eingestellt.

und der OTC-Handel hierzulande weiterhin dominieren. Japan wird währenddessen voraussichtlich die Vorreiterrolle bei der Standardisierung von Niederschlagsderivaten spielen. Der Wetterderivate-Markt ist vergleichsweise differenzierter und gruppiert sich um eine breite Palette an kleinen End Usern. Ein Pilotprojekt, um Marktteilnehmern die Entwicklung von derivativen Produkten zu erleichtern, ist der von Natsource entwickelte Japan Weather Derivatives Index (JWDI), welcher historische Temperatur- und Niederschlagsdaten mit Drei-Monats-Vorhersagen kombiniert. Losgelöst von der Frage, ob zukünftig das Interesse an standardisierten Kontrakten steigen wird, ist mit einem kontinuierlichen Marktwachstum zu rechnen, wenn sich das Bewusstsein für den Einfluss von Wetterrisiken auf Unternehmungen erhöht. Vor dem Hintergrund der Corporate Governance-Bewegung ist davon auszugehen, dass sich Unternehmen zunehmend um die Absicherung von Risiken bemühen, die sie traditionell als zu akzeptierendes Geschäftsrisiko betrachten. Darüber hinaus wird sich angesichts von Basel II das Interesse der Unternehmungen an einem aktiven Risikomanagement verstärken, von dem aller Voraussicht nach auch der Wettermarkt profitieren wird.

Parallel dazu ist es notwendig, einen effektiven Sekundärmarkt aufzubauen, um dem Markt insgesamt zu größerer Preistransparenz und Liquidität zu verhelfen.[36] Da Händler zwar einerseits Liquidität herbeiführen können, sich aber angesichts des illiquiden Marktes zurückhalten, wird in der Literatur häufig von einer Zwickmühlen-Situation gesprochen.[37] Die Herausforderung in den nächsten Jahren wird folglich darin bestehen, Kapitalmarkt-Investoren, wie z. B. Hedgefonds-Manager, mit transparenten und leicht verständlichen Produkten anzuziehen. Angesichts der schlechten Performance konventioneller Strategien werden Fondsmanager zunehmend gezwungen werden, nach Nischenstrategien Ausschau zu halten, die Renditeerhöhung und Diversifikation bieten. Aus diesem Grund ist davon auszugehen, dass beispielsweise Wetterbonds und Investment-Fonds auf zunehmend großes Interesse der Investoren stoßen werden. Gelingt es, einerseits bei End Usern das Bewusstsein für Wetterderivate als Teil eines sinnvollen Risikomanagements zu schärfen und andererseits, Investoren in den Handel zu integrieren, so sind für einen liquiden Wettermarkt – um mit den Worten eines Fernsehmeteorologen zu sprechen – *frischer Wind und sonnige Aussichten* zu vermelden.

---

36 Vgl. Mathews (2002), S. 314.
37 Vgl. Roberts (2002), S. 227.

Literaturverzeichnis

ALLARD, C. (2004): Sheltering from the rain: Japanese Weather Derivatives, in: Reactions, Vol. 24/Ausgabe 4, April 2004, S. 29–31.

CAO, M./LI, A./WEI, J. (2004a): Watching the Weather Report, Canadian Investment Review, Vol. 17/No. 2, 2004, S. 27–33.

CAO, M./LI, A./WEI, J. (2004b): Precipitation Modeling and Contract Valuation: a Frontier in Weather Derivatives, Working Paper, Juli 2004.

CAO, M./WEI, J. (2000): Pricing Weather Derivatives: an Intuitive and Practical Approach, Mai 2000, Risk, S. 67–70.

CAO, M./WEI, J. (2003): Weather Derivatives Valuation and Market Price of Weather Risk, Journal of Futures Markets, 2004.

DISCHEL, B. (1998): Black-Scholes won't do. Weather Risk Special Report. Energy & Power Risk Management/Risk. Oktober Edition, 1998.

DISCHEL, B. (2000): Seeding a rain market, Weather Report – Precipitation, usprgl. Environmental Finance, September 2000.

DISCHEL, B. (2002): Dry market in need of liquidity, ursprgl. Risk Management for Investors, Risk, September 2002.

ELLITHORPE, D./PUTNAM, S. (1999): Weather Derivatives and the New Power Markets, in: The New Power Markets, London 1999, S. 165–181.

GARMAN, M./BLANCO, C./ERICKSON, R. (2000): Seeking a Standard Pricing Model, Environmental Finance, März 2000.

GORT, C. (2003): Der Markt für Wetterderivate in Europa, Lizenziatsarbeit an der Wirtschafts- und Sozialwissenschaftlichen Fakultät der Universität Bern.

HAVERKAMP, S./MUHR, L./SCHWARZ, H. (2002): Schadenmanagement in der Ernteversicherung – das Potenzial der Fernerkundung, Münchener Rück, 02/2002, S. 10 f.

JANSSEN, M. (1998/99): Messung, Auswertung und Erosivität von Niederschlägen, FU Berlin/Institut für Geographische Wissenschaften, S/Ü Räumliche-digitale Analyse eines Einzugsgebietes mit Hilfe eines Raster-GIS, WS 1998/99.

KAMP, A. (2004): Wetterrisikomanagement mit Wetterderivaten, WiSt Heft 4, April 2004, S. 252–256.

LATIF, M. (2002): Der Klimawandel kommt in Fluss, Max Planck Forschung 2002/4, Welt der Physik, 12.03.2003, letzte Aktualisierung 10.01.2004.

LYON, P. (2004): Weather wrap-up, Energy Risk Survey, August 2004, S. 2–4.

MARSH, J. (2005): CME weather trading volumes already past those of 2004, Energy Risk, 14.04.2005.

MEYER, N. (2002): Risikomanagement von Wetterrisiken, Deloitte & Touche (Hrsg.), Dezember 2002.

MÜLLER, A./GRANDI, M. (2000): Wetterderivate zur Absicherung von Wetterrisiken – Spekulationsinstrument oder Bestandteil des risikopolitischen Instrumentariums in wettersensiblen Branchen?, zfv, 2000, S. 1–1.

NÜTZMANN, G. (o.J.): Einführung in die Hydrologie, IGB-Berlin, Kapitel 3, S. 16–26.

O'HEARNE, B. D. (2005): Weather Market Attractiveness Grows.

PLATEN, E./WEST, J. (2004): Fair Pricing of Weather Derivatives, Working Paper: University of Technology Syndey, Australien.

ROBERTS, J. (2002): Weather Risk Management in the Alternative Risk Transfer Market, in: Dischel, R. S. (Hrsg.): Climate Risk and the Weather Market – Financial Risk Management with Weather Hedges, Risk Books, London, 2002, S. 216–229.

ROGGENKAMP, S. (2003): Innovative Risikoabsicherung der Fußball-WM gilt als Wegweiser – Die Trennlinie zwischen Versicherungs- und Kapitalmärkten verwischt immer stärker, Handelsblatt, 24.09.2003.

SAUNDERSON, E. (2001): Stream flow deals quicken, Oktober 2001, Environmental Finance Journal.

SCHIRM, A. (2000): Wetterderivate – Einsatzmöglichkeiten und Bewertung, Diplomarbeit, erschienen in der Reihe Research in Capital Markets and Finance, Universität Mannheim.

STOPPA, A./HESS, U. (2003): Design and Use of Weather Derivatives in Agricultural Policies: the Case of Rainfall Index Insurance in Morocco, Contributed paper presented at the International Conference: Agricultural policy reform and the WTO: where are we heading?, Capri (Italien), 23.–26. Juni 2003..

TAHGHIGHI, A./CARPENTIER, P. (1999): Weather Derivatives. EJC Energy. O.O., 1999, zitiert in Gort, 2003, S. 99.

VARANGIS, P./SKEES, J. R./BARNETT, B. J. (2002): Weather Indexes for Developing Countries, in: Dischel, R. S. (Hrsg.): Climate Risk and the Weather Market – Financial Risk Management with Weather Hedges, Risk Books, London, 2002, S. 279–294.

WILKENS, S./KAMP, A. (2002): Wetterderivate, DBW 62 (2002) 1, S. 116–119.

Teil 8

Rechtliche Grundlagen

Achim Pütz

Hedgefonds-Investments in Deutschland aus aufsichts- und steuerrechtlicher Sicht

1 Einleitung 555
2 Investmentrechtliche Regulierung inländischer Hedgefonds. 555
   2.1 Errichtung. 555
   2.2 Zulassung und laufende Aufsicht 557
   2.3 Anlageuniversum 558
       2.3.1 Single-Hedgefonds 558
       2.3.2 Dach-Hedgefonds 560
       2.3.3 Gemischte Sondervermögen 562
   2.4 Depotbank und vergleichbare *Einrichtungen* bei deutschen Hedgefonds . . . 563
3 Hedgefonds-Vertrieb 565
   3.1 Vertrieb deutscher Hedgefonds. 565
   3.2 Vertrieb ausländischer Hedgefonds 566
       3.2.1 Formelle Voraussetzungen des öffentlichen Vertriebs 567
       3.2.2 Materielle Voraussetzungen des öffentlichen Vertriebs. 568
4 Steuerliche Transparenzanforderungen an Hedgefonds. 568
5 Hedgefonds als Anlage für Versicherungsunternehmen 570
   5.1 Mögliche Anlageformen. 570
   5.2 Anforderungen an den Due Diligence-Prozess. 571
   5.3 Anforderungen an das Risikomanagement 571
   5.4 Interne und externe Berichtspflichten 572
6 Schlussfolgerung 572

Literaturverzeichnis

1 Einleitung

Mit In-Kraft-Treten des Investmentmodernisierungsgesetzes am 1. Januar 2004 haben sich die rechtlichen Rahmenbedingungen für Hedgefonds in Deutschland grundlegend gewandelt. Das Gesetz umfasst im Wesentlichen das Investmentgesetz (InvG) und das Investmentsteuergesetz (InvStG) sowie Folgeanpassungen verschiedener Gesetze. Zur Stärkung des Fondsstandortes Deutschland wurden mit dem Investmentmodernisierungsgesetz die bis Ende 2003 geltenden deutschen Hedgefonds-Restriktionen des Gesetzes über Kapitalanlagegesellschaften (KAGG) und des Auslandsinvestmentgesetzes (AuslInvestmG) in vielen Bereichen überwunden. Angesichts der ständig wachsenden Bedeutung von Hedgefonds im internationalen Finanzgefüge rief die deutsche Hedgefonds-Regulierung im In- und Ausland große Aufmerksamkeit hervor und sie verdient auch im Hinblick auf die seit dem Jahre 2003 auf europäischer Ebene anhaltende Diskussion über die Regulierung von Hedgefonds Beachtung. Bis Ende 2005 wurden 20 deutsche Single-Hedgefonds – darunter zwei Investmentaktiengesellschaften mit veränderlichem Kapital – und zwölf deutsche Dach-Hedgefonds genehmigt sowie zwölf ausländische Dach-Hedgefonds zum Vertrieb in Deutschland angezeigt. In den in Deutschland zum Vertrieb zugelassenen Hedgefonds sind Ende 2005 knapp EUR 2 Milliarden investiert.

2 Investmentrechtliche Regulierung inländischer Hedgefonds

2.1 Errichtung

Das Investmentgesetz sieht in den Vorschriften seines vierten Kapitels (§§ 112–120 InvG) erstmalig eine investmentrechtliche Regulierung von in Deutschland domizilierten Hedgefonds vor. Als besonderer Typus des Investmentvermögens finden auf Hedgefonds gemäß § 114 InvG sämtliche Vorschriften des Investmentgesetzes mit Ausnahme der für bestimmte andere Typen von Investmentvermögen geltenden Normen Anwendung, sofern sich aus den §§ 112–120 InvG nichts Abweichendes ergibt. Das Investmentgesetz sieht als Rechtsform deutscher Hedgefonds sowohl das von der Kapitalanlagegesellschaft verwaltete Sondervermögen wie auch die Investmentaktiengesellschaft vor. Die Tatsache, dass unter dem Regime des KAGG keine einzige Investmentaktiengesellschaft errichtet worden war, nahm der Gesetzgeber zum Anlass, diese Rechtsform umfassend zu novellieren. Insbesondere die neu ins Investmentgesetz aufgenommene Investmentgesellschaft mit veränderlichem Kapital sollte die Attraktivität dieser Rechtsform nicht zuletzt im Hinblick auf die Errichtung von Hedgefonds-AGs erhöhen. Bislang wurde in Deutschland von diesem der luxemburgischen SICAV nachempfundenen Investmentvehikel in drei Fällen Gebrauch gemacht.

Die im Gesetzgebungsverfahren von der Bundesregierung zunächst vertretene Auffassung, die Errichtung von Single-Hedgefonds nur als Spezial-Sondervermögen zuzulassen, wurde vom Gesetzgeber nicht übernommen. Nach geltendem Recht können Single-Hedgefonds als von einer Kapitalanlagegesellschaft verwaltetes Publikumssondervermögen sowie als Investmentaktiengesellschaft errichtet werden, wobei die Anteile von Single-Hedgefonds allerdings nicht im öffentlichen Vertrieb, sondern nur im Wege einer Privatplatzierung angeboten werden dürfen. Es bleibt abzuwarten, ob der Gesetzgeber in seiner für die erste Hälfte des Jahres 2007 avisierten Novellierung des Investmentgesetzes die Zulassung des öffentlichen Angebots von Single-Hedgefonds einführen wird. Da gegenwärtig im Bereich der Zertifikate und Optionsscheine weitaus risikoreichere Anlagen öffentlich auf dem deutschen Kapitalmarkt angeboten werden dürfen, ist die Aufrechterhaltung des Verbotes des öffentlichen Vertriebs von Single-Hedgefonds kaum zu rechtfertigen.

Für Hedgefonds verwaltende Kapitalanlagegesellschaften und Investmentaktiengesellschaften gelten die allgemeinen Mindestkapitalanforderungen, die sich bei Auflegung als Sondervermögen durch eine Kapitalanlagegesellschaft auf EUR 730.000, bei Gründung einer Investmentaktiengesellschaft auf EUR 300.000 belaufen. Darüber hinaus dynamisiert § 11 Abs. 1 Nr. 2 InvG für Kapitalanlagegesellschaften die Kapitalanforderungen ab einem verwalteten Vermögen von drei Milliarden Euro in der Weise, dass zusätzliche Eigenmittel i. H. v. 0,02 Prozent des drei Milliarden Euro übersteigenden Betrags bereitgehalten werden müssen. In Anlehnung an die für Wertpapierhandelsunternehmen geltende Vorschrift des § 10 Abs. 9 KWG sieht § 11 Abs. 3 InvG schließlich vor, dass bei einer Kapitalanlagegesellschaft jederzeit ein Viertel ihrer letztjährigen Kosten als Eigenmittel vorhanden sein müssen.

Da Kapitalanlagegesellschaften nach § 6 Abs. 1 Satz 1 InvG, § 1 Abs. 1 Nr. 6 KWG Spezialkreditinstitute sind, gelten hinsichtlich der Voraussetzungen für die Zulassung zum Geschäftsbetrieb, insbesondere hinsichtlich der Geschäftsleiterqualifikationen, KWG-rechtliche Grundsätze. Die einen Hedgefonds als Sondervermögen auflegende Kapitalanlagegesellschaft bedarf nach § 33 Abs. 1 Nr. 4, § 33 Abs. 2, § 1 Abs. 2 Satz 1 KWG mindestens zweier zuverlässiger und fachlich geeigneter Geschäftsleiter. Dasselbe Erfordernis gilt gemäß § 97 Abs. 1 Nr. 3, § 99 Abs. 2 InvG für Investment-AGs. Die fachliche Eignung setzt gemäß § 33 Abs. 2 KWG sowohl theoretische und praktische Kenntnisse in den einschlägigen Geschäften als auch Leitungserfahrung voraus und kann im Regelfall erst nach dreijähriger leitender Tätigkeit in einem vergleichbaren Institut angenommen werden. Angesichts der bisherigen Restriktionen des deutschen Investmentrechts sind praktische Kenntnisse bei der Auflegung und Verwaltung von Hedgefonds in Deutschland nach wie vor vergleichsweise gering. Die aufsichtsrechtliche Praxis hat es daher bislang als ausreichend angesehen, wenn praktische Kenntnisse im Bereich Asset-Management bzw. durch die Leitung eines vergleichbaren Instituts nachgewiesen wurden. Nach § 120 InvG erfordert die Verwaltung inländischer Dach-Hedgefonds, dass die für die Anlageentscheidungen verantwortlichen Portfoliomanager über ausreichendes Erfahrungswissen und praktische Kenntnisse im Bereich der Anlage in Hedgefonds verfügen. Vergleichbare Anforderungen sind strategiebezogen auch bei Single-Hedgefonds-Managern anzulegen. Obgleich einzelne

Rechtsordnungen wie etwa die Schweiz oder Hongkong ausdrücklich zeitliche Vorgaben hinsichtlich der erforderlichen Erfahrungen von Hedgefondsmangern setzen, verzichtet § 120 InvG nicht zuletzt im Hinblick auf den in Deutschland noch jungen Hedgefondsmarkt bewusst auf strikte zeitliche Anforderungen.

Im Übrigen erlaubt § 16 InvG als ergänzende investmentrechtliche Spezialvorschrift zu § 25 a Abs. 2 KWG ausdrücklich die Auslagerung (Outsourcing) unter anderem des Portfoliomanagements. Nach § 16 Abs. 2 InvG ist die Auslagerung des Portfoliomanagements jedoch nur dann zulässig, sofern damit Unternehmen betraut werden, die für die Zwecke der Vermögensverwaltung zugelassen sind und einer wirksamen öffentlichen Aufsicht unterliegen. Nicht zuletzt durch die zum 1. Februar 2006 in Kraft tretende Novellierung des US-amerikanischen „Advisor Act", wonach US-amerikanische Hedgefonds mit einem Anlagevolumen von mehr als 25 Millionen Dollar und mindestens 15 Kunden erstmals bei der SEC zu registrieren sind und die Finanzaufsicht über Management- und Strategiewechsel zu informieren ist, wird sich der Kreis der auslagerungsfähigen US-amerikanischen Portfoliomanagementunternehmen signifikant erhöhen. Weiterhin ist bei einer Auslagerung nach § 16 Abs. 2 Satz 2 InvG sicherzustellen, dass die Übertragung des Portfoliomanagements mit den von der Kapitalanlagegesellschaft regelmäßig festgelegten Vorgaben für die Anlageverteilung in Einklang steht. Die Kapitalanlagegesellschaft kann sich der Anlageentscheidungen nicht vollständig entziehen, insbesondere verbleibt die Letztentscheidungskompetenz und Letztverantwortlichkeit stets bei der Kapitalanlagegesellschaft.

2.2 Zulassung und laufende Aufsicht

Im Kontext internationaler Wettbewerbsfähigkeit des Fondsstandortes Deutschland kommt dem Zulassungsverfahren zentrale Bedeutung zu. Sowohl Kapitalanlagegesellschaften, die Hedgefonds als Sondervermögen auflegen, als auch in der Form einer Investment-AG organisierte Hedgefonds bedürfen vor Aufnahme ihrer Geschäftstätigkeit der schriftlichen Erlaubnis der Bundesanstalt für Finanzdienstleistungsaufsicht (BaFin). Kapitalanlagegesellschaften, die erstmalig Hedgefonds auflegen, müssen ihre Satzung entsprechend anpassen und bei der BaFin einen Antrag auf Erweiterung ihrer Geschäftserlaubnis einreichen. Bei einem von einer Kapitalanlagegesellschaft verwalteten Hedgefonds bedarf es darüber hinaus der Genehmigung der Hedgefonds-Vertragsbedingungen durch die Finanzaufsicht. Die von der BaFin vor In-Kraft-Treten des Investmentgesetzes bekundete Absicht, eine zügige Verwaltungspraxis aufzubauen, konnte im Vergleich zu anderen Fondsstandorten nicht vollständig umgesetzt werden. Die Erlaubniserteilung für in Deutschland domizilierte Hedgefonds erfordert nach bisherigen Erfahrungen durchschnittlich etwa drei Monate, wohingegen andere Fondsstandorte wie zum Beispiel Luxemburg eine zügigere Verwaltungspraxis etabliert haben. Dennoch bietet die Auflage eines in Deutschland öffentlich vertriebsfähigen Dach-Hedgefonds im Ausland aufgrund des mindestens drei Monate dauernden Notifizierungsverfahrens bei der BaFin eher zeitliche Nachteile gegenüber der Auflage eines Dach-Hedgefonds in Deutschland. Die vom Gesetzgeber als wesentliches Instrument der laufenden Finanzaufsicht über Hedgefonds in § 10 Abs. 2 InvG vorgesehene und in der Meldeverordnung vom März 2005 umgesetzte Meldepflicht, wonach der BaFin Transaktionen in Finanzinstrumente im Sinne des § 9 Abs. 1 WpHG im Wege der Datenfernübertragung mitzuteilen sind, fand in der Praxis bislang keine Anwendung. Nachdem die BaFin mit In-Kraft-Treten der Meldeverordnung zu deren IT-technischer Umsetzung zunächst eine sechsmonatige Aussetzung der Meldepflichten gewährt hatte, wurde im Zuge der Diskussion um die geplante Novellierung des Investmentgesetzes und der in diesem Zusammenhang anstehenden gesetzgeberischen Entscheidung über die Ausgestaltung der Meldeanforderungen gänzlich bis auf weiteres von verwaltungs- und bußgeldrechtlichen Maßnahmen zur Durchsetzung der Meldepflichten nach § 9 WpHG abgesehen.

2.3 Anlageuniversum

2.3.1 Single-Hedgefonds

Deutsche Single-Hedgefonds sind gemäß § 112 Abs. 1 InvG weitgehend von gesetzlichen Anlagerestriktionen befreit. Das Investmentgesetz knüpft die Anwendbarkeit der besonderen Vorschriften der §§ 112–120 InvG lediglich an die Voraussetzung, dass die Vertragsbedingungen des Sondervermögens entweder eine durch grundsätzlich unbeschränkte Kreditaufnahme oder durch Derivateinsatz bewirkte Hebelwirkung (so genannte Leverage) oder den Leerverkauf von Vermögensgegenständen vorsehen. Ist mindestens eine dieser Voraussetzung erfüllt, so muss das Sondervermögen von Gesetzes wegen nur den Grundsatz der Risikostreuung beachten und sich auf die in § 2 Abs. 4 Nr. 1–4, 7–9 InvG aufgezählten Anlageobjekte beschränken. Dennoch hat sich gezeigt, dass der bislang in § 112 Abs. 1 i.V.m. § 2 Abs. 4 Nr. 1 bis 4 und Nr. 7 bis 9 InvG vorgesehene Katalog an zulässigen Anlagegegenständen bei einigen Anlagestrategien zu Problemen führen kann. Als besonders nachteilig hat sich erwiesen, dass ein Erwerb von unverbrieften Darlehensforderungen, der häufig im Zusammenhang mit Distressed-Debt-Strategien vorgenommen wird, nicht möglich ist. Der Katalog zulässiger Anlagegegenstände sollte daher um andere, nicht in Wertpapieren verbriefte oder als Derivate anzusehende Rechte oder Forderungen erweitert werden. Auch das Erfordernis, dass Terminkontrakte zu Waren nur dann als zulässiger Anlagegegenstand in Betracht kommen, wenn sie an organisierten Märkten gehandelt werden, sollte fallengelassen werden (vgl. § 112 Abs. 1 Satz 1 InvG i.V.m. § 2 Abs. 4 Nr. 9 InvG). Der Markt für OTC-gehandelte Warenkontrakte ist in den vergangenen Jahren stark gewachsen und wird von der internationalen Hedgefonds-Industrie zunehmend beansprucht. Bei der Investition in Warenterminkontrakte stehen dabei weniger das Kriterium der Handelsabwicklung (OTC oder börsengehandelt), als vielmehr quantitative Kriterien (wie Transaktionskosten, Liquidität des Produkts) und operationelle Überlegungen im weitesten Sinne (z.B. die Produktspezifikation, Verfügbarkeit aktueller Preise) im Vordergrund. Im Hinblick auf diese Entscheidungskriterien bieten OTC-Instrumente regelmäßig eine große Flexibilität und erweisen sich insoweit als vorteilhaft gegenüber den standardisierten börsengehandelten Instrumenten. Zudem ist nicht ersichtlich, weshalb das Gesetz lediglich OTC-gehandelte Warenkontrakte, nicht aber auch andere OTC- gehandelte Vermögensgegenstände untersagt. Denn das Risiko von OTC-Warenkontrakten in Bezug auf die Gegenpartei (Counterparty Risk), die Lieferung (Delivery) oder die Durchsetzbarkeit der Forderung (Enforceability) weicht nicht wesentlich von den diesbezüglichen Risiken anderer OTC-Geschäfte ab. Aus praktischer Sicht ebenfalls zu begrüßen wäre außerdem eine zumindest teilweise Öffnung des Anlagekatalogs für Immobilieninvestments, wobei man insoweit eine der Private Equity-Quote (§ 112 Abs. 1 Satz 3 InvG) vergleichbare Höchstgrenze vorsehen könnte.

Von der bereits im Gesetzgebungsverfahren umstrittenen Verordnungsermächtigung in § 112 Abs. 4 InvG, nach welcher das Bundesministerium der Finanzen zur Abwendung von Missbrauch sowie zur Wahrung der Marktintegrität eine Rechtsverordnung zur Beschränkung von Leverage und von Leerverkäufen erlassen kann, wurde bislang kein Gebrauch gemacht. Aufgrund der bisherigen Erfahrungen sollte auch künftig von hedgefondsspezifischen Handelsbeschränkungen abgesehen werden. Offensichtlich missbräuchliche Leerverkaufspraktiken unterliegen bereits jetzt dem Verbot der Kurs- und Marktpreismanipulation. Darüber hinaus besteht keine überzeugende ökonomische Rechtfertigung für eine Beschränkung von Leerverkäufen jenseits manipulativer Geschäfte. Vielmehr verstärken sich unter dem Eindruck der geplatzten Aktienblase der Jahrtausendwende die Stimmen, die den positiven Beitrag von Leerverkäufen zur Informationseffizienz von Kapitalmärkten unterstreichen. Im übrigen müssten Transaktionsrestriktionen zur Wahrung der Marktintegrität für sämtliche Finanzmarkt-Akteure gleichermaßen gelten, wären also wenn überhaupt im WpHG und nicht im InvG oder einer darauf basierenden Rechtsverordnung mit Geltung nur für spezifische Finanzmarktakteure zu verankern.

Auch aufsichtsrechtliche Beschränkungen des Leverage von Hedgefonds, wie sie in einigen Staaten, etwa Luxemburg und Irland, vorgesehen sind, erscheinen vor dem Hintergrund verschiedener Untersuchungen auf internationaler Ebene über die Auswirkungen von Hedgefonds-Aktivitäten auf die Finanzmarktstabilität als wenig sachgerecht. Die Untersuchungen sprachen sich in der Regel für eine indirekte Regulierung der Hebelwirkung von Hedgefonds durch das Risikomanagement seitens ihrer Kreditgeber aus, die ihrerseits regelmäßig der Bankenaufsicht unterliegen. Ohnehin wirken bereits nach geltendem Recht verschiedene Vorschriften etwaigen Leverage-Risiken entgegen. Nicht nur § 18 KWG steht einer Bereitstellung nicht besicherter Kredite ohne fundierte Kenntnisse über den Kreditnehmer und damit einer die Finanzmarktstabilität gefährdenden Leverage-Inanspruchnahme durch Hedgefonds entgegen. Vielmehr besteht aufgrund der Kreditmeldepflichten des KWG, insbesondere § 14 KWG, der Meldepflicht gemäß § 10 Abs. 2 InvG sowie der Genehmigungspflicht der Vertragsbedingungen von Hedgefonds keine Gefahr des Aufbaus eines hoch gehebelten Single-Hedgefonds in Unkenntnis der Aufsichtsbehörde.

2.3.2 Dach-Hedgefonds

Dach-Hedgefonds unterliegen nach § 113 InvG weitreichenden gesetzlichen Anlagerestriktionen. Das Anlagespektrum erstreckt sich lediglich auf Anteile an so genannten Zielfonds sowie liquide Mittel in Form von Bankguthaben und Geldmarktinstrumenten. Darüber hinaus dürfen bestimmte Geschäfte zur Währungsabsicherung vorgenommen werden. Dach-Hedgefonds sind damit nicht nur die Anlage in sonstige in § 2 Abs. 4 InvG genannte Vermögensgegenstände untersagt, auch dürfen sie weder Leerverkäufe tätigen noch Leverage aufnehmen. Dies verhindert, dass Dachfonds mit ihrem eingeworbenen Kapital selbst Hedgefonds-Strategien verfolgen. In sachlich fragwürdiger Weise bleibt Dach-Hedgefonds die selbst für OGAW-konforme Sondervermögen zulässige, kurzfristige Kreditaufnahme in maximaler Höhe von zehn Prozent des Fondsvermögens (§ 53 InvG) in Ermangelung eines entsprechenden Verweises in § 114 InvG verwehrt; für Zahlungen im Falle der Anteilsrückgabe ist daher jederzeit ausreichende Liquidität vorzuhalten. Das Verbot des im internationalen Hedgefondskontext fest etablierten Mechanismus des so genannten *Bridge Financing* zur Liquiditätssteuerung auf Dach-Hedgefondsebene verursacht einen nicht unerheblichen Wettbewerbsnachteil deutscher Hedgefonds.

Das Verbot von Leerverkäufen und Leverage auf Ebene des Dach-Hedgefonds impliziert auch die Unzulässigkeit von so genannten Managed Account-Strukturen, bei denen der Portfoliomanager seine Anlagestrategie unmittelbar auf Konten umsetzt, die von der Kapitalanlagegesellschaft für den Dachfonds geführt werden. Die Umsetzung eines Managed Account-Ansatzes unter dem Investmentgesetz bedarf daher einer Strukturierung, nach der die einzelnen Portfoliomanager ihre Anlagestrategien auf Konten rechtlich vom Dach-Hedgefonds verselbständigter Vermögensmassen tätigen. Auf diesem Prinzip beruhen die Managed Account Plattformen, die eine erhöhte Positionstransparenz und damit verbunden ein erweitertes Risikomanagement anbieten. Im Hinblick auf die Anforderungen der Zielfonds sieht das Gesetz verschiedene Mindestanforderungen bezüglich des Kreises der als Anlageobjekt in Betracht kommenden Zielfonds, der Zusammensetzung des Zielfondsportfolios, des Auswahlprozesses sowie der laufenden Überwachung der Zielfonds vor.

Investierbare Zielfonds sind ausschließlich deutsche investmentrechtlich regulierte Single-Hedgefonds sowie ausländische Investmentvermögen, die mit § 112 Abs. 1 InvG vergleichbaren Anforderungen unterliegen. Einer aufsichtsrechtlichen Regulierung ausländischer Zielfonds bedarf es nicht, erforderlich ist lediglich die Kooperation bei der internationalen Geldwäschebekämpfung. Zudem kommen nur solche Zielfonds in Betracht, die ihrerseits keinerlei Investitionen in andere Hedgefonds tätigen (so genanntes beschränktes Kaskadenverbot). Der Erwerb anderer Fondsanteile durch den Zielfonds ist vor dem Hintergrund der Definition des Zielfondsbegriffs in § 113 Absatz 1 Satz 2 InvG dagegen unschädlich. Ferner dürfen ausländische Zielfonds gemäß § 113 Abs. 3 InvG nur dann erworben werden, wenn ihr Vermögen von einer Depotbank verwahrt wird oder die Funktionen der Depotbank von einer anderen vergleichbaren Einrichtung wahrgenommen werden. Der Begriff der Depotbank und der vergleichbaren Einrichtung haben sich ausschließlich an § 2 Abs. 7 InvG, nicht an den §§ 20 – 29 InvG zu orientieren. Denn ausweislich der Regierungsbegründung soll auf die Erfordernisse der §§ 20 ff. InvG bereits bei ausländischen Depotbanken verzichtet werden. Dies hat auch für die vergleichbare Einrichtung zu gelten. Abzustellen ist vielmehr auf funktionale Anforderungen, insbesondere im Hinblick auf die Verwahrung von Investmentvermögen, nicht auf strukturelle Anforderungen wie öffentliche Aufsicht, Eigenkapitalanforderungen oder Kreditinstitutseigenschaft. Jedenfalls die in der internationalen Hedgefonds-Branche als Dienstleister etablierten Prime Broker, die eine Vielzahl von Leistungen, wie etwa die Bereitstellung von Fremdkapital gegen Sicherheiten oder die Verleihung von Wertpapieren zur Ermöglichung von Leerverkaufsstrategien erbringen, sollen ausweislich der Gesetzesmaterialien als vergleichbare Einrichtung gelten, wenn es sich bei dem Prime Broker um ein unabhängiges Unternehmen handelt, das auf Leitungsebene keine personelle Verflechtung mit der Verwaltung des Hedgefonds aufweist. Die von Prime Brokern nicht übernommene Überwachungsfunktion rückt ausweislich der Gesetzesbegründung in den Hintergrund. Verlangt wird vielmehr nur, dass die Verwahrung zumindest auch mittelbar im Interesse der Anleger stattfindet, was bei Unabhängigkeit des Prime Brokers vom Hedgefonds gewährleistet sei.

§ 113 Abs. 4 Satz 1 InvG erlaubt eine maximale Investition von 20 Prozent des Fondsvermögenswertes in einen Zielfonds, so dass bei einer maximalen Liquidität von 49 Prozent zumindest in drei Zielfonds investiert werden muss. Eine Anlage in mehr als zwei Zielfonds vom selben Emittenten ist zulässig, sofern nur nicht gleichzeitig in mehr als zwei Zielfonds vom selben Fondsmanager – abzustellen ist auf den einzelnen Fondsmanager als natürliche Person – investiert wird. Damit ermöglicht es § 113 Abs. 4 Satz 2 InvG, dass ein Dach-Hedgefonds vollständig in Zielfonds eines Emittenten investiert ist. Eine Diversifizierung des Zielfondsportfolios nach Anlagestrategien ist gesetzlich nicht vorgeschrieben. Die Pflicht zur Verwaltung des Sondervermögens mit der Sorgfalt eines ordentlichen Kaufmanns nach § 9 Abs. 1 Satz 1 InvG wird im Hinblick auf die Auswahl der Zielfonds durch die Vorgaben des § 113 Abs. 5 InvG konkretisiert. § 113 Abs. 5 InvG verlangt von der den Dach-Hedgefonds verwaltenden Kapitalanlagegesellschaft das Vorliegen und damit auch die Berücksichtigung sämtlicher für die Anlageentscheidungen notwendiger Informationen über die Zielfonds und enthält zugleich einen Mindestkatalog von Informationen, ohne deren Vorliegen eine Investition in den entsprechenden Zielfonds nicht zulässig ist. § 113 Abs. 5 Satz 2 InvG statuiert die Pflicht zur laufenden Überwachung der Zielfonds, die insbesondere die regelmäßige Vorlage allgemein anerkannter Risikokennziffern umfasst, sowie die Bestätigung des Wertes des Zielfonds seitens dessen Depotbank oder einer vergleichbaren Einrichtung, in der Regel eine auf Hedgefonds-Bewertung spezialisierte Administrationsgesellschaft. Eine Konkretisierung allgemein anerkannter Risikokennziffern für Hedgefonds steht nach wie vor aus, von der Ermächtigung nach § 119 InvG zum Erlass einer Rechtsverordnung zur Festlegung der Beschaffenheit von Risiko-Messsystemen wurde bislang kein Gebrauch gemacht. Während der Diskussionsentwurf im Übrigen noch eine wöchentliche Vorlage derartiger Risikokennziffern verlangte, erscheint eine pauschale zeitliche Konkretisierung der neuen gesetzlichen Anforderung *regelmäßiger* Vorlagen unangemessen. Maßgeblich für die Konkretisierung ist auch hier das Leitbild der Sorgfalt des ordentlichen Kaufmanns (§ 9 Abs. 1 InvG), die etwa bei besonders volatilen Zielfonds zwar durchaus die ursprünglich geplante Vorlage wöchentlicher Risikokennziffern gebieten kann. Regelmäßig dürfte unter Berücksichtigung der Änderung im Gesetzgebungsverfahren aber eine monatliche Vorlage ausreichend und auch praktikabel sein.

2.3.3 Gemischte Sondervermögen

Neben Single-Hedgefonds und Dach-Hedgefonds können Anleger in freilich nur geringem Maße auch über gemischte Sondervermögen i.S.d. §§ 83 ff. InvG an Hedgefonds beteiligt werden. § 84 InvG erlaubt den Erwerb von Anteilen an in- und ausländischen Single-Hedgefonds bis zu einer Höhe von zehn Prozent des Sondervermögenswertes. Derart in Hedgefonds investierte gemischte Sondervermögen stellen nicht zuletzt für Spezialfondsinvestoren, die bisher in Wertpapier-Sondervermögen investiert waren, eine interessante Möglichkeit zum Erwerb erster Erfahrungen mit Investitionen in Hedgefonds dar. Allgemein wird es bei gemischten Sondervermögen aufsichtsrechtlich nicht beanstandet, wenn sie im Rahmen der Anlagegrenzen nach § 85 InvG auch Hedgefonds-Zertifikate als zulässige Vermögensgegenstände erwerben; die Vorschrift bezweckt nach Auffassung der BaFin ganz allgemein die Beschränkung von Hedgefondsrisiken auf zehn Prozent des Wertes des Gemischten Sondervermögens; dabei ist es nach Ansicht der BaFin ohne Bedeutung, ob es sich um einen Erwerb beispielsweise von Zertifikaten auf Single-Hedgefonds (-Baskets) oder -Indizes oder von Zertifikaten auf Dach-Hedgefonds (-Baskets) bzw. -Indizes handelt. Für Gemischte Sondervermögen gelte ferner, dass der Erwerb von Hedgefonds-Anteilen nur unter der Voraussetzung zulässig ist, dass diese ihre Mittel nicht selbst in andere Investmentvermögen anlegen. Dieses absolute Kaskadenverbot gilt nach Auffassung der BaFin sowohl für den Erwerb von inländischen als auch von ausländischen Sondervermögen. Nach einer Gesamtschau des § 84 Abs. 1 Nr. 3 und 4 InvG ist § 84 Abs. 1 Nr. 4 InvG nach Auffassung der BaFin dahin auszulegen, dass die Beschränkung auch für den Erwerb von Anteilen an ausländischen Investmentvermögen gilt. Diese aufsichtsrechtliche Behandlung des Gemischten Sondervermögens stößt in der Praxis auf erhebliche Bedenken und sollte zugunsten einer an § 113 Abs. 4 S. 2, 2. Alt. InvG orientierten Auslegung aufgegeben werden. Investiert ein Gemischtes Sondervermögen in inländische oder ausländische Hedgefonds, sollte einheitlich nur das beschränkte Kaskadenverbot Anwendung finden, wonach Zielfonds ihrerseits zwar nicht in Hedgefonds, jedoch in sonstige Investmentvermögen investieren könnten. Im Wege der teleologischen Auslegung von § 84 Abs. 1 Nr. 3 und Nr. 4 InvG wäre dieses Ergebnis bereits nach geltendem Recht möglich. Zwar stellt der Wortlaut des § 84 Abs. 1 Nr. 3 InvG darauf ab, dass eine Anlage des Gemischten Sondervermögens in ein inländisches Sondervermögen beziehungsweise eine inländische Investment-AG mit besonderen Risiken nur möglich ist, soweit diese ihre Mittel nicht selbst in andere Investmentvermögen anlegen. Diese enge Auslegung von § 84 Abs. 1 Nr. 3 InvG steht jedoch im Widerspruch zur gesetzgeberischen Intention, wonach Anlageformen im Sinne des § 83 Abs. 1 Nr. 3 InvG nur als Beimischung in das Portfolio nutzbar gemacht werden sollen. An keiner Stelle der Gesetzesbegründung – weder im Hinblick auf § 84 Abs. 1 Nr. 3 oder Nr. 4 InvG – wird darauf abgestellt, das Gemischte Sondervermögen durch das absolute Kaskadenverbot in seiner Anlagestrategie zu beschränken. Um Gemischten Sondervermögen den Erwerb von Single-Hedgefonds nicht unnötig zu erschweren, hat der Gesetzgeber ferner darauf verzichtet, ihnen die Vorhaltung von Risiko-Messsystemen aufzuerlegen. Im Gegenzug hat er die Investitionsmöglichkeit in Single-Hedgefonds nach § 85 InvG auf bis zu zehn Prozent des Wertes des Sondervermögens beschränkt, da wirtschaftlich lediglich eine Beimischung angestrebt wird und Kapitalanlagegesellschaften nicht in gleicher Weise ein Risiko-Messsystem vorhalten können wie solche, die die Auflegung und Verwaltung von Dach-Sondervermögen mit zusätzlichen Risiken betreiben.

Vor diesem Hintergrund erscheint es geboten, § 84 Abs. 1 Nr. 3 a.E. InvG inhaltlich entsprechend der Parallelvorschrift des § 113 Abs. 4 Satz 2 InvG auszulegen. Der Schutz vor kostenträchtigen und mit geringer Transparenz versehenen Kaskaden wird bereits mit dem in § 113 Abs. 4 Satz 2, 2. Alt. InvG statuierten beschränkten Kaskadenverbot hinreichend verwirklicht. Die Beimischung anderer Sondervermögen ist für Single-Hedgefonds vorübergehend, etwa zur Überbrückung bestimmter Marktphasen oder zur Abdeckung bestimmter Marktsegmente über sehr liquide und kostengünstige Exchange Traded Funds (z.B. Index- oder Branchenfonds) von Interesse und daher auch aus Sicht des Anlegers vorteilhaft. Im Falle des § 84 Abs. 1 Nr. 4 InvG spricht bereits der Wortlaut gegen ein absolutes Kaskadenverbot; er weist keinerlei Einschränkung bei Anlagen in ausländische Investmentvermögen auf.

Schließlich führt auch die Zulässigkeit von Hedgefonds-Zertifikaten bzw. -Indizes als zulässige Investitionsanlage des Gemischten Sondervermögens innerhalb der Anlagegrenze des § 85 InvG zu einer unangemessenen Benachteiligung von Hedgefonds-Produkten gegenüber Zertifikatsstrukturen. Es ist nicht ersichtlich, weshalb Vermögensgegenstände nach § 84 Abs. 1 Nr. 3 und 4 InvG dem strengen Kaskadenverbot unterliegen sollten, gleichzeitig aber die Investition in mit weiteren Kosten verbundene strukturierte Produkte mit Hedgefonds-Kaskaden mit gleicher Risikoallokation im Rahmen von § 85 InvG uneingeschränkt für zulässig erachtet wird.

2.4 Depotbank und vergleichbare *Einrichtungen* bei deutschen Hedgefonds

Bei inländischen Hedgefonds muss wie auch bei anderen inländischen Sondervermögen nach § 114 InvG i.V.m. § 20 Abs. 1 InvG eine Depotbank i. S. d. § 20 Abs. 1, 2 InvG eingeschaltet werden. Für inländische Hedgefonds kommt ein Unternehmen, das zwar unter die Legaldefinition der Depotbank in § 2 Abs. 7 InvG fällt, den weiteren Anforderungen und Pflichten aus §§ 20–29 InvG nicht entspricht, als Depotbank nicht in Betracht. Allein für deutsche Single-Hedgefonds – nicht für deutsche Dach-Hedgefonds – sieht das Investmentgesetz die Möglichkeit vor, einzelne Aufgaben der Depotbank von einer vergleichbaren Einrichtung wahrnehmen zu lassen. Zwar weicht der Wortlaut des § 112 Abs. 3 InvG von der für ausländische Single-Hedgefonds als Zielfonds deutscher Dachfonds maßgeblichen Vorschrift des § 113 Abs. 3 InvG ab; ebenso wie im Rahmen des § 113 Abs. 1 InvG stellt sich jedoch auch bei § 112 Abs. 3 InvG die Frage, unter welchen Bedingungen Prime Broker als vergleichbare Unternehmen in

Betracht kommen. Freilich ist zu beachten, dass § 112 Abs. 3 InvG bei der Einschaltung von Prime Brokern durch inländische Single-Hedgefonds nur einschlägig ist, sofern der Prime Broker tatsächlich Depotbankaufgaben i. S. d. §§ 20–29 InvG wahrnimmt. Nicht sämtliche Aufgaben einer Depotbank in ihrer Ausprägung durch §§ 20–29 InvG gehören zu den international üblicherweise von Prime Brokern wahrgenommenen Tätigkeiten, so etwa die Geltendmachung von Anlegeransprüchen i. S. d. § 28 Abs. 1 InvG. Ebenso wenig gehören viele übliche Tätigkeiten von Prime Brokern nicht zu den durch §§ 20–29 InvG gesetzlich festgelegten Aufgaben einer Depotbank. Kerngeschäfte des Prime Brokerage wie etwa die Bereitstellung von Fremdkapital oder die Bereitstellung von Wertpapieren für Leerverkäufe sind keine Depotbankaufgaben i. S. d. §§ 20–29 InvG.

Zu den Depotbankaufgaben, die für eine Wahrnehmung durch Prime Broker in Betracht kommen, gehört insbesondere die Verwahrung von Fondsvermögen (§ 24 Abs. 1 InvG). Sollen Prime Broker das Verwahrgeschäft für inländische Single-Hedgefonds ausführen, so müssen sie vergleichbare Unternehmen i. S. d. § 112 Abs. 3 InvG darstellen. Wie im Rahmen des § 113 Abs. 3 InvG stellt sich auch hier die Frage nach dem Vergleichsmaßstab, der aufgrund der Mehrdeutigkeit des Depotbankbegriffs im Investmentgesetz problematisch ist. Da § 112 Abs. 3 InvG unstreitig von einer Depotbank i. S. d. §§ 20–29 InvG ausgeht, spricht die Gesetzessystematik für einen Vergleich anderer Einrichtungen anhand der §§ 20–29 InvG. Da bei deutschen Single-Hedgefonds aber ohnehin eine Depotbank i. S. d. §§ 20–29 InvG einzuschalten ist, erscheint es im Hinblick auf den durch das Depotbankprinzip erstrebten Anlegerschutz ausreichend, die Vergleichbarkeit i. S. d. § 112 Abs. 3 InvG allein anhand der in § 2 Abs. 7 InvG benannten Funktionen der Verwahrung und Überwachung von Fondsvermögen festzumachen. Problematisch erschiene in jedem Fall eine unterschiedliche Interpretation des *vergleichbaren Unternehmens* in § 112 Abs. 3 InvG zur vergleichbaren Einrichtung in § 113 Abs. 3 InvG, da dies zu einer Ungleichbehandlung inländischer Single-Hedgefonds und ausländischer Single-Hedgefonds im Hinblick auf ihre Dachfondstauglichkeit führen würde.

Eine Reihe von Auslegungsfragen zum Einsatz von Prime Brokern bei inländischen Hedgefonds hat das BMF-Merkblatt vom 26.5.2004 geklärt. Neben der Frage, wer überhaupt als Prime Broker in Frage kommt, werden unter anderem Fragen der Vertragsbezie-hungen zum Prime Broker, Haftungsfragen und die Sicherheitenbestellung aus dem Hedgefonds-Vermögen behandelt. Besondere Beachtung verdient in diesem Zusammenhang der Hinweis des BMF, wonach – entgegen der Gesetzesbegründung zu ausländischen Zielfonds, dass an vergleichbare Einrichtungen im Sinne von § 113 Abs. 3 InvG keine strukturellen Anforderungen gestellt werden – der Begriff der vergleichbaren Einrichtung nur Prime Broker umfasst, die ihren Sitz in der EU oder dem EWR haben und einer wirksamen öffentlichen Aufsicht unterliegen. Ferner muss die BaFin die angemessene Bonität des Prime Brokers festgestellt haben. Wenig nachvollziehbar ist, warum nicht auch Prime Broker aus Drittstaaten mit vergleichbarem Aufsichtsniveau diese Voraussetzungen erfüllen sollen. Nicht zuletzt begegnet diese Beschränkung GATS-rechtlichen Bedenken. Von gleichwertigen Aufsichtsbestimmungen ist derzeit bei Kreditinstituten mit Sitz in Australien, Kanada, Japan, Schweiz, Südkorea,

Neuseeland und den USA auszugehen. Werden Prime Broker mit Sitz im Ausland eingeschaltet, so ist in Abweichung von der nach § 24 Abs. 1 Satz 3 InvG vorgesehenen Beschränkung der Auslandsverwahrung auf ausländische Wertpapiere eine einheitliche Verwahrung aller Wertpapiere unabhängig von ihrer Herkunft beim Prime Broker zulässig.

Ferner konkretisiert das BMF-Schreiben, wer als Vertragspartner des Prime Brokers in Betracht kommt. Danach kann entweder die Depotbank einen Vertrag mit einem Primebroker als Unterverwahrer abschließen (Sub-Custodian-Modell) oder die Kapital-anlagegesellschaft kann direkt einen Prime Broker einschalten (KAG-Modell). Soweit beim KAG-Modell zugleich die Aufgabe der Verwahrung und damit eine wesentliche Depotbankaufgabe vergeben wird, muss die Depotbank im Rahmen allgemeiner Outsourcing-Regeln der Auslagerung zustimmen. Die Depotbank kann dabei ihre Steuerungs- und Kontrollrechte gegenüber dem Prime Broker und auch gegenüber der Kapitalanlagegesellschaft sowohl dadurch sichern, dass sie dem Vertrag zwischen Kapitalanlagegesellschaft und Prime Broker beitritt oder dass sie ihre Rechte im Depotbankvertrag mit der Kapitalanlagegesellschaft festschreibt.

3 Hedgefonds-Vertrieb

3.1 Vertrieb deutscher Hedgefonds

Der Vertrieb deutscher Hedgefonds unterliegt den allgemeinen Vorschriften des Investmentgesetzes über Verkaufsprospekte und Vertragsbedingungen bzw. Satzungen, die durch hedgefonds-spezifische Vorschriften ergänzt werden. Gemäß § 93 Abs. 1, 2. HS InvG sind die Vertragsbedingungen auch bei Auflegung von Hedgefonds als Spezial-Sondervermögen genehmigungsbedürftig, ein Verkaufsprospekt ist in diesem Falle jedoch entbehrlich (§ 93 Abs. 3 InvG). Bei Dach-Hedgefonds gänzlich unzulässig – nicht aber bei Single-Hedgefonds – ist die Ausgabe des im Zuge der Umsetzung der OGAW-Richtlinie eingeführten vereinfachten Verkaufsprospekts (§ 42 Abs. 1 Satz 1, 2. HS InvG).

Inhaltlich müssen der Prospekt und die Vertragsbedingungen von Hedgefonds grundsätzlich dieselben Pflichtangaben enthalten wie sie für sämtliche Sondervermögen vorgesehen sind. Darüber hinaus können in den Vertragsbedingungen von Hedgefonds die Anteilskündigung und -auszahlung gemäß § 116 InvG besonderen Einschränkungen unterworfen werden. Für Dach-Hedgefonds sehen die §§ 117, 118 InvG einen umfangreichen Katalog zusätzlicher Pflichtangaben vor, welche sich insbesondere auf die Auswahl der Zielfonds beziehen. Ferner ist die Berechnungsmethode der vom Anleger zu tragenden Gesamtkosten anzugeben, wobei das Investmentgesetz selbst weder den in der Hedgefonds-Branche üblichen Erfolgsprämien Grenzen setzt noch die Einhaltung sonst üblicher Berechnungsmethoden, insbesondere das Überschreiten einer

High Watermark, bei der Gewährung der Erfolgsprämie vorschreibt. Schließlich muss der Verkaufsprospekt von Dach-Hedgefonds an auffälliger Stelle einen in § 117 Abs. 2 InvG vorformulierten Warnhinweis des Bundesfinanzministers wiedergeben.

Beim Erwerb von Anteilen an inländischen und ausländischen Dach-Hedgefonds durch natürliche Personen müssen gemäß § 121 Abs. 3 Satz 1 InvG sämtliche Verkaufsunterlagen vor Vertragsschluss ausgehändigt werden. Zudem unterliegt der Erwerb derartiger Anteile einem Schriftformerfordernis und er ist von einem vorherigen Hinweis auf die Risiken, insbesondere das Totalverlustrisiko der Anlage, zu begleiten. Ob die Beschränkung des § 121 Abs. 3 InvG auf natürliche Personen auch für die §§ 121 Abs. 3 Satz 3–4 InvG gilt, lässt sich dem Wortlaut des § 121 Abs. 3 InvG nicht zweifelsfrei entnehmen, doch spricht das geringere Schutzbedürfnis bei nicht-natürlichen Personen als Investoren eher gegen eine extensive Anwendung der §§ 121 Abs. 3 Satz 2–4 InvG auf sämtliche Investoren.

Abweichend von der jederzeitigen Rückgabemöglichkeit bei Anteilsscheinen klassischer Investmentfonds (§ 37 Abs. 1, 1. HS InvG) sieht § 116 S 1 InvG im Einklang mit Regelungsvorbildern anderer europäischer Staaten, wie etwa der Schweiz, die Möglichkeit vor, dass für Anteile an Hedgefonds die Rücknahme nur zu bestimmten Rücknahmeterminen, mindestens jedoch einmal kalendervierteljährlich möglich ist; eine entsprechende Einschränkungsmöglichkeit besteht auch hinsichtlich der gemäß § 36 Abs. 1 InvG prinzipiell börsentäglich vorzunehmenden Ermittlung des Sondervermögenswerts, obgleich der Wortlaut des § 116 S 1 InvG sich auf die Einschränkung der vom Sondervermögenswert abgeleiteten Berechnung des Anteilswerts bezieht. Darüber hinaus kann gemäß § 116 S. 2 InvG eine unwiderrufliche Rückgabeerklärung seitens des Anlegers bis zu 40 Tagen (Single-Hedgefonds) bzw. 100 Tagen (Dach-Hedgefonds) vor dem Rücknahmetermin verlangt werden. § 116 InvG sieht jedoch keine Auszahlungsfrist vor, so dass die Auszahlung an den Anleger grundsätzlich unverzüglich nach dem Rücknahmetermin erfolgen muss. Dies erscheint insofern problematisch, als bei Dach-Hedgefonds dann jeweils zum Rücknahmetermin der exakte Anteilswert sämtlicher investierter Zielfonds und die entsprechende Liquidität vorliegen müssen. Die Möglichkeit eines vorläufigen Einbehalts auf einen geschätzten Anteilspreis, wie sie bei einigen Hedgefonds-Zertifikaten bis zu einer exakten Berechnung des maßgeblichen Portfoliowertes vorgesehen ist, sieht das Gesetz bislang nicht vor.

3.2 Vertrieb ausländischer Hedgefonds

Die Vertriebsvorschriften des Investmentgesetzes verbessern auch für ausländische Hedgefonds die gesetzlichen Rahmenbedingungen. Entsprechend der Rechtslage für deutsche Single-Hedgefonds können auch ausländische Investmentvermögen, deren Anlagepolitik derjenigen deutscher Single-Hedgefonds i.S.d. § 112 InvG vergleichbar ist, gegenwärtig in Deutschland nicht öffentlich vertrieben werden. Nicht ausgeschlossen ist aber der vom Anwendungsbereich des Investmentgesetz nicht erfasste Erwerb derartiger Single-Hedgefonds im Wege einer Privatplatzierung.

Von besonderer Bedeutung für ausländische Dach-Hedgefonds ist, dass gemäß § 123 InvG nicht nur Verkaufsprospekt und Vertragsbedingungen beziehungsweise Satzung dem Anleger in deutscher Sprachfassung auszuhändigen sind, vielmehr müssen „sämtliche Veröffentlichungen und Werbeschriften" in deutscher Sprache abgefasst sein oder in diese übersetzt werden. Dies sollte allerdings nur für solche Veröffentlichungen und Werbeschriften verlangt werden, welche auch für deutsche Anleger beziehungsweise den deutschen Markt bestimmt sind. Für sämtliche Dokumente ist die deutsche Fassung maßgeblich.

Mangels Konformität mit der OGAW-Richtlinie fällt der öffentliche Vertrieb von Anteilen an ausländischen Dach-Hedgefonds regelmäßig unter die Vorschriften über den öffentlichen Vertrieb so genannter Nicht-EG-Investmentanteile (§§ 135 - 140 InvG). Der Referenten- und Diskussionsentwurf des Investmentmodernisierungsgesetzes sah zunächst den öffentlichen Vertrieb von Nicht-EG-Investmentanteilen nur für Anteile von Investmentgesellschaften mit Sitz in einem anderen EU- oder EWR-Staat vor, eröffnete jedoch die Möglichkeit einer Ausweitung auf Drittstaaten per Rechtsverordnung. Das Investmentgesetz hat diese Diskriminierung von Nicht-EU/EWR-Staaten aufgegeben. Hinsichtlich der Sitzstaaten besteht die Beschränkung, dass nur ausländische Dach-Hedgefonds aus solchen Staaten zum öffentlichen Inlandsvertrieb zugelassen werden können, in denen sie einer wirksamen staatlichen Aufsicht zum Schutz der Anleger unterliegen und bei denen die dortige Aufsichtsbehörde zu einer befriedigenden Zusammenarbeit mit der BaFin bereit ist. Die Wirksamkeit der öffentlichen Aufsicht ist im Hinblick auf die konkret in Frage stehende ausländische Investmentgesellschaft zu beurteilen, eine generell wirksam operierende Aufsicht über das Investmentwesen im Sitzstaat genügt also nicht, wenn Hedgefonds – wie bislang noch oftmals in den USA – unter Ausnahmebestimmungen von der Investmentaufsicht operieren; auch diesbezüglich kommt es darauf an, ob sich der jeweilige Dach-Hedgefonds derartige Ausnahmebestimmungen zu Nutze macht oder sich der Investmentaufsicht im Sitzstaat unterwirft.

3.2.1 Formelle Voraussetzungen des öffentlichen Vertriebs

Hinsichtlich der formellen Voraussetzungen des öffentlichen Vertriebs lehnt sich das InvG weitgehend an die bisherigen Vorschriften des AuslInvG über den öffentlichen Vertrieb von Nicht-OGAW-Anteilen an. Erforderlich ist demnach eine Anzeige gegenüber der BaFin unter Beifügung zahlreicher Unterlagen über die ausländische Investmentgesellschaft, die ausländischen Investmentanteile und die Aufsicht im Sitzstaat. Der öffentliche Vertrieb im Inland kann erst aufgenommen werden, nachdem seit Eingang der vollständigen Vertriebsanzeige drei Monate vergangen sind und die BaFin die Aufnahme des öffentlichen Vertriebs nicht untersagt hat. Die Untersagung erfolgt bei nicht ordnungsgemäß erfolgter Vertriebsanzeige sowie bei Nichterfüllung der in § 136 InvG aufgestellten materiellen Anforderungen an im Inland öffentlich vertriebsfähige ausländische Nicht-EG-Investmentanteile.

3.2.2 Materielle Voraussetzungen des öffentlichen Vertriebs

Die materiellen Anforderungen an ausländische Investmentanteile, die im Inland öffentlich vertrieben werden sollen, ergeben sich aus §§ 136–137 InvG, welche Besonderheiten des Hedgefonds-Vertriebs berücksichtigen. Wie beim öffentlichen Vertrieb sonstiger ausländischer Investmentanteile bedarf es auch bei Anteilen an ausländischen Hedgefonds der Benennung eines inländischen Repräsentanten sowie einer inländischen Zahlstelle seitens der ausländischen Investmentgesellschaft. Um in Deutschland öffentlich vertriebsfähig zu sein, müssen Anteile an ausländischen Dach-Hedgefonds im Wesentlichen denselben Anforderungen gerecht werden wie Anteile an deutschen Dach-Hedgefonds. Das Vermögen des Dachfonds muss grundsätzlich durch eine Depotbank verwahrt werden, welche die Anleger in einer den Vorschriften der §§ 20 - 29 InvG vergleichbaren Weise sichert. Bei ausländischen Dach-Hedgefonds steht die Wahrnehmung einzelner Depotbankaufgaben durch eine vergleichbare Einrichtung dem öffentlichen Vertrieb der Anteile nicht entgegen. Anteile an ausländischen Dach-Hedgefonds sind im Inland nur vertriebsfähig, wenn der ausländische Dach-Hedgefonds hinsichtlich seiner Anlageobjekte Restriktionen einhält, die denen des § 113 Abs. 1 und 2 InvG vergleichbar sind. Grundsätzlich dürfen für den ausländischen Dach-Hedgefonds daher nur Investitionen in Zielfonds i.S.d. § 113 Abs. 1 Satz 2 InvG – das heißt Single-Hedgefonds, keine traditionellen Investmentfonds oder Fonds mit einem Private Equity-Anteil von mehr als 30 Prozent –, liquide Anlagen bis zu 49 Prozent des Fondsvermögens sowie Absicherungsgeschäfte für Fremdwährungsgeschäfte getätigt werden.

Ebenso wenig dürfen Leerverkäufe und Leverage auf der Ebene des ausländischen Dachfonds vorgesehen sein; ob damit auch die zehnprozentige kurzfristige Kreditaufnahme i.S.d. § 53 InvG den öffentlichen Vertrieb von Anteilen an ausländischen Dach-Hedgefonds ausschließt, erscheint nach wie vor zweifelhaft. Darüber hinaus müssen die für deutsche Dach-Hedgefonds geltenden Anforderungen des § 113 Abs. 3 und Abs. 4 InvG auch seitens des ausländischen Dach-Hedgefonds entsprechend eingehalten werden. Gegenüber deutschen Dach-Hedgefonds sind bei ausländischen Dach-Hedgefonds die Bedingungen für den öffentlichen Vertrieb ihrer Anteile im Inland insofern abgemildert, als sie nicht die Anforderungen des § 113 Abs. 5 InvG bezüglich des Auswahlprozesses und der laufenden Überwachung der Zielfonds genügen müssen.

4 Steuerliche Transparenzanforderungen an Hedgefonds

Die Besteuerung der Anlage in in- und ausländische Hedgefonds richtet sich nach dem Investmentsteuergesetz, das von der Finanzverwaltung in einem nach vier Entwurfsfassungen im Juni 2005 veröffentlichten Einführungsschreiben kommentiert wurde. Die steuerliche Erfassung der Hedgefondserträge folgt wie bei allen Formen der deutschen Investmentbesteuerung im Grundsatz dem Transparenzprinzip. Der Anteilsinhaber eines Investmentvermögens wird danach so besteuert, als ob er die Erträge des Investmentvermögens unmittelbar bezogen hätte. Allerdings ist das Transparenzprinzip nicht konsequent durchgehalten, da etwa thesaurierte Wertpapierveräußerungsgewinne dem Anleger nicht zugerechnet werden. Es gilt im übrigen auch nur, sofern die Besteuerungsgrundlagen offen gelegt werden, anderenfalls droht eine konfiskatorische Strafbesteuerung des Anlegers, durch die nicht nur die Erträge, sondern auch die Kapitalsubstanz des Anlegers angegriffen werden kann.

Kern der deutschen Transparenzanforderungen ist die Ermittlung der Höhe sowie der Zusammensetzung der Besteuerungsgrundlagen nach deutschen investmentsteuerrechtlichen Grundsätzen für das Fondsgeschäftsjahr. Für eine transparente Besteuerung der Erträge aus Anteilen an Hedgefonds sind zunächst nach deutschen steuerrechtlichen Grundsätzen die Besteuerungsgrundlagen zu ermitteln und zusammen mit einer Berufsträgerbescheinigung i.S.d. § 5 Abs. 1 Nr. 3 InvStG innerhalb von vier Monaten nach dem Ende des relevanten Geschäftsjahres im elektronischen Bundesanzeiger zu veröffentlichen. Die Entscheidung, ob für das betreffende Geschäftsjahr des Hedgefonds eine deutsche steuerliche Transparenz hergestellt werden soll, kann bei einfachen Strategien aufgrund der geringeren Komplexität auch noch kurz nach Ende des Geschäftsjahres getroffen werden. Dementgegen sind bei komplexen Multi-Strategy Hedgefonds in der Regel mehrere Monate Vorlaufzeit notwendig, um die entsprechenden technischen Anpassungen auf Ebene des Hedgefonds beziehungsweise des Administrators vorzunehmen.

Die deutschen Transparenzanforderungen sind wesentlicher Grund dafür, dass viele erfolgreiche und erfahrene ausländische Hedgefonds-Manager den deutschen Markt nach wie vor meiden und das Angebot von Hedgefonds-Produkten für deutsche Investoren mehr oder weniger auf lokale Anbieter beschränkt ist. Um die Strafbesteuerung deutscher Investoren zu vermeiden, müssen auch ausländische Hedgefonds eine Transparenz aufweisen, die sie im Zweifel nicht herstellen wollen. Anders als landläufig behauptet, liegt dies allerdings nicht daran, dass die Preisgabe detaillierter Angaben zu ihrer Handelsstrategie gegenüber anderen Hedgefonds-Anbietern zu befürchten ist. Denn die Besteuerungsgrundlagen beziehen sich nicht auf einzelne Transaktionen, sondern beinhalten lediglich eine Aufschlüsselung sämtlicher in einem Geschäftsjahr erzielten Dividenden, Zinserträge, Veräußerungsgewinne etc. Vielmehr ist die Herstellung der steuerlichen Transparenz nach deutschem Muster mit erheblichem administrativem und zeitlichem Aufwand verbunden. Ein Großteil der Administrationsgesellschaften ist hierauf nicht eingerichtet.

Der Zugang zu attraktiven ausländischen intransparenten Hedgefonds steht dem deutschen Investor allenfalls über strukturierte Produkte zur Verfügung. Zugunsten der Zertifikateindustrie wurde im genannten BMF-Schreiben klargestellt, dass (Hedgefonds-)Zertifikate im Regelfall vom Anwendungsbereich des Investmentsteuergesetzes und damit von dessen Transparenzanforderungen ausgenommen sind. Zur Stärkung des deutschen Hedgefonds-Marktes wäre eine Verringerung deutscher Transparenzstandards wünschenswert, etwa durch Übergang zu einer Besteuerung des Anlegers auf Grundlage des Nettoinventarwertes.

5 Hedgefonds als Anlage für Versicherungsunternehmen

5.1 Mögliche Anlageformen

Versicherungsunternehmen zählen traditionell zur wichtigsten institutionellen Anlegergruppe. Durch die im August 2004 erfolgte Änderung der Anlageverordnung ist es ihnen seither möglich, bis zu fünf Prozent des Sicherungsvermögens direkt in Hedgefonds, die im Europäischen Wirtschaftsraum (EWR) domiziliert sind, zu investieren. Der Erwerb ausländischer Hedgefondsprodukte erfordert, dass im Domizilierungsstaat eine wirksame öffentliche Aufsicht vorherrscht. Die Neufassung der Anlageverordnung erlaubt auch den Erwerb strukturierter Produkte (z.B. Zertifikate oder Genussrechte), die auf Hedgefonds (*Referenzfonds*) bezogen sind. Hierbei kann es sich im Einzelfall auch um Hedgefonds handeln, bei denen ein Direkterwerb nicht möglich wäre, etwa weil der Fonds außerhalb des EWR ansässig ist. Bei Dach-Hedgefonds als Referenzfonds muss sichergestellt sein, dass Leerverkäufe sowie grundsätzlich eine Fremdkapitalaufnahme zur Steigerung des Investitionsgrades auf Ebene des Dachfonds ausgeschlossen sind; Bridge Financing hingegen ist dann unschädlich, wenn es auf maximal zehn Prozent des Fondsvolumens beschränkt ist und höchstens für einen Zeitraum von sechs Monaten erfolgt.

Voraussetzung für den Erwerb eines strukturierten Produkts ist ferner, dass der jeweilige Emittent des strukturierten Produktes seinen Sitz in einem Mitgliedstaat des EWR hat, auf die Ansässigkeit des Referenzfonds kommt es, wie erwähnt, nicht an. Außerdem wird verlangt, dass der maximale Verlust des Anlegers auf den Wert seines Engagements begrenzt und daher eine Nachschusspflicht ausgeschlossen ist. Ferner ist bei Produkten mit einer Anbindung an einen Dach-Hedgefonds in Anlehnung an § 116 InvG für das Versicherungsunternehmen eine mindestens vierteljährliche Liquidität sicherzustellen. Eventuell bei der Rückgabe einzuhaltende Fristen dürfen einen Zeitraum von 100 Tagen nicht überschreiten. Die Vereinbarung von Maximalbeträgen der Emission, die zu einem bestimmten Termin zurückgenommen werden, ist nur zulässig, wenn dadurch die durch § 116 InvG vorgegebenen Höchstfristen nicht überschritten werden. Eine Anlage des Referenzfonds in die Zielfonds über Zwischengesellschaften (Zwischenholdings) wird hingegen aufsichtsrechtlich trotz des bei einer Direktanlage entgegenstehenden Kaskadenverbots (§ 113 Abs. 4 Satz 2 InvG) für strukturierte Hedgefonds-Produkte bis auf weiteres als zulässig erachtet, ebenso die Anbindung eines strukturierten Produkts an ein Pooling-Vehikel, in dem mehrere verschiedene Dach-Hedgefonds zusammengefasst werden.

5.2 Anforderungen an den Due Diligence-Prozess

Vor einer Anlage in Single-Hedgefonds und strukturierte Hedgefonds-Produkte muss das Versicherungsunternehmen im Rahmen eines Due Diligence-Prozesses sämtliche für die Anlageentscheidung notwendigen Informationen über den jeweiligen Anlagegegenstand und die mit ihm verbundenen Risiken einholen. Hierbei hat sich das Versicherungsunternehmen insbesondere die maßgebliche Fondsdokumentation (das heißt Vertragsbedingungen beziehungsweise Satzung und Verkaufsprospekte oder gleichwertige Dokumente) sowie den letzten Jahres- und Halbjahresbericht beziehungsweise vergleichbare Informationen vorlegen zu lassen. Für Anlagen in Dach-Hedgefonds und Gemischte Sondervermögen gelten grundsätzlich die gleichen Voraussetzungen; ausreichend ist es hier, wenn die Informationen und Unterlagen in Bezug auf den Dachfonds beziehungsweise das Gemischte Sondervermögen eingeholt werden. Bei unmittelbaren Anlagen in Dach-Hedgefonds oder mittelbaren Anlagen über strukturierte Produkte kann sich der Due Diligence-Prozess daher auf den Dachfonds und seinen Manager beschränken. Ist der Basiswert eines strukturierten Produkts ein breit diversifizierter Hedgefonds-Index, so müssen Informationen über dessen Zusammensetzung und die Auswahl der einzelnen Indexbestandteile eingeholt werden. Der BAI hat standardisierte Fragenkataloge erarbeitet, die Versicherungsunternehmen als Unterstützung im Rahmen des Due Diligence-Prozesses vor einer Anlage in Hedgefonds-Produkte dienen sollen und von der BaFin für diesen Zweck ausdrücklich anerkannt worden sind. Es können im Rahmen des Due Diligence-Prozesses jedoch auch andere Fragenkataloge verwendet werden, wenn diese einen vergleichbaren Detaillierungsgrad aufweisen.

5.3 Anforderungen an das Risikomanagement

Entsprechend dem erhöhten Risiko von Anlagen in Hedgefonds-Produkte werden an das Risikomanagement besondere Anforderungen gestellt. Es beinhaltet primär eine laufende Überwachung der Einhaltung der verfolgten Anlagestrategien (durch Überprüfung von allgemein anerkannten Risikokennziffern), wobei bei Anlagen in Dach-Hedgefonds, Gemischte Sondervermögen und strukturierte Hedgefonds-Produkte mit einer breiten Diversifizierung von einer Überwachung der einzelnen Zielfonds abgesehen werden kann. Bei Anlagen in Single-Hedgefonds muss sich das Versicherungsunternehmen darüber hinaus von der Depotbank des Fonds beziehungsweise einer vergleichbaren Einrichtung (z.B. Prime Broker) eine Bestätigung des Fondswerts vorlegen lassen. Sofern das Versicherungsunternehmen das Risikomanagement nicht selbst durchführen kann oder will, ist auch die Beauftragung eines anderen unabhängigen Unternehmens möglich, das über die notwendigen organisatorischen und personellen Voraus-setzungen verfügt. Die von diesem externen Unternehmen aufbereiteten Informationen müssen dann adäquat in das Risikomanagement des Versicherungsunternehmens integriert werden. Bei unmittelbaren oder mittelbaren Anlagen in Dach-Hedgefonds reicht es im Zweifel aus, wenn sich das Versicherungsunternehmen auf die reine Risiko-Controlling-Funktion beschränkt, da das erforderliche Risikomanagement bereits weitestgehend auf Ebene des Dachfonds erfolgt.

5.4 Interne und externe Berichtspflichten

Bei Anlagen in Hedgefonds muss das Versicherungsunternehmen neben internen Berichtspflichten (gegenüber dem Gesamtvorstand und dem Aufsichtsrat) spezifische externe Berichtspflichten gegenüber der BaFin erfüllen. Dieser ist jeweils vierteljährlich (bis zum Ende des auf das Kalenderquartals folgenden Monats) über alle Neuanlagen in Hedgefonds sowie über den Gesamtbestand der Anlagen in Hedgefonds-Produkte Bericht zu erstatten. Diese Berichtspflicht umfasst grundsätzlich alle möglichen direkten und indirekten Anlagen in Hedgefonds-Produkte, wobei für strukturierte Hedgefonds-Produkte die fortlaufende Anzeige über den Gesamtbestand der Anlagen nicht erforderlich ist.

6 Schlussfolgerung

Durch das Investmentmodernisierungsgesetz wurden die rechtlichen Rahmenbedingungen für Hedgefonds in Deutschland nachhaltig verbessert. Aufgrund des bemerkenswert raschen Gesetzgebungsprozesses sind einige Ungereimtheiten im Investmentgesetz nicht ausgeblieben. Es bleibt abzuwarten, inwieweit der Gesetzgeber mit seiner für die erste Jahreshälfte 2007 avisierten ersten Novellierung des Investmentgesetzes die gegenwärtig bestehenden Unwägbarkeiten der Hedgefonds-Regulierung in Deutschland beseitigen wird. Vor allem die steuerlichen Transparenzstandards stehen einem nachhaltigen Aufschwung des Hedgefondsstandortes Deutschland entgegen. Um das Ziel des Investmentgesetzes tatsächlich realisieren zu können und den Investmentstandort Deutschland durch Hedgefonds-Produkte zu stärken, sollten der deutsche wie auch der europäische Normgeber davon Abstand nehmen, durch weitere Regulierungsmaßnahmen attraktive Hedgefonds-Produkte dem deutschen Investor vorzuenthalten.

Literaturverzeichnis

BaFin (2004): Rundschreiben 7/2004 (VA) vom 20. August 2004 (GZ: VA 14 – O 1000 – 200/4).

BaFin (2005): Rundschreiben 11/2005 (VA) vom 22. Juli 2005 (GZ: VA 14 – O 1000 – 370/04).

BMF (2004): BMF-Auslegungsschreiben über Primebroker nach dem Investmentgesetz (Stand: 26. Mai 2004).

BMF (2005): BMF-Einführungsschreiben zum Investmentsteuergesetz vom 2. Juni 2005 (IV C 1 – S 1980 – 1 – 87/05).

BMF (2005): BMF-Schreiben zur Veröffentlichung der Besteuerungsgrundlagen im elektronischen Bundesanzeiger nach § 5 Abs. 1 InvStG (IV C 1 – S 1980 – 1 – 137/05).

Deutscher Bundestag (2003): Regierungsentwurf zum Investmentmodernisierungsgesetz, BT-Drs. 15/1553 v.19.9.2003.

Deutscher Bundestag (2003): Stellungnahme Bundesrat und Gegenäußerung Bundesregierung zum Investmentmodernisierungsgesetz, BT-Drs. 15/1671 v. 9.10.2003

Deutscher Bundestag (2003): Beschlussempfehlung Finanzausschuss zum Investmentmodernisierungsgesetz, BT-Drs. 15/1896 v. 5.11.2003

Deutscher Bundestag (2003): Bericht Finanzausschuss zum Investmentmodernisierungsgesetz, BT-Drs. 15/1944 v. 5.11.2003

European Central Bank (2005): Hedge funds and their implications for financial stability, occasional paper no. 34, August.

European Fund and Asset Management Association (2005): Hedge Funds Regulation in Europe, a comperative survey, November.

Fock, T. (2003): Investmentbesteuerung im künftigen Recht, BB 2003, S. 1589–1593.

Hagen, A./Schmitt, B. (2004): Steuerliche Aspekte von Hedgefonds, DStR 2004, S. 837–841.

Hanten, M. (2003): Aufsichtsrechtliche Aspekte des Outsourcing bei Kapitalanlagegesellschaften, ZBB 2003, S. 291–298 .

Harenberg, F. E. (2004): Besteuerung von Investmenterträgen, BBV 2004, Nr 1, S. 9–12.

Kayser, J./Steinmüller, J. (2004): Hedgefonds, BBV 2004, Nr 2, S. 11–15.

Lang, N. (2004): Das Investmentgesetz – Kein großer Wurf, aber ein Schritt in die richtige Richtung, WM 2004, S. 53–59.

LINDEMANN, A. (2004): Einsatz von Primebrokern bei inländischen Hedgefonds, BB 2004, S. 2137–2142.

LIVONIUS, H. v. (2004): Investmentrechtliche Rahmenbedingungen für Hedgefonds in Deutschland, WM 2004, S. 60–69.

NICKEL, C. (2004): Der Vertrieb von Investmentanteilen nach dem Investmentgesetz, ZBB 2004, S. 197–209.

PÜTZ, A. (2001): Hedge-Fonds-Zertifikate und Auslandsinvestmentgesetz, Absolut|report, Nr. 1, S. 23–25.

PÜTZ, A./VON SONNTAG, A./FOCK, T. (2003): Hedge Fonds in Deutschland nach dem Investmentmodernisierungsgesetz, Absolut|report, Nr. 15, S. 26–35.

PÜTZ, A./SCHMIES, C. (2004): Die Umsetzung der neuen rechtlichen Rahmenbedingungen für Hedgefonds in der Praxis, BKR 2004, S. 51–60.

PÜTZ, A./SCHMIES, C. (2004): Prime Brokerage und deutsche Hedge Fonds, Absolut|report, Nr. 18, S. 48–53.

PÜTZ, A./SCHMIES, C. (2004): Die Investmentaktiengesellschaft als Rechtsform deutscher Hedge Fonds – Teil 1, Absolut|report, Nr. 19, S. 50–55.

PÜTZ, A./SCHMIES, C. (2005): Die Investmentaktiengesellschaft als Rechtsform deutscher Hedge Fonds – Teil 2, Absolut|report, Nr. 22, S. 46–51.

PÜTZ, A./SCHMIES, C. (2005): Der neue Rechtsrahmen für Hedge-Fonds-Investitionen durch Versicherungsunternehmen, Absolut|report, Nr. 22, S. 38–45.

PÜTZ, A./SCHMIES, C. (2005): Anlagen in Hedgefonds über Collateralized Fund Obligations (CFO), Absolut|report, Nr. 27, S. 40–49.

PRICE WATERHOUSE COOPERS (2005): The regulation and distribution of hedge funds in Europe, June.

RICKE, M. (2004): Stichwort: Hedge Fonds, BKR 2004, S. 60–65.

Florian Schultz/Martin Krause

Private Equity-Strukturen und Asset Backed Securities-/Non-Performing Loan-Transaktionen aus rechtlicher Sicht

1 Einleitung 577
2 Private Equity 578
   2.1 Deutsche Private Equity-Strukturen 578
   2.2 Grenzüberschreitende Private Equity-Strukturen 581
      2.2.1 Investitionen in ausländische Private Equity-Fonds. 581
      2.2.2 Investitionen ausländischer Investoren in deutsche Zielgesellschaften
         (Downstream-Geschäft) 582
3 Asset Backed Securities-Transaktionen 584
   3.1 Grundstruktur 584
   3.2 True Sale-Problematik 585
   3.3 Umsatzsteuerliche Aspekte von ABS-Transaktionen 586
4 Non- beziehungsweise Sub-Performing Loan-Transaktionen 587
   4.1 Kaufgegenstand und Gewährleistungen 589
   4.2 Forderungsverwaltung und -einziehung 590
   4.3 Besonderheiten bei Immobilienfinanzierungen – Grundschulden 590
   4.4 Bankgeheimnis und Datenschutz 590
   4.5 Steuerliche Erwägungen 591
5 Schlussfolgerung 592

Literaturverzeichnis

1 Einleitung

In den letzten Jahren hat die Bedeutung von Alternative Investments (im Gegensatz zu den klassischen Anlageformen Aktien und Anleihen) stark zugenommen. Neben den erst seit 2004 in Deutschland zugelassenen Hedgefonds stehen im Mittelpunkt des Interesses Private Equity sowie Asset Backed Securities und Non-Performing Loan-Transaktionen. Rechtliche Definitionen sind regelmäßig nicht vorhanden, die Begriffe werden unterschiedlich verwendet und unterliegen Schwankungen. Auch ist ein Trend zu möglichst flexiblen Mezzanine, *Alleskönner* oder Cross-over-Fonds zu beobachten, in denen die verschiedenen Asset-Klassen gegeneinander ausgetauscht oder miteinander kombiniert werden können. Die effiziente Struktur einer Investition hängt von den aktuellen rechtlichen und steuerlichen Bestimmungen in dem jeweiligen Markt und von den angesprochenen Investorengruppen ab und muss somit in jedem Einzelfall auf Optimierungspotential untersucht werden. Unter einem Private Equity-Fonds ist der Zusammenschluss von mehreren Kapitalanlegern, insbesondere zum Zweck der Finanzierung junger Unternehmen, des Wachstums mittelständischer Unternehmen, der Ausgliederung oder Übernahme von Unternehmen beziehungsweise Unternehmensteilen oder der Nachfolge in Unternehmen zu verstehen. Dabei dient der Fonds als Mittler zwischen den Kapitalanlegern einerseits und den zu finanzierenden Unternehmen andererseits (BMF 2003, Tz. 1). Bei Asset Backed Securities-Transaktionen (ABS-Transaktionen) oder ähnlichen Securitisation-Gestaltungen handelt es sich grundsätzlich um Finanzierungsmodelle, bei denen eine nach bestimmten Kriterien auszuwählende Mehrzahl von Vermögensgegenständen (meist ein Portfolio von Forderungen aus Lieferungen und Leistungen oder von Darlehensforderungen) an eine Zweckgesellschaft verkauft und auf diese sachenrechtlich übertragen wird. Die Zweckgesellschaft refinanziert sich durch die Begebung von Schuldtiteln am Kapitalmarkt. Der Erlös aus der Refinanzierung wird zur Tilgung der Kaufpreisverbindlichkeit gegenüber dem Veräußerer verwendet. Daneben übernimmt der Veräußerer regelmäßig weiterhin gegen Entgelt die Forderungsverwaltung und den Forderungseinzug.[1] Bilanzielles Hauptziel von ABS-Transaktionen ist es, die veräußerten Forderungen aus der Handelsbilanz ausbuchen zu können und eine Bilanzierung als gesichertes Darlehensgeschäft, bei der neben den als Kaufpreis zufließenden liquiden Mitteln eine korrespondierende Verbindlichkeit auszuweisen ist, zu vermeiden. Wirtschaftlich dienen diese Gestaltungen dem Ziel, zukünftig fällige Forderungen vorzeitig in Barmittel zu transferieren und diese Barmittel zur Optimierung der unternehmerischen Ziele zu verwenden. Bei Non- oder Sub-Performing Loan-Transaktionen (NPL/SPL-Transaktionen) handelt es sich um den Verkauf von notleidenden beziehungsweise gefährdeten Krediten im Wege eines Asset oder Share Deals. Die Kredite werden deutlich unter ihrem aktuellen Buchwert in der Bilanz veräußert, weil Störungen in den Zins- und/oder Tilgungsleistungen bereits aufgetreten oder wahrscheinlich sind. Die Erwerber sind interessiert, weil sie davon ausgehen, die Kredite gewinnbringend verwerten zu können. NPL/SPL-Transaktionen weisen unter Umständen viele Ähnlichkeiten mit ABS-Strukturen, aber auch einige Besonderheiten auf. Auch hier stehen in der Regel aufsichtsrechtliche, steuerliche und

---

1 Vgl. IDW 2003, Rz. 4.

bilanzielle Fragen im Vordergrund. Im Folgenden werden effiziente Grundstrukturen der vorstehend genannten Gestaltungen dargestellt und die damit verbundenen wesentlichen rechtlichen und steuerlichen Aspekte diskutiert.

2 Private Equity

Private Equity umschreibt Eigenkapital und eigenkapitalähnliche Beteiligungen an Unternehmen, die nicht börsennotiert sind oder deren Aktien nach dem Kauf aus dem Handel genommen werden (Delisting). Private Equity ist im Grundsatz eine Eigenkapitalfinanzierung, wobei der Fonds selbst im Verhältnis zu dem von ihm erworbenen Unternehmen durchaus das Mittel der Gesellschafterfremdfinanzierung einsetzen kann. Der Investor erhält anders als ein Kreditgeber keine festen Zinszahlungen (von der Gesellschafterfremdfinanzierung abgesehen), sondern ist als Gesellschafter des Unternehmens (Beteiligungsunternehmen) an dessen Gewinnen und Verlusten beteiligt. Bei Mezzanine-Fonds wird in eigenkapitalähnliche Instrumente investiert, die häufig zivilrechtlich wie steuerlich Fremdkapitalcharakter haben. Das Ziel von Private Equity-Unternehmen sind regelmäßig nicht Dividenden und/oder gewinnabhängige Verzinsungen. Vielmehr soll der Wert jener Beteiligungsunternehmen innerhalb eines begrenzten Zeitraumes (in der Regel zwei bis acht Jahre) gesteigert werden. Der Gewinn wird dann durch eine geeignete Exit-Strategie realisiert, wobei namentlich ein Börsengang, eine Veräußerung an einen strategischen Käufer oder ein Secondary Verkauf an einen anderen Fonds in Betracht kommen.

2.1 Deutsche Private Equity-Strukturen

Private Equity-Gesellschaften selbst unterliegen in Deutschland grundsätzlich keiner Regulierung. Das BMF (BMF 2003, Tz. 18) regelt beiläufig, dass Fonds keine Kreditinstitute, Finanzdienstleister oder Finanzunternehmen i.S.d. KWG darstellen. Seit Juli 2005 ist durch das Verkaufsprospektgesetz (VerkProspG) für Investments unter EUR 200.000 ein Prospekt vorgeschrieben, dessen Details die Vermögensanlagen-VerkProspVO regelt. Regulierung gibt es für bestimmte institutionelle Investorengruppen, wie Versicherungen, Versorgungswerke, Pensionsfonds und gegebenenfalls Pensionskassen. Versicherungen dürfen etwa nur einen bestimmten Prozentsatz des Sicherungsvermögens und sonstigen gebundenen Vermögens für Private Equity-Investitionen verwenden (was in der Praxis aber keine Beschränkung darstellt) und dürfen darüber hinaus aufgrund der Streuungsvorschriften an den Beteiligungsunternehmen maximal zehn Prozent halten.[2] Aus steuerlicher Sicht sollten Private Equity-Fonds *transparent* sein, das heißt die Gewinnanteile der Anleger sollten so besteuert werden, als ob diese

---

2   Vgl. Schultz/Krause (2004), S. 55.

direkt an der Portfolio-Gesellschaft beteiligt wären. Eine steuerliche Belastung auf Ebene des Fondsvehikels soll vermieden oder zumindest minimiert werden. Deutsche Personengesellschaften unterliegen keiner Körperschaftsteuerpflicht und lösen Gewerbesteuer nur aus, wenn eine gewerbliche Tätigkeit ausgeübt wird oder eine gewerbliche Prägung vorliegt. Soweit Private Equity-Fonds in Deutschland aufgelegt werden, ist das Fondsvehikel daher regelmäßig eine deutsche Personengesellschaft, wobei aus haftungsrechtlichen Gründen praktisch nur die GmbH & Co. KG in Betracht kommt. An dieser GmbH & Co. KG beteiligen sich die Kapitalanleger als Kommanditisten; als Komplementärin wird eine GmbH der Initiatoren eingesetzt. Des weiteren wird seitens der Initiatoren eine Management-GmbH als Kommanditistin verwendet. Sowohl die Komplementär- als auch die Management-GmbH sind am Vermögen der GmbH & Co. KG nicht beteiligt. Die Initiatoren selbst werden für die Management-GmbH tätig und übernehmen einen geringen Kommanditanteil an der GmbH & Co. KG. Da der wirtschaftliche Erfolg im Wesentlichen von den Fähigkeiten der Initiatoren abhängt, räumen die Kapitalanleger den Initiatoren neben dem auf sie (aufgrund eines etwaigen Koinvestments) entfallenden Gewinnanteil eine zusätzliche Vergütung ein (den so genannten Carried Interest).

Um eine gewerbliche Prägung der Personengesellschaft gemäß § 15 Abs. 3 Nr. 2 EStG zu verhindern, wird die laufende Geschäftsführung von einer Management-GmbH als Kommanditistin gegen Zahlung einer – allerdings der Umsatzsteuer unterliegenden – Management Fee (Gebühr) übernommen. Bisweilen werden vorsorglich so genannte natürliche Personen als Kommanditisten an der Geschäftsführung beteiligt, wobei diese Vorsorgemaßnahme nach der ausdrücklichen und zweifelsfreien Regelung in R 138 Abs. 6 Einkommensteuerrichtlinien (EStR 2003) entbehrlich ist. Hiernach scheidet eine gewerbliche Prägung auch dann aus, wenn der geschäftsführungsbefugte Kommanditist eine Kapitalgesellschaft ist, wobei es keine Rolle spielt, ob er allein oder neben dem Komplementär geschäftsführungsbefugt ist. Das Bundesministerium der Finanzen (BMF) hat zu der Frage, unter welchen Voraussetzungen ein Private Equity-Fonds gewerblich oder vermögensverwaltend tätig ist, in einem Schreiben vom 16. Dezember 2003 Stellung genommen (BMF 2003). In Anlehnung an die ständige Rechtsprechung des BFH liegt eine private Vermögensverwaltung vor, wenn sich die Betätigung des Fonds noch als Nutzung von Vermögen im Sinne einer Fruchtziehung aus zu erhaltenden Substanzwerten darstellt und die Ausnutzung substanzieller Vermögenswerte durch die Umschichtung nicht entscheidend in den Vordergrund tritt. Dagegen ist ein Gewerbebetrieb anzunehmen, wenn eine selbständige nachhaltige Betätigung mit Gewinnerzielungsabsicht unternommen wird, die sich als Beteiligung am allgemeinen wirtschaftlichen Verkehr darstellt und über den Rahmen einer reinen Vermögensverwaltung hinausgeht. Um die vorgenannten allgemeinen Grundsätze zur Abgrenzung von Gewerbebetrieb und privater Vermögensverwaltung zu präzisieren, gibt das BMF acht Kriterien vor, die für eine vermögensverwaltende Tätigkeit des Private Equity-Fonds sprechen. Das Vorliegen oder Nichtvorliegen einzelner Kriterien ist nicht entscheidend. In jedem Einzelfall kommt es auf das Gesamtbild der Verhältnisse an.

- Kein Einsatz von Bankkrediten/Keine Übernahme von Sicherheiten. Die Fondsgesellschaft muss den Erwerb von Anteilen an den Portfoliogesellschaften im Wesentlichen aus Eigenmitteln finanzieren. Das Ausnutzen eines so genannten *Leverage-Effekts* durch die Aufnahme von Fremdkapital auf Fondsebene soll verhindert werden.[3] Die Fremdkapitalaufnahme auf Ebene des Akquisitionsvehikels ist dagegen unschädlich.

- Keine eigene Organisation der Fondsgesellschaft für die Verwaltung des Fondsvermögens.

- Kein Ausnutzen eines Marktes unter Einsatz beruflicher Erfahrung.

- Kein Anbieten gegenüber breiter Öffentlichkeit.

- Keine kurzfristige Beteiligung (mindestens drei bis fünf Jahre, wobei es sich jedoch um eine Durchschnittsbetrachtung handelt, so dass eine Unterschreitung im Einzelfall nicht per se schädlich ist).

- Keine Reinvestition von Veräußerungserlösen, sondern Ausschüttung (wobei Ausnahmen für einen Betrag in Höhe der Fondskosten sowie bei Nachfinanzierungen bestehender Investments eingreifen).

- Kein unternehmerisches Tätigwerden in Portfolio-Gesellschaften.

- Keine gewerbliche Prägung beziehungsweise gewerbliche *Infektion*.

Eine weitere Möglichkeit, die Gewerblichkeit eines Private Equity-Fonds zu vermeiden, ist die Ausgestaltung als Unternehmensbeteiligungsgesellschaft (UBG), die nach § 3 Nr. 23 GewStG von der Gewerbesteuer befreit ist. Hierbei sind jedoch Anlagegrenzen nach § 4 UBGG zu beachten, insbesondere Grundsätze der Risikostreuung, Wagniskapitalcharakter der Beteiligungen, Majorisierungsverbot und Beteiligungsdauer.[4] In der Praxis kommt die UBG daher nur für bestimmte Gruppen von Private Equity-Fonds in Betracht, beispielsweise für inländische Private Equity-Fonds, die Minderheitsbeteiligungen im europäischen Raum erwerben. Bei den den Initiatoren zustehenden disproportionalen Gewinnanteilen (Carried Interest) handelt es sich um ein voll steuerpflichtiges Entgelt für die Dienstleistungen, die die Initiatoren zugunsten der Mitgesellschafter erbringen. Auf diese Leistungen ist weder unmittelbar das Halbeinkünfteverfahren noch die Steuerbefreiungen nach § 8b Abs. 1 und 2 KStG anwendbar[5]. Aus diesem Grund wurde zwischenzeitlich gesetzlich ein Halbeinkünfteverfahren für den Carried Interest eingeführt.[6] Voraussetzung für die Begünstigung ist, dass Einkünfte, die ein Beteiligter an einer vermögensverwaltenden Gesellschaft oder Gemeinschaft, deren Zweck im Erwerb, Halten und in der Veräußerung von Anteilen an Kapitalgesellschaften besteht, als Vergütung für Leistungen zur Förderung des Gesellschafts- oder Gemeinschaftszwecks erzielt, wenn der Anspruch auf die Vergütung unter der Voraussetzung eingeräumt worden

---

3 Vgl. Bauer/Gemmeke (2004), S. 581.
4 Vgl. Fock 2005, § 4 Rz. 1 ff.
5 BMF 2003, Tz. 25; Krause/Weiser 2004, S. 37.
6 Vgl. § 18 Abs. 1 Nr. 4 i.V.m. § 3 Nr. 40a EStG.

ist, dass die Gesellschafter oder Gemeinschafter ihr eingezahltes Kapital vollständig zurückerhalten haben.

Wegen der Neuheit der Vorschrift sind die praktischen Erfahrungen hiermit noch gering. Eine dem Sinn und Zweck der Vorschrift entsprechende Auslegung geht aber dahin, dass (i) sie auch vom Fonds separat aufgesetzte Carry-Gesellschaften begünstigt, (ii) eine etwaige Gewerblichkeit des Fonds für den vermögensverwaltenden Charakter der Carry-Gesellschaft irrelevant ist und (iii) sie auch für Arbeitnehmer eingreift, die neben ihrer nach § 19 EStG steuerpflichtigen Vergütung für die nichtselbständige Tätigkeit den Carried Interest erhalten. Letzteres folgt aus dem Umstand, dass der Gesetzgeber Deutschland als Standort für Wagniskapitalgesellschaften stärken möchte und es insofern keinen Unterschied macht, ob ein Fondsmanager als Initiator oder als Angestellter tätig wird.

2.2 Grenzüberschreitende Private Equity-Strukturen

Im Zuge der Globalisierung kommt der grenzüberschreitenden Strukturierung von Private Equity-Transaktionen immer größere Bedeutung zu und zwar sowohl unter dem Blickwinkel deutscher Investitionen in ausländische Private Equity-Fonds als auch ausländischer Investitionen in deutsche Zielgesellschaften.

2.2.1 Investitionen in ausländische Private Equity-Fonds

In den letzten Jahren wurde das Interesse von deutschen Anlegern an ausländischen Private Equity-Fonds insbesondere im Hinblick auf steuerliche Risiken stark gebremst. Ein wesentlicher Faktor war die so genannte Strafbesteuerung des früheren Auslandinvestmentgesetzes, das unter anderem für nach dem Grundsatz der Risikostreuung agierende ausländische Fondsvehikel anzuwenden war. Nach Ablösung des Auslandinvestmentgesetzes durch das Investmentsteuergesetz zum 01.01.2004 besteht dieses Problem für ausländische Rechtsträger nur noch in eingeschränktem Umfang. Ausländische Private Equity-Fonds in der Rechtsform der Personengesellschaft sollen ausweislich des BMF-Schreibens (BMF 2005, Tz. 6) nicht vom Investmentsteuergesetz erfasst werden. Damit führt das BMF-Schreiben zu einer erheblich größeren Rechtssicherheit hinsichtlich der Nicht-Anwendbarkeit des Investmentsteuergesetzes und dem damit verbundenen Risiko der Strafbesteuerung. Investitionen in ausländische Private Equity-Fonds werden damit erleichtert. Aufwändige Parallelstrukturen, die Tätigkeiten erfolgreicher ausländischer Private Equity-Fonds auf deutsche Personengesellschaften *spiegeln*, dürften aus steuerlicher Sicht somit der Vergangenheit angehören.[7] Aus aufsichtsrechtlichen Gründen kann – namentlich bei den der Versicherungsaufsicht unter-

---

7 Vgl. Geerling/Kost (2005), S. 758.

liegenden Investoren – für außerhalb des EWR angesiedelten Fonds die Einschaltung von europäischen Feeder-Vehikeln weiterhin geboten sein.

2.2.2 Investitionen ausländischer Investoren in deutsche Zielgesellschaften (Downstream-Geschäft)

Im Vergleich zu inländischen Strukturen ist die Zwischenschaltung mindestens zweier Kapitalgesellschaften erforderlich, um Steuerbelastungen bei Gewinntransfers über die Grenze (der so genannten Repatriierung von Gewinnen) zu vermeiden. Hauptthemen sind das Ausnutzen von vorteilhaften Doppelbesteuerungsabkommen, die Vermeidung/Verringerung von Quellensteuern auf Zinsen und Dividenden und die steuerliche Anerkennung der zwischengeschalteten Kapitalgesellschaften. Einige maßgebliche steuerliche Aspekte einer Private Equity-Investition ausländischer Investoren in deutsche Zielgesellschaften sollen anhand folgender vereinfachter Struktur näher betrachtet werden:

Abbildung 1: Grenzüberschreitende Private Equity-Struktur

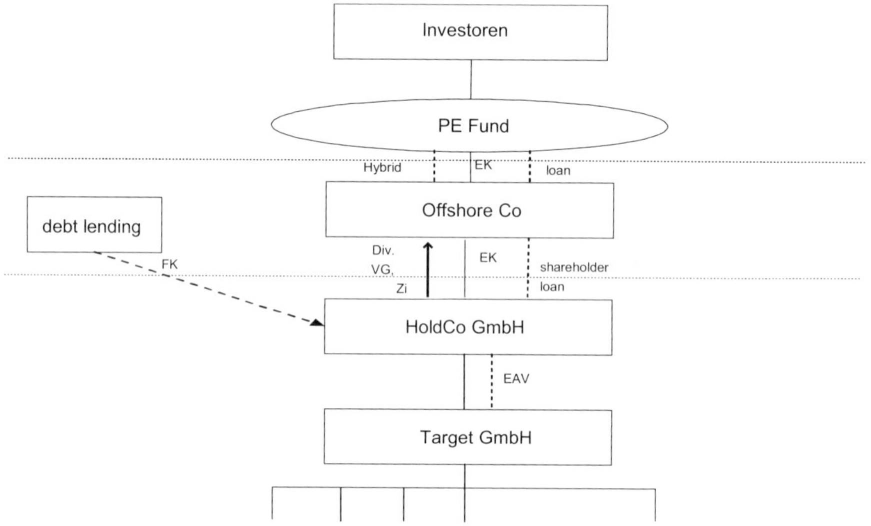

Regelmäßig verwenden ausländische Private Equity-Fonds als Offshore Co für ihr Investment nach Deutschland hinein (so genannte Inbound-Investment) eine Gesellschaft in Luxemburg oder Irland. Diese Standorte sind sehr geeignet und beliebt, weil Ergebnisdurchleitungen etwa an US-Investoren weitgehend steuerfrei möglich sind (in Luxemburg typischerweise über so genannte PECS – Preferred Equity Capital Securities). Am 15. Juni 2004 hat Luxemburg eine neue Rechtsform *maßgeschneidert* für Venture-Capital und Private Equity-Fonds geschaffen: die SICAR („Sociétés d'investissement en capital à risque"). Dieses Rechtsregime ist für verschiedene Gesellschaftsformen verfügbar und ermöglicht durch flexible Regelungen eine vereinfachte Gründung dieser Fonds.

In Deutschland wird eine deutsche GmbH (Hold Co) als Akquisitionsvehikel zwischen die Offshore Co und die eigentliche Ziel-GmbH (Target) geschaltet. Die Hold Co wird außer mit Eigenkapital und etwaigen Gesellschafterdarlehen zusätzlich mit Fremdkapital eines dritten Darlehensgebers (Senior Lender) ausgestattet, wobei der Senior Lender das Darlehen gegebenenfalls weitersyndiziert. Mit der Target GmbH wird ein Ergebnis-Abführungsvertrag (EAV) abgeschlossen. Gegebenenfalls wird alternativ eine Verschmelzung vorgenommen. Dies führt dazu, dass die Erträge der Target GmbH erst auf der Ebene der Hold Co besteuert werden. Die Fremdkapitalzinsen sind so als Betriebsausgaben steuermindernd abzugsfähig. Dies erfordert aber eine sorgfältige Abwägung der Sicherheitenstruktur, um nicht ungewollte Probleme mit einer überhöhten Gesellschafterfremdfinanzierung zu bekommen. Die Erträge aus der Hold Co werden an eine weitere, im Ausland ansässige Kapitalgesellschaft (Offshore Co) weitergeleitet. Die Zwischenschaltung dieser weiteren Kapitalgesellschaft ist erforderlich, um eine deutsche Quellensteuerbelastung der Erträge zu vermeiden (Anwendung der Mutter-Tochter-Richtlinie). Personengesellschaften haben in der Regel keine eigene Abkommensberechtigung und es können deshalb Kosten durch fehlende Anrechnungen in- oder ausländischer Steuern entstehen. Die Offshore Co ihrerseits nutzt hybride Instrumente, die beispielsweise in Luxemburg oder Irland Fremdkapitalcharakter haben und deshalb steuerlich nach dortigem Recht abziehbar sind. Insofern verbleiben auf Ebene der Offshore Co kaum Gewinne, die im Ausland einen Steuerbelastung unterliegen könnten. Bei den Investoren werden die Returns auf diese Instrumente unter Umständen als steuerprivilegierte Erträge aus Eigenkapitalinvestments behandelt und würden dann nur dem jeweiligen nationalen Steuerrecht mit entsprechenden Steuerbefreiungen und -privilegien unterliegen. Aber auch wenn dies nicht der Fall ist, vermeiden die Investoren zumindest eine steuerliche Vorbelastung im Ausland, die für sie vor allem dann schädlich ist, wenn sie – wie typischerweise Pensionseinrichtungen – in ihrer Heimatjurisdiktion steuerbefreit sind.

3 Asset Backed Securities-Transaktionen

3.1 Grundstruktur

Der so genannte echte Forderungsverkauf in Verbindung mit einer Asset Backed Securities-Transaktion (ABS) stellt für Unternehmen eine Möglichkeit dar, Finanzmittel zinsgünstig am Kapitalmarkt zu beschaffen und dabei die Bilanzkennzahlen zu verbessern. ABS-Transaktionen betreffen regelmäßig Forderungen aus Lieferungen beziehungsweise Leistungen von Unternehmen, Kreditforderungen von Banken oder Leasing- und Mietforderungen. Diese Forderungen werden an eine (aus steuerlichen Gründen meist immer noch im Ausland, z.B. Irland, Jersey, Guernsey, ansässige) Zweckgesellschaft (Special Purpose Vehicle – SPV) veräußert. Aufgrund der Schaffung von § 19 Abs. 3 Nr. 2 GewStDV kann jedoch bei der Verbriefung von Bankforderungen zwischenzeitlich auch ein inländisches SPV gewählt werden. Die Zweckgesellschaft finanziert den Erwerb der Forderungen durch die Ausgabe von Schuldverschreibungen (*Securities*), die durch die erworbenen Forderungen abgesichert sind (*Asset backed*). Durch eine gezielte Strukturierung des Forderungsportfolios kann für die am Kapitalmarkt begebenen Schuldverschreibungen ein günstiges Rating erzielt werden. Dies erlaubt es der Zweckgesellschaft regelmäßig, sich im Vergleich zum veräußernden Unternehmen zinsgünstiger zu refinanzieren.

Bei Fälligkeit der veräußerten Forderungen zieht nicht die Zweckgesellschaft als (neuer) Gläubiger diese von den Schuldnern ein, sondern weiterhin das veräußernde Unternehmen (Originator). Dies ist insoweit erforderlich und sachgerecht, als der Verkauf der Forderungen den Schuldnern in der Regel nicht angezeigt wird (so genannte stille Zession) und die Zweckgesellschaft regelmäßig nicht über die personellen und sachlichen Ressourcen für das Inkasso verfügt. Der Originator zieht die Forderungen somit im eigenen Namen für Rechnung der Zweckgesellschaft ein und leitet den erzielten Erlös entsprechend weiter. Das SPV übernimmt in der Regel keine Dienstleistungsfunktion. Inkasso, Mahnwesen und so weiter verbleiben beim Originator. Außer dem Forderungsankauf und der Emission der Wertpapiere entfaltet das SPV selten Aktivitäten und agiert in der Regel als sogenannter Autopilot.[8] Der Originator erhält für die Erbringung der Serviceleistungen (Forderungsverwaltung) eine Service Fee. Die Bonität der Emission wird ausschließlich von der Qualität der unterlegten Forderungen und deren Besicherung bestimmt; auf die Bonität des Emittenten bzw. des Assetverkäufers kommt es nicht an.[9] Ein hohes Rating ist Voraussetzung für eine kostengünstige Kapitalaufnahme, denn durch ein hohes Rating können – bezogen auf vergleichbare Finanzierungsalternativen – bessere Finanzierungskonditionen erzielt werden. Um ein gutes Rating zu erhalten, ist das SPV in seiner Heimatjurisdiktion konkurs- beziehungsweise insolvenzfest ausgestaltet.

---

8 Vgl. Schultz (2001), S. 706.
9 Vgl. Weber/Reiß (2004), S. 1367.

Abbildung 2: Funktionsweise von ABS-Transaktionen

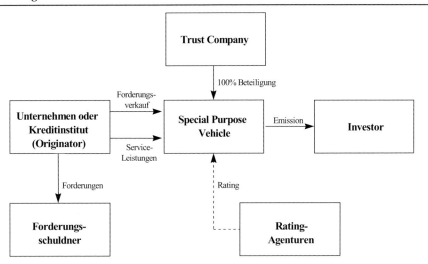

Mit dem Übergang des wirtschaftlichen Eigentums an den verkauften Forderungen und der Vereinnahmung des Erlöses aus dem Forderungsverkauf kann der Originator entweder bestehende Verbindlichkeiten abbauen oder weitere Fremdmittelaufnahmen verhindern, wenn die Liquidität für Investitionen benötigt wird. Da eine ABS-Finanzierung dem Grunde nach eine Bilanzverkürzung darstellt, welche das Fremdkapital reduziert, und in Deutschland Fremdkapital steuerlich weiterhin privilegiert ist, sind ABS-Transaktionen in der Regel nicht steuergetrieben und bedeuten für den Originator – entgegen einiger Verkaufsprospekte – selten eine dauerhafte Steuerentlastung, sondern dienen der Reduktion der Darlehenszinsbelastung.[10]

3.2 True Sale-Problematik

Obwohl es sich bei ABS-Transaktionen wirtschaftlich um Finanzierungen handelt, erfordert die wichtige Zielsetzung der Bilanzentlastung beim Originator einen echten Forderungsverkauf (True Sale) im bilanzrechtlichen und steuerrechtlichen Sinne. Erforderlich für die Annahme eines True Sale ist, dass nicht nur das zivilrechtliche, sondern auch das wirtschaftliche Eigentum an den Forderungen vom Originator auf das SPV übergeht. Für den Übergang des wirtschaftlichen Eigentums ist entscheidend, dass der Veräußerer keinerlei Bonitätsrisiken aus den veräußerten Forderungen mehr trägt. Diese müssen vollständig auf den Erwerber übergegangen sein[11]. Der Erwerber

---
10 Vgl. Arntz/Schultz (1998), S. 695.
11 Vgl. IDW 2003, Rz. 7 ff.

muss uneingeschränkt über die Forderungen verfügen können, es darf kein Rückübertragungsanspruch des Veräußerers bestehen und der Veräußerer muss den Kaufpreis endgültig behalten dürfen. Für den Übergang des wirtschaftlichen Eigentums ist es hingegen unschädlich, wenn das Veritätsrisiko, das heißt das Risiko, dass die Forderung nicht besteht oder ihr Einreden entgegenstehen, beim Verkäufer verbleibt. Einige Sicherungsmittel für den Käufer (SPV) stehen der Wertung eines True Sales beim Verkäufer regelmäßig nicht entgegen. So können beispielsweise Kaufpreisabschläge vereinbart werden. Veritätsrisiken lassen sich z.B. durch Ausgleichszahlungen oder Garantieerklärungen des Originators ausschalten. Zins- und Währungsrisiken können durch Swap-Vereinbarungen eliminiert werden (Sicherheiten durch Dritte). Bei der Strukturierung ist im Einzelfall allerdings darauf zu achten, dass im Ergebnis alle mit den veräußerten Forderungen verbundenen Bonitätsrisiken auf das SPV übergehen. Von den True-Sale-Strukturen sind die so genannte synthetischen Strukturen zu unterscheiden. Kennzeichnend für synthetische Transaktionen ist, dass der Vermögenswert im Eigentum des Originators verbleibt und der Erwerber lediglich das mit diesen Vermögenswerten verbundene wirtschaftliche Ausfallrisiko übernimmt, beispielsweise im Rahmen eines Credit Default Swaps (CDS). Insofern wird deutlich, dass derartige Strukturen je nach Zielsetzung rechtlich einfacher zu gestalten sind.

3.3 Umsatzsteuerliche Aspekte von ABS-Transaktionen

Jüngste Entwicklungen in der Rechtsprechung zur Umsatzsteuer haben die Branche zwischenzeitlich stark verunsichert. Die Finanzverwaltung hat aber erfreulicherweise – nach Gesprächen mit Branchenvertretern – eine pragmatische Lösung veröffentlicht (BMF 2004 a, Tz. 20). Als die ersten ABS-Tranksaktionen im deutschen Markt getätigt wurden, sah die umsatzsteuerliche Würdigung wie folgt aus: Mit der Veräußerung von Forderungen erbringt der Verkäufer eine sonstige Leistung i.S.d. § 3 Abs. 9 S. 1 UStG an den Erwerber. Diese Leistung unterliegt bei einem ausländischen Unternehmer als Erwerber keiner deutschen Umsatzsteuer (ist in Deutschland nicht steuerbar), bei allen anderen Erwerbern ist sie zwar steuerbar, aber nach § 4 Nr. 8 c UStG steuerbefreit. Diese Sichtweise hat der EuGH mit seinem Urteil vom 26.06.2003 in der Rs. „MKG Kraftfahrzeuge Factoring GmbH" (DStR 2003, 1253) um 180 Grad gedreht und Leistungserbringer und -empfänger ausgetauscht: Beim so genannten *echten* Factoring erbringe der Erwerber von Forderungen (das Factoring-Institut) eine umsatzsteuerbare und -pflichtige Leistung an den Veräußerer. Diese bestünde im wesentlichen darin, (i) den Veräußerer von dem Forderungsausfallrisiko zu befreien (so genannte Garantiefunktion) und (ii) das Inkasso vorzunehmen (so genanntes Servicing). Dieser Sichtweise hat sich auch der BFH (BFH-Urt. v. 4.9.2003, BStBl. 2004, 667) unter Aufgabe seiner bis dahin gegenteiligen Rechtsprechung angeschlossen.

Nach Auffassung des BMF (BMF 2004 a, Tz. 20) findet diese Factoring-Rechtsprechung aber erfreulicherweise auf ABS-Transaktionen keine Anwendung. Im Gegensatz zum Factoring liegt das charakteristische Merkmal einer ABS-Transaktion nicht im Bereich des Servicing, sondern sie dient maßgeblich der Finanzierung des Originators. Die Veräußerung der Forderungen im Rahmen von ABS-Transaktionen ist deshalb nicht reines (Hilfs-)Mittel zum Zweck der Durchführung des Inkassos, sondern Teil eines Finanzierungsvorgangs.[12] Der Verkauf der Forderungen bleibt deshalb – entsprechend den zivilrechtlichen Vertragsbeziehungen – eine sonstige Leistung i.S.d. § 3 Abs. 9 S. 1 UStG und wird vom Originator an das SPV erbracht. In der Praxis dominieren weiterhin SPVs in Offshore-Jurisdiktionen wie etwa Irland, Jersey oder Guernsey. Die Ursachen hierfür liegen in verschiedenen Bereichen, angefangen bei der Insolvenzfestigkeit, der gewerbesteuerlichen Dauerschuldzinsthematik bei der Verbriefung von Forderungen von Nichtbanken bis hin zu Umsatzsteuerthemen der vom inländischen Originator zu erbringenden Service-Leistungen[13].

4 Non- beziehungsweise Sub-Performing Loan-Transaktionen

Seit Mitte 2003 trennen sich deutsche Kreditinstitute zunehmend von ihren zweifelhaften und notleidenden Kreditengagements. Um sich auf ihre Kernkompetenz zu konzentrieren, werden bisweilen die *Performing Loans* gleich mitverkauft. Eine Legaldefinition für den Begriff *notleidend* existiert nicht. Die Einordnung von Krediten als *notleidend* variiert aufgrund unterschiedlicher steuerlicher, bilanzieller und aufsichtsrechtlicher Richtlinien. In der Regel werden unter Non-Performing Loans (z.T. auch als „Distressed Debt" bezeichnet) Darlehen verstanden, die ihren Zins- und Tilgungsplan nicht einhalten und/oder stark ausfallgefährdet sind (wobei letztere auch als Sub-Performing Loans bezeichnet werden). Der Verkauf notleidender Darlehensforderungen soll beim Verkäufer bilanzentlastende Wirkung haben. Damit verbunden ist das Ziel der Verringerung des für die Kreditengagements vorzuhaltenden regulatorischen Eigenkapitals. Dies kann einen positiven Einfluss auf die Beurteilung von Rating-Agenturen haben. Schließlich sollen auf Bankenseite Verwaltungskosten, die durch die Abwicklung notleidender Kreditengagements entstehen, reduziert beziehungsweise vermieden werden. Die Bundesanstalt für Finanzdienstleistungsaufsicht (BaFin) hat nämlich „Mindestanforderungen an das Kreditgeschäft der Kreditinstitute (MaK)" aufgestellt, die komplexe Verfahren für den Umgang mit Problemkrediten vorsehen (BaFin 2002, Tz. 4.3.5), deren Einhaltung vor allem für kleinere Banken eine organisatorische und personelle Last bedeutet. Der Investor verfolgt regelmäßig das Ziel einer Maximierung der Rendite auf sein eingesetztes Kapital. Er sieht aufgrund seiner Erfahrungen, seiner Spezialisierung (z.B. im Immobilienbereich) oder aufgrund besserer und effizienterer Möglichkeiten im Bereich Forderungsmanagement, Umfinanzierung, Restrukturierung und anderer eine hohe Gewinnerwartung. Abschließendes Ziel einer NPL-Transaktion ist somit die endgültige Trennung des Verkäufers von seinen notleidenden Darlehens-

---

12 Vgl. Hahne (2005), S. 774.
13 Vgl. Weber/Reiß (2004), S. 1368.

forderungen und der dazugehörigen Verwaltung mit anschließender Werterhöhung durch den Erwerber. Soweit die Darlehensforderungen zu einem Preis verkauft werden, der unter ihrem Buchwert liegt, wird durch den Verkauf handelsbilanziell ein Buchverlust realisiert. Dies hat Auswirkungen auf die Finanzkennzahlen des verkaufenden Instituts, da der Verlust in der Handelsbilanz in der Regel auf einmal erfasst werden muss und nicht auf verschiedene Wirtschaftsjahre verteilt werden kann. Freilich wird damit nur vollzogen, was in der nächstfolgenden Jahresbilanz in Gestalt einer Abwertung ebenfalls erfolgen müsste, so dass im Ergebnis – relativ gesehen – kein bilanzieller Nachteil auftritt. Um den bestmöglichen Preis zu erzielen, erfolgt der Verkauf meist in einem Bieterverfahren. In der Praxis ist mit dem Forderungsverkauf selten eine Teilnahme an künftigen Wertsteigerungen des NPL-Portfolios verbunden. Darüber hinaus ist in Deutschland jeder Portfolioverkauf, bei dem zugleich die Forderungsverwaltung (Servicing) übertragen wird, zumindest zur Zeit noch mit umsatzsteuerrechtlichen Unwägbarkeiten versehen. Die Auswirkungen einer NPL-Transaktion auf die Vertraulichkeit sind hoch (Bankgeheimnis, Datenschutz).

NPL-Transaktionen werden zunehmend verbriefungsfähig ausgestaltet, da viele Käufer die Forderungen nicht selbst in der Bilanz ausweisen können oder wollen, sondern über den Kapitalmarkt refinanzieren möchten.

Folgende Darstellung gibt eine mögliche Struktur einer NPL-Transaktion wieder:

Abbildung 3: Grundstruktur einer NPL-Transaktion

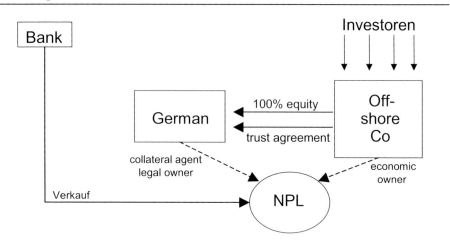

In der vorstehenden Struktur erwirbt die Offshore Co das Kreditportfolio und überträgt es treuhänderisch auf ein deutsches SPV.

4.1 Kaufgegenstand und Gewährleistungen

Als Kaufgegenstand kommen im Rahmen von NPL-Transaktionen unterschiedliche Vermögenswerte in Betracht:

- Übertragung des gesamten Darlehensverhältnisses durch dreiseitige Vertragsübernahme oder zweiseitige Vertragsübernahme mit Zustimmung (die Übertragung des gesamten Darlehensverhältnisses ist in der Praxis wegen der Dreiseitigkeit beziehungsweise des Zustimmungserfordernisses eher selten anzutreffen) oder

- Übertragung der Forderungen aus dem Darlehensvertrag (insbesondere Zins- und Tilgungsleistungen) im Wege der Abtretung oder einer (stillen) Unterbeteiligung (subparticipation). Dabei wird zwischen so genannten Single Asset-Transaktionen, bei denen nur einzelne Forderungen veräußert, und Portfolio-Transaktionen, bei denen möglichst homogene Forderungen veräußert werden, unterschieden.

- Share Deal, also die Übertragung der Anteile an einem Unternehmen, auf das die Forderungen vorher im Wege der (partiellen) Gesamtrechtsnachfolge übertragen wurden. Ein signifikanter Nachteil ist dabei allerdings die Nachhaftung.

- Kombination eines Share Deals mit anschließendem Asset Deal, welcher die Nachhaftungsthematik bewältigt.

Durch den Verkauf der Darlehensforderungen wird das wirtschaftliche und rechtliche Risiko, mit dem die Darlehensforderungen behaftet sind, also ihre Werthaltigkeit und Durchsetzbarkeit, zunächst auf den Käufer übertragen. Da der Käufer jedoch bislang das Portfolio nicht kontrolliert hat, wird er auf die Abgabe von Gewährleistungen des Verkäufers bestehen. Ein Schwerpunkt bei NPL-Transaktionen liegt damit in den Verhandlungen über die vom Verkäufer abzugebenden Gewährleistungen (insbesondere Rechtswirksamkeit und Höhe der Forderungen, Rechtswirksamkeit und Durchsetzbarkeit der Grundpfandrechte, Rang und Nominalbetrag der Grundpfandrechte) sowie deren Rechtsfolgen. Zum Umfang von Gewährleistungen hat sich noch keine Marktüblichkeit herausgebildet. Es hängt vom Einzelfall ab und wird vor allem von der Informationsqualität und möglichen Prüfungstiefe der dem Erwerber zugestandenen Due Diligence bestimmt. In vielen Fällen wird dem Käufer die Möglichkeit einer eingehenden Due Diligence zugestanden. Im Gegenzug muss er ein verbindliches Angebot abgeben und die Kredit- und Sicherheitenrisiken anschließend selbst tragen.

Die Finanzierung des Erwerbs eines NPL-Portfolios wird in der Praxis häufig mit Securitisation-Techniken verbunden. Wie in dem Schaubild dargestellt, kann der Kaufpreis etwa durch Ausgabe von Schuldverschreibungen oder Anleihen am Kapitalmarkt refinanziert werden.

4.2 Forderungsverwaltung und -einziehung

Wirtschaftliches Kernstück bei NPL-Transaktionen ist die Forderungsverwaltung, die auf den Käufer oder einen von ihm benannten Dritten (Servicer) übertragen wird. Allerdings geht es hier – anders als beim Factoring – nicht darum, dass der Käufer beziehungsweise der Servicer eine Forderungsverwaltungsleistung an den Verkäufer erbringen möchte. Vielmehr misst sich der Käufer eine bessere Beurteilungsmöglichkeit der Werthaltigkeit der Forderung zu, welche er sodann für sich selbst realisiert.

4.3 Besonderheiten bei Immobilienfinanzierungen – Grundschulden

Befinden sich Immobilienfinanzierungen im verkauften NPL Portfolio, sind diese in der Regel durch Grundschulden besichert. In diesem Zusammenhang ist zu beachten, dass die Grundschuld – anders als Bürgschaften und Hypotheken – nicht automatisch auf den Erwerber übergeht, da sie nicht akzessorisch ist, § 1192 Abs. 1 HS 2 BGB. Mangels Akzessorietät müssen Darlehensforderung und Grundschuld getrennt übertragen werden. Die sicherste Möglichkeit wäre, dass der Käufer den der Grundschuld zugrundeliegenden Sicherungsvertrag übernimmt. Hierzu ist jedoch die Zustimmung des Sicherungsgebers erforderlich, die in der Regel nicht vorliegen dürfte. Daher sind weitreichende vertragliche Regelungen zwischen Verkäufer und Käufer (Vertrag zugunsten Dritter) zur Absicherung des Käufers zu treffen.[14] In Betracht kommt namentlich die Abtretung der Grundschuld, was bei Briefgrundschulden kostengünstig möglich ist, aber bei Buchgrundschulden erhebliche Grundbuch- und Notarkosten nach sich zieht. Hier wird das kürzlich eingeführte Refinanzierungsregister nach §§ 22a ff. KWG eine deutliche Entlastung erreichen.

Bei der Übertragung des Kreditportfolios im Wege einer Unterbeteiligung hingegen verbleiben Darlehen und Sicherheit (gegebenenfalls treuhänderisch) beim Verkäufer.

4.4 Bankgeheimnis und Datenschutz

Kreditnehmerinformationen unterliegen dem Schutz des Bankgeheimnisses, das sich gewohnheitsrechtlich herausgebildet hat und in den ABG der Banken konkretisiert ist. Kreditnehmerinformationen natürlicher Personen unterliegen darüber hinaus dem Bundesdatenschutzgesetz (BDSG). Unter dem Bankgeheimnis wird die Verpflichtung der Bank verstanden, Stillschweigen über die im Rahmen oder bei Gelegenheit ihrer geschäftlichen Tätigkeit vom oder über den Kunden erlangte Informationen zu bewahren, und das korrespondierende Recht der Bank, Auskünfte über kundenbezogene

---

14 Vgl. Kristen/Kreppel (2005), S. 129 & Bomhard/Kessler/Dettmeier (2004), S. 2089.

Daten zu verweigern. Danach wird grundsätzlich die Zustimmung des Kreditnehmers zur Offenlegung und Weitergabe seiner Daten gefordert. Darüber hinaus sind § 25a Abs. 2 KWG sowie Rundschreiben der BaFin (4/97 und 11/2001) zum Bankgeheimnis zu beachten. Nach Auffassung des OLG Frankfurt vom 25.05.2004 (WM 2004, 1386 ff.) stellt das Bankgeheimnis ein konkludent vereinbartes Abtretungsverbot dar, was zu erheblicher Kritik und Verunsicherung der Branche führte. Die Entscheidung beruhte allerdings auf einem außergewöhnlichen Sachverhalt, so daß das OLG damit nicht notwendigerweise eine generalisierende Aussage treffen wollte. Insbesondere hatte die Beklagtenseite – aus Sicht des Gerichts schlüssig – die Wirksamkeit der Darlehensverträge bestritten, was durchaus einen vertraulichkeitsbegründenden Umstand darstellen kann. Neuere (bisher allerdings lediglich erstinstanzliche) Entscheidungen des LG Koblenz vom 25.11.2004 (ZIP 2005, 1 ff.) und des LG Frankfurt vom 17.12.2004 (BB 2005, 125 f.) wenden sich jedenfalls ausdrücklich gegen die Wertung des Bankgeheimnisses als Abtretungsverbot. Die weitere Entwicklung in diesem Zusammenhang bleibt abzuwarten. Nach wohl herkömmlicher Meinung ist eine Datenübertragung ohne Zustimmung des betroffenen Kreditnehmers bei einem überwiegenden Eigeninteresse der Bank zulässig. Insofern dürfte die Einhaltung des Bankgeheimnisses bei der Veräußerung bereits fällig gestellter Darlehen, mit deren Rückzahlung der Kreditnehmer in Verzug ist, aufgrund des eigenen vertragswidrigen Verhaltens des Kreditnehmers unproblematisch sein.[15] Mitunter sehen Kreditverträge jüngeren Datums auch bereits ausdrücklich vor, dass Kundeninformationen weitergegeben werden können, insbesondere für Zwecke der Refinanzierung und Weiterveräußerung der Forderungen. Falls eine vertragliche Grundlage für die Offenlegung von Informationen gegenüber Kaufinteressenten nicht gegeben ist, besteht insbesondere bei homogenen Portfolios eine Möglichkeit darin, nur anonymisierte Informationen an Kaufinteressenten zu übermitteln. Bei der Veräußerung von Mischportfolios sollte gegebenenfalls ein Datentreuhänder (Data Trustee) für die Due Diligence-Prüfung eingesetzt werden.

4.5 Steuerliche Erwägungen

Die „MKG-Factoring-Entscheidung" des EuGH (DStR 2003, 1253) hat auch für NPL-Transaktionen eine Bedeutung. Das Bundesministerium der Finanzen hat sich in einem Schreiben vom 3.6.2004 (BMF 2004 b, Tz. 12) dahingehend geäußert, dass die Grundsätze der Factoring-Entscheidung auch auf NPL-Transaktionen (zahlungsgestörte Forderungen) Anwendung finden. Allerdings stellen NPL-Transaktionen gegenüber dem Factoring ein Aliud dar, so dass der Forderungsverkauf im Ergebnis nicht als Leistung des Erwerbers an den Verkäufer zu sehen sein sollte. Diese Erkenntnis entwickelt sich nur langsam und ist keinesfalls gefestigt. Aus diesem Grund werden in der Praxis Sub Servicer-Strukturen vorgeschlagen, um sich nicht nur auf materiell-rechtliche Argumente stützen zu müssen, sondern sich auch formal auf das BMF-Schreiben berufen zu können. Nichtsdestotrotz verbleibt bei NPL-Strukturen derzeit ein Umsatzsteuerrestrisiko, das bei den Vertragsverhandlungen berücksichtigt werden

---

15 Vgl. Schilmar/Breiteneicher/Wiedenhofer (2005), S. 1370.

muss. Tendenziell trägt dieses Risiko der Verkäufer. In diesem Zusammenhang ist bei ausländischen Käufern zu beachten, dass der Verkäufer nach dem so genannten Reverse-Charge-Verfahren gemäß § 13b UStG Steuerschuldner der Leistung des Käufers ist. Bei einem inländischen Erwerber wäre der Erwerber Steuerschuldner, der Verkäufer könnte allenfalls als Haftungsschuldner in Anspruch genommen werden. Zur Vermeidung der Umsatzsteuer auf die Übertragung werden in der Praxis häufig nicht die Forderungen selbst übertragen. Vielmehr werden die Forderungen im Wege einer Gesellschaftereinlage auf eine Tochtergesellschaft (z.B. durch Ausgliederung) und im Anschluss daran die Anteile an dieser neuen Gesellschaft auf den Käufer übertragen. Obwohl im Ergebnis auch in diesem Fall der Käufer wirtschaftlicher Inhaber des Portfolios wird, kann die Übertragung der Forderungen bei entsprechender Gestaltung ohne Umsatzsteuer-Belastung erfolgen (Share-Deal statt Asset-Deal).

5 Schlussfolgerung

Der Markt für Alternative Investments ist in ständiger Bewegung. Der rechtliche Rahmen und das wirtschaftliche Umfeld im In- und Ausland wandeln sich gleichermaßen schnell. Bedauerlicherweise lassen die bisher erfolgten Gesetzesänderungen mit dem Ziel, den Finanzstandort Deutschland attraktiver zu machen, große Erfolge und mehr deutsche Vehikel vermissen, insbesondere dann, wenn global agierende Investoren angesprochen werden sollen. Genau letzteres ist aber bei den interessantesten Produkten schon aufgrund des benötigten Kapitals der Fall. Man braucht nur an die großen Private Equity- oder NPL-Transaktionen der letzten Zeit zu denken. Weder das Investmentgesetz ab 2004 noch teils versteckte punktuelle Änderungen in Steuergesetzen haben verhindern können, dass bei nahezu allen Alternativen Investments ausländische Fonds- oder Transaktionsvehikel dominieren.

Vor dem Hintergrund der rechtlichen Komplexität sind Transaktionen somit äußerst sorgfältig *über die Grenze* zu strukturieren und entsprechend vertraglich zu dokumentieren. Im Zuge kleiner werdender Margen und wachsender Vergleichbarkeit verschiedener Investitionsstrukturen reicht nationale Rechts- und Marktkenntnis bei Weitem nicht mehr aus, um Transaktionen effizient und kostengünstig zu strukturieren.

Literaturverzeichnis

ARNTZ, T./SCHULTZ, F. (1998): Bilanzielle und steuerliche Überlegungen zu Asset-Backed Securities, Die Bank 1998, S. 694–697.

BAUER, A./GEMMEKE, T. (2004): Zur einkommensteuerlichen Behandlung von Venture Capital und Private Equity Fonds nach dem BMF-Schreiben vom 16.12.2003, DStR 2004, S. 580–585.

BOMHARD, R./KESSLER, O./DETTMEIER M. (2004): Wirtschafts- und steuerrechtliche Gestaltungsfragen bei der Ausplatzierung Not leidender Immobilienkredite, BB 2004, S. 2085–2092.

BUNDESANSTALT FÜR FINANZDIENSTLEISTUNGEN, BAFIN (2002): Mindestanforderungen an das Kreditgeschäft der Kreditinstitute, Rundschreiben Nr. 34/2002 (BA) v. 20. Dezember 2002, Gz. I 4 – 44 – 5/2001.

BUNDESMINISTERIUM DER FINANZEN (2005): Schreiben betr. Investmentsteuergesetz (InvStG), Zweifel – und Auslegungsfragen v. 2. Juni 2005, BStBl. 2005 I S. 728.

BUNDESMINISTERIUM DER FINANZEN (2004 A): Schreiben betr. Umsatzsteuer; Haftung bei Abtretung, Verpfändung oder Pfändung von Forderungen (§ 13c UStG) sowie Haftung bei Änderung der Bemessungsgrundlage (§ 13d UStG) v. 24. Mai 2004, BStBl. 2004 I S. 514.

BUNDESMINISTERIUM DER FINANZEN (2004 B): Schreiben betr. Umsatzsteuer beim Forderungskauf und Forderungseinzug v. 3. Juni 2004, BStBl. 2004 I S. 737.

BUNDESMINISTERIUM DER FINANZEN (2003): Schreiben betr. einkommensteuerliche Behandlung von Venture Capital und Private Equity Fonds; Abgrenzung der privaten Vermögensverwaltung vom Gewerbebetrieb v. 16. Dezember 2003, BStBl. 2004 I S. 40.

FOCK, T. (2005): UBGG – Recht und Steuern des Kapitalbeteiligungsgeschäfts (Private Equity), München 2005.

GEERLING, T./KOST, S. (2005): Deutsche Investments in ausländische Private Equity Fonds bzw. inländische Parallelfonds und die Folgen für die Besteuerung des „Carried Interest", IStR 2005, S. 757–762.

HAHNE, K. (2005): ABS-Transaktionen: Vermeidung von Kostenrisiken durch umsatzsteuerlich optimierte Strukturierung, FB 2005, S. 773–779.

INSTITUT DER WIRTSCHAFTPRÜFER IN DEUTSCHLAND E.V., IDW (2003): IDW Stellungnahme zur Rechnungslegung: Zweifelsfragen der Bilanzierung von asset backed securities-Gestaltungen und ähnliche Transaktionen (IDW RS HFA 8), in IDW Prüfungsstandards und Stellungnahmen zur Rechnungslegung, Loseblattsammlung, IDW Verlag, Band II

KRAUSE, M./WEISER, B. (2004): Besteuerung des Carried Interest und Anwendung des Investmentsteuergesetzes auf Private Equity Fonds – der neuste Stand, Absolut Report 2004, Nr. 20 06/2004, S. 36–41.

KRISTEN, K./KREPPEL, U. (2005): NPL-Transaktionen aus Sicht des Verkäufers – Risiken und Lösungsansätze, BKR 2005, S. 123–134.

SCHILMAR, B./BREITENEICHER, J./WIEDENHOFER, M. (2005): Veräußerung notleidender Kredite – Aktuelle rechtliche Aspekte bei Transaktionen von Non-Performing Loans, DB 2005, S. 1367–1373.

SCHULTZ, F. (2001): Das Special Purpose Vehicle – wirtschaftliche Besonderheiten und offene Rechtsfragen, Festschrift für Welf Müller, München, 2001, S. 705–730.

SCHULTZ, F./KRAUSE, M. (2004): Zusätzliche Anreize für Alternative Investments für Versicherungsgesellschaften aus steuerlicher Sicht, Absolut|report Nr. 23, 12/2004, S. 54–61.

WEBER, S./REISS, W. (2004): Umsatzsteuerliche Beurteilung von ABS-Transaktionen, BB 2004, S. 1367–1373.

Joachim Kayser/Andreas Richter

Rechtliche Rahmenbedingungen bei Alternative Investments für Stiftungen in Deutschland

Möglichkeiten und Grenzen der Vermögensanlage am Beispiel von Hedgefonds

1 Einleitung 597
2 Rechtliche Bewertung des Verlustrisikos 598
   2.1 Stiftungsrechtliches Gebot der sicheren Vermögensanlage 599
   2.2 Gemeinnützigkeitsrechtliche Verlustproblematik 600
3 Rechtliche Bewertung der Thesaurierung 601
   3.1 Stiftungsrechtliches Gebot der ertragreichen Vermögensanlage 601
   3.2 Gemeinnützigkeitsrechtliches Gebot der zeitnahen Mittelverwendung. . . . 602
4 Rechtliche Bewertung der Transaktionskosten 602
   4.1 Stiftungsrechtliches Gebot der Sparsamkeit 603
   4.2 Gemeinnützigkeitsrechtliches Begünstigungsverbot 603
5 Rechtliche Bewertung des Liquidationsrisikos 604
6 Sorgfalts- und Haftungsmaßstab bei Kapitalanlageentscheidungen 605
7 Schlussbetrachtung 606
Literaturverzeichnis

1 Einleitung

Stiftungen legen ihr liquides Vermögen in der Regel *konservativ* an, beispielsweise in Rententiteln oder Immobilien[1]. Zunehmend wächst jedoch die Erkenntnis, bei der Vermögensanlage Aktien beizumischen[2]. Die unbefriedigende Entwicklung bei festverzinslichen Anlagen[3], die jüngsten Erfahrungen mit stark volatilen Börsen[4] und die gegenwärtige Gefahr des Platzens der (vermeintlichen) Immobilienblase werfen allerdings die Frage auf, ob und inwieweit auch *Alternative Investments*[5] in Form von Hedgefonds für ein Stiftungsdepot in Betracht kommen[6]. Die Vorteile von Hedgefonds im Bereich der alternativen Investments liegen beispielsweise in ihrer hohen, absoluten Renditeerwartung und zum Teil geringen oder auch negativen Korrelation nicht nur zu traditionellen Aktien- und Rentenstrategien, sondern auch innerhalb der Asset-Klasse Hedgefonds selbst[7]. Unter Diversifikationsgesichtspunkten entspricht die Anlage in Hedgefonds daher auf dem ersten Blick genau den gesetzlich vorgegebenen Erfordernissen einer Stiftung; denn unter der Hauptprämisse des Kapitalerhalts[8] streben Stiftungen nach Anlagen mit günstigem Risiko- und Renditeprofil.

Rechtstatsächlich spielen Hedgefonds in den Portfolios von Stiftungen derzeit keine Rolle[9]. Dies liegt nicht zuletzt an den (haftungs-)rechtlichen Unsicherheiten für die Stiftungsorgane, die aus den wenig präzisen stiftungsrechtlichen Bestimmungen zur Anlage des Stiftungsvermögens resultieren. Das für nahezu alle Stiftungen geltende Gemeinnützigkeitsrecht[10] enthält ebenfalls keine konkreten inhaltlichen Vorgaben. Die Literatur zum Stiftungs- und Gemeinnützigkeitsrecht, die das Thema der Vermögens-

---

1 Vgl. Heissmann Stiftungs-Studie 2005, S. 13; siehe auch FAZ v. 17.12.2004, S. 21: „Stiftungen sind bei der Kapitalanlage zu konservativ".
2 Vgl. Brockhoff (2003), S. 221, 222; Carstensen (2003), S. 535, 545; Hof/Hartmann/Richter (2004), S. 87; Rödel, NZG 2004, S. 754, 759; Schindler, DB 2003, S. 297 ff.
3 Beispielsweise sind von Ende Januar 2000 bis Ende November 2005 die Zinsen für Staatsanleihen bester Bonität für einjährige Laufzeiten von 3,97 Prozent auf 2,64 Prozent und für zehnjährige Laufzeiten von 5,72 Prozent auf 3,49 Prozent gefallen; vgl. Angaben der Deutschen Bundesbank zur täglichen Zinsstruktur am Rentenmarkt (www.bundesbank.de/stat/download/stat_zinsstruktur.pdf).
4 Zu den Risiken sowohl bei Aktien als auch bei festverzinslichen Wertpapieren siehe Henß, ZSt 2004, S. 83, 86; Rödel, NZG 2004, S. 754.
5 Zum Begriff siehe Steinmüller (2005), S. 15 f.
6 Die investmentrechtlichen Rahmenbedingungen wurden durch das Investmentmodernisierungsgesetz vom Januar 2004 dafür geschaffen; vgl. Kayser/Steinmüller, FR 2004, S. 137 ff.
7 Dies ist durch zahlreiche finanzwissenschaftliche Untersuchungen nachgewiesen; siehe beispielsweise Eling (2004).
8 Die Frage, ob Stiftungen ihr Vermögen nominal oder real erhalten müssen, ist hier nicht zu vertiefen. Siehe dazu Richter/Sturm, FB 2005, S. 592, 598 f. m.w.N.; Richter/Sturm, NZG 2005, S. 655, 656 f. m.w.N.
9 Vgl. Heissmann Stiftungs-Studie 2005, S. 13 f.
10 Für ca. 95 Prozent der Stiftungen sind die Bindungen des steuerlichen Gemeinnützigkeitsrechts (§§ 51 ff. AO) maßgeblich; vgl. Wachter, NZG 2003, S. 107; Walz/Fischer (2005), S. 159, 161.

anlage bis Mitte der 1990er Jahre weitgehend ignorierte[11], widmet sich erst in jüngerer Zeit verstärkt diesem Thema[12]. Ein einheitliches Meinungsbild zur Zulässigkeit der Anlage des Stiftungsvermögens in Hedgefonds hat sich aber noch nicht herausbilden können[13]. Im Folgenden werden daher die Strukturmerkmale von Hedgefonds[14] einer stiftungszivil- und stiftungssteuerrechtlichen Bewertung unterzogen.

2 Rechtliche Bewertung des Verlustrisikos

Hedgefonds zeichnen sich durch einen besonders großen Entscheidungsspielraum des Managements aus. Dieses kann in der Regel die gesamte Bandbreite an Finanzinstrumenten einsetzen[15], insbesondere auch Leerverkäufe tätigen und Kredite zur Erzielung von Hebeleffekten aufnehmen. Entwickelt sich der Markt bei einem über hundert Prozent liegenden Investitionsgrad wider Erwarten negativ, entsteht ein erhöhtes Verlustrisiko, da die Zins- und Tilgungsleistungen in jedem Fall zu erbringen sind. Je größer der eingesetzte Hebel, desto höher ist die Wahrscheinlichkeit, dass es zu einem Totalverlust des eingesetzten Kapitals kommt. Beschränkende rechtliche Vorgaben gibt es bei Hedgefonds insoweit nicht[16].

---

11 Siehe aber Seifart, BB 1987, S. 1889 ff.
12 Siehe Benke (2002), S. 47 ff.; Blisse, ZSt 2005, S. 140 ff.; Brockhoff (2003), S. 221 ff.; Carstensen (2003), S. 535 ff.; Carstensen, ZSt 2005, S. 90 ff.; Funken/Obeid, Stiftung & Sponsoring, Heft 3/2005, S. 26 ff.; Henß, ZSt 2004, S. 83 ff.; Hof/Hartmann/Richter (2004), S. 82 ff.; Kayser/Richter, Absolut Report, Heft 8/2004, S. 26 ff.; Kayser/Richter/Steinmüller, Stiftung & Sponsoring, Beilage zu Heft 4/2004; Richter (2001), S. 362 ff.; Richter/Steinmüller, ZSt 2003, S. 255; Richter/Sturm, FB 2005, S. 592 ff.; Richter/Sturm, ZSt 2005, S. 26 ff.; Rödel, NZG 2004, S. 754 ff.; Schindler, DB 2003, S. 297 ff.; Schwintowski, FS Hadding, S. 271 ff.; Tönies, Stiftung & Sponsoring, Heft 2/2001, S. 28 ff.; Wachter, Stiftung & Sponsoring, Beilage zu Heft 6/2002.
13 Siehe einerseits Kayser/Richter, Absolut Report, Heft 8/2004, S. 26, 33: „Stiftungszivilrechtlich sind Hedge Fonds als Portfoliobeimischung [...] zulässige Formen der Vermögensanlage"; Richter/Sturm, FB 2005, 592, 600: „Stiftungsvorständen eine Anlage in Hedge Fonds unter dem Gesichtspunkt einer hohen Risikoneigung grundsätzlich zu verwehren, ließe die positiven, sich aus der Diversifikation ergebenen Folgen unberücksichtigt"; andererseits Carstensen, ZSt 2005, S. 90, 98: „ganz erhebliche Bedenken"; zurückhaltend Funken/Obeid, Stiftung & Sponsoring, Heft 3/2005, S. 26, 28: „bedingt auch für Stiftungen".
14 Siehe zu den wirtschaftlichen Merkmalen und Risiken bereits Kayser/Richter/Steinmüller, Stiftung & Sponsoring, Beilage zu Heft 4/2004, S. 2 ff.; Kayser/Steinmüller, FR 2002, S. 1269 ff.; Richter/Sturm, FB 2005; S. 592 f.; Richter/Sturm, ZSt 2005, S. 26 ff.
15 Vgl. Kayser/Steinmüller, FR 2002, S. 1269 ff.; Richter/Sturm, FB 2005, 592, 594 f.
16 Ausführlich Steinmüller (2005), S. 16 ff.

2.1 Stiftungsrechtliches Gebot der sicheren Vermögensanlage

Isoliert betrachtet könnten Hedgefonds aufgrund des beschriebenen Verlustrisikos auf den ersten Blick gegen den landesstiftungsrechtlichen Grundsatz der sicheren Vermögensanlage[17] verstoßen. Dieser verpflichtet den Stiftungsvorstand zu einer wertbeständigen (im Sinne des Gebots der Bestandserhaltung[18]) Anlage des Stiftungsvermögens. Kumulativ dazu hat er aber das ihm anvertraute Stiftungsvermögen so anzulegen, dass er eine angemessene Rendite[19] zur Erfüllung des Stiftungszwecks erzielt[20]. Dies erfordert eine Abwägung zwischen einer möglichen Steigerung der Erträge und dem damit verbundenen Risiko für das Stiftungsvermögen[21]. Hier wird jede Stiftung eigene Maßstäbe zur Beurteilung ansetzen[22].

Entsprechend der grundlegenden Erkenntnisse der Modernen Portfolio-Theorie[23], wonach die Streuung der Vermögensanlagen das effizienteste Mittel zur Risikoreduzierung darstellt[24], und, um dem Kriterium einer sicheren *und* ertragreichen Vermögensanlage in der allein sinnvollen Gesamtschau gerecht zu werden, sollte für die Beurteilung nach stiftungsrechtlichen Grundsätzen aber nicht auf jede einzelne Kapitalanlage, sondern

---

17 Siehe beispielsweise Art. 11 Abs. 1 Satz 1 BayStG; § 7 Satz 3 HambAGBGB (siehe auch § 4 Abs. 2 Satz 2 des Entwurfs eines Hamburgischen Stiftungsgesetzes, Bürgerschaft der Freien und Hansestadt Hamburg, Drucks. 18/1513).
18 Dem Gebot der Bestandserhaltung liegt kein gesetzlich fixiertes Vermögenserhaltungskonzept zugrunde. Es ist gleichermaßen zulässig, das Vermögen nominal zu erhalten oder durch entsprechende Zuführung von Erträgen zum Stiftungsvermögen die Ertragskraft auf Dauer zu sichern (realer Werterhalt). Welcher Konzeption die Stiftung folgen soll, kann der Stifter festlegen. Anderenfalls liegt es im Ermessen des Stiftungsvorstandes, das Stiftungskapital nominal oder real zu erhalten; vgl. Richter/Sturm, FB 2005, S. 592, 599; Richter/Sturm, NZG 2005, S. 655, 657.
19 Carstensen plädiert für die Umlaufrendite festverzinslicher Wertpapiere mit einer mittleren Restlaufzeit von mehr als drei Jahren als Messlatte; vgl. Carstensen, ZSt 2005, S. 90, 93 mit Fn. 10.
20 Ausdrücklich § 4 Abs. 2 Satz 2 des Entwurfs eines Hamburgischen Stiftungsgesetzes („[Das Stiftungsvermögen] ist sicher und ertragbringend anzulegen."); ähnlich Art. 11 Abs. 1 Satz 1 BayStG. Siehe auch Hof/Hartmann/Richter (2004), S. 82 f., 86 ff.
21 Vgl. Carstensen, ZSt 2005, S. 90, 92 (Für die Geschäftsführung stellt sich die Aufgabe, ökonomisch die Balance aus Rendite und Risiko zu finden); siehe auch Wachter, Stiftung & Sponsoring 6/2002, Beilage Die Roten Seiten, S. 5.
22 Siehe auch Schwintowski, FS Hadding, S. 271, 272: „Grundlegend ist darauf hinzuweisen, dass es die eine für alle Lebenssachverhalte zutreffende und folglich auch immer gleich *richtige Anlagestrategie* nicht gibt und nicht geben kann, weil die Ziele, denen ein anzulegendes Vermögen dienen soll, sehr unterschiedlich sein können." (H. i. O.).
23 Grundlegend Markowitz, 7 Journal of Finance 77 ff. (1952).
24 Diese Erkenntnis war bereits *Shakespeares* Antonio gegenwärtig; vgl. The Merchant of Venice, Act I, Scene I: „[...] I thank my fortune for it, my ventures are not in one bottom trusted, nor to one place; nor is my whole estate upon fortune of this present year". Zum Bedürfnis nach Risikomischung von Vermögensanlagen („Diversifikation") siehe auch Steinmüller (2005), S. 1.

auf das Anlageverhalten als Ganzes abgestellt werden[25]. Denn der Einsatz *spekulativer* Anlageinstrumente[26] erhöht das Risiko des Gesamtportfolios allenfalls marginal, solange von risikoreichen Anlagevehikeln nur zurückhaltend Gebrauch gemacht wird. So wäre ein Depot, welches beispielsweise zu 70 Prozent aus Renten und 30 Prozent aus Aktien bestehen würde, im Hinblick auf eine sichere und ertragreiche Vermögensanlage möglicherweise als risikoreicher zu bewerten als ein aus 95 Prozent Renten und fünf Prozent Hedgefonds zusammengesetztes Portfolio.

Außerdem kann ein als Einzelanlage risikoreiches Investment auf die Gesamtstruktur eines Portfolios aufgrund einer günstigen Korrelation Risiko mindernd wirken[27]. Diese als Diversifikationseffekt bezeichnete Wirkung sollte im Rahmen einer Risikoanalyse auch für Stiftungen Beachtung finden[28]. Stiftungsvorständen eine Anlage in Hedgefonds unter dem Gesichtspunkt einer hohen Risikoneigung *per se* zu verwehren, ließe die positiven, sich aus der Diversifikation ergebenen Folgen unberücksichtigt[29].

2.2 Gemeinnützigkeitsrechtliche Verlustproblematik

Für die gemeinnützigkeitsgemäße Vermögensverwaltung sollen nach Rechtsprechung und Finanzverwaltung die Regelungen über den Ausgleich von Verlusten aus dem wirtschaftlichen Geschäftsbetrieb entsprechend gelten[30]. Dort ist für das Vorliegen eines Verlustes das Ergebnis des einheitlichen wirtschaftlichen Geschäftsbetriebes nach § 64 Abs. 2 AO maßgeblich. Für die Verwendung von Mitteln des ideellen Bereichs für den Ausgleich von Verlusten bedeutet dies, dass Verluste eines einzelnen Geschäftsbetriebs gemeinnützigkeitsunschädlich sind, soweit der Verlust bereits im Entstehungsjahr mit Gewinnen anderer steuerpflichtiger wirtschaftlicher Geschäftsbetriebe verrechnet werden kann[31]. Damit kommt es für die Vermögensverwaltung nicht darauf an, ob in einzelnen Bereichen der Vermögensverwaltung negative Ergebnisse erzielt werden,

---

25 Siehe bereits Richter/Sturm, FB 2005, S. 592, 598.
26 Zum Problem der Abgrenzung zwischen einer zulässigen risikobehafteten Anlage und nicht mehr zulässigen, da eine Spekulation darstellende Anlage vgl. Benicke, ZGR 2004, S. 760, 763 f. m.w.N. Bemerkenswert ist in diesem Zusammenhang der Versuch im US-amerikanischen Schrifttum, den Begriff „Spekulation" bei der Beurteilung einzelner Investments zu vermeiden; vgl. Dobris, 39 Real Prop. Prob. & Tr. J. 439–508 (2004).
27 Beispielsweise kann es für einen Anleger sinnvoll sein, ein Devisentermingeschäft (Risiko eines Totalverlustes liegt bei 70 Prozent) abzuschließen, um Währungsrisiken abzusichern; vgl. Schwintowski, FS Hadding, S. 271, 272.
28 Auch Versicherer als eher konservative Anleger dürfen seit dem 1.1.2004 durch das Investmentmodernisierungsgesetz bis zu fünf Prozent ihres gebundenen Vermögens in Hedgefonds anlegen.
29 A.A. Carstensen, ZSt 2005, S. 90, 98.
30 BFH, Urteil vom 13. November 1996 – I R 152/93, BStBl. II 1998, 711; AEAO Nr. 9 zu § 55 AO. Kritisch dazu Henß, ZSt 2004, 83, 87 („freie Rechtsschöpfung ohne jede Grundlage im Gesetz").
31 Vgl. Hof/Hartmann/Richter (2004), S. 363 ff.; Meyn/Richter (2004), Rn. 767 ff.

sondern ausschließlich darauf, ob die Vermögensverwaltung insgesamt zu Verlusten führt[32]. Die steuerliche Gemeinnützigkeit ist bei einem Investment in Hedgefonds daher nicht unmittelbar gefährdet[33].

3 Rechtliche Bewertung der Thesaurierung

Hedgefonds sind typischerweise rein thesaurierend ausgestaltet, so dass laufende Erträge nicht zur Verfügung stehen. Sie erzielen ihre Rendite somit über Wertsteigerungen und nicht über Ausschüttungen.

3.1 Stiftungsrechtliches Gebot der ertragreichen Vermögensanlage

Die Stiftungsgesetze sehen regelmäßig die Verwendung der Erträge des Stiftungsvermögens für den Stiftungszweck vor[34]. Der Stiftungsvorstand hat das Stiftungsvermögen daher nicht nur sicher, sondern auch ertragreich anzulegen. Ertragreich ist eine Vermögensanlage, wenn sie angemessene laufende Erträge sicherstellt, um den Stiftungszweck erfüllen zu können[35]. Auch hier sollte nicht auf jedes einzelne Investment, sondern auf das Anlageverhalten der Stiftung als Ganzes abgestellt werden. Nur eine derartige Gesamtschau wird dem Grundsatz der sicheren *und* ertragreichen Vermögensanlage gerecht. Denn es ist zu bedenken, dass keine Anlageklasse sowohl Wertbeständigkeit als auch laufende Erträge auf höchstem Niveau sichern kann[36]. Die Tatsache, dass Hedgefonds üblicherweise thesaurierend ausgestaltet sind, sollte daher keine unüberwindbaren Schwierigkeiten bereiten[37].

---

32 Vgl. Rödel, NZG 2004, S. 754, 758; Schauhoff (2005), § 6 Rn. 5 ff.
33 Auch die Vermögensverluste zahlreicher Stiftungen infolge der Kapitalmarktentwicklung in den Jahren 2001 und 2002 haben in keinem bisher öffentlich bekannt gewordenen Fall zu einer Aberkennung der Gemeinnützigkeit geführt.
34 Vgl. beispielsweise § 6 Abs. 2 Satz 1 NStiftG; § 6 Abs. 3 Satz 1 StiftG Hess.
35 Vgl. Benke, Stiftung & Sponsoring 2/1999, S. 13; Carstensen, ZSt 2005, S. 90, 92; Funken, Stiftung & Sponsoring 2/2002, S. 24.
36 Vgl. Hof/Hartmann/Richter (2004), S. 87.
37 A.A. wohl Carstensen, ZSt 2005, 90, 92 („[...] dass eine Vermögensanlage in Segmenten, die ausschließlich auf Wertsteigerungen setzt, aber keinen laufenden Ertrag bringt [...] ausscheidet.").

3.2 Gemeinnützigkeitsrechtliches Gebot der zeitnahen Mittelverwendung

Nicht ganz unproblematisch ist es, inwieweit thesaurierende Hedgefonds mit dem gemeinnützigkeitsrechtlichen Gebot der zeitnahen Mittelverwendung im Einklang stehen. Gemeinnützige Stiftungen haben ihre Mittel vorbehaltlich der Bildung von zulässigen Rücklagen zeitnah und in voller Höhe für ihre steuerbegünstigten satzungsmäßigen Zwecke zu verwenden. *Zeitnah* bedeutet spätestens bis zum Ende des auf ihre Vereinnahmung folgenden Veranlagungszeitraums; vgl. § 55 Abs. 1 Nr. 5 Satz 3 AO. Ausgangspunkt ist somit der Zeitpunkt des Mittelzuflusses[38].

Dabei ist mangels einer Definition von Zufluss in der Abgabenordnung auf den Zuflussbegriff des Einkommensteuergesetzes abzustellen; vgl. § 11 Abs. 1 Satz 1 EStG. Danach liegt ein Zufluss vor, soweit Leistungen zur tatsächlichen Verfügungsmacht des Gläubigers erbracht worden sind. Eine Verfügungsmöglichkeit hinsichtlich nicht ausgeschütteter Erträge hat die Stiftung erst im Zeitpunkt der Fälligkeit bzw. Veräußerung der entsprechenden Kapitalanlage. Erst ab diesem Zeitpunkt unterliegen nicht ausgeschüttete Erträge dem Gebot der zeitnahen Mittelverwendung[39].

Gleichwohl ist es wichtig, dass die gemeinnützige Stiftung einen stetigen Zufluss von Erträgen hat, da die Legitimation für die Steuerbefreiung gemeinnütziger Stiftungen in der Erzielung von laufenden Erträgen und ihrer zeitnahen Verwendung für den guten Zweck besteht[40]. Doch auch hier ist es sinnvoll, auf die Vermögensverwaltung insgesamt statt auf einzelne Anlageklassen abzustellen[41]. Zur Bewahrung der Gemeinnützigkeit empfiehlt es sich indes, nur einen kleinen Teil des Portfolios in thesaurierende Hedgefonds anzulegen und gegebenenfalls eine verbindliche Auskunft des zuständigen Finanzamtes zu beantragen.

4 Rechtliche Bewertung der Transaktionskosten

Hedgefonds erheben typischerweise ein Agio und eine jährliche Management-Fee (Gebühr) in Abhängigkeit von der Größe des verwalteten Vermögens. Zur Motivationsförderung des Management-Teams ist es ferner üblich, diesem im Erfolgsfall eine als

---

38 Ausführlich zum Gebot der zeitnahen Mittelverwendung siehe Hof/Hartmann/Richter (2004), S. 315 ff.; Meyn/Richter (2004), Rn. 666 ff.
39 Siehe bereits Kayser/Richter, Absolut Report, Heft 8/2004, S. 26, 28 f.
40 Allgemein zur Rechtfertigung der Steuerbefreiung siehe Jachmann (2005), S. 363, 366 ff. m.w.N.
41 Ebenso Henß, ZSt 2004, S. 83, 88, der allerdings Zweifel daran hat, „dass sich die Finanzverwaltung dieser ganzheitlichen Betrachtungsweise anschließt".

disproportionale Gewinnverteilung ausgestaltete Beteiligung an den erwirtschafteten Erlösen in Höhe von 20 Prozent zu gewähren (*Carried Interest*). Regelmäßig wird diese Erfolgsbeteiligung erst nach Rückzahlung des eingesetzten Kapitals der Investoren nebst Erzielung einer im Voraus fixierten Mindestrendite (meist zwischen fünf bis zehn Prozent p.a., *Hurdle Rate*) gewährt und ist zudem an den Ausgleich sämtlicher eventuell zuvor erlittener Verluste des Fonds gebunden (*High Watermark*). Die skizzierte Vergütungsstruktur motiviert aufgrund der hohen Eigenbeteiligung das Management-Team, eine hohe absolute Rendite zu erzielen. Sie schaltet die Interessen von Investoren und Managern weitestgehend gleich und entschärft dadurch das *Agency*-Problem[42]. Insgesamt macht diese Kostenstruktur Hedgefonds allerdings zu einem relativ teuren Investment.

4.1 Stiftungsrechtliches Gebot der Sparsamkeit

Die Verwaltungskosten für Hedgefonds stehen dem stiftungsrechtlichen Gebot der Sparsamkeit, das nach Ansicht der Literatur lediglich ein allgemeiner „selbstverständliche[r] Grundsatz"[43], der für alle Stiftungen gelte, aber nur in Extremfällen justitiabel sei[44], nicht zwangsläufig entgegen. Man muss berücksichtigen, dass minimale Kosten als Zielvorgabe nur dann dem Rationalprinzip entsprechen, wenn sie auf einen bestimmten Ertrag bezogen werden. Ansonsten wäre die Alternative sechs Prozent Bruttoertrag bei 0,6 Prozent Aufwand, somit zehn Prozent Aufwandsquote, der Alternative 13 Prozent Bruttoertrag bei 1,5 Prozent Aufwand, somit 11,5 Prozent Aufwandsquote, vorzuziehen, obwohl zusätzlich 6,1 Prozent-Punkte und damit mehr als doppelt so hohe Mittel für Satzungszwecke eingesetzt werden könnten[45].

4.2 Gemeinnützigkeitsrechtliches Begünstigungsverbot

Es ist gemeinnützigkeitsschädlich, wenn die Stiftung eine Person durch Ausgaben, die dem Zweck der Körperschaft fremd sind, oder durch unverhältnismäßig hohe Vergütungen begünstigt (vgl. § 55 Abs. 1 Nr. 3 AO). Unangemessen sind hiernach solche Vergütungen, die ihrer Höhe nicht dem entsprechen, was für eine vergleichbare Tätigkeit oder Leistung auch von nicht steuerbegünstigten Einrichtungen gezahlt wird[46]. Vergleichsmaßstab ist das Vergütungsniveau für Hedgefonds. Die Verwaltungskosten für Dach-Hedgefonds betragen üblicherweise jährlich ca. 2 bis 2,5 Prozent bezogen auf den Nettovermögenswert (*Net Asset Value*). Für Single-Hedgefonds betragen die üb-

---

42 Zum *agency*-Problem grundlegend Jensen/Meckling, 3 J. .Fin. Econ. 305 ff. (1976).
43 Hof/Hartmann/Richter (2004), S. 98.
44 Reuter (2003), S. 157, 164.
45 Beispiel nach Schindler, DB 2003, S. 297.
46 Vgl. Meyn/Richter (2004), Rn. 348 ff.

lichen Gebühren ca. ein bis zwei Prozent zuzüglich einer Erfolgsbeteiligung von circa fünf Prozent bis 25 Prozent. Solange sich die Vergütungsstruktur eines Hedgefonds in diesem Rahmen bewegt, ist es unschädlich, dass die für solche Fonds zu zahlenden Vergütungen in der Regel höher sind als die für klassische Investmentfonds üblichen Vergütungen[47].

5 Rechtliche Bewertung des Liquidationsrisikos

Voraussetzung für einen erfolgreichen Einsatz einzelner Anlagestile und insbesondere den für Hedgefonds typischen häufigen marktbezogenen Umschlag von Anlagen im Portfolio ist, dass der Manager flexibel agieren kann. Er muss in der Lage sein, auch über längere Zeiträume über Anlegergelder zu verfügen. Die erforderliche Dispositionsfreiheit seitens des Fondsmanagers geht zwingend einher mit einer eingeschränkten Liquidität der Anleger. Bei den im Ausland üblichen Hedgefonds können die Anleger ihre Gelder meist erst nach Ablauf einer vertraglich bestimmten Mindesthaltedauer von ein bis drei Jahren *(Lock-up-Period)* und sodann auch nur unter Einhaltung längerer Vorankündigungsfristen wieder abziehen. Bei Hedgefonds nach deutschem Recht kann der Zeitraum bis zur nächstmöglichen Rückgabe bis zu einem Vierteljahr betragen.

Der stiftungsrechtliche Bestanderhaltungsgrundsatz führt allerdings dazu, dass dem Grundsatz der Liquidität bei Stiftungen grundsätzlich eine im Vergleich zum Privatanleger geringe Bedeutung zukommt. Dieser Unterschied zwischen Stiftungen und Privatanlegern erklärt sich damit, dass das Vermögen der Stiftungen einer Vermögens-Zweck-Bindung unterliegt und der Stiftungszweck grundsätzlich nur aus den Erträgen verfolgt werden darf. Es ist daher höchst selten, dass eine Stiftung unvorhergesehen das Stiftungsvermögen oder Teile davon liquidieren muss. Bei einem Privatanleger kann eine solche Situation durchaus auftreten, weshalb er der Liquidität seiner Vermögensanlage besonderes Gewicht beimisst. Liquidität spielt dagegen für die Anlage von Stiftungsvermögen eine untergeordnete Rolle[48].

---

47 Vgl. Richter/Sturm, ZSt 2005, S. 26, 30.
48 Vgl. Reuter, NZG 2005, S. 649, 654; Richter (2001), S. 363; Schindler, DB 2003, S. 297, 298.

6 Sorgfalts- und Haftungsmaßstab bei Kapitalanlageentscheidungen

Wie die vorstehenden Ausführungen gezeigt haben, gibt es weder im Stiftungsrecht noch im Gemeinnützigkeitsrecht ernst zu nehmende Hindernisse für die Anlage von Stiftungskapital in Hedgefonds. Vor diesem Hintergrund behandelt dieser Abschnitt die rechtliche Schlüsselfrage, der Stiftungsvorstände bei einem Investment in Hedgefonds gegenüberstehen: Welche Sorgfaltsanforderungen und persönlichen Haftungsrisiken bestehen im Einzelnen?

Zunächst lässt sich sagen, dass es im Stiftungsrecht keine Haftungsnorm gibt, nach der sich der Stiftungsvorstand für jeglichen Vermögensnachteil der Stiftung verantworten muss. Er haftet gemäß § 276 BGB nur für Vorsatz und jede Form von Fahrlässigkeit, das heißt stets dann, wenn er die im Geschäftsverkehr erforderlichen Sorgfaltspflichten außer Acht lässt[49]. Es gilt also ein objektivierter, das heißt ein überindividueller und auf der Grundlage der Verkehrsanschauung beruhender Sorgfaltsmaßstab, dessen Erfüllung von einem durchschnittlichen Angehörigen des jeweiligen Verkehrskreises in der jeweiligen Situation zu erwarten ist. Dabei ist wegen der Fremdnützigkeit der Vermögensverwaltung als objektiver Vergleichsmaßstab nicht eine Person heranzuziehen, die für ihr eigenes Vermögen sorge trägt, sondern die fremdes Vermögen verwaltet[50]. Mit anderen Worten ist objektiver Vergleichsmaßstab ein *ordentlicher und gewissenhafter Stiftungsleiter*, der sich die Erhaltung und Nutzung des zu verwaltenden Vermögens zum Ziel setzt[51].

Im Einzelfall bedeutet dies, dass der Stiftungsvorstand seine Anlageentscheidungen nach den Grundsätzen zu treffen hat, die unter dem Stichwort „ordnungsgemäße Anlage von Stiftungsvermögen" diskutiert werden[52]. Diese beinhalten die Pflicht zur Entwicklung einer mittel- und langfristigen Anlagestrategie, die unter Beachtung der spezifischen Risikoempfindlichkeit der jeweiligen Stiftungen den Anforderungen eines modernen Portfolio-Managements genügt[53]. Der Stiftungsvorstand ist somit verpflichtet eine Balance aus Risiko und Rendite zu finden.

Dabei gewährt der objektive Sorgfaltsmaßstab dem Stiftungsvorstand einen gewissen Spielraum, da typischerweise mehrere Handlungsweisen dem jeweiligen Verhaltensmaßstab genügen können. In der Ausübung dieses Ermessens ist er nicht an den sichersten Weg, also an mündelsichere Anlagen, gebunden, sondern dem Prinzip der Wirtschaftlichkeit unterworfen[54]. Daraus folgt des Weiteren, dass die Beurteilung von

---

49 Zur Zulässigkeit von Haftungsmilderungen durch Gesetz oder Satzung siehe Meyn/Richter (2004), Rn. 569 ff.; Schwintek, ZSt 2005, S. 108, 111 ff.
50 Vgl. Schindler, DB 2003, S. 297, 299; Schwintowski, FS Hadding, S. 271, 284.
51 Zum Leitbild des *ordentlichen und gewissenhaften Stiftungsleiters* siehe Hof/Hartmann/Richter (2004), S. 74 f.
52 Vgl. Schwintowski, FS Hadding, S. 271 ff.; siehe auch Hof/Hartmann/Richter (2004), S. 86 ff.; Reuter, NZG 2005, S. 649, 654.
53 Vgl. Reuter, NZG 2005, S. 649, 654.
54 Auch der Reformgesetzgeber des bayerischen Landesstiftungsgesetzes, das lange Zeit mün-

einzelnen Maßnahmen auf ihre Sorgfalt hin *ex ante* zu geschehen hat. Die alleinige Bewertung des Ergebnisses einer Anlageentscheidung ist daher unzulässig. Vielmehr ist der Vermögensanlageentscheidungsprozess auf der Grundlage der Gegebenheiten zu beurteilen, mit denen der Stiftungsvorstand im Zeitpunkt seines Handelns konfrontiert war.

Zusammenfassend lässt sich konstatieren, dass eine alleinige oder überwiegende Anlage in Hedgefonds unter Diversifikationsgesichtspunkten kaum zu rechtfertigen wäre. Bei Beachtung der Grundsätze einer seriösen und marküblichen Asset Allokation und einer gründlichen Prüfung (Due Diligence) jeder einzelnen Anlage dürfte sich aber die Frage der Haftung regelmäßig nicht stellen.

7 Schlussbetrachtung

Hedgefonds sind kein neuer Trend der Finanzindustrie, sondern eine logische Evolution der Modernen Portfolio-Theorie. Stiftungen eine Anlage in Hedgefonds unter dem Gesichtspunkt einer hohen Risikoneigung *per se* zu verwehren, ließe daher zum einen die positiven, sich aus der Diversifikation ergebenen Folgen unberücksichtigt[55]. Zum anderen liefe die Besetzung dieser Anlageklasse mit dem Verdikt „Spekulation" der Entwicklung im anglo-amerikanischen Rechtsraum entgegen.

So ist beispielsweise in den USA schon seit längerer Zeit insbesondere bei den Universitätsstiftungen ein verstärktes Investment in Hedgefonds zu beobachten[56]. Die rechtlichen Vorschriften zur Anlage des Stiftungsvermögens, die im Gegensatz zum deutschen Recht traditionell einen Schwerpunkt der US-amerikanischen Stiftungsrechtslehre bilden[57], kommen dem entgegen. Denn nachdem die Gerichte noch bis Mitte des vorherigen Jahrhunderts eine Anlage nur isoliert auf ihren spekulativen Charakter prüften (so genannte *Prudent Man Rule*)[58], gingen sie mit der Entwicklung der Modernen Portfolio-Theorie dazu über, jede (noch so risikoreiche) Kapitalanlage im Portfolio-Zusammenhang zu beurteilen (so genannte *Prudent Investor Rule*)[59].

---

delsichere Anlageformen vorschrieb, nun aber die sichere und wirtschaftliche Verwaltung des Stiftungsvermögens bestimmt (Art. 11 Abs. 2 Satz 1 BayStG), hat im Interesse einer optimalen Vermögensanlage der Stiftungen die Gestaltungsspielräume der Stiftungsverwaltung erweitert; vgl. Bay. LT-Drs. 14/5498, S. 10.
55 Siehe auch Richter (2001), S. 362 f.: „Angesichts der Erkenntnisse der modernen Portfoliotheorie müssten die Stiftungsgesetze eher eine möglichst weitgehende Diversifizierung des Vermögens unterstützen".
56 Vgl. Richter/Sturm, FB 2005; S. 592, 595 f. m.w.N.
57 Ausführlich zur Geschichte und Entwicklung des US-amerikanischen Stiftungsrechts siehe Richter (2001), S. 139 ff.
58 Siehe dazu und zur Kritik Richter/Sturm, FB 2005, S. 592, 595 f.. m.w.N.
59 Vgl. Richter/Sturm, FB 2005, S. 592, 595 f. m.w.N.

Ebenso hob der englische Gesetzgeber mit der Verabschiedung des *Trustee Act 2000* die Beschränkungen bei der Kapitalanlage vollständig auf[60]. Es ist nunmehr grundsätzlich jede Art von Vermögensanlage statthaft[61]. Das bedeutet indes nicht, dass der Stiftungsvorstand keinerlei Verpflichtungen unterliegt. Dieser hat jede Anlageentscheidung sorgfältig (*Duty of Care*) und unter Beachtung bestimmter Kriterien (*Standard Investment Criteria*) zu treffen[62].

Auch im deutschen Stiftungsrecht empfiehlt es sich, nicht auf einzelne Kapitalanlagen, sondern auf das Anlageverhalten als Ganzes abzustellen. Die Möglichkeiten und Grenzen der Anlage von Stiftungskapital in Hedgefonds ergeben sich dann aus der spezifischen Charakteristik der jeweiligen Stiftung.

---

60 Vgl. Warburton (2003), Rn. 6–024.
61 Vgl. Section 3 (1) Trustee Act 2000: „Subject to the provisions of this Part, a trustee may make any kind of investment that he could make if he were absolutely entitled to the assets of the trust".
62 Einzelheiten bei Richter/Sturm, FB 2005, S. 592, 596 f.

Literaturverzeichnis

Benike, Christoph (2004): Pflichten des Vermögensverwalters beim Investitionsprozess, in: ZGR 2004, S. 760 ff.

Benke, Holger (2002): Die Vermögensanlage in gemeinnützigen Stiftungen, in: Kulturstiftungen. Ein Handbuch für die Praxis, Berlin, S. 47 ff.

Benke, Holger: Ziele und Organisation der Vermögensanlage in gemeinnützigen Stiftungen, in: Stiftung & Sponsoring 2/1999, S. 13 ff.

Blisse, Holger (2005): Anlagemöglichkeiten in der Stiftung – Ein kurzer Überblick, in: ZSt 2005, S. 140 ff.

Brockhoff, Klaus (2003): Optimierung der Vermögensanlage einer Stiftung, in: Kötz, Hein/Rawert, Peter/Schmidt, Karsten/Walz, W. Rainer (Hrsg.), Non Profit Law Yearbook 2002, Köln u. a., S. 221 ff.

Carstensen, Carsten (2003): Vermögensverwaltung, in: Bertelsmann Stiftung (Hrsg.), Handbuch Stiftungen, 2. Auflage, Wiesbaden, S. 535 ff.

Carstensen, Carsten (2005): Vorgaben für die Vermögensverwaltung der Stiftung nach Gesetz, Satzung und Rechtsprechung, in: ZSt 2005, S. 90 ff.

Dobris, Joel C. (2004): Speculations on the Idea of „Speculation" in Trust Investing: An Essay, 39 Real Prop. Prob. & Tr. J. 439 ff.

Eling, Martin (2004): Analyse und Beurteilung von Hedgefonds, Arbeitspapier, Westfälische Wilhelms-Universität Münster.

Funken, Arndt P. (2002): Nachhaltige Vermögensverwaltung mit nachhaltigen Kapitalanlagen, in: Stiftung & Sponsoring 2/2002, S. 24 ff.

Funken, Arndt P./Obeid, Alexander T. (2005): Hedgefonds im Stiftungsportfolio – Fluch oder Segen?, in: Stiftung & Sponsoring, Heft 3/2005, S. 26 ff.

Heissmann Stiftungs-Studie (2005): Planung, Anlage und Kontrolle von Stiftungsvermögen bei deutschen Stiftungen, Wiesbaden

Henss, Olaf (2004): Die Krise als Chance – Empfehlungen zur Struktur des liquiden Stiftungsvermögens, in: ZSt 2004, S. 83 ff.

Hof, Hagen/Hartmann, Maren/Richter, Andreas (2004): Stiftungen. Errichtung – Gestaltung – Geschäftstätigkeit, Beck-Rechtsberater, München.

Jachmann, Monika (2005): Steuervergünstigungen für Nonprofit-Organisationen, in: Hopt/v. Hippel/Walz (Hrsg.), Nonprofit-Organisationen in Recht, Wirtschaft und Gesellschaft, Tübingen, S. 363 ff.

Jensen, Michael C./Meckling, William H. (1976): Theory of the Firm: Managerial Behavior, Agency Costs and Ownership Structure, in: 3 Journal of Financial Economics 305 ff. (1976).

Kayser, Joachim/Richter, Andreas (2004): Hedge Fonds als Kapitalanlage für Stiftungen?, in: Absolut Report, Heft 8/2004, S. 26 ff.

Kayser, Joachim/Richter, Andreas/Steinmüller, Jens (2004): Alternative Investments für Stiftungen, in: Stiftung & Sponsoring, Beilage zu Heft 4/2004.

Kayser, Joachim/Steinmüller, Jens (2004): Die Besteuerung von Investmentfonds ab 2004, FR 2004, S. 137–146.

Kayser, Joachim/Steinmüller, Jens (2002): Hedge-Fonds im Überblick – Funktionsweise, aufsichts- und steuerrechtliche Behandlung aus Investorensicht, in: FR 2002, S. 1269–1279.

Markowitz, Harry (1952): Portfolio Selection, in: 7 The Journal of Finance, 77 ff.

Meyn, Christian/Richter, Andreas (2004): Die Stiftung. Umfassende Erläuterungen, Beispiele und Musterformulare für die Rechtspraxis, Freiburg u. a.

Reuter, Dieter (2003): Die Haftung des Stiftungsvorstands gegenüber der Stiftung, Dritten und dem Fiskus, in: Kötz, Hein/Rawert, Peter/Schmidt, Karsten/Walz, W. Rainer (Hrsg.), Non Profit Law Yearbook 2002, Köln u. a., S. 157 ff.

Reuter, Dieter (2005): Stiftungsrechtliche Vorgaben für die Verwaltung des Stiftungsvermögens, in: NZG 2005, S. 649 ff.

Richter, Andreas (2001): Rechtsfähige Stiftung und Charitable Corporation, Berlin

Richter, Andreas/Steinmüller, Jens (2003): Alternative Investments: Eine interessante Anlageklasse für Stiftungen, in: ZSt 2003, S. 255.

Richter, Andreas/Sturm, Sebastian (2005): Grenzen der Vermögensanlage rechtsfähiger Stiftungen am Beispiel von Hedge Fonds-Investments, in: FB 2005, S. 592 ff.

Richter, Andreas/Sturm, Sebastian (2005): Stiftungsrechtsreform und Novellierung der Landesstiftungsgesetze, in: NZG 2005, 655 ff.

Richter, Andreas/Sturm, Sebastian (2005): Hedge Fonds: Eine interessante Anlageklasse für Stiftungen?, in: ZSt 2005, S. 26 ff.

Rödel, Thomas (2004): Rechtsfolgen einer verlustbringenden Anlage des Stiftungsvermögens in Aktien, in: NZG 2004, S. 754 ff.

Schauhoff, Stephan (2005): Handbuch der Gemeinnützigkeit, 2. Auflage, München.

Schindler, Ambros (2003): Vermögensanlage von Stiftungen im Zielkonflikt zwischen Rendite, Risiko und Erhaltung der Leistungskraft, in: DB 2003, S. 297 ff.

Schwintek, Sebastian (2005): Die Haftung von Organmitgliedern gegenüber der Stiftung für fehlerhafte Vermögensverwaltung und Ertragsverwendung, in: ZSt 2005, S. 108 f.

Schwintowski, Hans-Peter (2004): Grundsätze ordnungsgemäßer Anlage von Stiftungsvermögen, in: Häuser, Franz/Hammen, Horst/Hennrichs, Joachim/Steinbeck, Anja/Siebel, Ulf R./Welter, Reinhard (Hrsg.), Festschrift für Walther Hadding zum 70. Geburtstag am 8. Mai 2004, Berlin 2004, S. 271 ff.

Seifart, Werner (1987): Vermögensverwaltung bei Stiftungen, in: BB 1987, S. 1889 ff.

Steinmüller, Jens (2005): Ausländische Hedgefonds und Private Equity-Pools im Investmentsteuerrecht, Aachen.

Tönies, Peter (2001): Steuerliche Möglichkeiten und Grenzen der Vermögensverwaltung und Vermögensanlage bei steuerbegünstigten Stiftungen, in: Stiftung & Sponsoring, Heft 2/2001, S. 28 ff.

Wachter, Thomas (2003): Steuerfallen für Steuerbegünstigte, in: NZG 2003, S. 107 ff.

Wachter, Thomas (2002): Rechtliche Fragen bei der Anlage von Stiftungsvermögen, in: Stiftung & Sponsoring, Beilage zu Heft 6/2002.

Walz, W. Rainer/Fischer, Hardy (2005): Grund und Grenzen von Thesaurierungsverboten im Stiftungs- und Gemeinnützigkeitsrecht, in: Kötz, Hein/Rawert, Peter/Schmidt, Karsten/Walz, W. Rainer (Hrsg.), Non Profit Law Yearbook 2004, Köln u. a., S. 159 ff.

Warburton, Jean (2003): Tudor on Charities, London.

Nora Engel-Kazemi/Stefan Geppert

Rechtliche Rahmenbedingungen für Alternative Investments in Österreich

1 Einleitung 613
2 Alternative Anlagemodelle in Österreich als Kapitalanlagefonds
　nach dem Investmentfondsgesetz. 613
　2.1 Single-Hedgefonds 613
　2.2 Dach-Hedgefonds als „Andere Sondervermögen" 614
　　2.2.1 Veranlagungsvorschriften 614
　　2.2.2 Organisationsvorschriften 616
　2.3 Derivatefonds 617
3 Alternative Anlagemodelle in Österreich außerhalb der Vorschriften
　des Investmentfondsgesetzes 618
4 Private Equity-Investitionen 619
5 Besteuerung ausländischer Hedge- bzw. Private Equity-Fonds 621
6 Besteuerung österreichischer Dach-Hedgefonds 622
7 Ausblick 623
Literaturverzeichnis

1 Einleitung

Von der Vielzahl an alternativen Anlagemöglichkeiten werden im Rahmen dieses Beitrags über Österreich die aufsichtsrechtlichen Aspekte der beiden volumenmäßig wichtigsten Kategorien, nämlich (Dach-)Hedgefonds (darunter auch Derivatefonds) und Private Equity-Investitionen, behandelt. Einerseits wird dargestellt, inwiefern diese Veranlagungsmodelle österreichischen Kapitalanlagegesellschaften im Rahmen des Investmentfondsgesetzes (InvFG) offen stehen, anderseits werden die verschiedenen anderen rechtlichen Möglichkeiten der *alternativen* Anbieter dargelegt. Schließlich werden die steuerlichen Aspekte einer Investition in Alternative Investments für Anleger, die in Österreich steuerpflichtig sind, kurz dargestellt.

2 Alternative Anlagemodelle in Österreich als Kapitalanlagefonds nach dem Investmentfondsgesetz

Die Auflage von alternativen Anlagemodellen ist österreichischen Kapitalanlagegesellschaften (KAG) erst seit dem Inkrafttreten der Investmentfondsgesetz-Novelle 2003 im Februar 2004 als Dach-Hedgefonds beziehungsweise als Derivatefonds möglich. Anders als in Deutschland hat der österreichische Gesetzgeber damals jedoch nicht den Schritt gewagt, österreichischen KAGs die Auflage von Single-Hedgefonds zu ermöglichen. Auch zurzeit noch wird von Seiten der Vereinigung Österreichischer Investmentgesellschaften (VÖIG) betont, dass ein *Alleingang* Österreichs hier nicht sinnvoll wäre.[1] Jedoch werden von Seiten eines bekannten Anbieters von alternativen Anlagemodellen mittlerweile Konzepte für ein Alternatives Investmentgesetz für Österreich vorgelegt, das nach Angaben dieses Anbieters in abgewandelter Form auch europaweit Anwendung finden könnte. Die österreichische Finanzmarktaufsicht (FMA) präsentierte wiederum im November 2005 eine umfassende Studie zum Thema „Hedgefonds – Bedeutung am Finanzplatz Österreich und regulatorischer Rahmen" in der auch Ansätze für eine Regulierung von Hedgefonds erörtert werden.[2]

2.1 Single-Hedgefonds

Österreichischen KAGs ist es wegen der Beschränkungen des § 4 Abs 3 und 4 Investmentfondsgesetz (InvFG) nicht möglich, Single-Hedgefonds aufzulegen: Diese Be-

---
[1] Pressemitteilung des VÖIG, 1. Halbjahr 2005, www.voeig.at
[2] http://www.fma.gv.at/de/pdf/hedge-f1.pdf

stimmungen regeln sowohl das Verbot der kurzfristigen Aufnahme von Fremdkapital in der Höhe von mehr als zehn Prozent des Fondsvermögens, als auch das Verbot des Verkaufs von Wertpapieren, die zum Zeitpunkt des Geschäftsabschlusses nicht zum Fondsvermögen gehören. Die für Single-Hedgefonds bedeutenden Techniken des *Leveraging* beziehungsweise des *Short Sellings* sind daher Kapitalanlagefonds, die von österreichischen KAGs aufgelegt wurden, verschlossen. Aber auch ausländische Investmentfonds, die in Österreich zum öffentlichen Vertrieb zugelassen werden sollen, sind gemäß § 25 Z 4 lit e) und f) InvFG ähnlichen Einschränkungen unterworfen. Daher können Single-Hedgefonds in Österreich nur in Rahmen eines Private Placements eines ausländischen Fonds oder im Rahmen einer anderen Rechtsform als dem österreichischen Kapitalanlagefonds vertrieben werden.

2.2 Dach-Hedgefonds als „Andere Sondervermögen"

Seit dem Inkrafttreten der Investmentfondsgesetz-Novelle 2003 ist es österreichischen KAGs jedoch möglich, alternative Dach-Anlagemodelle als so genannte „Andere Sondervermögen" aufzulegen und zum öffentlichen Vertrieb anzubieten. Diese „Anderen Sondervermögen" sind Kapitalanlagefonds, aber keine OGAWs gemäß der OGAW-Richtlinie, die sämtliche Bedingungen dieser Richtlinie erfüllen.[3] Sie können nicht nur OGAWs bis zu 50 Prozent des Fondsvermögens beziehungsweise Anteile an EWR Immobilienfonds bis zu 10 Prozent des Fondsvermögens erwerben, sondern auch als reine Dach-Hedgefonds beziehungsweise Dach-Private-Equity-Fonds aufgelegt werden.

2.2.1 Veranlagungsvorschriften

Als Dach-Hedgefonds ist es „Anderen Sondervermögen" gemäß § 20a Abs 1 Z 3 InvFG erlaubt, in Anlagen zu investieren:

- die nach dem Gesetz, der Satzung oder der tatsächlichen Übung nach den Grundsätzen der Risikostreuung veranlagt sind,

- die keine OGAW beziehungsweise OGA sind

- und die hinsichtlich der Vorschriften der getrennten Verwahrung des Fondsvermögens, der Kreditgewährung, der Kreditaufnahme und der Leerverkäufe von Wertpapieren nicht der OGAW-Richtlinie gleichwertige Vorschriften in Bezug auf das Schutzniveau der Anteilsinhaber einhalten müssen – wobei jedoch eine Nachzahlungspflicht für den Anleger nicht vorgesehen sein darf.[4]

---

[3] Vgl. Majcen/Minhold/Weber, InvFG (2004) § 20a A 1.
[4] Fraglich ist, auf welcher Ebene des Investments die Nachschusspflicht ausgeschlossen sein muss. Während *Heidinger/Paul*, Kommentar zum InvFG (2005), § 20a Rz 16, davon ausgehen, dass das „Andere Sondervermögen" als Anleger keiner Nachschusspflicht unterworfen sein

„Anderen Sondervermögen" ist es somit erlaubt, das gesamte Fondsvermögen in Single-Hedgefonds zu investieren, wobei aber die Einschränkung zu berücksichtigen ist, dass lediglich bis zu zehn Prozent des Fondsvermögens in einen dieser Zielfonds investiert werden darf. Jedoch kann ein „Anderes Sondervermögen" alleiniger Anleger eines Zielfonds sein. Somit könnte ein österreichischer Dach-Hedgefonds seine *eigenen* Zielfonds offshore – als Private beziehungsweise Professional oder Qualified Investor Fund – auflegen: Die In-house-Produktion ist daher auf dem Umweg über die Auflage von Single-Hedgefonds in traditionellen offshore Hedgefonds-Jurisdiktionen möglich. Auch kennt das InvFG keine Beschränkungen hinsichtlich der Identität des Managers der Zielfonds, weshalb ein „Anderes Sondervermögen" – stets unter Berücksichtigung des Grundsatzes der Risikostreuung – auch in Zielfonds investieren könnte, die von demselben Fondsmanager verwaltet werden. Darüber hinaus ist es „Anderen Sondervermögen" möglich, in alle anderen Veranlagungsgegenstände zu investieren, die für *normale* OGAW-Kapitalanlagefonds zulässig sind. Wenn ein „Anderes Sondervermögen" allerdings von dieser Möglichkeit Gebrauch macht und auch Einzeltitel (Wertpapiere, Geldmarktinstrumente oder Bankguthaben) erwirbt, müssen hiefür die Veranlagungsgrenzen des I. Abschnittes des InvFG eingehalten werden.[5]

Das Prinzip der Risikostreuung eines „Anderen Sondervermögens" ist auch dann gewahrt, wenn dieser in andere Kapitalanlagefonds investiert, die in nicht unerheblichem Umfang Anteile an einem oder mehreren anderen Kapitalanlagefonds beinhalten, und diese anderen Kapitalanlagefonds unmittelbar oder mittelbar nach dem Grundsatz der Risikostreuung veranlagt sind. Da damit aber auch eigentlich eine *unendliche* Kaskadierung möglich wäre, ist davon auszugehen, dass in Hinkunft Beschränkungen zur Verhinderung einer solchen Kaskadierung eingeführt werden.

Schließlich ist es „Anderen Sondervermögen" aufgrund des Wortlauts des Gesetzes auch möglich, in Private Equity-Zielfonds zu veranlagen[6], wobei jedoch jedenfalls eine Nachschusspflicht der Anleger ausgeschlossen sein muss.[7] Der Grundsatz der Risikostreuung ist aber stets auch auf der Ebene des Zielfonds zu beachten, wobei dafür die allgemeinen Veranlagungsvorschriften des § 20 InvFG herangezogen werden können.

---

    darf, gehen *Majcen/Minhold/Weber*, InvFG (2004) § 20a A 3, nicht auf diese Unterscheidung ein und beziehen den Ausschluss der Nachschusspflicht auf die „Anteilinhaber" (wohl gemeint des „Anderen Sondervermögens"). Meines Erachtens ist der Auffassung von *Heidinger/Paul* beizupflichten, da das Gesetz explizit auf die Nachschussverpflichtung des *Anlegers* des Zielfonds abstellt, das InvFG von den Investoren eines Kapitalanlagefonds aber als *Anteilinhaber* spricht. Da diese Bestimmung dem Schutz des „Anderen Sondervermögens" als Anleger – und damit indirekt dem Schutz der Anteilinhaber vor zu hohen Verlusten – dient, müsste der Erwerb von Anteilen an einem Zielfonds, der das Kapital gestaffelt abruft, zulässig sein, wenn das nicht abgerufene Kapital vom „Anderen Sondervermögens" zwischenzeitig in liquiden Mitteln veranlagt wird.

5 Vgl. Majcen/Minhold/Weber, InvFG (2004) § 20a A 13.
6 So auch *Heidinger/Paul*, Kommentar zum InvFG (2005), § 20a Rz 15.
7 Vgl. Majcen/Minhold/Weber, InvFG (2004) § 20a A 3. Fraglich ist, ob die zwischenzeitige Veranlagung eines allfälligen Teilbetrags, der von Private Equity-Zielfonds im Wege des Kapitalabrufs später eingefordert wird, in andere liquide Instrumente, im Einklang mit dem Verbot der Nachschusspflicht steht oder ob überhaupt nur in Zielfonds investiert werden darf, die das Kapital zur Gänze durch den Erwerb des Anteils abrufen.

„Anderen Sondervermögen" ist es weiters gestattet, nach Maßgabe der Fondsbestimmungen kurzfristig[8] Kredite bis zu 20 Prozent des Fondsvermögens aufzunehmen beziehungsweise Ausnahmen vom Prinzip festzusetzen, dass die Anteilrücknahme nicht jederzeit auf Verlangen des Anteilsinhaber erfolgen kann, sondern dafür bestimmte Termine (mindestens aber einmal in jedem Quartal) vorzuschreiben.

2.2.2 Organisationsvorschriften

„Andere Sondervermögen" können in Österreich lediglich von einer KAG als Sondervermögen errichtet werden. KAGs sind in Österreich Spezialkreditinstitute, die eine Zulassung der FMA als zuständiger Aufsichtsbehörde zum Betrieb des Investmentgeschäftes gemäß § 1 Abs 1 Z 13 Bankwesengesetz (BWG) (Investmentgeschäft) besitzen müssen.[9] KAGs unterliegen hohen Eigenmittelerfordernissen: Eine KAG benötigt gemäß § 3 Abs 4 BWG ein Anfangskapital in der Höhe von EUR 2,5 Mio. (wenn der Wert des Fondsvermögens EUR 250 Mio. überschreitet, sind gemäß der OGAW-Richtlinie zusätzliche Eigenmittel erforderlich). Darüber hinaus bestehen bezüglich der Geschäftsleiter der KAG die generellen Voraussetzungen wie Leitungserfahrung, effektive Kontrolle, Sorgfaltspflichten. Für die Geschäftsleiter einer KAG, die ein „Anderes Sondervermögen" verwalten, gelten hinsichtlich der Qualifikation weitergehende Vorschriften, als die Geschäftsleiter nach § 20a Abs 6 InvFG den beabsichtigten Veranlagungen entsprechend qualifiziert sein müssen. In der Praxis fordert die FMA diesbezüglich, dass zumindest ein Geschäftsleiter der KAG entsprechende praktische beziehungsweise theoretische Erfahrung gesammelt hat.

Wie auch andere Kapitalanlagefonds haben „Andere Sondervermögen" einen vereinfachten und einen vollständigen Verkaufsprospekt zu veröffentlichen, der – wenn das „Andere Sondervermögen" ein besonderes Risiko aufweist – einen entsprechenden genehmigungsbedürftigen Warnhinweis zu enthalten hat.[10] Dieser Warnhinweis ist stets bei der Werbung für die Anteilsscheine zu verwenden.

Die Möglichkeit „Andere Sondervermögen" als Dach-Hedgefonds aufzulegen, besteht seit nunmehr knapp zwei Jahren, viele entsprechende Fonds wurden bisher aber nicht aufgelegt. Nach der FMA Studie „Hedgefonds – Bedeutung am Finanzplatz Österreich

---

8   Unter dem Begriff „kurzfristig" ist nach Auffassung der österreichischen Aufsichtsbehörden ein Zeitraum von maximal drei Monaten anzusehen (Vgl. Majcen/Minhold/Weber, InvFG (2004) § 4 A 1), wobei jedoch die Aneinanderreihung ständig revolvierender kurzfristiger Kredite eine Umgehung darstellen würde. Daraus folgt, dass die erhöhte Grenze für die Aufnahme von Krediten für das „Andere Sondervermögen" nicht als *Leveraging* Genehmigung verstanden werden kann.
9   Die Auflage von Investmentaktiengesellschaften, wie dies §§ 96ff dInvFG für Deutschland vorsieht, ist in Österreich nicht möglich.
10 Ein von der FMA genehmigter Warnhinweis lautet: „Dieser Fonds kann bis zu 100 Prozent in Veranlagungen gemäß § 20a Abs 1 Z 3 InvFG (Alternative Investments) investieren, die im Vergleich zu traditionellen Anlagen ein erhöhtes Anlagerisiko mit sich bringen. Insbesondere bei diesen Veranlagungen kann es zu einem Verlust bis hin zum Totalausfall des darin veranlagten Kapitals kommen."

und regulatorischer Rahmen" waren per Ende Oktober 2005 nur 17 Publikumsfonds als Dachfonds zugelassen. Darunter befanden sich auch Fonds, die sich nur durch die Art der Ausschüttung unterscheiden, weshalb die Anzahl der österreichischen Dach-Hedgefonds eigentlich auf 13 zu reduzieren ist. Daneben bestehen jedoch auch österreichische Dach-Hedgefonds, die als Spezialfonds aufgelegt wurden und damit nicht öffentlich vertrieben werden dürfen.

2.3 Derivatefonds

Seit der Investmentfondsgesetz-Novelle 2003 ist es österreichischen KAGs auch möglich reine Derivatefonds aufzulegen[11]. Generelle Voraussetzung ist aber stets, dass die KAG ein Risikomanagementverfahren verwendet, das es ihr ermöglicht, das mit den Anlagepositionen verbundene Risiko jederzeit zu überwachen und zu messen. Weiter darf das mit den Derivaten verbundene Gesamtrisiko den Gesamtnettowert des Fondsvermögens nicht überschreiten. Nach der Verordnung der FMA über die Risikoberechnung und Meldung von Derivaten[12] kann somit unter Berücksichtigung der sonstigen im Fondsvermögen enthaltenen Vermögensgegenstände ein Gesamtrisiko von 200 Prozent des Fondsvermögens erreicht werden.

Die KAG muss aber sicherstellen, dass sie allen für Rechnung des Fonds eingegangen, bedingten und unbedingten Liefer- und Zahlungsverpflichtungen aus Derivaten aus vollem Umfang nachkommen kann. Die Bestimmung des § 4 Abs 4 InvFG über das Verbot des Leerverkaufs von Wertpapieren ist von der Kapitalanlagegesellschaft aber in jedem Fall zu beachten. Nach der Auffassung der FMA reicht es beispielsweise nicht aus, wenn der Derivatefonds bei einem *Short Call* zur Deckung ein *Recht* auf Beschaffung des Basisinstruments erwirbt, wenn das Basisinstrument aufgrund des Short Calls effektiv geliefert werden müsste. Diesfalls müsste der Fonds effektiv über das Basisinstrument verfügen, womit viele Formen des *Covered Calls* auch für Derivate-Fonds unzulässig sind. Kann bei einem Derivat hingegen (automatisch oder auch nur auf Wunsch der KAG) ein Barausgleich vorgenommen werden, so ist es nach der Begründung zur Verordnung der FMA über die Risikoberechnung und Meldung von Derivaten zulässig, dass der Fonds das betreffende Basisinstrument nicht zur Deckung hält. In diesem Fall sind aber ausreichend Barmittel und liquide Werte zur Deckung heranzuziehen.

---

11 Vgl. Majcen/Minhold/Weber, InvFG (2004) § 21 A 9
12 BGBL II Nr. 238/2005.

Nora Engel-Kazemi/Stefan Geppert

3 Alternative Anlagemodelle in Österreich außerhalb der Vorschriften des Investmentfondsgesetzes

Da es nach den Bestimmungen des InvFG nicht erlaubt ist, Leerverkäufe von Wertpapieren zu tätigen oder Leverage einzusetzen, haben Anbieter alternativer Anlagemodelle (zu Private Equity-Investitionen siehe Abschnitt 4) nach Möglichkeiten gesucht, diese Anlagemodelle durch Strukturen, die aufsichtsrechtlich außerhalb der Vorschriften des InvFG stehen, zu vertreiben. Die häufigst verwendeten Strukturen hierfür sind Genussscheinmodelle, Index-Anleihen oder Zertifikate. Genussscheinprodukte sind am österreichischen Alternative-Investments-Markt relativ häufig anzutreffen. Dabei handelt es sich rechtlich nicht um einen Miteigentumsanteil an einem Investmentfonds, sondern um obligatorische Genussrechte, die von einer inländischen Aktiengesellschaft als Emittentin im Rahmen eines öffentlichen oder nicht-öffentlichen Angebots verbrieft begeben werden. Diese Genussscheine vermitteln dem Investor eine Beteiligung an einem bestimmten Teilbereich der Emittentin.

Der Emissionserlös wird über diesen Teilbereich in eine 100prozentige Tochtergesellschaft der Emittentin investiert, welche für den Handel mit Wertpapieren oder Derivaten verantwortlich ist. Diese Tochtergesellschaft wird meistens als off-shore Gesellschaft in einem Staat errichtet, der ein renommierter Finanzplatz ist und auch steuerliche Vorteile bietet und in welchem sie aufgrund der geltenden aufsichtsrechtlichen Bedingungen *Leveraging* beziehungsweise *Short Selling* betreiben kann. Das Ergebnis der Investitionstätigkeit der Tochtergesellschaft wirkt sich auf die Wertentwicklung des Teilbereichs und somit auf den Rückkaufwert der einzelnen Genussscheine aus. Auch sind in Österreich viele strukturierte Produkte wie Indexanleihen oder Zertifikate, die an das Ergebnis eines bestimmten Hedgefonds beziehungsweise eines Hedgefonds-Index geknüpft sind, anzutreffen. Derartige strukturierte Produkte weisen darüber hinaus manchmal eine Kapitalgarantie für einen bestimmten Anteil des veranlagten Nominales auf. Ähnlich wie bei den Genussscheinen wird der Rückzahlungsbetrag der Indexanleihen (oder der Zertifikate) anhand eines Hedgefonds-Index oder eines (proprietären) Index bestimmt, dessen Entwicklung sich aufgrund der Wertentwicklung des Teilbereichs der Emittentin ergibt. Genussscheinprodukte oder Index-Anleihen weisen gegenüber Investmentfondsanteilen aus den typischen Hedgefonds-Jurisdiktionen den Vorteil auf, dass die Wertpapiere von einer inländischen Emittentin begeben werden. Kritisiert wird daran jedoch oft, dass diese keiner öffentlichen Aufsicht unterliegt. Emittenten von derartigen kollektiven Anlagemodellen behelfen sich hinsichtlich dieses Einwandes damit, dass der Rücknahmewert von einem Wirtschaftsprüfer geprüft wird.

Zusehends begegnen diese alternativen Anlagemodelle aber von Seiten der FMA – insbesondere auch infolge der in Deutschland geführten Diskussion, ob diese Anlagemodelle ein erlaubnispflichtiges Bankgeschäft in Form des Finanzkommissionsgeschäfts darstellen[13] – einer kritischeren Betrachtung. Die FMA prüft seit einiger Zeit, ob das von den Emittenten von Genussscheinmodellen betriebene Geschäft nicht ein unzulässigerweise betriebenes Bankgeschäft wäre. Konkret wirft die FMA den Betreibern entsprechender Anlagemodelle vor, damit das Einlagengeschäft gemäß § 1 Abs 1 Z 1 BWG („Die Entgegennahme fremder Gelder zur Verwaltung oder als Einlage (Einlagengeschäft)") zu verwirklichen. Dazu ist festzuhalten, dass – wie auch beauftragte Rechtsexperten namhafter Anbieter festhalten – kollektive Anlagemodelle nicht in den Definitionskern des Einlagengeschäfts fallen. Auch entschieden die Berufungsinstanzen bisher zu von der FMA in anderen Verfahren geäußerten gleichartigen Vorwürfen, dass kein Einlagengeschäft vorliegt, da nicht vom Vorliegen eines *fremden Geldes* auszugehen sei und die Gelder nicht der Finanzierung der unternehmerischen Tätigkeit der entgegennehmenden Stelle gedient hätten.[14]

4 Private Equity-Investitionen

Private Equity-Investitionen sind in Österreich in der international üblichen Form einer (Publikums-)Kommanditgesellschaft oder in der für Österreich eigenen Form der Mittelstandsfinanzierungsgesellschaft anzutreffen.[15] Die meisten Private Equity-Gesellschaften werden in Österreich aufgrund der steuerlichen Sondersituation als Mittelstandsfinanzierungsgesellschaften (MFGs) errichtet. Bei Erfüllung der Voraussetzungen des § 6b Körperschaftssteuergesetz (KStG) sind MFGs in einer sechsjährigen Anlaufphase (Gründungsjahr und fünf weitere Jahre) zur Gänze und in der Folge hinsichtlich des auf den Finanzierungsbereich (das eigentliche Beteiligungsgeschäft) entfallenden Einkommensteiles von der unbeschränkten Steuerpflicht ausgenommen.[16] MFGs müssen als Aktiengesellschaft mit einem Grundkapital von mindestens EUR 7,3 Mio organisiert sein. Gründer müssen zu mindestens 75 Prozent Beteiligungsfondsgesellschaften oder andere Kreditinstitute sein, wobei die Gründer jedoch nachhaltig maximal 30 Prozent des Grundkapitals halten dürfen.[17] Das Eigenkapital ist grundsätzlich durch die Ausgabe von Aktien aufzubringen, ergänzend ist aber auch die Finanzierung durch die Ausgabe von Substanzgenussrechten bis zur Höhe des durch

---

13 Siehe dazu insbesondere *Dreher*, Das Finanzkommissionsgeschäft nach § 1 Abs 1 Satz 2 Nr. 4 KWG, ZIP 2004, 2161ff und *Fock*, Kollektive Vermögensverwaltung zwischen Investmentrecht und Kreditwesengesetz, ZBB 2004, 365ff sowie *Sahavi*, Kollektive Anlagemodelle und das Finanzkommissionsgeschäft im Sinne von § 1 Abs 1 Satz 2 Nr. 4 KWG, ZIP 2005, 929ff.
14 UVS Wien, GZ 06/42/9144/2003 vom 5.5.2004 beziehungsweise UVS Wien, GZ 06/42/05/2001 vom 13.2.2001.
15 Daneben sieht das BWG auch die Form des Beteiligungsfinanzierungsgeschäfts (§ 1 Abs 1 Z 14 BWG) vor, die jedoch mittlerweile praktisch inexistent geworden ist.
16 öBMF, Körperschaftsteuerrichtlinien 2001, Rz 239.
17 Mittelstandsfinanzierungsgesellschaften müssen nicht bereits mit einem Grundkapital von EUR 7,3 Mio gegründet werden, das heißt es ist nicht erforderlich, dass die qualifizierten Gründer 75 Prozent der EUR 7,3 Mio bei Gründung übernehmen (öBMF, Körperschaftsteuerrichtlinien 2001, Rz 247).

Aktien aufgebrachten Eigenkapitals zulässig.[18] Der Geschäftsgegenstand von MFGs ist auf die Veranlagung des Eigenkapitals und die damit verbundenen Nebenleistungen beschränkt, wobei die Veranlagung zu mindestens 75 Prozent in Österreich erfolgen muss. Diese österreichischen Zielunternehmen müssen zu mindestens 70 Prozent im gewerblichen Bereich tätig sein, wobei Kredit-, Versicherungs- oder Energieerzeugungsunternehmen nicht zu den Zielunternehmen gehören dürfen.[19]

Aus den vom Gesetz vorgegebenen Relationen für die Verwendung des Eigenkapitals ergeben sich für MFGs nach den Körperschaftsteuerrichtlinien[20] folgende Grenzen:

- Mindestens 75 Prozent des Eigenkapitals sind in Österreich zu veranlagen.

- Mindestens 70 Prozent des Eigenkapitals sind in Beteiligungen an gewerblichen Betrieben, davon zwei Drittel mit Substanzbeteiligung, zu veranlagen.

- Höchstens ein Drittel des in Beteiligungen veranlagten Eigenkapitals kann in Auslandsbeteiligungen veranlagt werden.

- Höchstens 30 Prozent des Eigenkapitals können in Geldeinlagen bei Kreditinstituten und Forderungswertpapieren – dabei höchstens 25 Prozent im Ausland – veranlagt werden.

- Mindestens acht Beteiligungen müssen (unter Berücksichtigung allfälliger Nachbeschaffungszeiträume) vorhanden sein.

- Höchstens drei Beteiligungen dürfen an Unternehmen bestehen, die die Umsatzgrenze von EUR 220 Mio übersteigen.

- Höchstens 20 Prozent des Eigenkapitals dürfen durch die einzelne Beteiligung gebunden sein.

Das Vorliegen sämtlicher Voraussetzungen des § 6b KStG ist jährlich durch einen inländischen Wirtschaftsprüfer oder eine Wirtschaftsprüfungsgesellschaft dem österreichischen Bundesministerium für Finanzen („öBMF") gegenüber nachzuweisen. Bis zu einem Beteiligungsnennwert von EUR 14.600 sind Ausschüttungen von MFGs an natürliche Personen im Wege der Steuererstattung freigestellt. Verletzt eine MFG jedoch nachhaltig die Bestimmungen des § 6b KStG, kommt es zu einer Nachversteuerung. MFGs bedürfen in der Regel keiner Konzession nach § 1 Abs 1 Z 15 BWG (Kapitalfinanzierungsgeschäft), wenn sie primär Strategien umsetzen und Managementfunktionen übernehmen.[21]

Da MFGs demnach besonders starren Regeln hinsichtlich der einhaltenden Investitionsgrenzen unterworfen sind, müssen Anbieter von Private Equity-Veranlagungen, die diese Grenzen nicht einhalten können/wollen, auf die international übliche Rechtsform des *Limited Partnership*, sohin der Kommanditgesellschaft (KG) zurückgreifen. Typisch für diese Veranlagungsmodelle ist aus rechtlicher Sicht die gestaffelte Form des Ka-

---

18 öBMF, Körperschaftsteuerrichtlinien 2001, Rz 244.
19 Vgl. Kalss/Oppitz/Zöllner, Kapitalmarktrecht (2005), § 9 Rz 9.
20 öBMF, Körperschaftsteuerrichtlinien 2001, Rz 257.
21 Vgl. Diwok/Göth, Bankwesengesetz, Kommentar Band I, § 1 Rz 94.

pitalabrufs, zu dessen Leistung sich die Anleger durch Beitritt zur KG verpflichten, und die begrenzte Laufzeit dieser Veranlagungsmodelle.

Da Private Equity-Investitionen in einem rechtlich sehr wenig geregelten Raum erfolgen, haben sich österreichische Risikokapitalgesellschaften, die sich in der Austrian Private Equity and Venture Capital-Organisation (AVCO) vereinigt haben, freiwillig zur Befolgung bestimmter Standards der guten und verantwortungsvollen Zusammenarbeit verpflichtet.[22]

5 Besteuerung ausländischer Hedge- bzw. Private Equity-Fonds

Ausländische Hedgefonds unterliegen für Anleger, die in Österreich unbeschränkt steuerpflichtig sind, denselben Steuervorschriften wie ausländische Investmentfonds, die in klassische Wertpapiere, wie z.B. Aktien oder Anleihen, investieren. Steuerlich gilt als ausländischer Investmentfonds „jedes ausländische Vermögen, unabhängig von der Rechtsform, das nach dem Grundsatz der Risikostreuung veranlagt ist". Diese Definition ist sehr weit und kann auch Fondsgestaltungen umfassen, die nach österreichischem Recht nicht zulässig wären. Hauptanknüpfungspunkt ist, ob die Veranlagungsform nach ausländischem Recht als Investmentfonds gewertet wird – wobei diese Anerkennung als Investmentfonds durch das Recht des Sitzstaates nicht erforderlich ist[23] –, im Übrigen, ob für Anleger der Kapitalveranlagungsgedanke im Vordergrund steht und eine gewisse Risikostreuung gegeben ist.[24] Nach der Legaldefinition können daher auch ausländische Private Equity-Fonds unter den steuerlichen Begriff „ausländischer Investmentfonds" fallen.[25] Als wesentlicher Besteuerungsgrundsatz kommt bei ausländischen Investmentfonds für Anleger, die in Österreich steuerpflichtig sind, das Transparenzprinzip zum Tragen. Die Erträge sind weder auf der Ebene des Fonds noch auf der Ebene der Kapitalanlagegesellschaft zu besteuern, sondern direkt dem Anleger zuzurechnen. Die Besteuerung erfolgt dabei unabhängig von der Tatsache, ob eine Ausschüttung erfolgt, oder ob der Fonds seine Erträge thesauriert. Im Thesaurierungsfall werden die so genannten ausschüttungsgleichen Erträge besteuert, die aus den ordentlichen ausschüttungsgleichen Erträgen (Zinsen und Dividenden, abzüglich Aufwendungen) und den außerordentlichen ausschüttungsgleichen Erträgen (realisierte Substanz- und Derivatgewinne, abzüglich entsprechender realisierter Verluste) bestehen. Die ausschüttungsgleichen Erträge ausländischer Fonds sind jedenfalls in einer Steuererklärung anzugeben. Die Höhe der ausschüttungsgleichen Erträge hängt von der steuerlichen Qualifikation des Fonds ab. Steuerlich unterschieden werden *weiße*

---

22 Vgl. Kalss/Oppitz/Zollner, Kapitalmarktrecht (2005), § 9 Rz 10f.
23 öBMF, Investmentfondsrichtlinien 2003, Rz 264.
24 öBMF, Investmentfondsrichtlinien 2003, Rz 274ff.
25 Siehe dazu auch öBMF, Investmentfondsrichtlinien 2003, Rz 269 über die erforderliche Risikostreuung und Majcen/Minhold/Weber, InvFG (2004) § 42 A 2.

Fonds, *schwarze* Fonds und seit 1. Juli 2005 *blütenweiße* Fonds. Als *weiße* Fonds gelten ausländische Investmentfonds, für die ein im Inland bestellter steuerlicher Vertreter (Bank oder Wirtschaftstreuhänder) oder der Anleger selbst die ausschüttungsgleichen Erträge berechnet und nachweist. Die ausschüttungsgleichen Erträge *weißer* Investmentfonds gelten vier Monate nach dem Ende des Fondsgeschäftsjahres steuerlich als zugeflossen und sind zu diesem Zeitpunkt in die Steuererklärung aufzunehmen.

Als *schwarze* Fonds gelten alle Fonds, die keinen steuerlichen Vertreter im Inland bestellt haben, beziehungsweise deren ausschüttungsgleichen Erträge nicht durch Selbstnachweis ermittelt werden. Die ausschüttungsgleichen Erträge schwarzer Fonds sind für steuerliche Zwecke pauschal mit 90 Prozent des Unterschiedsbetrags zwischen dem ersten und dem letzten im Kalenderjahr festgesetzten Rücknahmepreis, mindestens aber mit zehn Prozent des letzten im Kalenderjahr festgesetzten Rücknahmepreises, also unabhängig von der tatsächlichen Performance festzusetzen. Die pauschal berechneten ausschüttungsgleichen Erträge *schwarzer* Fonds gelten mit Ende des Kalenderjahres als zugeflossen. Finden Ausschüttungen statt, so sind sie in der Regel zusätzlich steuerpflichtig, können aber von den pauschalen Erträgen abgezogen werden, wobei die pauschalen Erträge durch den Abzug der Ausschüttung nicht negativ werden dürfen. Weiße und schwarze Investmentfonds, die auf einem inländischen Bankdepot von einer österreichischen Privatperson gehalten werden, unterliegen zusätzlich einem Sicherungssteuerabzug, der sich vom Fondsvermögen bemisst. Die Sicherungssteuer ersetzt nicht die Besteuerung der ausschüttungsgleichen Erträge, sondern gilt als Vorauszahlung auf die Einkommenstuer und kann im Rahmen der Steuererklärung rückgefordert werden. Der Sicherungssteuerabzug entfällt, wenn der Anleger gegenüber den Finanzbehörden den Bestand seiner ausländischen Investmentfonds offen legt und die inländische Bank davon Kenntnis hat. Blütenweiße Investmentfonds werden bei österreichischen Privatpersonen mittels Kapitalertragsteuerabzug besteuert und sind dadurch mit inländischen Fonds steuerlich gleich gestellt. Voraussetzung dafür ist, dass seitens des ausländischen Fonds bestimmte Meldevoraussetzungen erfüllt werden und die Anleger ihre Anteile auf dem Depot bei einer inländischen Bank halten. Für blütenweiße Investmentfonds entfällt der Sicherungssteuerabzug. Auf die einzelnen Steuersätze für Privatpersonen beziehungsweise Kapitalgesellschaften und die dabei erfolgenden Differenzierungen hinsichtlich der ordentlichen und der außerordentlichen Erträge kann im Rahmen dieses Beitrags nicht eingegangen werden.

6 Besteuerung österreichischer Dach-Hedgefonds

Österreichische Hedgefonds können lediglich als „Anderes Sondervermögen" und somit als Dach-Hedgefonds aufgelegt werden. Als Zielfonds von „Anderen Sondervermögen" werden im Wesentlichen nur ausländische Hedgefonds infrage kommen, zur Beimischung sind aber auch inländische Wertpapierfonds zulässig. Die Erträge des

Dach-Hedgefonds sind einerseits die von den Zielfonds durchgeleiteten ordentlichen und außerordentlichen Erträge, sowie andererseits die Erträge aus der Veräußerung der Subfonds. Der steuerliche Vertreter des inländischen Dachfonds kann gemäß den Investmentfondsrichtlinien des öBMF gleichzeitig auch als Vertreter aller in- und ausländischen Subfonds auftreten, ohne von den Subfonds formell dazu beauftragt worden zu sein. Sämtliche Erträge und Gewinne, die ein inländischer Dach-Hedgefonds erzielt, werden mittels Kapitalertragsteuerabzug mit Endbesteuerungswirkung für Zwecke der Einkommen- und der Erbschaftssteuer besteuert.

7 Ausblick

Die österreichischen KAGs mit der InvFG-Novelle 2003 eingeräumte Möglichkeit, Dach-Hedgefonds als „Andere Sondervermögen" aufzulegen, stellt im Sinne der Chancengleichheit einen wichtigen Schritt für Alternative Investments in Österreich dar. Zusätzlich sollte der österreichische Gesetzgeber die Tatsache, dass bereits von Anbietern von Alternativen Investments Konzepte für ein Alternatives Investmentgesetz präsentiert werden, aufgreifen und ein modernes, sich an dem irischen und luxemburgischen Modell orientierendes Gesetz vorschlagen. Wenn ein solches Gesetz in Zusammenarbeit mit den Anbietern entwickelt würde und deren Interessen sowie die Anlegerschutzinteressen entsprechend berücksichtigte, würde es eine Wachstumschance für den Kapitalmarkt in Österreich darstellen.

Literaturverzeichnis

Majcen, Rolf/Minihold, Werner/Weber, Stefan (2004): Das Investmentfondsgesetz – Praxiskommentar, 1. Auflage, Wien 2004.

Heidinger, Markus/Paul, Nikolaus (2005): Kommentar zum Investmentfondsgesetz, 1. Auflage, Wien 2005.

Kalss, Susanne/Oppitz, Martin/Zollner, Johannes (2005): Kapitalmarktrecht – System (I), 1. Auflage, Wien 2005.

Diwok, Georg/Göth, Philip (2005): Bankwesengesetz – Kommentar (Band 1), 1. Auflage, Wien 2005.

Dreher, Meinrad (2004): Das Finanzkommissionsgeschäft nach § 1 Abs 1 Satz 2 Nr. 4 KWG, in: ZIP 2004, 2161 ff.

Fock, Till (2004): Kollektive Vermögensverwaltung zwischen Investmentrecht und Kreditwesengesetz, in: ZBB 2004, 365 ff.

Sahavi, Anahita (2005): Kollektive Anlagemodelle und das Finanzkommissionsgeschäft im Sinne von § 1 Abs 1 Satz 2 Nr. 4 KWG, in: ZIP 2005, 929 ff.

Matthäus Den Otter

Die Regulierung von Alternative Investments in der Schweiz

1 Einleitung 627
2 Regulierung von Anlagefonds mit Alternativanlagen 628
   2.1 Die Rechtsgrundlage für „Übrige Fonds mit besonderem Risiko". 628
   2.2 Dach-Hedgefonds 632
   2.3 Single-Strategy-Hedgefonds 636
   2.4 Hedgefonds für institutionelle Anleger 638
   2.5 Regulierung ausländischer Kollektivanlagen
        mit alternativen Anlagestrategien 640
3 Die Regulierung der Manager. 641
4 Die Regulierung von Absatz und Vertrieb. 641
5 Ausblick 642

1 Einleitung

Die Schweiz kann mit Fug und Recht als das Mutterland der Dach-Hedgefonds (FoHF) in Europa bezeichnet werden. Bereits 1969 lancierte Georges Coulon Karlweis für die Banque Privée Edmond de Rothschild in Genf die auf den niederländischen Antillen domizilierte Leveraged Capital Holdings N.V., welche als den weltweit ältesten – übrigens immer noch existierenden – FoHF bezeichnet wird.[1] Daraus erhellt, woher das frühe Interesse schweizerischer Bankiers an Alternativanlagen stammte: der Nachfrage ihrer wohlhabenden Kunden. Auch heute noch ist der Anteil der schweizerischen Asset-Manager von Alternativanlagen im weltweiten Maßstab bedeutend. Die heutige Regulierung der Alternativanlagen in der Schweiz wird nachstehend kurz erläutert. Die Ausführungen gliedern sich entlang der Wertschöpfungskette im Fondsgeschäft in drei Ebenen, die unterschiedlich gewürdigt werden müssen:

- Administration und Leitung, d.h. Domizilierung des „Vehikels".
- Asset Management.
- Privatplatzierung beziehungsweise Vertrieb von Alternativanlagen (in der schweizerischen Terminologie: „öffentliche Werbung").

Dementsprechend ist auch bei der Regulierung zu unterscheiden zwischen der Schweiz als Standort für

- Domizil von Hedgefonds, FoHF und ähnlichen Kollektivanlagen,
- Manager von Single-Hedgefonds beziehungsweise FoHF,
- die Privatplatzierung und/oder den öffentlichen Vertrieb von Alternativanlagen.

Gesamthaft stellt sich das Tableau der gesetzlichen Möglichkeiten, Alternativstrategien zu platzieren, wie folgt dar:

- Emittent mit Domizil Schweiz:
    - bankinternes Sondervermögen,
    - Übriger Fonds mit besonderem Risiko (inkl. Spezialfonds),
    - Investmentgesellschaft (Closed-end-Fund),
    - strukturiertes Produkt.
- Vehikel ausländischen Rechts
    - Offshore Funds jeder Art (nur Privatplatzierung),

---

[1] Karlweis bekam die Idee zu einem Dach-Hedgefonds in den späten 1960er Jahren, sls er nach New York reiste, um Gelder seiner Bank mit einigen jungen Vermögensverwaltern wie George Soros und Michael Steinhardt zu platzieren. Wie er sich erinnerte, kamen diese Zauberer häufig auf brilliante Ideen, wiesen aber häufig sprunghafte Wertentwicklungen auf. Vgl. Alexander Ineichen (2004), European Rainmakers, S. 7.

- Übriger Fonds mit besonderem Risiko (nur in anerkannter Jurisdiktion),
- Closed-end-Fund,
- strukturiertes Produkt mit ausländischer Emittentin

Obwohl auch die schweizerischen, an der SWX kotierten Investmentgesellschaften mit Alternativstrategien (schweizerische „Closed-end-Funds") eine bedeutende Marktkapitalisierung aufweisen und historisch teilweise älter sind als die offenen Fonds im eigentlichen Sinne[2], wird nachstehend nur auf Letztere eingegangen.

2 Regulierung von Anlagefonds mit Alternativanlagen

2.1 Die Rechtsgrundlage für „Übrige Fonds mit besonderem Risiko[3]"

Am 1. Januar 1995 trat das revidierte Bundesgesetz über die Anlagefonds (AFG) in Kraft. Dieses führte als neue Fondskategorie die so genannten „Übrigen Fonds" ein (AFG 35)[4]. Innerhalb dieser Fondskategorie werden zwei Unter-Fondskategorien unterschieden: „Übrige Fonds", wobei gemäss Praxis der Aufsichtsbehörde, der Eidg. Bankenkommission (EBK), auf den Zusatz „ohne besonderes Risiko" verzichtet wird[5], sowie „Übrige Fonds mit besonderem Risiko" nach AFG 35 VI[6]. Obwohl der historische

---

2 Im Anlagefonds von 1994 wurde erstmals klargestellt, dass Aktiengesellschaften schweizerischen Rechts niemals als Fonds der EBK-Aufsicht und dem AFG unterstellt werden können, was die Entstehung der ersten „Closed-end-Funds" mit Alternativstrategien, wie die heute noch bestehenden Altin, Créinvest u.a. begünstigt hat. Die von diesen Gesellschaften geschaffene Transparenz und Risikoaufklärung in den Prospekten und Jahresberichten war – nebst derjenigen einiger irischer Futures-Fonds – auch beispielhaft für die ersten Prospekte schweizerischer FoHF.

3 Die folgende Darstellung beruht im Wesentlichen auf dem Buch „Die Regulierung von Hedgefonds in der Schweiz von Felix Lukas Stotz (Haupt, 2004) sowie auf Reminiszenzen des Autors. Vorbehalt: es wurden in den letzten Jahren keine neuen Praxisentscheide der EBK mehr in den Jahresberichten publiziert. Dennoch kann nicht ausgeschlossen werden, dass sich die Praxis der Aufsichtsbehörde inzwischen weiterentwickelt hat.

4 Der Begriff „Übriger Fonds" dient der Abgrenzung zur Kategorie „Effektenfonds", die im Wesentlichen der geltenden EG-Richtlinie 85/611/EWG entsprechen (Organismus für gemeinsame Anlagen in Wertpapieren, „OGAW"). Als dritte Kategorie kennt das geltende AFG die „Immobilienfonds", welche hierzulande nicht als alternative Asset Class betrachtet werden.

5 Denn andernfalls würde der fälschliche Anschein erweckt, diese „Übrigen Fonds" weisen keinerlei oder wesentlich weniger Risiko auf als „Übrige Fonds mit besonderem Risiko". Zudem enthalten natürlich auch Effekten- und Immobilienfonds zahlreiche Risiken.

6 Vgl. Jahresbericht EBK 1996, S. 66 ff.

Gesetzgeber eher an die Zulassung von Optionen- und Goldfonds dachte[7], ermöglichte diese Fondskategorie die Gründung beziehungsweise Zulassung von „Hedgefonds" in der Schweiz, gerade deshalb, weil sie nur sehr rudimentär ausgefallen ist und der Aufsichtsbehörde einen breiten Ermessensspielraum im Einzelfall gewährte[8]. Die neuen „Übrigen Fonds" wurden in nur einem einzigen Artikel geregelt (AFG 35), während die gesetzliche Grundlage für sämtliche Alternativanlagen gerade aus einem einzigen Absatz dieses Artikels bestand (AFG 35 VI).

Die folgenden gesetzlichen Bestimmungen gelten für sämtliche Übrigen Fonds, also auch für Hedgefonds:

- Gemäß AFG 35 II dürfen die Fondsleitungen Übriger Fonds „auch in Anlagen investieren, die nur beschränkt marktgängig sind, hohen Kursschwankungen unterliegen, begrenzte Risikoverteilung aufweisen oder deren Bewertung erschwert ist". „Zulässig sind insbesondere Anlagen in Edelmetallen, Massenwaren (Commodities), Optionen, Terminkontrakten, in Anteilen anderer Anlagefonds sowie in anderen Rechten" (AFG 35 III). Die Aufzählung ist aufgrund ihres Wortlautes beispielhaft aufzufassen und nicht abschließend (z.B. fallen auch Futures und Warrants darunter).

- Gestützt auf die Delegationsnorm von AFG 35 V hat der Bundesrat in AFV 43 eine zwar abschließende, aber doch nur wenige materielle Beschränkungen enthaltende Aufzählung der zugelassenen Anlagen erlassen[9]. Gemäß AFV 43 lit. a sind grundsätzlich einmal Anlagen i.S.v. AFV 31 zulässig, ohne dass die für Effektenfonds geltenden Anlagevorschriften beachtet werden müssen. Des Weiteren sind explizit zugelassen Edelmetalle (AFV 43 lit. b) sowie generell derivative Finanzinstrumente unabhängig von ihrer Handelsart[10], sofern deren Wert vom Preis der zu Grunde liegenden Vermögenswerte, (z.B. Effekten, Commodities, Edelmetalle etc.) oder von Referenzsätzen (z.B. Zinsen, Währungen, Indizes usw.) abgeleitet wird (AFV 43 lit. c)[11]. Obwohl AFG 35 III Massenwaren (Commodities) als zulässige Anlagen aufführt, kann gemäß AFV 43 lit. c in solche nach wie vor nur über Termin- und Optionskontrakte, nicht aber physisch, investiert werden[12]. AFV 43 lit. e schließlich stellt klar, dass sämtliche Fondskategorien als Anlagen in Frage kommen[13].

---

7   Vgl. Botschaft zum AFG, S. 273. Das Phänomen *Hedgefonds* war innerhalb der damaligen Fondsaufsicht und -wirtschaft noch nahezu unbekannt.
8   Vgl. Jahresbericht EBK 1996, S. 68.
9   Die EBK hat – erfreulicherweise – darauf verzichtet, in der AFV-EBK Detailbestimmungen zu den zulässigen Anlagen für Übrige Fonds zu erlassen.
10 Die Derivate können daher standardisiert oder nicht standardisiert sein und an einer Börse oder „over the counter" gehandelt werden.
11 Die ehemalige lit. d ist neu in lit. c enthalten und konnte im Rahmen der Revision der AFV vom 25.10.2000 gestrichen werden.
12 Der Bundesrat schränkte den flexiblen Rahmen von AFG 35 III ein in der Annahme, der physische Handel mit Commodities wie Rohöl, Kupfer, Schweinebäuche, Sojabohnen usw. bedinge spezifische Kenntnisse und eine besondere Organisation, insbesondere im Bereich des Risk Management, und den Fondsleitungen fehlen diese Voraussetzungen.
13 Zulässig sind daher insbesondere: Fonds für nicht fungible Wertpapiere und Wertrechte, Fonds ohne Risikoverteilung, Fonds ohne Stimmrechtsbeschränkung, Master-Feeder-Funds,

- Während AFG 35 IV, wonach „die Fondsleitungen übriger Fonds ... den beabsichtigten Anlagen entsprechend qualifiziert sein" müssen, sich auf sämtliche Übrigen Fonds erstreckt, bezieht sich die Ausführungsbestimmung von AFV 44 bloß auf Fondsleitungen von Übrigen Fonds mit besonderem Risiko[14].

- Im Gegensatz zu Effektenfonds dürfen Übrige Fonds dauernd unbeschränkt flüssige Mittel halten, soweit dies das Anlageziel des Fonds erfordert (AFV 42 I)[15]. AFV 42 II beschränkt die Aufnahme von Krediten auf 25 Prozent des Fondsvermögens[16]. AFV 42 III bestimmt, dass Anlagen, die nicht an einer Börse oder an einem anderen geregelten, dem Publikum offenstehenden Markt gehandelt werden oder für die kein Kurs erhältlich ist, zum Wert bewertet werden, der für sie bei sorgfältigem Verkauf erzielt würde. Die Zulässigkeit von Leerverkäufen schließlich ermöglicht erstmals die Auflage von schweizerischen Hedgefonds (AFV 42 IV)[17].

- Nach AFV 4 II muss das Fondsreglement eines Übrigen Fonds über die Bestimmungen von AFG 7 III hinaus „den Besonderheiten und Risiken der jeweiligen Anlagen entsprechende Angaben über die Anlagepolitik und über die Art der Bewertung der einzelnen Anlagen" enthalten. Zudem muss der Prospekt (mit integriertem Reglement, AFG 50 I) alle wesentlichen Angaben aufführen, die für den Anleger zwecks Beurteilung eines Übrigen Fonds von Bedeutung sind (AFV 77 I).

- Gestützt auf AFG 24 II bestimmt AFV 25 I, dass das Fondsreglement bei Fonds in Anlagen mit beschränkter Marktgängigkeit oder erschwerter Bewertbarkeit vorsehen kann, „dass die Kündigung nur auf bestimmte Termine, jedoch mindestens viermal im Jahr, erklärt werden kann". In begründeten Einzelfällen kann die EBK andere Kündigungstermine, d.h. also auch weniger als vier Kündigungstermine, zulassen (AFV 25 II).

- Schließlich ist auch im Inventar allfälligen besonderen Anlagen eines Übrigen Fonds Rechnung zu tragen (AFV 72)[18].

Fonds mit Leverage, Devisenfonds, Edelmetallfonds, Futures- und Optionenfonds (vgl. Den Otter, N 1 zu AFV 43; Stadler, S. 195 ff.).

14 Diese Einschränkung ist zweckmäßig, da sich der Schutzzweck und die erhöhten Anforderungen an die Fondsleitung nur auf Übrige Fonds mit besonderem Risiko beziehen. Zu den allgemeinen Voraussetzungen an eine Fondsleitung vgl. AFG 9.

15 Daher können auch reine Cash-Fonds als Übrige Fonds aufgelegt werden (vgl. Stadler, S. 193).

16 Die EBK kann aber in begründeten Einzelfällen die Aufnahme höherer Kredite gestatten oder, insbesondere wenn mit den vorgesehenen Anlagen eine zusätzliche Hebelwirkung verbunden ist, deren Herabsetzung verlangen.

17 Gemäß Praxis der EBK führt die Möglichkeit, Leerverkäufe einzusetzen, automatisch zur Einstufung als Risikofonds,1.

18 In Bezug auf die Buchführung (Mindestgliederung der Kontenpläne) und die Jahresrechnung (Mindestgliederung der Vermögens- und Erfolgsrechnung) Übriger Fonds enthalten AFV-EBK 49 und 57 keine besonderen Bestimmungen, sondern schreiben eine analoge Anwendung der für Effektenfonds geltenden Bestimmungen vor unter Einbezug der für Übrige Fonds zulässigen Anlagen gemäß AFV 43.

Die folgenden gesetzlichen Bestimmungen gelten ausschließlich für Hedgefonds:

- Auf das besondere Risiko ist gemäß AFG 35 VI und AFV 45 I sowohl in Verbindung mit dem Fondsnamen als auch mittels einer von der EBK zu genehmigenden Warnklausel hinzuweisen. Letztere muss in der Werbung stets in der Form verwendet werden, in der sie von der EBK bewilligt wurde (AFV 45 II). Die Anteile dürfen nur aufgrund eines schriftlichen Vertrags verkauft werden, in dem auf das besondere Risiko hingewiesen wird (AFG 35 VI und AFV 45 I).

- Gestützt auf AFG 35 IV bestimmt AFV 44 I, dass die Fondsleitung über mindestens zwei geschäftsführende Personen verfügen muss, die im Bereich der beabsichtigten Anlagen über eine gründliche Ausbildung verfügen sowie mindestens fünf Jahre Berufserfahrung haben. Werden die Anlageentscheide an Dritte delegiert, so muss auch der Beauftragte über mindestens zwei geschäftsführende Personen verfügen, welche die Voraussetzungen nach AFV 44 I erfüllen. In diesem Fall kann die EBK von den Anforderungen an die fachliche Qualifikation der Fondsleitung abweichen (AFV 44 II).

- die Pflicht zur Ausgabe und Rücknahme der Anteile in bar (Zulassung des so genannten „Payment and Redemption in Kind", AFV 2 II lit. e);

Da die schweizerische Anlagefondsgesetzgebung nur wenige materielle Einschränkungen für Hedgefonds aufweist, konnte die EBK erlaubt, eine reichhaltige Praxis, die sie in ihren Jahresberichten veröffentlicht[19], entwickeln und diese laufend zu verfeinern. Nach einem Grundsatzentscheid im Jahr 1996 bewilligte die Aufsichtsbehörde 1997 erstmals einen schweizerischen FoHF[20]. Bis Ende November 2005 wurden 101 schweizerische und 99 ausländische Hedgefonds als übrige Fonds mit besonderem Risiko von der EBK genehmigt beziehungsweise als ausländische Fonds mit besonderem Risiko zum gewerbsmäßigen Vertrieb zugelassen. Basis des positiven Grundsatzentscheides zugunsten der Hedgefonds bilden die folgenden von der EBK entwickelten Regeln:

- Übrige Fonds sind der Normalfall, solche mit besonderem Risiko die Ausnahme.

- Das Vorliegen einer oder mehrerer Voraussetzungen nach AFG 35 II genügt allein noch nicht, um eine Einstufung als Übriger Fonds mit besonderem Risiko zu begründen.

- Die besonderen Bestimmungen für Risikofonds im Sinne von AFG 35 VI sind nur anzuwenden, wenn
  - eine oder mehrere Voraussetzungen nach AFG 35 II in weitgehendem Ausmaß erfüllt sind und/oder
  - aufgrund der Kombination mit besonderen Anlagetechniken, wie z.B. Leerverkäufe und Kreditaufnahmen (vgl. AFV 42 II und IV), eine außerordentliche Risikokumulation auftritt[21].

---

19 Vgl. Jahresberichte EBK 1996, S. 66 ff.; 1997, S. 75 ff.; 1999, S. 67.
20 Als *Leading Case* diente die vorher erfolgte Vertriebszulassung zweier irischer AHL-Fonds der auch in der Schweiz aktiven Man Group. Als Vorbild für informative Prospekte dienten etwa diejenigen der damals schon bestehenden Investmentgesellschaften „Altin" und „Créinvest".
21 Vgl. Jahresbericht EBK 1996, S. 66 ff.

In Bezug auf Dach-Hedgefonds gilt zudem, dass bis zu 10 Prozent des Gesamtfondsvermögens können in andere Fonds mit besonderem Risiko angelegt werden, ohne dass der Fund of Funds selber zu einem Übrigen Fonds mit besonderem Risiko wird[22].

2.2 Dach-Hedgefonds

Im Mittelpunkt der Abklärungen der EBK steht bei diesen Fonds das von der Fondsleitung beziehungsweise deren Beauftragten anzuwendende Auswahl- und Überwachungsverfahren der Zielfonds (Due Diligence)[23]. Da, wie schon einleitend erwähnt, die meisten der von der EBK zugelassenen Risikofonds Dach-Hedgefonds sind, hat die Aufsichtsbehörde die Gelegenheit, hierzu eine reichhaltige Praxis zu entwickeln. Die wichtigsten Regeln sind derzeit:

- Die FoHF-Struktur ist zu erläutern und deren Vor- und Nachteile sind darzulegen[24]. Ein Fonds qualifiziert sich als Fund of Funds, wenn 50 Prozent oder mehr des Gesamtfondsvermögens in Zielfonds investiert werden können.

- Der Unterschied von traditionellen gegenüber alternativen Anlagen ist darzustellen und zu erklären.

- Der Begriff „Hedge" darf nicht Bestandteil des Fondsnamens sein[25].

- Die Risikowarnklausel (AFV 45) muss im Prospekt und auf dem Zeichnungsschein enthalten sein und zum Ausdruck bringen, dass in einem einzelnen Zielfonds ein Verlust von bis zu 100 Prozent möglich ist[26].

---

22 In begründeten Fällen kann diese Grenze bis auf maximal 30 Prozent des Gesamtfondsvermögens angehoben werden.
23 Weder die EBK noch der Fondsverband SFA haben dazu verbindliche Regeln erlassen.
24 Insbesondere ist auf die strukturbedingte Mehrfachbelastung (doppelte Kommissionen usw.) ausdrücklich hinzuweisen. Beispiel für einen solchen Hinweis: „Der Fonds wird im Rahmen seiner Anlagetätigkeit Vergütungen an die Fondsmanager der Zielfonds zahlen, entweder indirekt mittels Vergütungen, wie sie in den relevanten Dokumenten der Fonds, Limited Partnerships oder anderen Investmentgesellschaften offengelegt werden, oder direkt an die relevanten Sonderzweckgesellschaften aufgrund besonderer Vereinbarungen. Dabei werden Fondsmanager prinzipiell mit einer festen jährlichen Vergütung und in einigen Fällen einer Performance Fee entlohnt. Die feste Vergütung liegt normalerweise in der Größe von 0,5 bis 5 Prozent pro Jahr, bezogen auf den Nettoinventarwert des jeweiligen Portfolios. Die Performance Fee (wenn zahlbar) ist normalerweise ein prozentualer Anteil (10 bis 30 Prozent) am Gewinn eines Portfolios oder ein prozentualer Anteil (10 bis 30 Prozent) am Gewinn eines Portfolios im Vergleich zu einem relevanten Index, wobei das Prinzip der High Watermark angewendet wird".
25 S. Ziff. 2.2. Bei schweizerischen FoHF muss in Verbindung mit dem Fondsnamen stets der Begriff „Anlagefonds schweizerischen Rechts mit besonderem Risiko" verwendet werden, bei ausländischen FoHF ist der erläuternde Zusatz „für den Vertrieb in der Schweiz als Anlagefonds mit besonderem Risiko zugelassen" i.S.v. AFV 59 vorgeschrieben.
26 Beispiel für eine Risikowarnklausel: „Der NN-Fonds investiert als FoHF in verschiedene, zumeist ausländische Anlagefonds oder fondsähnliche Anlageinstrumente, die alternative Anlagestrategien verfolgen beziehungsweise alternative Investments tätigen und Anlage-

- Der Anleger muss auf dem Zeichnungsschein, der dem Prospekt/Reglement beizufügen ist, unter anderem bestätigen, über das besondere Risiko des Fonds informiert worden zu sein und die Auswirkungen dieses Risikos verstanden zu haben.

- Dem Anleger ist das Recht einzuräumen, besondere Informationen zu jedem einzelnen Zielfonds einzuholen, da diese nicht im Prospekt/Jahresbericht des FoHF enthalten sein müssen.

- Die vorgesehenen Anlagestile und -strategien sind darzustellen und zu erklären. Wird in verschiedene Anlagestile investiert, so sind die Risiken zu verteilen[27].

- Das Auswahl- und Überwachungsverfahren der Zielfonds ist darzustellen und zu erklären.

- Die spezifischen Risiken des FoHF sind darzustellen und zu erklären, wie insbesondere:

    - keine oder keine gleichwertige Aufsicht im Sitzstaat der Zielfonds, kein oder kein gleichwertiger rechtlicher Rahmen,

    - Markt-, Kredit-, Liquiditäts- und Währungsrisiken der einzelnen Anlagen der Zielfonds,

    - allfällige Haftung eines Subfonds für andere Subfonds (wenn der Zielfonds ein Umbrella-Fonds ist)[28],

    - Erfolgsbeteiligungen (Performance-Fees) von Hedgefonds-Managern als möglicher Anreiz, übermäßig riskante Anlagen zu tätigen[29],

    - organisatorische Risiken[30],

    - teilweises Fehlen einer Revisionsgesellschaft in Bezug auf die Prüfung der Zielfonds[31].

---

techniken einsetzen, deren Risiken mit denen von Effektenfonds nicht vergleichbar sind. Die Anleger werden ausdrücklich auf die im Prospekt erläuterten Risiken aufmerksam gemacht und müssen insbesondere bereit sein, erhebliche Kursverluste hinzunehmen. Die Fondsleitung ist jedoch bemüht, diese Risiken durch eine strenge Auswahl der Zielfonds und eine angemessene Risikodiversifikation zu minimieren. Dennoch kann nicht ausgeschlossen werden, dass bei einzelnen Zielfonds ein Totalverlust eintreten kann."

27 Grundsätzlich dürfen bis 40 Prozent des Gesamtfondsvermögens in den gleichen Stil investiert werden. Verfolgt der Fonds nur einen Stil, ist innerhalb dieses Stils eine Risikoverteilung vorzunehmen.

28 Denn nicht alle ausländischen Gesetzgebungen kennen eine Schutzbestimmung wie AFV 7 III lit. d.

29 Zum Thema Performance-Fees hat die EBK am 14. Dezember 2005 auf ihrer Website www.ebk.admin.ch einen neuen Anhang II zur „Wegleitung für Gesuche zur Genehmigung des Reglements eines schweizerischen Anlagefonds" veröffentlicht.

30 Z.B. aufgrund der Tatsache, dass Hedgefonds nicht beziehungsweise nicht immer eine Depotbank, sondern oft nur Broker als Custodian aufweisen, die unter Umständen nicht die Bonität einer Bank bieten und im Gegensatz zu einer schweizerischen Depotbank in der Regel keiner gesetzlichen Überwachung unterliegen.

31 Vgl. zum Ganzen Jahresbericht EBK 1997, S. 75ff.

- In Closed-end-Funds darf nur investiert werden, wenn diese an einer Börse oder an einem anderen geregelten, dem Publikum offenstehenden Markt gehandelt werden. Abweichungen sind allenfalls bis 20 Prozent des Gesamtfondsvermögens möglich, wobei dies ein spezifisches Risiko darstellt, auf das hinzuweisen ist. Open-end-Funds können ohne Einschränkungen erworben werden.

- Der Prospekt und/oder das Fondsreglement müssen Bestimmungen in Bezug auf die Bewertung der Zielfonds enthalten[32].

- Voraussetzung für die Zulassung von so genannten „Managed Accounts" (d.h. Zuweisung von Vermögenswerten des FoHF an Dritte, die mit deren Verwaltung beauftragt sind) ist, dass jedes Mandat über eine eigene, dazwischen geschaltete Gesellschaft (Special Purpose Vehicle) abgewickelt wird, um den FoHF vor allfälligen Risiken zu schützen. Sind Managed Accounts vorgesehen, so ist zudem auf die allfällige faktische Beistandspflicht des FoHF hinzuweisen[33].

- Grundsätzlich dürfen nicht mehr als 20 Prozent des Gesamtfondsvermögens in den gleichen Zielfonds investiert werden, maximal zwei Zielfonds dürfen vom gleichen Manager verwaltet werden.

- Der Erwerb von anderen FoHF ist grundsätzlich auszuschließen. Beim Vorliegen von speziellen Gründen, wie geographischer oder wirtschaftlicher Spezialisierung, kann aber eine Ausnahmen gewährt werden[34].

- Die Fondsleitung darf in Anteile anderer Fonds, die von ihr oder von einer ihr nahestehenden Gesellschaft verwaltet werden, nur anlegen, wenn im Umfang dieser Anlagen dem Fondsvermögen grundsätzlich keine Kommissionen oder Kosten belastet werden.

- Die Kreditaufnahme ist grundsätzlich auf 25 Prozent des Gesamtfondsvermögens zu begrenzen (AFV 42 II). Soll sie nicht nur zur Befriedigung von Rücknahmen, sondern auch zur Vornahme von Anlagen möglich sein, stellt dies ein spezifisches Risiko dar, auf das hinzuweisen ist. Da Banken in der Regel nur auf besicherter Basis Kredit gewähren und sie die Belehnungsgrenze der zugrundeliegenden Ziel-

---

32 Anlagefonds, die an einer Börse oder an einem anderen geregelten, dem Publikum offenstehenden Markt gehandelt werden, sind mit den am Hauptmarkt bezahlten aktuellen Kursen zu bewerten. Nicht kotierte Anlagefonds (grundsätzlich Open end Funds) sind mit den auf dem Inventarwert basierenden Rücknahmepreisen zu bewerten. Sind für die Zielfonds keine aktuellen Kurse oder Preise verfügbar, so sind sie mit dem Preis zu bewerten, der bei einem sorgfältigen Verkauf oder Rücknahme wahrscheinlich erzielt würde (*Fair Value*). Die Fondsleitung hat in diesem Fall angemessene und in der Praxis anerkannte Bewertungsmodelle und -grundsätze anzuwenden.

33 Für diese SPV gilt die Praxis der EBK betreffend dazwischen geschalteter Tochtergesellschaften (vgl. Jahresbericht EBK 1996, S. 77 ff.). Im Übrigen bewilligte die EBK die Abwicklung solcher Managed Accounts kürzlich erstmals 2002 auch über separate Zellen einer unter dem Recht von Guernsey errichteten so genannten „Protected Cell Company (PCC)".

34 In diesem Fall dürfen im Umfang solcher Anlagen dem Fondsvermögen keine Kommissionen oder Kosten (wie Verwaltungskommission) belastet werden, und der Zielfonds darf keine Ausgabe- und Rücknahmekommissionen belasten, es sei denn, diese werden zugunsten des Fondsvermögens erhoben.

fonds auf maximal 25 Prozent ihres Marktwertes festsetzen, hat die EBK kürzlich in einem Einzelfall entschieden, dass die Fondsleitung 100 Prozent des Fondsvermögens verpfänden darf, um das zulässige Kreditvolumen auszuschöpfen.

- Derivative Finanzinstrumente dürfen nur zur Deckung von Währungsrisiken sowie im Zusammenhang mit allfälligen Direktanlagen eingesetzt werden.
- Auf Stufe des FoHF sind Leerverkäufe ausdrücklich auszuschließen, da dieses Geschäft schon auf Stufe der Zielfonds abgewickelt wird[35].
- Der Ausschluss verbotener Anlagen (Kunst, Commodities, Antiquitäten etc.) muss auch konsolidiert (das heißt auch auf Stufe der Zielfonds) sichergestellt sein[36].

In Bezug auf die Depotbank ist Folgendes zu beachten:

- Aufgrund der besonderen Struktur von FoHF haftet die Depotbank nur für die Verwahrung der Anteile der Zielfonds. Von der Haftung der Depotbank für die Verwahrung dürfen daher die Vermögen der einzelnen Zielfonds ausgenommen werden.
- Da die Depotbank, sofern sie nicht gleichzeitig Prime Broker der Zielfonds ist, nicht in der Lage ist, die Tätigkeit der Zielfonds zu überwachen, dürfen die von den Zielfonds getroffenen Anlageentscheide von der Überwachungspflicht der Depotbank ausgenommen werden.

Ferner hat die Fondsleitung in Bezug auf die Erstellung von Halbjahres- und Jahresbericht Folgendes zu berücksichtigen:

- Um eine transparente, den Besonderheiten des Fonds angemessene Gliederung und Darstellung der Vermögens- und Erfolgsrechnung sowie des Inventars sicherzustellen, hat sie den ersten Halbjahres- und Jahresbericht vor der Veröffentlichung der Revisionsstelle zur Prüfung zu unterbreiten.
- Zudem muss sie über die Entwicklung der einzelnen Anlagestile und -strategien informieren und zur Werthaltigkeit allfällig schwer bewertbarer Anlagen besonders Stellung nehmen.

Auch an die Revisionsstelle werden besondere Anforderungen gestellt:

- In analoger Anwendung von AFV 44 muss auch sie über fachlich besonders qualifiziertes Personal verfügen[37].

---

35 Bei Mischformen (Zielfonds und Direktanlagen) sind allenfalls für die Direktanlagen Leerverkäufe möglich.
36 Beispiel für eine Formulierung: „Es wird nur in Finanzinstrumente im weitesten Sinn investiert. Die Fondsleitung und auch die einzelnen Zielfonds dürfen nicht direkt in physische Waren (Commodities, Kunstgegenständen, Antiquitäten oder Ähnliches) investieren. Es kann jedoch nicht ausgeschlossen werden, dass einzelne Zielfonds vorübergehend Positionen in Commodities übernehmen müssen."
37 Bei ausländischen FoHF wird die besondere Befähigung der Revisionsstelle durch die EBK allenfalls in Konsultation mit der entsprechenden ausländischen Aufsichtsbehörde überprüft.

- Die Revisionsstelle hat, zumindest in den beiden ersten Geschäftsjahren, vierteljährlich unangemeldete interimistische Zwischenrevisionen bei der Fondsleitung und der Depotbank durchzuführen.

2.3 Single-Strategy-Hedgefonds

Für die wenigen Single-Strategy-Hedgefonds, im Wesentlichen Global Macro-, Arbitrage- und Long-Short-Vehikel, gelten die aufgeführten Regeln mutatis mutandis. Da sich diese Produkte im Unterschied zu den FoHF substantiell von einander unterscheiden, konnte die EBK für Single-Strategy-Hedgefonds keine zusätzlichen allgemein gültigen Regeln aufstellen, abgesehen von einer Ausnahme. So darf nach Praxis der EBK der Hebeleffekt aller Anlagen den Faktor 6 nicht überschreiten[38]. Neben den bereits erwähnten Single-Strategy-Produkten hat die EBK seit 2002 auch in sehr geringem Umfang Private Equity- und Devisenfonds zugelassen. Hier ist anzufügen, dass die konkrete Einstufung eines Übrigen Fonds angesichts der verschärften Spezialbestimmungen für Übrige Fonds mit besonderem Risiko (s. Ziff. 4.3) von großer praktischer Bedeutung ist.

Die Erhebung einer erfolgsabhängigen Kommission (EAK) ist grundsätzlich zulässig, wenn die folgenden Voraussetzungen erfüllt sind:

1. Zur Berechnung der EAK muss die Entwicklung des Inventarwertes des Nettofondsvermögens pro Anteil (NAV) in der Regel mit einem Referenzindex (Benchmark) verglichen werden. Dieser muss von einer externen, von der Fondsleitung und ihren Beauftragten unabhängigen Stelle berechnet werden sowie für das Anlageziel des Fonds und die Zusammensetzung des Fondsvermögens repräsentativ sein. Nennt ein Fonds im Reglement und/oder Prospekt im Zusammenhang mit dem Anlageziel einen Referenzindex, so bildet dieser die Benchmark.

2. In begründeten Fällen kann die Entwicklung des NAV mit einer zu erwirtschaftenden Mindestrendite (Hurdle-Rate) oder einer Kombination aus Benchmark und Hurdle-Rate verglichen werden.

3. Die Erhebung einer EAK ohne Benchmark oder Hurdle-Rate ist nicht zulässig.

4. Bei so genannten *Multi-Manager*-Fonds darf die EAK nicht pro Mandat erhoben werden. Werden Teile oder die Gesamtheit der Vermögen verschiedener Anlagefonds gemeinsam verwaltet (Pooling), so darf die EAK nicht pro Pool fondsübergreifend erhoben werden. Basis der Berechnung der EAK ist immer die Entwicklung des NAV.

5. Immobilienfonds sowie Fonds, deren Anlageziel die Nachbildung eines allgemein anerkannten Marktindex ist (Indexfonds), dürfen keine EAK erheben.

---

38 Dies muss als zu konservativ eingestuft werden und ist als Abweichung vom Grundsatz des *mündigen Anlegers* mit dem Akzent auf Offenlegung statt auf quantitative Beschränkungen zu bedauern.

6. Die EAK kann nur dann erhoben werden, wenn zwischen der prozentualen Entwicklung des NAV und der prozentualen Entwicklung der Benchmark oder der Hurdle-Rate eine Differenz entsteht, die zu Gunsten des Anlegers ausfällt (Outperformance).

7. Das Prinzip der „High Watermark" (HWM) ist zwingend anzuwenden.

    a) Dies bedeutet bei der Verwendung einer Benchmark, dass der Fonds seit der letzten Belastung der EAK (oder seit der Einführung der EAK, falls noch nie eine belastet wurde) eine Outperformance erzielt haben muss, damit die EAK (wiederum) erhoben werden kann. Dabei ist es möglich, dass zu diesem Zeitpunkt der NAV keinen neuen Höchstwert (All-Time-High) erreicht hat. Auf diesen Umstand ist der Anleger im Prospekt explizit hinzuweisen.

    b) Bei der Verwendung einer Benchmark kann das HWM-Prinzip wahlweise zusätzlich auf den NAV angewandt werden. In diesem Fall darf zur Berechnung der Outperformance indes immer nur die Entwicklung der vergangenen zwölf Monate oder seit der letzten Belastung der EAK, falls dieser Zeitpunkt weniger als zwölf Monate zurückliegt, berücksichtigt werden (Periodenrichtigkeit). Somit müssen der Fonds in dieser Zeitspanne eine Outperformance erzielt und der NAV (seit Bestehen des Fonds) ein neues All-Time-High erreicht haben, damit die EAK erhoben werden kann. Ist die prozentuale Entwicklung vom alten zum neuen All-Time-High des NAV kleiner als die erzielte Outperformance, so darf die EAK nur auf ersterer erhoben werden.

    c) Wird die Entwicklung des NAV mit einer Hurdle-Rate verglichen, so muss der NAV (seit Bestehen des Fonds) ein neues All-Time-High erreicht und gleichzeitig die Hurdle-Rate pro rata temporis übertroffen haben, damit die EAK erhoben werden kann. Ist die prozentuale Entwicklung vom alten zum neuen All-Time-High des NAV kleiner als die erzielte Outperformance, so darf die EAK nur auf ersterer erhoben werden. Wird die EAK belastet, so wird neu das All-Time-High des NAV Ausgangspunkt für die Berechnung der Hurdle-Rate (vorbehalten bleibt ein neues Geschäftsjahr gemäß Ziff. 11).

8. Die HWM darf während der Laufzeit des Fonds nicht angepasst werden. Allfällige Ausschüttungen des Fonds dürfen jedoch zum NAV addiert werden (theoretische Thesaurierung). Vorbehalten bleibt zudem ein Split der Fondsanteile.

9. Die Anpassung der HWM für neu in den Fonds eintretende Anleger ist nicht zulässig.

10. Die Hurdle Rate kann nur dann Null betragen, wenn dies die Anlagepolitik des Fonds rechtfertigt (namentlich Absolute Return- und Total Return-Produkte).

11. Die Hurdle Rate kann ab Lancierung des Fonds aufkumuliert oder mit Beginn jedes Geschäftsjahres wieder von neuem berechnet (Basis letzter NAV des vorangehenden Geschäftsjahres) werden. Kürzere Interwalle sind nicht zulässig, es sei denn, die EAK wird belastet (vgl. Ziff. 7 Bst. c).

12. Die EAK muss an jedem Bewertungstag berechnet werden. In der Folge sind allenfalls Rückstellungen zu bilden oder bereits bestehende Rückstellungen wieder (teilweise) aufzulösen. Wird die EAK dem Fondsvermögen definitiv belastet, so muss die HWM entsprechend angepasst werden.

13. Werden bei einem (Teil-)Fonds mehrere Anteilsklassen gebildet, so muss entweder die EAK für alle Klassen gleich sein oder sämtliche (noch offenen) Anteilsklassen müssen ohne Einschränkung allen Anlegern offen stehen.

14. Die Regeln der EAK (Berechnungsmodus und -häufigkeit, Benchmark oder Hurdle-Rate, HWM etc.) sind im Reglement und Prospekt transparent und klar darzustellen. Für den Anleger muss nachvollziehbar sein, welche Bedingungen erfüllt sein müssen, damit die EAK erhoben werden kann.

15. Im Prospekt sind Berechnungsbeispiele aufzuführen, welche die Wirkungsweise der EAK in verschiedenen Situationen erläutern, und zwar grundsätzlich für folgende Szenarien: (1) Fonds erzielt Outperformance, EAK wird belastet; (2) Fonds erzielt Outperformance, EAK kann aber wegen HWM-Prinzip nicht belastet werden; (3) Fonds erzielt keine Outperformance und kommt nicht über die HWM, EAK kann nicht belastet werden und (4) Fonds kommt zwar über die HWM, EAK kann indes nicht belastet werden, weil keine Outperformance erzielt wurde. Basiert die EAK auf einer Benchmark gemäß Ziff. 7 Bst. a), so entfallen die Berechnungsbeispiele (2) und (4).

2.4 Hedgefonds für institutionelle Anleger

Im Unterschied zu verschiedenen ausländischen Gesetzgebungen kennt das AFG keine eigentlichen Spezialfonds im Sinne des deutschen Investmentgesetzes. Im Hinblick auf professionelle Marktteilnehmer erhielt der Bundesrat aber immerhin aufgrund von AFG 3 IV die Kompetenz, „Anlagefonds ganz oder teilweise von der Unterstellung unter das Gesetz zu befreien, soweit der Schutzzweck des Gesetzes dadurch nicht beeinträchtigt wird". Davon hat er in AFV 2 II Gebrauch gemacht und den Entscheid im Einzelfall an die EBK delegiert. Weist die Fondsleitung nach, dass der Kreis der Anleger ausschließlich institutionelle Anleger mit professioneller Tresorerie (z.B. Banken und Effektenhändler einschließlich deren Kunden mit schriftlichem Vermögensverwaltungsvertrag, Versicherungen, Pensionskassen)[39] umfasst, so kann die Aufsichts-

---

[39] Die EBK hat den Begriff „institutioneller Anleger mit professioneller Tresorerie" in den beiden Rundschreiben und 96/4 (RZ 24) und 98/2 (RZ 16) definiert. Danach können unter diese Kategorie von Anlegern, welche nicht mit dem Publikum gleichgesetzt werden, je nach den konkreten Umständen z.B. Pensionskassen, Gemeinden, Industrie- und Handelsbetriebe fallen. „Die professionelle Tresorerie bedingt dabei mindestens eine fachlich ausgewiesene, im Finanzbereich erfahrene Person, welche hauptsächlich damit betraut ist, die Finanzmittel des Unternehmens dauernd zu bewirtschaften." Zur Sicherstellung der Beschränkung auf gewisse Anlegerkategorien verlangt die EBK, dass die Fondsanteile auf den Namen lauten müssen und nicht physisch verbrieft werden dürfen.

behörde gemäß AFV 2 II von Fall zu Fall bestimmte Vorschriften des Gesetzes für nicht anwendbar erklären, insbesondere die Vorschriften über:

- die Aushändigung von Anteilscheinen (AFV 2 II lit. a);
- die Pflicht zur Erstellung eines Prospektes (AFV 2 II lit. b))[40].
- die Pflicht zur Erstellung und Veröffentlichung eines Halbjahresberichts (Praxis EBK, basierend auf AFV 2 II lit. c);
- das Recht des Anlegers auf jederzeitige Kündigung (AFV 2 II lit. D).

Bei der Aufstellung des Fondsreglements orientieren sich Fondsleitung und Depotbank grundsätzlich am „Musterreglement eines schweizerischen Effektenfonds" des Schweizerischen Anlagefondsverbandes SFA. Da die EBK bei Hedgefonds im Unterschied zu Effektenfonds nicht bloß das Fondsreglement genehmigt, sondern auch explizit davon Kenntnis nimmt, dass der Prospekt (ohne Fondsreglement) des Hedgefonds alle wesentlichen Angaben enthält, die für den Anleger zwecks Beurteilung eines Übrigen Fonds mit besonderem Risiko von Bedeutung sind, obliegt dem Gesuchsteller zusätzlich, das Anlageziel, die Anlagepolitik und -strategie, die Struktur des Fonds sowie dessen Risikofaktoren im Prospekt einlässlich darzustellen. Ferner hat er über die Risikoverteilung, die maximale Hebelwirkung bei Direktanlagen und das maximale Exposure bei Derivatpositionen zu informieren[41]. Schließlich ist ein Glossar einzufügen, das die wichtigsten Fachbegriffe erläutert. Dabei sind in der Regel umfassende Unterlagen einzureichen und mehrere Gespräche und Abklärungen erforderlich, um sämtliche Aspekte des Auswahl- und Überwachungsverfahrens der Anlagen beziehungsweise Zielfonds sowie die Beziehungen zu den *Prime Broker* abzuklären[42].

---

40 Immerhin vier der 39 Hedgefonds schweizerischen Rechts sind Fonds für institutionelle Anleger mit professioneller Tresorerie. Diese sind dank der tieferen Kosten aufgrund des Wegfalls der teuren Publikationen bei institutionellen Anlegern sehr beliebt, dies um so mehr, als die Möglichkeit, in bestimmten Bereichen von den Vorschriften des AFG zu derogieren, die Auflage kreativer Produkte ermöglicht.

41 Da die EBK für die Bewilligung zum Vertrieb von ausländischen Hedgefonds (AFG 35 und 45) die gleichen Maßstäbe anwendet wie für die Genehmigung des Fondsreglements von schweizerischen Hedgefonds (AFG 7, 35, 50), gelten alle diese Anforderungen nicht nur für schweizerische, sondern auch für ausländische Hedgefonds.

42 Vgl. auch die EBK-Wegleitungen „Genehmigung des Fondsreglements eines schweizerischen Anlagefonds" beziehungsweise „Bewilligung zum Vertrieb von Anteilen ausländischen Anlagefonds, die nicht EU-kompatibel sind" (www.ebk.admin.ch). Im Übrigen bewährt sich in der Regel der Beizug eines in dieser Materie erfahrenen Rechtsanwaltes. Auf der Website www.sfa.ch sind unter den Passivmitgliedern der SFA zahlreiche spezialisierte Anwaltskanzleien verzeichnet.

2.5 Regulierung ausländischer Kollektivanlagen mit alternativen Anlagestrategien

Das AFG regelt die ausländischen Anlagefonds in drei Artikeln (AFG 44 – 46), ferner enthält die AFV einige Ausführungsbestimmungen (AFV 55 – 61). Die wichtigsten Punkte:

- Die Definition des ausländischen Open-end-Funds in AFG 44 I ist wesentlich weiter gefasst als jene von schweizerischen Anlagefonds (AFG 2 und 3 I), da im Gegensatz zu Letzteren der ausländische Fonds nebst der Vertragsform auch in der Rechtsform des Trust, der Investmentgesellschaft mit variablem Aktienkapital[43] oder gar des Vereins[44] gekleidet sein kann.

- Soweit ausländische Closed-end-Funds in ihrem Herkunftsland einer Aufsicht über Anlagefonds unterstehen, werden sie von AFG 44 II erfasst[45].

- Gemäß AFG 45 II erteilt die EBK die Vertriebsbewilligung, „wenn der Anlagefonds im Sitzstaat der Fondsleitung oder der Gesellschaft einer dem Anlegerschutz dienenden öffentlichen Aufsicht untersteht und die Organisation sowie die Anlagepolitik hinsichtlich des Anlegerschutzes mit den Bestimmungen dieses Gesetzes gleichwertig sind"[46]. Eine absolute Gleichheit ist aber nicht erforderlich, es genügt eine Gleichwertigkeit in der Essenz[47].

- Die Zulassung ausländischer Hedgefonds ist nicht explizit geregelt. Erfüllen diese die Voraussetzungen von AFG 45 II, erteilt die EBK die Vertriebsbewilligung jedoch nur, wenn der ausländische Fonds zusätzlich sämtliche Voraussetzungen erfüllt, die an einen schweizerischen Übrigen Fonds mit besonderem Risiko gestellt werden.

- Jeder ausländische Anlagefonds, der in der Schweiz oder von der Schweiz aus gewerbsmäßig angeboten oder vertrieben wird, bedarf eines Vertreters mit Sitz in der Schweiz (AFG 45 III und 46, AFV 56). Die Tätigkeit als Vertreter ist bewilligungspflichtig, und die Bewilligung als Vertreter gilt nach AFV 56 V zugleich als Vertriebsbewilligung i.S.v. AFG 22 (Vertriebsträger)[48]. Besondere Anforderungen an Vertreter ausländischer Hedgefonds bestehen nicht.

AFV 44, der die fachliche Qualifikation der Fondsleitung von Fonds mit besonderem Risiko regelt, gilt nach Praxis der EBK analog auch für ausländische Fondsleitungen[49]. Demnach müssen sich die Spezialisten zwingend vor Ort befinden.

---

43 „Société d'investissement à capital variable" („SICAV").
44 So in Dänemark (vgl. Den Otter, N 1 zu AFG 44).
45 Vgl. Jahresbericht EBK 1996, S. 69 f. Das Anbieten oder Vertreiben solcher Fonds bedarf daher einer Bewilligung.
46 Gemäß Praxis der EBK verfügen die folgenden Staaten über eine dem Anlegerschutz dienende öffentliche Aufsicht im Sinne von AFG 45 II: die Mitgliedstaaten des Europäischen Wirtschaftsraums, die USA, Guernsey und Jersey (vgl. Jahresbericht EBK 2001, S. 74).
47 Vgl. Botschaft zum AFG, S. 277.
48 Um das Verfahren für die „Bewilligung als Vertreter" zu erleichtern, hat die EBK eine entsprechende Wegleitung erlassen (www.ebk.admin.ch).
49 Vgl. Jahresbericht EBK 1999, S. 67 f., s. dazu Ziff. 5.1.

3 Die Regulierung der Manager

Die Schweiz zeichnet sich als Standort für Hedgefonds-Manager insofern durch ein librales Regime aus, als die Tätigkeit als Portfoliomanager und/oder Investment Advisor generell keine bewilligungspflichtige Tätigkeit darstellt[50]. Das bedeutet, dass ein Hedgefonds-Manager grundsätzlich die Wahl hat, diese Tätigkeit mit oder ohne regulatorisches *Gütesiegel* auszuüben. Allerdings ist zu beachten, dass unabhängige Vermögensverwalter generell nur gestützt auf eine Vollmacht auf individueller Basis bei einer Bank deponierte Gelder und Vermögenswerte verwalten dürfen, diese aber weder mit anderen Kundenguthaben noch mit ihre eigenen Aktiven poolen dürfen. Wenn sie dies zu tun beabsichtigen, müssen sie eine Bewilligung als Bank, Effektenhändler oder Fondsleitung beantragen. Dabei stellt die Gründung einer Fondsleitung insofern einen Sonderfall dar, als sie nach geltendem Recht auf das *Fondsgeschäft* beschränkt ist, was etwa das Management von Pensionskassengeldern ausschließt. Zudem schließt die Tätigkeit als Fondsleitung zwingend die Lancierung von Anlagefonds schweizerischen Rechts mit ein, so dass mit diesem Rechtskleid keine *Offshore-Vehikel* aufgelegt werden können. Die relativ liberalen regulatorischne Rahmenbedingungen haben aber offenbar nicht zu einem Boom für die Schweiz als Standort für Single-Hedgefonds-Manager geführt. Gemäß Ineichen[51] ist vielmehr die City of London aus einer Vielzahl von Gründen[52] das domienierende Domizil in Europa.

4 Die Regulierung von Absatz und Vertrieb

In der Schweiz können alternative Anlagen in den verschiedensten Formen privatplatziert beziehungsweise über andere nicht oder nur wenig regulierte Rechtsstrukturen angeboten werden, welche nicht als Fonds im Sinne des AFG qualifizieren und daher von der EBK nicht beaufsichtigt werden, so insbesondere:

- Investmentgesellschaften schweizerischen Rechts[53]. Gemäß geltendem Recht unterstehen Vermögen, die in gesellschaftsrechtlicher Form verwaltet werden, ausdrücklich nicht dem AFG (AFG 3 II)[54],

---

50 Ausgenommen im Bereich der Geldwäschereibekämfung; darauf wird hier nicht eingegangen.
51 Ineichen, op.cit., S. 7f. Er vergleicht Mayfair im Londoner West End mit Connecticut in den USA als attraktivstes Domizil für Hedgefonds-Manager.
52 Wie z.B. das Standing von London als einer der wichtigsten Finanzplätze der Welt; die regulatorischen und steuerliche Rahmenbedingungen, aber auch Faktoren wie die Sprache und die ideale Lage in der Mitte von drei Zeitzonen.
53 Da der Gesellschafter gegenüber der Gesellschaft keinen Anspruch auf Rückgabe seiner Beteiligung zum Nettoinventarwert hat, sind Investmentgesellschaften als „Closed-end-Funds" zu qualifizieren. Sind die Gesellschaften an der Schweizer Börse kotiert, haben sie neben den Vorschriften des „Kotierungsreglements" vom 24.01.1996 zusätzlich die Vorschriften des „Zusatzreglements für die Kotierung von Investmentgesellschaften" vom 13.10.1997 (www.swx.com, 22.01.03) zu erfüllen.
54 De lege ferenda ist daher zu prüfen, ob auch Investmentgesellschaften schweizerischen Rechts dem AFG zu unterstellen sind, s. dazu Ziff. 6.

- strukturierte fondsähnliche Finanzinstrumente, die teilweise oder ausschließlich in Hedgefonds investieren[55].

5 Ausblick

Im Zeitpunkt der Schlussredaktion dieses Aufsatzes stand die parlamentarische Beratung über das neue Bundesgesetz über die kollektiven Kapitalanlagen (KAG) unmittelbar bevor[56]. Dieses bietet zunächst einmal im Bereich der Kollektivanlagen neue Rechtsformen wie die Sicav (bei den Open-end-Funds) sowie die *Limited Partnership* für so genannten Qualifizierte Anleger an[57]. Zudem sollen die *Closed-end-Funds* erstmals der EBK-Aufsicht unterstellt werden. Im Bereich der bisherigen Übrigen Fonds mit besonderem Risiko sind nur wenige Änderungen vorgesehen:

- Neue Bezeichnung: „Übrige Fonds für Alternativanlagen"
- Abschaffung des Schriftformgebotes bei der Zeichnung solcher Fonds. Dies erleichtert nicht nur deren Einsatz im Private Banking, sondern dürfte auch die Kotierung solcher Alternativanlagen an der Börse erleichtern, da dieses Erfordernis beim Börsenhandel nicht eingehalten werden kann.

Zu bedauern ist hingegen, dass das neue KAG vorsieht, dass die maximal zulässige Hebelwirkung auf Verordnungsstufe verankert werden soll. Dies ist als unnötig abzulehnen, sollte doch dieses Thema der Regelung im Einzelfall überlassen werden. Auch die vorgesehene neue Befugnis der Aufsichtsbehörde, im Einzelfall Eigenmittelzuschläge verlangen zu können, wobei in der Botschaft namentlich Fondsleitungen erwähnt werden, die Kollektivanlagen verwalten, muss als nicht zielführend abgelehnt werden, zumal schweizerische Fondsleitungen im europäischen Vergleich ohnehin den strengsten Eigenmittelanforderungen unterliegen.

---

55 Als solche gelten Instrumente wie Index- und Basketzertifikate sowie Fund-linked Notes. Während die EBK für letztere ihre Praxis veröffentlicht hat (vgl. Jahresbericht EBK 1999, S. 68 ff.), wird für erstere im Zweifelsfall empfohlen, vor deren Lancierung von der EBK eine Negativbescheinigung einzuholen. Im übrigen ist bei öffentlicher Werbung und in den sonstigen Publikationen darauf hinzuweisen, dass das betreffende Instrument nicht von der EBK bewilligt und beaufsichtigt ist. Vgl. zum Ganzen Kühne, S. 211 ff.
56 Der Gesetzesentwurf sowie der Begleitbericht (so genannte *Botschaft*) können u.a. auf der Website der EBK www.ebk.admin.ch heruntergeladen werden.
57 Dieses für die Schweiz neue Vehikel dient in erster Linie als Gefäß für Private Equity-Investments, sollte aber auch für sonstige Asset Classes zur Verfügung stehen.

Odile Renner/Catherine Rückel

Rechtliche Rahmenbedingungen für Alternative Investments in Luxemburg

1 Einleitung 645

2 Organismen für gemeinsame Anlagen. 646
   2.1 Gesetzliche Grundlagen. 646
      2.1.1 Gesetz vom 20. Dezember 2002 647
      2.1.2 Gesetz vom 19. Juli 1991. 648
   2.2 Rundschreiben der Aufsichtsbehörde 649
      2.2.1 Kapitel I des Rundschreibens IML 91/75 649
          2.2.1.1 OGA, deren Zielsetzung die Anlage im Risikokapital ist 650
          2.2.1.2 OGA, deren Zielsetzung die Anlage in Terminkontrakten ist. . 650
          2.2.1.3 OGA, deren Zielsetzung die Anlage in Immobilien ist. 650
      2.2.2 Rundschreiben CSSF 02/80 651
   2.3 Steuerliche Rahmenbedingungen für OGA. 653

3 SICAR. 653
   3.1 Gesetzliche Grundlagen. 653
   3.2 Steuerliche Rahmenbedingungen der SICAR. 655

4 SOPARFI. 656

5 Ausblick 656

Literaturverzeichnis

Abkürzungsverzeichnis

1 Einleitung

Luxemburg, bislang vor allem bekannt als Fondsstandort für *Fonds mit Europapass* und damit als Ausgangsbasis für den paneuropäischen Vertrieb, hat sich in den vergangenen Jahren auch als Standort für Alternative Investments etabliert. Die Umsetzung alternativer Investmentstrategien kann zum einen mittels einer Fondskonstruktion, das heißt mit Organismen für gemeinsame Anlagen (OGA) erfolgen, und zum anderen über gesellschaftsrechtliche Formen wie die SICAR oder die SOPARFI. Fondskonstruktionen unterliegen in jedem Fall der Beaufsichtigung durch die Luxemburger Finanzaufsichtsbehörde „Commission de Surveillance du Secteur Financier" (CSSF), bei gesellschaftsrechtlichen Strukturen ist hier weiter zu differenzieren. Beiden Formen ist gemeinsam, dass ihre Investmentziele durch die gemeinsame Anlage des ihnen von Investoren überlassenen Kapitals erreicht werden sollen. Dies unterscheidet diese Anlageformen etwa von Verbriefungsvehikeln im Sinne des Gesetzes vom 22. März 2004. Verbriefungsgesellschaften[1] ermöglichen die Übernahme von Risiken aus jedweden Vermögenswerten gegen die Emission von Schuldtiteln oder Eigenkapitaltiteln. Verbriefungsvehikel erfüllen vorrangig eine Refinanzierungsfunktion ohne aktives Management der Verbriefungsgegenstände und ohne ein uneingeschränktes Recht auf Rückgabe der Titel. Die folgende Darstellung konzentriert sich auf Strukturierungsmöglichkeiten für Produkte, die durch aktives Management gesteuert werden. Auf die Beleuchtung sonstiger, denkbarer Möglichkeiten, wie beispielsweise der Nutzung der oben genannten Verbriefungsorganismen wird aus Gründen der Klarheit und Stringenz verzichtet.

Bereits 1991 schuf die Luxemburgische Aufsichtsbehörde als Ergänzung zu dem Gesetz von 1988 über Organismen für gemeinsame Anlagen[2] (Gesetz von 1988 oder Fondsgesetz von 1988) das Rundschreiben IML 91/75, welches Rahmenbedingungen für Fondsprodukte, die alternative Anlagestrategien verfolgen, enthält. In 2002 hat die CSSF der gestiegenen Nachfrage nach neuen Produkten im Bereich Hedgefonds Rechnung getragen und das Rundschreiben CSSF 02/80 veröffentlicht, welches die wesentlichen Anlagebeschränkungen speziell dieser Fondsgruppe näher erläutert und damit insbesondere zu einer Beschleunigung in der Planungs- und Zulassungsphase führen soll.

Zudem können durch die Umsetzung der Europäischen Richtlinien in Bezug auf Organismen für gemeinsame Anlagen in Wertpapieren (OGAW) vom 21. Januar 2002[3]

---

1 „Loi du 22 mars 2004 relative à la titrisation", veröffentlicht im Mémorial A am 29. März 2004, zuletzt geändert durch Gesetz vom 10. Juli 2005.
2 „Loi du 30 mars 1988 relative aux organismes de placement collectif telle qu'elle a été modifiée", veröffentlicht im Mémorial A am 31. März 1988, zuletzt geändert durch Gesetz vom 10. Juli 2005.
3 Richtlinien des Europäischen Parlamentes und des Rates vom 21. Januar 2002 zwecks Festlegung von Bestimmungen für Verwaltungsgesellschaften und vereinfachte Prospekte sowie hinsichtlich der Anlagen der Organismen für gemeinsame Anlagen in Wertpapieren (OGAW) (2001/107/EG und 2001/108/EG) zur Änderung der Richtlinie des Rates vom 20. Dezember 1985 zur Koordinierung der Rechts- und Verwaltungsvorschriften betreffend bestimmte OGAW (85/611/EWG), geändert durch die Richtlinie des Rates vom 22. März 1988 (88/220/EWG) und die Richtlinie des Rates und des Europäischen Parlamentes vom 29. Juni 1995 (95/26/EWG).

(OGAW III) in nationales Recht nun auch einige alternative Strategien in richtlinienkonformen Produkten verfolgt werden. Auch im Bereich Private Equity spielt Luxemburg aufgrund des flexiblen Steuerumfeldes und Rechtsrahmens eine herausragende Rolle in Europa. Der europäische Verband für Venture Capital[4] sieht Luxemburg auf Platz 2 der Jurisdiktionen für die Entwicklung der Private Equity Industry in Europa[5]. Die Einführung der Société d'investissement en capital à risque (SICAR) als spezielles Risikokapitalvehikel in 2004 unterstreicht einmal mehr das Bestreben Luxemburgs, diese Führungsrolle weiter auszubauen.

2 Organismen für gemeinsame Anlagen

2.1 Gesetzliche Grundlagen

In Luxemburg besteht die Möglichkeit, Hedgefonds-Strategien beziehungsweise alternative Anlagestrategien mit Hilfe von OGA umzusetzen. In Bezug auf die anwendbaren Gesetze ist zu differenzieren, ob OGA öffentlich (das heißt einem unbestimmten, individuell weder begrenzten noch begrenzbaren Personenkreis) oder nur institutionellen Investoren angeboten werden. Im ersteren Fall kommen die Regelungen des Gesetzes vom 20. Dezember 2002 über Organismen für gemeinsame Anlagen[6] (Gesetz von 2002 oder Fondsgesetz) und im zweiten Fall jene des Gesetzes vom 19. Juli 1991 über die Organismen für gemeinsame Anlagen, deren Anteile nicht der Öffentlichkeit angeboten werden[7] (Gesetz von 1991 oder Spezialfondsgesetz), zur Anwendung. Unabhängig von dem zur Anwendung kommenden Gesetz müssen die Anlagen eines jeden OGA definitionsgemäß grundsätzlich nach dem Prinzip der Risikostreuung erfolgen.[8]

Alle luxemburgischen OGA sind regulierte Vehikel, die der Beaufsichtigung durch die CSSF unterliegen und von dieser zugelassen werden müssen.[9] Darüber hinaus fordert die CSSF für alle luxemburgischen OGA einen vorab zu genehmigenden Promotor. Die Behörde definiert in diesem Zusammenhang Promotor als die natürliche oder juristische Person, die ursächlich für den OGA ist, das heißt die den Impuls zur Gründung des OGA gibt, die die Ausrichtung des OGA vorgibt und von seiner Realisierung pro-

---

4   European Venture Capital Association
5   „Benchmarking European Tax and Legal Environments", EVCA, May 2004
6   „Loi du 20 décembre 2002 concernant les organismes de placement collectif et modifiant la loi modifiée du 12 février 1979 concernant la taxe sur la valeur ajoutée, telle qu'elle a été modifiée", veröffentlich im Mémorial A am 31. Dezember 2002, zuletzt geändert durch Gesetz vom 10. Juli 2005.
7   „Loi du 19 juillet 1991 concernant les organismes de placement collectif dont les titres ne sont pas destinés au placement dans le public", veröffentlicht im Mémorial A am 02. August 1991
8   Vgl. Art. 5, 25, 39, 65, 69, 73 des Gesetzes von 2002 und Art. 2 und 4 des Gesetzes von 1991; vgl. auch Kapitel B des Rundschreibens IML 91/75.
9   Vgl. Art. 7 des Gesetzes von 1991 i.V.m. Art. 71 ff. des Gesetzes von 1988 und Art. 93 ff. des Gesetzes von 2002; vgl. zur Rolle der CSSF Kremer/Lebbe (2001), S. 27 ff.

fitiert[10]. Der Gesellschaftssitz und die Zentralverwaltung eines OGA müssen sich ebenso wie die Depotbank in Luxemburg befinden.[11] Dieses Erfordernis einer grundsätzlichen Lokalisierung in Luxemburg schließt im Einzelfall indes die grenzüberschreitende Delegation von Teilbereichen dieser Tätigkeiten nicht aus.[12]

Luxemburgische OGA können entweder als Investmentgesellschaften, das heißt regelmässig als SICAV[13] oder weniger gebräuchlich als SICAF, oder als von einer Verwaltungsgesellschaft verwaltete Investmentfonds[14], das heißt als FCP[15], gegründet werden. Während erstere mit Rechtspersönlichkeit ausgestattete Gesellschaften sind, handelt es sich bei letzteren um ungeteiltes Vermögen, das für Rechnung seiner Gesamthandeigentümer von einer Verwaltungsgesellschaft verwaltet wird. Beide OGA-Formen können als *Umbrella-Konstruktion*, das heißt als OGA mit Teilfonds, gestaltet werden.[16] Die Dauer des Zulassungsverfahrens eines OGA hängt wesentlich von der Art des Produktes und davon ab, ob der Promotor und die unterschiedlichen Dienstleister der CSSF bereits bekannt sind.

2.1.1 Gesetz vom 20. Dezember 2002

Das Gesetz von 2002 ist auf OGA anwendbar, die der Öffentlichkeit angeboten werden[17] und setzt im wesentlichen OGAW III in Luxemburgisches Recht um. Die produktspezifischen Regelungen dieser Europäischen Richtlinien finden sich insbesondere in Teil I des Gesetzes, der gem. Art. 2 (1) die auf in Luxemburg ansässige OGAW anwendbaren Bestimmungen enthält. Teil II des Gesetzes von 2002 enthält gemäß Art. 63 die Regelungen für alle anderen OGA und damit die wesentlichen Bestimmungen für alternative Strategien verfolgende Fonds. Anders als OGAW i.S.v. Teil I kann der grenzüberschreitende öffentliche Vertrieb der OGA nach Teil II des Gesetzes von 2002 erst nach materieller Prüfung der Vertriebsunterlagen durch den jeweiligen Vertriebsstaat erfolgen. Im wesentlichen sind somit die Anforderungen des nationalen Rechts des Vertriebslandes maßgebend.

---

10 Vgl. Commission de Surveillance du Secteur Financier, Rapport d'activités 1998, S. 55.
11 Vgl Art. 3, 4 des Gesetzes von 1991 i.V.m. Art. 61, 65 des Gesetzes von 1988 und Art. 4, 17, 34, 64, 66, 71 des Gesetzes von 2002.
12 Vgl. eingehend zur Depotbank Niedner/Kass (2004), S. 1598 ff.
13 In Luxemburg bestehen prinzipiell zwei Arten von Investmentgesellschaften: Die Société d'investissement à capital variable (SICAV) und die Société d'investissement à capital fixe (SICAF). Während das Gesellschaftskapital der SICAF fix beziehungsweise nicht-variabel ist, entspricht das Kapital der SICAV jederzeit ihrem Nettovermögen.
14 Vgl. Art. 5 ff., 65 ff. des Gesetzes von 2002 und Art. 2 ff. des Gesetzes von 1991.
15 Fonds commun de placement.
16 Vgl. Art. 7 des Gesetzes von 1991 i.V.m. Art 111 des Gesetzes von 1988 und Art. 133 des Gesetzes von 2002. Darüber hinaus besteht die Möglichkeit der Unterteilung der Aktien beziehungsweise Anteile in unterschiedliche Klassen. In Luxemburg werden beispielsweise Klassen zur Unterteilung in thesaurierende und ausschüttende Aktien beziehungsweise Anteile, in unterschiedliche Ausschüttungsfrequenzen, in unterschiedliche Währungs-Hedging-Politiken, in unterschiedliche Management- und Performancegebühren und zur Differenzierung zwischen institutionellen Anlegern und Privatanlegern genutzt.
17 Vgl. im Einzelnen Kapitel B Rundschreiben IML 91/75 und Niedner/Kass (2004), S. 1587.

Wie bereits im Falle des Gesetzes vom 20. März 1988 finden sich auch in Teil II des Gesetzes von 2002 keine Regelungen in Bezug auf die Anlagen. Die Konkretisierung der Anlagegrenzen beziehungsweise -beschränkungen obliegt der luxemburgischen Aufsichtsbehörde.[18] Dem ist die CSSF beziehungsweise ihre Vorgängerbehörde, das Institut Monetaire Luxembourgoise (IML), in Bezug auf Alternative Investments insbesondere mit zwei Rundschreiben nachgekommen. Zum einen finden sich in Kapitel I des Rundschreibens IML 91/75 vom 21. Januar 1991 entsprechende Bestimmungen. Darüber hinaus richtet sich das Rundschreiben CSSF 02/80 vom 5. Dezember 2002 ausdrücklich an OGA, die so genannte alternative Anlagestrategien verfolgen.[19] Aus diesen Rundschreiben lässt sich nur der grundsätzliche Rahmen für Alternative Investments in Luxemburg ableiten. Die CSSF vertritt einen sehr flexiblen Ansatz und steht Diskussionen über neue, in der jeweiligen Reglementierung nicht berücksichtigten Strategien grundsätzlich offen gegenüber und entscheidet auf Einzelfallbasis.

2.1.2 Gesetz vom 19. Juli 1991

Das zweite auf OGA anwendbare Gesetz ist das Gesetz von 1991 über die Organismen für gemeinsame Anlagen, deren Anteile nicht der Öffentlichkeit angeboten werden. Das Gesetz von 1991 umfasst insgesamt sieben Artikel, die weitgehend auf Teil II des Gesetzes von 1988 verweisen. Folglich findet sich auch in diesem Fall keine ausdrückliche gesetzliche Normierung, die auf alternative Anlagestrategien verfolgende OGA anwendbar wäre. Die Behörde hat bisher keine spezifisch auf solche OGA anwendbaren Regeln verlautbart, sondern wendet grundsätzlich die oben angeführten und im Folgenden näher beschriebenen Rundschreiben an. Gemäß Art. 2 beziehungsweise Art. 4 des Gesetzes von 1991 dürfen Anteile beziehungsweise Aktien von OGA, die diesem Gesetz unterliegen, ausschließlich institutionellen Investoren angeboten werden.

Der Begriff des institutionellen Investors wird in dem Gesetz nicht näher bestimmt. Die parlamentarischen Unterlagen zum Gesetzesentwurf definieren institutionelle Investoren als Unternehmen oder Organisationen, deren Zweck die Verwaltung von erheblichem Vermögen und Werten mit sich bringt, das heißt insbesondere Banken und andere Gewerbetreibende des Finanzsektors, Versicherungs- und Rückversicherungsunternehmen, Sozialversicherungsträger, Pensionsfonds, große Industrie- und Finanzgruppen.[20] Die CSSF erweiterte in einem Schreiben vom 27. Dezember 1999 die Nutzungsmöglichkeiten von OGA i.S.d. Gesetzes von 1991. Hiernach können insbesondere auch Privatinvestoren zumindest mittelbar Anlagen in OGA i.S.d. Gesetzes von 1991 tätigen, sofern dies durch ein Kreditinstitut im Rahmen einer individuellen Portfolioverwaltung geschieht. Darüber hinaus wird Holdinggesellschaften beziehungsweise *Familienholdings* unter spezifischen Bedingungen die Möglichkeit der Anlage in solche OGA eröffnet, auch wenn die Gesellschafter selbst nicht als institutionelle Investoren zu qualifizieren sind. Die CSSF unterstellt institutionellen Anlegern eine weitgehende

---

18 Vgl. auch Niedner/Kass (2004), S. 1589.
19 Vgl. zur rechtlichen Einordnung der Rundschreiben Niedner/Kass (2004), S. 1594f.
20 Vgl. Doc. Parl. N° 3467, commentaire des articles, p. 3.

Kenntnis der Finanzmärkte und die Fähigkeit, Risiken besser einschätzen zu können, was zu einem weit flexibleren Ansatz der Aufsichtsbehörde bei der Fondsauflegung führt. Derzeit wird eine Novellierung des Spezialfondsgesetzes vorbereitet, wobei insbesondere der Begriff des „institutionellen Investors" dem des „qualifizierten Investors" weichen und das Promotorkonzept überarbeitet werden soll.

2.2 Rundschreiben der Aufsichtsbehörde

In Bezug auf Alternative Investments sind insbesondere zwei Rundschreiben der Luxemburgischen Aufsicht von Bedeutung:

- Für OGA, die hauptsächlich in Private Equity, Derivate oder Immobilien investieren und spezifischen flexiblen Bestimmungen unterliegen, enthält Kapitel I des Rundschreibens IML 91/75 die anwendbaren Regelungen.

- Für OGA, die alternative Anlagestrategien unter Nutzung von Leverage und Leerverkäufen folgen, finden sich Regelungen im Rundschreiben CSSF 02/80.

2.2.1 Kapitel I des Rundschreibens IML 91/75

Das Rundschreiben IML 91/75 bezieht sich ebenso wie das Rundschreiben CSSF 02/80 seinem Wortlaut nach zwar auf das Gesetz von 1988, ist aber nach herrschender Meinung in weiten Teilen auch auf das Gesetz von 2002 entsprechend anzuwenden. Dies gilt insbesondere für diejenigen Bestimmungen, die sich auf Teil II des Gesetzes von 2002 beziehen, da dieser grundsätzlich Teil II des Gesetzes von 1988 entspricht.[21]

Kapitel I des Rundschreibens IML 91/75 enthält Regelungen für drei Typen spezialisierter OGA, die folgende Hauptziele haben:

- Die Anlage in Risikokapital (Anlage in nicht notierte Gesellschaften).

- Die Anlage in Terminkontrakte (Rohstoffen und/oder Finanzinstrumenten und/oder in Optionen).

- Die Anlage in Immobilien.

Die geschäftsführenden Mitglieder der Verwaltungsorgane und gegebenenfalls die Anlagemanager beziehungsweise -berater dieser OGA müssen jeweils eine besondere fachliche Erfahrung nachweisen. Darüber hinaus werden besondere Anforderungen, insbesondere hinsichtlich der Risikoaufklärung, an die Angaben in den Emissionsprospekten und den Jahres- und Halbjahresberichten solcher OGA gestellt.

---

21 Vgl. auch Niedner/Kass (2004), S. 1592 f.

2.2.1.1 OGA, deren Zielsetzung die Anlage in Risikokapital ist

Das Rundschreiben IML 91/75 legt den groben Rahmen zur Gründung von Risikokapitalanlagevehikeln in Form von OGA fest. Die einzige Anlagegrenze, die das Rundschreiben Risikokapital-OGA explizit vorgibt, dient der Sicherstellung der Mindeststreuung der Anlagerisiken. Um diese zu gewährleisten dürfen die OGA nicht mehr als 20 Prozent ihres Nettovermögens in eine einzelne Risikokapitalgesellschaft investieren. Des Weiteren müssen sich die Stückelung der Aktien beziehungsweise Anteile des OGA und die Eintragungen in das Aktionärsregister beziehungsweise das Namensregister der Anteilinhaber auf eine Anzahl von Papieren beziehen, deren Wert zum Ausgabezeitpunkt mindestens EUR 12.500 beträgt.

2.2.1.2 OGA, deren Zielsetzung die Anlage in Terminkontrakten ist

Hier werden insbesondere Regelungen für *Hedgefonds*, die hauptsächlich in Derivate investieren, genannt. Die Anlagebeschränkungen dieser OGA beziehen sich wesentlich auf *Margin Deposits* im Zusammenhang mit Terminkontrakten und auf verkaufte Optionen. Ihnen sind *Margin Deposits* in Höhe von bis zu 70 Prozent ihres Nettovermögens erlaubt, wobei die für den Erwerb noch laufender Optionen angefallenen Prämien in diese Grenze einbezogen werden. Dies hat zur Folge, dass die Höhe des Leverage den Nettoinventarwerts des OGA um ein Vielfaches übersteigen darf. Wesentlich ist auch bei diesen OGA, dass durch ausreichende Diversifizierung der Anlagen eine angemessene Risikostreuung sichergestellt wird. Sowohl die von einem OGA eingegangenen Terminkontrakte als auch die Optionen zugrundeliegenden Terminverträge müssen auf einem organisierten Markt gehandelt werden. Mit Ausnahme von Edelmetallen, dürfen über Rohstoffe nur Terminkontrakte abgeschlossen werden. Darüber hinaus bestehen spezifische Begrenzungen, die sich auf den Nettoinventarwert des OGA beziehen. So muss beispielsweise die Marge eines einzelnen Terminkontrakts beziehungsweise die Verpflichtung aus einer verkauften Option weniger als fünf Prozent des Nettovermögens darstellen. Letztlich ist es einem OGA erlaubt Kredite bis zur Höhe von zehn Prozent des Nettovermögens aufnehmen, sofern diese Kredite nicht zur Finanzierung von Anlagen dienen.

Diese Regelungen ermöglichen Standard-Hedgefonds-Strategien (z.B. marktneutrale Anlagen, Long Short Equity, Fixed Income Arbitrage) mit oder ohne Leverage. Es bleibt darauf hinzuweisen, dass sich – wie im Falle von Risikokapital-OGA – die Stückelung der Anteile der OGA und die Eintragungen in das Aktionärsregister beziehungsweise das Namensregister der Anteilinhaber auf eine Anzahl von Papieren beziehen müssen, deren Wert zum Ausgabezeitpunkt mindestens EUR 12.500 beträgt.

2.2.1.3 OGA, deren Zielsetzung die Anlage in Immobilien ist

Unter Immobilien versteht das Rundschreiben auf den Namen eines OGA eingetragene Grundstücke, die Beteiligungen an Immobiliengesellschaften und Rechte, die ein langfristiges Genussrecht an Immobilien gewähren, wie etwa das Erbbaurecht, das Erbpachtrecht sowie Optionsrechte auf Immobilien. Das Rundschreiben enthält in diesem Bereich ebenfalls unter anderem Regelungen betreffend der Risikomischung und der Eignung der involvierten Sachverständigen. Auf weitere Erläuterungen wird an dieser Stelle verzichtet.

2.2.2 Rundschreiben CSSF 02/80

Das Rundschreiben CSSF 02/80 vom 5. Dezember 2002 ergänzt die rechtlichen Rahmenbedingungen für OGA, die sogenannte alternative Anlagestrategien verfolgen.[22] Es enthält insbesondere spezifische Regelungen zu den Anlagerestriktionen, weist aber auch ausdrücklich darauf hin, dass die CSSF bei angemessener Begründung Abweichungen von den Regelungen des Rundschreibens zulassen kann. Es enthält daneben spezifische Regelungen in Bezug auf die Emissionsprospekte und fordert von den Mitgliedern der Geschäftsführungsorgane und gegebenenfalls den Anlagemanagern und -beratern eine nachgewiesene Erfahrung auf dem Gebiet der vorgesehenen Anlagepolitik.[23] Ein wesentlicher Punkt des Rundschreibens ist die Nutzung von Prime Brokern. So sind OGA im Zusammenhang mit Wertpapierleerverkäufen berechtigt, Wertpapierleihgeschäfte als Darlehensnehmer mit erstklassigen, hierauf spezialisierten Gewerbetreibenden zu tätigen. Hierbei ist sicherzustellen, dass der OGA jederzeit in der Lage ist, den aus diesen Geschäften resultierenden Verpflichtungen nachzukommen. Falls der OGA in einem Pensionsgeschäft als Verkäufer auftritt, darf er während der gesamten Laufzeit des Pensionsgeschäftes die in Pension gegebenen Wertpapiere weder an Dritte verpfänden noch erneut in irgendeiner Form mobilisieren. Darüber hinaus können sie zu Anlagezwecken fortlaufend bei erstklassigen, entsprechend spezialisierten Gewerbetreibenden Kredite aufnehmen.[24] Zur Absicherung des Wertpapierleihgeschäftes beziehungsweise des Kredits ist es möglich, Aktiva des OGA in Höhe eines Betrages an den Prime Broker abzutreten, der die Verpflichtung des OGA gegenüber dem Prime Broker um 20 Prozent des Marktwerts der Aktiva des OGA übersteigt. Wie bei der Mehrzahl der im Rundschreiben CSSF 02/80 enthaltenen Beschränkungen knüpft auch diese an die Aktiva des OGA an, was die Grenzen weiter relativiert.[25] OGA können grundsätzlich auch Wertpapierleihgeschäfte tätigen, die bei Vorliegen eines jederzeitigen Kündigungsrechts den im Rundschreiben IML 917/75 vorgesehenen Zeitraum von 30 Tagen überschreiten dürfen. Für die Long-Positionen des Fonds gilt, dass der Fonds nicht mehr als 20 Prozent der Aktiva in Wertpapiere ein- und desselben Emittenten anlegen darf. Darüber hinaus können nicht mehr als zehn Prozent der Aktiva in nicht notierte Wertpapiere angelegt werden. Auf der *Short-Seite* dürfen die Veräußerungserlöse aus den Leerverkäufen von Wertpapieren eines Emittenten nicht mehr als zehn Prozent der Aktiva betragen. Für Leerverkäufe gilt, dass die betreffenden Wertpapiere grundsätzlich börsennotiert oder auf einem anderen

---

22 Vgl. zur Entwicklung seit Veröffentlichung des Rundschreibens CSSF 2/80 Prime, Didier (2004).
23 Vgl. auch Niedner/Kass (2004), S. 1593 f.
24 Vgl. zur Nutzung von Prime Broker Niedner/Kass (2004), S. 1600 ff.
25 Vgl. CSSF 02/80 A.5.

geregelten Markt zugelassen sein müssen. Hiervon kann bei Wertpapieren mit einen hohen Liquiditätsgrad in einem Umfang von bis zu zehn Prozent der Aktiva des OGA abgewichen werden. Die Leerposition in Wertpapieren eines Emittenten darf maximal einer Verbindlichkeit von fünf Prozent der Aktiva des OGA entsprechen. Ferner darf die Summe der Verbindlichkeiten des OGA aus Leerverkäufen zu keinem Zeitpunkt 50 Prozent seiner Aktiva überschreiten. Letztlich muss ein OGA über die erforderlichen Aktiva verfügen, um die Positionen aus diesen Leerverkäufen jederzeit schließen zu können.

Die Höhe des möglichen Leverage wird durch Kreditaufnahmebeschränkungen begrenzt, die sich auf das Nettovermögen beziehen. Grundsätzlich darf ein OGA maximal Kredit in Höhe von 200 Prozent seiner Nettoaktiva aufnehmen. Eine Ausnahme besteht für OGA, die eine Strategie verfolgen, die einen hohen Korrelationsgrad zwischen Long-Positionen und Leerpositionen aufweist. Diese sind grundsätzlich berechtigt, Kredite bis zu einem Höchstbetrag von 400 Prozent ihrer Nettoaktiva aufzunehmen. Es bleibt darauf hinzuweisen, dass sich die CSSF bisher offen gezeigt hat, wenn im Rahmen spezifischer Strategien zusätzlicher Leverage erforderlich war (beispielsweise Fixed Income Arbitrage). Das Rundschreiben CSSF 02/80 ermöglicht auch den Einsatz jeglicher Art derivativer Finanzinstrumente. Hierzu zählen insbesondere Optionen, Finanzterminkontrakte und Optionen auf solche Verträge sowie freihändige Swap-Verträge auf alle Arten von Finanzinstrumenten. Ferner können diese OGA Techniken wie Wertpapierleihgeschäfte, Geschäfte mit Rückkaufsrecht sowie Pensionsgeschäfte einsetzen.

Die Einschränkungen bezüglich der Nutzung von Derivaten sind durch den Grundsatz der Risikostreuung bestimmt. So gilt insbesondere Folgendes:

- Die erforderliche Margin beziehungsweise Verbindlichkeit eines einzelnen Vertrags über ein auf einem organisierten Markt gehandeltes Derivat darf nicht fünf Prozent oder mehr der Aktiva des OGA darstellen.

- Verbindlichkeiten aus einem einzelnen Vertrag über ein OTC Derivat dürfen nicht fünf Prozent oder mehr der Aktiva des OGA darstellen.

- Die Margeneinforderungen von auf einem organisierten Markt gehandelten Derivaten und/oder die Verbindlichkeiten im Zusammenhang mit OTC Derivaten dürfen 50 Prozent der Aktiva des OGA nicht überschreiten.

- Prämien, die für den Erwerb noch laufender Optionen mit identischen Merkmalen gezahlt werden, werden in die oben beschriebenen fünf Prozent beziehungsweise 50 Prozent Grenzen einbezogen.

Die Regelungen in Bezug auf Dach-Hedgefonds sind klar und einfach: Die Anlagen in einen anderen OGA – das heißt einen *Ziel-OGA* – sind auf 20 Prozent des Nettovermögens des investierenden OGA – des *Dach-Hedgefonds* – beschränkt. Diese Beschränkung gilt auf Teilfondsebene des Ziel-OGA. Demnach ist es ohne weiteres möglich, in fünf Teilfonds ein und derselben Umbrella-Struktur 100 Prozent des Nettovermögens eines Dach-Hedgefonds zu investieren. Letztlich ist auch für Dach-Hedgefonds die Nutzung von Leverage erlaubt.

2.3 Steuerliche Rahmenbedingungen für OGA

Luxemburgische OGA unterliegen keiner Ertragbesteuerung, sondern lediglich einer einmaligen pauschalen Gesellschaftsteuer (Droit D'apport) von maximal EUR 1.250 sowie einer „Taxe d'abonnement"[26]. Bei der „Taxe d'abonnement" handelt es sich um eine pauschale Abgeltungssteuer, die vierteljährlich erhoben wird und deren Bemessungsgrundlage das Nettovermögen am letzten Bewertungstag eines jeden Quartals ist. Der reguläre Steuersatz von 0,05 Prozent p.a. ermäßigt sich auf 0,01 Prozent p.a., wenn ein OGA ausschließlich in Geldmarktinstrumente oder Bankeinlagen investiert, wenn es sich um einen institutionellen, das heißt dem Gesetz von 1991 unterliegenden OGA handelt oder soweit Teilfonds oder Anteilklassen gemäß dem Gesetz von 2002 institutionellen Anlegern vorbehalten sind. Zur Vermeidung einer doppelten Besteuerung sind in andere Luxemburgische OGA investierte und dort bereits mit „Taxe d'abonnement" belastete Vermögensteile beim investierenden OGA von der „Taxe d'abonnement" ausgenommen.

Luxemburgische OGA erheben keine Quellensteuern auf ihre Ausschüttungen.[27] Hinsichtlich der Erstattung beziehungsweise Ermäßigung von Quellensteuern, die auf die Einnahmen von OGA erhoben wurden, ist zwischen FCP und SICAV/SICAF zu unterscheiden. Während als FCP organisierte OGA grundsätzlich nicht über eine DBA-Berechtigung verfügen, können sich OGA in der Form der SICAV beziehungsweise SICAF auf ausgewählte DBA berufen. Umsatzsteuerlich galten luxemburgische OGA bisher nicht als Unternehmer, solange sie ausschließlich passiv in Aktien oder Anleihen investieren und dabei nicht selbst in die Geschäftsführung involviert sind. Gegenüber einem OGA erbrachte Dienstleistungen sind umsatzsteuerfrei, sofern es sich dabei um administrative Tätigkeiten wie beispielsweise die Fondsbuchhaltung oder um Beratungsdienstleistungen handelt.[28]

3 SICAR

3.1 Gesetzliche Grundlagen

Eine weitere rechtliche Gestaltungsform Alternativer Investments in Luxemburg bietet die durch das Gesetz vom 15. Juni 2004[29] (SICAR-Gesetz) eingeführte Wagniskapitalgesellschaft SICAR.[30] Diese vereint typische Elemente klassischer Fondsstrukturen

---

26 Vgl. Art. 128 des Gesetzes von 2002; vgl. Art. 129 des Gesetzes von 2002.
27 Vgl. 127 Abs. 2 des Gesetzes von 2002, vgl. Art. 147 Nr. 3 LIR.
28 Vgl. Art. 44 Nr. 1d TVA.
29 „Loi du 15 juin 2004 relative à la Société d'investissement en capital à risque (SICAR)", veröffentlicht im Mémorial A am 22. Juni 2004, zuletzt geändert durch Gesetz vom 10. Juli 2005.
30 Vgl. im Detail de La Mettrie/Kroonen (2004).

mit Elementen handelsrechtlicher Gesellschaften und soll insbesondere als Instrument zur Umsetzung von Private Equity-Projekten dienen. Die SICAR stellt keine neue Rechtsform dar und ist kein OGA. Eine SICAR kann in Form einer einfachen Kommanditgesellschaft (SCS[31]), einer Kommanditgesellschaft auf Aktien (SCA[32]), einer als Aktiengesellschaft organisierte Genossenschaft (SCOSA[33]), einer Gesellschaft mit beschränkter Haftung (Sàrl[34]) oder einer Aktiengesellschaft (SA[35]) jeweils i.S.d. Gesetz über Handelsgesellschaften vom 10. August 1915[36] (Gesetz von 1915) gegründet werden und unterliegt den allgemeinen auf Handelsgesellschaften anwendbaren Bestimmungen, sofern das SICAR-Gesetz nicht von diesen abweicht.[37] Das Vermögen von SICAR kann dabei variabel oder fix sein. Eine Strukturierung in Teilfonds (Umbrella-Struktur) ist nicht möglich.

Der Gesellschaftszweck einer SICAR wird vom Gesetz als die Anlage in Wagniskapital mit dem Ziel, die Anleger in den Genuss des Verwaltungsergebnisses ihres Vermögens als Gegenleistung für das von ihnen getragene Risiko zu bringen, beschrieben[38]. Der Begriff Wagniskapital wird hierbei als die direkte oder indirekte Einbringung von Mitteln in Unternehmen im Hinblick auf ihren Start, ihre Entwicklung oder ihre Einführung an der Börse definiert.[39] Durch welche Instrumente dies geschehen kann, wurde nicht weiter definiert. Gemäß der den Gesetzgebungsprozess begleitenden parlamentarischen Unterlagen soll der Begriff aber flexibel interpretiert werden und der Einsatz aller im Bereich Risikokapital gebräuchlichen Formen von Finanzinstrumenten möglich sein.[40] In Bezug auf die erlaubten Anlagestrategien finden sich in dem SICAR-Gesetz grundsätzlich keine Beschränkungen. Es sieht weder Beschränkungen im Bereich der Anlagerestriktionen noch im Bereich Risikoverteilung vor. Insofern ist es einer SICAR möglich, 100 Prozent ihres Vermögens in eine Gesellschaft oder ein Projekt in einer Branche anzulegen.

Aufgrund des mit dem Anlagezweck einhergehenden Risikopotenzials der SICAR erlaubt das Gesetz nur *sachkundigen Anlegern*[41] die Investition in eine SICAR. Hierunter sind institutionelle[42], professionelle[43] oder andere informierte Anleger zu verstehen. Letztere müssen schriftlich bestätigen, dass sie über die Sachkenntnis und das Wissen verfügen, das von einem sachkundigen Investor erwartet wird und entweder zumindest EUR 125.000 investieren, oder die Bescheinigung eines Kreditinstituts, eines anderen Gewerbetreibenden des Finanzsektors im Sinne der Richtlinie 93/22/EWG

---

31 Société en commandite simple.
32 Société en commandite par actions.
33 Société coopérative organisée en société anonyme.
34 Société à responsabilité limitée.
35 Société anonyme.
36 „Loi du 10 août 1915 concernant les sociétés commerciales", veröffentlicht im Mémorial A am 30. Oktober 1915, zuletzt geändert durch Gesetz vom 19. Dezember 2002.
37 Vgl. Art.1 (1) des SICAR-Gesetzes.
38 Vgl. Art.1 (1) des SICAR-Gesetzes.
39 Vgl. Art. 1 des SICAR-Gesetzes.
40 Vgl Document parlementaire 5201, Exposé des motifs, p 2.
41 Investisseurs avertis.
42 Vgl Ausführungen zum Gesetz von 1991.
43 Vgl. Anhang II der Richtlinie 2004/39/EG betreffend Märkte für Finanzinstrumente.

oder einer Verwaltungsgesellschaft im Sinne der Richtlinie 2001/107/EG vorlegen, die ihnen die erforderliche Sachkenntnis attestiert.[44]

Die SICAR ist ein reguliertes Vehikel und unterliegt der Beaufsichtigung durch die CSSF[45]. Insofern bietet sich die SICAR auch als Anlageobjekt für institutionelle Investoren an, die gegebenenfalls eine Präferenz für regulierte Zielanlagen haben. Eine SICAR kann im Wege eines vereinfachten und damit beschleunigten Zulassungsverfahrens zugelassen werden. Abweichend zu den Regelungen bei der Fondsauflage bedarf der Promotor einer SICAR keiner vorherigen Zustimmung der Behörde. Stattdessen sind die Zustimmungsanforderungen auf die Gesellschaftsgründungsdokumente, die Geschäftsleiter, die Depotbank und den Wirtschaftsprüfer begrenzt. Der Gesellschaftssitz und die Zentralverwaltung einer SICAR müssen sich in Luxemburg befinden. Wie OGA bedürfen auch SICAR einer Depotbank, bei der es sich um ein Kreditinstitut oder eine Bank mit Sitz in Luxemburg oder um die Niederlassung einer Auslandsbank handeln muss. Die Verpflichtungen der Depotbank der SICAR sind denen der Depotbank einer SICAV nach dem Gesetz von 2002 sehr ähnlich. Das gezeichnete Kapital der SICAR darf nicht unter EUR 1 Million fallen und muss innerhalb von zwölf Monaten nach der Zulassung durch die CSSF erreicht werden. Das Gesetz sieht keine besondere Methode zur Ausgabe neuer Anteile durch die SICAR vor.

3.2 Steuerliche Rahmenbedingungen der SICAR

Hinsichtlich der steuerlichen Behandlung einer SICAR ist danach zu differenzieren, ob die SICAR in Form einer Kapitalgesellschaft oder einer Personengesellschaft organisiert ist. Die SICAR in Form einer Kapitalgesellschaft ist grundsätzlich eine voll steuerpflichtige Gesellschaft, die von der Vermögen- und der Gewerbesteuer befreit ist und einer pauschalen Gesellschaftsteuer in Höhe von maximal EUR 1.250 unterliegt.[46] Alle Erträge aus der Wagniskapitalüberlassung, dem Gesellschaftszweck, bleiben steuerfrei.[47] Hierunter fallen Gewinnbeteiligungen, das heißt Dividenden und Veräußerungsgewinne, sowie Zinserträge aus noch nicht investiertem Kapital.[48] Auf Ausschüttungen der SICAR werden keine Quellensteuern erhoben[49]. Grundsätzlich kann die SICAR als in Luxemburg ansässige vollsteuerpflichtige Gesellschaft die Regelungen der mit Luxemburg geschlossenen Doppelbesteuerungsabkommen sowie die europäische Mutter-Tochter-Richtlinie in Anspruch nehmen. Für eine als Personengesellschaft organisierte SICAR gelten analoge Vorschriften: Es besteht eine Befreiung von der Gewerbe- und der Gesellschaftsteuer und die Erträge aus der Wagniskapitalüberlassung bleiben bei den Gesellschaftern steuerfrei. An eine SICAR erbrachte Managementdienstleistungen

---

44 Vgl. Art. 2 des SICAR-Gesetzes.
45 Vgl. Art.11 des SICAR-Gesetzes.
46 Vgl. Art 35 – 37 SICAR-Gesetz.
47 Vgl. Art. 35 Abs. 3 SICAR-Gesetz.
48 Vgl. Art. 35 Abs. 3 SICAR-Gesetz.
49 Vgl. Art. 34 Abs. 1b SICAR-Gesetz, vgl. Art. 147 Nr. 3 LIR.

unterliegen in Analogie der auf OGA anzuwendenden Regelungen nicht der Umsatzsteuer, darüber hinaus gelten die allgemeinen Regelungen.[50]

4 SOPARFI

Letztlich besteht die Möglichkeit, Alternative Investments in Luxemburg in vollkommen unreglementierter Form zu strukturieren. Als Instrument solcher Strukturierungen dient in erster Linie, und insbesondere im Bereich Private Equity, die SOPARFI[51], deren Regelungen dem Gesetz vom 10. August 1915 über Handelsgesellschaften entstammen. Die Gründung einer Soparfi ist in Form einer S.A., S.àr.l. oder einer S.C.A. möglich. Dabei sind auf gesellschaftsrechtlicher Seite die Grundregelungen des luxemburgischen Gesellschaftsrechts, so z.B. bezüglich Kapital, Aktionären, Anteilsübertagung, Geschäftsleitung, Prüfungspflicht etc. direkt anwendbar. Die SOPARFI unterliegt den allgemeinen steuerlichen Regelungen und hat aufgrund ihres Status als voll steuerpflichtige Gesellschaft Zugang zu Doppelbesteuerungsabkommen sowie europäischen Richtlinien. SOPARFI, die ausschließlich Beteiligungen halten, gelten nicht als umsatzsteuerliche Unternehmer und sind infolgedessen nicht zum Vorsteuerabzug berechtigt. Sofern SOPARFI jedoch aktiv an der Geschäftsführung anderer Unternehmen beteiligt sind, besitzen sie die umsatzsteuerliche Unternehmereigenschaft sowie die daraus resultierende Berechtigung zum Vorsteuerabzug.

5 Ausblick

Luxemburg hat in den vergangenen Jahren als Standort für Alternative Investments an Bedeutung gewonnen. Das Gesetz über Wagniskapitalgesellschaften (SICAR) und das Verbriefungsgesetz sind bereits in den ersten Monaten nach Inkrafttreten auf großes Interesse – vor allem der europäischen Marktteilnehmer – gestoßen. Der wesentliche Grund hierfür sind effiziente Strukturierungsmöglichkeiten von Repackaging Deals wie beispielsweise *gebrauchten* Lebensversicherungen, Verbriefungen von Krediten und Mittelstandsforderungen, Mezzanine Finance sowie Private Equity. Luxemburg als Garant für ein starkes aufsichtsrechtliches Umfeld bietet vor allem regulierten europäischen Investoren, die häufig auf Anlagen im EU- zw. EWR-Raum beschränkt sind, eine echte Alternative. Die zunehmende Belebung der Luxemburger Börse und die Umsetzung der Wertpapierprospektrichtlinie werden dem Segment Alternative Investments in Luxemburg weitere Wachstumsimpulse geben.

---

50 Vgl. Art .38 SICAR–Gesetz i.V.m- Art. 44 Nr. 1 d TVA.
51 Société des participations financières.

Literaturverzeichnis

Commission de Surveillance du Secteur Financier (1999) : Rapport d'activités 1998 en matière de surveillance prudentielle du secteur financier, Luxemburg 1999.

de La Mettrie, Laurent/Kroonen, Jean-François (2004): Attractions pour de nouveaux investisseurs? La SICAR entre en droit luxembourgeois, in: Tageblatt, 18. Juni 2004. Luxemburg.

European Venture Capital Association (2004): Benchmarking European Tax and Legal Environments, May 2004.

Kremer, Claude/Lebbe, Isabelle (2001) : Les organisme de placement collectif en droit luxembourgeois, 1. Auflage, Bruxelles 2001.

Niedner, Claude/Kass, Francis (2004): Les fonds alternatifs en droit luxembourgois, in: Droit bancaire et financier au Luxembourg. Volume 4, Bruxelles, S. 1581 – 1625.

Prime, Didier (2004): Le développement des hedge funds à Luxembourg, in: Tageblatt, 8. Oktober 2004, Luxemburg.

Abkürzungsverzeichnis

Art.	Artikel
CSSF	Commission de Surveillance du Secteur Financier
FCP	Fonds commun de placement
Gesetz von 1915	Loi du 10 août 1915 concernant les sociétés commerciales, veröffentlicht im Mémorial A am 30. Oktober 1915, zuletzt geändert durch Gesetz vom 19. Dezember 2002
Gesetz von 1988	Loi du 30 mars 1988 relative aux organismes de placement collectif telle qu'elle a été modifiée, veröffentlicht im Mémorial A am 31. März 1988, zuletzt geändert durch Gesetz vom 10. Juli 2005.
Gesetz von 1991	Loi du 19 juillet 1991 concernant les organismes de placement collectif dont les titres ne sont pas destinés au placement dans le public, veröffentlicht im Mémorial A am 02. August 1991
Gesetz von 2002	Loi du 20 décembre 2002 concernant les organismes de placement collectif et modifiant la loi modifiée du 12 février 1979 concernant la taxe sur la valeur ajoutée, telle qu'elle a été modifiée, veröffentlicht im Mémorial A am 31. Dezember 2002, zuletzt geändert durch Gesetz vom 10. Juli 2005
Gesetz von 2004	Loi du 22 mars 2004 relative à la titrisation, veröffentlicht im Mémorial A am 29. März 2004, zuletzt geändert durch Gesetz vom 10. Juli 2005
i.S.v.	im Sinne von
i.V.m.	in Verbindung mit
IML	Institut Monetaire Luxembourgoise
OGA	Organismus für gemeinsame Anlagen
OGAW	Organismus für gemeinsame Anlagen in Wertpapieren
SA	Société anonyme
Sàrl	Société à responsabilité limitée
SCA	Société en commandite par actions
SCOSA	Société coopérative organisée en société anonyme
SCS	Société en commandite simple
SICAF	Société d'investissement à capital fixe
SICAR	Société d'investissement en capital à risque
SICAR-Gesetz	Loi du 15 juin 2004 relative à la Société d'investissement en capital à risque (SICAR), veröffentlicht im Mémorial A am 22. Juni 2004, zuletzt geändert durch Gesetz vom 10. Juli 2005
SICAV	Société d'investissement à capital variable

Teil 9

Eingliederung in den Anlageprozess institutioneller Investoren

Robert B. Litterman

Active Alpha Investing
Ein neues Paradigma für die Herausforderungen im Asset Management des 21. Jahrhunderts

1 Einleitung 663
2 Risikooptimierung führt zu höheren Renditen 664
   2.1 Zinsrisiko: Abhängigkeit von Zinsänderungen 664
   2.2 Marktrisiko: Risiko in Bezug auf die Rendite des gesamten Aktienmarktes . 665
   2.3 Aktives Risiko: alle übrigen Risikoquellen im Portfolio. 667
   2.4 Trennung der drei Risiken 668
   2.5 Erhöhung des aktiven Risikos 668
3 Implementierung des Active Alpha Investing. 671
   3.1 Bestimmung des Gleichgewichtes zwischen Marktrisiko
       und aktivem Risiko 671
   3.2 Ermittlung des Alpha für jede Quelle aktiven Risikos. 672
   3.3 Risiko-Allokation auf verschiedene aktive Strategien 673
   3.4 Beschränkungen für aktives Risiko erkennen und abbauen 673
4 Was bedeutet Active Alpha Investing für institutionelle Investoren? 677
   4.1 Rolle des Risikomanagements 677
   4.2 Organisationsstruktur. 679
   4.3 Governance 680
5 Schlussfolgerung 681

1 Einleitung

Institutionelle Investoren müssen sich heute mit einer Reihe von Tatsachen auseinandersetzen. Insbesondere stehen Unternehmen mit betrieblichen Pensionsplänen (nachfolgend als Trägerunternehmen bezeichnet) vor den folgenden beiden Problemen: Die Annahmen bezüglich der erwarteten Renditen sind häufig zu hoch, und die meisten Pensionspläne weisen eine Kapitalunterdeckung auf, die bei einigen sogar beträchtlich ist. In den letzten drei Jahren hat sich der Kapitaldeckungsgrad der Pensionspläne von S&P 500 Unternehmen von einer 30-prozentigen Überdeckung auf eine 20-prozentige Unterdeckung verschlechtert. Angesichts des derzeitigen Zinsniveaus und der angenommenen durchschnittlichen Rendite auf Pensionspläne von S&P 500 Unternehmen von 8,8 Prozent jährlich, muss ein durchschnittlicher Pensionsplan, der ca. 65 Prozent seines Vermögens in Aktien investiert hat, mit diesem Aktienanteil jährlich eine Rendite erwirtschaften, die um ca. acht Prozent über der Rendite von Renten liegt.[1] Selbst vor dem Platzen der letzten Aktienblase hätte man diese Überschussrendite als unrealistisch betrachtet. Gegenwärtig haben die meisten Investoren ihre langfristigen Erwartungen für Überschussrenditen von Aktien gegenüber Renten auf ungefähr die Hälfte dieses Werts reduziert. In einem solchen Umfeld suchen viele Investoren nach neuen Lösungsansätzen. Wir von Goldman Sachs Asset Management (GSAM) sind überzeugt, dass unser Active Alpha Investing-Ansatz hier einige Antworten bieten kann.[2] Einfach ausgedrückt handelt es sich dabei um eine Verbesserung der traditionellen Portfoliotheorie. Das Grundkonzept besteht darin zu versuchen, die Quellen von Portfoliorisiken aufzugliedern, um dann zu erkennen, wo zusätzliche Renditen erzielt werden können. Die Frage ist, wie Risiken optimal verteilt werden können, um entweder bei gegebenem Risikoniveau höhere Renditen zu erzielen oder bei gegebenem Renditeniveau die Risiken zu verringern. Ausgehend von der Perspektive eines amerikanischen Pensionsplans wird in diesem Beitrag das Konzept des Active Alpha Investing beleuchtet. Es wird deutlich gemacht, welche Vorteile die Aufgliederung von Risiken bringt: Wir möchten helfen, nicht miteinander korrelierte Renditequellen zu erkennen und einen strukturierten Ansatz vorstellen, um einen verbesserten, langfristigen Investmentplan umzusetzen. Betrachten wir zunächst eines der grundlegenden Prinzipien in der Volkswirtschaft: Das Gleichgewicht – also der Zustand, in dem sich Angebot und Nachfrage entsprechen. Natürlich gibt es diesen Idealzustand an den heutigen Finanzmärkten nie wirklich, da Investoren, Spekulanten und Händler ständig kaufen und verkaufen. Somit ändern sich die Börsenkurse ständig. Obwohl ein stabiles Gleichgewicht nicht möglich ist, basiert Active Alpha Investing auf dem Gleichgewichtskonzept. Dadurch bietet es einen Schwerpunkt – einen stabilen, unveränderlichen Bezugspunkt – von dem aus man nach Möglichkeiten suchen kann, wie Investoren eine bessere Renditeentwicklung erzielen können als der Markt.

---

1   Quelle: GSAM, Pensions & Investments, Credit Suisse First Boston.
2   Robert B. Litterman ist Partner bei Goldman Sachs und leitet den Bereich Quantitative Resources von Goldman Sachs Asset Management. Folglich fließt die Firmenmeinung von GSAM in diesen Beitrag ein, der das erste Mal im Juli 2003 erschienen ist.

Robert B. Litterman

2 Risikooptimierung führt zu höheren Renditen

Das Grundprinzip unseres Ansatzes ist die Quantifizierung von drei Risikoarten: Zinsrisiko, Marktrisiko und aktives Risiko. Jede dieser Risikoarten weist unterschiedliche Merkmale auf. Unserer Meinung nach verlangt diese Tatsache nach einem neuen Ansatz für die Allokation von Risiken.

2.1 Zinsrisiko: Abhängigkeit von Zinsänderungen

Wie im folgenden Beispiel gezeigt, ist ein typischer US-Pensionsplan erheblichen Zinsänderungsrisiken ausgesetzt. Bei einer Senkung der Zinssätze um ein Prozent steigt der Wert des Rentenportfolios um USD 152 Mio., wohingegen die Verbindlichkeiten um USD 1,5 Mrd. zunehmen. Mit dem Rentenportfolio sind somit nur ca. zehn Prozent des Zinsänderungsrisikos abgesichert. Bei einem typischen Pensionsplan besteht dieses Zinsänderungsrisiko permanent und stellt unbewusst eine umfangreiche strategische Wette auf steigende Zinsen dar. Aufgrund der unterschiedlichen Duration auf der Aktiv- und Passivseite ist der Pensionsplan nicht abgesicherten Risiken ausgesetzt. Dieses zu belassen ist nach Auffassung des Autors nicht empfehlenswert.

Trägerunternehmen sollten über die Risiken und Renditen im Kontext von Anlagen im Verhältnis zu Verbindlichkeiten nachdenken, anstelle dem traditionellen Ansatz zu folgen, der nur auf Aktiva abstellt. Denn warum sollte man sich lediglich auf die Aktivseite beschränken, wenn letztendlich ein verbesserter Kapitaldeckungsgrad entscheidend ist? Kennt man beispielsweise seine Verbindlichkeiten genau, könnte man die Risiken einfach dadurch minimieren, dass man ein zu 100 Prozent aus Renten bestehendes Portfolio zusammenstellt, dessen Cashflows weitgehend den Zahlungsverpflichtungen aus den Verbindlichkeiten entsprechen. In diesem Fall würde sich der Wert der Passiva und Aktiva bei gegebener Zinsänderung etwa um denselben Betrag verändern. Diese Vorgehensweise hat jedoch einen großen Nachteil: Es wird auf Dauer wertvolles Kapital eingesetzt, um im Vergleich zu anderen Anlageformen niedrigere erwartete Renditen zu sichern, was in der Zukunft höhere Beiträge für den Pensionsplan erforderlich machen wird.

In der Vergangenheit versuchte man für Pensionspläne eine Balance zwischen dem Kapitaleinsatz zur Absicherung von Durationsrisiken und einer Anlage in anderen, Rendite bringenden Investments zu finden. Im Allgemeinen haben die Pensionspläne ihre Gelder vor allem in höher rentierliche Anlagen investiert und weniger zur Absicherung von Zinsrisiken. Da diese implizite Wette auf steigende Zinssätze nicht täglich neu bewertet wird, werden die daraus resultierenden Risiken oft nicht erkannt. Diese Wette hat sich in den 70er Jahren ausgezahlt, in den letzten 20 Jahren dagegen nicht mehr im gleichen Ausmaß. Die gute Nachricht ist jedoch, dass heute Pensionspläne nicht mehr nach dieser Balance zwischen unterschiedlicher Duration und höherer Renditechance suchen müssen. Der Autor ist überzeugt, dass ein typischer Pensionsplan in Bezug auf Zinsänderungen strategisch neutral positioniert werden kann – und auch sollte. Mit einer Abweichung von dieser neutralen Position geht man praktisch eine Wette auf zukünftige Zinsänderungen ein. Im gegenwärtigen Umfeld, mit seinen historisch betrachtet niedrigen Zinsen, muss ein Pensionsplan – wenn dieser eine bestimmte Zinsänderungsauffassung umsetzen will – diese entsprechend quantifizieren und steuern.

Tabelle 1: Beispiel: Auswirkung eines Zinsrückgangs auf ein US-Pensionsplan-Portfolio

Gesamtzinsrisiko eines typischen US-Pensionsplans

Aktiva	USD 10 Mrd.
Passiva	USD 10 Mrd.
Allokation	USD 6 Mrd. in Aktien (60%)
	USD 4 Mrd. in Renten (40%)
Duration des Rentenportfolios	3,8 Jahre
Duration der Verbindlichkeiten	15 Jahre

Auswirkung eines Zinsrückgangs um 1%

	Vorher	Nachher
Wert der Verbindlichkeiten	USD 10 Mrd.	USD 1,5 Mrd. zusätzlich
Wert des Rentenportfolios	USD 4 Mrd.	USD 152 Mio. zusätzlich (0,4 x USD 380 Mio.)
Kapitaldeckungsgrad	100%	88%

2.2 Marktrisiko: Risiko in Bezug auf die Rendite des gesamten Aktienmarktes

In der Vergangenheit war die Quantifizierung des Marktrisikos ein wichtiges Element der Anlagepolitik. Entscheidungen zur strategischen Asset-Allokation hingen von den Aktienmärkten als Hauptrenditequelle ab. Anlagespezialisten stellten Portfolios zusammen, die eine Renditemaximierung bei gegebenem Risiko zum Ziel hatten. Diese Portfolios enthielten einen hohen Aktienanteil aufgrund der Erwartung, dass sich dieser langfristig auszahlen würde. Tatsächlich konnte nach Schätzung vieler Experten die Volatilität der Portfoliorenditen zu 95 Prozent der Entscheidung über die Aktienallokation zugeschrieben werden. Betrachten wir in diesem Zusammenhang die historische Wertentwicklung von US-Aktien im Vergleich zu US-Renten (wie von Ibbotson angegeben).

Robert B. Litterman

Tabelle 2: Renditen auf Aktien von US-Standardwerten im Vergleich zu US-Anleihen

	Aktien-Überschussrendite	Volatilität	Sharpe Ratio
1926–2002	4,8 %	20,8 %	0,23
1946–2002	5,3 %	17,8 %	0,30
1993–2002	2,4 %	20,1 %	0,12
1982–2002	– 8,0 %	22,3 %	– 0,36

Quelle: Ibbotman

Obwohl Aktien historisch betrachtet eine bessere Performance aufweisen als Renten, ist die Überschussrendite im Verhältnis zur Volatilität (der so genannten Sharpe Ratio) nicht sehr hoch. Die Renditeentwicklung der letzten fünf Jahre war sogar die schlechteste seit der Weltwirtschaftskrise, so dass die Risikoprämie auf Aktien wieder in den Mittelpunkt gerückt ist und Anleger sich gezwungen sehen, ihre Marktrisiko-Allokation zu überprüfen. Welche Risikoprämien sollten Anleger denn in Zukunft erwarten? Der Autor hält es für angemessen, eine Überschussrendite von drei bis vier Prozent gegenüber Renten, eine Volatilität von 15 bis 20 Prozent und eine Sharpe Ratio von ca. 0,20 zu erwarten. Interessanterweise stimmen die meisten Pensionspläne diesen Erwartungen zu. Beim gegenwärtigen Zinsniveau bedeuten diese Renditeerwartungen allerdings eine erwartete Portfoliorendite von ca. 5,5 Prozent (7 Prozent aus Aktien, 3,5 Prozent aus Renten) bei einer Aktien-Allokation von 60 Prozent. Diese Rendite liegt – wie in der Einleitung ausgeführt – ca. drei Prozent unter der angenommenen durchschnittlichen Rendite von Trägerunternehmen. Der Autor befürwortet, dass Anleger zu jeder Zeit in Aktien investiert sein sollten, da nach der Gleichgewichtstheorie die Renditeerwartung für Aktien langfristig positiv sein sollte. Denn Aktienkurse beinhalten das größte Marktrisiko – ein Risiko, das letztendlich die Anleger zu tragen haben. Nach der Gleichgewichtstheorie erwarten diese dafür im Gegenzug einen entsprechenden Ausgleich. Was die Verwaltungsgebühren betrifft, sollte diese Marktrisiko-Komponente für den Anleger weitgehend kostenfrei sein. Bei vielen passiven Anlageinstrumenten wie z.B. Index-Fonds oder sehr liquiden Derivaten ist wenig Kapital erforderlich; sie liefern passives Marktrisiko praktisch kostenlos.

Angesichts der Bedeutung der Aktien-Allokation stellt sich die Frage, welcher Prozentsatz des Vermögens eines Pensionsplans in Aktien investiert sein sollte? Es gibt keine für alle Pensionspläne richtige Antwort. Vielmehr hängt diese davon ab, wie viel Risiko der Pensionsplan insgesamt eingehen will. Am besten trifft man diese Entscheidung, indem man Szenarien für zukünftige Aktienmarktbewertungen aufstellt und gemeinsam mit einem Versicherungsmathematiker die Auswirkungen der Aktien-Allokationen auf die erforderlichen Beiträge und den Kapitaldeckungsgrad des Pensionsplans ermittelt. In diesem Kontext können die für den Pensionsplan Verantwortlichen fundiert die Vorteile eines höheren Aktienanteils in einer Hausse gegenüber den mit einer Baisse verbundenen Kosten abwägen. Strategische Anpassungen der Aktien-Allokationen sind möglicherweise im Lauf der Zeit erforderlich, um Veränderungen des Kapitaldeckungsgrades Rechnung zu tragen, oder einfach nur um taktische Auffassungen hinsichtlich der Zukunftsaussichten für die Aktienmärkte zum Ausdruck zu bringen. Solche taktischen Veränderungen sollten aber entsprechend bemessen und gesteuert werden. Mit anderen Worten, man sollte Risiken abhängig von den eigenen Fähigkeit, zukünftige Renditen richtig vorherzusagen, eingehen. Nach Auffassung des Autors gehören die Aktienmärkte zu den effizientesten Märkten, weshalb große taktische Wetten darauf, in welche Richtung sie sich bewegen werden, nicht sonderlich sinnvoll sind.

2.3 Aktives Risiko: alle übrigen Risikoquellen im Portfolio

Die Rendite jeder Finanzanlage kann in eine Marktkomponente und eine Restkomponente aufgegliedert werden. Die Marktkomponente, die als Beta gemessen wird, entspricht der erwarteten Rendite auf die Finanzanlage, wenn die Märkte steigen oder fallen. Multipliziert man die Marktrendite mit dem Beta, erhält man einen neutralen Schätzwert für diese Rendite. Nehmen wir z.B. an, dass ein Portfolio ein Beta von 1,2 hat. Wenn beispielsweise der Markt an einem bestimmten Tag eine Rendite von 2 Prozent abwirft, würde man eine Portfolio-Rendite von 2,4 Prozent erwarten. Wenn die tatsächliche Portfoliorendite allerdings 3,5 Prozent beträgt, ergibt sich eine Marktkomponente von 2,4 Prozent und eine Restkomponente von 1,1 Prozent. Diese Residualrendite ist nicht mit dem Markt korreliert. Wir verwenden den Begriff „aktives Risiko", um uns auf diese Restkomponente zu beziehen. Die erwartete Rendite aus dem aktiven Risiko wird als Alpha bezeichnet und ist ein zentrales Element der Anlagestrategie. Da alle Finanzanlagen auf diese Art und Weise *zerlegt* werden können, sind das Marktrisiko und das aktive Risiko die beiden einzigen Quellen, um über den risikofreien Zinssatz hinaus Überrenditen zu erzielen. Es gibt zwei Arten von aktivem Risiko: (1) aktives Risiko, das bewusst mit einem Portfolio eingegangen wird, um Alpha zu generieren, und (2) unbeabsichtigtes aktives Risiko, dessen Alpha vermutlich bei Null oder sogar im negativen Bereich liegt. Bei Active Alpha Investing geht es darum zu versuchen, nur den Teil des aktiven Risikos zu erhöhen, der Alpha generiert. Und da das aktive Risiko nicht mit dem Marktrisiko korreliert ist, kann es zu jedem Portfolio hinzugenommen werden, ohne das Gesamtrisiko des Portfolios wesentlich zu beinträchtigen.

Viele Anleger sind skeptisch, was die Fähigkeit von *aktiven* Portfoliomanagern betrifft, über die Marktrenditen hinaus Alpha hinzuzufügen. Aktives Portfoliomanagement sollte ein Nullsummenspiel sein. Der Markt ist die Summe aller Finanzanlagen aller Anleger. Wenn eine Gruppe von Anlegern eine überdurchschnittliche Performance erzielt, muss es eine andere Gruppe von Anlegern geben, deren Performance unterdurchschnittlich ist. Niemand wird ernsthaft behaupten wollen, dass alle Anleger den Markt übertreffen können. Im Gleichgewichtszustand verfügen alle Portfoliomanager über dieselben Informationen. Es gibt keine Möglichkeit, systematisch eine bessere Performance zu erreichen als der Markt. GSAM ist der Meinung, dass es diesen Gleichgewichtszustand in der realen Welt aber nicht gibt, da Unterschiede hinsichtlich

Informationsstand und Portfoliomanagementfähigkeiten existieren. Die Märkte sind nicht alle vollkommen effizient. Manche Investorengruppen optimieren ihre Renditen nicht. Und – auch wenn sie vielleicht schwer zu finden sind – es gibt Portfoliomanager, die dauerhaft überdurchschnittliche Renditen erzielen, was darauf hinweist, dass sie möglicherweise einen Vorsprung im Markt haben. Der Autor will Ihnen nicht weismachen, dass es eine einfache Formel gibt, mit deren Hilfe man fähige Portfoliomanager finden kann. Vielmehr möchten wir uns darauf konzentrieren, welchen Nutzen Alpha bringt, wenn man es finden kann.

2.4 Trennung der drei Risiken

Eine Absicherung des Zinsrisikos und eine Konzentration auf die Aufteilung der Rendite erzeugenden Portfoliorisiken bieten mehrere Vorteile:

- Eine separate Risiko-Allokation hilft die Risiken einzugehen, von denen es gewünscht wird, sodass bessere risikobereinigte Renditen erzielt werden. Zum Beispiel haben Pensionspläne bei begrenztem Gesamtrisikobudget mehr Möglichkeiten, in Rendite erzeugende Quellen von Markt- und aktiven Risiken zu investieren, wenn sie in Bezug auf das Zinsänderungsrisiko eine neutrale strategische Position einnehmen.

- Durch die Aufteilung der Rendite erzeugenden Risiken in eine Marktrisikokomponente und eine aktive Risikokomponente ist man in der Lage, nur für den Mehrwert durch aktives Portfoliomanagement zu bezahlen. So sollte beispielsweise das Marktrisiko für den Investor praktisch kostenlos sein. Für aktives Risiko sollte man dagegen in Form von Portfoliomanagementgebühren bezahlen.

- Der Autor nimmt an, dass durch die Aufteilung in Beta- und aktives Risiko Pensionspläne Quellen aktiven Risikos, die ein höheres Alpha erzeugen, erschließen können. Bisher haben Pensionspläne dort nach Alpha gesucht, wo sie ihr Beta-Risiko eingegangen sind. Im Rahmen ihrer strategischen Asset-Allokation haben sie Portfoliomanager ausgewählt, die in der Lage waren, Alpha hinzuzufügen. Sobald ein Pensionsplan aber seine Asset-Allokation umgesetzt hatte, konnte er aus dieser Assetklasse kein zusätzliches Alpha mehr erzeugen. Die Beseitigung dieser unnötigen Einschränkung und die Suche nach den besten Alpha-Quellen – wo immer diese sein mögen – sind der Schlüssel zur Erzielung höherer Renditen.

2.5 Erhöhung des aktiven Risikos

Risiko ist eine knappe Ressource, die effizient eingesetzt werden sollte, um möglichst hohe Renditen zu erzielen. Statt eine optimale Risiko-Allokation anzustreben, verfolgen institutionelle Investoren meist einen konventionellen Ansatz, der mehr als 95 Prozent ihres Risikobudgets für Marktrisiken vorsieht (somit bleiben nur fünf Prozent oder weniger für aktives Risiko übrig). Wenn man sich darauf konzentriert, die Renditen aus dem Marktrisiko und dem aktiven Risiko unabhängig voneinander zu optimieren, und plausible Annahmen hinsichtlich der erwarteten Renditen und Volatilitäten trifft, liegt der optimale Anteil an aktivem Risiko wesentlich höher als fünf Prozent. Nicht alle Pensionspläne können Portfoliomanager finden, die nach Abzug aller Gebühren ein positives Alpha erzielen, wenn es nicht einige Anleger gibt, die systematisch eine unterdurchschnittliche Performance erreichen (z.B. Privatanleger, Notenbanken). In diesem Fall kann ein rein passives Portfolio gerechtfertigt sein. Wenn man jedoch glaubt, dass es Möglichkeiten gibt Alpha zu erzeugen, sollte man den optimalen aktiven Risikoanteil im Portfolio ermitteln. Das geringe Maß an aktivem Risiko, das die meisten Pensionspläne heutzutage eingehen, deutet auf einen unrealistischen Konsens hin, dass es zwar sinnvoll ist aktive Risiken einzugehen, das Alpha-Potenzial dieser aktiven Risiken aber sehr gering ist.

Eine Erhöhung des aktiven Risikos ist zwar entscheidend für die Generierung von Alpha, setzt aber nicht voraus, dass erst das optimale Niveau an aktivem Risiko im Portfolio erreicht werden muss, um in den Genuss der Vorteile zu kommen. Da die meisten Pensionspläne so wenig aktives Risiko eingehen, kann bereits eine leichte Erhöhung des aktiven Risikos eine sehr große positive Wirkung haben. Um den heutigen Herausforderungen zu begegnen und eine dauerhafte, langfristige Anlagestrategie zu entwickeln, empfiehlt der Autor Folgendes: Sichern Sie Ihre Zinsrisiken ab und erhöhen Sie Ihr aktives Risiko. Eine Erhöhung des aktiven Risikos kann Renditen erzeugen und das Risikoprofil Ihres Pensionsplans verbessern.

Die folgende Abbildung 1 stellt die gegenwärtige Risiko-Allokation der empfohlenen Allokation gegenüber.

Abbildung 1: Gegenwärtige versus empfohlene Risiko-Allokation

Gegenwärtig typische Risiko-Allokation

Marktrisiko: 84 %   Aktives Risiko: 1 %
                    Zinsrisiko: 15 %

Empfohlene Risiko-Allokation

Marktrisiko: 90 %   Aktives Risiko: 10 %
                    Zinsrisiko: 0 %

Gegenwärtig typische Risiko-Allokation	Empfohlene Risiko-Allokation
Marktrisiko: 84% Aktives Risiko: 1% Zinsrisiko: 15%	Marktrisiko: 90% Aktives Risiko: 10% Zinsrisiko: 0%
Geschätzte Überrendite: 279bps Geschätzte Volatilität: 11,8% Geschätzte Sharpe Ratio: 0,26	Geschätzte Überrendite: 392 bps Geschätzte Volatilität: 11,4% Geschätzte Sharpe Ratio: 0,4
Ein typisches Portfolio setzt sich aus 40% Renten und 60% Aktien zusammen, wobei aktive Manager 125 Basispunkte an aktivem Risiko mit einer Information Ratio von 0,5 liefern. Für den Rententeil des Portfolios wird eine Duration von 3,8 und für die Verbindlichkeiten des Pensionsplans eine Duration von 15 Jahren angenommen.	Für das empfohlene Portfolio wird angenommen, dass die Zinsänderungsrisiken mittels Derivaten abgesichert sind. Das Marktrisiko resultiert aus der 60%-igen Aktienallokation. Für das aktive Risiko wird eine Volatilität von 350 Basispunkten und einer Information Ratio von 0,5 angenommen.

3 Implementierung des Active Alpha Investing

Investoren suchen heute in unterschiedlichen Bereichen nach Alpha. Dazu gehören marktneutrale Hedgefonds, Währungs- und sonstige Overlay-Strategien, Immobilien, Private Equity, nicht korrelierte Anlageklassen wie Rohstoffe aber auch eine Übertragung von Alpha von traditionellen Portfoliomanagern in einer Anlageklasse auf andere Anlageklassen. Dieses Konzept des *Portable Alphas* ist der Grundstein von Active Alpha Investing. Eine der wichtigsten Erkenntnisse besteht darin, dass die Anlageklassen in denen man Alpha generieren möchte, nicht dieselben sein müssen, die in der strategischen Asset-Allokation enthalten sind. Zum Beispiel bieten liquide Derivatemärkte die Möglichkeit, Alpha von einer Benchmark auf eine andere zu übertragen. So könnte man eine ausschließlich aus Renten bestehende strategische Asset-Allokation anstreben und Mandate nur an S&P 500- und Russell 2000-Portfoliomanager vergeben. Indem Sie Leerpositionen in Aktienindex-Futures eingehen, um das Indexrisiko Ihres Portfoliomanagers abzusichern, und gleichzeitig Futures auf langlaufende Anleihen eingehen, um Ihr gewünschtes Renten-Benchmark-Risiko umzusetzen, können Sie das Alpha der aktiv investierenden Aktienportfoliomanager auf die von Ihnen angestrebte 100-prozentige Renten-Benchmark übertragen. Dieser Ansatz kann verwendet werden, um jedes aktive Risiko (im Vergleich zu liquiden Mitteln oder einem Index) mittels liquider Derivate zu übertragen.

Sehen wir uns einmal an, wie die Implementierung von Active Alpha Investing in der Praxis funktionieren kann.

3.1 Bestimmung des Gleichgewichtes zwischen Marktrisiko und aktivem Risiko

Das strategische Leitmotiv ist leicht zu verstehen: Sie müssen versuchen, so viel aktives Risiko wie möglich einzugehen, da Sie durch Ihre Fähigkeit, qualitativ hochwertige aktive Risiken zu finden, an Beschränkungen stoßen, noch lange bevor Sie eine suboptimale Überallokation erreichen. Den verbleibenden Teil des angestrebten Gesamtportfoliorisikos verwenden Sie dann, um Marktrisiken einzugehen. Wenn für ein Produkt und für den Markt zahlreiche historische Renditen verfügbar sind, gestaltet sich die Aufgliederung der Entscheidung, welche Risiken eingegangen werden, einfach. Historische Daten können verwendet werden, um das Beta einer Finanzanlage zu ermitteln. Sobald dieses geschehen ist, lässt sich die verbleibende Rendite einer Finanzanlage einfach als Gesamtrendite abzüglich der mit dem Beta multiplizierten Marktrendite ermitteln. Der Durchschnittswert der verbleibenden Rendite ist das historische Alpha des Produkts. Die Volatilität der verbleibenden Rendite ist dessen aktives Risiko. Im Allgemeinen sind für Produkte wie Hedgefonds, Private Equity-Anlagen und Immobilien häufig historische Renditen nicht verfügbar, was die Aufteilung in Marktrisiko und aktives Risiko erschwert. In diesen Fällen kann eine Analyse der gehaltenen Positionen, deren langfristigen Korrelationen mit Marktzyklen und andere, eher fundamentalere Überlegungen, zu plausiblen Annahmen über Beta und Gesamtvolatilität beitragen. Beispielsweise neigen im Bereich Hedgefonds die meisten *equity long/short*-Manager zu einer long Positionierung, während dies bei *market neutral-, tactical trading-* und *event driven*-Strategien meist nicht der Fall ist. Aufgrund der Annahmen über Beta und Produktvolatilität lassen sich das aktive Risiko und die angenommene Gesamtvolatilität bestimmen. Obwohl diese Vorgehensweise nicht präzise ist, ist es wichtig diese Berechnungen anzustellen, da dadurch Bereiche mit Unsicherheiten sichtbar werden, die das Gesamtportfoliorisiko erheblich beeinflussen können.

3.2 Ermittlung des Alpha für jede Quelle aktiven Risikos

Nachdem Sie das Gleichgewicht zwischen aktivem Risiko und Marktrisiko für jede Finanzanlage festgelegt haben, sollten Sie das Alpha für jede Quelle aktiven Risikos ermitteln. In manchen Fällen können historische Daten dabei helfen, die zukünftige aktive Performance abzuschätzen. Zum Beispiel können wir die historischen aktiven Renditen von US-Aktien-Portfoliomanagern für Standardwerte berechnen und diese mit den historischen Renditen von US-Renten-Portfoliomanagern vergleichen, die Information Ratio ermitteln und auf Basis dieser Daten die aktive Risiko-Allokation zwischen beiden Strategien festlegen.

Da historische Durchschnittsrenditen von der Wahl des Betrachtungszeitraums abhängen, sollte man die aktive Risiko-Allokation nicht allein auf Basis historischer Daten vornehmen. Außerdem ist zu bedenken, dass man von der vergangenen Rendite nicht auf zukünftige Renditen schließen kann. Wenn Sie sich übermäßig auf die historische Rendite verlassen, könnte Sie dieses davon ablenken, worauf es wirklich ankommt: Die Quellen zu verstehen, die der aktiven Rendite zugrunde liegen.

Sich auf historische Daten zu verlassen, ist dann besonders problematisch, wenn Sie neue Strategien hinzunehmen, wie z.B. Private Equity, Hedgefonds und Overlay-Strategien, weil Informationen oft nicht verfügbar oder von schlechter Qualität sind bzw. in manchen Fällen nur eine kleine Zahl von Portfoliomanagern zur Auswahl steht. Trotz dieser Datenprobleme können diese nicht traditionellen Quellen aktiven Risikos die besten Möglichkeiten mit den wenigsten Beschränkungen bieten, Alpha hinzuzufügen. Bei richtiger Umsetzung kann nach unserer Meinung durch Active Alpha Investing die aktive Rendite Ihres Portfolios deutlich erhöht werden, ohne dass dessen Volatilität insgesamt signifikant zunimmt.

3.3 Risiko-Allokation auf verschiedene aktive Strategien

Die beste Methode für die Allokation aktiven Risikos besteht darin zu verstehen, durch welche Faktoren aktive Renditen tatsächlich bestimmt werden. Statt der unmöglichen Aufgabe nachzugehen, möglichst genaue Schätzungen aktiver Renditen abzugeben, empfehlen wir, dass Sie sich eine bestimmte Information Ratio als Ziel vorgeben und dann abschätzen, inwieweit Sie der Strategie zutrauen, dieses Ziel zu erreichen. Nehmen wir an, dass Ihnen drei Quellen aktiven Risikos zur Verfügung stehen, nämlich US-Standardwerte-Aktien, aktienmarktneutrale Hedgefonds sowie aktive Overlay-Strategien, und dass Sie für jede das Ziel einer Information Ratio von 0,25 vorgeben. Wenn Sie in Bezug auf alle drei Quellen gleichermaßen zuversichtlich sind, dass das Ziel von 0,25 erreicht wird, wäre Ihre prozentuale Risiko-Allokation für alle drei Strategien gleich. Wenn Sie andererseits in Bezug auf eine Strategie eine höhere Zuversicht haben, sollten Sie dieser mehr aktives Risiko zuordnen. Durch die Konzentration auf relative Konfidenzniveaus, kann es für Sie leichter werden, eine effektive aktive Risiko-Allokation vorzunehmen.

3.4 Beschränkungen für aktives Risiko erkennen und abbauen

Bisher haben wir angenommen, dass Investoren effiziente aktive Risikobudgets ungehindert umsetzen können. In der Praxis ist dies jedoch nicht der Fall. Die meisten Pensionspläne unterliegen einer Reihe von Beschränkungen in Bezug auf ihre Fähigkeit, ausreichend aktive Risiken einzugehen und diese auf effiziente Weise zu verteilen. *Portable Alpha*-Strategien können hier mehr Flexibilität bieten, aber letztlich liegt in der Regel die Beschränkung bei dem Bemühen, Alpha zu generieren, in der Knappheit des zur Verfügung stehenden Kapitals. Selbst ein relativ hoher Anteil von alternativen Anlageformen – beispielsweise eine zehnprozentige Allokation in Hedge Funds – bringt nur 50 Basispunkte an zusätzlichem aktiven Risiko – weniger als man erwarten würde. Ein diversifiziertes Hedgefonds-Portfolio bringt eine annualisierte Volatilität von ca. fünf Prozent. Die Knappheit des zur Verfügung stehenden Kapitals, verbunden mit dem Streben eines Pensionsplans, ein höheres Alpha zu erzielen, bedeutet, dass Produkte mit höherem Risikogehalt je Kapitaleinheit grundsätzlich wünschenswert sind. Gleichzeitig ist es nicht sinnvoll, nicht kompensierte Risiken, wie beispielsweise das Zinsrisiko aus nicht abgesicherten Verbindlichkeiten, einzugehen. Hingegen vertritt der Autor die Auffassung, dass bewusst eingegangenes aktives Risiko, mit dem Alpha generiert werden soll, wertvoll ist. In diesem Zusammenhang sind Overlay-Strategien wie z.B. Währungsstrategien oder die so genannte Global Tactical Asset Allocation (GTAA), die Derivate einsetzen, um im Rahmen relativ konzentrierter Strategien mit kontrolliertem Risiko reines Alpha hinzuzufügen, eine besonders attraktive Quelle aktiven Risikos.

Andere attraktive Quellen sind konzentrierte Aktienstrategien und Rentenstrategien mit höherer Volatilität.

Am anderen Ende des Risikospektrums legen viele Pensionspläne sehr viel Kapital in passive Indexstrategien an. Solche Strategien sind zwar kostengünstig, binden aber Kapital, das anderswo eingesetzt werden könnte, um Alpha zu generieren. Die gute Nachricht dabei ist, dass der Pensionsplan diese Mittel ohne weiteres so einsetzen kann, dass Alpha generiert wird, indem er *Enhanced Index*-Produkte oder zumindest strukturierte Produkte mit geringem Risiko verwendet. Wegen der niedrigen Tracking Error-Vorgaben weisen diese Produkte weniger bindende long-only-Beschränkungen auf als traditionelle Produkte. Derivate können generell eingesetzt werden, um das Marktrisiko von Index-Allokationen zu ersetzen, sodass das gesamte Kapital für eine Allokation in Hedgefonds, Overlay-Strategien oder andere, stärker konzentrierte Quellen von Alpha freigesetzt wird. Ausgehend von den in der Folge genannten *fünf K* sind wir der Meinung, die besten Alpha-Quellen-Produkte mit hohem Risiko, niedrigen Gebühren (bzw. mit performanceabhängigen Gebühren) und unkorrelierten Renditen sind, bei denen Sie zuversichtlich sind, dass es dem Portfoliomanager gelingen wird Alpha zu generieren, ohne Bedenken an der Produktkapazität zu haben. Wenn Sie ein solches Produkt finden, sollten Sie Ihr Geld dort anlegen und niemandem davon erzählen.

Abbildung 2: Bewertung von Quellen von Alpha: die fünf K: Konfidenz, Korrelation, Kosten, Kapazität und Kapital

Ausgehend von der Erkenntnis, dass Alpha unabhängig von den zugrunde liegenden Marktrisiken generiert werden kann, können auch die Unterscheidungsmerkmale der einzelnen Quellen von Alpha besser identifiziert werden. Wir nennen diese Merkmale die fünf „K".

- **Konfidenz**: Gibt Ihre Erwartung wieder, wie viel Alpha je Einheit aktiven Risikos bzw. welche Information Ratio (IR) der Portfoliomanager erreichen wird. Je höher die IR, desto attraktiver ist eine Anlagestrategie. Die erwartete IR nach Abzug von Transaktionskosten und Verwaltungsgebühren ist für die Kapitalanlagebranche insgesamt im Durchschnitt nahe Null. Wie bei jeder anderen durch Wettbewerb geprägten Tätigkeit, sind für überdurchschnittliche Leistungen/Ergebnisse spezielle Fähigkeiten erforderlich. Die IR misst die Fähigkeit des Portfoliomanagers. Insgesamt ist eine Netto-IR von 0,2 oder höher hervorragend; eine Netto-IR von 0,5 oder höher ist ungewöhnlich gut. Da gute Performance manchmal die Folge von Zufall und nicht speziellen Fähigkeiten ist, ist es freilich schwierig, Glück und geschickte Vermögensanlage auseinander zu halten, und folglich Vertrauen in die Fähigkeit des Portfoliomanagers, eine überdurchschnittliche Performance zu erzielen, aufzubauen. Auch wenn die bisherige Performance ein schlechter Indikator für zukünftige Ergebnisse ist, konzentrieren sich viele Investoren auf die aktuelle Performance. Wie kann man diesen Fehler vermeiden? Erstens muss man eine Philosophie hinsichtlich der Auswahl der Portfoliomanager und einen Prozess zur Umsetzung dieser Philosophie entwickeln. Bestimmte Charakteristika von Portfoliomanagern können aufschlussreich sein. Betrachten Sie die folgenden Fragen:
  - Verwendet der Portfoliomanager einen klar definierten Prozess, der in die Breite und in die Tiefe geht, um Alpha zu generieren?
  - Verwendet der Portfoliomanager Daten, die der Markt nicht bereits in vollem Umfang berücksichtigt hat?
  - Nimmt der Portfoliomanager eine sorgfältige Quantifizierung der Risiken vor?
  - Überwacht er unbeabsichtigte Risikoquellen und schaltet er diese aus?
  - Unterliegt der Portfoliomanager Beschränkungen bei der Wertpapierauswahl, beim Portfolioaufbau oder hinsichtlich seiner Möglichkeiten, Derivate einzusetzen oder Leerpositionen einzugehen?
  - Hält der Portfoliomanager die Transaktionskosten so gering wie möglich?
  - Ist er sich der Auswirkungen seiner Kauf-Verkaufs-Transaktionen auf den Markt und das Portfolio bewusst?
  - Sind das Vergütungssystem und die Gesellschafterstruktur des Portfoliomanagers so konzipiert, dass fähige Anlagespezialisten motiviert und im Unternehmen gehalten werden?
  - Verfügt der Portfoliomanager über eine ausreichende Finanzkraft, um auch Phasen mit schlechter Performance zu überstehen?

Abgesehen von diesen Überlegungen haben sich bestimmte Anlageklassen und Managementstile in der Vergangenheit als bessere Alpha-Quellen erwiesen als andere. Das könnte auf unterschiedliche Grade von Effizienz im Markt zurückzuführen sein, so dass diese Unterschiede auch in Zukunft bestehen bleiben könnten.

- **Korrelation**: Korrelation misst einen etwas subtileren Aspekt. Anlagestrategien mit geringerer Korrelation zu Ihrem Portfolio verbessern sehr wahrscheinlich die Gesamtrendite je Volatilitätseinheit. Diese Korrelation bezieht sich auf Ihre strategische Asset-Allokation und alle sonstigen aktiven Risiken in Ihrem Portfolio. Zum Beispiel könnten Sie durch Einbeziehung von wert- und wachstumsorientierten Portfoliomanagern sowie von fundamentalen und quantitativen Managern den Kreis Ihrer Portfoliomanager diversifizieren. Durch Hinzunahme aktiver Strategien in unterschiedlichen Anlageklassen, wie Währungen oder Rohstoffen, kann die Portfolio-Rendite je Risikoeinheit ebenfalls erhöht werden.

- **Kosten**: Letztlich fließen den Investoren nur Nettorenditen zu. Die Gesamtkosten passiver Risiken liegen nahe Null: Die Verwaltungsgebühr für ein langfristiges Engagement im S&P 500-Index beträgt ca. fünf Basispunkte pro Jahr; was nur ein bis zwei Prozent der Aktienrisikoprämie entspricht. Demgegenüber zehren die Gebühren bei manchen aktiven Anlagestrategien 50 Prozent oder mehr der realisierten Bruttoüberschussrendite auf. Es ist eigentlich naheliegend, dass die Gebühren für aktive Portfoliomanager in Relation zum erwarteten (brutto) Alpha stehen sollten. Bei Portfoliomanagern, die auf eine lange Erfolgsbilanz verweisen können und nur über begrenzte Kapazitäten verfügen, ist davon auszugehen, dass sie mehr verlangen werden. Wegen der Unsicherheit in Bezug auf eine zukünftige überdurchschnittliche Performance kann es sinnvoll sein, sich für performanceabhängige Gebührenstrukturen zu entscheiden. Diese bringen die Interessen von Portfoliomanagern in Einklang mit denen des Anlegers und sind insbesondere dann sinnvoll, wenn es wahrscheinlich ist, dass die vom Anleger erwartete IR unter der Einschätzung des Portfoliomanagers liegt. Solche performanceabhängigen Gebührenstrukturen stellen für Portfoliomanager auch einen Anreiz dar, mehr Risiken einzugehen, was sinnvoll sein kann, wenn man höhere aktive Risiken anstrebt. Produkte wie Overlay-Strategien, Hedgefonds und Private Equity verwenden bereits solche performanceabhängigen Gebührenstrukturen.

- **Kapazität**: Gibt die langfristige Nachhaltigkeit einer Anlagestrategie bei erheblichen Mittelzuflüssen an. Strategien für kleinere und/oder weniger liquide Anlageklassen wie High Yield-Anleihen, Wandelanleihen, Emerging Market-Anleihen und Immobilien haben möglicherweise geringere Kapazitäten. Hohe zusätzliche Mittelzuflüsse können diese Märkte möglicherweise dem Gleichgewichtszustand näher bringen und so das Potenzial für zukünftige aktive Renditen schmälern. Hingegen werden Strategien in breiten und hochliquiden Märkten relativ wenig beeinflusst, wenn neues Kapital in den Markt fließt. Weltweite Aktienprodukte, Währungen und auf Terminkontrakten basierende Strategien wie GTAA sind gute Beispiele für Strategien mit hoher Kapazität.

- **Kapital**: Das fünfte K – und vermutlich das wichtigste der fünf in der heutigen Finanzanlagewelt – quantifiziert, wie viel Kapital erforderlich ist, um einen Dollar erwartetes Alpha zu generieren. Beispielsweise erwarten wir, dass ein fähiger Rentenportfoliomanager für jeweils 100 Dollar verwaltetes Vermögen USD 0,50 Alpha generiert; bei einem Aktienportfoliomanager können es USD 2–3 sein. Overlay-Strategien und Hedgefonds mit höherer Volatilität erfordern am wenigsten Kapital und können für USD 100 Anlagekapital oft bis zu USD 25 Alpha generieren. Wenn Sie eine bestimmte Überrendite erzielen wollen, ist es das Kapital und nicht die Risikobereitschaft, was Sie dabei einschränkt. Folglich sind in dem Streben nach Alpha riskantere Strategien ceteris paribus attraktiver.

Von den fünf K lässt sich die Konfidenz nach Auffassung des Autors nach am schwierigsten prognostizieren. Wie wählt man die Portfoliomanager und Anlagestrategien aus, die in Zukunft am meisten Alpha generieren werden? Alpha zu generieren ist im Wesentlichen eine Frage des Prognostizierens. Die besten Portfoliomanager haben klar definierte und fundierte Ansichten zu ihren Quellen von Alpha und deren Dauerhaftigkeit und dazu, warum sie einen Vorsprung, einen soliden Prozess und ein kompetentes Team haben, um dieses Alpha auch dauerhaft zu generieren. Wenn man Quellen von Alpha gefunden hat, ist ein streng geregelter Prozess erforderlich, um dieses in ein Portfolio aufzunehmen. Dieser Prozess soll auch die künstliche Beschränkung aufheben, dass aktive Strategien Ihrer strategischen Asset-Allokation entsprechen müssen, und aktives Risiko auf der Grundlage von Konfidenz, Korrelation, Kosten, Kapazität und Kapital auf verschiedene Quellen von Alpha verteilen.

4 Was bedeutet Active Alpha Investing für institutionelle Investoren?

Active Alpha Investing kann die risikobereinigten Renditen eines Portfolios erhöhen. Dabei sind jedoch drei praktische Probleme zu berücksichtigen: die Rolle des Risikomanagements, die Organisationsstruktur eines Unternehmens und dessen Governance.

4.1 Rolle des Risikomanagements

Ein verbessertes Risikomanagement stellt den Kern von Active Alpha Investing dar, denn in der Vergangenheit haben die Faustregeln, die im Risikomanagement verwendet wurden, nicht funktioniert. Eine Isolierung und gesonderte Steuerung von Zins-, Markt- und aktiven Risiken in einem Pensionsplan erfordert ein weiterentwickeltes Risikomanagement und den Einsatz modernerer Risikomanagementinstrumente, als dieses in der Vergangenheit der Fall gewesen ist. Auch wenn Bedenken in Bezug auf den Gebrauch von Derivaten deren Einsatz in manchen Pensionsplänen eingeschränkt haben, sind Derivate unserer Meinung nach moderne Risikomanagementinstrumente. Pensionspläne mit entsprechender Infrastruktur und entsprechenden Kontrollmechanismen sollten Derivate einsetzen, um ihre Zins- und Marktrisiken besser zu steuern und möglicherweise ihre Renditen zu erhöhen. Risikomanagement spielt für institutionelle Investoren in zweierlei Hinsicht eine wichtige Rolle. Erstens ist es wichtig für die Aufstellung eines Risikobudgets, d. h. eines Plans für die effiziente Generierung von Renditen und die Ausschaltung unbeabsichtigter Risiken. Zweitens ist Risikomanagement von entscheidender Bedeutung bei der Umsetzung dieses Plans durch Überwachung und Steuerung des Risikobudgets sowie durch Überwachung der beauftragten Portfoliomanager.

Die praktische Umsetzung dieser Theorien erfolgt nicht immer intuitiv. Die Investoren wissen, dass es – zumindest theoretisch – eine optimale Risiko-Rendite-Grenzlinie gibt und dass die Ermittlung der Asset-Allokation sie zu dieser Grenzlinie führen sollte. Leider ist die genaue Funktionsweise der dafür notwendigen Berechnungen für die meisten Investoren undurchsichtig. Die Bedingung, um sich auf der optimalen Risiko-Rendite-Grenzlinie zu bewegen, ist einfach und leicht verständlich. Alle Positionen eines Portfolios sollten eine erwartete Überrendite abwerfen, die jeweils ihrem anteiligen Beitrag zum Portfoliorisiko entspricht. Wenn dieser Quotient nicht für alle Positionen gleich ist, können Mittel von einer Position mit niedrigerem Quotienten zu einer mit höherem Quotienten verlagert werden. Der Autor nimmt an, dass durch ein solches Verfahren die erwartete Rendite des Portfolios erhöht wird – bei unverändertem Risiko. Ein Risikobudget ist einfach nur ein gedankliches Konstrukt um zu versuchen, das Gesamtrisiko eines Pensionsplans und die Grenzbeiträge der einzelnen Komponenten zum Portfoliorisiko zu messen. Diese Beiträge können mit den erwarteten Renditeannahmen verglichen werden. Wenn das Verhältnis von erwarteten Renditen zu diesen Grenzbeiträgen aus dem Rahmen fällt, werden Verbesserungsmöglichkeiten deutlicher sichtbar. Wenn der Risikobeitrag einer Assetklasse hoch ist und durch die erwartete Rendite nicht gerechtfertigt wird, sollte die betreffende Allokation reduziert werden. Wenn ein Portfoliomanager dagegen viel zu den erwarteten Renditen und relativ wenig zum Risiko beiträgt, sollte die Allokation erhöht werden. Es gibt möglicherweise etliche praktische Beschränkungen, weswegen Veränderungen nicht umgesetzt werden können, aber es wird zumindest klar, in welche Richtung man sich bewegen sollte. Der Autor geht davon aus, dass es zwei Möglichkeiten gibt, wie die meisten Pensionspläne Veränderungen vornehmen sollten:

- **Absichern von Zinsrisiken**: Das Zinsrisiko aus Verbindlichkeiten trägt erheblich zur Volatilität der Überschüsse eines Pensionsplans bei. Dieses Risiko ist mit einer negativen erwarteten Rendite verbunden und bietet keinen Ausgleich für das entstandene Risiko.

- **Erhöhung des aktiven Risikos**: Im Gegensatz zum Zinsrisiko trägt das aktive Risiko sehr wenig zum Gesamtrisiko eines Portfolios bei. Wenn es gelingt, Portfoliomanager zu finden, die nach Abzug von Gebühren positive erwartete Renditen erwirtschaften, kann eine Erhöhung der aktiven Risikokomponente erheblich zur erwarteten Rendite eines Pensionsplans beitragen.

Durch Risikoüberwachung sollten Investoren in der Lage sein, Problembereiche in ihren Portfolios zu erkennen und zu beheben, bevor diese signifikante Ausmaße annehmen. In den meisten Fällen gestaltet sich diese Überwachung recht einfach, wenn die erforderlichen Daten verfügbar sind. Liegen die täglichen Renditen für den liquiden Teil eines Portfolios vor, können Tracking Error und Korrelationen sowie das Gesamtrisiko für diese Komponenten regelmäßig berechnet und mit dem Risikobudget abgeglichen werden. Nehmen wir z.B. an, dass ein Investor ein Risikobudget aufstellt unter der Annahme, dass ein bestimmter Portfoliomanager 500 Basispunkte an aktivem Risiko beisteuern kann. Ausgehend von der Annahme, dass der Portfoliomanager eine budgetierte aktive Rendite bei dem angestrebten Risikoniveau erzielen kann, wird die Anlagepolitik festgelegt und Kapital zugeteilt. Nehmen wir weiter an, dass der Investor regelmäßig das tatsächliche aktive Risiko des Portfoliomanagers überwacht und dabei feststellt, dass das von diesem eingegangene aktive Risiko deutlich unter dem angestrebten Niveau liegt. Der Investor steht somit vor der Entscheidung, ob er das Portfolio unverändert lassen sollte oder ob Korrekturmaßnahmen ergriffen werden müssen. Wie er diese Frage beantwortet, hängt von seinem Urteil darüber ab, warum das erreichte und das angestrebte Maß an aktivem Risiko voneinander abweichen. Wenn sich beispielsweise das Marktumfeld vorübergehend geändert hat und viele Portfoliomanager einen Rückgang ihres aktiven Risikos feststellen, wird der Investor möglicherweise dazu neigen, das Portfolio unverändert zu belassen. Anders sieht die Situation dagegen aus, wenn der Investor durch weitere Nachforschungen zu der Überzeugung gelangt, dass es eine Änderung im Investmentprozess des Portfoliomanagers gegeben hat und der Investor infolgedessen kein Vertrauen mehr hat, dass der Portfoliomanager dauerhaft das angestrebte Renditeniveau erreichen kann. In diesem Fall ist es gut möglich, dass der Investor einen Wechsel zu einem anderen Portfoliomanager in Betracht zieht. Neben der Überwachung von Risiken ist das Risikomanagement auch für optimale Strategien zur Fondsumsetzung sehr wichtig. Das Risikomanagement ist der Schlüssel zum erfolgreichen Einsatz von Derivaten, die ein Mittel sind, um die Markt- und Zinsrisikoallokation in einem Portfolio effektiv und flexibel zu gestalten. Wir sind zu dem Ergebnis gekommen, dass es effektiv ist, die Überwachung und gegebenenfalls Wiederherstellung der Asset-Allokation, das *Portable Alpha*-Management und die Absicherung von Zinsrisiken zentral in einer Risikomanagementfunktion zusammenzufassen, wobei die Durchführung durch einen so genannten *Completion Manager* erfolgt.

4.2 Organisationsstruktur

Active Alpha Investing hat auch Auswirkungen auf die Organisationsstruktur. Die Organisation sollte flexibel genug sein, damit Investoren Risikoquellen möglichst effektiv analysieren und steuern können. Indem Investoren Alpha und Beta voneinander trennen, können sie jede einzelne Risikoquelle besser analysieren. Betrachten wir vier Quellen aktiver Risiken aus Aktien: traditionelle *Long-Only*-Manager, Long/Short-Hedgefonds, marktneutrale Hedgefonds und Private Equity-Manager. In drei dieser vier Fälle sind die Gesamtrenditen jeweils Aktienmarktrisiken und aktiven Risiken ausgesetzt. Dabei kommt es darauf an zu verstehen, wie viel von beiden Risiken jeweils in einer Strategie enthalten ist, um die Allokation richtig festzulegen. Investoren betrachten in der Regel den traditionellen *Long-Only*-Manager als Teil der strategischen Aktienallokation und die beiden Hedgefonds sowie die Private Equity-Strategien als Teil der Allokation in alternative Investments. Die Investoren konzentrieren sich meist auf das Kapital, das sie in die Kategorien Aktien und alternative Investments investieren. Eine solche Einteilung ist jedoch irreführend, weil alle vier Strategien aktive Risiken aus dem Aktienmarkt enthalten und drei der vier Strategien Aktienmarktrisiken enthalten. Wenn Investoren ihre strategische Marktrisiko-Allokation und ihre aktive Risikoallokation kontrollieren wollen, müssen sie sich mit einer weiteren Frage auseinandersetzen: Welche Faktoren tragen zu der Zuversicht bei, dass bestimmte Quellen aktiven Risikos zu einer angestrebten aktiven Rendite führen werden? Im vorliegenden Beispiel müssen die Investoren überlegen, ob mit den aktiven Renditen aus den beiden Hedgefonds-Strategien, der traditionellen *Long-Only*-Strategie und der Private Equity-Strategie die angestrebten Renditen erreicht werden können. Bei allen vier Strategien fallen für die Bemühungen, aktive Aktienrenditen zu erzielen, Gebühren für aktives Management an. Allerdings gibt es große Unterschiede hinsichtlich der Beschränkungen, Liquidität und Transparenz des Prozesses. Um eine Überwachung und einen Vergleich dieser Strategien zu erleichtern, werden Investoren möglicherweise all diese aktiven Aktienstrategien organisatorisch unter einem Dach zusammenfassen wollen. Andere aktive Strategien können auf dieselbe Art und Weise analysiert werden. Die entscheidenden Fragen in Bezug auf die Organisationsstruktur sind:

- Welche Fähigkeiten sind erforderlich, um die einzelnen Quellen aktiven Risikos zu analysieren?
- Gibt es Synergien zwischen diesen Fähigkeiten und anderen Quellen aktiven Risikos?

4.3 Governance

Es ist kein Zufall, dass sich die Risikoallokationen von Pensionsplänen bis zu ihrem jetzigen Stand entwickelt haben. Es bestehen nach wie vor unproduktive Zinsrisiken aus den Verbindlichkeiten, weil diese nicht überwacht wurden. Die Risiken in Bezug auf die taktische Asset-Allokation und das *Rebalancing* (der Wiederherstellung der angestrebten Portfolio-Allokation, die sich aufgrund von Marktwertveränderungen verschoben hat) sind ebenfalls bei Pensionsplänen zu finden, bei denen keiner für diese Entscheidungen verantwortlich gemacht wird. Andererseits sind die aktiven Risiken zurückgegangen, da sich Trägerunternehmen auf Portfoliomanager mit unterdurchschnittlicher Performance konzentriert haben. Aus Sicht eines Portfoliomanagers, dem ein Mandat bereits erteilt wurde – insbesondere eines mit festem Honorar – wiegt das Risiko einer deutlich unterdurchschnittlichen Performance und dem daraus resultierenden Mandatsverlust schwerer als die potenziellen Vorteile einer stark überdurchschnittlichen Performance. Angesichts dieser Anreizstruktur überrascht es nicht, dass viele Portfoliomanager ihr aktives Risiko zurückfahren. Um diesen Fallstricken zu entgehen, sollte einzelnen Personen die Verantwortung für die Überwachung aller Risiken klar zugewiesen werden. Unproduktive und unbeabsichtigte Risiken müssen auf effiziente Art und Weise ausgeschaltet werden. Der wichtigste Schritt besteht dabei einfach darin, diese Risiken zu quantifizieren und sicherzustellen, dass jemand für deren Steuerung verantwortlich ist. Marktrisiken sollte man so billig wie möglich eingehen und sie sollten in Einklang mit der strategischen Benchmark gebracht werden, wenn die tatsächlichen Positionen zu weit davon abweichen. Wie gesagt, es kommt entscheidend auf die Überwachung und Zuweisung von Verantwortung an.

5 Schlussfolgerung

Traditionell konzentrieren die Mitarbeiter von Pensionsplänen ihre Anstrengungen darauf, die zugrunde liegenden aktiven Manager auszuwählen und zu überwachen. Das Ergebnis war bisher unbefriedigend, und zwar nicht so sehr im Hinblick auf eine unzureichende Performance, sondern weil zu wenig aktives Risiko eingegangen wird. Aktive Risiken müssen so budgetiert und überwacht werden, dass ihr Wertschöpfungspotenzial gefördert wird. Zu wenig aktives Risiko einzugehen ist ebenso bedenklich wie zu viel. Dies gilt nicht nur für die beauftragten Portfoliomanager, sondern auch für die Mitarbeiter eines Pensionsplans. Das Management des Pensionsplans sollte sich dabei auf die großen Risiken für den Pensionsplan konzentrieren, nämlich das Zins- und Marktrisiko, statt sich mit der Steuerung des aktiven Risikos zu befassen. Das heutige Marktumfeld stellt eine Herausforderung für die Investoren dar. Teilweise wird sogar argumentiert, dass Investoren die Anlageregeln neu formulieren sollten. Angesichts niedriger Zinssätze und erwarteter niedriger Renditen aus Aktien stehen viele Unternehmen mit Pensionsplänen vor der schwierigen Aufgabe, ihre in den 90er Jahren aufgestellten Renditeziele zu erreichen. Nach Auffassung des Autors kann die erwartete Gesamtrendite einzig und allein dadurch erhöht werden, dass zu den Marktrisikoprämien, die sich aus traditionellen Portfolioallokationen ergeben, Alpha hinzugefügt wird. Active Alpha Investing, eine Erweiterung der modernen Portfoliotheorie, ist eine Lösungsmöglichkeit für diese Aufgabenstellung. Einfach ausgedrückt glauben wir, dass Investoren ausdrücklich ein Gleichgewicht zwischen Marktrisiko und aktivem Risiko anstreben, sowie Risiken und Renditen im Verhältnis zu den Verbindlichkeiten und nicht nur im Hinblick auf die Aktiva betrachten sollten. Des Weiteren sollten sie beurteilen wie sich diese Entscheidungen auf das Risikomanagement und die Organisationsstruktur auswirken. Der Rahmen, den wir in diesem Beitrag beschrieben haben, sollte für Anleger eine gute Ausgangsbasis schaffen, in ihren Portfolios mehr Alpha zu generieren.

Axel Hörger/Thomas Petschnigg

Währungsmanagement im Asset Management

1 Einleitung 685
2 Strategische Währungsabsicherung 686
3 Währungen als Anlageklasse 688
   3.1 Ineffizienzen und Liquidität am Währungsmarkt 689
   3.2 Mehrwert durch aktives Management. 690
   3.3 Kriterien für die Auswahl aktiver Manager. 691
   3.4 Mischung von Investmentstilen 692
4 Risiken eines Währungs-Overlays 693
5 Auswirkung von Restriktionen 695
6 Implementierungsmöglichkeiten 698
   6.1 Overlay 698
   6.2 Fondslösung. 700
7 Schlussfolgerung 700

1 Einleitung

Das international wachsende Interesse am aktiven Währungsmanagement wird von mehreren Faktoren getrieben: Die Liberalisierung des Kapitalverkehrs, Währungskrisen in zahlreichen Schwellenmarktländern in der Vergangenheit, anlageklassen- und regionenübergreifenden Investitionen von Anlegern, die die Vorteile der Portfoliodiversifikation nutzen möchten – um nur einige zu nennen. Alleine die letzten fünf Jahre haben gezeigt, wie riskant es für Investoren ist, Wechselkursschwankungen in ihrem Portfolio zu ignorieren. Während dieser Zeit gab es Phasen von US-Dollaraufwertungen und -abwertungen gegenüber dem Euro. Diese Wechselkursänderungen hatten große Auswirkungen auf die Rendite von europäischen Anlegern, die in US-Dollar-Wertpapiere investierten. Seit Einführung des Euro im Januar 1999 bis Oktober 2005 betrug die annualisierte Volatilität des EUR/USD-Wechselkurses durchschnittlich 10,6 Prozent (Abbildung 1). Für Anleger, die unter Berücksichtigung von Fremdwährungsrisiken das Risiko-Ertrags-Profil ihres Portfolios optimieren wollen, bedeutet dieses, dass sie sich verstärkt mit der Fragestellung auseinandersetzen müssen, wie sie mit dem Währungsrisiko in ihrem Portfolio am besten umgehen sollten.

Abbildung 1: Annualisierte Volatilität, EUR/USD (Januar 1999 – Oktober 2005)

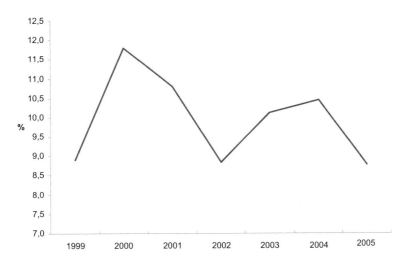

Daten: Bloomberg

2 Strategische Währungsabsicherung

Traditionell galten Währungen nicht als Anlageklasse, sondern als reine Risikoquelle. Folglich gab es in der Vergangenheit zwei typische Maßnahmen, wie man mit Wechselkursschwankungen umgegangen ist: die vollständige Absicherung des Währungsrisikos bzw. den vollständigen Verzicht darauf. Für die Vollabsicherung entschied sich, wer glaubte, dass Fremdwährungspositionen das Portfoliorisiko erhöhen, aber für dieses Risiko keine zusätzlichen Erträge zu erwarten sind. Der völlige Verzicht auf Absicherung hingegen wurde von Anlegern favorisiert, die die Währungsmärkte auf lange Sicht für ein Nullsummenspiel hielten und deshalb die Kosten der Absicherung und des administrativen Aufwandes scheuten. Ein Anleger, der hingegen grundsätzlich davon überzeugt ist, dass ungesicherte Währungspositionen zu Mehrerträgen gegenüber dem risikolosen Zinssatz führen können,[1] muss für sein Portfolio eine optimale strategische (passive) Absicherungsquote bestimmen, um adäquat für dieses Risiko kompensiert zu werden. Dazu muss das Währungsrisiko im Kontext der Risikobudgetierung gesehen werden und der optimale Beitrag zum Risikobudget des Gesamtportfolios bestimmt werden. Das Risikobudget eines Portfolios ist die optimale Höhe und Verteilung von Portfoliorisiko auf die einzelnen Portfoliopositionen. Idealerweise sollten Anleger das Risiko relativ stärker auf Positionen verteilen, zu denen sie eine klarere Meinung hinsichtlich Höhe und Wahrscheinlichkeit von Zusatzrenditen haben. Dies sollte derart geschehen, dass letztendlich für alle Positionen im Portfolio die erwartete marginale Zusatzrendite pro Risikoeinheit identisch ist.

In der Wirklichkeit sind aber viele institutionelle Anleger nicht zuletzt aufgrund von Regulierungsvorschriften noch immer gehalten, verstärkt in inländische Wertpapiere zu investieren und somit von der optimalen Portfoliozusammensetzung abzuweichen. Um dieser Tatsache Rechnung zu tragen, wird auf die herkömmliche Vorgehensweise zur Festlegung einer optimalen langfristigen Währungsallokation verzichtet, die auf Langfristprognosen für einzelne Währungen beruht. Stattdessen wird der Optimierungsprozess umgekehrt, indem das Risiko unterschiedlicher Absicherungsquoten betrachtet wird. Denn ist sich der Anleger über den gewünschten Anteil des Währungsrisikos am Gesamtrisiko des Portfolios, der Höhe des Währungsrisikos im Vergleich zu anderen Risiken im Portfolio und den aufgrund von diesem Währungsrisiko zu erwarteten Mehrertrag im Klaren, dann lässt sich eine strategische Währungsabsicherung festlegen, die eine realitätsnahe langfristig optimale Währungsabsicherungsquote darstellt. Ein typisches Portfolio eines institutionellen Investors in Deutschland könnte aus 15 Prozent Euroraum-Aktien, fünf Prozent internationale Aktien exklusive Euroraum, 60 Prozent Euroraum-Staatsanleihen, zehn Prozent internationale Staatsanleihen exklusive Euroraum und zehn Prozent Euroraum-Immobilien bestehen. Auf der Grundlage dieses Portfolios, und anhand der Risiko- und Renditeannahmen von Goldman Sachs Asset Management mit Stand 30. September 2005, wird in der Folge die optimale strategische Währungsabsicherungsquote ermittelt. Dazu wird der jeweilige

---

[1] Das Siegel's Paradox erklärt, warum ungesicherte Währungspositionen zu Mehrerträgen führen können. Vgl. J.J. Siegel, „Risk, Interest Rates, and the Forward Exchange", Quarterly Journal of Economics (Mai 1972).

Beitrag des Währungsrisikos zum Gesamtrisiko innerhalb der Nicht-Euroraum Anlageklassen bestimmt, indem die Absicherungsquote schrittweise von 0 Prozent auf 100 Prozent erhöht wird.

Abbildung 2: Beitrag des Währungsrisikos zum Risiko internationaler Aktien und internationaler Renten (jeweils exklusive Euroraum)

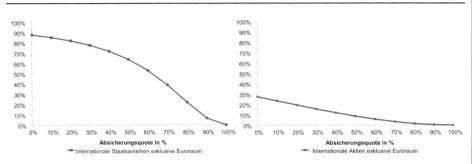

Abbildung 2 zeigt, dass bei völligem Verzicht auf Absicherung das Währungsrisiko internationaler Staatsanleihen exklusive Euroraum bei einem Anteil von 87 Prozent am Gesamtrisiko dieser Anlageklasse liegt. Bei einer 50-prozentigen Absicherungsquote geht der Anteil bereits auf 64 Prozent zurück, und bei einer 90-prozentigen Absicherung beträgt der Anteil des Währungsrisikos noch 6,5 Prozent. Bei internationalen Aktien exklusive Euroraum beträgt der Anteil des Währungsrisikos am Gesamtrisiko bei Verzicht auf Absicherung 27 Prozent, bei einer 50-prozentigen Absicherung 8,5 Prozent und bei einer 90-prozentigen Währungsabsicherung weniger als ein Prozent. Diese Tatsache basiert auf der naturgemäß höheren Volatilität von Aktien im Vergleich zu Renten, so dass der Einfluss einer Währungsabsicherung auf die Volatilität innerhalb internationaler Renteninvestments stärker ausgeprägt ist als bei internationalen Aktien. Ausgehend von den Goldman Sachs Asset Management Risiko- und Renditeannahmen für ungesicherte Währungspositionen und unter Berücksichtigung der Währungsabsicherungskosten, halten die Autoren für dieses Beispiel eine strategische Absicherungsquote von 50 Prozent für internationale Aktien exklusive Euroraum und von 90 Prozent für Staatsanleihen exklusive Euroraum für optimal. Auf Gesamtportfolioebene beträgt damit der Zielwert für das Fremdwährungsrisiko 3,5 Prozent. Man sollte sich jedoch im Klaren darüber sein, dass dieses keine allgemeingültige Lösung darstellt. Anleger können unterschiedliche Vorstellungen darüber haben, wie vorteilhaft unterschiedliche Niveaus von Risikoreduktion sind, die durch unterschiedliche Währungsabsicherungsquoten erreicht werden. Faktoren, die in diesem Zusammenhang zu berücksichtigen sind, sind die Anlagestruktur des Portfolios, die Risikobereitschaft des Anlegers und die erwartete langfristige Wechselkursentwicklung. Nachdem die strategische (passive) Absicherungsquote als Teil der strategischen Benchmark festgelegt ist, muss sich der Anleger entscheiden, wie er mit den offenen

Währungspositionen verfahren will. Dieses hängt vor allem davon ab, ob der Anleger Währungen als separate Anlageklasse betrachtet, die eine Quelle von unkorreliertem aktiven Risiko darstellt, und dem Grad seiner Zuversicht, dass Zusatzrenditen (Alpha) durch das Eingehen dieses aktiven Risikos generiert werden können.[2]

3 Währungen als Anlageklasse

Die Autoren vertreten die Meinung, dass Währungen als separate Anlageklasse gesehen werden könnten und sollten. Ein gut diversifiziertes Währungsportfolio kann, wie in der Folge beschrieben, attraktive risikoadjustierte Erträge generieren und bietet in Kombination mit anderen, traditionellen Anlageklassen Diversifikationsvorteile auf Gesamtportfolioebene. Währungserträge werden durch eine Vielzahl von volkswirtschaftlichen Faktoren bestimmt, die sich teilweise von den volkswirtschaftlichen Faktoren unterscheiden, die maßgeblich die Renditen von Aktien- und Anleihenmärkten bestimmen. Weil eine Währung letztlich ein länderübergreifendes Tauschmittel ist, hängt die Devisennachfrage vor allem von der grenzüberschreitenden Nachfrage nach Gütern, Dienstleistungen und Finanzanlagen ab. Deren Umfang ergibt sich unter anderem wiederum aus Unterschieden im Preisniveau, der Quantität der gehandelten Güter und den erwarteten risikoadjustierten Erträgen von Finanzanlagen in unterschiedlichen Ländern. Aus diesem Grund war in der Vergangenheit die Korrelation zwischen Aktien oder Renten und Währungen gering und dürfte deshalb auch in Zukunft weiterhin gering sein.

Ein häufiger Einwand gegen die Einstufung von Währungen als separate Anlageklasse ist die Theorie der ungedeckten Zinsparität. Unterstützer dieser Sichtweise argumentieren, dass eine passive Investition am Geldmarkt aus Arbitragegründen langfristig immer die gleiche Rendite erzielen sollte und dies unabhängig davon, in welcher Währung sie denominiert ist. Währungen sollte man daher ignorieren, da sich der Einfluss von Wechselkursänderungen auf die Rendite langfristig neutralisiert. Somit kann man mit Währungen auf lange Sicht keine Erträge erwirtschaften. Im Detail besagt die Theorie der ungedeckten Zinsparität, dass die erwartete Änderung des Wechselkurses zweier Währungen genauso groß ist wie die Zinsdifferenz zwischen den beiden Ländern, denen die Wechselkurse zugrunde liegen. Geht man davon aus, dass die ungedeckte Zinsparität ein guter Indikator dafür ist, wie Wechselkurse bestimmt werden, dann dürfte es in der Realität nicht zu Abweichungen von der ungedeckten Zinsparität kommen. Wissenschaftliche Untersuchungen legen in der Tat nahe, dass die Differenz der Geldmarktzinsen zweier Länder die Wechselkursänderungen der zugrunde liegenden Währungen auf lange Sicht tendenziell bestimmen. So sind die Abweichungen von der ungedeckten Zinsparität bei einem Betrachtungszeitraum von zehn Jahren kleiner

---

2   Eine detaillierte Darstellung des Konzeptes der strategischen Währungsabsicherung findet sich in der Research-Publikation „Risikobudgetierung und Währungshedging" von Goldman Sachs Asset Management.

als bei einem Betrachtungszeitraum von fünf Jahren. Es lässt sich also festhalten, dass die Theorie der ungedeckten Zinsparität durchaus zutreffend ist. Sie ist jedoch von langfristigem Charakter. Angesichts der hohen monatlichen und jährlichen Volatilität der Wechselkurse ist es kurz- bis mittelfristig zweifelhaft, ob man die Theorie der ungedeckten Zinsparität beim Management von Währungsrisiken zugrunde legen sollte.

3.1 Ineffizienzen und Liquidität am Währungsmarkt

Mit einem täglichen Handelsvolumen von etwa USD 1,9 Billionen ist der Devisenmarkt der größte Kapitalmarkt der Welt. Aktien- und Rentenmärkte lässt er in seinem Volumen weit hinter sich. Für die hohe Marktliquidität gibt es viele Gründe: den weltweiten Warenverkehr, grenzüberschreitende Investitionen multinationaler Unternehmen, internationaler Tourismus, aber auch globale Kapitalmarkttransaktionen. In diesem Kontext sind insbesondere die Zentralbanken große Akteure, die an den Währungsmärkten geldpolitische Signale setzen. Weil viele Akteure am Devisenmarkt nicht das Ziel der Gewinnmaximierung verfolgen, entstehen Marktineffizienzen, die sich aktive Währungsmanager zu Nutze machen können. Wenn beispielsweise eine Zentralbank aus politischen oder makroökonomischen Gründen den Wechselkurs beeinflussen möchte, geht es ihr im Allgemeinen nicht darum, einen Spekulationsgewinn zu erzielen. Ähnlich verhält es sich bei Unternehmen, die ihre ausländischen Investitionen oder Erträge gegen Wechselkursschwankungen absichern. Dadurch möchten sie keine zusätzlichen Gewinne erzielen, sondern Währungsverluste absichern. Selbst bei Finanzanlagen, die einzig und allein der Gewinnerzielung dienen, werden Währungsschwankungen nur selten angemessen in der Investitionsentscheidung berücksichtigt. *„Mit Wechselkursänderungen muss man einfach leben"* ist in diesem Zusammenhang eine bei Anlegern häufige Sichtweise.

Es gibt kaum einen anderen Markt, bei dem so viele Akteure so bereitwillig den Marktpreis als gegeben akzeptieren und sich über entgangene Gewinnchancen keine Gedanken machen. Angesichts der in der Zukunft zunehmenden Globalisierung der Weltwirtschaft dürfte dieses Phänomen in seiner Dimension weiter zunehmen. Marktineffizienz und Marktliquidität sind wichtige Voraussetzungen für aktive Portfoliomanager, um erfolgversprechende und zugleich kostengünstige Investmentchancen zu finden. Diese garantieren aber allein noch keinen Anlageerfolg. Mitunter kann es äußerst schwierig sein, einen ineffizienten Markt korrekt zu prognostizieren. Einem guten Währungsmanager bleiben Wechselkurstrends aber zumeist nicht verborgen, da diese die Konsequenz internationaler Kapitalströme sind. Diese sind wiederum von der relativen Attraktivität der Finanzanlagen und Sachwerte in unterschiedlichen Ländern abhängig, welche sich grundsätzlich ermitteln und prognostizieren lassen. Des Weiteren wird die Prognose dadurch erleichtert, dass ein einmal etablierter Kapitalstrom üblicherweise längere Zeit anhält, bis ein neues Marktgleichgewicht entsteht, das den etablierten Kapitalstrom zum Stillstand führt. All diese Faktoren führen dazu, dass Wechselkursschwankungen durch hochwertige Analysen prognostiziert werden können und sich folglich für Investoren gute Chancen für Zusatzrenditen ergeben.

3.2 Mehrwert durch aktives Management

Die Frage, ob aktives Währungsmanagement einen Mehrwert erzielen kann, ist unmittelbar damit verbunden, ob Portfoliomanager in der Lage sind, Zusatzrenditen zu erwirtschaften. Der langfristige Vergleich aktiver Währungsmanager, die unterschiedliche Währungen anhand unterschiedlicher Investmentansätze verwalten, zeigt, dass Zusatzrenditen erwirtschaftet werden können. Dabei wird deutlich, dass ein Großteil des Erfolges im aktiven Währungsmanagement auf der Vielfalt der unterschiedlichen Researchperspektiven und analytischen Prozesse beruht. Durch die klare Trennung zwischen aktivem und passivem Währungsmanagement ist es sehr viel leichter geworden zu erkennen, welchen Anteil an den Erträgen ein aktiver Währungsmanager erzielt hat und welcher Anteil der in der Benchmark enthaltenen passiven Absicherungsstrategie zuzuschreiben ist. Nach einer Studie von Russell/Mellon haben 87 Prozent der untersuchten Währungs-Overlay-Programme in einem Fünfjahres Zeitraum einen positiven Mehrertrag erzielt.[3] Das Ergebnis dieser Studie wird durch ähnliche Erhebungen anderer wichtiger Investment-Consultants bestätigt, die ähnlich attraktive Risiko-Rendite-Profile im Bereich Währungsoverlay zeigen. Anleger haben heute Zugang zu zahlreichen Währungsmanager-Datenbanken, die ihnen helfen, die Fähigkeiten der aktiven Manager im Währungsbereich zu beurteilen. Diese Datenbanken enthalten Informationen zur historischen Rendite, dem verwalteten Portfoliovolumen und zu der Anzahl der verwalteten Mandate für jeden Währungsmanager. Tabelle 1 zeigt einige Beispiele für solche Datenbanken und verfügbare Indizes.

Tabelle 1: Die wichtigsten Währungsmanager-Datenbanken

Anbieter	Einführung	Anzahl der erfassten Programme	Datenfrequenz
Barclay Currency Traders Index	1987	90	monatlich
Eurohedge Currency Sub-Index	1998	40	monatlich
MARHedge Currency Programme Sub-Index	1990	31	monatlich
Mercer IC – Currency Overlay: Excess Returns	2003	29 Manager 45 Track Records	vierteljährlich
Mercer IC – Currency Funds: USD Based	2005	28 Manager 47 Programme (darunter 44 noch existente Track Records)	vierteljährlich
Parker FX Index	1986	43 Manager 63 Track Records	monatlich

Quellen sind die jeweiligen Anbieter, Stand 31. März 2005

Diese und andere aktive Währungsoverlay-Programme scheinen zu bestätigen, dass aktive Manager in der Lage sind, die Ineffizienzen an den Währungsmärkten zu nutzen,

---

[3] Die Russell/Mellon CAPS Studie ist eine Aktualisierung der im Jahr 2000 von Frank Russell durchgeführten Studie über Währungen. Sie basiert auf Daten von 29 Währungsoverlay-Managern und 551 Mandaten aus den Jahren 1998 bis 2003.

um Mehrerträge zu erzielen. Dabei bedienen sie sich unterschiedlicher Renditequellen und müssen folglich vom Anleger einzeln beurteilt werden. Im Folgenden werden fünf allgemeine Kriterien vorgestellt, die nach Auffassung der Autoren bei der Managerauswahl eine wichtige Rolle spielen.

3.3 Kriterien für die Auswahl aktiver Manager

Aktives Risiko ist dann wünschenswert, wenn man es gezielt eingeht, um damit Mehrertrag zu erzielen. Währungs-Overlay-Strategien sind eine Quelle aktiven Risikos, die einen solchen Mehrertrag liefern können. Die Auswahl einer geeigneten Strategie und des dazugehörigen Managers erfordert aber klare Kriterien, die als die fünf K bezeichnet werden.[4]

- **Konfidenz:** Die Konfidenz ist das vom Kunden erwartete Alpha je Einheit aktiven Risikos, also die Information Ratio. Je höher die Information Ratio, desto attraktiver ist eine Anlagestrategie. Die erwartete Information Ratio nach Abzug von Transaktionskosten und Verwaltungsgebühren ist für die Asset-Management-Branche insgesamt Null. Eine überdurchschnittliche Information Ratio ist ein Hinweis auf eine überlegene Anlagestrategie. Da eine gute Performance manchmal auch dem Zufall zu verdanken ist, ist es bisweilen nicht einfach, zwischen Glück und Können zu unterscheiden. Entsprechend schwierig ist es auch, Vertrauen in die Fähigkeiten eines Portfoliomanagers aufzubauen. Daher ist es ratsam, bei der Managerauswahl nach einem klaren Konzept vorzugehen und dieses konsequent umzusetzen, um so die besten Portfoliomanager zu identifizieren.

- **Korrelation:** Korrelation misst einen weniger offensichtlichen Aspekt. Anlagestrategien mit geringer Korrelation zum bereits vorhandenem Portfolio (d.h. zu dessen strategischer Asset-Allokation und zu allen anderen aktiven Portfoliorisiken) verbessern in der Regel die Gesamtrendite je Volatilitätseinheit. Indem man aktive Strategien in noch nicht im Portfolio enthaltene Anlageklassen wie Währungen oder Rohstoffe hinzufügt, kann die Portfoliorendite je Risikoeinheit erhöht werden.

- **Kosten:** Letztlich fließen den Investoren nur Nettorenditen zu. Da passive Risiken sehr kostengünstig eingekauft werden können, sollten die Gebühren für aktive Portfoliomanager in einem angemessenen Verhältnis zum erwarteten (Brutto)Alpha stehen. Portfoliomanager, die eine lange Erfolgsbilanz vorweisen können und nur über begrenzte Kapazitäten verfügen, werden in der Regel höhere Gebühren verlangen als ihre Wettbewerber. Da nicht sicher ist, dass ein erfolgreicher Manager auch in Zukunft eine überdurchschnittliche Performance erzielt, kann auch eine performanceabhängige Gebührenstruktur sinnvoll sein. Sie bringt die Interessen des Portfoliomanager mit denen des Anlegers in Einklang und ist insbesondere dann angeraten, wenn der Anleger mit einer niedrigeren Information Ratio als der Portfoliomanager rechnet. Performanceabhängige Gebührenstrukturen bieten

---

[4] Detailliertere Informationen finden sich in dem Beitrag von Litterman in diesem Handbuch.

einem Portfoliomanager auch einen Anreiz, höhere Risiken einzugehen – was sinnvoll sein kann, wenn der Anleger höhere aktive Risiken anstrebt und dieses kontrolliert geschieht. Produkte wie Overlay-Strategien, Hedgefonds und Private Equity verwenden bereits heute performanceabhängige Gebührenstrukturen.

- **Kapazität:** Je größer die Kapazität einer Anlagestrategie ist, desto besser ist sie in der Lage, auch bei erheblichen Mittelzuflüssen ein angemessenes Alpha zu erzielen. Strategien für kleinere und/oder weniger liquide Anlageklassen wie High Yield, Wandelanleihen, Emerging Market-Anleihen sowie Emerging Market-Aktien und Immobilien haben möglicherweise geringere Kapazitäten. Hohe zusätzliche Mittelzuflüsse können das Potential für zukünftige aktive Renditen schmälern. Hingegen leiden Strategien in breiten und hochliquiden Märkten kaum darunter, wenn neues Kapital in den Markt fließt. Währungen und auf liquiden Terminkontrakten basierende Ansätze wie Global Tactical Asset Allocation sind gute Beispiele für Strategien mit hoher Kapazität.

- **Kapital:** Das fünfte und vermutlich wichtigste *K* ist das Kapital. Es beschreibt, wieviel Kapital erforderlich ist, um ein erwartetes Alpha von einem EUR zu generieren. Overlay-Strategien und Hedgefonds mit höherer Volatilität erfordern den geringsten Kapitaleinsatz. Sie können mit 100 EUR Anlagekapital oft bis zu 25 EUR Alpha generieren. Wenn ein Anleger einen bestimmten Mehrertrag erzielen möchte, ist es in der Regel sein Kapital und nicht seine Risikobereitschaft, die ihn dabei einschränkt. Folglich sind risikoreichere Strategien ceteris paribus die attraktiveren Alphaquellen.

3.4 Mischung von Investmentstilen

Die Vorteile einer Währungsstrategie lassen sich nicht nur durch die Diversifikation nach Anzahl der Währungen maximieren, sondern auch nach Anzahl der Investmentstile. Dadurch wird auch bei höheren Renditezielen das Risiko eines zu stark konzentrierten Portfolios vermieden. Ob man eine Währung für relativ attraktiver hält als eine andere, kann entscheidend davon abhängen, welchen Investmentstil man verfolgt. Ein Investmentstil ist nichts anderes als eine bestimmte Methode zur Interpretation von Daten. Quantitative, systematische, fundamentalorientierte und technisch ausgerichtete Manager haben unterschiedliche Investmentphilosophien und Managementansätze. Deshalb können sie zu unterschiedlichen Entscheidungen bezüglich ein und derselben Währung kommen, trotz identischer Informationsgrundlage. Im Folgenden werden die verschiedenen Investmentstile kurz beschrieben.

- **Fundamental:** Im Mittelpunkt des fundamentalen Ansatzes stehen meistens volkswirtschaftliche, politische und andere marktrelevante Parameter, die den Wechselkurs einer Währung beeinflussen. Berücksichtigt werden aber auch Faktoren wie Marktstimmung und Risikobereitschaft. Üblicherweise wird ein mittelfristiger Ansatz zur Bestimmung der Attraktivität einer Währung verfolgt.

- **Quantitativ:** Bei einem quantitativen Ansatz werden Währungen in der Regel anhand komplexer, computergestützter Modelle gemanagt. Ihr Ziel besteht darin, ausgehend von einer Vielzahl an Input-Variablen sowohl den langfristigen, als auch den kurzfristigen fairen Wert einer Währung zu bestimmen. Der Erfolg hängt von der Qualität der verwendeten Daten, ihrer Frequenz und der Umsetzung der Modellergebnisse im Währungsportfolio ab.
- **Technisch:** Bei einem technischen Ansatz basieren die Anlageentscheidungen auf den Wechselkursentwicklungen der Vergangenheit. Der technische Ansatz ist von Natur aus eher kurzfristig orientiert und kann zu höheren Transaktionsvolumina führen als andere Strategien.
- **Systematisch:** Der systematische Ansatz ähnelt dem quantitativen Investmentstil. Allerdings spielen für diesen Investmentstil die Marktstimmung und emotionale Faktoren keine große Rolle. Stattdessen werden kurzfristige Faktoren stärker gewichtet.

Eine Kombination dieser unterschiedlichen Ansätze kann das Risiko-Ertrags-Profil eines Portfolios erheblich beeinflussen, zumal sie sich wegen der geringen Transaktionskosten im Währungsbereich effizient implementieren lassen.

4 Risiken eines Währungs-Overlays

Als Nächstes gilt es zu entscheiden, wieviel Risiko auf eine aktive Währungsstrategie entfallen soll und ob es mögliche Überschneidungen mit bereits implementierten Strategien gibt – etwa mit einer bereits vorhandenen taktischen Asset-Allokations-Strategie oder mit Strategien aus dem Aktien- und Rentenbereich. Analog zu der strategischen Währungsabsicherung lässt sich auch diese Fragestellung im Kontext der Risikobudgetierung auf Gesamtportfolioebene beantworten. Deshalb ist in diesem Zusammenhang das Risiko der Währungs-Overlay-Strategie selbst für die Entscheidung eher nachrangig. Wichtiger sind ihre erwartete Information Ratio und ihre Korrelation mit dem bereits vorhandenen Portfolio. Goldman Sachs Asset Management verfügt über zwei aktive Währungs-Overlay-Strategien: eine fundamentale und eine quantitative. Beide Strategien haben das gleiche Ziel, nämlich möglichst hohe Zusatzerträge durch Investitionen in Währungen zu erzielen. Dennoch waren in der Vergangenheit die Renditen beider Strategien nur schwach miteinander korreliert (Abbildung 3). Eine Kombination beider Ansätze führt somit in der Regel zu höheren risikoadjustierten Erträgen (Abbildung 4).

Abbildung 3: Korrelation einer fundamentalen mit einer quantitativen Währungsstrategie, gleitender 12-Monats-Durchschnitt (April 2000 – März 2005)

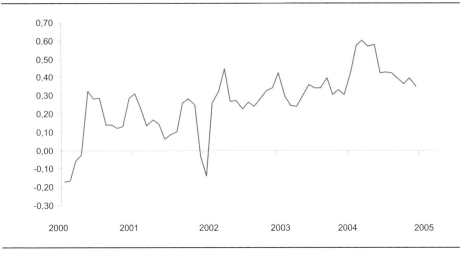

Abbildung 4: Höhere risikoadjustierte Performance durch Kombination unterschiedlicher Investmentstile

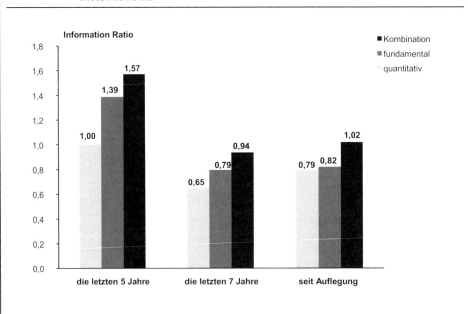

Wenn es vorteilhaft ist, nur schwach miteinander korrelierte Währungsstrategien mit positiven Information Ratios zu kombinieren, dann sollte es auch sinnvoll sein, zu einem bereits vorhandenen Portfolio ein Währungs-Overlay (oder auch eine beliebige andere Strategie oder Anlageklasse mit geringer Korrelation zum existierenden Portfolio) hinzuzufügen. Wie bereits erwähnt hängt die Entwicklung einer Währung von einer Reihe volkswirtschaftlicher Faktoren ab, die sich von den für Aktien- und Rentenerträge relevanten volkswirtschaftlichen Faktoren zum Teil erheblich unterscheiden. Währungen sind daher mit anderen Anlageklassen nur schwach korreliert (Tabelle 2) und verbessern die Portfoliodiversifikation.

Tabelle 2: Geringe Korrelation mit anderen Anlageklassen (Juli 1995 – Juni 2005)

	S&P 500	MSCI ex US, nicht in USD abgesichert	Lehman Global Aggregate	GS Global Currency Composite
S&P 500	1,00	0,80	-0,03	0,08
MSCI ex US, nicht in USD abgesichert		1,00	0,13	0,02
Lehman Global Aggregate			1,00	0,05
GS Global Currency Composite				1,00

Quellen: Goldman Sachs Asset Management, MSCI, S&P und Lehman Brothers

Bezugnehmend auf das Konzept der Risikobudgetierung, bei dem das Risiko auf eine Vielzahl von gering miteinander korrelierten Strategien verteilt wird, ist dieser Effekt sogar noch ausgeprägter. Wird einem aktiven Währungsmanager ein Teil des Risikobudgets mit entsprechender Renditeerwartung gegeben, wird der relative Vorteil der einzelnen Währungsentscheidung noch transparenter; die inhärenten Diversifikationsvorteile aufgrund der Allokation über mehrere unterschiedliche Renditequellen (Marktrisiko wie aktives Risiko) können leichter erkannt und gewinnbringend ausgenutzt werden.

5 Auswirkung von Restriktionen

Grundsätzlich gilt: Je mehr unabhängige Investmententscheidungen getroffen werden, desto größer ist das Potenzial, Überschussrenditen erzielen zu können. Wie zuvor bereits dargestellt, widmen in den Währungsmärkten viele Anleger ihren Währungspositionen aber nur wenig Aufmerksamkeit, da Währungen häufig lediglich als Transaktionsinstrument angesehen werden. Dass sie auch eine wichtige unabhängige Risikoquelle sind, die zu einem Mehrertrag führen können, wird dabei kaum beachtet. Die

Autoren vertreten die Meinung, dass aktives Währungsmanagement dann erfolgreich ist, wenn drei Grundsätze beachtet werden:

- Kleinere Positionen in vielen Währungen sind besser als größere Positionen in wenigen Währungen.
- Eine negative Meinung über eine Währung kann ebenso profitabel sein wie eine positive Meinung.
- Eine Meinung über die Währung eines kleinen Landes kann ebenso profitabel sein wie eine Meinung über die Währung eines großen Landes.

In der Praxis gibt es oft Restriktionen, die verhindern, dass eine oder mehrere dieser Grundsätze eingehalten werden können, mit der Folge, dass sich die risikoadjustierten Erträge der betroffenen Währungsstrategie verringern.

Tabelle 3: Währungsaufteilung des MSCI EAFE (Europe, Australasia, Far East) Index (%)[5]

Euro-raum[6]	GB	Japan	Schweiz	Australien	Schweden	Hongkong	Dänemark	Singapur	Norwegen	Neuseeland
EUR	GBP	JPY	CHF	AUD	SEK	HKD	DKK	SGD	NOK	NZD
31,6	24,0	25,6	6,9	5,2	2,4	1,6	0,8	0,8	0,7	0,2

Die Risikovorgabe für einen aktiven Währungsmanager[7] sollte vor allem darin bestehen, dass ein anzustrebender Tracking Error bestimmt wird. Häufig wird aber zusätzlich das Währungsuniversum eingeschränkt oder der Umfang der einzelnen zugelassenen Währungspositionen begrenzt. Wenn die Beschränkungen hinsichtlich des Umfangs der einzelnen zugelassenen Währungspositionen mit dem anzustrebenden Tracking Error im Einklang stehen, erfüllen sie ihren Zweck als zusätzliche Risikokontrolle. Die Einschränkung des Währungsuniversums hingegen verringert oft die Höhe des möglichen Mehrertrages. Ein Investor könnte in einem ersten Schritt sein international ausgerichtetes Investment, beispielsweise ein Aktienportfolio mit dem MSCI EAFE als Benchmark, mit einem Währungs-Overlay versehen. Sichert er in einem zweiten Schritt

---

5 Währungsanteile des MSCI EAFE Index, Stand 30. Dezember 2005. Quelle: Morgan Stanley.
6 Die Euroraum-Länder haben folgende Anteile am MSCI EAFE Index: Frankreich 9,3 Prozent, Deutschland 6,8 Prozent, Niederlande 3,4 Prozent, Italien 3,8 Prozent, Spanien 3,7 Prozent, Finnland 1,4 Prozent, Belgien 1,1 Prozent, Irland 0,8 Prozent, Griechenland 0,6 Prozent, Portugal 0,3 Prozent, Österreich 0,4 Prozent..
7 Der aktive Währungsmanager muss nicht der gleiche Manager sein, der die passive Währungsabsicherung durchführt oder die Einzelwertauswahl trifft. Die Währungsstrategie kann als aktives Overlay alternativ auf das EAFE Aktieninvestment oder auf das Gesamtportfolio implementiert werden.

das Währungsrisiko zu 50 Prozent ab und beschränkt die Währungsauswahl des aktiven Overlay-Managers auf die im EAFE-Index enthaltenen Währungen und untersagt deren negative Gewichtungen, so führen diese Restriktionen zu folgenden Auswirkungen: Eine neutrale Positionierung des Overlay-Managers wäre gleichbedeutend mit 12,00 Prozent in GBP, 1,20 Prozent in SEK, usw. Aktive Positionen sind folglich auf maximal +/- 12,00 Prozent GBP, +/- 1,20 Prozent SEK, etc. begrenzt. Dies beeinträchtigt die Möglichkeiten des aktiven Managers, einen Mehrertrag zu erzielen, erheblich.

In der Praxis bedeutet dieses, dass ein Währungsmanager, der diese Restriktionen beachten muss, aktive Positionen fast ausschließlich in EUR, GBP und JPY eingehen kann. Seine Positionen in den anderen Währungen, die nur einen kleinen Anteil am EAFE Index haben (wie beispielsweise der Singapur-Dollar und die Norwegische Krone) sind stets so klein, dass ihr Beitrag zum Gesamtertrag des Portfolios vernachlässigbar ist, unabhängig vom Grad der Zuversicht des Overlay-Managers in diese Positionen. De facto wird dem Overlay-Manager die Aufgabe gestellt, mit nur drei aktiven Positionen aktive Mehrerträge zu erzielen – eine kontraproduktive Vorgabe. Üblicherweise hat ein aktiver Manager zu einer Vielzahl von Währungen eine ausgeprägte Meinung und nicht nur zu zwei oder drei Währungen. Wenn der Anleger, anstelle die Positionsgrößen auf die Indexgewichte zu beschränken, dem Währungsmanager einen anzustrebenden Tracking Error vorgibt, und damit im Einklang stehende maximale Positionsgrößen für alle im EAFE-Index enthaltenen Währungen bestimmt sowie zusätzlich zu den im EAFE-Index enthaltenen Währungen weitere Währungen aus Industriestaaten zulässt, kann die Zahl der möglichen aktiven Positionen wie in Abbildung 5 gezeigt, auf elf ansteigen. Wenn darüber hinaus auch die Währungen kleinerer Industrieländer und Schwellenländer zugelassen sind, steigt die Zahl der möglichen aktiven Positionen sogar auf über 30.[8] Eine Erweiterung der Investmentmöglichkeiten in den Währungsmärkten ist einfach umzusetzen und lässt sich problemlos in den Investmentprozess integrieren.

Abbildung 5: Die Zahl der Investmentchancen lässt sich leicht erhöhen

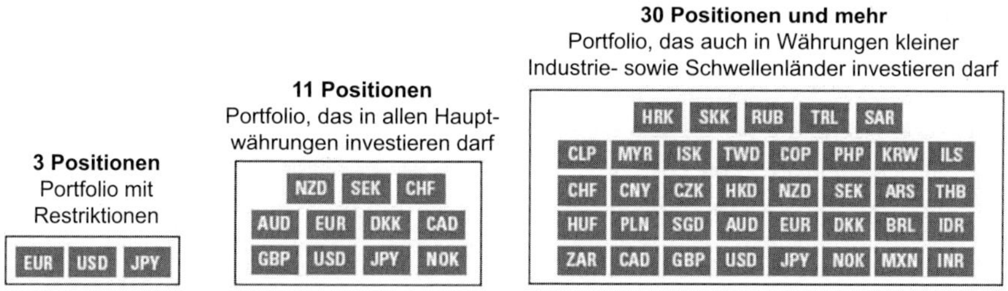

3 Positionen
Portfolio mit Restriktionen

| EUR | USD | JPY |

11 Positionen
Portfolio, das in allen Hauptwährungen investieren darf

NZD	SEK	CHF
AUD	EUR	DKK	CAD
GBP	USD	JPY	NOK

30 Positionen und mehr
Portfolio, das auch in Währungen kleiner Industrie- sowie Schwellenländer investieren darf

HRK	SKK	RUB	TRL	SAR
CLP	MYR	ISK	TWD	COP	PHP	KRW	ILS
CHF	CNY	CZK	HKD	NZD	SEK	ARS	THB
HUF	PLN	SGD	AUD	EUR	DKK	BRL	IDR
ZAR	CAD	GBP	USD	JPY	NOK	MXN	INR

---

8   In diesem Zusammenhang beschreibt der Artikel „Active currency management – a practical approach" von Goldman Sachs Asset Management die Bedeutung von Währungen aus Schwellenländern für das aktive Währungsmanagement. Der Artikel zeigt auch, dass die Anzahl der voneinander unabhängigen aktiven Währungsstrategien noch einmal verdoppelt und die Information Ratio möglicherweise weiter verbessert werden kann, wenn man für jede Währung zwei voneinander unabhängige Einschätzungen, beispielsweise auf Basis eines quantitativen und eine auf Basis eines fundamentalen Investmentansatzes, vornimmt.

Abbildung 6 zeigt eine Möglichkeit wie die Effizienz einer aktiven Währungsstrategie bei unterschiedlichen Anlageuniversen einschätzt werden kann. In allen drei Fällen wurde der gleiche Tracking Error zugrunde gelegt. Wie erwartet gehen breitere Anlageuniversen mit höheren Information Ratios einher.

Abbildung 6: Ein größeres Anlageuniversum verbessert die Information Ratio

1. Szenario

Anlageuniversum für das aktive Währungsmanagement	erwartete Information Ratio
– Eng begrenztes Währungsuniversum (US-Dollar, Euro, Yen)	0,15

Ergebnis: 3 Währungen ermöglichen 3 Währungspaare bei insgesamt 9 Relative Value-Positionen.

2. Szenario

Anlageuniversum für das aktive Währungsmanagement	erwartete Information Ratio
– Alle Hauptwährungen	0,50

Ergebnis: 11 Währungen ermöglichen 55 Währungspaare bei insgesamt 165 Relative Value-Positionen.

3. Szenario

Anlageuniversum für das aktive Währungsmanagement	erwartete Information Ratio
– Alle Hauptwährungen, Währungen kleiner Industrie- und Schwellenländer	0,75

Ergebnis: 30 Währungen ermöglichen 435 Währungspaare bei insgesamt 1305 Relative Value-Positionen.

6 Implementierungsmöglichkeiten

6.1 Overlay

Obwohl die ersten Overlay-Mandate bereits vor zwanzig Jahren vergeben wurden, sind Währungsoverlays noch immer etwas vergleichsweise Neues. Vor allem in den USA, in Großbritannien, den Niederlanden, Irland und Australien haben sie in den letzten Jahren deutlich an Beliebtheit gewonnen, was die zunehmende Bedeutung der Portfoliodiversifikation in diesen Ländern widerspiegelt. In der Regel wird ein Overlay unter Berücksichtigung der Risikobereitschaft des Investors und getrennt von der bereits vorhandenen Asset-Allokation des Gesamtportfolios eingerichtet. Die Implementierung hat üblicherweise nur geringe Auswirkungen auf die bestehende Portfoliostruktur und ist für die existierenden Portfoliomanager nahezu unsichtbar. Implementiert wird das Overlay im Allgemeinen mit Derivaten auf Währungen, wie beispielsweise Währungs-Futures, Währungs-Forwards, Währungsoptionen und Non-Deliverable Forwards, die eine effiziente und kostengünstige Umsetzung der Markteinschätzungen sicherstellen. Darüber hinaus können Währungsmanager durch den Einsatz von Derivaten ihre Währungspositionen leichter skalieren. Dieses erlaubt neben einer klaren und eindeutigen Umsetzung von Marktmeinungen auch ein präziseres Risikomanagement. Die Wahl der Anlageinstrumente hängt unter anderem von der Größe des Portfolios, dem antizipierten Transaktionsvolumen, dem Anlagehorizont, den relativen Transaktionskosten der einzelnen Anlageinstrumente (einschließlich des *Market Impact*, d.h. dem Einfluss der eigenen Transaktion auf den Marktpreis), der Möglichkeit von Leerverkäufen, dem gewünschten Schutz vor Verlusten und der erwarteten Volatilität ab. Die einzelnen Instrumente werden vor allem an Over-the-Counter-Märkten gehandelt. Würde man anstelle von Derivaten die Währungen selbst kaufen, ginge dies zu Lasten der Anlageflexibilität. Es wäre dann beispielsweise schwieriger, eine negative Einschätzung über eine Währung (außer der eigenen) umzusetzen, die Transaktionskosten wären höher, und es müsste mehr Kapital in der Währungsoverlay-Strategie gebunden werden, das an anderer Stelle hätte verwendet werden können.

Die für die Implementierung einer Overlay-Strategie erforderlichen Mittel können beispielsweise durch den Verkauf von Anteilen an bestehenden Aktien- oder Rentenpositionen aufgebracht werden. Das Risikoprofil der ursprünglichen Asset-Allokation kann dann durch den Einsatz von Derivaten wiederhergestellt werden. In der Folge fallen dann die Erträge des aktiven Währungs-Overlays zusätzlich zu den Erträgen des vorhandenen Portfolios an (und treten nicht etwa an ihre Stelle). Dieses macht ein Overlay für Anleger sehr interessant, insbesondere wenn dadurch gleichzeitig die Portfoliodiversifikation so weit verbessert wird, dass trotz erhöhtem Renditepotential das Gesamtrisiko nur geringfügig steigt (Tabelle 4).

Tabelle 4: Ein Währungs-Overlay kann das Risiko-Ertrags-Profil auf Gesamtportfolioebene verbessern, ohne das Gesamtrisiko deutlich zu erhöhen.

	Ursprüngliches Portfolio	+ 0,5% Risiko	+ 1% Risiko	+ 1,5% Risiko	+ 2% Risiko
Risiko (%)	4,41	4,44	4,52	4,66	4,84
Erwarteter annualiserter Ertrag (%)	4,23	4,61	4,98	5,36	5,73
Sharpe Ratio	0,22	0,31	0,38	0,45	0,51

Asset-Allokation: 15 Prozent Euroraum-Aktien, 5 Prozent internationale Aktien exklusive Euroraum, 60 Prozent Euroraum-Staatsanleihen, 10 Prozent internationale Staatsanleihen exklusive Euroraum, 10 Prozent Euroraum-Immobilien

Annahmen: Das Währungs-Overlay ist unkorreliert mit dem bestehenden Portfolio und erzielt eine Information Ratio von 0,75. Der risikolose Zins beträgt 3,25 Prozent.

Währungs-Overlay-Strategien sind ausgesprochen vielseitig, da sie an die individuellen Anlegererfordernisse angepasst werden können. Die Vielfalt und Liquidität der Währungsmärkte ermöglicht es Währungsmanagern, in nahezu jedem gewünschten Umfang aktives Risiko einzugehen. Der durch einen Währungsoverlay zusätzlich erzielte Tracking Error auf Gesamtportfolioebene liegt heute in der Regel zwischen 50 und 200 Basispunkten.

6.2 Fondslösung

Inzwischen existieren hochvolatile Währungsfonds, deren aktive Risiken durchaus 40 Prozent betragen können, die die Implementierung einer Währungsstrategie erleichtern. Insbesondere wenn auf Gesamtportfolioebene ein geringes Risikobudget für Währungsrisiko vorgesehen ist, kann es sich anbieten, nur einen vergleichsweise kleinen Teil des Portfoliokapitals in einen solchen Fonds mit hohem Tracking Error anzulegen, um in einer kapitaleffizienten Art und Weise das gewünschte Risikoprofil umzusetzen. Des Weiteren bietet diese Fondslösung den Vorteil, dass der mögliche Verlust auf das eingesetzte Kapital begrenzt wird, was eventuelle Bedenken in Bezug auf den Einsatz von Leerverkäufen und Leverage innerhalb der Währungsstrategie mindert. Auch werden durch diese Umsetzungsalternative viele administrative Probleme für den Investor gelöst, bspw. im Zusammenhang mit dem Settlement von Währungsterminkontrakten, die ansonsten entstehen würden.

7 Schlussfolgerung

Anleger legen heute immer größeren Wert auf die regionale Streuung der Risiken und der Ertragsquellen in ihren Portfolios, um die Vorteile der Portfoliodiversifikation zu nutzen. Als Folge müssen sie bei der Optimierung ihrer Anlagenstruktur das entstehende Fremdwährungsrisiko berücksichtigen und eine strategische Absicherungsquote bestimmen. In diesem Zusammenhang werden Währungen zunehmend als eigenständige Assetklasse und wertvolle unkorrelierte Risikoquelle gesehen, mit denen durch aktives Währungsmanagement mögliche Zusatzrenditen erwirtschaftet werden können. Bewährte Investmentprozesse auf Basis unterschiedlicher Researchansätze und einer Vielzahl von Währungen, sowie der Verzicht auf Anlagerestriktionen haben dazu beigetragen, dass viele Währungsmanager bereits seit geraumer Zeit positive aktive Renditen erzielt haben. Diese sind nicht nur risikoadjustiert sehr hoch, sondern bieten auch zusätzlich den Vorteil, dass sie mit den Erträgen traditioneller Investments nur schwach korreliert sind. Durch das Angebot von Währungsfonds mit konzentriertem Risiko-Ertrags-Profil ist der Zugang zum aktiven Währungsmanagement einfacher geworden, so dass eine Vielzahl von Anlegern von dieser bislang vernachlässigten Ertragsquelle für ihre Portfolios profitieren kann.

Noël Amenc/Philippe Malaise/Lionel Martellini/
Daphné Sfeir

Portable Alpha- und Portable Beta-Strategien in der Eurozone
Implementierung von aktiven Asset-Allokation-Strategien unter Verwendung von Aktienindex-Optionen und -Futures

1 Einleitung 703
2 Nachweis der Vorhersagbarkeit im Euromarkt 704
3 Alpha-Generierung durch TAA-Entscheidungen im Euromarkt 707
4 Ökonometrischer Prozess 709
5 Zusammenfassung 720
Literaturverzeichnis

1 Einleitung

Während Stockpicking-Strategien im Prinzip darauf aus sind, offensichtlich vorhersehbare Ereignisse im Risiko von Einzelaktien auszunutzen, treffen die meisten Aktienmanager in Folge ihres Bottom-up-Wertpapier-Auswahl-Ansatzes oft Entscheidungen, die neben beabsichtigten Wetten auf Einzelaktienreturns auch ungewollte Wetten auf Märkte-, Sektoren- und Style-Returns beinhalten. Diese unbeabsichtigten Wetten sind unglücklich, da sie einen dramatischen – positiven oder negativen – Einfluss auf die Portfoliorendite haben können. Ihre Existenz steuert zudem ein nicht wünschenswertes Glückselement zum Prozess der Performancegenerierung bei. Betrachten sie zum Beispiel den Fall eines Long/Short-Aktienmanagers: Die überwiegende Mehrheit favorisiert Stockpicking als den einzuschlagenden Weg um Überrenditen zu generieren. Long/Short-Manager managen ihr Marktexposure im Allgemeinen nicht aktiv und die meisten von ihnen haben am Ende ein Übergewicht auf der Long-Seite. Dies ist z.B. aus der Korrelation des HFR Equity Hedge (ein wichtiger Index für Long/Short Hedgefonds-Manager) mit dem S&P500 ersichtlich, die sich auf 0,63 beläuft, basierend auf monatlichen Daten von 1990 – 2000. Das hängt damit zusammen, dass diese Manager, viele von ihnen ursprünglich Long-only-Fondsmanager, sich typischerweise leichter tun unterbewertete anstatt überbewerteten Aktien aufzuspüren. Diese Long-Ausrichtung, welche nicht das Ergebnis einer aktiven Wette auf einen Bullenmarkttrend, sondern vielmehr das Ergebnis eines Mangels an wahrgenommenen Gelegenheiten auf der Leerverkaufsseite ist, hat zweifellos einen großen Anteil der Performance dieser Manager in den ausgedehnten Bullenmarkt-Perioden der 90er Jahre erklärt. Jedoch hat diese Strategie ihre Performance in den letzten Jahren der Bärenmärkte empfindlich getroffen. In ähnlicher Weise ist bei Long/Short-Managern – sogar jenen, die sich Marktneutralität zum Ziel setzen – eine unbeabsichtigtes, zeitabhängiges Restexposure zu einer Reihe von Sektoren und Investmentstilen (Growth oder Value, Small Cap oder Large Cap) auszumachen, das sich aus ihren Bottom-Up-Stockpicking-Entscheidungen ergibt. Nachdem sehr wenige Manager sowohl markt- als auch faktor-neutral sind, ist es nicht verwunderlich wenn sich aus ihrer Performance nur ein sehr gestörtes Signal ihrer wahren Stockpicking-Fähigkeiten ablesen lässt. In diesem Beitrag zeigen die Autoren auf, wie Long/Short-Manager in der Eurozone sich die Derivatemärkte zu Nutze machen können, um ihre Asset- und Sektor-Allokations-Entscheidungen systematisch aktiv managen zu können und damit ihre Performance zu verbessern.

Eine erste mögliche Form einer aktiven Asset-Allokations-Strategie besteht darin den ursprünglichen aktiven Stockpicking-Entscheidungen eine Markt- und/oder Sektor Timing Alpha-Komponente hinzuzufügen. Long/Short-Manager können also Markt-Sektor oder Style-Timing in Abwesenheit von Vertrauen in ihr Geschick konsistente Performance durch Stockpicking zu generieren, als alternativen Weg wählen, Alpha zu generieren. Die Autoren stellen dar, wie ein reines Overlay-Portfolio zu gestalten ist, das darauf abzielt Überrenditen durch taktische Asset- und Faktor-Allokations-Entscheidungen auf den europäischen Märkten abzugreifen unter Benutzung von aktivem Beta-Management zur Generierung von (portablen) Alphas. Die Autoren konzentrieren sich dabei auf rein aktive Allokationsentscheidungen, implementiert durch Indexderivate, und studieren somit die Performance eines Overlays, das nicht von Stockpicking-Entscheidungen beeinflusst wird. Dies sollte der einzige Fokus eines Bottom-up-Managers sein.

Eine zweite mögliche Form einer aktiven Asset-Allokations-Strategie besteht darin, eine optionsbasierte Portfoliostrategie zu implementieren, deren einzige Zielsetzung darin besteht, das Risikoprofil der Asset-Allokations-Strategie des Portfolios zu modifizieren. Es ist bekannt, dass Optionen auf Aktienindizes dazu benutzt werden können, Returnverteilungen abzuschneiden mit dem Ziel, die besten und schlechtesten Ausreißer aus den Prognosefehlern der Manager zu eliminieren. In diesem Beitrag zeigen die Autoren, wie geeignet gestaltete Optionsstrategien dazu benutzt werden können, die Performance einer Markt-Timing-Strategie zu verbessern. Das Ziel ist dabei, ein Programm zu entwickeln, das systematisch auch in Zeiten ruhiger Märkte, die typischerweise Timing Strategien nicht entgegenkommen, Mehrwert generiert. Es wird dargelegt, wie aktive Portfoliomanager von geeignet zusammengestellten Derivate-Portfolios als Portable Beta Vehikel profitieren können.

Der Beitrag ist wie folgt strukturiert: Im ersten Abschnitt erfolgt der Nachweis einer Vorhersagbarkeit in den Euroland-Aktienmärkten. In Abschnitt zwei wird gezeigt, dass diese Vorhersehbarkeit systematisch ausgenutzt werden kann, um durch dynamisches Handeln in Index-Futures eine höhere Performance zu generieren. Im dritten Abschnitt legen die Autoren dar, dass Long/Short-Manager auch Optionen auf Aktienindizes nutzen können um Cut-Off-Return-Strategien zu implementieren, die darauf abzielen, die Performance zu verbessern und/oder das Risiko eines TAA-Programms zu reduzieren. Abschließende Bemerkungen finden sich im letzten Abschnitt.

2 Nachweis der Vorhersagbarkeit im Euromarkt

Es ist natürlich klar, dass perfekte Prognosen von Asset Returns unmöglich sind aber die meisten Finanzökonomen stimmen zumindest zu, dass kumulierte Aktien- und Bondreturns bis zu einem gewissen Maß vorhersagbar sind. Campbell[1] erklärt zum Beispiel in einem Überblicksaufsatz zum Stand der modernen Asset Pricing-Theorie, dass wenn Finanzökonomen typischerweise schon nicht an den Nutzen des Stockpickings glauben, sie doch im Allgemeinen den Nutzen von Timing-Entscheidungen auf der Basis einer vorhersagbaren Komponente in den Assetklassen-Returns anerkennen. Der Nachweis der Vorhersagbarkeit hält sogar beachtlichen Stufen statistischer Signifikanztests stand. Die meisten Finanzökonomen scheinen akzeptiert zu haben, dass kumulierte Returns eine wichtige vorhersagbare Komponente besitzen.

---

1 Vgl. Campbell (2000).

In diesem Abschnitt geben die Autoren einen Nachweis von In-Sample-Vorhersagbarkeit von Euro-Aktienreturns basierend auf voraussagenden Variablen, die potentiell sowohl rationale als auch verhaltensbedingte Elemente der Vorhersagbarkeit bei europäischen kumulierten Aktienreturns abdecken. Die Autoren benutzen als Benchmark den Dow Jones EURO STOXX 50 Index, welcher die Top 50 Blue Chip Aktien aus zwölf Eurolandstaaten beinhaltet. Es handelt sich dabei um einen Preisindex gewichtet gemäß der Freefloat-Marktkapitalisierung jeder Aktie. Der Wert des Index wird alle 15 Sekunden aktualisiert und veröffentlicht.

Um die Renditedifferenz zwischen dem DJ EURO STOXX 50 Index und dem Ein-Monat-LIBOR vorherzusagen, betrachten die Autoren ein Universum von bedeutsamen Variablen. Diese Variablen werden sowohl auf der Basis vorhergehender Indikation ihrer Möglichkeiten Assetreturns vorherzusagen ausgewählt als auch ihres natürlichen Einflusses auf Assetreturns.

Anstatt zu versuchen Hunderte von Variablen mit stufenweisen Regressionstechniken zu untersuchen was üblicherweise zu hohen In-Sample R^2- aber niedrigen Out-of-Sample R^2-Werten führt (Robustheitsproblem), wird gewöhnlich eine kurze Liste ökonomisch bedeutsamer variablen ausgewählt, von denen bekannt ist, dass sie einen natürlichen Einfluss auf Aktienrenditen haben.

Die meisten dieser Variablen finden sich in den folgenden drei breiten Kategorien:

1. **Variablen mit Bezug auf Zinssätze**

- Niveau der Zinsstrukturkurve, angenähert durch die Short Term Rate. Fama[2] und Fama Schwert[3] zeigen, dass diese Variable negativ korreliert ist mit zukünftigen Aktienmarktreturns. Sie dient als Proxy für die erwartete zukünftige ökonomische Aktivität.

- Steigung der Zinsstrukturkurve, angenähert durch den Spread: Eine steigende Zinsstrukturkurve signalisiert Erwartungen eines Anstiegs am kurzen Ende, was gewöhnlich mit einer wirtschaftlichen Erholung assoziiert wird.

2. **Variablen mit Bezug auf Risiko**

- Risikomenge, angenähert durch historische Volatilität (Intra-Monat-Volatilität von Aktienreturns) oder erwartete Volatilität (implizite Volatilität von Optionspreisen)

- Preis des Risikos, angenähert durch Credit Spreads von High Yield Debt: Diese Variable greift den Effekt der Default Prämien[4], die langfristige Konjunkturzyklen nachbilden, auf (höher während Rezessionen, niedriger während Boomphasen).

3. Variablen mit Bezug auf relativ gesehen preiswerte Aktien, angenähert durch Dividendenrenditen: Es konnte nachgewiesen werden, dass die Dividendenrendite mit einem langsamen Mean Reversion-Prozess bei Aktienreturns über mehrere öko-

---

2 Vgl. Fama (1981).
3 Vgl. Fama/Schwert (1977).
4 Vgl. Fama/French (1998).

nomische Zyklen assoziiert werden kann[5, 6, 7]. Sie dient als Proxy für die Variation der Zeit in der unbeobachtbaren Risikoprämie, da eine hohe Dividendenrendite anzeigt, dass Dividenden mit einem höheren Satz diskontiert wurden.

Es wird eine kurze Liste mit zusätzlichen Variablen angefügt, die bekanntermaßen einen natürlichen Einfluss auf Aktienreturns haben, darunter einen US Large Cap Index (S&P 500), ein Commodity Index (Goldman Sachs Commodity index) und einen Währungsindex (USD Major Currency Index). Schlussendlich listen die Autoren eine *Sentiment Variable*, ein Maß für das Ungleichgewicht zwischen Marktvolumen Put/Call wie zum Beispiel die Anzahl der Call- versus die Anzahl der Put-Optionen.

Die Autoren haben nicht nur Variablen, die sich mit dem europäischen Aktienmarkt beschäftigen, aufgenommen, sondern auch solche, die als Basis den US-Markt haben. Die Gründe: (1) Die Bedeutung der US-Aktienmärkte als Vorreiter für den weltweiten Aktienmarkt. (2) Einige der Variablen haben in den europäischen Märkten keine hinreichend lange Historie vorzuweisen. Insgesamt haben die Autoren ihr Augenmerk auf zehn Variablen gerichtet, von denen sich einige auf die europäischen, andere auf die US-Aktienmärkte konzentrieren (siehe Tabelle 1). Monatliche Daten zu diesen Variablen konnten via DataStream (Thomson Financials) über die Periode August 1994 bis Juli 2003 gesammelt werden. In einer ersten Analyse haben die Autoren In-Sample Regressionen von DJ EURO STOXX 50 Überrenditen gegenüber dem Ein-Monats-LIBOR laufen lassen. Die Resultate dieser Analyse können in Tabelle 1 eingesehen werden.

Tabelle 1: *Ausgewählte Variablen und ihre Wirkung auf Euro Aktien Returns mit einem Monat Verzögerung*[8]

Variable	Variablentyp	Koeffizient	t-Statistik	R-Quadrat
S&P 500	Momentum Aktie	−0.0027	−0.0192	0.00%
USD Major Currency Index	Momentum Währung	0.0015	15.497	1.81%
Goldman Sachs Commodity Index	Momentum Commodity	0.0006	23.612	3.57%
S&P 500 Dividend enrendite	Dividendenrendite	−0.0069	−0.0966	0.01%
FTSEuroFirst 80 Dividendenrendite	Dividendenrendite	0.0000	0.4407	0.22%
Default Spread US	Risiko (Preis)	0.0104	0.2880	0.08%
EURIBOR 3-Monat-Rate	Zins	0.0312	27.109	5.67%
Term Spread US (10 years - 3 months)	Zins	0.0006	0.0866	0.01%
Term Spread Euro (3 months - 10 years)	Zins	−0.0661	−0.1423	0.03%
Put/Call Ratio US (S&P 500 Index Optionen)	Sentiment	−0.0602	−20.811	2.37%

---

5 Vgl. Keim/Stambaugh (1986).
6 Vgl. Campbell/Shiller (1998).
7 Vgl. Farma/French (1998).
8 Diese Tabelle beinhaltet die Liste von Variablen, die darauf getestet wurden europäische Aktienreturns vorherzusagen. Darüber hinaus finden sich hier die Koeffizienten der Steigung, assoziierten t-Statistiken und R^2 einer einfachen Regression von DJ EURO STOXX 50 Überrenditen gegenüber dem Ein-Monats-LIBOR über die Periode August 1994 bis Juli 2003.

Aus dieser Analyse lassen sich eine Reihe von Erkenntnissen gewinnen. Erstens haben Variablen mit US-Bezug anscheinend keine signifikante Prognosekraft für Euro-Aktienindizes im Zeitrahmen von einem Monat. Einen Monat zurückliegende Werte von S&P Return und Dividendenrendite tauchen beispielsweise nicht in der Stichprobe als signifikant die Überrenditen des DJ EURO STOXX 50 Index beeinflussende Größen auf. Dies legt einerseits die Vermutung nahe, dass die Einwirkung der US-Aktienmärkte auf die europäischen Aktienmärkte mehr ad hoc ist und sich nicht mit einmonatiger Verzögerung vollzieht. Andererseits scheint das US-Put-Call-Verhältnis eine signifikante Prognosekraft in einem einfachen linearen Regressionsmodell zu haben. Zu den anderen signifikanten Variablen zählen die Commodity-Preise, die kurzfristige Euro Rate und der Währungsindex. Diese verübergehenden Resultate scheinen eine nachhaltige Vorhersagbarkeit der Euro-Aktienmärkte nahezulegen.

Es gibt jedoch eine Reihe von Gründen, warum man bei der Analyse noch einen Schritt weiter gehen sollte. Erstens mögen einige dieser Variablen vielleicht keine Prognosekraft im Zeitraum ein Monat Verzögerung haben, für einen anderen Betrachtungszeitraum jedoch bedeutsamer sein. Es ist wichtig zu betonen, dass ein Ein-Faktor-Linear-Modell aller Wahrscheinlichkeit nach nicht die beste Wahl ist. Es ist insbesondere möglich, dass ein nichtlineares Modell auf Basis mehrerer der oben erwähnten Variablen (inklusive solcher die in einem linearen Ein-Variablen-Modell nicht als bedeutsam erscheinen) sich in Bezug auf die Prognosekraft als signifikant erweist. Außerdem sollte die Vorhersagbarkeit auf Out-of-Sample-Basis getestet werden, mit einem Prozess, der darauf ausgelegt ist, den bestmöglichen Kompromiss zwischen der Güte des Fitting und der Robustheit zu finden. Das sind die Gründe, warum die Autoren sich als Nächstes einem verfeinerten Zugang zuwenden, um die Vorhersagbarkeit europäischer Aktienmärkte nachzuweisen.

3 Alpha-Generierung durch TAA-Entscheidungen im Euromarkt

In diesem Abschnitt wird gezeigt, wie ein verfeinerter und robuster ökonometrischer Ansatz zur Prognose von Aktienreturns zu implementieren ist und wie darauf basierend Long/Short-Portfolios zu bilden sind, deren Implementierung durch den Handel mit Index Futures erfolgt. Diese Strategie wird durch DJ EURO STOXX 50 Index Futures implementiert, für die seit Juni 1998 Daten vorliegen.

Ausgehend davon, dass wir einen Nachweis der Vorhersagbarkeit von Indexrenditen suchen mit dem Ziel eine TAA-Strategie zu implementieren , versuchen wir den besten Kompromiss zwischen Fitting und Robustheit zu finden. Betrachtet man insbesondere die umfangreiche Menge an Filtern die angewandt werden, um Faktoren und Modelle auszuwählen, gibt es natürlich Bedenken bei den Fußangeln des Data Mining. Die Autoren versuchen dieses Problem zu mildern, indem ein rekursiver Modellansatz verwendet wird.

Der rekursive Modellansatz besteht aus einem dreistufigen Prozess, der eine Kalibrierungs-, eine Trainings- und eine Handelsperiode umfasst. Dieser Prozess, der zum Beispiel von Pesaran und Timmerman[9] vorgeschlagen wurde, setzt direkt bei der Kritik von Bossaerts und Hillion[10] an, die nachgewiesen haben, dass In-Sample Kriterien nicht ausreichend sind um Out-of-Sample Information Ratios (IR) vorherzusagen. Für eine Prognose, die im Juli 2000 startet, wird zum Beispiel zunächst die Periode August 1994 bis Juli 2000 (sechs Jahre) in zwei Subperioden, eine Kalibrierungs- und eine Trainingsperiode zerlegt. In der Kalibrierungsperiode benutzen die Autoren ein vier Jahre rollierendes Datenfenster (mit Start August 1994), um das Modell zu kalibrieren, das heißt Koeffizienten zu schätzen. Für die Trainingsperiode wird ein zwei Jahre rollierendes Datenfenster (mit Start August 1998) benutzt, um das Modell zu backtesten, das heißt Prognosen zu generieren und Trefferraten zu berechnen. Schlussendlich wählen die Autoren das Modell zum Ende der Trainingsperiode und benutzen es daraufhin in der dreijährigen Handelsperiode (Juli 2000 bis Juli 2003).

In diesem Beitrag erweitern wir den rekursiven Modellansatz von Pesaran und Timmermann[11] um etwaige Modellunsicherheiten abzufedern. Pesaran und Timmermann wählen in jeder Periode nur eine Prognose, d.h. die vom besten Modell auf Basis eines genau festgelegten Auswahlkriteriums (wie adjustierter R^2, BIC, Akaike, Schwarz) generierten Prognose, die die Güte des Fit gegenüber dem Korsett der Spezifikation abwägt. Die Autoren folgen damit Granger[12] und benennen diesen Ansatz *einfache* Modellierung, da die Prognose für Überrenditen und entsprechend die Performance der Asset-Allokations-Strategie über die Zeit durch eine dünne Linie beschrieben werden. Eine Einschränkung einfacher Modellierung ist, dass Modellunsicherheit nicht in Betracht gezogen wird. In jeder Periode wird die Information aus den abgelehnten Modellen für die Prognose ignoriert. Ein natürlicher Ansatz Modellunsicherheit zu aufzufassen ist, von der Annahme der Existenz eines *wahren* Modells abzusehen und stattdessen verschiedene Modelle mit Wahrscheinlichkeiten zu versehen. Dieser Ansatz trägt den Namen „Bayesian Model Averaging"[13]. Die Bayes-Methodik enthüllt die Existenz von In-Sample und Out-of-Sample Vorhersagbarkeit von Aktienrenditen sogar dann, wenn gängige Modellauswahlkriterien bei der Demonstration der Out-of-Sample-Vorhersagbarkeit versagen.

Die größte Schwierigkeit bei der Anwendung des Bayesian Model Averaging bei Problemen wie dem vorliegenden liegt in der Spezifikation der vorausgehenden Verteilungen für Parameter in allen möglichen Modellen die von Interesse sind. Doppelhofer & Co[14] haben einen Ansatz namens „Bayesian Averaging of Classical Estimates" (Bayes-Durchschnittsbildung von klassischen Schätzern, BACE) verfolgt, der die Notwendigkeit der Spezifikation von Vorgängern überwindet durch die Kombination der Durchschnitte von Schätzungen über die Modelle (ein Bayes-Konzept) mit klassischer Kleinste-Quadrate-Schätzungen (Ordinary Least Squares, OLS). In einem verwandten

---

9 Vgl. Pesaran/Timmermann (1995).
10 Vgl. Bossaerts/Hillion (1999).
11 Vgl. Pesaran/Timmermann (1995).
12 Vg. Granger (2000).
13 Vgl. z.B. Avramov (2001).
14 Vgl. Doppelkofer/Miller/Sala-J-Martin (2000).

Researchfeld behaupten Aiolfi und Favero[15], dass Portfolio-Allokations-Strategien basierend auf fortgeschrittenen Modellierungsstrategien systematisch (d.h. im Schnitt über die Wahl verschiedener Portfolios basierend auf Prognosen von Überrenditen) Portfolio-Allokations-Strategien basierend auf einfachen Modellierungsstrategien outperformen. In diesem Beitrag wenden die Autoren den BACE-Ansatz an, indem zu jedem Zeitpunkt im Gegensatz zur Verwendung eines einzelnen Modells ein *Rat* von Modellen einberufen wird, um Prognosen zu treffen. Dies legt nahe, dass die meisten Long/Short-Manager eine ähnliche Methodik zur Steigerung der Performance ihrer Portfolios verwenden können, ohne sich auf die angeblich überragende Performance eines spezifischen Prognosemodells verlassen zu müssen.

Die Autoren erklären nun im Detail den ökonometrischen Prozess, den sie implementiert haben.

4 Ökonometrischer Prozess

Um DJ EURO STOXX 50 Index Überrenditen vorherzusagen, benutzen die Autoren die zehn zuvor erwähnten Variablen. Es wird nicht nur die Erklärungskraft der Ein-Monats-Lag $Z_{i,t-1}$ getestet, sondern auch der quadrierten $Z_{i,t-1}$ (ein Mass der Volatilität), des Moving Average $\frac{1}{3}Z_{i,t-1} + \frac{1}{3}Z_{i,t-2} + \frac{1}{3}Z_{i,t-3}$, der relativen Änderungen $\ln Z_{i,t-1} - \ln Z_{i,t-2}$ (wenn relevant) sowie der stochastischen Trendgröße $Z_{i,t-1} - \frac{1}{12}(Z_{i,t-2} + Z_{i,t-3} + Z_{i,t-13})$.

Da die Autoren glauben, dass Prognosen der Richtung wesentlich robuster sind als absolute Werte, favorisieren sie einen logistischen Wahrscheinlichkeitseinheits (Logistic Probability Unit, Logit)-Ansatz gegenüber den standard-linearen Regressionsmodellen. Logit-Modelle benutzen in der Tat weniger Information als das OLS-Modell, weil die abhängige Variable anstatt der kompletten Bandbreite an positiven und negativen Returns lediglich den Wert Eins oder Null annimmt. Ein weiteres Feature der Logit-Schätzung ist, dass sie eine nichtlineare Transformation der Inputdaten vornimmt, was den Einfluss von Ausreißern schwächt. Geht man davon aus, dass Ausreißer und verrauschte Daten eine ernste Quelle der Besorgnis für FinanzPrognosen darstellen, sollten Logit-Modelle lineare Modelle outperformen.

In dieser Klasse von Modellen kann die abhängige Variable y (Überrendite des DJ EURO STOXX 50 Index gegenüber dem Ein-Monats-LIBOR) nur zwei Werte annehmen, 1 (bedeutet positiv) oder 0 (bedeutet negativ). Eine einfache lineare Regression von y auf einen Satz von variablen x ist nicht angemessen, da u.a. das implizite Modell der bedingten Erwartung unangemessene Restriktionen an die Residuen des Modells stellt. Darüber hinaus ist der gefittete Wert der abhängigen Variable aus einer einfachen linearen Regression nicht auf das Intervall zwischen Null und Eins beschränkt.

---

15 Vgl. Aiolfi/Favero (2002).

Stattdessen nehmen die Autoren eine Spezifikation vor, die so gestaltet ist, dass sie in der Lage ist, die speziellen Erfordernisse von binär abhängigen Variablen zu handhaben. Wir modellieren die Wahrscheinlichkeit dafür, dass der DJ EURO STOXX 50 Index den 1-Monat-LIBOR outperformt als

$$\Pr(y=1|x;\beta) = \frac{e^{-x'\beta}}{(1+e^{x'\beta})} \qquad (1)$$

wobei x der Vektor der unabhängigen Variablen sei, die aus der Menge der zehn möglichen vorhersagenden Variablen ausgewählt werden. b ist der Vektor der Parameter. Die Standardabweichungen der Koeffizienten werden via Quasi-Maximum-Likelihood-Methoden geschätzt, die sich bei Gegenwart von Heteroskedastizität als robuster erwiesen haben[16].

Der nächste Schritt beinhaltet die Wahl derjenigen Modelle, die zur Prognose der DJ EURO STOXX 50 Überrenditen benutzt werden. Der Prozess der Modellauswahl basiert auf zwei Typen von Indikatoren. Indikatoren vom Typ 1 stellen die In-Sample Performance des Prognose-Modells dar, gemessen via t-Statistik und Schwartz Informationskriterium (SIC). Das SIC erlaubt es einem die verschiedenen Modelle härter für die Anzahl der Freiheitsgrade zu bestrafen als das adjustierte R-Quadrat. Um die Konfidenz in die Robustheit des Modells zu erhöhen, betrachten wir keine Modelle mit mehr als 4 Variablen. Indikatoren vom Typ 2 repräsentieren die Out-of-Sample-Prognosekraft gemessen in Form der Trefferrate (Genauigkeit der Richtung).

Während der Handelsperiode gibt es einen dynamischen Modellupdateprozess. Zu jeden Zeitpunkt wählen wir eine Gruppe von Modellen nach den folgenden Kriterien aus: (1) Alle Variablen des Modells sind auf dem fünf Prozent Konfidenzniveau signifikant. (2) Sie waren in 95 Prozent der Fälle während den letzten zwölf Monaten auf den fünf Prozent Konfidenzniveau signifikant. (3) Die Trefferraten in den Trainingsstichproben sind höher als 0,55. Kriterium (1) stellt sicher, dass wir ein gültiges Modell auswählen. Kriterium (2) stellt sicher, dass das Modell sich über die Zeit als robust erwiesen hat. Kriterium (3) stellt sicher, dass das Modell eine minimale Fähigkeit besitzt, eine korrekte Prognose zu treffen. In einem letzten Schritt werden schließlich redundante Modelle aus der Liste der gewählten Modelle eliminiert. Genauer gesagt erlauben wir keine Modelle, die eine 100 Prozent Übereinstimmung in der Trainingsperiode hatten, Mitglied desselben *Rats* zu sein.

Wir benutzen den hier gezeigten ökonometrischen Prozess, um Prognosen über Überrenditen für den DJ EURO STOXX 50 Index zu generieren und implementieren optimale Handelsentscheidungen bezüglich DJ EURO STOXX 50 Index Futures konsistent mit den ökonometrischen Prognosen.

In einem fortgeschrittenen Modellansatz besteht die Aufgabe darin zu jedem Zeitpunkt n potenziell widersprüchliche Prognosen zu treffen. Im Rahmen der Logit-Regression bestehen Prognosen aus der Wahrscheinlichkeit, dass Aktien Cash outperformen.

---

16 Vgl. White (1980).

pi sei die Wahrscheinlichkeitsprognose für Modell i. Zwei interessante Zahlen in diesem Zusammenhang sind die durchschnittliche Wahrscheinlichkeitsprognose und die Standardabweichung der Prognose.

$$m_p = \frac{1}{n} \sum_{i=1}^{n} w_i p_i \qquad (2$$

$$\sigma_p = \sqrt{\frac{1}{n} \sum_{i=1}^{n} w_i (m_p - p_i)^2} \qquad (3)$$

wobei w_i das mit Modell i assoziierte Gewicht ist. Dieses Gewicht kann als die wahrgenommene Fähigkeit des Modells zur Prognose fungieren. In Anbetracht dessen, dass in unserem Kontext kein relevantes Gewichtungsschema verfügbar ist, setzen wir diese Gewichte gleichermaßen auf 1/n.

Die Prognoseregel lautet folgendermaßen: Ist mp größer als 50 Prozent, prognostizieren die Modelle im Rat im Schnitt, dass der DJ EURO STOXX 50 Index die Ein-Monats-LIBOR-Rate outperformt. Der Konfidenzbereich dieser Prognose ist eine Funtion davon, wie weit der Wert mp im Schnitt um 50 Prozent streut. Wir unterscheiden insbesondere zwei Arten von Fällen: Fälle, in denen die durchschnittliche Prognosewahrscheinlichkeit mehr als eine Standardabweichung von 50 Prozent entfernt liegt (geringe Konfidenz) und Fälle in denen das Gegenteil eintritt (hohe Konfidenz). Die Resultate, die wir im Zeitraum Juli 2000 bis Juni 2003 erhielten, sind in Tabelle 2 zusammengefasst. Die Nullhypothese der Nicht-Prognostizierbarkeit kann auf dem Konfidenzniveau 2,5 Prozent abgelehnt werden: Die durchschnittliche Trefferrate in der betrachteten Periode ist mit 2/3 signifikant größer als 50 Prozent.

Im Kontext des Standard-TAA wechselt die Strategie Portfoliogewichte dynamisch zwischen den zwei Assetklassen Aktien (wie z.B. DJ EURo STOXX 50) und Cash (Ein-Monats-LIBOR). Es sollte betont werden, dass Portfolioentscheidungen mit der Wahl einer Benchmark konsistent sein müssen. Es gibt im Moment drei mögliche Benchmarks und korrespondierende Portfolioprozesse für eine TAA-Strategie.

- **Fall 1:** Die Benchmark ist 100 Prozent Cash. Die Aktienquote rangiert von –50 Prozent bis 50 Prozent was Short Selling bei einer Quote < 0 Prozent notwendig macht.

- **Fall 2:** Die Benchmark ist 100 Prozent DJ EURO STOXX 50. Die Aktienquote liegt im Intervall [100% – y Prozent; 100% + y%]. Dies erfordert Leveraging bei einer Aktienquote > 100 Prozent.

- **Fall 3:** Die Benchmark ist 50 Prozent DJ EURO STOXX 50 und 50 Prozent Cash. Die Aktienquote liegt im Intervall [50% – y%; 50% + y%]. Solange y < 50 Prozent ist in diesem Fall weder Short Selling noch Leveraging notwendig.

Tabelle 2: Ökonometrische Prognosen für eine TAA-Strategie.[17]

Zeitpunkt	Anzahl der Modelle	Durchschnittl. t-Statistik	P(y>0)	Sigma	Trefferrate
Jul 00	2	2,55	57,48%	8,12%	0
Aug 00	3	2,57	56,81%	10,73%	1
Sep 00	4	2,79	52,69%	12,93%	0
Oct-00	4	2,66	47,45%	10,70%	0
Nov 00	4	2,54	47,98%	13,11%	1
Dez 00	4	2,43	41,96%	13,50%	1
Jan 01	4	2,34	44,89%	11,96%	1
Feb 01	4	2,39	44,19%	4,79%	1
Mrz 01	3	2,30	45,77%	10,68%	1
Apr 01	3	2,55	50,99%	25,59%	1
Mai 01	3	2,57	79,42%	5,96%	0
Jun 01	1	2,21	79,24%	0,00%	0
Jul 01	2	2,57	17,83%	2,40%	1
Aug 01	3	2,54	48,67%	5,73%	1
Sep 01	3	2,50	61,92%	5,37%	0
Oct-01	5	2,80	56,66%	43,18%	1
Nov 01	4	2,73	48,35%	36,72%	0
Dez 01	3	2,56	23,61%	24,86%	1
Jan 02	5	2,84	3,21%	3,90%	1
Feb 02	4	2,82	4,70%	2,21%	0
Mrz 02	4	2,73	4,70%	5,42%	1
Apr 02	4	2,65	14,52%	15,63%	1
Mai 02	4	2,77	19,28%	12,72%	1
Jun 02	7	2,60	36,99%	11,79%	1
Jul 02	9	2,60	30,52%	14,57%	1
Aug 02	9	2,65	37,87%	8,53%	0
Sep 02	8	2,68	28,49%	14,17%	1
Oct-02	8	2,85	27,05%	8,07%	0
Nov 02	8	2,67	44,04%	17,80%	1
Dez 02	9	2,57	28,77%	7,20%	1
Jan 03	11	2,56	22,73%	13,02%	1
Feb 03	13	2,72	19,15%	21,53%	1
Mrz 03	13	2,65	27,72%	29,62%	0
Apr 03	16	2,55	76,46%	28,17%	1
Mai 03	14	2,70	74,49%	20,19%	1
Jun 03	16	2,81	68,43%	24,36%	

17 In Spalte 2 findet sich zu jedem Zeitpunkt die Anzahl der Modelle in jedem Rat nach der Anwendung diverser Filter. Spalte 3 gibt Auskunft über über den t-Statistik-Level über die Modelle und Variablen. Spalte 4 enthält die durchschnittliche Prognosewahrscheinlichkeit – ist sie größer als 50 Prozent lautet die Prognose auf Outperformance des Ein-Monats-LIBOR durch den DJ EURO STOXX 50 Index. Spalte 5 enthält ein Streuungsmass der Prognosen verschiedener Modelle (Standardabweichung der Prognosewahrscheinlichkeit). Spalte 6 gibt die Trefferraten an (1 wenn die korrekte Richtung prognostiziert wird, 0 sonst).

Die Variable y erlaubt die Kontrolle der Aggressivität der Strategie, abhängig vom Konfidenzniveau und/oder den Einschränkungen des Investors.

In diesem Beitrag beschreiben die Autoren die Performance dieser drei Strategien. In allen Fällen implementieren sie eine Entscheidungsregel, die das Leverage-Niveau als Funktion der Konfidenz im Prognosemodell ausweist. Unser Konfidenzmaß bei der Prognose ist eine Funktion der Entscheidung ausgewählter Modelle des Rats. Wir benutzen die folgende Regel um im Fall 1 die optimale Aktienquote festzulegen. Man beachte, dass Fall 2 (bzw. Fall 3) entsteht wenn man die Aktienquote von Fall 1 um 100 Prozent (bzw. 50 Prozent) aufstockt.

- Ist die durchschnittliche Prognosewahrscheinlichkeit mehr als eine Standardabweichung von 50 Prozent entfernt, interpretieren die Autoren das als Signal höherer Konfidenz in die Vorhersage und allokieren Aktien gemäß mp-50 Prozent und Cash gemäß 100 Prozent-(mp-50 Prozent) = 150 Prozent-mp.

- Ist die durchschnittliche Prognosewahrscheinlichkeit weniger als eine Standardabweichung von 50 Prozent entfernt, interpretieren die Autoren das als Signal niedrigerer Konfidenz in die Vorhersage und allokieren Aktien gemäß (mp-50 Prozent)/2 und allokieren Cash gemäß 100 Prozent-(mp-50 Prozent)/2 = 125 Prozent-mp/2.

Wir haben also eine aggressivere Version des Portfolioprozesses getestet, bei der die Aktienquote je nach Konfidenz 2(mp-50 Prozent) bzw. (mp-50 Prozent) beträgt. Tabelle 3 zeigt eine Übersicht der Ergebnisse.

Tabelle 3: Performance der TAA-Strategien[18]

Benchmark	1-Monat-Libor			DJ EURO STOXX 50			50% 1-Monat-Libor + 50% DJ EURO STOXX 50		
	Benchmark	Weniger aggressiv	aggressiver	Benchmark	Weniger aggressiv	aggressiver	Benchmark	Weniger aggressiv	aggressiver
Kumulativer Return	12.12%	27.52%	43.67%	-52.65%	-43.43%	-33.15%	-25.12%	-12.38%	-5.48%
Annualisierter Return	3.82%	8.28%	12.74%	-21.43%	-16.39%	-11.35%	-8.80%	-3.91%	-1.46%
Annualisierte Volatilität	0.25%	5.55%	11.13%	25.73%	22.45%	20.22%	12.84%	10.08%	9.19%
Sharpe Maß	NA	0.804	0.801	-0.981	-0.900	-0.750	-0.983	-0.766	-0.574
% Negative Return	NA	13.89%	13.89%	61.11%	61.11%	61.11%	38.89%	47.22%	61.11%
Max Drawdown/ Monat	NA	-3.39%	-7.04%	-15.37%	-13.31%	-13.28%	-7.55%	-6.56%	-8.38%
Annualisierter Tracking Error	NA	NA	NA	NA	5.61%	11.22%	NA	5.64%	9.63%
Information Ratio	NA	NA	NA	NA	0.898	0.449	NA	0.869	0.763

Die ökonomische Signifikanz der Timing-Strategie ist aus der Outperformance des Portfolios ersichtlich. Im Fall 1 einer Absolute Return-Strategie mit einer 100 Prozent Cash Benchmark ist z.B. die annualisierte Performance 8,28 Prozent bei einer Volatilität von 5,55 Prozent. Diese Zahl braucht auch den Vergleich mit einem Market Neutral Hedgefonds nicht zu scheuen.

Im Interesse des Realismus komplettieren die Autoren die eben erhaltenen ersten Resultate der oben genannten Simulation mit einem Backtest unter der Verwendung

---

18 Diese Tabelle enthält Informationen zur Performance verschiedener TAA-Strategien während der Periode Juli 2000 bis Juni 2003 mit drei verschiedenen Benchmarks und zwei Aggressivitätsstufen. „NA" erscheint wenn das jeweilige Performancemaß nicht auf ein bestimmtes Portfolio anwendbar ist.

von Index Futures, Transaktionskosten sowie Administrierungs- und Managementgebühren. Solch ein Zugang hat den Vorteil den tatsächlichen Marktbedingungen sehr nahe zu kommen. Die Autoren fokussieren sich auf die weniger aggressive Strategie im Fall 1. Das erlaubt uns eine bessere Einschätzung des Werts der reinen übertragbaren Performance einer Timing-Strategie basierend auf den Prognosen.

Die nachfolgenden Resultate wurden von einem TAA-Portfolio generiert, das zum Ziel hat den Ein-Monats-LIBOR signifikant outzuperformen und gleichzeitig eine niedrige Volatilität aufzuweisen. Aus dieser Perspektive haben wir circa 90 Prozent des ursprünglichen Kapitals in Geldmarktfonds investiert. Unsere taktischen Wetten resultierten einmal im Monat im Kauf oder Verkauf von DJ EURO STOXX 50 Index Futures (FESX). Der Backtest wurde mit folgenden Daten und Trading-Regeln implementiert:

- **Bestände in der Periode:**
    - 90 Prozent der Gelder (nach Abzug von Liquidität zur Bedienung von Margins und Sicherheiten) permanent in Geldmarktfonds investiert.
    - Gehandelte Futures: DJ EURO STOXX 50 Futures gelistet an der EUREX (FESX).
    - Maximales Leverage in der Periode: 1,52 (Durchschnitt 1,17).
- **Trading-Regeln des Backtests:**
    - Bekanntgabe der Empfehlungen am siebten Werktag jeden Monats.
    - Orderausführung zum letzten gehandelten Preis des ersten Werktags nach Bekanntgabe der Empfehlungen.
- **Gebühren:**
    - Admingebühren von 54 bps pro Jahr (gesettled auf monatlicher Basis).
    - Managementgebühren von 90 bps pro Jahr (gesettled auf monatlicher Basis).
    - Standard-Transaktionskosten für Futures.

Die Bestände in DJ Euro Stoxx 50 Futures wurden einmal pro Monat rebalanced. Tabelle 4 zeigt einen Überblick über die Resultate.

Tabelle 4: *Performance der TAA-Strategien[19]*

	Referenzportfolio	Simulation mit Indizes	Backtest
Kumulativer Return	12,12%	27,52%	22,98%
Annualisierter Return	3,82%	8,28%	7,07%
Annualisierte Volatilität	0,25%	5,55%	5,57%
Sharpe Maß	NA	0,80	0,58
% Negative Return	NA	13,89%	16,67%
Max Drawdown/ Monat	NA	-3,39%	-3,04%

Die Resultate zeigen, dass das Vorhandensein von Trading-Kosten und verschiedener Gebühren die Performance der Trading-Strategie nicht nachhaltig beeinflusst. Das zeigt, dass Index-Futures eine natürliche Wahl zur Implementierung einer Timing Strategie darstellen, da die Tradingkosten hier sehr niedrig sind. Der annualisierte Return sinkt von 8,28 Prozent auf 7,07 Prozent während die Volatilität nicht beeinflusst wird.

Während Long/Short-Manager Index-Futures zur Reduzierung der Portfoliovolatilität verwenden können, können Index-Optionen auch zur Implementierung von Cut-off-Return-Strategien verwendet werden, die darauf abzielen die Performance zu verbessern und/oder das Risiko des TAA-Programms zu reduzieren durch Bereinigung des Track Records eines Fonds um die Return-Ausreißer nach unten. Es ist z.B. klar, dass das Hinzufügen von aus dem Geld liegenden Put-Optionen bei einem Long-only-Portfolio ein effizientes ex-ante-Management von extremen Risiken erlaubt. Im Folgenden zeigen die Autoren, dass die Verwendung eines Optionsoverlay auch die Rendite erhöhen kann, was ein zusätzliches Plus neben der Standard-Risikoreduktion darstellt.

Trendfreie Perioden des Marktzyklus stellen typischerweise schwierige Marktbedingungen für TAA-Strategien dar. Das liegt an einer Reihe von Gründen. Erstens ist es im Gegensatz zu kleinen Änderungen in Trends die leicht als Rauschen interpretiert werden können, natürlich leichter signifikante Marktbewegungen zu prognostizieren. Außerdem – sollte der Markt eine Reihe von kurzfristigen Reversals innerhalb der Ein-Monats-Periode erleben, wird die Modellprognose basierend auf Daten des letzten Monats bei der Vorhersage der korrekten Richtung versagen. Schlussendlich sind die Modellprognosen – selbst wenn korrekt – von geringem Nutzen wenn der Spread des risikobehafteten Assets im Vergleich zum risikofreien Zins gering ist. Aus diesen Gründen performed selbst eine gute TAA-Strategie in Zeiten niedriger Volatilität schwach (nur unwesentlich besser als der risikofreie Zins).

Die Autoren zeigen nun, wie geeignete Optionsstrategien zur Verbesserung der Performance einer TAA-Strategie genutzt werden können. Die Zielvorgabe lautet, ein Programm zu entwickeln, das in Zeiten ruhiger Märkte kontinuierlich Mehrwert generiert und gleichzeitig nicht die Fähigkeit der TAA beeinflusst in Zeiten hoher Volatilität Mehrwert zu generieren. Das bedeutet, dass das Programm während tur-

---

19 Diese Tabelle enthält Informationen zur Performance der TAA-Strategien mit einer Benchmark investiert in Cash und Handel mit Index-Futures. „NA" erscheint wenn das jeweilige Performancemaß nicht auf ein bestimmtes Portfolio anwendbar ist.

bulenter Marktszenarios, die typischerweise zu TAA-Profiten führen, verlieren darf. Im Folgenden untersuchen wir die Einbindung von Optionspositionen in ein Portfolio, dessen Charakteristik diese gewünschten Eigenschaften haben soll.

Damit die Strategie in Zeiten niedriger Volatilität gut performed, muss mit Short-Positionen in Optionen gearbeitet werden. Angenommen, der DJ EURO STOXX 50 Index befinde sich auf einem normalisierten Niveau von 100. Nehmen wir weiter an, wir verkaufen eine Calloption mit einem Strike von 110 sowie eine Putoption mit einem Strike von 100. Eine derartige Strategie – auch bekannt als Top Strangle – erlaubt es dem Investor eine Short-Position in Volatilität einzunehmen. Durchläuft der Markt eine ruhige Phase mit einem Indexstand zwischen 90 und 110 wird keine der Optionen ausgeübt und das Optionsportfolio generiert einen Mehrwert durch den Zeitablauf.

Formal ist das aus einem Standard Optionspreismodell wie dem Black Scholes Merton-Modell ersichtlich, das sich für eine Plain Vanilla europäische Call-Option wie folgt darstellt:

$$C_t = S_t \times \acute{I}(d) - e^{-r(T-t)} K \times N(d - \sigma \sqrt{T-t}) \tag{4}$$

wobei

$$d = \frac{\log \frac{S_t}{K} + (r + \frac{1}{2}\sigma^2)(T-t)}{\sigma \sqrt{T-t}} \tag{5}$$

mit folgender Notation: C ist der Preis des Calls, S der Preis des Underlying, K der Strikepreis, r der risikofreie Zins, s die Volatilität und T die verbleibende Zeit. Wir erinnern noch an die Sensitivität des Call-Preises auf die Zeit:

$$\Theta = \frac{\partial C}{\partial t} = -\left[\frac{S\sigma}{2\sqrt{T-t}} N'(d) + K e^{-r(T-t)} N(d)\right] \tag{6}$$

Aus Gleichung (6) ist ersichtlich, dass die Sensitivität auf die Zeit (Theta) einen negativen Wert hat, was auch für eine Put-Option zutrifft. Das macht insofern Sinn, da das Verstreichen der Zeit einen Verlust des Zeitwerts der Option impliziert. Daraus folgt, dass ein Portfolio mit Shortposition in Optionen (Calls und Puts) ein positives Theta hat und somit im Zeitablauf automatisch Profit abwirft, vorausgesetzt die Optionen bleiben aus dem Geld und werden nicht ausgeübt.

Das Short-Option-Portfolio sollte zwar in Zeiten niedriger Volatilität Performance generieren wenn TAA-Strategien im Allgemeinen keine starke Outperformance zeigen. Es bleibt jedoch das Risiko einer starken Marktbewegung und der damit verbundenen Ausübung einer der beiden Optionen was eine negative Auswirkung auf die Performance der TAA-Strategie hätte. Um sowohl vom Nutzen der Risikoreduktion als auch der Returnerhöhung zu profitieren kann man eine dynamische Hedge-Strategie mit Indexfutures auf das Options-Overlay anwenden. Aus Transaktionskostengründen hedgen wir das Risiko der Short-Positionen der Optionen durch Hinzunahme von Long-

Positionen weiterer Optionen die noch weiter aus dem Geld sind. Im vorigen Beispiel würden wir also etwa Puts und Calls mit Strikes 80 und 120 kaufen. Solche Strategien nennen sich Bottom Strangle. Entscheidet man sich hier für eine längere Restlaufzeit (z.B. 45–90 Tage gegenüber 30–35 Tage) hätte das gesamte Optionsportfolio immer noch ein positives Theta und würde im Zeitablauf Mehrwert generieren und gleichzeitig eine Schutzfunktion übernehmen, sollte der Index den Bereich [80;120] verlassen.

In Abbildung 1 sehen wir das typische Profit-Loss-Diagramm dieses Optionsportfolios als Funktion des Wertes des Underlying zum Ausübungszeitpunkt. Aus Gründen der Einfachheit sollen hier alle Optionen dasselbe Verfallsdatum haben. Wie man sieht, erzeugt diese Strategie einen Mehrwert wenn das Underlying sich nicht weit vom derzeitigen Wert wegbewegt. Andererseits ist der Verlust bei einer starken Bewegung limitiert.

Abbildung 1: *Gewinn und Verlust des Option Overlay-Portfolios als Funktion vom terminalen Wert ST des Index*[20]

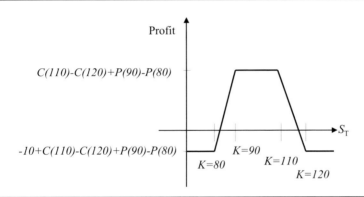

Im Folgenden implementieren die Autoren eine Options-Overlay-Strategie, die diese Bedingungen erfüllt. Insbesondere wählen wir jeden Monat Optionen auf den DJ EURO STOXX 50 Index mit Strikepreisen, die symmetrisch um den Am-Geld-Level verteilt sind. Die Entscheidungsregel lautet wie folgt:

- Für jeden Monat m werden die zu verkaufenden, kurzlaufenden Call und Put Optionen (die im Monat m+1 auslaufen) so gewählt, dass der Strike dem derzeitgen Indexpreis + 50 am nächsten liegt (im Fall der Call-Option) bzw. dem derzeitigen Indexpreis − 50 (in Fall der Put-Option). Gleichzeitig werden für jeden Monat m, die zu kaufenden, länger laufenden (die im Monat m+2 auslaufen) Calls und Puts so gewäht, dass der Strike dem derzeitigen Indexpreis +100 (Call) bzw. Indexpreis −100 (Put) am nächsten kommt.

---

20 The Notation C(K) (bzw. P(K)) steht für die jeweilige Optionsprämie für den Call bzw. Put.

- Die Mengen der Top und Bottom Strangle-Strategien sind so optimiert, dass das Net Theta der Gesamtposition maximiert, während gleichzeitg eine Dollar-Neutral-Beschränkung erfüllt ist. Demzufolge kann sich die Auszahlung von der gleichgewichteten Darstellung in Tabelle 5 unterscheiden – gleichzeitig wird die Nebenbedingung eingehalten, dass die *Size* des Bottom Strangle mit der *Size* des Top Strangle übereinstimmt, was einen geeigneten Hedge von extremen Risiken darstellt. Ein derartiges Optionsportfolio könnte beispielsweise so aussehen: 100 Short Puts mit Laufzeit 30 Tage und Strike 90, 150 Short Calls mit Laufzeit 30 Tage und Strike 110, 100 Long Puts mit Laufzeit 90 Tage und Strike 80 sowie 150 Long Calls mit Laufzeit 90 Tage und Strike 120.

Die Options-Overlay-Strategie muss jetzt nur noch richtig skaliert und der dahinterstehenden TAA Strategie angepasst werden. Der durchschnittliche Leverage des TAA Portfolios ist 1,17 über die Periode (siehe entsprechende Backtestergebnisse in Tabelle 4). Die Autoren gestalten das Options-Overlay derart, dass der Leverageeffekt bis auf Rundungsfehler dieser Zahl entspricht. Wir erhalten Theta und Delta Schätzungen aus dem Black Scholes Modell nachdem implizite Volatilitätsschätzungen aus Optionspreisen (Settlements) gewonnen wurden. Es wird dann zu Beginn jeden Monats ein systematisches Rebalancing durchgeführt, d.h. Positionen zu Beginn des Monats m werden zu Beginn des Monats m+1 systematisch geschlossen. Tabelle 5 zeigt die Performance dieser Options-Overlay-Strategie bei Hinzufügung zu einer TAA-Strategie mit Handel in Futures und einem wenig aggressiven Ansatz. (Siehe letzte Spalte von Tabelle 5).

Tabelle 5: Auswirkung einer Option-Overlaystrategie[21]

	Benchmark Libor	TAA mit Optionen	TAA ohne Optionen
Kumulierter Return	12,12%	27,51%	22,98%
Annualisierter Return	3,82%	8,28%	7,07%
Annualisierte Standardabweichung	0,25%	5,58%	5,57%
Sharpe-Maß	NA	0,8	0,58
Downside Risk (3.00%)	NA	4,78%	4,46%
Sortino (3.00%)	NA	1,10	0,91
% Negative Returns	NA	13,89%	16,67%

Wie aus Tabelle 5 und Abbildung 2 ersichtlich, erweist sich das Options-Overlay als returnverbessernd – im Beispiel sind das ein Plus von 121 Basispunkten ohne dabei das Risiko zu erhöhen (annualisierte Volatilität 5,58 Prozent vs. 5,57 Prozent, Downsideabweichung 4,78 Prozent versus 4,46 Prozent, monatlicher Drawdown –2,95 Prozent versus –3,04 Prozent).

---

21 Diese Tabelle enthält Informationen über die Auswirkung eines Options-Overlays auf ein TAA Portfolio. „NA" erscheint wenn das jeweilige Performancemaß nicht auf ein bestimmtes Portfolio anwendbar ist.

Abbildung 2: Kumulierter Return der TAA-Strategie mit und ohne Options-Overlay

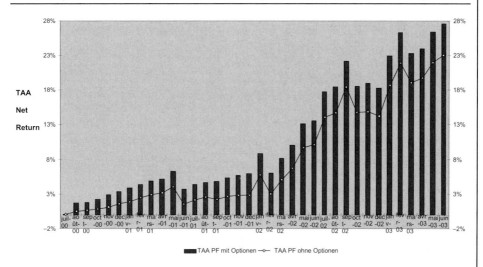

Ein besseres Verständnis darüber wie das Options-Overlay die Performance der TAA-Strategie verbessern kann wenn diese nicht aufgeht, gibt folgende Aufstellung – die Performance verbessert sich in

- 68,75 Prozent der Fälle, wenn der absolute Wert des Returns des TAA Portfolios unter 50 bps liegt,
- 71,43 Prozent der Fälle, wenn das Konfidenzniveau der TAA-Strategie niedrig ist (durchschnittliche Prognosewahrscheinlichkeit weniger als eine Standardabweichung von 50 Prozent entfernt – siehe Tabelle 2),
- 80 Prozent der Fälle, wenn der absolute Wert der Überrendite des DJ EURO STOXX 50 über 1-Monat-Libor kleiner als 50 bps ist.

Insgesamt erweisen sich unsere Ergebnisse als konsistent mit der Intuition, dass Portable Beta-Strategien benutzt werden können, um die Performance einer Market Timing-Strategie signifikant zu verbessern.

5 Zusammenfassung

In diesem Beitrag zeigten die Autoren, wie Portfolio-Manager, die Mehrwert generieren wollen aufgrund von Wetten auf bekannte Risiken zu denen verlässliche Views bestehen, von geeigneten derivativen Overlay-Portfolios profitieren können. Diese Portfolios basieren auf aktiven Assetallokationsentscheidungen können verwendet werden entweder als alleinstehende absolute Alpha-Returngeneratoren oder als maßgeschneiderte Overlay-Portfolios die dem Manager helfen, das Exposure seiner Portfolios zu ungewollten Risiken dahingehend zu verändern, dass Wetten darauf minimiert werden.

Unter Benutzung eines robusten ökonometrischen Prozesses hat sich ein statistisch signifikanter Nachweis der Prognostizierbarkeit der DJ EURO STOXX 50 Überrenditen in der Periode Juli 2000 bis Juni 2003 am Niveau 2,5 Prozent ergeben. Diese ökonometrischen Prognosen generieren in aktive Portfolioentscheidungen verwandelt und implementiert durch Indexfutures portablen Alphanutzen basierend auf aktiven Assetallokationsentscheidungen von mehr als sieben Prozent jährlichen Return über eine Periode niedriger Volatilität. Diese Performance lässt sich durch ein Options-Overlay als portables Betavehikel weiter verbessern. Insbesondere zeigen wir, dass geeignete Optionsstrategien mehr als 120 Basispunkte Performance ohne Erhöhung des Portfoliorisikos generiert hätten.

Es sollte vielleicht betont werden, dass der Nutzen von aktiven Assetallokationsentscheidungen wie sie in diesem Aufsatz dargestellt werden nicht auf der empirischen Performance eines einzelnen Prognosemodells beruhen. Im Interesse einer Methodik, die für eine breite Masse von Managern von Nutzen sein könnte haben wir für dieses Experiment einen ökonometrischen Ansatz *fortgeschrittener Modellierung* verwendet, der darin besteht zu jedem Zeitpunkt statt ein einzelnes Modell zu konsultieren, einen *Rat* von Modellen einzuberufen, der Prognosen trifft. In anderen Worten: Der Nutzen aktiver Asset-Allokations-Entscheidungen stammt aus der Kombination eines robusten ökonometrischen und Portfolioprozesses auf der einen und effizientem Handeln von kostengünstigen Investmentprodukten wie Futures und Optionen auf der anderen Seite. Dies legt nahe, dass die meisten Long/Short-Manager eine ähnliche Methodik verwenden können, um die Performance ihrer Portfolios zu verbessern ohne sich auf die angeblich überlegene Performance eines einzelnen Prognosemodells verlassen zu müssen.

Literaturverzeichnis

AIOLFI, M./FAVERO, C. (2002): Model uncertainty, thick modeling and the predictability of stock returns, working paper, Bocconi University.

AMENC, N./EL BIED, S./MARTELLINI, L. (2003): Evidence of predictability in hedge funds returns, in: Financial Analysts Journal, 5, 59, 32–46.

ARNOTT, R./MILLER, T. (1996): Using options in a TAA process, Investment Management Reflection, Internal Document, First Quadrant.

AVRAMOV, D. (2002): Stock return predictability and model uncertainty, in: Journal of Financial Economics, 64, 3, 423–458.

BARBERIS, N. (2000): Investing for the long run when returns are predictable, in: Journal of Finance, 55, 225–264.

BOSSAERTS, P./HILLION, P. (1999): Implementing statistical criteria to select return forecasting models: what do we learn?, in: The Review of Financial Studies, 12, 2, 405–428.

CAMPBELL, J. (2000): Asset pricing at the Millenium, in: Journal of Finance, 55, 1515–1567.

CAMPBELL, J./SHILLER, R. (1988): Stock prices, earnings, and expected dividends, in: Journal of Finance, 43, 661–676.

DICKEY, D./FULLER, W. (1979): Distribution of the estimators for autoregressive time series with a unit root, in: Journal of the American Statistical Association, 74, 427–431.

DOPPELHOFER, G./MILLER, R./SALA-I-MARTIN (2000): Determinants of long-term growth: a Bayesian averaging of classical estimates (BACE) approach, NBER working paper 7750.

FAMA, E. (1981): Stock returns, real activity, inflation, and money, in: American Economic Review, 545–565.

FAMA, E./FRENCH, K. (1998): Value versus growth: the international evidence, in: Journal of Finance, 53, 6, 1975–2000.

FAMA, E./SCHWERT, W. (1977): Asset returns and inflation, in: Journal of Financial Economics, 115–46.

GRANGER, C. (2000): Thick modeling, working paper, University of California at San Diego.

HARVEY, C. (1988): The real term structure and consumption growth, in: Journal of Financial Economics, 22, 305–334.

KANDEL, S./STAMBAUGH, R. (1996): On the predictability of stock returns: an asset allocation perspective, in: Journal of Finance, 51, 385–424.

Keim, D./Stambaugh, R. (1986): Predicting returns in the stock and bond markets, in: Journal of Financial Economics, 17, 357–390.

Leung, M./Daouk, H./Chen, A.-S. (2000): Forecasting stock indices: a comparison of classification and level estimation models, in: International Journal of Forecasting, 16, 173–190.

Pesaran, M./Timmerman, A. (1995): Predictability of stock returns: robustness and economic significance, in: Journal of Finance, 50, 1201–1228.

Phillips, P./Perron, P. (1988): Testing for a unit root in time series regression, in: Biometrika, 75, 335–346.

Sharpe, W. (1964): Capital Asset Prices: a Theory of Market Equilibrium under Conditions of Risk, in: Journal of Finance, 19, 425–442.

Stambaugh, R. (1999): Predictive regressions, in: Journal of Financial Economics, 54, 375–421.

White, H. (1980): A heteroskedasticity-consistent covariance matrix and a direct test for heteroskedasticity, in: Econometrica, 48, 817–838.

Olivier Schmid/Hans Speich

Absolute Return mit Kapitalschutz
Ein bewährter Ansatz zur Stabilisierung der Performance

1 Einleitung 725
2 Motivation des Absolute Return-Ansatzes aus institutioneller Sicht 725
3 Empirische Risikostrukturen 728
4 Absolute Return-Anlageprozess 731
   4.1 Strategische Asset-Allokation 732
   4.2 Taktische Asset-Allokation 735
5 Kombination mit Kapitalschutz-Strategien 736
6 Zusammenfassung 739

Literaturverzeichnis

1 Einleitung

In Zeiten negativer Erträge an den Kapitalmärkten ist es für Anleger nur ein schwacher Trost, wenn sich ihr Investment besser als ein Referenzindex entwickelt. Eine nachhaltige negative Entwicklung wirkt sich besonders bei jenen Investoren problematisch aus, die mit ihrem Vermögen bzw. den damit erwirtschafteten Kapitalerträgen absolute Verpflichtungen zu erfüllen haben. Zu diesen Investoren gehören insbesondere Pensionskassen und Versicherungen, die aufgrund regulativer Vorschriften nur eine beschränkte Risikofähigkeit haben. Um die Bedürfnisse dieser Investoren abzudecken sind Ansätze erforderlich, die sich vom Benchmark-Denken lösen und positive Erträge unabhängig vom Marktumfeld erzielen. Absolute Return-Produkte orientieren sich zunächst am Geldmarkt, dessen Ertrag zwar risikolos aber für die meisten Anleger ungenügend ist. Höhere Renditen lassen sich jedoch nur durch Eingehen von größeren Risiken erzielen und bergen somit eine höhere Wahrscheinlichkeit, die minimale Renditevorgabe zu verfehlen. In diesem Beitrag zeigen die Autoren auf, wie dieses Zielkonflikt mit einem Absolute Return-Ansatz gelöst werden kann. Kernelement dieses Ansatzes ist eine Erweiterung des Anlageuniversums auf der strategischen Ebene und eine Flexibilisierung der Anlagetätigkeit auf der taktischen Ebene. Der dargestellte Ansatz wurde bereits mehrfach in der Praxis umgesetzt.[1]

Im nächsten Abschnitt werden die Beweggründe des Absolute Return-Gedankens aus einer institutionellen Sicht aufgezeigt. Die Argumentation bezieht sich dabei vorwiegend auf die Situation bei Schweizer Pensionskassen, die von Gesetzes wegen eine minimale Zielrendite zu erwirtschaften haben. Der dritte Abschnitt widmet sich den Risikostrukturen verschiedener Anlagekategorien und es werden die Vor- und Nachteile einer breiten Diversifikation diskutiert. Anschließend präsentieren die Autoren im vierten Abschnitt ihren Absolute Return-Ansatz und erläutern verschiedene methodische Aspekte. In Abschnitt 5 wird auf die Problematik der Kapitalsicherung eingegangen, und es wird aufgezeigt, wie der dargestellte Absolute Return-Ansatz mit einer Kapitalschutz-Strategie (CPPI: *Constant Proportion Portfolio Insurance*) kombiniert werden kann. Abschließend werden in Abschnitt 6 die wichtigsten Erkenntnisse nochmals zusammengefasst.

2 Motivation des Absolute Return-Ansatzes aus institutioneller Sicht

In den letzten Jahrzehnten wurden die Anleger mit zum Teil völlig unterschiedlichen Regimen an den Kapitalmärkten konfrontiert. In Tabelle 1 werden zur Verdeutlichung die Performance verschiedener Anlageklassen seit 1990 festgehalten. Auffällig ist, dass

---

1 Vgl. Speich/Schmid (2005).

Risiken in den 90er Jahren sehr großzügig entschädigt wurden. Die Erzielung positiver Renditen auf Portfolioebene stellt somit erst mit der Baisse an den Aktienmärkten nach der Jahrtausendwende eine echte Herausforderung dar.

Tabelle 1: Historische Renditen verschiedener Anlageklassen

	Performance in EUR (%) (Durchschnittliche Rendite p.a.)	
	(01/1990 - 12/1999)	(01/2000 - 10/2005)
Aktien		
Europe (MSCI Europe)	16.5	-1.9
World (MSCI World)	13.4	-4.1
Staatsanleihen		
Europe (CITIGROUP Germany 1Y+)	7.6	6.4
World (CITIGROUP World 1Y+)	9.9	3.0
*Emerging Markets (JPM EMBI+)**	*9.4*	*12.8*
Unternehmensanleihen		
High Grade (AAA-A US)	10.2	4.4
Low Grade (BBB US)	10.4	4.1
High Yield (US)	13.1	2.8
Rohstoffe (GSCI)	5.7	12.9
Hedgefonds (HFRI Fund Weighted Comp.)	20.3	3.9

* seit 01/1994

Datenquelle: Ibbotson

Tabelle 1 zeigt verschiedene interessante Entwicklungen: Zunächst führten die Jahre 2000–2005 zu einer gewissen *Entmystifizierung* der *Hedgefonds*. Angesichts der im Vergleich zu den 90er Jahren bescheideneren Rendite mehren sich nun die kritischen Stimmen, welche die Generierung von so genannten Alpha-Renditen und den Diversifikationsbeitrag von Hedgefonds in Frage stellen.[2] Auch im *festverzinslichen* Bereich müssen sich die Anleger in Zukunft auf tiefere Erträge einstellen. Die hohen Renditen in den 90er Jahren sind auf Zinssenkungen und auf sich verengende Spreads zurückzuführen. Angesichts der aktuellen Zins- und Spreadniveaus ist eine ähnliche Performance in den kommenden Jahren kaum zu erwarten. Schließlich zeigten die vergangenen Jahre, dass *Rohstoffe* – die traditionell wegen ihrer hohen Volatilität als sehr risikoreich empfunden wurden – gerade in turbulenten Märkten interessante Diversifikationsmöglichkeiten bieten und selbst für konservative Anleger einen Beitrag zur

---

2 Vgl. z.B. Asness/Krail/Liew (2001), Ennis/Sebastian (2003) oder den Beitrag von Chen/Ibbotson in diesem Handbuch.

Effizienzsteigerung liefern können.[3] Die dargestellten Renditeentwicklungen haben natürlich institutionelle Investoren wie Pensionskassen und Versicherungen besonders hart getroffen. Eine kürzlich erschienene gemeinsame Studie der Firma Complementa Investment-Controlling AG und der Swisscanto Asset Management AG zur aktuellen Lage Schweizerischer Pensionskassen verdeutlicht, wie sehr die Marktentwicklung die Pensionskassen in ihrer Substanz getroffen hat. Gemäß dieser Studie ist der Deckungsgrad (Median) von Schweizer Pensionskassen von über 120 Prozent im Jahr 1999 auf knapp 100 Prozent im Jahr 2002 geschmolzen.[4] Des Weiteren berichtet die Studie, dass die Pensionskassen eine durchschnittliche Rendite von 5,3 Prozent benötigen, um ihre Leistungsverpflichtungen und ihre laufenden Kosten decken zu können.[5]

Bei einigen Investoren, zum Beispiel im deutschen Versicherungsmarkt, wird der Spagat zwischen Renditeanforderung und Risikofähigkeit durch einen *buchhalterischen Kniff* gelöst. Dabei werden gewisse Wertpapiere (typischerweise Anleihen mit hoher Bonität) als Nominalwerte verbucht, sodass deren Marktwertschwankungen zum Beispiel in Folge von Zinsänderungen nicht in die Erfolgsrechnung fliessen. Die Möglichkeit, Vermögenswerte buchhalterisch einzufrieren, eröffnet eine scheinbar attraktive Lösung des erwähnten Zielkonflikts. Ohne hier eine vollständige Diskussion der Möglichkeiten und Grenzen dieses Vorgehens führen zu wollen, weisen die Autoren auf zwei Aspekte hin:

- Die Deckung der laufenden Verpflichtungen mit den Couponzahlungen zwingt bei sinkenden Zinsen zu einer immer längeren Bindung der Mittel.[6] Die bereits erwähnten Erfahrungen in der Schweiz zeigen, dass die Zinskurve so tief fallen kann, dass sich die erforderlichen Erträge nicht mehr über Couponzahlungen generieren lassen. Spätestens zu diesem Zeitpunkt muss die Strategie überdacht werden, wobei die als *Buy-and-Hold* gehaltenen Wertpapiere dann den Handlungsspielraum und die Diversifikationsmöglichkeiten einschränken.

- Die langfristige Bindung der Mittel beim jetzigen Zinsniveau ist auch aus Wettbewerbsüberlegungen mit Nachteilen verbunden. So werden beispielsweise Versicherungskunden bei steigenden Zinsen mögliche Ausstiegsoptionen in ihren Produkten nutzen und attraktivere Angebote wahrnehmen wollen. Selbst wenn solche Ausstiegsoptionen vertraglich ausgeschlossen oder sehr teuer sind wird der Druck auf die Produktanbieter steigen, ihre Konditionen bei steigenden Zinsen anzupassen.

Als Alternative zu diesem, in der Schweiz kaum umsetzbaren, buchhalterischen Vorgehen schlagen wir einen Absolute Return-Ansatz vor. Der Grundgedanke dieses Ansatzes liegt in einer möglichst breiten Diversifikation der Marktrisiken im Portfolio, die einerseits durch die Erweiterung des Anlageuniversums und andererseits durch die

---

3 Vgl. z.B. Gorton/Rouwenhorst (2004), Erb/Harvey (2005) oder den Beitrag von Till/Eagleeye in diesem Handbuch.
4 Vgl. Complementa (2005).
5 Vgl. Swisscanto (2005).
6 Wenn eine ganze Industrie diese Strategie verfolgt, wird ein zusätzlicher Druck auf die Zinskurve erzeugt. Vgl. Goldman Sachs (2005) für eine eindrucksvolle Darstellung der Auswirkungen der Pensionskassenreformen auf die Finanzmärkte.

Implementierung von Handelsstrategien erreicht wird. Im Abschnitt 4 wird der entsprechende Anlageprozess näher beschrieben.

3 Empirische Risikostrukturen

Im vorherigen Abschnitt wurde bereits auf die Variabilität von Renditen hingewiesen und Vorteile einer breiten Diversifikation angedeutet. Die Erkenntnis, dass eine breite Diversifikation zu Effizienzgewinnen führt geht auf die Arbeiten von H. Markowitz zurück.[7] Dieser Effizienzgewinn im $(\mu-\sigma)$-Raum hat jedoch seinen Preis, da mit der Aufnahme zusätzlicher Anlagekategorien typischerweise komplexere Risiken in die Portfolios eingebaut werden.[8] Die *empirischen Renditeverteilungen* verschiedener Anlageklassen weisen zum Teil erhebliche qualitative Unterschiede auf. In Abbildung 1 werden beispielsweise die Renditeverteilungen (monatliche log returns) der Anlagekategorien Rohstoffe und Schwellenländer-Anleihen anhand ihrer Histogramme verglichen. Rohstoffe weisen eine hohe Volatilität auf. Die Verteilung ist jedoch nahezu symmetrisch und allfällige Extremereignisse fielen in der Vergangenheit typischerweise positiv aus. Bei den Schwellenländer-Anleihen ist hingegen eine ausgeprägte linksschiefe Verteilung festzustellen, die auf wenige Extremereignisse – wie der Crash von August 1998 – zurückzuführen ist. Die hohe durchschnittliche Rendite für die vergleichsweise bescheidene Volatilität bei den Schwellenländer-Anleihen stellt somit keinen *free lunch* dar, sondern entschädigt den Anleger für ein Risiko, das zwar selten aber schmerzhaft ist.

Die berechneten Kennzahlen der Schiefe und der Kurtosis untermauern diese Aussagen und zeigen, dass sich das Risiko-Rendite-Profil der meisten Anlageklassen nicht ausschließlich über Mittelwert und Varianz ausdrücken lässt, so dass eine Approximation mittels Normalverteilung hohe Modellrisiken birgt. Die höheren Momente der Verteilungen sind ebenfalls zu berücksichtigen, mit dem Wissen, dass diese zum Teil von sehr seltenen – vielleicht sogar von noch nicht beobachteten – Ereignissen abhängen können. Die Statistik stößt hier an ihre Grenzen und muss durch ökonomischen Sachverstand ergänzt werden.

---

7 Vgl. Markowitz (1952), (1959).
8 Siehe z.B. Brooks/Kat (2001), Amin/Kat (2003) für eine Diskussion der statistischen Eigenschaften von Hedgefonds sowie den Beiträge von Kat und Bacmann/Bosshard in diesem Handbuch wie Investoren mit diesen spezifschen Risikoeigenschaften umgehen können.

Absolute Return mit Kapitalschutz

Abbildung 1: Empirische Renditeverteilung von Rohstoffen und Schwellenländer-Anleihen

Daten: 1/1970 - 10/2005

	Rohstoffe	
	alle Monate	ohne schlechtesten Monat
Durchschnittliche Rendite (in%)	11.7	12.2
Volatilität (in %)	18.4	18.2
Schiefe	0.2	0.3
Kurtosis	4.8	4.7

Daten: 1/1994 - 10/2005

	Schwellenländer-Anleihen	
	alle Monate	ohne schlechtesten Monat
Durchschnittliche Rendite (in%)	10.3	13.1
Volatilität (in %)	16.2	13.1
Schiefe	-2.8	-0.8
Kurtosis	19.9	5.0

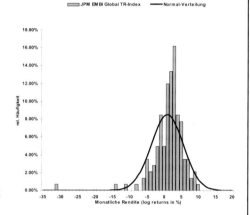

Datenquelle: Datastream

Neben diesen unterschiedlichen Eigenschaften der Renditenverteilungen ist darüber hinaus das *dynamische Zusammenspiel* der verschiedenen Anlageklassen zu beachten. Korrelationen zwischen verschiedenen Anlageklassen sind typischerweise nicht zeitstabil. Das Diversifikationspotenzial und somit das Risikoprofil eines Portfolios verändert sich damit laufend im Zeitablauf. Beispielhaft werden in Abbildung 2 die mittleren Korrelationen zwischen Aktien sowie die mittleren Korrelationen zwischen Aktien und Anleihen dargestellt. Die Autoren haben hierfür die Korrelationen zwischen den bedeutendsten Aktien- bzw. Anleihenmärkten, währungsabgesichert in EUR, über ein rollierendes Zeitfenster von 36 Monaten berechnet und anschließend gleichgewichtet aufsummiert. Es zeigt sich, dass die Korrelationen zwischen Aktien bzw. zwischen Aktien und Obligationen großen Schwankungen unterliegen und keinesfalls als konstant vorausgesetzt werden sollten. In den jeweiligen Entwicklungen ist jedoch auch ein typisches Muster zu erkennen: in ausgeprägt volatilen Aktienmärkten ist die Korrelation zwischen den Aktien eher hoch, während sie zwischen Aktien und Obligationen typischerweise gering bzw. sogar negativ ist. Diese empirischen Beobachtungen werden in der Finanzliteratur unter den Stichworten *Contagion, Decoupling* und *Regime Shifts* ausführlich beschrieben.[9]

---

9 Vgl. Solnik/Boucrelle/LeFur (1996), Gulko (2002), Ang/Bekaert (1999).

Abbildung 2: Korrelationen und Volatilitäten im Zeitablauf

—— Durchschnittliche Korrelation von Aktienindizes
—— Durchschnittliche Volatilität von Aktienindizes

MSCI Länder-Indizes hedged in EUR: Europe ex United Kingdom, United Kingdom, USA, Japan, Pazific ex Japan
Quelle: Ibbotson

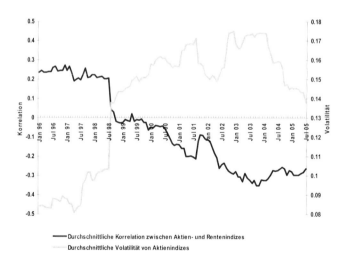

—— Durchschnittliche Korrelation zwischen Aktien- und Rentenindizes
—— Durchschnittliche Volatilität von Aktienindizes

MSCI Länder-Indizes hedged in EUR: Europe ex United Kingdom, United Kindgom, USA, Japan, Pazific ex Japan
Citigroup Länder-Indizes hedged in EUR: Europe, United Kingdom, USA, Japan
Quelle: Ibbotson

4 Absolute Return-Anlageprozess

Charakteristisch für einen Absolute Return-Ansatz sind die *Breite des Anlageuniversums* sowie die *Flexibilität der Anlagetätigkeit*. Im Vergleich zu traditionell geführten Anlagefonds und Mandaten wird das Anlageuniversum bei Absolute Return-Produkten breiter definiert und beinhaltet insbesondere auch *High Yield*-Anleihen, Rohstoffe und Hedgefonds, die bereits ein gewisses Diversifikationspotenzial zu den klassischen Anlagekategorien aufweisen. Außerdem werden derivative Instrumente eingesetzt, einerseits um Handelsstrategien effizient umzusetzen und andererseits um die Portfolios abzusichern. Bei vielen Mandaten wird der Handlungsspielraum jedoch durch regulative oder interne Vorgaben eingeschränkt. So können beispielsweise die meisten Schweizer Pensionskassen derivative Instrumente nur zur Absicherung einsetzen und dürfen keine Leerverkäufe tätigen. Auch Engagements in *High Yield*-Anleihen und Rohstoffe sind typischerweise eingeschränkt. Bei anderen Portfolios sind hingegen Leerverkäufe und Hebeleffekte (*leverage*) möglich, so dass das gesamte Spektrum der Investitionsmöglichkeiten zur Performanceoptimierung eingesetzt werden kann. Voraussetzung für die erfolgreiche Implementierung des Absolute Return-Ansatzes ist ein stringenter Anlageprozess. Im Folgenden werden die generischen Bestandteile eines solchen Prozesses dargestellt (siehe Abbildung 3). Der Prozess basiert auf einem systematischen, aus drei Ebenen bestehenden *Top-down-Ansatzes*. Jede dieser Ebenen generiert einen eigenen messbaren Performancebeitrag und wird im Rahmen eines modernen Risikomanagements überwacht.

Abbildung 3: Der Absolute Return-Anlageprozess

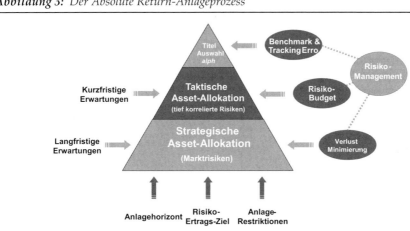

Olivier Schmid/Hans Speich

4.1 Strategische Asset-Allokation

Im Rahmen der strategischen Asset-Allokation wird die langfristige Ausrichtung des Portfolios ermittelt und damit die systematische Aussetzung zu den einzelnen Marktrisiken bestimmt. Die Strategie nutzt die vorhandenen internationalen Diversifikationspotenziale optimal aus und gibt eine Vermögensallokation vor, die den Risiko/Rendite-Vorgaben des Kunden gerecht wird. Typischerweise wird bei der Bestimmung der strategischen Asset-Allokation eine *Mittelwert-Varianz-Optimierung* durchgeführt. Ausgehend von einem Vektor an Ertragserwartungen und einer entsprechenden Kovarianzmatrix werden die (effiziente) Portfolios ermittelt, die bei gegebener Zielrendite die Varianz minimieren. Die Menge der effizienten Portfolios wird als *Effizienzgrenze* (*efficient frontier*) bezeichnet. Die Schätzung der erwarteten Renditen sowie der Kovarianzen stellt in der Praxis des Portfoliomanagements eine große Herausforderung dar. Selbst bei stationären Zeitreihen (keine zeitabhängigen Parameter) ist davon auszugehen, dass es bei der Parameterschätzung zu *Schätzfehlern* kommt. Bei der Optimierung werden diese möglichen Schätzfehler nicht mitberücksichtigt, so dass kleinste Unterschiede in den Risiko-Rendite-Strukturen der Anlageklassen vom Optimizer ausgenutzt werden. Die Konsequenz ist die von Michaud erwähnte „error maximization": die ermittelten Portfolios tendieren zu Ecklösungen, die in der Praxis auf Ablehnung stoßen. Zur Berücksichtigung der erwähnten Zufälligkeit in den geschätzten Parametern schlägt Michaud[10] ein *resampling* vor. Aufgrund der historisch geschätzten Parameter (Vektor der erwarteten Renditen und Kovarianzmatrix) werden neue Zeitreihen mit Hilfe einer Monte Carlo-Simulation generiert. Mit diesen neuen Zeitreihen lassen sich erneut erwartete Renditen sowie Kovarianzen schätzen und eine entsprechende neue Effizienzgrenze bestimmen. Wird das *resampling* wiederholt, lassen sich verschiedene Effizienzgrenzen herleiten, die zu einer *resampled efficient frontier* aggregiert werden können. Michaud schlägt dabei das arithmetische Mittel der ranggleichen Portfolios vor.

Der Ansatz der *resampled efficiency* weist im Vergleich zur klassischen Portfolio-Optimierung einige Vorteile auf. So werden die Schätzfehler der Inputparameter im Optimierungsprozess mitberücksichtigt und die Struktur der effizienten Portfolios ist als Ergebnis der Aggregation besser diversifiziert. Unbefriedigend bleibt jedoch die Tatsache, dass weiterhin mit normalverteilten Renditen gearbeitet wird. Um die empirischen Verteilungseigenschaften im Optimierungsprozess zu berücksichtigen, haben die Autoren ein *Bootstrapping-Verfahren* implementiert. Das Vorgehen kann als nicht parametrische Alternative zum oben dargestellten Ansatz der *resampled efficiency* verstanden werden. Das *bootstrapping* ist ein *resampling* aus der Historie (ziehen mit zurücklegen) und führt ebenfalls zu neuen Inputparametern und somit zu entsprechenden Effizenzgrenzen. Der wesentliche Vorteil des Bootstrapping-Ansatzes liegt darin, dass die Eigenschaften der empirischen Renditeverteilungen beim *resampling* erhalten bleiben. Zu beachten ist jedoch, dass die Ergebnisse des Bootstrapping-Verfahrens wesentlich von den verwendeten Zeitreihen abhängen, insbesondere von der betrachteten historischen Periode sowie von der Datenqualität der verwendeten Indizes. Diese Umset-

---

10 Vgl. Michaud (1998).

zungsschwierigkeiten und mögliche praktische Lösungsansätze sollen kurz erläutert werden:

- Die Umsetzung des Bootstrapping-Ansatzes ist zunächst mit der Schwierigkeit verbunden, dass für gewisse Anlagekategorien nur *kurze Zeitreihen* zur Verfügung stehen. Das *bootstrapping* reproduziert somit eine Sequenz von Renditen, die unter Umständen nicht repräsentativ ist. Sollen beispielsweise Schwellenländer-Anleihen in der strategischen *Asset-Allokation* berücksichtigt werden, so muss sich das *bootstrapping* wegen der mangelnden Datenverfügbarkeit auf die Periode seit 1994 beschränken. Angesichts der Zins- und Spread-Entwicklung in dieser Phase sind jedoch die Renditen festverzinslicher Anlagen kaum repräsentativ für die zukünftige Entwicklung der entsprechenden Anlagekategorien. Um diese Schwierigkeiten zu entschärfen, werden die verwendeten historischen Zeitreihen *korrigiert*, sodass der Mittelwert der Renditen den langfristigen Erwartungen entspricht. Diese Mittelwert-Korrektur erfordert die Schätzung von erwarteten Renditen für die verschiedenen Anlagekategorien. Wir folgen dabei dem *Dekompositionsansatz* von Ibbotson/Chen, der darauf beruht, historische Renditen in so genannte „building blocks" zu zerlegen, mit der Überlegung, dass die einzelnen Komponenten einfacher zu schätzen sind. In Ibbotson/Chen[11] werden Renditen von Aktien analysiert bzw. geschätzt; der Ansatz lässt sich jedoch einfach auf andere Anlageklassen übertragen.[12] Diese Vorgehensweise zur Ermittlung langfristiger Renditeerwartungen scheint uns am geeignetsten. Die Verwendung von (pseudo-) sophistizierten ökonometrischen Modelle wie Mehrfaktor-Modelle oder VAR-Modelle u.a. sind mit dem Nachteil verbunden, dass sich die Parameter typischerweise als nicht stabil erweisen. Methoden wie das CAPM oder die *reverse optimization* sind, angesichts des erweiterten Anlageuniversums, ebenfalls kaum praktikabel, da sie die Ermittlung eines Marktportfolios voraussetzen.

- Des Weiteren weisen einige Zeitreihen – wie Immobilien oder Hedgefonds – eine hohe *Autokorrelation* auf.[13] Diese Autokorrelation kann zu einer Unterschätzung der Volatilität und somit zu einer Überschätzung des Sharpe Ratio führen. Brooks/Kat schlagen vor, die Daten mit einer „desmoothing"-Technik zu bereinigen:

$$r_t = \frac{r_t^* - \alpha r_{t-1}^*}{1-\alpha},$$

wobei r_t bzw. r_t^* die bereinigte bzw. nicht bereinigte Rendite in der Periode t bezeichnen und α in der praktischen Umsetzung dem AC(1)-Koeffizient gleichgesetzt wird.

Mit dem Bootstrapping-Verfahren wird zwar das Problem der Anfälligkeit der Optimierung auf Schätzfehler gelöst und es werden dabei „alternative Geschichten" generiert, die mit der beobachteten Historie bzgl. der Verteilungseigenschaften konsistent sind.

---

11 Vgl. Ibbotson/Chen (2003).
12 Vgl. Ilmanen (2003).
13 Vgl. Brooks/Kat (2002), Kat/Lu (2002), Liew/French (2005).

Bei der Optimierung selbst werden dann jedoch nur die zwei ersten Momente berücksichtigt und die ermittelten Portfolios sind effizient im klassischen ($\mu - \sigma$)-Sinn[14,15].

Tabelle 2: Effiziente ($\mu - \sigma$)-Portfolios

	Portfolio Vol. 3.0%	Portfolio Vol. 4.0%	Portfolio Vol. 5.0%	Portfolio Vol. 7.0%	Portfolio Vol. 8.0%	Portfolio Vol. 9.0%	Portfolio Vol. 10.0%
Aktien	**8**	**15**	**22**	**37**	**45**	**52**	**61**
Europa	3	5	7	11	13	14	16
USA	3	6	9	15	19	22	26
Japan	2	3	4	7	9	10	13
Emerging Markets	0	1	2	3	4	5	6
Anleihen	**80**	**70**	**61**	**46**	**39**	**32**	**23**
EUR	60	45	37	27	23	19	14
USD	11	11	10	7	5	4	3
JPM EMBI Global	1	2	4	4	4	4	3
U.Anleihen: Inv. Grade	1	4	4	3	2	2	1
U.Anleihen: High Yield	7	8	7	5	4	3	2
Alternative Anlagen	**13**	**16**	**17**	**17**	**16**	**16**	**15**
Hedge Funds	4	3	3	4	3	3	2
Rohstoffe	4	6	6	7	7	7	7
Immobilien	5	7	7	7	7	7	6
Erwartete Rendite (log returns)	*4.2*	*4.7*	*5.0*	*5.6*	*5.8*	*6.0*	*6.3*
Volatilität	*3.0*	*4.0*	*5.0*	*7.0*	*8.0*	*9.0*	*10.0*

Sämtliche Anlagekategorien sind währungsabgesichert in EUR

Die Autoren berücksichtigen die höheren Momente der Renditeverteilungen von effizienten Portfolios im Rahmen einer *historischen Simulation*. Sämtliche Kennzahlen wie Value at Risk, Conditional Value at Risk, Ausfallwahrscheinlichkeit, unter anderem lassen sich dabei ermitteln, sodass der Entscheidungsträger ein Gefühl für die höheren Momente seines Portfolios bekommt (Tabelle 2). Analog zu dem Vorgehen der Autoren beim *bootstrapping* kann auch hier eine Mittelwert-Korrektur vorgenommen werden, damit die Mittelwerte der verwendeten Zeitreihen den langfristigen Renditeerwartungen entsprechen.

---

14 Bei quadratischer Nutzenfunktion ist der Mittelwert/Varianz-Ansatz nutzenkonsistent (siehe z.B. Huang/Litzenberger (1988)). Der häufige Einwand, wonach bei nicht-normalverteilten Renditen, der Mittelwert/Varianz-Ansatz nicht anwendbar sei (z.B. Amin/Kat (2003), Brooks/Kat (2002)), greift somit zu kurz. Zum (bescheidenen) Einfluss der genauen Definition der Nutzenfunktion auf die Struktur der effizienten Portfolios: Levy/Markowitz (1979), Kroll/Levy/Markowitz (1984). Siehe auch Samuelson (1970).
15 Wir verzichten auf eine Optimierung unter Berücksichtigung höherer Momente wie sie z.B. von Harvey/Liechty/Liechty/Müller (2003) vorgeschlagen wird. Die erforderliche Kalibrierung der Nutzenfunktion scheint uns mit praktischen Schwierigkeiten verbunden.

Absolute Return mit Kapitalschutz

Abbildung 4: Value at Risk (95%) und Conditional Value at Risk (95%)

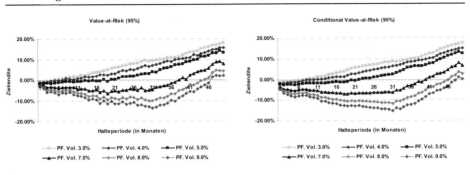

4.2 Taktische Asset-Allokation

Während die strategische Asset-Allokation die langfristige Ausrichtung des Portfolios vorgibt, geht es bei der *taktischen Allokation* darum, kurzfristige Ungleichgewichte an den Kapitalmärkten auszunutzen. Solche kurzfristigen Anlageentscheide werden vorwiegend mit kostengünstigen Futures, Optionen und anderen derivativen Instrumenten umgesetzt. Die Entscheidungsfindung auf der taktischen Ebene lässt sich mit dem Ansatz von Black/Litterman unterstützen. Dieser Ansatz ermöglicht es, langfristige neutrale Renditeerwartungen und kurzfristige Einschätzungen konsistent miteinander zu verarbeiten[16]. Black/Litterman ist ein Standard-Verfahren der modernen Finanztheorie und mittlerweile ein auch in der Praxis etablierter Ansatz. Wir verzichten somit auf eine tiefergehende Beschreibung und verweisen auf die entsprechende Literatur.[17] Im Rahmen der *Titelauswahl* (*picking*) schlagen wir einen auf wenige Performance-Treiber fokussierten Ansatz vor:

- Bei der Aktienselektion wird eine systematische *Stil-Rotation* in den von Carhart[18] vorgeschlagenen Dimensionen verfolgt: Value-Growth, Small-Large, Momentum-Contrarian. Die praktischen Erfahrungen zeigen, dass sich mit einer disziplinierten Umsetzung dieses Ansatzes eine nachhaltige Outperformance erzielen lässt.

- Im Bereich der festverzinslichen Anleihen verfolgen die Autoren einen *Spread-Ansatz*. Aus der Erkenntnis, dass die Finanzmärkte das Kreditrisiko systematisch entschädigen, lässt sich in einem professionell diversifizierten Portfolio über die lange Frist eine entsprechende Prämie erzielen.

---

16 Black/Litterman (1992) schlagen vor, *neutralen* Renditeerwartungen aus einer *reverse optimization* zu gewinnen. Angesichts der Schwierigkeit, bei einem breiten Anlageuniversum das „Marktportfolio" zu bestimmen ziehen die Autoren es vor, ihre langfristigen Renditeschätzungen als neutrale Erwartungen einzusetzen.
17 Vgl. z.B. Lee (2000), Idzorek (2002).
18 Vgl. Carhart (1997).

Ein modernes *Risikomanagementsystem* sollte ferner den Entscheidungsfindungsprozess (ex-ante-Risiko) unterstützen und die tägliche Überwachung der Einzel- und der Gesamtrisiken im Portfolio (ex-post-Risiko) ermöglichen. In der Regel wird dabei ein Risikobudget auf die verschiedenen Positionen alloziert und klare Verlustgrenzen (*stop loss*) für jede einzelne taktische Position gesetzt.

5 Kombination mit Kapitalschutz-Strategien

Der dargestellte Absolute Return-Ansatz ermöglicht es dem Anleger, eine vorgegebene minimale Zielrendite mit hoher Wahrscheinlichkeit über einen vorgegebenen Zeithorizont zu erreichen. Mit der Erweiterung des Anlageuniversums und den dynamischen Umschichtungen im Rahmen der taktischen Asset-Allokation wird versucht, das Risiko des Anlegers minimal zu halten, ohne dafür die Partizipation an steigenden Kapitalmärkten aufzugeben. Ein gewisses Ausfallrisiko ist dennoch nicht auszuschliessen, wie die Abbildung 4 bereits verdeutlicht hat. Falls ein *absoluter* Kapitalschutz vom Anleger gefordert wird, ist eine Kombination des Absolute Return-Ansatzes mit einer Kapitalschutz-Strategie erforderlich. Es lassen sich prinzipiell zwei Kapitalschutz-Strategien unterscheiden, die so genannte „*Option Based Portfolio Insurance*" (OBPI) sowie die so genannte „*Constant Proportion Portfolio Insurance*" (CPPI).[19]

- Die OBPI-Strategie besteht darin, eine risikobehaftete Anlage (bzw. ein Portfolio) mit einer Put-Option abzusichern. Das Gesamtvermögen kann – unabhängig von der jeweiligen Marktentwicklung – nicht unter den Ausübungspreis der Option fallen, sodass dieser Ausübungspreis dem Kapitalschutz entspricht. Die Kosten dieser Strategien ergeben sich aus dem Preis der Option und hängen unmittelbar von der *impliziten Volatilität* des Basiswertes ab. Der Nachteil der OBPI-Strategie liegt in der mangelnden Verfügbarkeit von Optionen, wenn der Basiswert nicht ein Marktindex, sondern ein diversifiziertes und aktiv gemanagtes Portfolio ist. Aus diesen Überlegungen ziehen wir eine Kapitalsicherung mittels CPPI vor.

- Bei der CPPI-Strategie wird der Kapitalschutz durch eine dynamische Umschichtung zwischen der risikobehafteten Anlage (so genanntes aktives Portfolio) und der risikolosen Anlage (*Cash* oder *Zerobond*) sichergestellt. Die Kosten der Strategie entsprechen einer unter Umständen beschränkten Partizipation an steigenden Kapitalmärkten (*knock out*) und hängen unmittelbar von der *realisierten Volatilität* des Basiswertes ab. Bei der Umsetzung einer CPPI-Strategie müssen zunächst das Ausmass der Kapitalsicherung (z.B. 100 Prozent) und ein Zeitpunkt für den Kapitalschutz (*horizon*) vorgegeben werden. Mit diesen Angaben lässt sich eine Wertuntergrenze

---

19 Die Kapitalschutz-Strategien OBPI und CPPI sind Gegenstand zahlreicher Publikationen. Insbesondere der Beitrag von Bertrand/Prigent (2002) bietet eine detaillierte formale Beschreibung und einen Vergleich der Payoff-Struktur beider Strategien. Wir verzichten daher auf eine formale Behandlung der Kapitalschutz-Strategien und verweisen auf die zitierte Arbeit sowie den Beitrag von Heidorn/Hoppe/Kaiser in diesem Handbuch.

(*floor*) als abdiskontierter Wert der Kapitalgarantie berechnen. Anschliessend kann aus der Differenz zwischen dem aktuellen Portfoliowert und der soeben bestimmten Wertuntergrenze ein Risikokapital (*cushion*) berechnet werden. Dieser Puffer stellt die maximale Risikofähigkeit des Anlegers dar und muss allfällige Verluste auf dem aktiven Portfolio decken können. Schließlich wird die Höhe der Investition im aktiven Portfolio bestimmt (*exposure*). Das Risikokapital kann dabei gehebelt werden, wobei darauf zu achten ist, dass der maximale Tagesverlust (*overnight risk*) den Puffer nicht übersteigt. Wird nicht das ganze Vermögen dem aktiven Portfolio alloziert, ist ferner eine risikolose Anlage zu tätigen. In Abhängigkeit der Entwicklung des aktiven Portfolios ist schliesslich eine Umschichtung zwischen dem aktiven Portfolio und der risikolosen Anlage erforderlich.

Die Kosten von Kapitalschutz-Strategien hängen wie bereits erwähnt unmittelbar von der Volatilität des Basiswertes ab (implizite Volatilität bei OBPI, realisierte Volatilität bei CPPI). Die Kosten einer Kapitalsicherung lassen sich somit reduzieren, wenn das zugrunde liegende Portfolio effizient gestaltet wird. Ein Teil der Absicherung lässt sich nämlich durch Diversifikation der Risiken im Portfolio bewerkstelligen. Die Autoren möchten im Folgenden auf diesen wichtigen Aspekt eingehen, der in der Literatur erstaunlicherweise noch kaum gewürdigt wurde. Wir gehen von einem risikolosen Zinssatz von $r = 3.1\%$ aus. Das gesamte Kapital soll nach $T=7$ Jahren zurückbezahlt werden ($K=100$). Aus den obigen Zahlen berechnen wir das initiale Risikokapital als $100 - (100/1.031^7) \approx 20$. Mit einem Hebelfaktor von maximal m=5 kann somit zunächst das gesamte Vermögen in die risikobehaftete Anlage investiert werden[20].

In der Abbildung 5 wird die Verteilung der Renditen einer CPPI-Strategie mit jener des zugrunde liegenden aktiven Portfolios dargestellt. Die Autoren haben dabei die Periode 01/1995–10/2005 betrachtet und mittels *bootstrapping* 50.000 Szenarios für die jeweils zugrunde liegende aktive Strategie generiert:

- In a) wird die CPPI-Strategie auf einem nicht diversifizierten Aktienindex (der MSCI-EUROPE) angewandt. Die hohe Volatilität des aktiven Portfolios führt zu entsprechend hohen Opportunitätskosten. Die Verteilung ist rechtsschief und die Wahrscheinlichkeit, dass über sieben Jahre im Durchschnitt eine Performance unter dem risikolosen Zinssatz erzielt wird, ist beträchtlich[21].

- In b) wurde das aktive Portfolio als effizientes Absolute Return-Portfolio definiert (Portfolio Vol. 8,0 Prozent in Tabelle 2). Das Portfolio ist gut diversifziert und die Wahrscheinlichkeit eines „knock out" im CPPI-Overlay geringer als in a). Die Opportunitätskosten der Absicherung sind entsprechend deutlich geringer[22].

---

20 Die Möglichkeit der Kreditaufnahme wird ausgeschlossen. Falls das Risikokapital (*cushion*) auf mehr als 20 Prozent anwächst, ist es nicht möglich, den vollen Hebel auszunutzen. Der Hebelfaktor beträgt somit *maximal* m=5.
21 Die Schiefe der annualisierten Renditen beträgt 0.28. Die Wahrscheinlichkeit, dass über den Planungshorizont von sieben Jahren eine Performance von weniger als 3,1 Prozent p.a. erzielt wird beträgt 26 Prozent.
22 Die Wahrscheinlichkeit, dass über den Planungshorizont von 7 Jahren eine Performance von weniger als 3,1 Prozent p.a. erzielt wird beträgt 13 Prozent.

Die Kosten der Kapitalsicherung lassen sich anhand der erwarteten Renditen in Abbildung 5 beziffern. Die Opportunitätskosten beim diversifizierten Absolute Return-Portfolio betragen knapp 20 bp. (Differenz aus 8,7 Prozent und 8,9 Prozent). Wird hingegen die CPPI-Strategie auf dem MSCI-EUROPE umgesetzt, so betragen die Opportunitätskosten 1,1 Prozent (Differenz aus 8,5 Prozent und 9,6 Prozent). Diese Renditedifferenzen lassen sich als *Kosten der Absicherung* interpretieren.

Abbildung 5: CPPI-Strategie auf MSCI EUROPE und auf Absolute Return-Portfolio

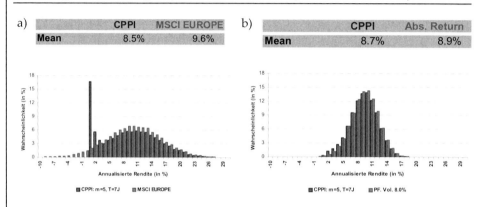

Die Struktur des Absolute Return-Portfolios entspricht dem Portfolio Vol. 8.0 Prozent in Tabelle 2

Offensichtlich sind die Absicherungskosten für ein nicht diversifiziertes Portfolio erheblich. Wird hingegen das zugrunde liegende Portfolio effizient gestaltet, lassen sich diese Kosten weitgehend reduzieren. Ein Teil der Absicherung erfolgt nämlich über die Diversifizierung der Risiken im Portfolio und ist mit keinen Kosten verbunden.

Die Opportunitätskosten bei einer CPPI-Strategie auf dem MSCI EUROPE sind derart gross, dass die erwartete Rendite insgesamt tiefer ausfällt als bei einer CPPI-Strategie auf dem effizienten Absolute Return-Portfolio. Obwohl der MSCI EUROPE über die betrachtete Zeitperiode mit 9.6 Prozent eine deutlich bessere Performance erzielte als das diversifizierte Absolute Return-Portfolio, ist eine CPPI-Strategie auf dem Portfolio Portfolio Vol. 8,0 Prozent vorzuziehen. Die durchschnittliche Rendite ist nämlich mit 8,7 Prozent um 20 bp. besser. Die Opportunitätskosten der CPPI-Strategie sind auf die „knock out"-Wahrscheinlichkeit zurückzuführen. In Abbildung 6 wird die Wertentwicklung der CPPI-Strategie in einem der durch „bootstrapping" erzeugten Szenario dargestellt. Der starke Rückgang der MSCI EUROPE zu Beginn der Simulation erzwingt eine Umschichtung des Portfolios in die risikolose Anlage. An der anschließenden Erholung des Aktienindexes kann die CPPI-Strategie nicht mehr partizipieren. Die Wahrscheinlichkeit eines solchen *knock out* hängt unmittelbar von der Volatilität des Basiswertes ab. Aus diesen Überlegungen ist eine effiziente Diversifikation der Risiken im Basiswert zu empfehlen.

Abbildung 6: Knock out in einer CPPI-Strategie

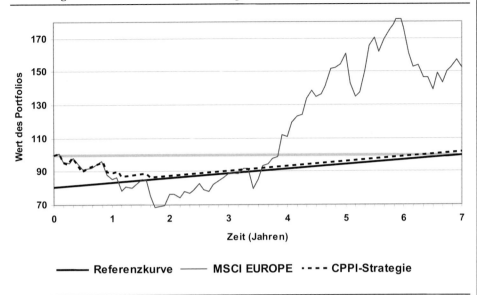

Die Berechnungen wurden mit verschiedenen Parametern (T, K, r und m) wiederholt, und die Ergebnisse erweisen sich als robust gegenüber Parameteränderungen. Insbesondere zeigt sich, dass bei einem kleineren Planungshorizont das Renditeprofil noch ungünstiger[23] ist. Die obigen Erkenntnisse lassen sich auch auf die OBPI-Strategie verallgemeinern. Börsengehandelte Optionen beziehen sich in der Regel nicht auf effizient diversifizierte Portfolios, sondern auf Indizes oder sogar Einzeltitel. In diesem Sinne stellen Optionen und strukturierte Produkte im Rahmen des Portfoliomanagements ein suboptimales Absicherungsinstrument dar. Optionspreise hängen nämlich unmittelbar von der (impliziten) Volatilität des Basiswertes ab.

6 Zusammenfassung

Das institutionelle Anlagegeschäft weist traditionellerweise eine starke Benchmark-Orientierung auf. Ausgehend von einer optimierten Asset-Allokation werden den entsprechenden Anlagespezialisten – meist Banken – Mandate verteilt, deren Performance anhand geeigneter Benchmarks gemessen werden. Der Vorteil dieses zweistufigen Investitionsprozesses liegt in der Kombination einer zentralen Portfoliosteuerung bei

---

23 Die Wahrscheinlichkeit, mit der CPPI-Strategie eine durchschnittliche Performance unter dem risikolosen Zinssatz zu erzielen, steigt deutlich an.

gleichzeitiger dezentraler Ausnutzung der besonderen Anlagefähigkeiten von Spezialisten. Die Turbulenzen der vergangenen Jahre haben die Grenzen der Benchmark-Orientierung jedoch aufgezeigt. Investoren, die ein absolutes Renditeziel anstreben, müssen sich vom Benchmark-Denken lösen und positive Erträge unabhängig vom Marktumfeld erzielen. Viele institutionelle Investoren stehen heute am Scheideweg und müssen prüfen, ob sie es angesichts der niedrigeren Ertragsaussichten an den Finanzmärkten bei ihrer traditionellen Asset-Allokation belassen wollen. Als Antwort auf die Herausforderung, positive Renditen unabhängig von der Marktentwicklung zu erzielen, schlagen wir einen Absolute Return-Ansatz vor. Kernelement dieses Ansatzes ist die Beimischung von möglichst unkorrelierten Risiken in den Portfolios durch die Erweiterung des Anlageuniversums auf der strategischen Ebene und die Implementierung von taktischen Handelsstrategien. Mit dem Absolute Return-Ansatz verbunden ist ein verändertes Risikoverständnis. Während bei traditionellen Anlagefonds und Mandaten der *Tracking Error* – die Abweichung zum Benchmark – im Vordergrund steht, spielt bei den Absolute Return-Produkten diese Risikokennzahl nur eine untergeordnete Rolle. Die Generierung einer positiven Rendite unabhängig von der Marktentwicklung erfordert eine kontinuierliche Überprüfung der Risiken mit statistischen Kennzahlen, wie zum Beispiel dem Value at Risk oder der Ausfallwahrscheinlichkeit.

Der dargestellte Absolute Return-Ansatz bietet dem Investor eine *probabilistische* Kapitalsicherung, über einen bestimmten Zeitraum und mit einer bestimmten Wahrscheinlichkeit. Einige institutionelle Investoren sehen sich im heutigen Kapitalmarktumfeld aber in ihrer Substanz gefährdet und weisen eine sehr beschränkte Risikofähigkeit auf. Die Bedürfnisse dieser Investoren werden häufig mit strukturierten Produkten abgedeckt, die eine Partizipation an steigenden Märkten bei absolutem Kapitalschutz bieten. Wir zeigen, dass dieser Kapitalschutz typischerweise zu teuer zu Stande kommt, weil Diversifikationsvorteile nicht oder nur ungenügend genützt werden und empfehlen, Kapitalschutz-Strategien nur über effiziente Portfolios zu implementieren. Die Kombination des Absolute Return-Ansatzes mit einem CPPI-Overlay eröffnet die Möglichkeit, das Portfolio gegen negative Entwicklungen abzusichern ohne die Partizipation an steigenden Märkten aufzugeben. Sie bietet dem institutionellen Investor eine interessante Alternative zu dem in Abschnitt 2 erwähnten „buchhalterischen" Ansatz und zu den immer häufiger eingesetzten sturkturierten Produkten.

Literaturverzeichnis

AMIN, G. S./KAT, H. M. (2003): Stocks, Bonds, and Hedge Funds. Not a free lunch, in: Journal of Portfolio Management, Summer.

ANG, A./BEKAERT, G. (1999): International Asset Allocation with Time-Varying Correlations, working paper 7056, NBER.

ASNESS, C./KRAIL, R./LIEW, J. (2001): Do Hedge Funds Hedge? Be cautious in analysing monthly returns, in: Journal of Portfolio Management, Fall, S. 6–19.

BERTRAND, P./PRIGENT, J.-L. (2002): Portfolio Insurance Strategies: OBPI versus CPPI, GREQAM, Document de Travail No 02A13.

BLACK, F./LITTERMAN, R. (1992): Global Portfolio Optimization, in: Financial Analysts Journal, September/October, S. 28–43.

BROOKS, C./KAT, H. M. (2002): The Statistical Properties of Hedge Fund Index Returns and Their Implications for Investors, in: Journal of Alternative Investments, Fall, S. 26–44.

CARHART, M. M. (1997): On Persistence in Mutual Fund Performance, in: Journal of Finance 52, S. 57–82.

COMPLEMENTA (2005): Zur aktuellen Lage schweizerischer Pensionskassen, Risiko Check-up, Complementa Investment-Controlling AG.

ENNIS, R. M./SEBASTIAN, M. D. (2003): A Critical Look at the Case for Hedge Funds. Lessons from the bubble, in: Journal of Portfolio Management, Summer, S. 103–112.

ERB, C. B./HARVEY, C. R. (2005): The Tactical and Strategic Value of Commodity Futures, Working paper, Duke University.

FORBES, K. J./RIGOBON, R (2002): No Contagion, Only Interdependence: Measuring Stock Market Comovement, in: Journal of Finance 57, S. 2223–2261.

GOLDMAN SACHS (2005): The Impact of Pension Reform on the Capital Markets, Global Economics Paper No: 128, September.

GORTON, G./ROUWENHORST, K. G. (2004): Facts and Fantasies about Commodity Futures, Yale ICF Working paper No 04–20.

GULKO, L (2002): Decoupling, in: Journal of Portfolio Management, Spring S. 59–66.

HARVEY, C. R./LIECHTY, J. C./LIECHTY, M. W./MÜLLER, P. (2003): Portfolio Selection with Higher Moments, Working paper, Duke University and NBER, October.

HUANG, C./LITZENBERGER, R. H. (1988): Foundations for Financial Economics, Prentice Hall, New Jersey, Kapitel 3.

IBBOTSON, R. G./CHEN, P. (2003): Long-Run Stock Returns: Participating in the Real Economy, in: Financial Analysts Journal, January/February, S. 88–98

ILMANEN, A. (2003): Expected Returns on Stocks and Bonds. Investors must moderate their expectations, in: Journal of Portfolio Management, Winter, S. 7–27.

IDZOREK, T. (2002): A Step-By-Step Guide to the Black-Litterman Model, Working paper, Copy: February.

KAT, H./LU, S. (2002): An Excursion into the Statistical Properties of Individual Hedge Fund Returns, Working paper, Alternative Investment Research Center, City University.

LEE, W. (2000): Theory and Methodology of Tactical Asset Allocation, Wiley, Chapter 7.

LEVY, H./MARKOWITZ, H. M.. (1979): Approximating Expected Utility by a Function of Mean and Variance, in: American Economic Review 69, S. 308–317.

LIEW, J./FRENCH, C. (2005): Quantitative Topics in Hedge Fund Investing, in: Journal of Portfolio Management, Summer, S. 21–32.

KROLL, Y./LEVY, H./MARKOWITZ, M. (1984): Mean-Variance Versus Direct Utility Maximization, in: Journal of finance 39, March, S. 47–62.

MICHAUD, R. O. (1998): Efficient Asset Management. A Practical Guide to Stock Portfolio Optimization and Asset Allocation, Harvard Business School Press, Boston.

MARKOWITZ, H. (1952): Portfolio Selection, in: Journal of Finance 7, S. 77–91.

MARKOWITZ, H. (1959): Portfolio Selection: Efficient Diversification of Investments. Wiley: New York.

SAMUELSON, P. A. (1970): The Fundamental Approximation Theorem of Portfolio Analysis in terms of Means, Variances and Higher Moments, in: The Review of Economic Studies 37, October, S. 537–542.

SOLNIK, B./BOUCRELLE, C./LE FUR, Y. (1996): International Market Correlation and Volatility, in: Financial Analysts Journal, September/October, S. 17–34.

SPEICH, H./SCHMID, O. (2005): Absolute Return-Investments als Ansatz zur Stabilisierung der Performance von Pensionskassen, in: Absolute|report 27, August, S. 10–17.

SWISSCANTO (2005): Pensionskassenstudie, Swisscanto Asset Management AG.

Dieter G. Kaiser/Roland G. Schulz

Maßschneiderung von Alternative Investment-Portfolios für institutionelle Investoren
Anforderungen, Herausforderungen und Umsetzung

1 Einleitung 745
2 Anforderungen institutioneller Investoren an Spezialmandate. 746
3 Anforderungen institutioneller Investoren an Alternative Investments 749
4 Konzeption eines Spezialmandates mit Hedgefonds-Underlying 751
   4.1 Definition der Rahmenbedingungen 753
   4.2 Fixierung der Anlageparameter 755
   4.3 Umsetzung 756
5 Schlussfolgerung 758

Literaturverzeichnis

1 Einleitung

Die Investition in Alternative Investments wird von Industrievertretern und in den Medien teilweise als etwas Undurchsichtiges, etwas Unkontrollierbares oder oft auch als eine Blackbox dargestellt. Dies ist auf den ersten Blick verständlich, da unter dem Sammelbegriff Alternative Investments eine Vielzahl unterschiedlichster Handels- und Investitionsstrategien subsumiert werden, welche die komplette Palette der angebotenen Finanzprodukte sowie der bei institutionellen Investoren üblichen Eigenhandels-Strategien ausgiebig nutzen. Die Vielzahl der Alternative Investment-Disziplinen und deren zugrunde liegenden Anlagemechanismen sind in den Punkten Liquidität, Korrelationseigenschaften, Transparenz, Risiko und Ertrag dermaßen unterschiedlich, dass es ohne ein quantitatives Grundgerüst schwierig ist, effiziente Portfolios zu entwerfen. Ohne die Untermauerung dieser quantitativen Asset Allocation-Prozesse mit einer qualitativen Analyse, ist allerdings auch die Maßschneiderung (Customization) von Alternative Investment-Portfolios auf die jeweiligen Kundenbedürfnisse suboptimal. Dieser Beitrag widmet sich deswegen den qualitativen Prozessschritten, die unabdingbar auf dem Weg zur Maßschneiderung eines Hedgefonds-Mandats für institutionelle Investoren sind und stellt mögliche Problemfelder und industrieübliche Lösungsalternativen dar.[1] Es wird darüber hinaus verdeutlicht, dass es sich bei Alternative Investments nicht zwangsläufig um eine undurchsichtige Anlageklasse – auch über Dachfonds – handeln muss.

Verschiedene akademische Analysen über unterschiedliche Zeithorizonte haben nachgewiesen, dass Alternative Investments einen positiven Wertbeitrag als Bestandteil der strategischen Asset Allocation liefern.[2] Allerdings ist auch häufig der Nachweis geführt worden, dass aufgrund der spezifischen Eigenschaften von insbesondere Hedgefonds (z.B. Autokorrelation, Vorliegen keiner Normalverteilung, Verzerrungen der Stichprobenkonditionierung, statistisch insignifikante Performancepersistenz auf Fondsebene) bei der Anwendung von Standard Asset Allocation Tools auf Basis der Mean-Variance-Analyse zu überhöhten *optimalen* Hedgefonds-Quoten führen.[3] Unter Berücksichtigung dieser Problematik haben Brunner und Hafner unter Verwendung eines alternativen Hedgefonds-Analyse-Frameworks nachgewiesen, dass die optimalen Allokationen für Hedgefonds im Bereich zwischen zehn Prozent (nach VaR) und 25 Prozent (nach Omega) liegen.[4] Trotz dieser Ergebnisse führen Alternative Investments in den Portfolios institutioneller Investoren bisher ein Schattendasein.[5] Aus diesem Grunde werden

---

[1] Systematisierungen sowie eine ausführliche Beschreibung der quantitativen Prozessschritte finden sich z.B. bei Gregoriou./Hübner/Papageorgiou,/Rouah (2005), Ineichen (2003), Kaiser (2004) oder Lhabitant (2004).
[2] Vgl. Schneeweis/Karavas/Georgiev (2002), S. 9 & Purcell/Crowley (1999), S. 38–39.
[3] Vgl. Kaiser/Schulz (2004), S. 21.
[4] Vgl. Brunner/Hafner (2005), S. 19.
[5] Eine Untersuchung von Russel aus dem Jahr 2005 hat ergeben, dass die Allokationen von Institutionellen Investoren in den letzten Jahren insbesondere in den Bereichen Hedgefonds, Private Equity, Tactical Asset Allocation Overlay, Currency Overlay und Absolute Return-Strategien (long-only) signifikant angestiegen sind. Allerdings sind die bisher investierten Volumina von institutionellen Investoren in der Relation zum gesamten Alternative Investment-Markt relativ gering. Vgl. Russel (2005), S. 33–51.

einführend ausgewählte Kriterien dargelegt, warum Institutionelle Anleger häufig im Bereich der Alternative Investments untergewichtet sind, wie eine Studie von JP Morgan Fleming aus dem Jahr 2003 belegt. Hierbei wird deutlich, dass die Wahrnehmung von Risiken mit 64 Prozent und respektive 56 Prozent der Hauptgrund der institutionellen Investoren für die verhaltene Investition in den Anlageklassen Private Equity und Hedgefonds ist. Im Bereich Private Equity sind zudem für 39 Prozent der Investoren die langen Kapitalbindungsfristen von meist mehr als einer Dekade ein Investitionshindernis.[6] Aspekte wie ein mangelndes Verständnis der Anlageklasse und eine fehlende Kapitalgarantie spielen mit 26 Prozent und respektive 23 Prozent demnach vorwiegend bei Hedgefonds eine Rolle.[7] Auch die Beratung durch Investment Consultants hat für 27 Prozent der befragten Investoren einen entscheidenden Einfluss und war für den Bereich Hedgefonds der zweitstärkste Grund nicht in diese Anlageklasse zu investieren. Nach einer Untersuchung von RCP & Partners aus dem Jahr 2005 verwenden 33,3 Prozent der institutionellen Investoren in Deutschland und Österreich bereits einen Consultant bei der Mandatsvergabe und weitere 5,9 Prozent erwägen deren Einschaltung in der nahen Zukunft.[8] Eine Studie der Deutschen Bank aus dem Jahr 2005 hat in diesem Kontext allerdings auch ergeben, dass sich die Alternative Investment-Investoren mit einer Investitions- bzw. Beratungserfahrung von über zehn Jahren vorwiegend aus den Bereichen Dachfonds (56 Prozent) und Family Offices (25 Prozent) rekrutierten. Die Erfahrungen von Consultants, Banken, Firmen und Versicherungen sind hingegen mit 13 Prozent deutlich geringer ausgeprägt.[9]

2 Anforderungen institutioneller Investoren an Spezialmandate

Die Herausforderung für Asset Management-Gesellschaften in der Zukunft wird es zunehmend sein, Produktlösungen anzubieten, welche aus der Perspektive der Kapitalanleger heraus konstruiert und im Kontext derer Gesamtportfolios betrachtet werden. Hierfür ist es erforderlich, dass Anlagerichtlinien und Parameter festgelegt werden, welche die Ansprüche der Kunden widerspiegeln und anhand welcher eine Überwachung und Beurteilung der Spezialportfolios durchgeführt werden kann. Zusätzlich können Änderungen der Mandatsstruktur sowie die mittelfristige wie strategische Ausrichtung des Portfolios in regelmäßigen Anlageausschusssitzungen mit dem Portfoliomanagement besprochen werden. Aus Sicht der Verantwortlichen im Bereich der Eigeninvestitionen ist die Einfachheit der Handhabung von Spezialmandaten wichtig. Deswegen wird als Investitionsstruktur häufig auf Fondslösungen mit einer EU-Domizilierung zurückgegriffen, welche durch vergleichbare Aufsichts-

---

6 Vgl. Lamm/Ghaleb-Harter (2001), S. 73.
7 Vgl. JP Morgan Fleming (2003), S. 6.
8 Vgl. RCP & Partners (2005), S. 11.
9 Vgl. Deutsche Bank (2005), S. 3.

behörden beaufsichtigt sowie durch unabhängige und renommierte Wirtschaftsprüfer kontrolliert werden. Nach einer Untersuchung von RCP & Partners zum deutschen Spezialfondsmarkt aus dem Jahr 2005 steht die Qualität und die Aussagekraft des Reportings sehr hoch in der Wertschätzung der institutionellen Anleger, da dieses heute ein sehr effizientes Steuerungsinstrument darstellt (siehe Abbildung 1).[10] Deswegen sind weit reichende pünktliche, revolvierende und deutschsprachige Reporting-Kapazitäten der Vermögensverwaltungsgesellschaften sehr wichtig. Die Passung der jeweiligen Mandate innerhalb des Gesamtportfolios sowie die Einhaltung der Anlagerichtlinien müssen jederzeit nachvollziehbar und kontrollierbar sein. Zur effizienten Handhabung von Spezialmandaten sollten die Asset Management-Gesellschaften in der Lage sein, Hinweise über die buchhalterische Behandlung der Portfoliobestandteile sowie deren Besteuerungsgrundlagen nachzuweisen sowie Risikokennzahlen zu übermitteln. Portfolioanalysen müssen in diesem Kontext den spezifischen Bedürfnissen der Investoren angepasst werden. So spielen für Banken beispielsweise, Hinweise zur Eigenkapitalunterlegung des Alternative Investment-Exposures nach Basel II eine entscheidende Rolle. Ebenfalls wünschenswert ist die Möglichkeit, aktuelle Kurse über gängige Börseninformationsdienste wie Reuters, Bloomberg oder Datastream abrufen zu können.

Eine der wichtigsten Zielgrößen aus Investorensicht ist die erzielte sowie die zu erwartende Wertentwicklung. Dabei steht allerdings die Maximierung einer Wertentwicklung meistens nicht im Fokus institutioneller Anleger, sondern eher das Erreichen einer gewissen Rendite – wie beispielsweise Euribor + 400 Basispunkte – unter Einhaltung von bestimmten im Vorfeld festgelegten Risiko- und Diversifikationsparametern (z.B. Maximum-Drawdown-, Volatilitäts- oder Korrelations-Ziele). So führte bei einigen Institutionen die anhaltende Baisse des neuen Jahrtausends zu einem gewissen Abschreibungsbedarf, welcher das Risikobewusstsein vieler Anleger nachhaltig geprägt hat und diese sicherlich bei zukünftigen Anlageentscheidungen beeinflussen dürfte. Ein weiterer Faktor aus Investorensicht ist die Organisation der Asset Management-Gesellschaft. Diese sollte in der Lage sein, auf spezifische Kundenwünsche angemessen reagieren zu können und interne Entscheidungsprozesse effizient und schlüssig darzustellen. Der Begriff Organisation umfasst allerdings auch die Funktionsfähigkeit von Prozessabläufen, Controlling, Mitarbeiterführung, Eigentumsstrukturen bis hin zu Fragen der angebotenen Dienstleistungen.

---

10 Diese Erkenntnis wird unterstützt von einem zu beobachtenden Marktwachstum bei Master-KAGs und Custodians. Die in Deutschland tätigen, rund 15 Master-KAG-Anbieter gehen immer häufiger dazu über, den Investoren eine Standardversion des Reportings zu einem fixen Preis zu liefern und gewünschte zusätzliche Reportingbausteine gesondert in Rechnung zu stellen. Vgl. RCP & Partners (2005), S. 12.

Abbildung 1: Ausgewählte Kriterien in der Wertschätzung der Investoren

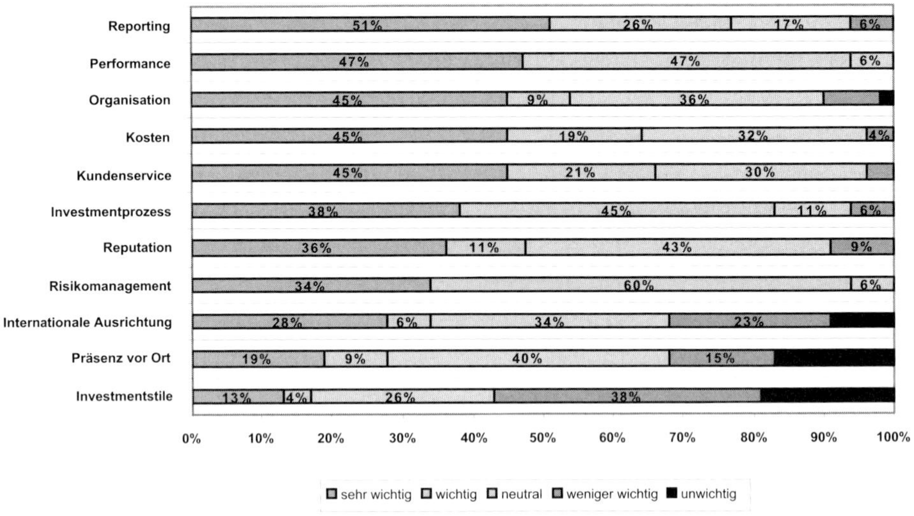

Kriterium	sehr wichtig	wichtig	neutral	weniger wichtig	unwichtig
Reporting	51%	26%	17%	6%	
Performance	47%		47%	6%	
Organisation	45%	9%	36%		
Kosten	45%	19%	32%	4%	
Kundenservice	45%	21%	30%		
Investmentprozess	38%	45%	11%	6%	
Reputation	36%	11%	43%	9%	
Risikomanagement	34%		60%	6%	
Internationale Ausrichtung	28%	6%	34%	23%	
Präsenz vor Ort	19%	9%	40%	15%	
Investmentstile	13%	4%	26%	38%	

Quelle: RCP & Partners (2005), S. 12

Ebenfalls einen hohen Stellenwert bei institutionellen Anlegern nehmen die in Verbindung mit Spezialmandaten anfallenden Kosten ein. Denn hohe Kosten sind eine direkte Funktion der zu erzielenden Wertentwicklung. In diesem Zusammenhang dürfte der Kennzahl der Total Expense Ratio in Zukunft eine besondere Rolle zuteil werden. Darüber hinaus ist auch zu erkennen, dass institutionellen Investoren bekannten Namen mehr Vertrauen entgegenbringen. Etablierte Asset Management-Häuser sowie spezialisierte Nischenanbieter sollten außerdem dazu fähig sein, Referenzmandate zu nennen und auf Anfrage Referenzlisten auszuhändigen. Die Internationalität sowie die Vor-Ort-Präsenz kann bei der Vergabe von Spezial-Mandaten ebenso eine Rolle spielen, sofern diese mit weit reichenden und globalen Research- und Analysekapazitäten gleich gesetzt wird. Viele Investoren haben interne Risikomesssysteme entwickelt oder diese maßgeschneidert auf ihre Bedürfnisse installieren lassen. Ein effizientes Risikomanagementsystem und die Passung der jeweiligen Investitionsprodukte in dieses Rahmenwerk ist eine gewichtige Voraussetzung für viele Investoren.

3 Anforderungen institutioneller Investoren an Alternative Investments

Die im vorigen Abschnitt dargestellten Anforderungen institutioneller Investoren scheinen auf den ersten Blick nicht ohne Weiteres auf Spezialmandate mit einem Alternative Investment-Underlying übertragbar zu sein. Viele oft wiederholte Vorurteile und Mythen, welche vor Jahren vielleicht noch ihre Richtigkeit hatten, haben sich in den meisten Köpfen festgesetzt und schrecken heute nach wie vor einige Institutionelle Investoren ab. Dabei hat sich nicht nur die Investmentlandschaft als solche, sondern auch die Alternative Investment-Branche weiterentwickelt. Diese Weiterentwicklung wird nachstehend im Kontext der Problematik bei der Konzeption von maßgeschneiderten Alternative Investment-Portfolios thematisiert. Eines der weit verbreiteten Punkte ist sicherlich, dass Hedgefonds ungern Portfoliopositionstransparenz bieten. Ohne das Verständnis des in einer Anlage gebundenen Risikos, gleicht der Kauf einer Alternative Investment-Blackbox dem Kauf eines Vertrauensgutes, da weder Informationen über das Risiko noch über die Treiber der Wertentwicklung bekannt sind. Dasselbe gilt für Fonds, welche nicht einmal Willens sind, ihre Strategie den Investoren gegenüber detailliert zu erläutern. Solche Fonds entsprechen sicherlich nicht den Vorstellungen von Institutionellen Investoren, welche ihre Anlageentscheidungen meist vor Gremien vertreten müssen und sollten deswegen auch nicht in Portfolios dieser Kundengruppe vertreten sein. Sicher wird durch das Qualitätsmerkmal der Mindesttransparenz die mögliche Auswahl an Zielfonds reduziert, doch bietet das Universum genügend Fonds oder Beteiligungen, welche ihren Investoren eine eingeschränkte Portfoliotransparenz im Sinne von Sektorgewichtungen, geografischen Konzentrationen, Bonitätsmatrizzen der gehaltenen Wertpapiere oder die größten Long- bzw. Shortpositionen bieten und detaillierte Performancebeitragsanalysen und Risikoparameter aushändigen.

Sollten die Investoren tatsächlich auf eine vollständige Portfoliotransparenz wert legen, so ist davon auszugehen, dass die Zielfonds auf Geheimhaltungsabkommen (Confidentiality Agreement) und von Fall zu Fall auf eventuelle Schadensersatzübereinkommen (Indemnity Agreements) bestehen werden. Anschließend erhalten die Investoren in den meisten Fällen allerdings nur einen Monatsultimo-Überblick der gehaltenen Positionen mit einer ein- bis dreimonatigen Verspätung. Eine Untersuchung des Investor Risk Committe (IRC) fand heraus, dass 80 Prozent der Dach-Hedgefonds im Vergleich zu nur 13 Prozent anderer Investorengruppen eine vollständige Portfoliotransparenz der einzelnen Zielfonds erhalten. Während 95 Prozent der Dach- und Single-Hedgefonds den Investoren Risikoprofile zur Verfügung stellen, sind nur 72 Prozent der Dach-Hedgefonds und 57 Prozent der Single-Hedgefonds dazu bereit ihren Investoren die Ergebnisse von Stresstests zur Verfügung zu stellen.[11] Es ist anzunehmen, dass mit einer fortschreitenden Institutionalisierung der Alternative Investment-Industrie eine steigende Anzahl an Managern die Kundenbedürfnisse dieser Investorengruppe aufgreifen werden und sich hieraus eine weiterführende Informationspolitik manifestieren könnte.[12]

---

11 Vgl. Rahl (2003a), S. 10.
12 Vgl. Grene (2005), S. 26.

Da das bisherige Klientel von Alternative Investments sich vorwiegend aus sehr wohlhabenden Privatanlegern zusammensetzt, welche nicht den häufig extern auferlegten Reportinganforderungen institutioneller Investoren unterliegen, ist davon auszugehen, dass deren Informationsbedürfnis sich bisher auf das Verständnis der Handelsstrategien sowie die Kenntnis der Risikoexposures der Zielfonds und weniger auf Portfoliotransparenz und mathematische Kennzahlen fokussierte.[13] Eine Untersuchung der Deutschen Bank über das Anlageverhalten von internationalen institutionellen Investoren im Bereich Alternative Investment fand heraus, dass lediglich 14 Prozent der Investoren eine vollständige Portfoliotransparenz fordern, 67 Prozent sich mit einer limitierten Transparenz zufrieden geben und sogar 19 Prozent keine Mindesttransparenzanforderungen ihren Investitionsentscheidungen zugrunde legen.[14] Auch bei der Frequenz der Reportings existieren viele Unklarheiten. Sicherlich stimmt es, dass das Gros der Hedgefonds lediglich in einem monatlichen Turnus ihren Nettoinventarwert (NAV) bestimmen, doch berechnen die meisten Hedgefonds wöchentlich einen Schätzwert. Einige alternative Fonds, die sehr liquide Strategien mit vorwiegend börsennotierten Wertpapieren fahren, berechnen in Ausnahmefällen sogar tägliche Nettoinventarwerte. Dabei darf allerdings nicht außer Acht gelassen werden, dass jeder Termin einer Nettoinventarwertsbestimmung einen monetären wie arbeitszeittechnischen Aufwand darstellt. Bei einer unabhängigen Bewertung des Fondsvermögens durch spezialisierte Administratoren existieren deswegen auch unterschiedliche Preismodelle für die NAV-Berechnung, welche je nach Frequenz und Qualität der Daten gestaffelt sind. Ein preiswertes und gängiges Modell ist hierbei die Übernahme der Preise, welche die Fonds selbst liefern sowie die anschließende Berechnung des NAV anhand dieser Werte. Zieht der Administrator unabhängige Preise von mehreren Marktteilnehmern und Börsen hinzu und errechnet hieraus einen Preis für die einzelnen Portfoliopositionen, so stellt dies eine kostenintensivere Variante dar. Obwohl Hedgefonds bereits zu den liquiden Alternative-Investment-Strategien zählen, so ist deren Liquidität im Vergleich zu den traditionellen Aktien- oder Rentenfonds geringer.

Bei Hedgefonds, die Strategien anwenden, welche sehr illiquide Instrumente berücksichtigen, machen auch wöchentliche NAV-Kalkulationen keinen Sinn, da sich beispielsweise die Preise der jeweiligen Positionen nicht in diesem Zeitraum geändert haben (z. B. Microcap-Stocks oder Distressed Securities). Die liquiden Alternative Investment-Strategien, wie z. B. Global Macro oder Managed Futures, sollten aufgrund der hohen Instrumentenliquidität beinahe börsentäglich in der Lage sein, sinnvolle Portfoliobewertungen auf Basis von Marktpreisen liefern zu können.[15] Außerdem sollte auch im Bereich der alternativen Anlagen die den Investoren gebotene Investitionsliquidität im Sinn der Kapitalbindungs- und Kündigungsfristen eine Funktion der Instrumentenliquidität sein. Letztendlich muss jeder Investor seine Liquiditätsanforderungen bestimmen, wodurch das Investitionsuniversum und somit auch die Aus-

---

13 Nach einer Untersuchung der Alternative Investment Management Association (AIMA) sind die Hedgefonds-Investoren vorwiegend High Net Worth Individuals (44%), Privatbanken (30%), Stiftungen (9%), Pensionsfonds (7%), Firmen (6%) und Versicherungen (1%). Vgl. Rahl (2003), S. 91.
14 Vgl. Deutsche Bank (2005), S. 10.
15 Vgl. Kaiser (2004a), S. 45.

wahl der zu berücksichtigenden Strategien sowie die zu erzielende Liquiditätsprämie determiniert wird.

Klassische Diversifikationsüberlegungen werden im Falle Alternative Investments durch die Argumente des Ausfallsrisikos und der Heterogenität des Anlageuniversums verstärkt. Somit ist eine enge Zusammenarbeit zwischen Investor und dem Partner bei der Produktkonzeption Voraussetzung für die Konzeption eines effizienten Alternative Investment-Portfolios, das tatsächlich die Anforderungen des Investors im Kontext des Gesamtportfolios erfüllt werden. In diesem Zusammenhang sei auch auf die oft zu Beginn eines solchen Projekts unterschätzte Bedeutung des gegenseitigen Verständnisses für die Investmentphilosophie und den Investmentprozess des jeweiligen Partners hingewiesen. Deren Kompatibilität ist eine Voraussetzung für die erfolgreiche und kontinuierliche Eingliederung des Alternative Investment-Portfolios in das Gesamtportfolio. Hierbei wird von Produktanbietern häufig fälschlicherweise unterstellt, dass die Investoren aufgrund der mit Alternative Investments verbundenen, vermeintlich höheren Kosten sowie etwaiger Anlagerestriktionen auf eine Investition in diesen Bereich verzichten. Allerdings steht für die Investoren die valide Quantifizierung der bei einer Investition in Alternative Investments implizierten Risiken im Vordergrund. Aus der Sicht der traditionellen Industrie werden häufig die im Hedgefondsbereich vorhandenen Marktrisiken im Kontext der jeweiligen Handelsstrategien nicht ausreichend verstanden.[16] Deswegen ist der Ruf der Investoren in Deutschland nach professionellem Risikomanagement, kundenindividueller Absprache, qualifizierter Information beziehungsweise qualifizierender Schulung sowie nach belastbaren Referenzen ein Indikator für den Reifegrad der Alternative Investment-Industrie in Deutschland. Außerdem ist grundsätzlich, das heißt nicht nur im Vergleich zum Auswahlprozess bei traditionellen Investments, der Markenname oder Bekanntheitsgrad im Bereich Alternative Investments tendenziell weniger bedeutsam.[17]

4 Konzeption eines Spezialmandates mit Hedgefonds-Underlying

Eine der zentralen Herausforderung innerhalb der Finanzbranche ist die Eingliederung von Alternative Investments in die bestehenden Investment- und Risikokontrollprozesse von Institutionen. Diese weisen jeweils spezifische Risiko-, Ertrags- sowie Diversifikationsanforderungen auf und bringen darüber hinaus eigene Strukturierungserfordernisse aufgrund unterschiedlicher rechtlicher und betrieblicher Rahmenbedingungen mit sich. Ausgangspunkt einer Konsultation sollte jeweils das bestehende Gesamtportfolio der Kunden sein. Hier ist die geltende Investmentphi-

---

16 Eine ausführliche Diskussion dieser Thematik findet sich im Beitrag von Fung/Hsieh in diesem Handbuch.
17 Vgl. Herzog/Kinzler (2005), S. 19.

losophie des Kundenportfolios hinsichtlich des Investmentstils, der Investmentpolitik, einer Benchmarkorientierung und im Bezug auf Performance- und Risikorichtlinien zu beachten. Anschließend sollte der bestehende Investmentprozess in seine strategischen und taktischen Komponenten analysiert sowie die Anforderungen des Risikomanagements und Risikoreportings untersucht werden, welche auch das Alternative Investment-Portfolio betreffen würden. Unter Einhaltung dieser Prämissen, ist es das Ziel zum einen diejenigen Alternative Investment-Strategien herauszufiltern, welche dem Gesamtportfolio des Kunden einen Diversifikationsbeitrag liefern können und zum anderen zu analysieren, welche bisher im Eigenhandel verwandten Anlagestrategien aus Effizienz-Gesichtspunkten ausgegliedert werden sollten. Hierbei kann beispielsweise durch eine Regressionsanalyse der Benchmarks der traditionellen Portfoliobestandteile sehr exakt analysiert werden, welche Hedgefondsstrategien im Gesamtportfoliokontext wirklich Alpha generieren und bei welchen Strategien das Beta den Großteil der Gesamtrendite erklärt.[18] Empirische Untersuchungen haben ergeben, dass Hedgefonds die effizienteste Art der Alpha-Erzielung bieten, aber wegen der branchenüblichen Gebührenstrukturen die bei weitem ineffizienteste Art der Beta-Generierung darstellen.[19] Tendenziell weisen nicht-direktionale Strategien höhere Alphas als die direktionalen Strategien auf. Direktionale Strategien hingegen lassen sich eher durch Beta-Risiken erklären.

Anbieter institutioneller Alternative Investment-Produkte müssen die Sensitivität und Flexibilität bei der Gestaltung zielgruppengerechter Produkte berücksichtigen. So können beispielsweise heute Versicherungen und Versorgungseinrichtungen nach der Anlageverordnung vom 20. August 2004 bis zu fünf Prozent des Sicherungs- und sonstigen gebundenen Vermögens direkt oder indirekt (beispielsweise über strukturierte Produkte) in Single- und Dach-Hedgefonds im Sinne der §§112 und 113 des Investmentgesetzes investieren. Dabei ist die Investition in einzelne Single-Hedgefonds allerdings auf 1 Prozent des gebundenen Vermögens begrenzt.[20] Die Eigenhandels-Abteilungen der Banken auf der anderen Seite unterliegen hausinternen Restriktionen sowie Eigenkapitalunterlegungs-Vorschriften (Basel II) und steuerlichen Optimierungszwängen. Bei eventuellen Hemmnissen durch diese Vorschriften gehört es eigentlich zum Leistungsspektrum des Asset Management-Unternehmens bei der Problemlösung Hilfestellung zu bieten.[21] Weitere zu beachtende unternehmensspezifische Restriktionen sind die jeweiligen Eigentums- und Geschäftsführungsverhältnisse bei den Klienten. Tendenziell sind Mitarbeiter aus den Fachabteilungen aufgrund ihres direkten Marktkontaktes offener gegenüber Alternative Investments. Es sollte eine reibungslose Kommunikation zwischen den Produktanbietern und dem Eigenhandel etabliert werden, damit die Mitarbeiter im Treasury, die einzelnen Charakteristika und Marktrisiken

---

18 Vgl. Rodewald (2005), S. 35.
19 Vgl. Kaiser/Schulz (2004), S. 22.
20 Vgl. Schultz/Krause (2004), S. 55–56.
21 Versicherungen und Banken jeglicher Provenienz zählen aktuell zu den aktivsten Investorengruppen in Sachen Alternative Investments in Deutschland. Allerdings können sich auch die bislang nicht investierten Investorengruppen Stiftungen, Versorgungswerke und Pensionskassen mittelfristig eine Investition in Hedgefonds vorstellen. Vgl. Herzog/Kinzler (2005), S. 20.

der jeweiligen Handelsstrategien im spezifischen Gesamtportfoliokontext verstehen und kommunizieren können und so beim Abbau von potenziellen Vorurteilen gegenüber Alternative Investments aktiv mitarbeiten können. Weitere mögliche Auflagen von der Investorenseite können sein, dass außerhalb der EU domizilierte Fonds über eine Depotbank verbucht werden sollen oder auch dass GuV-Rechnungen oder weiterführende steuerliche Bescheinigungen erstellt werden müssen. Zusätzlich können Controllinganforderungen jährlich laufende Erträge bedingen, welches die Notwendigkeit ausschüttender Fondsanteile oder einer Bondstrukturierung mit jährlich fixiertem Kuponertrags nach sich ziehen würde.

4.1 Definition der Rahmenbedingungen

Aus Sicht der Investoren ist es bei der Konzeption eines maßgeschneiderten Alternative Investment-Portfolios wichtig, von vorn herein die Prioritäten zu definieren, die durch eine Investition in Alternative Investments erfüllt werden sollen. So gibt beispielsweise eine etwaige Transparenzerfordernis des Controllings, eine in der Hedgefonds-Industrie unübliche Bedingung vor, die das zur Verfügung stehende Investitionsuniversum an möglichen Zielfonds stark einschränkt. Eine gerade in Deutschland häufig nachgefragte Voraussetzung ist die der möglichst hohen Liquidität der einzelnen Portfoliobestandteile. Allerdings haben verschiedene Studien nachgewiesen, dass längere Kapitalbindungsfristen bei Hedgefonds – auch in Verbindung mit Lockup-Perioden – eine hohe positive Korrelation zu höheren Sharpe Ratios aufweisen.[22] Deswegen sollte eine gewisse Flexibilität und eine analytische Auseinandersetzung bei der Bewertung von Liquidität auf der Investorenseite vorherrschen. In der Hedgefonds-Industrie ist außerdem ein Trend hin zu längeren Kapitalbindungsfristen zu beobachten. Dieser Trend begründet sich aus zwei Faktoren: Zum einen aus der Illiquidität der zugrunde liegenden Strategie bzw. der gehandelten Instrumente (Illiquiditätsprämie als Alpha-Quelle) und zum anderen der Managerqualität (exzellente Manager können es sich leisten, prohibitive Liquiditätsforderungen zu verlangen, um damit auch aus ihrer Sicht „spekulative" Investoren abzuschrecken). Nach Angaben von Hedge Fund Research sind monatliche Zeichnungen bei 80,13 Prozent der Hedgefonds, monatliche Kündigungen aber nur bei 46,17 Prozent möglich.[23]

Es gibt allerdings Anzeichen dafür, dass sich quartalsweise Liquidität, welche heute noch bei 35,88 Prozent der Hedgefonds zu beobachten wird, sich als „Industriestandard" etablieren wird. Lockups sind häufig über Kündigungsgebühren verhandelbar. Obwohl längerfristige Kapitalbindungen auf den ersten Blick weniger erfreulich sind, so sollte es dem Portfoliomanagement ermöglicht werden, einen gewissen Anteil des zur Verfügung stehenden Investitionsvolumens in Zielfonds mit Lockups zu investieren, wenn sich diese auf einer risikoadjustierten Basis als *überlegen* herausstellen. Hedgefonds können auf unterschiedliche Arten eingesetzt werden, um einen Mehr-

---

22 Vgl. Kaiser/Kisling (2005), S. 32–33 & Asness/Krail/Liew (2001), S. 13.
23 Vgl. Hedge Fund Research (2005), S. 12.

wert für die Anleger darzustellen. In der Praxis sind vorwiegend die beiden folgenden Varianten anzutreffen:

- **Diversifikationsinstrument:** In der Regel werden Hedgefonds eingesetzt, weil sie durch die Möglichkeit der Generierung marktunabhängiger Erträge ein ideales Diversifikationsinstrument für die klassischen Aktien- und Rentenmarktrisiken darstellen. Marktunabhängige Erträge können durch Relative Value-Trading oder durch Investitionen in mit den klassischen Anlageklassen nicht korrelierenden Märkten erzielt werden. Beiden Strategien ist eine Minimierung des systematischen Marktrisikos (*Beta*) gemein. Aus der Sicht des Eigenhandels einer Bank lässt sich mit diesem Ansatz das Ziel des Höchstmaßes der Diversifikation der Handelserträge, mit Erträgen aus Märkten, für die man selbst keine Kernkompetenz aufbauen möchte, erreichen. Unter der Vorgabe in solchen Märkten möglichst marktunabhängig zu agieren, wird entsprechend auf der Einzelfonds- bzw. -strategieebene eine niedrige Volatilität erzielt. Dies ist gleichbedeutend mit einer Schonung des Eigenkapitals. Nach einer gemeinsamen Untersuchung von Frontiers Management Consulting und Mercer Investment Consulting aus dem Jahr 2005 ist das Hauptziel von institutionellen Investoren in Deutschland bei der Allokationsentscheidung für Alternative Investments die Portfoliooptimierung, was vorwiegend keine Renditeerhöhung, sondern eine Reduzierung des Gesamtportfoliorisikos bedeutet. In diesem Kontext werden meistens Hedgefonds selektiert, dessen Renditeverteilungen nicht ausgeprägt linksschief sind und die keine starke positive Wölbung vorweisen.[24]

- **Anlageklassensubstitut:** Hedgefonds werden verstärkt als Substitut bestehender Anlageklassen verwendet, insbesondere bei volatilen Anlagekategorien, wie z. B. Aktien. Durch die bei Hedgefonds bestehende Möglichkeit der opportunistischen Steuerung der Direktionalität auf der Einzelstrategieebene, kann ein Beta-Verhalten der verschiedenen Anlageklasse erzielt werden, ohne jedoch dem vollen Verlustpotenzial ausgesetzt zu sein. Insbesondere aktienorientierte Hedgefonds-Strategien haben bewiesen, dass sie ähnlich einer Optionsstrategie in der Lage sind, an steigenden Märkten zu partizipieren und gleichzeitig deren Verlustpotenzial zu reduzieren. Die Alpha-Generierung liegt hierbei folglich in der Outperformance von Optionsstrategien. Die extremste Ausformung des Substituts ist das *Global Overlay*, in dem das von Robert Litterman entwickelte *Global Tactical Asset Allocation-Konzept* umgesetzt wird. Hier wird quasi das freie Risikokapital einer Anlagestrategie auf ein Global Macro Overlay transponiert.[25]

Der Grad der Diversifikation aus der Sicht institutioneller Anleger – gerade innerhalb eines Alternative Investment-Spezialmandats – sollte ebenfalls überdacht werden. Generell besteht die Möglichkeit, durch einen hohen Diversifikationsgrad negative Auswirkungen auf das Hedgefonds-Portfolio aufgrund von Ausfällen einzelner Single-Hedgefonds zu reduzieren. Gleichzeitig kann eine Überdiversifikation eine effiziente Portfolioallokation konterkarieren. Deswegen ist zu überlegen, ob nicht andere Metho-

---

24 Vgl. Füss/Rehkugler/Disch (2005), S. 257.
25 Eine ausführliche Diskussion dieser Thematik findet sich in dem Beitrag von Litterman in diesem Handbuch.

den der Portfoliokonstruktion existieren, die auf der einen Seite die Überdiversifikation vermeiden, und gleichzeitig das Ausfallrisiko defacto eliminieren.[26] Der Investor sollte in einem weiteren Schritt die grundlegenden Entscheidungen für die Investitionsphilosophie treffen: Wie stark sollen direktionale Strategien eingesetzt werden, wie wichtig ist eine marktunabhängige Wertentwicklung und welche Bedeutung kommt der Diversifikation über verschiedene Alpha-Quellen zuteil? Damit einher – praktisch als Konsequenz dieser Überlegungen – geht die Definition des geplanten Korrelationsverhaltens des Portfolios. Gerade im Zusammenhang mit der Eigeninvestition wird man häufig mit der Idee konfrontiert, Hedgefonds im Rahmen des Asset Liability-Managements als Instrumente der taktischen Optimierung von Marktrisiken zu verwenden. Jedoch sollten die Investoren sich im Klaren sein, welche zusätzlichen Risiken dies implizieren kann. Die Hinzufügung direktionaler Strategien kann sofern das Szenario richtig prognostiziert wurde, Risiken reduzieren. Allerdings können sich die Risiken auch erhöhen sofern die prognostizierten Ereignisse nicht eintreffen. Deswegen sollten Hedgefonds-Portfolios strategisch so konzipiert werden, dass sie über einen Konjunkturzyklus hinweg eine *überlebensfähige* Anlagestrategie verfolgen können.

4.2 Fixierung der Anlageparameter

Im Kontext der Investmentpolitik sollten die strategischen Anlageziele des Mandats, der Investmentprozess sowie das Risikomanagement (Risikokontrollen, Limits) definiert werden. Ebenfalls bedeutend ist die Festlegung der Funktionen und Kompetenzen, die der Investor sowie der Berater bei der Verwaltung des Mandats haben werden. Für die nachhaltige Bewertung der erzielten Wertentwicklung des Hedgefonds-Portfolios sollten deswegen Ziele wie Risiko-Ertragsparameter, Korrelationsvorgaben, und Diversifikationsparameter bzw. Diversifikationsrestriktionen definiert und die neutrale Position des Portfolios vorgegeben werden. Auf Basis dieser Daten ist eine objektive und aussagekräftige Performancemessung möglich. In der Praxis hat sich außerdem die quartalsweise Standortbestimmung auf Basis der erzielten Wertentwicklung als wichtig erwiesen, um die etablierten Prozesse und Investitionsparameter kontinuierlich zu kontrollieren und zu optimieren. Im Detail stellt sich somit für den Kunden eines Spezialmandates die Frage, wie sich diese Investitionsparameter konkret in einem Portfolio umsetzen lassen können. Es muss geklärt werden, ob das zu konzipierende Portfolio beispielsweise bestimmte Direktionalitäten oder Korrelationen im Vergleich zu traditionellen Marktrisiken) oder zu etablierten Alternative Investment-Benchmarks avisieren sollte. Genauso müssen Angaben über das gewünschte Risiko-Ertrags-Profil durch den Investor gemacht werden. Hierbei können bestimmte Kennzahlen wie das jährliche Renditeziel (meistens in Abhängigkeit eines Interbankensatzes definiert), die Zielvolatilität des Portfolios oder auch bestimmte Verlustkennzahlen (Maximum-Drawdown, Stop-Loss-Limite, weiche Kapitalgarantien) definiert werden. Die Vordefinition der Parameter ermöglicht den Ex-Post-Abgleich der Portfolioentwicklung mit den ursprünglichen Mandatszielen.

---

26 Vgl. Kaiser/Schulz (2003), S. 15.

Weiterer Klärungsbedarf entsteht aus dem Strukturierungsfreiraum, welcher es den Alternative Investment-Spezialisten ermöglichen soll, die von den Investoren gesteckten Ziele zu erreichen. Hierbei ist zu klären, ob die Investoren lieber auf Managed Account-Lösungen zurückgreifen wollen, oder ob etablierten Fondsstrukturen der Vorrang eingeräumt wird. In einem weiteren Schritt sind die einzelnen Bestandteile des Berichtswesens des Alternative Investment-Mandats zu definieren. Hierbei ist das Reporting in den meisten Fällen auf die Bedürfnisse der Investoren anzupassen. Generell sollten folgende Portfolioberichte von den jeweiligen Asset Management-Gesellschaften geliefert werden können:

- wöchentliche Wertentwicklungsberichte (circa fünf bis sieben Geschäftstage nach Valuta);
- monatliche Nettoinventarwerte (circa eineinhalb Monate nach dem Bewertungstag);
- monatliche Liquiditäts-Berichte;
- Performance-Beitragsanalysen und Portfolioumschlags-Berichte (quartalsweise);
- kumulierte Risikoreports (z. B. mit BearMeasurisk).

4.3 Umsetzung

Nachdem die Rahmenbedingungen und Investmentparameter eines Alternative Investment-Mandats definiert wurden, sind in einem weiteren Schritt die relevanten Fragen der Umsetzung zu klären, bevor mit dem eigentlichen Investment- und Allokationsprozess begonnen wird. Hierfür stehen den Investoren generell folgende Varianten zur Verfügung, wenn nicht eigene Alternative Investment-Kapazitäten im Unternehmen aufgebaut werden sollen:

- **Beratungsvertrag für die Due Dilligence und Fondsselektion:** Bei dieser Variante baut der Investor sein eigenes Alternative Investment-Portfolio auf und zieht einen externen Partner[27] für die Fondsselektion hinzu. Hierbei wird der Due Diligence-Prozess des Partners unter Berücksichtigung gemeinsam akkordierter Mindestanforderungen angewandt. Der externe Berater ist bei solch einer Konstellation für die laufende Überwachung der ausgewählten Single-Hedgefonds zuständig und liefert Factsheets und detaillierte Due Dilligence Reports für diese Fonds. Bei dieser Variante ist allerdings der Investor selbst für das Portfoliomanagement, das laufende Risikomanagement des Portfolios sowie für die gesamte Administration alleinverantwortlich. Diese Variante stellt sich allerdings als sehr aufwendig für das Backoffice der Investoren dar, da Zeichnungs-/Kündigungsdokumente und –fristen sowie Zahlungsmodalitäten im Alternative Investment-Bereich nicht standardisiert sind. Zusätzlich kommt erschwerend hinzu, dass mögliche Nebenabreden systematisch zu

---

27 Als externe Berater für institutionelle Investoren bieten sich vorwiegend Dach-Hedgefonds-Management-Gesellschaften an.

erfassen sind und dass ein direkter Kontakt mit verschiedenen Depotbanken beim Einholen der Shareholder-Bestätigungen, Positionen und Preise erforderlich ist.

- **Beratungsmandat für das gesamte Alternative Investment-Portfolio:** Bei dieser Variante wird der externe Berater von dem Investor als Investment Manager des Hedgefonds-Portfolios eingesetzt, welches vom Investor direkt gehalten und administriert wird. Es wird gemeinsam die Investmentpolitik, einschließlich des Investmentprozesses erarbeitet. Hierbei ist der externe Berater für das Portfoliomanagement inkl. der taktischen Positionierung und Fondsselektion sowie für die Überwachung und Einhaltung der Risikokontrollen und Limits verantwortlich. Der Grad der gewünschten Involvierung ist vom Investor vorzugeben. In der Praxis hat sich insbesondere eine zumindest quartalsweise Abstimmung in der taktischen Allokation und der direktionalen Ausrichtung des Portfolios als sehr effizient erwiesen. Der Investor wäre in solch einer Konstellation auch für das Cash Management und Hedging sowie für die Administration des Portfolios verantwortlich. Diese Variante hat für die Investoren den Vorteil, dass hierdurch der Zugriff auf das Investment-Universum und den Due Diligence-Prozess des externen Beraters sowie dessen laufende Überwachung gewährleistet ist. Als vorteilhaft hat sich auch die umgehende Umsetzbarkeit dieser Variante erwiesen. Allerdings würde die Abstimmung der Prozesse zwischen dem Backoffice des Kunden und der Abwicklungsabteilung des externen Beraters circa drei bis vier Wochen in Anspruch nehmen (Positionsberichte, Buchhaltung mit Kontenrahmen für Bestands- und Erfolgskonten, Informationsfluss).

- **Beratungsmandat für einen Großanlegerfonds:** In dieser Konstellation wird der externe Berater als Investment Manager des Alternative Investment-Portfolios eingesetzt, welches als Dach-Hedgefonds strukturiert wird. Es wird gemeinsam die Investmentpolitik einschließlich des Investitionsprozesses erarbeitet. Der externe Berater ist für das Management des Portfolios, inklusive der taktischen Positionierung und Fondsselektion sowie für die Überwachung und Einhaltung der Risikokontrollen und Limits verantwortlich. Eine eventuelle Einbindung des Investors in den Asset Allocation-Prozess ist meistens von diesem vorzugeben. Bei der Variante eines eigenen, maßgeschneiderten Dachfonds ist der Dachfonds-Manager für das Cash-Management sowie das Währungs-Hedging verantwortlich. Die Administration des Fonds erfolgt über einen Administrator und eine Depotbank. Um hier den administrativen Aufwand möglichst gering zu halten, ist es oft ratsam auf die von dem jeweiligen externen Berater aufgebaute und bereits bestehende Infrastruktur zurückzugreifen. Insgesamt dürfte sich diese Variante auf den ersten Blick als kostenintensiv darstellen, doch darf nicht vergessen werden dass hier die komplette Abwicklung des Alternative Investment-Portfolios ausgelagert werden kann. Weiterer wichtiger Vorteil dieser Konstellation sind, dass auch Fonds berücksichtigt werden können, die *soft-closed* sind, die also nur bestehenden Investoren für weitere Investitionen offen stehen.[28] Bezüglich

---

28 Bei einem Softclosing können nur bestehende Investoren weiterhin in diese Hedgefonds investieren. Hierbei wird allerdings unter *Investor* formaljuristisch nicht die Asset Management-Gesellschaft, sondern in den meisten Fällen die juristische Person des Investmentfonds verstanden. Wird nun ein Spezialmandat als Teilfonds unter einem bestehenden Umbrellafonds strukturiert, so steht diesem Teilfonds der Zugang zu allen *soft-closed* Zielfonds offen, von denen jeglicher Teilfonds Anteile hält.

der Kosten eines Großanlegerfonds als Teilfonds eines bestehenden Umbrellafonds ist sogar die Generierung von Skaleneffekten sowie ein Börsenlisting möglich.

5 Schlussfolgerung

Dieser Beitrag hat die Probleme und Herausforderungen bei der Maßschneiderung von Alternative Investment-Portfolios thematisiert. Hierbei ist deutlich geworden, dass die Konzeption eines Spezialmandats die Implementierung in den bestehenden Asset Allocation-Prozess des Kunden bedarf, um nicht nur ein Diversifikationsprodukt, sondern vielmehr ein auf die zugrunde liegenden Risiken des Gesamtportfolios abgestimmtes Investment, zu erhalten. In diesem Zusammenhang ist die Maßschneiderung als Konzeptionsschritt zur Begrenzung der Marktrisiken des Gesamtportfolios zu verstehen. So ist ein maßgeschneidertes Alternative Investment-Spezialmandat nur unter Anwendung eines Top-down-Investmentprozess zu verwirklichen, was in der Praxis aufgrund der Dominanz des Bottom-Up-Ansatzes die Suche nach geeigneten und erfahrenen Partnern erschwert. Da der gesamte Konzeptions- und Anpassungsprozess mit einem hohen personellen Aufwand verbunden und häufig nur unter Hinzunahme externer Beratungskapazitäten zu realisieren ist, lohnt sich die Auflage eines Alternative Investment-Spezialfonds häufig erst ab einer Zielgröße von EUR 20 Mio.[29]

Gleichzeitig sollte sich bei den institutionellen Investoren eine Bereitschaft zu einer flexibleren Herangehensweise als bei traditionellen Mandaten etablieren. Denn ein für die Investoren transparentes Portfolio bedeutet nicht die Übermittlung und Auswertung von Positionsdatenlisten, sondern das transparente Verständnis der in den Produkten gehandelten Marktrisiken.

Abschließend kann konstatiert werden, dass der Wachstumsschub für Alternative Investments in Zukunft aus dem Bereich der institutionellen Investoren kommen muss. Dieser Erfolg wird sich allerdings nur dann einstellen, wenn es der Industrie gelingt den Abbau möglicher Vorurteile auf der Kundenseite voranzutreiben, Kapazitäten zur Entwicklung kundenspezifischer Lösungen aufzubauen und Produkte zu konzipieren und auf den Markt zu bringen, die auch die Chance haben über einen langfristigen Zeithorizont absolute Renditen auf einem hohen risikoadjustierten Niveau zu erzielen.

---

29 Da diese Summe für einige wohlhabende Privatanleger ebenfalls hoch ist, haben sich im Bereich der High Net Worth Individuals so genannte Club-Deals etabliert, bei denen sich mehrere Family Offices zusammentun.

Literaturverzeichnis

ARAGON, G. O. (2004): Share Restrictions and Asset Pricing: Evidence from the Hedge Fund Industry, Working Paper, The Wallace E. Carroll School of Management, Boston College.

ASNESS, C. S./KRAIL, R./LIEW, J. M. (2001): Do Hedge Funds Hedge? – Be cautious in analyzing monthly returns, in: Journal of Portfolio Management, Fall 2001, S. 6–19.

BRUNNER, B./HAFNER, R. (2005): Hedge Funds als Bestandteil der strategischen Asset Allocation, in: Zeitschrift für das gesamte Kreditwesen (ZfgK), 3/2005, S. 15–19.

DEUTSCHE BANK (2005): 2005 Deutsche Bank Alternative Investment Survey, New York.

FÜSS, R./REHKUGLER, H./DISCH, W. (2005): Fund of Hedge Funds: Portfolioallokation und Performance, in: BankArchiv – Zeitschrift für das gesamte Bank- und Börsenwesen, 4/2005, S. 249–258.

GRENE, S. (2005): Capsizing the boat – Institutional Investors are piling into hedge funds, in: Funds Europe, Issue 33, September, S. 26–29.

GREGORIOU, G. N./HÜBNER, G./PAPAGEORGIOU, N./ROUAH, F. (2005): Hedge Funds – Insights in Performance Measurement, Risk Analysis, and Portfolio Allocation, John Wiley & Sons Ltd., London 2005.

HEDGE FUND RESEARCH (2005): HFR Year End 2004 Industry Report 2004.

HERZOG, M./KINZLER, H. (2005): Alternative Investments in Deutschland – eine aktuelle Umfrage bei Investoren und Anbietern, in: Absolut|report, Nr. 27, 08/2005, S. 18–25.

INEICHEN, A. M. (2003): Absolute Returns – The Risk and Opportunities of Hedge Fund Investing, John Wiley & Sons Ltd., London 2003.

JP MORGAN FLEMING (2003): European Alternative Investment Strategies Survey 2003, Institutional Insight, London 2003.

KAISER, D. G. (2004): Hedgefonds – Entmystifizierung einer Anlageklasse – Strukturen, Chancen, Risiken, Wiesbaden 2004.

KAISER, D. G. (2004a): Managed Futures sind keine Hedgefonds, in: portfolio international, Ausgabe 9, November, S. 45.

KAISER, D. G./KISLING, K. (2005): Der Einfluss von Kapitalbindungsfristen auf die Sharpe Ratio aktienbasierter Hedgefonds-Strategien, in: Absolut|report, Nr. 28, 10/2005, S. 26–33.

KAISER, D. G./SCHULZ, R. G. (2003): Risiken und Liquidationen von Hedgefonds, in: D-Hedge, Nr. 4, Juli, S. 21–23.

Kaiser, D. G./Schulz, R. G. (2004): Direktionalität geht auf Kosten von Alpha, in: portfolio institutionell, Ausgabe 4, Juli, S. 21–23.

Lhabitant, F.-S. (2004): Hedge Funds – Quantitative Insights, John Wiley & Sons Ltd., London.

Litterman, R. B. (2004): Active Alpha Investing – Ein neues Paradigma für die Herausforderungen im Asset Management, Absolut|report, Nr. 19, 04/2004, S. 8–19.

McFall Lamm, R./Ghaleb-Harter, T. E. (2001): Private Equity as an Asset Class: Its Role in Investment Portfolios, in: Journal of Private Equity, Fall 2001, S. 69–79.

Purcell, Dave/Crowley, Paul (1999): The Reality of Hedge Funds, in: The Journal of Investing, Vol. 8, No. 3, Fall, S. 26–44.

Rahl, L. (2003): Hedge Fund Risk Transparency – Unravelling the Complex and Controversial Debate, Risk Books, London 2003.

Rahl, L. (2003a): IRC Hedge Fund Transparency and Valuation Survey, in: Alternative Investment Management Association (Hrsg.), AIMA Journal, No. 55, February, S. 9–10.

RCP & Partners (2001): Aktuelle Entwicklungen auf dem deutschen Spezialfondsmarkt aus Investorensicht, Wiesbaden 2001.

Rodewald, M. (2005): Ein Hoch auf solides Hedgefonds-Handwerk, in: portfolio institutionell, Ausgabe 4, Juli, S. 32–38.

Russel (2005): The 2005–2006 Russel Survey on Alternative Investing – A Survey of Organizations in North America, Europe, Australia, and Japan, Frank Russel Company (Hrsg.).

Schneeweis, T./Karavas, V. N./Georgiev, G. (2002): Alternative Investments in the Institutional Portfolio, Working Paper, University of Massachusetts 2002.

Schultz, F./Krause, M. (2004): Zusätzliche Anreize für Alternative Investments für Versicherungsgesellschaften aus steuerlicher Sicht, in: Absolut|report, Nr. 23, 12/2004, S. 54–61.

Lionel Martellini/Volker Ziemann

Die Vorteile von Hedgefonds im Asset Liability-Management

1 Einleitung 763
2 ALM-Techniken im Überblick 764
3 Formales Überschuss-Optimierungs-Modell 766
4 Hedgefonds-Allokation im Kontext der Überschussoptimierung 769
5 Schlussfolgerung 772
Literaturverzeichnis

1 Einleitung

Die Probleme der vergangenen Jahre haben die Aufmerksamkeit auf das Risikomanagement institutioneller Investoren im Generellen und jenes leistungsorientierter Pensionspläne im Speziellen geworfen. Eine unglückliche Kombination ungünstiger Marktbedingungen über die letzten drei Jahre hat viele leistungsorientierte Pensionspläne verwüstet. Negative Returns aus dem Aktienmarkt haben die Werthaltigkeit der Pensionsplan Assets im gleichen Moment geringer werden lassen, als die sinkenden Zinsen den marked-to-market-Wert von Unterstützungszahlungen und Verbindlichkeiten haben steigen lassen. In extremen Fällen hat das Betriebsrenten mit einer Kapitallücke zurückgelassen, die so groß oder größer war als die Marktkapitalisation des Treuhänders. Zum Beispiel haben, im Jahr 2003, die Firmen, die im S&P 500 und FTSE 100 zusammengefasst sind, ein kumuliertes Defizit von USD 225 Mrd. respektive GBP 55 Mrd. aufgewiesen (Credit Suisse First Boston[1] und Standard Life Investments)[2], während das weltweite Defizit sogar ein geschätztes Volumen von USD 1.500 bis USD 2.000 Mrd. einnahm (Watson Wyatt)[3]. Weil institutionelle Investoren so besonders stark von dem Marktrückgang betroffen waren, haben grundlegende Veränderungen im institutionellen Money-Management stattgefunden, und namentlich insbesondere der Bedarf nach einem erhöhten Fokus auf das Asset Liability-Management (ALM). In diesem Zusammenhang suchen institutionelle Investoren und vor Allem unterkapitalisierte Pensionsfonds dringend nach neuen Assetklassen oder Investmentstilen, die in einem Kapitalbasis-Optimierungskontext eingebettet werden können und den Zugang zu aktienähnlichen Erträgen ermöglicht ohne die dazugehörige Risiko-Downside zu haben.

Wegen ihrem Fokus auf absolute Performance und Risikokontrolle sind Hedgefonds typischer Weise als natürliche Alternative zu Aktien und Anleihen bekannt. Während Long-only-Investmentstrategien nur ein einfach-lineares Exposure in Bezug auf die Returns der zu Grunde liegenden Assetklasse generieren (steigen und fallen mit dem Index), sind die Hauptvorzüge von Hedgefonds-Strategien, dass sie ein nichtlineares Exposure in Bezug auf Aktien und Bonds haben und dadurch ermöglichen, dass das Verlustpotenzial prinzipiell limitiert ist.[4] Dies liegt daran, dass Hedgefonds-Manager, die ohne Beachtung regulatorischer Einschränkungen auskommen, eine Vielzahl dynamischer Strategien und/oder Investments in Derivate einbinden können, die sehr wahrscheinlich zu nichtlinearen Returns führen.[5] Während die Bewertung der Vorzüge, die Hedgefonds bieten, wenn sie in einem Investoren Portfolio sind, ausreichend in einer wachsenden Anzahl von Büchern zur Geltung kommen[6], wurde dieses Thema noch nicht im Rahmen des ALM geprüft. Dieser Beitrag versucht diese Lücke zu füllen.

---

1 Vgl. Credit Suisse Boston 2003.
2 Vgl. Standard Life Investments 2003.
3 Vgl. Watson Wyatt 2003.
4 Es wurde in letzter Zeit gezeigt, dass Finanzprodukte, die nicht-lineare Ertragsprofile aufzeigen, besonders im Kontext des ALM hilfreich sind; vgl. Draper and Shimko (1993).
5 Vgl. Fung/Hsieh (1977).
6 Vgl. Agarwal/Naik (2004).

Zusammengefasst empfiehlt das Resultat dieses Beitrags stark, dass passend kreierte Hedgefonds-Portfolien – unter einer ALM-Betrachtung – einen signifikanten Nutzen bringen können, wenn sie zu Anleihen und Aktien hinzugefügt werden, wie anhand der Reduktion des erwarteten Ungleichgewichtes zwischen Assets und Liabilities gemessen wurden konnte. Dieser Einfluss wird umso mehr betont, wenn die relevante Betrachtung zu extremen Risiken hin geht. Tatsächlich wird gezeigt, dass die Wahrscheinlichkeit extremer Verluste (der Wert der Assets fällt unter 75 Prozent des Wertes der Liabilities) um 50 Prozent reduziert werden kann, indem 20 Prozent in Hedgefonds allokiert werden. Diese Ergebnisse sollten von Investoren, die gezwungen sind Liability-Grenzen einzuhalten, in Betracht gezogen werden. Der Rest dieses Beitrags ist wie folgt aufgebaut: Die nachfolgende Sektion gibt einen Überblick über ALM Techniken als auch eine Präsentation des Models, welches wir verwenden. Anschließend zeigen die Autoren eine formales Überschuss-Optimierungs-Modell gefolgt von einer Einführung in Hedgefonds und einem Test über ihren Einfluss im Sinne von Überschuss-Optimierungs-Vorteilen.

2 ALM-Techniken im Überblick

Asset Liability-Management bedeutet die Anpassung des Portfoliomanagement-Prozesses, um dem Vorhandensein verschiedener Beschränkungen, die zu den Verpflichtungen, die in den Liabilities der Bilanz eines institutionellen Investors vorkommen (z.B. Verpflichtungen, Pensionen, Versicherungsprämien oder sonstiges zu bezahlen) zu entsprechen. Deswegen gibt es dort so viele Liability-Verpflichtungen wie es institutionelle Investoren gibt und dadurch entsprechend viele ALM-Ansätze.

Asset Liability-Management-Techniken können in unterschiedliche Kategorien eingeordnet werden. Ein erster Ansatz namens Cashflow-Matching stellt eine perfekte Übereinstimmung zwischen den Cashflows aus dem Asset-Portfolio und den Liability-Verpflichtungen sicher. Angenommen, ein Pensionsfonds hat zum Beispiel die Verpflichtung, eine monatliche Pension an einen Rentner zu zahlen. Wenn die Komplexität über die Lebenserwartung des Rentners außer Acht gelassen wird, ist die Struktur der Liabilities als eine Serie von zu zahlenden Cashflows definiert, deren realer Wert heute bekannt ist, aber für die der nominale Wert typischerweise mit einem Inflationsindex abgeglichen wird. Es ist in der Theorie möglich, ein Portfolio von Assets zu konstruieren, dessen zukünftige Cashflows indentisch sind mit der Struktur seiner Verbindlichkeiten. Um dies zu erreichen, vorausgesetzt Wertpapiere dieser Art existieren am Markt, müssten inflationsgeschützte Null-Kupon-Anleihen mit einer Laufzeit korrespondierend zu den einzelnen Zahlungsterminen, an denen die monatlichen Renten gezahlt werden, gekauft werden. Die Höhe der Renten müsste sich proportional zu der Höhe der realen Verbindlichkeiten verhalten.

Diese einfache Technik erlaubt – zumindest in der Theorie – ein perfektes Risikomanagement, weist jedoch auch Grenzen auf. Zunächst wird es generell unmöglich sein, inflationsgeschützte Wertpapiere zu finden, deren Fälligkeit exakt auf den Zahlungstermin der Verbindlichkeiten fällt. Zusätzlich schütten die meisten dieser Wertpapiere Kupons aus, was zum Problem der Reinvestition führt. Für das Maß, in dem eine perfekte Abstimmung nicht möglich ist, existiert eine Technik namens Immunisation, die es erlaubt das – durch die nicht-perfekte Abstimmung zwischen den Assets und den Liabilities – verbleibende Zinsrisiko in einer optimalen Art zu managen. Diese Zins-Risikomanagement-Technik kann darüber hinaus durch einen einfachen durationsbasierten Ansatz zu einem allgemeinen Modell erweitert werden, zum Beispiel, Hedging von nichtparallelen Verschiebungen in der Zinskurve[7], oder zum simultanen Management von Zins- und Inflationsrisiken[8]. Es sollte jedoch angemerkt werden, dass diese Technik schwierig anzuwenden ist, wenn nichtlineare Risiken aus versteckten Optionalitäten und/oder zinsunabhängige Risiken in der Liability-Struktur abgesichert werden sollen[9].

Ein anderer, wahrscheinlich weitaus wichtigerer Nachteil der Cashflow-Matching-Technik (oder der annähernden Matching-Variante, die im Immunisierungsansatz vorgestellt wurde) ist, dass es eine extreme Positionierung voraussetzt, die nicht unbedingt optimal für den Risk/Return des Investors ist. Tatsächlich können wir sagen, dass der Cashflow-Matching-Ansatz gleichzusetzen ist mit der Investition in ein risikofreies Asset im Asset Management. Es erlaubt das perfekte Risikomanagement, namentlich eine Kapitalgarantie im passiven Management und eine Garantie, dass die Einschränkungen der Liabilities im ALM beachtet werden. Der Nachteil der Erträge ist jedoch, dass durch das Fernbleiben einer Risikoprämie dieser Ansatz sehr kostenintensiv ist, weil zu einem unattraktiven Beitragsniveau der Assets führt.

In einem Versuch, die Profitabilität der Assets zu verbessern, und dadurch ihren Risikobeitrag zu reduzieren ist es nötig, eine strategische Allokation der Assetklassen (Aktien, Staatsanleihen und Unternehmensanleihen) vorzunehmen, die nicht perfekt mit den Liabilities korreliert. Es muss dann der beste mögliche Kompromiss zwischen dem angenommenen Risiko (relativ zu der Liability-Bedingung) und dem Überschuss-Ertrag, den sich der Investor durch das Exposure zu den Risikofaktoren erhoffen kann, gefunden werden. Unterschiedliche Techniken werden anschließend angewandt, um den Überschuss zu optimieren, d.h. der Überschusswert der Assets im Vergleich mit den Liabilities unter einer Risk/Return-Betrachtung. Besonders hilfreich ist es, stochastische Modelle einzusetzen, die die Unsicherheit einiger Risikofaktoren und deren Auswirkung auf Liabilities aufzeigen. Dies können finanzielle Risiken sein (z.B. Inflation, Zinsrate, Aktien) oder nichtfinanzielle Risiken (v.a. demografischer Art). Wenn es nötig ist, werden dann *agent behaviour models* entwickelt, die es ermöglichen, die Auswirkungen von Entscheidungen, die an die Ausübung einiger impliziten Optionen geknüpft sind, aufzuzeigen. Ein Beispiel: Eine versicherte Person kann (typischerweise im Austausch gegen Strafzahlungen) seinen Versicherungsvertrag auflösen, wenn der vertraglich garantierte Zins nachhaltig unter das vorherrschende Zinsniveau an einem Termin nach Vertragsunterzeichnung fällt. Dadurch

---

7   Vgl. Priaulet/Martellini/Martellini (2003).
8   Vgl. Siegel/Waring (2004).
9   Vgl. Le Vallois et. al. (2003).

werden die kompletten Liability-Cashflows, und nicht nur ihr augenblicklicher Wert, vom Zinsrisiko abhängig.

Unterschiedliche Optmimierungsmodelle werden von institutionellen Investoren im Rahmen des ALM angewendet[10], und es ist unmöglich, eine ausführliche Aufzählung an dieser Stelle anzubringen.[11]

3 Formales Überschuss-Optimierungs-Modell

Ein Überschuss-Optimierungs-Modell (UOM) wird grundsätzlich kreiert, indem die Anpassung zwischen Assets und Liabilites in der Finanzstruktur von Firmen optimiert wird. Anstatt Annahmen über die detaillierte Allokation der einzelnen Assetklassen in einem Portfolio zu treffen, werden Vertreter für die einzelnen Assetklassen benutzt. Für diese Aufgabe betrachten wir drei Assetklassen (zusätzlich zu Hedgefonds): Aktien, Nominal-Anleihen und inflationsgeschützte Anleihen. Der Portfolioertrag RPF ist gegeben als:

$$R_{PF,t} = \sum_{i=1}^{n} \omega_i R_{i,t} \qquad t = 1...T$$

wobei i der Vertreter für die Assetklasse i und ω_i sein Gewicht im Portfolio darstellt.

Der Zweck der Überschuss-Optimierung ist es, die ideale Allokation zu finden, die in einem bestimmten Zeitraum T (in diesem Fall zehn Jahre) den relativen erwarteten Verlust SF unter ein bestimmtes Niveau α, minimiert, der wie folgt definiert ist:

$$SF(\alpha) = -E\left(\frac{R_{PF,T} - L_T}{L_T} \middle| \frac{R_{PF,T} - L_T}{L_T} < \omega\right)$$

mit L als Platzhalter für die Firmen-Liabilities.

---

10 Vgl. Mulvey/Fabozzi/Pauling/Simsek/Zhang (2005).
11 Um es abschließend zu vervollständigen, ist es angebracht zu erwähnen, dass nonlineare Risikoprofil-Management-Techniken, deren Ziel es ist, einen Kompromiss zwischen einem risiko-freien und returnfreien Ansatz auf der einen Seite und einem risikoreichen Ansatz, der die Liability-Bedingung nicht garantiert (vgl. im Besonderen Leibowitz and Weinberger (1982) für die bedingte Optimierungstechnik oder Amenc, Malaise and Martellini (2004) für eine Verallgemeinerung des dynamischen „core-satellite"-Ansatzes) zu erreichen.

Nachfolgend wird die optimale Allokation erhalten, indem die folgende Funktion aufgelöst wird:

$$\omega^* = \arg\min_{\omega} SF(0)$$

Mit dem Ziel, die erwarteten Werte in der Portfolioverteilung zu optimieren, müssen aus einer ex-ante-Sicht stochastische Szenarien für die Assets und Liabilities erstellt werden. Für die Assets werden mit einer Monte Carlo-Simulation 10.000 zufällige Pfade für jede Assetklasse gewählt (indem eine geometrische Brown'sche Bewegung angenommen wird) und daraus folgende Szenarien entwickelt:

$$S(t) = S(0)\exp\left(\left(\mu-\frac{1}{2}\acute{o}\right)t + \sigma B(t)\right)$$

mit B(t) als Brown'sche Bewegung mit $\Delta B(t) \sim N(0, \Delta t)$ so das gilt:

$$S(t+s) = S(t)\exp\left(\left(\mu-\frac{1}{2}\acute{o}\right)t + \sqrt{s}N\right)$$

mit $N \sim N(0, \sigma)$.

Zur Bewertung der Korrelation des zugrunde liegenden Assets wird ein dreidimensionales Modell der Brown'schen Bewegung eingeführt:

$$S_a(t+s) = S_a(t)\exp\left(\left(\mu_a-\frac{1}{2}\acute{o}_a\right)t + \sqrt{s}N_a\right)$$

$$S_b(t+s) = S_b(t)\exp\left(\left(\mu_b-\frac{1}{2}\acute{o}_b\right)t + \sqrt{s}N_b\right)$$

$$S_c(t+s) = S_c(t)\exp\left(\left(\mu_c-\frac{1}{2}\acute{o}_c\right)t + \sqrt{s}N_c\right)$$

mit der dreidimensionalen Gaußverteilung:

$$\begin{pmatrix} N_a \\ N_b \\ N_c \end{pmatrix} \sim N\left(\begin{pmatrix} 0 \\ 0 \\ 0 \end{pmatrix}, \begin{pmatrix} \sigma_a^2 & \sigma_a\sigma_b\rho_{ab} & \sigma_a\sigma_c\rho_{ac} \\ \sigma_a\sigma_b\rho_{ab} & \sigma_b^2 & \sigma_b\sigma_c\rho_{bc} \\ \sigma_a\sigma_c\rho_{ac} & \sigma_b\sigma_c\rho_{bc} & \sigma_c^2 \end{pmatrix}\right)$$

Die Abstimmung des Modells erfolgt über langfristige Annahmen (siehe Abschnitt 1). Für die durchschnittlichen Erträge und Volatilitäten bei Aktien, Anleihen und inflationsgeschützte Anleihen werden 1900 bis 2000 Schätzungen[12] angenommen; für Vola-

---

12 Vgl. Dimson/Marsh/Staunton (2002).

tilitäten auf inflationsgeschütze Anleihen und für die Korrelationsmatrix wurden die Schätzungen von Kothari and Shanken[13] 1953 bis 2000 angenommen.[14]

Tabelle 1: *Langfristige Parameter-Schätzungen*

Anleihen	0,24		
Infl.ges.	– 0,05	0,52	1
Anleihen			
Durchschnitt	10,4%	5,8%	4,30%
Volatilität	16,5%	8,5%	6,58%

Auf der Liability-Seite wird in einem Versuch mit individuell strukturierten Portfolios von institutionellen Investoren beobachtet, dass die Returns der Liabilites dem Return aus inflationsgesicherten Anleihen plus einem Aufschlag von 300 Basispunkten entsprechen. Dies ist sehr wichtig, da die meisten Liabilities institutioneller Investoren von zwei wesentlichen Risikofaktoren beeinflusst sind: Inflation und Zinsen. Als Ergebnis korrelieren die Liabilities in dem Modell perfekt mit den Returns der inflationsgeschützten Anleihen. In der Praxis sind inflationsgeschützte Anleihen sicherlich die Assetklasse, die die höchste Korrelation mit den Liabilities aufweist, auch wenn die Korrelation durch das Vorhandensein einer Vielzahl von nicht belanglosen Einflüssen – außer dem Zins- und Inflationsrisiko – nicht perfekt ist.

Der relative erwartete Shortfall ergibt sich wie folgt:

$$SF(0) = -\frac{1}{n}\sum_{s=1}^{10000}\left(\frac{R_{PF,t}^s - L_T^s}{L_T^s} \cdot 1_{\{R_{PF,T}^s - L_T^s < 0\}}\right)$$

wobei der Exponenten s das Szenario und n die Anzahl der Szenarien, die Verluste nach 10 Jahren aufweisen, bedeutet:

$$n = \sum_{s=1}^{10000}\left(1_{\{R_{PF,T}^s - L_T^s < 0\}}\right)$$

---

13 Vgl. Kothari/Shanken (2004).
14 Für Aktien wurden Daten von den Weltbörsen verwendet. Für Anleihen wurde aufgrund des Einflusses hoher Inflation in der Zeit des 2. Weltkrieges in Europa der Fokus auf US-Anleihen gelegt und 0,4 Prozent Credit Spread zu den 2,1 Prozent Realzins plus 3,3 Prozent Inflation geschätzt. Für die Returns bei den inflationsgeschützten Anleihen wurde die US-Inflationsrate von 3,3 Prozent plus der realen Kurzfristzinsen – in Abwesenheit einer seriösen Schätzbarkeit der langfristigen Risikoprämie für diese Assetklasse – in Höhe von ein Prozent gewählt.

4 Hedgefonds-Allokation im Kontext der Überschussoptimierung

Es gibt zwei mögliche Ansätze die Hedgefonds im ALM-Kontext einbeziehen. Ein erster Ansatz besteht in der Annahme, dass Hedgefonds als zusätzliche Assteklasse zu Aktien und Anleihen im ALM-Kontext zugefügt werden können. Dieser Ansatz sieht sich jedoch einer Anzahl von konzeptuellen und technischen Schwierigkeiten gegenüber gestellt. Als erstes muss von einem technischen Punkt erkannt werden, dass es trotz der wachsenden Anzahl akademischer Literatur[15] bis jetzt noch keine wirklich befriedigenden Modelle gibt, die die Dynamik von Hedgefonds-Returns aufzeigen, um sie in einem ex-ante Monte Carlo-Simulations-Ansatz einzubringen. Diese technische Schwierigkeit kann etwas gemildert werden durch die Einführung von nichtparametrischen Bootstrapping-Techniken, die es erlauben, eine Vielzahl von Szenarien zu generieren, die auf dem random Sampling der historischen Hedgefonds-Returns basieren. Diese letztgenannte Lösung ist nicht ganz befriedigend, da sie sehr stark von der Auswahl des Samples abhängt. Ferner und wahrscheinlich wichtiger ist, dass der vorherige Ansatz des Hedgefonds-Investings im ALM-Kontext implizit auf der Annahme basiert, dass Hedgefonds als kohärente Assetklasse in einem ALM stochastische Simulations-Ansatz behandelt werden. Dies ist sicherlich nicht aus konzeptueller Sicht zufriedenstellend und ein gutes Argument dafür, dass Hedgefonds nicht eine homogene neue Assetklasse darstellen, sondern vielmehr eine Gruppe unterschiedlicher Investmentstrategien. Aus all diesen Gründen befürworten die Autoren einen vergleichenden Ansatz, der Hedgefonds nicht als Zusatz, sondern eher als Vervollständigung zu den traditionellen Assetklassen (Aktien und Anleihen) sehen. Dies lindert die Zweifel über die ex-ante-Modellierung der Hedgefonds-Returns: Hedgefonds erreichen die Überschussoptimierung nur durch den Einfluss, den sie auf die Risikoparameter-Schätzungen von Aktien und Anleihen haben.[16]

Frühere Studien (zum Beispiel Amenc et al. (2005)) haben gezeigt, dass einige Hedgefonds-Strategien sich zur Risikoreduktion gut mit Aktien oder Anleihen kombinieren lassen. Dabei ist Risiko nicht nur als Portfolio-Volatilität gemessen, sondern auch als Auswirkung der effizienteren Portfolioverteilung. Um dieser Diversifikation gerecht zu werden, folgen die Autoren der Empfehlung von Amenc et al.[17], zuerst die Strategie zu wählen, die die optimale Risikoreduktion mit sich bringt und dann die Allokation zu optimieren, sodass die höchstmögliche Risikoreduktion erzielt wird. Sie zeigen, dass ein Zufügen von fünf Prozent bis 35 Prozent eines passend kreierten Portfolios von

---

15 Vgl. Fung/Hsieh (2002) oder Agarwal/Naik (2004).
16 Weil es der Grund für Existenz inflationsgeschützter Anleihen ist, so eng korreliert wie möglich mit den Liabilities zu sein, wird es nicht für wünschenwert angesehen, Hedgefonds in die inflationsgeschützte Anleihen-Allokation einzubeziehen. Mit anderen Worten, ist die Einführung von Hedgefonds motiviert durch die Reduktion von Risiken, die aus Investments in Risikoassets entstehen – in einem ALM-Sinn sind dies z.B. Aktien und Anleihen.
17 Vgl. Amenc/Goltz/Martellini (2005).

Hedgefonds zu Aktien die Volatilität der Assetklasse um fünf Prozent bis 37 Prozent reduziert. Die entsprechende Risikoreduktion für Anleihen lag zwischen sechs Prozent und 27 Prozent, wenn ein entsprechend kreiertes Portfolio genutzt wird.

Nachfolgend wird der Einstieg von Hedgefonds in eine Überschussoptimierung durch den reduzierenden Einfluss der Volatilitätsparameter bei Aktien und Anleihen geformt. Basierend auf den Annahmen von Amenc erreichen die Autoren den korrespondierenden Parameter (σ) -Schätzer (siehe auch Tabelle 2) als eine Funktion des Anteils an Hedgefonds, der klassischen Assetklassen zugefügt wird, die in diesem Überschussoptimierungsansatz anwendet wird.

Tabelle 2: *Entwicklung der Volatilitäten von Aktien und Anleihen als eine Funktion des allokierten Hedgefonds-Anteils in dem Aktien- und Anleihen-Portfolio*

	0% HF	5% HF	15% HF	25% HF	35% HF
Aktien	16,50%	15,62%	13,75%	11,99%	10,34%
Anleihen	8,50%	7,98%	7,21%	6,70%	6,18%
Infl.ges. Anleihen	6,58%	6,58%	6,58%	6,58%	6,58%

Es wurde hierbei nicht auf den Einfluss erwarteter Returns im Zusammenhang mit der Überschussoptimierung geachtet. Während das Zufügen von Hedgefonds in ein Portfolio von Aktien und Anleihen einen sehr wahrscheinlichen Einfluss auf die Performance hat, sind die Alpha-Vorteile von Hedgefonds nicht nachhaltig genug, um in einer langfristigen Allokation angewendet zu werden. Für jeden dieser Parameterwerte schufen die Autoren 10.000 Szenarien und ließen das gleiche Optimierungsproblem wie im vorherigen Szenario laufen. Für die optimale Portfolio-Allokation als auch die Vorteile in Bezug auf den relativen erwarteten Shortfall und die Wahrscheinlichkeit extremer Verluste erhielten die Autoren die Ergebnisse in Tabelle 3.

Tabelle 3: *Entwicklung der optimalen Asset-Allokation, des erwarteten Shortfalls und der Wahrscheinlichkeit eines Shortfalls größer als 25 Prozent als eine Funktion des allokierten Anteils in Hedgefonds in einem Aktien- und Anleihen-Portfolio*

	Aktien	Anleihen	Infl. Ges. Anleihen	Erw. rel. Shortfall	Vorteil von HF	Prob(SF>25%)	Vorteil von HF
0% HF	15,71%	29,11%	55,19%	17,81%	0%	19,58%	0%
5% HF	16,93%	24,90%	58,17%	17,57%	1,36%	18,66%	4,70%
15% HF	18,24%	29,20%	52,55%	17,04%	4,36%	17,09%	12,72%
25% HF	27,83%	18,39%	53,78%	16,42%	7,82%	14,29%	27,02%
35% HF	32,89%	14,49%	52,62%	15,66%	12,09%	11,89%	39,27%

Abbildung 1 zeigt die relativen Vorteile in Bezug auf erwartete relative Shortfalls and die Wahrscheinlichkeit extremer Verluste.

Abbildung 1: *Verbesserung des erwarteten relativen Shortfalls und der Wahrscheinlichkeit eines Shortfalls größer als 25 Prozent als Funktion der effektiven Proportion, die Hedgefonds allokiert bekommen*

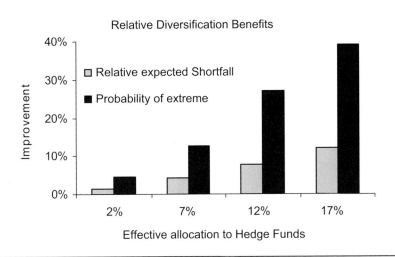

Zusammengefasst empfiehlt dieses Ergebniss, dass individuell kreierte Hedgefonds-Portfolios als Zugabe zu Aktien und Anleihen zu signifikanten Vorteilen im Rahmen des ALM führen können. Dies zeigt sich an der Reduktion des Ungleichgewichtes zwischen Assets und Liabilities. Dieser Einfluss ist umso signifikanter, wenn es um extreme Risiken geht. Die vielleicht wichtigste Entdeckung ist, dass selbst ein begrenztes Investment in Hedgefonds zu einen signifikanten Rückgang extremer Risiken führt. Tatsächlich zeigt sich sogar, dass die Wahrscheinlichkeit extremer Verluste (der Wert der Assets fällt unter 75 Prozent des Wertes der Liabilities) um bis zu 50 Prozent reduziert werden kann durch Allokation von nicht mehr als 20 Prozent in Hedgefonds.

5 Schlussfolgerung

Während die meisten institutionellen Investoren Hedgefonds als mögliche Lösung der Herausforderung des Asset Liability-Managements – in Anbetracht von Bedenken über die Größe der Prämien bei Eigenkapital und Anleihen und den dazugehörigen Risiken – sehen, ist sehr wenig darüber bekannt, wie diese alternativen Investmentstile in einen ALM-Kontext eingebettet werden können. Dieser Beitrag unterstützt den Beweis, dass Hedgefonds in einen ALM-Kontext einen positiven Beitrag leisten. Schlussendlich haben die Autoren eine pragmatische Annäherung vorgeschlagen, die Hedgefonds nicht als Beigabe, sondern vielmehr als Ergänzung zu traditionellen Assetklassen (Aktien und Anleihen) sieht, und die Sorge der Modellierung der Ertragsverteilung und der geschätzten Parameter mildert. Die Autoren ziehen das Fazit, dass passend entwickelte Hedgefonds-Portfolios dann besonders attraktiv sein können, wenn das Ziel der Optimierung ist, dass die erwarteten Returns die Liabilities matchen müssen. Dies ist aufgrund der Vorteile der Verteilungseigenschaften von Hedgefonds – vor allem wegen ihres attraktiven Verhaltens bezüglich der Tail-Distribution und der extremen Risiken von Aktien- und Anleihe-Portfolien – möglich.

Literaturverzeichnis

AMENC, N./GOLTZ, F./MARTELLINI, L. (2005): Hedgefonds from the Institutional Investor's Perspective, in: Hedgefonds: insights in performance measurement, risk analysis, and portfolio allocation, edited by Gregoriou, G./Papageorgiou, G./Hübner, G./Rouah, F., John Wiley.

AMENC, N./MARTELLINI, L./MALAISE, P. (2004): Revisiting Core-Satellite Investing — A Dynamic Model of Relative Risk Management, in: Journal of Portfolio Management, 31, 1, S. 64–75.

AGARWAL, V./NAIK, N. (2004): Risk and Portfolio Decisions involving Hedgefonds, in: Review of Financial Studies, 17 (1), S. 63–98.

CREDIT SUISSE FIRST BOSTON (2003): The Magic of Pension Accounting, Part II, in: Equity Research Report, 15 October 2003.

DIMSON, E./MARSH, P./STAUNTON, M. (2002): Triumph of the Optimists, Princeton University Press.

FUNG, W./HSIEH, D. (1997): Empirical Characteristics of Dynamic Trading Strategies: The Case of Hedgefonds, in: Review of Financial Studies, 10, S. 275–302.

KOTHARI, S. P./SHANKEN, J. (2004): Asset Allocation with Inflation-Protected Bonds, in: Financial Analyst Journal.

LEIBOWITZ, M./WEINBERGER, A. (1982), Contingent Immunization—Part I: Risk Control Procedures, in: Financial Analysts Journal (November–December), S. 17–31.

LEIBOWITZ, M./WEINBERGER, A. (1982): Contingent Immunization—Part II: Problem Areas, in: Financial Analysts Journal (January–February), S. 35–50.

MARTELLINI, L./PRIAULET, P./PRIAULET, S. (2003): Fixed-Income Securities — Valuation, Risk Management and Portfolio Strategies, John Wiley & Sons.

MULVEY, J./FABOZZI, F./PAULING, W./SIMSEK, K./ZHANG, Z. (2005): Modernizing the Defined-Benefit Pension System, in: Journal of Portfolio Management, 31, 2, S. 73–82.

SIEGEL, L./WARING, B. (2004): TIPS, The Dual Duration and the Pension Plan, in: Financial Analysts Journal, 60, 5, S. 52–64.

STANDARD LIFE INVESTMENTS (2003): Bridging the Pensions Gap, Global Bytes.

WATSON WYATT (2003): Global Asset Study (ongoing), as cited by ‚Finanz und Wirtschaft' (28/01/2004), can be downloaded at http://www.finanzinfo.ch.

Thomas Heidorn/Christian Hoppe/Dieter G. Kaiser

Strukturierte Produkte mit einem Alternative Investment-Basiswert

1 Einleitung 777

2 Indexzertifikate 778

3 Discount-Zertifikate 779

4 Reverse Convertibles 780

5 Hebelzertifikate 781

6 Kapitalgarantierte Strukturen 784
    6.1 Statische Kapitalgarantie 785
        6.1.1 Statische Absicherung mit Direktinvestment 785
        6.1.2 Statische Absicherung mit Call 786
    6.2 Dynamische Kapitalgarantie 787

7 Collateralized Fund Obligations 789

8 Sonstige Strukturierte Produkte 791

9 Schlussfolgerung 793

Literaturverzeichnis

1 Einleitung

Die Kategorie der Strukturierten Produkte auf traditionelle Basiswerte wie beispielsweise Aktien oder Aktienindizes existiert in Europa seit vielen Jahren. Aktuell werden an der Stuttgarter Derivatebörse annähernd 21.000 Strukturierte Produkte gehandelt, die sich durch ihre Produkteigenschaften sowie die unterschiedlichen Basiswerte zum Teil stark von einander abgrenzen. Diese Erfolgsgeschichte hat sich beginnend mit den 80er Jahren als die ersten strukturierten Produkte auf Commodity Trading Fonds emittiert wurden, auch auf den Bereich der Alternative Investments übertragen. In Deutschland fiel der Startschuss dagegen mit der Jahrtausendwende und volumensstarker Emissionen der deutschen Großbanken.[1] Bei der Suche nach den Gründen für das stetig wachsende Interesse an diesen Derivaten sind insbesondere die zwei folgenden Aspekte aufzuführen: exklusive Zugangsmöglichkeiten zu Alternative Investments und das Potenzial zu maßgeschneiderten Investmentlösungen. So existieren sowohl für private als auch institutionelle Investoren rechtliche Auflagen, die es ihnen nicht ermöglichen, direkt in Alternative Investments zu investieren. Der Einsatz eines Zertifikates mit einer Mindestverzinsung und einer Wertabhängigkeit von der Entwicklung eines Alternative Investment-Baskets würde diese Restriktion umgehen.[2] Die Verwendung von strukturierten Produkten ermöglicht außerdem den Zugang zu den meist besseren Kreditratings der Emittenten. Des Weiteren können steuerrechtliche Vorteile, Währungsrestriktionen, Mindestanlagesummen und Auflagen bezüglich der Fungibilität des Investments genutzt bzw. erfüllt werden.

Dieser Beitrag untersucht die wesentlichen Strukturierten Produkte mit einem Alternative Investment-Basiswert.[3] Dabei werden die Funktionsweise, die Risiken und die Auszahlungsstrukturen aus Sicht des Investors eingehend erläutert. Im Anschluss werden potenzielle Produktinnovationen aufgeführt.

---

1 Vgl. Heidorn/Hoppe/Kaiser (2005), S. 7.
2 Aus der Sicht ausländischer Produktanbieter entfällt hierdurch auch der in einigen Jurisdiktionen geforderte Regulierungszwang, dem die Anbieter nachkommen müssten, wenn sie ihre Produkte direkt vertreiben würden. Vgl. Lhabitant (2002), S. 215.
3 Hierbei sei angemerkt, dass insbesondere die Private Equity-basierten Strukturen wenig verbreitet sind, was zum Teil an fehlenden geeigneten Basiswerten liegt. So existieren weltweit nur rund fünf Private Equity-Indizes (z.B. PVCI, PEPI, Cambridge Associates U.S. Private Equity Index, LPX), wovon lediglich der LPX Major Market Index als Basiswert verwendbar ist. Weitere Informationen zum LPX befinden sich in dem Beitrag von Christophers/Degosciu/Oertmann/Zimmermann in diesem Handbuch.

2 Indexzertifikate

Indexzertifikate sowie (Index-) Anleihen verkörpern die einfachste und gebräuchlichste Struktur mit einem Alternative Investments-Basiswert. Sie ermöglichen es dem Investor, ähnlich wie Indexfonds, an der Wertentwicklung des zugrunde liegenden Index in einem spezifischen Bezugsverhältnis zu partizipieren. Damit beinhaltet diese mit einem Direktinvestment in das Underlying vergleichbare Konstruktion auch nahezu dasselbe Investitionsrisiko. Außerdem ist das zwar geringe aber in Zertifikaten immer enthaltene Ausfallrisiko des Emittenten zu berücksichtigen. Der Preis eines Indexzertifikates steht in eindeutiger Abhängigkeit zur Entwicklung des Basiswertes. In Bezug auf die derivative Preisveränderung eines Zertifikates wird zwischen den Ergebnis abhängigen (*Performance Linked Notes*) und den in der Praxis dominierenden Index abhängigen Schuldverschreibungen (*Index Linked Notes*) differenziert. Da sich die Auszahlungsstruktur dieser Produktgruppe immer im gleichen Verhältnis zum Basiswert entwickelt, werden diese Investmentvehikel auch als Delta-1-Strukturen bezeichnet. Der Preis eines solchen Zertifikats richtet sich somit nach der Höhe der Entwicklung des Basiswertes unter Berücksichtigung des Bezugsverhältnisses und des von dem Emittenten vorgegebenen Spreads. Der Spread kann speziell bei den relativ illiquiden Alternative Investments als eine Art Risikopreis interpretiert werden. Das heißt, dass ein seitens des Emittenten angebotenes Market Making zu einer asymmetrischen Liquidität zu Gunsten des Investors innerhalb der Zertifikatsstruktur führen kann. Diese ergibt sich, wenn der Emittent selber einer längeren Rückgabefrist unterworfen ist als er wiederum den Investoren einräumt. Dieses Liquiditätsrisiko lässt sich der Emittent durch den Spread und/oder Abschlägen beim kalkulierten Preis des Basiswertes und/oder zusätzlichen Gebühren (up-front- z.B. Zugangs- oder back-end- z.B. Rückgabegebühren) entlohnen. Bei Kenntnis der preisbildenden Parameter ist der Wert des Zertifikates äußerst transparent nachvollziehbar. Neben der ausgeprägten Preistransparenz bieten Indexzertifikate weitere Vorteile insbesondere im Vergleich zu Direktinvestments. Durch die Einschaltung eines Intermediärs also des in Deutschland ansässigen Emittenten, der den von den Investoren entrichteten Emissionspreis poolt und anschließend zur Absicherung seines Zahlungsversprechens das ihm zur Verfügung gestellte Kapital entweder in einen Dachfonds, einen Total Return Swap, ein Derivat (z. B. Optionen & Future) auf einen entsprechenden Basiswert oder einen Trackerfonds eines Alternative Investments Index investiert, erhöht sich die Liquidität und reduziert bzw. eliminiert eine Mindestanlagesumme. Durch die Bündelung der Investments wird dem Kleinanleger der Zutritt zu dieser Anlageklasse ermöglicht.

3 Discount-Zertifikate

Discount-Zertifikate[4] haben ihren Ursprung als strukturierte Produkte basierend auf Aktien bzw. aktienabhängigen Basiswerten. Speziell in einem Finanzmarktumfeld, das durch niedrige Zinsen für Rentenpapiere und durch hohe Volatilitäten bei Aktien geprägt ist, erweisen sich die optisch hohe Verzinsung dieser Investmentkonstrukte als überzeugender Vorteil. Die Auszahlungsstruktur dieser Papiere steht in Abhängigkeit zu der Kursentwicklung des Basiswertes. Dabei gilt, dass sowohl steigende als auch stagnierende Kurse zur Erzielung der Höchstrendite führen können. Bei einem Discount-Zertifikat erwirbt der Investor Anteile an einem aus Alternative Investments bestehenden Basiswert mit einem Abschlag auf den aktuellen Nettoinventarwert (z.B. Zahlung von 80 Prozent für ein Fünf-Jahres-Discount-Zertifikat). Gleichzeitig wird das Ertragspotenzial durch die Festlegung eines zur Fälligkeit ausgezahlten Maximalwertes typischerweise in Höhe des Nennwertes beschränkt. Die höchste zu erzielende Rendite ergibt sich als Differenz zwischen dem Wert des Discount-Zertifikates zum Zeitpunkt des Kaufes und dem möglichen Maximalwert. Der Preis für die im Vergleich zu Rentenpapieren höhere Verzinsung liegt darin, dass der Investor weiterhin das Kursrisiko trägt. Das heißt, dass er bei einem Absinken des Basiswertes unterhalb der so genannten Discount-Schwelle eine vorher bestimmte Anzahl des Basiswertes oder deren Gegenwert erhält.

Abbildung 1: Auszahlungsstruktur eines Discount-Zertifikats

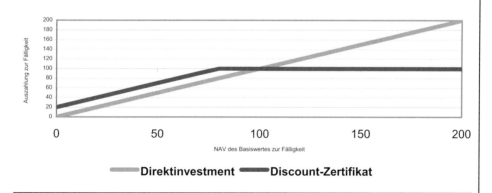

Im Fall eines auf einen Einzelfonds basierenden Discount-Zertifikates ist eine Lieferung der Fondsanteile denkbar,[5] wohingegen bei einem Basiswert in Form eines Baskets

---

4   Andere Bezeichnungen sind DRC (Discount Reverse Convertible), STAR (Stock or Attractive Return), SALE (Safe Alternative to Long Equity), CLOU (Cap Level or Underlying), EROS (Enhanced Return or Security).
5   Allerdings sind die mit einer Auslieferung der Fondsanteile verbundenen Änderungen der aufsichts- und steuerlichen Behandlung der Investition zu beachten.

oder investierbaren Index ausschließlich ein Cash-Settlement erfolgt. Es existieren zwei Möglichkeiten zur Duplikation der implizierten Auszahlungsstruktur. Die wohl bekanntere Variante ist die Kombination aus dem Kauf des Basiswertes (long) und dem gleichzeitigen Verkaufs (short) einer europäischen Call Option auf diesen Wert. Der Ausübungspreis der Option (Strike) entspricht dann dem maximalen Wert des Zertifikates. Die zweite Möglichkeit ist die Kombination eines Zerobonds und einer verkauften europäischen Put Option. Der Maximalwert des Zertifikats wird durch die Aufzinsung des Zerobonds erreicht, liegt der Aktienpreis darunter wird der Put ausgeübt und der Investor hat die Performance des Basiswertes. Somit können Discount-Zertifikate auch als Equity-Linked Zerobonds bezeichnet werden. Der durch das Zertifikat erreichte Abschlag (Discount) im Vergleich zu einem Direktinvestment in den Basiswert ergibt sich als Summe der Verzinsung des Zerobonds und der erzielten Optionsprämie. Der Sicherheitspuffer des Investors wird durch den Discount verkörpert und richtet sich nach den optionspreisbildenden Parametern Laufzeit, Ausübungspreis, risikofreier Zinssatz und der Volatilität des Basiswertes.[6] Insbesondere die niedrige Volatilität eines Hedgefonds-Baskets reduzieren die Optionsprämie und damit auch den Discount. Die Rendite eines Discount-Zertifikates liegt bei stagnierenden Kursen durch die zusätzlichen Erträge aus dem Verkauf der Optionen oberhalb der Wertentwicklung eines Direktinvestments.

4 Reverse Convertibles

Reverse Convertibles[7] sind Anleihen, die sich durch eine signifikant über dem Marktzins liegende Rendite auszeichnen. Jedoch verfügt der Emittent über ein Wahlrecht bei der Rückzahlung. Er kann zur Fälligkeit entscheiden, ob er den Nennbetrag zahlt oder eine zur Emission fixierte Anzahl des Basiswertes liefert bzw. deren Gegenwert auszahlt. Damit überträgt er das Risiko fallender Kurse auf den Investor bleibt. Die Auszahlungsstruktur lässt sich durch eine Kombination aus einer klassischen Anleihe mit einer europäischen Short-Put-Option auf den Basiswert vergleichen. Von der Auszahlungsstruktur entspricht ein Reverse Convertible dem Kauf des Basiswertes, dessen Chancen auf Wertsteigerung zu einem festen Preis verkauft worden sind. Durch die über dem Marktzinssatz liegende Wertentwicklung bekommt der Investor eine Risikoprämie für die mögliche Verluste.

---

6 Differenzen zwischen der impliziten Volatilität des Basiswertes und der der im Discount-Zertifikat verwendeten Option können als eine Art versteckter Strukturierungsbeitrag interpretiert werden. Insbesondere im Bereich der Alternative Investments ist die Quantifizierung der Volatilität aufgrund der zum Teil äußerst illiquiden Strategien sehr komplex und somit nicht sonderlich transparent, was wiederum die Verifizierung dieser Kostenelemente erschwert.
7 Weitere Namen sind YES-Anleihe (Yield Enhance Security), Equity-Linked Bond, GOAL (Geld oder Aktien Lieferung), Aktienanleihe.

Abbildung 2: *Auszahlungsstruktur eines Reverse Convertibles*

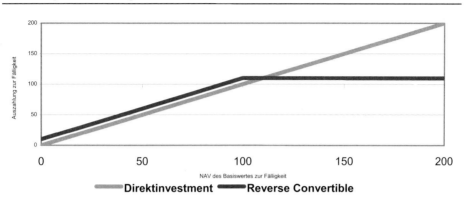

Der Reverse Convertible sowie Discountzertifikate eignen sich für Investoren, die stagnierende oder geringfügig steigende Wertentwicklung für den Basiswert erwarten. Bei starken Kursanstiegen ist ein Direktinvestment zu bevorzugen und bei stark fallenden Kursen bieten die Sicherheitspuffer (Discount bzw. Differenz zur marktüblichen Rendite) keinen ausreichenden Schutz. In diesem Fall zeigen Kapital garantierte Produkte ihre Vorteile.

5 Hebelzertifikate

Die historisch durchschnittlichen Wertentwicklungen die im Jahr 2004 in der Hedgefondsindustrie beobachtet werden konnten, brachten einen der Hauptgründe für die Verwendung von strukturierten Produkten zurück in den Investorenfokus: die Ertragserhöhung.[8] Im Gegensatz zu standardisierten Indexzertifikaten, deren Schwerpunkt auf der Erfüllung rechtlicher und steuerrechtlicher Auflagen liegt, richtet sich das Hauptaugenmerk der Hebelzertifikate auf ihr verändertes Chance-Risiko-Verhältnis. Die spezifischen Risiko-Ertrag-Charakteristiken werden durch die Zielsetzung der Erhöhung des Exposures gegenüber dem jeweiligen Basiswert intensiviert. Die Umsetzung dieser neuen Risikostruktur führte zu den Hebelzertifikaten, die auch als Turbo Bull oder Outperformance-Zertifikaten bezeichnet werden. Eine Analyse der historischen Renditen sowie Volatilitäten von Hedgefondsindizes im Vergleich mit Aktienindizes ergab, dass die durchschnittlichen Renditen zwar relativ identisch sind, dass aber gleichzeitig die entsprechenden Volatilitäten stark differieren. Der HFRI Fund of Funds Composite weist seit seiner Auflage im Jahr 1990 eine Volatili-

---

8 Vgl. Mattoo (2004), S. 201.

tät von rund einem Drittel des S&P500 auf. Investoren, die Renditeschwankung bei Aktieninvestitionen für akzeptabel halten, könne ihr Hedgefonds-Exposure mittels Fremdkapitalaufnahme ausweiten. Bei eine Annäherung der Volatilitäten der beiden Investmentkategorien können dann höhere Ertragspotenziales bei einer unveränderten Renditeschwankung erzielt werden. Die Abbildung 3 zeigt die Korrelation der Drawdowns zwischen der Entwicklung des S&P500 und einem vierfach gehebelten HFR Fund of Funds Index unter Berücksichtigung von Fremdkapitalkosten in Höhe des jeweils gültigen EURIBOR seit 1998.

Abbildung 3: Drawdowns: S&P500 versus vierfach gehebelter HFR Fund of Funds Index

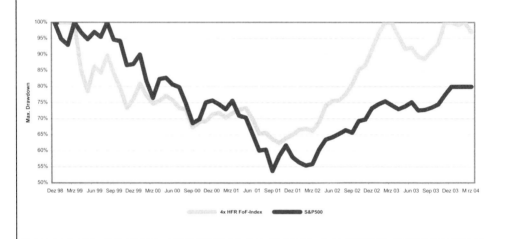

Die Duplikation der Auszahlungsstruktur eines Hebelzertifikates ergibt sich am einfachsten in Form eines zum Teil kreditfinanzierten Kaufes des zugrunde liegenden Basiswertes. Bezogen auf das eingesetzte Eigenkapital stellt der Leverage durch das fremdfinanzierte Investment einen Zusatznutzen dar. Dieser entsteht solange die Indexentwicklung über den Kosten für das Fremdkapital liegt. Da sich die Fremdkapitalkosten nach der Bonität des Kreditnehmers richten, kann ein Investor durch den Kauf eines Zertifikates das bessere Rating des Zertifikatesemittenten nutzen. Dies minimiert die Kosten für das Fremdkapital. Daher erhöht sich der potenzielle Ertragshebel im Vergleich Fremdfinanzierten Anlage durch den Investor. Dieser Verbesserung des Hebeleffektes sind die Strukturierungskosten gegenüber zu stellen.

Ein weiterer Aspekt für jede Art von gehebelten Investments ist das jeweilige Risikomanagement. Die Bedeutung zeigt ein exemplarischen Portfolios mit einem Eigen-Fremdkapital-Verhältnis von 1 zu 4. Erleidet das getätigte Investment einen Verlust von mehr als 20 Prozent sind die Sicherheiten aufgebraucht und der Investor verliert mehr als sein originär eingesetztes Vermögen. Damit dieser Fall nicht eintritt, wurden von einigen Emittenten von Hebelzertifikaten so genannte (konstante) Knockout-Schwellen[9] in Höhe des eingesetzten Kapitals eingeführt.[10]

Die höheren Gewinnchancen eines Hebelzertifikates verkörpern also bei einem Rückgang des Index gleichzeitig ein um denselben Faktor höheres Risiko. Der Hebel erhöht somit die Volatilität des Investments gegenüber eines einfachen Indexzertifikates. Die Tatsache, dass ein Investor bei Annäherung des Basiswertes an die Knockoutschwelle selbst aktiv werden muss, um einen Totalverlust zu vermeiden, hat erste Emittenten dazu bewogen, zusätzlich eine Stop-Loss-Barriere zum Schutz der Investoren in die Zertifikate einzubauen. Verletzt der Basiswert im Tagesverlauf diese Barriere, wird das Zertifikat vorzeitig fällig gestellt.[11]

---

9   Auch im Fall einer konstanten Knockout-Schwelle erhöht sich der Grenzwert kontinuierlich, denn die im Zeitverlauf entstehenden Fremdkapitalkosten werden entsprechend additiv berücksichtigt.
10 Das Unterschreiten dieses Schwellenwertes stellt ein Knockoutereignis und somit einen Totalverlust für den Investor dar. Denn in diesem Szenario verlangt die Bank umgehend ihr Geld (Fremdkapital) zurück und die Hebelzertifikate verfallen wertlos. Damit ist ein Hebelzertifikat als eine Art verbriefter Indexfuture mit einer hohen Margin, aber ohne Nachschusspflicht zu sehen. Der Investor hat daher nicht mehr die Möglichkeit, seine Verluste auszusitzen und auf einen späteren Indexanstieg zu hoffen. In diesem Punkt sind Indexoptionsscheine im Vergleich der gehebelten Finanzinstrumente vorteilhafter. Eine weitere Möglichkeit ergibt sich durch eine aktive Anpassung des Hebeleffektes an die Entwicklung des Basiswertes und die Verwendung einer flexiblen Knockout-Schwelle mit einer Untergrenze in Höhe des eingesetzten Eigenkapitals. Das heißt, dass im Anschluss an einen Anstieg des Basiswertes erneut Fremdkapital aufgenommen wird, um den Hebel an das ursprünglich vorgesehene Verhältnis anzupassen. Bei einem Wertrückgang wird der Fremdkapitalanteil entsprechend zurückgeführt. Die kontinuierliche Anpassung der Knockout-Schwelle dient ähnlich wie ein Nachziehen eines Stop-Loss-Kurses einer Aktienanlage (z.B. 15 Prozent des Höchstkurses) einerseits für eine Verlustbegrenzung und andererseits zur Gewinnsicherung.
11 Tritt der beschriebene Fall ein, wird der Handel des betroffenen Zertifikates ausgesetzt und der Händler des Emittenten hat eine vorgegebene Zeit (z. B. drei Stunden), um seine Hedging-Position also den Basiswert marktschonend aufzulösen. Auf diese Weise ergibt sich der Nettoliquidationserlös. Im Anschluss daran wird der Handel wieder aufgenommen. Der Zertifikatsinhaber hat nun die Möglichkeit, seine Papiere an der Börse oder außerbörslich zu dem Nettoliquidations- bzw. Restwert zu veräußern. Nimmt er dieses Recht nicht in Anspruch, spart er sich zwar einerseits die auftretenden Transaktionskosten, muss aber andererseits mit einer Verzögerung von einigen Tagen rechnen, bis ihm sein Anteil am Restwert automatisch gutgeschrieben wird. Der entscheidende Vorteil der Verwendung der Stop-Loss-Barriere ist, dass die vorzeitige Fälligkeit der Papiere nicht mit einem automatischen wertlosen Verfall gleichzusetzen ist. Die Existenz einer Stop-Loss-Barriere darf jedoch nicht mit einer Kapitalgarantie verwechselt werden.

Thomas Heidorn/Christian Hoppe/Dieter G. Kaiser

Abbildung 4: *Auszahlungsstruktur eines Hebelzertifikates (konstanter dreifacher Hebel; Knock-out Barriere EUR 100, Stop-Loss bei EUR 110)*

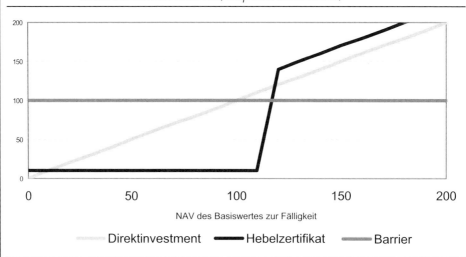

Die Berücksichtigung der Kosten für den Fremdfinanzierungsanteil kann auf unterschiedlichen Wegen geschehen. Eine Variante ist der nachträgliche Abzug der Kreditzinsen für die Zeitspanne, in der der Anleger effektiv im Zertifikat investiert war. Ähnlich funktioniert die Berücksichtigung der Sollzinsen innerhalb des Index- bzw. Referenzwertes. Dabei wird als Kreditzinssatz der passend zum zeitlichen Abstand zwischen den Indexberechnungstagen zu zahlende Euribor-Satz vom ermittelten Indexstand abgezogen. Demgegenüber steht eine ex ante Berücksichtigung. Das heißt, der Anleger zahlt die vollständigen bis zur Fälligkeit anfallenden Kreditzinsen zum Zeitpunkt des Zertifikatserwerbes. Veräußert er vorzeitig seine Zertifikate, bekommt er eine Gutschrift in Höhe der bis zur Fälligkeit bereits bezahlten Zinsen. Bei Hebelzertifikaten finanziert sich die Emissionsbank aus einem Spread oberhalb des Festgeldsatzes zwischen 1 Prozent und 1,5 Prozent, was zur Folge hat, dass die bei Indexzertifikaten üblichen Zertifikatsgebühren nicht ohne weiteres ersichtlich sind.

6 Kapitalgarantierte Strukturen

Im Bereich der kapitalgarantierten Strukturen wird zwischen statischen und dynamischen Wertsicherungskonzepten unterschieden. Beide Varianten werden in den folgenden Abschnitten dargestellt.

6.1 Statische Kapitalgarantie

Das einfachste Konstrukt eines Investments mit einer statischen Kapitalgarantie basiert in den überwiegenden Fällen auf einer Investition in eine Nullkuponanleihe, die zum Zeitpunkt ihrer Fälligkeit den Wert das ursprünglich eingesetzte Kapital erreicht hat Da der Zerobond bei Emission weit unter 100 Prozent notiert, kann die Differenz zum Emissionspreis des Zertifikates (Handelskapital) in den Basiswert oder ein Derivat auf diesen investiert werden. Dabei sind aufgrund des Zinseszinseffektes grundsätzlich die Laufzeit des Produktes sowie der zu erzielende Marktzins entscheidende Faktoren für den Partizipationsgrad am zugrunde liegenden Basiswert. Abbildung 5 zeigt die unterschiedliche Wertentwicklung eines Kapital garantierten Zertifikates mit einer Laufzeit von zwölf Jahren basierend auf dem HFR Fund-of-Funds Index und einer theoretischen Verzinsung von drei Prozent oder fünf Prozent. Die Differenz des Handelskapitals zum Zeitpunkt der Emission führt im Fall von einer dreiprozentigen Verzinsung des Zerobonds zu einem Wertanstieg von insgesamt 55 Prozent gegenüber 82 Prozent im Fall einer fünfprozentigen Verzinsung der Nullkuponanleihe.

Abbildung 5: Nullkuponanleihe in unterschiedlichen Zinsszenarien

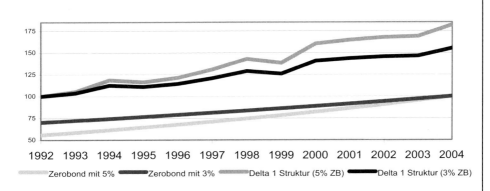

Die Höhe der anteiligen Wertentwicklung wird außerdem durch die Art der Partizipation also durch den Weg des Investments in den Basiswert determiniert.

6.1.1 Statische Absicherung mit Direktinvestment

Wird das Handelskapital in Form eines Direktinvestments in den entsprechenden Basiswert investiert, ergibt sich dafür eine Delta-1-Struktur. Unter Vernachlässigung von Gebühren wird eine Partizipation von 100 Prozent erreicht. Soll das Ertragspotenzial demgegenüber zusätzlich erhöht werden, muss das Handelskapital um entsprechendes Fremdkapital ergänzt werden. Durch die Kombination eines standardisierten, kapitalgarantierten Indexzertifikates mit einem Hebel ergibt sich somit eine neue hybride Produktvariante.[12] Deren Vorteil ist es, durch die Erweiterung des Ertragspotenzials solange eine Subventionierung der Kosten für den Kapitalschutz zu erhalten, solange die Erträge die Fremdkapitalkosten übersteigen. Als nachteilig zeigt sich die durch den Leverage gestiegene Volatilität. Diese kann bei einer entsprechenden negativen Entwicklung des Basiswertes zu einem vollständigen Verzehr des Handelskapitals führen. Damit erhält der Investor zur Maturity zwar sein eingesetztes Kapital, verfügt jedoch bis zum Laufzeitende über keinerlei Renditepotenzial mehr. Die Opportunitätskosten in Form von entgangenen Zinserträgen sind für den Investor also das Risiko.

6.1.2 Statische Absicherung mit Call

Eine weitere Möglichkeit einer statischen Absicherung ist die Kombination der Nullkuponanleihe mit einer indirekten Partizipation am Basiswert durch die Veranlagung des Handelskapital in einen auf das Underlying laufenden Call. Üblicherweise wird dafür ein im Geld liegender Call mit einem Ausübungspreis von 0,01 EUR verwendet,[13] durch dessen parallele Wertentwicklung ergibt sich eine Approximation an eine Delta-1-Struktur. Ein Abweichen von dieser Konstruktion führt zwar zu einem Hebeleffekt, erhöht aber gleichzeitig die Komplexität der Bewertung und somit der Bestimmung des Partizipationsgrades. Eine Preis wird mit Hilfe des Black & Scholes-Modells berechnet.[14] Der Wert einer Option setzt sich aus einem inneren Wert und einem Zeitwert zusammen, wobei sich der Zeitwert bis zur Fälligkeit vollständig auflöst. Je höher dieser Wert zum Zeitpunkt des Kaufes der Option ist, desto stärker muss der Basiswert und folglich der Innere Wert steigen, um die entstandenen Zeitwertverluste zu kompensieren. Befindet sich der Basiswert am Laufzeitende unterhalb des Ausübungspreises der Option verfällt diese wertlos, der Investor bekommt aufgrund der Nullkuponanleihe sein eingesetztes Kapital und verliert die entgangenen Gewinne einer Alternativanlage. Da abgesehen von den genannten Delta-1-Optionsstrukturen aktuell keine Warrants auf Alternative Investments existieren, sichert sich der Zertifikatsemittenten während der Zertifikatslaufzeit durch den rollierenden Kauf diverser Optionen ab. Aus Sicht des Emittenten bzw. des Schreibers der Calls gestaltet sich die Absicherung seiner Positionen wesentlich komplexer. Aufgrund der geringen Liquidität sowie hoher Transaktionskosten ist ein zeitnahes Re-hedging nahezu unmöglich. Im Zeitraum ohne ausreichenden Hedge trägt der Schreiber das

---

12 Dieses Produkt kann als Konkurrenzprodukt zu den beliebten standardisierten Hebelzertifikaten bezeichnet werden. Die Sicherung des Anfangskapitals führt im Vergleich zu Hebelzertifikaten zu einem geringeren Hebel, der jedoch von risikoaversen Investoren meist gern in Kauf genommen wird.
13 Vgl. Hoppe (2005), S. 117–118.
14 Die preisbildenden Parameter sind dabei der Ausübungspreis der Option, der Preis des Basiswertes, die Volatilität des Basiswertes, der risikofreie Zinssatz, die Laufzeit der Option sowie mögliche Ausschüttungen während der Laufzeit.

Risiko der Entwicklung des Basiswertes. Dieses lässt er sich durch eine höhere Volatilität vom Optionskäufer entlohnen.[15]

Eine Ausweitung der Hebelwirkung also der Partizipation an der Entwicklung des Basiswertes gelingt folgendermaßen:[16]

- **Nullkupon-Anleihe-plus-Asian Call**: Der Preis eines Asian Calls richtet sich nach dem Durchschnitts- und nicht nach dem Endwert des Underlyings. Damit ergibt sich ein zusätzlicher Kapitalschutz gegenüber einem normalen Call bei einem starken Wertverfall des Basiswertes zum Ende der Laufzeit. Dies wird meist durch Verwendung eines Asian Tail verändert, sodass der Endwert vom Durchschnittswert des Basiswertes der letzten zwölf Monate abhängt und nicht von dessen Performance während der gesamten Laufzeit des Zertifikates.[17]

- **Nullkupon-Anleihe-plus-Call Spread**: Ein Call Spread ist der Kauf eines Calls mit einem Ausübungspreis in der Nähe des Basiswertes und dem gleichzeitigen Verkauf eines Calls mit einem signifikant höheren Ausübungspreis. Das zusätzliche Kapital aus der verkauften Option wird zum Kauf weiterer Calls mit dem niedrigeren Ausübungspreis verwendet. Dieser Hebel erhöht zwar die Partizipation, limitiert jedoch gleichzeitig das Gewinnpotenzial nach oben.

- **Hebelgebühr**: Durch die Zahlung einer zusätzlichen *Gebühr* wird das Exposure auf den Basiswert weiter erhöht. Die entspricht jedoch einfach dem Kauf zusätzlicher Optionen.

- **Reduzierte Kapitalgarantie**: Die Kapitalgarantie wird auf weniger als 100 Prozent des eingesetzten Kapitals limitiert, wodurch mehr Handelskapital zur Verfügung steht.

6.2 Dynamische Kapitalgarantie

Die dominierende Form der dynamischen Absicherungen ist die von Black & Jones 1987 präsentierten Constant Proportion Portfolio Insurance (CPPI)-Struktur.[18] Die CPPI sieht den aktiven Handel des Basiswertes sowie risikofreier Anlagen (z.B. Nullkuponanleihe) vor, wodurch aufgrund der sich variierenden Anteilen ein dynamisches Portfolio entsteht. Der Anteil der risikobehafteten Anlage richtet sich nach dem Marktrisiko des Basiswertes. Zum Zeitpunkt der Emission einer standardisierten CPPI sind minimalen und maximalen Anteile der beiden Portfoliobestandteile mit 0 Prozent und 100 Prozent fixiert. Innerhalb dieser Grenzen kann während der Laufzeit agiert werden. Eine Ge-

---

15 Es ist nicht ungewöhnlich, dass die verwendete implizite Volatilität ca. das Dreifache der realisierten Volatilität beträgt.
16 Im Bereich traditioneller Investments existieren weit mehr Möglichkeiten der Verstärkung des Hebeleffektes, die jedoch bei Alternative Investments entweder aus Gründen mangelnder Liquidität oder fehlender Dividendenzahlungen keine Anwendung finden.
17 Vgl. Johansen (2005), S. 583.
18 Vgl. Black/Jones (1987), S. 49.

wichtung von 0 Prozent bedeutet, dass kein Kapital im Basiswert investiert ist. Im Vergleich zu einer Nullkupon-Anleihe-plus-Call ist das anfänglich in den Basiswert allokierte Vermögen signifikant höher. Bis zur Fälligkeit des Produktes wird das Portfolio in zuvor determinierten Intervallen einem so genannten Rebalancing unterzogen und die Gewichtung gemäß des inherenten Risikos entsprechend adjustiert.[19] Ein potenzielles Verlustrisiko besteht zwischen den Terminen der Portfolioanpassung und wird unter anderem durch die Volatilität, Liquidität, Schiefe und Wölbung des Basiswertes bestimmt. Ein weiteres Charakteristikum einer CPPI ist die Implementierung eines Bond-Floors. Berührt der Portfoliowert diesen Grenzwert,[20] wird die risikobehaftete Anlage vollständig liquidiert und in Nullkuponanleihen veranlagt, damit die 100prozentige Rückzahlung des investierten Kapitals gesichert ist.[21] Dieser als Portfoliomindestwert angesehene Barwert ist während der gesamten Laufzeit flexibel und reagiert auf jede Veränderung des Marktzinses. Wird der Grenzwert mit einem Multiplikators ungleich eins belegt, so kann die individuelle Risikoeinstellung des jeweiligen Investors abgebildet werden.[22] Die Differenz zwischen dem Portfoliowert und dem Bond-Floor gilt als Sicherheitspuffer und wird als Cushion bezeichnet.

Innerhalb des Cushion und oberhalb des Bond-Floors existieren weitere vom Emittenten implementierte Referenzschwellen. Werden diese unterschritten, erfolgt eine anteilige Umschichtung vom Basiswert in Zerobonds. An einer anschließenden Erholung des Basiswertes kann aufgrund der Vermögensumschichtung jedoch nicht im ursprünglichen Umfang partizipiert werden. Eine Umallokierung des Kapitals kann abgesehen von fallenden auch bei stagnierenden Wertentwicklungen des Underlyings erfolgen. Dies geschieht, wenn die Rendite des Zerobonds abzüglich Transaktionskosten über der Verzinsung des Basiswertes liegt. Aus der Sicht des Strukturierers, stellt der Verkauf eines CPPI-Kapitalschutzes ein Äquivalent zum Verkauf von Volatilität zu einem vordefinierten Niveau für die Gesamtlaufzeit des Produktes dar.[23] Die durchschnittlichen Laufzeiten von CPPI-Strukturen betragen zwischen fünf und zehn Jahren. Unabhängig von der erläuterten standardisierten CPPI-Struktur existieren einige Modifikationen:

- **100 Prozent Partizipation zur Emission**: Es wird zum Zeitpunkt der Emission das vollständige eingesetzte Kapital in den Basiswert allokiert.

- **Leverage**: Die CPPI Struktur sieht grundsätzlich vor, dass das maximale Exposure sowohl der Nullkupon-Anleihen als auch des Basiswertes auf 100 Prozent beschränkt ist. Ein Hebel bzw. eine Ausweitung des Alternative Investment Exposures über dieses Limit erfordert gleichzeitig ein negatives Exposure in Zerobonds,

---

19 Das Rebalancing fällt häufig mit den Rückgabeterminen der zumeist illiquiden Basiswerte zusammen.
20 Das Unterschreiten des Bond-Floors kann als Knockoutereignis interpretiert werden. Dieses Knockout-Risiko stellt einen signifikanten Nachteil gegenüber Embedded Option Structures dar.
21 Vgl. Adler (2004), S. 247.
22 Ein Multiplikator von kleiner eins gibt ein niedrigere Kapitalgarantie und größer eins eine zusätzlich garantierte Verzinsung an.
23 Vgl. Frugoli/Samaria (2004), S. 58.

z.B. 125 Prozent Hedgefonds und –25 Prozent Zerobonds. Die zusätzlichen Kosten des Hebels werden dem Investor belastet.

- **Leverage & reduzierte Kapitalgarantie**: Die Kapitalgarantie wird auf weniger als 100 Prozent des eingesetzten Kapitals limitiert, wodurch mehr Kapital in den Basiswert fließt. Es entsteht eine Sonderform der Hebelzertifikate.

- **Garantierte Zinszahlungen**: Einige Investoren wünschen oder sind durch Auflagen dazu verpflichtet, ausschließlich in Anlage mit einer implementierten sicheren Ausschüttung zu investieren. In diesem Fall wird Zerobond so gewählt, dass er zusätzlich zum investierten Kapital auch eine Verzinsung garantiert ist. Je höher dieser Kupon gewählt wird, desto weniger Kapital fließt jedoch in den Basiswert, wodurch die Partizipation stark sinkt.

- **Lock ins**: Bei dieser Produktvariante werden erzielte Gewinne an zuvor fixierten Stichtagen entweder durch Ausschüttungen oder den Wandel in Zerobonds gesichert.

7 Collateralized Fund Obligations

Collateralized Fund Obligations (CFOs) sind privat-platzierte strukturierte Rentenpapiere, die durch einen Pool an Hedgefonds gesichert sind. CFOs sind demnach forderungsgestützte Wertpapiere und basieren auf derselben Idee wie strukturierte Schulden die durch einen Pool an Renten (CBOs) oder Bankdarlehen (CLOs) gesichert sind. Im Zentrum einer CFO-Struktur steht eine eigens für diese Verbriefungsaktion gegründete Zweckgesellschaft (Special Purpose Vehicle, SPV). Die stimmberechtigten, aber in der Regel nicht gewinnbeteiligten Anteile an der Zweckgesellschaft (Ordinares Shares) werden zumeist von einem Trust gehalten, um die Konsolidierung der Zweckgesellschaft beim Sponsor der Transaktion zu vermeiden.[24] Zusätzlich werden auch unbesicherte, stimmrechtslose Anteile mit Gewinnbeteiligung (Preference Shares) ausgegeben die oftmals zu einem gewissen Teil vom Investmentmanager gehalten werden. Neben den beiden ausgegebenen Aktienarten der Equity-Tranche, finanziert sich die Zweckgesellschaft primär durch die Emission von verschiedenen Anleihetranchen.[25] Auf diese Notes, welche in der Regel eine Laufzeit zwischen drei bis sieben Jahre vorweisen wird entweder ein fixer oder ein variabler Zins gezahlt. Häufig teilen sich die

---

24 Vgl. Pütz/Livonius (2005), S. 41
25 Dabei werden die SPVs oft als Arbitrage Collateralized Obligations konstruiert. Der Zweck eines Arbitrage SPV ist es, dadurch Gewinne zu erzielen, dass die Zinsen die auf die Bonds gezahlt werden, kumuliert weniger ergeben als das was das zugrunde liegende Underlying erzielt. Diese Gewinne werden der Equity-Tranche zugerechnet. So profitieren die Managementfirmen auf zwei Arten: zum einen erhalten sie Management- und Performancegebühren für die Verwaltung des oder der Dach-Hedgefonds, und zum anderen dadurch, dass das Management oft einen Teil der Equity-Tranche der CFO einbehält. Vgl. Anson (2003), S. 16.

einzelnen CFO-Tranchen in Senior Notes, Mezzanine Notes und Subordinated Notes auf, welche die Priorität der Ansprüche bezüglich der generierten Zahlungsströme des Hedgefonds-Pools bestimmen. Mit zunehmender Seniorität der einzelnen Tranchen nimmt die Höhe des maßgeblichen Zinssatzes ab. In diesem Zusammenhang ist darauf hinzuweisen, dass die Verzinsung einer AAA CFO-Tranche vergleichbar mit der einer AAA CDO-Tranche sein sollte.[26] Da die unterschiedlichen Tranchen eines CFOs unterschiedliche Ebenen von Kreditrisiken aufweisen, sind diesen auch unterschiedliche Wertentwicklungen zuzuordnen. Aus der Sicht der Investoren ist es demnach möglich, in Abhängigkeit seiner individuellen Risikopräferenz aus einem breiten Angebot, die für ihn geeignete Risikotranche zu finden.[27]

Die Zweckgesellschaft verwendet die durch die Emission der Notes sowie der Anteilspapiere vereinnahmten Erlöse zum Erwerb von Anteilen an einem oder mehreren Alternative Investment-Dachfonds. Das Vermögen der Zweckgesellschaft dient in erster Linie der Besicherung der Ansprüche der Inhaber der Notes. Die im Normalfall halbjährlich zu leistenden Zinszahlungen an die Inhaber der Notes werden über die Rückgabe von Fondsanteilen des Referenzportfolios sowie einen Mindestbestand an liquiden Mitteln sichergestellt. Da Alternative Investment-Dachfonds vorwiegend thesaurierender, und nicht ausschüttender Natur sind, ist die Steuerung der Zusammensetzung des Referenzportfolios so zu tätigen, dass trotzdem Entnahmen möglich sind. Eigenkapitalgeber einer CFO-Struktur sind aufgrund der festgelegten Reihenfolge aller Zahlungen (Priority of Payments oder Waterfall) die ersten, welche Verluste des Referenzportfolios zu tragen haben. Gleichzeitig profitieren Inhaber der Equity-Tranche durch den Leverage-Effekt als einzige überproportional im Verhältnis zur Direktanlage bei Wertsteigerungen des Referenzportfolios, wenn diese die zu zahlenden Zinsen übersteigen.[28]

---

26 Vgl. Cheng (2002), S. 8.
27 Senior Notes verfügen häufig über ein Rating einer anerkannten Agentur und sich außerdem zum Börsenhandel zugelassen. Häufig wird der Senior-Tranche ein AAA zugeordnet während die Equity-Tranche kein Rating erhält. Zusätzlich werden häufig Credit Enhancements wie Überschussspreads oder Übersicherung eingebaut um das Rating der jeweiligen Tranche aufzuwerten. Durch das Verhältnis zwischen den als Eigenkapital zu qualifizierenden Anteilspapieren zu den als Fremdkapital zu qualifizierenden Notes wird auf der Ebene der Zweckgesellschaft ein Finanzierungshebel aufgebaut. Der Leverage bei CFOs liegt mit Werten zwischen 2:1 und 4:1 deutlich unter den Werten welche im Bereich der CDOs (25:1) üblich sind. Vgl. Twerski/Watterson/Nissenbaum (2003), S. 19.
28 Ein Vorteil der CFOs aus der Sicht der zugrunde liegenden Alternative Investment-Dachfonds ist das Entstehen von Sticky Money – Geld das schwer wieder zurückgezogen werden kann. Zwar können Investoren die CFOs wie alle anderen Bonds handeln, jedoch bleibt das in den Dachfonds investierte Kapital aufgrund des Verkaufsprospekts bis zum Ende der Laufzeit dort. CFO Bonds bilden auf diese Art eine permanente Kapitalbasis für die individuellen Zielfonds wie auch für den oder die Dachfonds.

Abbildung 6: Struktur einer Collateralized Fund Obligation

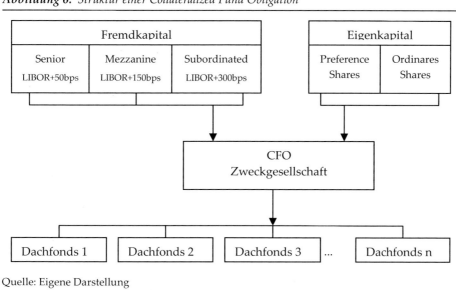

Quelle: Eigene Darstellung

Aus der Sicht der Investoren ermöglichen CFOs, Exposure in Alternative Investments aufzubauen, auch wenn es den Zielgruppen aus aufsichts- oder steuerrechtlichen Gründen nicht möglich ist oder wenn es aufgrund von bankenaufsichtlichen Anforderungen (Basel II) ungünstig ist, direkt in Alternative Investments zu investieren, da die Anteilsscheine rechtlich gesehen privatplatzierte Anleihen darstellen. Zusätzlich haben diese Wertpapiere einen Coupon, eine Laufzeitbegrenzung und bieten außerdem größere Liquidität als die Direktinvestition. Ein weiterer Vorteil von CFOs ist, dass die Wahrscheinlichkeit von Bonitätsabstufungen (Rating Downgrades) im Vergleich zu traditionellen Collaterallised Debt Obligations (CDO) niedriger ist. Dies rührt daher, dass CDOs mit Unternehmensanleihen und Bankkrediten gesichert sind, die in einer Zeit der globalen Rezession eher leiden, als ein Pool an Alternative Investment-Fonds. In diesem Sinne bieten CFO-Bonds Diversifikation gegenüber CDO-Bonds.[29]

8 Sonstige Strukturierte Produkte

Die folgenden Produktstrukturen werden bisher noch nicht im Bereich Alternative Investments angewendet. Mit den steigenden Ansprüchen der Investoren und der erhöhten Nachfrage nach maßgeschneiderten Produkten wird jedoch auch ihr Einsatz

---

29 Vgl. Kaiser (2004), S. 337–339.

denkbar. Dabei ist es wichtig, dass die Strukturen nicht zu komplex und die Kosten akzeptabel sein werden.

- **Themenzertifikate**: Vertreter dieser Produktgruppe beziehen sich auf einen Basiswert, der eine klare Fokussierung auf ein oder mehrere Themengebiete wie zum Beispiel Engagements ausschließlich in der Automobilindustrie oder auf spezifische Regionen beschränkt.

- **Strategiezertifikate**: Der zugrunde liegende Basiswert definiert sich hauptsächlich über die verfolgte Investmentstrategie, z.B. Event Driven.

- **Basketzertifikate**: Die Zertifikate dieser Kategorie kennzeichnen sich dadurch, dass der Basiswert immer aus einem Korb an Wertpapieren besteht. Damit sind Einzelfonds als Underlying ausgeschlossen. Sie sind jedoch mit den Indexzertifikaten verwandt.

- **Bonuszertifikate oder Condor-Range-Anleihe**: Bonuszertifikate ähneln den Discountzertifikaten mit der Besonderheit, dass nicht nur bei Unterschreiten des Basiswertes oder einer Barriere, sondern auch bei einem Überschreiten einer Bonusschwelle der Basiswert bzw. dessen Gegenwert geliefert wird. Bewegt sich der Wert des Underlyings innerhalb der vorgegebenen Grenzen wird ein Bonus in Form einer fixen oder variablen Verzinsung gezahlt.[30]

- **Teilschutzzertifikate**: Diese Produkte stellen eine Untergruppe der Kapital garantierten Zertifikate dar, die jedoch nur über eine teilweise Absicherung potenzieller Kursverluste verfügen.

- **Kick-Start-Zertifikate**: Dieses Zertifikat ist eine Mischung aus Hebel- und Discountzertifikat. Sein Preis entwickelt sich nahezu parallel zu dem des Basiswertes. Übersteigt dieser jedoch einen bestimmten Basispreis übernimmt er die Elemente eines Hebelproduktes und steigt um ein Vielfaches des Basiswertes. Diese Wirkung ist jedoch wie bei einem Discountzertifikat durch eine Obergrenze limitiert, ab deren Überschreiten hat der Wert seine Maximalrendite erreicht, bleibt stabil und verfügt über keinerlei Partizipationsmöglichkeit an der Entwicklung des Basiswertes.[31]

- **Cheapest-to-deliver- oder Doppelanleihe**: Im Gegensatz zum Reverse Convertible beziehen sich Exemplare dieser Produktgruppe auf zwei Basiswerte. Auch hier hat der Emittent ein Rückzahlungswahlrecht. Im vorliegenden Fall kann er bei Unterschreiten eines Ausübungspreises jedoch zusätzlich wählen, welchen der zwei Basiswerte er liefert bzw. dessen Gegenwert entrichtet. Er wird dabei den mit dem größeren Verlust wählen. Als Ausgleich für das erhöhte Kursrisiko erhält der Investor eine im Vergleich zum Reverse Convertible höhere Verzinsung. Eine Duplikation der wesentlich komplexeren Auszahlungsstruktur ist seitens des Anlegers eigentlich nicht bzw. nur unter Inkaufnahme erhöhter Risiken und Transaktionskosten möglich.

---

30 Die Auszahlungsstruktur ergibt sich aus der Kombination einer klassischen Anleihe mit einer so genannten Short-Strangle-Optionsstrategie (Short-Put-Option und Short-Call-Option).
31 Andere Bezeichnungen sind Double-Chance-, Runner-, Booster-, Sprint- oder Speederzertifikat.

- **Alternative Investment Swap**: Ist es einem Investor z.B. aufgrund seiner Investmentrichtlinien nicht möglich, direkt in Alternative Investments zu investieren, so kann er Teile seines traditionellen Aktien- oder Rentenportfolios als Sicherheit für einen Swap verwenden. Im Gegenzug dazu und einem Preis von beispielsweise Euribor zuzüglich eines Spreads erhält er die durch das dem Swap zugrunde liegende Alternative Investment Exposure erzielte Rendite. Wichtig bei dieser Konstruktion ist, dass der Markt für zum Beispiel Swaps auf Hedgefonds begründet durch potenzielle Tracking Errors eher illiquide ist.

9 Schlussfolgerung

Der Markt für Strukturierte Produkte mit einem Alternative Investment-Basiswert befindet sich noch in einem frühen Entwicklungsstadium. Dies liegt zum einen an der komplexen Struktur sowie spezifischen Charakteristika der Underlyings (z.B. Liquidität). Eine Weitergabe der Risiken auf Seiten der Emittenten über höhere Preise und Gebühren an den Investor lassen diese Produkte ihre Attraktivität verlieren. Die Frage, welche Produktstruktur die beste ist, kann nicht pauschal beantwortet werden. Sie hängt von mehreren Faktoren wie zum Beispiel der Risikobereitschaft der Investoren, dem Verständnis des Basiswertes, der Dauer und Höhe des Investments, dem Marktzins und dem Basiswert selbst ab. Um trotzdem einen kurzen Überblick zu geben, zeigt die nachfolgende Tabelle 1, welches Produkt bei welcher erwarteten Entwicklung des Basiswertes einsetzbar ist.

Tabelle 1: *Produktübersicht*

Produktstruktur	Produktkomplexität	Hebel	Kapitalgarantie
Erwartete Entwicklung des Baiswerts: Steigende Kurse			
Alternative Investment Swap	hoch	ja	nein
Basketzertifikate	niedrig	nein	nein
CFO (Subordinated & Equity Tranche)	hoch	ja	nein
Hebelzertifikate	hoch	ja	nein
Indexzertifikat	niedrig	nein	nein
Kick-Start Zertifikate	hoch	ja	nein
Strategiezertifikate	niedrig	nein	nein
Themenzertifikate	niedrig	nein	nein
Erwartete Entwicklung des Baiswerts: Stagnierend bis leicht steigend			
Bonuszertifikate	mittel	nein	nein
CFO (Senior & Mezzanine Tranche)	hoch	ja	nein
Cheapest-to-deliver / Doppelanleihe	hoch	nein	nein
Discountzertifikate	mittel	nein	nein
Reverse Convertibles	mittel	nein	nein
Erwartete Entwicklung des Baiswerts: Steigend, aber mit Verlustpotenzial			
CFO (Senior & Mezzanine Tranche)	hoch	ja	nein
CPPI - 100% Partizipation	mittel	nein	ja
CPPI - garantierte Zinszahlung	mittel	nein	ja
CPPI - Leverage	hoch	ja	ja
CPPI - Leverage & reduzierte Kap.garantie	hoch	ja	ja
CPPI - Lock ins	mittel	nein	ja
CPPI - standardisiert	mittel	nein	ja
Kapital garantierte Produkte (mit Hebel)	hoch	ja	ja
Kapital garantierte Produkte (ohne Hebel)	mittel	nein	ja
Nullkuponanleihe & Asian Call	hoch	ja	ja
Nullkuponanleihe & Call & Hebelgebühr	hoch	ja	ja
Nullkuponanleihe & Call & reduzierte Kap.garantie	mittel	ja	ja
Nullkuponanleihe & Call Spread	hoch	ja	ja
Nullkuponanleihe & Direktinvestment	niedrig	nein	ja
Nullkuponanleihe & gehebeltes Direktinvestment	mittel	ja	ja
Nullkuponanleihe & standardisierter Call	mittel	nein	ja
Teilschutzzertifikate	mittel	nein	ja

Quelle: Eigene Darstellung

Literaturverzeichnis

ADLER, U. (2004): Funds of Hedge Funds – A Safer Way to Gain Hedge Fund Exposure, in: Benson, R. (Hrsg.), A Wealth Manager's Guide to Structured Products, Risk Books, London, S. 233–255.

ANSON, M. (2003): Collateralizing Hedge Funds, in: Alternative Investment Management Association (AIMA), AIMA Journal, No. 57, Juni, S. 36–37.

BLACK, F./JONES, R. (1987): Simplifying portfolio insurance, in: Journal of Portfolio Management, 14, No. 1, S. 48–51.

CHENG, C. (2002): Securitization & Hedge Funds: Creating a More Efficient Market, Working Paper, Intangis Funds.

FRUGOLI, G./SAMARIA, F. (2004): Seeking Capital Protection through Portfolio Insurance, in: Benson, R. (Hrsg.), A Wealth Manager's Guide to Structured Products, Risk Books, London 2004, S. 55–70.

HEIDORN, T./HOPPE, C./KAISER, D. G. (2005): Möglichkeiten der Strukturierung von Hedgefondsportfolios, Working Paper, HfB – Business School of Finance and Management, Frankfurt am Main 2005.

HOPPE, C. (2005): Derivate auf Alternative Investments – Konstruktion und Bewertungsmöglichkeiten; Gabler Edition Wissenschaften; Wiesbaden.

JOHANSEN, J. (2005): Structured Products on Fund of Funds Underlyings, in: Gregoriou, G. N./Hübner, G./Papageorgiou, N./Rouah, F. (Hrsg.), Hede Funds – Insights in Performance Measurement, Risk Analysis, and Portfolio Allocation, John Wiley & Sons, Hoboken, S. 569–606.

KAISER, D. G. (2004): Hedgefonds – Entmystifizierung einer Anlageklasse – Strukturen – Chancen – Risiken, Wiesbaden 2004.

LHABITANT, F-S. (2002): Hedge funds – Myths and Limits, John Wiley & Sons, Hoboken 2002.

MATTOO, M. (2004): A Primer on Structured Hedge Fund Products, in: Batchvarov, A. (Hrsg.), Hybrid Products – Instruments, Application and Modeling, Risk Books, London, S. 201–215.

PÜTZ, A./LIVONIUS, H. v. (2005): Anlagen in Hedgefonds über Collateralized Fund Obligations, in: Absolut|report, Nr. 27, 8/2005, S. 40–49.

TWERSKI, S./WATTERSON, P./NISSENBAUM, D. (2003): Securing a rating for collateralized fund obligations, in: International Financial Law Review, January, S. 19–22.

Die Herausgeber

Michael Busack, Dipl.-Kfm., ist Geschäftsführer und alleiniger Gesellschafter der Firma Absolut Research GmbH und Herausgeber des „Absolut|report", der führenden Fachpublikation im Bereich „Alternative Investments" für institutionelle Investoren in Deutschland, Österreich und der Schweiz. Seit 1990 beschäftigt sich Herrr Busack ausschließlich mit dem Bereich alternativer Vermögensanlagen, insbesondere Hedgefonds sowie Absolute-Return-Produkten und ist nach seiner Tätigkeit als Vermögensverwalter für vermögende Privatinvestoren in den 90er Jahren, seit dem Jahr 2000 in der unabhängigen Analyse, Auswahl und Überwachung sowie in der Beratung über Hedgefonds-Produkte ausschließlich für institutionelle Investoren tätig. Er ist seit 1999 Mitglied  im Vorstand des Bundesverbandes Alternative Investments e.V. (BAI), in dem er auch seit Gründung des Verbandes 1997 Mitglied ist. Herr Busack war in dieser Eigenschaft von 2002 bis 2004 Mitglied der Arbeitsgruppe im Finanzministerium zur Entwicklung des neuen Investmentgesetzes im Bereich Hedgefonds und ist aktuell Mitglied der Arbeitsgruppe „Hedgefonds für Versicherungen" bei der Versicherungsaufsicht (BaFin). Herr Busack ist Dozent an der European Business School (ebs) und seit 1994 regelmäßiger Autor und Kolumnist in diversen Finanzpublikationen, u.a. für die Financial Times Deutschland, sowie seit Mitte der 90er Jahre als Fachreferent für Hedgefonds tätig.

Dieter G. Kaiser ist in seiner Funktion als Institutional Sales Executive bei der Benchmark Alternative Strategies GmbH in Frankfurt für die Betreuung institutioneller Kunden in Deutschland zuständig und außerdem für das Institutional Research verantwortlich. Herr Kaiser begann seine Karriere im Bereich Strukturierte Produkte bei Dresdner Kleinwort Wasserstein in Frankfurt. Anschließend war Herr Kaiser für den Marketing Support der Dach-Hedgefonds innerhalb des Bereiches Institutional Sales & Marketing von Crédit Agricole Asset Management in Frankfurt verantwortlich. Herr Kaiser hat bereits zahlreiche Artikel zum Themengebiet der Alternative Investments in professionellen und akademischen Zeitschriften publiziert. Er ist außerdem  Autor der Bücher „Hedgefonds – Entmystifizierung einer Anlageklasse – Strukturen, Chancen, Risiken" (Gabler, 2004) und „Alternative Investment-Strategien – Einblick in die Anlagetechniken der Hedgefonds-Manager" (Wiley, 2005) sowie seit 2003 Referent zum Themengebiet der Alternative Investments an der HfB-Business School of Finance and Management. Dieter G. Kaiser ist Diplom-Betriebswirt (FH) und hält einen Master of Arts-Abschluss in Banking & Finance von der HfB-Business School of Finance and Management in Frankfurt.

Die Autoren

Prof. Dr. Noël Amenc

Noël Amenc ist Professor of Finance und Director of Research and Development der EDHEC Graduate School of Business und Vorsitzender des EDHEC Risk and Asset Management Research Centre. Seine Forschungsgebiete sind in den Bereichen des quantitativen Aktienmanagements, Portfolio-Performanceanalyse und Asset Allocation. Zu diesen Themengebieten hat er eine Vielzahl an Artikeln in akademischen Zeitschriften veröffentlicht sowie mehrere Bücher verfasst. Er ist Mit-Herausgeber des Journal of Alternative Investments und Senior Academic Fellow des Europlace Institute of Finance.

Ulrich Andratschke

Ulrich Andratschke ist seit 2001 Abteilungsleiter für Alternative Assets und Fondsbetreuung bei der Provinzial Nord West Lebensversicherung AG. In dieser Funktion ist er in der Kapitalanlage des gesamten Konzerns zuständig für Investments in Hedgefonds, Rohstoffen, CDO's, strukturierte Derivatprodukte sowie vertretungsweise für Private Equity. Bevor er 1995 in die Westfälische Provinzial als Rechtsvorgänger der Provinzial NordWest eintrat, war er im WestLB Konzern unter anderem als Senior Portfolio Manager und Gruppenleiter im Asset Management zuständig für internationale Rentenportfolios. Davor arbeitete er innerhalb des Konzerns für drei Jahre als Salestrader für Fixed Income Produkte in London und für zwei Jahre in Düsseldorf. Nach dem Abschluss des Studiums als Diplom-Volkswirt in Köln 1983 sammelte er erste berufliche Erfahrung mit den Kapitalmärkten durch die Arbeit bei Nomura Securities in Frankfurt.

Christian Andres

Herr Andres erlangte den akademischen Grad des Diplom-Volkswirts an der Rheinischen-Friedrich-Wilhelms-Universität Bonn. Zurzeit promoviert er am Lehrstuhl für Finanzwirtschaftslehre der Universität Bonn im Bereich „Empirical Corporate Finance". Er hat bisher Studien zum Thema „Leveraged Buyouts" und zur individualisierten Offenlegung von Vorstandsbezügen in Deutschland erstellt. Während seines Studiums und im Anschluss daran arbeitete Herr Andres u.a. für das Telekommunikationsunternehmen BT Ignite (München) sowie als Steuerassistent für die Bonner Sozietät HKF.

Die Autoren

Dr. Mark Anson

Mark Anson ist Chief Executive Officer von Hermes Pensions Management Ltd. in London. Zuvor war er Chief Investment Officer des California Public Employees Retirement System (CalPERS). Herr Anson studierte Rechtswissenschaften an der Northwestern School of Law in Chicago und erhielt seinen Master in Fianance sowie seinen Doktortitel von der Columbia University Graduate School of Business in New York. Herr Anson ist Autor von vier Büchern und über 60 Research-Artikeln, welche in akademischen Zeitschriften veröffentlicht wurden. Dr. Anson ist darüber hinaus im Herausgeber-Ausschuss von fünf internationalen akademischen Finanzzeitschriften.

Christian Behring

Christian Behring ist Senior Portfolio Manager der ZAIS Group LLC in New York. Bei ZAIS war Herr Behring zunächst für die Systementwicklung zuständig, bis er im Jahre 2000 in das Portfoliomanagement überwechselte. Zuvor arbeitete er in den Jahren 1997 und 1998 sowohl bei KPMG Frankfurt als auch bei der Salomon Brothers KAG, Frankfurt. Herr Behring studierte Wirtschaftsingenieurwesen an der Universität Karlsruhe.

André Betzer

Herr Betzer hat den akademischen Grad eines Diplom-Volkswirts an der Universität Bonn erhalten. Zurzeit promoviert er am Lehrstuhl für Finanzwirtschaftslehre der Universität Bonn im Bereich „Empirical Corporate Finance" und doziert seit 2004 an der Mittelrheinischen Verwaltungs- und Wirtschaftsakademie Bonn über Investitionstheorie und -politik. Während seines Studiums arbeitete Herr Betzer an verschiedenen Projekten für die Deutsche Bundesbank (Frankfurt), Dresdner Kleinwort Wasserstein (Frankfurt und London) sowie für das Telekommunikationsunternehmen Ericsson (Düsseldorf).

Hans Christophers

Hans Christophers ist Mitgründer und Geschäftsführer der LPX GmbH. Nebenbei nimmt er eine Forschungstätigkeit im Bereich Finanzmarkttheorie am Wirtschaftswissenschaftlichen Zentrum der Universität Basel (WWZ) wahr. Er hat das Studium an der WHU Koblenz, der HEC Montréal und der LUISS Universität Rom als Diplom-Kaufmann abgeschlossen. Die Grundlage für seine heutigen Tätigkeiten bilden eine mehrjährige andauernde Teilnahme an einem Forschungsprojekt der Universität Basel im Bereich Private Equity sowie frühere Tä-tigkeiten in Beratungs- und Industrieunternehmen.

Christian Daynes, MA

Herr Daynes arbeitet seit 2003 im Distressed Debt Trading-Team des Zentralen Geschäftsfeldes Global Credit Operations der Commerzbank AG in Frankfurt am Main.

Davor war er seit 2001 als Analyst im Kreditrisikomanagement der Commerzbank AG tätig. Vorherige Arbeitgeber waren unter anderem Tochterunternehmen der Citigroup in Deutschland und der Allianz AG in Malaysia. Herr Daynes hält einen Bachelor- und Master-Abschluss in Finance von der HfB - Business School of Finance and Manangement in Frankfurt.

Ryan Marie Decker

Ryan Marie Decker ist qualitative Analystin im Event Driven-Team von RMF Investment Management mit Sitz in Pfäffikon, Schweiz. Zuvor war sie bei Swiss Re Capital Markets im Team für Versicherungsderivate tätig. Davor bewertete sie als Analystin bei Securitas Capital neue Investitionsmöglichkeiten für Private Equity- und Venture Capital-Portfolios. Ryan Marie Decker schloss ihr Volkswirtschaftsstudium an der Wharton School of Economics mit einem Bachelor of Science ab und erwarb einen Bachelor of Arts in International Studies an der School of Arts and Sciences der Universität von Pennsylvania.

Michèl Degosciu

Michèl Degosciu ist Mitgründer und Geschäftsführer der LPX GmbH. Nebenbei nimmt er eine Forschungstätigkeit im Bereich Finanzmarkttheorie am Wirtschaftswissenschaftlichen Zentrum der Universität Basel (WWZ) wahr. Er hat das Studium an der WHU Koblenz, am Trinity College Dublin und an der LUISS Universität Rom als Diplom-Kaufmann abgeschlossen. Bei seinen aktuellen Tätigkeiten kommen ihm seine früheren Erfahrungen in Private Equity- und Beratungsunternehmen sowie seine mehrjährige wissenschaftliche Auseinandersetzung mit der Anlageklasse Private Equity zugute.

Joseph Eagleeye, MBA

Joseph Eagleeye ist Gründungsgesellschafter und Portfoliomanager bei Premia Capital Management LLC in Chicago. Zuvor war er in der Software-Entwicklung für Handelsapplikationen im Aktienhandel bei Morgan Stanley tätig. Von 1994 bis 1998 arbeitete er bei Putnam Investment in der Derivative Strategies Group. Herr Eagleeye hält ein Diplom in Angewandter Mathematik von der Yale University und einen MBA von der University of California at Berkeley.

Claude B. Erb, MBA

Herr Erb ist Geschäftsführer der Trust Company of the West, wo er Zins- und Alternative Investment-Portfolios verwaltet. Er studierte Volkswirtschaft an der University of California in Berkeley und hält einen MBA der University of California at Los Angeles. Drei seiner Artikel, die zusammen mit Campbell Harvey im Financial Analysts Journal publiziert wurden, gewannen die Graham and Dodd-Auszeichnung.

Die Autoren

Nora Engel-Kazemi

Nora Engel-Kazemi ist Steuerberaterin bei Deloitte Österreich und ist als Manager in der Fonds & Asset Management Group der Financial Services Industry-Line tätig. Sie ist hinsichtlich der aufsichtsrechtlichen und handelsrechtlichen Prüfung von Wertpapierdienstleistungsunternehmen und von Kapitalanlagegesellschaften, der steuerlichen Vertretung von Auslandsfonds, der Erstellung von Gutachten zu strukturierten Produkten und der aufsichtsrechtlichen Beratung sowie der Prüfung und Beratung von Privatstiftungen spezialisiert. Frau Engel-Kazemi studierte Handelswissenschaften an der Wirtschaftsuniversität Wien und der Universität Louis Pasteur in Straßburg.

Rainer-Marc Frey

Rainer-Marc Frey ist Gründer und Präsident des Verwaltungsrates von Horizon21.

Rainer-Marc Frey verfügt über langjährige, profunde Erfahrung im Investment Banking und ist ein anerkannter Experte im Bereich Alternativer Anlagen. Seine internationale Karriere begann er 1987 bei Merrill Lynch als Vice President im Bereich Aktienderivate. 1989 übernahm er als Director bei Salomon Brothers die Leitung der Handelsabteilungen in Zürich, Schweiz, und Frankfurt, Deutschland, bevor er als Head of Equity Syndicate nach London, England, übersiedelte.

1992 gründete er sein eigenes Unternehmen, die RMF Investment Group. Unter seiner Führung entwickelte sich RMF zu einem der führenden Anbieter von Alternativen Anlagen in Europa. RMF verwaltete Vermögenswerte von mehr als USD 9 Milliarden mit über 200 Mitarbeitenden und Büros in Pfäffikon SZ, New York, London und auf den Bahamas.

2002 gaben Man Group plc und RMF Investment Group die Akquisition von RMF bekannt und gründeten Man Investments.

Zwischen 2002 und 2005 hatte Rainer-Marc Frey verschiedene Senior-Executive-Positionen bei Man Investments inne und zeichnete maßgeblich für die erfolgreiche Integration der beiden Unternehmen verantwortlich.

Er hat einen Abschluss als lic. oec. HSG der Universität St. Gallen, Schweiz, Fachrichtung Finanzen und Banken.

Adrian Fröhling, MA

Adrian Fröhling erhielt seine wirtschaftswissenschaftliche Ausbildung in London, Paris und Frankfurt und schloss sein Studium zum Master of Arts in Banking & Finance an der HfB – Business School of Finance and Management im Jahr 2003 ab. Anschließend begann er seine berufliche Laufbahn als Analyst im Bereich Corporate Advisory der UBS Deutschland AG und verfügt über mehrjährige Erfahrung in der Betreuung von nationalen und grenzüberschreitenden M&A-Transaktionen mit Fokus auf den Mittelstand.

Gregor Gawron

Gregor Gawron ist als Hedgefonds-Analyst bei RMF Investment Management in Pfäffikon, Schweiz, tätig. Zu seinem Kernaufgabengebiet gehört die Auswahl von Hedgefonds, die auf neuen alternativen Märkten aktiv sind. Bevor er 2002 zu RMF stieß, arbeitete Gregor Gawron als Wissenschaftlicher Mitarbeiter am Institut für Statistik und Ökonometrie der Universität Basel. Zu seinen Forschungsschwerpunkten gehörte die Analyse quantitativer Methoden im finanziellen Risikomanagement. Gregor Gawron erwarb seinen Master in Ökonometrie an der Universität Karlstad, Schweden, und befindet sich derzeit in der Schlussphase seines Doktorats in quantitativer Finance an der Universität Basel, Schweiz.

Stefan Geppert

Herr Geppert ist Partner bei Brauneis Klauser & Prändl Rechtsanwälte GmbH und ist in den Bereichen Bank-, Börse-, und Kapitalmarktrecht, Investmentfondsrecht, Gesellschaftsrecht, Mergers and Acquisitions und Europarecht tätig. Er ist auf die Auflage von alternativen Investmentprodukten (on-shore und off-shore), die (aufsichtsrechtliche) Beratung u.a. von Wertpapierdienstleistungsunternehmen sowie grenzüberschreitende Transaktionen und gesellschaftsrechtliche Umgründungen spezialisiert. Herr Geppert studierte Rechtswissenschaften an der Universität Wien und der University of Chicago.

Prof. Dr. Oliver Gottschalg

Herr Gottschalg lehrt und forscht an der HEC School of Management, Paris. Daneben koordiniert er als Research Fellow das Buyout Research Programm am INSEAD in Fontainebleau. Nach dem Studium des Wirtschaftsingenieurwesens an der TH Karlsruhe und dem MBA mit Schwerpunkt Finance an der Georgia State University arbeitete er mehrere Jahre als Unternehmensberater bei Bain & Company. Danach ging er ans INSEAD, wo er zunächst den Master of Science in Management erlangte, um danach sein Promotionsstudium zum Ph.D. aufzunehmen, welches ihn auch für mehrere Monate an die Wharton Business School führte. Er ist Autor zahlreicher internationaler Publikationen auf seinem Spezialgebiet rund um Performance-Benchmarking in Private Equity und Werttreiber in Buyout-Transaktionen. Neben seiner akademischen Arbeit ist er für zahlreiche Unternehmen der Private Equity-Industrie beratend tätig.

Florian Haagen

Diplom-Kaufmann Florian Haagen ist seit dem Abschluss seines Studiums der Betriebswirtschaftslehre, seit Juni 2004, Wissenschaftlicher Mitarbeiter und Doktorand am Institut für Kapitalmarktforschung und Finanzierung der Ludwig-Maximilians-Universität München. Derzeitige Forschungsprojekte umfassen die Finanzierungsstrukturen wagniskapitalfinanzierter Unternehmen in Deutschland und Großbritannien, sowie die Bedeutung externer Ratings für den deutschen Mittelstand.

Die Autoren

Dr. Reinhold Hafner

Reinhold Hafner ist Managing Director der risklab germany GmbH in München. Nach seiner Banklehre studierte Herr Hafner Betriebswirtschaftslehre an der Universität Augsburg. In dieser Zeit gründete und leitete er auch die Firma Financial Software Systems. Im Jahre 1997 kam er als Financial Engineer zur risklab GmbH nach München. Seit dem Jahre 2001 leitete er dort den Bereich Market Analytics. Im Februar 2004 legte er seine Promotion zum Thema „Implied Volatility – A Factor-Based Model" an der Universität Augsburg ab.

Prof. Dr. Campbell R. Harvey

Campbell R. Harvey ist der 'Paul-Sticht'-Professor of International Business der Duke University und Research Associate des National Bureau of Economic Research in Cambridge, Massachusetts. Herr Harvey promovierte in Business Finance an der Universität von Chicago. Er ist außerdem ein international anerkannter Experte im Bereich dynamischen Portfolio- und Risikomanagements. Zusätzlich ist er Herausgeber bzw. Herausgeberbeirat mehrerer akademischer Zeitschriften und wird ab Juli 2006 die Herausgeberschaft des Journal of Finance übernehmen.

Prof. Dr. Thomas Heidorn

Thomas Heidorn ist seit 1991 Professor für Bankbetriebslehre an der HfB – Business School of Banking and Finance in Frankfurt. Er ist Autor einer Vielzahl von Büchern, Artikeln und Arbeitsberichten. 1983 schloss er an der University of California, Santa Barbara, mit einem Master of Arts in Economics ab. Von 1984 bis 1987 war er als Wissenschaftlicher Mitarbeiter an der Universität Kiel tätig, wo er 1986 seinen Doktor der Wirtschafts- und Sozialwissenschaften ablegte. Von 1988 bis 1991 arbeitete er bei der Dresdner Bank AG in der Abteilung Neuemissionen und war später als Vorstandsassistent verantwortlich für Treasury und Wertpapiergeschäft.

Markus Heinrich

Der Diplom-Wirtschaftsmathematiker Markus Heinrich ist seit 1998 für die Roland Eller Consulting GmbH als Senior-Berater und Trainer in den Bereichen Bewertung und Einsatz von Zinsprodukten, Derivaten und strukturierten Produkten und Handels- und Back-Office-Tätigkeit tätig. Seit Januar 2005 ist er in der Geschäftsführung der Roland Eller Consulting GmbH. Zuvor war Herr Heinrich mehr als sieben Jahre bei der Bayerischen Hypotheken- und Wechselbank in den Bereichen Risikocontrolling und Eigenhandel beschäftigt. Herr Heinrich ist Verfasser einer Reihe von Artikeln in Büchern und Fachzeitschriften.

Die Autoren

Dr. Stefan Hepp

Stefan Hepp ist Gründungspartner der SCM AG. Vor der Gründung der SCM war Herr Hepp mehrere Jahre in London und Zürich für Morgan Stanley Dean Witter tätig und als Executive Director und Mitglied der Geschäftsleitung verantwortlich für das institutionelle Aktiengeschäft in der Schweiz. Stefan Hepp graduierte als MBA der University of Chicago Graduate School of Business sowie als Master in Economics der englischen University of Birmingham und absolvierte sein Doktorat an der Universität St. Gallen (HSG).

Claus Hilpold, CFA

Claus Hilpold ist Director Business Development bei der Firma Harcourt Investment Consulting AG in Zürich. Zuvor war Herr Hilpold bei der Commerzbank AG als Produktmanager für die Strukturierung von Hedgefonds-Derivaten verantwortlich. Er unterrichtet an der Finanzakademie der European Business School und hat bereits mehrere Fachartikel in namhaften deutschen Publikationen veröffentlicht. Ergänzend zu seinem Hochschuldiplom in Betriebswirtschaftslehre durchlief Claus Hilpold eine Bankmanagementausbildung an der Akademie Deutscher Genossenschaften in Montabaur.

Mark Hoffmann, MA

Mark Hoffmann ist zurzeit in London bei einem US Alternative Capital / Hedgefonds im Bereich Special Situations und Distressed Debt tätig. Zuvor arbeitete er im Bereich Corporate Finance, speziell in der Strukturierung von Finanzierungen für Leveraged Buyouts und sammelte besondere Erfahrung im High Yield- und Subordinated Debt-Bereich. Er arbeitete unter anderem für Commerzbank Securities, HVB Corporates & Markets und Dresdner Kleinwort Wasserstein in London, Frankfurt und München. Herr Hoffmann studierte Betriebswirtschaftslehre und hält einen Master Abschluss in Finance von der University of Western Sydney.

Christian Hoppe

Christian Hoppe ist als Divisional Partner Finance & Controlling im Corporate Banking der Dresdner Bank AG seit 2004 für das Performancereporting des Bereichs Structured Finance zuständig. Im Jahr 2003 beendete Herr Hoppe sein Studium der BWL an der Universität Essen als Diplom-Kaufmann. Er ist außerdem Autor des Buches „Derivate auf Alternative Investments – Konstruktion und Bewertungsmöglichkeiten" (Gabler Edition Wissenschaft 2005).

Axel Hörger

Herr Hörger ist Managing Director und Geschäftsführer von Goldman Sachs Investment Management GmbH. Im Februar 1998 wechselte er innerhalb von Goldman,

Die Autoren

Sachs & Co. aus dem Geschäftsbereich Fixed Income, Currency and Commodities in Frankfurt, wo er vier Jahre institutionelle Kunden in Deutschland, Österreich und Luxemburg betreute und für den Aufbau des Geschäfts mit Geschäftsbanken und Versicherungen verantwortlich war, zu Goldman Sachs Asset Management. Herr Hörger schloss 1993 sein Studium an der Johann-Wolfgang-Goethe-Universität in Frankfurt mit Auszeichnung als Diplom-Kaufmann ab.

Ivo Hubli, M.Sc.

Ivo Hubli ist Hedgefonds-Research-Analyst im Bereich Event Driven bei RMF Investment Management mit Sitz in Pfäffikon, Schweiz. Zwischen dem Studienabschluss und dem Arbeitsbeginn bei RMF 2004 war er als Wissenschaftlicher Mitarbeiter am Swiss Banking Institute der Universität Zürich tätig. Ivo Hubli erwarb seinen Master in Finance an der Universität Zürich (summa cum laude) 2004.

Ralph Karels, MA

Ralph Karels studierte an der TU München Mathematik mit dem Nebenfach Wirtschaftswissenschaften und spezialisierte sich auf Stochastik und Martingaltheorie. Anschließend absolvierte er seinen Master of Arts Banking & Finance mit Schwerpunkt Investment Banking an der Hochschule für Bankwirtschaft in Frankfurt am Main. Von 2002 bis 2004 war er Portfoliomanager für quantitative strukturierte Aktien-Produkte bei Invesco und seit Mitte 2004 ist er im Spezialfondsmanagement mit Fokus quantitative Aktien- und Rentenprodukte bei der Deka Investment GmbH.

Dr. Joachim Kayser

Joachim Kayser ist Rechtsanwalt bei P+P Pöllath + Partner. Zuvor war er Assistent am Lehrstuhl für internationales Steuerrecht der Freien Universität Berlin. Nach einer Banklehre studierte er Rechtswissenschaften in Heidelberg und Berlin. Er ist spezialisiert auf die steuerliche und rechtliche Beratung von Investoren, Initiatoren und Intermediären im Bereich der Strukturierung von Finanzprodukten und Alternative Investments (insbesondere Hedgefonds, Immobilienfonds und Private Equity). Er ist Dozent an der Finanzakademie der European Business School in Oestrich-Winkel für den Intensivstudiengang „Hedgefonds".

Dr. Martin Krause

Martin Krause ist Partner bei Linklaters, Oppenhoff & Räder in Frankfurt am Main. Er studierte an der Universität Mannheim Rechtswissenschaften und Betriebswirtschaftslehre. Seit 1996 ist er als Rechtsanwalt zugelassen. Er hat 1997 im Bereich Rechtswissenschaft promoviert. Im Jahr 2000 wurde er als Steuerberater bestellt. Zwischen 1996 und 1998 war er bei einer großen Wirtschaftsprüfungsgesellschaft beschäftigt.

Die Autoren

Seit 1999 ist er im Steuerbereich von Oppenhoff & Rädler tätig, wo er 2002 zum Partner bestellt wurde. Er ist auf die Beratung im Bereich Financial Services spezialisiert und hat mehrere Artikel veröffentlicht.

Dr. Bernd Kreuter, CFA

Bernd Kreuter ist als Head of Private Equity bei Feri für das Management von Private Equity-Dachfonds zuständig. Vorher war er in der Corporate Finance Boutique area5f, bei der SAP AG im Bereich Banking sowie als Wissenschaftlicher Mitarbeiter am Institut für Informatik der Humboldt Universität tätig. Bernd Kreuter ist Diplom-Mathematiker (Bonn, Paris) und hat Zusatzstudiengänge in Wirtschaftswissenschaften und Rechtswissenschaften abgeschlossen.

Rainer Lauterbach, MBA

Rainer Lauterbach leitet die Private Equity-Abteilung der Harald Quandt Holding. Als Geschäftsführer von QVentures, einer Schwestergesellschaft der Harald Quandt Holding, ist er parallel zuständig für direkte Investitionen in vorbörsliche Wachstumsunternehmen. Bevor er im Jahr 2000 zur Harald Quandt Holding stieß, arbeitete er bei IBM in Deutschland, den USA und Großbritannien sowie bei der Strategieberatung Value Partners in Mailand und Rom. Er hält einen MBA mit Fokus auf Entrepreneurial Management der Wharton Business School und promoviert derzeit als externer Doktorand im Fachbereich Finanzen an der J.W. Goethe Universität Frankfurt am Main.

Pierre Lequeux

Herr Lequeux ist Head of Currency Management bei ABM AMRO Asset Management in London. Er trat ABN im Juni 1999 als Senior Quantitative Currency Manager bei. Im Jahr 1987 begann Herr Lequeux seine berufliche Karriere bei der Banque Nationale de Paris in London, wo er sich zum Head of the Quantitative Research and Trading Desk hocharbeitete. Herr Lequeux studierte Internationaler Handel und hält ein Dilplom der Forex Association. Er ist außerdem Associate Researcher des Centre for International Banking and Finance der Liverpool Business School. Er ist zudem im Herausgeberbeirat der akademischen Zeitschrift Derivative, Use Trading & Regulation.

Prof. Dr. Josh Lerner

Josh Lerner ist der 'Jacob-H.-Schiff'-Professor of Investment Banking der Harvard Business School. Er ist Absolvent des Yale College mit einem speziellen Schwerpunkt in Physik sowie der Geschichte der Technologie. Er forschte mehrere Jahre zu Belangen der technischen Innovation und der öffentlichen Politik bei der Brookings Institution für eine öffentlich-private Projektgruppe sowie auf dem Capitol Hill. Anschließend promovierte er im Bereich Volkswirtschaft an der Harvard Business School. Sein

Die Autoren

Forschungsgebiet sind die Struktur und die Rolle von Venture Capital und Private Equity-Organisationen.

Dr. Robert B. Litterman

Robert B. Litterman ist Managing Director und Director of Quantitative Resources bei Goldman Sachs Asset Management in New York. Gemeinsam mit Fisher Black ist er der Co-Entwickler des Black-Litterman Global Asset Allocation-Modells. Herr Litterman war Head der unternehmensweiten Risikoabteilung von Goldman Sachs, als er im Jahr 1994 Partner wurde. Zuvor war er acht Jahre gemeinsam mit Fisher Black im Research Department der Fixed Income Division als Co-Director tätig und für die Modellentwicklung verantwortlich. Herr Litterman hat eine Vielzahl von Arbeitsberichten veröffentlicht und ist Co-Autor von zwei Büchern. Bevor er zu Goldman Sachs ging, war Herr Litterman Assistant Vice President im Research Department der Federal Reserve Bank of Minneapolis und Professor der Volkswirtschaftslehre am Massachusetts Institute of Technology. Herr Litterman hält einen B.S. der Stanford University und einen Ph.D. in Volkswirtschaft der University of Minnesota. Im Jahr 2003 wurde Herr Litterman als einer der ersten Rekruten in die Risk Hall of Fame des Risk Magazine aufgenommen.

Prof. Dr. Philippe Malaise

Philippe Malaise ist Professor of Finance der EDHEC Graduate School of Business. Außerdem leitet er das Tactical Asset Allocation Program des EDHEC Risk and Asset Management Research Centre. Herr Malaise hat als Berater für verschiedene internationale Finanzinstitute im Bereich Active Asset Allocation gearbeitet.

Prof. Dr. Lionel Martellini

Lionel Martellini ist Professor of Finance der EDHEC Graduate School of Business und der Wissenschaftliche Direktor des EDHEC Risk and Asset Management Research Center. Zuvor lehrte er an der finanzwirtschaftlichen Fakultät der Marshall School of Business der University of Southern California. Herr Martellini hält Master-Abschlüsse in Betriebswirtschaft, Volkswirtschaft, Statistik und Mathematik und hat in Finanzwirtschaft an der Haas School of Business der University of California in Berkeley promoviert. Er ist Mitglied des Herausgeberbeirats des Journal of Alternative Investments sowie des Journal of Portfolio Management. Herr Martellini ist Co-Autor verschiedener Artikel und mehrerer Bücher.

Markus Mezger

Markus Mezger hat seine berufliche Laufbahn als Industriekaufmann bei der IBM Deutschland begonnen. Im anschließenden Studium der Volkswirtschaftslehre in Tübingen hat er seinen Schwerpunkt auf geld- und währungspolitische Fragen gelegt.

Das Zusatzstudium der russischen Sprache führte ihn mehrfach längere Zeit nach St. Petersburg und Moskau. Markus Mezger war von 1997 bis Juli 2005 Mitarbeiter der Baden-Württembergischen Bank. Bis 1999 leitete er die Bereiche Portfoliomanagementsysteme und Anlagestrategie Osteuropa. Von 1999 bis 2005 war er für die globale Anlagestrategie im Aktien- und Rohstoffbereich verantwortlich. Seit August 2005 ist Herr Mezger Direktor der Tiberius Asset Management AG. Seine Aufgabenbereiche umfassen Research und Portfoliomanagement.

Dr. Peter Oertmann

Peter Oertmann ist Mitgründer, Delegierter des Verwaltungsrates und CEO der Vescore AG mit Sitz in St. Gallen und München. Er blickt zurück auf eine langjährige Erfahrung als Berater institutioneller Investoren in den Bereichen Global Asset Allocation und Portfoliosteuerung. Eine mehrjährige Tätigkeit in der Kapitalmarktforschung am Schweizerischen Institut für Banken und Finanzen der Universität St. Gallen bildet die Basis für seine wissenschaftliche Expertise. Er verfügt über einen Masters in Economics der University of Georgia (USA), einen Abschluss als Diplom-Kaufmann der Universität Bielefeld sowie über eine Promotion in Wirtschaftswissenschaften an der Universität St. Gallen. Er ist als Lehrbeauftragter der Universitäten Basel und St. Gallen engagiert und gibt in Buch- und Zeitschriftenpublikationen regelmäßig Denkanstöße zu Fragen des Portfolio- und Risikomanagements.

Dr. Matthäus Den Otter

Dr. Matthäus Den Otter ist Geschäftsführer der Swiss Funds Association in Basel. Vorher war er nebst 2-jähriger Tätigkeit in der Geschäftsleitung einer schweizerischen Kapitalanlagegesellschaft über 15 Jahre bei der Eidgenössischen Bankenkommission in Bern in der Fondsaufsicht tätig. Er war dort maßgeblich an der Genehmigung der ersten Single- und Dach-Hedgefonds schweizerischen Rechts beteiligt. Er ist Absolvent der Swiss Banking School und promovierte in Rechtswissenschaften an der Universität Zürich.

Dr. Ivan Petej

Herr Petej ist Assistant Currency Manager bei ABN AMRO Asset Management in London. Er fokussiert sich auf die Forschung und Entwicklung des Währungs-Investmentansatzes und die Verbesserung der Prognose-Tools. Herr Petej promovierte 2002 im Bereich der stochastischen Quantenphysik an der Oxford University. Er hält außerdem einen BA (1997) und einen Master-Abschluss (1998) jeweils in statistischer Physik von der University of Cambridge.

Thomas Petschnigg, CFA

Herr Petschnigg ist Associate bei Goldman Sachs Asset Management in Frankfurt. Vor seinem Eintritt als Analyst bei Goldman Sachs im Juli 2000 studierte Herr Petschnigg

Betriebswirtschaft an der European Business School in Oestrich-Winkel. Während seines Studiums, das er mit Auszeichnung als Diplom-Kaufmann abschloss, studierte er im Rahmen eines Austauschprogramms an der University of California in Berkeley und an der École Supérieure de Commerce in Dijon. Weitere Berufserfahrung im Asset Management sammelte er bei der Banque Générale du Luxembourg in Luxemburg, bei Merrill Lynch in San Francisco und bei Salomon Smith Barney in Frankfurt.

Michael Pilz

Herr Pilz studierte Wirtschaftsmathematik an der Universität Augsburg. Bevor er im Juli 2005 seine Tätigkeit als Structured Credit Analyst bei ZAIS begann, war Herr Pilz als Consultant für ZGIAL, einem Tochterunternehmen von ZAIS tätig. Herr Pilz startete seine berufliche Karriere bei der Versicherungskammer Bayern in München im Jahre 2002. Als Mitglied der Abteilung für Alternative Investments betreute er deren Investments in ABS- und CDO- Papiere.

Achim Pütz

Rechtsanwalt Achim Pütz ist Partner im Münchener Büro der internationalen Rechtsanwaltskanzlei SJ Berwin LLP. Mit 13-jähriger Berufserfahrung berät er eine internationale Klientel im Kapitalmarkt- und Investmentrecht mit besonderem Augenmerk auf Investmentfonds, Hedgefonds, Strukturierte Alternative Investments-Produkte und Aufsichtsrecht. Er ist Autor zahlreicher Veröffentlichungen und hält regelmäßig Vorträge über investmentrechtlich relevante Themen. Herr Pütz ist Gründer und 1. Vorsitzender des Bundesverbandes Alternative Investments e.V. und Council Member der Alternative Investment Management Association (AIMA).

Dr. Serge Ragotzky

Serge Ragotzky hat sein international ausgerichtetes wirtschaftswissenschaftliches Studium 1995 an der Universität Bonn abgeschlossen und anschließend an der Handelshochschule Leipzig berufsbegleitend promoviert. Er hat viele Jahre in Frankfurt und London als Investment Banker gearbeitet und eine größere Zahl von M&A- und Kapitalmarkttransaktionen beratend begleitet. Dr. Ragotzky ist seit 2003 im Bereich Corporate Advisory der UBS Deutschland AG tätig. Als Director ist er dort mit Transaktionen mit eigentümergeführten Unternehmen befasst und insbesondere für den Immobiliensektor verantwortlich.

Odile Renner

Frau Renner ist Partner bei PricewaterhouseCoopers Luxemburg. Das Studium der Rechtswissenschaften an den Universitäten Saarbrücken, Paris und Straßburg schloss sie mit dem Master of International Law (D.E.A.) ab. Nach mehrjähriger Tätigkeit bei international agierenden Kanzleien in New York und Paris ist sie seit 1998 bei PricewaterhouseCoopers Luxemburg tätig. Hier leitet sie den Bereich Aufsichtsrecht/Investmentprodukte.

Dr. Andreas Richter, LL.M.

Andreas Richter LL.M. (Yale) ist Rechtsanwalt und Fachanwalt für Steuerrecht bei P+P Pöllath + Partner und Geschäftsführer des Berliner Steuergespräche e.V. Als Anwalt ist er spezialisiert auf die rechtliche und steuerliche Beratung von privaten Großvermögen und Stiftungen. Seit mehreren Jahren hält er an der Universität St. Gallen als Lehrbeauftragter einen Kurs zu Errichtung und Management von Family Offices und Stiftungen.

Catherine Rückel

Frau Rückel ist Partner bei PricewaterhouseCoopers Luxemburg und gehört seit 1993 dem Unternehmen an. Nach dem Studium der Betriebswirtschaftslehre war sie zunächst im Bereich Financial Services sowohl in Luxemburg als auch in Deutschland tätig. Nach dem Steuerberaterexamen spezialisierte sie sich auf den Bereich Investment Management und leitet seit 2001 den Bereich Investmentsteuerrecht. Sie vertritt PricewaterhouseCoopers in verschiedenen internationalen Arbeitsgruppen und als Mitglied des Bundesverbandes Alternative Investments e.V. Daneben ist sie Autorin zahlreicher Fachartikel.

Prof. Dr. Markus Rudolf

Markus Rudolf ist Ordinarius und seit 1998 Inhaber des Lehrstuhls für Finanzen an der Wissenschaftlichen Hochschule für Unternehmensführung WHU -- Otto-Beisheim-Hochschule und Leiter des Finanzzentrums an der WHU. Zudem ist er Gastprofessor an der Wirtschaftsuniversität Wien. Zuvor promovierte er und habilitierte sich an der Universität St. Gallen. Er ist Mitglied des Redaktionsausschusses der Zeitschrift Financial Markets and Portfolio Management und verantwortlich für die Organisation der jährlichen Konferenzen der Schweizerischen Gesellschaft für Finanzmarktforschung.

Prof. Dr. Bernd Rudolph

Bernd Rudolph ist Vorstand des Instituts für Kapitalmarktforschung und Finanzierung an der Ludwig-Maximilians-Universität München. Zuvor war er von 1979 bis 1993 Professor an der Universität Frankfurt. Herr Rudolph studierte Volks- und Betriebswirtschaftslehre an der Universität Bonn, wo er später auch promovierte und habilitierte. Er ist Vorsitzender des Wissenschaftlichen Beirats des Instituts für Bankhistorische Forschung und des Wissenschaftlichen Beirats des Deutschen Aktieninstituts in Frankfurt und stellvertretender Vorsit-zender des Vereins für Socialpolitik. Er ist Herausge-

Die Autoren

ber der Studien zur Kredit- und Finanzwirtschaft sowie der Schriften zur quantitativen Betriebswirtschaftlehre, der Geschäftsführender Herausgeber der Zeitschrift Kredit und Kapital, Mitherausgeber der Zeitschrift für das gesamte Kreditwesen und der Zeitschrift Perspektiven der Wirtschaftspolitik des Vereins für Socialpolitik.

Prof. Dr. Christoph Schalast

Christoph Schalast lehrt an der HfB-Business School of Finance and Management und betreut den Masterstudiengang Mergers & Acquisitions als Wissenschaftlicher Leiter. Professor Schalast ist weiterhin als Anwalt tätig und hat 1995 die Sozietät Schalast & Partner gegründet. Herr Schalast hat an der Goethe-Universität in Frankfurt am Main promoviert. Von 1997 bis 2002 lehrte er als Professor Wirtschaftsverwaltungsrecht und Europarecht an der Hochschule Wismar. Herr Schalast ist Autor zahlreicher Publikationen, insbesondere auch zu aktuellen Fragen aus dem Bereich Distressed Debt.

Dr. Walter Schepers

Walter Schepers leitet das Produktmarketingteam der WestLB Mellon Asset Management und ist in dieser Funktion auch für die Produktentwicklung zuständig. Er ist seit über zwanzig Jahren innerhalb der WestLB-Gruppe im Kapitalmarktbereich tätig u.a. als Chefanalyst Bond Research und als Leiter von Bond Management-Teams in Düsseldorf und London. Nach dem Studium der Wirtschaftswissenschaften an der Universität Essen war er mehrere Jahre Wissenschaftlicher Assistent an der Universität Hannover, wo er zum Dr.rer.pol. promoviert wurde. Er ist Autor verschiedener Artikel in Finanzpublikationen.

Dr. Olivier Schmid

Herr Schmid studierte Finanzmarkttheorie an der Universität St. Gallen (HSG) und promovierte im Bereich stochastische Optimierung (Operations Research). Nach einer dreijährigen Dozentur an der HSG und einer praktischen Erfahrung als Senior Consultant für die Caralus AG, wechselte er Anfangs 2005 zu der Bank Julius Bär. Er unterstützt als quantitativer Analyst die Asset Allocation und das Portfolio-Management Balanced.

Prof. Dr. Antoinette Schoar

Antoinette Schoar ist der ‚Michael M. Koerner'-Associate Professor of Entrepreneurial Finance der zum Massachusetts Institute of Technology gehörenden MIT Sloan School of Management in Cambridge. Frau Schoar hat in den Bereichen Venture Capital, Entrepreneurial Finance, Corporate Diversification und Governance mehrere Artikel in akademischen Zeitschriften veröffentlicht. Sie ist Diplom-Volkswirtin der Universität Köln und hat an der University of Chicago promoviert.

Dr. Stefan Scholz

Stefan Scholz leitet die Quantitative Analysis Group von RMF Investment Management in Pfäffikon, Schweiz. Vor seiner Tätigkeit bei RMF arbeitete er zwei Jahre als Wissenschaftlicher Assistent am Institut für Unternehmensforschung der Universität St. Gallen. Von 1994 bis 1996 arbeitete Herr Scholz für die Robert Bosch GmbH an Projekten im Controlling und in der strategischen Planung in Deutschland und Frankreich. Herr Scholz verfügt über Abschlüsse in Wirtschaftsingenieurwesen der Universität Karlsruhe, Deutschland, und der Stanford University, USA, sowie über einen Doktortitel in Wirtschaftswissenschaften der Universität St. Gallen, Schweiz. Er hat diverse Artikel über Hedgefonds publiziert.

Dr. Florian Schultz

Florian Schultz ist Partner bei Linklaters, Oppenhoff & Räder in Frankfurt am Main. Er schloss das Studium der Betriebswirtschaftslehre an der Universität Mannheim 1986 ab. Danach arbeitete er am Lehrstuhl für Betriebswirtschaftliche Steuerlehre in Mannheim und promovierte 1992 zum Thema „Vollverzinsung im Steuersystem". Anfang 1993 wurde er zum Steuerberater, Anfang 1997 zum Wirtschaftsprüfer bestellt. Florian Schultz begann 1992 im Steuerbereich bei Rädler Raupach Bezzenberger. Seine Arbeitsschwerpunkte sind M&A- Strukturierungen, das transaktionsbezogene Steuer- und Bilanzrecht und die Beurteilung sowie Entwicklung von aufsichtsrechtlich und/oder steuerlich motivierten Kapitalmarktprodukten. Aus diesen Bereichen veröffentlicht er regelmäßig und hält Vorträge.

Roland G. Schulz

Roland Schulz ist Geschäftsführer der Benchmark Alternative Strategies GmbH in Frankfurt. Herr Schulz begann seine Karriere bei Paribas Investment Management GmbH in Frankfurt. Ab 1998 arbeitete Roland Schulz bei Crédit Agricole Asset Management in Frankfurt, zuletzt als Leiter der Repräsentanz für die Märkte Deutschland und Österreich. Roland Schulz ist Diplom-Kaufmann der Universität Trier und seit 2004 Dozent für Hedgefonds an der Finanzakademie der European Business School (ebs). Er ist Autor mehrerer Publikationen zum Thema Hedgefonds und häufig Gastredner auf Industriekonferenzen.

Denis Schweizer

Denis Schweizer promoviert seit Juni 2005 am Stiftungslehrstuhl für Asset Management an der European Business School (ebs) mit dem Forschungsschwerpunkt Asset Allocation von Alternativen Investments. Gleichzeitig arbeitet er als Wissenschaftlicher Assistent an der ebs Finanzakademie und ist dort für die Konzeption von Executive Education-Programmen verantwortlich. Weiterhin ist er als Referent in Finanzprogrammen tätig. Zuvor erhielt er ein Diplom der Betriebswirtschaftslehre an der Johann Wolfgang Goethe Universität in Frankfurt am Main.

Die Autoren

Dr. Daphné Sfeir

Daphné Sfeir ist Research Engineer beim EDHEC Risk and Asset Management Research Centre. Ihr akademischer Hintergrund liegt in der Astrophysik sowie in der Luftfahrttechnik, ihr Forschungsschwerpunkt sind ökonometrische, finanzwirtschaftliche Modelle. Frau Sfeir arbeitete als Consultant im Gebiet der Aktiven Asset Allocation und der Performance-Evaluierung von Portfolios für verschiedene internationale Finanzinstitute.

Gerhard L. Single

Gerhard Single ist seit 1994 für die Fonds-Vermögensverwaltung der Baden-Württembergischen Bank als Fondsanalyst und Vermögensverwalter tätig und berät darüber hinaus mehrere Dachfonds. Sein Studium der Betriebswirtschaft absolvierte Herr Single berufsbegleitend. Er veröffentlichte bereits zahlreiche Beiträge in nationalen und internationalen bank- und wirtschaftswissenschaftlichen Publikationen und Buchprojekten. Ferner ist Herr Single für die Bereiche „Vermögensverwaltung" sowie „Alternative Anlageformen" Lehrbeauftragter der Berufsakademie Ravensburg.

Hans Speich

Herr Speich trat 2000 in die Julius Bär Asset Management als Leiter Institutionelle Mandate ein. Seit 2004 ist er als CIO Asset Allocation / Balanced verantwortlich für die Erarbeitung der Anlagepolitik der Julius Bär Asset Management. Zuvor war er 16 Jahre in verschiedenen Funktionen bei der UBS (Institutionelles Asset Management, Fondsmanagement als auch Research) tätig.

Thomas Staubli

Herr Staubli ist Partner bei der Partners Group in Zug, Schweiz. Nach Abschluss seines Betriebswirtschaftsstudiums in Zürich leitete er von 1990 an für die Credit Suisse (Deutschland) AG in Frankfurt zunächst den Bereich Institutional Sales und wurde 1993 zum Head of Private Banking ernannt. Anschließend wurde er zum Vorstandsmitglied der Bank Hofmann in Zürich berufen. 1997 trat Thomas Staubli als Partner in die Partners Group ein. Thomas Staubli ist Mitglied des Handelsblatt/Euroforum-Fachbeirats Venture Capital & Private Equity, Autor zahlreicher Artikel zum Thema Private Equity und Dozent an der European Business School in Oestrich-Winkel.

Hubertus Theile-Ochel

Hubertus Theile-Ochel ist Partner bei Golding Capital Partners. Zuvor arbeitete Herr Theile-Ochel vier Jahre für die Unternehmensberatung A.T. Kearney in München. Seine beruflichen Stationen führten über eine Ausbildung bei der Deutschen Bank zu BMW in Südafrika und Bain & Company in München, wo er in den Bereichen Marktanalysen und Research tätig war. Herr Theile-Ochel hat sein Studium der Betriebswirtschaft als Diplom-Kaufmann an der Ludwig-Maximilians-Universität in München mit Prädikat abgeschlossen. Seit 2002 ist Herr Theile-Ochel Lehrbeauftragter an der Sparkassenakademie Bayern für die Themen Venture Capital und Private Equity.

Hillary Till, M.Sc.

Hillary Till ist Gründungsgesellschafterin und Portfoliomanagerin bei Premia Capital Management LLC in Chicago. Zuvor war Frau Till Chief of Derivatives Strategies bei Putnam Investments und Quantitative Equity Analystin bei der Harvard Management Company jeweils in Boston. Sie hält einen B.A. in Statistik von der University of Chicago und einen M.Sc. in Statistik der London School of Economics. Frau Till ist außerdem Autorin einer Vielzahl akademischer Artikel, welche in renommierten internationalen Zeitschriften publiziert wurden.

Alexandra Trautmann

Frau Trautmann ist Project & Process Manager bei der SEB Merchant Bank im Bereich Cash Management in Frankfurt am Main. Sie absolvierte das ausbildungsintegrierte Studium an der University of Wales in Bangor sowie der HfB – Business School of Finance and Management in Frankfurt zum Bachelor of Business Administration.

Prof. Dr. Martin Wallmeier

Martin Wallmeier studierte Betriebswirtschaftslehre an der Universität Münster. Er schloss 1997 sein Doktorat und 2002 die Habilitation an der Universität Augsburg ab. Seine Dissertation untersucht Bewertungsanomalien am Aktienmarkt, die Habilitationsschrift beschäftigt sich mit dem Informationswert von Optionspreisen. Seit Oktober 2002 ist er Professor für Finanzmanagement und Rechnungswesen an der zweisprachigen Universität Freiburg / Université de Fribourg in der Schweiz. Er ist gegenwärtig geschäftsführender Herausgeber der Zeitschrift Die Unternehmung – Swiss Journal of Business Research and Practice.

Prof. Dr. Peter Witt

Peter Witt ist Inhaber des Lehrstuhls für Unternehmertum und Existenzgründung an der Wissenschaftlichen Hochschule für Unternehmensführung WHU in Vallendar. Er studierte Volkswirtschaftslehre an der Universität Bonn. Im April 1996 wurde Herr Witt an der WHU promoviert und im Juli 2002 von der Humboldt-Universität zu Berlin habilitiert. Seit Mai 2000 leitet er den Lehrstuhl für Unternehmertum und Existenzgründung an der WHU, zunächst als Lehrstuhlvertreter, seit September 2002 als Lehrstuhlinhaber. Seine Hauptforschungsgebiete sind Gründungsfinanzierung, Gründungsmanagement und Corporate Governance.

Volker Ziemann

Volker Ziemann ist Research Engineer beim EDHEC Risk and Asset Management Research Centre und Doktoratstudent in Finanzwirtschaft der University of Aix-en-Provence. Herr Ziemann fokussiert sich auf Ökonometrie im Allgemeinen und deren Anwendung in der Asset Allocation im Speziellen. Er studierte Volkswirtschaft an der Humboldt Universität in Berlin sowie der ENSAE in Paris.

Prof. Dr. Heinz Zimmerman

Herr Zimmermann ist seit 2001 Ordinarius für Finanzmarkttheorie am Wirtschaftswissenschaftlichen Zentrum der Universität Basel. Er ist Verfasser von über 160 wissenschaftlichen Beiträgen, Autor von vier Büchern und Preisträger des Latsis-Preises sowie des Graham-Dodd-Awards. Er ist seit über zehn Jahren geschäftsführender Herausgeber der Zeitschrift Finanzmarkt und Portfolio Management und Mit-Herausgeber verschiedener internationaler Fachzeitschriften. Herr Zimmermann studierte an der Universität Bern (1977–1981) und Rochester (1982), promovierte an der Universität Bern (1985) und habilitierte an der Universität St. Gallen. Er ist Non-executive Partner der ppcmetrics AG in Zürich und der LPX GmbH in Basel sowie Verwaltungsratspräsident von Vescore Solutions in St. Gallen.

Dr. Patrick Züchner

Nach einer Ausbildung zum Bankkaufmann war Patrick Züchner einige Zeit als Privatkundenberater bei einer deutschen Großbank tätig und absolvierte parallel sein Studium der Wirtschaftswissenschaften in Hagen und Dortmund. Er arbeitet seither als Wissenschaftlicher Angestellter bei der Universität Dortmund und promovierte dort im Jahr 2004. Dr. Patrick Züchner ist Autor von Büchern, Zeitschriftenartikeln sowie Beiträgen in Sammelwerken und hält Vorträge zum Thema Private Equity.

Stichwortverzeichnis

A

ABS-Transaktion 258, 259
Absicherungsperiode 535
Absolute Return-Ansatz 725
Adverse Selection 501
Advisor Act 557
Agency-Kosten 71, 603
Aktives Risiko 667
Alpha 667, 688, 752
Alternative Investments 577, 745
Alternative Investment Swap 793
Alternative Risk Transfer (ART) 496, 546
Anlageklassensubstitut 754
Anteils-Transfers 55
Arbitrage Pricing-Theorie 466
Asset-Pool 258, 268
Asset-Allokation 523, 606
Asset Backed Securities-Transaktion (ABS) 258, 577, 584
Asset Liability-Management (ALM) 763
Ausfallrisiko 751
Auslandsinvestmentgesetz 555
Autokorrelation 733

B

Basel II 496, 547, 747, 791
Basket Credit Default Swaps 325, 330
Basketzertifikate 792
Benchmark-Denken 725
Beta 752
Black-Scholes-Modell 537
blütenweiße Fonds 622
Bonuszertifikate 792
Bootstrapping-Verfahren 732
Börsenlisting 71
Bridge Financing 560
Bundesanstalt für Finanzdienstleistungsaufsicht 557
Burn-Analyse 538

Buy-out-Industrie 29
Buy-out-Markt 31
Buy-outs 21
Buy and Hold 459

C

Capital Asset Pricing-Modell 466, 521
Carried Interest 579
Carry-Strategie 463
CAT Bonds 293, 499
CDS 325
Cheapest-to-deliver-Anleihe 792
CISDM 468
Club-Deal 758
Collateralized Debt Obligation (CDO) 307
Collateralized Fund Obligation (CFO) 789
Collateral Yield 415
Commodities Trading Advisors (CTAs) 436, 443, 469
Commodity-Allokation 433
Commodity-Preise 369
Commodity-Strategien 433
Commodity Exposure 433
Commodity Futures 352
Commodity Futures-Portfolio 355, 376
Condor-Range-Anleihe 792
Confidentiality Agreement 749
Constant Mean Return-Modell 79
Constant Proportion Portfolio Insurance (CPPI) 725, 787
Consultants 746
Contagion 729
Corporate Governance 547
Counterparty Risk 559
Covered Calls 617
CPPI-Strategie 736
Crash Protection 521
Credit Default Swap 307, 326, 586

Currency Trading Advisors 469
Customization 745

D
Dach-Hedgefonds 560, 613
Dachfonds 145
Decoupling 729
Delisting 578
Delta-1-Strukturen 778
Depotbank 560, 563
Derivatefonds 613
Deutschland 555
Devisenmarkt 689
Direktionale Strategien 515, 752
Discount-Zertifikate 779
Distressed Debt 273, 276, 284
Distributed-value-to-paid-in-capital ratio (DPI) 36
Diversifikation 162, 506, 754
Doppelanleihe 792
Doppelbesteuerungsabkommen 582
Due Diligence 571, 606, 632
Dynamische Kapitalgarantie 787

E
Effizienzgrenze 732
Eigenkapitalkreditlinien 134
Einzweckgesellschaft 258, 497, 584, 789
El-Niño-Effekt 495
Enhanced Index-Produkte 674
Equity-Linked Zerobonds 780
Equity Line of Credit (ELC) 134
Exchange Traded Funds 563
Exit-Strategie 482, 578

F
Factoring 586
Fairer Wert 75
Finanzinvestoren 485
Finanzmarktaufsicht 613
Fondslebenszyklus 145
Fondsselektion 150
Free Lunch 490

Fundraising 25, 29, 35

G
Gemischte Sondervermögen 562
Genussscheinmodelle 618
Gesamtkosten 565
Gesamtperformance 200
Geschlossene Immobilienfonds 479
Global Macro 750
Global Property Research 480
Global Tactical Asset Allocation 754

H
Haftungsrisiken 605
Hebelzertifikate 781
Hedgedruck-Hypothese 361
Hedgefonds 525, 545, 597, 671, 726
Hedgefonds-Quoten 745
Hedgefonds-Regulierung 555
Hedgefonds-Vertrie 565
Hedgefonds-Zertifikate 562
Hedgefondsindustrie 469
Heterogenität 538
High Net Worth Individuals 478, 637
High Watermark 566, 603, 637
High Yield-Anleihen 731
Hurdle Rate 603, 637

I
Illiquidität 191
Illiquiditätsprämie 753
ILS-Markt 294
Immobilien 650, 671
Immobilien-Direktanlagen 478
Immobilienaktiengesellschaften 478
Immobilienfinanzierungen 590
Indemnity Agreements 749
Index-Anleihen 618
Index Linked Notes 778
Indexzertifikate 778
Industry Loss Warranties (ILW) 293
Information Ratio 460, 673
Informationsasymmetrien 73
Insurance Linked Securities (ILS) 293

Insurance Linked Warranties (ILW) 500
Investmentfonds 568
Investmentfondsgesetz 613
Investmentgesetz 555
Investmentmodernisierungsgesetzes 555
Investmentsteuergesetz 555
Irland 559

J

Japan Weather Derivatives Index (JWDI) 547

K

KAG-Modell 565
Kapitalbindungsfristen 746
Kaskadenverbot 560
Katastrophenanleihen 293, 499
Kick-Start-Zertifikate 792
Knock out 738
Kosten 748
Kreditausfallwahrscheinlichkeiten 92
Kreditderivate 325
Kurtosis 728

L

Large Buy-outs 35
LBO-Transaktionen 70
Lebensversicherungspolicen 503
Leerverkauf 558, 560
Leverage 558, 560, 731
Leveraged Buy-out (LBO) 69
Liquidität 46, 750
Liquiditätsrestriktionen 64
Listed Private Equity (LPE) 216
Living-Dead-Phänomen 13
Lock-up-Periode 604
Long-run-Underperformance 13
Long-Term Capital Management (LTCM) 515
LPX-Indexfamilie 220
Luxemburg 559, 645

M

Managed Account 560, 634

Managed Futures 750
Margin Deposits 650
Market-Modell 79
Market Impact 699
Markowitz, Harry 466
Marktineffizienzen 467
Marktpreismanipulation 559
Marktrisiko 665
Mean Variance-Ansatz 466
Mezzanine 173 ff., 578
Mindestkapitalanforderungen 556
Mittelwert-Varianz-Optimierung 732
Moderne Portfoliotheorie 466
Momentum-Investoren 12
Monitoring-Funktion 69
Monte Carlo-Simulation 732, 769
Moral Hazard 501
Morbidity Cat Bonds 503
Mortality Cat Bonds 498

N

Naturkatastrophen 293, 497
negative Schiefe 507
Nicht-direktionale Strategien 752
Niederschlagsderivate 531
Niederschlagsrisiken 539
Non-Performing Loans 273, 577
Nordic Precipitation Index 542

O

OBPI-Strategie 736
Offene Immobilienfonds 479
OGAW-Richtlinie 565, 647
Optionen 536
Originator 584
Österreich 613
OTC-Instrumente 558
Out-of-the-money-Puts 525
Outperformance 22
Overhang of Funds 14
Overlay-Strategien 671

P

P/E-Ratio 74
PECS 583

Pension Bomb-Problem 513
Pensionsfonds 487, 578
Pensionskassen 578
Performance-Messung 192
Performance Benchmarking 202
Performance Linked Notes 778
PIPE-Investition 129
PIPE-Markt 133
Portable Alpha 671
Portable Beta 704
Portfoliokonstruktion 149
Portfoliotransparenz 749
Preference Shares 789
Preferred Equity Capital Securities 583
Prime Broker 561, 639
Priority of Payments 790
Private Equity-Fonds 12, 145, 191
Private Equity-Markt 161
Private Equity 577, 578, 671
Private Investments in Public Entities 129
Privatpersonen 485
Privatplatzierung 129, 566, 627
Problemkredite 273
Profitabilitätsindex 195
Property Claims Services (PCS) 501
Prudent Man Rule 606
Public Market Investments 207

Q
Qualified Investor Fund 615
Quellensteuern 582
Quota Shares 500

R
Real Estate Investment Trusts (REITs) 475
Referenzfonds 570
Referenzlisten 748
Regime Shifts 729
Relative Value Commodities 400
Residual Value 12
Retrozessionen 504
Reverse Convertibles 780
Risikobudget 686
Risikomanagement 677
Risikoreduktion 769
RLS-Index 507

Rohstoff-Indizes 396, 417, 422
Rohstoff-Investments 349, 415
Rohstoff-Terminmärkte 417
Rohstoffe 395, 415, 726
Rohstoffselektion 423
Roll Yield 415
Rücknahmetermin 566

S
Saffir-Simpson-Skala 497
Sale-und-Lease-back-Transaktionen 484
Schiefe 517, 728
Schwartz Informationskriterium 710
Schwarze Fonds 622
Schweiz 627
SEC 557
Senior Notes 790
Servicing 275
Short Call 617
SICAR 653
SICAV 555
Siegel's Paradox 686
Single-Hedgefonds 558
Single-Tranche CDOs 309
Small/Mid Buy-outs 35
Smile 517
Smoothing 96
SOPARFI 656
Special Purpose Vehikel (SPV) 258, 497, 584, 789
Spezialmandate 746
Spot Yield 415
Start-Up-Unternehmen 129
Statische Kapitalgarantie 785
Stiftungen 597
Stille Beteiligung 120
Strategiezertifikate 792
Strike Level 534
Sunk Costs 75
Swaps 537
Syndizierung 98
Systematisch 693

T
Teilschutzzertifikate 792
Temperaturderivate 531

Themenzertifikate 792
Theta 716
Tick Value 502, 536
Total-value-to-paid-in-capital ratio (TVPI) 36
Totalausfall des Unternehmens 91
Total Expense Ratio 748
Tracking Error 696, 740
Tranchierung 312
Transaktionen 131
Transparenz 215
Transparenzanforderungen 569
Trendfolgestil 462
True Sale-Problematik 585

U

Übertragsbarkeitsrestriktionen 48
Umbrella-Konstruktion 647
Umsatzsteuer 579
Unternehmen 483
Unternehmensbeteiligungsgesellschaft 580
Unternehmensbewertung 235, 242

V

Varianzswaps 515
Venture Capital 21, 99, 122

Verbriefung 496
Verkaufsprospektgesetz 578
Versicherungen 483, 546, 578, 752
Versicherungsderivate 500
Versicherungsrisiken 496
Versorgungswerke 578
VIX-Future 515
Volatilität 513, 715

W

Wagniskapitalfinanzierung 109, 113, 117, 654
Währungen 459, 686
Währungsoverlay 690
Warenterminmärkte 436
Warnhinweis 566
Waterfall 790
Weiße Fonds 621
Wertentwicklung 191
Wetterderivate 502, 541
Wetterrisiken 531
Wohnungsgesellschaften 482
Work-Out 275

Z

Zertifikate 618
Zinsrisiko 664